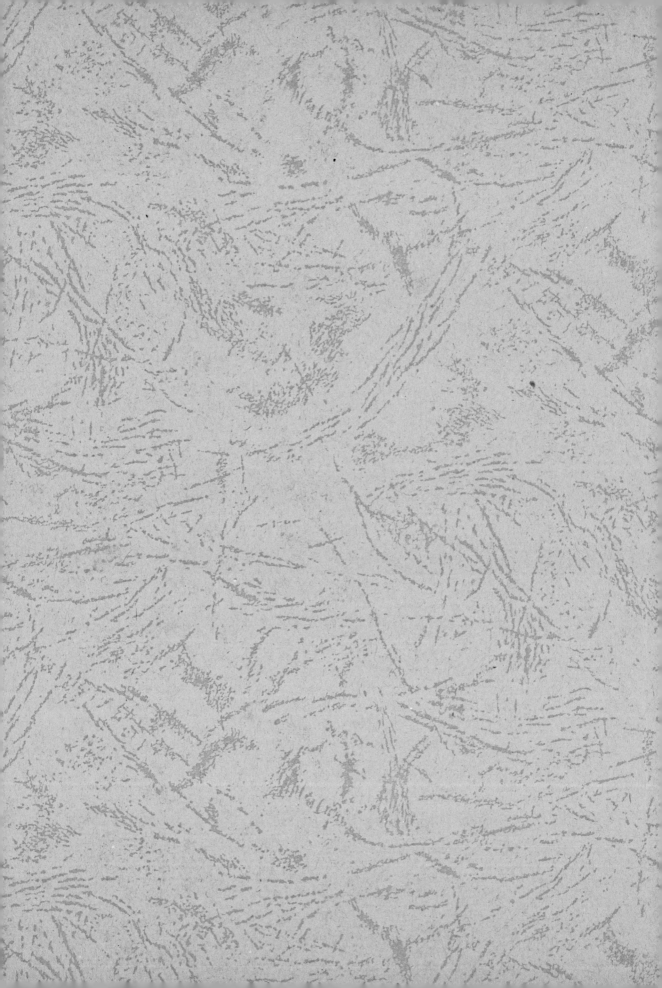

中研院歷史語言研究所集刊論文類編

文獻考訂編

六

中華書局

影鈔敦煌寫本占雲氣書殘卷解題

（古讖緯書錄解題附錄三）

陳　槃

此占雲氣書殘卷，抗戰期間，向覺民氏考察敦煌石窟時影寫以歸。民國三十二年，余與氏同客四川南溪李莊，從之假閱，因遣書記李臨軒君摹寫一通，置之行篋，今殆遂爲海外僅有之本矣。

書原題作『一卷』，中分兩章，第壹章曰觀雲，第貳章曰占氣，附以五彩圖繪，無作者名氏。觀雲章有一圖，文闕；占氣章下半章有二十九圖，文闕，是不完本也。句或錯亂，文或譌脫，當出俗手所爲。書中所言，皆行軍候望雲氣以占吉凶進退之事。歷代書目未見箸錄。然類此之書、與其傳習之人，則大致可以擧似：漢書藝文志兵書家有別成子望雲氣六篇（元注：圖三卷）；後漢楊由有兵雲圖（亦稱雲氣圖。後漢書楊由傳：『少習易並七政、元氣、風雲占候』。集解：『惠棟曰：益部耆舊傳云，由有兵雲圖。時竇憲將兵在外，太守高安遣工從由寫圖已進。華陽國志云，憲從太守索雲氣圖，由諫莫與』）；三國吳範有占候祕訣（宋高似孫緯略卷八雲占引吳範占候祕訣：『有青雲如雉兎臨城營，軍敗走』。三國志吳志吳範傳：『以治歷數、知風氣、聞於郡中』）；魏武帝有兵書接要十卷（侯康補三國藝文志兵家類兵書接要條：『本紀注引孫盛異同雜語及文選魏都賦注引，皆作接要，與隋志同。唐志作捷要。御覽又作輯要，其文云：孫子稱司雲氣，非雲非烟非霧，形似禽獸，客吉，主人忌』）；隋志兵家有用兵祕法雲氣占一卷，又兵書雜占十卷（元注：梁有兵法日月風雲背向雜占十二卷），孫子兵法雜占四卷；通典卷一六二兵十五所引有太公占；新唐書藝文志兵書類有兵法雲氣推占一卷；唐張彥遠歷代名畫記卷三『述古之祕畫珍圖六有』、吳孫子兵法雲氣圖，有望氣圖（元注：一卷），有占日雲氣圖（元注：京兆夏氏、魏氏並有）；天文家有雲氣讖圖；宋史藝文志天文類有雲氣圖一卷，兵書類有雲氣圖十二卷；巴黎圖書館藏敦煌卷子二九六四星占書有占日雲氣圖（附圖）。又史記天官書囊括漢及漢以前雲氣占候舊說（書中提及『星則唐都，氣則王朔，占歲則魏鮮』，並漢時人）；漢書藝文志天文家有漢日旁氣行事占驗三卷；後漢書方術傳敍方術書云：『望雲省氣，推處妖祥，時亦有效於事』；又晉書、隋書等並亦有天文志。如此之等，雖名目有別，而其實大同小異；而篇卷或一、或六、或十、或十二，相差頗大者，蓋此類書頗爲普徧流布，好事者或增或減，或則加以拼湊，或則巧立名目，而卷帙分合亦或有所不同故也。

此敦煌殘卷所錄占候事項，合計五十有餘，余取與通典所引太公占及晉、隋兩書天文志核對之，同者過半(如下表)。蓋此殘卷所據之本，亦自流傳有緒。若其思想、起源，則固甚早。案昭十五年左傳：

將禘于武公，戒百官。梓愼曰：禘之日，其有咎乎？吾見赤黑之祲，非祭祥也，其在涖事乎？　杜解：祲，妖氛也。蓋見於宗廟，故以爲非祭祥也。氛，惡氣也。

古代占氣吉凶之說，始見于此。又哀六年左傳：

是歲也，有雲如衆赤烏，夾日以飛，三日。楚子使問諸周大史，周大史曰：其當王身乎？　杜解：日爲人君，妖氣守之，故以爲當王身。雲在楚上，唯楚見之，故禍不及他國也。

古代占雲吉凶之史例，始見于此。

周禮春官眡祲：

掌十煇之法，以觀妖祥，辨吉凶。一曰祲，二曰象，三曰鑴，四曰監，五曰闇，六曰瞢，七曰彌，八曰敍，九曰隮，十曰想。　注：鄭司農云，祲，陰陽氣相侵也。象者，如赤烏也。鑴，謂日旁氣，四面反鄉，如煇狀也。監，雲氣臨日也。闇，日月食也。瞢，日月瞢瞢無光也。彌者，白虹彌天也。敍者，雲有次序，如山在日上也。隮者，升氣也。想者，煇光也。玄謂：鑴，讀如童子佩鑴之鑴，謂日旁氣刺日也。監，冠珥也。彌，氣貫日也。隮，虹也。詩云：朝隮于西。想，雜氣有似，可形想。(詳惠士奇禮說經解本。册五二)。

又保章氏：

以五雲之物辨吉凶、水旱、降豐荒之祲象。　注：物，色也，視日旁雲氣之色降下也。知水旱所下之國。鄭司農云：以二至、二分觀雲色，青爲蟲，白爲喪，赤爲兵荒，黑爲水，黄爲豐。

依周禮，是雲氣占候之職，早在西周時代，已有專官，眡祲、保章是也。案僖五年左傳：

春王正月辛亥朔，日南至。公旣視朔，遂登臺以望而書，禮也。凡分、至、啓、閉，必書雲物，爲備故也。杜解：分，春分秋分也。至，冬至夏至也。啓，立春立夏。閉，立秋立冬。雲物，氣色災變也。傳重用周典。不言公者，日官掌其職。

左傳此處，可以與前引周禮之說互證。是占候雲氣周有專官之說，可信也。大史亦掌之。周禮春官大史：

大師抱天時，與大史同車。鄭注：大出師，則大史主抱式以知天時，處吉凶。史官主知天道，故國語曰：吾非瞽、史，焉知天道；春秋傳曰：楚有雲如衆赤鳥，夾日以飛，楚子使問諸周大史。大史主天道。

是周官此處與前引左傳日官『凡分、至、啓、閉、必書雲物』之說，亦可互證也。

復次前引周禮春官眡祲所掌十煇之法，依鄭注，其目有『祲』『象』『鑴』『監』『闇』『瞢』『彌』『敘』『隮』『想』，凡十項，此必鄭氏所見天官舊典。依此說，則雲氣之占與日月食之占，皆此官所掌，以其性質相近似故也。左傳云天子有日官，諸侯有日御，必書日食與雲物（參桓公十七年左傳及僖五年左傳杜解），其義同也。

日月食之記，其來舊矣。董作賓先生曰：

中國古代交食之可考者，一曰中康日食，即今僞古文尚書夏書胤征篇所載；二曰周幽王六年之日食，即詩小雅十月之交篇所載；三曰春秋日食，即春秋經所載之三十七日食；而殷商一代不與焉。本譜（殷曆譜）由甲骨文字斷代研究之結果，得卜辭中交食之紀錄凡八事；擇其有月日可推者、並逸周書小開篇之月食，得月食六，日食一；詳加考訂，收入此篇（殷曆譜下編卷三交食譜）。

董先生此文發表于民三十四年；而于三十九年重寫殷代月食考時，則刪去一日食，改補一月食。董先生說：『爲甚麼要刪去交食譜的日食一？因爲原文是：

癸酉貞：日月有食，隹若？（後上二六、一五）。

癸酉貞：日月有食，非若？（佚三七四）。

這是「正反兩貞」的例，一事而貞正反兩面。我覺得這是「因日食與月食迭見，卜問休咎，卜貞的日子，不必就是日食或月食的日子而在月食之後，無從推求」，所以刪去了他』（平廬文存卷三卜辭中八月乙酉月食考）。

今案卜辭中雖無確切日期的日食紀載（計算殷代月食近有新說，略見張光直商史新料三則），然已有『日月有食隹若』或『非若』之貞，則其必有日食、月食關係災祥、休咎之信念，可知。以此推之，則詩小雅十月之交篇所謂『日月告凶』，所謂『彼月而微，此日而微，今此下民，亦孔之哀』，此其思想、觀念之淵原有自，亦不問可知。

董先生文又引僞古文尙書夏書胤征篇所載日食。案僞古文尙書文曰：

乃季秋月朔，辰弗集于房，瞽奏鼓，嗇夫馳，庶人走。羲和尸厥官，罔聞知，昏迷于天象，以干先王之誅。

案昭十七年左傳：

夏六月甲戌朔，日有食之，祝史請所用幣，昭子曰：日有食之，天子不擧（杜解〔下同〕：不擧盛饌），伐鼓於社；諸侯用幣於社，伐鼓於朝，禮也。平子禦之曰：止也。唯正月朔慝未作，日有食之，於是乎有伐鼓、用幣禮也；其餘則否。大史曰：在此月也（正月，謂建巳正陽之月也，於周爲六月，於夏爲四月）。日過分而未至（過春分而未夏至），三辰有災（三辰，日月星也），於是乎百官降物，君不擧，辟移時（辟正寢，過日食時），樂奏鼓（伐鼓），祝用幣，史用辭（用辭自責），故夏書曰：『辰不集于房（逸書也。集，安也。房，舍也，日月不安其舍則食），瞽奏鼓，嗇夫馳，庶人走』（爲救日食備也）。此月朔之謂也。當夏四月，是謂孟夏。平子弗從。昭子退曰：夫子將有異志，不君君矣（安君之災，故曰有異志）。

可見僞古文尙書胤征篇此文、卽襲用左傳所引夏書（朱駿聲尙書古注便讀已指出）；而左傳此處之所根據者必舊史，無疑也。由夏書此文，則知夏代已有日食爲災異之觀念，而此一迷信觀念，歷世相傳，前引小雅十月之交與昭十七年左傳之記是也。記日月食者日官，亦卽史官。蓋『史官主知天道』（周禮春官大史鄭注），日月之食固屬所謂『天道』，雲物之占亦未始非『天道』也。故日官卽大史已書日月之食，亦『必書雲物』，于左傳中、吾人所見者如此；夏商之世，蓋亦可以類推。然則雲物卽雲氣占候之觀念，亦舊矣，不自周禮、左傳始矣。然其觀念雖舊，必其始也單簡，而後出之說層累增益，亦勢所必然。先秦舊籍——尤其陰陽五行之書多類此，不爲異也。

復次古日官（太史、眡祲氏、保章氏、日御，職掌同）之書，所謂『雲物』，必然亦兼包星象。莊七年左氏春秋：

夏四月辛卯夜，恆星不見，夜中，星隕如雨。左傳：恆星不見，夜明也。星隕如雨，與雨偕也。 公羊傳：何以書？記異也。

又文四年左氏春秋：

秋七月，有星孛入于北斗。 左傳：有星孛于入北斗，周內史叔服曰：不出七年，宋、齊、晉之君，皆將死亂。 公羊傳：孛者何？彗星也。其言入于北斗何？北斗有中也（漢書五行志二十七下之下，劉歆以爲，北斗有環域，四星入其中也）。

又昭十七年左氏春秋：

冬，有星孛于大辰。 左傳：有星孛于大辰，西及漢。申須曰：彗，所以除舊布新也。天事恆象。今除於火，火出必布焉，諸侯其有火災乎？梓慎曰：往年吾見之，是其徵也。……若火作，其四國當之，在宋、衛、陳、鄭乎？宋，大辰之虛也；陳，大皞之虛也；鄭，祝融之虛也。皆火房也。星孛天漢，漢，水祥也；衛，顓頊之虛也，故爲帝丘，其星爲大水。水，火之牡也，其以丙子若壬午作乎？水火，所以合也。……鄭裨竈言於子產曰：宋、衛、陳、鄭將同日火。若我用瓘斝、玉瓚，鄭必不火。子產弗與。

又十八年傳：

夏五月，火始昏見；丙子，風。梓慎曰：是謂融風，火之始也；七日，其火作乎？戊寅，風甚；壬午，火甚。宋、衛、陳、鄭皆火。梓慎登大庭氏之庫以望之，曰：宋、衛、陳、鄭也。數日，皆來告火。裨竈曰：不用吾言，鄭又將火。鄭人請用之，子產不可。子大叔曰：寶，以保民也。若有火，國幾亡。可以救亡，子何愛焉？子產曰：天道遠，人道邇，非所及也。何以知之？竈焉知天道？是亦多言矣，豈不或信？遂不與。亦不復火。

又哀十三年左氏春秋：

冬十一月，有星孛于東方。

又十四年左氏春秋：

> 冬，有星孛。漢書五行志二十七下之下：十四年冬有星孛，在獲麟後。劉歆目爲，不言所在，官失之也。

案春秋經中此等與星象有關之記錄，卽日官所記。哀十四年經只言『有星孛』，而不言孛于何方，劉歆以爲『官失之也』，此所謂『官』，卽日官之傳也。昭十七年左傳記『冬，有星孛于大辰』，魯梓愼與鄭裨竈，並以爲火災將作，宋、衛、陳、鄭四國其當之。此則事後傅會，以故神其說，如兩漢書五行志之所爲，本非當時記錄（左傳中又有歲星占候之說數事，如襄二十八年傳云：『梓愼曰：今玆宋、鄭其饑乎？歲在星紀，而淫於玄枵，以有時菑。陰不堪陽，蛇乘龍。龍，宋、鄭之星也，宋、鄭必饑。玄枵，虛中也。……不饑何爲？』又：『裨竈曰，今玆周王及楚子皆將死。歲棄其次、而旅於明年之次，以害鳥帑，周、楚惡之』。正義：『此與上文俱論歲星過次，所占不同，其事俱驗，而丘明兩載之是傳』。案預言皆驗之說，不可信，是必戰國以後數術之士所依託。正義之言，誤也。左傳中歲星占驗之說，非史氏實錄，唐蘭已論之，文載二十八年十月廿九日中央日報昆明版讀書副刊關於歲星篇）。惟鄭裨竈言於子產，以瓘斝、玉瓚禳，可以不復火，子產不與，亦不復火，此則舊史、舊文，可毋疑也。

惟其古日官之書雲物亦必兼包星象，故後出之兵陰陽家說云，黃帝臣鬼臾區『占星氣』（世本作篇）；六韜云：『天文三人，主司星歷，候風氣』（據黃氏逸書考輯本）。案曰『星歷』『風氣』，簡言之則曰『星氣』，亦卽『雲物』之謂矣。兵陰陽家之占候『雲氣』，其原亦出于古日官之書『雲氣』，而今所見敦煌寫本占雲氣書殘卷乃不見有所謂星占者，蓋此殘卷乃俗本、簡編，亦且其文有闕，故也。

自東周末以逮戰國以後，蓋此類史官占候之說，乃更進而應用于軍事及由此軍事所引發之民生疾苦。史記天官書：

> 田氏篡齊，三家分晉，竝爲戰國，爭於攻取，兵革更起，城邑數屠，因以饑饉、疾疫焦苦，臣主共憂患，其察禨祥、候星氣，尤急。

案吳越春秋句踐入臣外傳七：『大夫計倪曰，候天察地，紀歷陰陽。觀變參災，分別妖祥。日月含色，五精錯行。福見知吉，妖出知凶，臣之事也』。吳越春秋，後出之書，然其間亦頗保存戰國以來之遺辭、舊義。計倪對越王句踐此言，是否當時實錄，誠未可知。然與天官書之言戰國『臣主共憂患，其察禨祥、候星氣尤急』者，則可謂不謀而合。至于應用于『兵革』、『攻取』之文，則有如六韜龍韜王翼云：

天文三人，主司星歷，候風氣，推時日，考符驗，校災異，知天心去就之機（通典兵十五風俗氣候雜占引太公曰：『凡興軍、動衆、陳兵，天必見其雲氣，示之以安危，故勝敗可逆知也』）。

又兵徵云：

凡攻城圍邑，城之氣色如死灰，城可屠；城之氣出而北，城可克；城之氣出而西，城可降；城之氣出而南，城不可拔；城之氣出而東，城不可攻；城之氣出而復入，城主逃北；城之氣出而覆我軍之上，軍必病；城之氣出高而無所止，用兵長久。凡攻城圍邑，過旬不雷不雨，必亟去之，城必有大輔之人。

孫子占云：

三軍將戰，有雲其上而赤，勿用陳。先陳戰者，莫復其迹（御覽三二八引）。

越絕書卷十二外傳記軍氣引子胥相氣取敵大數，其占法云：

凡氣有五色：青黃赤白黑色；因有五變：人氣變，軍上有氣，五色相連，與天相抵。此天應，不可攻。攻之無後。其氣盛者，攻之不勝。軍上有赤氣者徑抵天，軍有應於天，攻者其誅乃身。軍上有青氣盛明從□，其本廣末銳而來者，此逆兵氣也，為未可攻。衰去乃可攻。青氣在上，其謀未定。青氣在右，將弱兵多。青氣在後，將勇穀少，先大後小。青氣在左，將少卒多兵少，軍罷。青氣在前，將暴，其軍必來。赤氣在軍上，將謀未定。其氣本廣末銳而來者，為逆兵，氣衰去乃可攻。赤氣在右，將軍勇而兵少，卒彊，必以殺降。赤氣在後，將弱，卒彊，敵少，攻之殺將，其軍可降。赤氣在右，將勇，敵多（槃案上文曰『赤氣在右，將軍勇而兵少』，此曰『赤氣在右，將勇敵多』。同是赤氣在右，而前後兩說不相容。蓋下『右』字當作『左』。觀前後文例，凡分言『右』『左』者，必先『右』而後『左』，以此知之也），兵卒彊。赤氣在前，將勇兵少，穀多卒少，謀不來。黃氣在軍上，將謀未定。其本廣末銳而來者，為逆兵。氣衰去乃可攻。黃氣在右，將智而明，兵多、卒彊、穀足而不可降。黃氣在後，將智而勇，卒彊，兵少，穀少。黃氣在左，將弱，卒少，兵少，穀亡，攻之必傷。黃氣在前，將勇智，卒多彊，穀足而有多為（一作焉），不可攻也。白氣在軍上，將賢智而明，卒威勇而彊。其氣本廣末銳而來者，為逆兵，氣衰去乃可攻。白氣在右，將勇而兵彊，兵多，穀亡。白氣在後，將仁而明，卒少，兵多，穀少，軍傷。白氣在左，將勇而彊，卒多，穀少，可降。白氣在前，將弱卒亡，穀少，攻之可降。黑氣在軍上，將謀未定。其氣本廣末銳而來者，爲逆兵，去乃可攻。黑氣在右，將弱，卒少，兵亡，穀盡，軍傷，可不攻自降。黑氣在後，將勇，卒彊，兵少，穀亡，攻之殺將、軍亡。黑氣在左，將智而勇，卒少，兵少，攻之殺將，其軍自降。黑氣在前，將智而明，卒少，穀盡，可不攻自降。故明將知氣變之形。氣在軍上，其謀未定。其在右而低者，欲爲右伏兵之謀。其氣在前而低者，欲爲前伏陣也。其氣在後而低者，欲爲走兵陣也。其氣陽者，欲爲去兵。其氣在左而低者，欲爲左陣。其氣間，其軍欲有入邑。

墨子迎敵祠云：

凡望氣，有大將氣，有小將氣，有往氣，有來氣，有敗氣。能得明此者，可知成敗吉凶。

史記天官書云：

雲氣有獸居上者勝。……徒氣白，土功氣黃，車氣乍高乍下，往往而聚。騎氣卑而布，卒氣摶。前卑而後高者疾，前方而高、後兌而卑者卻，其氣平者，其行徐。前高而後卑者，不止而反。氣相遇者，卑勝高，兌勝方。氣來卑而循車者，不過三四日，去之五六里見。……稍雲精白者，其將悍，其士怯。其大根而前絕遠者，當戰。青白其前低者，戰勝。其前赤而仰者，戰不勝。……

案六韜今佚(黃氏逸書考有輯本)。隋志兵家云，(六韜)太公所作。余觀史記齊太公世家正義等所引文，多陰陽五行之說；又云『以車騎爲伏兵』(通典兵十五引太公占)；云『大戰之法，百萬之師』(同上書卷一四九引六韜)。西周時代，安得有此等思想、名物？蓋戰國間人所依託也。孫武、伍子胥書之有前引占候雲氣之說，殆亦六韜之比。天官書所錄，其內容、範圍，與六韜、伍子胥、孫子、墨子之說，距離不甚相遠，其爲戰國間人之託，則更不成問題矣。又漢志天文家有黃帝雜子氣三十三篇(沈欽韓疏證引御覽八七八所錄有黃帝占軍氣訣曰：『攻城有虹，欲敗之應』)；又兵陰陽家鬼容區三篇，元注：圖一卷。黃帝臣，依託』(姚振宗條理：『世本作篇曰，臾區占星氣。張澍輯注曰，臾區即車區，亦作鬼容區，實一人也。李奇曰，區，黃帝時諸侯。占星氣，謂與星之昏明流貫，主何瑞禎變異、及雲物徍變風氣方隅時候也』)。

此等占候之書，亦出戰國間人之手，蓋可知也。

至于秦漢之世，則傳此類術數之說者，大氐皆方士。史記秦始皇本紀：

侯星氣者至三百人，皆良士，畏忌諱諛，不敢端言其過。

案此所謂『良士』，蓋謂儒士，實卽方士。同上本紀又稱：

侯生、盧生……於是乃亡去。始皇聞亡，乃大怒曰：吾前悉係召文學方術士甚衆，欲以興太平。

此所謂『文學方術士甚衆』，與前引文云『三百人皆良士』，亦是一事。蓋自戰國末年以來，儒學爲『顯學』，故方士皆以儒學爲文飾。始皇『阬術士』(史記始皇本紀、儒林傳又淮南王安傳)，而始皇長子扶蘇諫，乃曰『諸生皆誦法孔子』；封禪書亦曰：『諸儒生疾秦焚詩書，誅僇文學』；則知此之所謂『諸生』、所謂『良士』、所謂『文學方術士』，實卽以儒學文飾之方士矣(別詳拙戰國秦漢間方士考論。本所集刊第十七本葉三三～四〇)。蓋古日官候望『雲物』『星氣』之法，自戰國以後，旣漸漸散諸民間。史記淮南衡山列傳：『衡山王與奚燕、張廣昌謀求能爲兵法候星氣者』。此之所謂『求』，當卽求之民間。始皇時『候星氣者至三百人』，信其亦卽來自民間之方士也。蓋自戰國時代頻年戰亂、兵凶，民生疾苦，『臣主共憂患，其察禨祥候星氣尤急』。此亦不能無衣食、利祿之召喚；利之所在，人必趨之，蓋候星氣之士之興盛，始此矣。然『君子儒』之與『大儒』、固無代無之。晏子春秋外篇第七：

齊有彗星，景公使祝禳之，晏子諫曰：無益也，祇取誣焉。天道不諂，不貳其命，若之何禳之也？且天之有彗，以除穢也。君無穢德，又何禳焉？

荀子天論：

星隊(墜)、木鳴，國人皆恐，曰：是何也？曰：無何也。是天地之變，陰陽之化，物之罕至者也。怪之可也，而畏之，非也。夫日月之有蝕，風雨之不時，怪星之黨見，是無世而不常有之。上明而政平，則是雖竝世而無傷也。上闇而政險，則是雖無一至者，無益也。夫星之隊，木之鳴，是天地之變，陰陽之化，物之罕至者也。怪之可也，而畏之，非也。

案晏子之主張，敬天、畏天，旨在導引人修身、進德。荀子則曰：『唯聖人爲不求知天』(同上篇。楊注：旣天道難測，故聖人但修人事，不務役慮於知天也)；又曰：『天行有常，不爲堯存，不爲桀亡。應之以治則吉，應之以亂則凶』(同上篇)。是謂求之在天，不如求其在我。然曰『應之以治』，則非修身、進德不可矣。晏子之言敬天、畏天因而修身、進德，是亦求其在我而已矣。是則晏、荀二子之言、殊途而同歸矣。儒有所謂『君子儒』，所謂『大儒』，于此焉見之矣。

復次始皇世候星氣者至三百人，其所施爲，未知何如。史記封禪書：

及秦幷天下，令祠官所常奉天地名山大川鬼神，可得而序也。……於是……而雍有日、月、參、辰、南北斗、熒惑、太白、歲星、塡星、二十八宿、風伯、雨師……之屬，百有餘廟；西亦有數十祠。……於亳社有……壽星祠(索隱：蓋南極老人星也，見則天下理安，故祠之，以祈福壽)。

案周禮春官大宗伯：『以禋祀，祀昊天上帝；以實柴，祀日、月、星、辰；以槱燎，祀司中、司命、飌(風)師、雨師』；昭元年左傳：『日、月、星、辰之神，則雪霜風雨之不時，于是乎禜之』。古人所祀之天神，大氐不過此等；亦無個別之廟之說(祀上帝于郊，見禮記中庸；饗帝於郊，見禮器；兆五帝於四郊，見周禮春官小宗伯；冬至祭天于圜丘，見前引大宗伯鄭玄注：日之與月，皆爲壇而祭，見禮記郊特牲疏引崔氏說：『祭星曰布』，見爾雅釋天；義爲『布散祭於地』，見郭注)。而始皇令祠官常奉之祀，其多乃至于百又數十，且並爲立廟，與禮典不相應，豈非惑于方士之說有以致之耶？續漢書天文志敍：

秦燔詩書，目愚百姓，六經籍典，殘爲灰炭；星官之書，全而不毀，故秦史書：始皇之時，彗孛大角，大角目亡；有大星與小星鬬於宮中，是其廢亡之徵。

始皇時代候星氣方士活動之遺跡，此亦其一事矣。

始皇既亡，二世繼立，與星氣有關之說，不見於本紀，惟說苑卷十八辨物篇云：

二世立，又重其惡；及即位，日月薄蝕，山林淪亡，辰星出於四孟，太白經天而行，無雲而雷，枉矢夜光，熒惑襲月，孽火燒宮，野禽戲庭，都門內崩。天變動於上，羣臣昏於朝，百姓亂於下，遂不察，是以亡也。

據漢書劉向傳，此等災變之說，『皆著於漢紀』。蓋漢紀亦本之秦代星官即候星氣方士之說，與前引續漢書天文志敍，可互證也。

此類方士之在漢代，亦甚具影響力。史記高祖本紀：

秦始皇帝常曰：東南有天子氣。於是因東游以厭之。高祖即自疑，亡匿，隱於芒碭山澤巖石之間。呂后與人俱求，常得之。高祖怪、問之，呂后曰：季所居，上常有雲氣，故從往，常得季。高祖心喜。沛中子弟或聞之，多欲附者矣。　會注考證：徐孚遠曰，高祖隱處豈不陰語呂后耶？隱而求、求而怪，皆所以動衆也。

案此詭託以號召民心之伎倆，徐氏説是。然方士星氣説影響於當時社會之彰然著明，卽此可見一斑矣。

亦有史書旣明言者。封禪書：

趙人新垣平以望氣見上（漢文帝），言長安東北有神氣成五采，若人冠絻焉。……天瑞下，宜立祠上帝，以合符應；於是作渭陽五帝廟，同宇。……夏四月（十六年），文帝親拜霸、渭之會，以郊見渭陽五帝。……於是貴平上大夫，賜累千金。……其明年，新垣平使人持玉杯，上書闕下獻之。平上言曰：闕下有寶玉氣來者。已視之，果有獻玉杯者，刻曰：人主延壽。平又言：臣候日再中。居頃之，日卻復中；於是始更以十七年爲元年，令天下大酺。平言曰：周鼎亡在泗水中，今河溢通泗，臣望東北，汾陰直有金寶氣，意周鼎其出乎？兆見，不迎則不至；於是上使使治廟汾陰，南臨河，欲祠出周鼎。人有上書告，新垣平所言神氣事，皆詐也。下平吏治，誅夷新垣平。

又書：

其（武帝元鼎四年）夏六月中，汾陰巫錦爲民祠魏脽后土，營旁見地如鉤狀，掊視得鼎……吏告河東太守勝，勝以聞。天子使使驗問巫得鼎，無姦詐，乃以禮祠，迎鼎至甘泉，從行上（漢書郊祀志『行上』作『上行』）薦之，至中山，曣温有黄雲蓋焉。……有司皆曰……今鼎至甘泉……有白雲降蓋，若獸爲符。……鼎宜見於祖禰，藏於帝庭，以合明應。制曰：可。入海求蓬萊者，言蓬萊不遠而不能至者，殆不見其氣；上乃遣望氣佐候其氣云。……十一月辛巳朔旦冬至昧爽，天子始郊，拜太一。……公卿言：皇帝始郊見太一雲陽……是夜有美光；及晝，黄氣上屬天。太史公、祠官寬舒等曰……宜因此地光域立太畤壇，以明應。……其（元封元年）秋，有星茀于東井；後十餘日，有星茀于三能。望氣王朔言：候，獨見塡星出如瓜，食頃復入焉。有司皆曰：陛下建漢家封禪，天其報德星云。其來年(元封二年)冬,郊雍五帝,還,拜祝祠太一,贊饗曰:德星昭衍,厥維休祥。壽星仍出,淵耀光明。信星昭見,皇帝敬拜太祝之享。……三年,上乃下詔曰:天旱,意乾封乎?其令天下尊祠靈星焉(會注:中井積德曰,祠靈星,蓋祈雨也)。……自此之後,方士言神祠者彌衆,然其效可睹矣。

漢書郊祀志下:

後五年(征和四年)…… 是歲,雍縣無雲如靁者三,或如虹氣蒼黃,若飛鳥集棫陽宮南,聲聞四百里;隕石二,黑如黳。有司目爲美祥,目薦宗廟。

宣帝……改元爲神爵……又以方士言,爲隨侯劒、寶玉、寶璧、周康寶鼎,立四祠於未央宮中。……又立歲星、辰星、太白、熒惑、南斗祠於長安城旁。……成山祠日,萊山祠月……京師近縣鄠、則有勞谷、五牀山日、月、五帝、僊人、玉女祠(補注:先謙曰,地理志,鄠縣谷口有五林山僊人,五帝祠。扶風陳倉有叩星祠,即玉女祠矣)。

初罷甘泉泰畤作南郊日,大風,壞甘泉竹宮,折拔畤中樹木十圍目上百餘,天子(成帝)異之,目問劉向,對曰……甘泉、汾陰及雍五畤,始立、皆有神祇感應,然後營之。……武、宣之世,奉此三神。禮敬敕備,神光尤著。……及陳寶祠、自秦文公至今,七百餘歲矣;漢興,世世常來,光色赤黃,長四五丈,直祠而息,音聲砰隱,野雞皆雊。每見雍太祝祠目太牢,遣候者乘一乘傳,馳詣行在所,目爲福祥。高祖時五來,文帝二十六來,武帝七十五來,宣帝二十五來;初元元年目來,亦二十來。此陽氣舊祠也。……前始納貢禹之議,後人相因,多所動搖。……恐其咎不獨止禹等,上意恨之。……後成都侯王商爲大司馬衛將軍輔政,杜鄴說商曰……皇天著象,殆可略知。……祠后土還,臨河當渡,疾風起波,船不可御;又雍大雨、壞平陽宮垣;迺三月甲子,震電,災林光宮門,瑞祥未著,咎徵仍臻。

案前引封禪書所載漢文帝時望氣之新垣平及武帝時之望氣王朔等,並方士;說星氣之『公卿』『有司』,亦既同化方士;而郊祀志宣帝條云,立歲星、辰星等祠,爲『又目方士言』,則更明白矣。武帝時之祠官寬舒等及成帝時之劉向,雖非方士,然其思想,實旣與方士不甚相遠。漢書劉向本傳言:『上(宣帝)復興神僊方術之事,而淮南有枕中鴻寶苑祕書，書言神僊使鬼物爲金之術、及鄒衍重道延命方，世人莫見，而更生父德，武帝時治淮南獄，得其書，更生幼而讀誦，目爲奇，獻之，言黄金可成。上令典尙方鑄作事，費甚多，方不驗』。更生，劉向本名。向自幼卽習讀方士書說而喜之，其思想、言論之方士化，有由然矣。郊祀志載谷永說成帝之言曰：『漢興，新垣平、齊人少翁、公孫卿、欒大等，皆目僊人黄冶、祭祠事鬼使物、入海求神采藥，貴幸，賞賜累千金。大尤尊盛，至妻公主，爵位重絫，震動海內。元鼎、元封之際，燕、齊之間方士，瞋目扼掔、言有神僊祭祀致福之術者，目萬數。其後平等皆目術窮詐、得誅夷伏辜』。谷永之言，可謂切至。以人主之愚闇，方士之狡詐，騷然煩費，卒使國家禍害，天下怨恨，可慨嘆矣。

方士之又一詐僞，亦見之于讖緯。如河圖：

彗星出貫奎，庫兵悉出，禍在强侯，外夷應運首謀也（續漢書天文志中注補引）。

月犯心後星，亂臣在旁（同上）。

日蝕而交暈貫日中，兩軍爭，後者勝，將死之（開元占經九引）。

熒惑入南斗，退而復犯，犯之一日卽退，大臣有免退者，期不出八十日。若宰相行德政，忠君愛國，可以解咎（同上書三三引）。

望宿之次有赤黄氣或赤黄雲宕漾不散者，此財寶之氣也，一年之內外邦必有貢珍物者。若白氣白雲，則外邦興兵（同上書九十六引）。

雒書：

日中有烏見，名曰陰德，不出六十日，兵出，從所向伐之，勝（開元占經六引）。

雒書甄曜度：

太白守心、後九年，大饑（續漢書天文志中注補引）。

熒惑守心，逆臣起（同上）。

歲星入昴，邊兵入國，有土功、若有赦命（開元占經二六引）。

昴星退舍，主兵大弱，邊人肆毒。昴星進舍，客兵大敗、若敵主死（同上）。

雒書摘六辟：

日有赤黑珥，夷人起，兵外降附之（開元占經七引）。

易通卦驗：

山雲草莽,水雲魚鱗,旱雲烟火,涔雲水波,隊雲如立垣,杼雲類軸,灼雲如繩蜺(古微書本)。

日中見烏,將軍出、旌旗舉也。鄭注:烏,陰類也,攫搏爭鬬之象。凡日午正,羣相飛噪,故主兵也(黄氏逸書考引清河郡本)。

二分、二至,必占雲氣:黄如覆車,五穀大熟;青致蟲,白致盜,黑致水,赤致火。鬱鬱葱葱,隱隱隆隆,佳氣也。緜緜絞絞,條條片片,兵氣也。澤澤餤餤,女子氣也。如藤蔓挂樹者,琁氣也。紫氛如樓者,玉氣也。絶氣有銅,紅氣有瓊。爲璘褐色、爲銕赭色、雲氣下垂,不可以掘(同上)。

易辨終備:

必視熒惑,所在時殃。 鄭注:熒惑主理天下,故必候之,以知時禍(黄氏逸書考本葉二)。

詩含神霧:

燁燁震電,不寧不令,此應判法之太暴,故震雷驚人, 使天下不安(初學記政理部引。逸書考引清河郡本法作政,無之字)。

禮斗威儀:

日月赤,君喜怒無常,輕殺不辜,戮於無罪,不事天地,忽於鬼神;時則大雨土,風常起, 日蝕無光,地動,雷降 。其時不救, 兵從外來爲賊,戮而不葬(續漢書五行志六注補引)。

春秋:

妖星慘淡無光,主後宫受誣幽廢,太子不得自立(開元占經妖星占引)。

春秋緯:

日蝕既,君行無常,公輔不修德,夷狄强侵,萬事錯(續漢書五行志六注補引)。

五星有入軫者,皆爲兵大起(續漢書天文志中注補引)。

太白入軫,兵大起(同上)。

春秋考異郵:

國大旱,冤獄結。旱者,陽氣移,精不施,君上失制,奢淫僭差,氣亂感天,則旱徵見。 陰厭陽移,君淫民惡,陰精不舒,陽偏不施(續漢書五行志一引)。

北方之氣如牛羊羣畜、穹閭；南方之氣如舟楫；東方之氣如樹木交柯；西方之氣如室屋軒廠、旛旗。……（逸書考引清河郡本）。

流星犯箕踵，三十日內邊兵起。流星犯箕巳，六十日內邊兵起（開元占經流星占三）。

春秋文耀鉤：

太白貫胃，倉廩虛，邊兵結，四遠侵，戢謀成（開元占經太白占五）。

春秋元命苞：

參主斬刈，處臧行罰也；又主權衡，所目平理也；又主邊城九驛，故不欲其動也。參，白虎之體也，其星三列，三將也：東北星曰左肩，主左將軍；西北星曰右肩，主右將軍；東南星曰左足，主後將軍；西南星曰右足，主偏將軍（開元占經西方七宿占引）。

陰陽之氣，聚爲雲氣，立爲虹蜺，離爲倍僪，分爲抱珥（續漢書五行志六注補引）。

畢七星十六度主邊兵（禮記月令正義等引）。

春秋漢含孳：

臣子謀，日乃蝕（續漢書五行志六注補引）。

陽弱辰逆，太白經天（續漢書天文志注補引）。

春秋感精符：

日無光，主勢奪，羣臣以讒術；色赤如炭，以急見伐，又兵馬發（續漢書五行志六注補引）。

日朝珥，則有喪孽。　日已出，若其入而雲皆赤黃，名曰日空，不出三年，必有移民而去者也（同上）。

日黑，則水淫溢（同上）。

虹貫日，天下悉極文法，大擾，百官殘賊，酷法横殺，下多相告，刑用及族，世多深刻，獄多怨，宿吏皆慘毒。　國多死孽，天子命絕，大臣爲禍，主將見殺（同上）。

日無光，主勢奪，羣臣以讒術，赤色如炭，以急見伐；又兵馬發（同上）。

春秋潛潭巴：

虹出，后妃陰脅王者。　五色迭至，照於宮殿，有兵革之事（續漢書五行志五引）。

甲子(月)蝕，有兵，敵强(同上志六注補引)。

乙卯蝕，雷不行，雪殺草，不長，姦人入宮(同上)。

丙寅蝕，久旱，多有徵(同上)。

癸亥日蝕，天人崩(同上)。

辛丑日蝕，主疑王(同上)。

乙未蝕，天下多邪氣，鬱鬱蒼蒼(同上)。

戊申蝕，地動搖，侵兵强， 一曰：主兵弱，諸侯强(同上)。

丁巳蝕，下有敗兵(同上)。

癸酉蝕，連陰不解，淫雨毀山，有兵(同上)。

壬寅蝕，天下苦兵，大臣驕橫(同上)。

甲辰蝕，四騎脅，大水(同上)。

庚辰蝕，彗星東至，有寇兵(同上)。

丙申蝕，諸侯相攻(同上)。 夷狄內壞(同上)。

乙亥蝕，東國發兵(同上)。

丁卯蝕，有旱，有兵(同上)。

乙巳日蝕，東國發兵(同上)。

演孔圖：

天子外苦兵，威內奪 ，臣無忠 ，則天投蜺(續漢書五行志五引)。 蜺者，斗之精也，失度投蜺見態，主惑於毀譽(同上志注補據邕集引)。

孝經鉤命訣：

失義不德，白虎不出禁，或逆，枉矢射，山崩，日蝕(續漢書五行志六注補引)。

〔附錄〕彗，五彗也。蒼則王侯破，天子苦兵；赤則賊起，强國恣；黃則女害色，權奪於后妃；白則將軍逆，二年兵大作；黑則水精賦，江河決，賊處處起也(同上志注補引宋鈞注鉤命決文)。

案讖緯雲氣卽星氣占候之說，隨在皆是，不能徧舉。此類說，實卽舊史卽日官之說，秦漢間方士僞託讖緯，乃剽竊之以實其書，如易通卦驗云：『陬雲如立垣，杼雲類軸，灼雲如繩蜺』。案史記天官書云：『陣雲如立垣。杼雲類杼，軸雲摶，兩端兌。

杓雲如繩者，居前亙天，其半半天』（會注考證：『張文虎曰，案「杼」「軸」，兩物也。各本以「軸」字上屬，誤。今正。「摶」字，北宋本舊刻同。它本譌「搏」。漢志「兩」作「而」。晉志作「杼軸雲類軸，摶而端兌」。史與二志，並有脫誤』）。案天官書與易通卦驗並有譌奪，然無礙其爲天官舊說。又如春秋考異郵云：『北方之氣如牛羊羣畜穹閭；南方之氣如舟楫；東方之氣如樹木交柯；西方之氣如室屋軒敞旛旗。……』。案史記天官書云：『王朔所候，決於日旁。日旁雲氣、人主象，皆如其形以占，故北夷之氣，如羣畜穹閭；南夷之氣，類舟船幡旗』。案史記天官書之說，明云出于王朔。考異郵說略同，而字有譌誤。然天官書所引，其文不全；而考異郵所引乃至百八十餘字，蓋據原文也。又如天官書云：『熒惑……其入守犯太微、軒轅、營室，主命惡之。心爲明堂，熒惑廟也。謹候此』（會注考證：『漢志云，熒惑，天子理也，故曰：雖有明天子，必視熒惑所在』）。案易辨終備云：『必視熒惑，所在時殃』。此與天官書說義同，蓋亦天官舊說矣。

方士與讖緯之關係則何如？蓋讖者，濫觴于始皇之世，史記趙世家所謂秦讖，見也。始皇本紀：『燕人盧生使入海還，以鬼神事，因奏錄圖書曰，亡秦者胡也』，錄圖書卽河圖。河圖亦稱讖，桓譚所謂『讖出河圖、洛書，後人妄復增加依託』，是也。緯者對經之辭，鄭玄注乾坤鑿度乾鑿度篇『乾文緯』云，『經之與緯，是縱横之字』，是也。方士輩之託讖緯，固以爲孔子之『祕書微文』；或曰『子夏六十人、共譔仲尼微言也』（以上說，別詳拙戰國秦漢間方士論考幷方士之思想與性行中，文載本所集刊第十七本；讖緯命名及其相關之諸問題貳之甲讖緯作者辨，文載本所集刊第廿一本）。

方士之僞託讖緯，則何爲必須借重孔子，以爲是聖人之書？蓋爾時儒爲顯學，而海上燕齊方士與其所宗主之鄒衍、並爲雜學——尤其是陰陽五行之學，而喜以儒學爲文飾（說已前見）；而自前漢武帝之世、罷黜百家，儒爲一尊。易、書、詩、禮、樂、春秋、論語、孝經，固儒家之經典，若不比傅其書，故神其說，則不足以蠱惑時君、而『要世取資』（後漢張衡之言，見本傳）。漢書王莽傳：

> 元始三年，莽奏，有逸禮古書、毛詩、周官、爾雅、天文、圖讖、鍾律、月令、兵法、史篇文字、通知其意者，皆詣公車。網羅天下異能之士，至者、前後千數（案平帝紀云：爲駕一封軺傳，遣詣京師，至者數千人），皆令記說廷中。

此時之圖讖卽讖緯旣與經藝相提並重，蓋其來也漸，不可能驟爾至此。厥後光武『宣布圖讖於天下』（本紀）『及顯宗、肅宗，因祖述焉。自中興以後，儒者爭學圖讖』（後漢書張衡傳）。而桓譚乃敢『極言讖之非經』，光武大怒，謂『桓譚非聖無法』（後漢書桓譚傳）。讖緯學之昌盛，至此而極矣。蓋此時之讖緯作者，固自以爲通合天人之道，推言陰陽五行，假設經誼，依託象類，『俗儒趨時，益爲其學，篇卷第目，轉加增廣，言五經者，皆憑讖爲說』（隋書經籍志讖緯類）；而所謂『占雲氣書』之類者，鈔襲讖緯爲之，而于讖緯中，特不過一點一滴。然其文、其義，亦流傳有緒，非同嚮壁虛造，必也。

此一敦煌鈔本占雲氣書殘卷內容，雖自戰國秦漢以來流傳有緒，至于其書之爲何人所輯錄，今則無可考。卽如太公占、以及晉、隋二書天文志以與殘卷比較，但見四者之間，或詳或略，或彼無此有，或大同小異，蓋同源異流，隨意取捨，各自成篇。前引漢志以下諸家之書，其名不同，篇卷多寡亦異，意亦其比矣。

漢書藝文志所錄，每云書若干篇，其附圖者則注云圖若干卷。無一例外，蓋文以簡編，故曰『篇』；圖以縑帛，故曰『卷』。六朝以後則以紙代竹帛，故凡所著錄，只言若干卷，不復更言篇。其書之附圖者亦只言某圖若干卷，而不復言書若干篇、圖若干卷，蓋已書圖合編同卷，不復分別。今殘卷亦題曰占雲氣書，文字與圖同爲『一卷』（敦煌本白澤精怪圖殘卷、瑞應圖殘卷等亦然），蓋六朝間人之書式則然矣。

秦漢以來舊籍，亡佚者多矣。卽其幸而存者，體製、書式，已非本來面目。例如班志所錄，每云圖幾卷；下逮宋志猶然。今則宋以前人所能見到之圖，已無一有在者矣。幸而敦煌猶留此殘卷，有文有圖，古書眞面，恍惚于此焉遇之。是亦書林中一故實矣。

附：殘卷、太公占及晉、隋兩書天文志異同表

占雲氣書殘卷	太公占	晉書天文志	隋書天文志	附記
丙下日有雲氣不可攻				案明鈔本題作李衛公(靖)撰之白猿奇書兵法雜占篇:『丙丁日若遇黑雲

				攔，莫恃兵多兼將勇，也宜堅壁引師還。征戰必遭殘』。與殘卷義同，知殘卷『丙下』必『丙丁』之譌
凡上雲乙日平旦伺有白雲不可攻				
庚辛日赤雲不可攻				
戊己日青雲不可攻				
城中有黑雲如星而出者軍精急解圍去必有變兵爲客死				
壬癸日有黄雲不可攻				
兩軍相對望雲赤如布廣長數十丈君日下色白下有皆主之臣昏見在客且在主也				
有雲雙青虵雲去可擊大勝	若有雲如雙青蛇雲去可擊大勝			案殘卷『雲』下有脱字。
遥望彼軍上有雲如鬥鷄赤日下隨此得天心不可擊	或遥視軍上雲如鬬雞赤白相隨在氣中得天助不可擊	或有雲如鬬雞赤白相隨在氣中……皆將士精勇	有雲如鬬雞赤白相隨在氣中……皆將士精勇不可擊	案殘卷『赤日下隨』，疑當作『赤白相隨』。

敵上有雲如爲雨彗政代不可得	或城上有雲分爲兩彗狀者攻不可得		城上有雲分爲兩彗狀攻不可得	案殘卷『如爲雨彗政代』，當作『分爲兩彗狀，攻伐』
伏兵氣如杵在黑雲中	……或有氣如赤杵在黑雲中皆有伏兵		伏兵之氣……或如赤杵在烏雲中	
營上有雲如衆人頭赤色其下死喪流血	或城營上有赤雲如衆人頭下多死喪流血	有雲如衆頭赤色其城營皆可屠	城營上有雲如衆人頭赤色下多死喪流血	
赤如幢節在黑雲中轉高銳不可擊	伏兵氣如幢節在黑雲中轉高銳不可擊			案殘卷『赤』疑當作『氣』。
有雲如蛟龍所見擄軍邊城嗡失䙡	邊城雲如蛟龍所見處軍將失魄	有雲如蛟龍所見處將軍失魄	有雲如蛟龍所見處將軍失魄	案殘卷『嗡』，『搦』之別體，醴泉銘搦字，與此近似。『擄』蓋『處』之譌。『䙡』蓋『魄』之譌
凡天陰不雨必有下謀上人				
城營上見有雲如雄鷄城必降	城營上見有雲如雄雞城必降		雲氣如雄雉臨城其下必有降者	
敵上有雲長如列索如陣前後銳或四黑色有陰謀青色有兵赤色有友黃色急去	敵上有雲長如引索如陣前銳或白黑色有謀青色有兵赤色有反黃色急去			案殘卷『四』蓋當作『白』；『友』蓋當作『反』。
敵上有雲如牽	敵上有氣如牽	或……雲如牽	望敵上……雲	

牛未可擊	牛未可擊	牛……皆將士精勇	如牽牛…皆將士精勇不可擊	
有雲城上如坐人赤色所臨邑有卒兵未至驚恐須臾吉	有雲如坐人赤色所臨必有卒兵來至驚恐須臾而去		雲如人赤色所臨邑有卒兵至驚怖須臾去	案殘卷『未』蓋當作『來』。
有雲如日月暈赤色其國凶青白色才有和	或有雲如日月而赤氣繞之如日暈狀有光者所見之地大勝不可攻			案殘卷此處與太公占異，且有譌誤字。
有雲如列陣天下兵起				
四方清淨獨有雲起者所見之地有大兵去				
若四望無雲獨見黑雲上天下兵起半夫有半起若一日而灾解		壬子日候……若四望無雲獨見黑氣極天天下兵大起半天半起三日內有雨灾解		案殘卷『夫』，當作『天』。
有雲如一疋布立見天下兵起				
有雲如龍行国有大小流亡			有雲狀如龍行國有大水人流亡	案殘卷有譌脱。太公占不誤。
有雲如貎四五救相聚國强				
太無雲而雷君令不行國凶宜修兵備武以應之				案『太』當作『天』。

有雲昧濁賢人去小人在位	如氣昧而濁賢人去小人在位	有雲如氣昧而濁賢人去小人在位		
有雲黃赤色四塞日夜照地者大臣縱怨也				
凡占軍起與敵相對將當訪軍中善相氣者厚寵之當令清旦若日中時察彼軍及自軍上氣皆至筆錄巳上將＝軍＝察之若我軍上氣不善驚備涅鎮守勿妄戰	凡占軍氣與敵相對將當訪軍中善相氣者厚寵之留令清朝若日中時察彼軍及我軍上氣皆紙筆錄記上將軍將軍察之若我軍上氣不善但警備鎮守勿接戰			案殘卷有譌字。太公占不誤。
敵在東日出時後之在西㪷日入候之在北㪷夜半候之在南㪷日午候之	敵在東日出候之時在南日中候之在西日入候之在北夜半候之			案殘卷『後』，當作『候』。『㪷』蓋『頭』之俗字。
每庚子日及辰戌午未登五丈高臺去十里占人以上便有氣	每庚子日及辰戌午未登五丈高臺去一里占百人以上便有氣			案殘卷『占』下，蓋脫『百』字。
甲子日察大氣常要使三五人登高若從下日日候之分明記上將軍將軍審而察之				
若舉自而望之三百里二十十里柰榆			平視則千里舉目望則五百里仰瞻中天則百	案史記天官書作：『仰而望之，三四百里。

二千里 登高望 下屬 地者三千里			里內平望桑榆 間二千里登高 而望下屬地者 三千里	平望在桑榆 上，千餘里、 二千里。登高 而望之，下屬 地者三千里』。 殘卷『自』， 當作『目』。
氣高五丈期五日以此 師 之氣 來卑修道者五六日四五 日至 高七八尺 者去 之十餘里五六日至 高 二丈者去 五十里期十日至				案天官書說： 『氣來卑而循 車通(道)者， 不過三四日， 去之五六里 見。氣來高七 八尺者，不過 五六日，去之 十餘里見。氣 來高丈餘二丈 者，不過三四 十日，去之五 六十里見』。
敵軍有五色氣 與天連此天應 之不可擊	凡軍營上有五 色氣上與天連 此應天之軍不 可擊		凡軍營上五色 氣與天連此 天應之軍不可 擊	案伍子胥相氣 取敵大數:『軍 上有氣，五色 相連，與天相 抵，此天應， 不可攻』。
凡軍氣上大下 小者軍士日威 其下大上小者 而與天相連中 有賢將			其氣上小下大 其軍日增益士 卒	案殘卷『士』 讀作『士』。 二字通用，石 經漢碑習見。
赤氣如人持杵 從城中出向外	或氣如杵從城 中向外者內兵		赤氣如杵形從 城中向外者內	案殘卷『杵』， 當作『杵』。

者內兵突出必勝	突出主人勝		兵突出主人戰勝	
氣如埃塵前卑後高者將士精銳不可擊	氣如塵埃前卑後高者將士精銳不可擊		軍上有氣如塵埃前下後高者將士精銳	
氣堤如坂浚靡地避之勿擊	氣如隄阪前後磨地避之勿擊	凡軍勝之氣如堤如坂前後磨地……將軍勇士卒猛	凡軍勝氣如堤如坂前後磨地此軍士衆彊盛不可擊	案殘卷『氣』下脫『如』字。『坂』下脫『前』字。『浚』，『後』之俗。
其軍上氣黃白而光澤者不可擊之	凡敵上氣黃白潤澤者將有威德…皆不得擊		營上氣黃白色重厚潤澤者勿與戰	
對敵而急有雲氣來其卑不薛覆人上下掩溝善道者大賊必至食不及飽急起驚備	對敵或有氣來甚卑不蔭覆人上下掩搆葢道者大賊必至食不及飽嚴俟之			案殘卷『薛』，當作『蔭』。『溝』，當作『搆』。『善』，當作『葢』。『驚』，當作『警』。
氣如煙火狀赫然將勇不可擊	凡氣……如火煙之形或如火光之狀……皆猛將氣	猛將之氣……或如火煙之狀	凡猛將之氣……或如火烟之狀	
有黑氣雲如牛馬入其軍者名爲天狗下食血其軍＝必敗也	或軍上有黑氣如牛馬形從氣霧中下漸漸入軍名曰天狗下食血敗軍也		軍有黑氣如牛形或如馬形從氣霧中下漸漸入軍名曰天狗下食血則軍破	
彼軍上氣如山堤若林木者將士驍勇不可輒	凡氣……或如山林……皆猛將氣　敵軍上	凡軍勝之氣……或如山堤若林木者將士驍	軍上氣如山堤若林木將士驍勇	

擊之	氣如山陧上林木不可與戰	勇		
營上有白氣赤邊者必有鋭兵不可當氣在我軍上頭更復還敵軍上動摇不安者宜望營勿先動				
望彼軍上氣如埃塵粉沸其色黄白如其旗旛暉＝無風而動將士勇猛不可擊	見彼軍上氣如塵埃沸粉其色黄白如旗旛暉暉然無風而動將士勇猛不可擊我軍如此亦不用戰	凡軍勝之氣……或如埃塵粉沸其色黄白……皆將士精勇	軍上氣如埃塵粉沸其色黄白旌旗無風而颺揮揮指敵此軍必勝	
有氣赤如火從天而下入軍城軍亂將死			赤光從天而下入軍軍亂將死	
兩軍相對遥逞雲軍上紛＝敦＝如煙如塵賊敗凶	兩軍相對遥見軍上有氣紛紛勃勃如煙如塵賊凶敗		敵上氣如粉如塵者勃勃如烟……其軍欲敗	案殘卷『逞』，當作『望』。
有白氣如外萬万連結部隊相遂須臾罷而覆出及至八九如不斷者賊必至散故守	有白雲如瓜蔓連結部隊相逐須臾罷而復去及至八九而不斷者賊必至嚴守之			案殘卷『外』，當作『瓜』。『萬』，當作『蔓』。『遂』，當作『逐』。『覆』，當作『復』。『散』，當作『嚴』。
凡陳相當有白氣出似旗幡在	凡城中有白氣如旗者下可攻		有白氣出似旌旗在軍上……	案太公占『下可攻』，『下』

軍上其軍勝赤則凶也			皆將士精勇不可擊	似爲『不』譌。
若雨蒙圍城有人處者外兵當攻入若有出者兩兵當突出	若雨氣蒙圍城有入處者外兵當攻入若有出者內兵當突出			案殘卷『人』，當作『入』。『兩』，當作『內』。
凡氣安則軍安氣動搖軍不氣四散去軍破日一敗	凡氣安卽軍安也氣動搖則軍不安氣四散去軍破且敗			案殘卷『不』下脫『安』字；『且敗』譌作『日一敗』。
其氣半出如復軍敗一絕一敗二絕二敗三絕三敗			軍上氣半而絕一敗再絕再敗三絕三敗	案殘卷『如復』，蓋當作『而絕』。
軍城上下無者其軍必敗君我軍無色將德撫桖士衆存凋寒暑警戒固守	軍上下日無氣者其軍必敗若我軍無氣將修德撫士衆存問寒暑警誡固守		降城上……及無雲氣士卒必敗	案殘卷『無』下『色』下，並脫『氣』字；『君』當作『若』；『桖』當作『恤』；『問』譌作『凋』。
兩軍相當有氣如飛鳥徘佪其軍在上或來而高者兵銳不可擊	兩軍相當有氣如飛鳥徘徊在其城上或來而高者兵銳不可擊		兩軍相當敵上有雲如飛鳥徘徊其上或來而高者兵精銳不可擊	案殘卷『其軍在上』，蓋當作『在其軍上』。
其氣如牛諸者瓦解之氣軍必大敗	有黑氣如牛猪者瓦解之氣軍必散		軍上氣中有黑雲如牛形或如馬形者此是瓦解之氣軍必敗	案殘卷『猪』譌『諸』。
其氣如火夜燭人者軍士散亂	有赤色氣如火從天下入軍軍			案殘卷『若人』，『人』當作

若人營者將死	亂將死			『入』。
兩軍相望前有中有黑者必有伏兵不可擊				案殘卷字有脫誤。

後　記

㈠古日官候望『雲物』『星氣』之法，自戰國以後，漸次散諸民間，余前文曾引始皇時候星氣者三百人及淮南衡山傳謀求能爲兵法候星氣者之等爲例。今案敦煌占雲氣書殘卷圖第三十云：『凡占軍起與敵相對，將當訪軍中善相氣者厚寵之，當令清旦若日中時，察彼軍及自軍上氣，皆至〔紙〕筆錄，筆錄已上將軍……』。云『當訪軍中善相氣者』，此則身行伍之善相氣者，卽平民。文亦見太公占（並詳前表）。戰國以後，望雲物、候星氣之法、漸次散諸民間，此尤爲顯證矣。

㈡殘卷最後有二十九圖，文闕。其第十四圖作三獸驚走狀，獸皆有角，角上歧，知爲鹿（參今附圖五）。案抱朴子外篇佚文云：『凡觀戰雲氣如走驚鹿者，敗軍之氣也』（意林、御覽三二八引）。此說與殘卷圖合，殆一事也。

一九七九年十一月廿一日完稿。

出自第五十本第一分(一九七九年三月)

影鈔敦煌寫本占雲氣書殘卷附圖

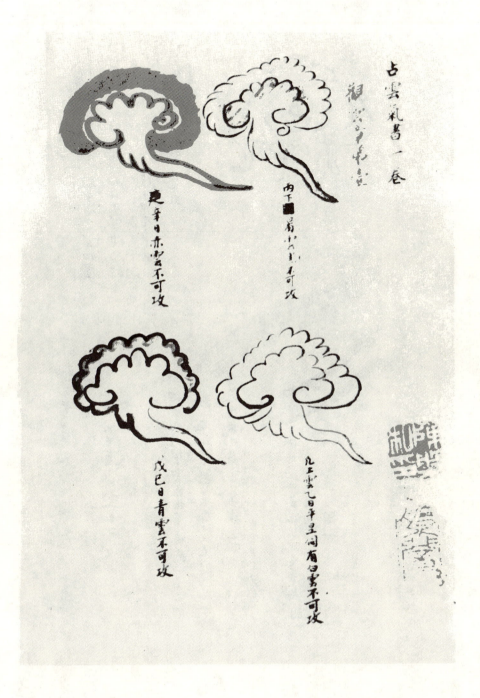

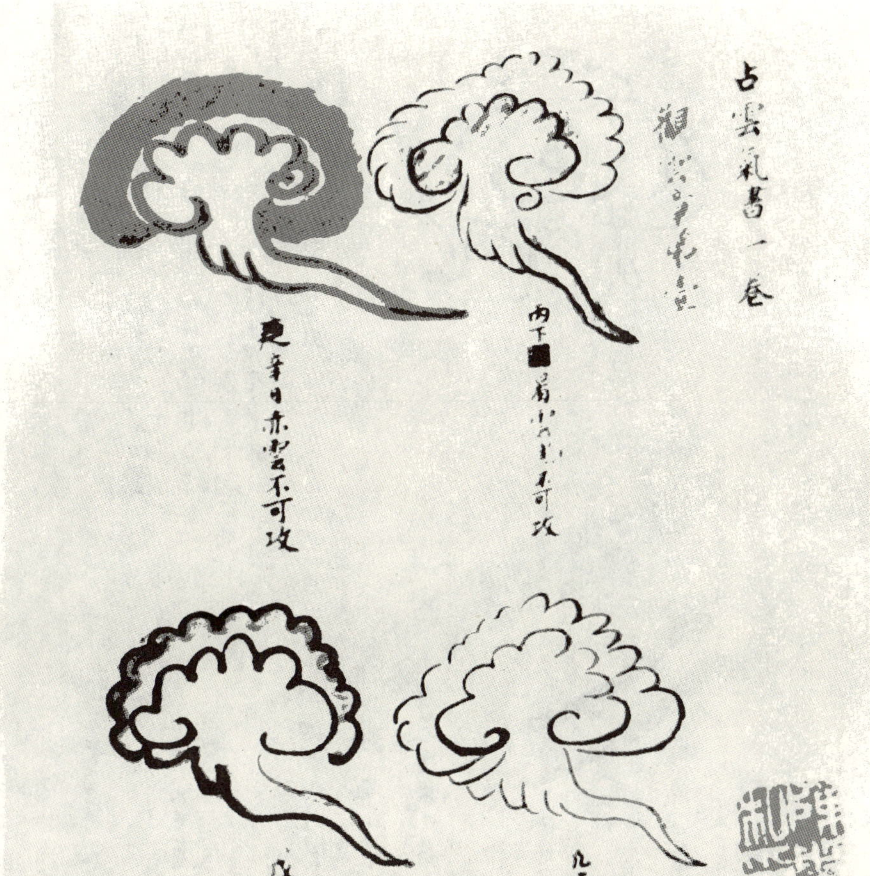

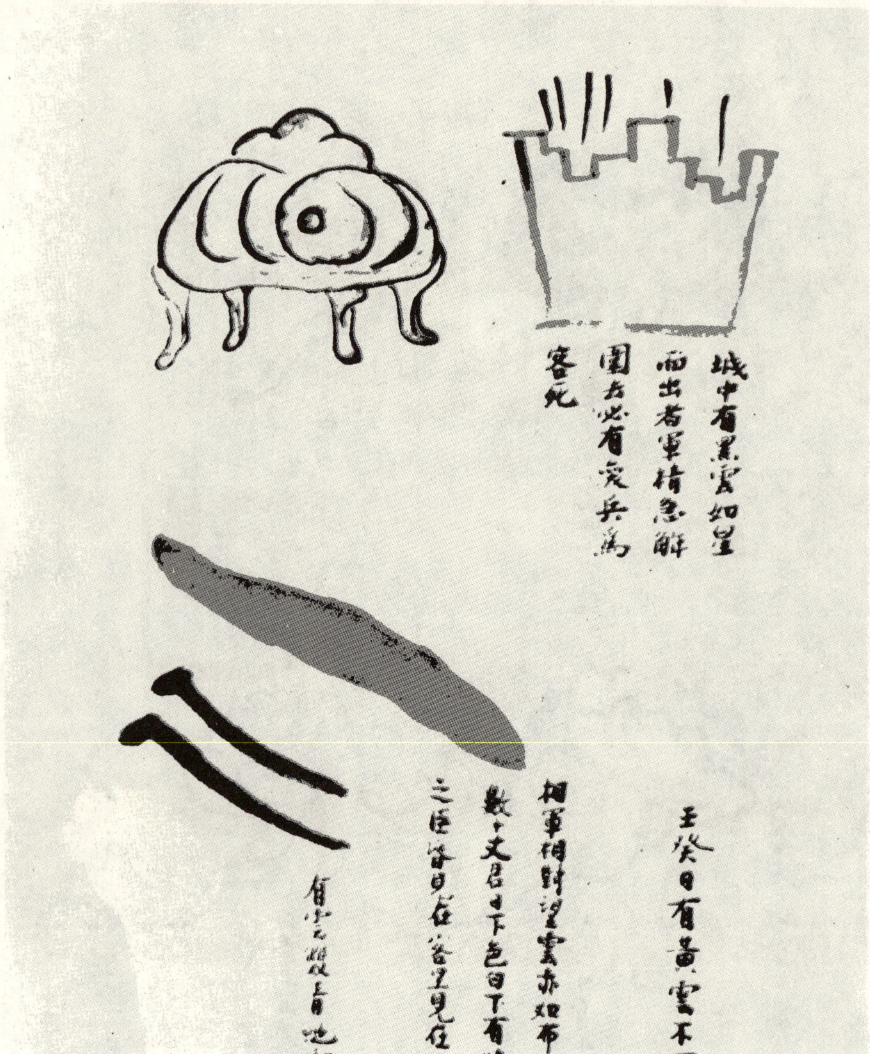
城中有黑雲如星
而出者軍精急解
圍去必有突兵為
客死
壬癸日有黃雲不可攻
兩軍相對望雲赤如布廣長
數十丈君日下色白下有皆主

圖貳

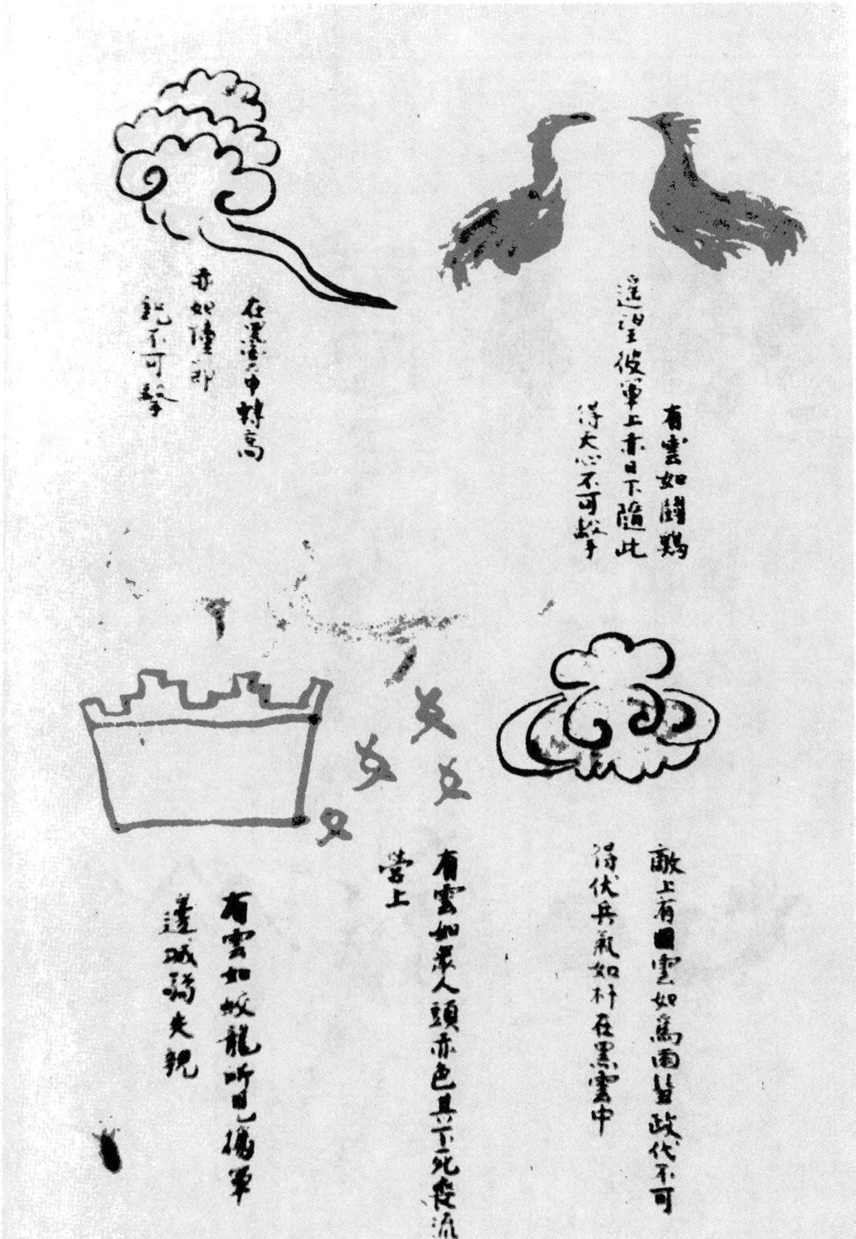

在黑雲中特高
有雲如鬬鷄
遥望彼軍上赤日下隨此
將大心不可擊
敵上有白雲如篤雨皆政代不可
得伏兵氣如杵在黑雲中
有雲如衆人頭赤色其下死喪流血
當上
有雲如蛟龍所見偏軍

圖　叁

圖　肆

圖　伍

圖　陸

圖 柒

敦煌曲訂補

饒宗頤

拙著敦煌曲自一九七一年在巴黎印行，至今已近十載。其中欲直正者甚多，苦無暇晷。近蒙各方不棄，注意及拙作，跫然足音，愧感交幷，謹就尋繹所得，略貢愚見如次：

一、擣練子

伯三七一八卷背有「曲子名目」一題，下抄曲子一大段，審其句式，皆作三三七七七，當是擣練子。「名目」二字，疑有誤書，或「名曰」之訛，惜乏他本可校。至今原詞未能通讀處尙多。其中哭長城一首與伯三九一一諸首作聯章式者同爲一類型。玆重爲考說如次：

孟薑（姜）女，陳去（杞）梁。生生啣（掬）腦小臣（秦）王。神（秦）王敢（喊）淹（俺）三邊滯，千畨（香＝鄉）萬里竹（築）長城。

長城下，哭成（聲）憂（愛＝哀）。敢（感）淹（俺）長成（城）一朶（墮）摧（摧）。里半瀆（髑）樓（髏）千萬个，十方獸（收）骨不空迴（囘）。

此當是幾首擣練子作爲聯章，斯特其二耳。余舊校疏舛，承教之餘，敢挈長量短，重訂如上。他辭云：

孟姜女，杞（原誤作犯）梁妻，一去燕（原作煙）山更不歸。造得寒衣無人送，不免自家送征衣。（伯三九一一）

與「孟姜女，陳杞梁」起句相同。陳字或是音訛，似應作齊。列女傳四稱齊杞梁殖之妻，潘石禪先生讀陳爲秦，然杞梁非秦人也。掬腦者，前引方言及李義山詩「乞腦剜身」說之，潘君更引法體十二時「恨不捥挑人腦髓」，足爲佐證。敢淹二字，潘君及任老定爲感德，謂卽感得。但此句謂秦王「感得」滯於三邊，文理不愜。而淹字十分明顯，決非德字。「敢」在敦煌寫本，每與感、咸相通，伯三六九七捉季布文「須臾敢得動精神」，斯二〇五六「敢」正作「咸」，例證甚多，故从咸得音之字，可借作敢。淹實爲俺字，下文亦同。敢俺疑讀爲喊俺。此處完全用口語，今閩粵人猶稱命令人曰喊。此二句言秦王命我們滯於三邊，在千鄉萬里外去築長城。俺訓我們 (Object)，或我們的 (Possesive Case) 皆可，指築長城之輩。畓上从禾下从田，雲謠集之香字正作畓，香讀爲鄉，潘說極是。「哭成愛」，原卷字形確是憂字，可能鈔者原擬書愛字，又隨手寫作憂，「哭成愛」當如任說讀爲「哭聲哀」。尙未經人發表之伯五〇三九姜孟女變文云：「婦人決列（烈）感山河，大哭卽得長城倒。古詩曰：隴上悲雲起，曠野哭聲哀（哀）」是也（大戴禮四代篇「哀愛無失節」，汪照注補讀愛爲憂。釋名：「哀，愛也」詩大序哀窈窕卽愛窈窕，愛可讀哀，與憂混用，自無問題。）

敢俺長城之「敢」，宜讀爲感，諸家說同。朶任老讀垛，然垛訓射垛，上下文理殊有未安。廣韻三十四果：「墮，落也，徒果切。」垛與墮同音借用。一朶摧猶言一共墮摧，複用兩個動詞，如今言一齊摧倒，於義爲優。「里半瀆樓」細審確是瀆字，惟上半之士有省筆耳。故「瀆樓」以從任老說讀髑髏爲妥。（試更爲申證：蜀本音獨，如抱蜀卽抱獨。釋名釋水：「瀆，獨也。」廣韻入聲一屋，獨音徒谷切，同音字有三十，其中从蜀聲者，如髑、韣七字；从賣聲者有黷殰等共十八字，故瀆之與髑完全同音，不關舌上與舌頭。余舊以瀆爲酒，亟應訂正。）十方獸骨一句，獸字分明，諸家之說，似仍未的。竊謂獸可讀爲收。廣韻去聲四十九宥：「狩，舒救切」，其下獸、收皆同音。「收」訓「穫多」。收骨者，左傳「余收爾骨焉」，韓愈詩「好收吾骨瘴江邊」。不當如任老以意改讀爲骸骨，因「里半髑髏」與「十方骸骨」行文殊嫌合掌。此二句意指在一里半之間有千萬個骷髏，（我孟姜女）只得向上下八方來覓取，收拾杞梁之骸骨，方不算空回去。如是「不空」二字不必臆改爲「不教」。「不空回」三字才有著落。仔細尋繹此詞，另有一附帶收穫，卽爲俺字之確定。呂叔湘謂「俺」

字初見於宋人詞，如金谷遺音「催俺不離」，宋詞及諸宮調、元碑已大量用俺字作我們（見漢語語法論文集頁一六二）。今從此寫卷，敢淹之即感俺、喊俺，知俺字之出見，可提前至中唐，敦煌曲子詞資料，有裨於語法，此其一例也。

此曲子以下辭意不明，不敢强說。

二、浪淘沙（及其他）

關於伯三一五五一卷背面在地契後接抄之曲子，數年前在法京讀過該卷，曾加手錄，由於「敦煌曲」已出版，未能補入，其實此闋與「五里灘頭風欲平」是同一首而異文耳。在其下面「一隊風來一一隊陳」是另一首，不能謂如詞律之「又一體」。二首多殘泐，別字滋多。試讀如下：

五里江頭望水平。爭（征）范（帆）才動欒單（襌？衣也）傾（輕）。油（柔）詻（蹭＝櫓）□（可能是「一」字）路舡停却，信前逞（程）。　　妙妙（渺渺）弘（洪）波舡點點，看山恰似走來迎。子姓（仔細）看山山不動，是舡行。

一隊風來一隊陳（塵）。萬里徺徺（迢迢）不見人。陸工（乾？）無水受□宿，使(駛？)風良（眠）。　　斑山不迭玷（跕）鳥（烏）遠，早万（晚）到我本以（鄉）員（郞）。思億（憶）也（耶＝爺）娘長藥服，（似當作服藥）應分（昏）衣（辰＝晨）。

此兩詞大體可以讀通。近見李君殿魁所記，許多地方未校，如逞之必爲程是。第二首李君文中，幾乎三分之二無法錄出，任其殘泐，殊欠忠實。二首詞牌皆爲浪淘沙，李君定爲又一體，非也。玆將斯二六〇七五里灘頭一闋重爲抄出，以便比較：

五里灘頭風欲平，張帆擧棹覺船輕。柔櫓不施停却掉，是船行。　　滿眼風波多陜汋。看山恰似走來迎，仔細看山山不動，是船行。

可見分明是同一首，且「是船行」一句三字，在上下片中重出，按照作詞規律是不容許，所以上片應改從伯三一五五卷作「信前程」爲是。

今以斯卷校伯卷，可知傾是「輕」之音誤。「單」字可能指衣衫之「襌」，尙不敢十分確定。「油詻」即是「柔櫓」，魯字草書作[illegible]，形近。（此从足从魯字書所無。）子姓即「仔細」。

第二首很值得研究，據我所知，以「一隊風來一隊」作爲起句，敦煌卷中合此便出現三處，另有下列二首：

列寧格勒二八四七曲子浪濤(濤)沙「一隊風來一隊香，誰家士女出閨堂。……」

伯希和三六一九高適詩下面寫著：「一隊風來一隊砂，有人行處沒人家。陰山入夏仍殘雪，漢樹經春不見花。」

竟有一隊香、一隊砂之不同，可見此首「陳」字必是音誤，故可校爲一隊「塵」，然後和一隊砂同樣。此處陳字應是平聲，李君作一隊陣，已誤，可見校讀之不易！陸工疑讀爲陸乾，不敢定，似非「上」字。使風民，民讀爲眠，使或是駛，急也。斑山不迭者，斑，駁也，猶亂山。吳夢窗瑞鶴仙：「對小山不迭」，謝掄元云：「不迭，不斷也，北曲中常見之。」(楊鐵夫箋釋引)今從此詞，知「不迭」成語，唐人已用之。玷鳥應是跕烏，後漢書馬援傳：「仰視飛鳶跕跕墜水中」，廣韻三十怗：「跕，墮落」，此或用其語。「𠃌」字是草書之𠃌，卽「鄉」字。此句殆言早晚可到我家鄉的員，疑卽鄖。最末一字似衣字，依韻應是「辰」，「分」或爲「昏」，則辰乃「晨」字。似言客子在外，不能晨昏定省。

此二詞寫於天復四年神沙鄉僧令狐法姓地契之後。可見一隊風來一隊句型成爲套語，每每作發端以起興，故有多處用過。由上看來，要校勘一首曲子，不是隨便抄下來那樣簡單！伯二八三八魚歌子中之「固思妙」，「思」是抄者筆誤，應從原卷改正作施。「恐犯千金買笑」句，犯字偏旁从犭甚明。上文已言虛把，如此處又言「恐把」，正患重複之病。其實「恐犯千金買笑」是說恐怕碰到千金買笑的人，犯字有干逢之意思，未嘗不可通，故任、潘諸公皆不讀作「恐把」。

眞覺和尚偈、末尾「無價珍，用無盡」以下缺文，不易定爲卽是擣練子。

三、思越人

伯二七四八背書思越人二首。思越人調見花間集，張泌、孫光憲皆有此詞，句式爲三三六。七六，七六，七六。此卷第一首殘泐太多，依律應如下：

一枝花，一盞酒。小□爭不□□。□□□□終不醉，無花對酒難□。　一枝遺□□□□，□枝慕我心迷。幾度擬判判不得，思量□□□垂(垂)。

下片此處用平，與花間異。迷字爲韻，則末字應是「垂」而非坐字。判者割捨之辭，韋莊詩「不是不能判酩酊」，判字唐人作判，自宋以後寫作拚或作拌，此詞正作判，可見爲唐人之作，惜缺字太多，不可卒讀。

美東隣，多窈窕，繡裙步步輕臺。獨向西薗尋女伴，㗛時雙臉連開。　山𡿨分手低聲問，忩忩恨闕良媒。怕被顛狂花下惱，牡丹不折先迴。

此調上片第二韻爲七六字式。㗛字注於「小」之旁，以西薗旁注東字例之，宜讀爲「笑時雙臉連開」六字句乃合。余舊讀「笑小時」。非，應正。山字甚明，非「少」，下一字上半似ㄅ下半似耳。不明何字。（前作牟乃抄者筆誤）。形很近集韻之𡿨，字彙謂𡿨同𡿨，音厦。如是，「山𡿨分手」指在山厦分袂，說亦可通。忩忩一語習見敦煌卷，茶酒論「何用忩忩」，目連緣起「不要忩忩且近前」是也。

怨春閨　叵耐金（貪？）枝。

枝字作𣏌，十分明顯，此字形敦煌卷屢見，佛名經所見題記每有「含宅枝羅」一語，伯二三一二貞明六年寫本，斯三六九一皆有之。決非杯字，雲謠集傾杯樂作盃，不从木。金字看又似貪，如確係貪字，則「貪枝」似可讀爲「探肢」。孟子爲長者折枝卽折肢。按探，俯身也。金錢記劇一：「則見他猛探身漾在車兒下」。雍熙樂府二端正好套：「我這裏探身岸口」，貪枝（肢）猶言探身，謂俯下腰肢，與下文扶入正相應。叵耐，張相訓云「如今言可惡。」（匯釋頁二七五）尊前集歐陽炯更漏子「雖叵耐，又尋思，怎生嗔得伊。」張氏謂取其偏旁整齊而書作叵耐，引宋王觀、石孝友詞句爲證，今觀此詞，唐末人已如此。

四、破 陣 樂

此在伯三六一九詩卷，內有破陣樂，下題哥舒翰：（同卷內有高適之作，大都爲邊塞詩。）

西戎最沐恩深。犬羊違背生心。神將驅兵出塞，橫行海畔生擒。　石堡巖高萬丈，鵬窠霞外千尋。一喝盡屬唐國，將知應合天心。

舊唐書哥舒翰傳「（天寶七載）築神威軍於青海上，吐蕃至，攻破之。又築城於青海中龍駒島，……吐蕃保石堡城，路遠而險，久不拔。八載，以朔方、河東羣牧十萬衆，委翰總統攻石堡城。翰使麾下將高秀巖、張守瑜進攻，不旬日而拔之。」通鑑卷二百一十六:「攻吐蕃石堡城，其城三面險絕，惟一徑可上，吐蕃但以數百人守之，……翰進攻數日不拔，召裨將高秀巖、張守瑜欲斬之，二人請三日期可克，如期拔之獲吐蕃鐵刄悉諾羅等四百人。……閏月，乙丑，以石堡城爲神武軍。」詞中石堡巖卽指天寶八載破吐蕃事。此詞重二心字，待校。

五、定西番

在伯二六四一紙背。文云:

曲子一首寄在定西番:事（自）從星車入塞，衝砂磧，四月風寒，度千山。三載方達王命，豈詞（辭）辛苦艱。爲布我皇綸綍，定西番。

共三行，下接書莫高窟功德記，書法工整。定西番爲教坊曲曲名，已見崔令欽教坊記。花間集溫庭筠有定西番三首，尊前集韋莊有定西番二首。此闋末句曰「定西蕃」，當爲現存曲子詞中最早之作。西番指吐蕃，詞言「星車入塞」，明指漢使入蕃之事，自德宗建中元年蕃、漢修好，唐臣若韋倫、崔漢衡、嘗魯皆曾出使，至建中三年十月十五日會盟定界(册府元龜九八一外臣部)，貞元三年侍中渾瑊與吐蕃盟於平涼，爲蕃兵所刼，崔漢衡以下將吏陷落者六十餘人。此詞言「三載方達王命」，不知究作於何年。此詞又云「爲布我皇綸綍」，禮記緇衣:「王言如綸，其出如綍」。伯三一二八菩薩蠻云:「敦煌古往出神將……早晚滅狼蕃。」一首，或作於建中初沙州陷蕃前。若此定西蕃，其韋、崔輩從吏之所製歟?

六、回波樂

列寧格勒一四五六王梵志詩一百一十首，其中一行內題「王梵志迴波樂」，末行大曆六年五月日抄王梵志詩一百一十首，沙門法忍寫之記，起「我今一身內，絛營等一國，隨我倩衣食。外相去三尸，……」此卷末葉已影出，見蘇聯敦煌目第二集葉六七二。王梵志詩，戴密微 (P. Démieville) 教授已有詳細譯注，不久可以問世。回波樂一名，見北史爾朱榮傳「與左右連年踏地唱回波樂而出」，是北朝已有此曲。唐中宗時李景伯、沈佺期、裴談皆有回波樂，并六言四句(見唐五代詞)，王梵志詩則全是五言句式。

七、感　皇　恩

伯三九〇六在吏部郎中王建書字寶碎金之後，署「天福柒年壬寅歲肆月貳拾日伎術院學郎知慈惠卿……」，下錄詞云：

當今皇帝聖明天。先（仙）伭（倫）面對玉階前。百寮群臣呼萬歲，拜賀聖明天。其番（旗旛）隊五（伍），共日爭光（先）。

乾符蓋帝光明年 。 從此我豆出賢聖（聖賢）。 福日百□憑南山 。 滿口歌隔（曲？），情唱決（快）活年。不諫（管）老小盡感歡。得見君王違禮拜，恰似□卉邊含延。

原卷殘缺，不可卒讀，姑爲補記大略於此，用待細校。

八、三　　臺

十二月殘詞：

正月年首初春。萬□改故迎新。李玄附靈求李（學），樹夏（下）乃夆（逢）〔子〕珎。項託柒歲知事，甘羅十二想（相）秦。若無良妻解夢，馮唐寧得忠辰（臣）。

二月遙 垄梅林。青條吐茱（葉）……

一九六九年新疆吐魯蕃出土論語鄭注，有景龍四年二月一日天壽年 十二狀詑 小字一行，又錄上列詞正月第一首，二月僅存二句。（見考古一九七二，第一號，及同年三號龍晦文，此論語注日本已將全卷印出。）

韋絢劉賓客嘉話錄：「以三臺送酒……蓋因北齊高洋毀銅雀台，築三個台，宮人拍手呼上台，因以送酒。」此三臺故事所本。三臺調名已見教坊記。在唐高宗龍朔以前，本調即以六言體作艷曲，見許敬宗上恩光曲歌詞啓。（全唐詩卷一五二）此三台十二月詞爲中宗景龍四年（公元七一〇即睿宗景雲元年庚戌）所書，正在其後。此詞結構爲二片六言四句，押同一平韻。

敦煌屢見十二月曲，如伯三三六一嘆百歲詩，分月爲詠，每月作雙疊。此則寄在三臺詞調者，惜只存正月一首。韋應物三台三首，及王建之宮中三臺二首、江南三臺四首（俱見尊前集）句式均爲六六（平韻）六六（平韻），與此相同 ，所異者此則首句押韻耳。

李玄附靈逢子珍，出搜神記王子珍故事，記作李玄石，原爲鬼魂，故云「附靈」。項託事，敦煌卷屢見之，如斯七二六〇，七二六一，即孔子項託相問書(載變文集)，解夢有書，斯六九七八，六九七九，均言解夢事，可考唐人解夢之術。

第二句首字僅存數筆，可能爲「萬」字殘形。第四句第四字似逢字缺筆。自餘多同音別字，無他本可校，姑從郭說。

自六朝西曲歌中有月節折楊柳歌，此十二月三臺詞亦其支流，李賀有河南府試十二月樂詞，益以閏月。敦煌十二月詞又有斯六二〇八、伯三八一二兩首，下至近世如蓮英十二月唱春（朱自清中國歌謠頁一七四），尙存此習慣。 敦煌詩 尙有 詠廿四氣者，如斯三八八〇爲甲辰年夏元相公撰李慶君書之廿四氣詩。敝帚軒剩語亦收錄有按二十四氣每季塡詞六折（學海類編本），具見此體裁流衍之遠。

九、曲子還京洛

此闋只見於列寧格勒一四六五，句讀用韻應如下：

知道終駈，孟（猛）勇勢（世）間。專能翻海解餘（移）山。捉鬼不曾閑。見我手中寶劍，物（利）辛（新）磨。斫要（妖）荖（魅），去邪磨（魔）。見鬼了，血湔波。者鬼意如何。爭感（敢）接來過。小鬼資（恣）言：大歌（哥）。審須聽……（下缺）

起四字一韻，應是四、四、七、五句式，間字與山、閑協韻。詞中言逐鬼事，林玫儀謂終駈即終葵，即鍾馗也，殆是。

十、長 安 詞

余曾據列寧格勒一三六九號補此篇，嗣又得倫敦斯五六四三舞譜，掀開後册子中亦出現不少可補缺字。今查伯三六四四，爲一習字者雜書名詞與地名，字極惡劣，中間忽書此詞，文字大異，而文義較勝，玆併記之，以供校讀之助。其辭云：

天長地闊杳難分。中國中天不可論。長安帝德誰恩報，萬國歸朝拜聖君。

漢家法度禮將深，四方取則慕華欽。文章浩浩如流水，白馬乾（馱）經遠自臨。

故來發意遠尋求，誰爲明君不暫留。將身豈（豈）憚千山路，學法寧詞（辭）度百秋。

何期此地却迴遯（還），淚下霑衣不覺斑。願身長在中華國，生生得見五臺山。

禮五臺山偈一百一十二字。

後面又有詩一首云：

今當聖人詩七言：「禁煙節暇賞幽閑，迎奉傾心樂貴顏。鶵（燕）語雕樑聲猗狔，鸝吟滌樹韻開（間）關。爲安國千場戰，思憶慈親兩鬢斑。孝道未能全報得，直須頂遶彌山。」

又雜書如瓜州刺使慕容歸盈、懸泉鎮遏使、常樂懸令、壽昌懸令張信盈、南紫亭鎮遏使，擦徽坡山使等官銜，有裨於考史。今從是卷，可確知此首應是禮五台山偈，不得目爲詞，敦煌曲宜從刪爲是！

五臺山在唐代爲佛教聖地，不特日本、新羅僧人來此留學，即印度梵僧亦至其地參拜。如印度普化大師，摩竭陁國人遊五臺山記，見伯三九三一。蘇莫遮之大唐五臺曲子六首與此禮五臺山偈在中唐以後頗爲人傳誦，可補入廣清涼傳。

此編爲門人所繕寫，不無訛字，異日當詳校，以補愆尤。以上爲零星劄記，不成報章。値史語所爲紀念故李濟之、屈翼鵬兩教授，遠道徵文，謹以奉寄，用俟同好之討論，兼誌吾黃壚之痛。作者幷記。

出自第五十一本第一分（一九八〇年三月）

洛陽伽藍記(1)札記兼評周祖謨校釋(2)

王　伊　同

述　旨

一九六四年秋，予以例假抵臺北，廣南港中研院蔡元培館達一載。時考古學前輩李濟之先生長史語所，暇輒過從。經學碩儒屈翼鵬先生，甫受普林斯頓大學之聘，頻以西土學風見詢。翌年夏，予假滿將歸，徐高阮先生設祖道，以所著重刋洛陽伽藍記(3)見貽，且曰：此書之成，端承業師陳寅恪先生之敎，年來精力略盡是。吾子於南北朝史，有夙癖，其辱敎之。自維海外羈旅，舊學荒蕪，徐君謙語詎敢承。然珍庋書笥，固未敢或忘。一九七八年，予方從事伽藍記英譯*，重訪臺北，則徐先生已長逝矣。李先生久困於病，下帷謝客。屈先生患肺癌，恒就診病院。時正值先生七旬榮慶，友朋假自由之家，置酒高會。先生步履安祥，音容煥發，見者咸謂壽徵。曾幾何時，而兩先生亦溘然辭世矣。夫存歿尋常，彭殤涓芥。所以克紹薪傳，恢弘道術；齊心勠力，繼往開來，固吾曹無涯之鉅任已。輒成短稿，用薦亡靈。

伽藍記之貢獻

北朝典籍，其僅存至今者，可屈指數(4)，而水經注及伽藍記稱翹首。兩書記事

---

* 已全部譯就，將由普林斯頓大學出版。

(1) 本文所引洛陽伽藍記（嗣簡稱伽藍記）卷葉悉據臺北藝文印書館（嗣簡稱藝文）四庫善本叢書景印如隱堂本。

(2) 1963年北平中華書局初版。

(3) 1960年臺北中央研究院歷史語言研究排印，凡上下兩冊。

(4) 文集不計，小部不計，恐祗齊民要術、顏氏家訓、水經注及伽藍記四種。顏氏家訓有鄧嗣禹英譯本(*Family Instructions for the Yen Clan. Yen-shih chia-hsün*, Leiden, 1968)。

詳贍，行文典麗[5]，向爲學者所稱道，又不徒以古以稀爲貴也；玆分類論之。

先就文學言之。此書多載掌故，如劉白墮之擒奸酒 (4/9b-10a 法雲寺)，王濛水厄[6](3/8a 報德寺)，孫巖婦實爲野狐 (4/10a-b 法雲寺)，韋英婦夫死改嫁，仍居舊宅，先夫白晝現形而庭辱之 (4/10b-11a 法雲寺)。寇祖仁背恩反噬，致府主元徽於死，而寇亦終見殺[7](4/3a-4a 宣忠寺)。楊元愼之醜詆南人[8](2/19b-21a 景甯寺)，駱子淵戍彭城，然實爲洛神[9](3/4b-5a 大統寺)。蓋已融志異果報於一鑪矣。

伽藍記載隱語 (3/7a-b 正覺寺)：高祖殿會，嘗擧酒曰：三三横，兩兩縱，誰能辨之賜金鍾。侍臣李彪甄琛各賦詩二句以應，蓋隱射「習」字。此卽後世所謂謎也，唯六朝最盛行[10]，伽藍記誠善於從俗矣。又載李元謙與郭文遠家婢春風雙聲語。李云：是誰第宅，過佳。婢云：郭冠軍[11]家。元謙曰：凡婢雙聲。春風對曰：儜奴慢罵 (5/2a 上商里)；蓋南北朝風尙。王肅在南，娶謝莊女爲妻。旣奔魏，又尙高祖妹彭城公主，謝尋歸魏，贈詩王肅，公主用原韻 (絲，時) 代肅酬之 (3/6a-b 正覺寺)。明焦竑筆乘[12]以爲次韻之祖，初不待元白而後然也。伽藍記文辭穠麗，多對仗佳句。如云：「路斷飛塵，不由渰雲之潤；淸風送凉，豈籍 (原文) 合歡之發」(1/3a 永寧寺)。又云：「金銀錦繡，奴婢緹衣；五味八珍，僕隸畢口」(4/10b 法雲寺)[13]。又云：「高臺芳樹，家家而築，花林曲池，園園而有。莫不桃李夏綠，竹柏冬青」

---

(5) 吾國學者，文史並重，故曰言之無文，行之不遠；又曰：文質彬彬，最可得而論也。邇來美國漢學者，如 F.W. Mote 輩，頗好是說。Mote 漢名牟復禮，屈先生至交也。

(6) 各本伽藍記，但云水厄。按王濛好茶，人至輒飲，士大夫甚以爲苦。每欲候濛，必云今日有水厄。見宋朱勝非紺珠集卷四。今本除水厄兩字外，均佚，遂不可解。

(7) 或云，元徽事敗，求助於寇，寇不納，令人殺之 (魏書，藝文景印本，42/8b 寇彌傳)。或又云：元旣入寇家，寇利其金馬，佯言索者將至，令速他去。元旣出，暴客奉寇命狙殺之，取甚首，以獻爾朱兆。(同上 19/21b 元徽傳)。按此事載顏之推寃魂記 (法苑珠林，四部叢刊縮本，84/1009 怨苦篇引)，實出伽藍記，唯字句小異耳。見 Albert E. Dien (丁愛博)，"The *Yüan-hun chi* (Accounts of Ghosts with Grievances): A Six-Century Collection of Stories," *Wen-lin* 文林 1 (Madison, Wis., 1968), pp. 211-228。

(8) 此一時風尙，不第索虜島夷互譏爲然。

(9) 駱子淵，太平寰宇記 (中央研究院明烏絲欄抄本) 3/10b 河南道洛陽縣) 及御覽 (1959 北平中華書局景印本) 292/4a 神類，駱俱作洛。謂之洛子淵者，已隱示其爲洛神，蓋无是毛穎之類耳。

(10) 趙翼陔餘叢考 (1957 上海商務) 22/433-436「謎」條。

(11) 郭文遠官冠軍將軍。

(12) 筆乘續集 (國學基本叢書本) 3/193。

(13) 奴婢僕隸，可分別看，亦可作集合名詞看。英譯傳神滋不易，漢文則以四聲相濟，鏗鏘和鳴矣。

(4/12a 仝上)。冲覺寺有句云：「至於春風動樹，則蘭開紫葉；秋霜降草 ，則菊吐黃花」(4/17a)。末章多引宋雲惠生(14)行紀，作者自撰文句略少 ，然猶有「太簇御辰，溫熾已扇；鳥鳴春樹，蝶舞花叢」(5/10a)；「旭日始開，則金盤(15)晃朗；微風漸發，則寶鐸和鳴」(5/15a) 諸聯。清新俊逸，詎減庾鮑耶？

若論史學，則才識筆之長，楊氏實兼有之。諷喻，則假口趙逸，爲符生伸辨(16)，並斥文士諛墓之惡習，(2/6b-7a 綏民里)。又用比丘慧嶷之言，譏緇衣之貪瀆，講經家之驕己而凌物。(2/3b-4b 崇眞寺)。誡奢，則假手宗室（元雍元琛 ，分見 3/13b-14a 高陽王寺及 4/12a-13b 法雲寺)，示世風淫靡，遑恤物力(17)。疾俗，則譏青州懷磚之風 (2/9a-10a 秦太上君寺)，寇彌噬主之報 (4/3a-4a 宣忠寺)。又詳載崔涵死而復生，語人云：棺木表裏宜用栢木，勿用桑板；栢木因踴貴。蓋賣棺者貨令作是語，以牟厚利 (3/12a-13a 菩提寺)。又縷述李崇之嗇吝 (3/14a 高陽王寺)，元融之貪婪 (4/14a 法雲寺)(18)。旌賢，則引廣陵之言，莊帝手翦强臣 ，未爲失德 (2/16a 平等寺廣陵王受禪時語)。又載司直劉季明面折權臣，謂爾朱榮無可配饗 (2/16b-17a 平等寺)。莊帝之及於難也，則謂黃河奔急，值水淺，不及馬腹。爾朱兆憑流而渡，事出倉卒，帝卒蒙塵 (1/11a-b 永寧寺)。永安中，京師傾覆，蕭綜棄徐州北走，其婦壽陽公主，莊帝姊也，爲爾朱世隆所獲。世隆逼之，公主駡曰：胡狗，敢辱天王女乎(19)？我寗受劍而死，不爲逆胡所汙。世隆怒，因縊殺之 (2/2b 龍華寺)。文徵，則備載明帝改封東平王元略詔 (4/15b-16a 追光〔先〕寺。嚴可均全後魏詩 ，世界書局景印本，11/12b-13a 據此)。 北海王元顥與莊帝書 (1/7a-8b 永寗寺 ；出祖瑩手)。莊帝臨終詩 (1/12a 同上 。丁福保全北魏詩，藝文景印本，9b 據此)。長廣王禪位廣陵王元恭文 (2/14b-15b 平等寺。按全後魏文未收)。常景〔洛〕汭頌 (3/8b-

(14) 見下。

(15) 金盤，塔項建築，有多至數十重者，其上或植鐵柱。

(16) 史通 (四部備要本) 7/10b 曲筆篇云：「昔秦人不死，驗符生之厚誣。」本此。

(17) 可與干寶晉紀總論同觀。

(18) 靈胡太后令百官赴庫，任力負絹，朝臣莫稱力而去。惟章武王元融、陳留侯李崇 (文成元皇后第二兄誕之子) 負絹過重，蹶倒傷骨。時人爲之語曰 ：「陳留章武，傷腰折股。貪人敗類，穢我明主。」見魏書 13/17a 宣武靈皇后傳 (伽藍記不載儷語)。

(19) 以下二句據津逮秘書 (藝文景印百部叢集成本) 2/3a 增。

9a 永橋。全後魏文(32/7a-b)作洛橋銘)。姜質庭（亭）山賦（2/11a-13a 正始寺。按爲張倫景陽山而作。全後魏文 54/9a-b 據舊寫本收錄)。備闕，則詳載正始初議定律令諸臣官階[20]。卷五備錄宋雲惠生西行求經[21]，出葱嶺，踰于闐，越烏場而抵天竺，與法顯行紀[22]，玄奘大唐西域記，並爲三大名作，治中西交通史者不可或廢。發微闡隱，功尤不朽。至若紀述寺宇之盛，佛事之隆，建築之奐輪，國庫之耗蝕，固作者諷刺之主旨，尤無待於贅論。

近人著述紀略

卅餘年來，時彥著述，頗涉雒邑。誠以太和南遷，雒陽舊墟，復成首府，城市規模，頓放異彩。諸凡社會經濟之措施，悉與平城時期異趣。學者立說，多依歸此旨。勞榦氏治漢史之餘，嘗作「北魏洛陽城圖的復原」一文，刋諸史語所集刋[23]。何君炳棣繼之，作「北魏洛陽城郭規劃」中英文各一篇，分刋集刋及哈佛亞洲學報[24]。其就考古發掘設論者，則有閻文儒[25]、郭寶鈞[26]。近則洛陽工作隊又發掘洛陽古城舊址。若永寧寺、靈臺，及元懌元邵父子墓穴，各有新獲[27]。日人則森鹿三[28]有文三篇。服部克彥且有專書，論北魏洛陽社會文化[29]。其專論北魏宗教者，則有横超

(20) 常景、高增佑、王元龜、祖瑩、李琰之，足補正史之闕。見 1/3a-b 永寧寺。

(21) 1903 法儒 Édouard Chavannes（沙畹）即迻譯，題曰 "Voyage de Song Yun dans L'Udyana et Le Gandhāra," *BEFEO* III. 24, pp. 279-441。

(22) 即佛國記。

(23) 20A (1948), 229-312 頁。

(24) 慶祝李濟先生七十歲論文集 1 (1965) 1-27 頁；"Lo-yang, A. D. 495-534. A Study of Physical and Socio-Economic Planning of a Metropolitan Area," *HJAS* 26 (1966), pp. 52-101. 按二文主旨畧同，多據伽藍記及元河南志，就官廨寺宇市集分布及建築規劃立論。

(25) 「洛陽漢魏隋唐城址勘查記」，考古學報 1 (1955), 117-135 頁。

(26) 「洛陽古城勘察簡報」，考古通訊 1 (1955) 9-21頁。

(27) 洛陽工作隊，「漢魏洛陽城初步勘查」，考古 4 (1973) 198-208 頁；洛陽博物館，「洛陽北魏元劭墓」，同上，頁 218-224, 257（附出土土陶俑器物照相桐十餘幅）；洛陽工作隊，「漢魏洛陽南郊的靈臺遺址」，考古 1 (1978), 54-57 頁（附照相四幅，其一五彩)。

(28) 「北魏洛陽城の規模について」，東洋史研究 11.4 (1952), 22-35 頁；「勞榦氏の、北魏洛陽城圖的復原を評す」，同上 (1970), 229-243 頁；「逸周書作雒解と北魏大洛陽城」，同上 11.4 (1952), 32 頁。

(29) 東京ミネルヴァ書房，1965。

慧日(30)、柳田聖山(31)，而尤以塚本善隆爲巨擘(32)。諸先生名論卓識，學有專長，治北魏史者，允宜廣搜博擷，參考異同，以期至當。

書名姓氏官階諸異說

洛陽伽藍記，簡稱伽藍記，世鮮異辭。然太平廣記（嘉慶丙寅〔1806〕蘇州聚文堂刻本）375/2a 再生類崔涵條）引作塔寺，法苑珠林（四部叢刋縮本 116/1386-1387 受生部感應緣及 43/511 變化篇感應緣)引作洛陽寺記及洛陽寺記傳。豈因時地之異，而有別名歟？論姓氏，通行本作楊衒之(33)，然廣弘明集辨惑篇楊作陽(34)，史通補注篇(35)，郡齋讀書志(36)並作羊。周延年據魏書陽固傳，固有三子，長休之，次詮，三未詳。又據北史固傳，稱固有五子，長休之，休之弟琳之，次俊之。合兩傳有四人，唯缺一人，遂以衒之當之，且謂爲北平無終人(37)。鄭騫先生頗韙其說(38)。徐高阮謂陽固衒之歲月雖相當，謂之父子則未妥(39)。論官階，衒之嘗自稱爲撫軍司馬(40)，奉朝請(41)，然高僧傳謂爲期城郡守(42)，而廣弘明集(43)又云：「魏末爲秘書監」；紛紜莫定矣。雖然，衒之有良史才，范曄後書，實所宗慕。原序起句云：

「三墳五典之說，九流百代之言，並理在人區，而義兼天下。」

---

(30) 北魏仏教の研究，東京平樂寺書店，1970。

(31) 初期禪宗史書の研究，京都法藏館，1967。

(32) 魏書釋老志の研究，京都，1961。Leon Hurvitz 有英譯釋老志，兼收塚本注釋，題目 *Wei Shou, Treatise on Buddhism and Taoism*，京都，1956. (James Ware (魏楷) 曾先譯此志 ("Wei Shou on Buddhism,") 刋諸通報 30 (1933), pp. 100-181, 已不見重於時)。

(33) 如隱堂、古今逸史同。

(34) 大正新修大藏經本，6/124, 6/128。(四部叢刋縮本 6/64, 6/78 仍作楊。)

(35) 5/12a。

(36) 晁公武昭德先生郡齋讀書志（四部叢刋本）2 下/9b 史部地理類。

(37) 洛陽伽藍記注（1937 石印本）5/9a-10a。

(38) 「關於洛陽伽藍記的幾個問題」，1957 年六月十八日中央日報學人周刋。

(39) 重刋洛陽伽藍記下册校勘記，頁 49。

(40) 序 1a; 1/1a。

(41) 1/22a 苗茨堂。

(42) 四部叢刋縮本 1/429 菩提流支傳。歷代三寶記（大正新修大藏經本）9/87，大唐內典錄（板本同）4/270 俱作期城郡太守。

(43) 大正新修大藏經本 6/128。

方之後書西域傳論[44]：

「神迹詭異，則理絕人區；感驗明顯，則事出天下。」

初無二致。卷三（10a）四夷館又云：

「商胡販客，日奔塞下。」

較之後書西域傳論[45]：

「馳命走驛，不絕於時月；商胡販客，日款於塞下。」

又合。且楊書用典，頗出後漢。如卷二（7a 綏民里）之埋輪，實張綱[46]故事，浮虎則出之劉昆[47]。卷一（11b 永寧寺）光武滹沱冰合[48]、昭烈的盧踴溝[49]兩條，俱東漢事也。而卷一（14b 長秋寺）吐火百戲，亦本之後書西南夷傳[50]。且蔚宗長於史論，嘗自謂循吏以下及六夷諸序論，筆勢縱放，實天下奇作。其中合者，往往不減過秦篇。方之班氏，抑且過之[51]。衒之此書，雖志地理，實擬史家傳論。如卷一（11b 永寧寺）爾朱兆渡河條云：

「若兆者，蜂目豺聲，行窮梟獍。阻兵安忍，賊害君親。皇靈有知，鑒其凶德。反使孟津由膝，贊其逆心。易稱大道禍淫，鬼神福謙。以此驗之，信爲虛說。」

卷二（1a-b 明懸尼寺）駁劉澄之戴延之紀事失實，則云：

「澄之等並生在江表，未游中土。假由征役，暫來經過。至於舊事，多非親覽。聞諸道路，便爲穿鑿。誤我後學，日月已甚。」

卷四（4a 宣忠寺）斥寇祖仁貪貨負德，又云：

「崇善之家，必有餘慶：積禍之門，殃所畢集。祖仁負恩反噬，貪貨殺徽，徽即託夢增金馬，假手於兆，還以斃之。使祖仁備經楚撻，窮其塗炭。雖魏侯之

(44) 藝文景印後漢書集解本 118/27b。

(45) 118/26b。

(46) 86/3a 本傳。

(47) 109/4b 本傳。

(48) 1上/9a 光武紀。

(49) 蜀志（1957 上海中華書局排印盧弼三國志集解本）2/11a-b 先主紀注引世語。

(50) 116/18a 哀牢夷附撣國王雍由調。

(51) 宋書（藝文景印本）69/17b 范曄傳。

答田蚡，秦主之刺姚萇。以此論之，不能加也。」

立論遣辭，亦史傳之正宗也。予謂陽固銜之間，果有淵源，或及門，或私淑，甚或喬梓，當於文體文集中求之。惜乎固所裁製，存世無多(52)。文獻不足，殊難定案耳。

版本源流(53)

伽藍記，世以如隱堂古今逸史最稱善本。如隱堂本，一說晚明蘇州陸采所刻(54)，爲津逮秘書所本，而嘉慶間吳自忠眞意堂叢書，又據津逮。至張海鵬學津討原照曠閣本及道光間吳若準集證本，又如隱之支流也。模楷逸史者，止乾隆間王謨漢魏叢書一種而已；此其大較也。列表如次：

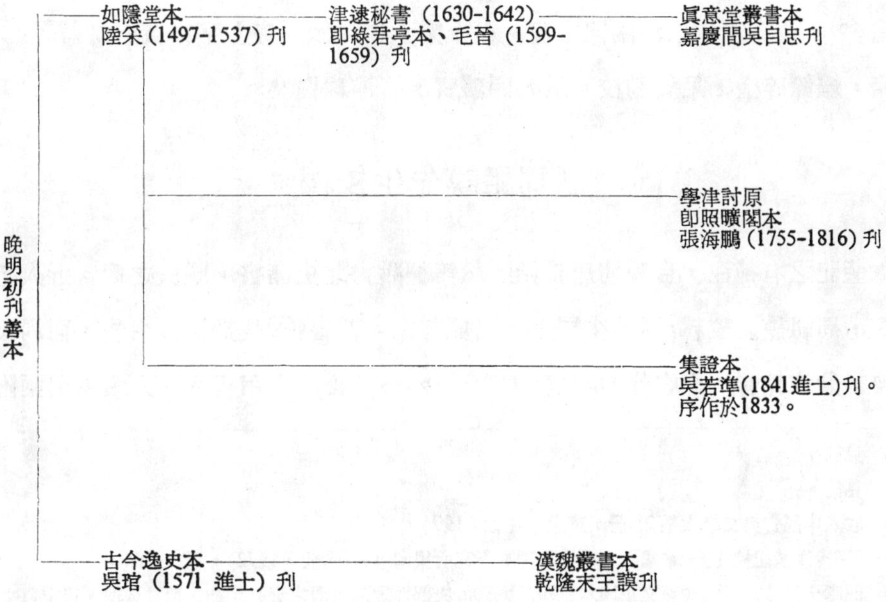

然亦有兼校諸本，彙刋成書者，唐晏(55)、張宗祥(56)、大正新修大藏經(57)、范祥雍(58)、

(52) 嚴可均全北魏文 (44/1a-5a) 止收演賾賦、上讜言表二篇，其南北二都賦均佚。

(53) 參閱畑中淨円「洛陽伽藍記の諸板本のとその系統」，大谷學報 30.4 (1956, 6 月)，39-55 頁。

(54) 周祖謨敍例頁一引趙萬里語。按此即四部叢刋，董康誦芬室，藝文諸本所祖。

(55) 洛陽伽藍記鉤沉，上海，1915。

(56) 洛陽伽藍記合校，上海 1930 年石印。

(57) 1922-33 大藏本據如隱堂而參校他本。

(58) 洛陽伽藍記校注，上海古典文學出版社，1958。

周祖謨(59)、徐高阮(60)、入矢義高(61)、田素蘭(62)諸本是也。

劉知幾史通補注篇謂伽藍記正文小注並存，蓋謂注列行中，如子從母也。後世行本，皆刋於晚明，子注雜入正文，一概連寫，涇渭無別(63)。清顧廣圻欲倣全祖望治水經注之例，改定一本，終未如願(64)。吳若準始試爲之，唐晏、范、周、徐、田、入矢諸家，踵事增華，各有所就。大抵范同於唐，而宋雲求經一章（卷五城北），周徐亦略同。翁同文比核諸家，獨著文伸徐，以爲最善(65)。蓋楊衒之正文子注，同出一手，分別爲艱，初不若酈道元之於桑欽，脈理可辨也。予謂唐晏非不善，然刋落過甚，文瘠於注，楊書固不當爾。

自古校讎最難。然歷代三寶記、開元釋教錄、法苑珠林、酉陽雜俎，皆引伽藍記。互勘比核，足正魚亥。太平御覽、廣記兩書，所引更多。清末繆荃孫輯成元河南志一書(66)，或謂宋敏求洛陽記之舊。而永樂大典寘韻「寺」字亦廣引伽藍記(67)。宋明舊籍，爐餘碎金，足資勘校。誠人間瓌寶，合浦珠還矣。

評周祖謨先生校釋

伽藍記之有補注，自晚清唐晏始。然第據魏書北史諸書，頗失之簡。近人范祥雍之校注，周祖謨之校釋，則後來居上，富麗詳贍。范書(68)長於經傳名物，而周氏尤詳於內典，兼注梵音。全書除增年表(太和以後)外，復有引用書目、人名索引兩附錄。

---

(59) 見前。

(60) 見前。

(61) 收入中國古典文學大系 21 冊，東京平凡社，1974。

(62) 「洛陽伽藍記校注」，載國立師範大學國文研究所集刊 16（台北，1972)，頁 1-164。

(63) 四庫全書總目提要（藝文景印本）70/9b-10a 史部地理類古蹟之屬）謂衒之自註久佚，自宋以來，未聞有引用其註者，蓋誤以爲楊注單行也。余嘉錫已詳辨其非，見所著四庫提要辨正（藝文景印本）8/427-431 史部地理類。

(64) 顧廣圻思適齋集（春暉堂叢書本）14/13a 洛陽伽藍記跋。

(65) 藝文景印津逮秘書本翁同文洛陽伽藍記補辨。翁先曾撰文介紹徐書，刋於通報 48 (1961), pp. 487-491。

(66) 收入藕香零拾。

(67) 凡三十四寺：建中、長秋、瑤光、景樂、昭儀尼寺、願會、光明、胡統、修梵、嵩明、景林、景明、大統、秦太上（原作師）公二寺(卽雙女寺)，高陽王、崇虛、明懸尼寺、瓔珞、魏昌尼寺、景興尼寺、太康、熙平、秦太上君寺，正始、景寧、沖覺、宣忠、追先（原作光）、融覺、寶光（原作光寶）、宗聖、禪虛、凝玄。又卷 7328 陽韻「郎」字下「慕勢諸郎」一條。

(68) 范書凡 402 頁（周書 238 頁)，卷頁過繁，非本文所能俱論。

又據閻文儒實測洛陽故城城基、元河南志洛陽城圖、汪士鐸水經注圖之洛陽城圖、參以伽藍記、水經注魏書所載寺宗城闕、坊里，彙製新圖。復以宋雲行紀，大有助於中西輿地，因繪宋雲使西域行程圖一幅。嗣讀衒之書者，手此一編，無復搜索考證之煩。誠孟堅之師古，學海之傑魁。

周氏以訓詁音韻名家，嘗與羅常培先生合著漢魏晉南北朝韻部演變研究（1958 北平科學出板社）。其小學諸作，已彙載漢語音韻論文集[69]。於北朝史，亦嚮所措意。伽藍記文字音義諸節，隨手詮注，立成的論。如卷五（頁 221）[70]「閦然似仰蜂窠」句，注云：「閦然，各本並作閃然。…閃蓋閦字之誤。廣韻屋韻，閦初六切，衆也，出字統。字統者，後魏陽承慶所撰。云閦然者，指孔穴之多，故云似仰蜂窠也。」同卷(頁 206 至 207)「閃子供養盲父母處」句，注：「閃子，各本作門子，誤。…閃子，經記作睒子。睒廣韻式冉切。閃睒同音。舊作門子，乃傳寫之誤[71]。然全書貫穿經傳，卷葉浩繁。周注間有未安者，容分別言之。

一曰誤讀　卷五（頁 195 嚈噠國下）斷句：「鄉土不識，文字禮教俱闕。」按似應讀如「鄉土不識文字，禮教俱闕[72]。」同卷次頁：「一人唱，則客前後唱，則罷會。」應讀如「一人唱，則客前；後(疑當作復。徐氏重刋校勘記〔下册 72b〕亦云：「後當爲復之譌，今正。」)唱則罷會。」同卷同頁：「〔錦衣〕長八尺奇，長三尺。」按奇，同衺，斜也。應讀若：「長八尺，奇長三尺。」同卷復次頁 (197)：「自餘大臣妻皆隨，傘頭亦似有角，團圓下垂，狀似寶蓋。」按上文王妃頭帶一角，此處乃云「頭亦似有角。」故應讀「自餘大臣妻皆隨傘，頭亦似有角。……」

二曰誤注　卷一（頁 33 永寧寺）「鄭季明等」下注：「鄭德玄子。」按魏書[73]本傳季明乃德玄係，非子。

三曰誤引　卷一（頁 30 永寧寺）晏駕條注：「史記七十九范雎列傳集解引應劭風俗通曰：天子夜寢早作，故有萬機。今忽崩隤，則爲晏駕。」按史記（藝文景印會注

(69). 1959 北平商務。子目有：論文選音殘卷之作者及方音，顏氏家訓音辭注補，陳澧切韻考辨誤，審母古音考，禪母古音考，兩漢音韻部畧說，古音有無上去二聲辨。此書尋擴充爲問學集（二册，1966 年北平中華），共收論文四十四篇。

(70) 本書所引卷頁，悉據周書。

(71) 按 Chavannes（前引文頁 414）譯門（閃）子爲 "les disciples," 實誤。

(72) 范氏校注（5/288），正同鄙見。

考證本 79/28) 但引應劭曰(非風俗通。今本風俗通亦佚此數語):「天子當晨起早作。如方崩殞,故稱晏駕〕。同卷(頁36永寧寺)無取六軍。注引左氏成公二年傳云:「晉作六軍,言其僭越也。」按成三(藝文景印十三經注疏本26/5a)但云:「晉作六軍。杜注:爲六軍,僭王也。」同卷(頁67景林寺)蒼龍海下注引史記天官書:「東宮蒼龍七宿。」按史記(27/5)無七宿二字。卷二(頁81綏民里)「人皆貴遠賤近」句,注引文選魏文帝與吳質書:「人皆貴遠賤近,向聲背實。」按此二句出典論論文(74),非與吳質書。卷三(頁131龍華寺燕然館)「蠕蠕主郁久閭阿那肱來朝」句,注引魏書肅宗紀(孝昌元年)及蠕蠕傳作何那瓌。按兩處(75)仍作阿,不作何,注失考。卷三(頁139高陽王寺)「二韮一十八」句引南齊書庾杲之傳:「食常有韮葅薤韮。任昉戲之曰:誰謂庾郎貧,食常有二十七種。」按南齊書本傳(76)云:「食唯有韮葅、薤韮、生韮、雜菜。」下接「或戲之曰」云云,不言任昉,任昉實出南史(77)。食下應增鮭字。鮭,菜食之總稱也。卷五(頁222)「金箔貼其上」句,注云:「貼字原脫,此從津逮本增。」按津逮本(78)無貼字。

四曰誤釋 卷一(頁19永寧寺)「四朝」,注:「卽中朝也,謂晉之武、惠、懷、愍四世也。」按伽藍記他處第云「中朝」,四或中之譌。縱不然,亦未必指武惠懷愍。水經注(79)洛水注亦作中朝,云:「洛水東逕計素渚,中朝時百國貢計所頓,故渚得名。」周延年以遷洛以後孝文宣武孝明孝莊當之(80)。然靈胡建寺時,孝莊未接位,殊不宜含混攬入。范祥雍則謂四朝指漢魏晉及北魏(81),亦牽强。按文義「四朝時藏冰處也」,似統指勝朝,北魏不容羼入。前此建都雒邑者(82)則是。中朝,蓋以河洛爲中

(73) 56/14b-15a 鄭季明傳。
(74) 文選(藝文景印本)52/5a。
(75) 9/22a 及 103/14a。
(76) 藝文景印本 34/9a。
(77) 藝文景印本 49/1b。
(78) 5/18b。
(79) 藝文四庫善本叢書景印本 15/3a 洛水注。
(80) 1/1b。
(81) 范氏校注,頁14,注10。
(82) 雒邑亦稱中京。伽藍記 4/4b(白馬寺):「〔荼(原作柰,依校釋(4/151改。)林蒲萄〕味並殊美,冠於中京」。北史(藝文景印本)72/11a 陽尼傳:「乃作南北二都賦,稱恒代田漁聲樂侈靡之事,節以中京禮儀之式,因以諷諫」;是也。

州耳。四字無據，正不必强作解人。卷四（頁162 齊諧里）引魏書卷十九中任城王元澄傳：〔元順〕路過陵戶村，爲人所害。按魏書順傳[83]謂爲陵戶鮮于康奴所害，初無所謂陵戶村者。蓋陵戶[84]乃北朝雜戶之一，別有牧戶、樂戶、鹽戶，品地與奴隸略等；詳見拙著北朝奴婢考[85]。

其餘小誤，咎在手民，列表附及：

卷	頁	誤	正	附注
一	64	廷昌	延昌	
一	65	賬	賑	
二	95	孝昌三年十二月注〔公元〕527	528	是年十一月二十四日，即公元528年一月一日
二	96	准南子	淮南子	
四	154	魏書七十九	魏書七十五	
四	154	御覽555	御覽655	
四	171	〔後秦〕弘治三年	弘始三年	是年爲公元401
五	182	二十五字並脫	二十三字並脫	
五	209	karanadāna	karamadāna	
五	225	正元	正光	

昔裴松之注三國志，嘗云：「繢事以衆色成文，蜜蠭以兼采爲味。故使絢素有章，甘踰本質。」周氏此注，鳩集傳記，增廣異聞，功在士林，誠必傳之作。英譯偶暇，妄陳末議，正所以益美增華，期於至善已耳。

× × × ×

庚申上元初稿。辛酉新正，在內子婁安吉醫院病榻旁校讀。渠自去夏患腦癌，電療化療，朔望相繼，月前移入療養院，體質益衰。初讀時綿惙已甚，終以上元後四日訣別。卅載唱隨，一朝幽隔。此稿以弔賢始，哭偶終，相去裁一歲耳，傷哉。臨紙漣洳，欲辨忘言。

(83) 19中/27a。

(84) 13/13b-14a 孝文昭皇后高氏傳云：「號終寧陵，置戶五百家。」即其類也。

(85) "Slaves and Other Comparable Social Groups during the Northern Dynasties," *HJAS* 11 (December, 1953) pp. 293-364.

出自第五十一本第二分(一九八〇年六月)

老子道德經四卷

四部叢刊子部

上海涵芬樓借常熟
瞿氏鐵琴銅劍樓藏
宋刊本景印原書版
匡高營造尺六寸二
分寬四寸

參考書目

河上公章句二卷
王弼注二卷 古逸本
徐大椿注二卷
老子鬳齋口義二卷 林希逸
老子參註一卷 湯柳時
老子道德經箋注一卷 丁福保
老子述義二卷 胡遠濬
增訂老子古義二卷 楊樹達
讀書雜志（餘編） 王念孫
諸子平議
古本道德經校刊 何士驥
老子本義二卷 魏源
老子新考述略二卷 張心路
道德經白話解說二卷 江希張
老子白話句解二卷 陳柱
白話譯老子淺本二卷
老子新譯二卷 從真明
老子章句新編纂解 嚴靈峯
老子微旨例略一卷 王弼
老子衆說糾繆一卷 嚴靈峯
老子想爾注校箋 饒宗頤
老子哲學 張起鈞
老子道德真經解二卷 憨山大師
王安石注二卷

老子道德經序

太極左仙公葛玄造

老子體自然而然生乎太無之先起乎無因
經歷天地終始不可稱載終乎無終窮乎無
窮極乎無極故無極也與大道而倫化為天
地而立根布炁於十方抱道德之至淳浩浩
蕩蕩不可名也煥乎其有文章巍巍乎其有
成功淵乎其不可量堂堂乎為神明之宗三
光持以朗照天地稟以得生乾坤運以吐精
高而無民貴而無位覆載無窮是教八方諸
天普弘大道開闢以前復下為國師代代不
休人莫能知之匠成萬物不言我為玄之德
也故眾聖所共尊道尊德貴夫莫之命而常
自然惟老氏乎周時復託神李母剖左腋而
生生即皓然號曰老子老子之號因玄而出
在天地之先無衰老之期故曰老子世人謂
老子當始於周代老子之號始於無數之劫
甚窈窈冥冥眇邈久遠矣世衰大道不行西
遊天下關令尹喜曰大道將隱乎願為我著
書於是作道德二篇五千文上下經焉夫五

千文言道德之源大無不苞細無不入天人
之自然經也余先師有言精進研之則聲賓參
太極高上遙唱諸天歡樂則雜發玄人靜思
期眞則眾妙感會內觀形影則神氣長存體
洽道德則萬神震伏禍滅九陰福生十方安
國寧家孰能知乎無爲之文誦之不廢師之
不學損之不闕滑之不清自然也應道而見
傳告無窮常若也故知常曰明大道何爲哉
弘之由人斯文尊妙可不極精乎粗述一端
惟有道者寶之焉

三十　老子序　二

河上公者莫知其姓名也漢孝文皇帝時結
草爲庵于河之濱常讀老子道德經文帝好
老子之言詔命諸王公大臣州牧二千石朝
直衆官皆令誦之有所不解數句時天下莫
能通者聞侍郎裴楷說河上公誦老子乃遣
詔使齎所不了義問之公曰道尊德貴非可
遙問也文帝即駕從詣之帝曰普天之下莫
非王土率土之賓莫非王臣域中有四大王
居其一也子雖有道猶朕民也不能自屈何
乃高乎朕足使人富貴貧賤須臾河上公即

拊掌坐躍冉冉在虛空之中如雲之升去地百餘丈而止於玄虛良久俛而答曰余上不至天中不累人下不居地何民之有陛下焉能令余富貴貧賤乎帝乃悟之知是神人方下輦稽首禮謝曰朕以不德忝統先業才不任大憂於不堪雖治世事而心敬道德直以暗昧多所不了惟願道君弘愍有以教之則幽夕覩太陽之曜光河上公即授素書老子道德經章句二卷謂帝曰孰研此則所疑自解余註是經以來千七百餘年凡傳三人連

老子

子四矣勿示非其人文帝跪受經言畢失公所在論者以為文帝好老子大道世人不能盡通其義而精思遐感上徹太上道君遣神人特下教之使去耳恐文帝心未純信故示神變以悟帝意欲成其道真時人因號曰河上公焉

老子道德經目

道經

河上公章句第一

河上公章句第二

三

老子篇目終

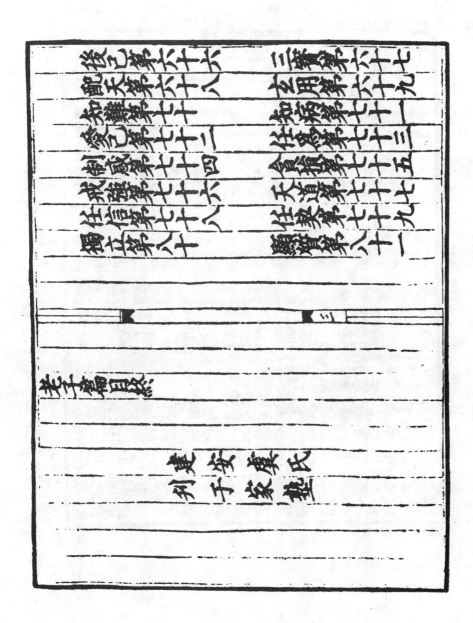

建安虞氏
刊于家塾

老子道經

河上公章句第一

體道第一

道可道（謂經術政教之道也）非常道（非自然長生之道也。常道當以無為養神，無事安民，含光藏暉，滅迹匿端，不可稱道）名可名（謂富貴尊榮，高世之名也）非常名（非自然常在之名也。常名當如嬰兒之未言，雞子之未分，明珠在蚌中，美玉處石間，內雖昭昭，外如愚頑）無名天地之始（無名者謂道，道無形，故不可名也。始者道本也，吐氣布化，出於虛無，為天地本始也）有名萬物之母（有名謂天地。天地有形位，有陰陽，有柔剛，是其有名也。萬物母者，天地含氣生萬物，長大成熟，如母之養子也）故常無欲以觀其妙（妙，要也。人常能無欲，則可以觀道之要，要謂一也。一出布名道，讚敘明是非）常有欲以觀其徼（徼，歸也。常有欲之人，可以觀世俗之所歸趣也）此兩者同出而異名（兩者，謂有欲無欲也。同出者，同出人心也。而異名者，所名各異也。名無欲者長存，名有欲者亡身也）同謂之玄（玄，天也。言有欲之人與無欲之人，同受氣於天也）玄之又玄（天中復有天也。稟氣有厚薄，得中和滋液，則生賢聖，得錯亂汙辱，則生貪淫也）眾妙之門（能知天中復有天，稟氣有厚薄，除情去欲，守中和，是謂知道要之門戶也）

養身第二

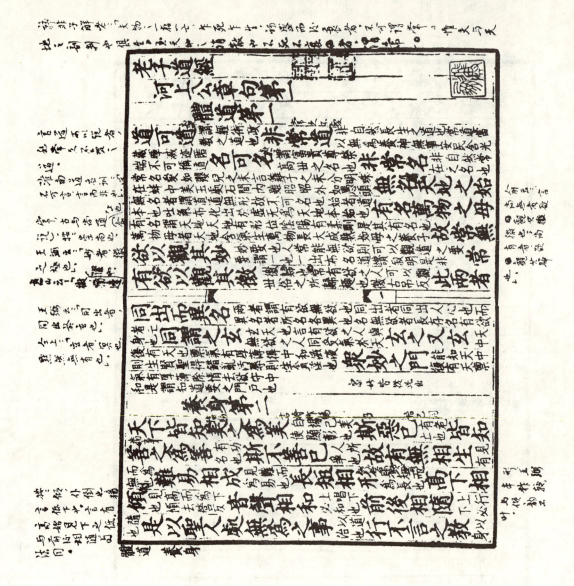

天下皆知美之為美（自揚己美，使彰顯也）斯惡已（有危亡也）皆知善之為善（有功名也）斯不善已（人所爭也）故有無相生（見有而為無也）難易相成（見難而為易也）長短相形（見短而為長也）高下相傾（見高而為下也）音聲相和（上唱下必和也）前後相隨（上行下必隨也）是以聖人處無為之事（以道治也）行不言之教（以身帥導之也）

師導之也〕萬物作焉〔各自動也〕而不辭〔不辭讓而逆止〕生而不有〔元氣生萬物而不有〕爲而不恃〔道所施爲不恃望其報也〕功成而弗居〔功成事就退避不居其位〕夫惟弗居〔夫惟功成不居其位〕是以不去〔福德常在不去其身也此言不行不可隨不言不可知疾上六句有高下長短君開一源下生百端百端之變无不動亂〕

俞云：「不辭，猶不言，即上文所謂行不言之教者」。按：不辭，仍以河上公解爲佳，參卅四章。

按：作，起也。

安民第三

不尚賢〔賢謂世俗之賢辯口明文離道行權去質爲文也不尚者不貴之以祿不貴之以官〕使民不爭〔不爭功名返自然也〕不貴難得之貨〔言人君不御好珍寶黃金棄於山珠玉捐於淵〕使民不爲盜〔上化清淨下无貪人〕不見可欲〔放鄭聲遠美人〕使心不亂〔不邪淫不惑亂也〕是以聖人治〔說聖人治國與治身同也〕虛其心〔除嗜欲去煩亂〕實其腹〔懷道抱一守五神也〕弱其志〔和柔謙讓不處權也〕強其骨〔愛精重施髓滿骨堅強其良反〕

老上　二

常使民無知無欲〔反朴守淳〕使夫知者不敢爲也〔思慮深不輕言夫音符知音智〕爲無爲〔不造作動因循〕則無不治〔德化厚百姓安〕

王注：「賢」，猶能也。

王本治上有之字。王注：「心懷智而腹懷食」。

按：志，意也。弱其志，意志低微而無奢望。

下文云：民之難治，以其智多。故使民無知無欲（無爲），則無不治。

無源第四

道沖而用之〔沖中也道匿名藏譽其用在中沖直隆反〕或不盈〔或常也道常謙虛不盈滿〕淵乎似萬物之宗〔道淵深不可知也似爲萬物之宗祖〕挫其銳〔銳進也人欲銳精進取功名當挫止之法道不自也挫子臥反銳悅歲反〕解其紛〔紛結恨也當念道无爲以解釋紛拂云反〕和其光〔言雖有獨見之明當知闇昧不當以擢亂人也〕同其塵〔當與衆庶同垢塵不當自別殊〕湛兮似若存〔言當湛然安靜故能長存不亡湛直減反〕吾不知誰之子〔老子言我不知道所從生〕象帝之先〔道自在天帝之前此言道乃先天地生也至今在者〕

安民

或，淮南作又。

沖，說文引作盅。俞云：「盅，器虛也」。

按：道沖而用之，猶器物之「無之以爲用也」。然器可盈，而道之用不可盈，故云：或不盈。

挫，折也。銳，鋒芒也。紛，紛亂也。參五十六章。

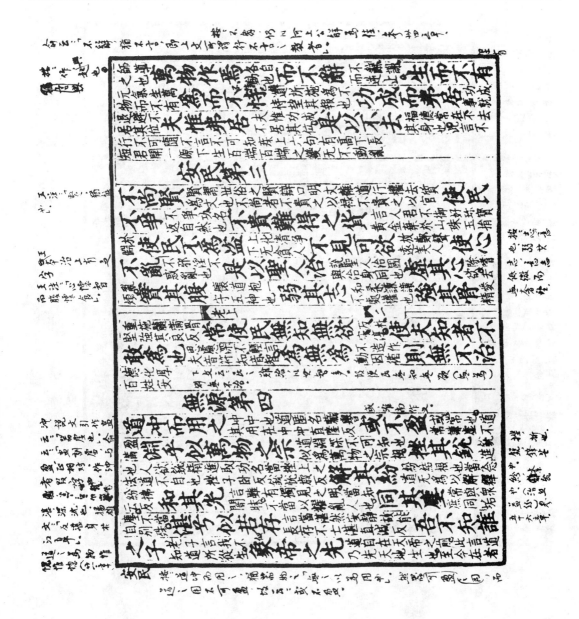

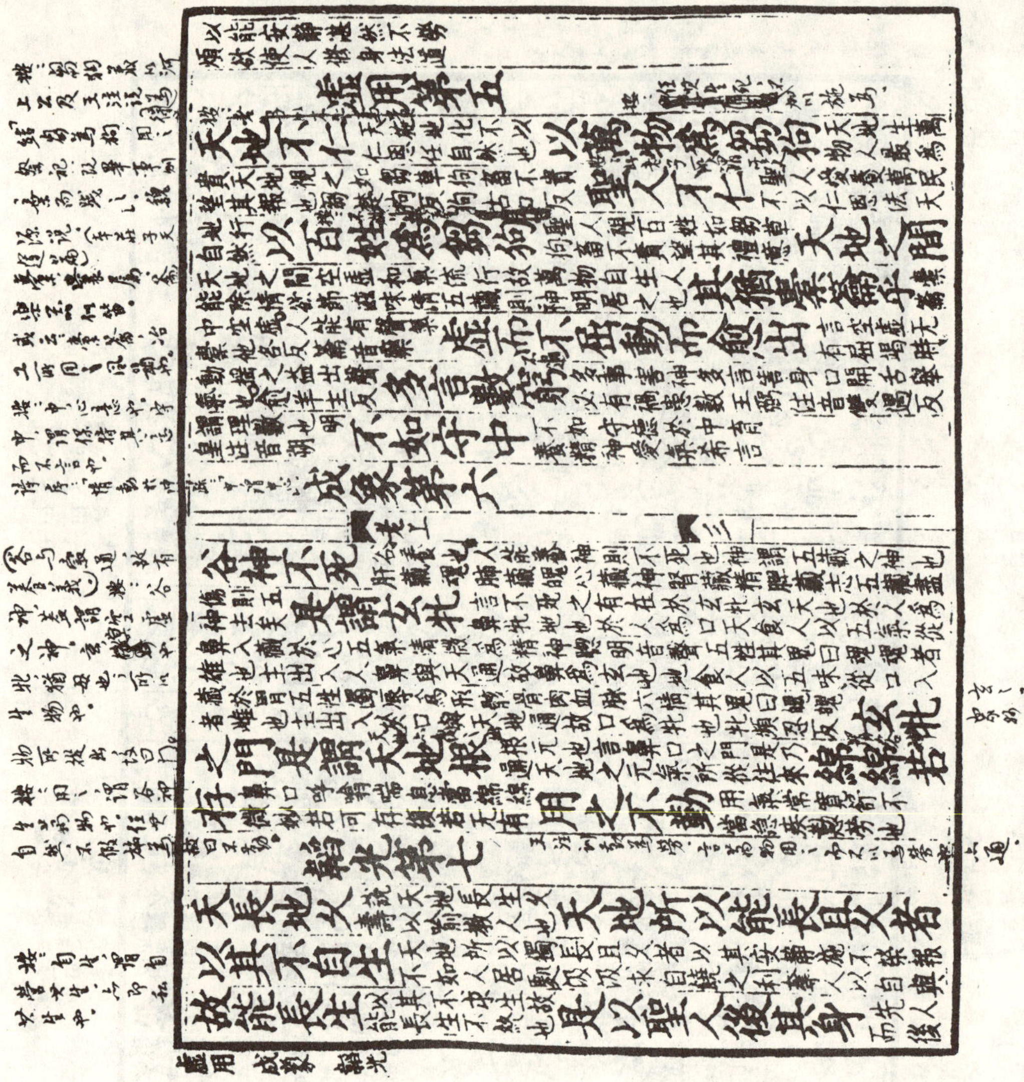

虛用第五

天地不仁，以萬物為芻狗；聖人不仁，以百姓為芻狗。天地之間，其猶橐籥乎？虛而不屈，動而愈出。多言數窮，不如守中。

成象第六

谷神不死，是謂玄牝。玄牝之門，是謂天地根。綿綿若存，用之不勤。

韜光第七

天長地久。天地所以能長且久者，以其不自生，故能長生。是以聖人後其身而身先，

按：處下，故云不爭。
王注：人惡卑也。
按：與，施與也。善利萬物，故曰仁。
正，讀為政。按：為政能謙下，則治必善。
說文：「揣，……一曰捶之。」
天道虧盈而益謙
丁氏箋注：「一者，道也。……」一字，乃道家口相傳之隱語耳。

己者也而身先天下敬之先以為長外其身薄己而厚人也而身存百姓愛之如父母神明祐之若赤子故身常存非以其無私邪聖人為人所愛神明所祐非以其公正無私所致乎故能成其私人以為私者欲以厚己也聖人无私而己自厚故能成其私也

易性第八

上善若水上善之人如水之性水善利萬物水在天為霧露在地為泉源也而不爭處衆人之所惡衆人惡卑濕垢濁水獨靜流居之也惡烏路反故幾於近道水性幾與道同幾鉅機居善地水性善喜於地草木之上即流而下有似於牝動而下人也心善淵水深空虛淵深清明與善仁萬物得水以生與虛不與盈也言善信水內影照形不失其情也正善治無有不洗清且平也事善能能方能圓曲直隨形動善時夏散冬凝應期而動不失天時夫唯不爭壅之則止決之則流聽從人也故無尤水性如是故天下无有怨尤水者也

老上　口

運夷第九

按：保持，盈為盈滿。
持而盈之不如其已盈滿也已止也持滿必傾不如止也揣而銳之不可長保揣治也先揣之後必棄捐揣初委反金玉滿堂莫之能守嗜欲傷神財多累身富貴而驕自遺其咎大富當賑貧貴當憐賤而反驕恣必被禍患也遺唯季反咎求九反功成名遂身退天之道言人所為功成事立名迹稱遂不退身避位則遇於害此乃天之常道也譬如日中則移月滿則虧物盛則衰樂極則哀

能為第十

載營魄營魄魂魄也人載魂魄之上得以生當愛養之喜怒亡魂好色傷魄魂在肝魄在肺美酒甘肴腐人肝肺故魂靜志道不亂魄安得壽延年也抱一能無離言人能抱一使不離於身則長存一者道始所生大

按：潮汐有定時，故曰信。
離下，王本有乎字，淮南本同。

易性　運夷　能為
楚辭遠遊：「載營魄而登遐兮。」王注：「抱我靈魂而上升也。」以抱訓載，以靈魂訓營魄。

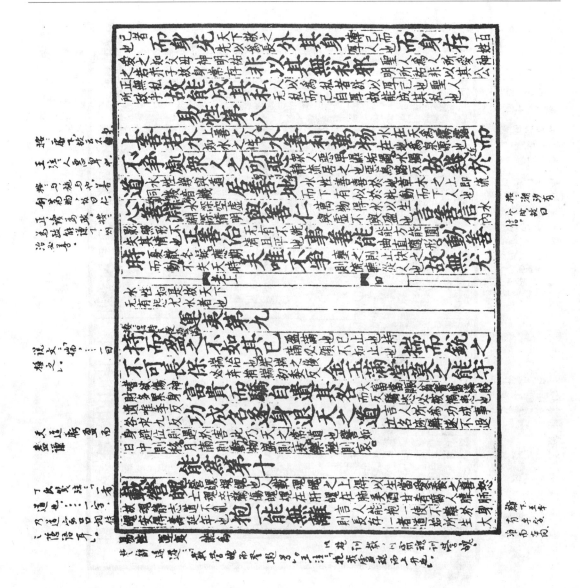

「莊子天運篇」：「正者，正也，其心以為不然者，天門弗開矣。」成玄英注云：「天門者，心也。」

丁氏箋注引朱子云：「專，非守之謂，只是專一無間斷。」嬰兒，俾柔，喻性柔。

丁氏箋注云：「玄覽，心照妙理也。」

愛民治國能無知，知，唐景龍碑本作為，是。

俞云：「天門開闔能無雌，義不可通，此涉上下文諸句而誤。」王弼注云：「言天門開闔能為雌乎？」是王弼本正作為雌也。唐景龍碑本作為雌。

和之精氣也故曰一布名於天下天得一以清地得一以寧侯王得一以為正平入為心出為行布施為德揔名為一一之為言志一无二也離力智反**專氣致柔**專守精氣使不亂則形體能應之而柔順**能嬰兒**能如嬰兒內无思慮外無政事則精神不去也**滌除玄覽**當洗其心使絜淨也心居玄冥之處覽知万事故謂之玄覽也滌徒歷反**能無疵**不淫邪也淨能无疵病乎疵在斯反**愛民治國**治身者愛氣則身全治國者愛民則國安**能無知**治身者呼吸精氣无令耳聞也治國者布施惠德无令下知也**天門開闔**天門謂北極紫微宮開闔謂終始五際也治身天門謂鼻孔開謂喘息闔謂呼吸也闔戶臘反**能無雌**治身當如雌牝安靜柔弱治國應變和而不唱**明白四達**言達明白如日月四通滿於天下八極之外故曰視之不見聽之不聞彰布之於十方煥煥煌煌也**能無知**无有能知道滿於天下者**生之畜之**道生萬物而畜養之**生而不有**道生万物无所取有**為而不恃**道所施為不恃望其報也**長而不宰**道長養万物不宰割以為器用長丁丈反**是謂玄德**言道行德玄冥不可得見欲使人如道也

老上 五

無用第十一

三十輻共一轂古者車三十輻法月數也共一轂者轂中有孔故衆輻共湊之治身者當除情去欲使五藏空虛神乃歸之也治國者寡能攬衆弱共使強也輻音福轂古木反**當其無有車之用**无謂空虛轂中空虛車得去行轝中空虛人能載其上也當丁浪反**埏埴以為器**埏和也埴土也和土以為飲食之器埏始然反埴市力反**當其無有器之用**器中空虛故得有所盛受**鑿戶牖以為室**謂作屋室**當其無有室之用**言戶牖空虛人得以出入觀視室中空虛人得以居處是其用**故有之以為利**利物也利於形用器中有物室中有人恐其屋破壞腹中有神畏形之消亡也**無之以為用**言虛空者乃可用盛受萬物故曰虛无能制有形道者空也

能為 無用

淮南本同。王本兒下有乎字，又疵、知、雌下並有乎字。

丁氏箋注引馬叙倫曰：「說文無埏字，當依王本作挻。」而借為摶。挻，音羶。

說文：「埴，黏土也。」

丁氏箋注云：「車所以載重行遠，器所以貯藏，室人所寢處，此三者皆所以為天下利也。」

檢欲第十二

五色令人目盲（貪淫好色則傷精失明也。令力征反，盲陌庚反）五音令人耳聾（好聽五音則和氣去心，不能聽無聲之聲。聾力東反）五味令人口爽（爽，亡也。人嗜五味於口則口亡，言失於道味也）馳騁田獵令人心發狂（人精神好安靜，馳騁呼吸，精神散亡，故發狂也。騁敕領反）難得之貨令人行妨（妨，傷也。難得之貨，謂金銀珠玉，心貪意欲，不知厭足，則行傷身辱也。行下孟反，妨音方）是以聖人爲腹（守五性，去六情，節志氣，養神明）不爲目（目不妄視，妄視泄精於外）故去彼取此（去彼目之妄視，取此腹之養性。去羌呂反）

王注：爽，差失也。魏源云：謂失正味也。

猒恥第十三

寵辱若驚（身寵亦驚，身辱亦驚）貴大患若身（貴，畏也。若，至也。畏大患至身，故皆驚）何謂寵辱（問何謂寵，何謂辱。寵者尊榮，辱者恥辱。及身還自問者，以曉人也）辱爲下（辱爲下賤）得之若驚（得寵榮驚者，處高位如臨深，貴不敢驕，富不敢奢）失之若驚（失者，失寵處辱也。驚者，恐禍重來也）是謂寵辱若驚（解上得之若驚，失之若驚）何謂貴大患若身（復還自問，何故畏大患至身）吾所以有大患者，爲吾有身（吾所以有大患者，爲吾有身也。有身則憂其勤勞，念其飢寒，觸情從欲，則遇禍患也）及吾無身，吾有何患（使吾無有身體，得道自然，輕舉昇雲，出入無間，與道通神，當有何患）故貴以身爲天下者，則可寄於天下（言人君貴其身而賤人，欲爲天下主者，則可寄立，不可以久也。爲于僞反）愛以身爲天下者，乃可以託於天下（言人君能愛其身，非爲己也，乃欲爲萬民之父母，以此得爲天下主者，乃可以託其身於萬民之上，長無咎也）

句首兩句，應取照山說。

贊玄第十四

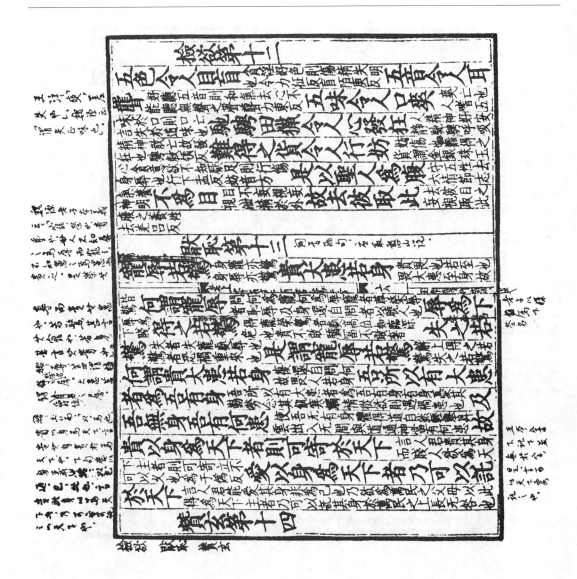

檢欲　猒恥　贊玄

視之不見名曰夷　聽之不聞名曰希　搏之不得名曰微　此三者不可致詰　故混而爲一　其上不皦　其下不昧　繩繩不可名　復歸於無物　是謂無狀之狀　無物之象　是爲忽恍　迎之不見其首　隨之不見其後　執古之道以御今之有　以知古始是謂道紀

顯德第十五

古之善爲士者　微妙玄通　深不可識　夫唯不可識故强爲之容　與兮若冬涉川　猶兮若畏四鄰　儼兮其若客　渙兮若冰之將釋　敦兮其若朴

采也朴昔角反 曠兮其若谷 曠者寬大谷者空虛不有德功名無所不包也 渾兮其若濁 渾者守樸真濁者不照然也與眾合同不自尊 孰能濁以靜之徐清 孰誰也誰能知水之濁止而靜之徐徐自清也 孰能安以久動之徐生 誰能安靜以久徐徐以長生也 保此道者不欲盈 保此徐生之道不欲奢泰盈溢 夫唯不盈故能蔽不新成 夫唯不盈滿之人能守蔽不爲新成蔽者匿光榮也新成者貴功名

混也

俞云：「蔽乃敝之段字。……永樂大典正作敝。」按：敝，殘舊也。

歸根第十六

篤，純也。

至虛極 得道之人捐情去欲五內清淨至於虛極 守靜篤 守清淨行篤厚 萬物並作 作生也萬物並生也 吾以觀其復 言吾以觀見萬物無不皆歸其本也人當念重本也 夫物芸芸 芸芸者華葉盛 各復歸其根 言萬物無不枯落各復反其根而更生也 歸根曰靜 靜謂根也根安靜柔弱謙卑處下故不復死也 是謂復命 言安靜者是爲復還性命使不死也 復命曰常 復命使不死乃道之所常行也 知常曰明 能知道之所常行則爲明 不知常妄作凶 不知道之所常行妄作巧詐則失神明故凶也 知常容 能知道之所常行去情忘欲无所不包容也 容乃公 無所不包容則公正無私眾邪莫當 公乃王 公正無私可以爲天下王治身正則形一神明千萬共湊己躬也 王乃天 能王德合神明乃與天子 天乃道 德與天通則與道合同也 道乃久 與道合同乃能長久 沒身不殆 能公能天通天合道四者純備道德弘遠無殃無咎乃與天地俱沒不危殆也

至，王弼本作致。按：謂致也。極，至也。

復，返也。

常，久而不衰也。

妄，他本皆作妄，是。

丁氏箋注云：「知常則善惡兩忘，物我無間，何所不容？」

眾皆歸往。

老上　八

河上公章句第二

淳風第十七

太上下知有之 太上謂太古无名之君也下知有之者下知上有君而不臣事質朴也 其次親之譽之 其德可見恩惠可親故親愛而譽之 其次畏之 設刑法以治之

丁氏箋注云：「下，下民也。」

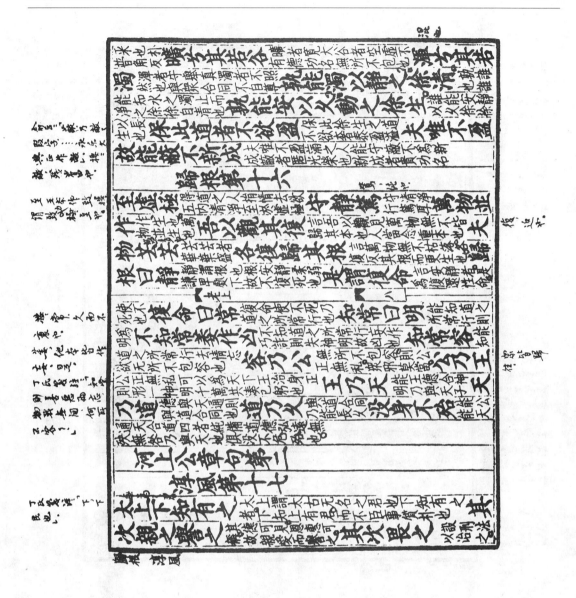

歸根　淳風

猶兮，王本作悠兮，是。貴言，不肯輕易發言也。

其次侮之禁多令煩不可歸誠故欺侮之侮亡甫反信不足焉君信不足於下下則應之以不信而欺其君也有不信焉

猶兮其貴言說太上之君舉事猶貴重於言恐離道失自然功成事遂謂天下太平也百姓皆謂我自然百姓不知君上之德淳厚反以為己自當然也

按：我，百姓自我也。言百姓皆謂「此我自然如此」，非君之力也。

（或）

俗薄第十八

惠，他本皆作慧，是。六親，父子兄弟夫婦也。

大道廢有仁義大道之時家有孝子戶有忠信仁義不見也大道廢不用惡逆生乃有仁義可傳道智惠出有大僞智惠之君賤德而貴言賤質而貴文下則應之以為大僞姦詐六親不和有孝慈六絕親戚不和乃有孝慈相牧養也國家昏亂有忠臣政令不行上下相怨邪僻爭權乃有忠臣匡正其君也此言天下太平不知仁人盡無欲不知廉各潔己不知貞大道之君仁義沒孝慈滅猶日中盛時衆星失光

還淳第十九

卷上 九

三者，指聖智、仁義、巧利言。「以為文不足」，傅本作「以為文而未足也」。按：言三者並以為文飾而已，而未足以治也。

絕聖絕聖制作反初守元五帝垂象蒼頡作書不如三皇結繩無文棄智棄智惠反無為民利百倍農事修公無私倍蒲罪反絕仁棄義絕仁之見恩惠棄義之尚華信民復孝慈德化淳也絕巧棄利絕巧者詐僞亂真也弃利者塞貪路閉權門也盜賊無有上化公政下無邪私此三者謂上三事所棄絕也以為文不足以為文不足者文不足以教民故令有所屬當如下句令力征反屬之欲反見素抱朴見素者當抱素守真不尚文飾也抱朴者當見其篤朴以示下故可法則見賢遍反朴普角反少私寡欲少私者正無私也寡欲者當知足也

徐大椿注：「故令使別有所屬，蓋指下文所云也」。

異俗第二十

丁氏箋注：「絕學無為，無為則無累，故無憂」。

絕學無憂絕學不真不合道文除浮華則無憂患也唯之與阿相去幾何同為應對而相去幾何疾時賤質而貴文唯遺癸反善之與惡相去何若善者

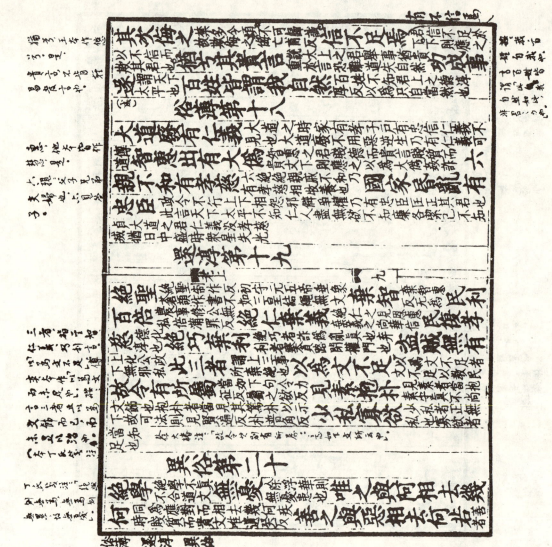

俗薄 還淳 異俗

和譽惡者諫爭能相去何如疾時惡忠直用邪佞也**人之所畏不可不畏**人謂道人也人所畏者畏不絕學之君也不可不畏近令色殺仁賢**荒兮其未央哉**或言世俗人荒亂欲進學爲文未央止也**衆人熙熙**熙熙淫放多情欲也**如享太牢**如飢思太牢之具意無足時也**如春登臺**春陰陽交通萬物感動登臺觀之意志淫淫然**我獨怕兮其未兆**我獨怕然安靜未有情欲之形兆也怕普白反**如嬰兒之未孩**如小兒未能荅偶人時也**乘乘兮若無所歸**我乘乘如窮鄙无所歸就乘平聲**衆人皆有餘**衆人餘財以爲奢餘智以爲詐**而我獨若遺**我獨如遺棄似於不足也**我愚人之心也哉**不與俗人相隨守一不移如愚人之心也**沌沌兮**无所分別**俗人昭昭**明且達也**我獨若昏**如闇昧也**俗人察察**察察急且疾也**我獨悶悶**悶悶无所割截**忽兮若海**我獨忽忽如江海之流莫知其所窮極也**漂兮若無所止**我獨漂漂若飛若揚無所止也志意在神域也**衆人皆有以**以有爲也**而我獨頑似鄙**我獨無爲不逮也鄙似若**我獨異於人**我獨與人異也**而貴食母**食用也母道也我獨貴用道也

老上　十

虛心第二十一

孔德之容孔大也有大德之人無所不容能受垢濁處謙卑也**唯道是從**唯獨也大德之人不隨世俗所行獨從於道也**道之爲物唯怳唯忽**道之於萬物獨怳忽往來於其无所定也怳況往反又呼廣反**忽兮怳兮其中有像**道唯忽怳無形之中獨爲萬物法像**怳兮忽兮其中有物**道唯怳忽其中有一經營主化因氣立質**窈兮冥兮其中有精**道唯窈冥无形其中有精實神明相薄陰陽交會也窈烏了反**其精甚真**言存精氣其妙甚真非有飾也**其中有信**道匿功藏名其信在中也**自古及今其**

異俗　虛心

按：人之所畏二語，謂常人。

按：荒，遠也、亂也。央，止也、已也。

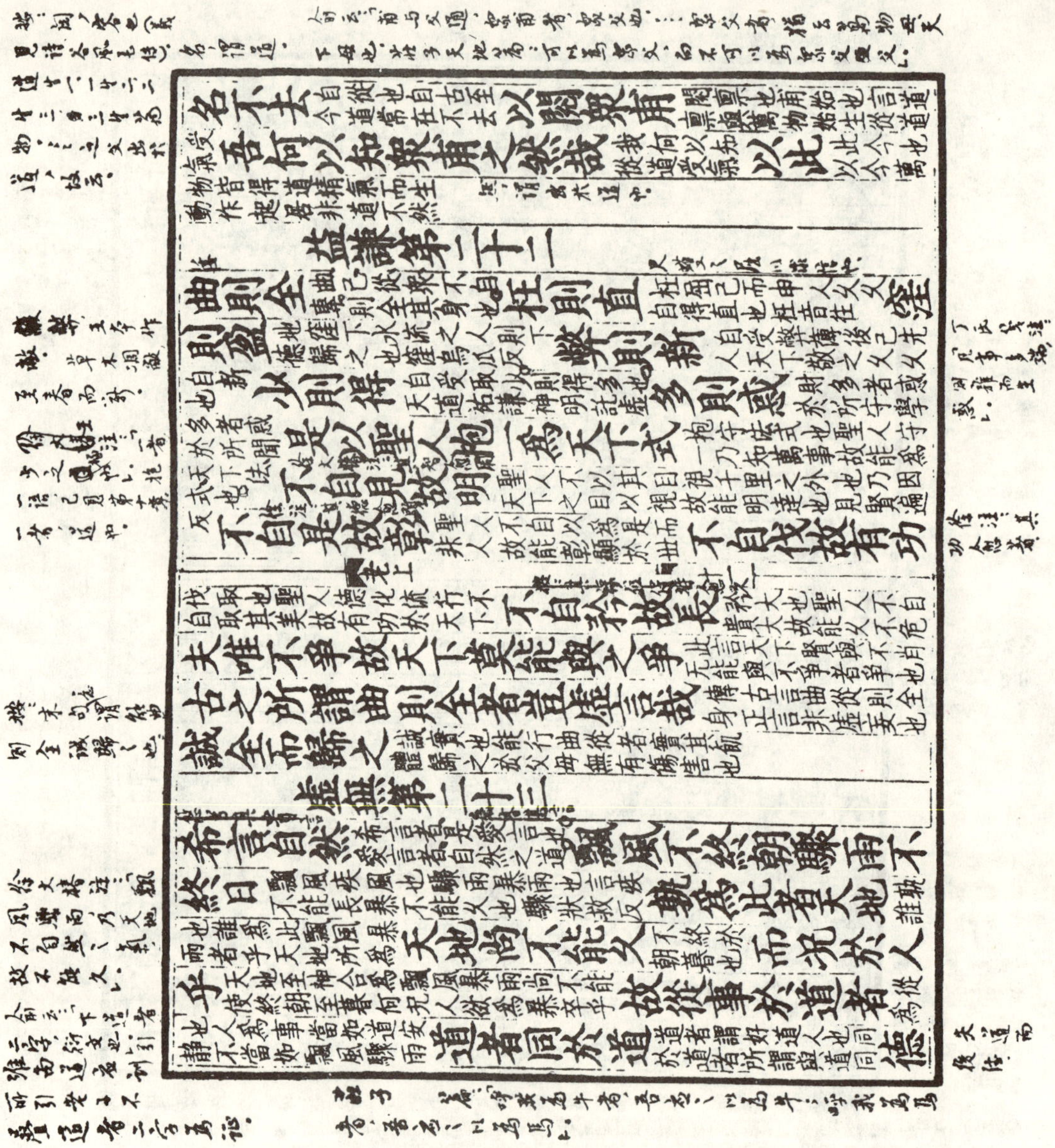

名不去，自從也，自古至今，道常在不去。以閱衆甫。閱，稟也。甫，始也。言道稟與萬物始生，從道受氣。吾何以知衆甫之然哉。我何以知從道受氣。以此。此，今也。以今萬物皆得道精氣而生，動作起居，非道不然。

益謙第二十二

曲則全，曲己從衆，不自專，則全其身也。枉則直，枉屈己而申人，久久自得直也。窪則盈，地窪下，水流之；人謙下，德歸之也。弊則新，自受弊薄，後己先人，天下敬之，久久自新也。少則得，多則惑。自受取少則得多也，天道祐謙，神明託虛。財多者惑於所守，學多者惑於所聞也。是以聖人抱一爲天下式。抱，守也。式，法也。聖人守一，乃知萬事，故能爲天下法式也。不自見，故明；聖人不以其目視千里之外也，乃因天下之目以視，故能明達也。不自是，故彰；聖人不自以爲是而非人，故能彰顯於世。不自伐，故有功；伐，取也。聖人德化流行，不自取其美，故有功於天下。不自矜，故長。矜，大也。聖人不自貴大，故能久不危。夫唯不爭，故天下莫能與之爭。此言天下賢與不肖，無能與不爭者爭也。古之所謂曲則全者，豈虛言哉。傳古言曲從則全身，正言非虛妄也。誠全而歸之。誠，實也。能行曲從者，實其肌體歸之於父母，無有傷害也。

虛無第二十三

希言自然。希言者，是愛言也。愛言者，自然之道。飄風不終朝，驟雨不終日。飄風，疾風也。驟雨，暴雨也。言疾不能長，暴不能久也。孰爲此者，天地。孰，誰也。誰爲此飄風暴雨者乎，天地所爲。天地尚不能久，而況於人乎。天地至神，合爲飄風暴雨，尚不能使終朝至暮，何況人欲爲暴卒乎。故從事於道者，從，爲也。人爲事當如道安靜，不當如飄風驟雨也。道者同於道。道者，謂好道人也。同於道者，所謂與道同也。德

徐大椿注：「從事，謂學道也。所學者道，故同於道。失道而從德，德為道之次；所學在德，則亦同於德。德之下皆為失；所學者失，則無往而不失矣。」

者同於德德謂好德人也同於德者所謂與德同也失者同於失失謂任己失人也同於失者所謂與失同也同於道者道亦樂得之與道同者道亦樂得之也同於德者德亦樂得之與德同者德亦樂得之也同於失者失亦樂失之與失同者失亦樂失之也信不足焉君信不足於下下則應君以不信也有不信焉此言物類相歸同聲相應雲從龍風從虎水流濕火就燥自然之類也

失之，他本皆作得之，是。

徐大椿注：「必我之信先不足，而後人之不信隨之。」

苦恩第二十四

跂者不立跂進也謂貪權慕名進取功榮也則不可久立身行道也跂音企又去聲跨者不行自以爲貴而跨於人衆共蔽之使不得行跨苦化反自見者不明人自見其形容以爲好自見所行以爲應道殊不自知其形醜操行之鄙自是者不彰自以爲是而非人衆共蔽之使不得彰明自伐者無功所謂輒自伐取其功美即失有功於人也自矜者不長好自矜大者不可以長久其於道也曰餘食贅行贅貪也使此自矜伐之人在治國之道曰然斂餘祿食爲貪行贅專稅反行下孟反物或惡之此人在位動欲傷害故物無有不畏惡之地惡烏路反故有道者不處也言有道之人不居其國也

立不久。 跨，大步。 行不遠。

跂，王本作企。首二句言欲上人先人者皆自取辱。

多餘曰贅。

象元第二十五

有物混成先天地生謂道無形混沌而成萬物乃在天地之前混胡本反先悉薦反寂兮寥兮獨立而不改寂者無音聲寥者空無形獨立者無匹雙不改者化有常周行而不殆道通行天地无所不入在陽不焦託陰不腐无不貫穿不危殆殆田賴反可以爲天下母道育養萬物精氣如母之養子吾不知其名字之曰道我不見道形容不知當何以名之見萬物皆從道所生故字之曰道也強爲之名曰大不知其名強曰大者高而无上羅而无外无不包容故曰大也強其丈反大曰逝其爲大非若天常在上非若地常在下乃復逝去无常處

苦恩 象元

混，猶囫圇也。丁云：「無聲不可聞，無色不可見，故曰寂寥。」寂，無聲；寥，無形體也。

周行，故曰逝。

釋文：殆，怠也。

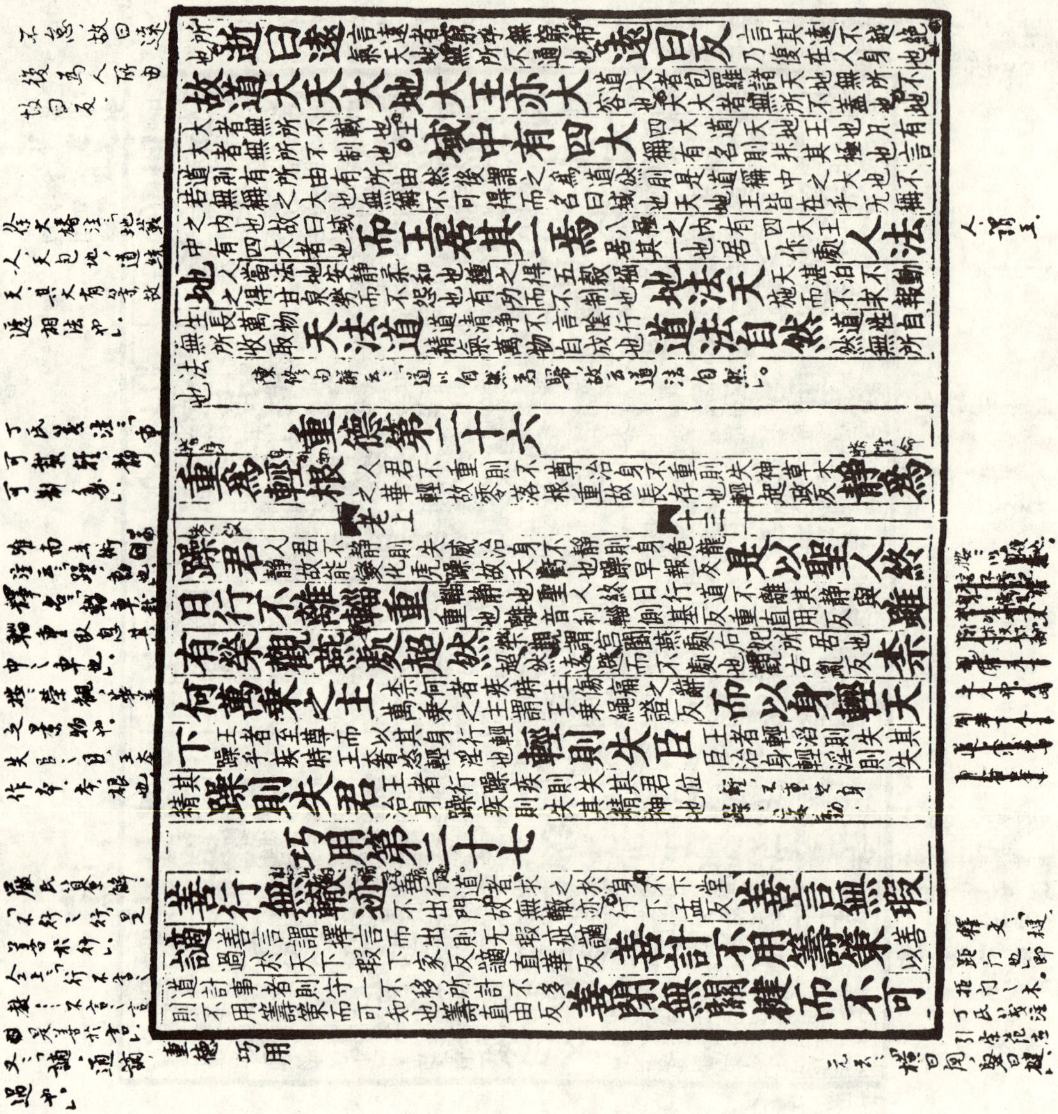

逝曰遠，遠曰反。故道大，天大，地大，王亦大。域中有四大，而王居其一焉。人法地，地法天，天法道，道法自然。

重德第二十六

重為輕根，靜為躁君。是以聖人終日行不離輜重。雖有榮觀，燕處超然。奈何萬乘之主，而以身輕天下？輕則失臣，躁則失君。

巧用第二十七

善行無轍跡，善言無瑕讁，善計不用籌策，善閉無關楗而不可開

開善以道閉情欲守精神者不如門戶有關揵可得開揵其偃反善結無繩約而不可解善以道結事者乃可結其心不如繩索可得解也是以聖人常善救人聖人所以常教人忠孝者欲以救人在命故無棄人使貴賤各得其所也常善救物聖人所以教民順四時以救萬物之殘傷故無棄物聖人不賤石而貴玉視之如一是謂襲明聖人善救人物謂襲明大道也故善人者不善人之師人之行善者聖人即以為人師不善人者善人之資資用也人行不善聖人猶教導使為善得以給用也不貴其師獨無輔也不愛其資無所使也雖智大迷雖自以為智言此人乃大迷惑是謂要妙能通此意是謂知微妙要道也

反朴第二十八

知其雄守其雌為天下谿雄以喻尊雌以喻卑人雖知自尊顯當復守之以卑

老上 十四

微去之強梁就雌之柔和如是則天下歸之如水流入深谿也谿苦奚反為天下谿常德不離人能謙下如深谿則德常在不復離於已離力智反復歸於嬰兒常復歸志於嬰兒惷然而無所知也知其白守其黑為天下式白以喻昭昭黑以喻默默人雖自知昭昭明白當復守之以默默如闇昧無所見如是則可為天下法式則得常在為天下式常德不忒人能為天下法則德常在於已不復差忒忒吐得反復歸於無極德不差忒則長生久壽歸身於無窮極也知其榮守其辱為天下谷榮以喻尊貴辱以喻汙濁知已之有榮貴當守之以汙濁如是則天下歸之如水流入深谷也為天下谷常德乃足足止也人能為天下谷德乃止於已復歸於朴復當歸身於質朴不復為文飾朴普角反朴散則為器萬物之朴散則為器用也若道散則為神明流為日月分為五行也聖人用之則為官長聖人升用則為百官之元長也長丁丈反故大制不割聖人用之則以大道制御天下無所傷割治身則以天道制情欲不害精神也

魏源以「至要不煩，至妙不測」釋要妙。

徐大椿注：「常德者，自然之法。」

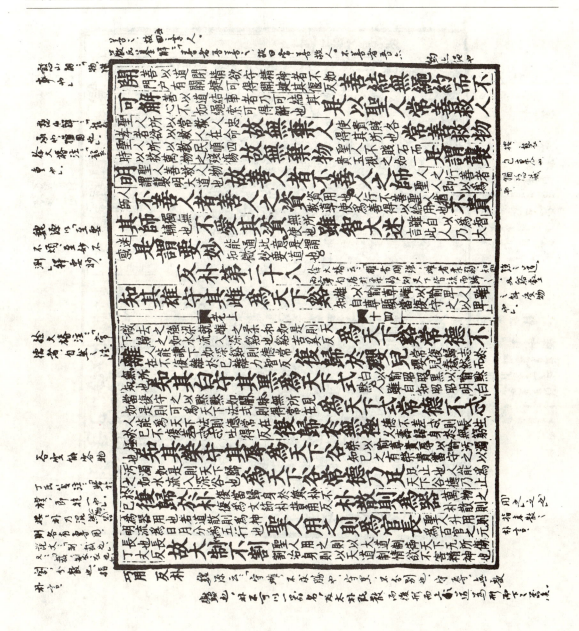

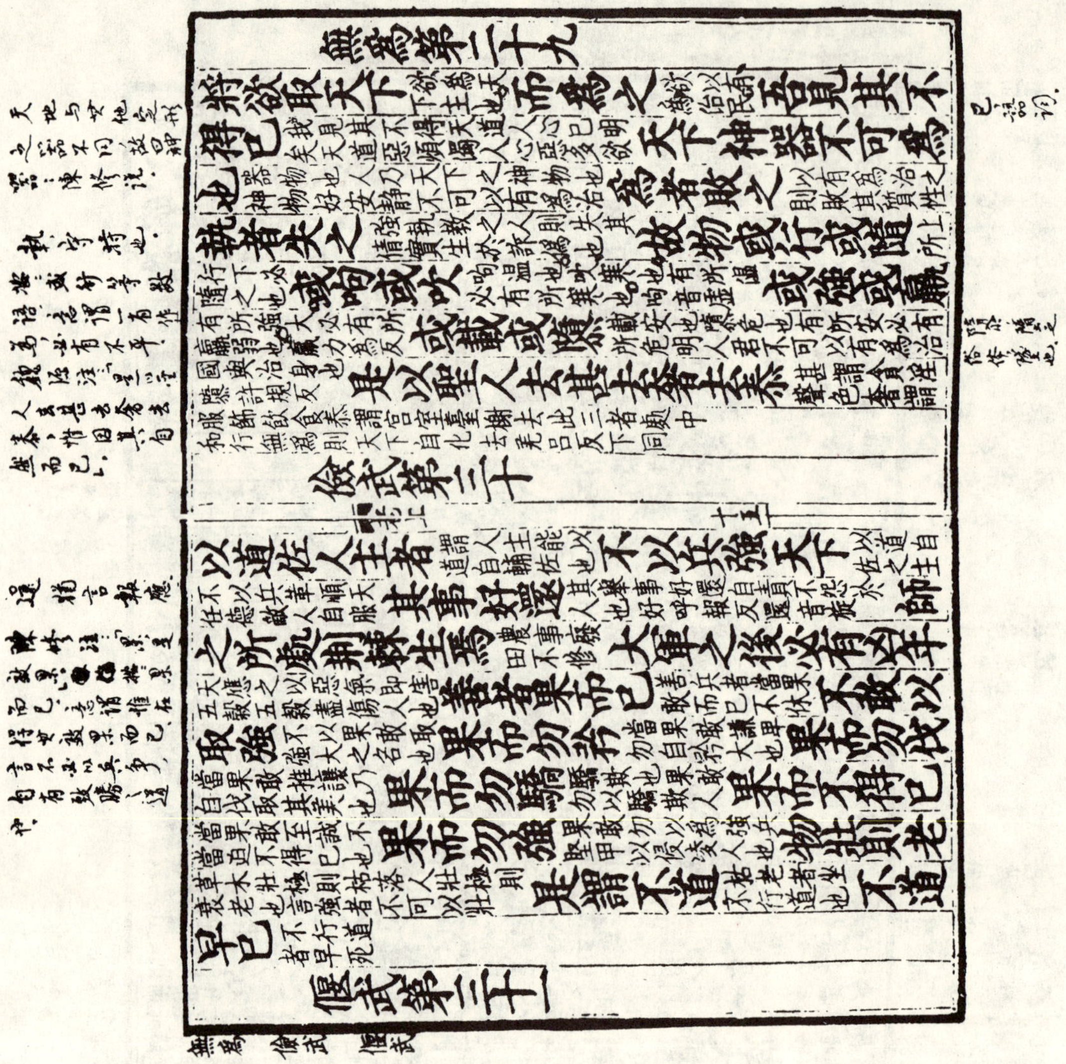

無爲第二十九

將欲取天下 欲爲天下主也 而爲之 欲以有爲治民 吾見其不得已 我見其不得天道人心已明矣天道惡煩濁人心惡多欲 天下神器不可爲也 器物也人乃天下之神物也神物好安靜不可以有爲治 爲者敗之 以有爲治之則敗其質性 執者失之 強執教之人則失其情實生於詐僞也 故物或行或隨 上所行下必隨之也 或呴或吹 呴溫也吹寒也有所溫必有所寒也呴音虛 或強或羸 有所強大必有所羸弱也羸力爲反 或載或隳 載安也隳危也有所安必有所危明人君不可以有爲治國與治身也隳許規反 是以聖人去甚去奢去泰 甚謂貪淫聲色奢謂服飾飲食泰謂宮室臺榭去此三者處中和行無爲則天下自化去羌呂反下同

儉武第三十

以道佐人主者 謂人主能以道自輔佐也 不以兵強天下 以道自佐之主不以兵革順天任德敵人自服 其事好還 其舉事好還自責不怨於人也好呼報反還音旋 師之所處荊棘生焉 農事廢田不修 大軍之後必有凶年 天應之以惡氣即害五穀五穀盡傷人也 善者果而已 善用兵者當果敢而已不休 不敢以取強 不以果敢取強大之名也 果而勿矜 當果敢謙卑勿自矜大也 果而勿伐 當果敢推讓乃自伐取其美也 果而勿驕 驕欺也果敢勿以驕欺人 果而不得已 當果敢至誠不當迫不得已也 果而勿強 果敢勿以爲強兵堅甲以侵凌人也 物壯則老 草木壯極則枯落人壯極則衰老也言強者不可以壯 是謂不道 枯老者坐不行道也 不道早已 不行道者早死

偃武第三十一

無爲　儉武　偃武

讀書雜志：「佳」當作「隹」，字之誤也。隹，古唯字也。元大德三年道德經幢（在盩厔）正作隹。

夫佳兵不祥之器，祥，善也。兵者驚精神濁和氣，不善人之器也，不當修飾之。物或惡之，兵動則有所害，故萬物無有不惡之。惡，烏路反。故有道者不處。有道之人不處其國。君子居則貴左，貴柔弱也。用兵則貴右。貴剛強也。此言兵道與君子道反，所貴者異也。兵者不祥之器，兵革者不善之器也。非君子之器，非君子所貴重器也。不得已而用之，謂遭衰逆亂禍欲加萬民，乃用之以自守。恬惔爲上。不貪土地利人財寶。惔，一本作然。勝而不美，雖得勝而不以爲利己也。而美之者，是樂殺人。美得勝者，是爲喜樂殺人者也。夫樂殺人者，則不可以得志於天下矣。爲人君而樂殺人，此不可使得志於天下，爲人主必專制人命，妄行刑誅。吉事尚左，左，生位也。凶事尚右。陰道殺人。偏將軍居左，偏將軍卑而居陽者，以其不專殺也。上將軍居右，上將軍尊而居右，主殺也。言以喪禮處之。上將軍於右，喪禮尚右，死人貴陰也。殺人之衆，以悲哀泣之。傷己德薄，不能以道化人，而害無辜之民。戰勝，以喪禮處之。古者戰勝，將軍居喪主禮之位，素服而哭之。明君子貴德而賤兵，不得已誅不祥，心不樂之，比於喪也。知後世用兵不已，故悲痛之。

聖德第三十二

道常無名。道能陰能陽，能弛能張，能存能亡，故無常名也。朴雖小，天下不敢臣。道朴雖小，微妙無形，天下不敢有臣使道者也。侯王若能守之，萬物將自賓。侯王若能守道無爲，萬物將自賓服，從於德也。天地相合，以降甘露，侯王動作能與天相應合，天即下甘露善瑞也。民莫之令而自均。天降善瑞，則萬物莫有教令之者，皆自均調若一也。始制有名，始，道也。有名，萬物也。道無名，能制於有名；無形，能制於有形也。名亦既有，既，盡也。有名之物盡有情欲，叛道離德，故身毀辱也。天亦將知之。人能去道行德，天亦

以勝爲美者，是樂殺人。

老子與馬注：「賓，從也。」

（三）言用兵者，無……恬，靜也。惔，王本作淡，或作澹。恬淡，淡泊無所營爲也。檀弓上：「孔子與門人立，拱而尚右，二三子亦皆尚右。孔子曰：二三子之嗜學也，我則有姊之喪故也。二三子皆尚左。」按：突……

之衆，王本同。他本多作衆。

按：道常無名，言道之常者無名也，可道之道，非常道……不知其名，強字之曰道，故云。

按：制，作也。言始制爲名字也。

他本天作夫，之作止，下止字同。是。

按：既有名，則已失其樸。是可以知止而不必更有所營爲矣。

與，他本皆作於，是。

按：言道在天下，猶川谷之於江海也。

說文：「氾，濫也。」王注：「言道氾濫無所不適。」

徐大椿注：「氾濫周流，左右無方也。」

按：道微妙，故可名為小。

「是以聖人終不為大」，王本作「以其終不自為大」。

徐大椿注：「大象，所謂無象之象。往，謂歸往。」

按：名有，謂名其功為己有也。

太，泰通。康泰也。

(將自知之)知之所以不殆(天知之則神靈祐助不復危殆)譬道之在天下猶川谷之與江海(言譬道之在天下與人相應和如川谷與江海相流通也)

辯德第三十三

知人者智(能知人好惡是為智)自知者明(人能自知賢不肖是為反聽無聲內視無形故為明)勝人者有力(能勝人者不過以威力也)自勝者強(人能自勝己情欲則天下無有能與己爭者故為強)知足者富(人能知足之為足則長保福祿故為富也)強行者有志(人能強力行善則為有意於道道亦有意於人)不失其所者久(人能自節養不失其所受天之精氣則可以久)死而不亡者壽(目不妄視耳不妄聽口不妄言則无怨惡於天下故長壽)

任成第三十四

大道氾兮(言道氾氾若浮若沉若有若無視之不見說之難殊　氾音泛)其可左右(道可左右无所不宜)

老上　十七

萬物恃之而生(恃待也萬物皆恃道而生)而不辭(道不辭謝而逆止也)功成不名有(有道不名其有功也)愛養萬物而不為主(道雖愛養萬物不如人主有所收取)常無欲可名於小(道匿德藏名怡然無為似若微小也)萬物歸焉而不為主(萬物皆歸道受氣道非如人主有所禁止也)可名為大(萬物橫來橫去使名自在故不若於大也)是以聖人終不為大(聖人法道匿德藏名不為滿大)故能成其大(聖人以身師導不言而化萬事修治故能成其大)

仁德第三十五

執大象天下往(執守也象道也聖人守大道則天下萬民移心歸往之也治身則天降神明往來於己也)往而不害安平太(萬物歸往而不傷害則國安家寧而致太平矣治身不害神明則身安而大壽也)樂與餌過客止(餌美也過客一也人能樂美於道則一留止也一者去盈

辯德　任成　仁德

丁氏箋注：「樂，鐘鼓之樂也。餌，飲食也。」

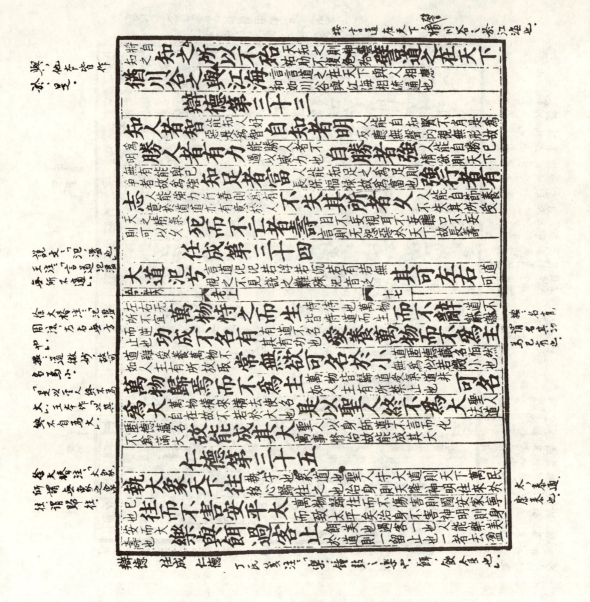

而奧虛忽忽如過客樂音岳餌而志反**道之出口淡乎其無味**道出入於口淡淡非如五味有酸鹹若甘辛也出尺類反淡徒暫反**視之不足見**足德也道無形非若五色有青黃赤白黑可得見也**聽之不足聞**道非若五音有宮商角徵羽可得聽聞也**用之不可既**用道治國則國安民昌治身則壽命延長無有既盡時也

微明第三十六

將欲噏之必固張之先開張之者欲極其奢淫 噏許及反**將使弱之必固強之**先強大之者欲使遇禍患**將欲廢之必固興之**先興之者欲使其驕危也**將欲奪之必固與之**先與之者欲極其貪心也**是謂微明**此四事其道微其效明也**柔弱勝剛強**柔弱者久長剛強者先亡也**魚不可脫於淵**魚脫於淵謂去剛得柔不可復制也**國之利器不可以示人**利器權道也治國權者不可以示執事之臣也治身道者不可以示非其人也

老上 十八

爲政第三十七

道常無爲道以無爲爲常也**而無不爲侯王若能守萬物將自化**言侯王若能守道萬物將自化效於己也**化而欲作吾將鎮之以無名之朴**吾身也無名之朴道也萬物以化效於己也復欲作巧僞者侯王當身鎮撫以道德**無名之朴亦將不欲不欲以靜**言侯王鎮撫以道德民亦將不欲故當以清靜導化之也**天下將自定**能如是者天下將自正定也

四十五年八月二十四日播讀至此

河上公老子道經卷上

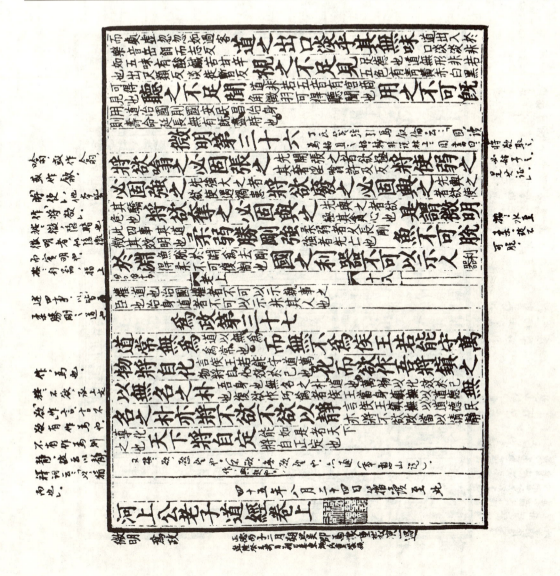

微明 爲政

老子德經下

河上公章句第三

論德第三十八

上德不德，上德，謂太古無名號之君，德大無上，故言上德也。不德者，言其不以德教民，因循自然，養人性命，其德不見，故言不德也。是以有德。言其德合於天地，和氣流行，民德以全也。下德不失德，下德，謂號謚之君，德不及上德，故言下德也。不失德者，其德可見，其功可稱也。是以無德。以有名號及其身故。上德無為，謂法道安靜，無所施為也。而無以為。言無以名號為也。下德為之，言為教令，施政事也。而有以為。言以為己取名號也。上仁為之，上仁謂行仁之君，其仁無上，故言上仁。為之者，為仁恩也。而無以為。功成事立，無以執為。上義為之，為義以斷割也。而有以為。動作以為己，殺人以成威，賊下以自奉也。上禮為之，謂上禮之君，其禮無上，故言上禮。為之者，言為禮制度，序威儀也。而莫之應，言禮華盛實衰，飾偽煩多，動則離道，不可應也。則攘臂而仍之。言禮煩多不可應，上下忿爭，故攘臂相仍引。故失道而後德，言道衰德化生也。失德而後仁，言德衰而仁愛見。失仁而後義，言仁衰而分義明。失義而後禮。言義衰則施禮聘，行玉帛也。夫禮者，忠信之薄，言禮廢本治末，忠信日以衰薄。而亂之首。禮者賤質而貴文，故正直日以少，邪亂日以生。前識者，不知而言知為前識。道之華，言前識之人，失道之實，得道之華。而愚之始。言前識之人，愚暗之倡始也。是以大丈夫處其厚，大丈夫謂得道之君也。處其厚者，謂處身於敦朴。不處其薄，不處身違道，為世煩亂也。居其實，處忠信也。不居其華，不尚華言也。故去彼取此。去彼華薄，取此厚實。

法本第三十九

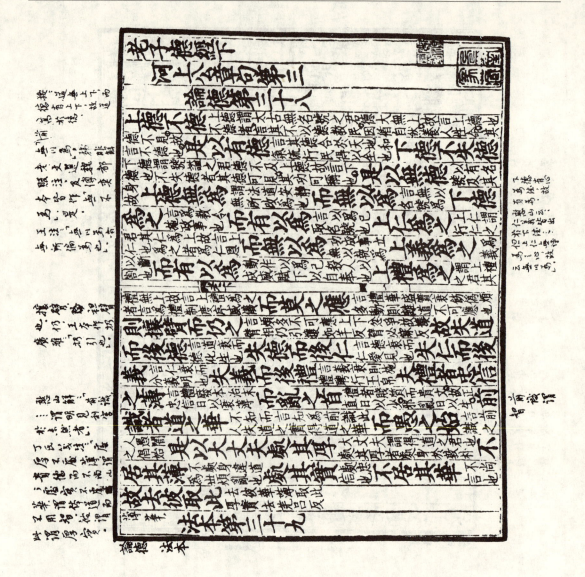

論德　法本

一、參第十章「抱一」注。憨山解：「正，猶長，所謂君長也。」呂覽高注：「正，主也。」正，或作貞。丁氏箋注引劉師培說：「蹶當讀爲蹷。說文曰：蹷，屋頓也。」

昔之得一者昔往也一無爲道之子也天得一以清地得一以寧言天得一故能垂象清明地得一故能安靜不動搖神得一以靈言神得一故能變化無形谷得一以盈言谷得一故能盈滿而不絕也萬物得一以生言萬物皆須道以生成也侯王得一以天下爲正言侯王得一故能爲天下平正其致之致誠也謂下五事也天無以清將恐裂言天當有陰陽施張晝夜更用不可但欲清明無已時將恐分裂不爲天地無以寧將恐發言地當有高下剛柔節五行不可但欲安靜無已時將恐發泄不爲地神無以靈將恐歇言神當有王相囚死休廢不可但欲靈無已時將恐虛歇不爲神也谷無以盈將恐竭言谷當有盈縮虛實不可但欲盈滿無已時將恐枯竭不爲谷萬物無以生將恐滅言萬物當隨時生死不可但欲生無已時將恐滅亡不爲物也侯王無以貴高將恐蹷言侯王當屈己以下人汲汲求賢不可但欲高

老下　二一

於人將恐顛蹷失其位也蹷蹇月反故貴以賤爲本言必欲尊貴當以薄賤爲本若禹稷躬稼舜陶河濱周公下白屋也高必以下爲基言必欲尊貴當以下爲本基猶築牆造功因卑成高下不堅固後必傾危是以侯王自謂孤寡不轂孤寡喻孤獨不轂喻不能如車轂爲衆輻所湊此非以賤爲本耶言侯王至尊貴能以孤寡自稱此非以賤爲本乎以曉人非乎嗟歎之辭故致數車無車致就也言人就車數之爲輻爲輪爲轂爲衡爲輿無有名爲車者故成爲車以喻侯王不以尊號自名故能成其貴轂色主反不欲琭琭如玉落落如石琭琭喻少落落喻多玉少故見貴石多故見賤言不欲如玉爲人所貴如石爲人所賤當處其中也琭琭並音祿

去用第四十

反者道之動反本也本者道所以動動生萬物背之則亡也弱者道之用柔弱者道之所常用故能長久天下萬物生於有萬物皆從天地生天地有形位故言生於有也

轂，他本皆作穀。二字通。不穀，不祿也。丁氏箋注：「琭琭見說文，落落，石皃。」王注：「玉石琭琭，珞珞，体盡於形，故不爲也。」

徐大椿注：「反者，道之動機，如春先有冬，寒是也。」又云：「弱者，乃道之作用，如將取先與之類是也。」法本　去用

傅奕本致之下有「一也」二字。

蹷，足顛仆也。

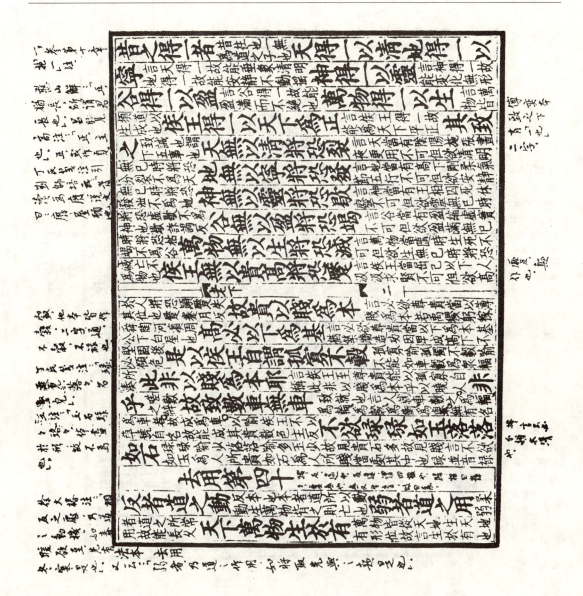

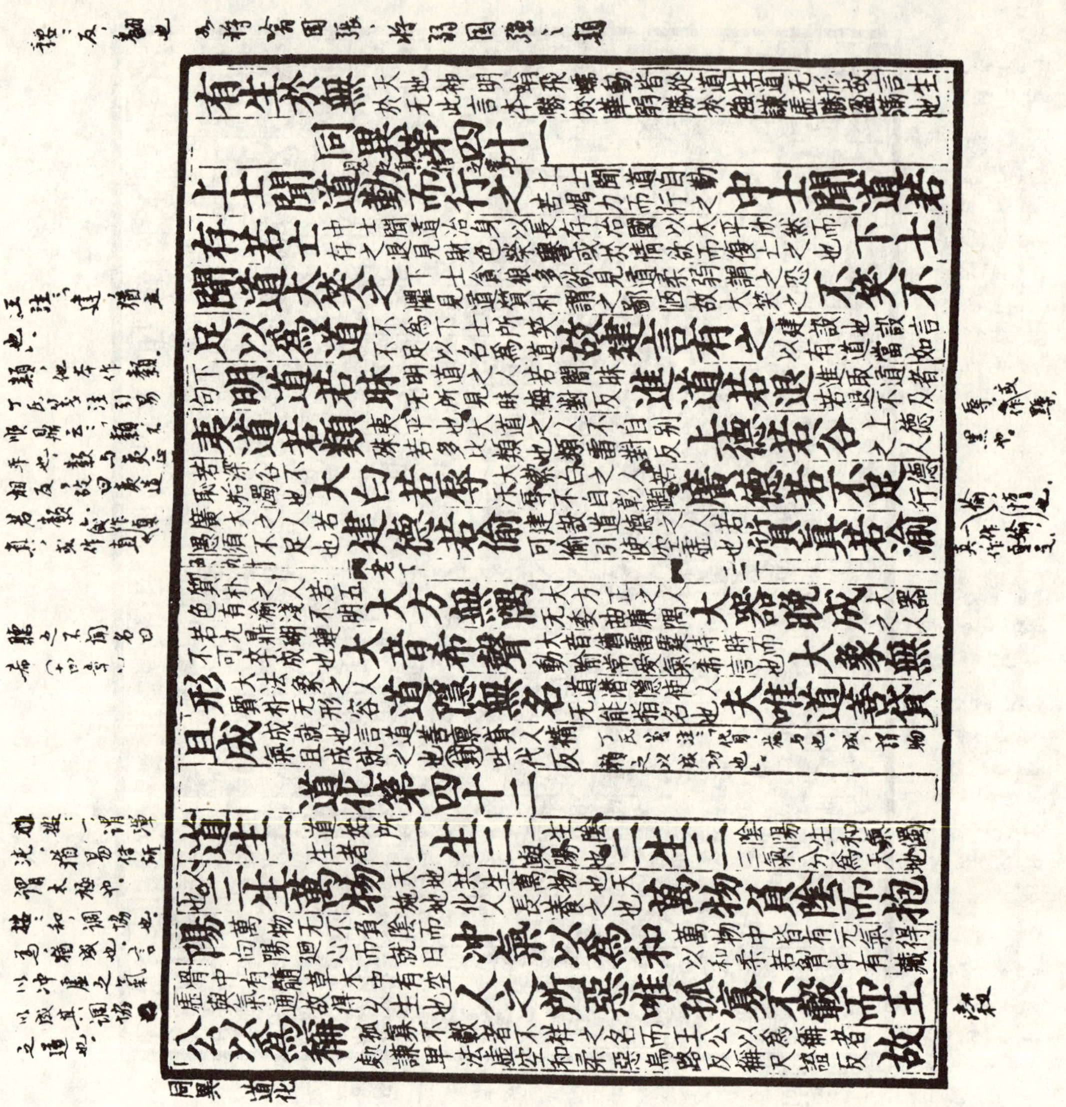
有生於無

同異第四十一

上士聞道，勤而行之。中士聞道，若存若亡。下士聞道，大笑之。不笑不足以爲道。故建言有之：明道若昧，進道若退，夷道若纇，上德若谷，大白若辱，廣德若不足，建德若偷，質眞若渝，大方無隅，大器晚成，大音希聲，大象無形，道隱無名。夫唯道，善貸且成。

道化第四十二

道生一，一生二，二生三，三生萬物。萬物負陰而抱陽，沖氣以爲和。人之所惡，唯孤寡不穀，而王公以爲稱。故

莊子山木篇：「從其強梁」，釋文：「強梁，多力也」。

物或損之而益 引之不得推之必還 或益之而損 夫增高者崩貪富者致患 人之所教 謂衆人所以教去弱為強去柔為剛 我亦教之 言我教衆人使去強為弱去剛為柔 強梁者不得其死 強梁謂不信玄妙背叛道德不從經教尚勢任力也 不得其死者為天所絕兵刃所伐王法所殺不得以壽命死也 吾將以為教父 父始也 老子以強梁之人為教戒之始也

按：馳騁，意謂任意奔馳而無礙也。

偏用第四十三

天下之至柔馳騁天下之至堅 至柔者水至堅金石水能貫堅入剛无所不通 騁敕領反 無有入無間 無有謂道也道無形質故能出入无間通神群生也 吾是以知無為之有益 吾見道无為而萬物自化成是以知无為之有益於人也 不言之教 法道不言師之以身 無為之益 法道无為治身則有益精神治國則有益萬民不勞煩也 天下希及之 天下人主也希能有及道无為之治身治國也

老下 四

按：漢書何武傳集注：「多，重也」。

按：愛，吝惜也。

立戒第四十四

名與身孰親 名遂則身退也 身與貨孰多 財多則害身也 得與亡孰病 好得利則病於行也 甚愛必大費 甚愛色費精神甚愛財遇禍患所愛者少所亡者多故言大費 多藏必厚亡 生多藏於府庫死多藏於丘墓生有攻劫之憂死有掘冢探柩之患 知足不辱 知足之人絕利去欲不辱於身 知止不殆 知可止則財利不累於身聲色不亂於耳目則身不危殆也 可以長久 人能知止足則福祿在己治身者神不勞治國者民不擾故可長久

盛德若不足

洪德第四十五

大成若缺 謂道德大成之君若缺者滅名藏譽如毀缺不備也 缺窺悅反 其用不弊 其用心如是則无弊盡時 大盈若沖 謂道德大盈滿之君也如沖者貴不敢驕也富不敢奢也 其用

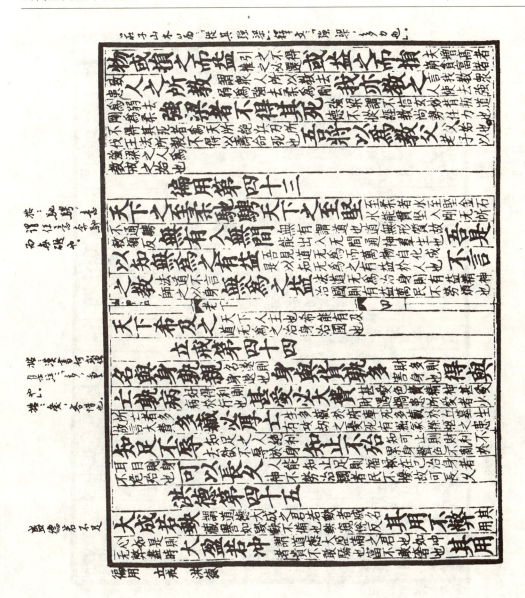

偏用 立戒 洪德

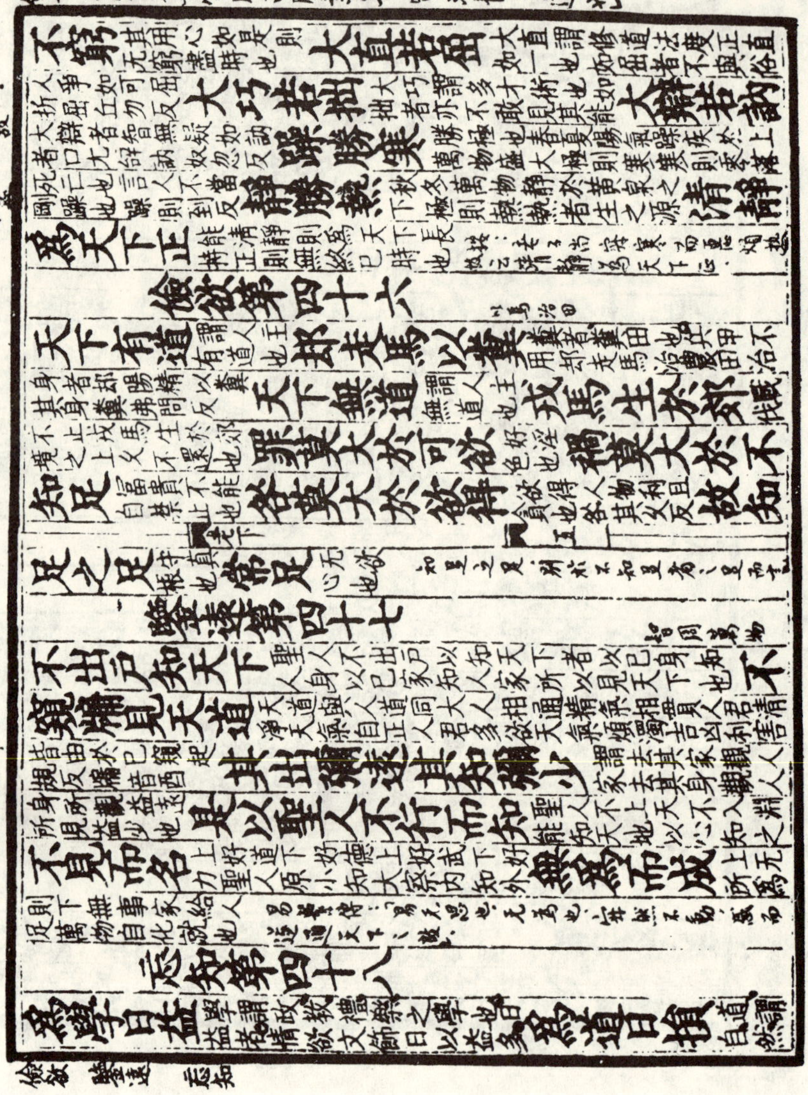
不窮其用心如是則无窮盡時也大直若屈大直謂修道法度正直如一也如屈者不與俗人爭如可屈折屈丘勿反大巧若拙大巧謂多才術也如拙者亦不敢見其能大辯若訥大辯者智無疑如訥者口尢辞訥奴忽反躁勝寒勝極也春夏陽氣躁疾於上萬物盛大極則寒寒則零落死亡也言人不當剛躁也躁則到反靜勝熱秋冬萬物靜於黃泉之下極則熱熱者生之源清靜爲天下正能清靜則爲天下長持正則無終已時也

儉欲第四十六

天下有道謂人主有道也郤走馬以糞糞者糞田也兵甲不用郤走馬治農田治身者郤陽精以糞其身糞弗問反天下無道謂人主無道也戎馬生於郊兵伐不止戎馬生於郊境之上久不還也罪莫大於可欲好淫色也禍莫大於不知足富貴不能自禁止也咎莫大於欲得欲得人物利且貪也咎其久反故知足之足守真根也常足无欲心也

老下 五

鑒遠第四十七

不出戶知天下聖人不出戶以知天下者以己身知人身以己家知人家所以見天下也不窺牖見天道天道與人道同天人相通精氣相貫人君清淨天氣自正人君多欲天氣煩濁吉凶利害皆由於已窺起規反牖音酉其出彌遠其知彌少謂去其家觀人家去其身觀人身所觀益遠所見益少也是以聖人不行而知聖人不上天不入淵能知天地以心知之不見而名上好道下好德上好武下好力聖人原小知大察內知外無爲而成上無所爲則下無事家給人足萬物自化就也

忘知第四十八

爲學日益學謂政教禮樂之學也益者情欲文飾日以益多爲道日損道謂自然

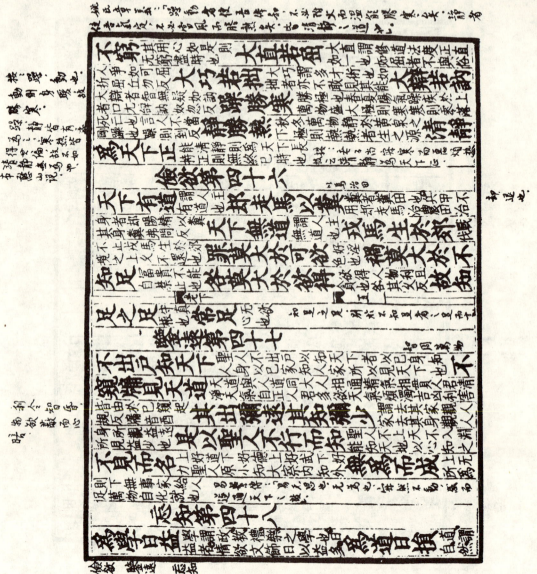

按：有事、無事，謂有爲無爲也。

之道也日損者情欲文飾日以消損 **損之又損** 損情欲又損之所以漸去 **以至於無爲** 當恬惔如嬰兒无所造爲 **無爲而無不爲** 情欲斷絶德與道合則无所不施无所不爲也 **取天下常以無事** 取治也治天下常當以无事不當煩勞也 **及其有事不足以取天下** 及其好有事則政教煩民不安故不足以治天下也

胡氏述義云：「道有常而心則無常」

任德第四十九

胡氏述義云：「此明心無常之故」。

聖人無常心 聖人重改更貴因循若自无心 **以百姓心爲心** 百姓心之所便因而從之 **善者吾善之** 百姓雖有不善者聖人化之使善也 **不善者吾亦善之** 百姓爲善聖人因而善之 **德善** 百姓德化聖人爲善 **信者吾信之** 百姓爲信聖人因而信之 **不信者吾亦信之** 百姓爲不信聖人化之使信也 **德信** 百姓德化聖人爲信 **聖人在天下怵怵** 聖人在天下怵怵常恐怖富貴不敢驕奢 **爲天下渾其心** 言聖人爲天下百姓渾濁其心若愚闇不通也渾胡本反 **百姓皆注其耳目** 注用也百姓皆用其耳目爲聖人視聽也 **聖人皆孩之** 聖人愛念百姓如孩嬰赤子長養之而不責望其報孩胡來反

善之，謂善遇之。（本憨山說）

怵怵，王本作歙歙，云：「歙歙焉，心無所主也」。或作惵惵，乃歙歙之異文（對怵怵諧聲）。

爲，語也。

善者吾善之，不善者吾亦善之，故云渾其心。

貴生第五十

出生入死 出生謂情欲出五內魂定魄靜故生也入死謂情欲入於胷臆精神勞惑故死 **生之徒十有三死之徒十有三** 言生死之類各有十三謂九竅四關也其生也目不妄視耳不妄聽鼻不妄香臭口不妄言味手不妄持足不妄行精神不妄施其死也反是也 **人之生動之死地十有三** 人之求生動作反之十三死地也 **夫何故** 問何故動之死地也 **以其生生之厚** 所以動之死地者以其求生活之事太厚違道忤天妄行失紀 **蓋聞善攝生者** 攝養也 **陸行不遇兕虎** 自然遠避害不干也兕徐履反 **入**

生生，養生也。此二語統人之生言。

按：生之徒，謂順其自然而生者；死之徒，謂因疾病而早世者；動之死地，謂求生太過而反死者。十之三，猶三之一也。

魏源注：「天下惟生死二者，出乎生則入乎死矣。」王注：「十有三，猶云十分有三分。取其生道，全生之極十分有三耳；取死之道，全死之極亦十分有三耳。」按：人之生云云，謂人本欲取生道，反其動也，乃之於死地。如是者亦十有三也。

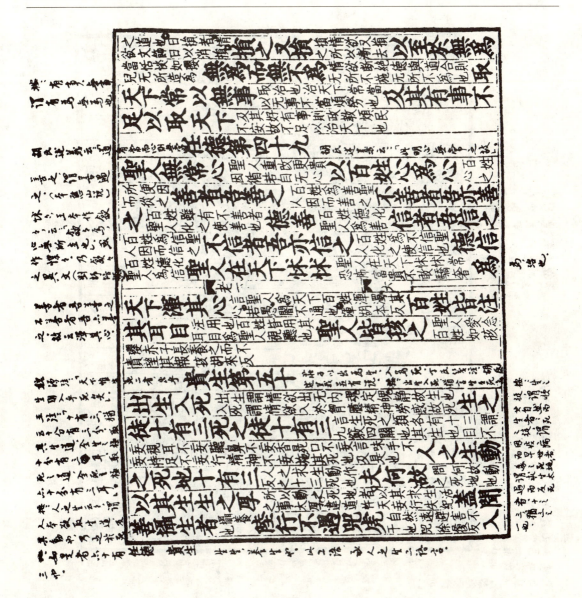

命，令也。言道德之尊貴，由於自然，不由命令也。

成、孰，王本作亭毒。按：文選謝靈運詩注引蒼頡云：「亭，定也」。

始，謂道。「道生之」，故為天下母。

憨山解云：「兌，為口；門，乃眼耳，為視聽之根」。

仝上云：「勤，勞也」。

仝上云：「光，道之用也；明，道之体也」。

徐大椿注云：「用其光以照萬物，而不為物眩，以失其明之体，則常能自見，必不罹於殃咎」。

軍不避甲兵（不好戰以殺人）兕無投其角虎無所措爪兵無所容其刃（養生之人虎兕無由傷兵刃無從加之也）夫何故（問虎兕兵甲何故不害之）以其無死地（以其不犯十三之死地言神明營護之此物不敢害）

被　所　其

養德第五十一

道生之（道生萬物）德畜之（德一也一主布氣而畜養）物形之（一爲萬物設形象也）勢成之（一爲萬物作寒暑之勢以成之）是以萬物莫不尊道而貴德（道德所爲無不盡驚動而尊敬）道之尊德之貴夫莫之命而常自然（道一不命召萬物而常自然應之如影響）故道生之德畜之長之育之成之孰之養之覆之（道之於萬物非但生之而已乃復長養成孰覆育全於性命人君治國治身亦當如是也）生而不有（道生萬物不有所取以爲利也）爲而不恃（道所施爲不恃望其報也）長而不宰（道長養萬物不宰割以爲利也）是謂玄德（道之所行恩德玄闇不可得見）

廣雅：「毒，安也」。

老下　七

歸元第五十二

王本作「既得其母，以知其子」。

天下有始（始有道也）以爲天下母（道爲天下萬物之母）既知其母復知其子（子一也既知道已當復知一也）既知其子復守其母（已知一當復守道反無爲）沒身不殆（不危殆也）塞其兌（兌目也目不妄視也兌徒外反）閉其門（門口也使口不妄言）終身不勤（人當塞目不妄視閉口不妄言則終身不勤苦）開其兌（開目視情欲也）濟其事（濟益也益情欲之事）終身不救（禍亂成也）見小曰明（萌芽未動禍亂未見爲小昭然獨見爲明）守柔曰強（守柔弱日以強大也）用其光（用其目光於外視時世之利害）復歸其明（復當反其光明於內無使精神泄也）無遺身殃（存神

閑

小，微也。

歸元

參同契云：「耳目口三寶，閉塞勿發通。旋曲以收視，坎乃不用聽，兌合以不談，希言順鴻濛」。以兌為口。

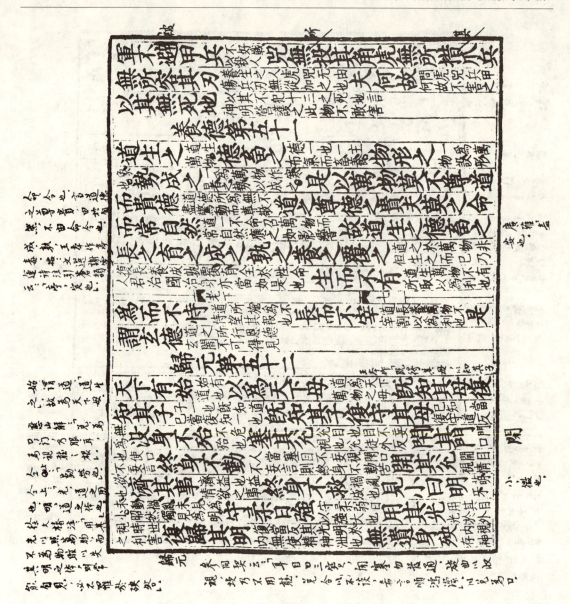

習，因也。他本或作「襲」，義同。
按：廣雅：「介，獨也。」謂天使我卓獨的有知也。行於大道，言僅由大道而行也。
王注：「朝，宮室也。」除，潔好也。
呂覽下賢篇注：「夸，詫而自大也。」按：盜夸謂盜取人物以自誇大之人也。

不爲漏失。**是謂習常**。人能行此，是謂習修常道。
遺唯季反

益證第五十三　益謙辭也。言通。　慈山解：「介然」，猶些小，乃微少之意，

使我介然有知，行於大道。介，大也。老子疾時王不行大道，故設此言，使我介然有知，於政事，我則行於大道，躬無爲之化。**唯施是畏**。唯，獨也。獨畏有所施爲，失道意。欲賞善，恐僞善生；欲信忠，恐詐忠起。**大道甚夷**，夷，平易也。**而民好徑**。徑，邪不平正也。大道甚平易，而民好從邪徑也。好呼報反。**朝甚除**，高臺榭，宮室修。**田甚蕪**，農事廢，不耕治。蕪音無。**倉甚虛**，五穀傷害，國無儲也。**服文綵**，好飾僞，貴外華。**帶利劍**，尚剛強，武且奢。**厭飲食，財貨有餘**，多嗜欲，無足時。**是謂盜夸**。百姓而君有餘者，是由劫盜以爲服飾，持行夸人，不知身死家破，親戚并隨也。**非道哉**。人君所行如是，此非道也。復言也哉者，痛傷之辭。

修觀第五十四　盜四夸，韓非解老作盜竽。姚乃謂其辭古，亦不可從。

姚氏章義：「施者，不塞其先而遺道身後者也。」
按：徑，小道也。
夸，又有泰義。見史記貨殖傳呂增注。

老下　八

善建者不拔，建，立也。善以道立身立國者，不可得引而拔也。拔，皮八反。**善抱者不脫**，善以道抱精神者，終不可拔引解脫。**子孫祭祀不輟**。爲人子孫能修道如是，長生不死，世世以久，祭祀先祖宗廟，無絕時。輟，張劣反。**修之於身，其德乃眞**。修道於身，愛氣養神，益壽延年，其德如是，乃爲眞人。**修之於家，其德有餘**。修道於家，父慈子孝，兄友弟順，夫信妻貞，其德如是，乃有餘慶及於來世子孫。**修之於鄉，其德乃長**。修道於鄉，尊敬長老，愛養幼小，教誨愚鄙，其德如是，乃無不覆及也。**修之於國，其德乃豐**。修道於國，則君信臣忠，仁義自生，禮樂自興，政平無私，其德如是，乃爲豐厚也。**修之於天下，其德乃普**。人主修道於天下，不言而化，不教而治，下之應上，信如影響，其德如是，乃爲普傳。**故以身觀身**，以修道之身觀不修道之身，孰亡孰存也。**以家觀家**，以修道之家觀不修道之家也。**以鄉觀鄉**，以修道之鄉觀不修道之鄉也。**以國觀國**，以修道之國觀不修道之國也。**以天下觀**

益證　修觀

國，疑古作邦，與豐叶韵。

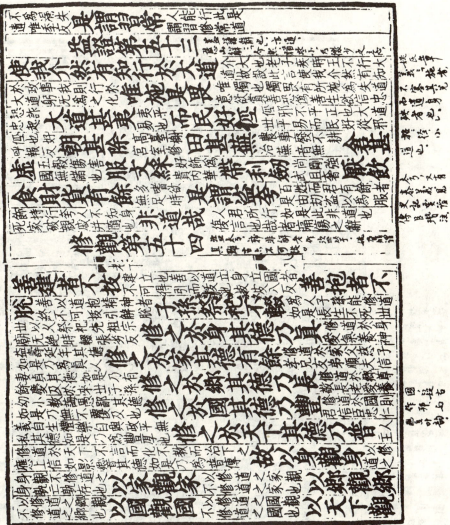

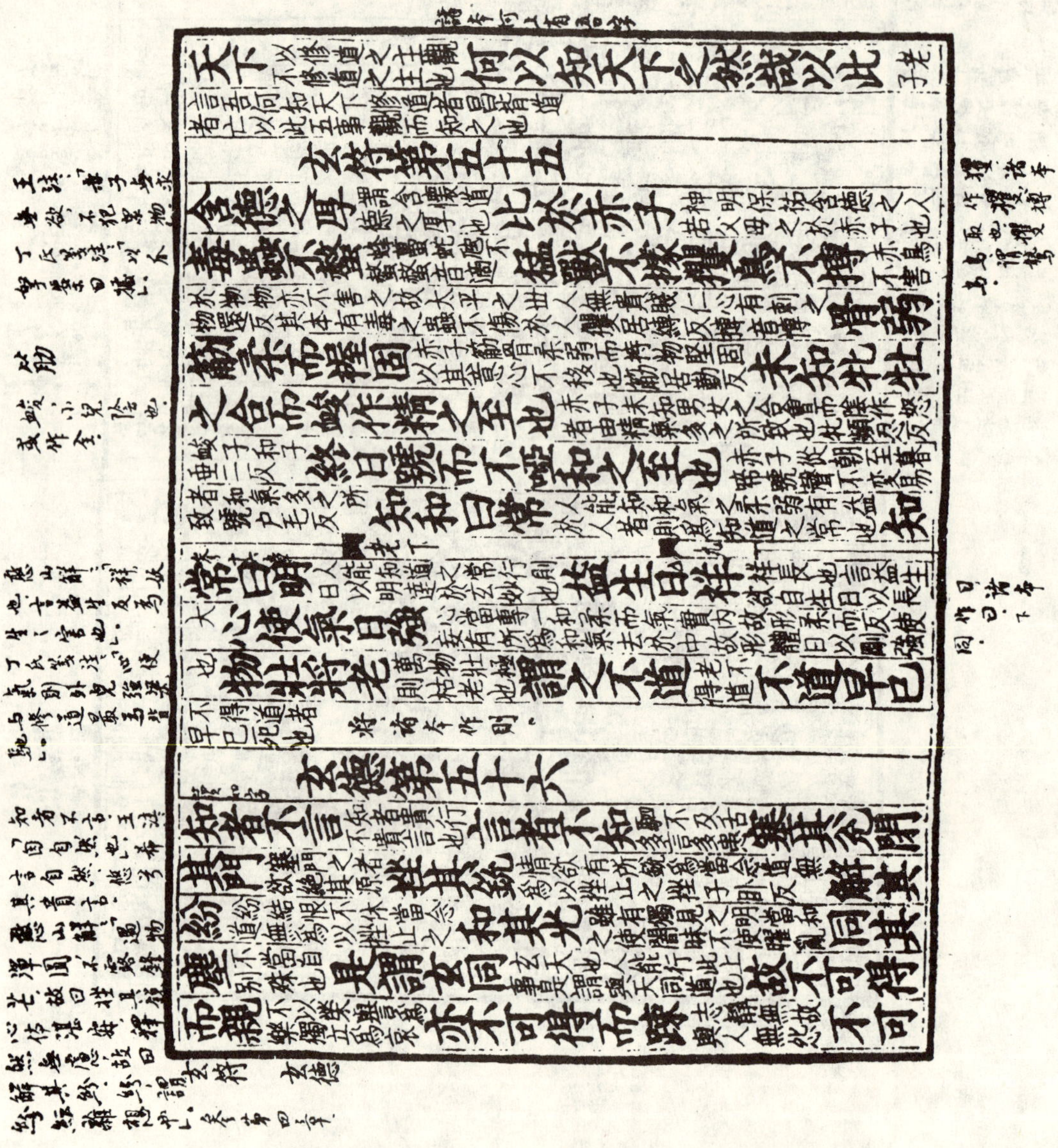

天下。何以知天下之然哉？以此。

玄符第五十五

含德之厚，比於赤子。毒蟲不螫，猛獸不據，攫鳥不搏。骨弱筋柔而握固，未知牝牡之合而峻作，精之至也。終日號而不啞，和之至也。知和曰常，知常曰明，益生曰祥，心使氣曰強。物壯將老，謂之不道，不道早已。

玄德第五十六

知者不言，言者不知。塞其兌，閉其門，挫其銳，解其紛，和其光，同其塵，是謂玄同。故不可得而親，不可得而踈。

按：以上數語，意謂役物而不役於物。

按：國與天下對言，則國謂諸侯之國。憨山解：「此」，指下文有事而言。正，謂無為。四十五章云：清靜為天下正。

得而利身不欲富貴口不欲五味亦不可得而害不與貪爭利不與勇爭氣不可得而貴不爲亂世主不處暗君位亦不可得而賤不以乘權故驕不以失志故屈故爲天下貴其德如此天子不得臣諸侯不得屈與世沉浮容身避害故爲天下貴也

淳風第五十七

以正治國以至也天使正身之人使至有國也以奇用兵奇詐也天使詐爲之人使用兵也以無事取天下以無事無爲之人使取天下爲之主吾何以知其然哉以此此今也老子言我何以知天意然哉以今日所見知之天下多忌諱而民彌貧天下謂人主也忌諱者防禁也令煩則姦生禁多則下詐相殆故貧民多利器國家滋昏利器者權也民多權則視者眩於目聽者惑於耳上下不親故國家昏亂人多伎巧奇物滋起人謂人君百里諸侯也多知伎巧謂刻畫宮觀彫琢服章奇物滋起下則化上飾金鏤玉文繡綵色日以

老下　十

滋甚法物滋彰盜賊多有法物好物也珍好之物滋生彰著則農事廢飢寒並至故盜賊多有也故聖人云謂下事也我無爲而民自化聖人言我修道承天無所改作而民自化成也我好靜而民自正聖人言我好靜不言不教民皆自忠正也我無事而民自富我無徭役徵召之事民安其業故皆自富也我無欲而民自朴我常無欲去華文微服飾民則隨我爲質朴也

朴，質兒。

順化第五十八

其政悶悶其政教寬大悶悶昧昧似若不明也其民醇醇政教寬大故民醇醇富厚相親睦也其政察察其政教急疾言決於口聽決於耳也其民缺缺政教急民不聊生故缺缺日以疏薄禍兮福之所倚倚因也夫禍因福而生人遭禍而能悔過責己修善行道則禍去而福來福兮禍之所伏禍伏匿於福中人得福而爲驕恣則福去禍來孰知

按：漁父辭：「孰能以身之察察」，五臣註：「察察，潔白兒。」引申當有明察之義，所謂察察為明也。

按：缺缺，不足之兒。

淳風　順化

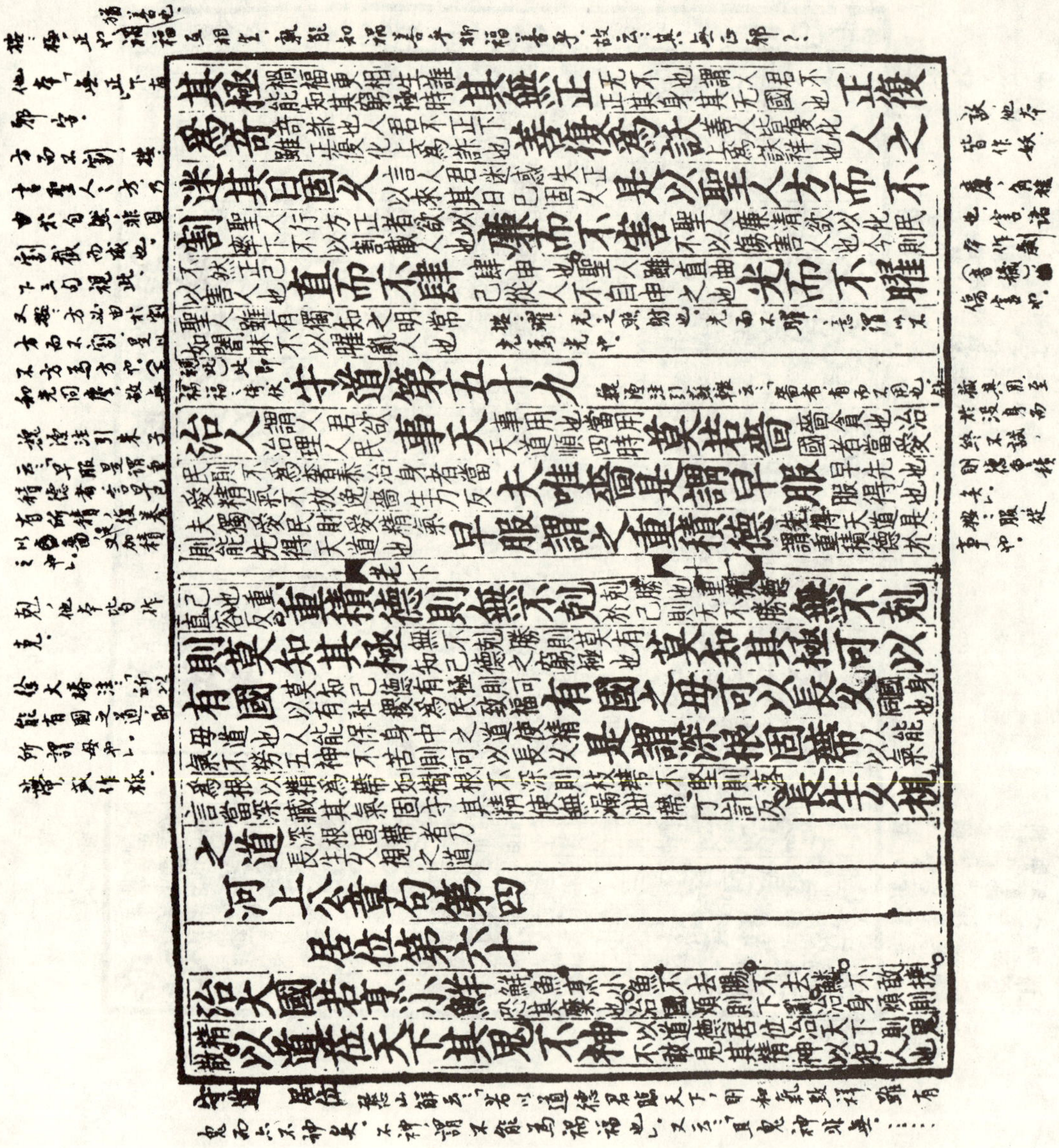

其極禍福更相生誰能知其窮極時 其無正 无不也謂人君不正其身其无國也 正復爲奇 奇詐也人君不正下雖正復化上爲詐也 善復爲訞 善人皆復化上爲訞祥也 人之迷其日固久 言人君迷惑失正以來其日已固久 是以聖人方而不割 聖人行方正者欲以率下不以割截人也 廉而不害 聖人廉清欲以化民不以傷害人也今則不然正己以害人也 直而不肆 肆申也聖人雖直曲己從人不自申之也 光而不耀 聖人雖有獨知之明常如闇昧不以曜亂人也

守道第五十九

治人 謂人君欲治理人民 事天 事用也當用天道順四時 莫若嗇 嗇貪也治國者當愛民財不爲奢泰治身者當愛精氣不放逸 嗇生力反 夫唯嗇是謂早服 服得也早先也夫獨愛民財愛精氣則能先得天道也 早服謂之重積德 先得天道是謂重積德於己也 重直容反 重積德則無不剋 剋勝也重積德則無不勝 無不剋則莫知其極 無不剋勝則莫有知己德之窮極也 莫知其極可以有國 莫知己德有極則可以有社稷爲民致福 有國之母可以長久 國身同也母道也人能保身中之道使精氣不勞五神不苦則可以長久 是謂深根固蔕 人能以氣爲根以精爲蔕如樹根不深則拔蔕不堅則落言當深藏其氣固守其精使無漏泄 蔕丁計反 長生久視之道 深根固蔕者乃長生久視之道

河上公章句第四

居位第六十

治大國若烹小鮮 鮮魚烹小魚不去腸不去鱗不敢撓恐其糜也治國煩則下亂治身煩則精散 以道莅天下其鬼不神 以道德居位治天下則鬼不敢見其精神以犯人也

但只為民之福，不為民害，故曰非其鬼不神，其神不傷人耳。

徐大椿注：「鬼神之不傷人，由於聖人之不擾害乎民，則鬼神之德，皆聖人之德也。故民皆歸德於聖人，而鬼不與焉。」

非其鬼不神，其神不傷人。其鬼非无精神也，非不正不能傷自然之人。非其神不傷人，聖人亦不傷人。非鬼神不能傷害人，以聖人在位不傷害人，故鬼不敢干之也。夫兩不相傷，鬼與聖人俱兩不相傷也。故德交歸焉。夫兩不相傷，人得治於陽，鬼得治於陰，人得全其性命，鬼得保其精神，故德交歸焉。

天下之牝。王注：「靜而不求，物自歸之也。」

謙德第六十一

大國者下流，治大國當如居下流，不逆細微。天下之交，大國天下士民之所交會。天下之牝。牝者陰類也，柔謙和而不昌也。牝，頻忍反。牝常以靜勝牡，女所以勝屈於男，陰勝陽，以安靜不先求之也。以靜為下。陰道以安靜為謙下。故大國以下小國，則取小國；（大國容之）能謙下之，則常有之。下，遐嫁反。取，七喻反，又七榆反。小國以下大國，則取大國。（小國附之）此言國无大小，能執謙畜人，則无過失也。故或下以取，或下而取。下者謂大國以下小國，小國以下大國，更以義相取。

而取，猶言被取也。

【老下　十二】

大國不過欲兼畜人，大國不可失，則兼并人國而牧畜之。過，古和反，又古卧反。小國不過欲入事人。使為臣僕。夫兩者各得其所欲，大者宜為下。大國小國各欲得其所，大國又宜為謙下。

為道第六十二

室西南隅曰奧，深邃之處也。

丁氏箋注：「道為不善者之人所倚以自保也。」

道者萬物之奧，奧，藏也。道為萬物之藏，無所不容也。奧，於六反，又烏報反。善人之寶，善人以道為身寶，不敢違也。不善人之所保。道者不善人之保倚也，遭患逢急，猶自知悔卑下。美言可以市，美言者獨可於市耳。夫市交易而退，不相宜善言，美語求者欲疾，得賣者欲售也。尊行可以加人。加，別也。人有尊貴之行，可以凡異於凡人，未足以尊道。行，下孟反。人之不善，何棄之有？人雖不善，當以道化之，蓋三皇之前，無有棄民，德化淳也。故立天子

謙德　為道

淮南道應、人間兩篇，並引作：「美言可以市尊，美行可以加人。」

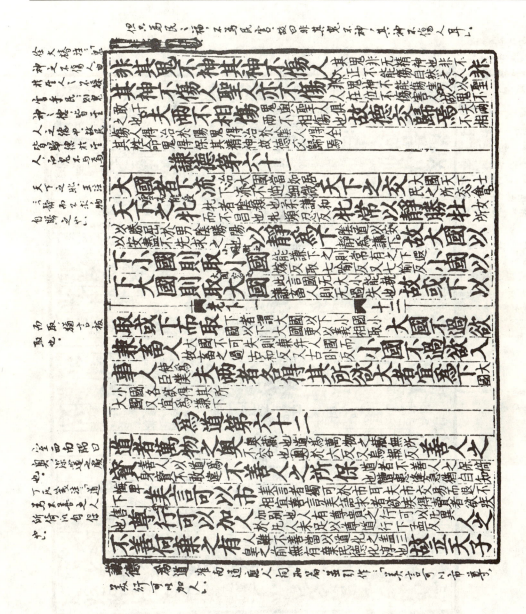

置三公 欲使教化不善之人 雖有拱璧以先駟馬，不如坐進此道。雖有美璧先駟馬而至，故不如坐進此道。拱居勇反。先悉薦反。古之所以貴此道者何？不日以求得，古之所以貴此道者，不日日遠行求索，近得之於身。有罪以免耶？有罪謂遭亂世闇君妄行刑誅，修道則可以解死免於衆耶也。故為天下貴。道德洞遠，无不覆濟，全身治國，恬然无為，故可為天下貴也。

恩始第六十三

為無為，因成脩故，無所造作。事無事，豫有備除，煩省事也。味無味。深思遠慮，味道意也。大小多少，陳其戒令也。欲大反小，欲多反少，自然之道也。報怨以德。脩道行善，絕禍於未生也。圖難於其易，欲圖難事，當於易時，未及成也。易以豉反。為大於其細。欲為大事，必作於小，禍亂從小來也。天下難事必作於易，天下大

老下　十三

事必作於細。是以聖人終不為大，處謙虛也。故能成其大。天下共歸之也。夫輕諾必寡信，不重言也。多易必多難。不慎患也。難乃旦反。是以聖人猶難之，聖人動作舉事，猶進退重難之，欲塞其源。故終無難。聖人終身无患難之事，猶避害深也。

守微第六十四

其安易持，治身治國安靜者，易守持也。其未兆易謀，情欲禍患未有形兆時，易謀正也。其脆易破，禍亂未動於朝，情欲未見於色，如脆弱易破除。脆七歲反。其微易散。其未彰著，微小易散去也。為之於未有，欲有所為，當於未有萌牙之時，塞其端也。治之於未亂。治身治國於未亂之時，當豫閉其門也。合抱之木生於毫末，從小成大。九層之臺起於累土，從卑至高。千里之行始於足

恩始　守微

憨山解：「若夫眾人之所欲者，功名利祿、玉帛珍奇；所學者，權謀智巧……皆其過也。……聖人離欲絕智，以復眾人之過耳」。

下從近至遠為者敗之有為於事廢於自然有為於義反於仁有為於色廢於精神也執者失之執利遇患執道全身堅持不得推讓反還聖人無為故無敗聖人不為華文不為色利不為殘賊故無壞敗無執故無失聖人有德以教愚有財以與貧无所執藏故无所失於人也民之從事常於幾成而敗之從為也民人為事常於功德幾成而貪位好名奢泰盈滿而自敗也慎終如始則無敗事終當如始不當懈怠是以聖人欲不欲聖人欲人所不欲人欲彰顯聖人欲伏光人欲文飾聖人欲質朴人欲色聖人欲於德也不貴難得之貨聖人不眩為服不賤石而貴玉學不學聖人學人所不能學人學智詐聖人學自然人學治世聖人學治身守道真也復眾人之所過眾人學問反過本為末過實為華復之者使反本也以輔萬物之自然教人反本實者欲以輔助萬物自然之性也而不敢為聖人動作因循不敢有所造為恐遠本也

六　老下　十四

淳德第六十五

古之善為道者治古之善以道治身及治國者非以明民不以道教民明智巧詐也將以愚之將以道德教民使朴質不詐偽民之難治以其智多以其智多故為巧偽以智治國國之賊使智惠之人治國之政事必遠道德妄作威福為國之賊不以智治國國之福不使智惠之人知國之政事則民守正直不為邪飾上下相親君臣同力故為國之福也知此兩者亦楷式兩者謂智與不智者常能智者為賊不智者能為福是治身治國之法式也常知楷式是謂玄德玄天也能知治身及治國之法式是謂與天同德也玄德深矣遠矣玄德之人深不可則遠不可極也與物反矣玄德之人與萬物反異萬物欲益己玄德施與人也乃至於大順玄德與萬物反異故能至大順順天理也

後己第六十六

楷，王本作稽。

丁氏箋注：「人皆欲智而我獨欲愚，是與物情反矣。惟反於物，乃順於道，是謂大順」。

淳德　後己

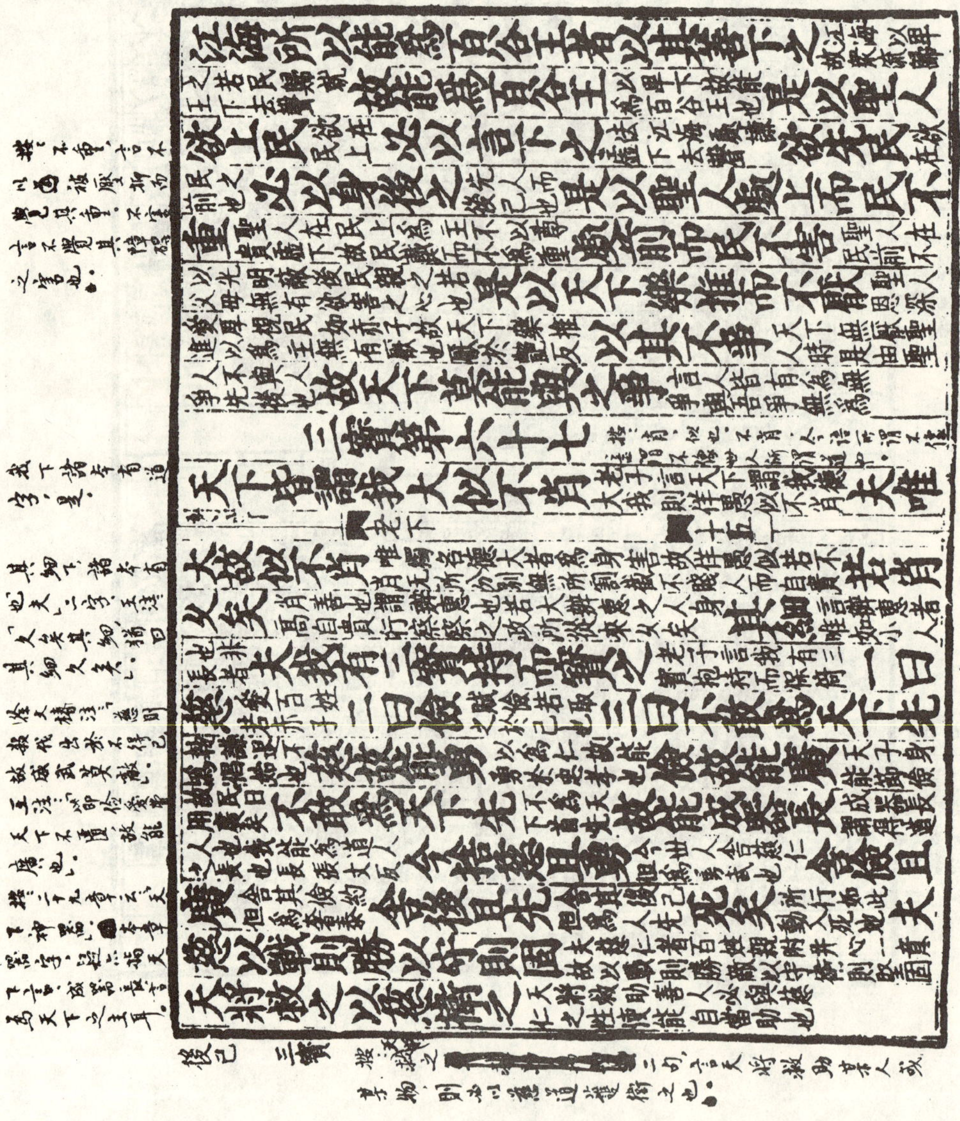
江海所以能為百谷王者，以其善下之，故能為百谷王。是以聖人欲上民，必以言下之；欲先民，必以身後之。是以聖人處上而民不重，處前而民不害。是以天下樂推而不厭。以其不爭，故天下莫能與之爭。

三寶第六十七

天下皆謂我大，似不肖。夫唯大，故似不肖。若肖久矣，其細也夫。我有三寶，持而寶之：一曰慈，二曰儉，三曰不敢為天下先。慈故能勇，儉故能廣，不敢為天下先，故能成器長。今舍慈且勇，舍儉且廣，舍後且先，死矣。夫慈以戰則勝，以守則固。天將救之，以慈衛之。

王注：「士，卒之帥也」。勝敵之戰，諸本皆作敵，是。「與」，傅奕本作「爭」，河上或本作「與爭」。

按：主謂主動，客謂被動。上行字謂用兵，下行字讀如字，行陣也（本丁氏說）。

扔，王本作扔，引也。按：意謂誘敵也。王注：「寶，三寶也」。又云：「抗，舉也。加，當也」。

憨山解：「宗，君，皆主也」。按：主，謂道也。

配天第六十八

善爲士者不武言貴道德不好武力善戰者不怒善以道戰者禁邪於心絕禍於未萌無所誅怒也善勝敵者不與善以道勝敵者附近以仁來遠以德不與敵爭而敵自服也善用人者爲下善用人自輔佐者常爲人執謙下也是謂不爭之德謂上爲之下也是乃不與人爭之道德也是謂用人之力能身爲人下是謂用人臣之力是謂配天能行此者德配天也古之極是乃古之極要道也

按：極，法也，猶言道也。

按：我以怨爲主，而善戰者則不怒。言以不戰弭兵也。

爲下，諸本有「之」字，是。

玄用第六十九

用兵有言陳用兵之道老子疾時用兵故託己設其義也吾不敢爲主主先敢先舉兵而爲客客者和而不倡用兵當承天而後動不敢進寸而退尺侵人境界利人財寶爲進閉門守城爲退是謂行無行彼遂不止爲天下賊雖行誅之不行執也無行戶剛反攘無臂雖欲大怒若無臂可攘也攘若羊反扔無敵雖欲扔引之心若無敵可扔也執無兵雖欲執持之若無兵刃可持用也何者傷彼之民罹罪於天遭不道之君愍忍喪之痛也禍莫大於輕敵夫禍亂之害莫大於欺輕敵家侵取不休輕戰貪財輕敵幾喪吾寶幾近也寶身也欺輕敵者幾近喪身也幾音祈故抗兵相加兩敵戰也哀者勝矣哀者慈仁士卒不遠於死

王注：「行，謂行陣也」。

按：哀者，謂可憐者，亦即使人同情者。

知難第七十

吾言甚易知甚易行老子言吾所言省而易知約而易行天下莫能知莫能行人惡柔弱好剛強也言有宗事有君我所言有宗祖根本事有君臣上下世人不知者非我之無德不與我反夫唯無知是以不我知夫惟聖人也是我德之暗不見於外窮極微妙故无知也知我者希則我者貴希少

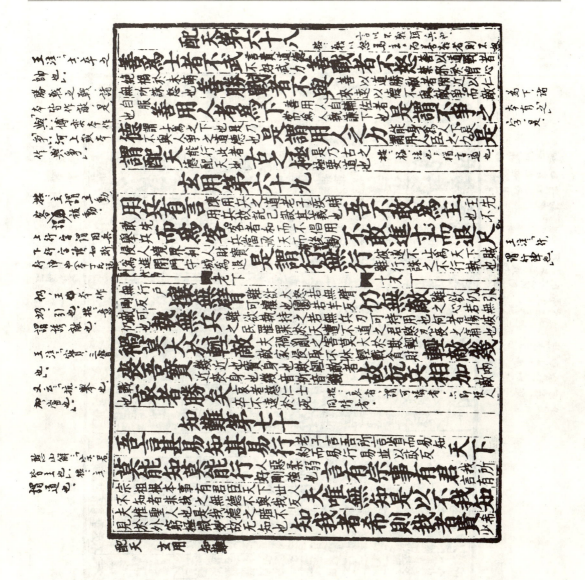

配天　玄用　知難

知、不知，謂知之而若不知；不知知，謂不知而自以為知也。

按：首二語言民不知當畏者有威可畏，則當畏者之大威至矣。言民皆服之也。

陳修注：「說文，『厭，笮也。』……即壓榨之。」按：後厭字，惡也。

也惟達道者乃能知我故為貴也

是以聖人被褐懷玉被褐者薄外懷玉者厚內匿寶藏懷不以示人也褐戶葛反

知病第七十一

知不知上知道言不知是乃德之上不知知病不知道言知是乃德之病夫唯病病夫唯能病苦眾人有強知之病是以不自病也是以不病聖人不病以其病病聖人無此強知之病者以其常苦眾人有此病是以不病以此非人也故不自病夫聖人懷通達之知託於不知者欲使天下質朴忠正各守純性小人不知道意而妄行強知之爭以自顯著內傷精神減壽消年也

愛己第七十二　諸本大上有則字

民不畏威大威至矣威害也人不畏小害則大害至謂死亡也畏之者當愛精神承天順地也無狹其所居謂心居神當寬柔不當急狹也無厭其所生人所以生者為有精神託空虛喜清淨飲食不節忽道念色邪僻滿腹為伐本厭神厭於豔反

老下　十七

夫唯不厭夫唯獨不厭精神之人洗心濯垢恬泊無欲則精神居之不厭也是以不厭是以聖人自知自知己之得失不自見不自顯見德美於外藏之於內見賢遍反自愛自愛其身以保精氣不自貴不自貴高榮名於世故去彼取此去彼自見自貴取此自知自愛去羌呂反

任為第七十三

勇於敢則殺勇敢有為即殺身也勇於不敢則活勇於不敢有為則活其身此兩者謂敢與不敢也或利或害活身為利殺身為害天之所惡惡有為也惡烏路反孰知其故誰能知天意之故而不犯是以聖人猶難之言聖人之明德猶難於勇敢況无聖人之德而欲行之乎難乃旦反天之道不爭而善勝天不與人爭貴賤而人自畏之不言而善應天不言萬物自動應以時不召而自來

知病　愛己　任為

病病，以病為病也。

按：狹，陝也，作動詞用，猶拖制也。所居，謂所為。

惡，致也。

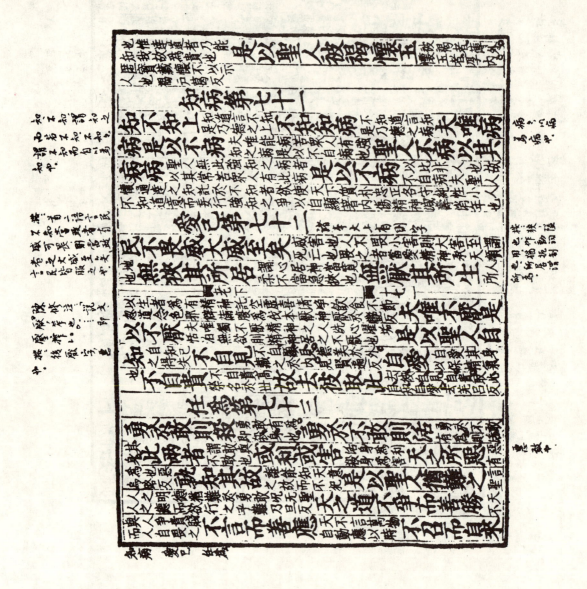

恢〻，廣大皃。

憨山解：「若民果有畏死之心，但凡有為奇詭之行者，吾執一人而殺之……如此，誰又敢為不法耶」？

丁氏以義注：「司殺者，造物也」。而「殺者」下，諸本皆有「殺」字，是。

按：老子雖重養生，然而恰而不厚生。

憨山解：「厚，重也」。按：求生厚，謂厚自奉養也。

憨山解：「繟，音闡，舒緩也」。

天不呼召萬物皆負陰而向陽 繟然而善謀 繟寬也天道雖寬博善謀慮人事修善行惡各蒙其報也

天網恢恢疏而不失 天所網羅恢恢甚大雖疏遠司察人善惡無有所失

制惑第七十四

民不畏死 治國者刑罰酷深民不聊生故不畏死也治身者嗜欲傷神貪財殺身民不知畏之也 奈何以死懼之 人君不寬刑罰教民去情欲柰何設刑法以死懼之 若使民常畏死 當除己之所殘剋教民去利欲也 而為奇者吾得執而殺之孰敢 以道教化而民不從反為奇巧乃應王法執而殺之誰敢有犯者老子傷時王不先道德化之而先刑罰 常有司殺者 司殺者天居高臨下司察人過天網恢恢疏而不失也 夫代司殺者是謂代大匠斲 天道至明司殺者常猶春生夏長秋收冬藏斗杓運移以節度行之人君欲代殺之是猶拙夫代大匠斲木勞而無功也斲陟角反 夫代大匠斲者希有不傷手矣 人君行刑罰猶拙人代大匠斲則方圓不得其理還自傷代天殺者失紀綱不得其紀綱還受其殃也

老下　十八

貪損第七十五

民之飢以其上食稅之多 人民所以飢寒者以其君上稅食下太多 是以飢 民皆化上為貪叛道違德故飢 民之難治以其上之有為 民之不可治者以其君上多欲好有為也 是以難治 是以其民化上有為情偽難治 民之輕死以其求生之厚 人民輕犯死者以其求生活之道太厚貪利以自危 是以輕死 以求生太厚之故輕入死地也 夫唯無以生為者是賢於貴生 夫唯獨無以生為務者爵祿不干於意財利不入於身天子不得臣諸侯不得使則賢於貴生也

忘其身而後身存

參老子第七章注

戒強第七十六

人之生也柔弱 人生含和氣抱精神故柔弱也 其死也堅強 人死和氣竭精

制惑　貪損　戒強

有其字，一本有者字。

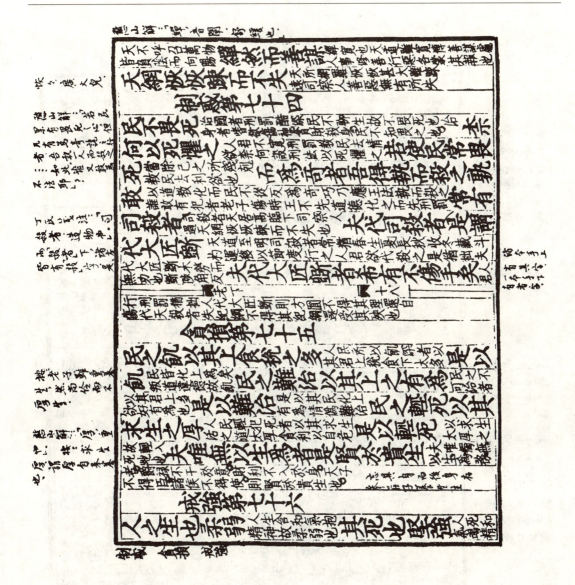

諸本「手」上

共，王本作兵，言以斧斤加之也。列子黃帝篇、淮南原道篇、並引作「兵強則滅，木強則折」。

有餘者二句，承上二句之喻，指天道言。

言孰能以其有餘以奉天下乎？唯有道者能之也。

見，表現也。

按：易，更易也。言無有更佳之物可以易水也。

神亡欲堅強也強其兩反舊其良反萬物草木之生也柔脆和氣存也脆七歲反其死也枯槁和氣去也槁苦老反故堅強者死之徒柔弱者生之徒以其上二事觀知之知堅強者死柔弱者生也是以兵強則不勝強大之兵輕戰樂殺毒流怨結衆弱為一強故不勝木強則共木強大枝弱共生其上也強大處下柔弱處上興物造功大木處下小物處上天道抑強扶弱自然之效

天道第七十七

天之道其猶張弓乎天道暗昧舉物類以為喻也高者抑之下者舉之有餘者損之不足者與之言張弓和調之如是乃可用夫抑高舉下損強益弱天之道也天之道損有餘而補不足天道損有餘而益謙常以中和為上人之道則不然人道則與天道反也損不足以奉有

老下　十九

餘世俗之人損貧以奉富奪弱以益強也孰能有餘以奉天下唯有道者言誰能居有餘之位自省爵祿以奉天下不足者乎唯有道之君能行也是以聖人為而不恃聖人為德施不恃其報也功成而不處功成事就不處其位其不欲見賢不欲使人知己之賢匿功不居榮畏天損有餘也

任信第七十八

天下柔弱莫過於水圓中則圓方中則方擁之則止決之則行而攻堅強者莫知能勝水能懷山襄陵磨鐵消銅莫能勝水而成功也其無以易之夫攻堅強者無以易於水易入聲弱之勝強水能滅火陰消陽柔之勝剛舌柔齒剛齒先舌亡天下莫不知知柔弱者長久剛強者折傷也莫能行恥謙卑好強梁故聖人云謂下事也受國之垢是謂社稷主君能受國垢

天道　任信

按：孟子引詩「徹彼桑土」，趙注：「徹，取也。」此二語言必謂有德者但執左契而不望人之報（留把柄而已）；無德者則專司取償也。

受國之不祥，是謂天下王。（君能引過自與，代民受不祥之殃，則可以王有天下。）正言若反。（此乃正直之言，世人不知以爲反言。）

任契第七十九

（憨山解：「契，貸物之符券也……貸者執右，物主執左，所以責其報也。」）

和大怨，（殺人者死，傷人者刑，以相和報。）必有餘怨。（任刑者失人情，必有怨及於良人也。）安可以爲善？（言一人吁嗟則失天心，安可以和怨爲善也。）是以聖人執左契，（古者聖人執左契合符信也。無文書法律，刻契合符以爲信也。）而不責於人。（但刻契之信，不責以他事也。）有德司契，（有德之君，司察契信而已也。）無德司徹。（無德之君，背其契信，司人所失。）天道無親，常與善人。（天道無有親踈，唯與善人，則與司契者也。）

按：怨由於負，既執左契而不責其報，則無爭矣。無爭則無怨，故勝於和大怨。

憨山解：「當時諸侯相兩構怨，霸者主盟而和之，大怨既和，必有責報；報之不至，而怨亦隨之，是有餘怨也。」

獨立第八十

小國寡民，（聖人雖治大國，猶以爲小，儉約不奢泰；民雖衆，猶若寡少，不敢勞之也。）使有什伯人之器而不用，（器謂農人之器，而不用，不徵召奪人良時也。）使民重死而不遠徙，（君能爲民興利除害，各得其所，則民重死而貪生也。政令不煩，則安其業，故不遠遷徙離其常處。）雖有舟轝，無所乘之；（清靜無爲，不作煩華，不好出入遊娛也。）雖有甲兵，無所陳之。（無怨惡於天下。）使民復結繩而用之，（去文反質，信無欺也。）甘其食，（甘其蔬食，不漁食百姓也。）美其服，（美其惡衣，不貴五色。）安其居，（安其茅茨，不好文飾之屋。）樂其俗，（樂其質朴之俗，不轉移也。）鄰國相望，雞狗之聲相聞，（相去近也。）民至老不相往來。（其無情欲。）

按：什伯，十倍百倍也。什伯之器，謂利器之用勝於常器十百倍者，如桔槔於瓮之類。

伯下諸本無人字。此人字，衍文也。

顯質第八十一

信言不美，（信者如其實，不美者朴且質也。）美言不信。（滋美之言者，孳孳華詞，不信者……）

任契　獨立　顯質

善者不辯，辯者不善。知者不博，博者不知。聖人不積，既以為人己愈有，既以與人己愈多。天之道，利而不害；聖人之道，為而不爭。

河上公老子德經終

四十五年八月三十日

出自第五十一本第四分(一九八〇年十二月)

（國語集證卷二上）

周語中卷第二

張 以 仁

襄王十三年，

解：襄王十三年，魯僖之二十年也。下事見二十四年。

集證：春秋經及三傳但記鄭伐滑事在魯僖二十年，國語及史記周本紀但記在襄王十三年，韋解牽合二者爲說也。又史記十二諸侯年表襄王十三年爲魯僖之二十一年，故日儒瀧川龜太郎史記會注考證卽據以謂鄭人伐滑在襄王十二年，而重刋宋本左傳杜預注則以爲魯僖二十一年。春秋經傳旣皆載此事於魯僖二十年，則重刋宋本杜注顯係傳刻之誤，阮元春秋左傳注疏校勘記云：「宋本、淳熙本、岳本、纂圖本、足利本作二十年，是也。」可以爲證。瀧川之說，以年表爲依據，不知年表誤以襄王元年爲魯僖九年，因而錯出一年。此事關鍵在於惠王之崩年，惠王實以僖公七年閏月崩，而赴在八年，非八年崩也。日本學者竹添光鴻左傳會箋云：「據葵丘賜胙，稱天子有事文、武，似卽練後祔祭。若崩在八年十二月，則九年夏（以仁案：葵丘會期）尚在七月葬期之內，安有吉葬之理？」其說最爲的論。是襄王定位，應在魯僖八年，而非九年。然則，襄王之十三年，正合魯僖之二十年，韋解不誤。劉文淇春秋左氏傳舊注疏證又以爲在襄王十六年，魯僖之二十四年，以史記鄭世家爲證。不知鄭世家係追敍前事，統繫兩次伐滑於鄭文公三十七年之內也。余別有「春秋鄭人入滑的有關問題」一文，詳論此事，發表於中央研究院成立五十周年紀念論文集，民國六十七年六月出版，可資參考。

鄭人伐滑。

解：滑，姬姓小國也。先是鄭伐滑，滑人聽命。師還（公序本「師」上有「鄭」字，左僖二十四年傳無「鄭」字），又叛卽衞（公序本無「叛」字，與左僖二十四年傳文合)，故鄭公子士，泄堵寇師師伐滑也（公序本作「故鄭公子士泄、堵俞彌帥師伐滑」。國語舊音出「泄堵」，與左僖二十年傳杜注以「鄭公子士」爲讀，「泄堵寇」爲讀相同。似舊音本仍作「泄堵寇」，不作「泄堵俞彌」，僖二十四年左傳「鄭公子士洩堵俞彌帥師伐滑」，杜預注：「堵俞彌，鄭大夫也。」似以「士洩」爲鄭公子之名，與二十年以「泄」屬下讀者不一致。汪遠孫國語明道本考異引諸嘉樂(詳下文)認爲二十四年之「洩」字係涉二十年而衍，則二十年之「泄堵寇」與二十四年之「堵俞彌」自是二人。左傳會箋不以爲然，以爲「士泄是名，韋昭以堵寇，堵俞彌爲一人，可從。」(僖二十年)，以爲「杜以爲二人，非是。」(僖二十四年)，而謂僖七年左傳之「堵叔」，卽此堵俞彌，亦卽堵寇，寇其名，俞彌其字也。案會箋遙攀韋解以成其說而非杜注，實以公序本爲據：公序本韋解旣作「鄭公子士泄堵俞彌」，是有以左僖二十年之「堵寇」與二十四年之「堵俞彌」爲一人之意。不知舊音旣不出「俞彌」二字，是唐本猶作「泄堵寇」也，公序據左傳改「寇」爲「俞彌」，並補二字之音，非韋解原貌矣，竹添氏似不得據之以說韋意。又汪氏考異引諸嘉樂云：「韋引左氏僖二十四年傳而誤涉二十年傳：二十年傳入滑者公子士、洩堵寇。公子士，鄭文公子，見宣三年傳；洩堵寇洩其氏，堵寇其名。二十四年伐滑者公子士、堵俞彌。堵其氏，俞彌其名。今內傳堵上有洩字，涉上傳而衍。鄭有洩氏，有堵氏，不聞有洩堵氏也。公序本作泄堵俞彌，據誤本內傳改之。泄與洩同。」其說蓋是。左宣三年傳謂鄭文公娶於江，「生公子士」，不聞名「士泄」。)

集證：史周本紀「十三年，鄭伐滑」集解引賈逵亦曰：「滑，姬姓之國。」(疑乃賈氏左傳之注)，蓋與韋氏皆本左襄二十九年傳「叔侯曰：虞、虢、焦、滑、霍、揚、韓、魏，皆姬姓也」爲說也。左成十三年傳亦云：「殄滅我費滑，散離我兄弟。」滑、晉同姓，故曰兄弟也。另有箴姓之滑，爲黃帝後，見於潛夫論志氏姓篇、路史國名紀甲滑國條、及姓觿九引姓纂。陳師槃庵先生疑安徽境滑水流域之滑爲箴姓；又疑箴姓之滑北遷河南，周人滅之以封建子弟，遂爲姬姓（見春秋大事表譔異册三及册七補餘陸伍「滑」條)。史闕有間，難稽考矣。

又滑之地望有三說：一在河南緱氏縣（今河南偃師縣南有緱氏故城)。杜預云：「滑國都費，河南緱氏縣也。」(莊公十六年春秋經「冬十有二月，會齊侯、宋侯、陳侯、衞侯、鄭伯、許男、滑伯、滕子，同盟于幽。」條下注文。杜氏於僖二十年無注者，蓋以蒙此注之故。）爾後學者多用此說，如張守節史記正義、顧棟高春秋大事表、董增齡國語正義、吳曾祺國語補正、譚雲國語釋地、竹添光鴻左傳會箋、瀧川龜太郎史記會注考證皆是，不煩徧舉，此一說也；二在大名之滑縣，此清儒高士奇春秋地名考略之說。高氏云：「僖二十年鄭人入滑，杜氏無注。或以爲卽緱氏之滑，非也。緱氏之滑，所謂費滑也，在今偃師縣，詳周地（以仁案：地名考周地有滑）。入滑傳曰：『滑人叛鄭而服于衞，鄭師入滑。』（以仁案：傳文次句作：「夏，鄭公子士洩、堵寇帥師入滑。」高氏蓋約而引之。下文亦然，不贅。）僖二十四年天王居鄭傳曰：『鄭之入滑也，滑人聽命。師還，又卽衞。公子士洩、堵俞彌帥師伐滑。王使伯服、游孫伯如鄭請滑，鄭不聽命。』然則，滑在鄭、衞交境之地明矣。緱氏遠在河南，非衞所及也。熊過以爲大名之滑縣，良有見矣（以仁案：熊過春秋明志錄以莊公三年「公次於滑」爲大名滑縣，此鄭人所入之滑，熊氏仍以爲在偃師縣南，高氏誤讀熊書）。滑縣漢爲白馬縣，劉宋爲滑臺城。水經注曰：『滑臺有三重城，中小城乃滑臺人所築，卽鄭廩延邑南故城，卽衞之平陽也。』其所謂廩延，謬也，而兩國分境則可據矣。元和郡縣志曰：『滑臺城有三重，中小城滑人爲壘，後人增以爲城，高堅峻險，臨河有臺，故曰滑臺。』滑氏者，蓋卽滑國之苗裔與？再考是時鄭祭仲之食邑在長垣，與滑道近，乃衞戴公避狄渡河，野處曹邑，齊桓公城楚丘以封衞，皆在滑境。蓋衞都邑所在，故鄭人爭之而不得也。又其地自宋南渡後，大河南徙，始裂居河北，而滑臺舊跡又淪于河中。在當時原與鄭接壤，此其所以爭之甚力也。」（卷六鄭「滑」條。康熙二十七年清吟堂刋本）。此二說也；三在河南睢縣西北之滑亭。程發軔春秋地名圖考云：「杜無注（以仁案：程氏不知杜注蒙上之例），地應在鄭、衞之間，今河南睢縣西北之滑亭，見莊三年。」（第二篇「春秋地名今釋」僖公二十年「滑」條。第三篇「春秋地名檢查表」亦以之合於莊公三年之「滑」而謂在今河南睢縣。）此三說也。高士奇之說，顧棟高春秋大事表駁之甚力，顧氏云：「高江邨駁正地理處，多體會傳文，而知道里之遠近，說多當理。獨于僖二十年鄭人入滑，謂非緱氏之滑，而反有取于熊過之說，以爲大名之滑縣（以仁案：熊過無此說。此襲高氏之誤。今地名大辭典亦誤。)此大謬,所謂過求而失之也。滑縣在春秋時止稱漕邑,無滑之名。漢、魏爲白馬縣,至隋開皇十六年始改曰滑州。聞有前代之地名而後世因之者矣,未聞有後世之改革而前代可假用之者也。此其不可者一也;漕本爲衛下邑,所謂白馬,與北岸黎陽只隔一河,衛舊都在黎陽之廢衛縣,爲狄人所逐,渡河野處,去其國都不遠。若先有滑國在焉,戴公安得廬之?而齊桓又安得驅滑之衆庶而更以封衛乎?若謂既爲滑,又以封衛,則衛爲鵲巢鳩居,而滑爲鳥鼠同穴,必無之事也。又江邨云戴公野處漕邑與齊桓城楚封衛,皆在滑境,滑蓋衛都邑所在,故鄭人極力爭之而終不得。自古無與人爭國都之理,以戰國秦之强,圍趙邯鄲,已爲異事,在春秋尚無此等。且使滑爲衛都邑,則滑已滅于衛矣,安得更謂之滑,屬于列國而上煩周天子之命乎?原江邨所以疑滑非緱氏之滑者,以傳云『滑人聽命,師還,又卽衛。』謂滑必鄭、衛交境之地,而緱氏遠在河南,非衛所及。似又不必如此拘泥。齊、晉與國,幾半天下。卽如魯之郲、莒,亦不必十分逼近。考秦人滅滑傳:秦師過周北門,次及滑,鄭商人弦高遇之。滑與鄭鄰近,自不必言。而衛之儀封亦在河南,與滑非絕遠,不必以此爲疑也。」(春秋列國都邑表卷七之四「春秋時之滑非今滑縣論」)。案顧氏之說雖不免小有疏漏,然大體可從,余別有詳細評析見於拙文「春秋鄭人入滑的有關問題」,可供參考,此處不贅。程發軔之說,用莊三年杜預之注 ,不知莊三年之滑爲地名,此則國名,二者並非一事,顧棟高有其說久矣 ! 顧氏云:「又按莊三年『公次于滑』,杜注『鄭地,在陳留襄邑縣西北(以仁案:卽今河南睢縣)』,此本後漢志之說(以仁案 : 後漢書郡國志三云:「襄邑有滑亭」),今睢州西北之滑亭是也。與緱氏之滑自別。蓋彼是滑國,此是滑地。」(以仁案:見同前)。凡春秋「入」例,多書國名 : 如隱二年「莒人入向」,十年「宋人衛人入鄭」,僖三十三年「秦人入滑」,文五年「秦人入鄀」,成九年「楚人入鄆」,昭十八年「郲婁人入鄅」……其例甚多,不煩枚舉。竹添光鴻會箋云:「凡稱入 , 皆國也。」(文十五年,又云:「鄆及州來,本是附庸小國,故書曰入,仍準國也。」(成九年)。雖不絕對如此(如隱公八年「我入祊」),要亦大旨無殊也(下若爲地名,多着「于」字稱「入于某」,如桓十五年「鄭伯突入于櫟」,成十八年「鄭魚石復入于彭城」

皆是，與此例有别。）則僖二十年「鄭人入滑」亦國名無疑。此所以國語左傳(僖二十四年)、史記皆稱「伐」，而賈逵、韋昭皆以姬姓國釋之也。又滑國都費，故又稱費滑（莊十六年經杜預注)。成十三年左傳云：「殄滅我費滑，散離我兄弟。」卽指僖三十三年秦襲鄭滅滑之事也。而一稱「滑」，一稱「費滑」；襄十八年楚師伐鄭，「蔿子馮、公子格率鋭師侵費滑、胥靡」昭二十六年「庚辰，王入于胥靡。辛巳，王次于滑。」(時滑已爲周地)，定六年「鄭於是乎伐馮、滑、胥靡……」胥靡在今河南偃師縣東南四十里（見王棪春秋傳説彙纂、顧棟高春秋大事表七之一)，與滑毗鄰，故屢連及之也。(馮、疑亦卽在偃師、洛陽附近。東觀漢記卷四十三馮魴傳：「其先魏之别封曰華侯，華侯孫長卿食采馮城，因以氏焉。」後漢書馮魴傳，廣韻東韻皆有此説，顧棟高大事表卷七之一以爲此卽馮城，竹添會箋用其説。查戰國時偃師洛陽一帶皆屬於魏。顧氏之説蓋是也。馮地或以爲在偃師東南（王棪春秋傳説彙纂)，或以爲在滎陽之西梧桐澗之北（楊守敬春秋列國圖)。然若在偃師東南，則與胥靡緊鄰，何傳文馮之後不言胥靡而言滑？疑其地或在偃師之東而非東南。楊氏圖於滎陽之西，亦卽偃師之東。然梧桐澗北，去偃師稍遠，戰國時是否屬魏，頗難確定。總之地在偃師附近似無疑問。程發軔春秋左傳地名圖考則以「馮滑」連讀，謂馮、費雙聲，馮滑卽費滑。然馮、費雖屬雙聲，韻部則有蒸、微之異，且雙聲字多矣，若别無顯明證據，不宜懸忖如此也。）睢縣（襄邑）則去偃師約四百里，卽此一端，亦可證滑在偃師而非睢縣也。程氏不知杜氏已發注於莊公十六年，復不知賈逵有注見於周紀集解而正義更以杜預河南緱氏縣一解繫之(皆見前文)，又不參比春秋經傳前後連綴之文，關係之書，前賢之論，乃輕於移易，遽以河南睢縣（陳留襄邑）繫之，亦云疏矣！

滑國於魯僖二十年爲鄭所伐，遂聽命於鄭。旋叛鄭卽衞，鄭卽伐之（見僖二十四年左傳)，乃屬鄭。此周語下文襄王所以爲衞請滑也。魯僖三十三年，秦伯謀襲鄭，滅滑而還，晉人敗秦於殽，自是滑屬於晉，成十七年左傳「鄭子駟侵晉虛、滑」是也。其後滑又屬於鄭：襄十八年楚師伐鄭，左傳云：「蔿子馮、公子格率鋭師侵費滑……」是也又昭、定之時，滑又屬周，昭二十六年左傳「王次于滑」，定六年「鄭於是乎伐周馮、滑胥靡……」是也。説詳錢大昕潛研堂文集答問，並考拙文「春秋鄭人入滑的有關問題」。

滑，經典釋文音「于八反」，莊十六年公羊傳「公會齊侯宋公陳侯衞侯鄭伯許男曹伯滑伯滕子，同盟于幽」同。然于襄二十九年左傳「虞虢焦滑霍楊韓魏皆姬姓也」則音「乎八反」。歷來音書字典皆無「于八」一切，如說文大徐音「戶八」(廣韻、集韻、韻會、正韻同)，小徐音「胡劼」，慧琳音義或音「患八」(卷一)，或音「還刮」(卷五)(「刮」疑「刮」誤，刮字在鎋韻不在黠韻)，「還八」(卷十、七二、八九)、「環八」(卷五五)，諸音皆與「乎八」同，上字皆爲匣母，無作喻三者。初疑釋文之「于」是「乎」之形誤，然釋文屢音「于八」(如宣公八年左傳「及滑汭」，定公十二年左傳「滑羅殿」等處)，而莊公三年經「公次于滑」釋文云:「滑，乎八反，又于八反。」則此字固有「乎八」「于八」二音也。「于八」一切，蓋源於古音或某處方言之遺存(今此字南音猶有唸無聲母者)，後之編音書字典者乃不採錄也。舊音於此無音。補音則注「于八」「戶八」二反于下文韋解「鄭桓公子武公滑突」下，「「于八」一切，疑亦本於釋文。

王使游孫伯請滑。

解:游孫伯，周大夫，伯，爵也。(公序本無「伯爵也」三字。考異以爲是，云:「伯是五十字，非爵也。賈逵注內傳但云『周大夫』。」)

集證:左僖二十四年傳謂:「王使伯服、游孫伯如鄭請滑，鄭伯怨惠王之入而不與厲公爵也。……而執二子。」賈逵注曰:「二子，周大夫，」(史記周本紀集解引、杜預注左傳同)，如鄭者二人，與此不同。史記周本紀作「游孫、伯服」，會注考證以爲依左傳。而鄭世家作「伯犕」，古無輕唇，伯犕卽伯服(索隱云:犕音服……伯犕卽伯服」。梁玉繩曰:「犕，古服字」)。又爲一人，與國語同。然姓名皆有出入。

鄭人執之。

解:鄭人，文公捷也，鄭怨惠王之入而不與厲公爵，又怨襄王之與衞滑，故不聽王命而執王使也。

集證:鄭人，猶前文「鄭人伐滑」之鄭人，蓋泛說，疑非謂文公捷也。韋解下文本僖公二十四年左傳。賜爵事見莊公二十一年左傳，云:「鄭伯之享王也，王以后之鞶鑑與之。虢公請器，王予之爵。鄭伯由是始惡於王。」鞶鑑，婦人之物，爵則酒器，人之所貴者，此所以招鄭伯之怨也。

王怒，將以狄伐鄭。

解：狄、隗姓之國也。

集證：下文：「狄，隗姓也。」蓋韋注所本。隗姓之狄，赤狄也，其在上世爲畏方（一般作」鬼方」，王國維以爲乃「畏方」之譌。見鬼方昆夷玁狁考一文)。隗姓之說，蓋源於「畏方」也。王國維鬼方昆夷玁狁考云:「春秋左傳,凡狄女稱爲隗氏。而見於古金文中則皆作媿。經典所以作隗字者，凡女姓之字，金文皆从女作，而先秦以後所寫經傳，往往省去女旁，如己姓之己，金文作改（原注：蘇魏改鼎、蘇公敦)，作妃（原注：見番妃鬲、虢仲鬲、虢文公子敦，皆女姓，非妃匹之妃)。今左傳國語世本皆作己字。㐭姓之㐭，金文作㛣（原注：杜伯鬲)，今詩『美孟㐭矣』作㐭字。弋姓之弋，今文作㚤（原洋：南旁敦)，今詩『美孟弋矣』，穀梁傳『葬我小君定弋』(世界本誤戈字)，皆作弋字。任姓,金文作妊(原注:蘇治妊鼎、鑄公簠等)，今詩與左傳國語世本皆作任字。然則媿字依晚周省字之例,自當作鬼。其所以作媿者,當因古文畏作㥜，隗作䧇。㥜旁之卜，與䧇旁之阝，所差甚微，故又誤爲隗。然則媿隗二字之於畏字，聲既相同，形亦極近，其出於古之畏方無疑。畏方之畏，本種族之名，後以名其國,且以爲姓,理或然也。……鬼方之爲隗姓，玁狁之爲允姓也。」

富辰諫曰：不可。

解：富辰，周大夫也。

古人有言曰（考異：「公序本無古字」。今檢金、秦、董本皆無。日、時、崇則有)。：兄弟讒鬩，侮人百里。

解：鬩，佷也。(金李本誤「佷」爲「侮」，蓋涉正文「鬩侮」連文而誤。韋解下文「兄弟雖以讒言相違佷」，金李本「佷」作「狼」，正承此解而來。補音出「佷」字，「佷」卽「很」之俗體。云:「本或作恨者非，下注並同。」皆可證金李本作「侮」者非。朱駿聲說文通訓定聲鬩字下錄此「侮也」一訓，失之疏矣。又考異謂「補音作狼，說文从彳。」今查微波榭本補音作「佷」不作「狼」，考異失檢,金李本則次

「佷」字及下文引詩注皆作「狠」。查說文違戾之字作「佷」，爭鬭之字作「狠」，郭慶藩說文解字正誼有說。參韋解下文，實爲違戾之義，故考異謂「說文从彳」也。則金李本作「狠」亦誤。）。兄弟雖以讒言相違佷，猶以禁禦他人侵侮己者（公序本無「以」字。他作它。按它、他古、今字，公序本皆作它，明道本則作他，下同）。百里，喻遠也。

集證：鬩，音丅丨＼，正體應从鬥从兒作鬩。从門者俗誤。陳瑑翼解、邵瑛羣經正字皆有說。下文引詩「兄弟鬩于牆，外禦其侮」，毛傳云：「鬩，佷也。」爾雅釋言亦云「鬩，佷也」（從孫叔然本，見阮校），蓋與韋注皆同本毛傳也。說文：「鬩，恒訟也，」左僖二十四年傳杜注：「鬩，訟爭之貌也，」蓋用說文。訟爭，故佷戾，二義大旨相近。鄭箋云：「禦，禁。」韋注「禁禦」之文蓋用鄭箋，下文引詩，韋注亦云：「禦，禁也，」可證。阮元毛詩注疏校刋記引段玉裁說以爲鄭箋「禦，禁」乃「御、禦」之誤，觀此韋注，則疑鄭原作「禦、禁」，阮校非是。「侮人」之文，疑從下文詩「外禦其侮」來，謂外禦侵侮己者。此則逆說之，侮人與侮已相對（下文「則鬩乃內侮」。似亦有關。），侮義自見，輕慢、侵侮，皆嫌拘執。

周文公之詩曰：「兄弟鬩于牆，外禦其侮。」

解，文公之詩者，周公旦之所作棠棣之詩是也（棠，公序本作常，舊音同。考異以常字是。詩作「常棣」也。下同。又次「詩」字公序本作篇）。所以閔管蔡而親兄弟。此二句，其四章也。禦，禁也。言雖相與佷於牆室之內（公序本佷作很，誤，參前文），猶能外禦異族侮害己者（公序本猶作然）。其後周衰（公序本作「周既衰」。），厲王無道，骨肉恩闕，親禮廢（公序本重「親」字。考異以爲是。）。宴兄弟（公序本下有「之樂絕」三字，補音出「樂絕」、考異以爲當從公序本補此三字。考異是也。無則義不可通。）故邵穆公思周德之不類（公序本邵作召，下同。召、邵古、今字），而合其宗族於成周。復循棠棣之歌以親之（循，公序本作「脩作」二字。」二者皆可通，「脩作」，謂脩而復之，非新作也，參下文集證。）鄭、唐二君以爲棠棣，穆公所作，先之（先，公序本作「失」，下有「矣」字，考異謂公序本是。）唯賈君得之。穆公，邵康公之後也（「後」下公序本有「穆公虎」三字。）。至周公歷九王矣（「至」字誤，公序本作「去」。謂上距周公歷九王也，周公在前，不得云至。）

集證：左僖二十四年傳云：召穆公思周德之不類，故糾合宗族于成周而作詩曰：『常棣之華，鄂不韡韡。凡今之人，莫如兄弟。』其四章曰：『兄弟鬩於牆，外禦其侮。』」後儒謂常棣之詩穆公所作者，以此文爲最早證據。康成詩箋云：「周公弔二叔之不咸（此亦用左傳語），而使兄弟之恩疏。召公爲作此詩而歌之以親之。」是以韋解謂「鄭唐二君以爲常棣穆公所作」也，韋解所謂鄭，卽指康成（馬國翰、蔣曰豫輯國語舊注，皆誤爲鄭衆之注。拙著國語舊注輯校有說），似左傳之說與周語之文有異，故毛公傳詩，但云「閔管蔡之失道」，而不言作者，蓋亦躊躇二說之間而用闕疑之義也。然杜預注左傳則別有會心，訓「作詩」爲作樂歌云：「周厲王之時，周德衰微，兄弟道缺。召穆公於東都收會宗族，特此作周公之樂歌也。」日儒竹添光鴻左氏會箋申述之曰：作字有兩義：一則創造，一則脩復。此作是脩復之義。古者新作詩，又歌古詩，並曰賦詩。呂覽子產作詩曰：『子惠思我兮，褰裳涉洧。』則此作詩亦非新作也。昔者周公作此樂歌。其後周德衰微，樂歌既廢，是以召穆公脩復之，而使和兄弟也。周語富辰引常棣以爲周文公之詩，內外必非異傳。韋注：『穆公復修作常棣之歌。』後儒據作詩之言，遂以常棣爲召穆公之所作，至有並疑正小雅者。不知下文引常穆之詞，而繼之曰『召穆公亦云』，是周公作之，召穆公奏之，故曰『亦云』，亦，亦周公也。若果以常棣爲召穆公之作，則『孔子懼，作春秋』，亦以春秋爲創造之書乎？不通甚矣。」杜於左傳下文「周之有懿德也，猶曰莫如兄弟，故封建之。」下注云：「當周公時，故言周之有懿德也。」會箋云：「懿德與周德之不類相照。詳味此二句，常棣之詩，周公作之而召公歌之，不待辨而明矣。」孔穎達亦據左傳及杜注而疏鄭箋，以箋意實謂穆公作此周公之樂歌，而非謂此詩爲召穆公所作（見詩常棣及左傳僖公二十四年疏）。是則韋昭已誤解康成於前矣。唐固之說，亦不知原貌如何。

又于省吾雙劍誃詩經新證以二詩句皆言禦侮事，謂兄弟共戰於牆上，以禦外侮。說雖新穎可喜，於詩義亦可通，然似非國語此文之義，周語下文云：「若是則鬩乃內侮，而雖鬩不敗親也。」左傳「如是則雖有小忿，不廢懿親，」與此意同，以內爭外鬭二事爲訓甚明。牆者，謂牆內也，非牆上也。會箋云：「古者，凡宮圉之以牆，故云鬩於牆，外字以牆言之，而鬩之在牆內者自見，言內雖很爭，外能禦他人之侵侮。是天倫自然之情也。」

若是，則鬩乃內侮，而雖鬩不敗親也。

解：雖內相恨（考異：「內作己，恨作很。」金本內作己，恨作狠。董本則內仍作內，而恨作很。考異所見不知何本。）外禦他人，故不敗親也。

集證：內侮，指內相爭訟違戾。

鄭在天子，兄弟也。

解：言與襄王有兄弟之親也（金本無「也」字）。

集證：在猶於也。韋訓「與」，非，參拙著國語虛詞集釋。

鄭武、莊有大勳力於平、桓。

解：武乃鄭桓公之子武公滑突也（公序本無「乃」字，此衍。下文「莊」、「平桓」下皆無乃字）。莊、武公之子莊公寤生也。王功曰勳。平、幽王之子平王宜咎（公序本「咎」作「臼」，句末有「也」字。臼、咎通。猶「舅犯」或作「咎犯」）。桓、平王之孫，文太子之子桓王林也（公序本無「文」字，「太子」下有「泄父」二字。疑「文」或係「立」字之誤。史周本紀云：「平王崩，太子洩父蚤死，立其子林，是爲桓王。桓王。平王孫也。」洩、泄通。補音出「泄父」、考異謂當從。）幽王旣滅。鄭武公之子莊公寤生（「之子莊公寤生」六字，公序本無。考異以爲涉上文而衍。案：夾輔周室東遷爲鄭武公事，否則武公一無勳功，何以謂「有大勳力於平桓」也？疑此六字當在下文「爲之卿士」之上，原作「鄭武公之子莊公寤生爲之卿士，以皆冠「鄭武公」，傳刻者遂誤置如此。）以卿士夾輔周室（夾，舊音作挾。補音謂「今按善本但作『夾』，不加『手』，」夾、挾古通。公序本無「周室」二字。案無此二字則文意不全，公序蓋以下文「平王」二字連讀成句而誤脫此「周室」二字也。不知下文若缺「平王」二字，文意亦不全。）平王東遷洛邑。桓王卽位，鄭莊公爲之卿士，以王命討不庭，伐宋（公序本下有「入郕」二字。疑有此二字是。韋注係據左傳，左隱十年傳有伐宋入郕事。）在魯隱十年，唐尚書云：『奪鄭伯政（公序本奪上有「王」字，），伯不朝（公序本伯上有「鄭」字」，有是也。）王伐鄭。鄭祝聃射王中肩。豈得爲功？「桓」當爲「惠」。傳曰：「鄭有平惠之勳。」昭謂鄭世有功，而桓王不賞，瑕雖射王，非莊公意，又詩序云：桓王失信，諸侯背叛（董本背誤皆），明桓之非也（公序本「桓」下有「王」字。）下富辰又曰：「平、桓、莊、惠，皆受鄭勞」。」明各異人，不爲誤也。

我周之東遷，（公序本「我」上有「凡」字，考異以爲衍，是也。左六年傳亦作「我周之東遷」，可參證。詳拙著國語斠證。）晉、鄭是依。

解：東遷，謂平王也。晉語曰：鄭先君武公與晉文公戮力同心，「公」，公序本作「侯」，是也。晉文公，春秋之名君，寫者因以致誤也。晉語四作侯。）股肱周室，輔平王也（公序本作「夾輔平王是也」六字）。

集證：尙書有文侯之命，卽平王念文侯平亂輔佐之功而錫命之辭。史記周本紀及晉、鄭世家皆不言武公文侯夾輔平王事，亦可怪異。

子頽之亂（公序本頽作穨，穨、頽正、俗字，下同，不另注明。），又鄭之繇定（繇，公序本作由，古通。）。

解：子頽，周莊王之子，惠王之叔父也（公序本無「之」字）。篡惠王而立（公序本無「惠」字。補音出「篡王」，無「惠」字。）惠王出居鄭，鄭厲公殺子頽而納之（公序本無「鄭」字，脫。）事在周語上也（金本無「也」字）。

今以小忿棄之，是以小怨置大德也。無乃不可乎？

解：置，廢也（公序本「廢」上有「猶」字）。詩云：「忘我大德，思我小怨」也（公序本無「也」字）。

集證：置。說文：「赦也，从网直。」言直而入网，則宜赦之也，同部「罷」下云：「遣有罪也，从网能，网，辠网也。言有賢能而入网，卽貰遣之……」（此從段玉裁本）。史記吳王濞傳：「皆殺之，無有所置。」正義：「置，放釋也。」卽用其本義。置由放釋義引申爲放置，因之建立亦謂之置，禮祭義：「夫孝置之而塞乎天地」。禮雜記：「無子則爲之置後」（注：立也）。此建置之義也。朱駿聲以爲假借爲植。殊嫌迂曲；委亦謂之置：呂覽執一：「今日置質爲臣」，注：「置猶委也」，亦猶置放之義也；棄亦謂之置：左傳文公二年：「廢六關」，家語作「置六關」。置而不用則曰廢，故置引申有廢棄義也。此意徐灝說文段注箋亦嘗言之；置訓爲廢，廢亦訓爲置：公羊宣八年傳：「去其有聲者，廢其無聲者」注：「廢，置也。」莊子徐无鬼:「於是爲之調瑟,廢一於堂,廢一於室。疏:「廢,置也。」皆自放置一義係之,不待假借而諸義脈落可通也。國語「置」字凡二十一見。除本文外,皆爲置立之義。

且夫兄弟之怨,不徵於他(公序本他作它。考異謂它、他古、今字,下同,不贅)。

解:徵,召也。他,謂翟人伐鄭也(公序本無「伐鄭也」三字)

集證:俞樾云:「徵猶證也。禮記中庸篇:『雖善無徵』,又曰:『徵諸庶民』。鄭注曰:『徵或爲證』。是徵、證義通。『不徵於他』,言兄弟雖有怨,不就他人而證驗其是非也。韋注失之。」(平議卷二十八)。以仁案:此語不知是否出於當時俗諺。否則,韋訓爲召,卽指徵狄人伐鄭之事,於文上下承應爲長。而俞說轉迂曲矣。

徵於他,利乃外矣。

解:外,利在狄也(公序本「狄」作「翟」,下無「也」字。)

章怨外利不義。

解:章,明也。

棄親卽狄不祥。

解:祥,善也。棄親,出狄師以伐鄭也。(公序本無「也」字)。

集證:爾雅釋詁云:「祥,善也。」左僖三年傳「棄德不祥」,與此文例相同而杜預亦訓善。詩大雅大明「文定厥祥」,毛公亦訓祥爲善。儀禮士相見禮「言忠信慈祥」,禮記禮運「是謂大祥」,注皆云「善也」。然則祥訓爲善固古之常義也,乃竹添會箋改訓「棄德不祥」爲不吉,鄭箋朱傳亦謂「文定厥祥」爲吉祥,而西儒高本漢亦以爲是。此文旣與左僖三年例同,然則亦將改訓爲吉乎?曰,不然也。此章言三德,祥居第一,與仁、義並列。下文「祥,所以事神也。」「不祥,則福不降。」正承此文而有。吉非德目,若訓爲吉,則下文皆不可通矣。蓋此謂棄親卽狄是爲不善,與上文「章怨外利不義」,下文「以怨報德不仁」語義相捋,非棄親卽狄將獲凶禍之謂也。祥之爲德,國語嘗屢言及之。下文郤至「佻天不祥,乘人不義,不祥則天棄之,不義則民叛之。」與義並稱;周語下「度之天神,則非祥也,比之地物,則非義也。類之民則,則非仁也。方之時動,則非順也。咨之前訓，則非正也。」與仁、義、順、正等列。且皆與天、神有關，與此文所謂「祥以事神」一例，(魯語上夏父弗忌躋僖公，展禽論之曰：「犯順不祥，以逆訓民亦不祥，易神之班亦不祥，不明而躋之亦不祥。」亦謂鬼神之事。) 後漸推及人事。不善則不吉，故引申有吉意。若晉語八「善人在患，弗救不祥。惡人在位，不去亦不祥。」此祥已非名詞，而訓爲善吉皆可通。若越語下「疆索者不祥」「助天爲虐者不祥」「不忌其不祥乎」，則訓爲吉較順，是則詞義有演變，不可執一度以盡概方圓也。

以怨報德不仁。

解：言鄭有德於王，王怨而伐之，是爲不仁也。

夫義，所以生利也。祥，所以事神也。仁，所以保民也。

解：保，養也。

不義則利不阜。

解：阜，厚也。

不祥則福不降。不仁則民不至。古之明王，不失此三德者。

解：三 (公序本「三」下有「德」字，是也。)，仁、義、祥也。

故能光有天下。

解：光、大也。

集證：光無大義，蓋假爲廣。謂廣有天下也。下文「叔父若能光裕大德」，韋解云：「光，廣也」，是矣。鄭語「夫其子孫必光啓土」，韋訓爲大。亦當訓廣也。詩周頌敬之「學有緝熙于光明」，毛傳：「光，廣也。」僖公十五年穀梁傳「德厚者流光」，荀子禮論篇謂「積厚者流澤廣」，其義同也 (楊士勛疏謂光爲遠，猶未得其確解。) 書堯典「光被四表」，隋蕭吉五行大義引禮含文嘉曰：「堯廣被四表」(唐扶頌碑曰：「追惟堯德，廣被之恩」，沈子琚緜竹江堰碑曰：「廣被四表」。參王引之經義述聞卷三「光被四表」條)，是光假爲廣，古籍多有也。

而和寧百姓，

集證：和謂和協，寧謂安寧 (周語下「自后稷以來寧亂」韋解：「寧，安也」)。和寧百姓，猶左宣十二年傳所謂「安民和衆」也。

令聞不忘。

解：不忘，吉德及後代也。

集證：令，善美。聞，補音音問。猶今言名譽。述聞訓周語下「萬年也者，令聞不忘之謂也」之「忘」爲己（卷五），疑非，詳彼文集證。

王其不可以棄之。王不聽。十七年，王降狄師以伐鄭。

解：降，下也。

集證：用降字蓋取上討下之義。此等用法，國語僅見，左傳則無。

出自第五十一本第四分(一九八〇年十二月)

史記吳太伯世家補注

陳　　槃

太伯弟仲雍。

索隱：『伯、仲、季是兄弟次第之字。若表德之字，意義與名相符，則系本曰：「吳孰哉居蕃離」。宋忠曰：「孰哉，仲雍字。藩籬，今吳之餘曁也」。解者云：雍是孰食，故曰雍、字孰哉也』。槃案此義迂曲。世本又云：『孰姑徙句吳』。豈謂此一吳君亦以熟食爲字耶？此不通之論也。然則孰哉不必定爲仲雍字也。

沈欽韓曰：『古人無此不經之字，顯係皇甫謐等僞撰，反竄入世本（漢書疏證六仲雍條）。案此宋忠傅會之說。以爲皇甫氏僞作，則亦誤也。

太伯之荊蠻。

索隱：『荊者，楚之舊號，以州而言之曰荊。蠻者，閩也，南夷之名。……地在楚越之界，故稱荊蠻。吳地記曰：太伯居梅里，在闔閭城北五十里許』。

槃案梅里，今江蘇無錫縣東南三十里有太伯城是。吳地也而云『荊蠻』者，蓋吳地亦有『荊』稱，史記高帝紀：『將軍劉賈數有功，以爲荊王』；漢書高紀：『以故東陽郡、鄣郡、吳郡五十三縣，立劉賈以爲荊王』。是也。又俗斷髮文身，故『蠻』之也。史記高紀索隱引姚察據虞喜說，謂吳別言『荊』者，以西南有荊山，在陽羨縣界，蓋以山命國也。案此亦可備一義。

此外復有初國南嶽衡山（鮑鼎春秋國名考釋上吳）、江西臨江（今江西清江縣）（顧師頡剛周人的崛起及其克商）及河東虞山（錢穆周初地理考第十五節、古三苗疆域考）之說。疑。別詳拙春秋大事表列國爵姓及存滅表譔異（以下簡稱春秋大事表譔異）捌、又同書補記捌吳『都』。

文身斷髮，示不可用。

哀七年左傳：『大伯端委以治周禮，仲雍嗣之，斷髮文身，臝以爲飾』(杜解：仲雍嗣立，不能以禮致化，故效吳俗。言其權時制宜，以辟災害，非以爲禮也。端委，禮衣也)。是謂太伯自以衣冠治周禮，仲雍始斷髮文身耳。羅苹亦曰：『史記謂太伯斷髮文身，非也，乃仲雍也。左傳及潛夫論詳之。王充亦云：太伯教吳冠帶，孰與隨其俗而與之俱倮也！故吳之知禮義，太伯改之也』(路史後紀九高辛紀篇上注)。

槃案史記世家此處，與左傳互岐。葢周秦間不無傳聞異辭，史公亦當別有所本。然即謂太伯本自『端委』，以與仲雍同犇荆蠻，而仲雍則斷髮文身，口說流傳，其詞曼衍，因並謂太伯亦效吳俗。流傳久之，學者未皇辨析，亦非不可能也。

斷髮文身，集解引應劭云：『常在水中，故斷其髮，文其身，以象龍子，故不見傷害』。漢書地理志下二粵地：『文身斷髮，目避蛟龍之害』。說苑奉使篇說同。應氏說葢本此。案留青日札說，則元末浙江方山之民間，猶有此俗。其避蛟龍鯨鯢之害之說亦同(摘抄本卷一『文身』條)。徐中舒氏以爲是『屬於民族性的時尚裝飾』。淮南泰族篇云『以求榮』，與徐說近似。又依近代民俗學者之解釋，則是圖騰崇拜(以上說別詳拙春秋列國風俗考論八吳)。或者此一風俗意識、各時代各地方民族不同，亦未可知也。

自號句吳。

正義：『宋衷世本注云：句吳，太伯所居地名也』。

案古代地名，往往但取其聲，不關其義，故字亦不拘。於金文中，吳之自號，或作『工吳』，或作『工𠭯』，或作『攻𢾊』，或作『攻敔』，或作『攻吳』。載籍稱『吳』，或曰『東吳』，或曰『虞』，或曰『干』。干，一作『邗』，金文作『禺邗』。別詳拙春秋大事表譔異捌、又同書補記捌吳『國』。

乃封周章弟虞仲於周之北故夏虛，是為虞仲。

今山西平陸縣東北四十五里。周武王封虞仲于此。國號『虞』，或曰『西虞』，或曰『北虞』，或曰『吳』，或曰『西吳』，或曰『北吳』。

索隱：『「太伯、虞仲，太王之昭」，則虞仲是太王之子，必也。又論語稱「虞仲、夷逸，隱居放言」，是仲雍稱虞仲。今周章之弟亦稱虞仲者，蓋周章之弟字仲，始封於虞，故曰虞仲；則仲雍本字仲，而爲虞之始祖，故後代亦稱虞仲，所以祖與孫同號也』。

槃按古文吳、虞字通，故句吳之吳仲或作虞仲，而周章之弟虞仲亦或作吳仲。伯、仲、叔、季，古人恆稱，或以爲字；父子、祖孫或有同者，不以爲嫌也。世或以句吳之仲雍有虞仲之稱，謂與西虞之虞仲爲一人，誤也（以上二事，別詳拙春秋大事表譔異伍拾虞『國』）。

子熊遂立。

熊遂，史公以爲一人。梁玉繩曰：『吳越春秋，章子熊，熊子遂，是熊與遂爲二代』（詳史記志疑十七）。俞樾說亦可參看，引見下。

子壽夢立。

會注考證：『春秋書吳子乘卒，則當乘其名，壽夢其號。顧炎武云：壽夢，非號也。一言爲乘，二言爲壽夢。果如顧說，則僚爲州于，光爲闔閭，亦可謂合音乎？梁玉繩曰：史于壽夢、諸樊、闔廬之立，皆舍名稱號，非例也』。

左氏經襄十二年：『吳子乘卒』。沈欽韓補注：『服（虔）云：壽夢，發聲。吳，蠻夷，言多發聲，數語共成一言。壽夢，一言也。經言乘，傳言壽夢，欲使學者知之。按夢、乘聲同，今徽州寧國人猶然』。槃案壽夢非號，合聲之說當是也。

壽夢立而吳始益大，稱王。

禮記曲禮篇：『其在東夷、北狄、西戎，南蠻……以外，自稱曰王老』。兩周之世，列國稱王，本屬常事，可以金文驗之。史公云，吳至壽夢始稱王，蓋誤。吳又或稱公，或稱伯，或稱子。別詳拙春秋大事表譔異捌吳『爵』；同書後敍『其次論爵』條。

其一虞，在中國。其一吳，在蠻夷。

虞、吳古通，在中國之虞，亦或稱吳；在蠻夷之吳，亦或稱虞（詳上。日知錄卷七虞仲條亦可參考）。史公強爲分別，其說泥。

大凡從太伯至壽夢，十九世。

索隱：『壽夢是仲雍十九代孫』。

俞樾曰：『吳地傳：「武王封太伯於吳，到夫差，計二十六世」。樾謹案，以史記吳世家計之，太伯一，仲雍二，季簡三，叔達四，周章五，熊遂六，柯相七，彊鳩夷八，餘橋疑吾九，柯盧十，周繇十一，屈羽十二，夷吾十三，禽處十四，轉十五，頗高十六，句卑十七，去齊十八，壽夢十九；故太史公曰：「大凡從太伯至壽夢，十九世」。自壽夢之後，諸樊也，餘祭也，餘昧也，王僚也，闔廬也，其後卽夫差矣。則自太伯至夫差，止二十五世，而此（越絕書）云二十六世者，按吳越春秋分熊與遂爲二世，作越絕者葢亦同之，故比史記多一世也。至唐陸廣微吳地記所載名號世次，與史記迥異，未知所據何書，姑錄以廣異聞：「周繇王在位三十七年，子熊遂立之；熊遂在位四十九年，子早軫立之；早軫在位五十九年，子欸吾立之；欸吾在位三十八年，兄夷處立之；夷處在位三十九年，姪壁羽立之；壁羽在位三十六年，子齊公立之；齊公在位五十年，子柯盧立之；柯盧在位二十七年，弟柯轉立之；柯轉在位二十四年，子嬌夷立之；嬌夷在位二十四年，姪鵖夷立之；鵖夷在位三十年，子盼嗣立之；盼嗣在位三十五年，子知濟立之；知濟在位二十七年，子諸樊立之；諸樊在位十四年，弟餘濟立之；餘濟在位十七年，弟餘昧立之；餘昧在位二十一年，子僚立之；子僚在位十三年，堂弟子光立；子光在位二十年。子光，諸樊之子，殺僚簒位，號闔閭，子夫差立之。夫差在位二十三年，爲越王句踐所殺，國滅」。按吳地記首云：「仲雍生季簡，季簡生叔達，叔達生周章」。則其敍世系，宜首周章，以周章固武王所封之君也。乃首周繇，疑誤。

以後名號世系，均與史記絕異。壽夢見春秋，甚顯，而此則云知濟。其云某人立之，文法甚古拙，而云姪、云堂弟，又甚俗。未知其何本也』（曲園雜纂十九）。

槃案吳國祖系，或云二十五世，或云二十六世，世本有『孰哉居蕃離』，『孰姑徙句吳』，孰哉、孰姑當非一人，諸書所無，今亦不審應如何排次；而吳地記所載，則又與諸家大不同。疑各據譜牒，其中亦不無口授流傳，故爾或詳或略，或異或同，今亦並存參焉可矣。

王壽夢二年，楚之亡大夫申公巫臣……令其子為吳行人，吳於是始通於中國。

始以正式使節與中國交通也。案吳國文化，完全屬華夏系統（如太伯之端委以治周禮，季札之高朗令終，博聞雅識，是其例），非正式之交通，則前此已有之矣。

季札謝曰：『曹宣公之卒也，諸侯與曹人不義曹君，將立子臧，子臧去之，以成曹君』。

集解：『服虔曰：宣公，曹伯廬也，以魯成公十三年，會晉侯伐秦，卒於師。曹君，公子負芻也。負芻在國，聞宣公卒，殺太子而自立，故曰不義之也』。又：『服虔曰：子臧，負芻庶兄』。

李貽德曰：『案何休公羊昭廿年傳注，以負芻爲喜時庶兄。喜時卽子臧，則負芻爲兄，子臧爲弟。以季札之語推之，似然。今云負芻庶兄，服君別有所據。書傳殘缺，不可得而知也』（賈服注輯述十一襄十四年條）。

君義嗣。

集解：『王肅曰：義，宜也。嫡子嗣國，得禮之宜。杜預曰：諸樊嫡子，故曰義嗣』。

尚書顧命：『王義嗣德，答拜』。蔡傳：『義，宜也。義嗣德云者，史氏之辭也。康王宜嗣前人之德，故答拜也』。俞樾曰：『疑適子謂之義嗣，古有此稱。此經不直曰「王」而曰「王義嗣」者，蓋當喪未君之稱也』（詳羣經平議六）。

槃案『義嗣』卽『宜嗣』，不限于稱『當喪未君』。史記秦始皇本紀：『子嬰與其子二人謀曰：丞相高殺二世望夷宮，恐羣臣誅之，乃詳以義立我』。此之所謂『以義立』，亦卽『義嗣』；乃至項王之尊楚懷王爲『義帝』（項羽本紀），亦其類也。

故號曰延陵季子。

孫志祖曰：『太平寰宇記九十二引史記吳太伯世家注云：季子冢在旣陽縣西（槃案寰宇記江陰軍江陰縣下云：古旣陽城在縣東四十里），孔子過之，題曰「延陵季子之墓」。今史記注無此文』（讀書脞錄續編四，孔篆條）。

吳予慶封朱方之縣。

昭四年穀梁傳：『執齊慶封殺之。………慶封封乎吳鍾離』。齊召南曰：『按左傳，吳封慶封於朱方。公羊，吳封慶封於防。此作鍾離。漢書地理志九江郡鍾離注，應劭曰：鍾離子國。後漢書郡國志吳郡丹徒，春秋曰朱方。從穀梁則地在淮南，從左傳則地在江南』（穀梁傳注疏考證）。槃案朱方故城，在今江蘇丹徒縣東南。又案吳封慶封在魯襄二十八年，而鍾離于魯昭二十四年滅于吳，則慶封之封，葢非鍾離矣。

吳使季札聘於魯。……若有他樂，吾不敢觀。

崔適曰：『論語，子曰：吾自衞反魯，然後樂正，雅頌各得其所。然則孔子反魯以前……雅頌亦未得其所，不盡可以絃歌。何以季札觀樂………而皆可絃歌、與正樂後無異耶？且自二南至三頌，學童誦之，極速須歷數時。使工絃歌，則曼聲緩節，恐非一日所能畢，客來觀樂，豈如計吏鉤稽案牘，窮日夜之力爲之耶？是聘魯之文，非當時語也』（史記探源五）。

爲歌周南、召南。

傅孟眞師曰：『周南、召南都是南國的詩，並沒有岐周的詩。南國者，自河以南，至於江漢之域。……在周邦之內者曰周南，在周畿外之諸侯統於方伯者曰召南。南國稱召，以召伯虎之故』。又曰：『周南召南是一題，不應分爲兩事，猶之乎邶鄘衞之不可分』（詳古代文學史講義。本集冊二頁九二）。案今本毛詩分周南爲一事，召南爲一事，此與季札之說不合。餘說詳後。

歌邶、鄘、衛。

集解：『杜預曰：武王伐紂，分其地爲三監。三監叛，周公滅之，並三監之地，更封康叔，故三國盡被康叔之化』。正義：『帝王世紀云：自殷都以東爲衞，管叔監之；殷都以南爲鄘，蔡叔監之；殷都以北爲邶，霍叔監之，是爲三監』。

槃案漢書地理志，邶以封紂子武庚，不數霍叔。然霍叔監邶，佚周書作雒篇、商子刑賞篇、鄭玄邶風譜說並同（參拙管蔡世家補注封叔處於霍條），未詳孰是。又邶，或曰在朝歌（今河南淇縣）以北，或曰在東，或曰在南。鄘，或曰在朝歌東南，或曰在西南，或曰正南，或曰正西，或曰正東（別詳拙春秋大事表譔異壹叁柒邶、壹叁捌庸『國』）。衞，初國于朝歌。

吾聞衛康叔、武公之德如是，是其衛風乎。

集解：『賈逵曰：康叔遭管叔、蔡叔之難；武公罹幽王、褒姒之憂，故曰康叔、武公之德如是。杜預曰：康叔、武公，皆衞之令德君也』。

案邶鄘二地，自三監之叛削平後，皆以封康叔，故季札聞歌邶、鄘、衞而稱康叔、武公之德也。今毛詩仍分邶、鄘、衞爲三者，推本其地望言之，其實則衞詩也。別詳拙春秋大事表譔異壹叁柒邶『國』。

歌王，曰：美哉，思而不懼，其周之東乎。

集解：『服虔曰：王室當在雅，衰微而列在風，故國人猶尊之，故稱王，猶春秋之王人也。杜預曰：王，黍離也』。

傅孟眞師曰：『王風是周朝東遷以後，在王城一帶的民間詩』（詳詩經講義。本集頁八三）。案師說是。

歌鄭，曰其細已甚，民不堪也，是其先亡乎？歌齊，曰……國未可量也。

會注：『顧炎武曰：季札聞鄭風，以爲先亡，而鄭至三家分晉之後始滅于韓；聞齊風，以爲未可量，乃不久簒于陳氏。左傳所記之言，不盡信也。愚案左氏亦記所傳耳』。

槩案韓滅鄭，或曰在鄭康公十九年（西元前三七六），或曰二十年，或曰二十一年（詳拙春秋大事表譔異柒鄭『存滅』）。田氏簒齊，在齊康公十四年（西元前三九一）（詳前引拙著壹拾齊『存滅』）。是則齊之亡先于鄭，明季札豫言爲無驗。唯其無驗，知其蓋舊文，未經後人竄改。

泱泱乎大風也哉！

孟眞師曰：『按齊有泱泱大國風之譽，詩三百中殊不足以見此。疑詩三百之集合，受齊影響少，齊詩多不入內，入內者固不足以代表齊也』（同上）。

歌豳，曰……其周公之東乎？

集解：『杜預曰：周公遭管蔡之變東征，爲成王陳后稷先公不敢荒淫、以成王業，故言其周公東乎？

毛詩豳風傳，以爲周公居東所作，『大師大述其志，主於豳公之事，故別其詩，以爲豳國變風』。襄二十九年左傳正義：『言（周公）在東之時爲此聲也』。傅孟眞師曰：『周本土人戍東方者之詩』（同上）。案豳風，魯詩，徐中舒氏亦有說，甚博辨（豳風說。中央研究院歷史語言研究所集刊第六本）。

儉而易行。

襄二九年左傳『儉』作『險』。沈欽韓補注：『惠（棟）』云：險，史記作儉，古文也。古文易云：動乎險中；又云：儉德辟難。欽韓按虞翻云：儉，或作險，皆讀爲險。險而易行，即易之易以知險也。杜預讀爲儉，直是不識字』。

廣哉熙熙乎？

王引之經義述聞春秋左傳中：『廣哉熙熙乎，杜注曰：熙熙，和樂聲。家大人曰：訓熙熙爲和樂聲，則與廣字義不相屬。予謂：熙熙卽廣也。周語云：熙，廣也（元注：周頌昊天有成命傳同）。重言之則曰熙熙，謂其廣熙熙然也。廣哉熙熙，猶言遠哉遙遙、殆哉岌岌矣』。

歌唐，曰：思深哉，其有陶唐氏之遺風乎？不然，何憂之遠也？

集解：『杜預曰：晉本唐國，故有堯之遺風，憂深思遠，情發於聲也』。

『風』，水澤氏校補引『景』『蜀』本作『民』。『瀧』『慶』『殿』『凌』本作『風』(卷三一、葉一九)。王引之曰：『襄二十九年傳：其有陶唐氏之遺風乎？唐石經誤爲「民」，而諸本因之；後人又據以改正義矣』(詳左傳述聞中)。

槃案毛詩唐風蟋蟀篇序：『此晉詩也而謂之唐，本其風俗、憂深思遠，儉而用禮，乃有堯之遺風焉』。晉國本號唐，詳拙春秋大事表譔異陸晉『國』。陶唐氏而曰『有陶唐氏』，此如夏曰『有夏』、周曰『有周』、緡曰『有緡』、窮曰『有窮』也。

其周德之衰乎？

集解：『杜預曰：衰，小也』。

朱緒曾曰：『（伯曾祖諱元英左傳博議拾遺）解衰字云：差也，次也。九章算法謂差分爲衰分；晉伯音之對王亦曰：遲速衰序，於是乎在。抑季子所云其周德之次乎，小雅爲周德之次，猶大雅爲周德之廣也。小雅者，或天子以饗元侯，或朝廷以燕嘉賓，季子安得衰之？此衰字不作盛衰解。驟見之似爲創論。緒曾按………據杜注以衰爲小，卽差次之義。疏引服虔此歎，變小雅以爲周德之衰微。劉光伯是服而非杜。然傳但云小雅，不云變小雅。若鹿鳴、天保、彤弓、采薇諸篇，安得云周室衰微？近餘姚邵氏瑛云：衰與𧟰同。說文：𧟰，減也。物漸微而漸少，故訓爲小。爾雅釋木舍人注：小，少也。論語八佾皇侃疏：小者，不大也。以證杜氏訓小之義。孔沖遠謂，魯爲季札歌詩，不應揚先王之惡以示遠夷，以專主變雅爲非。然杜元凱謂，有殷王餘俗，故未大衰。說亦迂曲。不若此謂大雅爲周德之廣，小雅爲周德之次，最爲直截明顯，可以補杜注之義、助孔疏之說也』（開有益齋讀書志卷一頁一二——一三左傳博議拾遺條）。

歌頌。

頌有周頌、魯頌、商頌。然季札所論，當是周頌。頌之義爲容，舞詩也。可參孟眞先生集中編乙詩經講義稿頁一八周頌說。

遷而不淫，復而不厭。

案『遷』與『復』相對言，蓋並指民德言之。集解引服虔遷地之說，未安。

八風平。

集解：『杜預曰：八方之氣謂之八風』。

王引之曰：『樂之有八音，以應八方之風也。隱五年傳：「夫舞，所以節八音而行八風」；周語：「鑄之金、磨之石、繫之絲木、越之匏竹、節之鼓而行之，以遂八風」。賈、服注竝曰：「八風、八卦之風」。是也（賈逵注，見初學記樂部上）；因而八音卽謂之八風。襄二十九年傳：「五聲和，八風平」。謂八音克諧也。五聲、八風，相對爲文。杜注曰：「八方之氣謂之八風」。非也。昭二十年傳：「一氣、二體、三類、四物、五聲、六律、七音、八風、九歌，以相成也」。二十五年傳：「爲九歌、八風、七音、六律，以奉五聲」。八風與七音、九歌相次，則是八音矣。八音皆人所爲，故曰「爲九歌、八風」。若八方之風，具是天籟，不得言「爲」矣。杜注昭二十年傳曰：「八方之風」。亦非。大戴記小辨篇：「天子學樂，辨風」；又曰：「循弦以觀於樂，足以辨風矣」。「辨風」，亦卽辨音（盧注：別四方之風，失之）。管子宙合篇：「君失音，則風律必流」；輕重己篇：「吹塤篪之風，鑿動金石之音」。「音」猶「風」也。成九年傳：「晉侯見鍾儀，使與之琴，操南音。范文子曰：樂操土風，不忘舊也」。「土風」，謂「南音」。此「風」訓爲「音」之證。樂記：

「八風從律而不姦」，亦謂「八音克諧」也（說見樂記。淮南原道篇：「揚鄭衞之浩樂，結激楚之遺風」。「遺風」卽遺音，故高注曰：「遺風，猶餘聲」）（經義述聞十八春秋左傳中八風條）。案王說是也。

見舞象箾南籥者。

集解：『賈逵曰：象，文王之樂武象也。箾，舞曲也。南籥，以籥舞也』。索隱：『箾，音朔，又素交反』。會注考證：『中井積德曰：象與南是舞名，箾與籥是器名，舞者所執。孔穎達曰：箾卽簫也。程大昌曰：南籥者，二南之籥，鼓鐘之詩所謂以雅以南，以籥不僭者也。龜井道載曰：蓋吹簫以舞象，執〔籥〕以舞二南也』。

沈欽韓曰：『服云：象，文王之樂。墨子三辨篇：武王勝殷殺紂，環天下自立以爲王。作樂，命曰象。呂氏春秋古樂篇，周公爲三象，則又成王之樂。按禮記下管象注云：周武王伐紂之樂也。詩序謂：維清，象舞。箋云：武王制焉。疏云，象舞之樂，象文王之事；大武之樂，象武王之事。俱是爲象。然雖文王之樂，亦是武王時也』（襄二十九年左傳補注）。

俞樾曰：『（左傳）杜注曰：象箾，舞者所執。正義曰：詩述碩人之善舞云：左手執籥。籥是舞者所執，則箾亦是舞所執。………愚謂，箾者，梢之假字。漢書禮樂志：飾玉梢以舞歌。師古曰：梢，竿也，舞者所持。玉梢，以玉飾之也。梢，音所交反。「象箾」、「韶箾」，皆當從此音義（詳茶香室經說十五韶箾條）。

見舞韶護者。

集解：『賈逵曰：韶護、殷成湯樂大護也』。會注考證：『館本考證云：左傳及他書，護皆作濩』。

沈欽韓曰：『墨子三辨篇：湯自作樂，命曰濩；又循九韶』（襄二九年左傳補注）。

聖人之弘也，猶有慙德。

竹添光鴻曰：『先儒見自堯以來，湯始戡亂以治天下，遂以所謂慙德者爲因其始伐，而不知季子之言，以治功言也。孟子曰：「堯舜性之也，湯武身之也」；又曰：「堯舜性者也。湯武反之也」。天命湯以治亂。而湯若泰然謂天下已安已治，固非聖人之所以爲心。顧天資所限，不能強而與唐虞之治同也，故曰而猶有慙德。此直是湯之自知不足處，非特虛懷也。且以堯舜之聖，孔子猶曰：「脩己以安百姓，堯舜其猶病諸」。而況湯武之反身復性者乎？故曰聖人之難也。難者，難於盡君道也；慙者，慙於君道之難盡也』（詳左氏會箋襄二十九年）。

見舞大夏。

集解：『賈逵曰：夏，禹之樂大夏也』。

沈欽韓曰：『呂覽古樂篇，禹立，勤勞天下，日夜不懈。命皋陶作爲夏籥九成，以昭其功』（左傳補注）。

雖甚盛德。

雖，古與唯、惟字通（詳王引之經傳釋詞第八）。『雖甚盛德』，猶云『唯甚盛德』。

適衛……衛多君子，未有患也。

崔適曰：『案是歲爲魯襄公二十九年，孔子年八歲。世家：定公十四年，孔子年五十六，友乎衞，主蘧伯玉家。呂氏春秋召類篇，史默曰：今蘧伯玉爲相。孔子爲客，子貢使命於君前。說苑，衞靈公問於史鰌云云。少焉，子路見公，公以史鰌言告之；少焉，子貢入見，公以二子言告之。是子路子貢從夫子適衞後，伯玉、史魚尙在也。左定十三年傳：初，衞公孫文子朝而請享靈公，退見史鰌而告之。及文子卒，衞侯始惡於公叔戌。十四年春，衞侯逐公叔戌。是公叔文子卒於定十三年也。公叔文子卽公叔發。惟公叔氏是世卿，從政不以年限。伯玉似非公族，史鰌更屬庶姓。禮曰：「四十曰強而仕。五十曰艾，服官政」。則入仕必在四十以上。再越四十八年而孔子適衞，皆旄期矣。諸書但言三人之賢，不言其壽，豈應於衞獻之世卽爲卿佐？是適衞之言，非當時語也』（同上）。

自衛如晉，將舍於宿，聞鍾聲，曰：異哉！吾聞之，辯而不德，必加於戮。夫子獲罪於君，以在此。懼猶不足，而又可以畔乎？夫子之在此，猶燕之巢于幕也。君在殯，而可以樂乎？遂去之。文子聞之，終身不聽琴瑟。

集解：『左傳曰：將舍於戚』。索隱：按太史公欲自爲一家，事雖出左氏，文則隨義而換，旣以「舍」字替「宿」，遂誤下「宿」字替於「戚」。「戚」是邑名，理應不易，今宜讀「宿」爲「戚」。「戚」衞邑，孫文子舊所食地』。會注考證：『錢大昕曰：古音戚如蹙，蹙與縮通，宿本有蹙音』。

李賡芸曰：『蹙，又與縮通。儀禮大射禮鄉射禮注：古文縮皆爲蹙；春秋衞大夫孫林父封邑，左傳作戚，史記衞世家、吳世家皆作宿；呂氏春秋遇合篇：縮頞而食之。縮頞，卽孟子之蹙也』（炳燭編二造與戚蹙蹴通條）。

沈欽韓曰：『按辯，與變通。以臣逐君，非正也，既爲變亂而又不德，則其戮必重。易坤卦：由辯之不早。音義：荀作變；禮運注：變，當爲辯。是辯變互易也』（左傳補注）。

王若虛曰：『衞世家云：季子過宿，孫文子爲擊磬，曰：不樂，音大悲，使衞亂乃此矣。一以爲鐘，一以爲磬，此未足深病。然如前說，則是文子自作樂而季子適聞之也。如後說，則是文子爲札而作也。前說則罪其不自愧懼而安於娛樂，後說則以音聲之悲而知其爲亂之徵，是何乖異而不同邪？按前說本於左氏，當以爲是。後說正有他據，亦相矛盾而不應取也。且左氏但言又何樂，而史記改之云可以畔乎，其義亦乖。蓋獲罪於君，卽所謂畔也。而何在於擊鐘邪？司馬貞既知其非矣，亦曰畔字當讀爲樂，亦強爲之說』（滹南遺老集九、史記辨惑一)。

晉國其萃於三家乎?

會注:『崔適曰:趙韓魏三子,雖相繼釆政,然前乎趙文子者爲中行穆子、中行獻子;後乎魏獻子者爲范獻子;至中行文子、范昭子與趙簡子相攻,知伯瑤尤強,幾滅趙氏;是時六卿之勢力,不相上下。季札非蓍非蔡,何由知中行、范必滅,分晉者在此三家乎?自是三家分晉後語。愚按此事昔人亦疑之。然季子但言晉國萃於三家耳,未嘗言中行、范必滅,三家分晉國。崔說未得。且季子之言,於晉則徵,於齊鄭則否。左氏之言,未必悉浮誇也』。

槼案季子前言提及趙韓魏,今云『三家』,明即指趙韓魏三家。三家分晉,季子何緣豫知?此確可疑。至於季子之言,於齊鄭則無驗者,傅會之說,非必出於一人一時。四庫總目曰:『左傳載預斷禍福,無不徵驗,蓋不免從後傅合之。惟哀公九年稱,趙氏其世有亂,後竟不驗,是未見後事之證也』。此論甚允。齊鄭無驗,亦其比也。又案『政將在三家』,今左傳無『三』字。然集解引杜預曰:『故政在三家也』。是杜預本原有此『三』字也。

徐君好季札劍。

吳越之刀劍,春秋時最著稱。考工記曰:『吳、粵之劍』;莊子刻意篇曰:『夫有干、越之劍者……寶之至也』(音義:司馬云,干,吳也)(別詳拙譔春秋列國風俗考論八吳。本所集刊四七本葉五七一)。

為使上國。

吳僻居東南、地勢下,故以華夏之國爲上國。昭十四年左傳:『楚子使然丹簡上國之兵於宗丘』。杜解:『上國,在國都之西,西方居上流,故謂之上國』。晉世家:『狐突之下國,遇申生』。集解:曲沃有宗廟,故謂之國。在絳下,故曰下國也』。是皆以地勢釋之者也。然上國又爲尊稱之詞,吳語:天若不知其辠,則何以使下國勝?』自謙曰下國(自謙曰下國,猶言『下邑』。佚周書皇門解：『周公格左閎門，會群臣，曰：嗚呼下邑小國，克有耈老』），是尊之則曰上國矣。二說俱可通。盄龢鐘：『秦公曰，不顯朕皇且考受天命，奄又（有）下國』。此下國者對上天言之，猶魯頌閟宮對上帝言『奄有下國』、『奄有下土』矣。此下國又一義。

吳亦攻楚，取三邑而去。

昭四年左傳：『多，吳伐楚，入棘（今河南永城縣南舊酇縣東北有棘亭）、櫟（今河南新蔡縣北二十五里，俗稱野櫟店）、麻（今河南襄城縣有麻城。或曰：今江蘇碭山縣東北三十五里即故麻城。未知孰是），以報朱方之役』。案云：『入棘、櫟、麻』三邑，是侵入而不有其他之謂。今世家云『取三邑而去』，意義不同。史公豈別有所據耶？

王餘眜二年，楚公子棄疾弒其君靈王、代立焉。

事詳昭十三年春秋、左傳。又據春秋，則此餘眜十五年事，非二年也。

乃立王餘眜之子僚為王。

集解：『吳越春秋曰：王僚、夷眜子。與史記同』。索隱：『此文以爲餘眜子，公羊傳以爲壽夢庶子也』。

李慈銘曰：『服子愼以吳闔閭爲夷眜子，僚爲諸樊之庶長兄，其說本於世本。杜元凱以闔閭爲諸樊子，僚爲夷眜子，其說本於史記。劉光伯從服說，孔冲遠從杜說。近儒臧氏琳據公羊襄二十七年傳，闔閭刺僚而致國于季子，季子曰：爾殺吾兄，吾又殺爾，是父子兄弟相殺無已云云，謂季札稱僚爲兄，則服說爲確（元注：何劭公注亦以僚爲季札兄）。予按左氏襄三十一年傳，吳屈狐庸謂晉趙文子曰：若天所啟，其在今嗣君乎？甚德而度。有吳國者，必此君之子孫實終之。時爲夷眜嗣位之三年，故曰今嗣君。據此則闔廬爲夷眜子無疑。使從史記僚爲夷眜子，則僚嗣位十二年，即爲光所弒，母弟太子皆死亡相踵，左氏何得言有吳國者必此君之子孫實終之乎？與其信史，不如信經也。且公羊明言謁（即諸樊）也，餘祭也，夷眜也，與季子同母者四。夷眜也死，則國宜之季子者也；季子使而亡焉，僚者長庶也，卽位，則僚爲壽夢庶子之長，與四人不同母，其旨甚顯』（越縵堂讀書記。世界書局本葉二六三）。案李說是也。

公子光者，王諸樊之子也。

索隱：『此文以爲諸樊子，系本以爲夷昧子』。

會注考證：『梁玉繩曰：左傳昭二十年，稱僚爲州于，當是其號。攷公羊傳，僚，長庶也。世本，夷昧及僚，夷昧生光。服虔云：夷昧生光而廢之。僚者，夷昧之庶兄。夷昧卒，僚代立，故光曰：我王嗣。左氏襄三十一年，狐庸對趙文子，謂夷昧天所啟，必此君子孫實終之。若僚是夷昧子，不應此言，則光是夷昧子，僚是壽夢庶子；而史謂僚是夷昧子、光爲諸樊子；何休、杜預、孔穎達及王逸天問注、元徐天佑吳越春秋注皆從之。孔疏又云：世本多誤，不足依凭。二者未知孰是。杜注左傳昭廿七年二公子掩餘、燭庸云：僚母弟，是夷昧子也；而昭廿三年傳掩餘注又云：壽夢子；世族譜云：二公子，壽夢子，用公羊爲說，何自相矛盾耶？』

竹添氏曰：『襄三十一年，吳屈狐庸答趙文子曰：若天所啟，其在今嗣君乎？有吳國者，必此君之子孫實終之。凡傳所載諸人之言，必其有驗者而每終言之，如季札晉國其萃於三家之言，其驗在悼公之時，然猶且舉而終之。然則狐庸之言，亦必有驗焉。狐庸所云此君，謂夷末。以此推之，世本以光爲夷末子，得之』（左氏會箋昭十七年吳公子光條）。又昭二十七年左傳：『吳公子光……告鱄設諸曰：上國有言曰，不索何獲？我，王嗣也。吾欲求之』。竹添氏曰：『襄二十九年公羊傳曰：謁也、餘祭也、夷昧也，與季子同母者四。季子弱而才，兄弟皆愛之，同欲立之以爲君；弟兄迭爲君，而致國乎季子。故謁也死，餘祭也立；餘祭也死，夷昧也立；夷昧也死，則國宜之季子者也。季子使而亡焉，僚者長庶也，卽位。闔閭曰：將從先君之命與？則國宜之季子者也。如不從先君之命與？則我宜立者也。僚惡得爲君乎！於是使專諸刺僚。世本云：夷昧及僚、夷昧生光。服虔云：夷昧生光而廢之。僚者，夷昧之庶兄。夷昧卒，僚代立，故光曰：我，王嗣也。服用公羊爲說，得之。襄三十一年（傳），有吳國者，必此君之子孫實終之。此君言夷末，則光是夷末之子，世本合左氏。杜從史記，正與傳文差矣。光唯夷昧子，故曰，我王嗣也。若是諸樊之子，旣經餘祭、夷昧，其當嗣位者，遠在二世之前，不得言我王嗣』（左氏會箋昭二十七年）。

案光，餘昧子，左傳（襄三一年、昭二七年）、公羊（襄二九年），世本、服虔說是也。何休、杜預、孔穎達等並從世家諸樊之說，非也。

迎楚故太子建母於居巢。

居巢，昭二十三年左傳作郥，吳越春秋吳太伯傳作鄛。兪樾曰：在鄛，疑得其實。鄛字隸書或作鄵，故左傳誤爲郥。詳曲園雜纂十八。

楚邊邑卑梁氏之處女，與吳邊邑之女爭桑。

索隱：『左傳無其事』。姚範曰：『呂覽察微篇中載之』（援鶉堂筆記卷十六）。

使公子蓋餘、燭庸以兵圍楚之六灊。

索隱：『（蓋餘）春秋作掩餘，史記並作蓋餘，義同而字異。或者謂，太史公被腐刑，不欲言掩也。賈逵及杜預及刺客傳皆云：二公子王僚母弟。而昭二十三年左傳曰：光帥右，掩餘帥左。杜注彼則云：掩餘，吳王壽夢子。又系（世）族譜亦云：二公子並壽夢子。若依公羊僚爲壽夢子，則與系族譜合也』。會注：『梁玉繩曰：史公未嘗諱掩，如項羽紀梁掩其口，封禪書方士皆掩口。……又何不欲言掩之有？（燭庸）刺客傳燭作屬，字相亂。吳越春秋庸作傭，文通用』。

槃案。蓋、奄一聲之轉，如商奄或作商蓋，是其例。詳吳毓江墨子校注耕柱篇。

光伏甲士於窟室。

杜預曰：『掘地爲室也』。

槃案地室，古代遺俗，如夏，如殷，如周、秦、楚、鄭、越等均有可考，別詳拙春秋列國風俗考論別錄四房屋地下室條(中央研究院成立五十周年紀念論文集)。

手匕首刺王僚。

王引之曰：『家大人曰：手，持也。檀弓：子手弓而可。謂持弓也。又吳世家：專諸手匕首刺王僚；楚世家：莊王自手旗，左右麾軍，義竝與持同』(經義述聞三一、手)。

鈹交於匈。

左傳：『夾之以鈹』。沈欽韓曰：『劉逵吳都賦注，鈹，兩刃小刀』(左傳補注十)。案鈹交專諸胸，是王僚之衞士以鈹交刺專諸也。竹添光鴻左氏會箋曰：『一面刺王，一面被殺，忙接此句，見當下情事十分迅疾，不及轉瞬』。

公子光竟代立為王。

會注考證：『竟』下，『古鈔本、凌本無「代」字』。

案北宋景祐監本有『代』字。影宋蜀本譌作『伐』。

吳公子燭庸、蓋餘二人……楚封之於舒。

索隱：『左傳昭二十七年曰：「掩餘奔徐，燭庸奔鍾吾」。三十年經曰：「吳滅徐，徐子奔楚」。左傳曰：「吳子使徐人執掩餘，使鍾吾人執燭庸，二公子奔楚，楚子大封而定其徙」。無封舒之事。當是「舒」「徐」字亂，又且疏略也』。

槃案舒，說文邑部作『郐』，玉篇引春秋同。徐，金文作『郐』(郐王鍴等)。周禮秋官薙氏鄭注『征徐戎』，劉本作『郐』。齊世家『田常執簡公于俆州』，左傳作『舒州』。形近音同，故爾通用。

伯嚭將兵伐楚，拔舒。

拔舒，卽春秋昭三十年之滅徐。徐，一本作舒。二字古通，別詳拙春秋大事表譔異陸玖徐『國』。

大敗楚軍於豫章。

春秋時所謂豫章有二：一在江北淮水南；一在今江西省。在江西者，漢高祖分秦九江郡置豫章郡。水經注：『贛水一名豫章水，逕廬陵以及南昌』。是其地也（詳春秋地名攷略卷九頁十二）。此闔廬敗楚師于豫章，則淮水南之豫章也。

楚昭王亡，出郢，奔鄖。

集解：『服虔曰：鄖，楚縣』。

案鄖，今湖北鄖縣。一云，今湖北天門縣西北漢竟陵故城；一云，今沔陽縣雲杜故城；或云，今浠水縣西四十里。蓋其國屢遷（別詳拙春秋大事表譔異伍叁鄖『鄀』）。未審昭王所奔，竟爲何地。

吳使別兵擊越。

會注考證：『左傳無此事，蓋史公以意補之』。槃案史公所據書，今不可得見者多矣。會注此論殊繆。

徙鄀。

案鄀，漢書地理志南郡條作若，金文或作蠚，或作蛬，或作𦁇。今湖北宜城縣東南九十里有鄀縣故城是。別詳拙春秋大事表譔異壹伯肆鄀『都』。

孔子相魯。

索隱：『定十年左傳曰：夏，公會齊侯于祝其，實夾谷。孔丘相。犂彌言於齊侯曰：孔丘知禮而無勇。是也。杜預以爲相會儀也。而史遷孔子系家云：攝行相事。案左氏，孔丘以公退曰：士兵之；又：使茲無還揖對。是攝國相也』。

會注考證：『中井積德曰：孔子是會儀之相矣，太史公誤爲國相也。索隱牽合太甚。趙翼曰：列國世家與孔子毫無相涉者，亦皆書是歲孔子相魯、孔子卒，以其繫天下輕重也』。

槃案『孔子相魯』，究爲相會儀？抑相國？淸儒辨論之者多家，並持之有故，言之成理（別詳拙齊世家補注下篇『景公害孔子相魯』條）。多聞闕疑，斯亦可矣。

請委國為臣妾。

臣妾，賤辭。周書費誓：『臣妾逋逃』。漢書刑法志：『隸臣妾一歲，免爲庶人』。周禮大宰，以九職任萬民，八曰臣妾。鄭注：『臣妾，男女貧賤之稱』。洪頤煊曰：『說文，僕、給事者，古文作䑑。臣卽䑑之省。……凡臣妾對言者，古皆通作僕字』（讀書叢錄三臣妾條。又詳孫詒讓周禮正義天官大宰八曰臣妾聚斂疏材條）。

伍子胥諫曰：『昔有過氏殺斟灌以伐斟尋，滅夏后帝相。……少康……復禹之績，祀夏配天，不失舊物』。

夏少康中興事，康有爲（新學僞經考二）、崔適（史記探源二），皆以爲誣。顧先生與童書業合著之夏史三論並後記，則以爲東漢光武中興時所造託（古史辨冊七下）其說不爲無據。

殺斟灌以伐斟尋。

『斟灌』，羣書或作『斟戈』，或作『斟觀』，或單稱『灌』，或作『五觀』，或作『武觀』，或單稱『觀』。亦作『鄿』，又曰『觀津』，曰『叛觀』（叛，或作畔）。『斟』，或作『㪷』。『斟尋』，斟一作『㪷』，一作『廾』。尋，一作『鄩』，一作『䠠』，一作『潯』，一作『鄩』。爵、姓、地望，別詳拙春秋大事表譔異壹捌陸斟灌壹捌柒斟尋『國』。

帝相之妃后緡方娠，逃於有仍。

集解：『賈逵曰：緡，有仍之姓也』。又曰：『賈逵曰：有仍，國名，后繒之家』。索隱：『（仍）未知其國所在。春秋經桓五年，天王使仍叔之子來聘，穀梁經、傳竝作任叔。仍、任聲相近，或是一地。猶甫、呂、虢、郭之類。案地理志，東平有任縣，蓋古仍國』。

槃案『繒』，舊籍或作『有繒』，或作『閔』，或作『蒙』，或作『岷』，或作『嶓』。『有仍』，或作『有扔』，或作『有戎』，或作『有娀』，或作『任』。

『繒』，國也，非姓。昭四年左傳云『有繒叛之』，又十一年傳云『桀克有繒』；即賈逵亦云：『仍、繒，國名也』（楚世家集解引），可證。後儒所以紛生異義者，蓋謂古代婦女以姓稱，不以國稱。今曰『后繒』，故以繒爲姓耳。豈知古代婦女固亦有以國稱者，但非通例耳。賈逵之說亦前後矛盾。李貽德左傳賈服注輯述以爲或繕寫有誤，當是也。

繒在今山東金鄉縣東北二十里，有仍在今山東濟寧縣南五十里。兩國境地密邇。以上說，並別詳拙春秋大事表譔異壹玖柒有繒、壹玖陸仍『國』。

召魯哀公而徵百牢。

周禮天官小宰注：『三牲牛羊豕具爲一牢』。又牛曰太牢，羊曰少牢，見大戴禮天圓篇與禮記王制注。一牲不得名牢，見儀禮少牢饋食禮正義。然則牛羊豕之屬百，即是百牢，不必拘拘于三牲爲一牢也。

孫詒讓曰：『云三牲牛羊豕具爲一牢者，大行人注義同。鄭詩小雅瓠葉箋云：繫養者曰牢。說文牛部云：牢，閑養牛馬圈也。凡牲，必繫養於牢，故祭祀、賓客之牲，並謂之牢。對文則三牲具曰大牢，二牲曰少牢，故公羊桓八年何注云：牛羊豕凡三牲，曰大牢；羊豕曰少牢；散文則通稱爲牢。國語韋注云：凡牲，一爲特，二爲牢。是二牲以上，並得牢稱』（周禮正義。藝文印書館本葉五一四——五一五）。案孫說亦可存參。

爲騶伐魯。

索隱：『左傳騶作邾，聲相近自亂耳。杜預注左傳亦曰：邾，今魯國騶縣是也。騶，宜音邾』。槃案『騶』，載籍或作『鄒』，或作『邾』，或作『朱』，或作『邾婁』。金文作『鼄』，一作『邾』。曹姓，陸終之後。國于今山東鄒縣。別詳拙春秋大事表譔異壹柒邾『國』。

且盤庚之誥，有顛越勿遺，商之以興。

集解：『徐廣曰，一本作：盤庚之誥，有顛之越之，商之以興』。槃按『有顛之越之』，北宋景祐監本集解作『有之顛越』。

抉吾眼置之吳東門，以觀越之滅吳也。

索隱：『此國語文，彼以抉為辟；又云：以手抉之。王慍曰：孤不使大夫得有見。乃盛以鴟夷，投之江也』。案今天聖明道本國語吳語云：『將死，曰：以懸吾目於東門，以見越之入也』。與索隱所見本異。

乃從海上攻齊。

顧炎武曰：『海道用師，古人蓋屢行之矣：吳徐承率舟師，自海入齊，此蘇州下海至山東之路；越王句踐命范蠡、舌庸率師，沿海泝淮，以絕吳路，此浙東下海至淮上之路』(日知錄二九海師)。槃案吳徐承率師自海入齊，見哀十年左傳，即夫差十一年事也。古代海師之記，此為最早，今故附錄顧氏之說于此。

越五千人與吳戰。

梁玉繩曰：『陳氏(子龍)測議謂，外傳，范蠡、舌庸率師，沿海泝淮，以絕吳路。當起數道之師，不止五千人。攷哀十三年左傳，是戰也，吳大夫王孫彌庸屬徒五千，史公必因此而誤。王孝廉云，或誤本外傳君子六千人，或誤以保會稽之甲楯五千而移於此』(志疑十七)。

乃長晉定公。

梁玉繩曰：『案公羊哀十三年會黃池傳曰：吳主會也。與外傳言吳公先歃晉侯亞之同。左傳云乃先晉人，先吳于晉也。先儒謂，經書吳在下，是晉實先之，誤矣。史公于秦紀及晉趙兩世家言長吳，而此言長晉。共說一事，二文不同，何自岐也？』（志疑十七）。榮案梁氏謂史公前後互岐是也。左傳云：『乃先晉人』。謂長晉人耳。梁解爲『先吳于晉』，繆之甚也。舊籍辭各不同，姜炳璋曰：『傳云晉人先歃，左氏據晉人之辭也。吳語云吳公先歃，外傳據吳人之辭也。經無明文，竊以爲當從國語』（詳讀左補義哀十三年條）。姜說葢近是也

越王句踐率兵伐敗吳師於笠澤。

正義：『吳地記云：笠澤江，松江之別名，在蘇州南三十五里。又云：笠澤卽太湖』。

哀十七年左傳：『三月，越子伐吳，吳子禦之笠澤，夾水而陳』。竹添氏曰：『國語：越敗吳于囿。注曰：囿，笠澤也。楊州記：太湖，一名笠澤。然太湖周五百里，吳豈亦能夾水而陳乎？水經注：松江上承太湖，東逕笠澤。笠澤，今吳江縣之平望湖，非震澤大湖』。案以事理推之，笠澤非太湖，竹添氏說是。

越王句踐欲遷吳王夫差於甬東。

索隱：『國語曰甬句，東越地，會稽句章縣東海中州也』。案『海中』，北宋景祐監本、宋蜀本並作『浹外』。

孤，老矣。

國君自稱曰『孤』，或曰『寡人』，謙卑之詞。趙翼曰：『老子道化章，人之所惡，惟孤、寡、不穀，而王公以爲稱。戰國策顏觸亦曰：孤、寡者，人之困賤下位也，而侯王以之自謂。……按禮記：庶方小侯，自稱曰孤，諸侯自稱曰寡人。……諸侯或遇危難，則亦有稱孤者。臧文仲曰：人國有凶稱孤，禮也』（詳陔餘叢考三六、稱孤條）。

遂自剄死。

集解：『越絕書曰：夫差冢在猶亭西卑猶位，越王使干戈人一壞土以葬之。近太湖，去縣五十七里』。槃案漢魏叢書本越絕書『猶亭』作『猶高』；『卑猶位』，景祐監本、宋蜀本集解『猶』下並有『之』字。『越王使』，同上本集解又越絕書『使』並作『候』；『壞』，同上本越絕書作『累』；又『五十七里』無『五』字。

越王滅吳，誅太宰嚭，以為不忠而歸。

劉恕曰：『左傳，哀二十四年閏月，哀公如越，季孫懼，因太宰嚭而納賂焉。在吳亡後二年也；嚭入越，亦用事，安得吳亡卽誅哉？』（通鑑外紀周紀八）。

翁元圻曰：『吳越春秋越伐吳外傳，越王謂太宰嚭曰：子爲臣，不忠無信，亡國滅君。乃誅嚭、並妻子；越絕書吳王占夢同，是史記所本』（困學記聞注卷十一、史記正誤條）。

孫志祖曰：『越初滅吳時，未必誅嚭。越之誅嚭，當在季孫納賂之後。史公特因滅吳而牽連書之爾。或曰：是時陳亦有太宰嚭，見禮記檀弓。然季孫因嚭而納賂於越，則不得謂是陳之太宰也』（讀書脞錄二、太宰嚭條）。

祁駿佳曰：『左傳又載：公如越，季孫使太宰嚭納賂焉。則嚭復用於越矣。藏書載：越王薄嚭，而與以卑官。呂覽云：越王責嚭不忠，忘國滅君，並妻子俱誅之。越葬吳王以禮，並葬嚭於旁。越絕書又云：嚭妻子死所名三臺。劉向說苑又云：越伐吳，太宰嚭沈身江湖，頭懸越旗，似以報子胥之鴟夷也。諸記載不同乃爾』（遯翁隨筆上）。

余讀春秋古文。

會注考證：『春秋古文，卽左氏春秋傳，劉歆與太常博士書、許愼說文序，可證』。

槃案春秋古文，謂春秋國語。十二諸侯年表序：『表見春秋國語……爲成學治古文者要刪焉』；五帝本紀贊：『不離古文者近是』；又云：『余觀春秋國語，其發明五帝德、帝繫姓，章矣』。或曰古文，或曰春秋國語，一也。

又何其閎覽博物君子也？

集解：『皇覽曰：延陵季子冢，在毗陵縣暨陽鄉，至今吏民皆祀之』。槃案毗陵，今江蘇武進縣治。又太平寰宇記九二引注云：『季子冢在旣陽西，孔子過之，題曰延陵季子之墓』。今注文多不同，且有脫佚。唯云旣陽，當卽暨陽。

一九八二年五月十三日完稿。

追 記

太伯弟仲雍。

顧師頡剛曰：『索隱引世本居篇云：「孰哉居蕃籬，孰姑徙句吳」。按吳世家無「孰哉」、「孰姑」名。索隱又引宋忠世本注曰：「孰哉，仲雍字」；又曰「孰姑，壽夢也」。洵如其言，是「仲雍」爲華名，而「孰哉」爲夷號。然壽夢既爲夷名矣，何以又曰孰姑？得非壽夢者生時之名，孰姑者死後之謚耶？』（史林雜識初編葉二一二楚吳越王之名號謚）。

案于古，國君卽位時有易名之典，顧師有詳說，引見如下。

公子光竟立爲王，是爲吳王闔廬。

顧師頡剛曰：『左傳、昭十三年曰：「弃疾卽位，名曰熊居」。楚世家亦曰：「棄疾卽位爲王，改名熊居，是爲平王」。是知楚之王者於其卽位之時卽有易名之典。故春秋、昭十三年曰：「楚公子弃疾殺公子比」，用卽位前名，昭二十六年經則曰：「九月，庚申，楚子居卒」，用卽位後名。不特楚也，左傳、昭二十年曰：「員如吳，言伐楚之利於州于。公子光曰：是宗爲戮，而欲反其讎，不可從也，」杜注：「州于，吳子僚。光，吳公子闔廬也」，是皆一人而兼有二名。觀春秋、昭二十七年書「吳弒其君僚」，定十四年書「吳子光卒」，知「僚」與「光」皆卽位後所改之名，而「州于」與「闔廬」則其原有之名。然吳世家云：「公子光竟立爲王，是爲吳王闔廬」，則又以「光」爲本名而「闔廬」爲卽位後名，與春秋經所記不合。按「僚」與「光」爲華化之名，與「州于」、「闔廬」之爲夷式者異，自是春秋是而史記非也』(同上書葉二一三)。

槃謹案吳、楚國君之初名——卽位前之名，顧師以爲『夷號』，或曰『夷式』，或曰『夷名』，實卽方言之名，彼亦有所取義，但吾人今所不解耳。例如吳王僚初名『州于』，而春秋隱三年左傳有衞莊公之寵子『州吁』。『吁』『于』同音通用，知『州于』亦卽『州吁』。衞爲周室兄弟之國，華夏舊族；州吁又爲衞君欲以爲嗣之驕子，則此其『州吁』之稱、必非『夷式』『夷號』『夷名』，而爲彼時人所習知之方言，必矣。蓋古人亦如今人有初名、卽小名；既而復有成人之名、卽大名，或稱雅名；入學則有『學名』。已冠(年廿)則更有字。今人之初名(小名)隨人取義，隨便稱號，如『牛』『犬』(司馬相如少時亦名犬子，見史記本傳)、『白』『黑』『高』『矮』之類，是也。左傳中有『黑肩』、『黑背』、『黑臀』、『縶』(足不良)、『蔑』(勞目少精)、『昄』(多白眼)之類，是其比也(參拙譔春秋列國風俗考論別錄人名和字條。中央研究院成立五十年周年紀念論文集本)。蓋初名(小名)多取其通俗、易曉，便于稱謂，而成人之雅名、學名，則取義較爲嚴肅，但比較不便稱謂、通曉。史傳之記，不避初名，隨俗稱謂，亦取其易于通曉，不違俗也。然不免流于屑瀆、輕慢，故一般社會，于其人已長，則稱大名、雅名、或學名；士夫以上則字；否則以爲不敬。國君有易名之典，其意義亦不外是也。

見舞韶護者，曰：『聖人之弘也，猶有慙德，聖人之難也』。

集解：『賈逵曰：韶護，殷湯武樂大護也』。『服虔曰：慙於始伐而無聖佐，故曰聖人之難也』。

見舞招箾，曰：『德至於哉、大矣，如天之無不燾也，如地之無不載也。雖甚盛德，無以加矣』。

集解：『服虔曰：有虞氏之樂大韶也；帝王之道，極於韶也，盡美盡善也』。

槃案『韶』『招』聲同字通（襄二十九年左傳作『韶』不作『招』）。顧師頡剛曰：『論語述而篇：「子在齊聞韶，三月不知肉味，曰：不圖爲樂之至於斯也！」又八佾篇：「子謂韶，盡美矣，又盡善也。謂武，盡美矣，未盡善也」。又衞靈公篇：「顏淵問爲邦，子曰：行夏之時，乘殷之輅，服周之冕，樂則韶舞」。此皆可見孔子對於韶樂極度欣賞贊歎之情。孔子生於魯，早有音樂之修養，而在魯未聞韶，及適齊而始聞之，則韶爲齊之大樂可知。漢書禮樂志：「夫樂本情性，浹肌膚而臧骨髓，雖經乎千載，其遺風餘烈尚猶不絕。至春秋時，陳公子完犇齊。陳，舜之後，招樂存焉。故孔子適齊聞招」。「招」者「韶」之別體。如班固之言，韶作於舜而存於陳，緜延當齊桓公時，陳公子完因亂出奔（見左傳、莊二十二年），挾以俱東，遂爲齊樂。經典釋文云：「爲樂，……本或作嬀，音居危反，非」，知論語之或本有作「嬀樂」者，嬀爲陳姓，故何晏集解引王肅說云：「不圖作韶樂至於此，此齊」，謂嬀姓之韶樂移而之齊爲意料所不及也。淸包愼言論語溫故錄云：「夫子蓋知齊之將爲陳氏，故聞樂而深痛太公、丁公之不血食也」，卽演王肅之義。然孔子在齊聞韶本是快心適意之奇遇，玆乃以深刻之傷解之，並作田齊代姜齊之豫言，無乃大戾其本意歟？

『韶之爲齊樂，孟子亦嘗言之。梁惠王下篇記齊宣王雪宮之問曰：「昔者齊景公問於晏子曰：吾欲觀於轉附、朝儛，遵海而南，放於琅邪，吾何修而可以比於先王觀也？晏子對曰：善哉問也！……春省耕而補不足，秋省斂而助不給。夏諺曰：吾王不遊，吾何以休？吾王不豫，吾何以助？……今也不然，師行而糧食，勞者弗息；睊睊胥讒，民乃作慝；方命虐民，飲食若流；流連荒亡，爲諸侯憂。……景公說，大戒於國，出舍於郊，於是始興發補不足，召太師曰：爲我作君臣相說之樂！蓋徵招、角招是也。按宮、商、角、徵、羽爲五聲，徵招、角招蓋韶樂之以音聲高下爲區別之二調。據孟子此說，則韶樂始創於齊景公，以其納晏嬰之忠諫，發倉廩以補助農民，國中同聲歡慶，故齊太師作此樂以示其君之相悅。孔子爲景公、晏子同時人，宜其適齊而聞此新聲也。其後田氏代齊，蓋接受其樂調而改造其樂之歷史，乃上躋之於舜及陳耳。

『韶樂之眞史實雖爲戰國人所抹煞，而上數之陳敬仲、周穆王，更溯源及禹、湯、夏后啟，而大盛之於虞舜，或又窮極之於帝嚳、黃帝，古矣遠矣，不可以加矣；然戰國時人所改造之歷史，亦爲戰國時人無意中所抉破。史記李斯列傳記其諫逐客書曰：「夫擊甕、叩缶、彈箏、搏髀而歌呼嗚嗚、快耳目者，眞秦之聲也；鄭、衞、桑閒、昭、虞、武、象者，異國之樂也。今棄擊甕、叩缶而取昭、虞，若是者何也？快意當前，適觀而已矣。集解引徐廣曰：「昭」，一作「韶」。是知韶樂當戰國之末，尙與鄭、衞、桑閒等同爲「快意當前，適觀」之樂，秦國人所願爲棄其擊甕、叩缶之樂而聽之者。夫鄭、衞之音，樂記所謂「鄭音好濫淫志，……衞音趨數煩志」、「亂世之音也，比於慢」者也；桑閒之音，樂記所謂「亡國之音也，其政散，其民流，誣上行私而不可止」者也，皆魏文侯所謂「不知倦」之「新樂」也，謂之爲「快意、適觀」良是。若韶樂眞出遠古，何得與之爲儕偶？是則韶爲春秋時新聲，又發展於戰國者，質以論語、孟子之言，誠可信也。

『韶爲齊樂，而其影響所及，直使古代音樂史爲之變色，在公元前六世紀至三世紀間所發生之作用、蓋莫與倫比。夫齊地宜桑麻、冠帶衣履天下，女功極技巧，又以濱海有漁、鹽之利，經濟條件旣優，文娛活動自有迫切之需要，其質量亦遂有不斷之提高，韶樂之所以盡美盡善，風靡一世，西被乎秦、南暨於楚者以此，談說之士之所以樂爲誇張，必遙託之若干古帝王或直託之天帝者亦以此。此固非拘虛之儒者所能解也』(詳史林雜識初篇葉二七二韶)。

槃謹案韶樂，從來以爲舜樂。顧師指出其本爲齊之大樂；逮田氏代齊，蓋接受其樂調而改造其樂史，使其上躋之於舜及陳，後儒不察，萬口雷同。獨有顧師鉅眼，今發其覆，遂可論定矣。

召魯哀公而徵百牢。

頃承嚴一萍兄寄示其近著牢義補證，謂舊作牢義新釋，其結論凡六點云：『(一)卜辭之「牢」，从牛與从羊爲一字，其含義爲一牛一羊；曰「牢㞢一牛」爲二牛一羊；(二)「大牢」當如舊說爲一牛一羊一豕之共名；(三)「少牢」亦當如舊說爲一羊一豕之共名；(四)羊豕犬等單名者，當如逸周書世俘所稱爲「小牲」，與「牢」異；(五)「用牢」卽不與他牲相共，如與他牲見於同一條卜辭內者，其用牲之方法必不同；(六)羊豕同用不稱「少牢」、牛羊豕同用不稱「大牢」者，因陳牲之位置及排列分組等、與「牢」有不同之故』。又引明義士殷虛卜辭後編第二二六七版作補證云：『這一版有「大牢」「牢又一牛」「小宰」「牛」，充分說明四者的不同。「大牢」爲牛羊豕三者並具，「牢又一牛」是二牛一羊，「小宰」是羊豕，「牛」祇是一頭牛而已』(中國文字新六期、頁四一——四四)。

槃案嚴文此論與拙前(『召魯哀公而徵百牢』)注所引舊說，頗有異同。蓋嚴文所據者殷禮、實物；而槃前引之義則經傳中注疏之文，然亦不可以爲無所據而云然。時間、空間不同，則禮俗之類，彼之與此，自不可能無所因革損益。牽彼就此固不可；牽此就彼，亦不可也。

八月二十九日增訂畢。

出自第五十二本第三分(一九八一年九月)

從司馬遷的意見看左丘明與國語的關係

張以仁

一、前　　言

前人論及國語的作者，見於文字的，似乎以太史公司馬遷最早[1]。他在史記太史公自序中說：

昔西伯囚羑里，演周易。孔子戹陳、蔡，作春秋。屈原放逐，著離騷。左丘失明，厥有國語。孫子臏腳，而論兵法。不韋遷蜀，世傳呂覽。韓非囚秦，說難孤憤。詩三百篇，大抵賢聖發憤之作也。此人皆意有鬱結，不得通其道也。故述往事，思來者。於是卒述陶、唐以來，至於麟止。

這段文字，又見於他的報任少卿書，文字略有異同，茲亦迻錄於下：

蓋西伯拘而演周易。仲尼戹而作春秋。屈原放逐，乃賦離騷。左丘失明，厥有國語。孫子臏腳，兵法修列。不韋遷蜀，世傳呂覽。韓非囚秦，說難孤憤。詩三百篇，大氐賢聖發憤之所爲作也。此人皆意有所鬱結，不得通其道。故述往事，思來者。及如左丘明無目，孫子斷足，終不可用，退論書策，以舒其憤，思垂空文以自見。（漢書司馬遷傳引。王先謙補注本。）

其中「及如左丘明無目」，有的本子無「明」字[2]。昭明文選也選錄此篇，文字與此稍有差異：如「西伯」作「文王」，「有所鬱結」作「有鬱結」，「及如」作「乃如」，「左丘」下亦無「明」字。

如果我們把這項資料牽合史記十二諸侯年表所說的：

是以孔子明王道，干七十餘君，莫能用，故西觀周室，論史記舊聞，興於魯而

1. 廖平古學考：「國語本爲七十弟子所傳，指爲邱明，始於史公。」
2. 王先謙漢書補注：「宋祁曰：越本無明字。」

次春秋：上記隱，下至哀之獲麟；約其辭文，去其煩重，以制義法。王道備，人事浹。七十子之徒，口受其傳指，為有所刺譏褒諱挹損之文辭，不可以書見也。魯君子左丘明，懼弟子人人異端，各安其意，失其眞，故因孔子史記，具論其語，成左氏春秋。……於是譜十二諸侯，自共和訖孔子，表見春秋、國語，學者所譏盛衰大指，著于篇，為成學治古文者要刪焉。

那麼，史遷的意見，似乎可以歸納成三點：

一、國語的作者是左丘明。

二、此書成於左丘明失明以後。

三、左丘明是魯君子，曾經根據孔子的史記，成左氏春秋一書，目的在防止孔門弟子各逞己說而趨異端。

太史公的意見裏，並沒有明白的說出左丘明和孔子的關係，似乎連左丘明是什麼時候的人也沒有說明。甚至連作國語的左丘明與作左氏春秋的左丘明是否同一人，「左氏春秋」是否即後來的「左傳」這些問題都沒有明確的交代，因而後人乃有種種不同的意見。這裏謹先提出兩個問題，加以討論：一是撰左氏春秋與國語的左丘明是否同一人？二是左丘明是否與孔子同時？這兩個問題都以太史公的意見為基礎。

二、班固等人的說法

漢書與史記關係的密切是用不着我們多作說明的。班固對上述問題的意見相當肯定而明確。大概除了太史公之說外，尚另有資料作為依據，如翼奉、翟方進、尹咸、何武、劉歆等治左氏諸漢儒的主張。他說：

及孔子因魯史記而作春秋，而左丘明論輯其本事以為之傳，又纂異同為國語。又有世本，錄黃帝以來至春秋時帝王公侯卿大夫祖世所出。春秋之後，七國並爭，秦兼諸侯，有戰國策。漢興，伐秦，定天下，有楚漢春秋。故司馬遷據左氏、國語[3]，采世本、戰國策，述楚漢春秋。……(漢書司馬遷傳贊)。

他在漢書藝文志中，不僅於「左氏傳三十卷」「國語二十一篇」下分別注明「左丘

3. 孫海波「國語眞偽考」以「左氏國語」連讀，意謂左氏之國語，不知此文「故」字以下，皆承前文，左氏正指前文左傳甚明。此當從裴駰索隱讀為二書。

明，魯大史」、「左丘明著」等字樣[4]，並且在春秋家書目之後，作了這樣一段說明：

周室既微，載籍殘缺。仲尼思存前聖之業，乃稱曰：「夏禮，吾能言之，杞不足徵也；殷禮，吾能言之，宋不足徵也。文獻不足故也，足則吾能徵之矣。」以魯，周公之國，禮文備物，史官有法，故與左丘明觀其史記。據行事，仍人道，因興以立功，就敗以成罰，假日月以定歷數，藉朝聘以正禮樂，有所褒諱貶損，不可書見，口授弟子，弟子退而異言。丘明恐弟子各安其意，以失其眞，故論本事而作傳，明夫子不以空言說經也。……

又在卷三十六劉歆傳中記載：

歆以爲左丘明好惡與聖人同，親見夫子，而公羊、穀梁在七十子後，傳聞之與親見之，其詳略不同。

另外，報任安書引見於司馬遷傳中，已錄見前文，此不贅出。班氏之說，除接受了司馬遷的三點意見之外，尙增加了三項新意：

一、國語成於左傳之後。

二、國語與左傳的作者同爲左丘明。

三、左丘明與孔子同時，二人曾有交往。

這裏面當然還牽涉到若干別的問題，譬如史記的「魯君子」漢書成了「魯太史」，是否與左傳「君子曰」以及書法的部分有關係呢？又譬如史記的「左氏春秋」漢書變成了「左氏傳」，前者不過是一本史書，後者卻負有解經傳道的使命，其意義與地位便大不一樣。「左氏春秋」是不是「左氏傳」呢？清儒劉逢祿、康有爲等今文家所疾言肆爭的也正是在這個問題上。但本文都暫置不論。

4. 清史學家趙翼云：「國語二十一卷，漢書藝文志不載撰人姓氏。……顏師古本此衆說，故注藝文志直以國語爲左丘明撰。」竟以書目下小字乃顏師古注。說見趙氏陔餘叢考卷二「國語非左丘明所撰」條。今案，漢書藝文志書目小注凡三類：一爲未冠注者姓名者，二爲冠有注者姓名者，三爲冠有「師古曰」字樣者。第三類爲顏師古注。第二類爲顏師古錄前人注，第一類則一般學者咸以爲係班氏自注。然趙翼以爲顏注，殊可詫異！查顧炎武日知錄卷二十六「漢書二志小字」條云：「漢書地理、藝文二志，小字皆孟堅本文；其『師古曰』，『應劭曰』，『服虔曰』之類，乃顏氏注也。近本漢書不刻注者，誤以爲顏氏注而併刪之。」顧氏之意甚明；說文解字敍段玉裁注云：「漢藝文志云：『史籀十五篇』自注：『周宣王大史作大篆十五篇』」亦以爲班氏自注。章學誠文史通義「史篇別錄例議」亦云：「史家自注之例，或謂始於班續 4. 氏諸志，其實史遷諸表已有子注矣。」四庫集部「楚辭類楚辭章句」提要亦云：「（王）逸又益以己作九思，與班固二敍爲十七卷，而各爲之注。其九思之注，洪興祖疑其子所爲。然漢書地理、藝文志卽有自注，多在逸前。」皆與趙氏之說異。清劉光蕡著「漢書藝文志注」，乃於班氏注文之上特加「原注」二字以明之；孫德謙作「漢書藝文志舉例」，更比覯正文注文以考班志之條例，如「稱出入例」下云：「吾觀班氏藝文志，其於劉歆七略，則頗有出入矣。書家云『入劉向稽疑一篇』、禮家云『入司馬法一家百五十五篇，……而於每略總數後又重言以申明之，在班氏亦可謂不憚煩矣。然班氏旣有此例，可知依據他書，而其編次未盡得宜者，不妨由我出入之。……」又如「尊師承例」下云：「漢儒傳經，最重師承，班氏蓋審知之。不特儒林一傳，敍經學之授受，以見詩、禮諸家俱有師法也。卽於列傳中，凡其人師事某某，亦必記載之。今觀藝文志，如易家蔡公云『事周王孫』，禮家記百三十一篇云『七十子後學者所記也』……於此，知孟堅撰述此志，蓋尊崇師承之至矣。……誠以史家目錄，須明乎學術源流，固不專司簿籍已也」皆合正文注文以爲說也。是劉、孫二氏，亦以爲班氏自注，與趙說不同。然則，二者之是非，何由分辨？今考漢書地理志左馮翊「池陽」條下注云：「惠帝四年置，巀嶭山在北。」無注者姓名，下復有注文云：「應劭曰：在池水之陽。師古曰：巀嶭卽今俗所呼嵳峩山是也，音截嶭，音才葛反，又音五葛反。」按地理志本文及應劭之注，皆無「巀嶭」字樣，而應劭注次其下；又藝文志易類「凡書九家四百一十二篇」下注云：「入劉向稽疑一篇」，下顏注云：「師古曰：此凡言入者，謂七略之外，班氏新入之也；其云出者，與此同。」按顏氏此注，亦與正文無涉；又儒家類「孟子十一篇」下注云：「名軻，鄒人，子思弟子，有列傳。」下顏注云：「師古曰：聖證論云：『軻字子車。』而此志無字，未詳其所得。」凡此等例，所在多有，皆可見顏注直承該無名注文而來；且細味顏注文意，如曰「班氏新入之也，其云出者，與此同」，如曰「而此志無字，未詳其所得。」似顏氏卽以該注文出於班氏。清姚振宗漢書藝文志條理云：「班氏注文，或爲大字，或爲小字，其例不一，此亦後來校刊者之失，非其本然也。武進莊氏載籍足徵錄皆一律改爲大字，頗得體要。」是以姚氏盡改班氏注文爲大字，而文意銜接，無少枘鑿。然則，顏氏所見或者卽爲大字之本歟？故其敍例所謂「漢書舊無注解」者，實不包括後世改爲小字之班氏自注在內。清儒錢大昕亦嘗疑顏注有班志本文誤入者，如漢書地理志京兆尹「南陵」條下注「文帝七年置。沂水出藍田谷，北至霸陵，入霸水。霸水亦出藍田谷，北入渭。」下有顏氏注云：「師古曰：「玆水，秦穆公更名以章霸功，視子孫。沂音先歷反，視讀曰示。」錢氏云：「『古』下皆班氏本文，謂霸水古曰玆水，秦穆公始更名耳，非顏注也。『師』字後人妄加。『沂音』上當有『師古曰』三字。」（王先謙漢書補注引）。案錢說甚是，若「視子孫」爲師古注文，何不逕書「視」作「示」，乃不憚煩瑣更注「讀曰示」以明之乎？必無是理也。然錢氏於十駕齋養新錄卷六「漢書注本始于東晉」條云：「漢書敍例云：漢書舊無注解，唯服虔、應劭等各有音義，自別施行。至典午中朝，爰有晉灼，集爲一部，凡十四卷，號曰漢書集注……據此，知不獨服虔、應劭音義各自單行，卽晉灼、臣瓚兩家，亦不注于本文之下。直至蔡謨，乃取臣書散入漢書。謨固東晉人也。小顏所注，蓋依蔡本而稍采它書附益之。」則錢氏似猶未曉然於班氏注文字有大小之意。藝文志書目以下小字，蓋後人權衡輕重，變正文以爲之，世謂之班氏自注，名目雖異，實質不殊也。然難者或將曰：「若儒家類『劉向所序六十七篇』下注文云：『新序、說苑、世說、列女傳頌圖也。』涉及『世說』及『列女傳頌圖』等書，豈亦班氏原文？」按宋王應麟漢（書）藝文志考證「世說」條云：「未詳。本傳著疾纔隨要救危及世頌凡八篇，依歸古事，悼己及同類也。今其書不傳。」又引曾鞏等人之說，謂列女傳之頌及圖爲劉歆所作，或曹大家作，或卽劉向原作，見「列女傳頌圖」條。王先謙漢書補注說與之同，且逕謂「本傳有『世頌』，疑卽其書（世說）」。劉向、劉歆、班昭，或在班固之前，或與同時，見於班文，自是可能。總結以上所論，一則顏注似已認爲今本書目下無名小字注文乃班志本文；二則此等注文與正文關係密切，改爲正文，語意啣接；三則此等注文，皆厠之於應劭、服虔等注之前，且注中所引，無論人事，亦皆在班氏之前或同時，無出班氏之後者。凡此諸端，足證今本此無名之注，實班氏自爲之矣。然則，趙翼以爲顏師古注者，非也！

班固之所以確認左丘明與孔子同時，崔述以爲是源於劉歆的「親見夫子」之說且與論語有關（見洙泗考信錄餘錄卷之三）。論語公冶長篇說：

子曰：巧言令色足恭，左丘明恥之，丘亦恥之；匿怨而友其人，左丘明恥之，丘亦恥之。

劉歆以爲「左丘明好惡與聖人同」，其說恐即出於此，故顏師古注漢書劉歆傳，便引以爲釋。

以爲左丘明與孔子同時，其說似乎可以上溯到西漢宣帝時（公元前七十三年至四十九年）的嚴彭祖，嚴氏春秋引觀周篇說：

孔子將修春秋，與丘明乘，如周，觀書於周史。歸而作春秋之經，丘明爲之傳，共爲表裏。（見杜預春秋序孔疏引）。

但此說實有問題，因爲：

一、今傳孔子家語觀周篇雖亦載孔子適周之事，但內容偏重問禮以及與老子之交談，與此不同。且同行者爲南宮敬叔，非左丘明[5]。

二、史記孔子世家亦載其事，僅記問禮於老子一端，同行者亦非左丘明，而爲南宮敬叔。那時候孔子還不到三十歲[6]。今傳孔子家語，前人多以爲是王肅僞作[7]，但

5. 今傳家語觀周篇云：「孔子謂南宮敬叔曰：『吾聞老聃博古知今，通禮樂之原，明道德之歸，則吾師也，今將往矣。』對曰：『謹受命。』遂言於魯君曰：『臣受先君之命，云：孔子聖人之後也。滅於宋，其祖弗父何，始有國而授厲公。及正考父佐戴、武、宣，三命茲益恭，故其鼎銘曰：一命而僂，再命而傴，三命而俯，循牆而走，亦莫余敢侮。饘於是，粥於是，以餬其口。其恭儉也若此。臧孫紇有言：聖人之後，若不當世，則必有明君而達者焉。孔子少而好禮，其將在矣。屬臣曰：汝必師之。今孔子將適周，觀先王之遺制，考禮樂之所極，斯大業也，君盍以乘資之，臣請與往。』公曰：『諾。』與孔子車一乘，馬二疋，豎其侍御。敬叔與俱至周。問禮於老聃，訪樂於萇弘，歷郊社之所，考明堂之則，察廟朝之度，於是喟然曰：『吾乃今知周公之聖與周之所以王也。』及去周，老子送之曰：『吾聞富貴者送人以財，仁者送人以言，吾雖不能富貴，而竊仁者之號，請送子以言乎：凡當今之士，聰明深察而近於死者，好譏議人者也；博辯閎達而危其身，好發人之惡者也；無以有己爲人子者；無以惡己爲人臣者。』孔子曰：『敬奉教。』自周返魯，道彌尊矣。遠方弟子之進，蓋三千焉。」

6. 史記孔子世家云：「孔子年十七，魯大夫孟釐子病且死，誡其嗣懿子曰：『孔丘，聖人之後。其祖弗父何，始有宋而嗣讓厲公。及正考父，佐戴、武、宣公，三命茲益恭。故鼎銘曰：一命而僂，再命而傴，三命而俯，循牆而走，亦莫敢余侮。饘於是，粥於是，以餬余口。其恭如是。吾聞聖人之後，雖不當世，必有達者。今孔丘年少好禮，其達者歟？若必師之。』及釐子卒，懿子與魯人南宮敬叔往學禮焉。是歲，季武子卒，平子代立。孔子貧且賤，及長嘗爲季氏史，料量平。嘗爲司職吏，而畜蕃息。……魯南宮敬叔言魯君曰：『請與孔子適周。』魯君與一乘車、兩馬、一豎子，俱適周，問禮，蓋見老子云。辭去，而老子送之曰：『吾聞富貴者送人以財，仁人者送人以言，吾不能富貴，竊仁人之號，送子以言，曰：聰明深察

孔子世家的記載卻不能不予重視。

三、嚴氏前於王肅（公元一九五至二五六年），所引家語自不會是王肅的僞本。但也可能另有問題，因爲：

㈠家語來歷，自始便不清楚，而且內容駁雜，中有後世僞說羼入，不皆出於孔子門人[8]。

㈡嚴彭祖所處的時代，家法正興[9]。他與顏安樂，俱是眭孟的弟子，當時俱傳公羊之學，想來不會爲左氏張目，記載一段左丘明與孔子同車共往西周觀書之事，把左丘明捧成孔子春秋經的眞正傳人。

四、史記十二諸侯年表雖載有「西觀周室，論史記舊聞」的話（參前引文），漢書儒林傳雖也有「西入周」之說[10]，但都未記同行之人，而藝文志所記，則僅有「孔子與左丘明觀史於魯」之說（參前引文），則適周卽使眞有其事，也與偕左丘明觀史無關。

從上述四點看來，嚴氏春秋之說，是不足據信的。該書之所以有此一說，可能是出於嚴門弟子的意見。康有爲新學僞經考漢書藝文志辨僞上云：

續 6. 而近於死者，好議人者也；博辯廣大危其身者，發人之惡者也。爲人子者，毋以有己。爲人臣者，毋以有己。孔子自周反于魯，弟子稍益進焉。……魯昭公之二十年，而孔子蓋年三十矣。……」史記老子傳也載有此事，却沒有涉及孔子的年齡。如果光從史記這一段資料看，他如周問禮應在十七歲以後，三十歲以前。不過，後世學者對此多不表信從，他們或據莊子天運篇，認爲是孔子五十一歲事；或以爲孔子三十四歲事；或以爲孔子三十四至四十一歲事；或根本懷疑此事。說詳閻若璩尚書疏證、四書釋地，梁玉繩史記志疑、崔述洙泗考信錄，崔適史記探源、胡適中國哲學史大綱、梁啓超老子哲學、瀧川資言史記會注考證等，此處不贅。

7. 王柏家語考、范家相家語證僞、孫志祖家語疏證，丁晏尚書餘論、四庫提要、劉汝霖漢晉學術編年，皆以爲王肅僞作。參見張心澂僞書通考。

8. 孔子家語後序云：「始皇之世，李斯焚書，而孔子家語與諸子同列，故不見滅。高祖剋秦，悉斂得之，皆載於二尺竹簡，多有古文字。及呂氏專漢，取歸藏之，其後被誅亡，而孔子家語乃散在人間，好事者亦各以意增損其言，故使同是一事，而輒異辭。孝景皇帝末年；募求天下禮書，于時士大夫皆送官，得呂氏之所傳孔子家語，而與諸國事及七十子之辭妄相錯雜。不可得知。以付掌書，與曲禮衆篇亂簡合而藏之秘府。元封之時，吾仕京師，竊懼先人之典辭將遂泯滅，於是因諸公卿士大夫，私以人事募求其副，悉得之。乃以事類相次，撰集爲四十四篇。」（影印蜀本孔子家語，汲古閣本）。何孟春疑孔氏此序亦王肅僞作，清儒多襲何說。我認爲無論僞作與否，都可看出家語的問題是頗爲複雜的，因此後人得以肆意變造。

9. 參錢穆「兩漢博士家法考」一文，收入所著「兩漢經學今古文平議」一書中。

10. 漢書儒林傳僅云：「西入周，南至楚，畏匡厄陳」。

春秋正義一引嚴氏春秋，亦有與左丘明觀書之事，蓋嚴、顏高才受學之後所竄亂者矣。

按後漢書賈逵傳云：

建初元年，詔逵入講北宮白虎觀、南宮雲臺。帝善逵說，使出左氏傳大義長於二傳者。逵於是具條奏之。……書奏，帝嘉之，賜布五百疋，衣一襲，令逵自選公羊嚴、顏諸生高材者二十人，教以左氏。……

公羊嚴、顏之學，經過百餘年，到了東漢章帝時（公元七十六年至八十八年），竟因章帝的愛好，而令二家門徒從賈逵習左氏之學。我想，嚴氏門徒，也許爲了推崇左氏，或不免將孔、左觀書之說，與適周之事混爲一談，攙入了嚴氏春秋，而時間或已在班固之後。康氏作爲此說，自不無可能。（站在康氏的立場，除了這樣解釋以外，實在也無其他更好的說法，因爲他決不肯承認嚴彭祖在漢宣帝時就已有了左丘明傳經之說，他始終認爲左傳是劉歆僞作的。）

班氏之外，主張這種說法的，如王充（公元二十二年至一〇〇年。論衡案書篇）、韋昭（公元二〇四年至二七三年。國語解敍）、杜預（公元二二二年至二八四年，春秋序）、范曄（公元三九八年至四四五年。後漢書陳元傳）、李善（卒於公元六八九年。文選報任少卿書注）、劉知幾（公元六六一年至七二一年。史通卷十四申左篇）、司馬貞（唐開元年間《公元七一三年至七四一年》爲潤州別駕，見唐書藝文志注。裴駰史記集解序「司馬遷據左氏、國語」句下索隱）、邢昺（公元九三二年至一〇一〇年。爾雅釋天疏）、晁公武（宋高宗《公元一一二七年至一一六二年前後》。郡齋讀書志）、李治（公元一一七八年至一二六五年。金世宗大定十八年至元世祖至元二年。敬齋古今黈）、趙汸（公元一三一九年至一三六九年。元仁宗延祐六年至明太祖洪武二年。春秋師說）、四庫全書總目提要（清）、高本漢（近世瑞典漢學家。左傳眞僞考），……等，歷代不乏其人，大都不出班、馬範圍。其中范曄的後漢書對於孔子與左丘明的關係，有了這樣的說法：

丘明至賢，親受孔子。（陳元傳）。

杜預序左傳，也說是：

左丘明受經於仲尼。

後來邢昺爲論語疏，也這樣說：

左丘明，魯大夫，受春秋於仲尼者也。

我想他們並非別有根據，或造爲新說，仍只是祖述班、馬而略變其詞，所以孔穎達左傳疏說：

丘明爲經作傳，故稱受經於孔子。未必面親授受使之作傳也。

錢穆先生「先秦諸子繫年考辨」卷一「孔門傳經辨」則謂：

論語，孔子稱左丘明，其人蓋隱君子，而爲孔子之前輩。故記者以之與夷、齊、微生高諸人並列也。杜氏集解謂左丘明受經於孔子，可謂無根之談。

我們看到上文所引的資料，可知杜預之說，並非沒有源頭，劉歆之論，陳元之疏，自然不是班固、范曄等閉門杜撰。從劉歆以至杜預，其中脈絡宛然，是以崔東壁說：

劉歆云：「左丘明好惡與聖人同，親見夫子。」是謂作春秋傳者卽論語之左丘明也。由是班固漢書謂孔子與左丘明觀史記，杜氏集解謂左丘明受經於孔子，蓋皆本之於此。（洙泗考信錄餘錄卷之三）。

錢氏似不得以「無根」二字議之。類似這樣的話，以晉荀崧及唐劉知幾說得最爲明顯。晉書卷七五荀崧傳錄崧上疏諫不設儀禮公羊穀梁及鄭易博士事說：

孔子懼而作春秋，諸侯諱妬，懼犯時禁，是以微辭妙旨，義不顯明。故曰：知我者其惟春秋，罪我者其惟春秋。時左丘明、子夏造膝親受，無不精究。孔子既沒，微言將絕，於是丘明退撰所聞，而爲之傳。

劉知幾史通申左篇說：

……然春秋之作，始自姬旦，成於仲尼。丘明之傳，所有筆削及發凡例，皆得周典。……論語：「子曰：左丘明恥之，某亦恥之。」夫以同聖之才，而膺受經之記，加以達者七十，弟子三千，遠自四方，同在一國，於是上詢夫子，下訪其徒，凡所採摭，實廣聞見。……

又說：

故孔子曰：「吾志在春秋，行在孝經。」於是授春秋於丘明，授孝經於曾子。……

我們不知道杜預所說的「受經於仲尼」的意見，是否卽表示左丘明曾爲孔子的弟子門生，或如孔穎達的解釋，以爲未必面親授受，只是爲經作傳之故。但劉知幾的話，雖然未明言丘明爲孔門弟子，但說孔子授經於丘明，則是相當明顯而決非孔穎達的說法所能掩飾回護的。

以左丘明爲孔門弟子，不知上文所引荀崧的上疏是不是最早的，他說：「左丘明、子夏造膝親受」，是否卽意味着左丘明是孔子的弟子？如果是，則應當算是相當早的說法了。荀崧之外，元代的趙汸是明確的說出這樣的話的，他在「春秋師說」中說：

> 左氏是史官曾及孔氏之門者。古人是竹書，簡帙重大，其成此傳，是閱多少文字。非史官不能如此之詳，非及孔氏之門，則信聖人不能如此之篤。（春秋師說）[11]

姚鼐左傳補注序（見於姚姬傳全集）也曾說：

> 彼儒者（以仁案：指左丘明）親承孔子學以授其徒，言亦約耳，烏知後人增飾若是之多也哉！

不知他所說的「親承孔子學」是否卽係孔門弟子之意，或僅是前人所說的「親受孔子」之意？很難分辨清楚。總之，這種說法的影子是不時浮現着的。

三、對「左丘明」一名的各種解釋

國語與左丘明的關係，就在太史公發之，班固等足之的情形下，漸次肯定下來。千載以還，頗受學者重視。但是，此一意見，並未定於一尊。卽使對於太史公之說，後世的解釋，雖非人言人殊，但確實並非完全一致。自唐代的趙匡對「左丘明」一名首致其懷疑之意以後[12]，我們試沿着這條線索加以按查，便發現，除了有人對太史公之說整個否定，另倡新議[13]，不適本文討論外，曾不止一人嘗試着替太史公另作解釋。他們以爲太史公並沒有說撰左氏春秋與國語的爲同一人，他們以爲左氏春秋的作者姓「左」，名「丘明」，國語的作者卻是姓「左丘」，名「明」；或是姓「左」，

11. 趙汸之說，出於其師。僞書通考以爲是「元人蔡澤」，朱彝尊經義考卷一六九引「黃澤」亦有此說，不知是否同一人。
12. 四庫「春秋左傳正義」提要：「至唐趙匡始謂左氏非丘明。」
13. 如鄭樵六藝奧論、陳振孫書錄解題、程端學春秋本義，趙汸春秋師說、衞聚賢左傳的研究等。

單名「丘」。這些人包括宋代的葉夢得,清代的崔述、梁啟超,以及近人衞聚賢等[14],茲抄錄他們的說法於下:

葉夢得:古有左氏、左丘氏。太史公稱「左丘失明,厥有國語。」今春秋傳作左氏,而國語出左丘氏,則不得爲一家。(春秋考)。

崔述:且史記但以傳爲左邱明所作,不言爲何時人,而亦未有親見夫子之文,不知二人姓名之偶同邪?抑相傳爲左氏春秋,而司馬氏遂億料之以爲論語之左邱明邪?說論語者,以左邱爲複姓,與公羊、穀梁正同。乃傳經者云:公羊氏春秋、穀梁氏春秋,而此獨云左氏春秋,不云左邱氏,又似作傳者左氏,而非左邱氏也者。然則傳春秋者,其姓名果爲左邱明與否,固未可定。(洙泗考信錄餘錄)。

梁啟超:左丘或稱左丘明,今本左傳共稱爲彼所撰。然史記所稱述,則彼固名丘,不名丘明,僅撰國語而未撰左傳。(中國歷史研究法)。

衞聚賢:史遷稱:「左丘失明」,則左丘係複姓而單名明。元和姓纂「齊國臨淄縣有左丘」,是複姓左丘有其族,其書應名左丘春秋,如複姓公羊、穀梁之例。何能如呂氏春秋而名左氏春秋?是左丘明與左氏春秋名實不符。……可見二書絕非一人所作。(左傳的研究)。

另外朱熹、黃震也有類似的說法[15],但不如上述諸人明確,故不具論。綜合他們的意見,可以看出所持理由有下列兩點:

一、古人有「左氏」,有「左丘氏」,因此「左丘明」可以是姓「左」名「丘明」,也可以是姓「左丘」名「明」。

二、太史公於國語作者稱「左丘」(「左丘失明,厥有國語。」),可見是複姓「左丘」,單名「明」。或者是姓「左」名「丘」;於左氏春秋則稱「左氏」,而不稱「左丘春秋」,有如公羊、穀梁春秋,可見左氏春秋作者只是姓「左」。

也有人以爲是姓「邱」名「明」,「左」是官稱,「左丘」猶言「史遷」。清人

14. 衞氏之說,整體來講,係否定史公之說。然這一部分,却是解釋史公意見,因予以援引。

15. 朱熹:「或云左丘明,左丘,其姓也。左傳自是左姓人作。」(經義考引);黃震:「或曰左丘複姓,非此左氏。」(日鈔)。

俞正燮即作此說：

> 廣韻十八尤「邱」，注引風俗通云：「魯左丘明之後」。……邱明傳春秋而曰左氏傳者，以爲左史官言之，如司馬遷書今名史記也。春秋傳公羊、穀梁題姓者，毛詩、韓詩之比。左傳不題姓者，齊詩、魯詩之比。……難者曰：「史記言左丘失明，厥有國語，複姓無疑。」此則春秋時周公爲宰，題「宰周公」，不必姓「宰周」。司馬遷後稱「史遷」，不必姓「史」。（癸巳類稿卷七「左邱明子孫姓氏論」條）。

齊詩、魯詩，以地爲名，即如俞氏所說，「左氏」爲官稱，亦不能與之比附。這是我首先要在這裏批評俞氏之說的。

也有人以爲「左氏」是地名，而作者是左氏人吳起，如近人衞聚賢即曾作此說（左傳的研究）。這當然是置史公之論於不顧的一種創意，類似這樣的意見尙多，例如俞正燮癸巳類稿謂「經義考言左邱傳單稱左，疑孔門避諱」即是[16]，因在本題之外，暫不置論。

這些意見，紛披雜陳，亂人耳目。何者是史公原意，倉卒之間，實難臆斷。然細加檢證，卻也可以尋出若干線索，逐步釐清，而接近其實。

我們試查古書中有關資料，凡屬複姓，的確罕見僅稱姓首一字的，如淳于髡，稱淳于先生[17]，東方朔，稱東方生或東方先生[18]，而不稱淳先生或東生；諸葛亮稱葛亮[19]，司馬相如稱馬相如[20]，西門豹稱門豹[21]，這種情形是有的，但決沒有人稱諸氏、司氏、西氏。這當然只是就一般情形來講。特殊的例子不是沒有，比如百里奚，只稱一「百」字，魏其侯竇嬰，只稱一「魏」字[22]，但一來這種情形極爲少見，二則畢竟不稱「百氏」「魏氏」。這類的例子，可以參考顧炎武的日知錄、錢大昕的十駕

16. 此說不知見於經義考何卷，暫據俞氏以引。惟俞氏不以爲然，而程樹德論語集釋則認爲「此說最爲有理」然史記固不諱「丘」字，漢書藝文志易家復有梁丘賀。則避諱之說，亦不可靠。
17. 史記孟子荀卿列傳：「子之稱淳于先生，管、晏不及。」「淳于先生誠聖人也。」「前淳于先生來，」
18. 史記滑稽列傳褚少孫補傳：「東方生曰：是固非子之所能備也。」「乃復賜東方生錢財甚多。」漢書東方朔傳：「東方先生喟然長息仰而應之曰：是固非子之所能備也。」
19. 晉書王濬傳：「世祖旌賢，建葛亮之嗣。」
20. 李商隱詩：「梓桐不見馬相如。」
21. 朱君山墓誌，魚山本志：「門豹遺風。」
22. 王逸九思：「百貿易兮傳賣。」司馬遷報任安書：「周、魏見辜。」周指周勃。

齋養新錄等書。這是一；

再進一步檢查以姓氏爲書名的，請即以漢書藝文志爲例，可以發現：凡複姓者，決不單舉一字。如易經有：

施、孟、梁丘三家。

章句：施、孟、梁丘氏各二篇。

「梁丘」指「梁丘賀」；書有：

歐陽章句三十一卷

大小夏侯章句各二十九卷。

大小夏侯解故二十九篇。

歐陽說義二篇。

「歐陽」指歐陽和伯或歐陽高等，「大小夏侯」指夏侯勝、夏侯建；禮有：

王史氏二十一篇。(王先謙補注：「沈欽韓曰：廣韻：王史複姓。」)

軍禮司馬法百五十五篇。

指司馬穰苴；春秋有：

公羊傳十一卷。

穀梁傳十一卷。

公羊外傳五十篇。

穀梁外傳二十篇。

公羊章句三十八篇。

穀梁章句三十三篇。

公羊雜記八十三篇。

公羊顏氏記十一篇。

公羊董仲舒治獄十六篇

指公羊高，穀梁俶[23]；論語有：

23. 顏師古以穀梁子名喜，而喜，一本作嘉。桓譚新論作穀梁赤，而應劭風俗通作穀梁寘，阮孝緒七錄又作俶，楊士勛穀梁疏引作淑，云：「穀梁子名淑，字元始，魯人，一名赤；受經于子夏，爲經作傳，故曰穀梁傳。」阮元校勘記云：「按作俶是也。齊召南云：爾雅俶訓始，故字元始。」

魯夏侯說二十一篇。

指夏侯勝。其例尚多，不煩盡舉，皆稱其複姓，似無例外，這是二；

且藝文志凡言「某氏」書，意卽爲某姓，旣非地名，亦非官名，其例凡三十六見，更無例外，茲摘錄如下：

如易有：

易傳周氏二篇（原注：「字王孫也。」王先謙補注：「先謙曰：儒林傳：雒陽周王孫。丁寬、齊服生皆著易傳數篇。寬至雒陽，復從王孫受古義，號周氏傳。」）

服氏二篇（師古曰：「劉向別錄云：『服氏，齊人，號服光。』」

王先謙補注：「先謙曰：御覽三百八十五會稽先賢傳：濇于長通年十七，說宓氏易經。案宓與伏同，服亦與伏同，故服、宓、伏三字互相通假，所稱宓氏易，卽此服氏也」。

楊氏二篇（原注：「名何，字叔元，菑川人。」王先謙補注：「王應麟曰：太史公受易於楊何。先謙曰：儒林傳何受易王同。）

韓氏二篇（原注：「名嬰。」王先謙補注云：「王應麟曰：韓嬰傳以易授人，推易意而爲之傳，蓋寬饒從受焉。封事引韓氏易傳，言五帝官天下，三王家天下。沈欽韓曰：經典序錄子夏易傳三卷，七略云：漢韓嬰傳。」）

王氏二篇（原注：「名同。」王先謙補注：「儒林傳：東武人，字子中，受易田何。」

丁氏八篇（原注：「名寬，字子襄，梁人也。」）

孟氏京房十一篇（王先謙補注：「王應麟曰：釋文序錄云：孟喜章句十卷。…先謙曰，新唐書歷志云：十二月卦出於孟喜章句。……」）

京氏段嘉二十篇（王先謙補注：「……沈欽韓曰：京房弟子所撰，故冠以京氏。……」）

章句施、孟、梁丘氏各二篇（王先謙補注：「儒林傳：丁寬授碭田王孫，王孫授施讎、孟喜、梁丘賀。……」）

詩有：

齊后氏故二十卷（王先謙補注：「先謙曰：后蒼也。轅固再傳弟子，詳本傳。」）

齊孫氏故二十七卷（王先謙補注：「王應麟曰：齊詩有翼、匡、師、伏之學。孫氏未詳其名。」）

禮有：

王史氏二十一篇（原注：「七十子後學者。」師古曰：「劉向別錄云：『六國時人也。』」王先謙補注：「沈欽韓曰：廣韻：王史複姓。漢有新豐令王史音。先謙曰：案隋志作王氏史氏記，蓋誤。」）

樂有：

雅琴趙氏七篇（原注：「名定，渤海人。宣帝時丞相魏相所奏。」）

雅琴師氏八篇（原注：「名中，東海人。傳言師曠後。」王先謙補注：「周壽昌曰：北堂書鈔卷一百九引七略別錄云：師氏雅琴者，名忠，東海下邳人言師曠後，至今邳俗多好琴也。」）

雅琴龍氏九十九篇（原注：「名德，梁人。」師古曰：「劉向別錄云：亦魏相所奏也。與趙定俱召見待詔，後拜爲侍郎。」王先謙補注：「……先謙曰：王褒傳作龔德。」）

春秋除左氏外，尚有：

鄒氏傳十一卷（王先謙補注：「沈欽韓曰：齊有三鄒子，莫知爲誰。」）

夾氏傳十一卷（原注：「有錄無書。」師古曰：「夾音頰。」以仁案：萬姓統譜：「春秋有夾氏。」）

鐸氏微三篇（原注：「楚太傅鐸椒也。」王先謙補注：「沈欽韓曰：十二諸侯年表：鐸椒爲楚威王傅，爲王不能盡觀春秋，采取成敗，卒四十章，爲鐸氏微。序錄：椒爲左丘明四傳弟子。」）

張氏微十篇（王先謙補注：「沈欽韓曰：疑張蒼。」）

虞氏微傳二篇（原注：「趙相虞卿。」王先謙補注：「王應麟曰：劉向別錄云：虞卿作鈔撮九卷，授荀卿，卿授張蒼。葉德輝曰：釋文序錄云：鐸椒授虞卿。」）

公羊顏氏記十一篇（王先謙補注：「沈欽韓曰：顏安樂也。……」）

孝經有：

孝經古孔氏一篇（王先謙補注：「……沈欽韓曰：隋志古文孝經一卷，孔安國傳。……」）

長孫氏說二篇（王先謙補注：「長孫氏無考。惟隋志云：長孫有閨門一章。」）

江氏說一篇（王先謙補注：「先謙曰：儒林傳：博士江公著孝經說。」

翼氏說一篇（以仁案：下文「后氏說一篇」下王先謙補注云：「翼奉后蒼」，則此爲翼奉。）

后氏說一篇（王先謙補注：「先謙曰：翼奉、后蒼。……」以仁案：言此后氏爲后蒼。翼奉則釋上文「翼氏說一篇」之翼氏。）

其他名「氏」者尚多，如儒家類有：

李氏春秋二篇（王先謙補注：「當是戰國時人。」）

虞氏春秋十五篇（原注：「虞卿也。」）

道家有：

老子鄰氏經傳四篇（原注：「姓李名耳。鄰氏傳其學。」）

老子傅氏經說三十七篇（原注：「述老子學。」）

老子徐氏經說六篇（原注：「字少季，臨淮人，傳老子。」）

雜家有：

呂氏春秋二十六篇（原注：「秦相呂不韋輯智略士作。」）

農家有：

宰氏十七篇（原注：「不知何世。」王先謙補注：「葉德輝曰：史記貨殖傳裴駰集解云：計然者，葵邱濮上人，姓辛氏，字文子。其先，晉國亡公子。嘗南遊於越，范蠡師事之。元和姓纂十五海宰氏姓下引范蠡傳云：陶朱公師計然姓宰氏，字文子，葵邱濮上人。據此，則唐人所見集解本是作宰氏，宰氏卽計然，故農家無計然書。志云：『不知何世』，蓋班氏所見，乃後人述宰氏之學者，非計然本書也。」）

趙氏五篇（原注：「不知何世。」王先謙補注：「沈欽韓曰：疑卽趙過，教田三輔者。齊民要術耕田第一引崔實政論曰：趙過教民耕殖法，三犁共一牛，一人將之，下種挽耬者皆取備焉，日種一頃。至今三輔猶賴其利。

王氏六篇（原注：「不知何世。」）

兵技巧家有：

魏氏射法六篇（以仁案：名不詳。）

由上引資料可知，太史公所說的著左氏春秋的左丘明，應該是姓「左」名「丘明」；而不是姓「左丘」名「明」；更不是姓「丘」名「明」而「左」爲官稱，如俞正燮所說；而「左」也不是地名，如衞聚賢所說。

古人稱謂，割裂名字的情形並非罕見，如晉文公重耳單稱一個「重」字[24]，莒展輿單稱一個「展」字[25]等等。至於割裂名字，連姓並稱的也時有所見，如趙嬰齊稱「趙嬰」[26]，申公巫臣稱「屈巫」[27]，樂祁犂稱「樂祈」[28]。到了漢、魏以後，這種情形幾成習見，如南宮敬叔稱「南宮敬」[29]，申包胥稱「申包」[30]，秦西巴稱「秦西」[31]，藺相如稱「藺相」[32]……等等，不一而足。這些例子，與左丘明稱「左丘」，便很相似了。然則太史公稱「左丘失明，厥有國語」的左丘明，也可能是姓「左」名「丘明」了。

姓「左」名「丘」的說法，康有爲曾加以駁斥，他說：

或疑作國語者爲左丘，作春秋傳者爲左丘明，分爲二人，則報任安書明云：「及如左丘明無目」，則明明左丘明矣！二人之說蓋不足疑。（新學僞經考「史記經說足證僞經考第二」）

---

24. 魯定公四年左傳：「其載書云：王若曰：晉重、魯申、衞武、蔡甲午。……」
25 魯昭公元年左傳：「君子曰：莒展之不立，棄人也夫。」
26. 魯成公五年左傳：「趙嬰曰：我在，故欒氏不作。」又八年左傳：「晉趙莊姬爲趙嬰之亡故，譖之于晉侯。」
27. 魯成公二年左傳：「王問諸屈巫」，「使屈巫聘于齊」。
28. 魯昭公二十二年左傳：「樂祁爲司城」，又二十五年：「樂祁佐，退而告人，曰……」，又見定公六、八、九年左傳。
29. 庾信詩：「學異南宮敬。」
30. 庾信詩：「始知千載內，無復有申包。」
31. 抱朴子外篇：「秦西以過厚見親。」
32. 費鳳別碑：「司馬慕藺相，南容復白圭。」

不過，漢書王先謙補注本雖作「及如左丘明無目」，有「明」字，但也有無「明」字的版本：王先謙補注引宋祁曰：

越本無明字。

王念孫讀書雜志云：

念孫案：越本是也。無「明」字者，省文便句耳。上文左邱失明，卽其證。後人不達而增入「明」字，則累於詞矣。景祐本及文選皆無「明」字。（卷四之十一）。

漢書既有無「明」字的版本，再加上文選司馬遷報任少卿書也無「明」字，則康氏的說法便顯得不那麼振振有辭了。不過，景祐本是否無「明」字，倒值得懷疑。涵芬樓百二十卷本卽據北宋景祐本影印，卻有「明」字。標點本以王先謙補注本爲底本，校以北宋景祐本，明毛氏汲古閣本、清乾隆武英殿本、同治金陵書局本，而亦有「明」字，可見王氏的說法，也不盡然。我私意以爲，這句話如果有「明」字，似乎也並不累贅。上文「左丘失明」，「明」字實涵雙重意義：一寓其名，一託其事。此文如作「左丘無目」，「無目」不能代替「明」字的第一種作用，反易使人產生誤會。是否後人卽因此之故而有所增刪呢？因此，卽使有文選一證，恐怕一時也無法定其是非。當然，細究起來，這句話卽使沒有「明」字，也不表示國語的作者便姓「左」名「丘」。史記漢書的「左丘失明，厥有國語」與「孫子臏腳，而論兵法」（漢書作「兵法修列」）相對成文：「臏」腳的孫子卽「孫臏」，與失「明」的左丘卽「左丘明」，兩兩相照，意思原甚明顯。衞聚賢國語的研究說：

司馬遷一方面說：「左邱明……成左氏春秋」，又一方面說：「左丘失明，厥有國語」，而「左邱失明，厥有國語；孫子臏腳，而論兵法」語句相連；以孫子臏腳後始有兵法，與那左邱失明後始有國語例正同；又以孫子因臏腳人稱他爲「孫臏」，與左邱因失明人稱他爲「左邱明」例亦相合。國語是左邱明失明以後的作品，推司馬遷的語氣，左氏春秋當是左邱明未失明以前的作品。

衞氏的意見，雖然有值得商榷的地方，但就本題而言，與我大體上是相合的。我認爲：孫子臏腳之後，始稱孫臏，臏腳之前，豈無名字[33]？也許是因爲以往事功不彰，

33. 學弟陳鴻森君告我，王夫之論語稗疏曾爲此說。

乃爲後名所掩。但左丘明則不然，如果像衞氏所說，未失明前，已著左氏春秋，豈是無名之輩？且失明而曰丘明，與臏腳而名臏，同中亦復有異。疑丘明一名，自是失明以前卽有，史公以其失明而纂國語，特舞弄文字，以與孫子臏腳相偶，不知一時戲筆，竟成千古疑案，這恐怕是他所始料未及的吧？

近人毛起，所著春秋總論初稿，對這一問題，也提出了若干意見，他說：

> 左氏傳相傳是魯太史左邱明作的。漢書藝文志，左氏傳三十卷，魯太史左邱明。左氏傳之外，他又作國語。漢志國語二十一卷，魯太史左邱明。此說歷來相傳，並無異議。到唐時柳宗元始斥國語爲淫誣，不概於聖，非出於邱明[34]。宋葉夢得，遂說道，『古有左氏，左邱氏。太史公稱左邱失明，厥有國語。今春秋傳作左氏，而國語爲左邱氏，則不得爲一家。』將左氏與左丘氏分家，以爲左傳之作者，是姓左，名丘明的了。此說之是非，究是如何呢？我們以爲葉氏這種說法，乃大似世之腐儒，咬文嚼字的行經（以仁案：經疑徑誤），不知文體。司馬遷十二諸侯年表之序是散文，所以可以任意達意，說魯君子左邱明成左氏春秋，將左氏的名全舉了出來。但在答任安書中，所用的是駢句，四字一句，四四而下，方合節奏。『屈原放逐，乃賦離騷，左邱失明，厥有國語。孫子臏腳，兵法修列。不韋遷蜀，世傳呂覽。』若將左邱明的整個名字，放了進去，是要將和諧的音調破壞的。所以只舉左邱明之姓而不舉其名；並非是因這個左邱明，不是那個左邱明也。難者或將說，『如若兩名無分別，那末太史公儘可用左氏失明，厥有國語。如此，於文之音律亦得保全。今不然，就可知其有別矣。』此則以文人造句，本極自由；尤其是人之名字，可以無限的變化的緣故。你看左傳內之人物名號之不一律，就可知道。但這裏氏字，則卻用不得。以氏字古代多以用之于書名，如鄒氏傳夾氏傳之類。而太史公這句裏所要

34. 柳宗元非國語序云：「左氏國語，其文深閎傑異，固世之所耽嗜而不已也，而其說多誣淫，不概於聖。」文首卽云「左氏國語」，且卷中屢言「左氏」，如「滅密」條云：「左氏以滅密徵之，無足取者。」「料民」條云：「蓋左氏之嗜誣斯人也已，何取乎爾也。」「郤至」條云：「左氏在晉語言免冑之事，則曰勇以知禮，於此焉而異，吾何取乎？」「大錢」條云：「左氏又於內傳曰，王其心疾死乎？其爲書皆類此矣。」……凡此皆足以證柳氏未嘗以國語非出於邱明也。且「大錢」一條，尤足以證柳氏以內、外傳之作者同爲左邱明。毛起未審察之。實則此誤已前見於朱熹（朱彝尊經義考引）及董增齡（國語正義序），非始於毛起也。

注重的是書，故說左氏春秋的。或者道：『人們都稱邱明作傳，譬如觀周篇所說，則是邱明是名。而左是姓了。』這也不是。古人多有單舉雙姓之一姓的；如稱司馬遷爲馬遷，諸葛亮爲葛亮。左邱明之稱邱明，也是其例耳。或者又道：『這兩者乃是後人之習慣，而非所以用於古人的。』此語亦籠統，所謂後人之習慣，究起於何時；安知不是卽因古人稱左邱明爲邱明，遂用其例，而來稱諸葛亮爲葛亮，司馬遷爲馬遷呢？總之左氏傳之作者，爲姓左邱名明的，和國語之作者，同爲一人，葉氏要將他一人，分割爲二，理由是極薄弱的。

他的意見，大致與我相同，有的地方，我們可以互相補充。但他以「左丘」爲複姓，則與我的說法不一樣。我以爲，他的說法，對「丘明」連稱雖有「葛亮」「馬遷」之例以爲佐證，但諸葛亮畢竟無人稱爲諸氏，司馬遷亦畢竟不稱司氏。而且對史記、漢書中的「左氏春秋」「左氏傳」等名稱也無法解釋。

四、左丘明與孔子的關係

現在，讓我們討論另外一個問題：卽左丘明是否與孔子同時的問題。

在司馬遷的意見裏，撰左氏春秋與國語的左丘明，是否卽論語中的左丘明呢？是否卽見過孔子，且與孔子同觀魯史的左丘明呢？劉歆、班固等的說法，合不合史公原意？史公所留下的資料可不可以讓我們另作解釋呢？

將史記十二諸侯年表與自序的資料比觀，不免使人產生若干聯想：譬如年表從「孔子明王道，干七十餘君，莫能用」說起，說到「魯君子左丘明，懼弟子人人異端」，故「因孔子史記，具論其語，成左氏春秋」，使人自然覺得孔子與左丘明是有相當的關係的，因而聯想到論語中與孔子同恥的左丘明；而孔子遭陳、蔡之阨、左丘明有喪明之痛，一作春秋，一成國語，又與年表所謂「表見春秋、國語」相關，因而認爲撰左氏春秋與國語的左丘明，也就是論語中與孔子同恥的左丘明了。劉歆、班固等作爲此說，可能另外還有別的依據，例如是否向來學界就有類似的傳說[35]？但持此說以解

35. 唐趙匡卽有此說：「焚書之後，莫得詳知，學者各信胸臆，見傳及國語俱題左氏，遂引丘明爲其人。」（趙氏損益義）。

史記，蛛絲馬跡，卻也不無可供蹤循的線索。後世儒者，字斟句酌，疑竇漸生，逐漸發現若干資料，舊說無法解釋。此激彼盪，爭訟乃起，攻非炫是，紛紜黑白。然試加綜合，主要論點亦不外下列兩端：

一、謂論語中左丘明，應是孔子以前賢人，並非孔子同輩。

二、謂左傳、國語中若干資料，有晚於孔子歿後若干年者，因此二書的作者，不會與孔子同時。

這種說法，見於趙匡（趙氏損益義）、葉夢得（春秋考）、鄭樵（六經奧義）、朱熹（朱彝尊經義考引）、陳振孫（書錄解題）、程端學（春秋本義），劉逢祿（左氏春秋考證），康有爲（新學僞經考），崔適（春秋復始）、呂大圭（朱彝尊經義考引）尤侗（經義考引）、姚鼐（姚姬傳全集「辨鄭語」）諸家，雖多立言於史記之外，或以史公爲攻詰對象，與本題無直接關係，但也不妨在這裏提出來，大致予以評介。

他們所持的理由，最重要的約莫有下面幾點：

一、從論語（左丘明恥之，丘亦恥之」（公冶長篇）的語氣看來，丘明必孔子前輩。（趙匡、尤侗、程端學、梁啟超……等）

二、左傳、國語言及韓、魏、趙之滅智伯及魯悼公與趙襄子之謚號，而悼公及襄子之卒，遠在孔子之後；親見孔子且是孔子前輩的左丘明，不可能活到那個時候。（葉夢得、鄭樵、程端學、尤侗、劉逢祿、梁啟超……等。）

三、左傳中若干名詞晚出，如「不更」「庶長」之官爵，晚出於秦孝公時（公元前三六二年以後），「臘」祭，晚出於秦惠文王十二年（公元前三二六年），與孔子同時的左丘明是絕對不可能使用這些名詞的（葉夢得、陳振孫、朱熹、程端學……等。）

這些理由，乍看起來，似乎都可成立，細細檢討，未免各有破綻：譬如第一點，毛起便有這樣的批評：

至於同恥的左丘明，則我們連說他年歲比孔子大的一點，也不能說了，因爲這話是不帶時間性的。孔子對前人固然可以這樣的說，對同時人也未始不可以這樣的說的。對年長的前輩，固可以這樣說，對年少的後輩，也未始不可以這樣的說的。所以讀了此句，我們對於左氏的年代，一點不能確定。我們所可從此

> 句話裏得到的，是左丘明斷不是孔子之弟子而已，因爲他這句話的口氣，與他對弟子們說話的口氣不同。對弟子們是自己在前，像「吾與汝弗如也」之類，這裏卻是左丘明在前。大約孔子以其是魯史官，尊敬之之故也。主張異說者，若沒有更明確的證據，證左丘明是孔子前人，則我們還是應從舊說，定其爲孔子之同時人的（春秋總論初稿）。

孔子的謙遜大概是不假的，即使經常以他爲嘲笑對象的莊子，有時也不免在字裏行間無意中流露出孔子的謙遜服善的態度，如大宗師篇載有這樣一段文字[36]：

> 顏回曰：「回益矣！」仲尼曰：「何謂也？」曰：「回忘仁義矣！」曰：「可矣，猶未也。」他日復見，曰：「回益矣！」曰：「何謂也？」曰：「回忘禮樂矣！」曰：「可矣，猶未也。」他日復見，曰：「回益矣！」曰：「何謂也？」曰：「回坐忘矣。」仲尼蹵然曰：「何謂坐忘？」顏回曰：「墮肢體，黜聰明，離形去知，同於大通，此謂坐忘。」仲尼曰：「同則无好也，化則无常也，而果其賢乎？丘也請從而後也。」

可見孔子有時甚至對弟子都是很謙遜的，弟子學道有進，他即「請從而後」，這雖然是莊子託顏回以自矜，但無意中也就顯露了孔子的謙遜服善的態度。至於論語本書，類似的例子便不止一處了。例如公冶長篇說：

> 子謂子貢曰：「女與回也孰愈？」對曰：「賜也何敢望回？回也聞一以知十，賜也聞一以知二。」子曰：「弗如也，吾與女弗如也。」

顏回再好，孔子畢竟是他的老師，如果不是謙遜成習，且有過人的服善胸懷，怎麼可能當着其他學生的面，說自己也不如顏回呢[37]？又如八佾篇說：

> 子夏問曰：「『巧笑倩兮，美目盼兮，素以爲絢兮』，何謂也？」子曰：「繪事後素。」曰「禮後乎？」子曰：「起予者商也！始可與言詩已矣！」

36. 此項資料，王師叔岷先生檢示，書此誌謝。

37. 「吾與女」之「與」字，朱熹集注訓爲「許」，後世學者多從之。然此字固當解釋爲等立連詞，猶「和」之比。論衡問孔篇及後漢書卷八十一橋玄傳唐章懷太子注稱引此文其作「吾與汝俱不如也」，「汝」下皆有「俱」字；且橋玄傳云：「仲尼稱不如顏淵」。又新唐書卷一百九十五孝友傳任敬臣傳謂任處權見敬臣之文，驚曰：「孔子稱顏回之賢，以爲弗如」。是古本與舊說皆以「與」爲連詞明甚。惠棟九經古義、陳鱣論語古訓、錢坫論語後錄皆有此說。錢氏並謂「唐時猶未脫『俱』字，……俗本脫之，卒竟傳誤而不復足者，自南宋後矣。」此條資料，陳君鴻森提供，書此誌謝。

子夏，衞人，比孔子小四十四歲[38]。此事發生在那個時候，而孔子居然向他說出「起予者商也」這樣的話，卽便旨在鼓勵，也於無意中流露了孔子一貫的謙遜風度。他的先人正考父是有名的謙恭君子，根據史記孔子世家的記載，他歷佐戴、武、宣三公，地位越高，愈益恭敬。他的傳家之鼎上面便鏤刻着這樣的話語：

一命而僂，再命而傴，三命而俯。循牆而走，亦莫敢余侮。饘於是，粥於是，以餬余口。

史記說他：「其恭如是！」可見孔子的謙遜是有其淵源傳統的。因此，公冶長篇所記「左丘明恥之，丘亦恥之」的話，實在不能證明左丘明是孔子以前的賢人或長輩。

關於第二點，三家之滅智伯及魯悼公之卒，皆在趙襄子卒年之前（前者在西元前四五三年，後者在西元前四二九年），因此，趙襄子的問題解決，三家滅智伯以及魯悼公的問題自然也跟着解決。至於趙襄子的問題，葉、鄭、程三人的說法便有差距。葉夢得以爲：

趙襄子之卒，去孔子五十三年。（春秋考）。

而鄭樵說：

自獲麟至襄子卒已八十年。使邱明與孔子同時，不應孔子旣沒七十八年之後，邱明猶能著書。（六經奧義）。

程端學說與鄭樵同（春秋本義）。另外尤侗、朱熹也有類似的說法[39]，不贅。按孔子於獲麟後二年而卒，故鄭樵一作八十年，一作七十八年。但我們仔細計算一下：西狩獲麟，是周敬王三十九年事，時爲魯哀公十四年，當西元前四八一年。過了兩年孔子卒，當西元前四七九年，而趙襄子以周威烈王元年卒，當西元前四二五年。然則自獲麟至襄子之卒，不過五十六年，怎麼會是八十年？自孔子之卒至襄子卒，不過五十四年，怎麼會是七十八年？五十四年與七十八年相差二十四年之鉅，是不應含混籠統其詞的。我們想，如果左丘明二十來歲見到垂老的孔子，五十四年以後乃成左氏春秋並

38. 見史記仲尼弟子列傳。

39. 毛起春秋總論初稿：「朱子語類：『或問左氏果丘明否？曰：左氏敘至韓、魏、趙殺智伯事，去孔子六七十年，決非丘明。』尤侗說：『左傳記韓、魏、趙、智伯之事，及趙襄子之謚，計自獲麟至襄子卒，已八十年。夫子謂左丘明恥之，丘亦恥之，則丘明必夫子前輩，豈有仲尼沒七八十年，丘明猶能著書乎？』……」

纂國語，也不過七十來歲。如果他三十來歲見到孔子[40]，也不過八十來歲。卽使到八十來歲始完成左、國二書，也不是不合情理的事。因爲左氏春秋不是一天寫成，國語則只是編纂潤色而已。孔子晚年口授弟子春秋，旣卒之後，左丘明懼弟子人人異端，各安其意以失其眞，乃以實事證驗之，其間自是經過一段相當長的時間，說他晚年完成左、國二書，大概是很可能的。這一點毛起春秋總論初稿也約略說到，與拙見大體相同，不贅引。

再進一步探索，根據史記仲尼弟子列傳，孔子的弟子，年歲小於孔子四十以上的計有：

言偃（子游），小四十五歲。

卜商（子夏），小四十四歲。

顓孫師（子張），小四十八歲。

曾參（子輿），小四十六歲。

有若（子有），小四十三歲（史記索隱及正義引家語謂「少孔子三十三歲」。）

公西赤（子華），小四十二歲。

顏幸（子柳），小四十六歲。

更有比孔子小到五十歲及五十歲以上的：

忖孺（子魯），小五十歲。

曹邺（子循），小五十歲。

伯虔（子析），小五十歲。

公孫龍（子石），小五十三歲。

這樣看來，左丘明與孔子同時而年齡小於孔子四十乃至五十來歲，也並不是很特殊的事，尤其不是不可能的事。

更進一步探索，在孔子弟子中，曾參活到七十歲，端木賜活到七十一歲，子思八十二歲，卜商竟活到八十八歲；根據錢穆先生「先秦諸子繫年」一書所附「諸子生卒年世約數」表統計，先秦諸子（含上述四人）七十四人中，活到七十歲以上的共三十

40. 孔子與左丘明同觀魯史而作春秋，見漢書藝文志；而著春秋則在其晚年，見史記孔子世家。

五人之多，幾居全數之半。其中八十歲以上的有九人，而如墨翟、陳仲，都活到九十一歲！這樣看來，左丘明活到七十乃至八十餘歲，也不是很特殊的例子。他之目盲，便可能由於年長之故。子夏因爲喪子之故而喪其明，也是在他老年退居西河之上的時侯（見禮記檀弓上）。

關於第三點，「不更」與「庶長」的官銜，實不始於秦孝公時商鞅之立法定制。左襄十一年「秦庶長鮑，庶長武帥師伐晉以救鄭」下竹添光鴻會箋說：

> 商君爲秦政，備其爵制爲十八級，合關內侯，列侯凡二十等，其帥人皆更卒也。有功賜爵則在軍吏之列。一爵曰公士，言步卒之有爵爲公士者也。二爵曰上造，造，成也，言有成命於上也。……四爵曰不更，言不豫更卒之事也。自一爵以上至不更四等，皆士也；……十爵爲左庶長，十一爵爲右庶長，言爲眾列之長也。十二爵爲左更……十七爵爲駟車庶長，言乘駟馬之車而爲眾長也。十八爵爲大庶長，又更尊也。……自左庶長至大庶長，皆卿大夫，皆軍將也，所將皆庶人更卒也，故以庶、更爲名。大庶長卽大將軍也。左右庶長卽左右偏裨將軍也。……疑商君因秦舊制，增爵二十也。說者據此疑左氏秦人，在戰國之後，故有此官。夫左氏果秦人，豈不知爵級二十爲商君所定，而反以其名強入之魯成、襄、秦桓、景之間以自取綻也？且諸官員不自商君始也。史記秦懷公四年，庶長鼂與大臣圍懷公，懷公自殺；又出子二年，庶長改迎靈公之子獻公於河西，此皆在春秋之末秦孝公用商君前者。卽商君初說孝公，孝公拜爲左庶長，是商君未立法前，且身爲其官矣！卽商君誅後，毀其所立法，而庶長疾戰修魚，庶長章擊楚，諸名仍存，未嘗以毀法而去之也。……

「不更」爵低，史無專載，難作探索。但「庶長」一名，遠在懷公之前，便已見於史記。如秦寧公十二年，秦本紀記載：

> 寧公卒，大庶長弗忌、威壘三父，廢太子而立出子爲君。

那是魯桓公八年，周桓王十六年，合西元前七〇四年；秦景公十五年，史記十二諸侯年表記載：

> 我使庶長鮑伐晉救鄭，敗之櫟。

那是魯襄公十一年，周靈王十年，合西元前五六二年；秦厲公十年，六國年表記載：

庶長將兵拔魏。

那是周元王二年，合西元前四七四年；又厲公二十六年，六國年表記載：

左庶長城南鄭。

那是定王十八年，合西元前四五一年。都在秦懷公四年（西元前四二五年）之前。景公資料，史記也許根據左傳而來，但寧公十二年的資料，不見於左傳，而早在春秋之初，秦已有「大庶長」的爵秩了！

「臘」祭之名，趙汸已辨之於前，他說：

臘字考字書別無他意，只是臘祭耳。從巤者，蓋取狩獵爲義。秦以前已有此字，已有此名。……後儒不深思，則謂秦始稱臘，學者便據此以疑左傳，此何可信哉！（春秋師說）。

四庫提要復據史記正義論之於後：

考史記秦本紀稱惠文君十二年始臘，張守節正義稱「秦惠文王始效中國爲之」，明古有臘祭，秦至是始用，非至是始創。閻若璩古文尚書疏證亦駁此說曰：「史稱秦文公始有史以記事，秦宣公初志閏月，豈亦中國所無，待秦獨創哉？」則臘爲秦禮之說，未可據也。

左傳僖公五年「虞不臘矣」下竹添光鴻箋說：

朱子謂「秦始有臘祭，而左氏謂虞不臘矣，是秦時文字分明。」此未審考耳。史記秦本紀云：「（惠王）十二年初臘」。未嘗曰始立臘名也。正義曰：「秦惠文王始效中國爲之，故云初臘。獵禽獸以歲終祭先祖，因立此日。」是臘，周制也。蓋秦間於戎狄，百事不能如禮。至是始能舉行臘祭與諸夏同，非謂諸夏本無臘，秦始創是祭也。始皇本紀云：始皇二十六年而并天下，改正朔，易服色，置郡縣。「三十一年，十二月，更名臘曰嘉平。」此言可爲周有臘名之確證。晏子春秋云：「景公令兵摶治，當臘冰月之間而寒。」亦春秋時有臘之一證也。月令：「（孟冬）臘先祖，五祀。」是周時臘祭在孟冬，不在季冬。此傳「虞不臘矣」，亦謂夏十月。其下云：「冬十二月，丙子朔，晉滅虢」，杜云：「周十二月，夏之十月」，是臘月乃夏十月，非十二月矣。後人謂月令取呂氏春秋，遂疑臘爲秦制。然考呂氏春秋原文，作「饗禱祖，五祀」[41]，並不言臘。且不韋廣致賓客著書，呂客拾古傳記，以攙入書中，今詳考其所載，皆本於先王之禮，非呂客所能辨也；且書中詆訾時君爲俗主，數秦先王之過，無所復憚，又其死在始皇十二年，至始皇並天下尙十有餘年，安見其所言者皆秦制邪？……

這些疑點，都可以逐項解釋。除此之外，其他疑點，除去若干理涉主觀或可左右爲說者不論，精闢的也並非沒有，譬如國語晉語四有這樣一段記載：

姜曰：「……吾聞晉之始封也，歲在大火，閼伯之星也，實紀商人。商之饗國三十一王。瞽史之紀曰：『唐叔之世，將如商數。』……」

晉自唐叔始封，至靖公爲三家所滅，如不數未受周王册命的懷公，恰爲三十一世。學者或以爲這種巧合，正可用來證明國語一書乃後人所作。如果持此觀點，則國語的纂成，當晚於西元前三七六年三家分晉之後，已是孔子歿後一百零三年以上了。當然它的編著者不可能是親見孔子的左丘明，甚至也不可能是前於孫臏的左丘明。此說見於洪煨蓮先生春秋經傳引得序。但是，我們知道，瞽史之言，偶爾應驗，也不是不可能的事。並非所有應驗的預言都非要解釋爲後人所記不可。在左傳裏，也有不應的預言，顧炎武日知錄「左氏不必盡信」條說：

昔人所言興亡禍福之故，不必盡驗，左氏但記其信而有徵者爾。而亦不盡信也：三良殉死，君子是以知秦之不復東征。至於孝公，而天子致伯，諸侯畢賀。其後始皇遂幷天下；季札聞齊風，以爲國未可量，乃不久而篡於陳氏；聞鄭風，以爲其先亡乎？而鄭至三家分晉之後始滅於韓；渾罕言姬在列者蔡及曹、滕，其先亡乎？而滕滅於宋王偃，在諸姬爲最後；僖三十一年，狄圍衞，衞遷於帝丘，卜曰：三百年。而衞至秦二世元年始廢，歷四百二十一年。是左氏所記之言，亦不盡信也。

四庫提要也說：

---

41. 呂氏春秋孟冬紀舊本作「饗禱祖，五祀」，畢沅據禮記月令及呂氏春秋高誘注校改「禱」爲「先」，而「饗」字仍舊。高氏注云：「先祠公社，乃及門閭、先祖，先公後私之義也。」未及「臘」字。是呂氏春秋原不作「臘」字明矣。

左傳載預斷禍福，無不徵驗，蓋不免從後傅合之。惟哀九年稱：「趙氏其世有亂」，後竟不然，是未見後事之證也。

類似洪煨蓮先生的意見，我擬將來別闢專題，詳爲檢討，此處便不再深論下去了。

和本文有直接關係的，應該是孫海波的意見，他說：

按左丘明之名，始見於論語公冶長章（以仁案：下引文從略），初未聞其有著書之事。及太史公自序云：「昔西伯拘羑里，演周易。孔子厄陳蔡，作春秋。屈伯放逐，著離騷。左丘失明，厥有國語。孫子臏腳，而論兵法。不韋遷蜀，世傳呂覽。韓非囚秦，說難孤憤。詩三百篇，大抵賢聖發憤之所爲作也。此人皆意有所鬱結，不得通其道也。」觀其次左丘于屈原之後，與孫子、不韋、韓非相雁行，似以左氏爲戰國時人。（國語眞僞考，燕京學報第十六期。）

孫氏對史記的了解，顯然和班固不一樣，但卻頗有可商之處。屈原的年齡，據近人的考證，大約生於周顯王二十六年（西元前三四三年），卒於赧王二十五年（西元前二九〇年）[42]；孫臏的年歲，雖不可確考，但他活躍於齊威王、齊宣王時代，客於齊將田忌，而爲威王及宣王之師，馬陵之役，大破魏軍，則是有史可稽的[43]。齊威王在位三十六年，相當於周安王二十四年（西元前三七八年）至顯王二十六年（西元前三四三年）。孫臏被龐涓刖足的時候，屈原大概還沒有出生。如果史公這一段文字確依人物年代順序舉例，何以將屈原次於孫臏之前？又何以將詩經次於韓非的說難孤憤之後？當然，孫海波的看法，也並非完全沒有根據。這段文字，除上述兩例，其他實皆依人物年代爲序。如果我們將它分爲三段：「西伯拘羑里，演周易」至「屈原放逐，著離騷」爲一段，皆三字結句；「左丘失明，厥有國語」至「韓非囚秦，說難孤憤」爲一段，皆四字結句；「詩三百篇」以下自爲一段。駢中雜散，偶中有奇，使得文章富整齊之美且不板滯，這樣一來，便無年序顚亂之弊；而左丘明既居孫臏之前，自早於孫臏；與漢書親見夫子觀書於魯的史實也相配合，自較孫氏之說爲長。

只是報任少卿書卻作「屈原放逐，乃賦離騷」，四字結句，漢書及文選皆同。除非我們認爲班固或文選（所據本）有所改動，否則，此一設想，總不免有美中不足之

42. 見陸侃如屈原評傳及中國詩史卷上。

43. 參史記孫子吳起列傳及六國年表、田敬仲世家、魏世家。

處。不過，漢書及文選改動的可能性不是沒有的，它們不僅和史記有所不同，它們彼此也並不完全一樣，比如漢書「西伯」，文選作「文王」；漢書「此人皆意有所鬱結」，文選作「此人皆意有鬱結」；「及如」作「乃如」，前文已略提及，該節下文不同之處則更多：漢書下文：

及如左丘明無目，孫子斷足，終不可用，退論書策以舒其憤，思垂空文以自見。僕竊不遜，近自託於無能之辭，網羅天下放失舊聞，考之行事，稽其成敗興壞之理，凡百三十篇，亦欲以究天人之際，通古今之變，成一家之言。……

文選則作：(有△號者表示該字有差異)

乃如左丘無目，孫子斷足，終不可用，退而論書策，以舒其憤，思垂空文以自見。僕竊不遜，近自託於無能之辭，網羅天下放失舊聞，略考其行事，綜其終始，稽其成敗興壞之紀，上計軒轅，下至於茲，爲十表，本紀十二、書八章、世家三十、列傳七十，凡百三十篇，亦欲以究天人之際，通古今之變，成一家之言。……

其中差異之處，一望而知，又不止於隻言片語。可能漢書前文已錄史記篇目，乃刪報任安書「上計軒轅」至「列傳七十」一段，以免重複所致。然於隻言片語之中，我們似乎又可發現，文選有所增減之處，似較漢書尤富駢儷之態，宛轉之致。如文選「左丘」下無「明」字，使「左丘無目」與「孫子臏腳」的對偶更工整(刪者固不知「明」字實含寓名與託事兩層意思，但就形式之儷偶而忽略意思之完整)；「退」下加「而」字，「考」上加「略」字，「考其行事」下加「綜其終始」句，使文章更爲委宛而周到；又下文漢書「草創未就，適會此禍」，文選改「適會」爲「會遭」，則文義似更顯明；漢書「僕以口語遇遭此禍」，文選刪「遇」字，則文章似更簡潔。……凡此纖細微末之處，皆可窺見文選更較漢書注重文章語氣之流利與形式工整之美。這樣看來，是否由於他們的改動，使得史公原來三字結句的形式變成了四字結句？雖然沒有更進一步的證據，但並不是不可能的。而且，更深一層說，卽如漢書、文選改爲四字句，也不可能以「屈原放逐，乃賦離騷。左丘失明，厥有國語」爲一段，因爲一則下文三事，失其偶儷。二則下文又以「及如左丘明無目」與「孫子斷足」連言，則左丘明居孫臏之前，似無疑義。旣在孫臏之前，也便能早到與孔子同時，孫海波以爲史記十二諸侯年表以「左丘明與孔子同時人」，而報任安書及太史公自序又「次左氏于屈原之後」，說是：

以一人之言，而相異若是，殊足以啟後人之疑。（國語眞僞考。）

但是，經過我上文分析討論之後，我們大概可以相信，史公的話，本身是沒有任何差異矛盾的。

五、結　　語

本文除將太史公司馬遷及班固等人的有關意見加以分析並歸納要點予以介紹之外，又附帶討論到與本題相關的嚴氏春秋所引觀周篇的問題，發現觀周篇所謂孔子與丘明如周觀書之說，可能是嚴氏門徒據訛傳而羼入。而本文主要討論的範圍則有下面兩點：

一、撰國語與左氏春秋的左丘明是否同一人。

二、左丘明是否與孔子同時。

對這兩項問題的討論，本文除以太史公的意見爲基礎以處理歷來有關的資料外，並從研析所得，提出下面這些意見：

一、從古人姓名稱謂的習慣以及漢書藝文志書名冠姓氏的情形，證明史記所謂「成左氏春秋」的「魯君子左丘明」（十二諸侯年表）及遭失明之痛「厥有國語」的左丘明（太史公自序）實爲同一人。此人既非姓「左丘」名「明」，也非姓「左」名「丘」，更非姓「邱」名「明」而「左」爲官稱，實乃姓「左」名「丘明」。

二、從孔子的謙遜態度以論左丘明非必爲孔子以前賢人，用以駁斥歷來從論語公冶長篇「左丘明恥之，丘亦恥之」的語氣上所作的空洞論調。

三、推算孔子之卒至趙襄子之卒，其間不過五十四年，以駁斥鄭樵、程端學等所作的七十八年之說，推翻左丘明不可能與孔子同時之見，更因而推論左丘明可能在孔子晚年見到孔子，並同觀魯史，而在趙襄子卒後，乃完成左氏春秋並纂成國語。

四、根據史記仲尼弟子列傳中資料，以說明左丘明小於孔子四十乃至五十歲且見過孔子的可能性。

五、根據錢穆「先秦諸子繫年」所附「諸子生卒年約數」表統計所得，以說明左丘明活到七十乃至八十餘歲，並不奇特。

六、根據史實，證明秦爵「庶長」之名，早在春秋之初即有；「臘」祭一名，則係周之舊制，秦於惠文王時始行此祭，並非始創此名，以駁斥陳振孫、朱熹等以爲其名晚出於秦孝公與惠文王時之說。

七、提出對晉語四瞽史預言「唐叔之世，將如商數」的解釋，以駁預言皆非當時實錄之成見。

八、指出孫海波解釋史記自序之誤，以論左丘明早於孫臏之前，不居屈原之後。

本文根據上面八項意見，斷定太史公所說的纂國語與左氏春秋的左丘明爲同一人，這個左丘明在太史公的觀念裏，係與孔子同時。

後　　記

本所集刊編輯會鑒於以仁曾爲文論左傳與國語非一人所作，而本文則謂二書皆出左丘明之手，有前後異說之嫌，因囑略綴數言以爲釋。以仁以爲，本文一則旨在考論史公之說，並非闡發個人對二書作者之意見，讀者稍加留意，應不致有此誤解；二則古人於編纂與著作之間，分別亦不甚眞切，左傳與國語二書，若一爲所著，一爲所編而略加潤色，則後世以爲同出一人，亦非無此可能。然此自是另一問題，以仁日後當專文論之。

又本文在本所講論會討論之時，王師叔岷先生有所提示；付印之前，又煩學弟陳君鴻森校讀一過，有所訂補；更煩龔慧治小姐多次校對，併此誌謝。

以仁於一九八二年六月四日記于南港舊莊

讀柳如是別傳

周法高

陳寅恪先生（1890—1969）晚年所著柳如是別傳（以下簡稱「柳傳」），約五十萬言，歷時十載，脫稿時已七十五歲，時為民國五十三年甲辰（1964）[1] 。其書借柳傳闡明晚明史事，以七十高齡，不假目視，而能源源本本，成此鉅著，非博聞彊記、研精覃思如先生者，烏克臻此？法高十年來著有牧齋詩註校箋及柳如是事考[2] ，今見先生此書，歎為觀止；洛誦之餘，用敢獻其一得之愚，以就正於有道。

一、柳傳與足本錢曾牧詩註中「原註補鈔」之異同

柳如是別傳徵引宏富，如柳如是所著戊寅草、湖上草以及明末清初史部、集部之書，為法高所未見著，無慮數十種；惜先生未及見足本錢曾牧齋詩註[3] 。足本藏傅斯年圖書館，初學集詩註每卷後附墨筆「原註補鈔」，共 446 頁，3036 條；有學集詩註每卷後附墨筆「原註補鈔」，共 202 頁，895 條；合計 648 頁，3931條。通行本初學集詩註 2620 條、有學集詩註 4260 條、投筆集箋註 521 條，共 7401 條。與「原註補鈔」合計，共 2766 頁，11332 條，「原註補鈔」佔總數三分之一強，其份量不可謂少。其中頗有足以補正柳傳者，亦有柳傳所言已見於「原註補鈔」者，茲分別舉例如下：

⑴柳傳所言暗合「原註補鈔」者

柳傳所言，已見於「原註補鈔」者，其例不少，姑舉二例於下：

1. 柳傳書前附記云：「錢柳逝世後三百年，歲次甲辰夏月，陳寅恪書於廣州金明館，時年七十五。」
2. 拙撰牧齋詩註校箋，拙編錢牧齋、柳如是佚詩如是有關資料，拙撰柳如是事考，民國六十七年（1978）出版，臺北三民書局、學生書局經售。
3. 拙編足本錢曾牧齋詩註五册，民國六十二年（1973）臺北三民書局、學生書局經售。

初學集詩註卷二十下頁二十五下(p. 1540)絳雲樓上梁以詩代文八首其三、其四，柳傳823頁云：

寅恪案，此兩首最佳，而遵王無所解釋，蓋皆是河東君本事，特有意不作一字，殊可恨可笑也。……第叁句用陌上桑之典，以河東君比羅敷，亦暗寓「美人」之號。第肆句不僅自發牢騷，且用河東君「望斷浮雲西北樓」句之今典。第柒句不僅用蕭史之古典，亦兼用牧齋「鶴引遙空鳳下樓」句之今典。

按足本錢曾牧齋詩註 1568 頁「原註補鈔」於此一首皆有註，寅恪先生所言，皆已見於「原註補鈔」「初日」、「浮雲」、「引鳳」各條，唯寅恪先生所謂「今典」未註出耳。

有學集詩註卷一頁二十八上（p. 1639）禪關策進詩有示，柳傳938頁謂「疑是爲黃介子而賦也」。按 1658 頁「原註補鈔」「禪關策進」條云：

乙酉歲江陰守城不下，黃介子毓祺起兵竹塘遙應之。事敗，亡走淮南，以官印印所往來書，爲人告變，捕繫江寧獄。以其所著小遊仙詩及圜中草，授門人鄧大臨，坐脫而化。當事戮其尸，大臨守喪鋒刄中，贖其首，聯而含斂之，經紀其柩歸里。

柳傳7頁謂「遵王與牧齋關係密切，雖抵觸時禁，宜有所諱」，通行本錢註並非全本，其中頗有觸犯時忌者，惜寅恪先生未見也。

⑵柳傳所言當據「原註補鈔」加以補正者

有學集詩註卷七頁十九下（p. 2122）和子建韻四首其四「漢代詞人謚洞簫」，柳傳 1140-1141 頁：

下句「漢代詞人謚（？）洞簫」用徐陵玉臺新詠序：「東儲甲觀，流詠止于洞簫……」王褒作洞簫賦。「王」爲彩生之姓，故此句指彩生而言。

按足本錢曾牧齋詩註 2159 頁「原註補鈔」、「謚洞簫」條云：

王褒洞簫賦：「幸得謚爲洞簫兮，蒙聖主之渥恩。」

柳傳於「謚」字下加問號，以示懷疑；「原註補鈔」已引洞簫賦原文以證明之矣。

柳傳 1156-1157 頁云：

金陵雜題絕句二十五首繼乙未（丙申？）春留題之作……第陸首云：

抖擻征衫趁馬蹄，臨行澆酒雨花西。于今墓草南枝句，長伴昭陵石馬嘶。

（自注：「乙酉北上，弔方希直先生墓詩云：孤臣一樣南枝恨，墓草千年對孝陵。」）

寅恪案，牧齋詩集順治二年乙酉所作者，刪汰殊甚。留此註中十四字，亦可視作摘句圖也。「希直」爲方孝孺字。………又牧齋自注中「乙酉北上」四字，涵芬樓本作「乙酉計偕北上」。遵王註本作「己酉北上」。兩書之文，皆有增改。考牧齋爲萬曆三十八年庚戌探花，己酉計偕北上，弔方希直詩若作於此年，則牧齋當時僅以舉人北上應會試之資格，且此時明室表面上尚可稱盛世，「孤臣」之語，殊無著落。且通常由虞山北上之路，亦不經金陵。此兩本之譌，自是諱飾之辭。若作「乙酉北上」，則牧齋於南都傾覆，隨例北遷，如投筆集後秋興之十二「壬寅三月二十三日以後大臨無時，啜泣而作。」其第肆首後四句云：「忍看末運三辰促，苦恨孤臣一死遲。惆悵杜鵑非越鳥，南枝無復舊君恩。」之例，則甚符合。故特爲改正。

按此詩見有學集詩註卷八頁四十下（p. 2244），又 2282 頁「原註補鈔」云：

公謁方希直墓祠四絕句：「侍講祠堂歲享蒸，西山遜帝隴誰升？忠臣一樣南枝恨，墓草千年對孝陵。」、「一著麻衣哭太孫，孤臣十族死啣恩。燕王孫子今天子，珍重春秋祭墓門。」、「冢中碧血不成灰，蕭瑟寒梅傍冢栽。悵望金川曾失守，忠魂怕上雨花臺。」、「怯步何心門雨花？[4] 年年掛紙泣琵琶。行人尚說前朝事，女種依稀似鐵家。」注曰：「方家女事見湯臨川集。」

可補證寅恪先生之說。拙撰牧齋詩註校箋 452 頁則以作「己酉」（萬曆三十七年）者爲是。[5] 據詩中「燕王孫子今天子，珍重春秋祭墓門」之語，恐非「乙酉北上」所作之詩也。

柳傳 597 頁云：

「步搖闋宋玉，條脫贈羊權。」一聯，下句出於眞誥，自不待論。上句則文選壹玖宋玉登徒子好色賦，雖有「闋臣」之語，然不見「步搖」之辭。豈牧齋

4. 丁邦新先生疑「門」爲「問」之誤。

5. 拙撰錢牧齋詩文集考（香港中文大學中國文化研究所學報第七卷第一期，（1974）274-275 頁亦以作「己酉爲是。

取步搖與條脫爲對文耶?又據唐詩紀事伍肆「溫庭筠」條(參全唐詩話肆。)云:「宣宗嘗賦詩,上句有金步搖,未能對。遣求進士對之。庭筠乃以玉條脫續之,宣宗賞焉。」或者牧齋卽取義於此事,用以屬對耶?俟考。

此二句見初學集詩註卷十八頁九下(p. 1298)有美一百韻晦日鴛湖舟中作,p. 1331「原註補鈔」「步搖」條云?

古文苑宋玉諷賦:「主人之女,翳承日之華,披翠雲之裘,更被白縠之單衫,乘珠步搖,來排臣戶。」

「窺宋玉」條云:

宋玉登徒子好色賦:「此女登墻,窺臣三年,至今未許也。」

按錢註是也。又如柳傳603頁云:

「自應隨李白,敢擬伴伶玄」一聯,上句乃牧齋借用太白贈汪倫(見全唐詩第叁函李白壹壹):「李白乘舟將欲行,忽聞岸上踏歌聲。桃花潭水深千尺,不及汪倫送我情」詩,以比河東君送己身往游新安,同舟至嘉興。更惜其未肯竟隨之同行也。下句自用飛燕外傳自序,不待徵引。但牧齋實亦兼用東坡後集肆朝雲詩:「不似楊枝別樂天,恰如通德伴伶玄」之語。蓋下文有「楊枝今婉孌」之句,而「伴」字又從蘇詩來也。

按以河東君、牧齋比汪倫、李白,未免比擬不倫,牧齋用典必不如是。足本1332頁「原註補鈔」「李白」條云:

韻語陽秋:「李白別河西劉少府詩云:『自有兩少妾,雙騎駿馬行。』以是知劉、李二君皆不羈之士也。」

「伶玄」條云:

伶玄趙飛燕外傳自序云:「哀帝時,買妾樊通德,有才色,知書,頗能言趙飛燕姊弟故事。平居命言,厭厭不倦。」

解「自應隨李白」,「原註補鈔」之說甚是。柳傳謂「伴字從蘇詩出」,則爲「原註補鈔」所未及。

二、柳傳與牧齋詩註校箋之異同

柳傳徵引宏富，見解精闢，頗有足以補正拙撰牧齋詩註校箋者；而拙撰校箋亦偶有足以補正柳傳之處。茲分別舉例如下：

(1)柳傳所言足以補正拙撰校箋者

柳傳探賾索隱，其足以補正拙撰校箋者，不勝枚舉。茲姑列其目於下：

初學集詩註卷十八頁十四下（p. 1308）夜集胡休復庶嘗故第，柳傳 616 頁謂「休復名允嘉，仁和人」。卷二十頁三十二下（p. 1455）寄劉大將軍，柳傳 668 頁謂「劉大將軍當爲劉澤清」。卷十六頁十上（p. 1169）送曾霖寰使君左遷還里二首，柳傳716頁謂「當是崇禎十三年春間霖寰去江南按察使時所作，曾化龍字大雲，號霖寰，晉江人」。卷二十頁三十三上（p. 1457）黃長公七十壽歌，石齋詹事之兄也，柳傳 722 頁謂「石齋長兄名士珍」。

有學集詩註卷四頁四十二上（p. 1853）贈盧子繇，柳傳 1035 頁謂「盧之頤字子繇」。卷六頁二十八（p. 2037）留題水閣三十絕句之二十二自註「余就醫于陳古公」，柳傳 1095 頁謂「陳元素，字古白，長洲人」。卷七頁十一下（p. 2106）陸子玄置酒墓田丙舍，妓彩生持扇索詩，醉後戲題八首，柳傳1116頁謂「陸慶曾字子玄」；1136頁以爲毛先舒贈王采生詩四首即此彩生。卷九頁三下（p. 2292）六安黃夫人鄧氏，柳傳 1164–1167 頁以爲卽黃鼎妻梅氏（之煥女）。

此外尚有詩中未著姓名而爲寅恪先生所考出者，如初學集詩註卷十八頁八上（p. 1297）有美一百韻晦日鴛湖舟中作「蘇隄渾倒踏，黟水欲平塡」，柳傳 384 頁以爲「黟水」卽指汪然明，然明爲新安人，故以「黟水」目之。有學集詩註卷八頁四十三下（p. 2250）金陵雜題絕句二十五首第二十三首，柳傳 1159 頁謂「此詩疑爲牧齋過金陵陳名夏子掖臣故居而作」。楊鍾羲雪橋詩話續集卷一頁六十二以爲梅村詩集卷十七伍員七絕感溧陽陳名夏之事而作，與寅恪先生此說可以媲美[6]。卷十四頁三十四上（p. 2683）病榻消寒雜詠四十八首之三十七「和老杜生長明妃一首」及三十八「和劉平山師師垂老絕句」，柳傳 776 頁謂「和杜一首爲董白作，和劉一首爲陳沅作」，776頁並謂「牧齋吳殿金釵葬幾迴之語，其意亦謂冒氏所記述順治八年正月初二日小宛之

6. 拙撰談遷北游錄與吳梅村（總統 蔣公逝世周年紀念論文集，民國六十五年）788 頁並謂梅村詩集卷四行路難十八首之十一蓋咏陳名夏也。

死，乃其假死」，亦頗有理趣，別具匠心。

⑵拙撰校箋所言足以補正柳傳者

拙撰牧齋詩註校箋亦偶有一得之愚足以補正柳傳者，今據柳傳先後次序條列於下：

初學集詩註卷十八頁十七上（p. 1313）橫山題江道闇蝶庵，柳傳 619 頁云：

寅恪案，江道闇本末未詳，俟更考。

拙撰校箋 234 頁云：

按啟禎詩傳（頁 315）：「江文學諱浩，字道闇，錢塘人也。……南都復陷，兵且及杭，浩往謁潞王，畫守禦策。嗣見策不用，歸入家廟，再拜慟哭曰：浩自是不得為江氏子矣。遂去不復顧。舊有別業，在黃山，擁一僕往居之，削髮為僧，更名智弘，字曰夢破。……居山中四年。己丑秋……沐浴危坐而逝。」

可補柳傳之不足。

有學集詩註卷二頁三下（p. 1666）馮硯祥金夢蜚不遠千里，自武林唁我白門，喜而有作，柳傳 962 頁：

寅恪案，馮研祥為馮開之之孫……金夢蜚則尚待稽考。

拙撰校箋 286 頁云：

清詩別裁卷三：「金漸皐字夢蜚，浙江仁和人，順治壬辰進士，官漢陽知縣，著有怡安堂集。」

初學集詩註卷十一頁三十七下（p. 868）送陳生崑良南歸，柳傳 1019 頁云：

光緒修常昭合志稿叄壹義行門陳璧傳……寥寥數語，殊為簡略。

拙撰校箋 163 頁：

陳瑚離憂集卷下頁二十一「陳璧，字崑良，別號雪峯，常熟人，崑山縣諸生。嬰家難，游學於李懋明總憲、范質公相國、徐虞求冢宰之門。張司馬玉笥尤器重之。崇禎甲申春，司馬薦授兵部司務。時李賊孔熾，崑良出奇計告司馬，司馬韙之，不果行。都城陷賊，大索朝臣，崑良伏匿數日，乘間逃歸。抵金陵，拜三疏陳救時八策，執政以黨局出之，遣督浙江餉，兼調崔芝兵。未復命，南都破，崑良偕其子猷亡命江海，間關萬里，知事不可為，乃歸隱故園，栽花植柳，讀書自娛。

可補柳傳之不足。

有學集詩註卷二頁十二（p. 1684）己丑（順治六年，1649）歲暮讌集連宵，於時豪客遠來，樂府駢集，縱飲失日，追懽忘老，即事感懷，慨然有作，凡四首，寅恪先生引有學集貳叁黃甫及六十壽序及同書貳陸舫閣記，並杜於皇變雅堂詩集貳書黃甫及册子因贈七古、龔芝麓定山堂集陸贈黃甫及，和〔陳〕百史册中韻五律等，知此詩題中之「豪客」乃指來自淮安之黃甫及，並謂「依諸材料及通常名與字號之關係，可以推知黃甫及即黃仲霖澍。甫及之稱，殆黃澍後來所自改也。」（柳傳 1062 頁）按有學集詩註卷六頁二下（p. 1986）「題黃甫及舫閣」條下，校箋 383–384 頁引李元庚望社姓氏考（國粹學報第七十一期，商務本 p. 9752）云：

黃申、字甫及，明諸生，福王勅封鴻臚寺卿。家有舫閣，靳茶坡題有五律。閻古古有至淮上黃甫及招飲詩云：「海內名流似草刪，獨留君作古殷頑。穿廊竹石多雲氣，出土尊彝帶血斑。枸杞井連桐柏瀆，棠梨逕繞鉢池山。雖余潦倒窮愁裏，對此風光亦解顏。」杜于皇有贈黃甫及詩云：「杜陵寂寞將欲死，劉郎贈我淮南子。淮南爲人卓且貞，磊落不染半點塵。讀書一目數行下，說劍凛凛如有神。」毛西河有於黃申光祿宅豪飲詩云：「楚州多賢名，首推光祿君。譬如鶚在霄，矯矯離人羣。我來楚州甫三日，便向甘城訪遺逸，叔度能傳外史書，穎川曾進通侯秩。」又有云：「吹笙鼓瑟揚素歌，盤中瀉酒如縣河。大官庖厨久無餗，我愛樽前舊光祿。」先生詩不多見，淮安詩城集選有登虞山、贈李太虛諸作。按西河與先生同時，詩云光祿，或有所據，抑後人傳聞不確，誤爲鴻臚耶？

可見甫及乃黃申之字，而非黃澍之字，寅恪先生以名字相應說之，故致誤耳。

有學集詩註卷六頁二十六（p. 2033）丙申（順治十三年，1656）春就醫秦淮，寓丁家水閣，浹兩月，臨行作絕句三十首留別留題，不復論次，第十四首云：

鍾山倒影浸南溪，靜夜欣看紫翠齊。小婦粧成無箇事，爲憐明月坐花西。（自注：『寒鐵道人余懷古居面南溪，鍾山峯影下垂，杜詩「半陂已南純浸山」是也。』

拙撰校箋395頁云：

按有學集卷四十九頁二〇題南谿雜記（又見絳雲樓題跋頁四一）：「近遊白門，見寒鐵道人南谿雜記，益思小修之言爲有味也。道人之詩，與記雜出。古人之妙理，作者之文心，尺幅之間，層累映望，如諸天宮殿，影見于琉璃地上，行者殆不敢舉足，久之而後知爲地也。詠懷金陵古跡，及和皐羽隆吉詩，零星點綴，皆有深寄，苦愛洪覺範陸放翁，目爲南谿二友，其言曰：「石門、文中之佛也；放翁、文中之仙也。」又自註「杜詩」下叢刊本有「云」字。

柳傳1082頁引自註無「古」字，與四部叢刊本同；無「云」字，與錢註本同。並引第十五首云：

河岳英靈運未徂，千金一字見吾徒。莫將摶黍人間飯，博換君家照夜珠。（自注：「澹心方有採詩之役。」）

寅恪案，以上二首俱爲鬘持老人而作。老人所著板橋雜記，三百年來，人所習讀。其事蹟亦多有記載，故不贅引。惟錄涉及復明運動者一二條，以見牧齋此際與澹心往來，不僅限於文酒風流好事之舉也。

案寅恪先生混寒鐵道人余懷古與鬘持老人余懷爲一人，蓋由於未檢錢註本與叢刊本異文之故。

有學集詩註卷八頁十四上（p. 2191）櫂歌十首爲豫章劉遠公題扁舟江上圖，柳傳1145頁云：

寅恪案，遠公爲劉一燝之孫。

惟未考出遠公之名。今按姚佺編選詩源「豫章」頁四十四：

劉元釗字遠公，南昌人。

拙撰校箋435頁云：

有學集卷二十八頁九明特進光祿大夫柱國少傅兼太子太傅吏部尚書中極殿大學士謚文端劉公墓誌銘云：「……生五子：斯琦、斯瑋、斯埈、斯琜、斯琡。孫幾人，曰元釗等。」

元釗卽遠公之名，拙撰校箋亦未考出。

三、黃毓祺案考年及其他

柳傳882頁云：

寅恪草此稿有兩困難問題，一爲惠香公案，第肆章曾考辨之矣。一爲黃毓祺之獄。

按顧苓東澗遺老錢公別傳云：

弘光元年……五月初十年卯夜，上出狩……北軍挾之去。（寅恪案，「之」字指牧齋）以前資淳沈數月，自免歸。送公歸者起兵山東，被獲，因得公手書。並逮公。鋃鐺三匝，至北乃解歸。……戊子（順治五年，1648）五月，爲人牽引，有江寧之逮，頌繫踰年復解。

鄧之誠清詩紀事初編叄「錢謙益」條云：

〔順治〕三年正月授秘書院學士兼禮部侍郎。明史副總裁。六月以疾歸。是時法令嚴，朝官無敢謁假者，謙益竟馳驛回籍，歸遂牽連淄川謝陞案，鋃鐺北上，傳言行賄三十萬金得幸免。賄雖無徵，後來謙益與人書，屢言匱乏，貧富先後頓異，未爲無因矣。五年四月，復因黃毓祺之獄，逮繫江寧。總督馬國柱以謙益與毓祺素不相識定讞獲釋。

據此，知牧齋在順治朝曾二度被捕。據有學集詩註卷一頁五下（p. 1594）和東坡西臺詩韻六首序云：

丁亥三月晦日晨興禮佛，忽被急徵。鋃鐺拖曳，命在漏刻。河東夫人沈痾臥蓐，蹶然而起，冒死從行。誓上書代死，否則從死。慷慨首塗，無剌剌可憐之語，余亦賴以自壯焉。獄急時，次東坡御史臺寄妻詩，以當訣別。獄中遏紙筆，臨風闇誦，飲泣而已。生還之後，尋繹遺忘，尚存六章。值君三十縣帨之辰，長筵初啟，引滿放歌，以博如皋之一笑，並以傳眎同聲，求屬和焉。

可見第一次被捕是在順治四年三月，距離牧齋辭官歸里不足一年。第二次被捕則在順治五年四月，顧、鄧二家記載甚分明。彭城退士牧齋先生年譜云：

丁亥，六十六歲。江陰黃毓祺謀反，被鳳陽巡撫陳之龍所擒，先生以留宿黃毓祺，且許助資招兵，三月晦日遂被逮。河東君冒死從行，誓上書代死，否則從死。及先生下江寧獄，河東君傾家營救，不遺餘力。先生再蒙大難，思文明柔順之義，自號蒙叟。

戊子，六十九歲。久在獄中，而首告先生之盛名儒，逃匿不赴質，毓祺病死獄中，總督馬國柱因上疏爲之申雪，事得解。

又金鶴沖錢牧齋先生年譜：

丁亥，六十六歲，黃毓祺海上遇風，師船漂沒，墮海救起，敝衣乞食而返。變姓名避於泰州僧舍，爲鳳陽巡撫陳之龍所擒。先生因曾宿毓祺於家，且許助資招兵，三月晦日遂被逮。河東君冒死從行，誓上書代死，否則以身殉先生。下江寧獄，與二僕共梏拲者四十日，意氣浩然，未嘗畏死也。獨河東君傾家營救，不遺餘力。

戊子，六十七歲。……在獄既久，而首告先生之盛名儒逃匿不赴質，毓祺病死於獄中。總督馬國柱疏言：謙益以內院大臣，歸老山林，子姪三人新列科目，榮幸已極，必不喪心負恩云云，獄乃解。（貳臣傳）

柳傳云：

羅振玉史料叢刊初編洪文襄公〔承疇順治四年丁亥七月初十日〕呈報吳勝兆叛案揭帖內引蘇松常鎮四府提督吳勝兆狀招云：「順治四年三月內有戴之俊前向勝兆嚇稱蘇州拿了錢謙益，說他謀反。………」亨九此揭乃當時原文，最有價值。足證牧齋實於順治四年丁亥三月晦日在常熟被逮，清代編輯世祖實錄，何以不用洪氏原文，而移置此案於次年？豈因馬國柱順治四年三月，尙未到南京任所之故耶？抑或未曾見及洪氏奏揭原文所致耶？今雖未能斷定其錯誤之由，然就牧齋在常熟被逮之年月一點論之，自應依牧齋已身之記載，而不當據清代實錄也。（891-892 頁）

總而言之，今既得洪承疇之原揭，可以斷定清代所撰官書，終不如牧齋本身及其友人記述之爲信史。由是推論，清初此數年間之記載，恐尙有問題，但以本文範圍之限制，不能一一詳究也。（895 頁）

法高案：寅恪先生恐受彭城退士牧齋先生年譜及金鶴沖錢牧齋先生年譜之影響，乃將黃毓祺案定爲順治四年丁亥，誠智者千慮之一失也。先生所根據之新資料爲洪承疇之揭帖，但揭帖中只言錢謙益謀反，並未言因黃毓祺案被控謀反，故不足作爲證據。順治四年丁亥三月之被捕，乃由於「送公歸者起兵山東」（顧撰傳），即鄧氏所謂「歸逘牽連淄川謝陛案」也。柳傳 881 頁云：

> 寅恪案，徐鼒謂凌駉「傳檄山東，與德州謝陛遙相應。」又謂「陛卽南中譌傳以爲故相謝陞」。可知鄧之誠先生謂牧齋「牽連淄川謝陞案」之「謝陞」，乃謝陛之誤。……由此推之，牧齋於順治三年丙戌七夕後，自北京歸家，被逮北行，必爲謝陛、盧世漼等之牽累，更無疑義。謝氏旣被誣以私藏兵器，但不久事白，則牧齋之得免禍，亦事理所當然。

按寅恪先生謂「牧齋之得免禍，亦事理所當然」，乃猜測之詞，豈知順治四年三月晦日之被捕卽肇因於此耶？

柳傳 893 頁及拙撰錢牧齋詩文集考 316-317 頁[7] 皆引有學集卷貳伍梁母吳太夫人壽序云：

> 梁母吳太夫人者，太子太保吏部尙書贈少保眞定梁公〔乾吉夢龍〕之子婦，今備兵使者愼可〔維樞〕之母，而少宰〔葵石清遠〕司馬〔玉立清標〕之祖母從祖母也。少保爲隆萬宗臣………丁亥之歲余坐飲章急徵，婦河東氏匍匐從行，獄急寄孥于梁氏。太夫人命愼可卜彫陵庄以居。愼可杜夫人酒脯粔敉，勞問繹絡。太夫人戒車出饗，先期使姆致命請以姑姊妹之禮見賓，三辭不得命。昱日，太夫人盛服將事，正席執爵再拜，杜夫人以下皆拜。賓答拜踐席，杜夫人以下以次拜，太夫人介婦以降復以次拜，乃就位。凡進食進餚，太夫人親饋賓執食，興辭然後坐，沃洗卒觶，禮如初。太夫人八十高矣，自初筵逮執燭，強力無怠容。少宰諸夫人踧踖相杜夫人執事，無儳言，無偕立，貫魚舒雁，肅拜而後退。余聞婦言，奉手拱立，未得身爲燀胞，於是乎觀禮焉。又十年丁酉，太夫人壽九十。

7. 香港中文大學中國文化研究所學報第七卷第一期（1974），317 頁「壽序中所謂少宰當指梁清寬（官吏部侍郎），司馬當指梁清標（官兵部尙書）」，「寬」當作「遠」，拙撰柳如是事考 33-34 頁謂「吏部尙書指夢龍，少宰指淸遠，司馬指淸標」，業已改正，又柳傳 787 頁謂「牧齋尺牘上致梁鎭臺〔化鳳〕書三首之一，此札言愼可家事頗詳，自是致維樞者，編輯誤刋不待詳解。」拙撰柳如是事考 59 頁曾引此札，亦誤以爲「柳如是還參與了和梁化鳳的夫人的交際工作」，應改正。

柳傳 896-897 頁云：

據上引牧齋所作梁維樞母壽序，言其被逮至南京時，河東君寄寓愼可之家，由是言之，愼可乃救免牧齋之一人，可推知也。……愼可丁父憂，雖未能確定爲何時，但至遲亦必在順治四年七月馬國柱任江南江西河南總督以前。愼可殆以賓僚資格，參預洪氏或馬氏軍府。故梁洪俱爲萬曆四十三年乙卯舉人，有鄉試同年之誼。在舊日科舉制度下之社會風習，兩人之間縱無其他原因，卽此一端，愼可亦能與亨九發生關係，遂可隨之南下，爲入幕之客，寄寓江寧。至其雕陵莊，當由梁氏眞定先業之雕橋莊得名。蓋愼可僑居金陵，因取莊子山木篇「雕陵」之語，合用古典今典，以名其南京之寓廬也。愼可離南京北返之年月，今頗不易知。但必在順治六年己丑冬季以後。

按寅恪先生之解釋，只係猜測之辭，別無佐證。所謂「愼可僑居金陵」，揆諸情理，似不可通。因壽序中提及愼可之母吳太夫人、愼可之妻杜夫人、愼可之媳及姪媳，如愼可僑居金陵，不可能與兒媳及姪媳同住金陵。雕陵莊當在眞定之雕橋莊，或卽爲雕橋莊之別稱，清史列傳（中華書局本）卷七十九頁三十九貳臣傳乙梁清標傳云：

梁清標，直隸正定人，明崇禎十六年進士，官庶吉士。福王時，以清標曾降附流賊李自成，定入從賊案。本朝順治元年投誠，仍原官，尋授編修，累遷侍講學士。十年五月，遷詹事。閏六月，遷秘書院學士。十二月，擢禮部侍郎。……是年，轉左侍郎，以本生母喪歸。十三年四月，遷兵部尙書。

可見清標順治四年在京，其夫人隨吳太夫人及清遠之夫人同住金陵，其可能性甚微。此雕陵莊不在金陵之證也。

再就牧齋和東坡西臺詩韻六首考之，其一云：

朔氣陰森夏亦淒，穹廬四蓋覺天低。青春望斷催歸鳥，墨獄聲沈報曉鷄。慟哭臨江無壯子，從行赴難有賢妻。重圍不禁還鄉夢，卻過淮東又浙西。

其二云：

陰宮窟室晝含淒，風色蕭騷白日低。天上底須論玉兎？人間何物是金鷄？肝腸迸裂題襟友，血淚模糊織錦妻。卻指恒雲望家室，滹沱河北太行西。

若牧齋繫金陵獄如寅恪先生所言者，上述二詩中其一所謂「卻過淮東又浙西」，則無著落矣。其二所謂「恒雲」、「滹沱河」(眞定縣城瀕滹沱河北岸)、「太行」云云，可見牧齋繫北京之刑部獄也。柳傳918頁則謂「綜觀此六詩中第貳首七八兩句，關涉梁愼可」，似非。

柳傳 919—920 頁引元氏長慶集抄本牧齋跋語，末題「著雍困敦之歲，臯月廿七日，東吳蒙叟識於臨頓之寓舍。」時爲順治五年戊子五月。又引曹溶絳雪樓書目題詞云：

> 余以後進事宗伯，而宗伯絕款曲。丙戌同客長安，丁亥戊子同僦吳苑，時時過予。

蓋牧齋自順治四年丁亥秋由北京返里後，於丁亥冬及戊子春僦居吳苑。如元氏長慶集跋語所題無誤，則牧齋於五月二十七日尚在蘇州，牽連黃毓祺案被捕當在其後。柳傳920頁謂「可知牧齋於順治四、五兩年，因黃案牽累，來往於南京蘇州之間，其在蘇州，寓拙政園」，所言似非。

拙撰柳如是事考 66 頁云：

> 淸詩紀事初編717頁「王苹」條云：『王苹，字秋史。……有句云：「前輩風流說杜亭。」注：「杜亭，盧侍御德水築，今歸吾師田公。」又云：「紅袖裁詩臨妙墨。」注：「虞山河東君題詩亭中。」』按柳如是嫁牧齋後，牧齋曾赴北京二次。一爲順治二年乙酉（1645）降淸北行，顧苓河東君傳說：「是秋（順治二年）宗伯北行，君留白下。」可見這一次柳如是沒有進京。二爲順治四年丁亥，牧齋被逮赴京，柳如是同行赴難。去的時候行色悤悤，當然不可能在杜亭題詩；一定是在歸途中題詩的。

此爲順治四年牧齋被逮赴京河東君同行之另一證據。

柳傳828頁引顧云美河東君傳云：

> 久之，不自得。生一女，旣昏。癸卯秋下髮入道。（寅恪案，塔影園集無「生一女，旣昏，癸卯秋」等七字。）宗伯賦詩云：「一剪金刀繡佛前，裹將紅淚灑諸天，三條裁製蓮花服，數畝誅鋤穲稏田。朝日裝鉛眉正嫵，高樓點黛額猶鮮。橫陳嚼蠟君能曉，已過三冬枯木禪。」「鸚鵡紗窗晝語長，又教雙燕話雕梁。雨交灃浦何曾溼，風認巫山別有香。初著染衣身體澀，乍抛稠髮頂門涼。

(寅恪案,此二句各本均同,惟涵芬樓本異。餘詳前論)縈煙飛絮三眠柳,颺盡春來未斷腸。」(寅恪案,塔影園集此句下有「時癸卯秋也」五字。)

柳傳803-804頁云:

河東君臥病之時,牧齋既無元微之「自愛殘粧曉鏡中,環釵慢篸綠絲叢」及「閑讀道書慵未起,水晶簾下看梳頭」之樂,(見才調集伍「離思六首之一及二。)故不如「一剪金刀繡佛前」及「乍抛稠髮頂門涼」,借口入道較為得計。卞玉京歸東中一諸侯,不得意,進其婢柔柔奉之,乞身下髮。與河東君此時病中之事,頗相類似。至「又教雙燕語雕梁」句及「雨交灃浦何曾濕,風認巫山別有香」一聯,則「雙燕」句用前釋癸未元日雜題長句八首之八「晚簾雙燕入盧家」句,所引劉方平詩「雙燕入盧家」之語。「灃浦」句遵王已引山海經中山經「洞庭之山,帝之二女居之」為釋,俱是二女共嫁一夫之古典。「何曾溼」乃牧齋表明心跡,自謂與惠香實無關係之意。讀之令人失笑。「別有香」句,標出惠香之名字,更與玉京進柔柔之事,尤為相近。此等舉措固為當日名姝應付夫主之一公式也。

按寅恪先生謂河東君以崇禎十六年新婚第三年年甫二十六歲之時,以「綢繆鼓瑟之小婦」(柳傳4頁),而以「一剪金刀」,「乍抛稠髮」,不但不近情理,且亦大煞風景。寅恪先生並以「卞玉京歸東中一諸侯,不得意,進其婢柔柔奉之,乞身下髮」相比,按卞下髮時可能已年逾四十,且柳如是進惠香奉牧齋,實為影響附會之詞,豈可據此以為下髮入道之證耶?顧云美河東君傳所謂「癸卯秋下髮入道」,時值康熙二年,柳年四十六歲,可謂信而有徵矣。寅恪先生又疑惠香為黃皆令,亦以牧齋文中稱黃為「阿承醜女」而未敢必也。柳傳5頁有寅恪先生詩云:「尙託惠香成狡獪,至今疑滯未能消」,蓋記實也。

柳傳677頁:

金氏錢牧齋年譜崇禎十一年戊寅條,據日本宮崎來城鄭成功年譜載:「鄭森執贄先生之門,先生字之曰大木。時年十五。」殊為疏舛。鄙意許浩基鄭延平年譜「崇禎十七年甲申公廿一歲。五月福王立于南京。芝龍遣兵入衛。」………又「事錢謙益為師」條云:「東南紀事:福王時入國子監,師禮錢謙益。行朝錄：聞錢謙益之名，執贄爲弟子。謙益字曰大木。」……較合於事實。

按玄覽堂叢書續集延平二王遺集（世界書局影印本）有春三月至虞謁牧齋師，同孫愛世兄遊劍門、越旬日復同孫愛兄遊桃源澗，並云：

牧齋師評：「聲調清越，不染俗氛，少年得此，誠天才也。」瞿給事評：「桃源上首曲折寫來，如入畫圖，一結尤清絕。次首瞻矚高，他日必爲偉器，可爲吾師得人慶。」

可證金鶴沖錢牧齋年譜據宮崎氏鄭成功年譜，定爲崇禎十一年，確有所據。世界書局本有楊家駱延平二王遺集繫年考，說同金譜及宮崎譜。然則柳傳之說非也。

寅恪先生晚年撰著柳傳，意在「表彰我民族獨立之精神、自由之思想」（見柳傳第 4 頁）；其第五章「復明運動」，佔全書三分之一，可知其重心所在。鄭成功雄據臺灣，爲錢牧齋之弟子；錢柳從事復明運動，亦與鄭時通消息。而寅恪先生自言與牧齋「研究領域，則有約略近似之處」（見柳傳第 3 頁），其心迹蓋可想而知矣。

〔後　記〕

梅村家藏稿卷四十三頁七僉憲梁公西韓先生墓誌銘云：

公諱維樞，字慎可，別號西韓生……皇清定鼎，即舊官錄用。奔澹明公喪歸，而孝養吳夫人者八年。用疏薦復出，補營繕郎，管理三山，掌灰物之徵令，以共邦用。……乾清宮告成，得文綺名馬之賜。陞山東按察司僉事。

據世祖實錄，乾清、坤寧二宮及景仁等宮殿告竣，在順治十三年。然則慎可丁父憂，確在順治四年以前，但寅恪先生謂「慎可殆以賓僚資格參預洪氏或馬氏軍府」，則墓誌中毫無迹象可尋，當非事實。（194頁）

昭明文選卷十七王褒洞簫賦李善注云：「謚，號也，實二切。言得謚爲簫而恒施用之，豈非蒙聖主之厚恩也？」（190頁）

出自第五十三本第二分(一九八二年六月)

從詩律和語法來看「焦仲卿妻」的寫作年代

梅祖麟

一、引　言

「焦仲卿妻」的寫作年代，歷來有許多爭論。這首詩最早見於徐陵(507-583)編的王臺新詠，序文說：「漢末建安(196-219)中，廬江小吏焦仲卿妻，爲仲卿母所遣，自誓不嫁，其家逼之，乃投水而死。……時人傷之，爲詩云爾」。南宋劉克莊後村詩話已經懷疑這詩不是漢人所作，二十世紀梁啟超(1924)、王越(1933)、陸侃如、馮沅君(1932)又添了若干晚出的證據。但五十年代以來最通行的說法還認爲「焦仲卿妻」是漢代樂府，有些部份經過後人加工潤色，余冠英(1953)、王運熙(1958)以及兩漢文學史參考資料(1962)的編者都支持這種說法，羅常培、周祖謨(1958)也把這首詩當作東漢資料之一。

玉臺新詠既收了這首詩，寫作年代不會晚過六世紀，問題就在：從漢末到南北朝末年的三百年間，這首詩到底寫在其中的哪個時期？本文想舉出一些詩律和語法方面的現象來說明「焦仲卿妻」不大可能寫在漢末，最可能寫在東晉南朝，也就是公元五、六世紀。

Hans Frankel(傅漢思 1969)把這首詩的三百五十五句編上了號碼，引徵時很方便，本文沿用傅文附錄的這首詩的文句。傅本主要是根據紀容舒畿輔叢書裏的校本，但有七句根據四部叢刊本校改，另有一句根據聞一多(1948)校改。好在下面討論的幾十句詩各本詞句相同，用通行本也差不多。

二、詩　　律

近體詩詩律興起於六朝，是漢語詩律史中的一件大事，「焦仲卿妻」可能有一部份寫在近體詩詩律興起的時代，所以我們把這兩件事合在一起討論。

關於近體詩平仄律的發展過程，高木正一寫過一篇極有價值的文章，叫做「六朝律詩的形式」(1951)。高木氏把近體詩詩律拆成若干更小的平仄律，然後逐條考察這些小律的形成年代。小律中有些是「四聲八病」中的「平頭」、「上尾」、「蜂腰」、「鶴膝」，另外有一條是五言句中第二字和第四字的平仄需要錯開，下面管這條叫「二四律」。他推測某條小律的形成年代，是把謝靈運、沈約、庾肩吾、庾信等人的詩句按時間先後排列，然後考察每個詩人犯這條小律的百分比，等到犯規率降到某個百分比以下，就可以斷定這條平仄律在此時已經成立。高木氏還指出完全合乎律詩平仄律的五言詩，在六世紀已經有三十首，作者包括吳均(469-520)、庾肩吾(-550)、庾信(513-581)，還有玉臺新詠的編者徐陵(507-583)。

後來陸志韋(1962)做了類似的研究，陸氏的分析雖然不甚精細，但所得的結論和高木氏不約而同，因此我們對這套研究有相當大的信心。

(1)二四律最早見於空海(774-835)的文鏡秘府論，「西卷」「文二十八種病」章中劉善經引劉滔說：

> 又第二字與第四字同聲，亦不能善。此雖世無的目，而甚於蜂腰。如魏武帝樂府歌云：「冬節南食稻，春日復北翔」是也。

劉善經是六朝人，隋書文學傳和北史文學傳裏關於他的生平只有寥寥幾句，他的四聲指歸在中國早已失傳，但有一部份保存在文鏡秘府論裏。(潘重規1962)。劉滔是六朝人，生平不詳。二四律的意思很清楚，上面引的樂府歌「節」、「食」、「日」、「北」都是仄聲，居第二、第四兩位，所以這兩句句犯二四律[1]。

從二四律的犯規率驟降，可知六世紀的前半葉這條小律已經成立了，下面是高木氏的統計數字：

1. 沈約時代四聲已二元化變成平仄，詳論見本節末段，所以上引樂府歌例說明二四同仄是犯規，不是二四同入聲是犯規。

人　名	生卒年	調查句數	二四同聲句數	犯規率
謝靈運	385-433?	894	459	51%
沈　約	441-513	1356	440	33%
庾肩吾	487?-550	820	67	8%
庾　信	513-581	2328	172	7%
江　總	519-594	820	60	7%

謝靈運有一半犯規，那時還沒有二四律，沈約大概已經開始嘗試，到了庾肩吾父子，這條小律已經形成了。

⑵第二條是一聯中上句二四字的平仄和下句二四字的平仄相反。這條是「平頭」和二四律同時運用，文鏡秘府論「文二十八種病」說：「平頭詩者，五言詩第一字不得與第六字同聲，第二字不得與第七字同聲」。第七字是下句的第二字，我們借用後來的「一三五不論，二四六分明」，撇開第一字和第六字不談。這樣，遵守平頭律的一聯，上句第二字和下句第二字平仄相反；按照二四律上句第四字和第二字平仄相反，下句第四字和第二字相反；結果就是上句二四字的平仄和下句二四字的平仄相反。我們管這條叫「二四兼平頭律」，例如：

尋雲陟累榭，隨山望菌閣（謝朓，遊東田）

霢霂類珠綴，喘嚇狀雷奔（任昉，若熱）

這兩聯遵守二四律，但犯平頭。以下兩聯就遵守「二四兼平頭律」：

晨光照麥畿，平野度春翬（梁簡文帝，雉朝飛操）

西嶽浮樽桂，東皇事浴蘭（庾肩吾，從駕喜雨）

關於「二四兼平頭」這條平仄律，高木氏說：

合乎這種法則的詩句，在沈約時才佔全詩的 27%，但到了庾肩吾已增到了 60%，他的孩子庾信時更增加到75%，可知以二句一聯爲單位的諧律，在六世紀後半葉這段時期，已經大致有固定的形式了。

陸念韋（1962: 30）說：

晉以前合格的例句不多。枚乘至陶潛多不過百分之十五（即使完全事出偶然，也可以希望有百分之十二點五）。

謝靈運	約18%	徐陵	約80%(?)
鮑照	20	陳叔寶	58 (?)
謝朓	27	陰鏗	67 (?)
王融	33	庾信	72 (?)
沈約	25		

徐陵以下四人，陸氏原文打問號，是因爲他認爲資料不够用。但和高木氏的統計相比，兩人所得的數據相當接近，我們認爲是可靠的。

⑶最後一條是上尾。文鏡秘府論「文二十八種病」說：「上尾詩者，五言詩中，第五字不與第十字同聲，名爲上尾。詩曰：『西北有高樓，上與浮雲齊』如此之類，是其病也」。關於這條，高木氏沒有統計數字。陸志韋（1962: 30）說：

不論哪個時代的五古詩裏都可以找到相當多的例句上句收仄，下句收平，數量跟着時代而增多。晉以前比較少。只須從魏晉之間開始，抽查幾家用平韻的五言詩。上下句平仄對立的（或是每篇首聯上下句平聲押韻的）：

阮藉	54%	謝朓	100%	
陸機	71	沈約	100	
陶潛	68	蕭衍	81	父子之間就有分別
謝靈運	66	蕭統	100	
鮑照	78	蕭綱	100	

以后就絕少例外。句末平仄對立，這趨勢的發展在齊梁完成。

請注意，陸氏統計的不是上尾，是用平韻的詩的上尾。

⑷現在可以回來看「焦仲卿妻」。下面討論1–10行，236–249行，342–355行。目的是說明這三段律化程度相當高，是晚出的證據。「相當高」有兩個意思：第一、這三段的律化程度比本詩的其他小段高。第二、這三段的律化程度比沈約高；具體地說，這三段犯「二四律」和「二四兼平頭律」的比例比沈約（以及沈約以前的詩人）要低，犯上尾的比例比沈約要高。沈約和其他齊梁詩人的作品是文人推敲過四聲寫的詩，「焦仲卿妻」是民間詩人的樂府，後者能有十行，十四行能遵守二四律是異常現

象，不能完全避免上尾是正常現象，換句話說，衡量樂府詩律化的尺度該比文人詩寬些，所以二四律比上尾更有斷代價值。我們一般結論是說這三段高度律化再加上其他晚出痕跡可以說明這三段寫作或改作時期要在沈約以後。

二四律在這首詩裏的情形如下：

	句數	二四同聲句數	犯規率
全　詩	355	150	42%
1-10 行	10	2	20%
236-249行	14	4	28%
342-355行	14	4	28%

開頭一段的二四律和句末平仄如下：

1. 孔雀東南飛，十里一徘徊。

3. 十三能織素，十四學裁衣。

5. 十五彈箜篌，十六誦詩書。

7. 十七爲君婦，心中常苦悲。

9. 君旣爲府吏，守節情不移。

十句中只有最後兩句是違反二四律的，只有第三聯（「篌」、「書」）是犯上尾的。

再看 236-249 這十四句：

236. 交語速裝束，駱驛如浮雲。

238. 青雀白鵠舫，四角龍子幡。

240. 婀娜隨風轉，金車作玉輪。

242. 躑躅青驄馬，流蘇金鏤鞍。

244. 齎錢三百萬，皆用青絲穿。

246. 雜綵三百匹，交廣市鮭珍。

248. 從人四五百，鬱鬱登郡門。

這十四行犯二四律的比例是 28%，沈約的犯規率是 33%；犯「二四兼平頭律的比例是 42%，沈約的犯規率是 73%；而且這七聯十四句完全不犯上尾；可知這段寫作或修改的時期比沈約（441-513）要晚。過去的注釋家曾指段出這用了不少描寫江南習俗的語詞，如「青雀白鵠舫」、「四角龍子旛」和「鮭珍」（聞一多1948: 135），這些語詞大多數最早見於東晉創業（317）以後的文獻。此外還有「交廣」，三國志吳志說孫權黃武五年（234）「分交州，買廣州，俄復舊」，至孫休永安七年（265）「又分交爲廣」。這個東吳以後才有的地名，過去給持作於漢末的學者添了不少麻煩[2]，現在我們從聲律方面證明這段作於沈約時代，「青雀」、「交廣」等語詞在這裏出現就容易解釋了。

結尾一段也有律化的跡象：

342. 兩家求合葬，合葬華山旁。

344. 東西植松柏，左右種梧桐。

346. 枝枝相覆蓋，葉葉相交通。

348. 中有雙飛鳥，自名爲鴛鴦。

350. 仰頭相向鳴，夜夜達五更。

352. 行人駐足聽，寡婦起彷徨。

354. 多謝後世人，戒之愼勿忘。

這段犯二四律的比例是 28%，犯「二四兼平頭律」的比例是 57%，都比沈約少，而且七聯中犯上尾的最多只有兩聯「鳴」「更」同韻，「聽」字有仄聲一讀，這兩聯可能不犯上尾，這段律化的程度相當高。情死合葬而樹上有雙飛鳥的故事出自太平廣記卷 389 引梁，任昉（460-508）著述異記：

> 吳黃龍年中，吳郡海鹽有陸東美，妻朱氏亦有容止，……後妻死，東美不食求死，家人哀之，乃合葬。未一歲，冢上生梓樹，同根，二身相抱合成一樹，每有雙鴻常宿於上。

我們認爲是東吳以後才有的母題。

現在把「焦仲卿妻」的律化程度作個全盤統計：

---

2. 余冠英(1953: 71-72)：『而且據吳志，黃武五年（公年 226）纔分交州置廣州。這時代間還不會將「交」「廣」並稱。這句詩似可成上一下四句，「交」同教，「廣市鮭珍」就是廣泛購鮭珍。』余氏的解釋有削足適履之嫌。

	二四律	二四兼平頭律	上尾
焦仲卿妻			
全　詩	42%	80%	28%
1-10	20%	60%	20%
236-249	28%	42%	0%
342-355	28%	57%	14%(?)
阮　籍(210-263)	——	——	46%
謝靈運(385-433?)	51%	82%	34%
沈　約(441-513)	33%	73%	0%
庾　信(513-581)	7%	28%	——

表一：「焦仲卿妻」後詩聲律犯規率

根據上表，我們暫時作兩個結論：⑴第 1-10 行，236-249 行，342-355 行，這三段寫在沈約以後，⑵全詩的「平均」寫作年代是在謝靈運之後，沈約之前。

上面所看到的「焦仲卿妻」律化的跡象會不會是偶合？我們認為可能性不大[3]。原因是玉臺新詠代表齊梁時代沈約等人提倡的文學理想，編者徐陵和蕭衍父子，庾肩吾父子淵源很深，而這些人正是創立近體詩平仄律的中堅份子。南史陸厥傳：

> 時盛為文章，吳興沈約、陳郡謝朓、琅琊王融，以氣類相推轂。汝南周顒善識聲韻。約等文皆用宮商將平上去入四聲。以此製韻，有平頭、上尾、蜂腰、鶴膝；五字之中，音韻悉異，二句之內，角徵不同，不可增減，世呼為「永明體」。

梁書沈約傳：

> 竟陵王亦招士，約與蘭陵蕭琛、琅琊王融、陳郡謝朓、南鄉范雲、樂安任昉等皆遊焉，當世號為得人……高祖〔梁武帝蕭衍〕在西邸，與約遊舊。

這就是永明時（483—494）竟陵王西邸的八友，沈約最為年長，是這個文學集團的領

3. 下面討論齊梁文壇主要的轉述網祐次（1960），林田愼之助（1970）的說法。

袖，八友之一是蕭衍，等到梁受齊禪，蕭衍登上帝位，沈約等舊友在永明時所提倡的四聲八病，在宮廷裏變成一時風尚，律詩的平仄律就在這時逐漸形成。

中大通三年（531）昭明太子蕭統去世，蕭綱（503-551）立爲太子，這時徐，庾兩父子是朝廷寵臣，在文壇上也有影響，周書庾信傳：

> 父肩吾爲梁太子〔蕭綱〕中庶子，掌管記。東海徐摛爲右衞率，摛子徐陵及信並爲抄撰學士。父子東宮，出入禁闥，恩禮莫與比隆，旣文並綺艷，故世號徐庾體。

按531年蕭綱立爲太子時，徐陵二十五歲，庾信十九歲。蕭綱極其推崇竟陵王西邸八友的文筆，他說：「至如近世謝朓、沈約之詩，任昉、陸倕之筆，斯實文章之冠冕，述作之楷模。（「與東湘王書」，梁書庾肩吾傳引），同時他也抑低謝靈運的地位：「是爲學謝則不屆其精華，但得其冗長」（同上），蕭綱的長兄昭明太子在此時編的文選收錄謝詩四十二首，相較之下，可見兄弟之間意見的分歧。律詩的形成需要把詩的長短標準化，兩句一韻爲一聯，上下兩句不得平頭上尾，兩韻構成絕句，四韻構成律詩，冗長的詩和近體詩的標準化的簡短性格不合，所以批評謝詩的冗長也間接地促成近體詩詩律的發展。玉臺新詠是蕭綱授命叫徐陵編的，唐劉肅大唐新語：

> 梁簡文〔蕭綱〕爲太子時，好作艷詩，境內化之，浸以成俗，晚欲改作，追之不及，乃令徐陵撰玉臺新詠，以其大體。

玉臺新詠只收謝靈運詩一首，卷十完全是艷詩，當時詩人收得最多的有蕭綱(59首)，蕭衍（14首），王僧孺（19首），沈約（39首），吳均（22首），謝朓（16首），庾肩吾（11首），庾信（3首），可見這書是沈約、庾、徐派的總滙。

以前從統計分析看到近體詩幾條小律的創始者是沈約「八友」以及庾肩吾父子；而且完全合乎律詩平仄律的五言詩，六世紀上半葉已經有了，最早的幾個作者是吳均（1首），庾肩吾（1首），徐摛（1首），庾信（3首），徐陵（7首）。（高木正一——1951）。上面又從文獻上看到沈約等所提倡的文學理想，通過蕭衍、蕭綱的支持，在徐、庾父子手中變成五言詩的新統，體現於玉臺新詠。「焦仲卿妻」最早見於這詩集，詩中1-10行，236-249行，342-355行律化程度很高，我們不難想像寫作或修改出自何人之手，尤其是玉臺新詠的編纂時期，懂得「平頭兼二四律」的只有上述十幾個人。因此我們認爲「焦仲卿妻」律化的跡象不太可能是偶合。

附帶討論一下四聲律變成平仄律的時間。把上去入歸爲仄聲，和平聲對立，使四聲二元化變成平仄，這是漢語詩律史中的一大演變。至於平仄在何時出現，以前周法高先生(19486)指出，敦煌卷維摩講經文中的偈，常注以「平」、「側」、「斷」諸字，而且唐寒山詩中有「平側不解壓」一句。但周先生討論的是「平仄(側)」這名詞最早出現於文獻的年代，不是平仄這觀念形成的年代。上面討論的二四律，其實牽涉到兩件事，一是把四聲行爲平仄兩類，一是使二四字的平仄錯開，而四聲二元化是二四律的前提。上引統計數字說明二四律在六世紀初葉沈約時代已經吐露萌芽，這就證明當時平仄的觀念也已形成，換言之，平仄這個觀念在詩中的運用，比「平側」這名詞在寒山詩(七世紀？)中出現更要早。此外文鏡秘府論「文二十八種病」劉善經引劉滔說：

> 四聲之中，入聲最少，餘聲有兩，總歸一入，如征整政隻，遮者柘隻是也。平聲賒緩，有用處最多，參彼三聲，殆爲大半。

劉滔，劉善經都是六朝人，劉滔比劉善經早，上引文是文獻中四聲二元化最早的記錄。

三、語　法

「焦仲卿妻」的著作年代在抗戰前後起了一番爭論，在此以後，有若干講語法史的書問世，如呂叔湘(1955)，王力(1958)，太田辰夫(1958)，周法高(1959, 1961)，劉世儒(1965)，志村良治(1967)，牛島德次(1967, 1971)。本節打算利用這些工具書來探討「焦仲卿妻」的著作年代。嚴格地說，目前對兩漢到南北朝這段語法演變的知識，用來斷代還稍嫌不足。但語法史研究和斷代研究是相輔相成的；對某個時代的語法變遷有了清楚的了解，應該可以幫助我們考訂這時期的某些作品的確實著作年代；而考訂某些作品的著作年代，也可以幫助我們發現語法史上的新問題，並且給現有的知識作個考驗。下面討論十項虛詞用法，每項先舉「焦仲卿妻」詩裏的例句，再舉其他文獻中最早的例，以資比較。

(1)方位詞「裏」

念母勞家裏(112行)

轉頭向戶裏(328行)

賊於屯裏緣樓上行詈(陳壽(233-297)三國志吳志太史慈傳)

風出窗戶裏(郭璞(276-324)遊仙詩)

方位詞「裏」最早出現於三世紀的下半葉,如上所引。三國志中還有「壍裏」、「圍裏」、「蒙衝裏」,世說新語也有「帳裏」。牛島德次中國文法論,古代編(1967)不載史記和漢書中「裏」字用作方位詞的例。參考牛島德次(1971: 49 和 275),太田辰夫(1958: 95),志村良治(1967: 268)。

⑵動量詞「通」

著我繡裌裙,事事四五通(94-95行)

雷鼓一通,吏士皆嚴(魏武帝(曹操155-220)船戰令)

傳吏疑其僞,乃椎鼓數大通(范曄(397-445)後漢書光武帝紀)

四面諸村,始聞者撾鼓一通(魏書李崇傳)

咽液五過,叩齒五通(陶弘景(452-536)眞誥,協昌期)

夜臥覺,常更叩齒九通(同上)

詩中「著我繡裌裙,事事四五通」是描寫焦仲卿妻被遣歸家時的舉動,「通」是動量詞,意思是「每件事做四五遍」。劉世儒(1965)指出:(甲)「動量詞,這是量詞類系的又一大類。在南北朝這是新興的詞類」(7頁)。(乙)最初,在魏晉時代,「通」字這個動量詞只適用於「擊鼓」義的動詞,如以上引自「船戰令」,後漢書和魏書的例;然後,在南北朝時代擴大範圍,還可以適用於「叩擊」義的動詞,如眞誥裏的「叩齒」,所「擊」的已經不是「鼓」而是「齒」了(260 頁)。(丙)『「通」字一般化用法是南北朝以後的事;像「亂寫一通」,「神聊一通」的用法在南北朝還是沒有的』(260 頁)。

「事事四五通」是「通」字一般化的用法,所以劉世儒最後一句話尚可商榷。但如果他引的資料沒有遺漏,「通」字一般化的用法該排在眞誥同時或以後,就是公元五、六世紀。

95行的「通」字是韻腳,和「忘妝光璫丹雙」押韻,羅常培,周祖謨(1958: 190)

列在後漢陽部「陽元東」合韻條下。但後漢「通」沒有一般化動量詞的用法，這條韻例以及其他「焦仲卿妻」的例似乎可刪。

⑶詢問詞「那」

那得自任專？（216行）

恨恨那可論？（301行）

隆和那得久？（晉哀帝隆和（362 年）初童謠，宋書五行二）

外人那得知？（世說，品藻）

那得不作蠻語也？（世說，排調）

卿那誑我？（劉義慶幽明錄，太平廣記 321 卷引）

諸妹那來？（漢獻帝，曇果共康孟詳譯中本起經，大正藏第四卷 148 頁下）

爲在何許？當那求之？（吳，支謙譯太子瑞應本起經，大正藏第三卷476頁上）

「那得」最早見於晉隆和初年的童謠；「那」字單用作詢問詞最早的例是劉義慶(403-444）的幽明錄。太田氏（1958: 125）從佛經行的兩個例似乎是例外，上面轉引。但這兩個例的「那」意思是「哪兒，哪裏」，和其他例中反詰問的用法不同。參考太田（1958: 125），牛島（1971: 384）。

⑷不是表示被動的「見」

蘭芝初還時，府吏見丁寧（174-175行）

君旣若見錄，不久望君來（138-139行）

後布詣允，陳卓幾見殺狀（陳壽（233-297）三國志魏志，呂布傳）

生孩六月，慈父見背（李密（223-289）陳請表）

自去故鄉，荏苒六年，惟姑與姊，仍見背棄（陸雲（262-303）歲暮賦序）

時文雅之士，煥然並作；同僚見命，乃作賦曰……（陸雲，愁霖賦序）

先秦的「見」字代表被動，如「盆成括見殺」（孟子盡心下）。「焦仲卿妻」詩裏的「見」字不是表示被動；「府吏見丁寧」意思是「府吏叮囑過我」；「君旣若見錄」意思大概是「你旣然答應記着我」，個別詞義不太淸楚，反正「君」是主動者，不是受事者。呂叔湘在「見字之指代作用」（1955: 46-50）中指出，這種不表示被動的「見」在魏晉時代才興起。參眞周法高（1959: 246-248），牛島（1971: 97-102）。

⑸第三身代詞「渠」

渠會永無緣(220行)

女婿昨來,必是渠所竊(陳壽(233-297)三國志吳志趙達傳)

渠等不爲汝所處方(通鑑卷 103,東晉孝武寧康元年(373 年)

今暝將渠俱不眠(庾信(513-581)秋夜望單飛鴈)

除了「焦仲卿妻」以外,目前所知「渠」字見於魏晉南北朝文獻的只有三國志和庾信詩兩例,通鑑的例是李榮(1980: 2-139)引的,可能是當時的口語。周法高(1959: 112):『第三身代詞「渠」見於南北朝,但尙少見』。參看太田(1958: 103)。

⑹着重語氣的「是」字

同是被逼迫(294行)

又夷俗長跽,法與華異,翹左跂右,全是蹲踞(南齊書顧觀傳)

……俱是晚出(南齊書陸澄傳)

吳中高士便是求死不得(世說,棲逸篇注引檀道濟(五世紀)著續晉陽秋)

此當是種甘橘也(三國志吳志孫休傳,裴松之注引襄陽記)

「同是被逼迫」的句法是「副詞+是+動詞組」,省掉「是」字,說成「同被逼迫」一樣可適,所以我們管這類叫「着重語氣的『是』字」,劉世儒(1957)管這種句式叫說明句,以別於不帶附加「是」字的敍述句和描寫句。

繫詞「是」字在戰國後期已經出現了(裘錫圭1979: 440),這不是我們要討論的問題。上面的例「是」字後面都帶動詞組或形容詞組,從例句的出處來看,這種句型到南北朝才出現,最早也不會早過魏晉。

⑺暱稱「卿」

我自不驅卿(57行)

卿但暫還家(59行)

誓不相隔卿(131行)

賀卿得高遷(285行)

卿當日勝貴(290行)

這首詩裏夫稱妻爲「卿」,如上所引。周法高(1959: 83)指出『卿』本爲官爵,後遂以爲對人之美稱，至南北朝時，則轉爲狎暱之稱』。用牛島（1971: 158–161）許世瑛（1965）收集的例來看，確實是如此。「卿」字在南北朝的用例，其中有君主稱臣下的，有長官稱屬下的，也有平輩間互稱的。和目前討論的題目最有關的是夫稱妻，或夫稱未婚妻的，有以下數例：

〔弘農王曰：〕卿王者妃，埶不復爲吏民妻（范曄（398–445）後漢書后妃下）

〔王夷甫謂妻曰：〕非但我言卿不可……（世說，規箴）

〔許允謂妻曰：〕婦有四德，卿有其幾（世說，賢媛）

〔山濤謂妻曰：〕忍寒，我當作三公，不知卿堪爲夫人耳（世說，賢媛注引晉，王隱晉書）

〔賈充謂妻曰：〕語卿道何物（世說，賢媛）

〔江虨謂未婚妻曰：〕我自是天下男子，厭〔魘〕，何預卿事而見喚邪（世說，假譎）

世說新語還有一個很有意思的例：

王安豐婦嘗卿安豐。安豐曰：婦人卿婿，於禮爲不不敬，後勿復爾。婦曰：親卿愛卿，是以卿卿；我不卿卿，誰當卿卿？遂恒聽之。（惑溺）

周法高（1959: 84）引劉盼遂世說新語校箋：『按束晳（261–300）近遊賦云：「婦皆卿夫，子呼父字」，以自嘲其不廸檢柙，故知卿卿非如賓之效也」。「卿」本來是官爵，後轉爲男子之間的親暱稱，再轉爲夫稱妻，最後才變成妻稱夫；上引束晳賦的例說明妻稱夫爲「卿」在三世紀下半葉已經流行，因此我們認爲夫稱妻爲「卿」的用法在魏晉初年已經產生。

⑻「一定，必然」義的「會」字

吾已失恩義，會不相從許（51–52行）

劉東曹何以不下意，答曰：會不能用（世說，方正）

男兒居世，會當得數萬兵千匹騎着後耳（魏志崔琰傳，宋裴松之注引吳書；劉淇助詞辨略引）

平生燕頷相，會自得封侯（徐陵，出自薊北門行）

天下會是亂耳（南齊書王陳傳）

「會不相從許」聞一多(1948: 131)說:「會猶必也」,這注釋是對的,但聞氏沒有說這種用法的時代性。裴松之引的佚吳書似乎是這種用法最早的出處。「必」義的「會」可能是「明天會下雨」的「會」的來源之一。

(9)「登卽」

登卽相許和(221行)

輅以爲注易之急,急於水火,水火之難,登時之驗(魏志管輅傳)

牧遣使慰譬,登皆首服(吳志鍾離牧傳注引會稽典錄)

初循之走也,公知其必寇江陵,皆遣淮陵內史索邈領馬軍步道援荆州(宋書本紀第一,武帝上)

登時欲捉取(任昉,奏彈劉整文)

「登卽」就是「當卽」,「登時」就是「當時」。「登」「當」兩字在方言裏假借的用例最早見於魏晉時代。「登卽相許和」這句也用「和」,孫皓的父親名和,這句不可能作於孫皓在位之時,也不可能作於孫皓之前,因爲那時「登」「當」尚未假借。

(10)無意義的後置詞「復」

兒已薄祿相,幸復得此婦(23-24行)

阿母爲汝求,便復在旦夕(323-324行)

於是,宰府習爲常俗,更共罔養,以崇虛名,或未曉其職,便復遷徙……(後漢書馬援傳)

這首詩裏有兩種「復」字,一種意義是「重複」,「反覆」,用法像現代漢語的「再」如 46 行「終老不復取」,312 行「勿復怨鬼神」,這種「復」字上古已有,與本題無關。

另一種「復」字附加在另一個副詞之後,如上面引的「幸復」、「便復」,這種「復」字沒有明顯的意義,其功用是把單音節的語詞複音節化,並且承轉上面一句的語氣。吉川幸次郎(966: 93)曾指出,在世說新語裏「是」,「復」「當」等詞普遍地附加在其他的字之後,構成「～是」,「～當」,「～復」型的複詞,如「非是」,「猶是」,「卽是」,「皆是」,「亦是」,「若是」;「正當」,「自當」,「終當」,「必當」,「故當」,「唯當」;「乃復」,「故復」,「亦復」,「豈復」,

「爲復」。（參看志村良治1967: 287）。其他四、五世紀寫的文獻也有「～復」型的複詞，如後漢書裏的「便復」，鳩摩羅什406年左右譯成的妙法華經裏的「雖復」、「況復」，而且更早似乎沒有「～復」型的複型，所以我們認爲「復」字用作無意義的後置詞是四世紀產生的變化。

上面舉出「焦仲卿妻」詩中十項晚出的語法現象。固然，我們目前對東漢語法的了解不深，這時期的文獻沒有一種有完備的引得，上面所引的資料疏漏在所不免。換句話說，方位詞「裏」，詢問詞「那」等可能有更早的用例，以後更深入的研究還會發現。但回過來想，如果「焦仲卿妻」全部或大部份作於漢末，那麼上引方位詞「裏」，詢問詞「那」等就是這些語法現象最早的用例；一種文獻有好幾項首見的用例，不免使我們對這文獻的假定著作年代起疑心。這就像一位中年不常運動的人士，如果和同年齡身強體壯的人賽跑，成績不會太好，但如果和幼稚園的小朋友比賽，保管可以奪到冠軍。

現在作個小結，「焦仲卿妻」晚出的現象有以下幾種：

行數	語言現象	行數	語言現象
1-10	律化平仄	221	登卽
24	幸復	236-249	律化平仄
52	會		青雀白鵠舫
57	卿		龍子旛，交廣
59	卿	285	卿
95	通	290	卿
112	裏	294	是
131	卿	301	那
138	見	324	便復
175	見	328	裏
216	那得	342-355	律化平仄
220	渠		合抱樹雙飛鳥母題

這詩355句，其中46句有晚出的語言現象。完全沒有上述晚出語言現象的要算60-94

行和 250–285 行這兩段最長，每段 35 或 36 行。但這兩段都有「新婦」一詞（64行，270行，284行），「新婦」有兩種說法，一種謂新嫁娘，戰國策已有這種用法，另一種謂子婦，媳婦，最早的用例似乎是後漢書列女傳和世說新語，本詩也是這種用法。假如「媳婦」義的「新婦」果然是四世紀才興起的用法，那麼按照我們的說法「焦仲卿妻」每隔30行就至少有一項晚出的語言現象。

再看「焦仲卿妻」寫於漢末的證據。第一，支持傳統說法的學者往往引徵玉臺新詠裏這首詩的序文：「漢末建安中，廬江小吏焦仲卿妻……」，但序作於 550 年左右，和漢末相隔三百多年，不足爲憑；況且從漢末到玉臺新詠編成這三百年間，沒有片語隻字提到過這首詩，我們眞不懂序文的作者對這詩的著作經過怎麼會了解得這麼確切。第二，以前古直，王運熙（1958）等直接支持於漢末之說的學者，也曾用文獻中記載的東漢習俗來解釋本詩中的社會現象，例如婚禮奢華舖張，媳婦受婆婆壓迫，改嫁屢見不鮮等。但他們並沒有進一步說明這些社會現象只存在於東漢，不存在於魏晉南北朝，所以他們的論證對考訂此詩的著作年代似乎起不了多大作用，而且我們也沒看到其他學者提出本詩中漢代而後來沒有的語言、社會現象。相反地，我們上面提出了十幾項東漢以後才有的語言現象或社會習俗，因此我們暫且認爲這詩的母題可能漢末已有，但目前所看到的詩是寫在公元五、六世紀。

附錄：東晉南朝之吳語

「東晉南朝之吳語」是陳寅恪先生一篇文章的題目，陳氏認爲，東晉以後南朝士族所說的都是洛陽舊音，因此「凡東晉南朝之士大夫以及寒人之能作韻者，依其籍貫，縱屬吳人，而所作之韻語則通常不用吳音」(1936: 4)。周一良先生（1938: 492）的說法稍微不同：

> 顏之推已言「南雜吳越」，吳越卽南朝揚州之境。蓋揚州之僑人不自覺中受吳人薰染，於中原與吳人語音以外，漸形成一種混合之語音。同時揚州土著士大夫（江東甲族盡出會稽，吳，吳興諸郡，皆屬揚州。）求與僑人沆瀣一氣，競棄吳語，而效僑人之中原語音。然未必能得其似，中原語音反因吳人之模擬施用，益揉入南方成份。此種特殊語音視揚州閭里之純粹吳語固異，視百年未變

之楚言也自不同。

周一良的說法似乎比較合理，因此我們用「東晉南朝之吳語」來指這種傖吳混合的特殊方言，其性質和藍青官話，臺灣國語相似。

陳寅恪先生只是消極地說明什麼不是吳語，並沒有積極地說明什麼是吳語；周一良先生也沒有具體說明這種傖吳混合的特殊方言的內容。我們下面想說明兩點：「焦仲卿妻」是東晉南朝吳語最好的標本；現代閩粵方言裏還保存着一些六朝吳語的特殊語音和語彙。

上面討論過「焦仲卿妻」詩裏的詩律、「渠」和「新婦」，這三項都是南方成份。第一、律化的平仄律是南朝齊梁體的特徵之一，當時只流行在首都建康一帶。第二、「渠」這個第三身代詞最早出現於吳志，其他文獻中用「渠」的也都是南人，現代方言中官話不用「渠」，用「渠」的方言如南昌，梅縣，廣州等都在華南。第三、從現代方言的觀點去看，「媳婦」義的「新婦」只用在江南方言，我們推論這種用法在六朝時代也只流行於江南。下面引漢語方言詞滙（1964；以下簡稱詞滙）229 頁「媳婦」，404 頁「他」兩條：

	北平	濟南	瀋陽	西安	成都	昆明
媳婦	媳婦儿	媳婦	媳婦	媳婦儿	媳婦儿	媳婦
他	他	他	他	他	他	他
	合肥	揚州	蘇州	溫州	長沙	南昌
媳婦	媳婦	媳婦	新婦	新婦	媳婦	新婦
他	他	他	俚	其 ꜀gi	他	佢 ꜀tɕ‘iɛ
	梅縣	廣州	陽江	厦門	潮州	福州
媳婦	꜀sim꜀k‘iu	新抱	新府 ꜂fu	新婦	新婦	新婦
他	佢 ꜀ki	佢 ꜂k‘ɸy	其 ꜀kei	伊	伊	伊

王力 (1957: 22) 指出：『廣州稱「新婦」（兒媳婦）爲「心抱」，客家稱「新婦」爲「新逋」,「婦」字保存重唇音』，可見廣州話，客家話也用「媳婦」義的「新婦」，而且這個語詞至晚在八、九世紀重唇變輕唇以前已進入華南。

上面曾說明「焦仲卿妻」作於東晉南朝，詩中大部份用以洛陽話爲基礎的通語，但也滲入少數南方成份，因此這詩可看作「東晉南朝之吳語」的標本。此外「焦仲卿妻」是樂府體，用語不乏俚俗成份，如「阿母」、「阿女」的「阿」，方位詞「裏」，人身代詞「渠」等，這些可以算是庶族的語言，但律化的平仄律卻一定出身宮廷文士之手。總起來說，這詩用的是南腔北調，士庶混成的語言。

上面討論「渠」和「新婦」是配合運用古代文獻和現代方言這兩種資料，我們一般的設想是認爲東吳以來江南的純粹吳語很像現在的閩語；閩語型的方言在那時的分佈地區比現在廣濶得多，包括江浙閩粵一帶[4]。 後來在江浙地區的閩語型的方言被北方侵入的方言替代，以致東晉南朝的吳語的某些語音，詞彙只保存於現代的閩語和粵語，下面舉例說明這個假設。

切韻魚虞兩韻有別，之脂也有別。羅常培先生（1931）指出，魚虞兩韻在六朝時代沿着太湖周圍的吳音有分別，在大多數的北音沒有分別；用韻魚虞有別的詩人包括沈約（吳興武康人），吳均（吳興故鄣人），陸倕（吳郡吳人）等；魚虞混用的詩人包括謝靈運（陳郡陽夏人），庾信（南陽新野人），徐陵（東海郯人），王融（瑯琊臨沂人）等。最有意思的梁朝皇室蕭家的用韻，蕭衍，蕭統等的祖先本來是東海郡蘭陵縣人，他們隨晉室南渡後僑居晉陵武進縣的東城，就改爲南蘭陵蘭陵人。南蘭陵的郡治蘭陵在今江蘇武進縣西北九十里，正在太湖周圍的吳音區之內，但蕭家詩文的用韻是魚虞相混。從魚虞分合的例可以看出六朝時代有時吳人用吳音押韻，北人和僑居南方的人用北音押韻，這是陳寅恪先生說法的一個反證。

現代的漢語方言中，只有閩語、汕頭、廈門、隆都等方言在某些聲母後還能分辨魚虞（周法高 1948a; Egerod 1956; Norman 1969），只有閩語政和話大致還能分辨之脂(Norman 1979)。切韻的幾個作者都沒到過閩地，其中三個南人劉臻、顏之推、蕭該幼年可能在金陵住過，而且曾經在梁朝做府（周祖謨1966: 439），他們知道魚虞有別，之脂有別，可見現在保存於閩語的這兩個分別，在南朝的吳語裏還存在。宋朝陸游老學庵筆記卷六：「吳人訛魚字，則一韻皆開口」，在北方方言魚虞早巳相混，都讀合口，陸游指出吳語魚韻讀音不同，可見南宋時代吳語魚虞仍有分別。

在詞彙方面，古文獻指明是「南楚」或「江東」的方言詞，有些閩語現在還在

4. 這是羅杰瑞 (Jerry Norman) 和包擬古 (Nicholas Bodman) 的說法。

用。方言卷四「裪襘謂之袖」條下郭璞注說：「衣褾江東呼䘼，音婉」，夏門，潮州稱袖子爲「手䘼〔ᶜŋ〕」（詞滙 121），龍溪話稱爲「䘼」〔ᶜũĩ〕，揭陽話稱爲「衫䘼」〔ᶜsãʻŋ〕（林金鈔 1980: 251），都是「䘼」字。方言卷二議：「䁥、睇、䀮、眄也……南楚之外回睇」，現代廣州話管表示動作的「看」叫〔ᶜtʻai〕，潮州話叫〔ᶜtʻõĩ〕（詞滙 250），用的是「睇」字——雖然潮州話的鼻化音來源不明。方言卷三「蘇，介草也，江淮南楚之閒曰蘇」；「蘇介草也」這句下郭璞注說：「漢書曰樵蘇而爨，蘇猶蘆，語轉也」，現在「蘆」字閩北建陽話說〔꜀so〕，建甌話〔꜀su〕，和本方言的「蘇」字同音不同調，這是「蘆」字複聲母 *Cl- 在閩北方言演變的結果（梅祖麟，羅杰瑞1971）。世說，德行「吳郡陳遺家至孝，母好食鐺底焦飯」，這個「鐺」字意思是鍋，本字是「鼎」，閩語管鍋叫「鼎」如福州，隆都，建甌 tiaŋ，厦門 tiã，原始閩語 *tiaŋ，「鐺」是「鼎」字（都挺切元音由高變低以後產生的方言字。）

參　考　書　目

小西甚一

1948-1953, 文鏡秘府論考

王　力

1957, 漢語史稿（上）

1958, 漢語史稿（中）

王　越

1933, 孔雀東南飛年代考，國立中山大學文史學研究所月刊1. 2

王運熙

1958 論孔雀東南飛的產生時代思想，藝術及其問題，樂府詩論叢，93-99

太田辰夫

1958, 中國語歷史文法

牛島德次

1967, 漢語文法論，古代編

1971, 漢語文法論，中古編

古　直

漢詩研究：焦仲卿妻詩辨證六，兩漢文學史參考資料 568-570 節錄；原文未見

吉川幸次郎

1966, 世說新語の文章，中國散文論；此文原載東方學報（京都）10.2(1935)

余冠英

1953, 樂府詩選

志村良治

1967, 中古漢語の語法と語彙，載於千島德次等編，中國文化叢書，言語，1, 254-295

李　榮

1980, 吳語本字舉例，方言 1980, -137-140

呂叔湘

1955, 漢語語法論文集

空　海

文鏡秘府論，周維德校點，北平 1975 年出版

周一良

1938, 南朝境內之各種人及政府對待之政策，史語所集刊 7.4.449-504

周法高

1948a, 切韻魚虞之音讀及其流變，史語所集刊 13, 119-152

1948b, 說平仄，史語所集刊 13.153-162

1959, 中國古代語法，造句編（上）

1961, 中國古代語法，稱代編

周祖謨

1966, 切韻的性質和它的音系基礎，問學集 434-473

兩漢文學史參考資料（1968），北京大學中國文學史教研室選注

林金鈔

1980, 閩南語探源

林田愼之助

1979，中國中世文學評論史

梁啟超

1924，中國美文及其歷史，飲冰室合集，專集第十六册

高木正一

1951，六朝たわける律詩の形成，同本中國學會報 4. 35-49；鄭清茂譯作「六朝律詩之形成」，原載大陸雜誌 13. 9 (1956). 17-19, 13. 10 (1956). 24-32；又載大陸雜誌語文叢書第一輯第五册，文學（下）(1963), 66-76

陳寅恪

1936，東晉南朝之吳語，史語所集刊 7. 1-4

陸侃如，馮沅君

1932，中國詩史

陸志韋

1962，試論杜甫律詩的格律，文學評論 4, 13-35

許世瑛

1965，世說新語中第二身稱代詞研究，史語所集刊 36. 185-233

裘錫圭

1979，談談古文字資料對古漢語研究的重要性，中國語文 1979, 437-442

聞一多

1948，樂府詩箋，聞一多全集（四）

梅祖麟，羅杰瑞

1971 試論幾個閩語方言中的來母 s- 聲字，清華學報 9, 1-2, 96-105

詹秀惠

1973，世語新語語法探究

1975，南北朝著譯書四種語法研究，國立臺灣大學中國文學研究所博士論文

網祐次

1960，中國中世文學研究：南齊永明時代を中心として

漢語方言詞滙

1964，北京大學中國語言文學系教研室編

潘重規

1962，隋劉善經四聲指歸定本箋，新亞書院學術年刊 4, 307-325

劉世儒

1957，略論魏晉南北朝系動詞「是」字的用法，中國語文 1957 年 12 月

1962，魏晉南北朝量詞研究

羅常培，周祖謨

1958，漢魏晉南北朝韻部演變研究（第一分册）

Bodman, Richard

1978. Poetics and prosody in early medieval China: a study and translation of Kūkai's *Bunkyō Hifuron*, Ph. D. dissertation, Cornell University, 1978.

Egerod, S.

1956. The Luntu dialect.

Frankel, Hans

1969. The formulaic language of the Chinese ballad "Southeast fly the peacocks", BIHP 39. 219-244.

Norman, J.

1969. Some observations on 魚 and 虞 paper presented to the second meeting on Sino-Tibetan Reconstruction.

1979. 閩語里的「治」字，方言 1979. 179-181.

English Summary

SOME PROSODIC AND GRAMMATICAL CRITERIA FOR DATING THE BALLAD "SOUTHEAST FLY THE PEACOCKS"

Abstract

Tsu-Lin Mei

This paper presents two kinds of new evidence for dating the ballad "Southeast Fly the Peacocks". The Japanese scholar Takagi Mazakau has shown that the tonal prosody of Recent Style poetry began to take shape during the end of the 5th century and the beginning of the 6th. The present author shows that lines 1-10, 236-249, and 342-355 of the ballad by and large conform to Resent Style prosody, and therefore could not have been written earlier than 450 A. D.

The second part of the paper discusses ten grammatical or lexical items. It was shown that these items, as used in the ballad, contain innovative features unattested elsewhere before the middle of the 3rd century. The overall conclusion is that the "Southeast Fly the Peacocks" was written during the 5th or 6th century, about two centuries later than the traditional date of 196-219 A. D.

出自第五十三本第二分(一九八二年六月)

史記齊太公世家補注（上）

陳　槃

齊太公世家。

正義：『括地志云：天齊池，在青州臨淄縣東南十五里。封禪書云：齊之所以爲齊者，以天齊』。

傅孟眞師曰：『齊者濟也，濟水之域也，其先有有濟』（大東小東說）。

又曰：『濟、齊本是一字，如用以標水名，不著水旁亦可，洹水之洹有時作亘，可以爲證。卜辭中有齊餗，而齊餗又近于夷方，此必指濟水上地名而言』（夷夏東西說二）。

槃謹案，天齊本義，謂天之腹臍，見於封禪書。此論怪迂，出諸燕齊方士，不若師說平實。

太公望呂尚者。

俞樾曰：『詩云維師尚父，與言程伯休父同，尚父乃其字也。太公蓋名望而字尚父。古人名字相配，尚者上也，上則爲人所望，故名望字尚也』（羣經平議十一）。

案太公名字，諸家說異（詳周法高周秦名字解詁彙釋上葉六四、六五）。然俞說蓋近是。

東海上人。

集解：『呂氏春秋曰，東夷之士』。正義：『按蘇州海鹽縣有太公宅及廟。

其縣臨海，故云東海』。

閻若璩曰：『齊世家，太公望呂尚者，東海上人。注未悉。後漢琅邪國海曲縣，劉昭引博物記注云：太公呂望所出。今有東呂鄉。又釣於棘津，其浦今存。又於清河國廣川縣棘津城，辨其當在琅邪海曲，此城殊非。余謂海曲故城，通典稱在莒縣東，則當日太公辟紂居東海之濱，卽是其家。漢崔瑗晉盧無忌立齊太公碑，以爲汲縣人者誤』(四書釋地續)。

俞正燮曰：『(水經)清水注云：「汲城西北亦謂之磻溪，城東北側有太公廟，廟前有碑，碑云：太公望者，河內汲人也。案史記云：呂尚者，東海上人。孟子云：居東海之濱。古蓋傳聞異辭。然秦策云：太公望，齊之逐夫，朝歌之廢屠，子良之逐臣，棘津之讎不庸。說苑尊賢篇云：太公望，故老婦之出夫也，朝歌之屠佐也，棘津迎客之舍人也。則太公亦轉徙無常』(癸巳類稿十太公條)。

楊守敬曰：『至碑云太公爲汲縣人，據水經注。先有漢崔瑗立碑，亦稱此縣人。子玉鴻儒，去古未遠，必有折衷。而史記稱，太公，東海上人。續漢志琅邪海曲下劉昭引博物記，太公呂望所出。不思孟子明云：太公避紂，居東海之濱。汲縣逼近朝歌，故避之東海。若本爲東海人，何庸避之？是爲海曲爲太公所避之地則可，謂爲所出之地則不可。而閻百詩反以海曲是其家，而以崔瑗、盧無忌爲誤，傎矣』(晦明軒稿壬癸金石跋太公呂望表跋)。

槃案俞說通達。然荀子君道篇云：『倜然乃舉太公于州人(韓詩外傳四作舟人。古通。詳拙著春秋大事表列國爵姓及存滅表譔異〔以下簡稱春秋大事表譔異〕葉二〇六)而用之』。州國姜姓，太公亦姜姓。世家云『東海上人』，而州之地望，一云在今山東高密縣，一云今江蘇東海縣，地並濱海，則云東海上人者，舉彼大名也。若舉其私名，則州國是也。然則太公蓋生于州，厥後則流寓各地耳。

封於呂。

集解：『徐廣曰：呂在南陽宛縣西』。

今案呂國地望，或曰在南陽宛縣(今河南南陽縣西三十里)，或曰上蔡，或曰新蔡，或曰山東莒縣，或曰山西霍縣。蓋霍縣之呂是其初封，河南、山東諸呂，其遷徙之迹也。呂，金文或作『郘』。載籍一作『膂』，或作『旅』，或作『甫』，或作『郙』(以上並詳拙春秋大事表譔異壹貳伍呂『國』)。

或封於申。

案申，載籍或作『西申』，或作『申戎』。蓋本西方民族，東周時代始入居中國(參拙春秋大事表譔異貳叁申『國』)。

呂尚蓋嘗窮困、年老矣。

王楙曰：『孏眞子曰：太公八十遇文王，世所知也。然宋玉楚詞曰：太公九十乃顯榮；東方朔云：太公七十有二，設謀於文、武。僕謂二說多有之，不特此也，如荀子曰：舉太公於州人，行年七十有二(槃案韓詩外傳四，太公年七十二，而用之者文王)；鄒子曰：太公年七十而相周，九十而封齊；說苑曰：呂望行年五十，賣食於棘津。行年七十，屠牛朝歌。行年九十，爲天子師；淮南子曰：呂望年七十，始學兵書。九十，佐武王伐紂；魏志曰：尙父九十秉旄鉞；白詩曰：七十遇文王。此類甚多。然太公遇文王之歲月，無經典正文。蓋嘗求之諸說，互有不同。譙師謀注云：文王既誅崇侯，乃得呂尙於磻谿之厓。是太公遇文王於伐崇之年。書傳云：散宜生、南宮括、閎夭三子，相與學於太公，四人遂見西伯於羑里。是太公遇文王於被囚之年。史記齊世家云………則是太公歸周，又在斷虞芮之前也。左傳稱呂伋爲王舅，則武王之后，太公女也。文王既得太公，相知之深，然後以武王娶其女。文王受命之年，武王已八十二矣。不應是時方娶其女。此尤汗漫，難以稽考』(野客叢書二八，太公之年條)。

顧師頡剛曰：『言太公望者，皆謂其垂老輔周，故孟子謂爲「天下之大老」，聞西伯善養老而歸之。荀子君道言「文王……倜然乃舉太公於州人而用之；……夫人行年七十有二，齫然而齒墮矣」。楚辭九辯更甚其辭曰：「太公九十乃顯榮兮，誠未遇其匹合」。故史記齊世家曰：「呂尙蓋嘗窮困、年老矣，以魚釣奸周西伯」；又自序云：「番番黃髮，爰饗營丘」。予意，此皆戰國時齊游士之妄談也。

『按詩大明曰:「殷商之旅,其會如林。……牧野洋洋,檀車煌煌,駟騵彭彭;維師尙父,時維鷹揚」,極寫牧野一戰聲勢之浩大與太公搏擊之迅勇,說爲皤然齒陊之人,實覺不似。且苟如荀說,其時文王早卒,太公之衰態當益甚,豈特齒陊而已。左傳召陵之役,管仲告楚使曰:「昔召康公命我先君太公曰:五侯、九伯,汝實征之,以夾輔周室。賜我先君履,東至于海,西至于河,南至于穆陵,北至于無棣。此太公受封於齊之命辭及其封城四至也;而召康公實主之。卽此一點,可知太公受封爲時已晚,必在周公返政之後,故不曰「周文公」而曰「召康公」。書顧命記成王臨終,召太保奭受顧命,知召康公行輩較後,故其早年與周公共事,其後終事成王,晚歲又克相康王。顧命又曰:「太保命……齊侯呂伋……逆子釗于南門之外」,則是時爲齊侯者乃太公之子伋。而晉太公呂望墓表曰:「康王六年,齊太公望卒」,其說引自竹書紀年。此說而信,是康王立時太公猶在,何以齊侯乃爲呂伋,或年老內禪乎?果如孟、荀之言,太公遇文王時已七十餘,則至牧野之戰已九十,至康王六年已百四十;或如楚辭之言,遇文王已九十,則至克殷已逾百歲,至康王六年爲百五十餘:其然,豈其然乎!茲假定當滅紂時渠年三十,則至康王六年爲七十九,自爲極可能之事也。

『推此晚遇之說,當卽由其謚爲「太公」而來。漢高祖「父曰太公」,蓋實不知其名,譯以今語,則「老太爺」耳。戰國人稱父老諒已有「太公」之名,故史記取以稱高祖之父。呂望以謚太公之故,而使人疑爲耄耋大年,正猶彭祖以名「祖」之故,老子以氏「老」之故,而並有長壽之傳說。然古人用「太」字,本指其位列之在前,非實因其年高,故商王有「太乙」(卽湯,誤作天乙)、「太丁」、「太甲」、「太戊」,所以示其以乙、丁、甲、戊爲名之首一王;周王有「太王」,所以示其爲稱王之首一王;周后有「太任」、「太姒」,所以示其爲首數王之配:周女有「太姬」,所以示其爲武王之首一女。共叔段封京,尙係一少年,而稱之曰「京城太叔」,以其爲鄭莊公之首一弟也。田和篡齊,亦謚「太公」,以其爲田齊之首一公也。其後帝王謚其創業之初祖曰「太祖」、「高祖」，並卽此義。何獨齊太公乃爲耄年受封耶！且太妊、太姒、太姬非老而始嫁，是則太公亦豈老而始封哉！齊東野語，此亦其一。而自封神傳行世，圖太公者不爲皓眉白髮龍鍾之翁則以爲不似，故辨之如右』（史林雜識初編葉二〇九太公望之年壽）。

非虎非熊。

孫奕曰：『六韜曰：文王將田，卜曰：田於渭陽，將大得焉，非龍非彨，非虎非羆。兆得公侯，天遺汝師。以之作昌，施及三王。文王乃齋三日，田於渭陽，卒見太公，坐茅以漁。文王乃載以歸，立爲師。史記曰：呂尙以漁釣奸周西伯。西伯將獵，卜之曰：所獲非龍非彨，非虎非羆。所獲伯王之師。果遇太公於渭水之陽，載而歸，立爲師。而沿襲皆作非熊用之。嚴有翼雌黃亦云：世所傳本，或作非熊非羆，致使學者相承，皆以非熊爲太公事，何其謬歟！及觀崔駰達旨，詞曰：或以漁父見兆於元龜。注云：西伯出獵，卜之曰：所獲非龍非彨，非熊非羆，所獲伯王之輔。班固賓戲曰：周望兆動於渭濱。李善曰：史記云，太公望以漁釣奸周西伯，將出，占之曰：所獲非龍非虎，非熊非羆，所謂伯王之輔，則謂之非熊，蓋本於此，不可謂之謬矣（馥案，顧況以非熊名子。文弨案，杜詩亦有田獵夢非熊句）。然今史記實無非熊二字，不知李善何所據而云』（示兒編十三非熊條）。

左暄曰：『沈休文竹書紀年附注：將大獲，非熊非羆。魏立太公望碑：非熊功著牧野。杜少陵投贈哥舒開府翰二十韻詩：收獵舊非熊。俱云非熊』（三餘偶筆十六，非熊條）。

故號之曰太公望，載與歸，立為師。

姚鼐曰『望，其名也。尙，其字也。太公，其薨後子孫所稱，猶周之稱太王也。以謚配名曰太公望，此爲齊言之，若當太公在時，固無稱太公者。又周人敬之，不稱其名，而稱其官曰師；稱其字而加父以尊之曰尙父，「惟師尙父」，詩之所以歌也。……』（惜抱軒集經說七惟師尙父說）。

梁玉繩曰：『詩齊風譜疏引世家作「立爲太師」。呂子長見篇注同』(志疑十七)。

沈欽韓曰：『世家云，文王載與俱歸，立爲師；周紀，武王卽位，太公望爲師；新書六，文王使太公望傅太子發；搜神記，令太公爲大司馬。史遷前後忽忘，何怪雜記紛紛不一！』(漢書疏證六師尚父條)。

故後世之言兵及周之陰權，皆宗太公為本謀。

葉夢得曰：『此說出六韜。夫太公賢者，其所用王術，其所事聖人，則出處必有義，而致君必有道。自墨翟以太公干文王爲忤合，孫子謂之用間，且以嘗爲文、武將兵，故尙權詐者，多竝緣自見』(困學紀聞十一引)。

傅孟眞師曰：『國語：齊、許、申、呂由大姜。據此可知齊以外戚而得封，無所謂垂釣以干西伯。詩大雅大明，牧野洋洋，檀車煌煌，駟騵彭彭。維師尙父，時維鷹揚。涼彼武王，肆伐大商，會朝淸明。據此可知尙父爲三軍之勇將，牧野之功臣。陰謀術數，後人託辭耳。凡此野語，初不足深論者也』(大東小東說)。

周西伯政平，及斷虞芮之訟，而詩人稱西伯受命曰文王。

周本紀作：『詩人道西伯，蓋受命之年稱王，而斷虞芮之訟』。正義：『二國相讓後，諸侯歸西伯者四十餘國，咸尊西伯爲王，蓋此年受命之年稱王也』。

槃案：『受命』，舊有二解。書無逸：『文王受命惟中身』。疏：『鄭玄云：「受殷王嗣位之命」。然殷之末世，政敎已衰，諸侯嗣位，何必皆待王命？受先君之命亦可也。王肅云：「文王受命，嗣位爲君」。不言受王命也』。是文王受命，可解作受殷王命，亦可解作受周先君之命也。案書召誥云：『皇天上帝，改厥元子茲大國殷之命，惟王(成王)受命，無疆惟休』。又云：『有夏服天命……有殷受天命………今嗣王受厥命』。又云：『我受天命』。是受命者。明爲受天之命。所謂文王受命，疑當以此解爲正。至于文王稱王，崔適曰,易升之四曰:王用享于岐山;益之二曰:王用享于帝。享帝之王,即享岐山之王也。岐山者,文王之都會也。享帝者,郊祭天也。王制云:天子祭天地。春秋繁露四祭篇曰:已受命而王,必先祭天,乃行王事,文王之伐崇是也。詩曰:濟濟辟王,左右奉璋。此文王之郊辭也。是郊天實王者事。文王不稱王,何爲郊天?………』(詳春秋復始九、法文王條)。槃案:周語上,祭公謀父稱:『昔我先王世后稷』,『先王不窋』;周語下稱:『自后稷之始基靖民,十五王而文始平之,十八王而康克安之』;大雅皇矣稱:『維此王季……王此大邦』。是周之稱王,早在上世矣。以爲文王始爲西伯、受殷命嗣位乃始稱王者,不考之甚(參看拙春秋大事表譔異葉六五二)。

伐崇、密須。……

索隱:『按郡國志,在東郡廩丘縣北,今曰顧城。密須,姞姓,在河南密縣東,故密城是也,與安定姬姓密國別也』。案索隱謂密須在今河南密縣,而周本紀注則云在安定陰密縣,即今甘肅靈臺縣。錢穆氏則云:應是涇之下游,去豐鎬不遠。槃案葢靈臺縣之說是也。錢說亦可通。(詳拙春秋大事表譔異葉六七三下)。

又案:索隱所謂顧城,古顧國,商頌所謂『韋顧既伐』者是也。然此顧國與文王無涉,世家此處亦不及顧國,小司馬之說何爲而發?豈錯簡在此耶?

犬夷。

會注:『錢大昕曰:犬夷即昆夷』。

槃案犬夷,一作畎夷。昆夷,昆一作緄,一作混。又有犬戎、鬼方、玁鬻、玁狁、狄、燕京之戎等稱,詳拙春秋大事表譔異(葉五一一——五一三)。

蒼兕!蒼兕!

索隱:『亦有本作蒼雉。按馬融曰:蒼兕,主舟楫官名;又王充曰:蒼兕者,水獸九頭,今誓眾令急濟,故言蒼兕以懼之』。

案『兕』『雉』古字通。呂氏春秋至忠篇『荆莊哀王獵於雲夢，射隨兕』，說苑立節篇作『射科雉』。王念孫曰：『雉與兕同。集韻：兕，或作雉。史記齊世家：蒼兕！蒼兕！徐廣曰：本或作蒼雉。管蔡世家：曹惠伯兕，十二諸侯年表兕作雉』(詳讀書雜誌淮南內篇第十六。志九之十六・十)。

俞樾曰：『蒼兕者，尙父所建之旗也。……唐書儀衞志云，第四兕旗隊，是固有兕旗矣，殆亦因乎古也』。『本或作「蒼雉」者，殆尙父當日，使人以析羽之旌指麾軍士乎？………曲禮篇：士雉。正義曰：雉，取性耿介，唯敵是赴。然則疊呼蒼雉，與情事正合矣』(詳經課續編七蒼兕解一、二)。

案俞氏說可備參。

總爾衆庶，與爾舟楫，後至者斬。遂至盟津，諸侯不期而會者八百諸侯。

閻若璩曰『(蔡沈)泰誓篇目云：上篇，未渡河作；中下二篇，既渡河作。則以孟津爲在河之南，與河朔爲二地也者。不知孔穎達疏明云：孟者，河北地名，春秋所謂向盟是也。於孟地置津，謂之孟津。言師渡孟津乃作泰誓，知三篇皆渡津乃作爾。考史記周本紀，叙諸侯不期而會盟津者八百諸侯，在武王渡河之下。齊太公世家叙遂至盟津，在師尙父與爾舟楫之下，益驗地在河北。通典河南府河陽縣註云：古孟津，後亦曰富平津，在其南。蓋水北曰陽，故河陽卽孟津。若其南岸，則自名富平津，不得有孟名，所以杜元凱傳：預以孟津渡險，有覆沒之患，請建河橋于富平津』。蓋以舟相比若橋然，自南岸以達北』(尙書古文疏證六上)。

武王將伐紂，卜龜兆不吉。

梁玉繩曰：『案事亦見論衡卜筮篇。書泰誓疏曰太公六韜云，卜戰，龜兆焦，筮又不吉。太公曰：枯骨朽蓍，不踰人矣。彼言不吉者，六韜之書，後人所作。史記又采用六韜。好事者妄矜太公，非實事也』(志疑十七)。

遂追斬紂。

梁玉繩曰：『斬紂，妄也。說在周紀』（同上志疑）。

案紂之誅滅，諸子傳記之書各據所聞，槃偶亦有所論述，別詳記尚書古文疏證論逸周書世俘篇。

遷九鼎。

洪邁曰：『夏禹鑄九鼎，唯見於左傳王孫滿對楚子及靈王欲鼎之言，其後史記乃有鼎震及淪入於泗水之說。且以秦之強暴，視衰周如机上肉，何所畏而不取？周亦何辭以卻？赧王之亡，盡以寶器入秦，而獨遺此。以神器如是之重，決無淪沒之理。泗水不在周境內，使何人般舁而往，寧無一人知之以告秦耶？始皇使人沒水求之不獲，葢亦爲傳聞所誤。三禮經所載鍾彝名詳矣，獨未嘗一及之。詩書所書，固亦可考。以予揣之，未必有是物也。』（容齋三筆卷十三十八鼎）。

顧師頡剛曰：『殷代固鑄有大器，若今中國歷史博物館所藏司母戊鼎，出於安陽小屯西北岡，鼎高及人腹部，重至一千七百市斤，可以烹牛。武王克商，所得重器必多，成王營洛邑，擇尤移存之，以鎮撫社稷，於事皆有可能。謂之『九』者，示其眾也，非謂實數確爲九器，其實數亦必不止於九也（孔穎達於左傳桓二年、正義云：『其鼎有九，故稱「九鼎」也』，而於尚書召誥、正義云：『九牧貢金爲鼎，故稱「九鼎」。其實一鼎』。此固由其胸無定見，故隨情增損，而亦由於本無實物或眞實之記載作證，故不妨爲矛盾之解釋）。以其深藏宮廷，見者至希，而大器名高，言者又雜，舌生人口，莫之捫也。經七、八百年宣揚夸飾，遂爲敻絕人間龐然大物，有若始皇之十二金人；且傾億萬人民之觀聽，以爲神聖玄妙，天命所寄，非受命之天子不克以取之矣』（史林雜識初編葉一五三九鼎）。

於是武王以平商而王天下，封師尚父於齊營丘。

淮南脩務篇：呂望『爲文王太師，佐武王伐紂。成王封之于齊也』。此言成王封太公于齊，與世家異。又漢書地理志曰：『至周成王時，蒲姑氏與四國共作亂，成王滅之，以封師尙父，是爲太公』。胡適之先生曰：『史記的周本紀與齊太公世家，都說太公封於齊是武王時的事。……現在看來，漢書所說，似近於事實』(說儒第二章)。

槃案論衡逢遇篇：『太公、伯夷……皆見武王，太公受封，伯夷餓死』。此似亦謂太公受封在武王世、與世家同。

齊都營丘，舊說云卽營陵，亦稱緣陵，卽今昌樂縣。此誤。路史云，始封營丘，卽今昌樂；復封之營丘乃臨淄。趙一清說同。未見所據。漢書地理志下齊地條：太公封薄姑。顏注云是益封，而水經濟水注引陸澄地理書則似以爲初封。薄姑故城，一說在今山東博興縣東北十五里；一說卽姑幕，在今諸城縣西南。胡公亦嘗徙居薄姑，獻公復都臨淄，並見世家。據孔穎達說，則惟胡公一世居薄姑，胡公後，並仍居臨淄(詳拙春秋大事表譔異葉八五——八八)。

東就國……萊侯來伐，與之爭營丘。

說苑權謀篇：『鄭桓公東會封於鄭，暮舍於宋東之逆旅，逆旅之叟從外來，曰：客將焉之？曰：會封於鄭。逆旅之叟曰：吾聞之，時難得而易失也。今客之寢安，殆非封也。桓公聞之，援轡自駕；其僕接淅而載之行，十日夜而至。釐何與之爭封。微逆旅之叟，幾不會封也』。

沈欽韓曰：『齊世家太公封齊事同，其說皆妄。國之上公、王之介弟，車服采章非如庶士也，何客逆旅之致詰哉！明天子畫土分疆，逮樹蕃垣，豈有以小醜抗違明命而爭其茅土乎！』(漢書人表疏證卷九)。

槃案說苑『釐何』卽『萊侯』。『釐』『萊』音同字通；『何』爲『侯』譌。以爲鄭桓公事者，野人之語，傳聞異詞也。(別詳拙春秋大事表譔異葉三八八——三八九)。

萊人夷也。

萊，載籍或作郲，或作斄、或作釐，或作東萊，或作萊夷。金文作逨魚。今山東黃縣東南二十里有萊子城(別詳拙春秋大事表譔異葉三八八——三九三)。

淮夷畔周。

正義：『孔安國云：淮浦之夷，徐州之戎』。

案淮夷，總稱，種類不一，故書傳又有『九夷』之目。又淮夷與徐戎有別。（詳拙春秋大事表譔異淮夷『國』。葉五二五）。

東至海，西至河，南至穆陵，北至無棣。

梁玉繩曰：『大事表春秋海道論曰，管仲對楚使，齊地東至于海，特誇言耳，其時登、萊二府，尚有萊、介諸國，與夷雜處。至襄六年滅萊，齊境始邊海，而適召吳之寇』（志疑十七）。

桂馥曰：『管仲此言，盛稱踐履之遠，欲以威楚，不皆齊境。……管仲特舉無棣，使楚知畏，實非齊先君踐履之界。若但舉齊之四境，不足威楚，出言何謂？且楚自知之，無煩界量矣』（詳札樸二・無棣）。

華師茂曰：『以（穆陵）爲齊地者，殊謬。此不過言太公征伐所至，與上「五侯九伯女實征之」相應。楚使言汝何故至吾地？管仲言先王有命，征伐南可至穆陵。如此，纔與楚使鍼鋒相對。若只舖張齊境，仍與楚地風馬牛不相及，烏能折楚使之口？考元和志，穆陵關在淮南道黃州麻城縣西北八十八里穆陵山上，一名木陵關，南北朝爲戍守重鎭。……其他在召陵與陘之南，與當日語意尤脗合。……』（詳春秋大事表六下齊穆陵辨引）。

葢太公之卒，百有餘年。

謂太公卒時，葢百有餘歲。葢者，疑辭。古竹書紀年云：『康王六年，齊太公望卒（太公呂望墓表）。參考上引太公遇文王時之年歲，則公卒時，殆不下百一十有餘歲矣。

明胡爌曰：『按書顧命云齊侯呂伋，則成王之末，伋已嗣太公爲齊侯矣』（拾遺錄。豫章叢書本葉三六）。

楊守敬曰：『按諸書稱遇文王之年，或云七十（元注：說苑尊賢篇、後漢書周彪傳),或云七十二(荀子君道、韓詩外傳、漢書東方朔傳、桓譚新論),或云八十(列女傳齊管妾語、孔叢子記問篇),或云九十(楚辭九辨);而紀年稱太公遇文王、在商紂三十一年,至康王六年,即以紀年計之,已六十六年;以遇文王最早之七十年計之,已百有三十六歲,何云百十餘歲乎?』(元注:書疏引緇師言,太公遇文王於伐崇之年;尚書大傳及史記並言遇文王拘羑里之年;通鑑前編云在紂之十五年,皆參差難依據)(晦明軒稿壬癸金石跋太公呂望表跋)。

槃案有如太公已卒然後呂伋嗣侯,則成王崩時,太公已卒,自不得至康王之世矣。胡氏說是。然左暄氏謂,太公留周,呂伋受封(參下文引),說亦可通。

子丁公呂伋立。

集解:『徐廣曰,一作及』。正義:『謚法,述義不克曰丁』。

梁玉繩曰:『通志氏族略云,謚法雖始有周,是時諸侯,猶未能徧及。齊五世後稱謚,則知所謂丁公者,長第之次也。鄭說是。杞宋曹蔡四世未稱謚,衞亦五世後稱謚,而宋竝有丁公,可驗已。說文以伋謚玎,非。又謚法:述義不克曰丁。呂伋賢嗣,何以蒙此不韙之名乎』(志疑十七)。

汪中曰:『史記,呂伋稱丁公,丁公之子得稱乙公,乙公子慈母稱癸公,其言實出世本。丁、乙。癸並从十干,不得如說文作玎也。周初諸侯未有稱謚者,周文公見於國語,經傳但稱周公。召康公見於左氏春秋、毛詩序,經傳但稱召公。齊之太公,亦非謚也,故伯禽稱魯公;蔡叔之子胡稱蔡仲,蔡仲之子荒稱蔡伯;振鐸稱曹叔,曹叔之子脾稱大伯,大伯之子平稱仲君;封稱康叔,康叔之子稱康伯;宋始封之君稱稱微子、微仲,微仲之子稽稱宋公,宋公之子申亦稱丁公;虞稱唐叔,唐叔之子爕稱晉侯。當時易名之典,惟施于王者。諸侯之得謚者,多在再傳及三四傳之後。前此或以伯仲、或以國邑,而夏殷之禮,相沿而未革,故猶有以甲乙爲號者,齊之丁、乙、癸、宋之丁公,是也』(述學內篇二、玎文正)。

汪之昌曰:『盂鼎銘,文王字三見,皆作玟。武王字一見,作珷。李慈銘引齊丁公說文作玎爲證。偶閱尸子勸學篇,「夫昆吾之金」,玉篇玉部引作「

坻培」，亦一證也』（青學齋集二十六雜錄上）。

槃案梁汪二氏所謂丁公非謚，是也。文王武王亦非謚，近代學者論之矣。文武非謚，而其字可从玉作玟珷；丁公非謚，則其字何以不可以从玉作玎，汪氏證之是也，說文必有據，妄議之非也。

又案晏子諫下二：『丁公伐曲沃，勝之，止其財，出其民。公日自莅之，有輿死人以出者，公怪之，令吏視之，則其中金與玉焉。吏請殺其人，收其金玉。公曰，以兵降城，以眾圍財，不仁；且吾聞之，人君者，寬惠慈眾，不身傳誅。令舍之』。此雖不等于舊史，然丁公必賢嗣，故可有此傳說也。

左暄曰：『依史記之言，是成王少時，曾命太公專征伐，而太公既卒，丁公乃立也。尚書顧命有俾爰齊侯呂伋之文。顧命，成王將崩而史臣作也（元注：成王立三十七年而崩）。似太公卒於成王之世矣。而竹書紀年云：康王六年，齊太公薨。按禮記，太公封於營丘，比及五世，皆反葬於周。鄭氏注曰：太公受封，留爲太師，死葬於周。五世之後乃葬齊。然則太公留周，而呂伋封齊。亦猶周公留周而伯禽封魯也。呂伋封齊而稱齊侯，亦猶伯禽封魯而稱魯公也。呂伋之立，固非繼公而侯也。而史記所云，太公之卒百有餘年、子丁公呂伋立者，固不足據也。（元注：竹書紀年：成王八年，命齊侯呂伋，遷庶殷于魯。則成王少時，呂伋已爲齊侯矣）。（三餘偶筆十一齊世家條）。

槃案左氏所引成王八年命齊侯呂伋一事，出今本竹書。然今本竹書之說，亦多有依據，固不妨存參。

子癸公慈母立。

索隱；『系本作𪊲公慈母。譙周亦曰祭公慈母也』。

張澍曰；『唐盧若虛石記云；太公之後有蔡公氏。按太公後當是癸公。……以丁公、乙公、酉公例之，作癸公爲是』。『蔡・祭皆譌』（姓氏辯誤二三蔡公氏條）。

梁玉繩曰；『檀弓疏引世本作𪊲。譙周云，祭公慈母。各本譌作慈心』（志疑同上）。

子哀公不辰立。

索隱；『系本作不臣，譙周亦作不辰。宋忠曰；哀公荒淫田游，國史作還詩以刺之也』。

梁玉繩曰；『世本作不臣，而竹書名昴，蓋有二名。臣字疑誤』(同上志疑)。

五侯九伯。

俞樾曰；『古人舉得半之數則曰五，不及乎半則曰三，過乎半則曰七。易曰三日不食，又曰七日來復，又曰七日得；詩曰其實七兮，其實三兮；……又曰五日爲期。……皆是也。若至少之數不可以三言者，則曰一。……至多之數不可以七言者，則曰九，如九如、九合諸侯、叛者九起，是也。左傳「五侯九伯」，五者，舉其中數。九者，舉其極數。後人不達古語，凡言數者，必求其義，斯鑿矣』(詳羣經平議三三)。

王引之曰；『侯伯，謂諸侯之七命者。五等之爵，公侯伯子男。曰侯伯者，舉中而言。天下之侯不止於五，伯亦不止於九；而曰五侯九伯者，謂分居五服之侯，散列九州之伯。若堯典五刑有服，謂之五服；五流有宅，謂之五宅；禹貢九州之山川，謂之九山九川也。侯言五，伯言九，互文耳。五服卽九州也』(詳春秋左傳述聞上五侯九伯條)。

今案五與九並虛約數。王氏以五服九州解之，泥。

周烹哀公。

集解；『徐廣曰，周夷王』。

齊召南曰；『此卽毛詩鄭譜所云，紀侯譖之于周懿王，使烹焉，齊人變風始作者也。而徐廣解史記，謂是夷王時事，詩疏力辨其非，以周本紀言，懿王之時，詩人作刺也』(公羊傳莊四年注疏考證)。

李超孫曰；『公羊、竹書(槃案周本紀正義引之)又謂周夷王。……懿王至夷王，中間僅歷孝王一世，是時王世不長，故未易遽定與？』(詩氏族考二)。

哀公之同母少弟山怨胡公，乃與其黨率營丘人襲攻殺胡公而自立。

索隱：『宋忠曰：其黨周馬繻人將胡公於貝水，殺之、而自立也』。

案潛夫論衰制篇作：『齊駋馬傳所以沈胡公於貝水』。

晏子春秋諫上：『使君之年長於胡』。兪樾曰；『胡者，蓋謂齊之先君胡公靜也。詩齊譜正義，言胡公歷懿王、孝王、夷王。是其享國久矣。謚法，保民耆艾曰胡。則胡公壽考令終可知，故封人以爲祝詞。而史記乃有見殺之說，或傳聞之異，不足據也』（諸子平議卷七）。

獻公元年……因徙薄姑，都治臨菑。

孔穎達曰：『據此，則齊唯胡公一世居薄姑耳，以後復都臨淄也。烝民云：仲山甫徂齊。傳曰：古者諸侯偪隘，則王者遷其邑而定其居，蓋去薄姑，遷於臨淄。以爲宣王之時始遷臨淄與世家異者，史記之文，事多疏略。……毛公在馬遷之前，其言當有準據』（毛詩齊風譜正義）。

雷學淇曰：『此時齊侯，乃厲公無忌之四年。劉向列女傳曰：宣姜者，齊侯之女，宣王之后。然則厲公非王之外舅、卽后之昆弟，此城齊之命所由來也。疏謂史記之言未必得實。蓋獻公遷之，此時始城之也。水經淄水注曰：今臨淄城中有丘，在小城內，其外郭，卽獻公所徙臨菑城也。然則小城乃哀公以前所都，外城卽獻公徙都後仲山甫所城矣』（竹書義證二五）。

子厲公無忌立。

梁玉繩曰：『厲公在位九年，此脫』（同上志疑）。

子成公脫立。

梁玉繩曰：『索隱引世本、譙周及年表皆作「說」。齊風詩譜疏引世家政作「說」，則是今本譌說爲脫耳』（志疑十七）。會注：『舊刻毛本脫作說』。

莊公二十四年，犬戎殺幽王，周東徙雒。

今本竹書：『平王元年辛未，王東徙洛邑』。陳逢衡曰：『衡案周本紀，平王立，東遷於雒邑，辟戎寇；齊世家：莊公二十四年，犬戎殺幽王，周東徙雒；蔡世家：釐侯三十九年，周幽王爲犬戎所殺，周室卑而東徙；曹世家：惠伯二十五年，周幽王爲犬戎所殺，因東徙；陳世家：平公七年，周幽王爲犬戎所殺，周東徙；晉世家：文侯十年，犬戎殺幽王，周東徙；楚世家：若敖二十年，周幽王爲犬戎所殺，周東徙。案諸世家，俱以幽王見殺之年爲卽平王東徙之年，誤矣。據十二年表，幽王十一爲犬戎所殺，平王元年東徙雒邑，是徙雒在幽王被弑之後一年，與竹書合；故年表平王徙雒爲齊莊公二十五，則不當統書於二十四；曹爲惠公二十六，則不當統書於二十五；陳爲平公八年，則不當統書於七年；晉爲文侯十一，則不當統書於十年；楚爲若敖二十，則又當書犬戎殺幽王於十九。予爲對閱十二侯年表，而諸世家之誤自見』(竹書集證卷三六)。

因拉殺魯桓公。

梁玉繩曰：『左傳疏引此作「搚殺」，與魯世家同』(志疑十七)。

伐紀，紀遷去其邑。

案紀，金文、穀梁傳並作𢀜。水經注二六巨洋水注云：後改曰劇。初國于今江蘇贛榆縣，後遷劇，今山東壽光縣東南三十里紀城是(參拙春秋大事表譔異葉一六四——一六五)。

反而鞭主屨者三百。

梁玉繩曰『傳云：「誅屨於徒人費，弗得，鞭之見血」。此以爲主屨者，又謂鞭之三百，恐非也。「費」「茀」古通，如魯幽公・晉穆侯皆名濆，而穆之名亦作費，幽公之名亦作茀，可以互證』(志疑十七)。

故次弟糾犇魯……次弟小白犇莒。

定四年左傳：『分康叔以大路、少帛……』。王引之曰：『少帛，蓋卽小白。逸周書克殷篇：「縣諸小白」。孔晁注曰：「小白，旗名」。齊桓公名小白，蓋以旗爲名，若齊大夫欒施字子旗；孔子弟子榮旂字子旗之類也。少與小、帛與白，古字並通』（詳左氏述聞下少帛條）。

毛奇齡曰：『按史世家，襄公次弟糾奔魯，次弟小白奔莒。子糾者，小白兄也，故荀卿曰：桓公殺兄以反國；莊子：桓公小白殺兄入嫂，而管仲爲臣；古越絕書曰：管仲臣於桓公兄公子糾；卽管子大匡亦曰：齊僖公生公子諸兒、公子糾、公子小白；又曰：鮑叔傅小白，辭疾不出，以小白幼而賤，不欲爲傅故也。則明明子糾是兄，小白是弟。而胡氏（安國）引據有云史稱齊桓殺其弟以反國一語，求之列代之史，並無其文。及考漢淮南王傳，知淮南厲王不法，文帝令大將軍薄昭以書責之，有曰：昔周公誅管蔡以安周，齊桓殺其弟以返國。其云弟者，以文帝是兄故諱言兄而言弟。韋昭本註所謂子糾本兄而稱弟者，不敢斥也。胡氏不考所自，徒以程子曾誤讀漢書，早有桓兄糾弟之說，而此又承程子之誤，不得原文，混稱曰史。是以誤讀人書且誤解人說之故而移誤聖經，甚至紊亂人之兄弟倫次。誣妄立說，于以誤天下誤後世。』（春秋毛氏傳十）。

俞樾曰：『啖（助）趙（匡）之徒善於立異，見穀梁傳兩公子之文卽承襄公之下，遂以爲襄公子，是並左傳叔向對韓宣子語，所謂齊桓衞姬之子有寵於僖者而未之知矣。此說殊不足辨，而程子與胡傳俱從之，可怪也。王氏又創異說，以小白爲僖公子，以糾爲襄公子（槃案，見王夫之春秋稗疏上桓公篇），則荀所謂桓公殺兄爭國，薄昭與淮南王書所謂桓公殺其弟者，均非事實，而前人紛紛爭論於桓兄糾弟、桓弟糾兄者，徒爲虛語矣。在王氏別無他據，惟據左氏經文公「伐齊納子糾，齊小白入於齊」，謂糾稱子，則襄公之子也。不知左傳正義云：案定本經文，糾之上有子字。是孔氏所據本初無子字也。執有無不定之子字而盡翻自古相承之舊說，非學者所敢從矣』（俞樓雜纂二十八、子糾條）。

槃案孫奕坦齋示兒編五桓公殺子糾條、王若虛滹南遺老集六管仲不死子糾之難條、陳霆兩山墨談一桓公子糾之爭國條、焦竑筆乘二薄昭書條，於子糾小白孰爲兄弟一問題，並亦有辨。然而毛兪二家之說，詳審矣。

鮑叔傅之。

會注考證：『中井積德曰：兩「傅」字，蓋後人揣量之言耳。且當時智者取奇貨而出，何必論官銜？左氏云「奉公子」，乃得其實也』。

槃案：傅，輔也。僖八羊左傳：『不如立卓而輔之』。晉世家作『而傅之』。傅輔並從甫得聲，故通用耳。又相也，僖二十八年左傳：『鄭伯傅王，用平禮也』。杜解：『傅，相也』(案廣雅同)。史記陳丞相世家：『乃以爲郎中令，曰：傅教孝惠』。集解：『如淳曰：傅相之傅也』。傅相卽輔相矣。中井說謬。

小白自少好善大夫高傒。

集解：『賈逵曰：齊正卿高敬仲也』。

洪亮吉曰：『秘笈新書：齊太公六代孫文、公子高，孫傒，以王父字爲氏』(春秋左傳解詁六莊九年條)。

高國先陰召小白於莒。

國，國子。高・國二子竝齊卿。但國子其人，無可考。僖十二年左傳：『王以上卿之禮饗管仲，管仲辭曰：臣，賤有司也，有天子之二守國、高在』。杜解：『莊二十二年，高傒始見經。僖二十八年，國歸父乃見傳。歸父之父曰懿仲，高傒之子曰莊子，不知今當誰世』。

射中小白帶鉤。

高去尋曰：『中國之有帶鉤，很可能乃受北方異族的影響或來自一共同的來源。中國帶鉤，除特小者外，鉤身都作S的彎曲，乃爲適用腰腹或肩部而更改進的』(詳戰國墓內帶鉤用途的推測)。

案高氏所見實物，大抵不出春秋戰國之際，更早期之實物，則尙未被發見，故桓公帶鉤之形制及用途，今則無可推考矣。

僖二十四年左傳：『齊桓公置射鉤而使管仲相』。舊注疏證：『射鉤事，傳不見。管子小匡篇：桓公曰，管夷吾親射寡人，中鉤，殆于死。今乃用之，可乎？鮑叔曰：彼爲其君動也。呂覽貴卒篇：管仲扞弓射公子小白，中鉤。注：鉤，帶鉤也。晉語：乾時之役，申孫之矢，集於桓鉤。注：申孫，矢名。鉤，帶鉤也。杜注亦謂乾時之役，本晉語』。

遂殺子糾於笙瀆，召忽自殺，

索隱曰：『賈逵云，魯地句瀆。又按鄒誕生本作莘瀆。莘、笙聲相近。笙，如字。瀆，音豆。論語作溝瀆。蓋後代聲轉而字異，故諸本不同也』。

王夫之曰：『十夫有溝，則溝者水之至小者也。江淮河濟爲四瀆，則瀆者水之至大者也。連溝於瀆，文義殊不相稱，且自經者必有所懸，水中無可懸之物，安容引吭？旣已就水際求死，胡弗自沈而猶須縊也？按史記，殺子糾於笙瀆，召忽自殺。鄒誕生作莘瀆。索隱曰：莘、笙音相近，蓋居齊魯之間，瀆本音竇，故左傳又謂之生竇。然則溝瀆、地名也。云「之中」者，猶言之間也。又春秋桓公十二年，公及宋燕盟於穀邱，而左傳言盟於句瀆之邱。句，古侯切，與溝通。蓋辛瀆、笙瀆、生竇、句瀆，一地四名，轉讀相亂。實穀邱耳。杜預謂，穀邱，宋地，亦無所徵。實在魯邊境，齊人取子糾殺之於此，而召忽從死也』(四書稗疏)。

陳鴻森曰：「清世諸儒……以爲此(溝瀆)卽左傳莊九年「殺子糾於生竇」之「生竇」。……凡此，近人陳漢章氏始力糾之：「此經自漢末年，說者已失其義。……彼應劭、徐幹皆當建安曹氏方興之時，故爲華歆、王朗輩解說，不惜矯誣聖言以詆召忽；王肅爲司馬昭妻父，更不足論。而世之爲漢學者，如錢氏之後錄，江氏竢質、宋氏發微及洪氏頤煊之叢錄、吳氏凌雲之遺著，並塗附溝瀆爲卽莊九年子糾所殺之生竇；又豈知生竇確爲魯地，非卽襄十九年、廿九年、哀六年齊地句瀆之邱？……且子糾爲魯殺於生竇，召忽入齊境自刎，而以生竇爲召忽自經之溝瀆，誠可謂小辨破言，小言破義者，何其與於不仁之甚也？曾子制言中篇曰：昔者伯夷、叔齊死於溝澮之間，其仁成名於天下。溝澮之間卽溝瀆也。爾雅釋水云：水注谷曰溝；注溝曰澮；注澮曰瀆；說文水部：瀆，溝也；巜部云：水流澮澮也，皆其證也。蓋溝瀆與溝澮之間，皆汎論水地之隱微者」(綴學堂叢稿初編葉一六)。此駁議有甚嚴切者，唯其說尙有未盡者焉。今按：以論語之溝瀆爲卽子糾所死之生竇，此說實由王夫之發之；又，淮南子原道篇：「今夫狂者，能不避水火之難，而越溝瀆之險者，豈無形神氣志哉？」此以「溝瀆之險」與「水火之難」相對爲文，是「溝瀆」不必指實爲地名之證也。又按白虎通云：「匹夫匹婦者，謂庶人也」；漢書叙傳引班彪王命論稱王陵母爲「匹婦」，師古注：「凡言匹夫匹婦者，謂凡庶之人，一夫一婦當相配匹」。然則召忽固齊之大夫，又焉得以「匹夫匹婦」爲稱？是此章「匹夫匹婦」本泛言之，初未嘗有所指實也甚明』(子路子貢疑管仲非仁二章出齊論語說。元稿葉一八)。

槃案論語憲問：『子路曰：桓公殺公子糾，召忽死之，管仲不死，曰：未仁乎？子曰：桓公九合諸侯，一匡天下，民到于今受其賜。微管仲，吾其被髮左衽矣。豈若匹夫匹婦之爲諒也，自經于溝瀆而莫之知也？』莊八年左傳：齊『亂作，管夷吾、召忽奉公子糾來奔』；九年，『鮑叔帥師來言曰：子糾，親也，請君討之；管、召、讎也，請受而甘心焉。乃殺子糾于生竇；召忽死之』。漢儒以孔子此論，與前引左傳所載是一事；淸儒亦多因此說。蓋所謂『自經于溝瀆』，『溝瀆』必地名。如解爲溝澮之間，則是水地，自經之人何所用之？王夫之之說，不可易也。一地也而或曰『溝瀆』、或曰『笙竇』、或曰『莘瀆』、或曰『句瀆」，此則司馬貞所謂『後代聲轉而字異』者也。至于孔子所謂『匹夫匹婦』，蓋引喩之辭，若曰如匹夫匹婦之輕于一死，不必定斥召忽卽是匹夫匹婦其人也。二陳氏說，頗亦持之有故，存參焉可也。

及堂阜而脫桎梏。

械在足曰桎，在手曰梏。一說：杻曰桎，械曰梏。呂氏春秋贊能篇云：『

乃使吏鞹其(管仲)拳(注:以革囊其手也),膠其目,盛之以鴟夷』。蓋此類並advocate設或傳聞之異,不必泥。

齊祓而見桓公。

祓,除不祥也。齊語作『比至,三釁三浴之』(韋解:以香塗身曰釁,亦或爲薰)。呂氏春秋贊能篇作:『祓以爟火,釁以犧猳焉』(注:火,所以祓除不祥也。周禮司爟,掌行火之政令,故以爟火祓之也。殺牲以血塗之爲釁。小事不用大牲,故以猳豚也)。槃案呂氏春秋本味篇述湯得伊尹,祓之於廟,亦是『爝以爟火,釁以犧猳』。淮南氾論篇述湯得伊尹、文王得呂尚、齊桓得管仲、秦穆得百里奚,並『洗之以湯沐,祓之以爟火』。此類並非紀實,只緣自古有此類風俗,因漫言之,猶想當然耳。景祐監本世家,『祓』作『沃』。案如齊語之言『浴』、淮南之言『洗』,則作沃亦可通。祓、沃形近易譌,未知其審也。

與鮑叔、隰朋、高傒修齊國政。

集解:『徐廣曰:朋或作崩也』。

案古朋、崩字通。周易復彖辭『朋來无咎』,漢書五行志引作『崩來無咎』。楊子太玄進贊『動之丘陵,失澤朋』,此朋亦當讀作崩。詳兪氏諸子平議(卷三十三、葉七)。

魯莊公請獻遂邑以平。

集解:『杜預曰,遂,在濟北蛇丘縣東北』。正義:『蛇,音移』。

案蛇丘,漢置縣,故城在今肥城縣南。而顧棟高曰:遂,在寧陽縣北。通志曰:在鉅野縣(詳拙春秋大事表譔異陸肆遂『都』)。未詳孰是。

愈一小快耳

王念孫曰:『謂偸一小快也。燕策:人之饑所以不食烏喙者,以爲雖偸充腹而與死同患也。史記蘇秦傳作愈。韓子難一:偸取多獸。淮南人間篇偸作愈。是偷與愈通也』（詳讀書雜志漢書淮南王安傳『王亦愈欲休』條）。

案愈、愉、偷、古書通用，別詳拙漢晉遺簡識小七種（葉一〇一）。

遂伐山戎，至于孤竹而還。

齊語作：『北伐山戎、𠟠令支、斬孤竹而南歸』。管子小匡篇略同。

齊率諸侯城楚丘而立衛君。

案今河南滑縣東六十里，隋衞南廢縣，卽古楚丘城也。又隱七年，『戎伐凡伯于楚丘以歸』，其地，今山東曹縣東南楚丘亭是也。但此乃戎邑，非一事也（參江永春秋地理考實）。

歸蔡姬，弗絶。蔡亦怒，嫁其女。桓公聞而怒，興師往伐。

案僖四年公羊解詁云：『時楚強大，卒暴征之則多傷士衆。桓公先犯其與國，臨蔡，蔡潰，乃推以伐楚。楚懼，然後使屈完來受盟，修臣之職。不頓兵血刃，以文德優柔服之』。如此說，是謂齊桓侵蔡，並非由於蔡姬細故。崔述亦曰：『北杏之會，蔡實與焉；旣而叛附於楚，遂不復與齊桓之會。以人情時勢論之，齊侯固當侵蔡伐楚，不必因蔡姬之嫁也。……蓋當時適有蔡姬嫁事，好事者因附會爲之說耳』（考古續說二）。

南至穆陵，北至無棣。

李慈銘曰：『桂氏札樸云：左傳，賜我先君履，東至於海，西至於河，南至於穆陵，北至於無棣。杜注穆陵、無棣皆齊境者，非也。京相璠曰：無棣在遼西孤竹縣（元注：案此引見水經淇水篇注，無棣上有「舊說」二字）。漢書地理志遼西郡令支縣有孤竹城，管仲舉此者，以曾伐山戎也。史記索隱云：舊說穆陵在會稽，非也。今淮南有故穆陵關，是楚之境。無棣在遼西孤竹，服虔以爲太公受封境界所至，不然也，蓋言其征伐所至之域。小司馬之說是也。管仲舉楚境之穆陵，以證齊伐楚非無因涉其地；又特舉無棣，以示踐履之遠，使楚知畏。若但舉齊之四境，不足畏楚，出言何謂？且楚自知之，無煩界量矣。慈銘案，桂說是也。酈注所引是京相春秋土地名語，玩其文加舊說二字，似京相亦主服說，而酈氏斷之云：管仲以責楚，無棣在此方之爲近（方之者，謂方服說也）。則道元已取京相所引舊說。杜氏通典云：鹽山，春秋之無棣邑也。則君卿亦取之。至穆陵，則高氏士奇春秋地名考云：青州府臨朐縣東南一百五里大峴山上有穆陵關。顧氏棟高春秋大事表亦同。而案索隱云在淮南之說，無所取證。然青州在晉時，曹嶷、慕容超等皆據大峴以爲固，不聞有所謂穆陵關者。而淮南之合肥（元注：漢屬九江，六朝改曰汝陰縣，屬南汝陰郡），六朝時爲重鎭，其通壽陽、建康之要路，亦有大峴、小峴二山。合肥在春秋爲舒巢國，楚之北竟，後遂屬楚。疑穆陵本在今廬州府境，後以青州大峴名同，遂移穆陵關於此，小司馬在唐初，聞見固確耳』（世界書局本越縵堂讀書記葉一一七九札樸條）。

又曰：『予前取桂未谷之說，以穆陵當從史記索隱非在青州，而顧震滄春秋大事表於列國地形犬牙相錯表中亦沿舊說爲誤。今日觀大事表，有齊穆陵辨一篇，載其弟子華師茂之說，則亦主索隱，而謂劉裕伐南燕時，止言大峴，不言穆陵，知爾時青州尙無此關，尤與予意同也。惟引元和志穆陵關在淮南道黃州麻城縣西北八十八里穆陵山上，一名木陵關，南北朝爲戍守重鎭。唐元和中鄂岳帥李道古出木陵關討吳元濟，其地在召陵與陘之南，尤合當日語意。考元和志淮南一道，今本已全闕，胡朏明禹貢錐指亦引元和志穆陵關在麻城縣穆陵山上，不知據何書所引也。當再考』（同上書葉一一八〇）。

楚貢包茅不入，王祭不共。

梁玉繩曰：『史詮謂，湖本，共誤爲具』（志疑十七）。槃案，景祐監本、宋蜀本並亦作具。

左傳曰：『爾貢包茅不入，王祭不共，無以縮酒』。杜解：『包，裹也，束也。茅，菁茅也。束茅而灌之以酒爲縮酒。尙書：「包匭菁茅」。茅之爲異，未審也』。疏：『郊特牲，縮酌用茅。鄭玄云，泲之以茅，縮去滓也』。

槃案，以茅縮酒去滓取其清，此是一義。周官甸師：『祭祀共蕭茅』。

注：『鄭大夫云，蕭字或爲莤，莤讀爲縮。束茅立之祭前，沃酒其上，酒滲下去，若神飲之，故謂之縮』。說文莤：『禮，祭，束茅加於祼圭而灌鬯酒，是謂莤，像神歆之也』。束茅爲偶人，以酒灌之，象神之飲，此又一義。杜謂不知茅之爲異，意謂祭神何以必用楚茅，未知楚茅與常茅何異也。案水經湘水注泉陵縣下小注：『晉書地道記曰，縣有香茅，氣甚芬香，言貢之以縮酒也』。楚所貢之茅，雖未必卽泉陵所產，然楚茅之異，殆亦以其芳香不同常茅歟？而禹貢言荊州之貢『包匭菁茅』，鄭玄云：『菁茅，茅有毛刺者，給宗廟縮酒。重之，故包裹又纏結也』（夏本紀集解引）。案禹貢著荊州貢菁茅，蓋亦用以祭祀，與所謂楚包茅者，當是一事。韓非子外儲說云：『是時楚之菁茅，不貢於天子三年矣』。是楚包茅亦稱菁茅也。鄭注謂菁茅爲茅之有毛刺者，毛刺之茅何以可貴？其義未聞也。又史記封禪書：『江淮之間，一茅三脊，所以爲藉也』。漢書郊祀志上同。顏師古注曰：『藉，以藉地也。』此三脊之茅亦曰菁茅。管子輕重丁篇：『江淮之間，有一茅而三脊毌（貫）至其本，名之曰菁茅，使天子環封而守之』。三脊之茅用以藉地（藉、蒩、苴，義同，見春官司巫鄭注。以茅藉地，所以爲謹敬清潔也，見白虎通社稷篇引春秋傳），則與用於縮酒者有別矣。豈旣以縮酒亦以藉地耶？括地志曰：『辰州盧溪縣西南三百五十里有包茅山。武陽記云：山際出包茅，有刺而三脊，因名包茅山』（夏本紀正義引）。此似謂楚貢之包茅卽此山所產。又云有刺三脊，則與鄭注及管子等說亦有關。豈楚茅亦卽江淮之茅有刺而三脊，杜氏所謂其所以爲異者，卽在此耶？（宋丘光庭兼明書二『包匭菁茅條』主此說）。禹貢『包匭菁茅』，鄭玄注云：『匭，纏結也。……包裹又纏結也』。僞孔云：『匭，匣也』。孔穎達曰：『匣是匱之別名，匱之小者。菁茅所盛，不須大匱，故用匣也』。以上匭字之解，僞孔與鄭不同，然無礙包之爲裹。獨武陽山記以『包茅』爲名詞，是異聞也。然以『包匭菁茅』之稱證之，則以爲名詞者蓋非也。

昭王南征不復，是以來問。

集解：『服虔曰：周昭王南巡狩，涉漢未濟，船解而溺昭王。王室諱之，不以赴諸侯。不知其故，故桓公以爲辭，責問楚也』。

僖四年左傳杜解略同。會箋曰：『齊侯以爲楚罪而問之也，非眞不知其故而問之也。昭王不復之故，經、傳文缺，不可詳考。若果別無他故，但見惡於船人，何至遽行弒逆？私人自以私怨弒王，其國之君何以不討？嗣王亦何以不問乎？帝王世紀載膠船事，蓋俗說爾。船板極厚，王所乘船又必大，非膠力所能膠也』。

槃案帝王世紀云『膠液船解』，見周本紀正義。呂氏春秋音初篇作『梁敗』。俞樾曰：『左傳正義云：舊說皆言，漢濱之人，以膠膠船，故得水而壞。此言梁敗者，天子造爲梁，舟敗卽梁敗也。畢校疑其互異，非是』(諸子平議二二)。案梁敗卽舟敗，俞氏說亦可通。然膠船之說亦未可憑信，竹添說是。竹書紀年云『喪師於漢』；周本紀云『卒於江上』，是所謂『愼言其餘』也。

貢之不入，有之。寡人罪也。……昭王之出不復，君其問之水濱。

陳霆曰：『寡人者，言寡德之人，諸侯謙稱之辭也』(兩山墨談卷一)。陔餘叢考亦有說，引見吳世家『孤老矣』條。

集解：『杜預曰，昭王時，漢非楚境，故不受罪』。正義：『按鬻熊爲周文王師，至于文、武，以勤勞之後嗣、而封熊繹于楚蠻，封以子、男之田，居丹陽，在荆州枝江縣界、有枝江故城是，故云漢非楚境』。

竹添光鴻曰：『不貢可以改悔。弒王之罪，天下之大戮也，如何承認得？故不敢他對，但請自問于水濱，而人莫之知也。……楊愼曰：楚實殷之始封，楚苦縣瀨鄉，在漢水東北，則漢水於西周之時，豈未屬楚乎？又詩云：奮伐荆楚，罙入其阻。鄭云：深入方城之阻也。方城在今漢水北，豈昭王時未屬楚乎？然則漢水實屬楚也久矣』(左傳會箋)。

齊師進次于陘。

張應昌曰：『趙企明經筌曰，杜氏最詳於地，而於侵蔡次陘，有所不通。

蔡，今之蔡州。許在潁川，今之潁昌。……齊伐楚，先歷許然後至蔡，過蔡然後及楚。陘當在蔡之前，不當在蔡之後，潁昌去蔡州三百里，不應退師若是之遠，則杜指潁川召陵（槃案，召陵縣故城，在今河南郾城縣東三十五里）之陘亭，非也。愚考顧氏輿圖，誠有如趙氏所辨者。惟王伯厚據史記正義及國策蘇秦語，謂（陘）山爲楚交界處，地在滎陽新鄭（案今河南新鄭縣），與張氏琦所考近密縣（案今河南密縣）者當是，張亦以杜爲非也。高氏考略從杜，而兼采蘇秦語，謂二國皆恃此爲險，在楚則爲北塞，在韓(案滎陽於戰國爲韓)則爲南塞；又據新鄭亦有陘山，知陘塞綿亙甚遠，則亦不能無疑於杜矣』（詳春秋屬辭辨例編卷四八）。

楚王使屈完將兵扞齊。

梁玉繩曰:『傳云「楚子使屈完如師」，以觀強弱也。此言「將兵扞齊」，非』（志疑十七）。

槃案經作『楚屈完來盟于師，盟于召陵』。會注引龜井昱云『懼而求盟也』，當是也。

一九八三年九月六日完稿。

出自第五十三本第三分(一九八二年九月)

記先師董作賓先生手批殷虛書契前編

附論前編的幾種版本

張　秉　權

殷虛書契或稱殷虛書契前編，或簡稱前編，或省稱前，由上虞羅振玉類次（國學叢刋二十卷本作上虞羅振玉集）以珂羅版影印。是甲骨學中一部很重要的箸錄。現在我所能見到的已刋行的版本，共有五種，今列述如下：

一、清宣統三年（1911，辛亥）國學叢刋第一、二、三册所載的石印本。共箸錄三卷（序文謂有二十卷），凡甲骨文二九四版。

二、民國二年（1913，壬子十二月）在日本自刋珂羅版影印雙宣紙本八卷，線裝四册。箸錄甲骨文凡二千二百二十九版（這是甲骨年表所載的數據。甲骨年表出版於民國二十六年。邵子風甲骨文書錄解題說是二千一百九十三版。據我所統計的數目，則爲二千二百二十八版，各家數據不一，恐怕是根據不同的版本所致，因各版所載拓本頗有出入，詳見下文。）最初定價銀元八十元，後漸增至二百元。

三、民國二十一年（1932，壬申）重印另拓珂羅版影印桑皮紙本八卷，線裝四册，上海，定價一百元。（此據甲骨年表。明義士以爲重印在二十年，1931）。

四、民國四十八年（1959，己亥）臺北，藝文印書館翻印，三十二開模造紙本八卷，洋裝四册。

五、民國五十九年（1970，庚戌）臺北，藝文印書館翻印本八卷，線裝四册。（增加一篇鉛字排印的嚴一萍序文）。

此外，據陳夢家的卜辭綜述附錄說還有一種『丁巳』本，那是羅氏影印前編以後，又將那些拓本和拓本的照片黏貼裝訂成册，也是八卷，卷葉數目與前編相同，不過有若干拓片，已經散佚，不見於此本，卽丁巳本了。羅氏並有序記一篇，寫於殷禮在斯堂。陳氏曾以此本與各家著錄校對，一一列出其互相重複拓片的號碼。不過我沒見過此本，不敢多說。

先師董彥堂（作賓）先生手批的殷虛書契前編八卷（線裝四册），是桑皮紙本，亦卽民國二十一年（壬申，1932）的重印本。封面書籤較寬較長，「殷虛書契」四字，亦較肥大。羅振玉序文中「范恒齋」的「范」字誤作「茫」字（其它還有一些差異之處，另詳下文）。民國六十三年由師母熊海平夫人率其哲嗣玉京、敏、萍等師弟妹將它和其它先師所藏之書，捐贈給中央研究院歷史語言研究所。現藏甲骨文研究室。

先生逝世，倏忽廿載。緬懷音容，不勝悽愴。讀其遺書，親其手澤，有似面聆教誨；重沐春風。在他那些批語中，可以見到他一代宗師的大家風範；也可以見到他平日讀書的細心勤奮之處。卽使在顚沛流離的避亂旅途中，依然手不釋卷，挑燈夜讀，字裏行間，無不流露出他老人家的思想銳敏；觀察入微；考慮周詳；見解卓越。雖片言隻語，都足以啓廸後人，嘉惠學子。因此，特將他在前編中的一些批語，逐條札記，公諸於世，以爲後學規範，並廣流傳，同時，作爲先師九秩冥誕的紀念獻禮。有些地方，需要加以說明，則略爲箋疏，俾使讀者容易了解，爲求存眞，特將董師手蹟影印附錄，以便和札記互相對照。關於這，也曾徵得玉京師弟親口惠允，特此誌謝。

殷虛書契前編的名稱，原爲羅氏所自定。他的原意是先將已經拓成的『墨本』，按照『首人名、次地名、歲名，又次則文之可讀者；字之可識者，而以字之未可釋及書體之特殊者殿焉』（見二十卷本序）的次序，『類次』爲『殷虛書契前編』，沒有拓成的甲骨文，則留待將來再輯爲『續編』。至於『後編』，在他的原定計劃中，本爲『其說解則寫爲後編』（見二十卷本序）。跟現在我們所看到的殷虛書契後編，並不一樣。殷虛書契前編的封面書籤和內封面都祇題『殷虛書契』四字。所以董先生在每一册的書籤上，都用毛筆寫上『前編卷一、二』『前編卷三、四』『前編卷五、六』『前編卷七、八』等字。第一册的內封面『內藤虎署』之下，蓋有篆書『董作賓』陰文帶框朱印一方（一·五公分、正方形）。羅振玉序文第一葉框外右下側有甲骨文『作賓』陰文帶框朱印一方（一公分，正方形），而無羅氏原蓋陰文篆書『見張杜楊許未見之文字』朱印（二·七公分，正方形）。羅氏序文之末『圜』字之下，亦無陰文篆書『羅振玉印』及『羅叔言』朱印各一方（一・四公分，正方形）。卷一，第一葉框內在下側『集古遺文第一』的『第一』二字之上蓋有陽文篆書『作賓籀書』朱印一方（一・三公分，正方形）。

以下董師手批部分，將分別卷、葉，逐條記錄。並在每處之前，另加(1)，(2)，(3)，(4)等序數，以資識別，而圖版編號，亦均同此。

（1）卷一，第三葉（正面）。有眉批六條，曰：

（甲）此祖甲，卽羌甲也。第二期

是貞人至第二期矣。

第一期及二期祖庚時，稱大乙爲唐，爲一堅證。　廿八，九，四。

（乙）左記非也，此乃「告方出於祖乙大甲也，大乙二字恰似合文。　卅、一、廿一。

（丙）檢前編集釋，淶漁亦誤仞爲「告方出于祖甲、大乙」，無怪余之誤讀爲合文矣，若非第一期之證據堅實，卽余亦不能不爲合文所惑。　卅、一、廿一。

（丁）按當爲祖乙大甲也。　卅二、十、八、又注。

（戊）陳又引之矣。　四七、十、廿一。

（己）陳謂祖甲，大乙，武丁時那有祖甲？　四七、十、二十二晨。

秉權案：以上六條眉批，均爲解說此葉第四片拓本中的卜辭而作。爲便於解說，特以（甲）、（乙）、（丙）、（丁）、（戊）等，加在每條之前。前四條爲毛筆字。第（戊）條爲紅色鉛筆字。第（己）條爲普通鉛筆字。第一條下行而左，第（乙）至（己）條皆下行而右。第（甲）、（乙）兩條之間，有一直線劃分。第（戊）、（己）兩條中的『陳』字，蓋指陳夢家。陳氏卜辭綜述頁411以及第二十章廟號上，都引此版卜辭證明武丁時卜辭有大乙、祖甲見於同一版者，並謂此祖甲就是沃甲（P. 409）。這一版上的『祖乙、大甲』或『祖甲、大乙』，如果是合文，當是後者；如果不是合文，當屬前者。董先生從民國二十八年到四十七年的二十年間，隨時都在注意這個問題。最初他認爲是合文，屬第二期祖庚時的卜辭，讀成祖甲、大乙。至三十年一月，始悟其非，認爲應分開來讀作祖乙、大甲。其實，這條卜辭，是否爲合文，很難分辨，若非董先生確信武丁時代沒有大乙的稱謂，很難說它不是合文。不過，陳氏還指出這一葉的第一片，也是武丁卜辭，也有大乙。另外還舉了明續七五——七六等片爲例。島邦男氏的殷虛卜辭研究，亦舉零1，佚570爲例（P. 81），主張應作合文句讀。饒宗頤的貞卜人物通考則認爲『大乙二字明爲合文，如不作合文讀，則爲『且乙甲大』矣，苟讀爲『且乙大甲』則一行順讀，一行由下逆讀于文例未合』（卷六，爭，P. 378）。因爲有這些問題的存在，所以董先生在前後二十年中，不斷的加以思考，作了四次批語。

（2）卷一，第二十葉（反面），有鉛筆書寫眉批一條，曰：

此祖甲乃陽甲也。

秉權案：此爲解釋第五、六兩片(亦即反面第一、二兩片)卜辭中的『祖甲』而作。第五片有貞人『大』爲二期卜辭，第六片則爲五期卜辭。

（3）卷一，第二十五葉（反面），在這一面上僅有的那一拓片左下側，有墨筆批語，曰：

前四，二六、七　重出

秉權案：這一條是指此葉第三片，那也是藝文翻刊本嚴氏序文中所沒有提到的。

（4）卷一，第二十七葉（正面），在這一面上僅有的一片拓本的左側，墨筆批曰：

與前3.23.5爲同版，不密接。

秉權案：這一片的下端與 3.23.5 的上端拓本似未拓全，所以不能密接。但兩片均有界線，拓本雖不甚清晰，然猶可見，知其可以上下啣接。

（5）卷一，第三十葉（正面），第四片的右上方，墨筆注三小字曰：

祖庚時。

（6）又此葉（反面），第五、七兩片的右上方亦有墨筆小字注曰：

祖庚時。

祖庚時。

（7）又在其上端框外有墨筆眉批二條曰：

此母辛似爲祖庚時，月未改，王未改。

祖庚有三帚，「乎三帚宅新寶」

（8）卷一，第三十二葉（反面），有墨筆眉批二條曰：

此「賁于一宰，沉二宰」，可證確爲河字，惟祭大川方能用沉牲之祭也。廿四、五、廿七。

爲埋，非沉　廿八、八、九。

秉權案：這一面四片拓本上均有「河」字，董先生最初將「埋」字誤認爲「沈」後來自己改正。

（9）卷一，第三十三葉（反面），有墨筆眉批曰：

此省一于字，文法亦畧異。「御，帚鼠妣己」即「御，帚鼠〔于〕妣己」，亦即「帚鼠御于妣己」也。

（10）卷一，第三十六葉（正面），第三片右側框內，有墨筆注解五行，日期一行，曰：

庚辰　祖丁、丁亥、　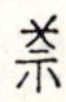之日次相接

己丑　匕庚、庚寅、、

丁亥武丁

庚寅小乙配妣庚

皆用柰祭

卅一、七、十六

秉權案：此版有貞人大，當是第二期卜辭。其辭曰：

（1）庚辰卜，大貞：來丁亥其□于大室？勿□西旣。

（2）己丑〔卜〕，〔大〕貞：〔來〕庚〔寅〕〔其〕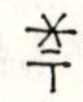于妣庚五宰？

『、』，吳其昌解詁釋爲說文：『祡，燒柴尞祭天也』的祡，亦即柴字。李孝定集釋將它列在說文：『䊮，楚人謂卜問吉凶曰䊮』的䊮字之下。對於吳氏之說，則未徵引，但對董先生在殷曆譜中的說法，則謂：『董先生謂叙即賁之後起新字，按賁爲燔柴之祭，其字作或，从小點象火焰上炎之形，叙字卜辭多見，無一从小點作者，此說似有未安』。羅振玉增考，葉

玉森前編集釋，均列此字於『从又持木于示前』之叙字之列。當爲李氏所本。嚴一萍亦釋爲祡卽柴字，與吳其昌同。

『柰□』『勿□』之『□』，董先生以爲是『祖丁』或『武丁』之『丁』，但在這裏，恐怕還是依照吳其昌所釋的『祊』字爲宜。『祊』亦卽『鬃』字的或體，按照說文的解釋，鬃是一種『門內祭祖先』的祭祀。在甲骨文中，也就是『報甲(田)』的『□』字，魯語：『上甲微能帥契者也，商人報焉』。韋昭注：『報，報德之祭也』。可見祊(鬃)報原來都有祭祀的意思，應該是同一來源；同一個字的。何以到了後代的文獻中，分化成爲『祊』與『報』兩個字了呢？這，須解說一下，在甲骨文中，『□』與『匚』是一個字的正視與側視之形。從田、匚、匜、叵等字形看來，□和匚應是『宗廟盛主之器』的『匰』字的本字，亦卽象『郊宗石室』之類的象形字。但是到了說文裏，□和匚却已分化成爲二個字了，象形的『□』字變成了形聲的『門內祭祖先』的『祊』字，亦卽『鬃』字的或體。『匚』字却成了一般的『受物之器』的通稱，而原來的『宗廟盛主之器』的意義，却由形聲字『匰』字來替代了，對於這個字的解釋，各家如羅振玉、王國維、陳邦福、陳直、傅孟眞(斯年)先生、葉玉森、瞿潤緡等，都知道『□』與『匚』是一個字的兩種寫法，也知道『匚』爲『報』祭之名。但是象這一版卜辭中的『□』，以及下列卜辭中的『□』當釋爲『祊』者，如：

甲申卜，貞：祖甲祊其牢茲用？ (前 1.31.3)

則以吳其昌氏爲最早，其後唐蘭、金祖同並從其說，更加發揮。不過唐氏用『後世讀祊如報』來解釋卜辭中的『□（祊）』、『匚』變爲『報』字的原因，似乎有點勉强。因爲祊字古音在段氏第十部，而報字則在第三部，二者雖非絕不可通，但要旁通才能相轉。我想這二字的變化，不僅是聲音方面的因素，形體演變，也應加以考慮。說文中『匚』字的籀文作『𠤎』。『曲』字作『𠙺』。二者形極相近，而甲骨文中的『匚』字，有時作『𠤎』；有時作『凵』。作凵者很容易和曲字(𠙺)形體相混，而『曲』與『報』古音同在段氏第三部，可以相通。這，也許就是爲什麼『匚』字會變成『報』字的緣故。至於說文中的那個形聲字『匰，宗廟主器也』的匰字，恐怕是從甲骨文『⿷匚丁』字演變出來的，⿷匚丁字本象主在匚中之形。亍或作丅，丅與作丫的單字，形近而誤，只要丅字上面的一橫，畧爲彎曲，就會變成丫字了。於是原爲象形的字⿷匚丁，漸漸被誤認爲形聲的匰字了。否則受主之器的『□（祊）』『匚（讀若方）』，沒有理由會變成从『單』聲的『匰』字的。

(11) 卷一，第三十八葉（反面），有墨筆眉批曰：

后妣癸，祖丁配也。

秉權案：此係解釋第四版卜辭：『庚子卜，王，報甲妣甲后妣癸』中的后妣癸爲祖丁之配偶。

(12) 卷一，第四十葉與四十一葉之間，夾有透明紙墨筆條子一張曰：

己丑　兄己歲　𣪘　　己亥（？）　兄己

乙未　妣庚歲　　　　小乙妣庚

丁酉　𣪘

丁酉　丁歲　三宰　　父丁

庚子　　　　　　　　兄庚

乙未	己丑	丙戌	丁酉	庚子
歲	兄己	𣪘		（兄庚）
妣庚	歲			

秉權案：此爲安排第四十葉第五版上第二期卜辭中的祭祀而作。

(13) 卷一，第四十一葉（反面），第六版之右側，有墨筆字一行曰：

與三十七葉之一，重出。

秉權案：三七之一，拓片未剪，此版則左邊無字部分已被剪去，而且妣辛之『妣』字，亡尤之『尤』字均未拓出。可見羅氏所藏拓本，不止一份。

(14) 卷一，第四十六葉（反面），第四版之下，有墨筆字一行曰：

鐵一五一、二、重。

(15) 卷一，第四十八葉（反面），第五版下，接一透明紙摹本，注明爲前 1.48.4. 即此葉正面之第四版。

(16) 卷一，第五十二葉（正面），有墨筆眉批一行曰：

此「黃尹壱我」，缺刻三橫畫。

秉權案：是指「我」字缺刻三橫畫。

(17) 卷二，第五葉（反面），有墨筆眉批曰：

甲辰所在地名及步往地名，此版史皆缺書。 蓋當時不知如何寫 ，事後又未補之也。

卜夕及田獵之	庚戌（步□）	甲辰（在□步□）
地亦有缺者	戊申（步餗東）	壬寅（在轉步濊）
	丙午	庚子
廿七、四、廿六、滇	丁未	辛巳
	己酉	癸卯
	辛亥	乙巳（在濊步□）後上十一、九

秉權案：此條係指第五片（即反面之第二片）卜辭而言。其所缺地名之處，墨色特濃，不能排除字未拓出的可能性，且字槽有時爲汚物汙塞，亦不能拓出字跡，這是拓片中常有的事情。又『廿七、四、廿六、滇』，之滇字是指雲南省，此時史語所方遷至昆明。他處或在年月日下記一『湘』字者，是指湖南省，有人以爲是董師外甥王湘的湘，實在是一種誤會。董師的表弟固然名叫王湘，但其書法與董師手跡迥然有別，考古組的老同事，都能分別得出來的。再者此處的滇字，即可證明那個湘字，實指湖南。那時，史語所正在湖南長沙，借聖經書院辦公。（見王懋勤中央研究院歷史語言研究所大事年表，本所四十周年紀念特刋，P.10，五十七年，臺北）

(18) 卷二，第十葉（正面），第三片左側有墨筆字一行曰：

與龜二、十八、十二重

(19) 卷二，第十一葉（正面），有墨筆眉批曰：

五期毓之繁文

秉權案：此指第三片中的毓字。

(20) 卷二，第十五葉（正面），有墨筆眉批三行，曰：

二版有「在奠貞」知奠確爲地或國名也。此 亞 即一期之 亞 。

廿六、十、十五、湘。

秉權案：此時史語所正在湖南長沙，故曰『湘』，非王湘之署名。

(21) 卷二，第十七葉（正面），有墨筆眉批一行，曰：

䍥爲㴒之省

秉權案：此葉第三片有「㴒」字，第四片有「䍥」字，均爲地名。亦均屬第五期之卜辭。

(22) 卷二，第十九葉（正面），有墨筆眉批一行，曰：

「」與「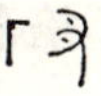」地爲鄰。

(23) 卷二，第二十二葉（正面），有墨筆眉批四行，曰：

「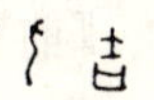」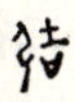之分書也。

此例僅見！　　廿六、十、十五、湘。

辛巳𢦏之地似空白未塡，細來之仍拓印不出耳。

秉權案：董師此語，正可證明我在第（17）條案語中的說法。不但五期小字常有拓印不出的現象，即使一期卜辭，也常有拓不出來的字。此處之『湘』仍是指湖南省，這時史語所仍在長沙辦公。

(24) 卷二，第三十三葉（正面），有墨筆眉批四行，曰：

吳氏以爲虎字（解詁七〇五葉），即虎甲之虎，是也。五期甲字所从，正作此形。　　廿八、五、二

秉權案：此係指第二版中之『虒』字而言。吳釋非也，當以釋虒爲是。

(25) 卷二，第三十五葉（反面），有墨筆眉批三行，曰：

以必產鹿、犯、故預刻之，而結果或未有所隻，或隻而未記也。　廿八、八、十一

秉權案：此係指第四版卜辭而言。

(26) 卷二，第三十六葉（反面），在第六片右側有墨筆字一行，曰：

此片與初版異，誤重次頁一版。

又在此片左側下方貼一透明紙墨筆摹本，並在其下注曰：

此初版2卷36葉之6原片也。　　廿六、十、十九補抄、湘。

秉權案：此確係董師親筆，『湘』是指湖南省。時抗戰軍興，史語所遷至湖南長沙，借聖經書院辦公，於二十七年春，始由長沙遷往雲南昆明。蔡哲茂以此證『茫』字本，爲第二次於民國二十一年（壬申）重印本，實不誤。惜其未見最後一卷，即卷八最後一葉，即三十一葉，董師所記之語（詳後），否則，當不致引起誤會。

(27) 卷三，第一葉（正面），集古遺文第一的『第一』二字之上，蓋有陽文篆書『作賓籀書』朱印一方。

(28) 卷三，第三葉（反面），第二版（此面僅一版）上，有墨筆摹寫綴合龜1.15.7與龜1.15.1.（即此版，前3.3.2）之透明紙摹本二張黏合爲一版，以其一角黏貼在此葉上，摹本右側，橫書：『龜1.15.7』；下端橫書二行：『前 3.3.2，龜1.15.1』；左上直書三行：『林泰輔未剪之部分……』以點點直指摹本左上角之一小三角形，又在摹本左下側畫出一近似三角條形，在其上，注二行，曰：『羅剪去，龜原片』。秉權案：羅氏初版原刻之拓本與龜相同，亦未曾剪去。又在透明紙下端有直行與橫行批語數段曰：『此非第五期，有戊戌辰寅申等字可證　當是二、三期物　排列特異　第一排　14行　二　15　三　17　四　14　』秉權案：『第一排』以下皆橫行，故『二』『三』『四』皆省畧『第』『排』『行』等字。

(29) 卷三，第十八葉（反面），有墨筆眉批一行，曰：

三月需雨之季也　麥黍皆要雨

(30) 卷三，第十九葉（正面），有墨筆眉批一段曰：

竺藕舫先生云多日不當有雹古人或以雹與霰爲一物，一月當爲霰也。

賓按字从申當爲音借，申霰音近也。　　卅二、四、八。

乙丑之一月其雨

七日壬申雹　一

辛巳雨

壬午亦雨

　　（一月）　　　　此追記之辭

己丑——壬申八日霰

又九日辛巳雨

十日壬午雨

及妓二月又大雨

秉權案：『己丑——壬申八日霰』之『己』字，當爲『乙』字筆誤。末行釋第二版，餘皆釋第三版。

(31) 卷三，第三十一葉（正面），有墨筆眉批三行，曰：

叶馬（官名）左右中人三百，葉有考。

秉權案：葉，謂葉玉森也。葉氏前編集釋引他自己的揅契枝譚說：『左右中人當爲宮內小臣，曰叶馬左右中人，似爲周禮夏官馭夫等官，司僕馭之職者，其數三百，則王閑之馬，蕃庶可知』。丁丁山謂：『字从戈从戶當是肇之初文，……象以戈破戶之形，使戶爲國門之象徵，則戶戈之本義，應爲攻城以戰之朕兆。卜辭曰：『百人戶戈』。曰：「戶戈馬左右中人三百」皆謂戰爭之先鋒。曰：「戶戈受」蓋謂始受矣』。葉、丁二家之說，對於這一條卜辭而言，似乎並非最好的解釋，究竟應該怎樣去講，恐怕還要有待更進一步的研究和探討。

(32) 卷四，第四葉（正面），有墨筆眉批三段，曰：

補記占驗之辭，此爲一好例。

壬申卜，㱿貞，古 [illegible] [illegible]、丙子[illegible]、允兇二百㞢九一

壬申至丙子五曰，此掘阱陷[illegible]，一次二百九，其規模之大可知。 廿八、八、十二

(33) 卷四，第十五葉（反面），有墨筆眉批，曰：

辟闢 門賓
◎

(34) 卷四，第十六葉（正面），有墨筆眉批，曰：

亦門 腋門也，左右旁門

(35) 卷四，第十六葉（反面），有墨筆眉批，曰：

大子。

(36) 卷四,第二十五葉(反面),有墨筆眉批,曰:

貞勿多姝女

(37) 卷四,第二十六葉(反面),第七片,左下側,有墨筆字一行,曰:

前一、二五、三、重

(38) 卷四,第二十九葉(正面),有墨筆眉批一行,曰:

子雝不乍媳不 𣦸

秉權案:此云『不作媳,不死』,是卜辭的本身可以證明『媳』字確有『禍祟』之意

(39) 卷四,第三十四葉(反面),第六片,左側,有墨筆批語,曰:

與續2.29.5同版皆未拓至邊,不可兑　　卌一、五、九

(40) 卷四,第三十五葉(正面),有墨筆眉批二行,曰:

「氏羌芻五十」周漢遺寶

芻爲殷代重要事項之一　　廿八、八、十二

(41) 卷四,第三十七葉(正面),有墨筆眉批,曰:

北羌,羌之一部也。

(42) 卷四,第四十葉(反面),有墨筆眉批二字,曰:

告麥

(43) 卷四,第四十一葉(正面),第三片,左側,有墨筆批語,曰:

戩44.9　重

(44) 卷四,第四十七葉(正面),第四片,左側,有墨筆批語,曰:

與上一片合

(45) 卷四,第四十七葉(反面),第五片,左側,有墨筆批語,曰:

前二、五、七與此片下接

(46) 卷四,第五十二葉(正面),有墨筆眉批,曰:

卯㚘,祭用之豕

𠃬

(47) 卷四,第五十三葉(反面),有墨筆眉批,曰:

石 

（48）卷五，第一葉（正面），有墨筆眉批三段，曰：

鼓爲酒彡祭之樂器也　　廿八、八、十一

鼓聲爲彭（即彡），彡即鼓聲，其因伐鼓而祭乃名曰彡　　同日

彡爲鼓樂之祭，葉淇漁已言之　　廿八、八、十四

（49）卷五，第一葉（正面），右下角框內，『第一』二字之上，蓋有『作賓籀書』朱印一方

（50）卷五，第八葉（正面），有墨筆眉批，曰：

敎，地名，新有之，「命雀人芻於敎」。

秉權案：新即新獲卜辭寫本，三二二片。拓本在甲編 206，卜辭爲：『戊戌卜，雀人芻于敎』。

（51）卷五、第八葉（反面），有墨筆眉批二行，曰：

 地名，五期見之（正人方），此蓋版  之郭與亭也。　　廿八、八、十一

（52）卷五，第十三葉（反面），有墨筆眉批二行，曰：

曰：「往复从臬幸  方十一月」，知臬爲  方近地　　廿八、八、十二

秉權案：卜辭中有許多地名往往無法認識，因此，與後代文獻的聯繫十分困難，但其本身却有可以聯繫之處，例如這一片上的二處地名，可知其在同一方向，相去不遠。用這方法，先找出若干組可以聯繫的地名，然後再從已經考定的地名中去找尋可以確知爲後代何地的若干定點，再將各組地名加以聯繫，如此，則殷代地理至少可以知道一個大概的輪廓了。

（53）卷五，第十七葉（反面），有墨筆眉批，曰：

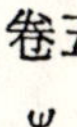 確是妻子，他辭有示壬 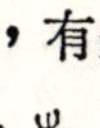 妣癸（十三次），與妾皆爲配偶義，無貴賤嫡庶之別也。　　卅一、七、卅一

（54）卷五，第十八葉（正面），有墨筆眉批，曰：

癸丑卜出貞旬㞢，其自西來 ，祖庚時物。　　卅一、七、卅一

秉權案：『來』字之上有一『㞢』字。此本不晰，壬子初印宣紙本清晰可見。 即 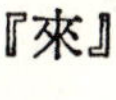，从壴从女，楷寫爲娃。孫詒讓釋爲嬉之省文，唐蘭從而讀

爲囏（艱），郭鼎堂謂含凶咎之意，都是對的。卜辭本身，可以證明，除了郭氏所舉之外，前4.29.4片謂：『□辰卜，貞：子雝不乍嬄，不死？』。以死與嬄相間，亦可證其含有凶咎之義。

(55) 卷五，第二十葉（正面），有墨筆眉批，曰：

朙　說文照也，从月从囧　明古文从日

　　繫傳作昭也　　　火部照明也

囧　說文　牖麗廔闓明，象形

囧　卽囧字，明字所从，此地名，他辭有登南囧米，卽其地

段注云「麗廔双聲讀如離婁，謂交疏玲瓏也」，廣韻作䍦廔，云綺窗卽古詩所云「交疏結綺窗」

韓愈詩蟲鳴室幽幽，月吐窗囧囧。次句正爲明字寫照。亦古詩「窗前明月光」之意境也。　卅一、七、卅一

(56) 卷五，第二十四葉（反面），有墨筆眉批，曰：

〼　疑是癹字，不从弓

(57) 卷五，第二十五葉（正面），有墨筆眉批，曰：

壬子　　四月

丙寅　　五月

邑、並、㞢于丁、宰㞢一牛

秉權案：『丁』，乃『祊』字

(58) 卷五，第二十五葉（反面），有墨筆眉批，曰：

貞乎見〼，是井國之男子，與妌爲井國女子，對看。

大　男子

女　女子

〼　男女均用　　由〼知爲女

(59) 卷五，第二十六葉（正面），墨筆眉批，曰：

休，地名

(60) 卷五，第二十六葉（反面），有墨筆眉批，曰：

之大形，乃對面看之例，自對方來迎也，非倒人。

（61）卷五，第二十九葉（正面），有墨筆眉批，曰：

王涉歸，前四日卜。

（62）卷五，第三十葉（正面），有墨筆眉批，曰：

醜所从之帽子，由、、，省作，金文父丁盉同，亦省作，、、，可見演變之繁。　廿八、八、十二

（63）卷五，第三十五葉（反面），有墨筆眉批，曰：

品　五期祭品

秉權案：一期卜辭中，也有以品爲祭名的。例如丙編八六：『㞢犬㞢羊㞢一人品』，丙編八七：『丁亥卜，㞢一牛品』，丙編一四四：『貞：門品』等均是一期卜辭。

（64）卷五，第三十九葉（正面），有墨筆眉批，曰：

癸卯……三日丙（午）　此文武丁時不計始日之計日法也。　40.12.18夜

（65）卷五，第四十二葉（反面），有墨筆眉批，曰：

第一期之合祭

㞢勺伐自上甲至于多（后）

（66）卷六，第四葉（反面），有墨筆眉批，曰：

新 260　1.2.190 有蝕字

子蝕，文武丁時人，文丁之諸子也

武乙？

巳未卜，御子蝕于母萑（𢦏母萑）

（67）卷六，第八葉（反面），有墨筆眉批，曰：

臱　鼻病也，其衂血乎？

（68）卷六，第九葉（正面），有墨筆及藍鉛筆眉批，曰：

往攸？　第一期　臣舌令戈隻

　舌武丁之孫，亦稱臣，則臣已非奴隸矣

四三、十一、八

秉權案：『?』『』『四三、十一、八』均爲藍鉛筆所寫

(69) 卷六，第十八葉（正面），有鉛筆眉批，曰：

㛸　亦地名也

复不作一

取㛸

(70) 卷六，第十八葉（反面），有墨筆眉批，曰：

伐字之繁文

(71) 卷六，第十九葉（正面），有墨筆眉批，曰：

　即宅之所从，「不山」合文地名，疑即古「不周山」也。

(72) 卷六，第十九葉（反面），有墨筆眉批，曰：

子　此似四期人：一期亦有子，待考　卌一、七、卌一

秉權案：一期卜辭有子汏，例如：丙編三〇九：『甲寅卜，㱿，乎子汏酒缶于娩？　甲寅卜，㱿，勿乎子汏酒缶于娩？　子汏其隹甲戌來？』　丙編一一七：『羽乙卯，子汏酒？　貞：乎子汏祝一牛乎父甲？』，其它如丙編六〇一亦有之，且有作地名之汏者，如『般在汏』（鐵5.4）

(73) 卷六，第二十六葉（反面），有墨筆眉批，曰：

子𢼄　第一期人

(74) 卷六，第二十八葉（正面），第一版右側，有墨筆批語，曰：

此片歸劉善齋

(75) 卷六，第三十二葉（反面），有墨筆眉批，曰：

洹其𦜷

(76) 卷六，第三十七葉（反面），第七片左上側，有墨筆眉批，曰：

與前四、卌、三重出

(77) 卷六，第三十三葉（反面），有鉛筆眉批，曰：

　與　同，注水也，人名。　言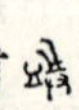豕百也　百缺橫畫

(78) 卷六，第四十八葉（反面），有墨筆及鉛筆眉批，曰：

郭通纂四一九釋文以爲貍字，貍野貓也，舉釋霾爲證，然此厥尾，彼長尾下

垂也。左傳文十八年有叔豹季貍，此亦人名也，以獸名人，如卜辭<u>矦虎</u>耳，

郭云假爲貍，非。　　卅二、四、八

卜辭求義，贊成郭説　　四十七、九、九

<u>秉權</u>案：四十七、九、九所批條，是用鉛筆寫的。

(79) 卷六，第六十葉（反面），有墨筆眉批，曰：

「令沚𢦔羌方，十月」

(80) 卷六，第六十三葉（正面），有墨筆眉批，曰：

第一期已見<u>周</u>

(81) 卷六，第六十三葉（反面），有墨筆眉批，並在第八片的上、下端以墨筆小字擬補卜辭闕文，曰：

金祖同誤以𣳡爲貞人　　卅五、二、廿九

金君本于𣳡漁

戊申卜（在）𣳡貞（王）今夕亡（𡆥）

（己）酉卜（在）𣳡（貞）王今（夕）（亡）𡆥

<u>秉權</u>案：圓括號中的字，均爲<u>董</u>先生所補。

(82) 卷七，第一葉（正面），右下角框內，『第一』二字上，有『作賓籀書』陽文朱印一方。

(83) 卷七，第三葉（正面），有墨筆眉批，曰：

15日之後　甲寅

己酉卜<u>兇</u>貞：𠬝衆人，乎：从𡆥𠙴王事

甲子卜<u>𣪕</u>貞：令<u>𡆥</u>，<u>暈</u>田于□

（𠬝人十五日後）

次辭卽㞢田之事，所謂「𠙴王事」也。

廿八、八、十一

□彔　□地名也，靑華稱「□人」

(84) 卷七，第四葉（正面），有鉛筆眉批，曰：

錫日　出太陽也

暘日　同

大丁　古者酒祭大事，必須露天爲

酒祭　之，故雨則止。

(85) 卷七，第五葉（正面），有鉛筆眉批，曰：

岳、河、夒，同時祭，是山川祖宗乎？

與先祖同祭者皆先祖乎

又在第一片左側，有墨筆批語，曰：

與7.37.1.可合

(86) 卷七，第六葉（正面），有墨筆眉批，曰：

壬申卜

𣪘貞囚　六

爯册

乎从

(87) 卷七，第八葉（反面），有墨筆眉批，曰：

隻嵩　十二月　允隻六十，氏羌　六。

(88) 卷七，第十七葉（正面）有墨筆眉批，曰：

弟亦戋[illegible]　弟與[illegible]　鄰也

(89) 卷七，第十九葉（反面），有墨筆眉批，曰：

啇，子啇也。

(90) 卷七，第二十葉（反面），框外右側，有紅鉛字，曰：

以上全抄過

(91) 卷七，第二十二葉（正面），有墨筆及紅鉛筆眉批，曰：

此版右下方卜旬二辭，乃估者仿四期物刋入

筆力稚弱，一也。

旬次由上而下，二也。

二旬字不同，三也。

第一期無此文法，四也。

下一癸字出頭，五也。

與上二辭時代懸隔百年，六也。

上眞，下僞，確無可疑

廿七、十、廿五 夜十時賓記

一期有此例不僞

廿八、四、廿一、午

秉權案：廿八、四、廿一午所記用紅鉛筆書寫，董先生以六大理由，力辨二辭之僞，後來又說它們不僞，可見辨僞工作，不是一件容易的事。

(92) 卷七，第三十二葉（反面），有墨筆眉批，曰：

𦣻見百牛盤用
◎

此用牛之一法，非必宰之也 四十八、三、廿八

(93) 卷七，第三十五葉（反面），有墨筆眉批，曰：

多老，或即殷人養老之遺與？

(94) 卷七，第三十六葉（正面），有鉛筆及墨筆眉批，曰：

菁華有一版，與此爲同辭兩記

女 汝

秉權案：菁華一條，用鉛筆書寫。

(95) 卷七，第四十三葉（反面），有墨筆眉批，曰：

此武丁時卜辭，有「在十二月」，是月上加「在」字，非祖甲創制，前代已有之，至祖甲爲之普遍應用而已。 廿八、六、十五

又在框內左側，有紅鉛筆字，曰：

龜一、一〇、一二同此版。

(96) 卷七，第四十四葉（正面），有墨筆眉批，曰：

（丁未） 戊辰

（戊申）

（己酉）

（庚戌）

辛亥　　壬

辛亥　　壬子　　允雨

壬子　　癸丑　　允雨

癸丑　　甲　　允雨

(甲寅)

乙卯　　丙

(97) 卷八，第三葉(反面)，有墨筆眉批，曰：

此帚徆，文丁之帚也

此寫今字者，如又之不作㞢

帚徆　亦作貞人

秉權案：貞人徆與帚徆，非一人也。

(98) 卷八，第六葉(正面)，有墨筆眉批，曰：

此復古派之寫古字者也

盄　文丁時人

(99) 卷八，第十葉(反面)，在第四片左側，有墨筆字，曰：

與八、一三、二五接

(100) 卷八，第十二葉(正面)，有紅鉛筆眉批，曰：

弇　動詞

弇奴

秉權案：此係指第三片卜辭而言，而『弇』乃娩字。卜辭曰：『戊辰卜，王貞：帚鼠娩余子？』，這是由王親貞之辭，所以第一人稱用『余』字，從『帚鼠娩余子』的話中，可以確定王與帚之間的夫妻關係了。

(101) 卷八，第十二葉(反面)，有藍鉛筆眉批，曰：

壬寅　四日丙午　補入鳥瞰

(102) 卷八，第十三葉(反面)，有墨筆眉批，曰：

此片第一期　貞字不作鼎也

(103) 卷八，第十五葉(正面)，框內左下側，有墨筆字一行，曰：

卅五、三、十五，寫完卷八，賓記。

〔104〕卷八，第十五葉(反面)，此面無拓本，框內有墨筆書誌一段，共五行，曰：

民國十九年夏，余偕希白兄東渡，謁羅叔言先生於旅順，得初印前編一部以歸。今夏因齊樹平兄之介，讓與齊魯大學。旋復經樹平手購玆册，更以餘貲得說文詁林一部。可感也！爰誌巔末於此。廿一年九月卅日，夜十時，董作賓書。

秉權案：『賓書』二字左側，有『彥堂』陽文篆書朱印一方（一、四公分，正方形）。此印之下更有陽文篆書『生于乙未』朱印一方（一、六公分，正方形）。齊樹平是齊魯大學的敎授，明義士的好朋友。從董先生這一段的記述裏，我們可以知道，先生最初曾經從羅振玉那裏得到一部初印本的前編，後來讓與齊魯大學。據甲骨年表說，初印（壬子）本的前編，最初售價銀洋八十元（據民國二十二年，1933，六月齊魯大學出版的齊大季刊第二期中明義士的表校新舊版殷虛書契前編並記所得之新材料文中所說是四十元）。後來漲到二百銀元一部。至於民國二十一年重刋的前編第二版（壬申本），最初售價，祇有一百銀元。那時，說文解字詁林，出版未久，那部書的本身，也是沒有標價的。不過，據卷首的一些評語中，可以略知一二。例如：陳柱尊說：『昔以六百金購之不能兼備者，今僅費數十元而悉充架上』。又如：汪袞甫也說：『因念若盡購所欲得，非六、七百金不爲功，今讀是書，乃余所欲得者，無一不備，而所費不及余私計十分之一』。可見說文詁林，在那時的售價，不過六、七十元而已。所以，董先生能够將他賣掉初印本前編的價款，除了買回這一部重印本的前編之外，還可以用其餘款，再買一部說文詁林，忻喜之情，溢於言表。

關於殷虛書契前編的幾種版本，先後有明義士（James M. Menzies）、雷煥章（Jean A Lefeuvre）、嚴一萍、蔡哲茂等人的論著發表。本來可以不必再加討論。不過，那是一部在甲骨學上很重要的箸錄，而且前後幾種版本，在內容上，頗有出入，刋印年代，又無痕跡可尋，各家認定，也不一致，直到目前，猶有爭論。因此，我想在這裏提供一點意見，作爲參考。

二十卷本的前編，在清宣統三年（辛亥，公元 1911 年），發表在國學叢刋的第

一、二、三册。每册登載一卷，前後共發表了三卷。在『卷一』之前，有一篇羅振玉在『辛亥正月』『於京邸之龜堂』所寫的序文，計三四四字，與八卷本的序文完全不同。因爲它是羅氏編撰前編的最早的構想，而又流傳未廣，讀者往往很難看到。故札錄其全文，加以標點，如下：

宣統庚戌夏，予旣考安陽所出龜甲獸骨刻辭爲殷商王室之遺跡；大卜之所掌，竊以爲此殷代國史之一斑，其可貴重等於尙書、春秋，乃亟爲殷商貞卜文字考以章顯之，並手拓其遺文。顧是時所見甲與骨才數千，巾笥所儲才七、八百枚耳。好之旣篤，不能自已。復遣廠友視（疑爲祝字之誤，嚴氏序文所引作祝）繼先、秋良臣大索於洹水之陽。先後所見，乃達二萬枚。汰其贋作，得尤異者三千餘。於是范君恒齋兆昌家弟子敬振常助予拓墨。几案充斥，積塵在襟，殘臘歲朝，氈墨不離左右，匝歲始畢。因略加類次，爲殷虛書契前編二十卷，其先後之次，則首人名，次地名、歲名、數名，又次則文之可讀者，字之可識者，而以字之未可釋及書體之特殊者殿焉。其說解則別寫爲『後編』。噫！予之致力於此，蓋逾年，由選別而考證，而拓墨，而編次。昕夕孜孜，至忘寢食，儕輩每笑其癡絕。予亦未嘗不自咍也。然於斯學，第闢其涂徑，至於闡明，未逮十一。斯編旣出，所冀當世鴻達，有以启予。此則予所日望者矣。辛亥正月，上虞羅振玉書於京邸之龜堂。

二十卷本雖已發表三卷，但是，那三卷的內容，加起來還不及八卷本的『卷一』來得多。八卷本的『卷一』，所載拓片有三三五版，而二十卷本的三卷合計也不過二九四版（卷一，122版。卷二，99版。卷三，73版），其中除了八片不見於八卷本的『卷一』之外，其餘的均可在那裏找到，今將兩本的拓片號碼，互相對照，列表於下：

二十卷本與八卷本（壬申本）拓本號碼對照表

二十卷本 卷,葉,片	八卷本 卷,葉,片	二十卷本 卷,葉,片	八卷本 卷,葉,片	二十卷本 卷,葉,片	八卷本 卷,葉,片	二十卷本 卷,葉,片	八卷本 卷,葉,片
1. 1.1	1. 1.1	1. 1.3	1. 1.5	1. 2.1	1. 2.2	1. 2.3	1. 2.6
1. 1.2	1. 1.2	1. 1.4	1. 1.7	1. 2.2	1. 2.5	1. 2.4	1. 2.7

1. 3.1	1. 3.1	1. 9.4	1. 6.8	1.17.1	1.11.3	1.23.4	1.16.8
1. 3.2	1. 3.3	1.10.1	1. 7.2	1.17.2	1.12.3	1.24.1	1.17.1
1. 3.3	1. 3.5	1.10.2	1. 7.3	1.17.3	1.12.2	1.24.2	1.17.3
1. 3.4	1. 3.6	1.10.3	1. 7.5	1.18.1	1.12.5	1.24.3	1.17.6
1. 4.1	1. 3.4	1.10.4	1. 7.8	1.18.2	1.12.7	1.24.4	1.22.3
1. 4.2	1. 4.2	1.11.1	1. 8.1	1.18.3	1.12.6	1.25.1	1.17.5
1. 4.3	1. 4.3	1.11.2	1. 8.5	1.18.4	1.12.8	1.25.2	1.18.2
1. 4.4	1. 4.7	1.11.3	1. 8.3	1.19.1	1.13.1	1.25.3	1.18.4
1. 5.1	1. 4.5	1.11.4	1. 8.4	1.19.2	1.13.2	1.25.4	1.19.1
1. 5.2	1. 4.4	1.12.1	1. 8.2	1.19.3	1.13.4	1.26.1	1.19.2
1. 5.3	1. 4.6	1.12.2	1. 9.1	1.19.4	1.13.7	1.26.2	1.19.4
1. 5.4	1. 4.8	1.12.3	1. 9.2	1.20.1	1.14.1	1.26.3	1.19.3
1. 6.1	1. 5.1	1.12.4	1. 9.5	1.20.2	1.13.5	1.26.4	1.19.6
1. 6.2	1. 5.3	1.13.1	1. 9.6	1.20.3	1.13.8	1.27.1	1.20.5
1. 6.3	1. 2.1	1.13.2	1.10.4	1.20.4	1.14.4	1.27.2	1.20.3
1. 6.4	1. 5.4	1.13.3	1.10.1	1.21.1	1.14.3	1.27.3	1.20.6
1. 7.1	1.42.2	1.13.4	1.18.1	1.21.2	1.14.2	1.27.4	1.21.1
1. 7.2	1. 5.6	1.14.1	1.10.2	1.21.3	1.15.3	1.28.1	1.19.5
1. 7.3	1. 5.7	1.14.2		1.21.4	1.15.1	1.28.2	1.20.3
1. 7.4	1. 5.5	1.14.3	1. 9.7	1.22.1	1.15.5	1.28.3	1.20.2
1. 8.1	1. 6.1	1.15.1	1.10.3	1.22.2	1.15.6	1.28.4	1.20.1
1. 8.2	1. 6.2	1.15.2	1.11.1	1.22.3 (右半)	1.16.3	1.29.1	1.20.7
1. 8.3	1. 6.3	1.15.3	1.11.3	1.22.3 (左半)	1.14.7	1.29.2	1.21.3
1. 8.4	1. 5.2	1.16.1	1.11.4	1.22.4	1.16.1	1.29.3	1.22.1
1. 9.1	1. 6.5	1.16.2	1.11.6	1.23.1	1.16.5	1.30.1	1.22.2
1. 9.2	1. 7.1	1.16.3	1.11.5	1.23.2		1.30.2	1.21.4
1. 9.3	1. 6.7	1.16.4	1.12.1	1.23.3	1.16.7	1.30.3	1.22.3

1.30.4	1.22.5	2. 7.2	1.27.3	2.15.1	1.31.7	2.22.2	1.36.3
1.31.1	1.21.2	2. 7.3	1.27.4	2.15.2	1.32.1	2.22.3	1.35.7
1.31.2		2. 8.1	1.28.1	2.15.3	1.31.6	2.22.4	1.36.1
1.31.3		2. 8.2	1.28.3	2.15.4	1.32.4	2.23.1	1.40.5
1.31.4		2. 8.3	1.28.5	2.16.1	1.32.2	2.23.2	1.36.2
2. 1.1	1.22.6	2. 8.4	1.28.7	2.16.2	1.33.1	2.24.1	1.36.4
2. 1.2	1.22.7	2. 9.1	1.39.1	2.16.3	1.32.7	2.24.2	1.37.1
2. 1.3	1.23.1	2. 9.2	1.29.4	2.16.4	1.38.5	2.24.3	1.36.6
2. 1.4	1.23.3	2. 9.3	1.29.2	2.17.1	1.32.3	1.25.1	1.37.4
2. 2.1	1.23.6	2.10.1	1.29.1	2.17.2	1.32.8	2.25.2	1.37.3
2. 2.2	1.23.4	2.10.2	1.29.5	2.17.3	1.32.5	2.25.3	1.38.3
2. 2.3	1.23.5	2.10.3	1.29.3	2.17.4	1.32.6	2.26.1	1.37.5
2. 2.4	1.24.1	2.11.1	1.29.7	2.18.1	1.33.2	2.26.2	1.37.7
2. 3.1	1.24.3	2.11.2	1.30.1	2.18.2	1. 3.7	2.26.3	後上2.8
2. 3.2	1.24.4	2.11.3	1.29.6	2.18.3	1.33.5	2.26.4	1.37.6
2. 4.1	1.24.2	2.11.4	1.30.2	2.18.4	1.33.6	2.27.1	1.37.8
2. 4.2	1.24.5	2.12.1	1.30.3	2.19.1	1.33.7	2.27.2	1.38.2
2. 4.3	1.25.1	2.12.2	1.30.5	2.19.2	1.34.1	2.27.3	1.38.4
2. 4.4	1.25.2	2.12.3	1.30.4	2.19.3	1.17.2	2.27.4	1.17.4
2. 5.1	1.25.3	2.12.4	1.30.6	2.20.1	1.34.3	2.28.1	1.38.1
(重見)	4.26.7	2.13.1	1.30.7	2.20.2	1.34.7	2.28.2	1.38.5
2. 5.3	1.26.3	2.13.2	5.48.1	2.20.3	1.34.6	2.28.3	1.38.6
2. 5.4	1.26.4	2.13.3	1.31.1	2.20.4	1.35.1	3. 1.1	1.38.7
2. 6.1	1.26.5	2.14.1	1.31.2	2.21.1	1.34.5	3. 1.2	
2. 6.2	5. 4.5	2.14.2	1.31.3	2.21.2	1.35.3	3. 1.3	1.39.2
2. 6.3	1.27.1	2.14.3	1.31.4	2.21.3	1.35.5	3. 2.1	1.39.3
2. 7.1	1.26.6	2.14.4	1.31.5	2.22.1	1.35.6	3. 2.2	1.39.4

3. 2.3	1.39.6	3. 7.1	1.44.6	3.12.1	1.41.7	3.16.2	1.49.3
3. 2.4	1.39.5	3. 7.2	1.45.1	3.12.2	1.42.5	3.16.3	1.49.2
3. 3.1		3. 7.3	1.45.2	3.12.3	1.42.3	3.16.4	1.52.3
3. 3.2	1.40.1	3. 7.4	1.45.6	3.12.4	1.42.4	3.17.1	1.46.5
3. 3.3	1.40.3	3. 8.1	1.46.3	3.13.1	1.45.3	3.17.2	1.53.1
3. 3.4	1.40.2	3. 8.2	1.46.1	3.13.2	1.44.3	3.17.3	1.47.1
3. 4.1	1.40.4	3. 8.3	1.46.4	3.13.3	1.50.1	3.18.1	1.47.4
3. 4.2	1.41.1	3. 9.1	1.48.1	3.14.1	1.50.2	3.18.2	1.47.3
3. 4.3	1.41.3	3. 9.2	1.48.2	3.14.2	1.50.6	3.18.3	1.51.1
3. 5.1	1.41.4	3. 9.3	1.51.5	3.14.3	1.50.5	3.19.1	1.48.3
3. 5.2	1.41.5	3. 9.4	1.52.1	3.14.4	1.50.4	3.19.2	1.51.4
3. 5.3	1.43.5	3.10.1	1.42.6	3.15.1	1.50.3	3.19.3	1.52.5
3. 5.4	1.43.6	3.10.2	1.42.7	3.15.2	1.51.3	3.20.1	1.49.5
3. 6.1	1.44.1	3.11.1	1.43.2	3.15.3	1.49.1	3.20.2	1.53.2
3. 6.2	1.44.2	3.11.2	1.45.5	3.15.4	1.47.6		
3. 6.3	1.44.7	3.11.3	1.42.1	3.16.1	1.47.7		

所謂二十卷本的前編，已發表的部分祇有三卷。實際上，那個本子，恐怕也祇編了那三卷。因爲後來羅氏到了日本，便將它們重行改編，收入八卷本中，二十卷本也就到此爲止。就那已發表的三卷看來，無論拓工，紙張，印刷等各方面，都要比八卷本差得很多。但是，它也有一點好處，那就是它的拓本，比較能够保持原狀，不像八卷本那樣的有所修剪。例如二十卷本的卷三，第六葉，第一片。也就是八卷本的卷一，第四十四葉，第一片。以字跡的清晰程度而言，二十卷本拓得最差。以拓本的完整程度而言，二十卷本的那一拓片要算最佳，八卷本第一次版（即壬子雙宣紙本，壬子原是民國元年，但壬子十二月二十六日，已是民國二年二月一日）的那一片，四邊均被剪齊，略呈長方形，不但看不出來它的部位所屬，甚至連甲與骨都無法加以分辨。八卷本第二次版（即民二十一壬申桑皮紙本）的那片，雖則看起來好像未曾修剪過，但與

二十卷本的那一片相比，二者形狀，不盡相同，就知它不是沒有拓全，就是經過刻意修剪。諸如此類，不勝枚舉。讀者如有興趣，可以按照上列的對照表，自行校勘。至於拓本的未將甲骨原形拓全，則二十卷本與八卷本，都有此病。例如二十卷本的卷三，第五葉，第四片。也就是八卷本的卷一，第四十三葉，第六片。二十卷本與八卷本的拓片，雖則都未拓全，但亦有程度上的差異。八卷本的壬子初印版，上，左，右三邊均曾修剪，姑不論。二十卷本拓片的左邊，卽較八卷本壬申版的略少，而下邊却較多。可見這兩個拓片都沒有拓全。又如二十卷本中的卷一，第二十二葉，第三片，被剪裂爲二片，分別編入八卷本中的卷一，第十四葉，第七片，與卷一，第十六葉，第三片。關於這，明義士在民國二十二年發表的表較新舊版殷虛書契前編並記所得之新材料中，早已指出。

所謂八卷本，也就是目前流行的本子。前後印了四次。第一、二兩次，均由羅氏自印；第三、四兩次，則由臺北藝文印書舘翻印。羅氏在他的序文中說：『乃逾年多而國難作，避地浮海，將辛苦彔蓄之三千年骨與甲者，鄭重載入行笈，而展轉運輸及稅吏檢察，損壞者十已五、六，幸其尤殊者，墨本尙存，乃以一歲之力，編爲前編八卷，付工精印』。可見這個本子，是他到了日本以後，才編定付印的。接著他又說：『嗚呼！喪亂以來，忽已匝歲……予又以偷生視息之餘，倉皇編輯。須鬢日改，犬馬之齒，亦既四十有七，上距己亥已閱十有四年。』…最後，他說明了作這一篇序文的時間與地點是：『歲在壬子十二月二十六日，上虞羅振玉序於日本寓居之永慕園』。這些，可以確定八卷本的第一次編輯付印，都在日本。至於印刷地點，也在日本。羅氏以淸室遺老自居，不奉民國正朔，祇用干支紀年，壬子的前十個月，自是民國元年，但是農曆的壬子十二月二十六日，却是國曆民國二年的二月一日了。所以初印本的出版，應在民國二年二月一日以後，有些記載，以爲壬子是民國元年，就認爲出版的時間在民國元年，那是沒有注意到陰陽曆之間的差異的緣故。譬如羅氏的殷虛書契考釋序文之末說是寫在宣統甲寅十二月十八日，那應該是民國四年（1915）的二月一日，而邵子風甲骨書錄解題及胡厚宣五十年甲骨學論著目都以爲那是民國三年（1914）。甲骨年表則將它列在民國四年初，沒有弄錯。

初版的內容與次序與二版的有些差異，這是大家都知道的事實，但是據我所知，同是初版，也有二種不同的本子。一種本子是卷六第四十三葉的六張拓片，與第四十四葉的完全重複。這，決不是由於裝訂上的錯誤，因其葉數的『四十三』與『四十四』都是印得很清楚的。史語所圖書舘庋藏的就是那種本子。另一種本子是卷六的第四十三葉六張拓片與第四十四葉的八張拓片，沒有重複，而四十四葉的那八張與再版的完全相同，當是再版所本。李濟之先生遺贈給我的，就是那個本子。此外，二者都是宣䌷范字本。都是初版，無可置疑。這也許是當時在裝訂好一部份以後發現了錯誤，立刻重印一葉，另行裝訂改正，所以才會有此現象。

第二次重印的時間，明義士以爲在一九三一，亦卽民國二十年，甲骨年表則列在民國二十一年。我認爲年表的記載，是比較可信的。按照前列董先生的記述，他從羅氏那裏獲得初印本，是在民國十九年的夏天。將它轉讓給齊魯大學，是在二十一年的夏天，而在那年的九月三十日之前，又以時價購得二版重印本。這些事情，都由齊大教授齊樹平經手的。齊氏是董先生的朋友，也是明義士的朋友和同事。明義士的『表校』一文，發表於二十二年六月，開始寫作是在三月下旬。他是三月十九日星期五，才從齊樹平那裏借到再版的前編。他對於這個再版本，原無奢望，因爲他也是迷信初版本的人。他認爲：『再版本每劣於初版也』。可是『展閱一遍』之後，却又『不禁欣喜』而立刻寫成了『表校』。假如第二版是在民國二十年重印的，齊魯大學又何必要花高出一倍的價錢，去收購董先生的初版本，而董先生也不會等到二十一年才將初版賣掉，再買二版，明義士的『表校』也不會等到二十二年的春天才開始動筆。最有可能的是齊氏知道重印的前編，卽將出版，而且價格便宜，所以慫恿董先生，先將初印本讓給齊大，等到二版出來，再買回新書。所以二版重印本的出書時間，很可能是在二十一年的夏秋之際。至於這個版本的優點，明義士認爲：『書中列片皆原拓，而位置之法異於舊本。舊本中拓片邊緣剪齊，無從知其原形，每以爲憾；蓋甲骨拓片之邊際苟無礙於頁幅，當存其原形也。新版此種改善，深利于予，因每欲檢視殘破之處能否吻合，而聯斷片爲整體也』。不過第二次重印的拓片，也並非都是未經修剪過的原拓。這一點，明義士也已經看出來了，所以他跟著說：『但羅氏亦未盡徹此旨，予曾見方若拓片，註云：「予所見卜龜文字殘片，無有大於此者矣，戊申(一九〇八)三月得之……方若記於讖室之西樓」。此片長二十四生得，闊二十三。但羅氏書卷五，十三葉，第一片僅存文字，不存骨片全形』。其實，像這一類的情形，二版重印本中，還有不少。明義士不過舉一個例子而已。一般人都認爲：再版茫字壬申本的拓片要比初版范字壬子本較爲完整。這，固然是一個普遍的好現象，但也不能一槪而論。我曾經仔細校勘初版與再版二本的拓片，發現在二千二百多片拓本中，有八百多片，在剪裁方面，頗有出入，存在著或多或少的差異。有時，再版茫字壬申桑皮紙本的拓片，反而不如初版范字壬子宣紙本的較爲優良。例如：卷一，五十二葉，第四片。再版的拓片下端就比初版少了一部分。初版雖亦經過修剪，但下端較再版的多出了長 2mm 寬 3mm的一方塊，而且那上面還有兆語『上吉』二字。又如卷三，二十三葉，第三片。再版拓本上下兩端均已剪齊，初版則未修剪。又如卷四，四十五葉，第二片。再版的拓本經過修剪以後，就很難確定它是屬於甲骨的那一部位了。初版則左邊雖經略加修剪，但一望而知可以認出它是屬龜腹甲的右邊腕甲部分(卽右邊頂端的那一片)。諸如此類，不乏其例。我所以要指出這些例子，無非想說明一個事實，卽初版拓片，一般說來，雖不如再版之精，但亦不可偏廢，它還是有它存在的價値的。同時，也可以證明一件大家都已熟知的事實，卽再版的拓本並非爲初版的翻印本。所以拓片完整的程度，與出版時間的先後並無一定的必然的關係。換句話說，完整的拓片不一定必然在先，修整的也不一定必然在後。它與按照原版翻印，情形並不一樣。

至於初版與再版拓片的次序不同之處，明義士的「表校」，嚴一萍的翻印序，雷煥章的古代中國（Early China），都曾提出一些，大致說來，明義士所指出來的，已經相當詳盡，祇是他將它們分列在：『遺漏』『刪複』『重出拓片未經刪除者』等項目下，所以在『次序之不一致』的項目之下的數字就顯得要比別家少了一些。現在綜合各家之說，加上我所看到的一些，列成一表如下：

殷虛書契初版與再版的比較表

壬子初版范字本	壬申再版茫字本	壬子初版范字本	壬申再版茫字本
宣紙（較薄）	桑皮紙（較厚）	吋	吋明氏以爲加寬八分之三吋，實誤。
書籤較狹，字較小	書籤較寬，字較大		
版心較小十六分之一	版心較大十六分之一	序文首葉框外右下端	無朱印

有二、七公分正方形朱印一方文曰『見張杜楊許未見之文字』	
序文之末有一・四公分正方形朱印二方曰『羅振玉印』『羅叔言』	序文末無朱印
序　　文	序　　文
『嵗』（凡七見）	『歲』（凡七見）
『巳（亥）』	『己（亥）』
『（刻）辭』	『（刻）辭』
『（懶）散』	『（懶）散』
『巳(知者)』	『己(知者)』
『逾（十年）』	『逾（十年）』
『范恆（齋）』	『范恒（齋）』
『（投）劾』	『（投）刻』
『（運）輸』	『（運）輸』
『（損）壞』	『（損）壤』
『（喪）亂』	『（喪）亂』

拓	本		拓	本	
卷	葉	片	卷	葉	片
1	32	5	1	32	6
1	32	6	1	32	5
1	34	5	1	34	7
1	34	7	1	34	5
1	41	7	與1.41.8重出，已删		
1	41	8	1	41	7
（7,8 二片重出，剪裁略異）			（此片墨拓剪裁與初版7,8 二片均相異，當是另紙原拓）		
1	52	4	1	52	4
（下端雖經修剪，但尚保存兆語「上吉」之部分			（下端剪去具有兆語「上吉」之一塊，約2×3mm）		
2	24	5	與2.24.4重，已删		
2	24	6	2	24	5
2	24	7	2	24	6
2	24	8	2	24	7
2	36	6	初版原片遺失，補以2.37.1. 之未經修剪的拓片		
2	38	3	與2.38.1.重，已删		
2	38	4	2	38	3
2	38	5	2	38	4
2	38	6	2	38	5
2	38	7	2	38	6
5	1	4（倒）	5	1	4（正）
5	2	6（倒）	5	2	6（正）
5	26	2	與5.26.4重出，已删		
5	26	3	5	26	2
5	26	4	5	26	3
5	26	5	5	26	4

5	26	6	5	26	5	7	18	4	7	19	1
5	26	7	5	26	6	7	19	1	與7.36.2.重，已刪		
卷6第44葉（一本載						7	23	1	與7.22.2重，已刪		
拓片6幀與43葉全						7	23	2	7	23	1
重，一本載拓片八						7	24	1	7	23	2
幀與再版卷6第44						7	24	2	7	24	1
葉全同。）						7	25	1	與1.24.3.重，已刪		
6	66	1（倒）	6	66	1（正）	7	25	2	7	24	2
7	9	4	7	10	1	7	25	3	7	25	1
7	10	1	與6.2.2.重，已刪			7	25	4	7	25	2
7	10	2	7	9	4	7	26	1	7	25	3
7	10	3	7	10	2	7	26	2	7	26	1
7	10	4	7	10	3	8	2	1（倒）	8	2	1（正）

以上所述，大部分都是前人已經指出了的，我自己的意見極少，但是要講到初版與再版之間的相異之處，那就不得不提一下。至於前編中見於其它著錄的拓片，因爲與版本問題，關係較少，所以這裏不再贅述了。祇是日本林泰輔龜甲獸骨文字序中所說的：『編中所載與殷虛書契同者係聽冰閣所藏實物拓本，非襲殷虛書契所錄也』，有人以爲羅氏前編中用了聽冰閣的拓片，其實，聽冰閣的實物，未必就沒有羅氏的舊藏，邵子風的甲骨書錄解題曾說：『全書箸錄，得千有二十五片，其中與殷虛書契前編相複者，至百有四版，此卽羅氏贈予之物爲涑水閣所藏，又其中可與前編對合者計有四版』。又說：『蓋日人藏契多購自北平廠肆，亦有爲羅氏所贈，以示友好者，有爲羅氏所轉售者，故聽冰閣藏物，有與殷禮在斯堂相複者矣』。這些都是近情合理的說法，不能不加考慮，也不必一味認爲前編中有了與龜甲獸骨文字相同的拓片，就肯定前編拓本，取自聽冰閣的實物，很有可能正如邵氏所說，那些甲骨，在聽冰閣收藏之前，原爲羅氏舊物。所以前編拓本，也不一定是必然取諸於聽冰閣的了。不過羅氏當時也確曾『欲乞諸家墨本，編入書契』，可惜所得不多，引爲憾事。可見前編中也

未嘗沒有他家藏契。

第三次翻印，在民國四十八年，由臺北藝文印書館以平版影印，是三十二開洋裝八卷四册模造紙本。全書不過原版的版心那麼大，平版的好處是成本比較低廉，而且黑白分明，對於肥筆大字，看起來格外淸晰，但是，對於筆畫纖細的小字，則一塌糊塗，看不淸楚了。至於紙張的纖維紋路，在這個本子上，更是看不見的。據說，它是根據壬子初印本影印的。實際上，那個底本，却是壬申再版重印的茫字本。這一次翻印的這個本子，嚴一萍在他自己的『甲骨學』一書中，也沒有提到。

第四次翻印，在民國五十九年，也是由臺北藝文印書館平版影印，是中式線裝一套八卷四册棉紙本。裝訂很講究，大小，式樣都與壬申茫字本相同。但紙張不似宣紙本或桑皮紙本高貴，紙色亦較黃。這個本子，除了紙張，大小、裝訂與第三次的不同之外，還多了嚴一萍的一篇鉛字排印的序。嚴氏在序中强調那個本子，是以初印本影印的。他的依據是從前北平，上海一帶的書估之說，他說他們往往根據一字，來辨別前編的初版與再版。書估們認爲「婦弟范恒齋」的「范」字，誤爲「茫」字的是初版；不錯的『范』字是再版。也就是說其中拓片修剪得厲害的是再版；拓片比較能保持原狀的（並非全未修剪）是初版。其實，那些祇是書估們的無稽之談，嚴氏不察，受其欺蒙，實際情形，與他們所說的，恰好完全相反 。亦卽不錯的『范』字本是初版；錯了的『茫』字本是再版。拓片修剪得厲害的是初版；拓片較能保持原形的（並非完全都未修剪）是再版。關於這，我於四十年前在沙坪壩中央大學，聽先師胡小石（光煒）先生講授甲骨文的課程時，就已聽胡先生說過。後來見明義士的表校中，也曾提到初版卷二，第三十六葉，第六片上的卜辭：『壬子卜，貞：王𢓊于雝，往來亡巛』以及『甲戌王卜□大室□□□令』，均爲羅振玉殷虛書契考釋（初版，頁九十及一〇二）所引。而在再版中因拓片遺失，已無着落。羅氏的考釋，前後印過三次，第一次在民國四年初（甲寅十二月十八日作序），第二次在民國十二年，由商承祚印了其中的一部分，與殷虛文字類編並行，第三次在民國十六年，是增訂本。初印本所引卜辭的出處，祇注明卷數與葉碼，而在增訂本中，則連卷數與葉碼也都全被刪除，不過，無論如何，這三個本子的考釋，都在前編重印以前出版的，所以他不可能引用初版沒有再版却有的材料。然而上擧的卷二，三十六葉 ，第六片上的那兩種材料 ，正是『范』字本所有，而『茫』字本所無的，例如『𢦔雔』初版與再版的三十六葉上，有好幾片上都有記載，但『壬子卜……𢦔雔』則祇有范字本的第六片才有，至於『大室』一詞，在茫字本的卷二，三十六葉中，是找不到的，祇有在范字本中才能找到。可見『范』字本才是眞正的初版，而『茫』字本則爲重印的再版。此外，如葉玉森的殷虛書契前編集釋，經營十數寒暑，五易其稿，至民國二十年方才寫定，二十一年五月作序。葉氏於二十二年逝世後，他的親友才將他的底稿影印流傳。葉氏集釋所用的正是『范』字本的前編。集釋底稿不可能用再版本的前編，所以『范』字本之爲初版，應無可疑。

至於初版與再版，在時間上，初版在先，再版在後，在市價上，初版較貴，再版較廉。但在學術上的價值，却不一定初版的比再版的高，殷虛書契前編就是一個很好的例子。一般都認爲再版的『茫』字本，雖則紙張、裝訂、印刷，都不及初版的精美。但其學術上的價值，遠較初版的『范』字本爲高。這一點，明義士的表校中，也早已指出。藝文印書館第三、四次的影印，採用再版的『茫』字本作爲底本，是很有眼光的選擇，也可以說是最佳的選擇，所以無需用初版來提高它的身價。至於嚴氏在甲骨是非偶談（見中國文字，新三號）中所舉的那些時序上的理由，來證明『茫』字本爲初版，這是他印書的經驗之談，應該是十分可貴的。祇是前編的初版與再版，並非影印，而是另拓重印。其中很多拓片，由於剪裁不同，遂致形狀互異，而拓本上的文字，亦有淸晰和晦暗的不同，可知它們都是原拓，並非同一拓片的翻照。所以嚴氏的說法，對於這兩個本子而言，是不能適用的。

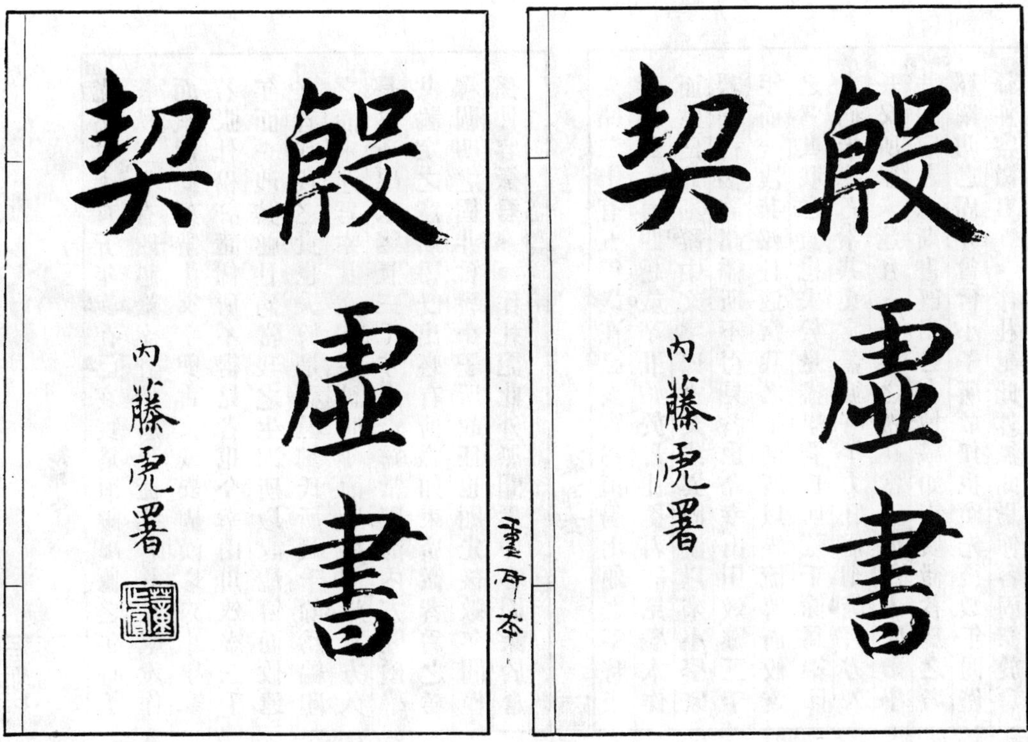

㈠

初印本

光緒二十有五年歲在己亥實爲洹陽出龜之年時予
春秋三十有四越歲辛丑始於丹徒劉君許見墨本作
而歎曰此刻辭中文字與古文或異固漢以來小學家
若張杜楊許諸儒所不得見者也今幸山川效靈三千
年而一洩其祕且適當我之生則所以謀流傳而攸遠
之者其我之責也夫於是盡墨劉氏所藏千餘爲編印
之而未遑考索其文字蓋彼時年力壯盛謂歲月方久
長又所學未遂且三千年之奇跡當與海內方聞碩學
共論定之意斯書既出必有博識如束廣微者爲之考
釋闡明之固非曾曾小子所敢任也顧先後數年間僅
孫仲容徵君詒讓作札記此外無聞焉仲容固深於倉

殷虛書契前編序 二

重印本

光緒二十有五年歲在己亥實爲洹陽出龜之年時予
春秋三十有四越歲辛丑始於丹徒劉君許見墨本作
而歎曰此刻辭中文字與古文或異固漢以來小學家
若張杜楊許諸儒所不得見者也今幸山川效靈三千
年而一洩其祕且適當我之生則所以謀流傳而攸遠
之者其我之責也夫於是盡墨劉氏所藏千餘爲編印
之而未遑考索其文字蓋彼時年力壯盛謂歲月方久
長又所學未遂且三千年之奇跡當與海內方聞碩學
共論定之意斯書既出必有博識如束廣微者爲之考
釋闡明之固非曾曾小子所敢任也顧先後數年間僅
孫仲容徵君詒讓作札記此外無聞焉仲容固深於倉

殷虛書契前編序 二

(二)

雅周官之學者然其札記則未能闡發宏旨予至是始
有自任意歲丁未備官中朝曹務淸簡退食之暇輒披
覽墨本及予所藏龜於向之蓄疑不能遽通者諦審旣
久漸能尋繹其義顧性復懶散未及箋記宣統改元之
二年東友林君泰輔寄其所爲考至則視孫徵君札記
秩然有條理並投書質疑爰就予所已知者爲貞卜文
字考以答之已而漸覺其一二違失於舊所知外亦別
有啓發則以所見較博於疇昔故於是始恍然寶物之
幸存者有盡又骨甲古脆文字易滅今出世逾十年世
人尚未知貴重不汲汲蒐求則出土之日卽澌滅之期
矧所見未博考釋亦詎可自信由此觀之則蒐求之視

初印本

雅周官之學者然其札記則未能闡發宏旨予至是始
有自任意歲丁未備官中朝曹務淸簡退食之暇輒披
覽墨本及予所藏龜於向之蓄疑不能遽通者諦審旣
久漸能尋繹其義顧性復懶散未及箋記宣統改元之
二年東友林君泰輔寄其所爲考至則視孫徵君札記
秩然有條理並投書質疑爰就予所已知者爲貞卜文
字考以答之已而漸覺其一二違失於舊所知外亦別
有啓發則以所見較博於疇昔故於是始恍然寶物之
幸存者有盡又骨甲古脆文字易滅今出世逾十年世
人尚未知貴重不汲汲蒐求則出土之日卽澌滅之期
矧所見未博考釋亦詎可自信由此觀之則蒐求之視

重印本

(三)

初印本

考釋不尤急歟因遺山左及廠肆估人至中州瘁吾力以搆之一歲所獲殆逾萬意不自欿復命家弟子敬振常婦弟范恆齋兆昌至洹陽采掘之所得則又再倍焉寒夜擁爐手加氈墨擬先編墨本爲殷虛書契前編考釋爲後編並謀投刻去官買地洹陽終我天年以竟此志乃逾年冬而國難作避地浮海將辛苦槧蓄之三千年骨與甲者鄭重載入行笈而展轉運輸及稅吏檢察損壞者十已五六幸其尤殊者墨本尙存乃以一歲之力編爲前編八卷付工精印其未及施墨者異日當輯爲續編而後編亦將次寫定嗚呼喪亂以來忽已匝歲神州荒翳文獻蕩然天既出神物於斯文垂喪之時而

殷虛書契前編序　二

重印本

考釋不尤急歟因遺山左及廠肆估人至中州瘁吾力以搆之一歲所獲殆逾萬意不自歉復命家弟子敬振常婦弟范恆齋兆昌至洹陽采掘之所得則又再倍焉寒夜擁爐手加氈墨擬先編墨本爲殷虛書契前編考釋爲後編並謀投刻去官買地洹陽終我天年以竟此志乃逾年冬而國難作避地浮海將辛苦槧蓄之三千年骨與甲者鄭重載入行笈而展轉運輸及稅吏檢察損壞者十已五六幸其尤殊者墨本尙存乃以一歲之力編爲前編八卷付工精印其未及施墨者異日當輯爲續編而後編亦將次寫定嗚呼喪亂以來忽已匝歲神州荒翳文獻蕩然天既出神物於斯文垂喪之時而

殷虛書契前編序　二

(四)

予又以偷生視息之餘倉皇編輯須鬢日改犬馬之齒
亦既四十有七上距己亥已閱十有四年買地洹陽之
願既虛茫茫斯世知誰復有讀吾書者亦且抱此遺文
以自慰藉而已窮冬濡豪萬感百憂一時交集歲在壬
子十二月二十六日上虞羅振玉序於日本寓居之永
慕園

初印本

予又以偷生視息之餘倉皇編輯須鬢日改犬馬之齒
亦既四十有七上距己亥已閱十有四年買地洹陽之
願既虛茫茫斯世知誰復有讀吾書者亦且抱此遺文
以自慰藉而已窮冬濡豪萬感百憂一時交集歲在壬
子十二月二十六日上虞羅振玉序於日本寓居之永
慕園

重印本

(五)

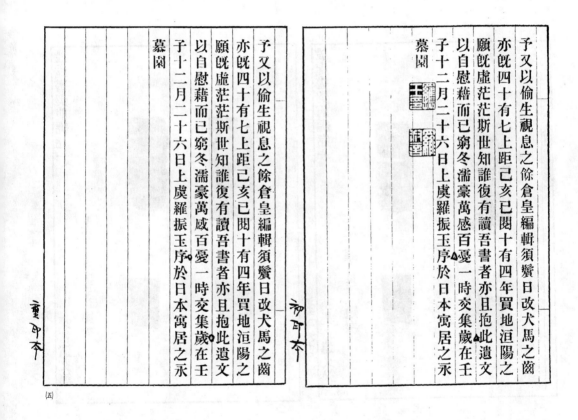

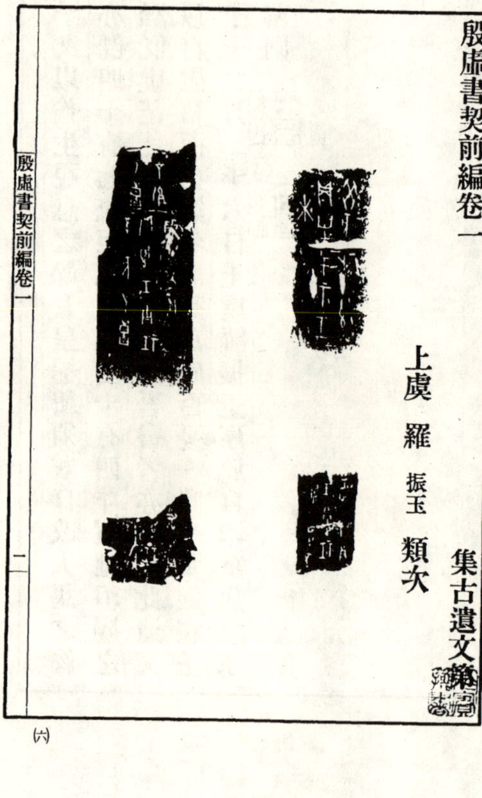
殷虛書契前編卷一 一

殷虛書契前編卷一

上虞 羅振玉 類次

集古遺文

重印本

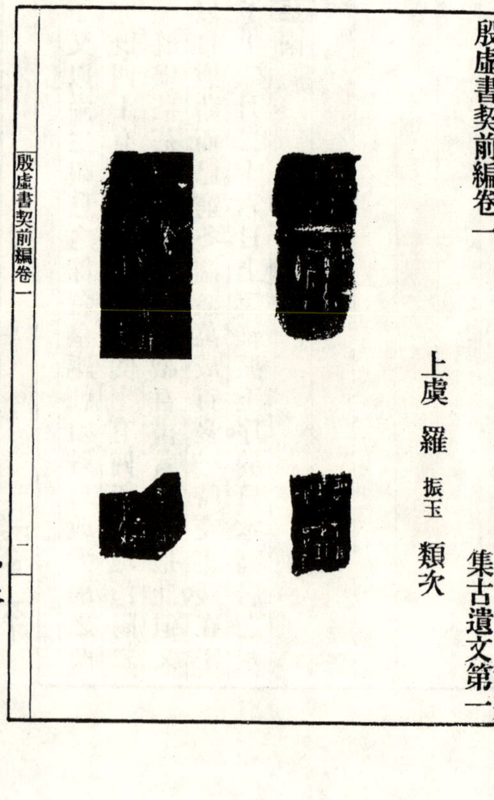
殷虛書契前編卷一 一

殷虛書契前編卷一

上虞 羅振玉 類次

集古遺文第一

初印本

(六)

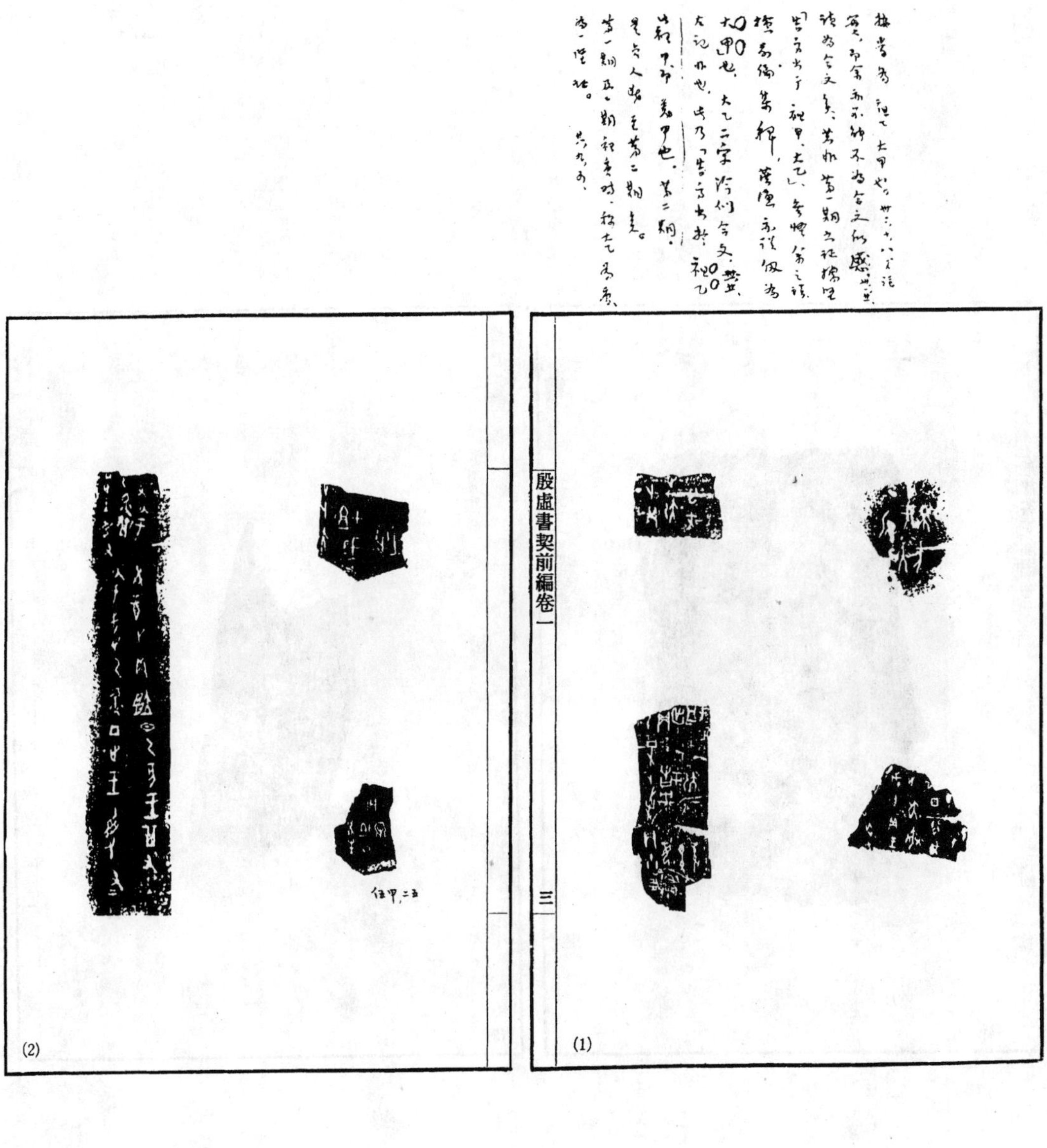
殷虛書契前編卷一
三
(1)
(2)

(3)

殷虛書契前編卷一　二十七

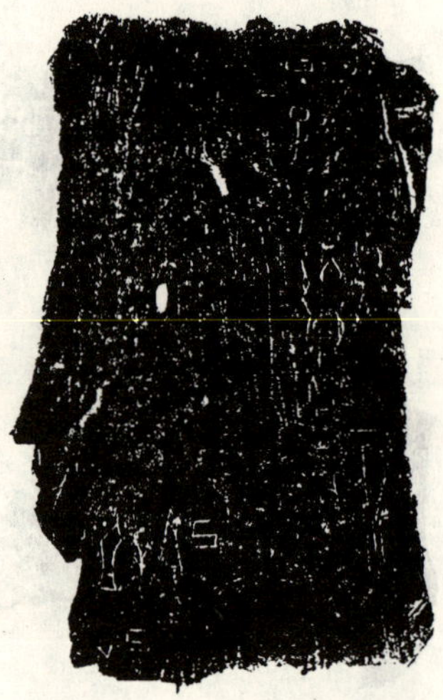

(4)

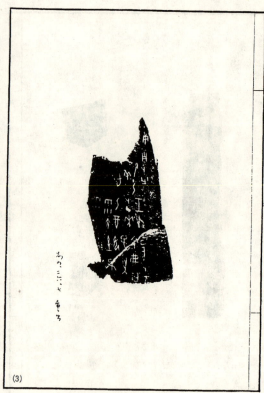

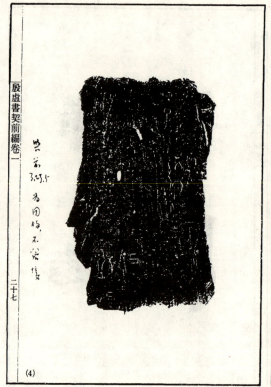

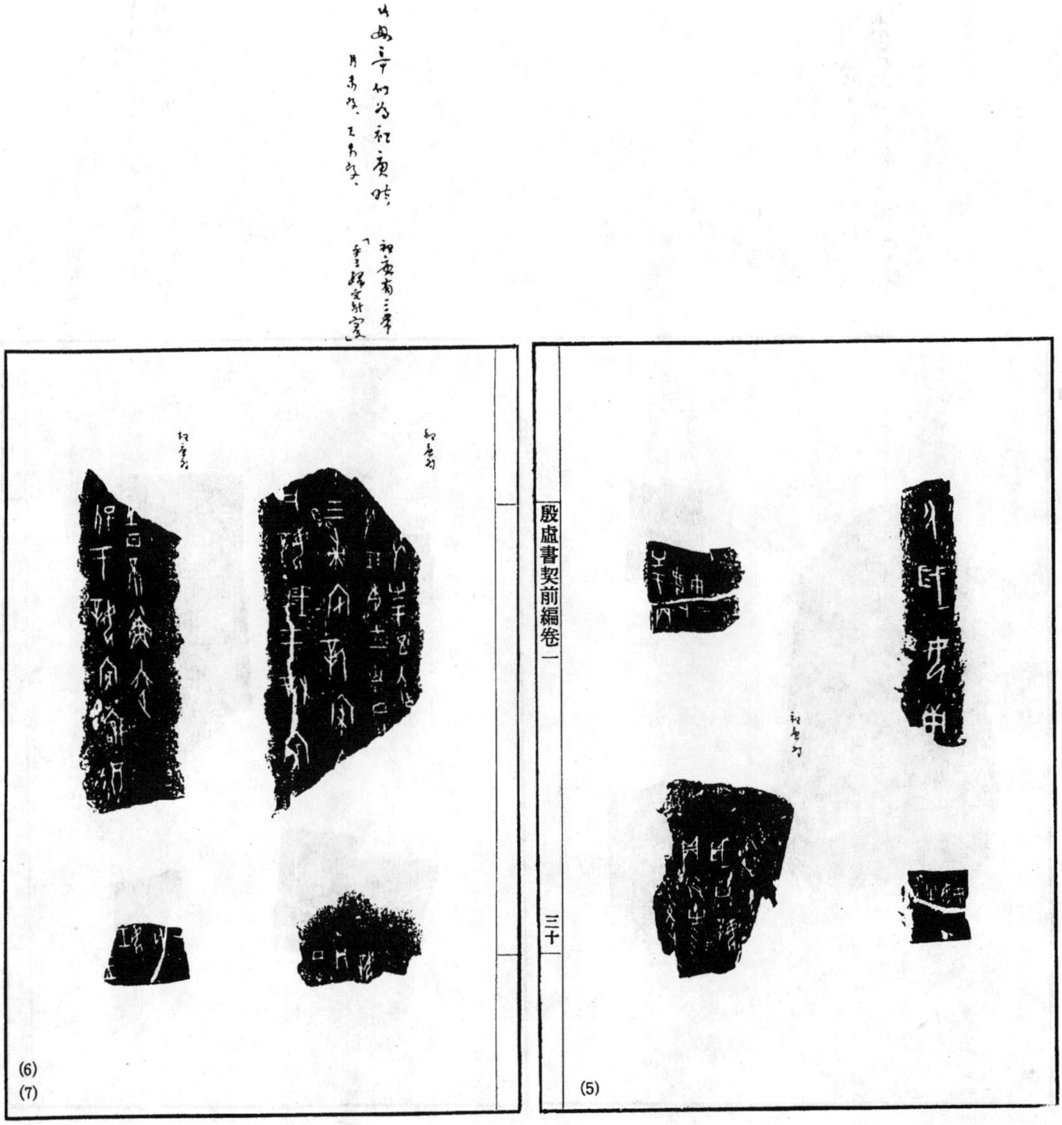
殷虛書契前編卷一
三十
(6)
(7)
(5)

(9)

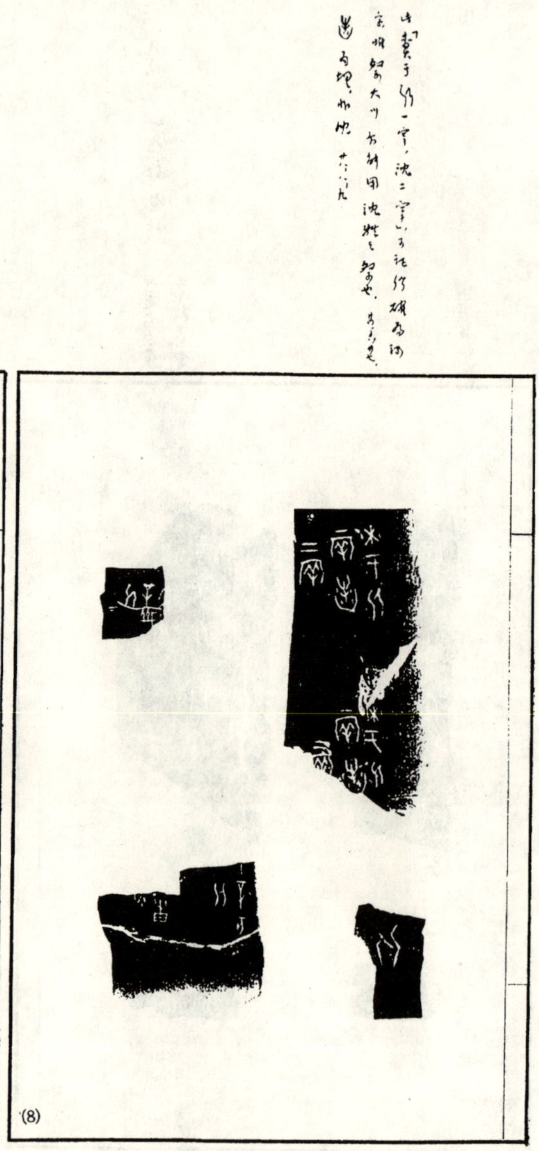

(8)

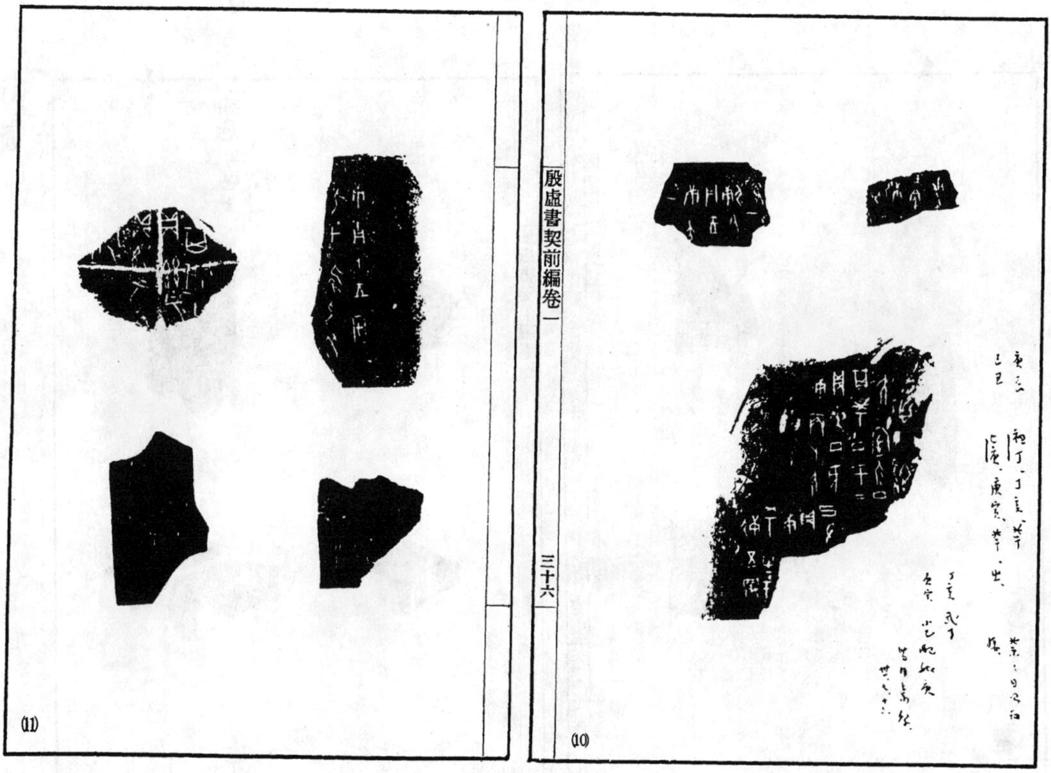
殷虛書契前編卷一
三十六
(11)
(10)

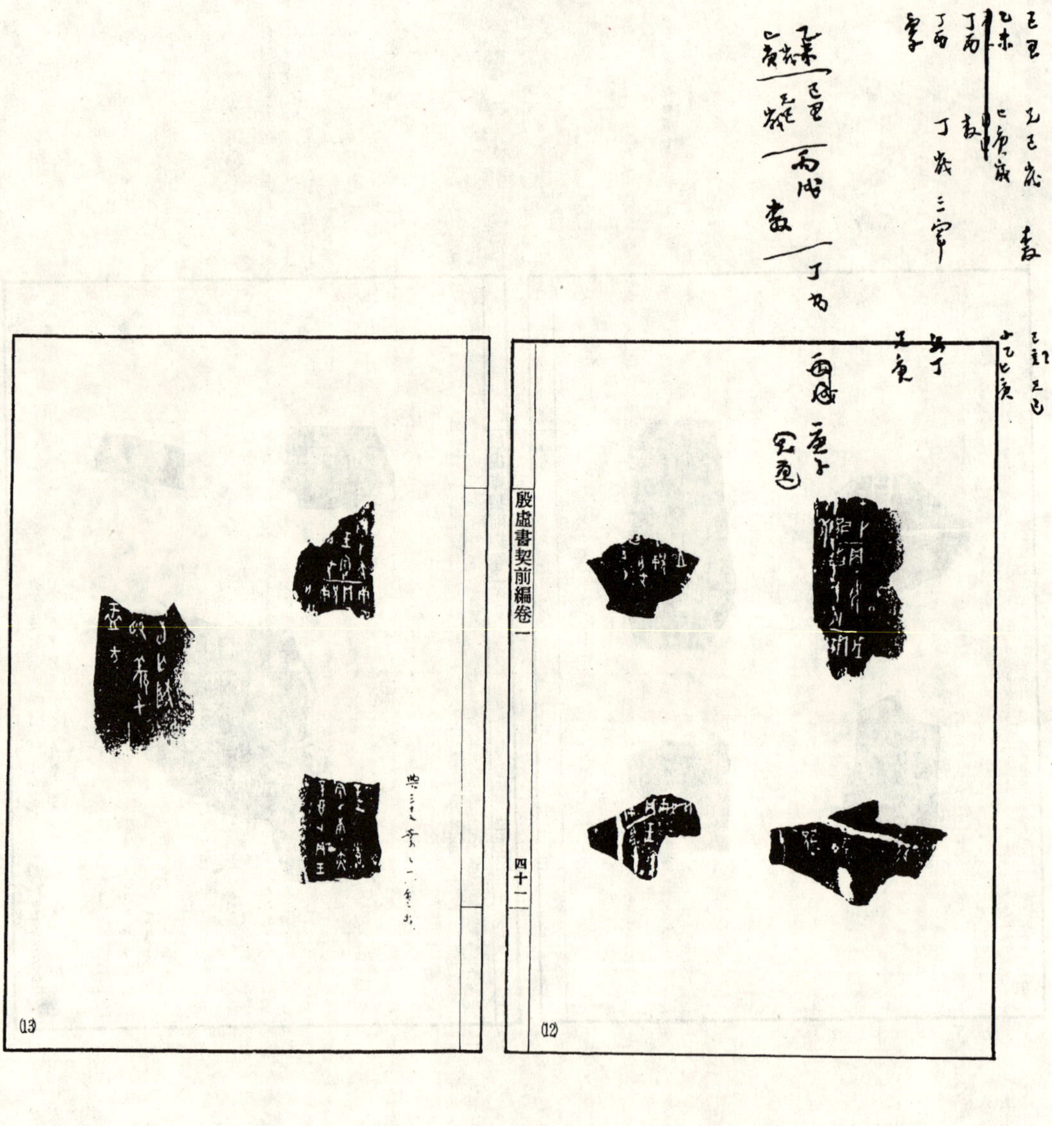
殷虛書契前編卷一
四十一
⒀
⑿

(15)

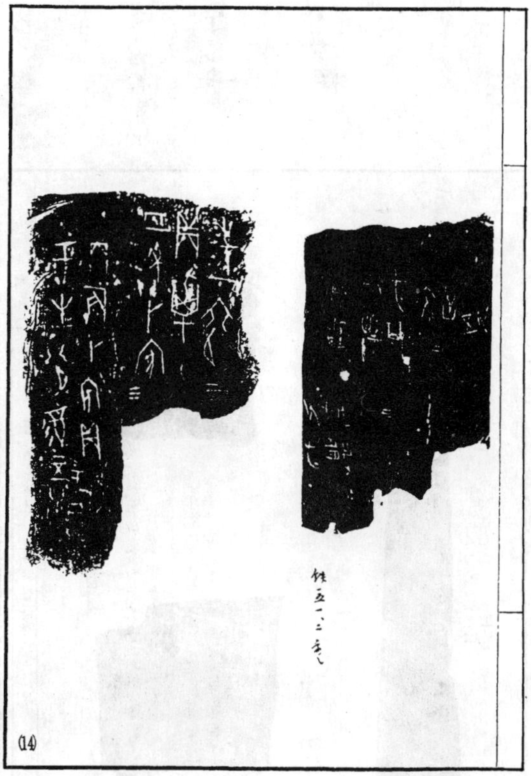

(14)

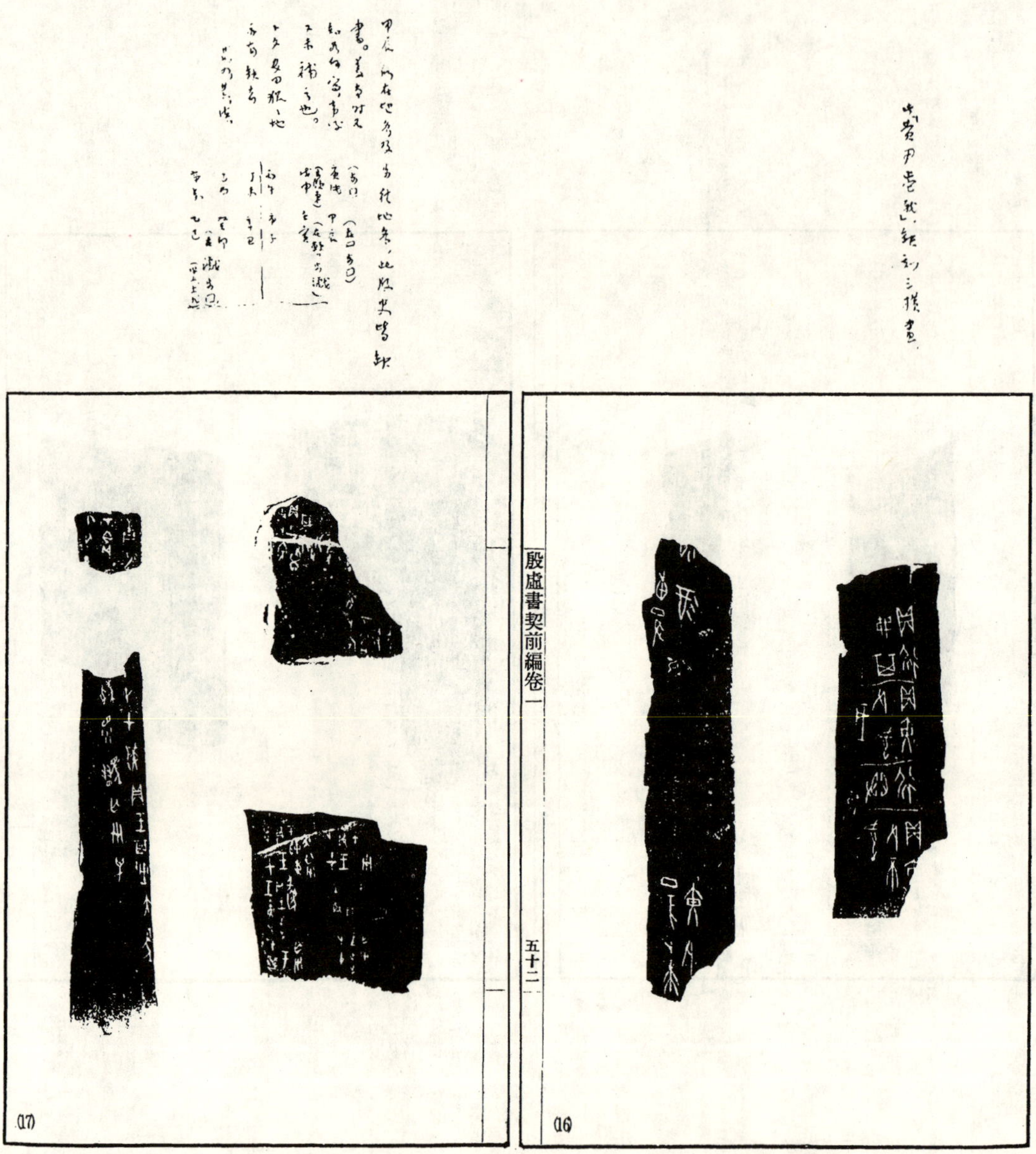
殷虚書契前編卷一
五十二
(17)
(16)

殷虛書契前編卷二
十二
(19)

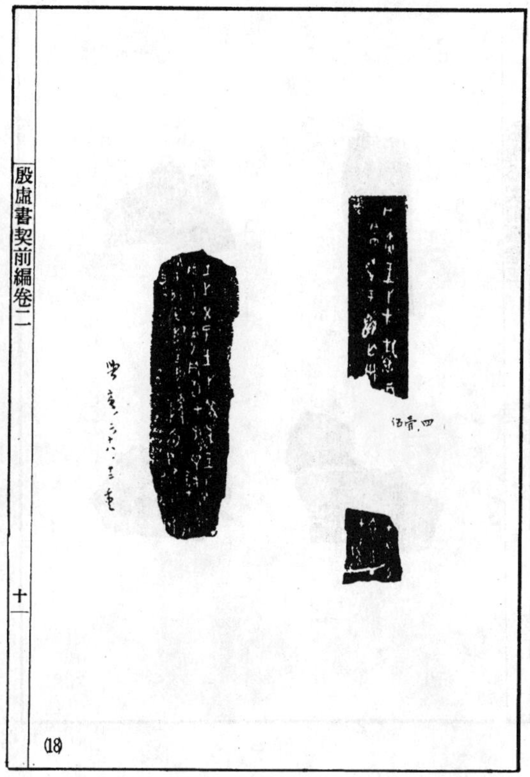
殷虛書契前編卷二
十
(18)

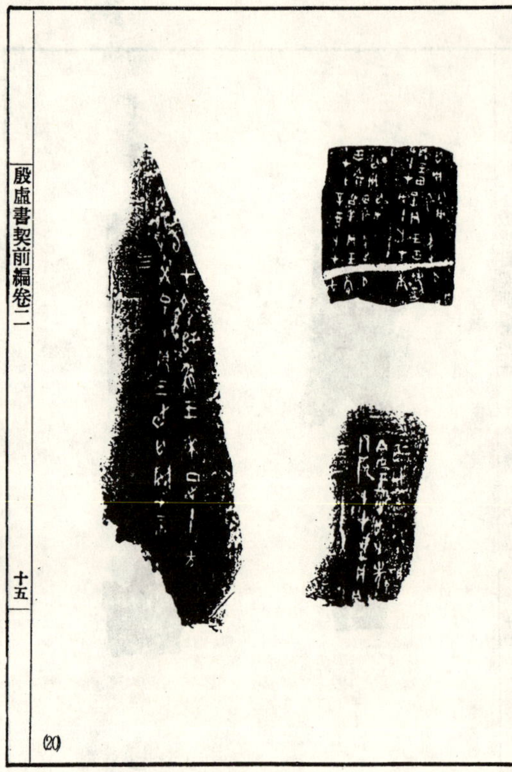
殷虛書契前編卷二
十五
(20)

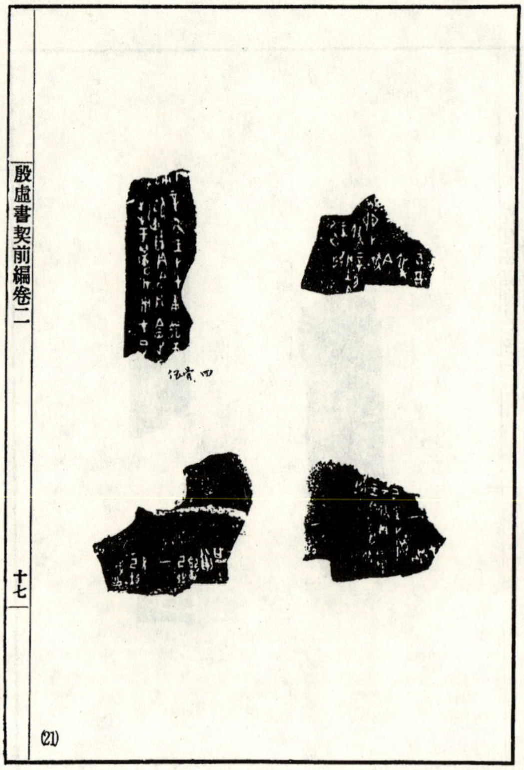
殷虛書契前編卷二
十七
(21)

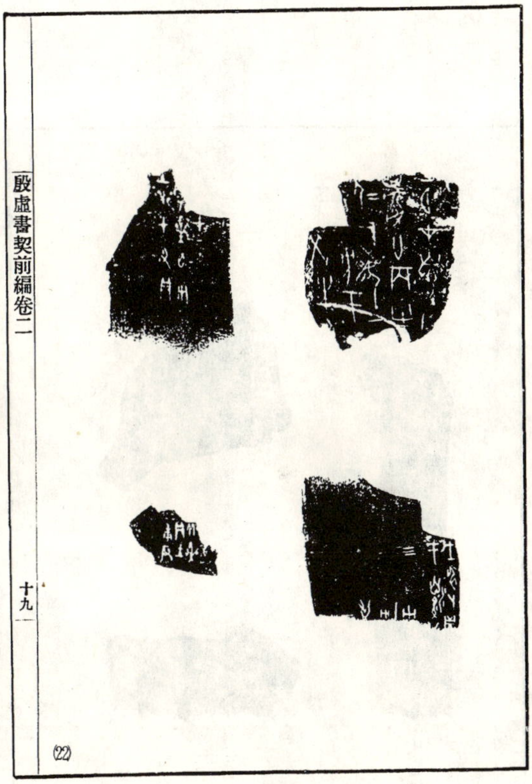
殷虛書契前編卷二
十九
(22)

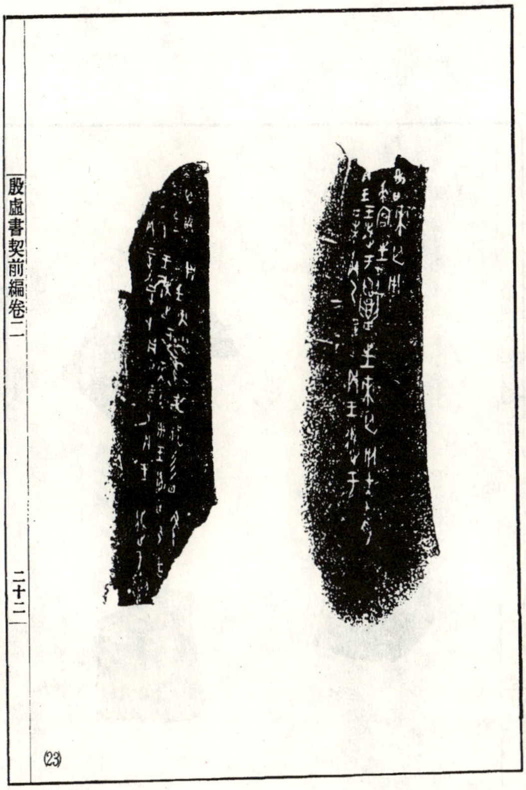
殷虛書契前編卷二
二十二
(23)

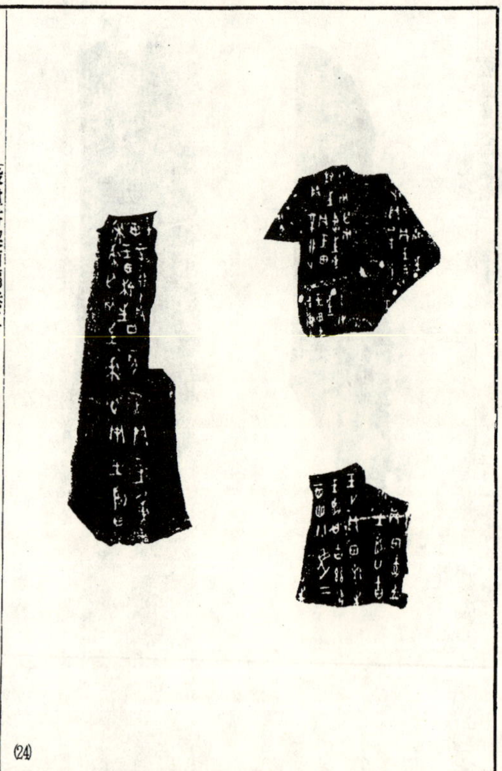

(24)

殷虛書契前編卷二

三十三

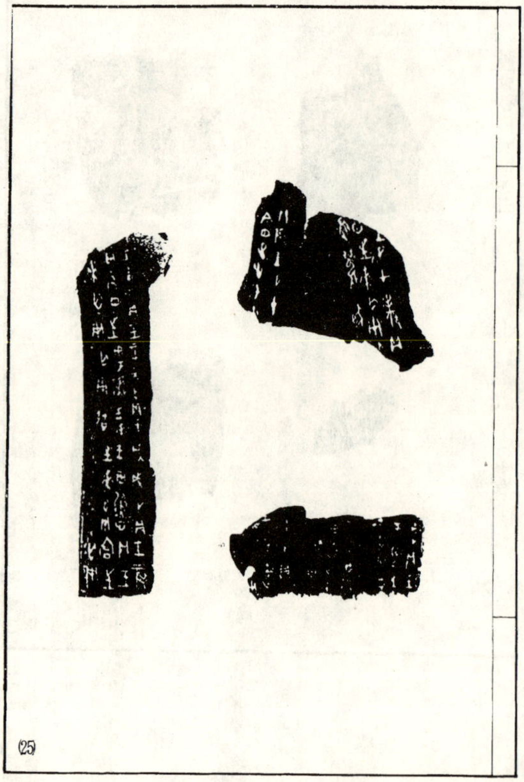

(25)

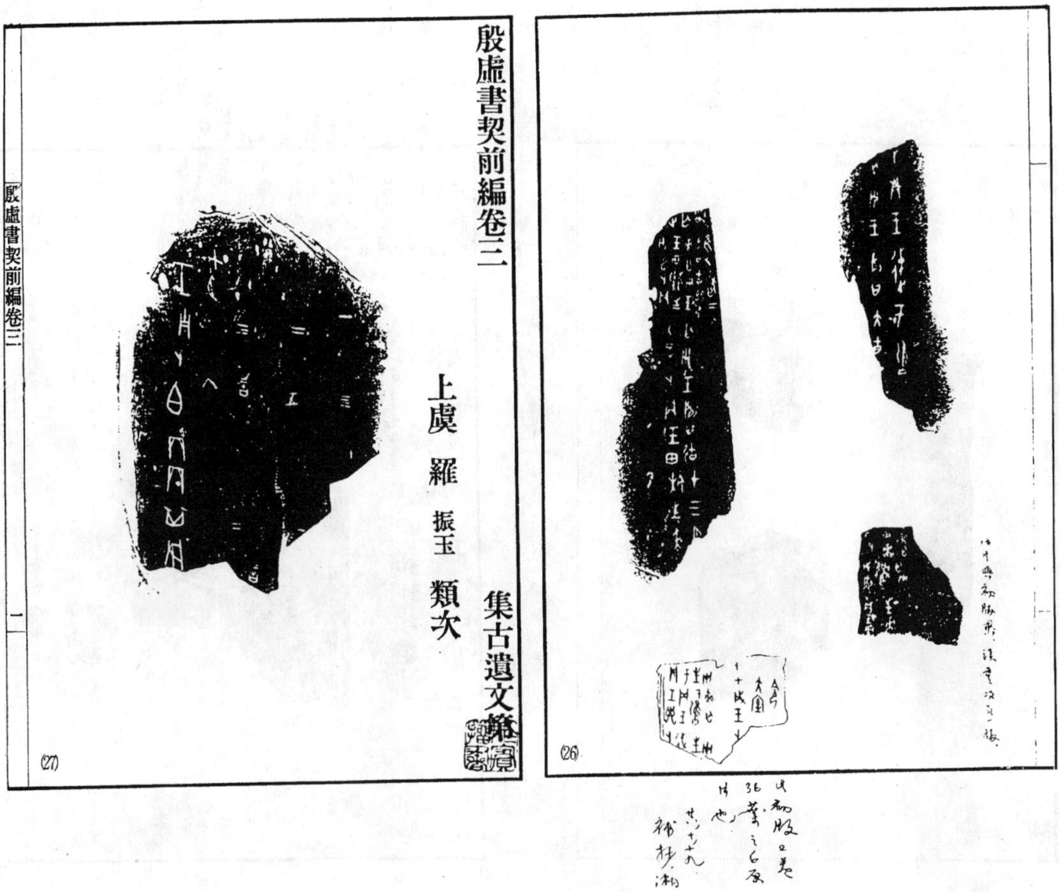
殷虛書契前編卷三
上虞 羅振玉 類次
集古遺文
殷虛書契前編卷三
一
(27)
(26)

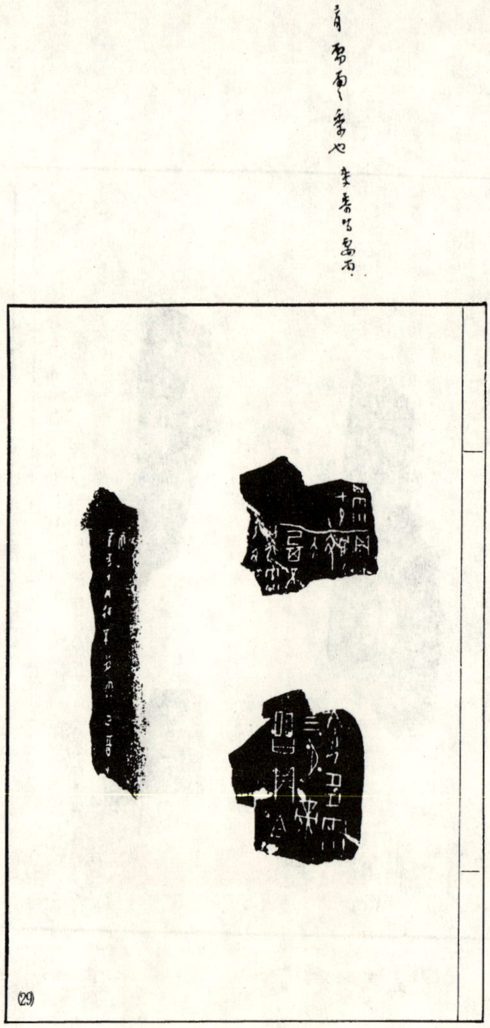

(29)

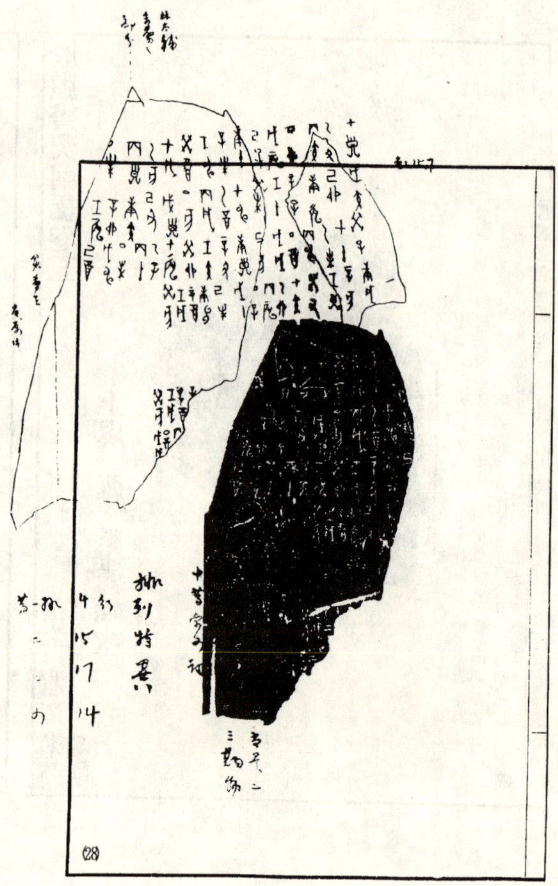

(28)

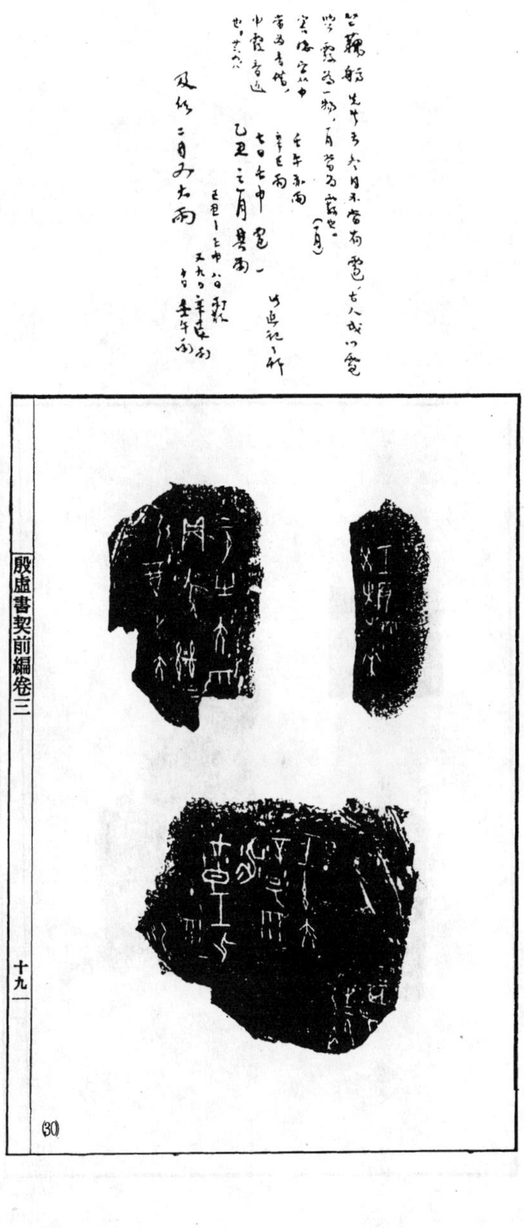
殷虛書契前編卷三
十九
(30)

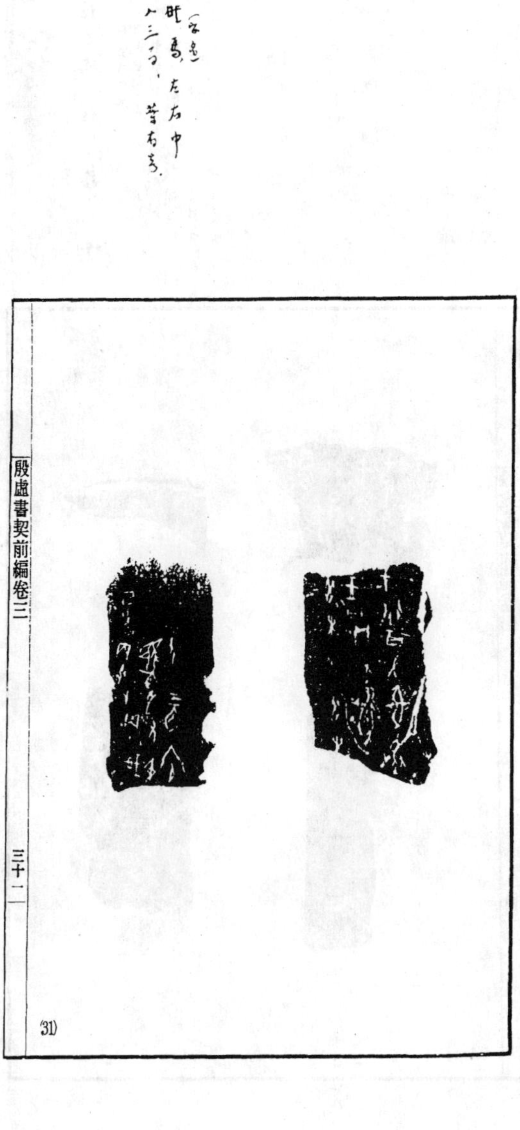
殷虛書契前編卷三
三十二
(31)

補記占驗之辭，此為一特例

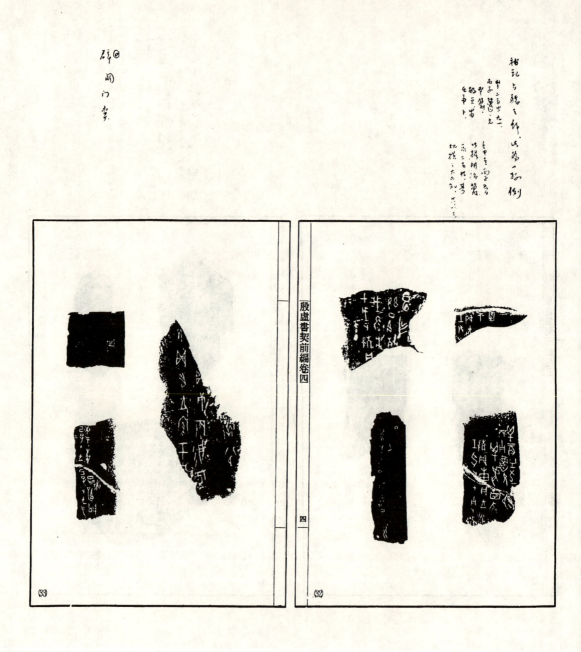

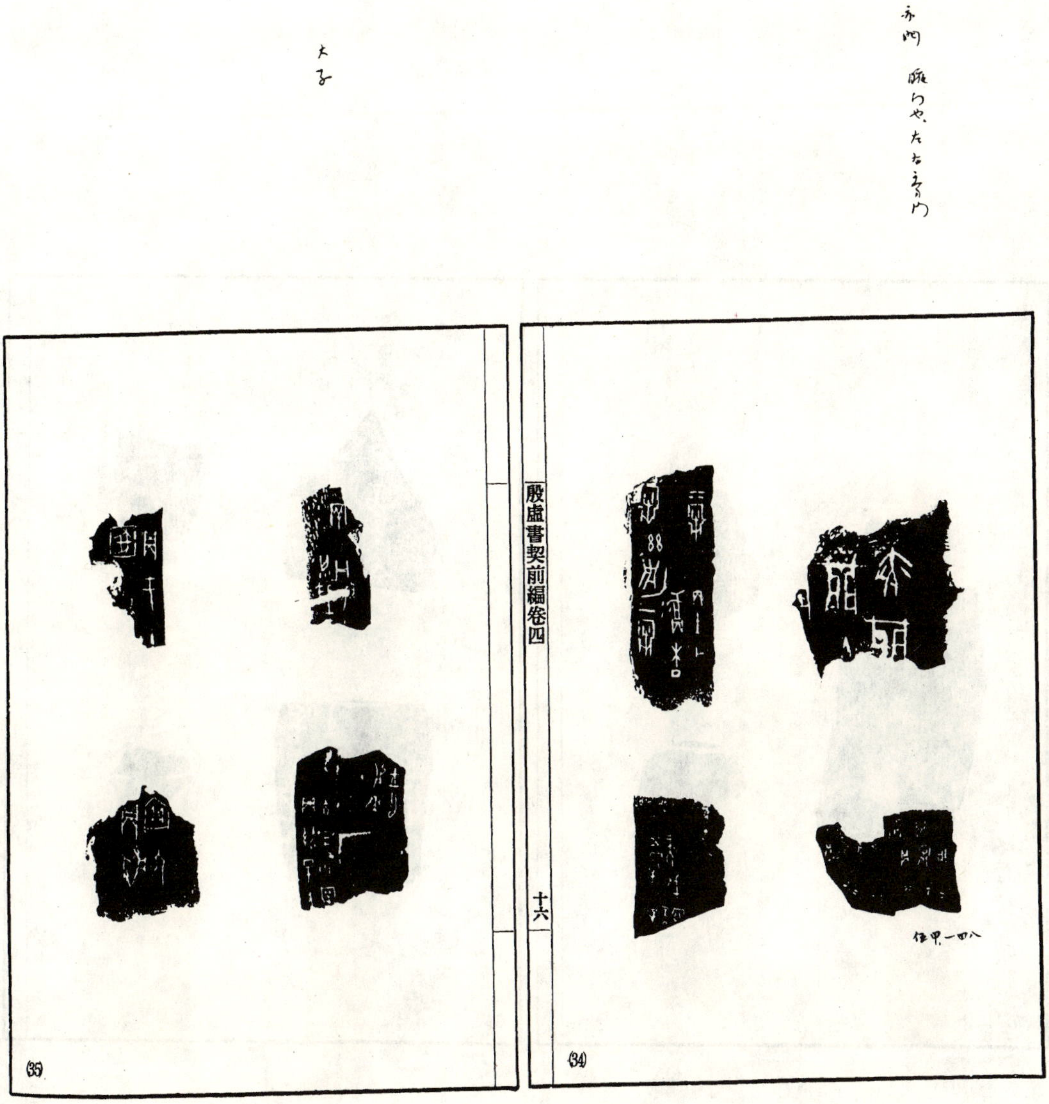
殷虛書契前編卷四
十六
(35)
(34)

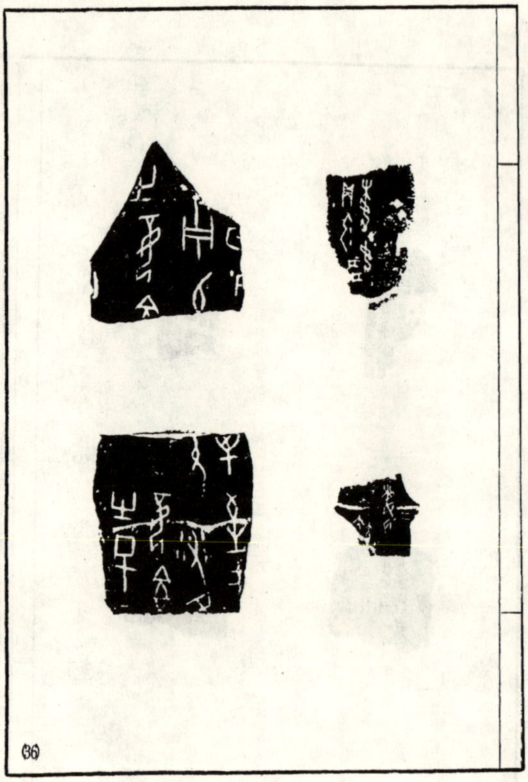

(36)

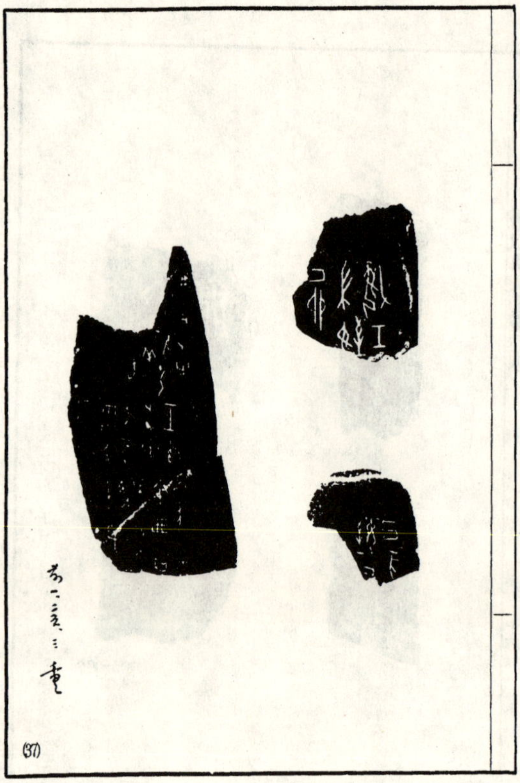

(37)

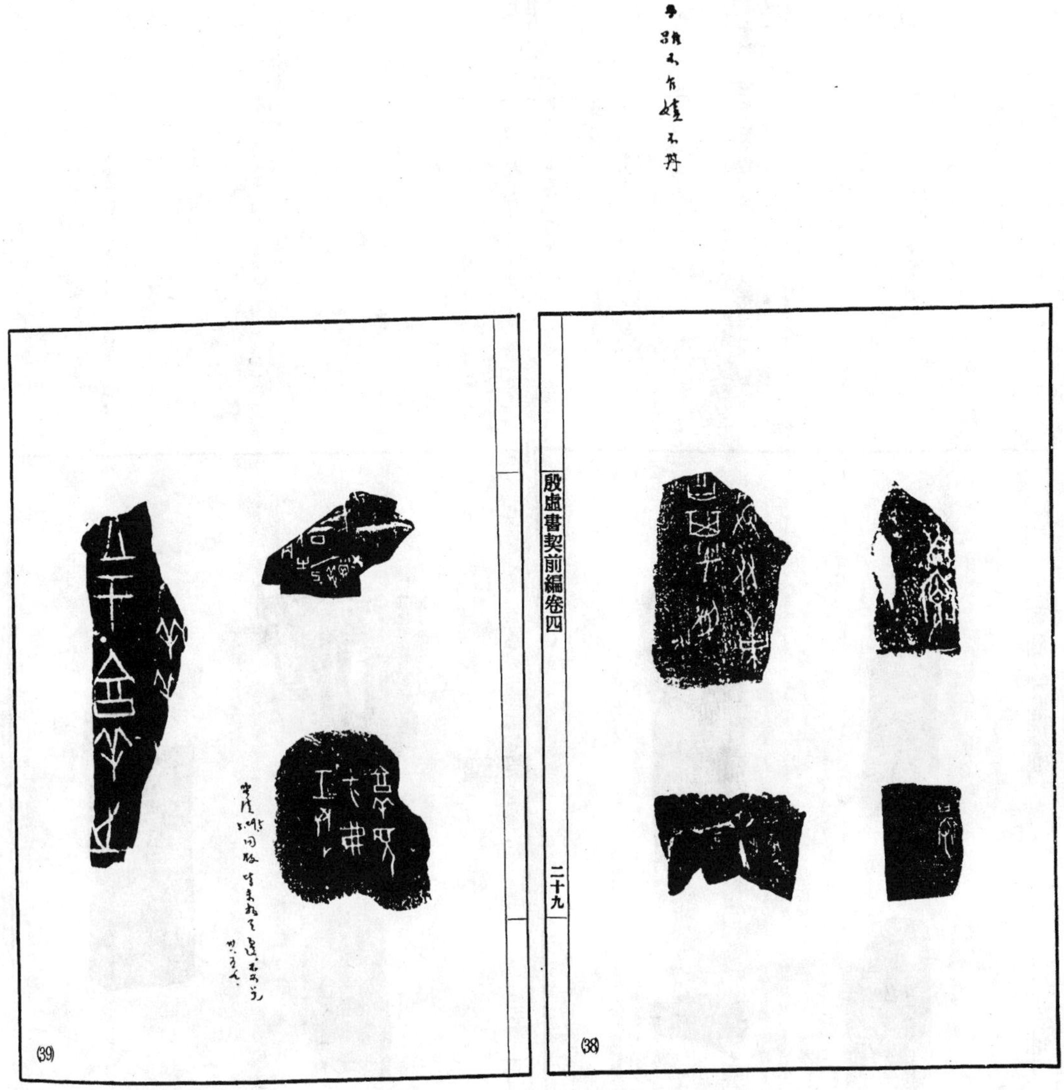
殷虛書契前編卷四
二十九
(39)
(38)

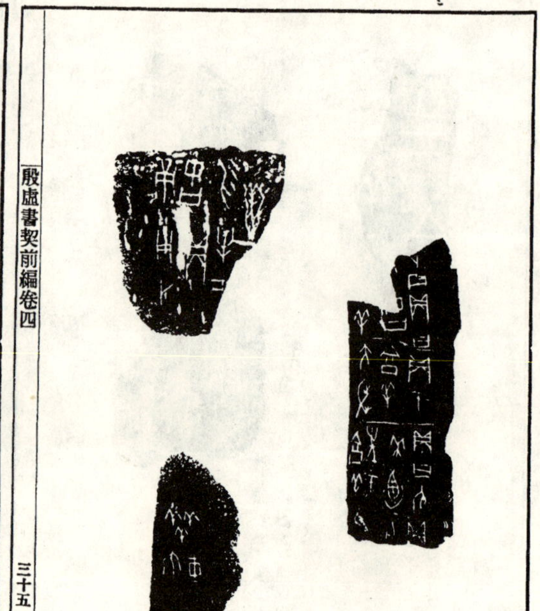
殷虛書契前編卷四
三十五
(40)

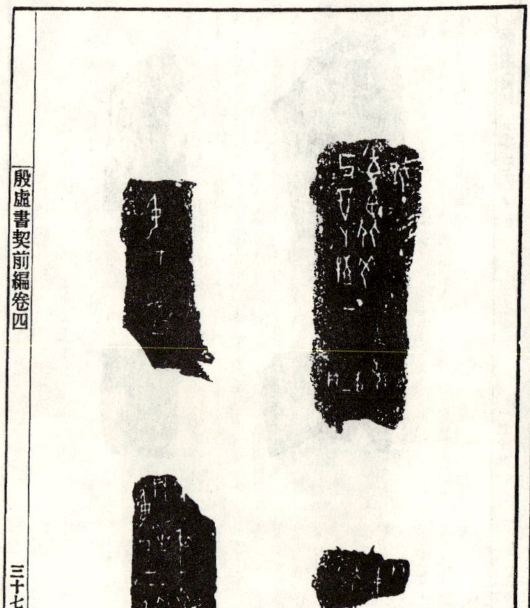
殷虛書契前編卷四
三十七
(41)

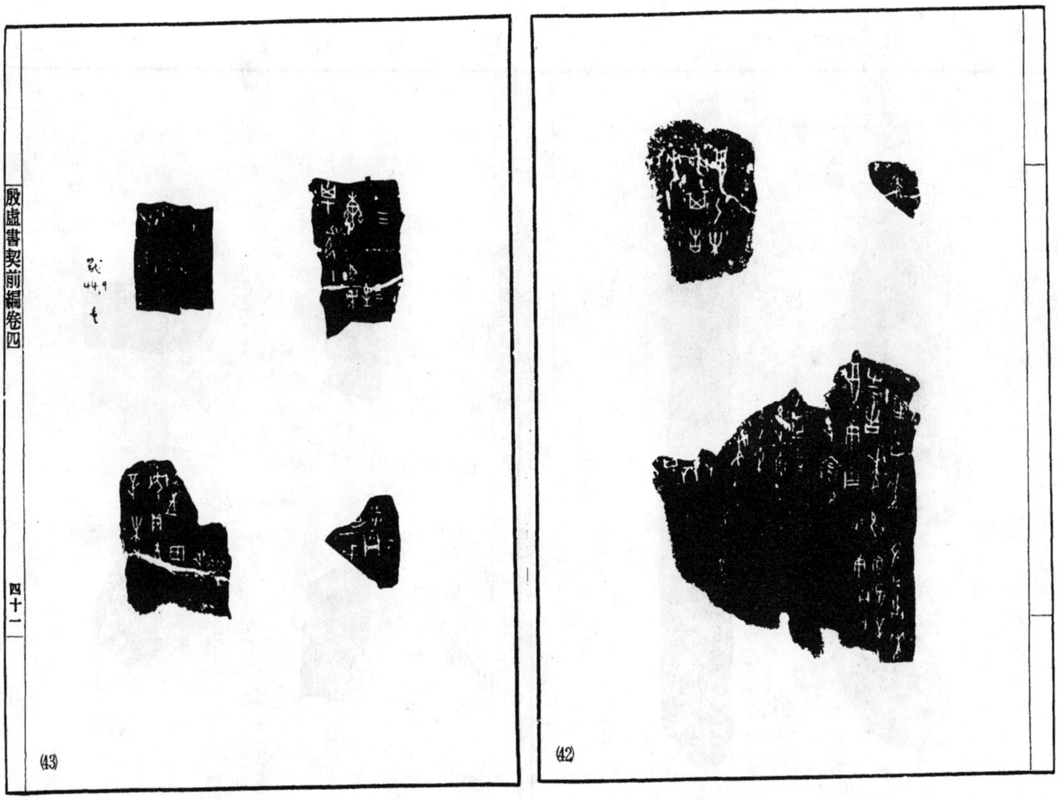
殷虛書契前編卷四
四十一
(43)
(42)

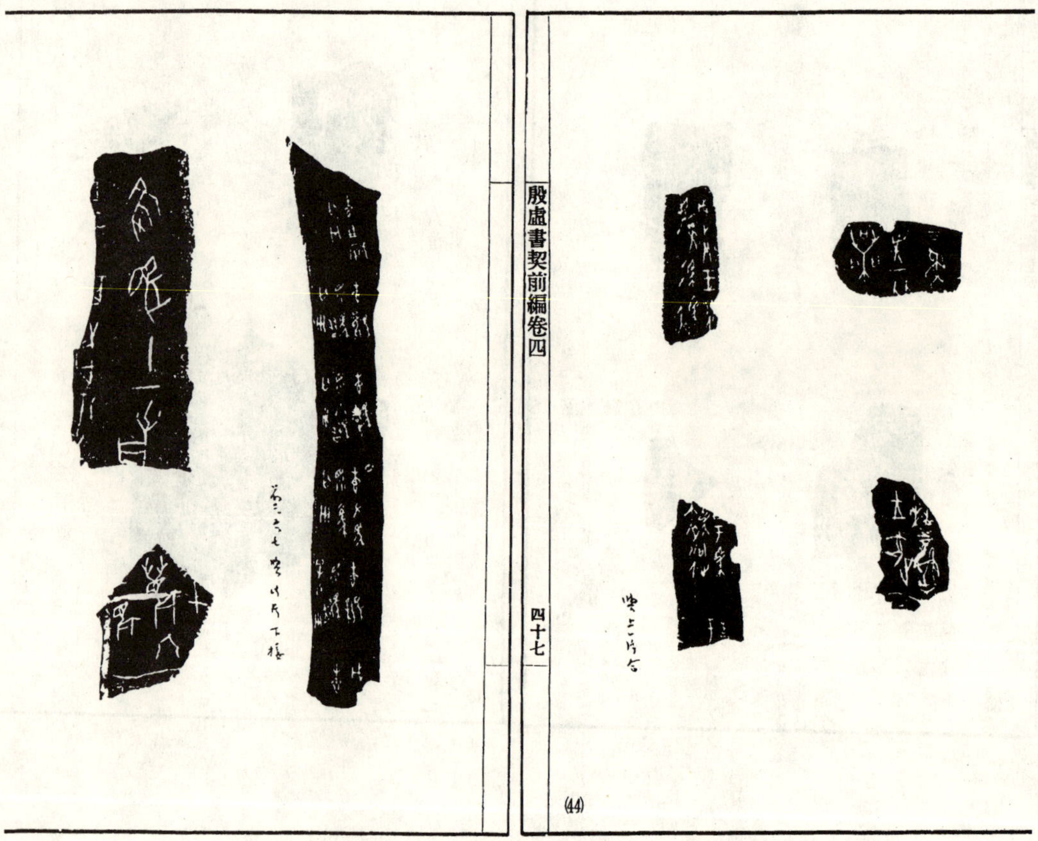
殷虛書契前編卷四
四十七
(44)

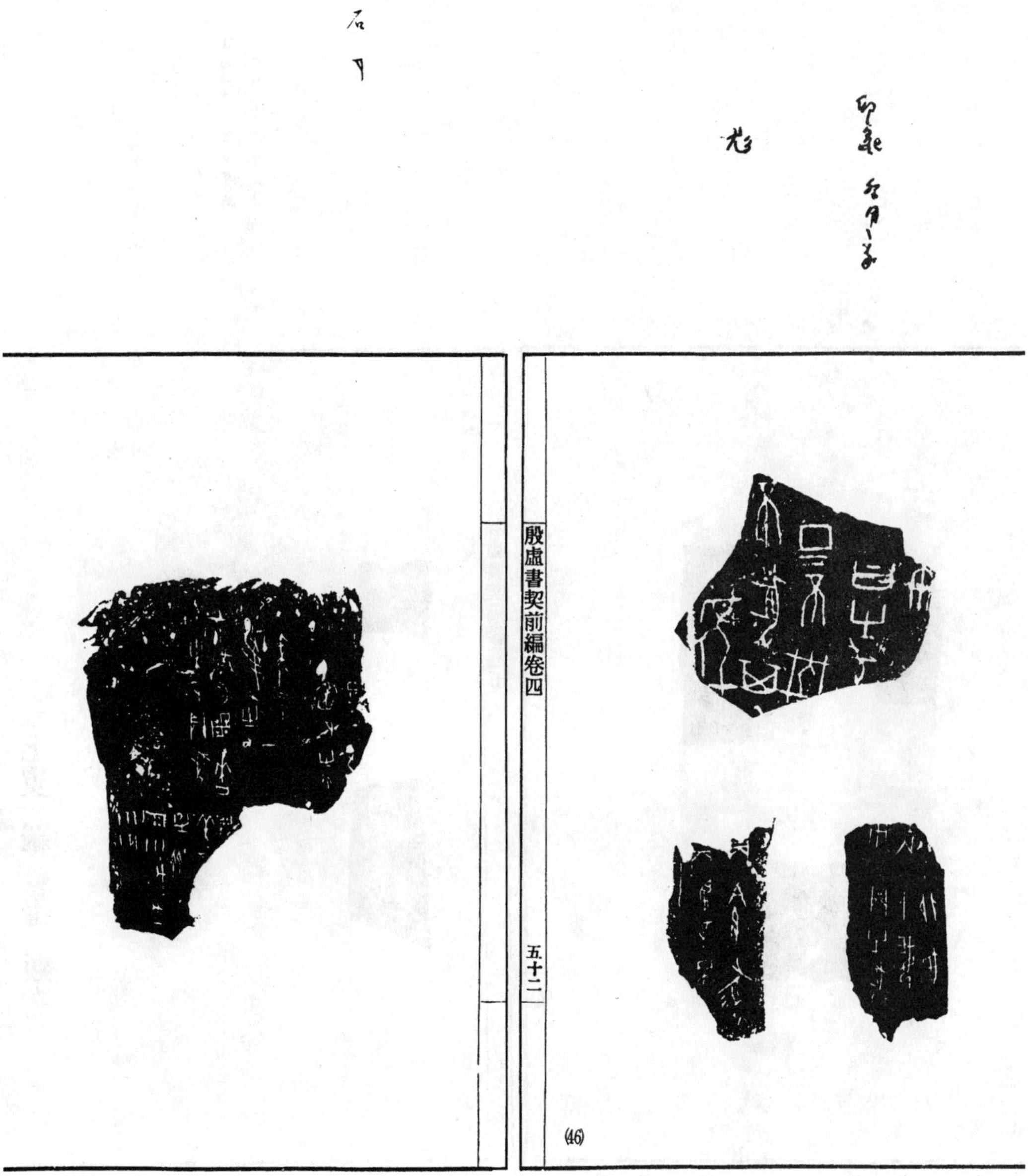
殷虛書契前編卷四
五十二
(46)

殷虛書契前編卷五　一

上虞羅振玉類次

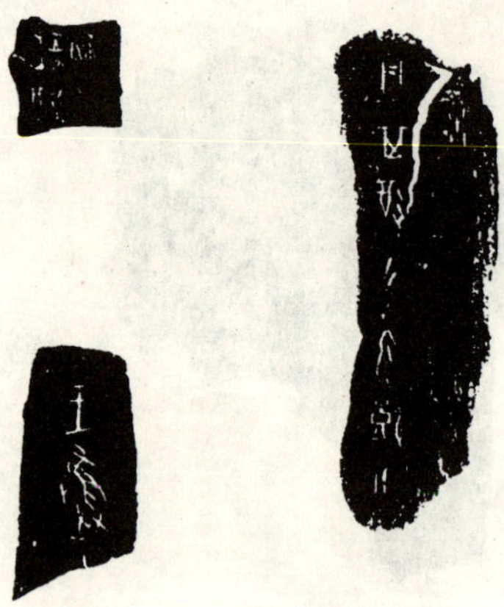

(48)

(49)

50

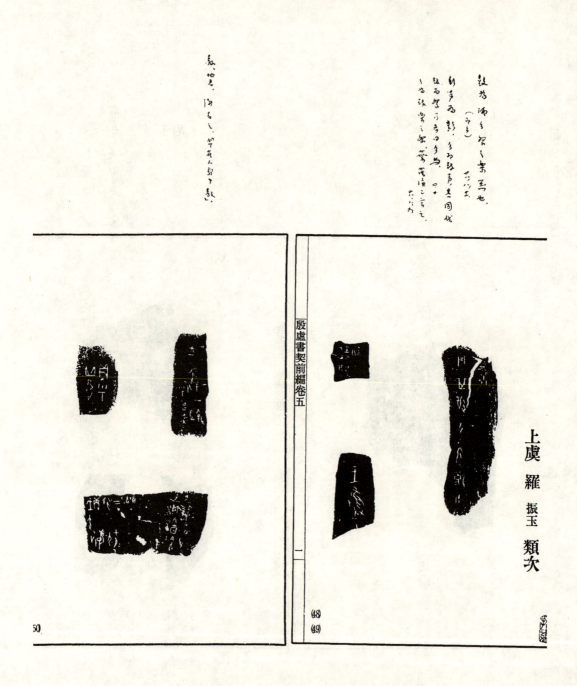

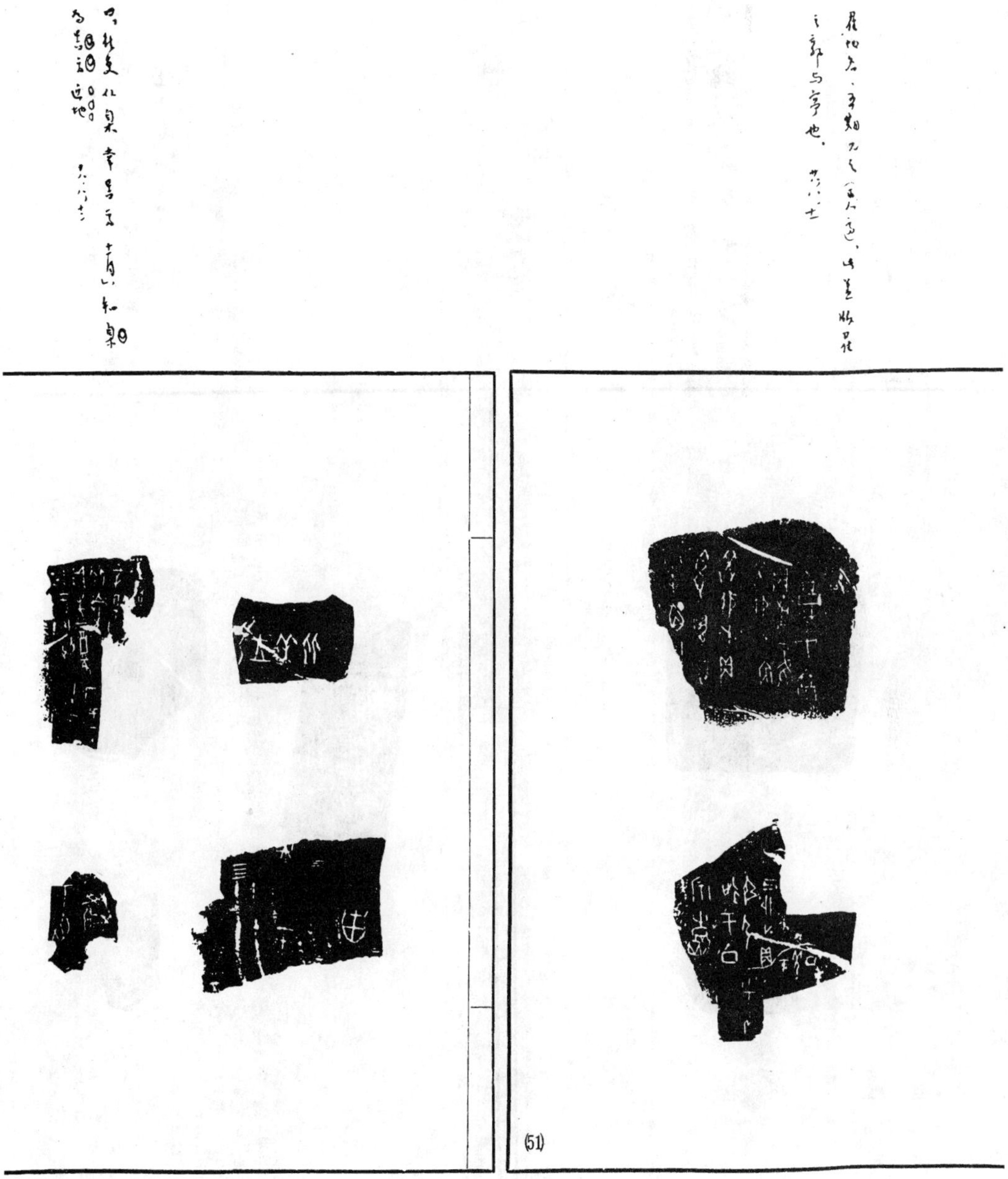
(51)

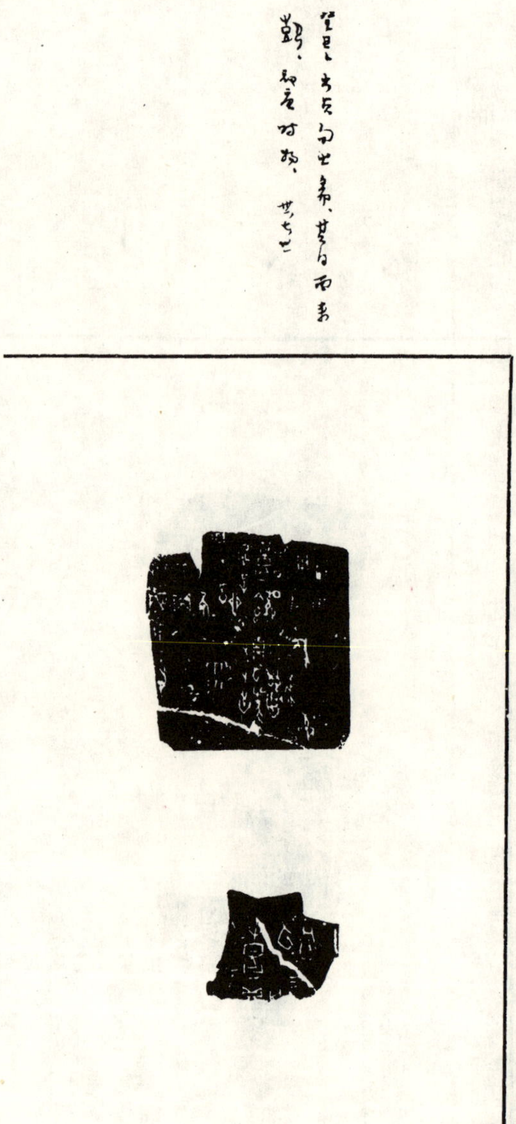

(54)

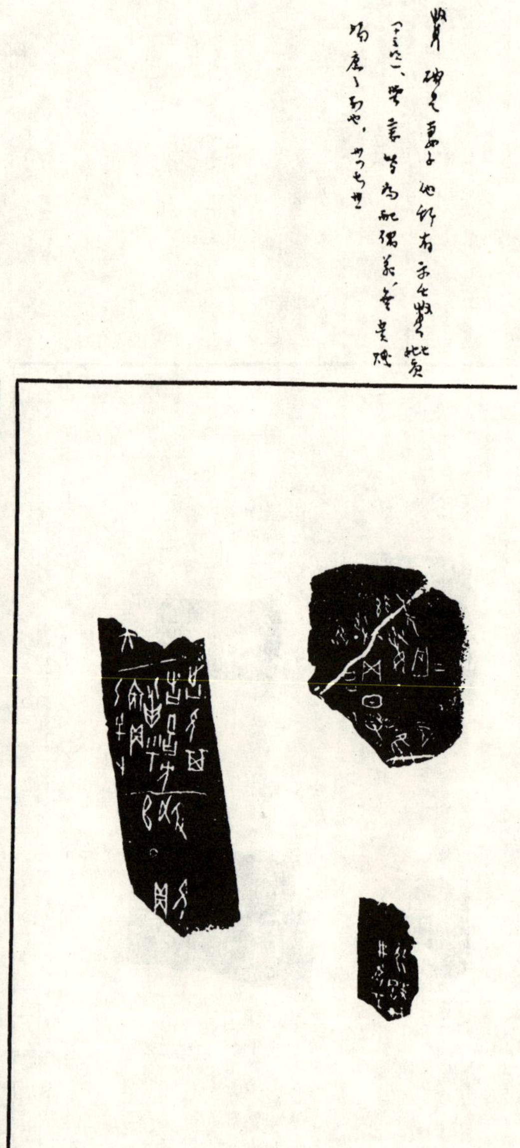

(53)

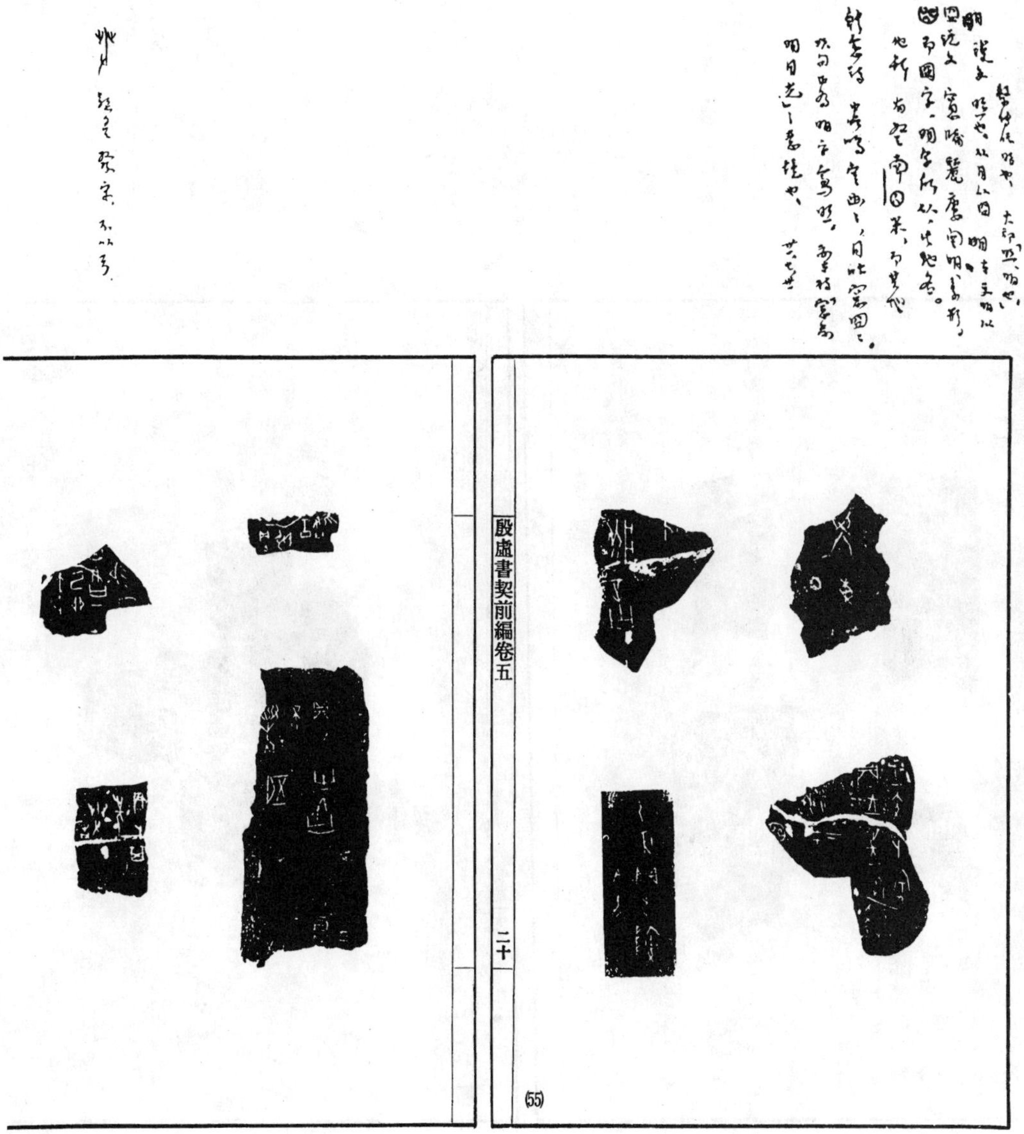
殷虛書契前編卷五
二十
(55)

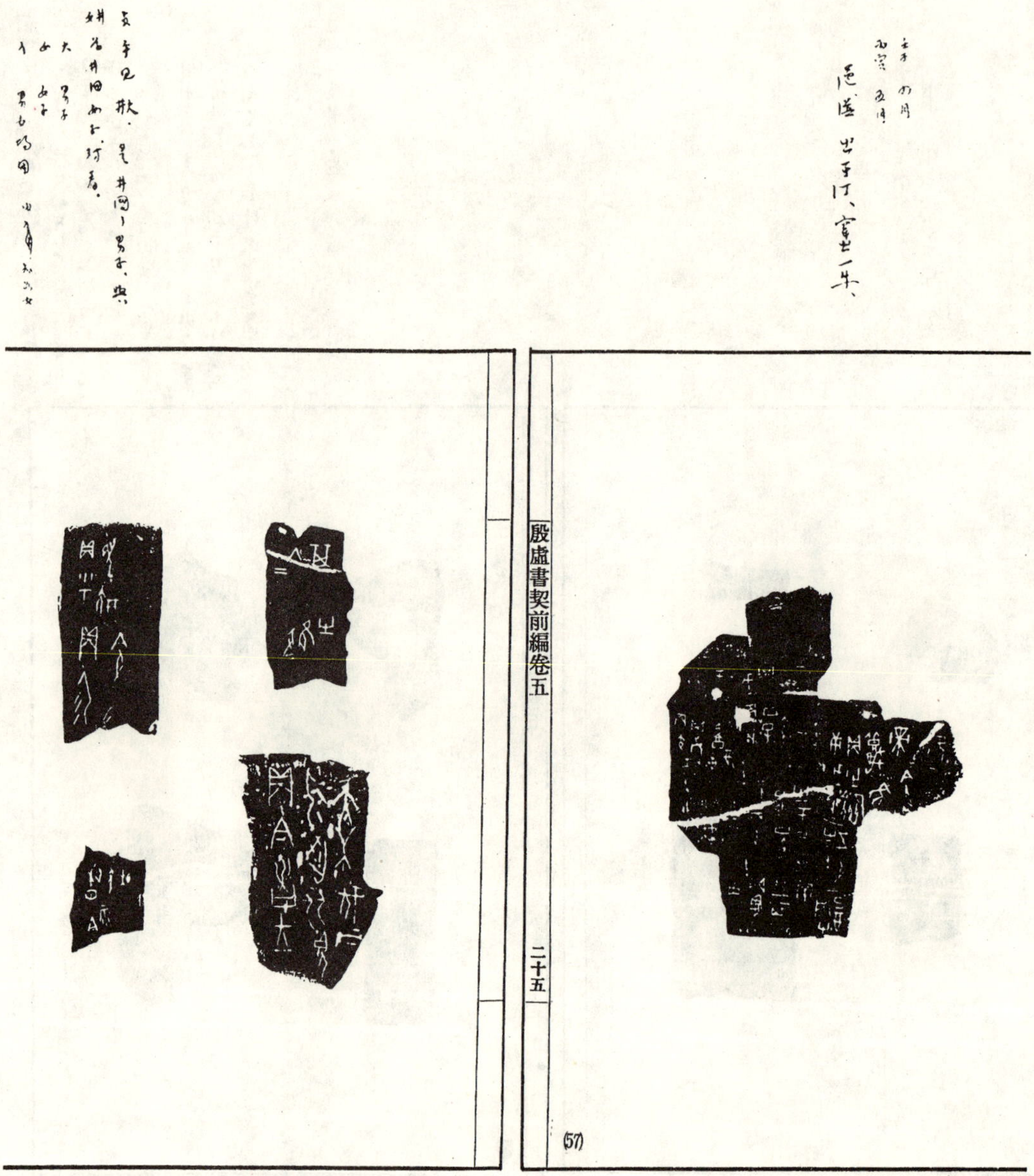
殷虛書契前編卷五
二十五
(57)

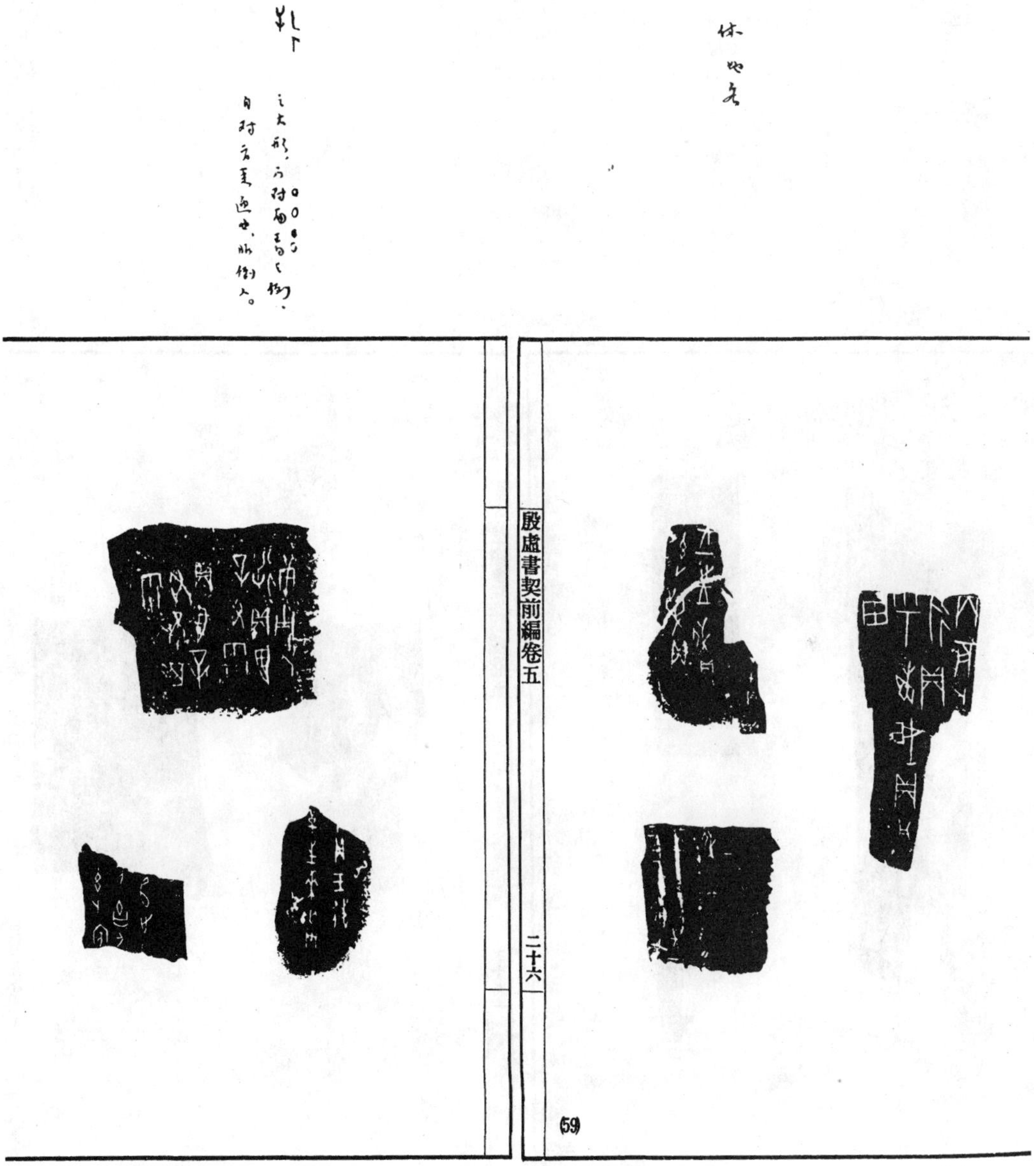
殷虛書契前編卷五
二十六
(59)

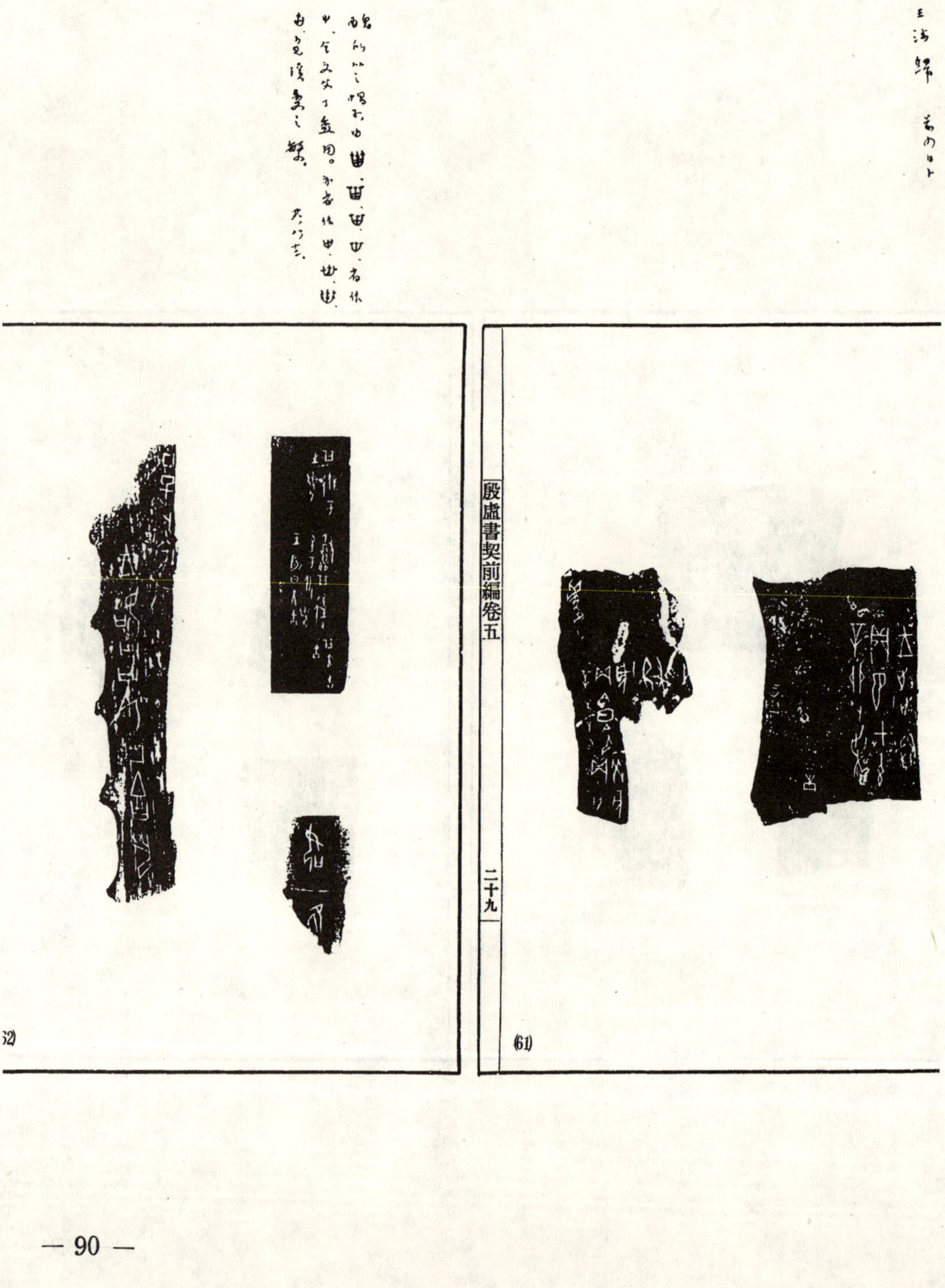
殷虛書契前編卷五
二十九
(62)
(61)

癸卯卜旬雨（五） 此文記時不計始日之紀日法也 40.10.28夜

為王賓祭名

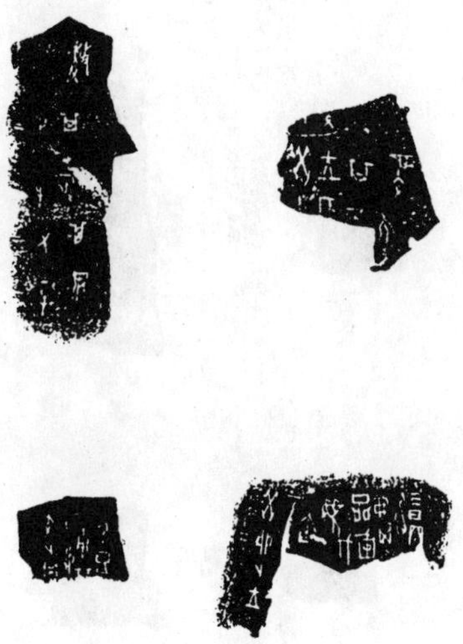

4)

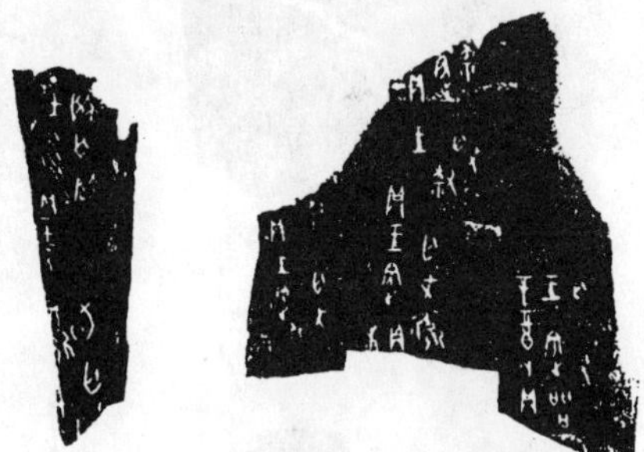

(63)

新260
佚2190
有𠊿字

丁𠊿，文丁时人，文丁之诸母也。

武丁之

乙亥卜，侑于𠊿于母庚。（我母庚）

先一期之合

出句于自己先于多（后）

伍甲，一九〇

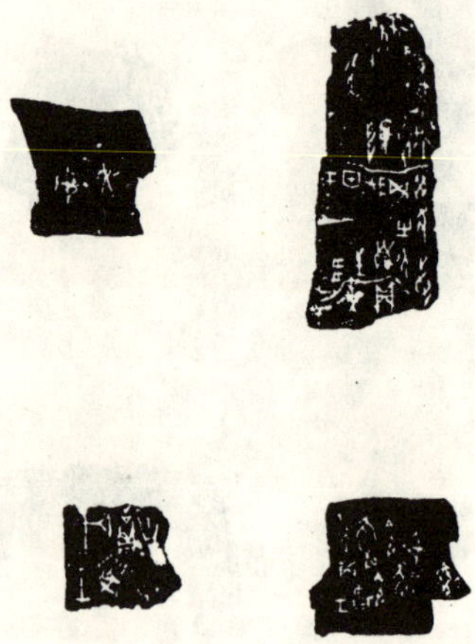

(65)

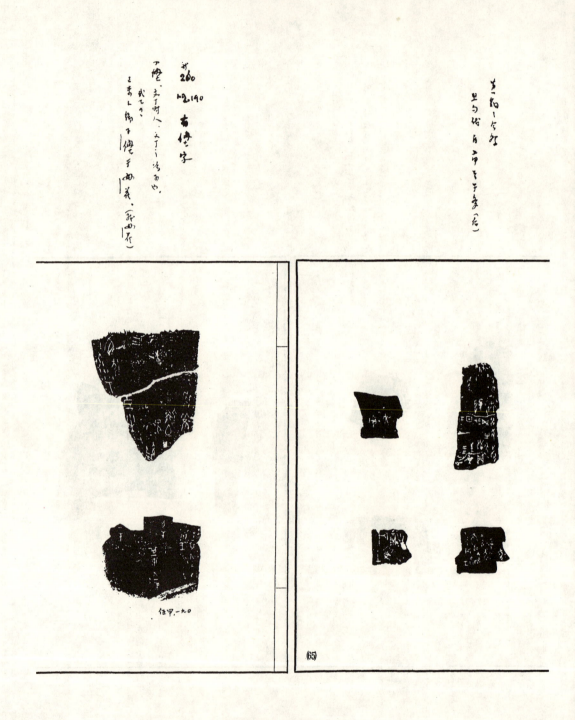

8)

(67)

此字、契文

殷虛書契前編卷六

十八

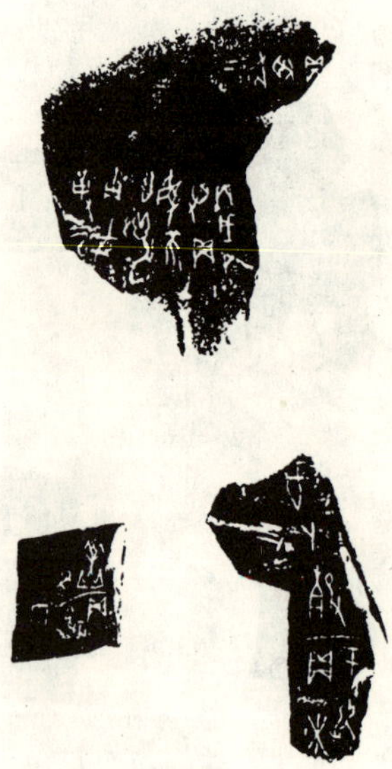

(69)

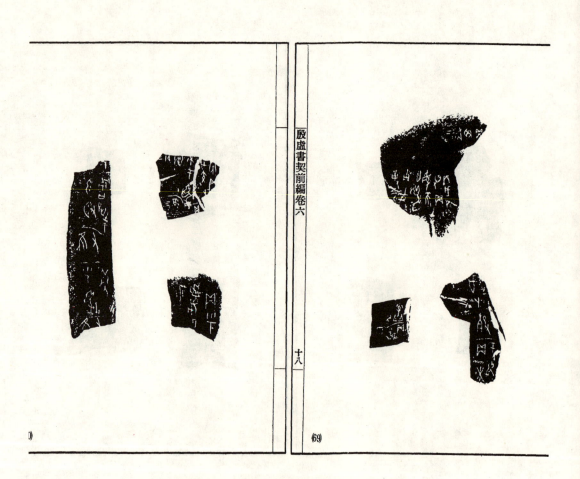

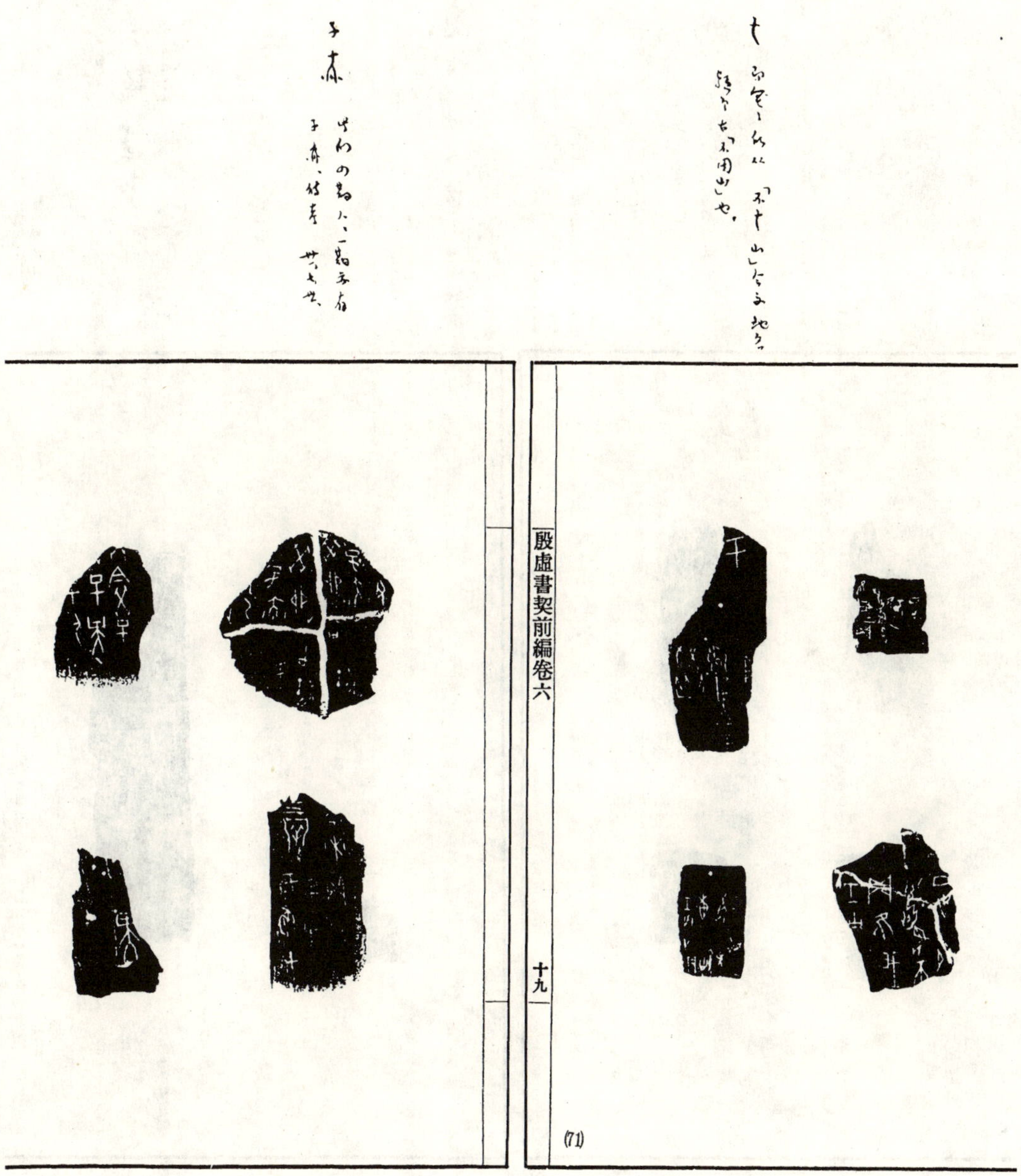
殷虛書契前編卷六
十九
(71)

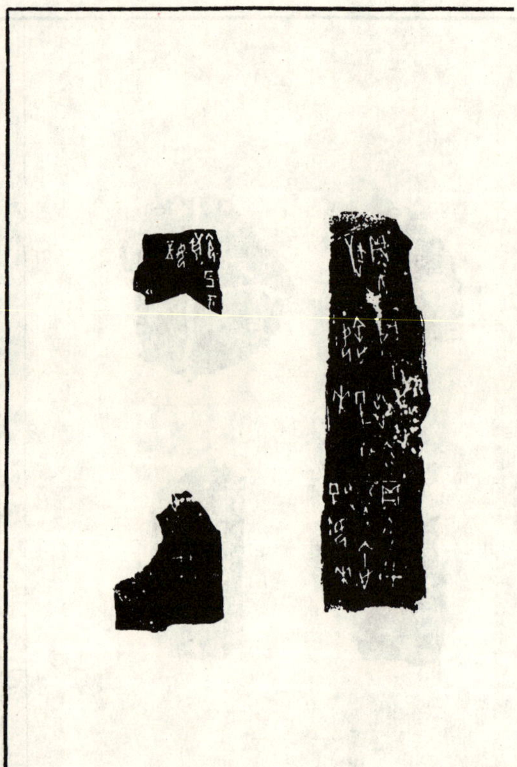

(73)

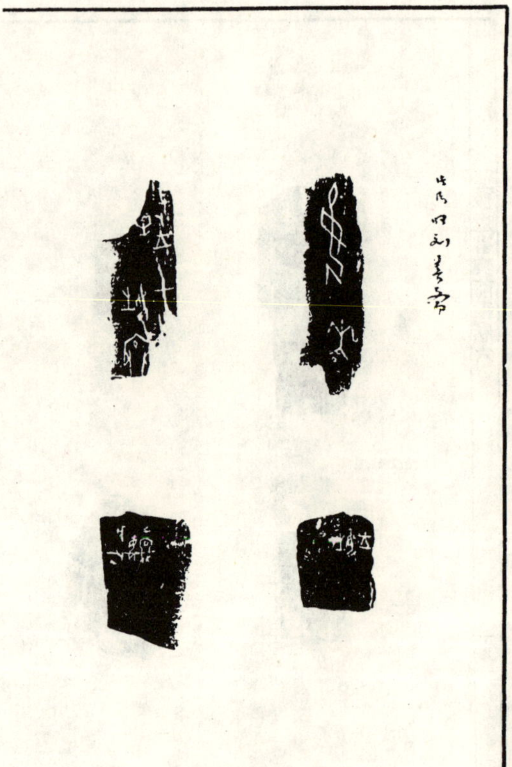

(74)

(75)

[illegible]白，淮水也，人名。言[illegible]
[illegible]舊也　[illegible]書。

郭沫若[illegible]文以為[illegible]字，[illegible]也。
[illegible]為[illegible]，[illegible]
[illegible]也。左傳[illegible]年[illegible]，[illegible]。
[illegible]人，[illegible]年。[illegible]。
卅三、四、八

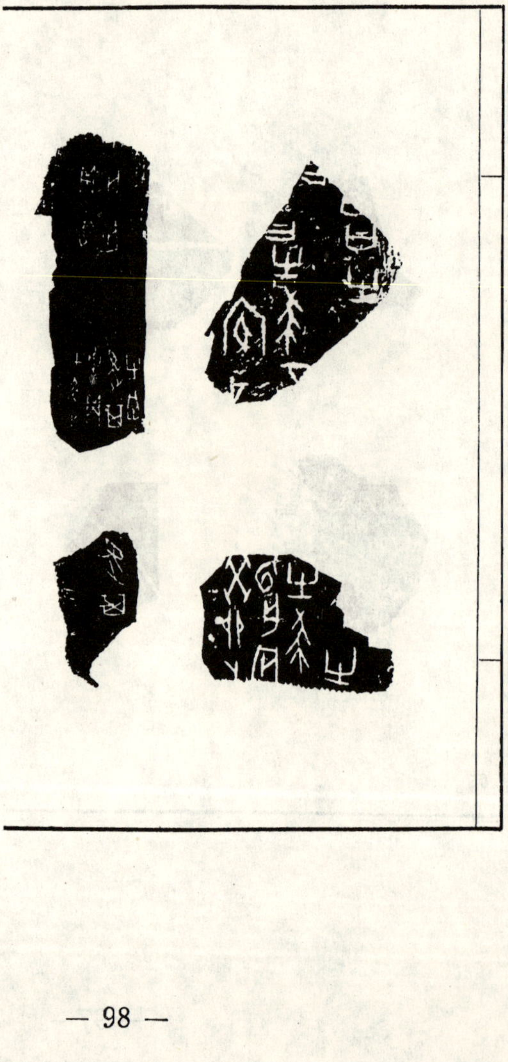

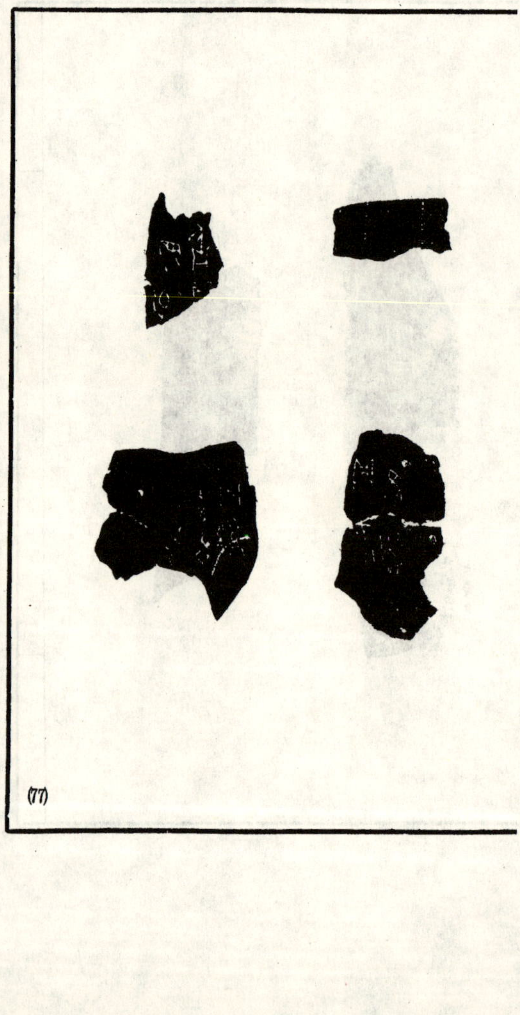

(77)

右一版已見周。

「今此片」義六、十同。

80)

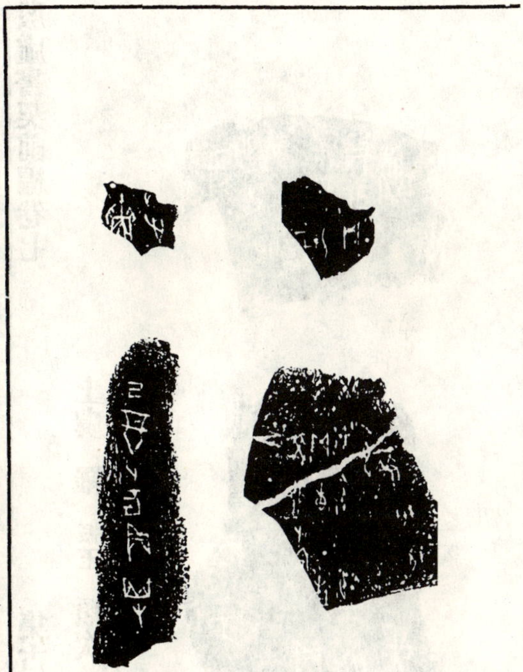

(79)

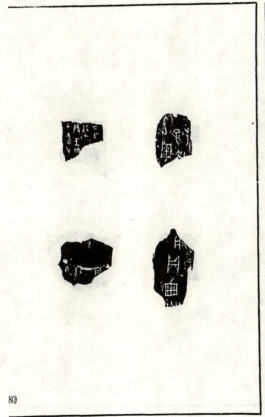

殷虛書契前編卷七

上虞羅振玉類次

集古遺文

(82)

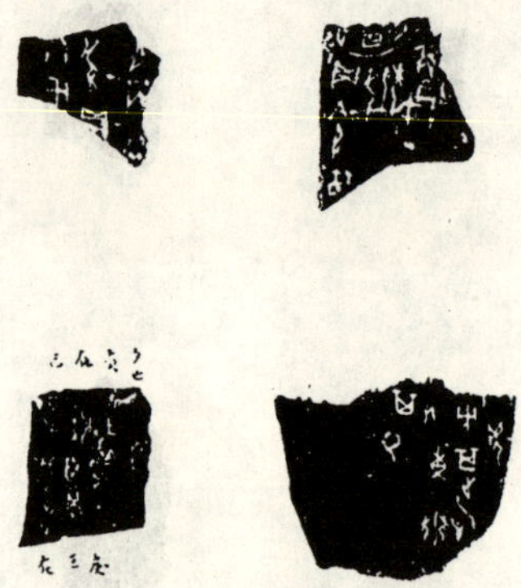

(81)

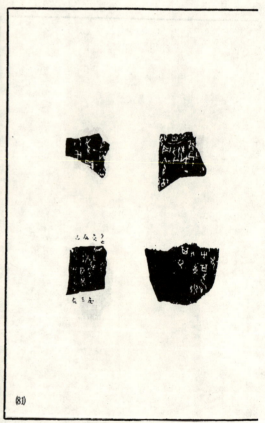

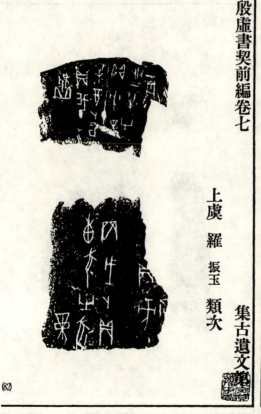

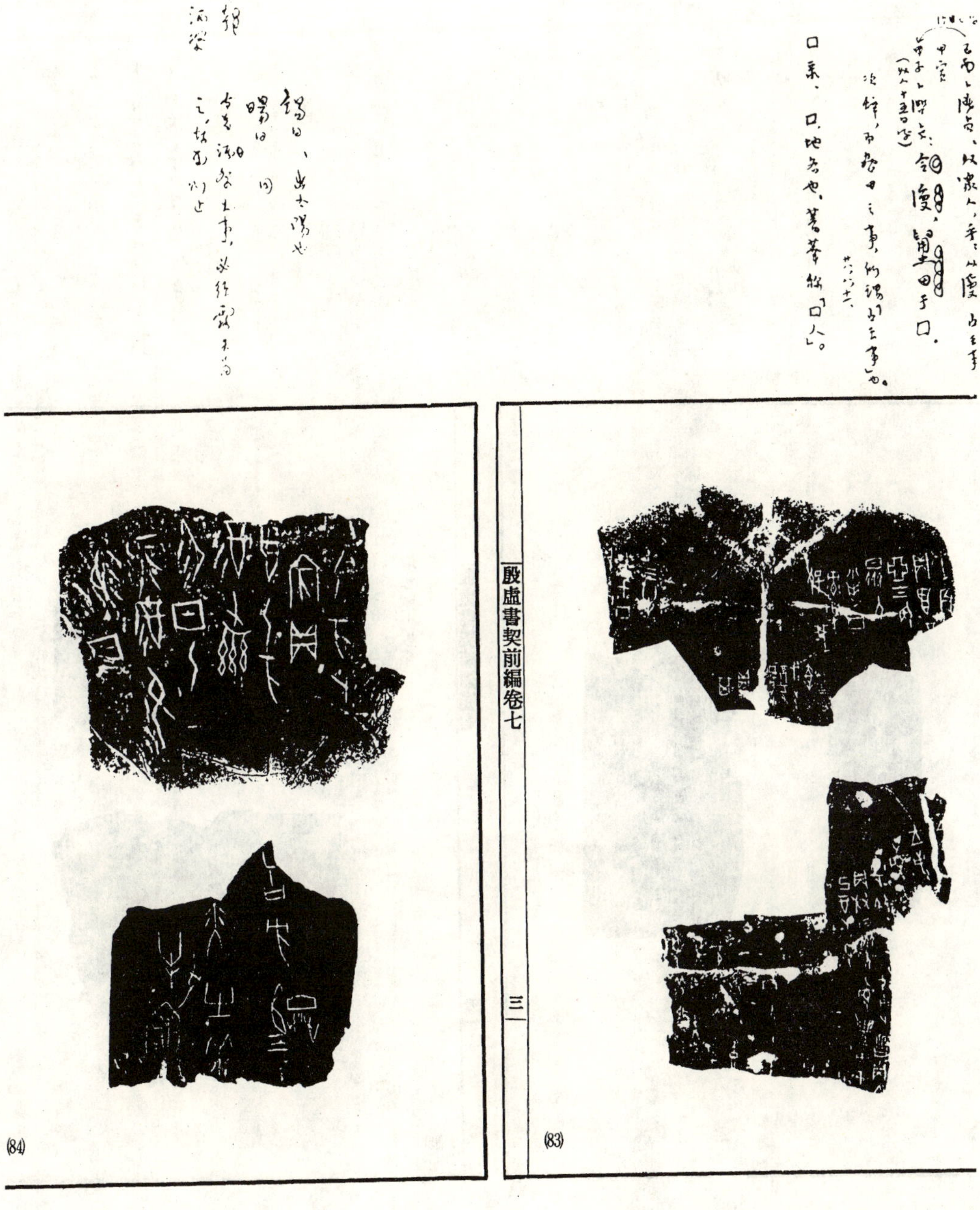
殷虛書契前編卷七
三
(84)
(83)

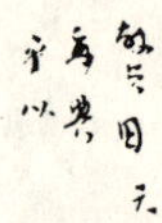

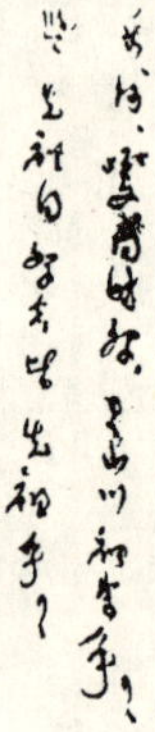

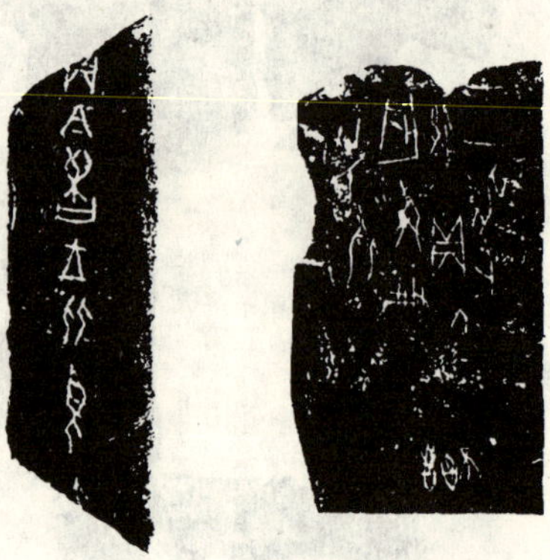

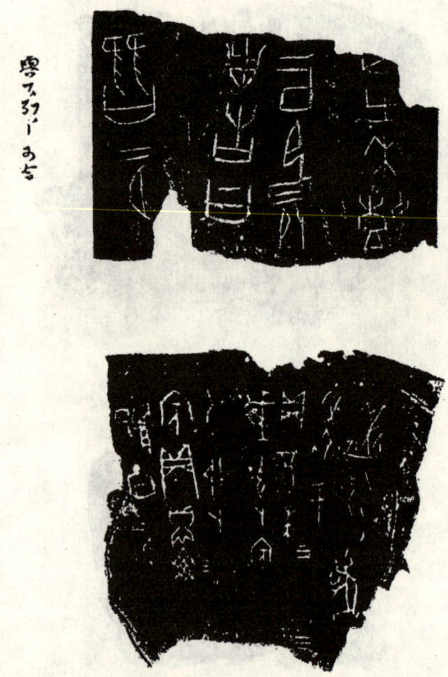

殷虛書契前編卷七

五

(85)

(88)

(87)

商，于商也。

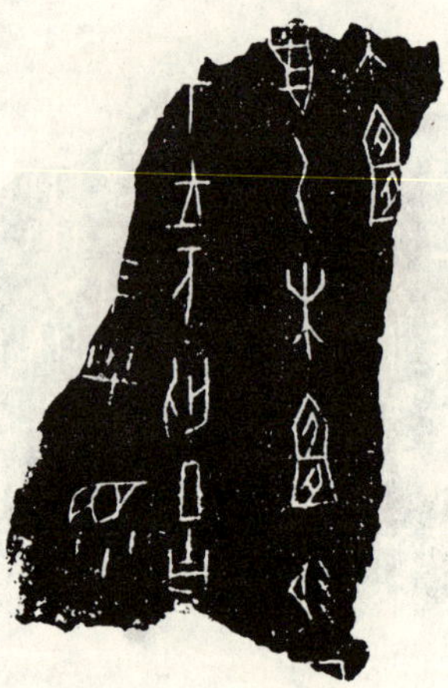

(89)

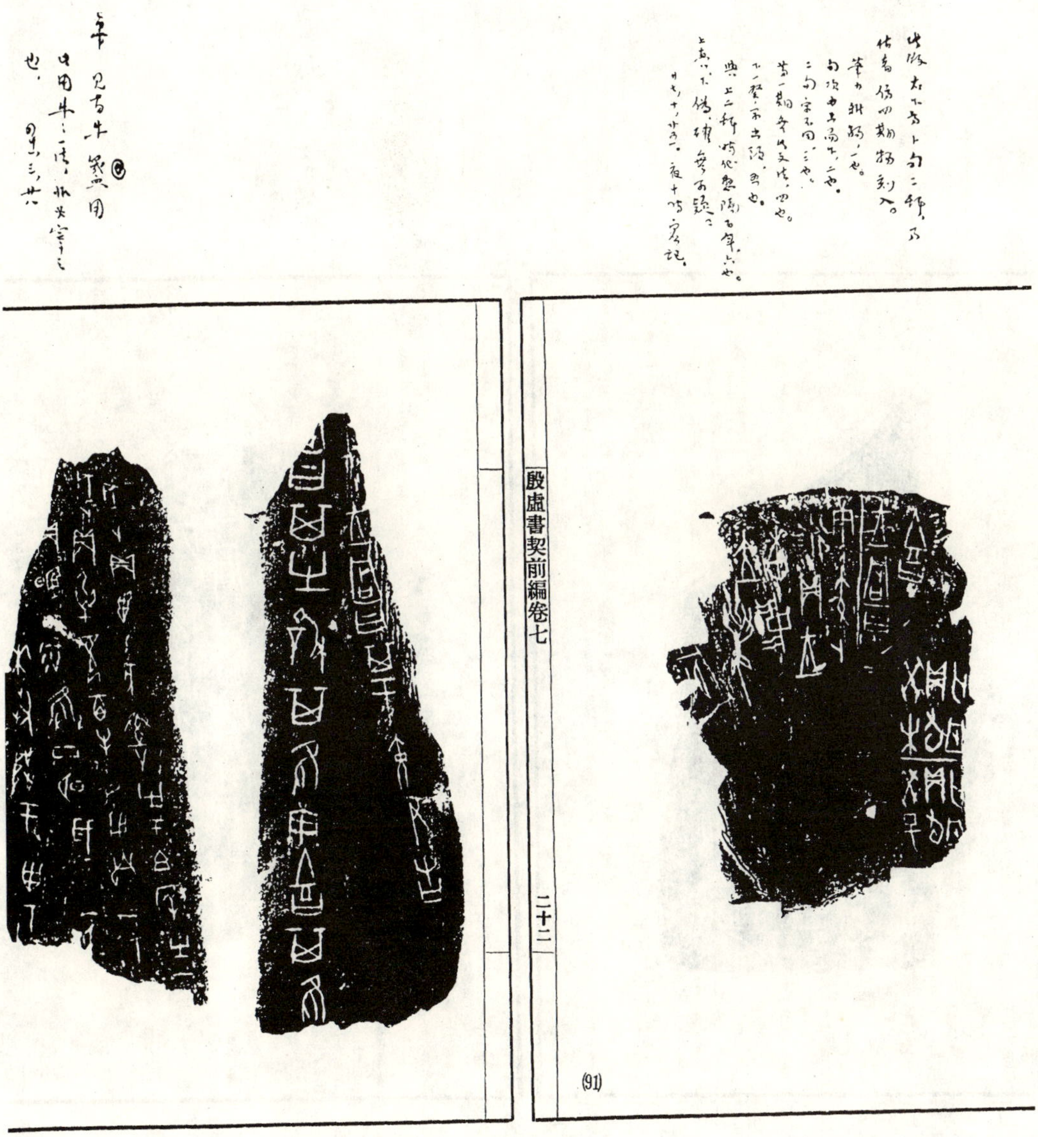
殷虛書契前編卷七
二十二
(91)

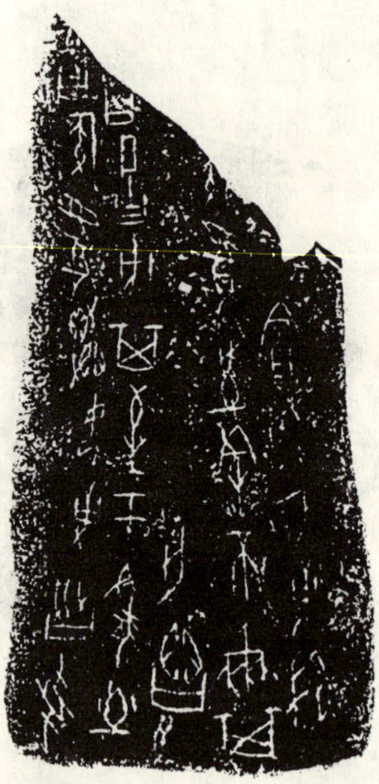

94)

(93)

(丁未)(戊申)(己酉)(庚戌)辛亥 壬子 癸丑 (甲寅)乙卯

戊申　辛亥 壬子 癸丑 甲 丙

乞雨 乞雨 乞雨

此武丁時卜辭，有「在十二月」，是月上加「在」，非祖甲創制，前代已有之，至祖甲乃始普遍應用而已。六六、六、

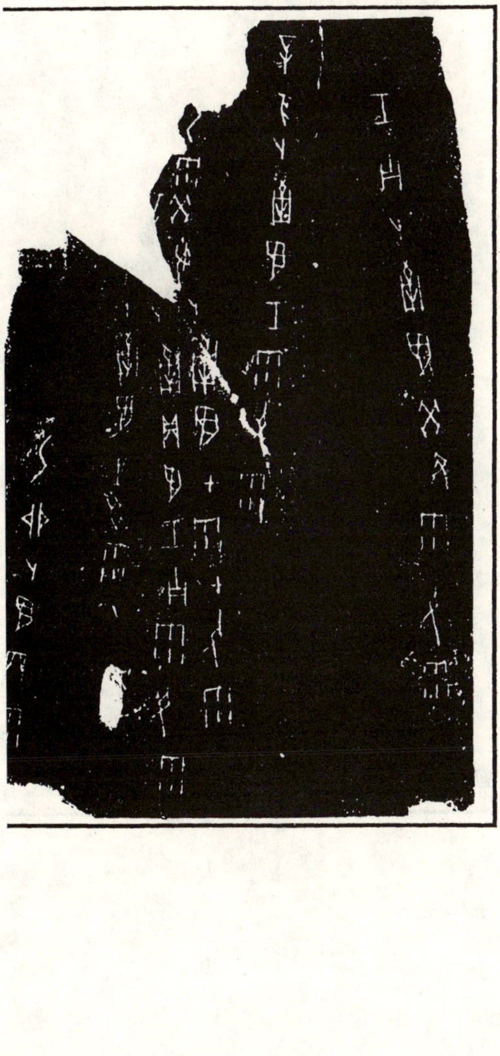

(95)

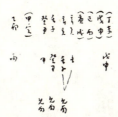

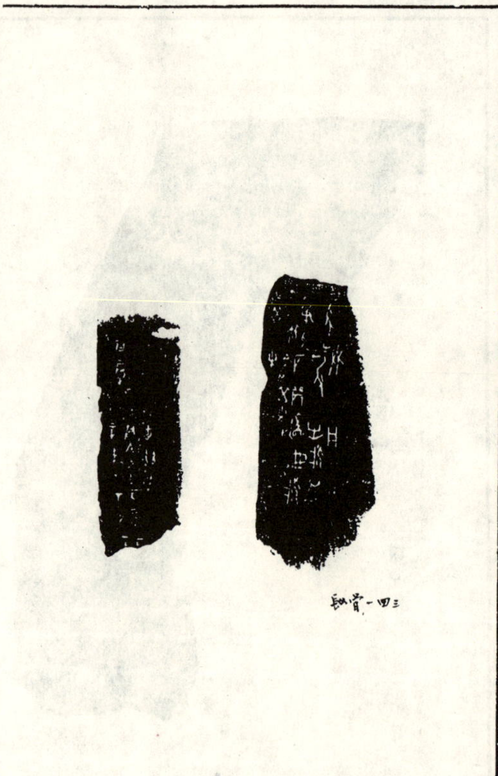

(98)

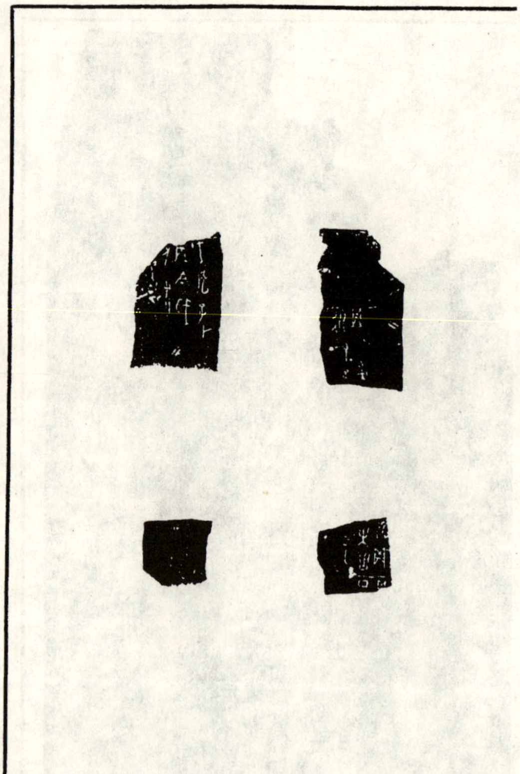

(97)

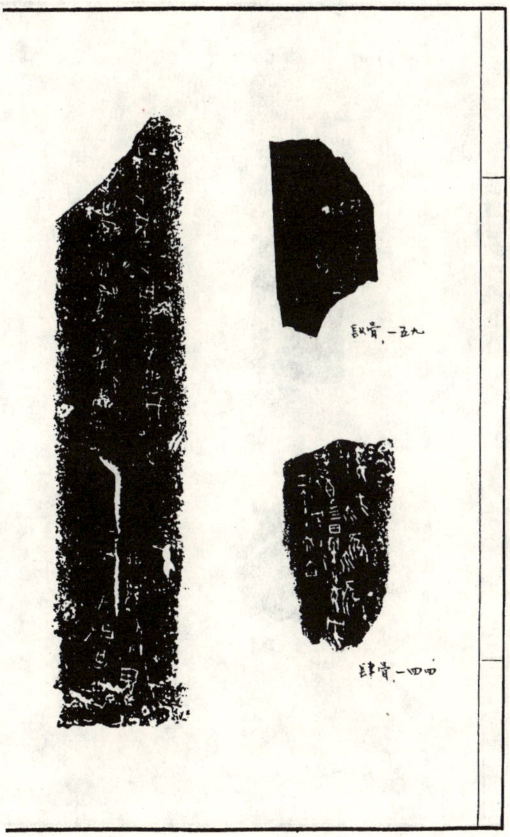

(99)

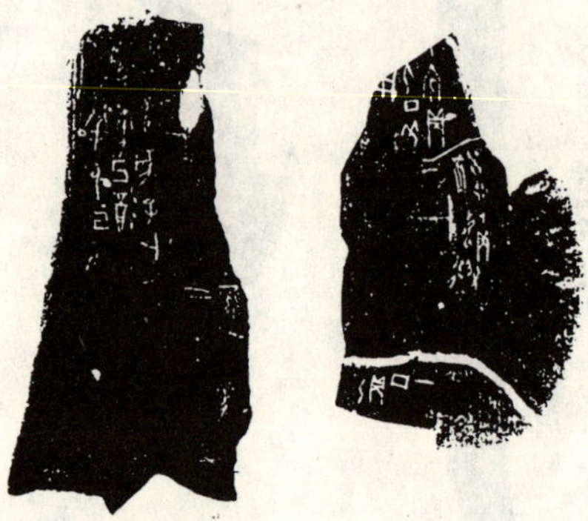

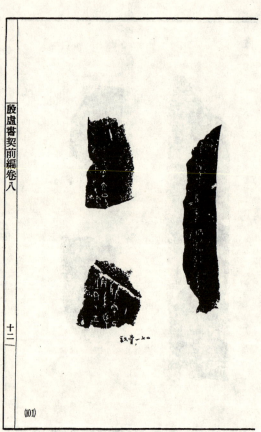

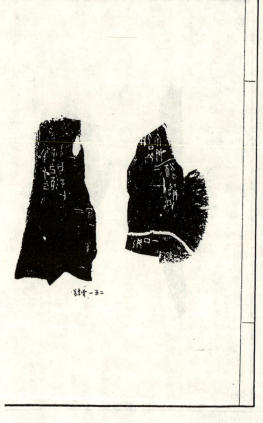

殷虛書契前編卷八　十二

(101)

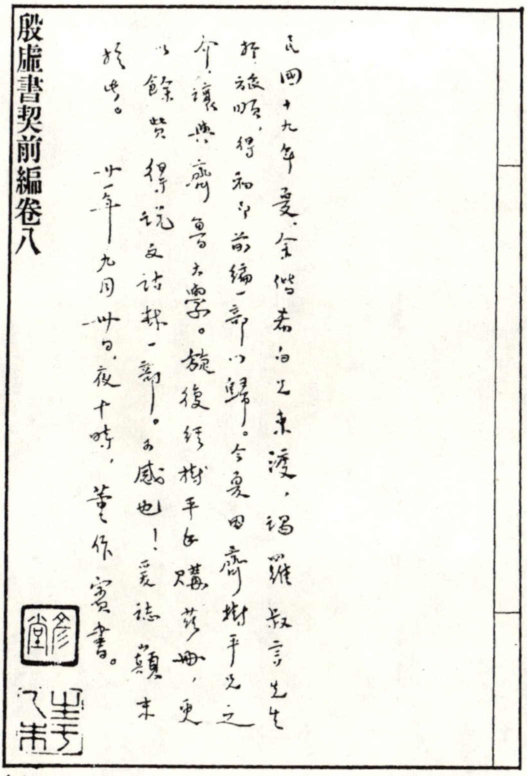
殷虛書契前編卷八

民國十九年夏，余偕看白之東渡，過羅叔言先生於旅順，得知印前編一部以歸。今夏因齋樹平兄之介，讓與齋魯大學。旋復得樹平兄矚蒐冊，更以餘資得說文詁林一部。可感也！爰誌顛末於此。

廿一年九月廿日，夜十時，董作賓書。

(104)

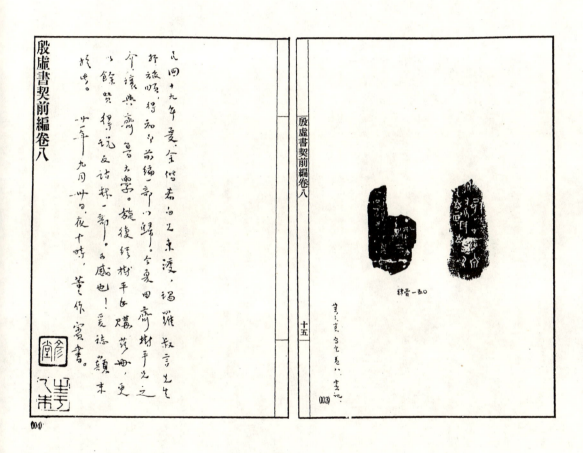

(103)

出自第五十四本第二分(一九八三年六月)

史記齊太公世家補注(下)

陳　　槃

則楚方城以為城，江漢以為溝，君安能進乎？

僖四年左傳：『楚國方城以爲城，漢水以爲池』。

劉文淇曰：『淮南子墬形訓：何謂九塞？曰太汾、澠阸、荆阮、方城、殽阪、井陘、令疵、句注、居庸。注。荆阮、方城皆在楚。兵略訓：緜之以方城。注。緜、落也。方城、楚北塞也，在南陽葉。不言在葉縣南北。齊世家集解，韋昭曰：方城、楚北之阸塞。杜預曰：方城山在南陽葉縣南。是也。索隱曰：按地理志，葉縣南有長城，號曰方城。則杜預、韋昭說爲得矣；而服氏云：在漢南。未知有何憑據？案韋昭但云楚北之阸塞，與淮南注同，與杜注不同。索隱合爲一說，非也。服以方城在漢南，索隱疑之者，蓋以杜注謂在葉縣南耳。水經潕水篇注：水出黃城山，東北逕方城。郡國志曰：葉縣有方城。郭仲產曰：苦菜、于東之間，有小城名方城。尋此城致號之由，當因山以表名也。及于東，通爲方城矣，世謂之方城山。盛弘之云：葉東界有故城，始犨縣東，至瀙水，達泚陽界，南北聯，聯數百里，號爲方城，一謂之長城云。酈縣有故城一面，未詳里數，號爲長城，卽此城之隅。其間相去六百里。北面雖無基築，皆連山相接，而漢水流其南，故屈完答齊桓公云，楚國方城以爲城，漢水以爲池，與服注漢南之說合。方城在葉縣之東，非縣南也。洪亮吉云：杜注方城取服說。非。又云：水經注汝水，又東得澧水，澧水又屈而東北流，逕葉縣故城北。春秋昭公十五年，許遷於葉是也。楚盛周衰，控霸南土，欲爭強中國，多築列城於北方，以逼華夏，故號此城爲萬城。或作「万」字。唐勒奏土論曰：我是楚也，世霸南土。自越以至葉，垂境萬里，故號曰萬城也。按此則方城當作萬城，或作「万」，以字近，又訛作「方」矣。臧琳經義雜記亦云：萬城與傳大城之說合。沈欽韓云：此言因山爲城。水經注作萬城，非也。方與万相似而誤。元和志：方城山在唐州方城縣東北五十里。方城縣，今南陽府裕州治。按沈說是也。地理志：隴西郡氐道。禹貢養氐所出，東至武都爲漢。水經：沔水出武都沮縣，至江夏沙羡縣入江。杜注亦云，漢水出武都，至江夏南入江。用水經說。今漢水在湖廣境者，由鄖陽南歷均州，光化之北、穀城之東；又東至襄陽，北折而東南，經宜城之東；又南經安陸之西，荊門之東，從東南出，經潛江之北，景陵之北，又東歷沔陽之北，漢川之南，至漢陽府城東北大別山下，合於大江。屈完以方城、漢水連言，則漢水當指今漢陽也。殷武：罙入其阻。箋：冒入其險阻。謂踰方城之隘。注即引服注以證之。齊世家，屈完曰：君以道則可；若不，則楚方城以爲城，江漢以爲溝，君安能進乎？』（春秋左氏傳舊注疏證僖四年傳條）。

周襄王使宰孔賜桓公文、武胙、彤弓矢、大路。

梁玉繩曰：『案左傳，無弓矢、大路之賜。此用外傳（案謂國語齊語），而文又不同』（志疑十七）。

秋，復會諸侯於葵丘，益有驕色，諸侯頗有叛者。

劉文淇曰：『齊世家，桓公「三十五年夏，會諸侯于葵丘」，與年表合。其賜胙之下，又書「秋，復會諸侯于葵丘」，則似夏、秋再會者。左氏夏會、冬盟，爲得其實』（春秋左傳舊注疏證僖九年夏會於葵丘條）。

集解：『公羊傳曰：葵丘之會，桓公震而矜之，叛者九國』。案『九國』，虛約數，史云『諸侯』，是也。參下『九合諸侯』條。

里克殺奚齊、卓子。

景祐監本、宋蜀本並作卓，與左傳同。集解：『徐廣曰，史記卓多作悼』。

北伐山戎、離枝、孤竹。

山戎所居，或曰，在今河北盧龍縣；或曰，今河北撫寧縣、灤縣亦其地；或曰，今河北密雲縣、東聯喜峯口一帶山谷地區。大抵始則依山而居，故曰山戎；繼則逐水草南下，而燕在其南，故有『病燕』之說，此齊桓之所以伐山戎也（別詳拙著春秋大事表譔異册六，葉五〇五——五〇六）。

史記十二諸侯年表：齊釐公二十五，山戎伐齊；又齊桓公二十三，伐山戎，爲燕也；匈奴傳：山戎越燕伐齊，齊釐公戰於齊郊。錢穆曰：『燕爲南燕。山戎越燕伐齊，應在今晉豫交界太行山中，此即唐虞以來所謂山戎也』（史記地名考葉一三）。

槃案此所謂伐齊之山戎與越燕伐齊之山戎，與莊三十年左傳所謂『遇于魯濟，謀伐山戎也，以其病燕故也』之山戎，只是一戎。『病燕』之燕，江永地理考實、顧棟高大事表並以爲北燕，當是也。此時之北燕在山戎之南。北燕，嘗居今河北大興縣；又嘗居燕山，在今河北玉田縣（別詳拙春秋大事表譔異册一，葉七八——八三）。山戎，在今河北盧龍、撫寧、灤、密雲等縣，蓋流動性頗大，要必居北燕之北。錢氏以此燕爲南燕。南燕，今河南汲縣，故以爲山戎應在太行山中。蓋其誤矣。

離枝，諸書或作令支，或作泠支，或作令疵（錢坫新斠注地理志引呂氏春秋作疵處），或作令止，或作零支，或作不令支，或曰夷。今河北遷安縣西有漢令支縣故城（別詳拙不見於春秋大事表之春秋方國册一，葉四〇）。

孤竹，諸書或作觚竹，或曰夷，或曰蠻夷。今河北盧龍縣西有孤竹山，孤竹城在其北。或曰，城在今盧龍縣南十二里；或曰，在縣東；或曰，縣西北三十里；或曰，孤竹城非舊，蓋後人所託（詳同上拙著册一，葉二八——三〇）。

九合諸侯。

『九合』非實數，楊愼經說卷七、汪師韓韓門綴學卷一九合條、梁玉繩史記志疑十六、劉師培古書疑義舉例補虛數不可實指例，並詳瞻，今從略。

西伐大夏。

正義：『大夏，并州晉陽是也』。

案大夏，一說在鄂，一說在平陽縣。平陽故城，在今山西臨汾縣南。鄂，或曰在今山西夏縣，或曰在今山西鄉寧縣西四十里(參拙春秋大事表譔異册一，葉三八——三九)。

乘車之會六。

『六』亦虛約數，如『六戎』、『六狄』、『六天』之類是也。十倍之則曰『六十』，劉師培古書疑義舉例補，以爲『周禮天官小宰于天地春夏秋冬六官，均言其屬六十，實則六官之屬有不足六十者。有浮于六十之數者，則屬官六十亦約舉之詞』。

吾欲封泰山，禪梁父。

會注考證：『吾欲封泰山以下，蓋本管子封禪篇，說旣具封禪書』。

槃案梁玉繩云：『三代以前無封禪，乃燕齊方士所僞造』。至于管子、莊子皆言之，梁云亦後人所附竄。今案周禮大宗伯職，『王大封則先告后土』；堯典云『封十有二山』，俞樾以爲此卽封禪之說，不爲無據(詳續經課一，王大封孔賈異義說)。周禮、堯典，大抵亦戰國間人之作，然不可謂其間無早年之遺文舊義也。管子封禪之說，其爲舊義乎？抑出後人所造託乎？存疑焉可耳。

四十一年(桓公)……是歲管仲、隰朋皆卒。

竹添光鴻曰：『晉語：文公在翟十二年，狐偃曰：齊侯長矣，而欲親晉。管仲沒矣，多讒在側。此歲當僖十六年，則管仲沒已在其前。齊世家：桓公四十一年，管仲、隰朋皆卒。此當(魯)僖十五年，似得實者。穀梁、秦本紀不與左氏合』(左氏會箋僖十七年管仲卒條)。

易牙如何？

此『如何』，與下文『開方如何』，景祐監本、宋蜀本並作『何如』。易牙，正義云：『卽雍巫也。賈逵云：雍巫，雍人，名巫，易牙也』。案雍、通作饔。雍人，割烹之人。

張澍曰：『按易牙，大戴禮、賈子新書、法言作狄牙。蓋狄、易古字通，故白虎通云：狄者，易也。賈逵云：雍人名巫，易牙字。然管子、呂覽皆以雍巫與易牙、豎刁、開方爲四人，則賈景伯說亦未可據』(姓氏辯誤二一易氏條)。

豎刁如何。

『刁』，景祐本作『刀』，下同。案刀、刁古今字。漢書貨殖傳，齊有刀閒。師古曰：『刀、姓。閒、名也』。補注：『官本刀並作刁，史記同。玉篇：刀，可幺切，亦姓。俗作刁也。又匈奴傳：『共殺戊己校尉刀護』。師古曰：『刀，音貂』。補注：『官本刀並作刁』。

曰王姬、徐姬、蔡姬。

梁玉繩曰：『案徐本嬴姓，左傳作徐嬴是也。此誤作姬。履繩左通曰：三夫人，姬居其二；六人中，姬居其四，因致譌易。索隱言：姬是妾之總稱，未盡是姓。然則葛嬴、華子何以不俱稱姬？且徐嬴是夫人，何得列爲姬妾乎？殊屬妄說』(志疑十七)。

葛嬴生昭公潘。

梁玉繩曰：『案潘繼孝公而立，孝公名昭，潘何以謚昭？蓋史記從左傳誤來。日知錄四曰：文公十四年齊侯潘卒，傳以爲昭公。案僖公二十七年經書齊侯昭卒，今此昭公卽孝公之弟，不當以先君之名爲謚，疑左氏之誤。然僖十七年傳，葛嬴生昭公，前後文同(史亦同)，先儒無致疑者』(志疑八)。

槃案古人樸略，故有父子同名者，有君臣同名者，有祖孫同謚者(別詳拙左氏春秋義例辨卷二葉十六)。梁說存疑可也。

冬十月乙亥，齊桓公卒。……桓公尸在牀上六十七日，尸蟲出于戶。

崔述曰：『春秋僖公十有七年冬十有二月乙亥，齊侯小白卒。而傳乃稱十月乙亥，齊桓公卒。蓋左傳之事，皆采諸列國之史。春秋時，諸侯往往有用夏正者，故傳文往往兼有周正、夏正，參差不一。韓之戰，經在十一月壬戌，傳在九月壬戌，是也。辛巳而殯，僅七日耳，而傳乃以十月爲周正，則卒與殯遂隔六十七日，誤矣。好事者附會之，因有尸蟲出戶之說，則其誤更甚焉。且齊旣不以實赴矣，何以改其月而仍用其日？』（考古續說二）。

無諡。

景祐監本、宋蜀本並作謚。案作謚是也。二字經典每相亂。說文言部『謚者行之迹也』，亦後人妄改，詳姚文田校議及段注等。

十九年五月，昭公卒。

梁玉繩曰：『十九，當作二十』（志疑十七）。洪頤煊曰：『表作二十，與左傳同』（讀書叢錄十八）。

十月，卽墓上弒齊君舍。

梁玉繩曰：『左傳作七月乙卯，則此「十」字，乃傳寫之譌。若春秋之書九月，從告也』（志疑同上）。

今案『十』，古人或作『十』（者沪鐘、谷口甬、說文等）；『七』，或作『+』（秦公簋、馬王堆漢帛書老子乙本等）。形近，故舊籍中往往相亂。

庸職之妻好。

梁玉繩曰：『說苑復恩篇作「庸織」，蓋職、織以音同通借，而庸字與史同。史記考異曰：庸、閻聲相近，書「毋若火始餤餤」，漢書作「庸庸」（梅福傳）』（志疑同上）。

王紹蘭曰：『庸、閻字異而聲同。洛誥「始餤餤」，漢書梅福傳引作「始庸庸」；十月之交「豔妻」，魯詩作「閻妻」。餤、豔同聲，而餤或作庸，豔或作閣，是知閣與庸同。世家之庸職，即左氏之閻職，仍是姓名。小司馬乃謂庸職之妻爲受雇職之妻，斯爲謬矣』(王氏經說四閻職條)。

懿公游於申池。

王紹蘭曰：『左思齊都賦注曰：申池，海濱齊藪也。考爾雅釋地十藪，齊有海隅。是申池卽海隅 。襄十七(槃案七誤，當作八)年傳：劉難、士弱率諸侯之師，焚申池之竹木。上云焚雍門及南郭、西郭，下云焚東郭、北郭，則申池與齊郭門亦相近，故杜注云：齊南城西門名申門。齊城無池，唯北門左右有池。然則其地固饒竹木可游矣』(同上書申池條)。

劉文淇曰：『案水經淄水注：時水出齊城西南，世謂之寒泉。東北流，直申門西。京相璠、杜預並言，申門卽齊城南面西第一門矣。今池無復髣髴，尙有竹木遺生 。詳酈氏引京、杜說，止辨申門所在。京氏亦未云此(左)傳之申池卽在申門 。惠棟云：杜氏依京相璠說 ，言申池在齊城南，非也。申池在海隅，齊之藪，多竹木，故云納諸竹中 。若近在城南，不須言歸舍爵也 。惠氏辨申池在海隅，最諦。然誤認爲京、杜同說。馬宗璉云：此齊海濱之藪，淮南子可證。酈元亦知焚申池之竹木，非在海隅，故其淄水注不言北極于海 。惠定宇不知申池有二，專以京、杜之說爲書，未見明晰。按馬說是也。其以京注爲說襄十八年之申門，尤確。杜乃誤會京說。齊世家五月，懿公游於申池。集解：左思齊都賦注，申池，海濱齊藪也。此惠說所本。馬氏引淮南子，見墬形訓。又案晉書慕容德傳，德以晏謨从至漢陽景王廟，讌庶老于申池，北登社首山，東望鼎足，因目牛山而歎曰：古無不死，愴然有終焉之志。遂問謨以齊之山川、丘陵、賢哲舊事。此尤申池在海濱之證』(春秋左氏傳舊注疏證文公十八申池條)。

惠公二年，長翟來，王子成父攻殺之，埋之於北門。

文十一年左傳作『齊襄公之二年，鄋瞞伐齊』。杜解：『魯桓之十六年』；『榮如，焚如之弟。焚如後死而先說者，欲其兄弟伯季相次。榮如以魯桓十六年死，至宣十五年，一百三歲，其兄猶在』。

顧炎武曰：『按此年世太遠。陸氏(粲)曰：史記魯世家引此傳文作「齊惠公之二年」。又齊世家曰：「惠公二年，長翟來……」。十二諸侯年表，亦於齊惠公二年書「王子城父敗長翟」。三文皆同。按惠之二年，即魯宣公之二年也，在晉滅潞之前僅十三年爾。此傳以惠公爲襄公，蓋傳寫之誤也』(杜解補正。經解本卷二)。

劉文淇曰：『朱駿聲云：按呂覽審分覽篇(槃案當作勿躬篇)，管子請桓公用王子成父爲大司馬。說苑，晏子曰：桓公軍吏怠，戎士偷，則王子成父侍。蓋齊襄公舊臣而桓用之者。計齊襄元年至齊惠二年，九十二載，則成父必已百歲上下，何能从軍？此傳追敘前事，以初字冠之，統三役而言。晉之滅潞，當亦在春秋前，非宣十五年之赤狄潞氏也。齊襄之二年，蓋桓之十六年也。「鄋瞞由是遂亡，是者，指文十一年多而言。史記采左傳有誤。若果魯宣二年、十三年之事，左氏亦應先敘榮如、簡如，復敘焚如，不應倒置矣。按朱氏以王子成父之年核傳文齊襄之非誤，最確。以滅潞爲春秋前事，則無嫌於焚如死而先說矣』(春秋左氏傳舊注疏證文公十一年)。

槃案史文『惠公』當作『襄公』，朱、劉二氏說是也。

長翟，『翟』，同『狄』。載籍或作『鄋瞞』，或作『鄋』，或作『廋瞞』，或作『鄋蠻』，或作『傁瞞』。在虞夏商爲『汪芒氏』，或曰『防風氏』。春秋時稱『大人』。長狄云者，長大異于常人之謂。若穀梁傳『身橫九畝，斷其首而載之，眉見於軾』云云，荒誕不經之甚(別詳春秋大事表譔異册六，葉五四二——五四六)。

使郤克於齊，齊頃公母從樓上觀而笑之，所以然者，郤克僂而魯使蹇、衞使眇，故齊亦令人如之以導客。

王若虛曰：『左氏曰：郤克聘於齊、既登，婦人笑於房。郤克怒，故有鞌之役。杜注云：跛而登階，故笑之。穀梁子曰：季孫行父禿，郤克眇，衞孫良夫跛，曹公子手僂，同時聘於齊。公羊曰：郤克、臧孫許聘於齊，或眇、或跛；而史記復云：郤克僂，魯使蹇，衞使眇。然則果誰可信乎？三傳之不同，各記所聞，固無足怪。史記因傳而出者也，不從此則從彼，乃又乖異如此，何也？(滹南遺老集十、史記辨惑二)。

李慈銘曰:『卽此一事觀之,可知公、穀皆不免道聽途說,遠不如左傳,而穀梁又因公羊而傅會之,愈失其眞。是時衞齊方相仇,竝無四國同聘齊之事。左氏傳惟云:郤子登,婦人笑於房。雖不明言跛,而跛可見。國語亦祇云:郤子聘齊,婦人覩而笑之。公羊云:郤克與臧孫許同時而聘于齊,或跛、或眇。則增一同聘者,而以眇屬臧宣叔。穀梁更益其事,同於兒戲。唐陸質以街談巷議訾之,是也。蕭同叔子,公穀皆作蕭同姪子,范氏集解不知蕭同叔爲蕭君之名,而曰:同,姓也;姪子,字也,固謬。至云:其母更嫁齊惠公,生頃公,宣十二年,楚人滅蕭,故隨其母在齊。此語必有所本,非武子所能造。左氏但云:帷婦人使覩之,不言何人。其後頃公朝晉,郤克曰:此行也,君爲婦人之笑辱也。先曰婦人,曰使,其爲非母可知。郤克之對頃公斥言婦人,亦非其母可知。國語亦止謂齊頃公使婦人覩,是左氏並不以笑客爲齊侯母。後人以其下言郤子欲以蕭同叔子爲質,而國佐稱爲寡君之母,遂以笑客者爲卽頃公之母。公羊從而實之,曰:蕭同姪子者,齊君之母也,踊於棓而闚客。國君之母,何至上躡懸絕之板以闚人?(據何氏解詁)。是直齊東野人之言。穀梁先云蕭同姪子處臺上而笑之,後云以蕭同姪子之母爲質,所敍較公羊爲近理。范注:齊侯與姪子同母異父昆弟,不欲斥言齊侯之母,故言蕭同姪子之母,兼忿侄子笑。其語亦有斟酌。蓋郤克忿其女之笑,因欲質其母以脅齊侯,誠以笑客之婦人不足爲輕重也。國語載齊侯朝晉,郤子有以慭御人之言。韋注:御人,婦人也,願以此報君御人之笑己者。是竝不以婦人爲頃公母,亦傳聞異辭。近人歸安董氏增齡國語補注,謂左傳兩蕭同叔子下俱脫之母二字,亦近臆說。鍾氏文烝穀梁補注,以穀梁兩之母字爲衍文,尤誤,蓋過信公羊也。史記大抵本左傳,而亦參用公羊,故改帷婦人曰使夫人帷中,改婦人笑曰夫人笑,失輕重之倫矣』(越縵堂讀書記。世界本頁一三一四——一三一五)。

與齊侯兵合靡笄下。

案晉世家,與齊『戰靡下』,靡一作歷,索隱引劉氏云『卽靡笄也』,地志因謂歷山卽靡笄山,在今山東歷城縣南也。

晉小將韓厥。

梁玉繩曰：『厥爲司馬，豈小將乎？』（志疑十七）。

丑父遂得亡歸齊。

梁玉繩曰：『左傳謂郤克免逢丑父，公羊曰斮之。史多從公羊，此獨用左氏』（同上）。

於是晉軍追齊至馬陵。

春秋地名考略三：『齊乘，淄水出益都岳陽山，北徑萊蕪谷，又北徑長峪道，亦曰馬陵，即郤克追齊侯處。在今益都縣西南』。

必得笑克者蕭桐叔子。……對曰：叔子，齊君母。

集解：『杜預曰：桐叔，蕭君之字，齊侯外祖父。子，女也。難斥言其母，故遠言之。賈逵曰，蕭，附庸，子姓』。

成二年左傳作蕭同叔子，公穀二傳作蕭同姪子。齊世家作蕭桐叔子，晉世家作蕭桐姪子。

同上公羊傳何氏解詁：『蕭同，國名。姪子者，蕭同君姪娣之子嫁於齊，生頃公』。晉世家會注考證：『孫詒讓曰：蕭同卽蕭桐，自是國名，爲宋之附庸。……子，卽宋姓』。

范寧曰：『蕭，國也。同，姓也。姪子，字也。其母更嫁齊惠公，生頃公。宣十二年，楚人滅蕭，故隨其母在齊』（成元年穀梁傳集解）。李慈銘曰：『此語必有所本，非武子所能造』（參上『使郤克聘於齊』條）。

毛奇齡曰：『蕭，國名。同叔，蕭君之字。子，女，指齊侯母也。難斥侯母，故曰蕭君女也。……國非戎狄，無二字者』（春秋毛氏傳葉二二）。

劉文淇曰：『馬宗璉云：賈（春秋左傳）注，蕭，附庸，子姓。當謂蕭，宋之附庸，與宋同姓，蕭叔大心卽蕭之先。附庸蓋以叔爲稱，「蕭叔朝公」是也。按馬說是也。帝王世紀，周封子姓之別爲附庸也，亦與賈說合』（春秋左氏傳舊注疏證成二年傳條）。

槃案毛奇齡氏謂『國非戎狄，無二字者』。此未然。蕭、桐門、空桐，並宋地（『蕭叔朝公』，見春秋經莊二三年。樂大心爲『桐門右師』，見左傳定九年。『公自空桐入』，見左傳哀二六年）。有如其人食采（或封）蕭邑、復采（或封）空桐或桐門，則自得累稱『蕭桐』（或蕭同）氏。吳季札食延陵爲『延陵季子』；又食州來，稱延州來季子』（左傳襄三一年），是其比；推而至于所謂『殷商』『岐周』『齊呂』『衞康』『吳干』『荆楚』『唐杜』之等，亦其類。非如戎狄之以二字爲國名也。然范寧氏乃謂：『蕭，國也；同，姓也』。今則莫能詳也。

(頃公) 十一年，晉初置六卿。

會注考證：『成三年左傳云：十二月甲戌，晉作六軍，韓厥、趙括、鞏朔、韓穿、荀騅、趙旃，皆爲卿，賞鞍之功也』。案六卿，當作六軍。晉有六卿，不始于此。詳晉世家景公十二年『景始作六卿』條。

欲尊王晉景公。

來斯行曰：『史記齊世家，頃公十一年，晉初置六軍。頃公朝晉，欲尊王晉景公，景公不敢當，晉世家，景公十二年，齊頃公如晉，欲上尊景公爲王，景公讓，不敢。按戰國之時，秦強已極，齊欲帝秦，魯連不肯。春秋天王，戰國之帝也，齊雖新敗，何便至以王相許？左桓三年，齊王朝於晉，將授玉。杜云：行朝禮也。凡諸侯相朝，升堂受玉於兩楹之間。六年，鄭伯如晉拜成，受玉於東楹之東。杜云：鄭伯行速，故東過。聘禮，大夫奉命來聘，君臣不敵，故授玉於東楹之間。國君來聘，尊卑禮敵，故當在兩楹之間也。古文王玉同字，後始增玉傍點以別王。馬遷讀玉爲王，遂成此謬』（槎庵小乘三，卷十四，王玉字誤）。

兪樾曰：『成三年（左傳），齊侯朝於晉，將授玉。正義引史記齊世家……而駮之曰：齊弱於晉，所較不多，豈爲一戰而勝，便以王相許？馬遷讀此傳「將授玉」，以爲「將授王」，遂爲此謬辭。夫謂太史公王玉不辨，是不識字也。玉可言授王不可言授，是又不通文理也。其誣太史公甚矣。史記索隱引張衡之說，則又曲說，於古無徵。……齊晉敵國，本不相朝，至是頃公因師敗之故，如晉而行朝禮，以王禮事晉也，故太史公云「欲尊王晉景公」，此自是當時之實』(詳經課續編一齊侯朝晉將授玉申太史公說)。

靈公取魯女，生子光，以為太子。仲姬、戎姬。

梁玉繩曰：『案董份謂，太子下即著仲姬、戎姬，有脫字，是也。考襄十九年左傳云：諸子(內官之號，杜注非)，仲子、戎子。杜注曰，二子皆宋女，則依上文取魯女之例，當脫「取宋女」三字；而二「姬」字又「子」之誤』(志疑十七)。

晉大夫欒盈奔齊……晏嬰田文子諫。

梁玉繩曰：『案襄二十二年左傳，晏子諫納欒盈，弗聽，退告陳文子，而文子未嘗諫也。此與田完世家同誤』(志疑十七)。槃案此或傳聞異辭，未必即史公之誤。

莊公嘗笞宦者賈舉，賈舉復侍。

景祐監本，賈舉二字不重。

宦者賈舉遮公從宮而入。

梁玉繩曰：『左傳作「止眾從者而入，閉門」，則此當作「從官」，「宮」字譌』。槃案景祐監本正作『官』。

陪臣爭趣，有淫者，不知二命。

『爭』，一作『扞』。左傳作『陪臣干(一本作扞)掫，有淫者，不知二命』。注：『干掫，行夜也。言行夜得淫人，受崔子命討之，不知他命也』。

汪中曰：『左氏傳陪臣干掫，齊世家作陪臣爭趨。昭二十年傳賓將掫，周禮掌固注作賓將趨。掫，即鼜字。說文手部有掫，豆部有鼜，卽一字也。掫，夜戒有所擊也。鼜，夜戒守鼓也』（經義知新記。洪頤煊讀書叢錄三聚欜條說略同）。

君為社稷死，則死之；為社稷亡，則亡之。若為己死、己亡，非其私暱，誰敢任之？

集解：『服虔曰：謂以公義爲社稷死亡也；如是者，臣亦隨之死亡』。李貽德曰：『如太王去國，正以圖存社稷。……以舊國旣遭寇難，不能保其社稷。避地自存，又可復營新制。是雖曰去社稷，其實公義，爲社稷而亡也。言必如是之君，臣始得或殉難、或從亡也』（詳賈服注輯述十二）。

槩案晏子此處之所謂『亡』，指出亡，非謂死亡。服解未見分曉。若李氏所述，則固已甚明。蓋已曰『死』又曰『亡』，文義重複，古人原亦有此。如夏書：『亂其紀綱，乃滅而亡』（哀七年左傳引）；范蠡對越王曰：『失德滅名，流走死亡』（越語下）；呂氏春秋壅塞篇：『今也報其情，死；不報其情，又恐死。將若何？其兄曰：如報其情，有且先夫死者死，先夫亡者亡』；淮南兵略篇：『上視下如弟，則不難爲之死；下視上如兄，則不難爲之亡』。此類是也。然亦有『死』『亡』並言，而『亡』不即等于死者。昭二十年左傳：『宋元公無信、多私，而惡華向、華定。華亥與向寧謀曰：亡愈於死，先諸？』；史記范雎列傳：『大王信行臣之言，死不足以爲臣患，亡不足以爲臣憂』（會注：亡，流亡也。死亡，伏伍子胥）；陳涉世家：『項燕爲楚將，數有功，愛士卒，楚人憐之，或以爲死，或以爲亡。今誠以吾眾詐自稱公子扶蘇、項燕，爲天下唱，宜多應者』。此並尋繹其上下文義而可知者也。今以晏子此事論之，左傳曰：『晏子立於崔氏之門外，其人曰：死乎？曰：獨吾君也乎哉，吾死也？曰：行乎？曰：吾罪也乎哉，吾亡也？曰：歸乎？曰：君死安歸？………故君爲社稷死則死之，爲社稷亡則亡之。若爲己死而己亡，非其私暱，誰敢任之』？是亡者亦指行言，非死亡之謂。一曰行，一曰亡，互文見義耳。晏子春秋問上篇：『景公問於晏子曰：忠臣之事君也若何？晏子對曰，有難不死，出亡不送』。此亦死亡並提，而亡謂出亡，不同於死，則晏子此言義旨之所在，亦可知矣。

崔杼立莊公異母弟杵臼。

集解:『徐廣曰:史記多作著臼』。案景祐監本、宋蜀本,『著』並作『箸』。

乃與國人盟,曰:「不與崔、慶者死」。……慶封欲殺晏子……

梁玉繩曰:『案此事,晏子雜篇上、呂覽知分、韓詩外傳二,竝載之,與史又不同。然總不如左傳之妙。慶封欲殺晏子,亦未聞』(志疑十七)。

成有罪。

梁玉繩曰:『案襄二十七年左傳曰:「成有疾而廢之」。此(世家)誤也。若果有罪,成安得請老于崔乎?』(同上志疑)。

成請老於崔杼。

會注考證:『陳仁錫曰:崔,邑名。杼字衍,左傳無杼字』。

案下云『崔宗邑』,則此是請崔邑,無『杼』字是也。

崔杼許之。

景祐監本,無此崔杼二字。

崔,宗邑,不可。

正義:崔杼乃崔家長。其宗邑、宗廟所在,不可與成也』。

齊召南曰:『按唐書宰相表曰:崔氏出自姜姓,齊丁公伋嫡子季子。讓國叔乙,食采於崔,遂爲崔氏。可爲宗邑之證』(左傳卷三十八注疏考證)。

劉節曰:『不論怎樣小的族屬,都有「宗邑」。左傳襄公二十七年:「崔成請老于崔,崔子許之。偃與无咎勿予,曰:崔,宗邑也,必在宗主」。哀公十四年:「宋桓魋請以鞌易薄。公曰:不可。薄,宗邑也。……莊公二十八年,有人同晉獻公說：「曲沃，君之宗也。蒲與二屈，君之疆也。不可以無主。宗邑無主，則民不威；疆埸無主，則啓戎心。……所以春秋時代的都城，就是古代的宗邑」』(宗族移殖史論第二章)

槃案一宗，一族，必有共廟，是爲宗廟；宗廟所在之邑則曰『宗邑』，與國君同姓與否無涉。齊氏說泥。劉氏謂春秋時之都城，卽宗邑，其說是。古代之所謂都，國都(首都)以外復有公卿大夫采邑，卽所謂大都、中都、小都。隱元年左傳：『都城過百雉，國之害也。先王之制：大都，不過參國之一；中，五之一；小，九之一』。是也。崔氏，齊國強族，其宗邑，蓋大都也。

田文子謂桓子曰。

田文子，卽陳文子。桓子，文子之子無宇。

崔述曰：『田敬仲完世家云：敬仲之如齊，以陳字爲田氏。應劭云：始食采地，由是改姓田氏。正義曰：敬仲旣奔齊，不欲稱故國號，故改陳氏爲田氏。余按左傳稱陳文子、陳桓子、陳乞、陳恆、陳逆、陳豹；論語亦稱陳文子、陳成子，皆未嘗改爲田。非但春秋之世而已，孟子書亦稱陳賈、陳仲子，是戰國之時，猶未嘗改也，安在有改陳爲田之事哉？蓋陳之與田，古本同音。……自隋唐以後音轉，始分爲二。……三代以上，讀田音正與陳同，故陳之文或訛而爲田爾，非敬仲改之也』(考古續說二齊爲田氏考。案十駕齋養新錄五舌音類隔之說不可信條亦有辨，然崔說爲詳)。

俞樾曰：『齊田氏在春秋，始終以陳氏稱，而史公謂敬仲奔齊卽改姓田氏者。古田陳同聲也。然春秋時自稱陳，戰國時自稱田。恐史公據後以改前，非其實也。陳之變爲田，當必有說。年表齊平公驁元年云：齊自是稱田氏。按平公時雖政在大夫，而變君之姓以從臣，恐無其事。或者陳氏於是年始改稱田氏，而史公誤爲此說耳。考世家，平公卽位，田常相之，割齊安平以東爲田氏封邑，是乃田氏有齊之始，變陳爲田，在此時也』(湖樓華談三，葉十六)。

今案田陳同聲，戰國時人稱田(陳常：墨子非儒下、莊子盜跖、韓非子二柄並作田常。又焦循曰：韓非子外儲說左云，齊有居士田仲者，田仲卽陳仲。詳孟子滕文公章句下正義)。春秋時之有田稱，則史公據後以改前，俞說蓋是也。潛夫論志氏姓篇：『厲公孺子完奔齊……齊人謂陳田矣』；通志氏族略二田氏條：『春秋時晉有田蘇（案見襄七年左傳），宋有田景（案見哀十七年左傳。『景』，本作『丙』，唐人因避高祖諱改）……皆敬仲之苗裔』。是謂春秋時旣有田稱矣。此可疑。今見傳靑銅器，齊田之稱本作『墬』，是其自稱如此。字省則作『陳』耳。張政烺曰『「墬」卽田敬仲完之氏。金文凡陳國之「陳」作「敶」，齊田氏之「田」作「墬」，例證確鑿，湛然不紊。故左傳論語等書猶書齊之田氏爲「陳」，省土字。「墬」字從土，陳聲；古者「陳」「田」聲相近，或卽「田」之形聲字，而與陳國之「敶」音同字別（元注：史記「敬仲之如齊以陳字爲田氏」，明其有別也）。然本作「墬」，而國策史記改作「田」者，疑史記本國策，而國策則取便書寫，故爲省叚，猶其以「趙」爲「肖」，以「齊」爲「立」也（見劉向校戰國策書錄）。「墬」字形體特重疊，又與「陳」「敶」字近易混，故「趙」「齊」兩字不亡。而「墬」字終亡矣』（張說見所著平陵墬导立事歲陶考證。史學論叢第二册。張以仁兄檢示）。案張說當是也。

其秋，齊人徙葬莊公。

梁玉繩曰：『案（左）傳，乃十二月朔之事，則當作其冬。況上文已書十月，何倒言秋乎？』（志疑十七）。

齊欲以千社封之（魯昭公）。

集解：『賈逵曰：二十五家爲一社。千社，二萬五千家也。

今案千社，謂千戶。詳魯世家『請致千社』條。

子家止昭公，昭公乃請齊伐魯取鄆，以居昭公。

梁玉繩曰：『千社之封，齊侯之口惠，何待子家之止？子家勸公至晉耳。伐鄆居昭公，亦齊之意，非公請之也。詳昭二十五年（左）傳』（志疑十七）。

彗星見。景公坐栢寢，嘆曰：「堂堂，誰有此乎！羣臣皆泣，晏子笑。……

梁玉繩曰：『禳彗星、歎路寢，見左傳及晏子；泣牛山，見晏子及列子力命篇；是三事也，史公并爲一事而變易其辭耳』(志疑同上)。

彗星出東北，當齊分野，寡人以爲憂。

王士性曰：『分野家言，全無依據。如以周秦韓趙魏齊魯宋燕楚吳越平分二十八宿，蓋在周末，戰國時國號。意分野言，起於斯時故也。後世疆域，分合不齊，乃沿襲陳言，不知變通』(廣志繹卷一。臺州叢書本葉一四下)。

毛奇齡曰：『分野卽是分星。第「分野」二字，出自周語「歲在鶉火，我有周之分野」語。「分星」二字，出自周禮保章氏「以星土辨九州之地，所封封域皆有分星」語。雖分星、分野兩有其名，而皆不得其所分之法。大抵古人封國，上應天象，在天有十二辰，在地有十二州，上下相應，各有分屬，則在天名分星，在地名分野，其實一也。特其說則自古有之，而其書不傳。惟鄭玄注周禮則云：諸國封域，所分甚煩，今已亡其書。堪輿雖載郡國星度，皆非古法。惟十二次大界所分，則其存可言。然春秋正義又謂：卽其存可言者，亦不知出自誰說。則舊經所據，皆已滅沫無可考矣』(詳經問卷十五)。

案分野之說，以周語、左傳及保章氏鄭注引堪輿說相校，矛盾不合；以左氏校左氏，復互岐。姜武孫(承烈)、崔適並亦有辨(姜說引見周櫟園書影卷八，葉二四；崔說見春秋復始卷三五，葉二)。

茀星將出，彗星何懼乎？公曰：可禳否？晏子曰：使神可祝而來(正義：祝，音章受反)，亦可禳而去也。百姓苦怨以萬數，而君令一人禳之，安能勝衆口乎？

會注考證：『錢大昕曰：茀卽孛字』。槩案漢書息夫躬傳：『又角星茀於河鼓』。顏注：『茀，讀與孛同』。錢說是。清鈔本開元占經八八彗孛名狀占二引史記正作『孛』(中央圖書館藏藍格舊鈔本、乾隆鈔本、朱校藍格舊鈔本、陸香圃鈔本並同)。

(景公)四十八年，與魯定公好會夾谷。犂鉏曰：孔丘知禮而怯，請令萊人為樂，因執魯君，可得志。景公害孔子相魯，懼其霸，故從犂鉏之計。

定十年左傳作：『夏，公會齊侯于祝其、實夾谷，孔丘相，犂彌言於齊侯，曰：孔丘知禮而無勇，若使萊人以兵劫魯侯，必得志焉。齊侯從之。……』。

夾谷，一名祝其。故城，今江蘇贛榆縣西五十里，夾谷山在西南五十里。詳宋翔鳳過庭錄九夾谷條。

毛奇齡曰：『春秋傳文並不及夫子官職，不特無司寇字，卽攝相之事亦並無有。考商制，三公稱相，如仲虺為成湯相；傅說爰立作相。而周無其名，雖周公相成王，管仲相桓公亦間稱相，而終非官稱。況季氏歷相數世，夫子以異姓卿士得代孟孫為司空、司寇，已屬異數，況敢代季氏執政而攝其相事？果爾則齊人餽女樂，夫子直麾去已矣，季氏焉得而受之？按春秋傳云：夾谷之會，孔丘相。其所謂相，卽儐相之相，周禮所謂接賓曰儐，詔禮曰相者，凡盟會壇坫，必有一詔禮之官，而孔子為之。此如齊侯如晉，晉士匄相；子產相鄭伯以如晉；昭公如楚、孟僖子病不能相禮，同一官稱。其曰攝者，或當時以孔子司寇，不宜作相，猶祝佗以太祝不當相衞君一辭之類。而後人不察，卽疑為宰相行攝。夫相為商官，宰相為秦官，周無是也。且夫子亦安能卽致此也？』(西河合集經問卷十二，葉九)。

崔述曰：『(左)傳所謂相者，謂相禮也，非相國也。相國者治一國之政，相禮者但襄一時之禮，與國政無涉也。故魯季孫世秉國政，而襄公如晉，孟獻子相；昭公如楚，孟僖子相；晉韓宣子為政，而晉侯之享齊侯，中行穆子相；鄭子皮當國，子產為政，而鄭伯之朝晉侯，公孫段相。此蓋史記誤以相為相國之相；又因(左)傳有犂彌欲以兵劫魯侯之事，而遂誤以會時之策為在國之謀，而不知其謬也』(洙泗考信錄卷二)。

全祖望曰：『夾谷之相，則正孔子為卿之證。春秋時所重者莫如相，凡得相其君而行者，非卿不出，是以十二公之中，自僖而下，其相君者皆三家……皆卿也。魯之卿，非公室不得任，而是時以陽虎諸人之亂，孔子遂由庶姓當國。……當時齊方欲使魯以甲車三百乘從其征行，若魯以微者爲相，其有不招責言者乎？……且使孔子不得當國，而乃隳三都，張公室，是乃小臣而妄豫大事，有乖於不在其位不謀其政之訓，又必非聖人之所出也』（詳經史問答論語類）。

左暄曰：『案（顧）寧人謂魯有司寇而無大司寇則是，而謂魯無「相」名，以史記謂孔子攝相事爲誤，則非。魯語，仲孫佗之諫季文子曰：子爲魯上卿，相二君矣。則安得謂魯無相名也？公羊成十五年傳：臧宣叔者，相也。宣叔爲司寇，在司徒司馬司空三桓世爲之三卿之下，而謂之爲相，則孔子之爲司寇，行乎季孫，三月不違（二語見公羊傳），其攝行相事也何疑？……又禮記檀弓載魯哀公誄孔子之辭曰：天不遺耆老，莫相予位焉。以孔子之既卒爲無相，則孔子之未卒，其爲相可知也』（三餘偶筆三、相條）。

周柄中曰：『春秋之例，大夫名見於經者，皆卿也。魯臧宣叔爲司寇，而經書臧孫許及晉侯盟；又書臧孫許帥師；其卒也，書臧孫許卒，則儼然卿矣。臧武仲爲司寇，而經書臧孫紇出奔，又儼然卿矣。卿則非小司寇，謂之大焉可矣。至於相，則當國執政之稱，執政必上卿，而孔子以司寇當國，故謂之攝。如齊有命卿國高，而管仲以下卿執政；鄭有上卿子皮，而子產以介卿聽政，是也。成十五年公羊傳云：臧宣叔者，相也。宣叔爲司寇，謂之爲相，此孔子攝行相事之證。或以爲攝夾谷之相者，非也』（焦循孟子正義卷十二引。皇清經解卷一一四〇）。

槃案晏子春秋卷七外篇第八：『仲尼相魯，景公患之，謂晏子曰：鄰國有聖人，敵國之憂也。今孔子相魯，若何？晏子對曰：君其勿憂。彼魯君，弱主也；孔子，聖相也。君不如陰重孔子，設以相齊。孔子強諫而不聽，必驕魯而有齊，君勿納也。夫絕于魯、無主于齊，孔子困矣。居朞年，孔子去魯之齊，景公不納，故困於陳蔡之間』。此戰國間權謀之說，必非晏嬰君子之辭。然觀其謂孔子『聖相』；又一再言孔子『相魯』，不以爲『相禮』，則『相魯』亦卽『相國』之說，其來有自；而崔述氏以爲誤由史記；又謂因（左）傳有犂彌欲以兵劫魯侯之事、而遂誤以會時之策爲在國之謀者，非也。

孔子歷階上。

據定十年左傳與穀梁傳。

毛奇齡曰：『歷階，謂閱歷而升，自下至上皆散步。此有急諫諍或赴王國君命及應走趨事，則行此法』（詳經問卷七）。

是歲晏嬰卒。

梁玉繩曰：『是歲爲景公四十八年，嬰先景十年卒也。然說苑君道載景公謂弦章曰，吾失晏子，于今十有七年。則嬰又似非卒于是歲矣。疑』（志疑十七）。

是為晏孺子。

左傳作安，古字通。

景公死乎弗與埋，三軍事乎弗與謀。師乎師乎，胡黨之乎？

王引之曰：『此歌七字爲句，『景公死乎弗與埋，三軍事乎弗與謀，師乎師乎胡黨之』。韻在句末。「埋」，古讀若「貍」；「謀」，古讀若「媒」，皆在「之」部，故與「之」爲韻。「黨之」下衍「乎」字』（詳左傳述聞下『三軍之事乎不與謀』條）。

竹添光鴻曰：『古歌詩之類，長短參差，不必齊整；其押韻又多在助字上。王引之據齊世家，以「三軍」下「之」字。「何黨」之下「乎」字爲衍文。殊不知史遷采古書，剪裁原文以就己，或以訓詁字易之，乃其常也，未足以爲衍文之證』（左氏會箋哀五年條）。

公師敗，田乞之徒追之，國惠子奔莒，遂反殺高昭子。

梁玉繩曰：『考左傳，高張奔魯，則此與田完世家言陳乞反兵殺高張，並妄。呂氏春秋首時云「鄭子陽之難，猘狗潰之；齊高，國之難，失牛潰之，衆因之以殺子陽、高、國」。史或因此譌傳』（同上志疑）。

八月，齊東意茲……

梁玉繩曰：『乘、鄅以音同通借也。史記考要云：鄅意茲缺奔魯之文；且在齊世家而繫以「齊」，皆誤』（同上志疑）。

十月戊子，田乞請諸大夫……

梁玉繩曰：『案左傳，是十月丁卯』（同上志疑）。

田乞盛陽生槖中。

槖，音託。公羊傳作『囊』。囊與槖俱可容人，蓋二物大同小別，可以互稱。人各以意名之，故說各不同（詳陳啓源毛詩稽古編卷二十生民之什中、劉履恂秋槎雜記毛詩小曰槖條）。

監止有寵焉。

齊召南曰：齊世家全用哀十四年左傳，而於田敬仲完世家則曰：「子我者，闞止之宗人也」。離闞止、子我爲二人，誤矣（左傳注疏考證）。

誰非田宗？所不殺子者，有如田宗。

竹添光鴻曰：『此以陳宗要誓也，言陳氏之族，誰非可代子爲陳宗者。需疑賊大事者，陳宗之所不赦，故誓之曰：自有陳宗在，斷不子活。蓋陳氏嘗有私誓，言不同志者相與殺之之意。今舉其意，以示必殺，故曰有如陳宗也。凡盟誓，必質諸鬼神以要之，下文宋公與司馬誓曰：所難子者，上有天，下有先君。亦謂天與先君罰之』（左氏會箋哀十四年傳『有如陳宗』條）。

顧炎武曰：『凡誓辭曰有如日、有如河、有如先君云者，若謂苟不如此，將如日何！如河何！如先君何！若謂其神臨之，必降之禍也。此所謂彊爲之請以取入焉者也』（左傳杜解補正定六年條）。

槃案，顧氏之解誓辭是也。僖二十四年左傳，文公盟子犯曰：『所不與舅氏同心者，有如白水』（晉語四白水作河水）。世家作『所不與子犯共者，河伯視之』。可證。

攻闈與大門。

金鶚曰：『闈者，門之小者也，所在不一。……子我歸屬徒，攻闈與大門。先言闈，後言大門，可知非宮中之闈，此闈蓋屬於外牆，徒兵自外攻之也。……』（詳求古錄禮說卷十一闈考）。

成子將殺大陸子方。

左氏會箋：通志氏族略三，大陸子方號東郭賈。大陸氏，姜姓，齊太公之後，食邑陸鄉，因號大陸氏』。

田常弒簡公于徐州。

集解：『春秋作舒州。賈逵曰：陳氏邑也』。

索隱：『徐，音舒，其字從人。左氏作舒，說文作郐。郐在薛縣』。今案薛縣故城，在今山東滕縣東南四十四里。

梁玉繩曰：一部史記，凡徐州，無作徐者，蓋古字亻彳偏旁通寫也。且舒與徐，古亦通。……』（詳志疑十七）。

江永曰：『徐與舒，古音雖相通，然此舒州，非薛城之徐州也。當時滕薛未亡，陳恆安得寘其君於此？張守節史記正義云：徐州，齊之西北界上地名，在渤海郡東平舒縣。此說最是。東平舒，在今順天府大城縣界（案今河北省大城縣），此齊之極北與燕界者也。……』（詳春秋地理考實哀十四年舒州）。

沈欽韓曰：『竹書紀年：梁惠成王三十一年，邳遷於薛，改徐州，亦曰舒州。據紀年，則薛邑之舒州，戰國時所改。且田恆放其君，宜在齊境，豈肯遠在邾、魯之境乎？』（詳春秋左氏傳地名補注十二）。

今案田常執簡公置之徐州，此徐州宜在齊西北，江永以今河北大城縣當之，頗爲合理。田完世家，威王對梁惠王曰：『吾吏有黔夫者，使守徐州，則燕人祭北門，趙人祭西門，徙而從者七千餘家』。會注考證：『吳熙載曰：徐州，今直隸保定府安肅縣有徐城，與下言燕趙合』。安肅，今河北徐水縣是也。以此徐爲置簡公之徐州，似亦可備一說。

割齊安平以東，為田氏封邑。

集解：『徐廣曰：年表云，平公之時，齊自是稱田氏』。槃案此誤。傳世田齊器如陳侯午鐘（田齊桓公午器），因脊鐘（齊威王因脊器）之等，並自稱『塦』，不作『田』，已詳前『田文子謂桓子曰』條。

子宣公積立。

梁玉繩曰：『表名就帀，而此作積，何也？或有二名』（志疑十八）。

子康公貸立。田會反廩丘。

梁玉繩曰：『案年表、田完世家，會反在宣公五十一年。此書于康公元年，誤。餘說見表。或曰：錯文也。上文子康公貸立，當移此句下』（志疑十八）。

康公二年，韓、魏、趙始列為諸侯。

今本竹書：威烈王『二十三年，王命晉卿魏氏、趙氏、韓氏爲諸侯』。陳逢衡曰：『案史記周本紀，威烈王二十三年，九鼎震。命韓、魏、趙爲諸侯。與紀年合。齊世家，康公二年，韓、趙、魏始列爲諸侯。案紀年，田會反廩邱，在威烈王十七年，爲齊世家康公貸立之年，則順數至威烈王二十三，當爲康公六年，不當爲二年也（竹書紀年集證卷四十三，葉三四）。案今本竹書此說，未詳所出，然當存參。

一九八四年夏月完稿。

出自第五十五本第二分(一九八四年)

詩經管窺

龍宇純

詩經字句之理解，每因仁智而異思。箋之於傳，已不能悉同；厥後各家著作，益顯說解紛歧。以知漢儒雖去古未遠，所爲傳注非盡無可商，後儒之見，尤不能粹然精好。宇純竊不自揆，於漢以來諸儒所釋，乃至經文字句，間亦有所未安。本年三月一日，曾擇其數則，以「從語文學觀點談幾處詩經字句的了解」爲題，於本所學術講論會爲口頭報告，獲商討之益。爰撰爲斯篇，易如今名，實質仍從語文學觀點以立言，內容則略有增損。凡所列舉，除傳箋而外，其專論後世某家說，必其嘗爲他家所擷取，不者不及。

一、言刈其蔞

翹翹錯薪，言刈其蔞。之子于歸，言秣其駒。周南漢廣

馬瑞辰毛詩傳箋通釋云：

胡辰珙引王夫之詩稗疏：「……管子曰：葦下於雚，雚下于蔞。則蔞爲萑葦之屬，翹然高出而可薪者，蓋蘆類也。」今按：蔞與蘆雙聲，同在來母，蔞當即蘆字之假借。王說近之，然但以爲蘆類，而不知蔞即蘆也。

此說爲先師屈翼鵬先生詩經詮釋所取。宇純謹案：蔞蘆二字僅聲母相同，古韻則蔞屬侯部，蘆屬魚部。廣韻蔞在虞韻，蘆在魚韻，其音仍異。蘇軾詩：「蔞蒿滿地蘆牙短，正是河豚欲上時。」蔞蘆猶是異物。且此詩以蔞韻駒字，古韻並屬侯部，若易蔞爲蘆，則蘆駒音隔，是馬氏誤說之證。王氏引管子說蔞爲蘆類，本無可議。毛傳云：

蔞，草中之翹翹然。

其意本謂蔞爲草之翹然而高者。故孔氏正義云：

傳以上楚是木，此蔞是草名，故言草中之翹翹然。釋草云：「購，蔏蔞。」舍人曰：「購，一名蔏蔞。」郭云：「蔏蔞，蔞蒿也。生下田，初生可啖。江東

用蘱魚也。」陸機疏云：「其葉似艾，白色，長數寸，高丈餘，好生水邊及澤中。正月根牙生，旁莖正白，生食之，香而脆美。其葉又可蒸爲茹。」是也。陸德明經典釋文引馬融云：

蔞，蒿也。

並與王說不異。

二、遠兄弟父母

蝃蝀在東，莫之敢指。女子有行，遠父母兄弟。　朝隮于西，崇朝其雨。女子有行，遠兄弟父母。鄘風蝃蝀

宇純謹案：二章「遠兄弟父母」，卽一章「遠父母兄弟」句因叶韻而倒置。然雨字古韻屬魚部上聲，母字屬之部上聲，之魚音遠，於韻仍有未叶，疑此原作「遠兄弟母父」。父字古韻屬魚部上聲，正與雨字韻調相同。小雅斯干「似續妣祖」，倒祖妣爲妣祖，爲其韻堵、戶、處、語；甫田「以介我稷黍」，倒黍稷爲稷黍，爲其韻鼓、祖、下、女；大雅旣醉「釐爾女士」，倒士女爲女士，爲其韻子字；乃至曹風下泉二章「念彼京周」，倒其一章之周京爲京周，爲其韻蕭字：並詩寧取韻，不取恆言之證。清以後言古韻者，並以此詩雨、母爲合韻。今據詩韻以觀：周南葛覃三章叶否、母，衞風竹竿二章叶右、母，王風葛藟二章叶涘、母、母、有，鄭風將仲子一章叶子、里、杞、母，齊風南山三章叶畝、母，魏風陟岵二章叶屺、母，小雅四牡四章叶止、杞、母，杕杜三章叶杞、母，南山有臺三章叶杞、李、子、母、子、已，沔水一章叶海、止、友、母，小弁三章叶梓、止、母、裏、在，蓼莪三章叶母、恃（案句中韻），北山一章叶杞、子、事、母，大雅思齊一章叶母，婦，泂酌一章叶饎、子、母，周頌雝叶祉、母，魯頌閟宮八章叶喜、母、士、有、祉、齒，所與母字叶韻者，莫非之部字。王風葛藟一章叶滸、父、父、顧，魏風陟岵一章叶岵、父，唐風杕杜一章叶杜、滑、踽、父，小雅四牡三章叶下、栩、鹽、父，伐木二章叶許、藇、羜、父、顧，黃鳥三章叶栩、黍、處、父，蓼莪三章叶父、岵（案句中韻），大雅緜二章叶父、馬、滸、下、女、宇，常武一章叶祖、父，二章叶父、旅、浦、土、處、緒，魯頌閟宮二章叶武、緒、野、女、旅、父、魯、宇、輔，所與父字叶韻者，莫非魚部字。遍及風

雅頌三詩，無一例外。其中王風葛藟、魏風陟岵、小雅四牡、蓼莪，四者並以父及母字相對爲韻，從知詩經叶韻，父母二字分別至嚴，合韻之說，殆猶燕相說郢人遺書之比。而衞風竹竿以母叶右字，因邶鄘本同是衞風，又從知此詩並無方音之異。然則「遠兄弟父母」原當作「遠兄弟母父」，可信而無疑矣。蓋後人但知恆言父母，不言母父，又因竹竿詩正言「女子有行，遠兄弟父母」，遂誤母父爲父母耳。

又案：小雅天保云：

吉蠲爲饎，是用孝享。禴祠烝嘗，于公先王。君曰卜爾，萬壽無疆。

四時之祭，本以祠禴嘗蒸爲序。此詩因取嘗字與享、王、疆爲韻，旣倒嘗烝爲烝嘗，遂並倒祠禴爲禴祠，故猶疑「遠兄弟母父」其始或作「遠弟兄母父」。

三、素絲祝之

孑孑干旌，在浚之城。素絲祝之，良馬六之。彼姝者子，何以告之？干旄

毛傳云：

祝，織也。

祝字訓織，不見於他書。鄭不從毛，易之云：

祝，當爲屬。屬，著也。

宇純謹案：此詩祝、六、告三字爲韻，古韻並屬幽部入聲。屬字古韻在侯部，以知鄭改不可從。傳雖於他書無徵，祝織二字聲同照三，織字古韻屬之部入聲，之幽音亦相近，祝或卽織之轉語，仍以從毛爲是。

四、暵其濕矣

中谷有蓷，暵其乾矣。有女仳離，嘅其嘆矣。嘅其嘆矣，遇人之艱難矣。

中谷有蓷，暵其脩矣。有女仳離，條其歗矣。條其歗矣，遇人之不淑矣。

中谷有蓷，暵其濕矣。有女仳離，啜其泣矣。啜其泣矣，何嗟及矣。王風中谷有蓷

毛傳於首章云：

蓷，鵻也。暵，菸貌。陸草生於谷中，傷於水。

又於末章云：

　　雖遇水則濕。

王引之經義述聞云：

　　暵爲狀乾之辭，非狀濕之辭，可云暵其乾，不可云暵其濕也；而云暵其濕者，此濕與水濕之濕異義，濕亦且乾也。廣雅有𣊪字，云𣊪也。衆經音義引通俗文曰：欲燥曰𣊪。玉篇𣊪，邱立切，欲乾也。古字假借，但以濕爲之耳。

復於文末加注云：

　　草乾謂之脩，亦謂之濕，猶肉乾謂之脩，亦謂之𦢊。……玉篇𦢊，邱及切，朐脯也。

王氏此說，今之注解詩經者，莫不援用。宇純謹案：𣊪若𦢊字並不見於說文，據其反切推之，當从㬎字爲聲。㬎音五合切，與邱立切（邱立、邱及同音）聲韻俱近。乾濕字於說文作溼，許君說爲㬎省聲。然甲骨文作[illegible]，金文作[illegible]若[illegible]，石鼓文作[illegible]，㬎省聲之說殆不可從。溼字音失入切，其聲母與邱立切之𣊪字絕不可通。濕本爲水名，經傳假濕爲溼。其字从㬎聲，疑與爍（書藥切）从樂（五教、五角二切）聲、燒（式昭切）从堯（五聊切）聲，及勢（舒制切）从埶（魚祭切）聲相同，屬複聲母 sŋ- 系統（案此等字如薛从辥聲、褻蟄从埶聲、產从彥省聲、卸从午聲、穌从魚聲、𩐂从吾聲及朔从屰聲），借濕爲溼，或在其失去複聲母「ŋ」成分之後，或即以其複聲母之「s」成分同於溼。今謂溼若濕字借爲 k'- 聲之𣊪，於理殊有未合。以文例言之，「暵其乾矣」、「暵其脩矣」、「暵其濕矣」，與下文「嘅其嘆矣」、「條其歗矣」、「啜其泣矣」句法同；乾、脩、濕爲狀詞，嘆、歗、泣爲動詞，而有微別。氓之「咥其笑矣」，伐木之「嚶其鳴矣」，角弓之「翩其反矣」，同此詩之「嘅其嘆矣」；溱洧之「瀏其清矣」、「殷其盈矣」，裳裳者華之「芸其黃矣」（又見苕之華），同此詩之「暵其乾矣」；而並可證「暵其濕矣」暵爲濕之狀詞（參下「宛其死矣」條）。然遂謂「暵爲狀乾之辭，不可云暵其濕也」，則主由誤解暵字之義。以余所見，胡辰珙毛詩後箋釋此詩獨最爲精闢，今錄其說於下：

　　「暵其乾矣」傳：「暵，菸貌。陸草生於谷中，傷於水。」諸家皆誤認暵字，故以乾爲乾燥，溼爲卑溼。不知說文暵下訓乾，但引易「燥萬物者，莫暵於火」，並不引詩；惟水部「灘，水濡而乾也」，引詩「灘其乾矣」，是則詩本作灘，不作暵。可知毛傳亦必作灘；云「菸貌」者，說文「菸，鬱也。从艸，於聲。一曰殘也。」菸鬱者，兼乾與溼言之，乾謂槁瘁，溼謂浥爛，百草經此，皆菸邑而無色。觀經於乾、脩、濕皆以暵言之，則必非乾義可該，故傳以灘爲菸貌，並非如暵之但訓燥也。然經文承上「中谷」言之，故傳又以爲「陸草生於谷中，傷於水」。蓋谷中水之所注，庶草所不能生，既傷於水而病，則或成槁瘁，或成浥爛，皆有菸鬱之形。次章脩爲且乾者，又介於槁瘁、浥爛間也。箋於末章云：「鵻之傷，始則溼，中而脩，久而乾，有似君子於已有薄厚。」孔疏衍之云：「先舉其重，然後倒本其初。」此由泥於乾燥卑溼之義，而不知其同爲草病之狀。乾固菸貌，脩與溼亦皆爲菸鬱之形耳。蘇氏詩傳以爲，先燥其乾者，終更燥其溼者，以爲旱由漸而甚，與夫妻以漸而薄。李解嚴緝皆從之。然經文「暵其」與「嘅其」、「條其」、「啜其」四其字，皆連上一字作形容之詞，非以「其乾」、「其脩」、「其濕」二字相連也。說文灘不同暵但訓乾，而曰「水濡而乾」者，以灘字从水，說其本義，此乾與乾燥異義；當如外強中乾之乾，謂菁華已盡，乾竭徒存。許書此種訓義，最爲微妙。毛傳於三章云「鵻遇水則溼」者，此溼亦非乾溼之溼。說文乙部：「乾，上出也。从乙，乙，物之達也。倝聲。」土部：「㬤，下入也。从土，㬎聲。」則是與乾對稱者，字本作㬤。水部：「溼，幽溼也。」此與涪訓幽溼同。幽卽菽爲幽朩之幽。廣雅：「鬱，幽也。」幽與鬱同義，是溼亦當爲菸鬱之貌，（方言：溼，憂也。注云：溼者，失意潛沮之名。蓋人憂鬱謂之溼，物幽鬱謂之溼，故在人則爲於邑，後漢書馮衍傳：「日曀曀其將暮兮，獨於邑而煩惑。」在物則爲菸邑，楚辭九辨：「葉菸邑而無色。」此其義也。）與泛言乾溼者不同。不然，遇水則溼，凡物皆然，尙何待於故訓乎。

外此，則桂馥說文義證溼字下云：

> 詩「中谷有蓷，暵其溼矣」，傳云：「鵻遇水則溼。」馥案：傳意謂幽溼也，故訓暵爲「菸貌」。

其解「暵其濕矣」，與胡氏同。經典釋文云：

嘆，呼但反，徐音漢。說文云「水濡而乾也」，字作灘，又作灘，皆他安反。

菸，於據反，何音於，說文云鬱也，廣雅云臭（宇純案：臭，俗臭字）也。

是陸氏於此詩嘆字之理解，初亦未嘗有誤。唯「呼但反」及「徐音漢」二音，則據嘆字爲讀。蓋俗師誤之已久，不能諟正矣。

五、宛其死矣

山有樞，隰有榆。子有衣裳，弗曳弗婁。子有車馬，弗馳弗驅。宛其死矣。他人是愉。　山有栲，隰有杻。子有廷內，弗洒弗埽。子有鍾鼓，弗鼓弗考。宛其死矣，他人是保。　山有漆，隰有栗。子有酒食，何不日鼓瑟？且以喜樂，且以永日？宛其死矣，他人入室。唐風山有樞

毛傳云：

宛，死貌。

宛爲何狀，不詳。孔氏正義以「宛然」易宛字，無裨於了解。朱熹集傳用秦風蒹葭「宛在水中央」毛傳「坐見貌」之訓，其衍申文義，亦以「宛然」易宛字，無以得其要領。吳昌瑩經詞衍釋云：

宛猶若也。宛與若義相同，詩「宛其死矣，他人是愉」，言若其死也。

頗爲學者所用。宇純謹案：詩經「△其△矣」之句凡三十二見，類屬之：前條所舉「咥其笑矣」、「嚶其鳴矣」、「翩其反矣」及「嘅其嘆矣」、「條其歗矣」、「啜其泣矣」共六句其一，「瀏其清矣」、「殷其盈矣」、「芸其黃矣」（二見）及「暵其乾矣」、「暵其脩矣」、「暵其濕矣」共七句其二，兩者並以「△其」連讀，爲「其」下一字之狀詞，又可併爲一類；谷風「就其深矣」、「就其淺矣」二句其三；魚麗「物其多矣」、「物其旨矣」、「物其有矣」共三句其四；出車「維其棘矣」、魚麗「維其嘉矣」、「維其偕矣」、「維其時矣」、漸漸之石「維其高矣」、「維其勞矣」、「維其卒矣」、苕之華「維其傷矣」、緜「維其喙矣」、瞻卬「維其優矣」、「維其幾矣」、「維其深矣」共十二句其五；漸漸之石「曷其沒矣」其六。若吳氏所解，「宛其死矣」又別爲一類。毛傳訓宛爲死貌，明與「咥其笑矣」文例同，是必有所本矣。至其實義，則清人陳奐、馬瑞辰、胡承珙等並有說，今引毛詩傳箋通釋於

下：

宛其死矣，傳「宛，死貌」，釋文「宛本作苑」。瑞辰按：宛爲苑之假借。淮南本經訓「百節莫苑」，高注「苑，病也」。又俶眞訓「形苑而神壯」，高注「苑，枯病也」。又通菸。廣雅：「蔫、菸、矮、萎也。」玉篇：「萎，菸也。」並與傳訓宛爲死貌義相近。宛與矮菸皆一聲之轉（宇純案蔫、菸、矮、菸、宛並同影母），宛與苑當卽菸字之叚借。

六、三之日于耜，四之日舉趾

七月流火，九月授衣。一之日觱發，二之日栗烈。無衣無褐，何以卒歲？三之日于耜，四之日舉趾。同我婦子，饁彼南畝，田畯至喜。豳風七月

毛傳云：

三之日，夏正月也，豳土晚寒。于耜，修耒耜也。四之日，周四月也，民無不舉足而耕矣。

此說歷來無異辭。輓近于省吾爲詩經新證，乃云：

按：趾漢書食貨志引作止。……說文無趾字。金文之作止，足趾之趾作止。後世止、止不分，此詩止卽之字。之、茲音近古字通。車舝「高山仰止」，釋文：「仰止，本或作仰之。」………桃夭「之子于歸」，猶言茲子于歸。日月「乃如之人兮」，猶言乃如茲人兮。公劉「止基乃理」者，茲基乃理也。「止旅乃密者」，茲旅乃密也。「四之日舉茲」，茲謂茲基之屬。孟子公孫丑：「雖有鎡基。」周禮薙氏鄭注：「以茲其斫其生者。」釋文：「茲其，鉏也。」……按呂覽不廣「佐齊桓公舉事」注：「舉猶用也。」「三之日于耜」、「四之日舉茲」，二句乃對文，耜、茲皆田器。兪樾云：「周官薙氏掌殺草，多日至而耜之。鄭注曰：耜之，以耜側（宇純案：注作測）凍土剗之。三之日于耜，當從此意，謂往而耜之也。」按兪說是也。耜之而祇言耜，猶鴻雁「之子于垣」，築牆壁而祇言垣也。傳以于耜爲修耒耜，舉趾爲舉足而耕，皆望文演訓，非經旨也。敍耕者豈應但曰舉趾？且三月已往耜之，未嘗不舉趾，豈應四月始言舉趾邪？蓋傳會左傳「舉趾高」一語，不知止、茲通假，而改止爲趾，

以遷就之耳。耕者先側(宇純案:此本周禮鄭注,而原是測字,測與畟同,于氏蓋不曉測字義)土而後鉏草,故曰:「三之日于耜,四之日舉玆。」舉玆卽用玆,玆其而單言玆,亦猶耒耜而專言耜也。(案:此文據澤螺居詩經新證本引)

宇純謹案:俞氏以「于耜」同「耜之」,于氏謂「舉趾」爲「用玆」,二說並誤。然俞說爲于氏所用,于說復爲高亨詩經今注所取。高氏云:

趾,于省吾詩經新證:「趾乃鎡其之合音,鎡其,鋤也。」

今一併疏解之如下。

首應指明者,以趾爲鎡其合音,于氏新證無此,雙劍誃、澤螺居兩本並同,不詳何故致此差異;疑卽高氏之意,而誤爲于說。鎡其之合音,與趾字聲旣有精照(案三等)之殊,調亦有平上之别,此詩以趾字上聲與耜、喜、畝爲韻,以知此說不然。朱駿聲說文通訓定聲以鎡其之合音爲耜。鎡、耜聲母並屬齒頭,視鎡其合音爲趾之說爲優。若然,此詩上言「于耜」,其下「舉趾」不得更如于說爲「用玆」矣(案于從俞說于耜爲耜之)。然于氏以趾爲玆之說,其首引之、止之異文,此雖未必卽如于氏所稱,由於形誤(案:止之二字聲韻母並同,當是形成異文之眞實原因);由形解之,亦不失爲一說。若所謂之、玆音近古通,則兩者中古有正齒、齒頭之大限,上古亦不得相同。所舉之子、之人卽玆子、玆人,古人則訓之爲是,别訓玆爲此,固不以之爲玆;止基、止旅爲玆基、玆旅,尤是于氏一家之言;並無以明之必爲玆。之、玆二字古書恆見,其間則絕不見異文。然則之、玆各别,無以證趾爲玆明矣。且此詩取趾字與耜、喜、畝爲韻,四字並屬上聲;若易趾爲玆,則調不相同,尤不啻爲于氏曲說之徵驗。俞說「于耜」爲「耜之」,不知後者以耜爲外動詞,之爲其受語,稱代上文草字。耜上冠以于字,但使「于耜」構成動詞(參周法高先生中國古代語法構詞編二五一頁,及王靜芝先生詩經通釋「于耜」注),其意則受語仍是耜字。于氏爲舉「于垣」之例,不悟「于垣」義正謂治其垣,適足以證成毛傳「脩耒耜」之說。所謂「耜之而祇言耜」,「築牆壁而祇言垣」,皆由不達「于耜」、「于垣」之構詞。其見之於詩者,「于垣」之外,「于茅」卽治茅,「于貉」卽獵貉(並見七月),「于邑」(見崧高)卽爲邑,「于疆」(見江漢)卽治疆,並可見毛傳說「于耜」不誤。于氏又云：「耕者先側土而後鉏草，故曰三之日于耜，四之日舉趾。」不知「于耜」果同「耜之」，鄭解「耜之」爲「以耜測凍土剗之」，是三之日旣已剗草矣，何待下言「四之日用玆」乎？至以「耒耜而專言耜」，見「玆其而單言玆」，竟忘耒耜爲二物，而玆其爲疊韻聯語，蓋不得爲二物，俱見于說一意附會，而全無是處。甲骨文耤田之耤字作，宛然人舉趾推耜以耕形，亦舉以見毛傳之必不可奪。

七、誰適與謀／投畀豺虎

彼譖人者，誰適與謀。取彼譖人，投畀豺虎。豺虎不食，投畀有北。有北不受，投畀有昊。小雅巷伯

言古韻者，如段玉裁六書音均表、王念孫古韻譜、江有誥詩經韻讀，並以此詩者、謀、虎三字爲韻。

宇純謹案：者、虎二字古韻屬魚部上聲，謀字屬之部平聲。之、魚二部音遠，無可以叶韻之理。蝃蝀詩「遠兄弟父母」與「崇朝其雨」爲韻，似可爲互證。然彼文父母當作母父，已說之在前。且謀與者、虎調不同，亦與詩平自韻平、上自韻上之常例不合，此說蓋未能得其實。顧炎武詩本音主謀字不韻，與詩四句者第二句必韻，無但以一、四句入韻之例不合。小雅小旻云：

國雖靡止，或聖或否。民雖靡膴，或哲或謀。

論者亦謂膴、謀爲韻，正亦之、魚合韻例。然韓詩膴作腜，腜、謀同之部平聲。大雅緜云：

周原膴膴，堇荼如飴。爰始爰謀，爰契我龜。曰止曰時，築室于玆。

韓詩膴亦作腜，正與飴、謀、龜、時、玆爲韻。更參小雅小旻：

我龜旣厭，不我告猶。謀夫孔多，是用不集。發言盈庭，誰敢執其咎。如匪行邁謀，是用不得于道。

毛傳訓集爲就，集就二字雙聲，韓詩集卽作就。就、猶、咎、道韻同幽部，是「是用不集」句正取就字與猶、咎、道叶韻。吳越春秋河上之歌云：

同病相憐，同憂相救。驚翔之鳥，相隨而集。瀨下之水，回復俱留。

亦正取集字讀爲就字，以與救、留爲韻。以此諸例衡之，此詩謀字疑本作謨，謨與

者、虎韻同魚部。唯諆與者、虎仍有平上之隔。二章詩云：

哆兮哆兮，成是南箕。彼譖人者，誰適與謀。

謀與箕爲韻。而此文「彼譖人者，誰適與謀」二句正承彼文而來，又似謀字不當改讀。疑或是下文「投畀豺虎」原作「投畀虎豺」。豺與謀並屬之部平聲。若然，此下「豺虎不食」，原亦當作「虎豺不食」。

八、令德壽豈

蓼彼蕭斯，零露瀼瀼。既見君子，爲龍爲光。其德不爽，壽考不忘。　蓼彼蕭斯，零露泥泥。既見君子，孔燕豈弟。宜兄宜弟，令德壽豈。蓼蕭

「令德壽豈」句，毛鄭無訓。孔氏正義云：

君子爲人之能，宜爲人兄，宜爲人弟，隨其所爲，皆得其宜。故能有善之譽，壽凱樂之福也。

是讀豈如凱，其義爲樂。朱熹集傳亦云：

壽豈，壽而且樂也。

爲學者所遵用。

字純謹案：此以豈即上文豈弟之豈。毛傳訓豈弟之豈爲樂（經典釋文「豈，開在反。樂，音洛」），而於「壽豈」無訓，當亦取此豈爲樂義，蒙上文而省之。唯通觀全詩豈字用作狀詞之例，或與弟字連稱曰「豈弟」：載驅云「齊子豈弟」一見，旱麓云「干祿豈弟」一見，湛露、青蠅、旱麓、泂酌、卷阿云「君子豈弟」凡十六見；或與樂字並舉曰「豈樂」，倒文叶韻則曰「樂豈」，並見魚藻；兩者皆以義近義同平列（案其中「齊子豈弟」句，義取毛傳「文姜於是樂易然」之說解。鄭箋別爲義），豈弟一詞或尚取爲叠韻連語。今以壽豈之豈同豈弟之豈，不僅上下文義複，壽豈二字亦義不相屬。豈考二字雙聲，疑「壽豈」實爲「壽考」之轉音。「令德壽豈」即前章「其德不爽，壽考不忘」之複重，取「豈」之音與泥、弟爲韻。泥、弟二字古韻在脂部，魚藻詩云：

魚在在藻，有莘其尾。王在在鎬，飲酒樂豈。

以豈叶尾，豈字當在微部，似與泥、弟音仍有微隔。然豈樂字或加心旁作愷，或加几

聲作凱，几聲古韻正在脂部，廣韻几、豈仍有脂、微之分。凱字雖不見於說文，未必前此之所無。詩有「凱風」，毛傳、爾雅並云「南風謂之凱風」，並在許君之前。脂微兩部本多相叶，今據此詩之韻及几聲之凱，定豈字原有脂微二讀。壽考而云壽豈，此即余所主詩經之雙聲轉韻。說詳論詩經雙聲轉韻，文載幼獅月刊第四四卷第六期。又第二句「零露泥泥」與「零露瀼瀼」，亦雙聲轉韻。「零露瀼瀼」句又見鄭風野有蔓草，泥字則說文爲水名，恆用爲泥塗字，並與「雙聲轉韻」現象相合。釋文云：

瀼，如羊反，徐又乃剛反。泥，乃禮反。

乃剛與乃禮雙聲，即如羊一音，古泥日亦音近。瀼音乃剛反，韻與光、爽，忘同。泥音乃禮反，韻亦與弟字同。二者並前文所未及。

復案：高亨今注云：「豈，借爲磑（音達），堅固。」蓋亦有感於訓豈爲樂則與上文義複，遂爲假借之說。然壽磑之語，於古無徵。方言十二「磑，堅也」，廣雅釋詁一「磑，鞏也」，當爲高氏所據。郭音磑字五碓反，曹音磑字牛衣、牛哀二反，一去二平，此詩則取豈字上聲入韻，以知高說不可取（高氏音達，蓋即郭音而誤爲平聲）。

九、我黍與與，我稷翼翼

楚楚者茨，言抽其棘。自昔何爲？我蓺黍稷。我黍與與，我稷翼翼。我倉既盈，我庾維億。以爲酒食，以享以祀，以妥以侑，以介景福。楚茨

與與、翼翼毛傳無訓。鄭箋云：

黍與與，稷翼翼，蕃廡貌。

宇純謹案：與與、翼翼雙聲，並喻四字。與與韻及調並同黍字，上古同屬魚部上聲，廣韻仍同見語韻。翼翼韻及調並同稷字，上古同屬之部入聲，廣韻仍同見職韻。詩於黍言與與，於稷言翼翼，實一語隨黍、稷之韻而轉之也。黍與、稷翼句中韻。此亦余前文論詩經雙聲轉韻所未及者。鄭必以與與、翼翼連黍、稷言之，不直云「與與、稷稷，蕃廡貌」，蓋欲以示兩詞與黍、稷之關係，大堪玩味。高亨今注乃云：

與與，茂盛貌。翼翼，整齊貌。

是眞強不知以爲知者。

十、干戈戚揚

篤公劉，匪居匪康，迺埸迺疆，迺積迺倉，迺裹餱糧，于橐于囊，思輯用光。弓矢斯張，干戈戚揚，爰方啓行。大雅公劉

「弓矢斯張」以下三句，毛傳云：

戚，斧也。揚，鉞也。張其弓矢，秉其干戈戚揚，以方開道路，去之豳。

鄭箋云：

干，盾也。戈，鉤矛戟也。爰，曰也。公劉之去邰，整其師旅，設其兵器，告其士卒曰，爲汝方開道而行。

孔氏正義云：

廣雅云：「鉞、戚，斧也。」則戚揚皆斧鉞之別名。傳以戚爲斧，以揚爲鉞，鉞大而斧小。……以弓矢言張，是人張之，故知干戈戚揚爲人秉之也。

宇純謹案：傳以揚爲鉞，歷來無異說。然揚之義爲鉞，不見於其他古籍；揚之義果爲鉞，則干戈戚揚四字平列無動詞，與下文不能相貫。傳云「秉其干戈戚揚」，秉字爲經文所無；孔氏云「以弓矢言張是人張之，故知干戈戚揚爲人秉之」，雖曰爲之疏，直與無疏等。鄭蓋有見於毛傳秉字爲增文，乃以兵器二字代弓矢六物，而以一「設」字兼攝之。然於上句言，張之義非設，於下句言，仍屬臆增。朱熹集傳云：「然後以弓矢斧鉞之備，爰始啓行。」顯亦欲爲干戈句無動詞而巧構其言，竟置經文於弓矢云張而不顧，明亦不得爲詩原意。

陳奐詩毛氏傳疏云：

傳訓戚揚爲斧鉞，戚之爲言迫（據下文云「斧有戚迫義」，疑迫上奪戚字）也。爾雅：「越，揚也。」鉞越皆從戉聲，古祇作戉。說文：「戚，戉也。」「戉，大斧也。」淮南子兵略篇云：「主親操鉞，持頭授將軍其柄，曰：從此上至天者，將軍制之。」是鉞有發揚義也。又云：「復操斧，持頭授將軍其柄，曰「從此下至淵者，將軍制之。」是斧有戚迫義也。可以想像其遺制也。

此由語源推求揚之所以爲鉞。其意猶謂：戚之爲言戚迫也，鉞之爲言越揚也；鉞既受義於越，揚與越同義，故揚亦由越揚義孳生而爲鉞揚之義。然戚之是否果受義於戚

迫？戚雖受義於戚迫，是否足證鉞受義於越揚？鉞受義於越揚，是否足證揚之義又爲鉞揚？其間並不具必然關係。

王引之經義述聞「清廟對越在天」條云：

家大人曰：對越猶對揚，言對揚文武在天之神也。大雅江漢篇曰「對揚王休」……並與對越同義。爾雅曰：「越，揚也。」揚越一聲之轉。對揚之爲對越，猶發揚之爲發越，清揚之爲清越矣。

此文自不謂揚之義又爲鉞。然信如王氏所言，揚越一聲之轉，但須鉞受義於越，即揚斯可以有鉞義，較之陳氏所疏，徑捷多矣。今案之古韻，揚屬陽部，越屬祭部，二部間無通轉迹象。其聲於中古雖同屬喻母，而有三等四等之别；上古則前者歸匣，後者近定，兩者迥殊。故至今越席、挎越之越仍讀匣母，即越揚之越切三亦尚音戶伐反。以説文諧聲字言之，凡戉聲字屬喉音，凡昜聲字屬舌音齒音，了不相涉。以知王氏揚越聲轉之説，蓋據中古以後聲同而云然。

禮記樂記云：

樂者，非謂黄鍾、大呂、弦歌、干揚也。

以揚接干字連言。孔氏正義引皇侃云：

揚，舉也。干揚，舉干以舞也。

此語又見史記樂書。裴駰集解則云：

鄭玄曰：揚，鉞也。

今禮記樂記揚下無注，或今本有奪文，或裴因詩箋不改傳而云之如此。是干揚之揚有二解。張守節史記正義云：

揚，舉也，謂舉楯以舞也。

義同樂記正義引皇侃。司馬貞索隱云：

鄭玄曰：干，楯也（案：今樂記亦無此注）；揚，鉞也；則揚與鍚同。皇侃以揚爲舉，恐非也。

則亦以揚爲鉞，且出鍚字爲説，而不云鍚字所出。今案禮記郊特牲云：

諸侯之宮縣，而祭以白牡，擊玉磬，朱干設鍚，冕而舞大武，乘大路，諸侯之僭禮也。

明堂位云：

升歌清廟，下管象，朱干玉戚，冕而舞大武。

祭統亦云：

升歌清廟，下而管象，朱干玉戚，以舞大武。

以郊特牲較之明堂位及祭統，一云「朱干設鍚，冕而舞大武」，一云「朱干玉戚，冕而舞大武」或「朱干玉戚，以舞大武」，郊特牲鍚字蓋卽司馬氏之所本。故孫希旦禮記集解更主郊特牲鍚當作揚，其說云：

鍚當作揚，鉞也。「朱干設鍚」，卽明堂位所謂「朱干玉戚」也。廣雅云：「揚、戚，斧也。」是揚鉞皆斧之別名，故戚謂之揚。

此不僅廣雅揚原是鉞字舉證不實，鄭注郊特牲云：

干，盾也。鍚，傅其背如龜也。

孔氏正義云：

詩云鏤鍚（宇純案：卽說文鐊字），謂以金飾之，則此鍚亦金飾也。謂用金琢（案：疑當是瑑之誤。講論會中王師叔岷先生云，六朝俗不分）傅其盾背。盾背外高，龜背亦外高，故云如龜也，蓋見漢禮然也。

是鍚自鍚字，與揚鉞字無干。「朱干設鍚」與「朱干玉戚」，語句結構本自不同也。

墨子非樂上云：

民有三患：飢者不得食，寒者不得衣，勞者不得息。三者民之巨患也。然卽當爲之撞巨鐘，擊鳴鼓，彈琴瑟，吹竽笙，而揚干戚，民衣食之財，將安得乎？

又云：

今有大國卽攻小國，有大家卽伐小家，強劫弱，衆暴寡，詐欺愚，貴傲賤，寇亂盜賊並興，不可禁也。然卽當爲之撞巨鐘，擊鳴鼓，彈琴瑟，吹竽笙，而揚干戚，天下之亂也，將安得而治與？

以揚字連干戚，爲動賓結構，揚之義確然爲稱舉。淮南子氾論篇亦云：

乘大路，建九斿，撞大鐘，擊鳴鼓，奏咸池，揚干戚。

以此準之，樂記樂書之干揚與弦歌並列，弦歌謂循弦以歌，干揚猶言揚干以舞，以知皇氏張氏之說不可易。此詩云「干戈戚揚」，蓋亦卽以揚爲動詞；其不云「揚干戈戚」而云「干戈戚揚」者，與「弓矢斯張」句大同，皆倒文取叶韻也。此章除首句外，每句皆韻，康、疆、倉、糧、囊、光、張、揚、行並屬陽部平聲。左氏襄公三年傳：「晉侯之弟揚干，亂行於曲梁。」「揚干」之名疑與殷王子名「比干」爲類。(清程大中四書逸箋引孟子雜記云：王子干封於比，故曰「比干」。」劉寶楠論語正義云：「比干未有封國。孟子稱王子比干，疑「比干」卽其名或字也。路史謂唐之比陽有比水，卽比干國。其說不知何來。考比陽於漢地志屬南陽郡，非在圻內，路史誤也。)書牧誓云：「王曰：稱爾戈，比爾干，立爾矛，予其誓。」疑可證「比干」命名之意；而「稱爾戈」之句，稱，舉也，亦正於戈云揚之比。

四十九年余始授訓詁學於私立淡江文理學院(卽今淡江大學之前身)，卽以此例語諸生。後於香港中文大學崇基書院及國立臺灣大學任此課(後者，五十七年事)，並舉此例。去歲得讀高亨詩經今注，亦訓揚字爲「舉起」，與鄙見不謀而合，但高氏全無申論。又案：高氏旣訓戚爲斧，又於附錄云：

> 戚也可讀做攸，戚和攸是一語的轉變。大雅雲漢「滌滌山川」，說文引作「蔋蔋山川」，便是例證。「干戈戚揚」如同干戈乃揚。

此則意欲爲「干戈戚揚」句求其與「弓矢斯張」語例一致。然戚攸聲母相去懸遠。戚从尗聲，與蔋字基本聲符雖同，本有寬嚴之別。文字形聲與語言相轉，一者人爲，取其仿佛，一者物化，出於自然，性質復不相同。是滌蔋之異文，殊難證戚攸之轉音。唯戚之爲物，其形制小，周緯中國兵器史稿云：

> 戚字从尗，當有小義。蓋斧小於鉞，而戚又小於斧也。陸氏(案謂陸懋德)謂見戚甚多，其形皆小。

古書干戚並舉，如樂記所云：「比音而樂之，及干戚羽旄謂之樂」、「鐘鼓干戚，所以和安樂也」、「鐘鼓管磬羽籥干戚，樂之器也」、「干戚之舞，非備樂也」、「文以琴瑟，動以干戚」、「鐘鼓竽瑟以和之，干戚旄狄以舞之」，並舞時所執。此詩則以充爲武備，講論會中同仁有以此爲疑者，存之以供學者參考。然戚形雖小，未必不可爲兵，所以與干並爲武舞所執，或正以其本皆武備之故耳。

朱駿聲說文通訓定聲云：

> 詩公劉「干戈戚揚」，傳鉞也。按傳借鉞爲越。易夬「揚于王庭」，鄭注越

也。越猶舉也。

殆主此詩揚字訓舉之最早見者。然毛傳借鉞爲越之說，因與下文「秉其干戈戚揚」之句不合，當非毛氏之意。(講論會中王師叔岷先生曰：「此前人忠厚處。」聞之赧然。)

十一、黽勉畏去

旱旣太甚，黽勉畏去。胡寧瘨我以旱？憯不知其故。祈年孔夙，方社不莫。昊天上帝，則不我虞。敬恭明神，宜無悔怒。雲漢

宇純謹案：此詩以去、故、莫、虞、怒五字爲韻，五者古韻並屬魚部陰聲。自來說「黽勉畏去」之句，俱不能得去字之意，略錄諸家說如下以見之：

黽勉，急禱請也；欲使所尤畏者去之。所尤畏者，魃也。鄭箋

黽勉畏去，出無所之也。朱熹集傳

廣雅釋詁：畏，惡也。畏去，謂苦此旱而惡去之也。馬瑞辰毛詩傳箋通釋

黽勉，猶辛勤也。畏去，謂畏旱而逃去也。先師屈翼鵬先生詩經詮釋

畏去，謂以有所畏而逃去也。此句謂當勉力以應付此大旱之災，而不以有所畏而逃去也。王靜芝先生詩經通釋

畏去古人謰語，應讀作畏却。……秦策「怒戰栗而却」注：「却，退也。」黽勉畏却，言黽勉從事而猶有所畏却，恐其無濟於事也。林義光讀去爲㥘，引說文訓㥘爲勞。畏勞與黽勉之意相反。于省吾詩經新證

綜觀上列引文，所釋「畏去」之義，並牽強難通，甚且自相抵觸，而並與黽勉一詞不能相貫。以余所見，獨高亨今注所釋，爲能契合詩旨。其說云：

黽勉，勉力也。去，借爲怯。畏怯，小心恐懼。

余於六十八年撰上古陰聲字具輔音韻尾說檢討一文，嘗論及此詩畏去義爲畏怯。七十年十月里仁書局翻印此書，於是得觀此說，至今不知其始刊年月。說文云：

㹤，多畏也。从犬，去聲。怯，杜林說㹤从心。

怯字从去爲聲，疑卽高氏主借去爲怯之所憑。然怯字古韻屬葉部，爲收-p尾之入聲。此詩以去與故、莫、虞、怒叶魚部韻，易去爲怯，則不能相叶，以知此說仍非的解，

蓋爲高氏所未慮及者。雖然，去字義取畏怯，此則固不可奪。余謂「去」怯乃一語之轉，「去」卽有怯義。蓋上世「去」之一音爲二語，一者義爲來去，書作去字；一者義爲畏怯，以其音同來去之去，故亦書作「去」字。易言之，此詩去字音同來去之去，其義則是畏怯之怯。音同來去之去，故與故、莫等字爲韻；義爲畏怯之怯，故與畏字結合爲詞。知去與怯爲一語之轉者，下列數事固足以明之。說文云狜、怯从去聲；又𡰝字音古沓切，鉣字音居怯切，說文雖說以爲劫省聲，以狜字方之，當卽以去爲聲：凡此說文諸聲字，明去聲與收-p之入聲可以相轉。是其一。金文𥁕字作盍，本亦以去爲聲。是其二。方言六：抾，去也。又見廣雅釋詁二。抾音去笈切，爲收-p尾之入聲，其字从去，且其義爲去，蓋卽來去字之轉語。是其三。說文胠字从去聲，而有去魚、丘據、去劫三音，前二讀古韻屬魚部，後一讀古韻屬葉部。是其四。近年出土中山王嚳壺「以內𢇍邵公之𦏧」，卽「以內絕邵公之業」，葉部業字以魚部去字爲聲。是其五。殘簡六韜「有知而心祛者」，心祛同心怯，宋本及羣書治要所引祛並作怯。說文祛字从去聲，義爲衣袂，音爲去魚切，古韻屬魚部。是其六。說文曅字从華聲（案：小徐如此，大徐刪聲字）。華字古韻屬魚部。曅字音筠輒、爲立二切，古韻屬葉部。現象與狜从去聲同。是其七。而蔡邕上封事書云：

宣王遭旱，密勿祇畏。

據毛詩序云：

雲漢，仍叔美宣王也。宣王承厲王之烈，內有撥亂之志，遇災而懼，側身脩行，欲銷去之（案：此卽鄭箋說「畏去」之張本）。天下喜於王化復行，百姓見憂，故作是詩也。

知邕文卽本此詩爲說；而密勿卽黽勉，是「密勿祇畏」卽此詩之「黽勉畏去」，以見漢人猶有知此句之正解者。

十二、皇以閒之

綏萬邦，婁豐年，天命匪解。桓桓武王，保有厥士，于以四方，克定厥家。於昭于天，皇以閒之。周頌桓

宇純謹案：「皇以閒之」句歷來所釋，或語焉不詳，未易知其究竟；其詳者則並

不可用，亦略引諸家以見之：

閒，代也。毛傳

于，曰也。皇，君也。於明乎曰天也，紂爲天下之君，但由爲惡，天以武王代之。鄭箋

此桓桓之武王，……其德上昭於天也。閒字之義未詳。傳曰：閒，代也。言君天下以代商也。朱熹集傳

皇，謂天也。離騷：「陟升皇之赫戲兮」，可證。閒，代也；謂代殷也。言皇天以武王代殷也。〔周初尙無以皇字作名詞用者。此處皇字，當是堂皇顯赫之義。〕先師屈翼鵬先生詩經詮釋

皇，顯明。閒，監察。高亨詩經今注

如上所引：毛傳釋閒爲代，未申句義，鄭釋「於昭于天」爲「於明乎曰天」，已非詩意。知者，大雅文王云：「文王在上，於昭于天。」鄭於彼文「於昭于天」曰「其德昭明于天」，合於經文，以知此說不可用。其釋「皇以閒之」，旣以皇爲君，而云「天以武王代之」，猶云「天以武王爲君以代紂」，其一是以此句主詞爲天，其二是以皇爲動詞，義爲「爲君」，其三是以「之」爲代詞指紂。以主詞爲天，卽承上文解「於昭于天」爲「於明乎曰天」而來，上句旣已誤解，明此意亦誤。以「皇」爲君，則周時皇字無此義，全詩皇字多見，類用爲狀詞，義爲光大，如云皇天、皇王、皇祖、皇父、皇考、皇尸、皇皇、有皇、思皇、於皇、皇矣，並此類；或由此轉而爲動詞，義仍爲光大，見烈文之「繼續其皇之」。以「之」爲代詞指紂，則上文無紂字可代。是鄭氏此一說有三不可取。其餘諸家，或說皇字同鄭，或說之字同鄭，而於閒字是否義爲代，或亦不能無所疑。

今按：周頌烈文云：

烈文辟公，錫玆祉福。惠我無疆，子孫保之。無封靡于爾邦，維王其崇之。念玆戎功，繼序其皇之。

先師屈翼鵬先生詩經詮釋擷諸家之長，並出已意，釋此詩辟公意謂周之先公，崇字義爲尙爲高，序字同緒（案用馬瑞辰），皇字義爲大（案卽毛傳之訓美），並說「繼序其皇之」句云：「言繼先人之緒而更光大之也。」皆允當不刊。其中之字雖未特意明

說，顯指辟公而言（先師釋「無封靡于爾邦，維王其崇之」云：「言王勿大損壞於爾邦，應更奮勉使國運隆盛，超過前人也。」亦以之字指辟公）。以兩詩相較，余謂「皇以閒之」意同彼文「繼序其皇之」，閒字義同繼序，傳訓爲代無可疑；皇字於彼爲動詞，義爲光大，於此亦同；之字彼文指稱其上文之辟公，此文亦指稱上文之武王。以猶而也（說見王引之經傳釋詞）。「於昭于天，皇以閒之」，謂武王之德已昭顯於天，余後人當光大而承代之也。毛傳於此詩但釋一閒字，疑卽蒙烈文詩釋皇爲美而省皇字之訓，其意「皇以閒之」與「繼序其皇之」義不異耳。所以有此一疑者，此詩與烈文詩之閒，皇字順次更見於執競之「上帝是皇」，臣工之「於皇來牟」，雝之「假哉皇考」及「燕及皇天」，載見之「思皇多祜」，武之「於皇武王」，閔予小子之「於乎皇王」及「念茲皇祖」，訪落之「休矣皇考」。自臣工至訪落諸皇字傳並無訓，烈文傳訓皇爲美，執競傳亦訓皇爲美，且並爲動詞，是以有此一疑也。

一九八四年十月十六日　宇純於南港

出自第五十五本第二分（一九八四年）

「子夏易傳」考辨

陳　鴻　森

一、問題之提出

宋儒洪邁容齋續筆卷十四云：

> 孔子弟子，惟子夏於諸經獨有書，雖傳記雜言未可盡信，然要爲與他人不同矣。於易則有傳、於詩則有序；而毛詩之學，一云子夏授高行子，四傳而至小毛公；一云子夏傳曾申，五傳而至大毛公；於禮則有儀禮喪服一篇，馬融、王肅諸儒多爲之訓說；於春秋，所云「不能贊一辭」，蓋亦嘗從事於斯矣，公羊高實受之於子夏；穀梁赤者，風俗通亦云：子夏門人；於論語，則鄭康成以爲仲弓、子夏等所撰定也。後漢徐防上疏曰：「詩、書、禮、樂，定自孔子；發明章句，始於子夏」，斯其證云。[1]

洪氏謂「惟子夏於諸經獨有書」，此後世固不無異論，[2] 然其申明子夏傳經之功，則

1. 容齋續筆卷十四「子夏經學」條，商務人人文庫本頁一三九。按：此所引徐防語，見後漢書徐防本傳。
2. 日本學者瀧川龜太郎氏史記會注考證云：

   子夏有功於聖學，洪說略盡之矣。唯至其曰弟子唯子夏有書，則不然。史曾參傳云：「孔子以爲通孝道，故授之業，作孝經」；漢書藝文志云：「孝經者，孔子爲曾子陳孝道也」；又云：「曾子十八篇，名參，孔子弟子」、「漆雕子十三篇，孔子弟子漆雕啓撰」、「宓子十六篇，名不齊，字子賤，孔子弟子」。其餘尙多，不獨子夏也。（六七／頁三〇）

   即其例也。

前儒頗許之爲能「得其要」。[3] 子夏傳經之說，歷來輾轉相承，固已深著人心，清儒盧文弨云：「聖門之傳經，多出於子夏。經十有三，而不由子夏氏之門所傳授者，蓋僅二、三而已」，[4] 卽其例也。惟此則馬、班二史所未言者，其是否盡爲史實，居今論之，自猶有可商者焉。[5]

上引洪氏之文，其言子夏「於易則有傳」者，自指子夏易傳（下文或省稱爲子夏傳）而言；實則此書是否果出孔門卜子夏，前儒異說紛紜，未必卽如洪氏所言者然；而疑之者，其於此書之作者，亦言人人殊，前後凡有馯臂子弓、丁寬、韓嬰、韓商、杜鄴、鄧彭祖諸說，迄無定論。今之治易學史者，於此每苦無所定從；[6] 近年日本學者伊東倫厚氏則爲文力主其爲韓商所作，[7] 然衷考其實，此說實未可必。本文擬就子夏易傳一書之作者及其名義更加探討；此外，如四庫提要所言者：「說易之家，最古者莫若是書；其僞中生僞，至一至再而未已者，亦莫若是書」，[8] 是此書曾先後迭經僞造依託；然前儒於此之所論者，亦未盡得其實，乃至因誤認撰人而反以眞爲僞，承譌相沿，幾至積非成是；而此前後諸本子夏易傳之分際，前儒亦未更加別白，因之，

3. 如清儒朱彝尊卽謂：「洪氏申明子夏傳經之功，可謂得其要矣。」（見經義考，四部備要本五／頁二）；餘如皮錫瑞經學歷史、馬宗霍氏中國經學史等並稱引洪氏此說以立論。

4. 見吳槎客子夏易傳義疏序，抱經堂文集卷三，四部叢刊初編本頁三一；又清人左暄三餘偶筆九「子夏經學」條亦引洪氏之說，更益以「劉子駿以爾雅問楊子雲，答曰：『聖門游、夏之儔所記，以解釋六藝也』，亦可爲子夏經學之證」（嘉慶十六年玉巖堂刊本九／頁三）。

5. 如洪氏所言之「於禮則有儀禮喪服一篇」，清儒段玉裁「古喪服經傳無『子夏傳』三字說」一文嘗辨之：

   經典釋文、唐石經初刻皆云「喪服經傳第十一」，無「子夏傳」三字；賈公彥疏單行本標題亦云「喪服第十一」，無「子夏傳」三字。今各本皆作「喪服第十一子夏傳」，非古也，蓋淺人增此三字，因刪去上文「經傳」二字耳。賈疏曰：「『傳曰』者，不知誰人所作，人皆云孔子弟子卜商字子夏所爲。（下略）」玩賈氏此語，知賈氏作疏時，古經未嘗有此三字，賈氏因人言而傅會之。（中略）自唐石經改刻增竄，遂使古人意必之辭，成牢不可破之論矣。（段氏經韵樓集二／頁一六）

   又子夏作詩序，此亦後來經師皮傅之說，別有專文考辨，玆不詳論。至鄭玄謂論語爲「仲弓、子游、子夏等撰定」，說亦未可遽信。蓋此在鄭玄以前諸儒已不能指實其爲何人所纂，如何晏論語集解序引劉向別錄云：「皆孔子弟子記諸善言」、王充論衡正說篇：「夫論語者，弟子共記孔子之言行」等，並其例也。惟論語中旣已記及七十子之從學者，是則又不僅出於七十子之疇也，故班固謂「弟子各有所記，門人輯而論纂」；要之，必指實爲子夏等所撰定，則深以爲疑。

6. 如高懷民氏兩漢易學史（一九七〇年，中國學術著作獎助委員會刊，頁二三～二八）、日本學者鈴木由次郎氏漢易研究（增訂本，一九六〇年，明德出版社印行，頁四五）。

7. 「子夏易傳名義考」，刊於中國哲學第十號（北海道中國哲學會編）頁四一～四四。

8. 四庫全書總目提要，藝文印書館景本一／頁三。

清世以來，輯佚諸家於此前後所出之子夏易傳，類皆雜然並收，無所甄別，迄今之論此學者，仍因循不已；[9] 今於此諸端亦各加尋繹，期能稍理其棼。

二、子夏易傳作者之諸家異說

班固漢書藝文志（以下簡稱「漢志」）著錄易類凡「十三家，二百九十四篇」：

易經十二篇，施、孟、梁丘三家

易傳周氏二篇（本注：字王孫也）

服氏二篇

楊氏二篇（名何，字叔元，菑川人）

蔡公二篇（衞人，事周王孫）

韓氏二篇（名嬰）

王氏二篇（名同）

丁氏八篇（名寬，字子襄，梁人也）

古五子十八篇（自甲子至壬子，說易陰陽）

淮南道訓二篇（淮南王安，聘明易者九人，號九師說）

古雜八十篇

雜災異三十五篇

神輸五篇，圖一

孟氏京房十一篇

災異孟氏京房六十六篇

五鹿充宗略說三篇

京氏段嘉十二篇

9. 國內易學者徐芹庭君撰有周易子夏學導論（臺灣師範大學國文學報創刊號，一九七二年，頁二一一～二一八）及子夏易闡微（收於氏著兩漢十六家易注闡微頁八二～一〇五，一九七五年，五洲出版社印行），即其例也。按：此二文頗多妄謬之談，觸處牴牾，今但隨文或略於注中發之，餘不悉加駁辨。

章句施、孟、梁丘氏各二篇[10]

此十三家之中，並無子夏易傳之目；而陸德明經典釋文序錄出子夏易傳三卷，其下注云：

卜商字子夏，衞人，孔子弟子，魏文侯師；七略云：「漢興，韓嬰傳」；中經簿錄云：「丁寬所作」；張璠云：「或馯臂子弓所作」。薛虞記，虞不詳何許人。[11]

據此，是劉歆以子夏易傳爲韓嬰之書，[12] 晉代荀勗中經簿錄則以爲丁寬所作，[13]

10. 漢書卷三十，中華書局校點本頁一七〇三。
按姚振宗漢書藝文志條理於「丁氏八篇」下云：「以上自周氏至此凡七家，皆蒙上『易傳』二字爲文。」森按：姚氏謂諸如「韓氏」、「丁氏」等，並蒙上而省「易傳」二字，其全稱當爲「易傳韓氏二篇」、「易傳丁氏八篇」。其說是也；惟姚氏謂自周氏至丁氏等七家如此，則有未然，今考初學記卷二十一引劉向別錄云：「所校讎中易傳古五子書，除復重，定著十八篇」云云，又曰：「所校讎中易傳淮南九師道訓，除復重，定著十二篇」云云（太平御覽卷六〇六亦引此文），可知古五子、淮南道訓二書並「易傳」之屬，亦蒙上而省也。近時陳國慶氏纂漢書藝文志注釋彙編（一九八二年，中華書局印行，臺北木鐸出版社有景本）亦引姚氏此說而未加辨正，蓋皆失考也。
又：今本漢書藝文志所出易家篇數，與班氏所記之「凡易十三家，二百九十四篇」不合，今人顧實氏漢書藝文志講疏嘗爲之解，然其說恐強爲斡旋耳。蓋今本所著錄者往往與班氏之記數有出入，固不止易家如此，楊樹達氏漢書管窺云：「凡數多不合，蓋因傳寫訛奪致然，不可詳校」，其說近是。森按：今本漢志「易經十二篇，施、孟、梁丘三家」，師古注：「上下經及十翼，故十二篇」。然西漢十翼不在「經」之列，此「易經十二篇」之「十」字，疑係後籍所衍，或後儒據晚本臆改。考漢志所載周氏、服氏、楊氏、蔡公、韓氏、王氏、淮南道訓等易傳，及施、孟、梁丘章句並二篇耳。不應「經」十二篇，而其「傳」與「章句」乃反止二篇而已；汲冢所出書，有「易經二篇」，云「與周易上下經同」，是亦但經二篇耳；近年馬王堆所出帛書易經亦然，且漢初十翼似猶未完全確立。是十翼之列於「經」，當係後起。無從質正，今記此俟考。

11. 抱經堂本一／頁九，惟「卜商」字此本誤作「十商」，今改正。

12. 按七略乃出劉歆，而劉向之書爲別錄，惟唐儒於此已多混淆；今考漢志云：「成帝時，以書頗散亡，使謁者陳農求遺書於天下；詔光祿大夫劉向校經傳諸子詩賦。（中略）每一書已，向輒條其篇目，撮其旨意，錄而奏之」，似初無「別錄」之名。梁阮孝緒七錄序言：「昔劉向校書，輒爲一錄，論其旨歸，辨其訛謬，隨意奏上，皆載在本書。時又別集衆錄，謂之『別錄』，即今之別錄是也」；別錄之名，今文獻可考者，蓋始見於此；據阮氏之說，是「別錄」者，不過是將所校而附載於各書之序錄，別又彙集爲書，因以名之耳。又：漢書劉歆傳云：向死後，「哀帝初卽位，大司馬王莽舉歆宗室有材行。（中略）復領五經，卒父前業。歆乃集六藝羣書，種別爲『七略』」，知歆繼父業典校羣籍，始種別之而爲七略；然則，七略雖或不無沿自別錄者，然二書各別固較然甚明，隋志篇敍言：「漢時，劉向別錄、劉歆七略，剖析條流，各有其部」云云，是也；乃其史部「簿錄類」著錄「七略別錄二十卷，劉向撰」，旣而又出「七略七卷，劉歆撰」，後儒因多紛說疑辭；今略述其端，下文於後儒或稱七略爲劉向書者，均不更加辨白。

13. 按：清人紀磊漢儒傳易源流云：「韓嬰謂（子夏傳）丁寬所作」（吳興劉氏嘉業堂刊本頁一）；然釋文序錄明謂劉歆以子夏傳爲韓嬰作，荀勗云「丁寬所作」，文義分明，此紀氏誤記耳，非別有所據。劉承幹跋語，亟稱是書；實則此編所列，頗多舛誤，續修四庫提要斥其「蓋雜鈔經義考，不復原書檢照」，是也。

晉張璠以其或出馯臂子弓；[14] 陸德明此首題卜商，次引三家之說，是其雖主出孔門卜子夏，然猶不敢質；至隋書經籍志則逕題「魏文侯師卜子夏傳」，[15]並謂「孔子爲彖、象、繫辭、文言、序卦、說卦、雜卦；而子夏爲之傳」。[16] 蓋晉以後經師相傳，或以此書爲孔門卜子夏所撰，世習聞斯說，因之，唐代學者大抵皆以子夏易傳爲出自卜子夏，[17] 故唐玄宗開元七年三月六日曾下詔：「子夏易傳，近無習者。（中略）其令儒官詳定所長，令明經者習讀」；四月七日，劉知幾上奏，謂此書乃「後來假憑先哲」者，非果爲卜商之書；同時，司馬貞亦奏議：「按劉向七略有子夏易傳，但此書不行已久，所存者多失眞本」云云，[18] 玄宗因於同年五月五日下詔：「前令帖易者停」。[19]

除上述四說而外，宋儒孫坦周易析蘊則以子夏傳爲漢代杜鄴字子夏者所作：

> 世有子夏易傳，以爲親得孔子之蘊，觀其辭略而不粹，間或取左氏春秋傳語證之。（中略）嘗疑漢杜子夏之學；及讀杜傳，見引「明夷」對策，疑始釋然。不然，班固序儒林，何以言易始於商瞿子木而遂遺卜商也哉？[20]

孫氏據班氏漢書儒林傳記先秦易學之傳承，不及卜子夏，且「其辭略而不粹」，因疑世所傳行之子夏易傳，非孔門卜商之書，而謂其係漢杜子夏之學。考漢代杜欽、杜鄴俱字子夏，孫氏此雖未確指其名，然據其「及讀杜傳，見引『明夷』對策」之語，今檢漢書杜鄴傳記元壽元年正月朔日食，鄴對策云：「(上略) 案春秋災異，以指象爲言語，故在於得一類而達之也。日食，明陽爲陰所臨，坤卦乘離，明夷之象也。坤以

14. 張璠，史籍無傳，釋文序錄易家著錄「張璠集解十二卷」，注：「安定人，東晉秘書郎」。吳承仕氏經典釋文序錄疏證云：「張璠事迹無考，惟魏志三少帝紀，注云：『張璠，晉之令史，撰後漢紀，雖似未成，辭藻可觀』；史通曰：『荀悅張璠，丘明之黨』，是晉代文儒兼該經史者也。」（北平中國學院國學系叢書本，頁三三）

15. 隋書卷三十二，中華書局校點本頁九〇九。

16. 同上，頁九一二。

17. 如孔穎達正義云：「初卜商爲易傳，至西漢傳之」；李鼎祚周易集解序亦云：「自卜商入室，親授微言，傳注百家，緜歷千古」，並其例也。

18. 考史記仲尼弟子列傳，索隱云：「子夏文學，著於四科，序詩傳易，又孔子以春秋屬商；又傳禮，著在禮志。而此史並不論，空記論語小事，亦其疏也」（史記會注考證六七／頁二九）；司馬貞以爲史記不記子夏傳諸經事，乃但於其傳中空錄論語之文，因以責斥史遷之闕疏；今據其「序詩傳易」之語，知貞固以子夏本有「易傳」之作，與唐世習說合。其奏議亦但以當時所傳行者，「多非眞本」耳，二說並無歧互。

19. 見唐會要卷七十七，商務叢書集成初編本頁一四〇五～一四一〇。文苑英華卷七百六十六亦載劉子玄「孝經、老子注、易傳議」及司馬貞奏議；並詳下。

20. 經義考五／頁二引。

法地，爲土爲母，以安靜爲德。震，不陰之效也，占象甚明」云云，[21] 知其所謂之「杜子夏」當指杜鄴而言。[22] 是孫坦蓋以子夏易傳乃漢代杜鄴所爲。此又一說。

惟孫氏之說，程顥已不以爲然；[23] 宋儒趙汝楳亦疑其說，且別立異論，云：

> 孫坦疑子夏傳爲杜子夏之學，按杜欽、杜鄴與鄧彭祖、王商、萬章、禽慶皆字子夏；二杜於易未聞師授，孫氏之論，尙爲可疑。惟彭祖傳梁丘之學，如以子夏爲彭祖，猶有彷彿，以爲欽、鄴，則無所依據。[24]

趙氏此雖未深考孫氏所稱之「杜子夏」爲欽或鄴，然其以「二杜於易未聞師授」，因疑孫說殆有未然；而漢書儒林傳於梁丘賀傳下，述西漢梁丘易之傳承，嘗言「沛鄧彭祖子夏」傳其學，[25] 因據以疑子夏傳或出漢之鄧彭祖，此又一說也。

清世諸儒，於子夏易傳之作者，亦異說紛紜，各有所主。今歸約諸家之說如下：

以爲卜子夏之書者：吳騫、[26] 盧文弨、[27] 張澍、[28] 李道平。[29]

---

21. 漢書卷八十五／頁三四七六。
22. 前揭徐芹庭君二文，並謂孫坦「以爲杜子春所著」，且將所引文中之「夏」字，盡改爲「春」，殊謬。蓋但知漢有杜子春，而不知此所云者，乃指字子夏之杜鄴，因妄改之也。（業師張以仁教授批示：「徐君蓋襲張心澂僞書通考初版本之誤，而未檢照原書也。張書一九五七年修訂本此誤已改正，徐君未覺耳。」）
23. 程子云：「子夏易傳，雖非必卜商作，必非杜子夏所能爲」。同註二十。
24. 經義考五／頁三引。
25. 漢書卷八十八／頁三六〇一。
26. 見子夏易傳釋存序，愚谷文存一／頁一～二。
按：盧文弨抱經堂文集卷三有「吳槎客子夏易傳義疏序」一通，騫字槎客，盧序稱「子夏易傳義疏」，吳氏自序則題「子夏易傳釋存」，蓋一書之別名耳。其書未見，范希曾書目答問補正云：「吳騫子夏易傳輯存二卷，最精審，未刋。」未悉今尙有傳本否。
27. 見吳槎客子夏易傳義疏序（抱經堂文集，四部叢刊初編本頁三一～三二）。盧序云：「（前略）子夏爲人篤信謹守，其教門人小子，必以洒掃應對進退入，故其於易也，一切陰陽變化、性命道德之旨，每不輕言；其所訓釋，止於名物字義之間，蓋易非難知，其言明白顯著。（中略）後人之於易，往往窮高極深，恍忽不可爲象，而其流極且墮於玄虛，彼其視子夏之言，淡乎其無味也，固宜不知此正其篤信聖人，而猶是敎人不躐等之意也。」惟檢盧氏經典釋文考證，於序錄「子夏易傳三卷」下，云：「據陸引七略，知子夏易傳卽韓嬰所撰，稱子夏者，或嬰之字，或後人誤加，劉向父子當必不誤，宜以七略所言爲正」，則以子夏傳爲韓嬰所撰，前後異說。今按：盧氏文集卷二有「重雕經典釋文緣起」一篇，其中有云：「書中是非及今所因革，以嘗所聞於師友者，別爲考證，附於當卷之後」云云，此文末繫「乾隆五十有六年」，是盧氏之釋文考證當成於乾隆五十六年以前；其「子夏易傳義疏序」，文集於題下注「乙卯」，當乾隆六十年。據此所考，則盧氏初以子夏易傳爲韓嬰所撰，其後殆卽從吳槎客之說，而以之爲出孔門卜子夏。今以後出者爲定，故繫諸此。
28. 見「輯錄子夏易傳序」。按：吳氏有子夏易傳輯本，今收於二酉堂叢書第一册。
29. 見李氏周易集解纂疏。李氏於周易集解序：「自卜商入室，親授微言」下，引孔子家語六本篇「孔子讀易，至於損益，喟然而歎，子夏避席而問」云云一節以實之。惟此或出疏家墨守之習，今權列之以備數。

以爲韓嬰之書者：臧庸、[30] 阮元、[31] 孫堂、[32] 張惠言、[33] 成瓘。[34]

以爲鄧彭祖之書者：崔應榴。[35]

以爲出自韓商者，宋翔鳳首發之。此於前儒諸說之外，又別立一說。宋氏過庭錄云：

> 漢儒林傳稱魯商瞿子木受易孔子，以授魯橋庇子庸，子庸授江東馯臂子弓，子弓授燕周醜子家，則子家當爲六國時人，受子弓之易，傳於燕地。韓嬰之以易授人，自必有所傳，蓋出於子弓，故張璠稱子夏易傳或馯臂子弓所作；子弓之易，又五傳而至丁寬，故或以爲丁寬作。蓋嬰孫商爲博士，當亦爲詩博士；孝宣時，其後韓生始以易徵，待詔殿中，則韓氏之易至是始顯。子夏當是韓商之字，與卜子夏名字正同，當是取傳韓氏易最後者題其書，故韓氏易傳爲子夏傳也。[36]

綜上所述，是子夏易傳一書之作者，前後凡有卜商、馯臂子弓、丁寬、韓嬰、韓商、杜鄴、鄧彭祖等七說。

今案：此書釋文序錄雖題子夏易傳，此疑非其朔也。考文苑英華載司馬貞奏議：「王儉七志引劉向七略云『易傳，子夏韓氏嬰也』」，[37] 疑漢世行本，此但題「易傳」

---

30. 見臧氏拜經日記：「子夏易傳」條（皇清經解一一七二／頁五～六）及子夏易傳序（見孫馮翼輯子夏易傳卷首）。

31. 見阮氏漢魏二十一家易注序，序中稱子夏易傳爲「漢韓子夏傳」，知其蓋以是書爲韓嬰所撰。

    按：柯劭忞於續修四庫全書提要孫馮翼輯子夏易傳條下，云：「阮文達公作李富孫李氏集解賸義序，稱『韓子夏』，以子夏爲韓嬰之字，亦據臧氏說」（商務印書館印行，一九七二年，頁三）；然檢槐廬叢書本、芋園叢書本、經策通纂本李氏集解賸義，除槐廬本另有刋者朱記榮序外，三本皆但有盧文弨乾隆六十年序及李富孫乾隆五十五年自序，並無所謂阮序，阮說實見於孫堂所輯漢魏二十一家易注序，柯劭忞蓋誤記也，徐芹庭君前揭二文並踵其誤。

32. 孫氏輯子夏易傳序，映雪草堂叢書本。

33. 易義別錄，皇清經解一二四七／頁一～二。

34. 籋園日札卷一「子夏易傳薛虞記考」，世界書局景本頁四八。

35. 吾亦廬稿，皇清經解一三二三／頁一。又馮登府十三經詁答問、李慈銘桃華聖解盦日記並同此說，原稿未及之，今補記於此。

36. 見「子夏易傳『子夏』爲韓嬰孫商之字」條，皇清經解續編四一一／頁八～九。

37. 文苑英華，明隆慶間閩中刋本七六六／頁一二。

    按：七志所引七略文，與陸德明所引者文字微異，此釋文引書例多節略或但括述其意故爾，非別有異文也（詳下文）。

耳。[38] 其後，學者失聞撰者，故於此書之撰人，因異說別出，此其紛端也。

荀勗中經簿錄以子夏易傳爲丁寬所作，張璠謂「或馯臂子弓所作」，二說今並無由考校所本。張惠言云：「案漢書藝文志易有『韓氏二篇』、『丁氏八篇』，而無馯臂子弓，則張璠之言不足信；丁寬受易田何，上及馯臂子弓，受之商瞿，非自子夏，則荀勗言丁寬亦非」；[39] 張氏此論，極爲明快，今稍詳其說。按荀勗以子夏傳爲丁寬所作，然考史記仲尼弟子列傳、漢書儒林傳，並以丁寬乃受易於田何，屬商瞿一系，非出自卜子夏也；且漢志「丁氏八篇」下，班氏自注：「名寬，字子襄」，是知丁寬本不字子夏，然則「（易傳）丁氏」與「子夏易傳」本各別爲書，固灼然甚明。至張璠言「或馯臂子弓所作」者，所稱或說，蓋魏晉經師傳異之辭，本非確論。據史、漢所記易學之傳承，馯臂子弓固爲易學先師，然漢志不著錄其有「易傳」之書，[40] 且其

38. 按張舜徽氏廣校讐略卷二「作者姓字標題論」條，嘗論古說經之書稱氏皆出於時人之口，或題於後師之手。張氏云：「漢書中敘述經學流別最爲分明，每云繇是某書有某家之學。雖未明言誰定此名，要必自其書既行而名從之，以別於他家耳。」又，顏師古漢書注敘例曰：「漢書舊無注解。（中略）至典午中朝有臣瓚者，總集諸家音義，凡二十四卷，今之集解音義則是其書；而後人見者，不知臣瓚所作，乃謂之應劭等集解。王氏七志、阮氏七錄並題云然，斯不審耳。」張氏云：「臣瓚漢書集解音義爲卷數十，可謂專精，乃傳之未久，學者不能舉其氏姓。裴駰史記集解序已云：『漢書音義稱臣瓚者，莫知氏姓』，則劉宋時已無可考。此非注述者不自題姓字之明證乎？後人猶知其名瓚者，蓋得之於注中，而非識標題於書名之下也。大氐古書記注撰人姓字，或出乎時人之口，或題於後師之手也」。今考荀悅漢紀云：「臣悅叔父故司空爽，著易傳，據爻象承應陰陽變化之義，以十篇之文解說經義，由是兗、豫之言易者，咸傳荀氏學」、後漢書方術樊英傳：「英著易章句，世名樊氏學」、儒林牟長傳：「著尚書章句，皆本之歐陽氏，俗號爲牟氏章句」；此「子夏易傳」蓋原但題「易傳」，如荀爽之「易傳」、樊英之「易章句」、牟長之「尚書章句」之比也。班志之題「易傳某氏」者，各書原蓋亦但題「易傳」，劉班著錄之，乃記其氏姓以取別耳；按：尚書孔氏傳標題，孔穎達正義云：「以注者多門，故云其氏，以別衆家」，斯其旨也。特漢世子夏易傳傳行甚微（說詳下文），後之傳習者失聞其實，故於此書之撰人遂不能確其爲誰氏所作也。黃彰健先生云：「此書如原題『子夏易傳』，則荀勗無言『丁寬所作』之理，張璠言『或馯臂子弓所作』，亦不可解」，其說是也。

39. 同註三十三。

40. 按郭沫若氏周易的構成時代（一九四〇年，孔德研究所叢刊之二；又，郭氏此書後改題周易之制作時代，收入氏著先秦學說述林頁二～二七，一九四五年，重慶東南出版社印行；又青銅時代頁六六～九四，一九五四年，人民出版社）一書，謂今之易經爲馯臂子弓所作。郭說主要之論據，謂今爻辭中「中行」一詞凡五見，而此「中行」係指左傳所載之荀林父之事迹，荀林父於僖公二十八年「將中行」。郭氏因據以推斷易經之成，不得早於春秋中葉；又謂：「荀子本來是在秦以前論到周易的唯一的一個儒者」，而荀子書中，以子弓與仲尼相提並論，「這位子弓決不會是通泛的人物，子弓自然就是馯臂子弓」。今按：郭氏此說，頗嫌輕斷。今姑不論荀書中之「子弓」是否果即「馯臂子弓」（舊說或以爲即仲弓；或云即論語微子篇之朱張；或言即禮記之檀弓），然荀子之推尊子弓，並無以推見易經之必成於馯臂子弓；抑且，其比附爻辭之「中行」爲即春秋荀林父之「將中行」者，此嗜異之懸想耳，當時陳夢家先生撰郭書書後，已駁議其非（見孔德研究所叢刊本周易的構成時代所附）。今考「中行」實二、五爻之稱（詳清儒成蓉鏡周易釋爻例），乃爻所居之位也。然則郭氏據此而推斷易經之成立當在春秋中葉之後者，其說自無可立。則其以易經出馯臂子弓之說，其謬更無待辨矣。

名臂字子弓，[41] 非字子夏；而其易學，史記仲尼弟子列傳謂受自魯商瞿，漢書儒林傳則以子弓之易出魯橋庇，於商瞿爲再傳弟子，二說雖異，然其易學非自卜子夏出，固甚明也。[42] 據此，則以子夏易傳爲出馯臂子弓，蓋難憑信。

至以子夏易傳爲出杜鄴或鄧彭祖者，此固後儒臆測之說耳。主此二說者，原其意蓋疑世所傳行之子夏傳非果出孔門卜商，因各以意屬諸漢人之明習於易而字子夏者。孫坦以爲杜鄴所作，此但據漢書杜鄴傳中鄴嘗引明夷對策而比附之耳；然杜鄴之傳易，史志未嘗有一言及之者，今但據此立說，其理據自不免失之薄弱。而趙汝楳屬之鄧彭祖者，亦但以杜鄴不傳易，因別尋得漢世易學經師有鄧彭祖字子夏者，以爲覗之孫說，「猶有彷彿」；惟鄧彭祖雖爲梁丘易經師，然漢志、儒林傳均不言其有「易傳」之作，馬國翰斥此二說並「懸空臆度」，[43] 恐自難辭也。清儒崔應榴雖亦主趙說，然亦別無所據足堅其說。

近世學者於此，則大抵於卜子夏、韓嬰、韓商三說，各是所是。馬宗霍氏據前引洪邁等之說，而云：「子夏居西河教授，故於諸經皆有發明。（中略），孔門高弟之學，其流被于後者，要以子夏、曾子爲最可溯。子夏博學於文，故兼六藝之傳；曾子約之以禮，故得一貫之統」，[44] 是仍以子夏傳爲出孔門卜子夏也。張心澂、[45] 徐芹庭二氏主韓嬰說；伊東倫厚氏則主韓商說。餘若顧實氏則於二韓疑不能決；[46] 日本易學名家鈴木由次郎氏則以子夏易傳蓋成於韓嬰以前治子夏易者之手，或雖由韓嬰所書，然與漢志所著錄之「韓氏（嬰）二篇」別爲一書，[47] 是仍依違於卜商、韓嬰之間；黃

41. 按「子弓」，史記仲尼弟子列傳作「子弘」，史記索隱以爲此史記誤文；清人張文虎則云：「弘，當作厷，厷卽肱字，名臂，故字子厷；諸書作弓者，同音假借」（並見史記會注考證六七／頁三九）；惟近人崔適論語足徵記則據穀梁、左氏所載春秋經文「黑肱」，公羊作「黑弓」，而以此「弓」字，「非弓矢之弓，乃股肱之肱」字之古文（北京大學排印本二／頁二）。

42. 按史記仲尼弟子列傳「孔子傳易於瞿，瞿傳楚人馯臂子弘（弓）」，司馬貞索隱、張守節正義並引「應劭云：子弓，是子夏門人」（史記會注考證六七／頁三九）。應氏之說與史、漢所載者異。應劭乃後漢末人（按：應劭當卒於東漢建安九年，說詳姚振宗隋書經籍志考證），此不知其何所據而云然？他籍亦別無可徵者，今不取。

43. 見馬氏輯周易子夏傳序。

44. 馬氏中國經學史頁一四～一五，商務印書館印行。

45. 僞書通考（修訂本），一九五七年，商務印書館印本頁一二七。

46. 顧氏漢書藝文志講疏主韓嬰說（商務本頁一五），然其重考古今僞書考則用宋翔鳳之韓商說，而云：「蓋本嬰所傳，而其孫商成此書，故曰『子夏易傳』歟？」

47. 漢易研究（增訂本）頁四五。

雲眉氏則本清儒全祖望說，[48] 而以此書之作者無可確考；[49] 高懷民氏亦猶豫不決，而更望文附會。[50] 是知此訟迄今固猶未定讞而有待更爲重鞫也。

三、「子夏易傳」與「韓氏易傳」

漢書儒林傳云：「及秦禁學，易爲筮卜之書，獨不禁，故傳受者不絕也」。[51] 漢世之易學，由田何出；[52] 至漢興以前易學之傳承，據史記仲尼弟子列傳：

> 商瞿，魯人，字子木，少孔子二十九歲；孔子傳易於瞿，瞿傳楚人馯臂子弘，弘傳江東人矯子庸疵，疵傳燕人周子家豎，豎傳淳于人光子乘羽，羽傳齊人田子莊何。[53]

然漢書儒林傳所記者，則與此略異：

> 自魯商瞿子木受易孔子，以授魯橋庇子庸，子庸授江東馯臂子弓，子弓授燕周醜子家，子家授東武孫虞子乘，子乘授齊田何子裝。[54]

二史所記之漢世易學雖皆託始於孔門商瞿，其二、三傳則互易。[55] 此所傳述的

48. 全說見鮚埼亭集外編卷二十七「子夏易傳跋尾」，以爲子夏傳作者「難以審定」，故存而不論（臺北華世出版社景本頁一〇二九～一〇三一）；又紀磊漢儒傳易源流亦云諸家「說者紛紜，疑不能定，故今亦闕之」。

49. 古今僞書考補證，一九三一年，金陵大學中國文化研究所叢刊本頁一〇。

50. 高氏兩漢易學史云：「子夏易傳的作者，當爲漢人。漢人作此書託名子夏的原因，一方面是由於相信子夏爲傳經之儒；另外一方面很可能是因爲子夏名商，與孔子傳易的弟子商瞿，姓名中同有一個『商』字而發生了混淆」，高氏因謂：「卜商」之「卜」字非姓，而爲「精於卜筮」之謂，孔門傳易之商瞿，「可能就是子夏，『商瞿』一名，只是因爲日久誤傳，多出一個『瞿』字」；或「因商瞿精於卜筮，人稱『卜商』，遂使漢人誤以爲卜子夏，因而有託名子夏的子夏易傳產生」；或「商瞿」乃二人名：「一名商，一名瞿」（頁二三～二八），其說荒誕不經，鄰於射覆。今不費辭駁議。

51. 漢書卷八十八／頁三五九七。

52. 史記儒林傳云：「自魯商瞿受易於孔子，孔子卒，商瞿傳易，六世，至齊人田何，字子莊」；又漢書儒林傳：「漢興，田何以齊田徙杜陵，號杜田生，授東武王同子中，雒陽周王孫、丁寬、齊服生，皆著易傳數篇。（中略）要言易者，本之田何。」

53. 史記會注考證六七／頁三九～四〇。

54. 漢書卷八十八／頁三五九七。

55. 按經典釋文序錄、明朱睦㮮授經圖（商務人人文庫本頁三～五）、清萬斯同儒林宗派（四明叢書本一／頁四）、畢沅傳經表（式訓堂叢書本頁二）、焦袁喜儒林譜（叢書集成簡編本頁一）、紀磊漢儒傳易源流、曹元弼周易源流辨（見所著周易集解補釋頁二）等，並據漢書之說。郭沫若氏則云：「我看史記是較爲可信的。史記不用說是出於漢書之前，而由兩者所舉出的人名看來，史記是字上名下的古式，漢書是字下名上的新式，單據這層，兩種資料的時代性也就是判然了的。但是史記的馯臂子弘應該是經過後人的竄改，我想那原文當是『馯（姓）子弘（字）臂（名）』」，錄此存參。

易學傳承，是否盡爲史實，或不無疑義，[56] 然二史所述之易學傳承，並不及卜子夏固甚明也。

現存較早之載籍所記及子夏問易之逸話，其可考者有二，說苑敬愼篇記：

孔子讀易，至於損益，則喟然而歎，子夏避席而問曰：「夫子何爲歎？」孔子曰：「夫自損者益，自益者缺，吾是以歎也」，子夏曰：「然則學者不可以益乎？」孔子曰：「否，天之道，成者未嘗得久也。夫學者以虛受之，故曰得，苟不知持滿，則天下之善言不得入其耳矣。昔堯履天子之位，猶允恭以持之，虛靜以待下，故百載以逾盛，迄今而益章；昆吾自臧而滿意，窮高而不衰，故當時而虧敗，迄今而逾惡，是非損益之徵與？吾故曰：謙也者，致恭以存其位者也。夫豐明而動，故能大；苟大則虧矣，吾戒之，故曰天下之善言不得入其耳矣。日中則昃，月盈則食，天地盈虛，與時消息，是以聖人不敢當盛，升輿而遇三人則下，二人則軾；調其盈虛，故能長久也。」子夏曰：「善，請終身誦之。」[57]

又今本孔子家語執轡篇：

子夏問於孔子曰：「商聞易之生人及萬物鳥獸昆蟲，各有奇偶，氣分不同，而凡人莫知其情，唯達道者能原其本焉，天一、地二、人三，三三如九，九九八

56. 如近人崔適史記探源於上引仲尼弟子傳「商瞿，……少孔子二（森按：崔書誤作『三』）十九歲」下，謂其下文所記之易學傳承，乃「從漢書儒林傳竄入爾」（七／頁六），說雖無據，然其據此傳承之年代世次以疑其非實，則不無理致：

自商瞿至田何，尙止六傳，案瞿少孔子二十九歲，是生於魯昭公十九年，至漢高九年徙齊田氏關中，計三百二十六年，是師弟之年皆相去五十四五，師必年踰七十而傳經，弟子皆十餘歲而受業，乃能幾及，其可信耶？（八／頁一二）

再者，史記於諸經漢興以前之傳承，皆未能詳，獨於易學乃特記其授受世次，故崔氏因斥之：「此當出自雜說，專爲傳易諸儒而發，本不與五經諸師並稱」（八／頁一二）；抑且，孔門是否傳易，自今論之，本自未可必（參本田成之氏易は孔門の經に非ず，刋東亞研究六卷五號，又同氏作易年代考，刋支那學一卷二、三期；施畸氏孔子未嘗學易考，刋學術月刋一九六一年第八期；關於此問題，擬別爲文詳之，此不細論）。前引史記弟子傳記易之傳承，史遷於「羽傳齊人田子莊何」下，更云：「何傳東武人王子中同，同傳菑川人楊何。何，元朔中以治易爲漢中大夫」；遷父司馬談曾從楊何習易（見史記太史公自序），疑史記此所記之易學傳承，殆出自楊何（楊何爲田何之再傳弟子），蓋假憑孔門以售其學者也。近徐復觀氏西漢經學史亦以史、漢所記漢興以前易學之傳承非實（氏著中國經學史的基礎頁九二，一九八二年，臺灣學生書局印行）。

57. 說苑，漢魏叢書本一〇／頁二。

十一，一主日，日數十，故人十月而生；八九七十二，偶以從奇，奇主辰，辰爲月，月主馬，故馬十二月而生；七九六十三，三主斗，斗主狗，故狗三月而生；六九五十四，（中略）其餘各從其類矣。鳥魚生陰而屬於陽，故皆卵生；魚遊於水，鳥遊於雲，故立冬則燕雀入海化爲蛤；蠶食而不飲，蟬飲而不食，蜉蝣不飲不食，萬物之所以不同，介鱗夏食而冬蟄，齕吞者八竅而獸生，齟齝者九竅而胎生；四足者無羽翼，戴角者無上齒；無角無前齒者膏，有角無齒者脂。晝生者類父，夜生者似母，是以至陰主牝，至陽主牡，敢問其然乎？」孔子曰：「然，吾昔嘗聞諸老聃，亦如汝之言。」子夏曰：「商聞山書曰：（下略）」。子夏言終而出，子貢進曰：「商之論也何如？」孔子曰：「汝謂何也？」對曰：「微則微矣，然則非治世之待也。」孔子曰：「然，各其所能。」[58]

說苑所記者，又見於今本孔子家語六本篇，[59] 文字略有異同。此二則逸話，據鈴木由次郎氏所考，前者乃是雜揉淮南子人間篇：「孔子讀易，至損益，未嘗不憤（森按：當作「嘳」，詳下）然而歎」一節，與荀子宥坐篇及淮南子道應篇「孔子觀於魯桓公之廟，有欹器焉」一節，改造而爲仲尼與子夏言易之說；後者則是據大戴禮易本命篇「子曰夫易之生人」云云一節，及見於淮南子地形篇之逸話，雜揉而爲子夏與仲尼言易之問答；[60] 此二則逸話所述者，固難卽以爲實有其事也。淸人張澍輯錄子夏易傳序云：「嘗案家語云：『孔子讀易，至損益，喟然而嘆，子夏避席而問』，知卜氏子好精義不讓商子木也」，[61] 實則家語六本篇此節文字稍繁，然其語反不若說苑之連屬通貫也，淸儒孫志祖故謂家語此節「襲說苑敬愼篇」。[62] 要之，此逸話之原型，淮南子人間篇但作：

> 孔子讀易，至損益，未嘗不嘳（今本作憤，此從王念孫校改）然而歎，曰：「益損者，其王者之事與，事或欲（本下有「以」字，從王校刪）利之，適足以害之；或欲害之，乃反利之。利害之反，禍福之門（本下有「戶」字，從王校

58. 臺灣中華書局影宋蜀本孔子家語六／頁七～九。

59. 同上四／頁四。

60. 鈴木由次郎氏漢易研究頁四七。

61. 二酉堂道光元年刋本子夏易傳頁二。

62. 家語疏證二／頁一一。

刪），不可不察。」[63]

子夏初無與其間也。退一步而言，卽以此二則逸話所述者爲確有其事，然此並不足以爲子夏嘗爲易傳之驗；卜子夏爲易傳之說，非僅先秦、西漢之載籍絕無可徵者，卽家語七十二弟子篇之述卜商，亦但言其「習於詩，能通其義，以文學著名」云云，[64]更無言其爲易傳之說；本文首節引容齋續筆所引之徐防疏，亦但言詩、書、禮、樂，而不及易。據此，可知卜子夏傳易或爲易傳，此不過後儒附會傳譌之說耳。馬宗霍氏雖以子夏易傳爲出卜子夏，然並無有可實其說者，是則此說亦難憑信也。

以子夏易傳爲漢代韓嬰所作者，此清儒臧庸論之最詳：

> 考校是非，大較以最初者爲主，雖千百世之下，可定也；七略，劉子駿作，班孟堅據之以撰藝文志；七略既云是「漢興子夏韓氏嬰傳」，便可知非孔子弟子卜子夏矣；漢書儒林傳云：「韓嬰，燕人也，孝文時爲博士；景帝時，至常山太傅。嬰推詩人之意而作內外傳數萬言；亦以易授人，推易意而爲之傳。燕趙間好詩，故其易微，唯韓氏自傳之。孝宣時，涿郡韓生，其後也，以易徵，待詔殿中，曰：『所受易卽先太傅所傳也；嘗受韓詩，不如韓氏易深，故專傳之』；司隸校尉蓋寬饒本受易於孟喜，見涿韓生說易而好之，卽更從受焉」，此尤爲韓嬰作易傳之明證。嬰爲幼孩，故名嬰，字子夏，夏，大也。漢志：「易傳韓氏二篇，名嬰」，與劉略合；但孟堅於志、傳皆只書其名而不載其字，所以滋後人之疑，王儉、陸德明所引七略，可補班書所未備。其卷數多寡，第因分幷殘缺之由，不足憑，故漢志二卷，梁分六卷，至釋文三卷，隋、唐志二卷，又漸爲殘亡之徵也。[65]

臧氏此據漢書儒林傳及班氏藝文志所從出之劉歆七略，以斷子夏易傳爲韓嬰所作，其說可謂信而有徵；惟臧氏此云：「嬰爲幼孩，故名嬰，字子夏，夏，大也」；其子夏易傳序云：「嬰爲幼孩，夏爲長大，名與字取相反而相成也」，以言韓嬰字子

63. 劉文典氏淮南鴻烈集解，臺北粹文堂景本一八／頁四～五。

64. 同註五八，九／頁三。

65. 同註三十；又孫馮翼輯子夏易傳臧庸序，說略與此同。

夏之由，此似不免失之牽強，乃後之學者竟多以此而轉疑其子夏傳出韓嬰之說爲附會，[66] 宋翔鳳之以子夏易傳爲韓商所作者，殆亦由此而發。

宋氏謂「子夏當是韓商之字，與卜子夏名、字正同」，其說乍見之下，似較臧氏「嬰爲幼孩」之說爲近理，伊東氏子夏易傳名義考即著眼於此而附和其說，實則此說蓋有未然。按史記儒林傳云：「韓生孫爲今上博士」，[67] 韓氏易不立於學官，是韓商乃詩博士甚明；而漢書儒林傳亦但言「其孫商爲博士」，不言韓商更有易傳之作；且涿郡韓生言「所受易卽先太傅所傳也」，韓嬰爲常山太傅，是其所受者爲韓嬰所傳，要無可疑；更且，漢志載「韓氏二篇」，班氏自註「名嬰」，使如宋說，以易傳爲韓商定著，則班氏此何不著商之名？宋氏謂子夏傳出韓商，「當是取傳韓氏易最後者題其書」，然古經說承學者容或有不忘其說之所自出，而追題以歸之先師，不聞有反「取傳其學最後者」以奪其師之名者。臧庸「嬰爲幼孩」云云，或不免失之比傅；然古人命字本不必盡依其名之義，如前述杜欽、杜鄴、鄧彭祖俱字子夏，此皆不見其名、字相因之理；蓋漢儒本多取孔門弟子之字以爲字，此清儒孫志祖嘗言之矣，孫氏讀書脞錄卷六「用孔門弟子字」條云：

> 馮山公與俞德滋書云：「用孔門弟子字爲字者，漢人多有之，如杜欽、杜鄴、孔光、萬章皆字子夏；吾邱壽王、王尊皆字子貢；謝躬、馬武皆字子張；伏勝字子賤；平當字子思；鄭崇字子游；爰曾字子路。」志祖案：此所舉未盡也；牛商、梁相、孫建、張宏亦皆字子夏（見漢書百官表）；張忠、遂義亦皆字子貢（同上）；劉岑（同上）、許荆亦皆字子張（見章懷注引謝承書）；張猛亦字子游；范延壽亦字子路（百官表）；尙有何湯（見桓榮傳注）、陳寔皆字仲弓（漢荆州從事范鎭，字仲弓，見金石錄）；又漢許暹字顏回（見顏氏家訓風操篇）；吳丁固字子賤（見吳志虞翻傳注）。[68]

凡此，俱不見其依名命字之義也；韓嬰之字子夏，殆亦其比。臧庸強爲之說，自不免

66. 臧氏子夏易傳序云：「甲子順天鄉試策問首此，庸大言子夏非卜商，乃漢韓嬰也，而考官深擯之」；是臧氏先嘗以言此而受挫場屋。柯劭忞撰續修四庫全書提要，於張澍輯子夏易傳條下，斥臧氏此說：「望文生義，等於說經者之附會」；餘如黃雲眉、鈴木由次郎、伊東倫厚諸氏並以此而致疑臧氏之說。

67. 史記會註考證一二一／頁一九。

68. 讀書脞錄，廣文書局景本六／頁一。

蛇足之累；而宋氏以「子夏」當爲韓商字，殆亦失之鑿。

抑且，班氏藝文志自稱本之劉歆七略；[69] 今七略既有「子夏易傳」之目，則班氏自不容不知。釋文敍錄於子夏易傳下，引七略云：「漢興，韓嬰傳」，而班志著錄「易傳韓氏二篇，名嬰」，是易傳韓氏與子夏易傳其爲一書，固可毋庸置疑，蓋如張心澂氏所言者：「（班）志之體例，祇標某書某氏及篇數，不以其人之字冠於上，故略去『子夏』二字，而註其名於下」；[70] 釋文引七略明出「漢興，韓嬰傳」者，殆恐與孔門卜子夏淆混，故特著「漢興」二字以別之歟？[71] 惟魏晉以降經學漸疏，或由經師貴遠賤近之習，因誤以子夏韓嬰之易傳爲出自孔門卜子夏。關於此，尚可由韓詩以推見其例。按舊唐書經籍志著錄：「韓詩二十卷，卜商序，韓嬰撰」，[72] 又新唐書藝文志亦著錄：「韓詩，卜商序，韓嬰注，二十二卷」，[73] 二志並以韓詩序出自卜子夏，清儒成瓘嘗辨之：「卜子一人耳，既爲毛詩作序，又爲韓詩作序，何卜子之不憚煩歟？卜子一人之筆耳，爲毛作序則如彼，爲韓作序又如此，何卜子之無定說歟？子夏易傳出韓嬰，經劉向父子之所定，以西漢人指名西漢人之書，有何不可信？人以其人之名，不如卜子之尊，必曲而歸諸卜子；今韓詩又出韓嬰，其詩序即韓作無疑」；[74] 今按漢書儒林傳言「嬰推詩人之意而作內外傳數萬言」，明韓詩乃韓嬰推考詩恉而爲之說者，卜子夏焉得預爲之序，其乃後儒誤以子夏韓嬰所作之詩序屬諸卜子夏，與子夏易傳之譌傳爲卜子夏所作者殆屬一轍，固略可推知也。

---

69. 班志序云：「哀帝復使向子侍中奉車都尉歆卒父業，歆於是總羣書而奏其七略，故有輯略、有六藝略、有諸子略、有詩賦略、有兵書略、有術數略、有方技略。今刪其要，以備篇籍。」

70. 張心澂氏僞書通考頁一二七。

71. 按：或以釋文此所引七略之「傳」字，當作「傳述」解。此說未确。按釋文序錄所載各書題下之人，乃其書之撰註者，不更記及其承學者，卽子夏易傳此條，下引異說云「丁寬所作」、「或馯臂子弓所作」，知此「傳」字乃「傳註」之意；且解爲「傳述」義，以韓嬰傳述子夏之易，復與漢書儒林傳言嬰「推易意而爲之傳」之說悖戾，今不承用。

72. 舊唐書卷四十六，中華書局點校本頁一九七〇。

73. 唐書卷五十七，中華書局點校本頁一四二九。

74. 簃園日札卷三「韓詩序考」，世界書局景本頁一八〇～一八一。惟成氏此條云：「韓詩有序，隋志云：卜商作；是韓序又子夏所作矣。」今按隋志但云：「韓詩二十二卷，漢常山太傅韓嬰，薛氏章句」，不言韓詩序卜商作，此說實出自兩唐志，成氏蓋失檢也。又：徐復觀氏謂唐志所著錄之「韓詩，卜商序，韓嬰注」者，「此可斷爲後人僞託」（氏著中國經學史的基礎頁二四八），其說非是，此徐氏失考其爲傳譌耳。

據上所考，可知漢世傳行的子夏易傳一書，卽漢書藝文志所著錄之「易傳韓氏」，乃漢儒韓嬰「推易意而爲之傳」者，自無可疑也。[75]

四、韓氏易之授受

韓嬰易學之所出，前引宋翔鳳說云：「漢儒林傳稱魯商瞿子木受易孔子，以授魯橋庇子庸，子庸授江東馯臂子弓，子弓授燕周醜子家；則子家當爲六國時人，受子弓之易，傳於燕地。韓嬰之以易授人，自必有所傳，蓋出於子弓，故張璠稱子夏易傳或馯臂子弓所作」，此以韓氏易學爲出於馯臂子弓；徐芹庭君承其說云：「蓋韓嬰爲燕人，而周醜子家亦燕人，是韓氏之易亦或有得於子家也」。[76]

張惠言則謂：「儒林傳稱韓生亦以易授人，推易意而爲之傳，不聞其所受，意者出於子夏，與商瞿之傳異邪」；[77] 此以韓嬰之學，殆遠紹卜子夏，與商瞿所傳者爲別系；馬國翰云：「王儉七志引劉向七略云：『易傳，子夏韓氏嬰也』，則子夏傳爲韓嬰之所修，與中經簿錄謂子夏傳丁寬所作者同，是皆本子夏而暢明之。卜易之贊於丁、韓，猶卜詩之闡於毛、鄭」，[78] 其發想雖與張惠言異，然亦以韓嬰所傳者爲卜子夏之學。

此二說乍見似各持之有故，然夷考其實，則皆不無疑義。

---

75. 本文發表前，曾於七十四年元月七日於本所討論會中提出報告。會中討論極爲熱烈，實出望外。周法高先生曾質疑子夏不必爲韓嬰之字。謹按：臧庸言：「孟堅於志、傳皆祇書其名而不載其字，所以滋後人之疑」，史記儒林傳亦不記韓嬰之字，他籍亦無明文可按據。正緣乎此，故經學史上，於子夏易傳一書之撰者，歷來迭有爭議。惟如上文所旣論者，七略云「易傳子夏韓氏嬰也」，班志記「易傳韓氏二篇(名嬰)」，然史、志絕未見有言韓嬰有二易傳者，是二者當爲一書，以理衡之，自無可疑。而韓嬰之易傳，漢書明言其「推易意而爲之傳」(詳下節)，其非傳述卜子夏之易也甚明，則可能之推測，此「子夏」殆韓嬰之字，此復與漢人多以孔門高弟之字表字之習合。而文苑英華載司馬貞奏議引王儉七志云：「劉向七略云：『易傳，子夏韓氏嬰也』，今題不稱韓氏」，則齊時王儉尙知此書爲韓嬰所作。而其「今題不稱韓氏」一語，尤深可玩味。要之，「子夏」是否爲韓嬰字，或尙有可討論之餘地，然子夏易傳爲韓嬰所作，則劉氏七略可據，自無庸置疑也。
76. 兩漢十六家易注闡微頁八六～八七。
77. 同註三十三。
78. 見馬氏輯周易韓氏傳序。

宋氏謂韓嬰易學出自子弓者，主要乃據：一、燕人周醜受易於馯臂子弓，而韓嬰爲燕人，故其所傳者，當卽子弓之學；二、張璠稱子夏易傳或馯臂子弓所作。然如上文所考者，張璠之說本不可信；而宋氏以韓嬰燕人，遽斷其所傳者乃子弓、周醜之學，其理據亦不免失之薄弱；使如其說，則班氏何以不明記韓嬰易學之師承，而轉謂其「推易意而爲之傳」？更且，如以韓嬰爲燕人，以推其所傳者必爲傳行於燕地的子弓、周醜之易學，則韓氏易無由不行，「惟韓氏自傳之」，與其詩學之廣行，「燕、趙間言詩者由韓生」者判若雲泥。據此，則宋氏之說固難遽信也。

張惠言之說，淸儒姚振宗許之爲「可謂定論」；[79] 然此說不過由韓氏易傳之稱子夏易傳而懸想之耳，他無所據。至馬國翰之說，其旣引七略，以言「子夏傳爲嬰之所修」，乃忽而又依中經簿錄以子夏傳爲丁寬所作，而謂二書同出，皆本卜子夏之易而暢明之；然丁寬所傳者，乃田何之學，非子夏易，此漢書儒林傳旣已明文記之，且如上所旣述者，卜子夏傳易，史、漢以上之載籍無徵；更且，如「子夏」爲韓嬰之字，則此說更無所據矣。

漢書旣言韓嬰「推易意而爲之傳」，則韓氏易自爲韓嬰一家之學，故班氏不言其師承；此「推易意而爲之傳」者，與漢書言「嬰推詩人之意而作（詩）內外傳」者旨意正同。而史記儒林傳謂「韓生推詩之意，而爲內外傳數萬言，其語頗與齊、魯間殊」，[80] 味此「頗與齊魯間殊」之語，知其所傳之韓詩乃自立一家；然則，「推易意而爲之傳者」，自是韓嬰以己意推求易之旨歸而爲之傳也。關於此，今尙略可考見其端倪，如：「乾」卦卦辭「乾元亨利貞」，李鼎祚周易集解引子夏傳曰：

> 元，始也；亨，通也；利，和也；貞，正也。言乾稟純陽之性，故能首出庶物，各得元始開通，和諧貞固，不失其宜，是以君子法乾而行日德，故曰「元亨利貞」矣。[81]

此以「元始開通，和諧貞固」作解，以闡明乾卦卦德。韓氏此解之典據，淸李道

79. 見姚氏漢書藝文志拾補，開明書店二十五史補編本頁四。

80. 史記會注考證一二一／頁一九。

81. 周易集解一／頁一；按：孔穎達周易正義亦引此傳首四句。

平、曹元弼等考之甚明，[82] 今不更詳述。西漢田何學系經師之說，久已亡佚無考，今固無以挍論其異同；惟此與彖傳、文言所解者，則頗有出入，彖傳云：

大哉乾元，萬物資始，乃統天；雲行雨施，品物流形；大明終始，六位時成，時乘六龍以御天，乾道變化，各正性命，保合大和，乃利貞。[83]

據此文「大哉乾元」、「保合大和乃利貞」之語，又孔穎達正義云：『雲行雨施，品物流形』者，此二句釋亨之德也。言乾能用天之德，使雲氣流行，雨澤施布，故品類之物，流布成形，各得亨通，無所壅蔽，是其亨也」，可知彖傳顯然讀此卦卦辭五字爲「乾元」、「亨」、「利貞」三義，其與子夏傳異讀、說解有別，固較然甚明。

又文言首節云：

元者，善之長也；亨者，嘉之會也；利者，義之和也；貞者，事之幹也。君子體仁足以長人，嘉會足以合禮，利物足以和義，貞固足以幹事，君子行此四德者，故曰：「乾，元亨利貞」。[84]

其第五節則云：

乾元者，始而亨者也；利貞者，性情也；乾始能以美利利天下。不言所利，大矣哉。[85]

按文言非一人一時之作，此前學已有詳論之者；[86] 第五節所解者甚略，惟其讀「乾元亨利貞」爲「乾元」、「亨」、「利貞」三義，與彖傳同，而與首節之以「元」、「亨」、「利」、「貞」各居一德者迥別；又，其末以「大矣哉」作結，此正彖傳之習語，如「豫之時義大矣哉」、「隨時之義大矣哉」、「頤之時大矣哉」、「險之時大矣哉」等，並其例也；是此節之義，其爲彖傳之流亞蓋無可疑者。

---

82. 見李道平周易集解纂疏，曹元弼周易集解補釋。

83. 周易正義，南昌府學本一／頁六～七。

84. 同上一／頁一〇。

85. 同上一／頁一七～一八。

86. 詳山下靜雄氏文言傳の新研究（一九五六年，日本中國學會報，第八集頁二〇～三五）。惟鄙見間有與其說異者，如下註所論者，卽其一例也。

至文言首節之說，此與左傳襄公九年，穆姜述隨卦「元亨利貞」之解誼近同，[87] 惟左傳文首句作「元，體之長也」，[88] 與文言之「元者，善之長也」微異耳；然考左傳昭公十二年，子服惠伯說坤卦六五爻辭「黃裳元吉」，亦云「元，善之長也」，[89] 與文言合，是此所述「元亨利貞」四德者，其爲易說古誼要無可疑。左傳云「元，體之長也」者，以「元」爲「首」之義，與左傳僖公三十三年：「狄人歸其元」、[90] 孟子：「勇士不忘喪其元」[91] 之「元」字同義；而文言言「元者，善之長也」者，舊注異說紛紜，朱駿聲云：「乾者君卦，六爻皆當爲君，始而大通，君德會合，故元爲善長」，[92] 其或近之；要之，左傳、文言之解「元」字，並與子夏易傳之解「元」爲「始」者大相徑庭，固自甚明；至二書並以「亨」爲「嘉之會」等，並與子夏易傳解「亨」爲「開通」之義者絕異。凡此，蓋皆韓氏別立異解之迹也。

87. 關於左襄九年穆姜述隨卦「元亨利貞」之語，與文言說乾四德之近同關係，宋歐陽修易童子問以爲文言之文「是穆姜之言」；清崔述洙泗考信錄卷三、李賡芸炳燭編卷一，今人李鏡池氏易傳探原、錢穆氏易經研究（見氏著中國學術思想史論叢第一輯頁一八四）、楊伯峻氏春秋左傳注、山下靜雄氏前揭文等，並以爲此非穆姜引易文言，而係文言作者襲用穆姜語；俗間並從此說（如李周龍君周易文言傳管窺，一九八二年，刋孔孟學報第四十四期頁一～三五，卽其例也），幾已爲定論。實則此說固未可必也。朱熹周易本義云：「疑古者已有此語，穆姜稱之，而夫子亦有取焉」；今按：文言屢稱「子曰」云云，用申其說，是其非仲尼所作明矣 。卽本文此處所論之乾卦卦辭五字 ， 文言前後異讀，是其非出一人亦從而可知；朱熹「夫子亦有取焉」云者，以十翼爲孔子所作，其說固非，然其以穆姜、文言所述「元亨利貞」四德之說爲「古者已有此語」，而二者同本之，所見近是；近今學者之所以斷爲文言襲穆姜語者，蓋並以文言晚出，而左傳爲信史故也。惟文言卽屬晚出雜採之作，然左傳此所記之穆姜語，要未可遽以爲史實也。今味穆姜「今我婦人，而與於亂，固在下位，而有（又）不仁」云云以下一節，自張揚其作惡之多端，此毋寧是後世流行之逸話而左傳作者採之耳；崔東壁以穆姜語「元，體之長也」爲正，而非文言：「元，善之長也」之說；然文言此義，又見於左傳昭公十二年，是其非無端造設也甚明；又崔氏謂文言「君子體仁足以長人」之「君子」二字，左傳無之，而以此爲文言所增而失其文理者。然余則頗疑左傳之文，正左傳作者以穆姜多惡端，不得當「君子」及以爲「善」，因改易說之「善」爲「體」，並刪「君子」二字，以爲穆姜自承其惡之張本也。要之，左傳此所記穆姜之語，似不得遽以爲史實；至如，「利，義之和也」之說，實出墨家，其晚出之迹，固不可掩也；再退一步而言之，左傳所記穆姜語卽爲史實，然穆姜本非專門治易者，其述易之語，當別有所本而非穆姜所創，要無可疑也。綜此所論，則李鏡池、錢穆等以文言爲襲穆姜語者，恐未足以爲定論也。

88. 左傳注疏，南昌府學本三〇／頁二六。

89. 同上四五／頁三二。

90. 同上一七／頁一七，杜預注：「元，首」。

91. 孟子注疏，南昌府學本六A／頁一，趙岐注：「元，首也」。

92. 六十四卦經解，臺北宏業書局景本頁三。

子夏易傳久佚，今所存者，大抵皆片言隻語而已，固無由以見其學之概梗，惟其解「元亨利貞」之說，尚可考見，藉之稍得推見其「推易意而爲之傳」，自立一家之端也。

惟韓氏易學，傳行甚微。漢書儒林傳記韓詩之流傳，云：「趙子，河內人也，事燕韓生，授同郡蔡誼；誼至丞相，自有傳。誼授同郡食子公與王吉，吉爲昌邑（王）中尉，自有傳；食生爲博士，授泰山栗豐；吉授淄川長孫順，順爲博士，豐部刺史，由是韓詩有王、食、長孫之學；豐授山陽張就，順授東海髮福，皆至大官，徒衆尤盛」；[93] 至其易學，如前所述者，儒林傳言「其易微，唯韓氏自傳之」，卽自傳於其家而已，故史記儒林傳述韓嬰之學，但言其詩而不及其易傳。漢治韓氏易而今可確考者，唯嬰後人涿郡韓生及蓋寬饒二人見於儒林傳耳。又，釋文序錄於子夏易傳下，陸氏自注：「薛虞記，虞不詳何許人」，司馬貞奏議亦言：「今秘閣有子夏傳薛虞記」（詳下節），是薛氏爲傳韓氏易者殆無可疑；惟其人無考，馬國翰云：「大抵爲漢魏間儒生也」，[94] 成瓘言：「薛虞不知何人，度亦必爲韓氏之學者。韓易不立學，而韓詩則立學，薛方回、薛漢皆習之，是則薛固世傳韓學者，薛虞殆其族矣」，[95] 說或近之。

漢初易學之流衍，漢書儒林傳嘗言之：「漢興，田何以齊田徙杜陵，號杜田生，授東武王同子中、雒陽周王孫、丁寬、齊服生，皆著易傳數篇；同授淄川楊何，字叔元，元光中徵爲太中大夫。齊卽墨成，至城陽相。廣川孟但，爲太子門大夫。魯周霸、莒衡胡、臨淄主父偃，皆以易至大官。要言易者本之田何」，[96] 此所述諸家，皆

93. 漢書卷八十八，頁三六一四。

94. 見馬氏輯周易薛氏記序。

95. 同註三十四。按唐志有薛仁貴周易新注本義十四卷，清儒毛奇齡以爲「薛虞記」之薛，卽唐之薛仁貴，其說甚謬，成氏已駁之，今不更詳論。

又按：後漢書儒林傳言薛漢父子世習韓詩，以章句著名，又云：「當世言詩者，推漢爲長」，漢字公子，其父方回，字夫子；隋志載韓詩二十二卷，薛氏章句，清儒惠棟據唐書宰相世系表謂章句乃方回所撰，成瓘據後漢書馮衍傳注引「薛夫子韓詩章句」以徵之（篛園日札三「韓詩薛君章句」條）；成氏此云「薛固世傳韓學者」，指此而言。

96：漢書卷八十八／頁三五九七。

在漢武前，與韓嬰時世近同，知當時學界所行者，乃齊學系田何之易；而漢易博士施、孟、梁丘三家，爲丁寬之學，漢書儒林傳：「寬授同郡碭田王孫，王孫授施讎、孟喜、梁丘賀；繇是易有施、孟、梁丘之學」，[97] 丁寬之易出田何；是三家亦田何之易所派分。班固謂「燕、趙間好詩」，故韓氏易微，然按覈其實，其易學之不行乎世，恐與當時時興之田氏易不合有以致之也。

五、唐時傳本子夏傳僞託說辨誣

子夏易傳之見疑於世，由唐玄宗時劉知幾首發之，劉肅大唐新語云：「開元初，左庶子劉子玄奏議請廢鄭子孝經，依孔注；老子請停河上公注，行王弼注；易傳非子夏造，請停。（中略）子玄爭論，頗有條貫」；[98] 同時司馬貞亦奏論其僞，玄宗因下詔：「子夏傳逸篇，前令帖易者停」。[99] 當時傳行之本，劉氏等斥之以爲僞本，後儒相沿爲說，幾爲定論；然按覈其實，此則頗有可商者焉。

文苑英華卷七六六載劉知幾「孝經、老子注、易傳議」，其論子夏傳云：

> 按漢書藝文志，易有十二家（森按：今本漢志作「十三家」，唐會要亦作「十三家」，此蓋後籍傳寫譌誤），而無子夏作傳者；至梁阮氏七錄始有子夏易六卷，或云韓嬰作，或云丁寬作。然據漢書藝文志，韓易有十二篇，[100] 丁易有八篇，求其符會，則事殊隳刺者矣。夫以東魯伏膺，文學與子游齊列，西河告老，名行將夫子連蹤，而歲越千齡，時經百代，其所著述，沈翳不行，豈非後來假憑先哲？亦猶石崇謬稱阮籍，鄭璞濫名周寶。必欲行用，深以爲疑。[101]

又司馬貞議曰：

97. 同上頁三五九八。

98. 大唐新語著述篇，新興書局筆記小說大觀續編本九／頁一～二。

99. 唐會要，同註十九。

100. 今本漢志作「二篇」。臧庸云：「韓易十二篇者，上下經並十翼也。今本漢書脫『十』字，當據劉議補之」（見臧氏子夏易傳序）。今按：臧說疑非。唐會要所載劉議，此仍作「韓易有二篇」，無「十」字；更考漢志所載周氏、服氏、楊氏、蔡公、王氏、淮南道訓等諸家之易傳皆二篇，又施、孟、梁丘之章句亦各二篇，是則古易但二篇而已，漢志「韓氏二篇」者，正與諸家合，當必不誤；劉議此之「十」字，疑係誤衍，不可據爲典要。

101. 文苑英華七六六／頁一〇。

案劉向七略有子夏易傳，但此書不行已久；所存者多失眞本；又荀勗中經簿云：「子夏傳四卷，或云丁寬所作」，是先達疑非子夏矣。又隋書經籍志云：「子夏傳，殘缺，梁（森按：今本脫此字，據唐會要補）時六卷，今二卷」，知其書錯謬多矣；又王儉七志引「劉向七略云：『易傳，子夏韓氏嬰也。』今題不稱韓氏，而載『薛虞記』」；又今秘閣有子夏傳薛虞記，其質粗略，旨趣非遠，無益後學，不可將帖正經。[102]

今按：劉氏之疑子夏易傳爲出後儒假託者，主要乃據漢志所著錄之易十三家中無「子夏易傳」之目，因疑其書晚出；然其云：「至梁阮氏七錄始有子夏易六卷」，所考未確，實則子夏易傳之名，漢志之前，七略既已著之，此司馬貞尚知之：「按劉向七略有子夏易傳」，是其立說已失偏據；而細繹劉氏之言，其所以深以爲疑者，乃因子夏傳之文，不類春秋之世卜子夏所作，因疑其乃後儒「假憑先哲」者；如上文所既述者，釋文序錄於「子夏易傳」目下，雖列異說，然已主其爲卜子夏之書，隋書經籍志、孔氏正義並以子夏易傳爲卜子夏所傳，可知當時世儒相傳並以此書爲孔門卜商之書。然則劉氏所辨者，乃在辨明子夏易傳非卜商所撰，所見固是；然其斷此書爲後儒所依託者，則係誤從當時承譌之說，而未及深考其爲漢初韓嬰所作因云然耳。

司馬貞之議，亦在論斷此書非果出卜子夏。然其云：「按劉向七略有子夏易傳，但此書不行已久，所存者多失眞本」，則尚有可商。蓋事必兩證而後是非明，使如所言，七略所記之子夏易傳旣久不行於世，則司馬貞既未見劉歆所著錄之原本，又何從決斷「所存者多失眞本」？更況子夏易傳自七略而下，晉荀勗中經簿錄、齊王儉七志、梁阮孝緒七錄，乃至陸德明經典釋文迭有著錄，則司馬貞又何得以言「此書不行已久」？又其但據隋志「子夏傳殘闕，梁六卷，今二卷」，卽遽以決「知其書錯謬多矣」，然漢志著錄各書之篇數，其與隋志不合者，固所在多有，今但據篇數之參差，卽斥之「錯謬多矣」，尤嫌輕率。凡此，蓋由司馬貞因疑其書僞託，預存排抑之念，故無往而不見其非也。前引臧庸之說，云：「其卷數多寡，第因分幷殘欠之由，不足憑，故漢志二卷，梁分六卷，至釋文三卷、隋唐志二卷，又漸爲殘亡之徵也」，實

102. 同上註七六六／頁一二。

則梁之分六卷、釋文之爲三卷者，蓋合薛虞記以計之也。據上司馬貞奏議引王儉七志云：「今題不稱韓氏，而載薛虞記」，又司馬貞稱「今秘閣有子夏傳薛虞記」，是其時傳行之子夏傳本或合薛虞記以行。考「姤」卦九五：「以杞包瓜」，正義云：

子夏傳曰（森按：「曰」字疑衍）作「杞匏瓜」，薛虞記云：「杞，杞柳也；杞性柔刄，宜屈橈似匏瓜。[103]

又「豐」卦九三「日中見沬」，釋文云：

沬，……鄭作「昧」；……子夏傳云：「昧，星之小者」，馬同；薛云：「輔星也」。[104]

據此，知薛虞記主要乃在申述傳意；釋文序錄於子夏易傳之下，陸氏自註：「薛虞記，虞不詳何許人」，是知陸氏所據本正附薛虞記以行；然則釋文作三卷者，當是併薛虞記故爾；梁時六卷者，殆以其卷帙稍繁，因一分爲二，故爲六卷，未可知也。要之，司馬貞但據其篇數之參差以非之，恐不免失之輕斷。至貞斥之：「其質粗略，旨趣非遠」者，此固亦因當時俗說以子夏易傳爲卜商之書而衡度之耳，此自不足以爲其書之僞迹，理固甚明。

如上所考論者，劉知幾與司馬貞之疑是書，實乃誤從當時俗說，以子夏易傳爲孔門卜商所作，因奏議以非之耳；今既考論其書爲漢世韓嬰所作，則二氏之疑於是書者，自可冰釋。乃後儒類多不覈其事之端末，逕依仍其說，展轉承譌，竟至以是爲非，如四庫提要卽據二氏之說，而謂：「是唐以前所謂子夏傳已爲僞本」，[105]全祖望、[106]翁元圻[107]並承用其說；張惠言雖知子夏易傳爲韓嬰之書，乃謂：「予謂卽唐時二卷者，亦非眞韓氏書，其文淺近卑弱，不類漢人，殆永嘉以後，羣書旣亡，好事者聚斂衆說而爲之也」，[108]近人吳承任氏更襲張惠言之說，云：「隋、唐志著錄子夏易傳二卷，其佚文見於陸、孔、李氏及一行等所引者，已非韓氏之眞」，[109]其承譌之迹

103. 周易正義五／頁六。
104. 抱經堂本，周易音義頁二二。
105. 同註八，一／頁四。
106. 全氏子夏易傳跋尾亦據二氏之說，而云：「今所行十一卷；固屬贋本，卽七略以來之書，亦依託耳。」
107. 翁注困學紀聞，世界書局景本頁四八。
108. 同註三十三。
109. 經典釋文序錄疏證頁二七。

隱然可見。蓋提要言「唐以前所謂子夏傳已爲僞本」者，此固由提要亦未深考子夏易傳之作者，因沿劉知幾、司馬貞之說，而以唐時所行之子夏傳爲僞本。其說之非，上文已具，今不更論；而張惠言既主子夏易傳爲韓嬰所作，乃又言唐時所行本「亦非眞韓氏書」，說頗失唐突，蓋陸、孔等書所徵引之子夏傳，類皆隻言片語之解詁耳，而彼等據引之子夏傳原書既不傳於後，今但由此孑遺之佚句，固無以推見「其文淺近卑弱，不類漢人」也，[110]張惠言之爲此言者，殆本司馬貞「其質粗略，旨趣非遠」之說而演之耳；至其以唐時二卷本之子夏傳乃永嘉之後依託者，說尤無根。[111]而吳承仕氏未之深考，誤襲其謬，後學更相沿爲說。尋其致誤之端，蓋皆沿劉知幾、司馬貞之說，以唐時傳行之子夏易傳爲僞本；不知彼之所以以爲僞者，乃由誤認撰者所致，其書初固不僞也。後儒習聞其說，徒知子夏易傳非果出卜子夏，卻不能進而考覈其實，而韓氏易傳之見誣於世，終無以平反。

隋志稱「子夏易殘闕」，據此，似唐初其書已不完。然考陸德明釋文，其周易音義頗引子夏易，自「乾」卦「亢」字下，引「子夏傳云：極也」，[112]以至「旣濟」卦「衣袽」下云：「子夏作『茹』」，[113]所引大抵亙於全經；據此，陸氏所見本疑尚爲完帙；抑如前引「豐」卦九三「日中見沬」一條及「咸」卦初六「咸其拇」，「旣濟」六四「繻有衣袽」等，陸氏並引薛虞記，是陸氏所據本，蓋卽王儉七志所稱：「今題不稱『韓氏』而載薛虞記」之本也甚明。按陸氏釋文創始於陳後主至德元年 (583A.D)，

---

110. 業師張以仁教授教示：子夏傳以「元」爲「始」，以「亨」爲「通」云云，而不與諸德合，此所以譏爲「淺近卑弱」者乎。

111. 按：子夏易傳一書，漢魏而下以迄唐初，傳行不絕，上文已具；又：張璠之生卒年，雖史無明文，然釋文序錄依世次列其先後，而「張璠集解」居「王廙注」後、在「干寶注」前，則璠殆生於西晉末年，身及永嘉之亂，東晉時爲秘書郎；其但以子夏易傳或謂出馯臂子弓，而不以其書爲永嘉之後學者所僞；且陸、孔以前諸儒，於其書之作者雖有異說，然絕無以其書爲僞本者。反而，荀勗以爲「丁寬所作」，張璠云「或馯臂子弓所作」者，正見其書之古質，迥非漢易施、孟、梁丘、京流裔之比也。是則張惠言此說，自未可信從也。

112. 經典釋文二／頁一。

113. 同上二／頁二五。

其成書當成於隋末唐初；[114]疑其時是書猶未殘闕，故陸氏猶及多引之。

唐初孔穎達周易正義，間亦引子夏易，「屯」卦六二「乘馬班如」，釋文：「子夏傳云：相牽不進貌」，[115]正義：「子夏傳云：班如者，謂相牽不進也」；[116]又「遯」卦上九「肥遯，無不利」，正義：「子夏傳曰：肥，饒裕也」，[117]釋文亦云：「子夏傳云：肥，饒裕」，[118]二書所引者同；惟釋文引文，例多刪節，如「井」卦九二「井谷射鮒」，釋文：「鮒，子夏傳謂蝦蟆」，[119]正義：「子夏傳云：井中蝦蟆呼爲鮒魚也」，[120]此釋文括引其義耳，非二本有別；又孔氏正義間亦引薛虞記，如本節上文所引「姤」卦九五「以杞包瓜」一條，卽其例也。然則，陸、孔所見之子夏傳本蓋不異也。惟韓氏易傳與王弼注旨趣有別，故孔疏所引子夏易者無多，今固難藉以推考其所據本是否猶爲完帙。

李鼎祚周易集解所引者，共計五條；惟如「比」卦「比吉」，正義不引，釋文：「子夏傳云：地得水而柔，水得地而流，故曰比」，[121]所引文意不完，今檢集解

114. 按陸氏經典釋文序云：「粤以癸卯之歲，承乏上庠，循省舊音，苦其太簡；況微言久絕，大義愈乖，攻乎異端，競生穿鑿。(中略) 遂因暇景，救其不逮；(中略) 輒撰集五典、孝經、論語及老、莊、爾雅等音，合爲三袟，號曰經典釋文」，是其書肇始於癸卯年甚明。考陳至唐初，有二癸卯，一爲陳至德元年（五八三A.D），一爲唐貞觀十七年（六四三A.D）；宋李燾、清儒桂馥等並以陸序所稱者爲貞觀之癸卯，然舊唐書本傳云：「貞觀初，拜國子博士，封吳縣男，尋卒」，又册府元龜卷九十七：「貞觀十六年，四月甲辰，太宗閱陸德明經典釋文，美其弘益學者，嘆曰：『德明雖亡，此書足可傳習』，因賜其家布帛百匹」，是陸氏必卒於貞觀元年後，十六年之前，則貞觀癸卯陸氏固已物故矣，然則其書創始於陳至德元年要無可疑。至其成書時代，清儒錢大昕又跋經典釋文云：「細檢此書，所述近代諸家，惟及梁陳而止，若周隋人撰音疏，絕不一及，又可證其撰述，必在陳時也」；其十駕齋養新錄卷二十「陸德明」條亦云：「此書所錄注解傳述人，多是南士，沈重晚雖仕周，其書久行江左，此外北方學者，絕不齒及，可證元朗著此書，在陳而不在隋唐也」，近學者多從此說。今按：此書當成於入隋以後，鈕永建答經典釋文問云：「癸卯爲陳後主元年固無可疑，然莊子外篇釋文云：『浙江今在餘杭郡』，考餘杭郡隋煬帝初置，陳時爲杭州；又人間世釋文云：『有扈，案今京兆鄠縣也』，考鄠縣漢屬右扶風，晉屬始平郡，隋時幷始平入京兆，鄠始爲京兆屬縣。此二地沿革，皆非陳時所有。竊謂釋文一書，其始作雖在陳末，而觀成則已晚年，覈其時代，當在隋末唐初。已往敍錄載陳時人，如易之周宏正，春秋之王元規，爾雅之施乾，皆不云近人而云陳，此亦成書不在陳時之一證也。」其說是也（別詳拙作十駕齋養新錄商兌）。

115. 經典釋文二／頁三。

116. 周易正義一／頁三〇。

117. 同上四／頁八。

118. 經典釋文二／頁四。

119. 同上二／頁一九。

120. 周易正義五／頁一六。

121. 經典釋文二／頁五。

此云：「子夏傳曰：地得水而柔，水得地而流，比之象也；夫凶者生乎乖爭，今既親比，故云『比吉』也」，[122]是釋文所引，蓋有刪略；又如前節所引「元亨利貞」四德子夏傳之解詁，正義但引「元，始也」等四語，而集解所引者，則遠爲詳贍；此外，如「蠱」卦：「先甲三日，後甲三日」，集解：「子夏傳云：先甲三日者，辛、壬、癸也；後甲三日者，乙、丙、丁也」，[123]此則陸、孔俱未引及。據此，可知李氏集解所引子夏傳，有較陸、孔所引爲詳或出於二家所引之外者；是其非轉引自釋文或正義，理固自明。

惟李氏所引者，但「乾」卦二條、「師」卦一條、「比」卦一條、「蠱」卦一條耳；抑如「師」卦一條，「師，貞丈人吉，无咎」，集解引：

崔憬曰：「子夏傳作『大人』，謂王者之師也。」[124]

其下李氏更據彖傳、老子、文言，以證子夏傳作「大人」者爲是，而駁王弼本作「丈人」之非；[125]然據此條李氏取子夏傳之義，不直引其文，而轉引崔憬之說，可知集解

---

122. 周易集解三／頁四。
123. 同上五／頁二。
124. 同上三／頁二。
125. 按：王弼此註云：「丈人，嚴莊之稱，有軍正者也，爲師之正，丈人乃吉；興役動衆，无功則罪，故吉乃无咎」（森按：此從集解本，今注疏本無「有軍正者」四字）；李鼎祚則斥之云：

案此彖云：「師，衆；貞，正也；能以衆正，可以王矣」，故老子曰：「域中有四大，而王居其一焉」，由是觀之，則知夫爲王者必大人也，豈以丈人而爲王者哉？故乾文言曰：「夫大人與天地合德，與日月合明，先天而天不違，後天而奉天時；天且弗違，而況於人乎？」況於行師乎？以斯而論，子夏傳作「大人」，是也。今王氏曲解「大人」爲「丈人」，臆云「嚴莊之稱」，學不師古，匪說攸聞，既誤違於經旨，輒改正作「大人」明矣。

清儒鄭獻甫云：「李氏以爲『學不師古，匪說攸聞』，未免太過矣；而其解實不可易」（愚一錄一／頁五）；惟李道平周易集解纂疏則以李說未可必：

經文顯白，據傳輒更有乖傳信傳疑之旨。愚謂卦辭之「丈人」，卽爻辭之「長子」；大戴禮本命曰：「丈者，長也」，互震爲長子，故稱「丈人」，長丈同稱，又何疑焉？且論語：「遇丈人」，註云：「丈人，老人也」；詩大雅曰：「維師尙父」、小雅曰：「方叔元老」，蓋古之命帥，多擇老成，故曰「丈人吉」也。

今考周禮注疏卷二十引鄭玄注云：「丈之言長，能御衆，有正人之德，以法度爲人之長（森按：釋文節引鄭注，此句作「能以法度長於人」），吉而無咎，謂天子諸侯主軍者」，王弼注蓋本此；又集解引陸績曰：「丈人者，聖人也；帥師未必聖人，若漢高祖、光武應此義也」，是則鄭本、陸本並作「丈人」，與王弼本同。

惟按此卦彖傳云：「能以衆正，可以王矣」，係指有國者言；易緯乾鑿度云：「孔子曰：『易有君人五號也。帝者，天稱也；王者，美行也；天子者，爵號也；大君者，與上行異也；大人者，聖明德備也』。」

此處所據者，殆非子夏傳原書；考崔憬之時代稍後於孔穎達，[126]其時子夏易傳或未盡殘闕，故崔氏猶得引之；唐會要載玄宗於開元七年五月五日下詔：「子夏傳逸篇，前令帖易者停」，詔稱「逸篇」，知當時世所通行者，殆非完帙；司馬貞奏議稱「今秘閣有子夏傳薛虞記」，可知當時秘府猶有其書，惟世間通行者既不完，世亦不之重，[127]兼以劉知幾、司馬貞等奏議其僞，更歷安史之亂，此其書寖以湮滅之由歟？

六、宋代所傳僞子夏傳考

今本子夏易傳，[128]係後人所依託者，此既經前儒迭加辨明，確無可疑。惟子夏易傳之書，並不止今本及劉歆七略所載者二本而已，乃前儒於此，每未深考；朱彝尊經義考及四庫提要雖隱約察覺其僞本非一，然但憑孤證立說，自難昭信，故其並世諸儒，類皆無取斯說，而後儒於此，亦未有更加檢討者，故迄今之治此學者，尚或迷而

據此，則彖傳作者所見本蓋作「大人」；又易屢言「大人」：「乾」卦九二、九五、「訟」卦辭、「否」卦六二、九五、「蹇」卦辭、上六、「萃」、「升」、「困」卦辭、「革」卦九五、「巽」卦辭，計十二見；以此例之，則「師」卦此疑亦以作「大人」者爲是。頃見近時刊布之馬王堆易帛書本（見馬王堆帛書「六十四卦」釋文，刊文物一九八四年第三期頁一～八），此字適殘損，整理小組據王弼本補「丈」字，非是。按此卦上六，今本作「大君有命，開國承家，小人勿用」，惟帛書本則作「大人，君有命，啓國承家，小人勿□」，是今本「大」下敓一「人」字；據上六作「大人」，則此亦當作「大人」，要無可疑。惟帛書上六爻辭，整理小組以「大人君」三字連讀，然易屢言「大人」，無言「大人君」者，此似當分讀爲二義；然則「大人」與「君」非一，鄭玄與王弼注蓋是。據此，王弼本作「丈人」固非古本之朔，而其義則有所承，非弼臆造也。此「大」、「丈」一字之辨，固經學史上歷來聚訟不決之疑義，今不避辭費，略爲考辨如此。

126. 按李氏集解頗引崔憬之說，惟其書兩唐志俱不載，書亦無傳於後；朱氏經義考卷十四著錄崔氏周易探玄，此蓋據李氏集解序云：「崔氏探玄，病諸先達，及乎自料，未兗小疵」之語，因據以題焉。經義考云：「按崔憬時代莫考，李鼎祚集解引用最多，稱爲新義；中援孔疏，其爲唐人無疑矣」；按繫辭：「大衍之數五十，其用四十有九」節，憬說述及孔疏，則其書當成於孔疏之後甚明。成瓘讀易偶筆：「考李氏集解所用崔憬易、侯果易」條云：

> 按新唐書宰相世系表：崔蔚自宋奔後魏，居滎陽，號鄭州崔氏；自蔚至憬凡七世也。是憬之房望世系見於史者如此。

其書馬國翰、黃奭並有輯本。

127. 唐會要卷七十七「論經義」，記開元七年三月六日詔曰：「子夏易傳，近無習者」，可證。

128. 今行世者，有四庫本、通志堂經解本及學津討原本。本文所據者爲通志堂經解本。

不覺；[129]此蓋由諸本久已佚亡，其跡邈漠難尋，欲以考覈其實，勢固有所不能，然參伍旁推，此要非絕無端緒可尋。本節擬就此更加詳考而論斷焉。

宋史藝文志著錄易傳十卷，本注：「題卜子夏傳」；[130]中興書目云：

按隋志「周易二卷，魏文侯師卜子夏傳，殘闕」。（中略）今乃十卷；考陸德明音義所引，與今間有合者；若云「地得水而柔，水得地而流，故曰比」；今本作「地藏水而澤，水得地而安」，但小異爾；至「束帛戔戔」作「殘殘」，又云「五匹爲束，三玄二纁，象陰陽」，今本並無此文，蓋後人附益者多。[131]

據此，可知是本（按：此本以下稱爲「十卷本」）非惟卷帙遠多於上述之韓嬰原本，且其文字，校以陸德明音義所引及者，亦有出入，故中興書目因直斷其爲「後人附益者多」。

又宋儒晁說之傳易堂記云：

古今咸謂子夏受於孔子而爲易傳；然太史公、劉向父子、班固皆不論著，唐劉子玄知其僞矣，書不傳於今。今號爲子夏傳者，唐張弧之易也。弧唐大理評事，亦不詳何時人。[132]

是晁氏指實當時所傳之子夏傳爲唐張弧之易；晁公武因沿其說，而以此十卷本爲「張弧僞作」。[133]今考唐志不載張弧之書，然宋史藝文志著錄其周易上經王道小疏五卷，[134]味晁氏之語：「今號爲子夏傳者，唐張弧之易也」，頗疑此恐係指此僞子夏傳，說多與張弧之易學合，非謂此僞傳卽張弧所僞也；不然，晁氏於張弧其人似亦不甚

129. 本文草成，淸稿至此，頃獲見大陸新刊之中國哲學史硏究一九八四年第一期，中有大陸易學者劉大鈞氏西漢古『易』考一文（頁五一～五四），劉文凡二節，一「子夏易傳考」，一爲「淮南道訓與淮南子引易考」；其文首段卽云：

子夏易傳是否眞爲子夏所傳，無據可考。其書有兩本，一爲漢世所傳古本，此書久佚；一爲唐人張弧依托的十一卷本，乃僞書，不足取。

是劉氏仍不知子夏易傳實非僅其所稱說之二本耳，辨詳下。

130. 宋史，中華書局校點本頁五〇三四。

131. 經義考五／頁二。

132. 同上註。

133. 郡齋讀書志卷一：「卜子夏易十卷」目下，云：「右舊題卜子夏傳。唐藝文志已亡子夏書；今此書約王弼注爲之者，止雜卦；景迂云：唐張弧僞作」。

134. 宋史頁五〇三五。

詳，焉得直斷其爲張弧所僞？要之，晁氏並未明言其所據，其他載籍亦無可徵考者，今固難以決其然否。

至今本子夏易傳則爲十一卷（按：此本以下稱「十一卷本」），清納蘭容若嘗刻入通志堂經解，並爲之序云：

> （前略）今書十一卷，首尾完具，蓋後人之書託言卜商者也。案古易上、下二篇，惟文、周之彖爻，而孔子所繫之辭，則別名曰傳，謂之十翼；各自爲書，不相聯屬。今本彖爻之下，即繫以孔子之傳，如今所行王弼本，其非古易也明矣。（中略）崇文總目雖疑之，而未確指爲何人，晁景迂始以爲唐張弧所作。弧嘗著易王道小疏，或即此書，未可知也。[135]

是其亦以今本爲張弧所僞之書。此十一卷本，清儒朱彝尊嘗據陸氏釋文所引者以覈之，而謂「今文皆不然」，是此本與陸、孔所據本非一，其爲後儒所僞，固彰然甚明。抑且，朱氏更疑今本恐與相傳爲張弧所僞之本有別：

> 王氏困學紀聞引泰六五，傳云：「湯之歸妹也」，今亦無之；且書中引周禮、春秋傳，其僞不待攻而自破矣。（中略）繹其文義，總不類漢人文字，並不類唐人文字；謂爲張弧所作，恐非今本。[136]

四庫提要更承其說而直斷之：

> 朱彝尊經義考證以陸德明經典釋文、李鼎祚周易集解、王應麟困學紀聞所引，皆今本所無。德明、鼎祚猶曰在張弧以前，應麟乃南宋末人，何以當日所見，與今本又異？然則今本又出僞託，不但非子夏書，亦並非張弧書矣。[137]

是四庫館臣以爲今傳之十一卷本子夏易傳，與南宋末王應麟所據者並非一書。

今檢困學紀聞卷一，其一條云：

> 帝乙歸妹，子夏傳謂湯之歸妹也；京房載湯歸妹之辭曰：「無以天子之尊而乘諸侯，無以天子之富而驕諸侯；陰之從陽，女之順夫，本天地之義也。往事爾

135. 納蘭容若子夏易傳序。
136. 經義考五／頁四。
137. 四庫提要一／頁四。
按：經義考但據釋文及困學紀聞所引者以覈之耳，未引及李氏周易集解；提要言有李氏書，蓋失檢也。

夫，必以禮義」；荀爽對策，引「帝乙歸妹」，言湯以娶禮歸其妹於諸侯也。

(中略)若左傳(哀公九年)筮遇泰之需曰：「微子啓，帝乙之元子也」，虞翻亦云：紂父。二說不同，正義皆略之。[138]

蓋「帝乙」之所指，舊有二說，一以爲卽湯，一則以爲紂父；[139]而王應麟所據本之子夏傳，則以「帝乙歸妹」爲湯之歸妹。按「帝乙歸妹」一語，易經凡二見，惟檢今本子夏傳，於「泰」六五：「帝乙歸妹以祉，元吉」及「歸妹」六五：「帝乙歸妹，其君之袂不如其娣之袂良」，二處並無「湯之歸妹」之說，[140] 是今本與王氏所據本有異，固較然甚明。

惟朱氏及提要但緣此孤證以立說，其理據究不免略嫌薄弱，故乾嘉諸儒類皆未從是說，而或以王氏此條，乃韓氏原本之語，故諸家輯本並收之。實則此除上述朱氏所引困學紀聞一條者外，今尙可別求他證以斷之。

今按宋朱震漢上易傳於「泰」六五「帝乙歸妹」下，注云：

子夏曰：「帝乙歸妹，湯之歸妹也。湯一曰天乙」；京房載湯嫁妹之辭曰：「无以天子之尊而乘諸侯(以下與王氏所引者同，今略)」，則帝乙，湯也。……[141]

此與上引王氏困學紀聞所據本正合。考朱震之世，固遠在王應麟之前，[142]其非轉引自王氏書絕無可疑。然則朱氏漢上易傳所據本，與王應麟所據者同爲一本亦從而可知；而王應麟所據本，正中興書目所斥之十卷本僞傳，[143] 然則朱氏漢上易傳所引之子夏傳，係出十卷本僞傳亦從可推知。而檢漢上易傳所引之子夏傳文，並與今十一卷本迥

138. 翁注困學紀聞頁三二～三三。

139. 按明楊愼升菴經說(函海本)以爲帝乙非湯；今人顧頡剛氏周易卦爻辭中的故事、李鏡池氏周易筮辭考及高亨氏周易古經今注(頁四三～四五)、周易大傳今注(頁一五一)等，並以爲當以紂父之說爲是。

140. 見今本子夏易傳二／頁二及五／頁二四，今不具引。

141. 漢上易傳，通志堂經解本二／頁四。

142. 據姜亮夫氏歷代人物年里碑傳綜表，朱震之世：一〇七二～一一三八；王應麟則在一二二三～一二九六，已近及元代。

143. 按前揭比卦：「比吉」，集解引子夏傳曰：「地得水而柔，水得地而流」云云，王應麟玉海云：「今本作『地藏水而澤，水得地而安』」，與中興書目所斥之十卷本僞傳：「今本作『地藏水而澤，水得地而安』」者正合，可知其所據者乃十卷本甚明；又王氏漢書藝文志考證，於子夏易傳下云：「今本十卷」，此尤其確證也。

異。此不遑備引，今但舉一二例以明之：如「謙」卦六四：「无不利，撝謙」，朱氏漢上易傳：

子夏曰：「撝謙，化謙也，言上下化其謙也」；京房曰：「上下皆通曰揮謙」，是也；謂三撝之，四化之，誤也。[144]

今本子夏易傳則作：

謙以在位，不僭不偪，不違其則者也；以之奉五而待於三，奉事得宜，指撝皆從，无不利也。[145]

漢上易傳所引子夏傳，與今本子夏易傳非一，固自甚明。又「歸妹」上六：「女承筐无實，士刲羊无血，无攸利」，漢上易傳五：

子夏傳曰：「血謂四，士刲羊，三而无血」，是則自子夏以來，傳易者以互體言矣。[146]

知十卷本僞傳此以互體說之，然今本子夏易傳此傳則作：

柔而居極，歸妹之窮也，復何待乎？无其歸者也。女徒承筐，不見其實也，士求進，安得其偶哉，道之窮而无所利也。[147]

二者解誼迥別，更無可疑。

據上所考，可決今本子夏易傳，與宋時所傳之十卷本僞傳各別，其非一書固確然無可疑者。

惟今傳之十一卷本子夏易傳，前引提要云：「應麟乃南宋末人，何以當日所見，與今本又異」，推其意，蓋以爲此書殆出於王應麟之後 。今世學者 ，大抵皆承用其說，如顧實氏云：

若四庫經部易類著錄子夏易傳十一卷，則宋以後人僞作。[148]

吳承仕氏云：

144. 漢上易傳二／頁一七。
145. 今本子夏易傳二／頁一〇。
146. 漢上易傳五／頁四七。
147. 今本子夏易傳五／頁二四。
148. 漢書藝文志講疏頁一五。

今世所行子夏傳十一卷者，卽王應麟所引，亦不可見，是又出於宋末以來，不獨非隋志之舊，亦非張弧之僞書矣。[149]

又黃雲眉氏云：

王應麟乃南宋末人，而困學紀聞：「帝乙歸妹，子夏傳謂湯之歸妹也」，今本亦無之，則尙安得謂爲張弧之僞本哉？準是以言，劉知幾、司馬貞所議者，固非宋人所見之僞本；今日所見之僞本，又非宋人所見之僞本（惠棟九經古義謂其文淺近，與郭京周易舉正皆宋人僞撰，恐亦非是。）陽羨鵝籠，幻中出幻，豈非可怪！[150]

並其例也。然夷考其實，今本子夏易傳雖爲後儒僞託，然其書宋時旣已行於世，其非宋以後人所爲，則尙可考明也。按宋儒程迥古占法云：

子夏易傳，京房爲之箋，先儒疑非卜商也；近世有陋儒用王弼本爲之注，鄙淺之甚，亦託云子夏；凡先儒所引子夏傳，此本皆無之。熙寧中，房審權萃訓詁百家，凡稱「子夏」者，乃取後贋本。[151]

按：據前引晁說之言劉知幾所斥本，「書不傳於今」，是唐世所傳之原本子夏傳殘本，宋代已不傳；而據程氏此「取後贋本」之語，知宋時確有兩本僞傳傳行於世。其言「子夏易傳，京房爲之箋」者，洪振宗云：「未詳所據」，[152]實則此乃指十卷本僞傳而言（說詳下）；而所言「近世有陋儒用王弼本爲之注，鄙淺之甚，亦託云子夏」者，卽所謂之「後贋本」，則指今存之十一卷本子夏易傳，此今尙可考見焉。按程氏云：「房審權萃訓詁百家，凡稱『子夏』者，乃取後贋本」；房氏之書，名周易義海，其原書不傳，惟據宋儒李衡周易義海撮要序云：

易義海，熙寧間蜀人房審權所編。房謂：「自漢至今，專門學不啻千百家。（中略）今於千百家內，斥去雜學異說，摘取專明人事、羽翼吾道者僅百家，編爲一集。（下略）」衡得是書而讀之，其間尙有意義重疊、文辭冗瑣者，載

149. 經典釋文序錄疏證頁二七～二八。

150. 古今僞書考補證頁一〇。
按：徐芹庭君謂南宋末人所僞，亦非。

151. 據經義考五／頁三引。

152. 漢書藝文志拾補，開明書店二十五史補編本頁四。

加刪削，而益之以伊川、東坡、漢上之說，庶學者便於觀覽云。[153]

據此，可知房氏之周易義海，乃薈萃別擇前儒解易之「專明人事」者，編纂爲書；[154]而宋紹興中，李衡因病其書複沓煩冗，因加刪削，而益之以程伊川、蘇東坡、朱震三家之說，爲周易義海撮要一書。是則今周易義海撮要中所引之子夏易，乃房氏原書所有；然則房氏義海原書雖亡，惟今尚可藉李氏義海撮要以推考之也。今考撮要所引之子夏說，實皆見於今本，今略以首卷爲例，如「乾」卦象傳：「『用九』天德，不可爲首也」節，撮要引子夏說，云：

首者，事之倡也，故聖人之治天下，有以誅亂去惡也，應之而已，非其倡也，則天下皆覩，聖人用九之无首也。[155]

今本子夏易傳此節之傳文全文云：

陽者，剛德之物也；凡用者皆取象焉，故曰：乾坤其易之門邪！陽肆而不已則暴，時而後動則治。夫首者，事之倡也，故聖人之治天下也，有以誅亂去惡者也，應之而正，非其倡也，則天下皆覩，聖人之用九之無首也，此天之無私矣，天下之歸矣，吉何往哉。[156]

雖撮要「應之而已」，今本「已」作「正」爲異，此蓋傳寫之譌，餘則僅刪略一二虛字耳。此外，則全同於今本。

又乾文言：「本乎天者親上，本乎地者親下，則各從其類也」，撮要引子夏之說：

聖人在上，君子、小人各得其親而從其類。[157]

又，「或躍在淵，自試也」，下引子夏說云：

或躍以進其道，行其德。[158]

又，「飛龍在天，上治也」，下引子夏說云：

---

153. 李衡周易義海撮要序。此下所論引及是書者，並據通志堂經解本。

154. 按：晁公武郡齋讀書志卷一「周易義海一百卷」條下，謂房氏「撰集鄭玄至王安石凡百家，摘取其專明人事者爲一編；或諸家說有異同，輒加評議，附之篇末」。

155. 周易義海撮要一／頁六。

156. 今本子夏易傳一／頁二～三。

157. 周易義海撮要一／頁八。

158. 同上一／頁九。

治在一人。[159]

又，「飛龍乃位乎天德」，下引子夏說云：

高明而周也。[160]

此所引子夏之說，莫不見於今本子夏易傳；其他撮要中所存子夏說甚夥，亦皆然，今不備列。[161]

據上所考，則程迥言房氏周易義海所引子夏說，「乃取後贋本」者，正指今本子夏易傳，固確而無可疑者。而房審權之周易義海成於宋熙寧中，「熙寧」爲北宋神宗年號，其書既已引及今本子夏易傳，則今十一卷本子夏易傳當成於宋神宗朝以前，抑亦可知也。[162]然則提要以來，學者相沿以今本爲出宋以後人所僞，其謬亦可明矣。

程迥謂：房氏周易義海中所引子夏傳，「乃取後贋本」，當卽今傳之十一卷本，已如上述；而其同時又別有一「京房爲之箋」之本，今擬就此更加考證焉。按宋儒趙汝楳云：

易家有子夏傳，先儒多引以斷疑，雖於其書，不於其人，然亦不容不辨。蓋由隋志以爲卜商，故後人承而弗察，信之者以爲京房爲之箋，疑之者以爲近世人以王弼本冒爲之傳。世有兩書，今觀諸儒所用二書中語，皆不類洙泗氣象。[163]

審其「世有兩書，今觀諸儒所用二書中語」云云，則宋時的有兩僞傳，此尤其確證也。而繹程迥：「子夏易傳，京房爲之箋」、趙汝楳「信之者，以爲京房爲之箋」之

159. 同上註。

160. 同上註。

161. 按：凡義海撮要所引，其旁注「子」小字者，此乃子夏傳之省稱，此亦並見於今本。

162. 按：黃奭輯子夏易傳附錄云：

學易記：「訟」引「兩其情則上剛而下險，兼其衆則心險而行健，能無訟乎」，又「頤」：「象曰：山下有雷，頤。君子以愼言語，節飲食」，引「言語者，禍福之機；飲食者，康疾之由」；古周易訂詁賁六四：「賁如皤如，白馬翰如」，引「得位有應，賁而成文，故潔其儀，白其馬，欲翰如而速往也」；周易象旨決錄：「大畜」（初九）「有厲，利已」，引「居而俟命則利，往而違上則厲」；又「鼎」（彖傳）：「巽而耳目聰明」，引「中虛爲耳」；又九三：「鼎有耳」，引「次實腹也」；又繫辭：「大衍之數五十，其用四十九」，引「太極不用」。以上所引，俱見通志堂所刻子夏易傳。

森按：除黃氏此所引及者外，他如羅苹路史注所引子夏易說，亦同今本。惟上文旣已考知今本子夏易傳當成於宋神宗熙寧以前，則其後羣籍有引及之者，固無論矣。

163. 經義考五／頁三引。

語，則其別一本子夏易傳，殆比附京房之說而僞爲之也。蓋因是本僞傳其說頗與京房之易相應，因之，雖程迥、趙汝楳於是書不無疑辭，然世儒則頗崇信之，如朱震即其例也，其漢上易傳頗稱引是書以斷疑；抑如上揭困學紀聞、漢上易傳引「帝乙歸妹，子夏傳謂湯之歸妹也」，下即引京房載「湯嫁妹之辭」云云；又如上引「謙」六四：「无不利，撝謙」一條，漢上易傳引子夏傳之後，即承之以京房「上下皆通曰揮謙」之說；又漢上易卦圖下卷「復七日來復圖」云：

> 子夏曰：「極六位而反於坤，之復，其數七日，其物陽也。」京房曰：「六爻反復之稱」。[164]

凡此，並以京房之說承子夏傳之後，以申厥旨。蓋是本僞傳與京房之義尤多相應，故世有「京房爲之箋」之說。朱震漢上易叢說謂：「孟喜、京房之學，其書槩見於一行所集，大要皆自子夏傳而出」，[165]實則此正如張惠言所言者，此自「爲傳者取于孟、京，非孟、京取於此傳」。[166]如上文所考者，朱震漢上易所據者，乃十卷本僞傳，更據此所論，可知此十卷本實多取京房等之易說以僞之也。

更考經義考卷二十一據尤氏遂初堂書目載宋張弼著有卜子夏易傳解一書；[167]其書久佚，其詳固不可得而聞，然據林至之言，云：

> 近世張弼專用（互體）以解易，其說曰：「大傳：二與四同功而異位，三與五同功而異位，此正論互體」。[168]

可知其易學專以互體作解。而上引朱震漢上易傳於「歸妹」上六「士刲羊无血」下，稱：

> 子夏傳曰：「血謂四，士刲羊，三而無血」，是則自子夏以來傳易者以互體言矣。

是知朱震所據之十卷本僞傳，蓋頗以互體爲說，與今傳十一卷本之專言人事者，其旨

164. 漢上易卦圖卷下，通志堂經解本頁一二及頁一九兩引之。
165. 漢上易叢說，通志堂經解本頁二八。
166. 易義別錄，經解一二四七／頁一。
167. 經義考二一／頁九。
168. 張弼別著有葆光易解（宋志作「易解義」）十卷；林至之說，見經義考此書條下所引（二一／頁八）；此雖非就其卜子夏易傳解而言，然藉此略可推知弼易學之特性也。

趣固異。張弼之易學，既專以互體解易，則其卜子夏易傳解殆卽本諸十卷本僞傳而加以申說者，亦從可推知也。

又宋志著錄洪興祖易古經考異釋疑，[169]其書雖亦早已亡佚，然據王應麟困學紀聞云：

古易五家：呂微仲、晁以道、睢陽王氏、東萊呂氏、九江周燔；又有程迥、吳仁傑二家；而洪興祖以一行所纂「古子夏傳」爲正，以諸書附著其下，爲考異釋疑。[170]

可知洪氏之書乃據唐僧一行所纂「古子夏傳」爲正，而附呂大防、晁說之、王洙、呂祖謙、周燔、程迥、吳仁傑七家之說於其下。據此，是唐僧一行嘗纂子夏傳甚明。今按：宋史藝文志易類著錄沙門一行傳十二卷，[171] 經義考卷十五釋一行易傳十二卷條下，云：「佚；今惟大演周易本義一卷存」；[172]惟一行「易傳」，困學紀聞引「朱新仲謂一行『易纂』引孟喜序卦曰：陰陽養萬物，必訟而成之；君臣養萬民，亦訟而成之」云云，[173]則其書名「易纂」；另據上引朱震漢上易叢說云：「孟喜、京房之學，其書槩見於一行所集，大要皆自子夏傳而出」，是其書乃纂集前儒易說而成。然則其書名恐以「易纂」爲正，[174]今姑仍舊稱；至其所纂之子夏傳，史志不載，蓋卽其易傳中纂有子夏傳也。考宋國史志著錄子夏易傳十卷，云：

子夏易傳，假託。眞子夏傳，一行所論定，然殘闕。[175]

據此文，知一行曾論定唐時所行之子夏傳爲眞本。案：一行之時世與劉知幾、司馬貞同。此或一行嘗就劉氏等之所疑者提出反論，而以此書出卜子夏也。如上文所旣論者，其時子夏易傳業已殘闕，故一行所纂者亦殘闕不完。而國史志之直斥十卷本子夏

169. 宋史卷二〇二／頁五〇三九。

170. 翁注困學紀聞一／頁四七；又王氏玉海三十六續書目亦云：「洪興祖謂漢以來諸儒，各有師承；唐陸德明著音義，兼存別本。諸儒各以所見去取，今以一行所纂古子夏傳爲正，而以諸書附著其下，爲易古經考異釋疑一卷」。

171. 宋史頁五〇三五。

172. 經義考一五／頁八。

173. 翁注困學紀聞一／頁四六。

174. 馬國翰玉函山房輯佚書嘗就晁以道等所引者，輯得易纂一卷，惟大抵皆異文碎義耳。

175. 據經義考五／頁二引。

傳爲假託者，當即據一行所纂者以斷之也。洪興祖亦據一行所纂者爲正，因以「古子夏傳」爲稱，取別於當時所行之二僞傳。

抑一行易傳，如上文所述者，其書纂有子夏傳及京房、孟喜之易說，而宋十卷本僞子夏傳，亦往往依附孟、京之義，故朱震因有「孟喜、京房之學，其書槩見於一行所集，大要皆自子夏傳而出」之說。然則宋之十卷本僞傳，疑即緣一行之易傳改造附益而成也；如前所述者，一行之時，原本子夏傳殘本尚在，而十卷本因據一行易傳僞爲之，故其本校以陸、孔所引，間有合者，此由中興書目言「今乃十卷，考陸德明音義所引，與今本間有合者」之語，可以知之。此外，由漢上易傳所據之十卷本，覈以釋文所引，亦可取徵，如「晉」九四：「晉如鼫鼠」，釋文：

鼫音石，子夏傳作「碩鼠」。[176]

而漢上易傳云：

鼫鼠，子夏傳作「碩鼠」；碩，大也。[177]

又如「明夷」六二：「明夷夷于左股，用拯馬壯吉」，釋文云：

用拯，子夏傳作「抍」，字林云：「抍，上舉，音承」。[178]

漢上易傳亦云：

拯，子夏傳、說文、字林作「抍」，音升，一音承，上舉也。[179]

二者悉合。更據前引中興書目言「『束帛戔戔』，（釋文）作『殘殘』，又云『五匹爲束，三玄二纁，象陰陽』，今本並無此文」，是十卷本非據釋文所引者而僞爲之，亦自甚明。

由於十卷本僞傳，一行易傳及洪興祖易古經考異釋疑並久已亡佚，今參覈旁推，略可推知十卷本僞傳，蓋即依一行所纂之子夏傳增益改造也。復考陳振孫直齋書錄解題卷一「子夏易傳十卷」條下云：「隋、唐時止二卷，已殘缺，今安得有十卷？且其經文彖象爻辭相錯，正用王弼本，決非漢世書」，[180]知此十卷本篇第亦同王弼本。

176. 經典釋文二／頁一四。
177. 漢上易傳四／頁一五。
178. 經典釋文二／頁一五。
179. 漢上易傳四／頁一八。
180. 直齋書錄解題，商務排印本頁四。

此本明時疑已不傳。明儒胡應麟四部正譌云：「子夏易載通考者，今亦不傳」。[181]案馬端臨文獻通考卷一七五載「子夏易傳十卷」；[182] 胡氏所言者，當係此十卷本。據其說，可知是本其時業已無傳。姚際恒乃云：「今崑山徐氏新刊有之，胡蓋未見云」，[183]實則姚氏所言者，即徐乾學爲納蘭容若刋刻通志堂經解所收之十一卷本，與胡應麟所指之十卷本二者非一，此姚氏自失考耳。[184]

除上述十卷本僞傳及今本僞子夏傳二本而外，崇文總目卜筮類又著錄：

周易子夏十八章三卷。[185]

朱彝尊經義考云：

按紹興闕書目亦有之；五行家言，託名子夏，尤不倫矣。[186]

知此本乃本五行家說以解易也。按宋孫坦云：

世有子夏易傳，以爲親得孔子之蘊；觀其辭略而不粹，間或取左氏春秋傳語證之；晚又得十八占，稱夫子則曰縣官。[187]

其所斥之子夏易傳，疑卽指今本僞傳而言；[188]而「晚又得十八占，稱夫子則曰縣官」者，蓋卽此周易子夏十八章。合朱、孫二氏之語繹之，則是書蓋設十八占，每占自爲一章，而以五行家言加以敷說也。

另崇文總目又著錄：

周易子夏占林一卷。[189]

其詳已無可考，蓋亦占筮家說而託名子夏也。

181. 四部正譌，開明書店辨僞叢刋本頁五。
182. 文獻通考，商務萬有文庫十通本頁一五一六。
183. 古今僞書考，開明書店辨僞叢刋本頁三。
184. 案黃雲眉氏古今僞書考補證於此並未加辨正，張心澂氏僞書通考則誤沿姚氏之說。
185. 崇文總目，淸錢東垣輯釋，商務排印本頁二三二。
186. 經義考五／頁四。
187. 同上五／頁二引。
188. 按朱氏經義考亦斥今本：「書中引周禮、春秋傳，其僞不待攻而自破矣。」
189. 同註一八五。森按：玉海引崇文總目作「子夏林占」，蓋誤倒。宋志五行家類亦載之，題「周易子夏占一卷」。經義考此書失載。

綜上所考，可知子夏易前後凡有數本。其原本乃出漢儒韓嬰，惟唐人相傳其爲孔門卜子夏所撰，劉知幾、司馬貞等未加深考，誤沿俗說，因奏議其係後人所依託，而世遂以僞書目之，其書亦寖而湮失，實則此本卽漢志所著錄之「易傳韓氏二篇」，前儒之斥以爲僞者，實由誤認撰人所致。此爲一本也。宋代則出現兩本子夏易僞傳，其一則中興書目等所著錄之十卷本，漢上易傳、困學紀聞所引者是也，是本疑係依一行易傳所纂之原本子夏傳殘篇加以增益改造者；另本僞傳，卽今傳之十一卷本子夏易傳，此本近世學者並以爲宋後人所僞，實則北宋熙寧中房審權纂周易義海已引及之，知其當成於北宋神宗朝以前。此外，又有周易子夏十八章、周易子夏占林二書，則五行占筮家所依託，此雖非易傳之屬，然亦皆冒子夏之名。王應麟曾慨嘆「經說多依託，易爲甚。子夏傳，張弧作也；關子明傳，阮逸作也；麻衣正易，戴師愈作也」；[190]他如清儒惠棟亦以爲郭京周易舉正亦宋人所僞，[191]並其比也。蓋歷來相傳諸經皆由卜子夏所傳，宋代迭有僞造依託子夏易者，固無足怪也。而宋代辨僞之風甚盛，此與宋人之好僞書實正相表裏。

七、清世以來諸家輯本之得失

韓嬰原本子夏易傳久已亡佚，清世以來諸家迭有輯本，羅振玉經義考校記云：「王謨、孫馮翼、張澍、孫堂、馬國翰、黃奭均有輯本」；[192]除羅氏所述諸家外，另張惠言易義別錄亦有輯本，[193]又吳騫有子夏易傳釋存（或題「義疏」），[194]今未見；此外，徐芹庭君兩漢十六家易注闡微亦有蒐輯，間加斆說。

惟此諸輯本，間有譌誤，如張惠言易義別錄於「乾」卦上九「亢龍有悔」下，收「傳云：亢，極也」一條，云出集解，[195]然檢周易集解，此爻下但引王肅、干寶之說，並無子夏傳，此實出於陸德明音義，[196]張氏蓋誤記耳；又諸家所輯，互有詳略，

190. 翁注困學紀聞頁四八。
191. 九經古義，皇清經解三六〇／頁一〇～一二。
192. 經義考校記，廣文書局景本頁一。森按：王謨漢魏遺書鈔未輯子夏傳，羅氏謂王謨有輯本，非。
193. 見皇清經解卷一千二百四十七。
194. 參註二十六、二十七。
195. 同註一九三頁二。
196. 經典釋文二／頁一。

原書具在，今於此並置之不論。

諸家輯本共同之缺失，主要卽在於眞僞雜陳，無所甄別。諸家似多未覺子夏易傳僞本實非止今本而已，故凡宋人以下所引子夏傳之異於今傳十一卷本者，輒爭錄之，而與釋文、正義、集解所引之韓嬰原本同列並論，以競侈其富。張惠言別錄云：

> 晁以道云：「二卷之書不傳」；而漢上易傳所引，皆非十一卷之僞書，則似朱子發（震）見之者，其復出於晁後邪。[197]

實則朱震與晁說之時世近同，[198]二卷本之韓氏易傳原書，唐後已亡，宋人亦絕未有言此二卷本更復出者，朱震所引者，其爲僞本，要無可疑。而如上節所旣論者，朱震漢上易傳所引，乃宋時所行之十卷本僞傳，與陸、孔等所見者非一；十卷本雖有採自一行易傳所纂韓氏原書之殘篇者，然度其數蓋亦僅耳。而晁氏旣明言唐時之二卷本已不傳，且指實其時所行之十卷本爲唐張弧之易，而其所引之子夏傳亦復與今十一卷本僞傳異，[199]然則其所引子夏傳有出於陸、孔、集解之外者，當採自一行所纂。宋李燾論其錄古周易一書，嘗謂：

> 晁氏專主北學，凡故訓多取許叔重說文解字、陸德明音義，一行、李鼎祚、陸希聲及本朝王昭素、胡翼之、黃𨰿隅輩論，亦時採掇。[200]

卽其證也。晁氏錄古周易不采其時傳行之本，而上采一行所纂錄之舊本殘篇，其書差可信據（馬國翰有輯本，然所見存者，皆僅是個別之異文耳），此與上述洪興祖易古經考異釋疑，並專尚古易者，自是個別之特例。推是以言之，則宋、元人所引子夏傳，其不見於釋文、正義、集解所引，雖與今本違異，然其不必卽果爲韓嬰原本所有，理固甚明。今檢諸家輯本，除孫馮翼所輯者外，[201]其餘諸家，於漢上易傳以下諸書所引子夏傳之與今本異者，並兼收不遺。而孫氏輯本，不取漢上易傳所引者，其謹

197. 同註一九三頁一。

198. 據姜亮夫氏歷代人物年里碑傳綜表，晁說之（以道）生於宋仁宗嘉祐四年，高宗建炎三年卒（一〇五九～一一二九）；朱震（子發）生於宋神宗熙寧五年，高宗紹興八年卒（一〇七二～一一三八）。

199. 如「小畜」上九爻辭，王弼本作：「旣雨旣處，尙德載，婦貞厲，月幾望，君子征，凶」，今本僞子夏傳全同王本；然晁氏云：「德，子夏傳作得，京、虞翻同」，又：「幾，子夏傳、京、劉、一行作近」，卽其例也。

200. 經義考二〇／頁七引。

201. 孫氏所輯子夏易傳一卷，有嘉慶十二年刋問經堂叢書本。

嚴固非其他諸家所可及；[202] 然其於困學紀聞所引：「帝乙歸妹，子夏傳謂湯之歸妹也」一條，則仍收之，[203]是亦不知困學紀聞所據本，正與朱震漢上易傳所據者，同爲十卷本僞傳。

馬國翰輯本，乃據張澍所輯而附益者，[204]故於張氏之誤亦並仍之，如張氏於繫辭下篇「上古結繩而治」下，採羅苹路史注引子夏傳曰：「上古官職未設，人自爲治，記其事，將其命而已，故可以結繩爲」一條，[205]馬氏因之；[206]然檢今十一卷本僞傳，此作：「上古官職未設，人自爲治，記其命而已，可以結繩也」，[207]二文近同；今本僞傳，宋熙寧間已傳行於世，羅氏所據者，當係十一卷本僞傳，惟今本有敓文耳；故諸家並知其非古而摒之，乃徐芹庭君卻仍沿其誤。[208]

又馬氏以子夏傳當出卜子夏，然又謂：「劉向以爲韓嬰作，荀勗以爲丁寬作，（中略）必其說與子夏同，漢、晉人及見丁、韓諸傳，故有是論，非後人懸揣之比」，[209]因將所輯同一「子夏傳」，旣以爲卜商書二卷，同時又充爲丁寬周易丁氏傳二卷、韓嬰周易韓氏傳二卷。此尤誣妄也，故柯劭忞譏其「叠牀架屋，徒充卷帙」，[210]洵不誣也。

其次，韓嬰之韓詩內外傳與其韓氏易傳，本各自爲書，漢志載之甚明；馬國翰則云：

> 史稱韓氏易深，必有發揮奧旨，羽翼微言者，惜莫可徵見，第從韓詩外傳得其說易凡六節，（中略）雖非本書，足補殘缺。[211]

202. 按孫氏輯本署「孫馮翼撰，臧庸述」，然考阮元臧拜經（庸）別傳云：「生平考輯古義甚勤，故輯古之書甚多。子夏易傳一卷，以子夏傳爲漢韓嬰所撰，非卜子夏」，日本學者吉川幸次郎先生臧在東先生年譜謂孫書實臧氏所撰（吉川幸次郎全集第十六册頁二四八），其說蓋是。

203. 同註二〇一頁二。

204. 馬國翰輯周易子夏傳序末云：「武威張太史澍輯此篇，刻入張氏叢書，今據校錄，分爲二卷，仍隋唐志之舊目也」。

205. 張澍輯子夏易傳，道光元年刋張氏二酉堂叢書本頁一三。

206. 馬氏輯周易子夏傳二／頁六。

207. 通志堂經解本八／頁七。

208. 兩漢十六家易注闡微頁一〇五。

209. 馬氏周易子夏傳序。

210. 續修四庫全書提要頁二。

211. 馬氏輯周易韓氏傳序。按：洪振宗漢書藝文志條理亦云：「韓詩外傳間有引易文者，亦韓氏易也」。

故馬氏因於所輯周易韓氏傳中，更益以外傳之述及易者六節，[212] 此似近理，然細繹之，則頗有可商者。考外傳卷三「周公踐天子之位」一節，記：

成王封伯禽於魯，周公誡之曰：「往矣！子無以魯國驕士。（中略）吾聞：德行寬裕，守之以恭者榮；土地廣大，守之以儉者安；祿位尊盛，守之以卑者貴；人衆兵強，守之以畏者勝；聰明睿智，守之以愚者善；博聞強記，守之以淺者智。夫此六者，皆謙德也。（中略）故易有一道，大足以守天下，中足以守其國家，近足以守其身，謙之謂也。夫天道虧盈而益謙，地道變盈而流謙，鬼神害盈而福謙，人道惡盈而好謙。是以衣成則必缺衽，宮成則必缺隅，屋成則必加措，示不成者，天道然也。易曰：『謙，亨，君子有終吉』，詩曰：『湯降不遲，聖敬日躋』，戒之哉，其無以魯國驕士也。」[213]

馬氏、胡薇元、徐芹庭君並採此節以入所輯本，以爲韓嬰之易說；然夷考之，此文固出於韓詩外傳，然其中所述之易說，是否卽爲韓氏易，則頗可疑。今按韓詩外傳八載：

孔子曰：「易先同人，後大有，承之以謙，不亦可乎！故天道虧盈而益謙，地道變盈而流謙，鬼神害盈而福謙，人道惡盈而好謙；(下略)」孔子曰：「（上略）故德行寬容，而守之以恭者榮；土地廣大，而守之以儉者安；位尊祿重，而守之以卑者貴；人衆兵強，而守之以畏者勝；聰明睿智，而守之以愚者哲；博聞強記，而守之以淺者不溢，此六者，皆謙德也。易曰：『謙，亨，君子有終吉』（中略）夫易有一道焉，大足以治天下，中足以安國家，近足以守其身者，其惟謙德乎！詩曰：『湯降不遲，聖敬日躋』。」[214]

二文大同小異，而一則以爲周公之語，一以爲孔子之語。使此二文果爲韓嬰易說，何其前後歧互以自相牴牾？是知此固韓嬰纂錄當時流傳之逸話而不避其異辭也。[215]更考說苑敬愼篇亦記此：

212. 按胡薇元漢易十三家（民國九年玉津閣叢書本）輯周易韓嬰傳、徐芹庭君前揭書並從之。

213. 蘇州鏞潤齋景袁綬階藏元刻本三／頁一五。

214. 同上八／頁一三～一四。

215. 關於韓詩外傳之性質，別有「韓詩外傳之性質檢討」一文詳之。此不細論。

昔成王封周公，周公辭不受，乃封周公子伯禽於魯，將辭去，周公戒之曰：「去矣！子其無以魯國驕士矣。（中略）吾聞之曰：德行廣大，而守以恭者榮；土地博裕，而守以儉者安；祿位尊盛，而守以卑者貴；人衆兵強，而守以畏者勝；聰明叡智，而守以愚者益；博聞多記，而守以淺者廣；此六守者，皆謙德也。（中略）故易曰：有一道，大足以守天下，中足以守國家，小足以守其身，謙之謂也。夫天道毀滿而益謙，地道變滿而流謙，鬼神害滿而福謙，人道惡滿而好謙。是以衣成則缺袵……。易曰：『謙，亨，君子有終吉』，詩曰：『湯降不遲，聖敬日躋』，其戒之哉！子其無以魯國驕士矣。」[216]

此與外傳三所載者同，惟文字微異耳。說苑舊以爲劉向所作，實則此書乃劉向纂錄舊文而成者。[217]今觀說苑此文所述之易說，與外傳全同，可知此乃原逸話所有，不必即韓嬰一家之易說也。

又北堂書鈔一三七引韓詩外傳佚文：

孔子使子貢，爲其不來，孔子占之，遇鼎，謂弟子曰：「占者遇鼎，言皆無足而不來。」顏回掩口而笑，孔子曰：「回也，何哂乎？」曰：「回謂賜必來。」孔子曰：「何如也？」回對曰：「無足者，乘舟而來矣」；賜果至。（森按：孔廣陶校本云：「案陳本『爲其』句，作『適齊久而未回』；無『言皆』二字」）[218]

徐君輯本，亦採及此文；[219]然考宋薛據孔子集語顏叔子篇引呂氏春秋佚文云：

孔子倏子貢，久而不至，謂弟子占之，遇鼎，皆曰：「折足，賜不來」，顏淵掩口而笑，子曰：「回也，（何哂乎？」曰：「回）哂謂賜來也。無足，乘舟而至」，子貢朝至。[220]

---

216. 說苑，漢魏叢書本一〇／頁一。

217. 參羅根澤氏「新序、說苑、列女傳不作始於劉向考」（收入氏著諸子考索，一九五八年，人民出版社，頁五四〇～五四二）及余嘉錫氏四庫提要辨證。

218. 北堂書鈔，孔廣陶校注，光緒重刊本一三七／頁一一。

219. 兩漢十六家易注闡微頁一〇二。

220. 孔子集語，明嘉靖間刊四明范氏二十種奇書本二／頁四。
森按：此本「子曰回也」下，原無「何哂乎曰回」五字，文意不足，今據書鈔所引韓詩外傳文校補。

二文相類；[221]雖傳聞微有異辭，而呂氏春秋之成書固遠在韓詩外傳前，是則外傳此文所記孔門占卦遇鼎事，蓋當時傳行之逸話乃爾，自不得逕以此爲韓嬰之易學固甚明也。推是以言之，外傳所載之逸話，蓋多韓氏纂論所聞耳，故其所載之逸話，每多與秦漢載籍如荀子、呂氏春秋、說苑、新序等書近同。然則，其書雖間或引及易文，然此自不必卽爲韓嬰之易說，其理抑亦甚明。更況易傳乃訓詁之書，而韓詩外傳則雜說之體，二書性質各異，不必強爲牽合混同。

惟馬國翰雖由外傳錄其言易者六事以入所輯之韓氏易，然尚知其「非本書」；乃徐芹庭君則變本加厲，馬鹿不別，如昭明文選應吉甫「晉武帝華林園集詩」云：「天垂其象，地曜其文」，李善注：「韓詩外傳曰：天見其象，地見其形，聖人則之」，[222]徐君二引之，以爲卽子夏傳之繫辭注；[223]又「中孚」：「我有好爵，吾與爾靡之」，釋文出「爾靡」，云：「韓詩曰：共也」，[224]徐君亦兩引之，以爲「中孚」及「繫辭」子夏傳，[225]卽其例也。是徐君全泯韓詩傳及子夏易傳二書之界域；實則陸氏於「中孚」不引子夏傳，而旁引韓詩，正見子夏傳初無此注。其尤甚者，則徐君文中論「子夏易傳之特點與價值」，更由外傳以推斷子夏易傳之特性，乃在於「歸本於人

---

221. 按太平御覽七百二十八、藝文類聚七十一並引衝波傳，亦載此事，惟文字有一二微異耳。

又按：孫星衍孔子集語據類聚，而云：

薛據集語引呂氏春秋亦載此事，今本無之，薛蓋誤。（平津館原刊本一四／頁七）

蔣維喬氏、楊寬氏等合撰之呂氏春秋彙校（臺北鼎文書局景本）、趙善詒氏韓詩外傳佚文考（一九三六年，刊制言半月刊第二十四期頁一～一九）等，亦皆以薛氏所引者當爲外傳之佚文，而集語誤爲呂氏春秋也。森按：此說不然。今覈二文，其文字實有別，外傳佚文，以爲孔子占之，且以斷子貢將不至者爲孔子語；呂覽佚文則以爲孔子使弟子占，且以「斷足，賜不來」之語，爲弟子之語。是二文所述，顯然不一，自不得以其事相類而遂以爲一書之文也。且韓詩外傳與呂氏春秋所載其事類近同者，固往往而有，如外傳卷二崔抒盟大夫章，又見於呂氏春秋知分篇；同卷石奢縱父章，亦見於呂氏春秋高義篇；子賤治單父章，亦見於呂氏春秋察賢篇；外傳卷三，文王寢疾五日而地動章，又見於呂氏春秋制樂篇。其例甚多，不遑備舉。蓋薛據宋人，其所引呂氏春秋文，每有今本所佚者，如集語顏叔子篇首章引呂氏春秋文：「顏叔子獨處於室，鄰之嫠婦又獨處於室」云云，今本呂氏春秋亦無其文；而後漢書崔駰傳注引韓詩外傳佚文：「魯有男子獨處」云云，其事亦同，惟不出其名耳。可知二書所載之逸話，每多事類近同者；然則此處所論之「孔子俟子貢」一節，當是二書並載之，惟各記所聞，其事微異耳。

222. 文選，石門書局景宋尤袤刻本二〇／頁一九。

223. 徐君前揭書頁一〇四、一〇五。

224. 經典釋文二／頁二四。按：此條張澍輯本亦收之（頁一二）；馬氏輯周易子夏傳云：「案今本釋文無此條，張太史澍集本引釋文，姑仍之」，馬氏蓋失檢耳。

225. 徐君前揭書頁一〇三、一〇五。

事，以孚修己治人之應用」、「旁徵於詩經，以發易義之精微」、「證驗於史事，以闡易學之奥旨」，[226]甚妄誕孰甚。

又漢書蓋寬饒傳載：

寬饒奏封事曰：「方今聖道寖廢，儒術不行，以刑餘爲周召，以法律爲詩書」；又引韓氏易傳，言五帝官天下，三王家天下，家以傳子，官以傳賢，若四時之運，功成者去，不得其人，則不居其位。書奏，上以寬饒怨謗終不改，下其書中二千石。[227]

馬氏採此文「五帝官天下」以下八句，入所輯周易韓氏傳，云：

漢書蓋寬饒傳引韓氏易傳，不知於易句何屬；玩其語義，似（繫辭）「苟非其人，道不虛行」二句傳文。[228]

徐君從之。然味漢書之文，其云「又引韓氏易傳，言五帝官天下云云」，不作「韓氏易傳曰：五帝官天下」云云，明「五帝官天下」數語，殆蓋寬饒據韓氏易義敷說之奏文，非易傳本文也，故下文卽承之云：「書奏，上以寬饒怨謗終不改」；又考御覽一四六引韓詩外傳云：

五帝官天下，三王家天下，家以傳子，官以傳賢，故自唐虞已上，經傳無太子稱號；夏、殷之王，雖則傳嗣，其文略矣，至周始見文王世子之制。[229]

是則韓詩外傳亦有其說；又按說苑至公篇：

秦始皇帝既吞天下，乃召羣臣而議曰：「古者五帝禪賢，三王世繼，孰是？將爲之。」博士七十人，未對，鮑白令之對曰：「天下官，則讓賢是也；天下家，則世繼是也。故五帝以天下爲官，三王以天下爲家。」秦始皇帝仰天而嘆，曰：「吾德出于五帝，吾將官天下，誰可使代我後者。」[230]

鮑白令之語亦與漢書之文相類。今不知說苑此文所述者是否果爲史實，若然，則此「官天下」、「家天下」之說，更在韓嬰之前。

---

226. 同上註頁八八。
227. 漢書頁三二四七。
228. 周易韓氏傳二／頁六。
229. 太平御覽，大化書局景日本金澤文庫藏宋蜀本一四六／頁四。按：初學記一〇亦引此文。
230. 說苑一四／頁三～四。

惟考孔穎達周易正義序緒論八「論誰加『經』字」，云：

但子夏傳雖分爲上、下二篇，未有「經」字，「經」字是後人所加。[231]

漢志亦記「韓氏二篇」，是子夏傳惟解經上、下二篇耳，無繫辭，故釋文、正義、集解所引子夏傳，亦不見有解繫辭者；據此，則馬氏以漢書蓋寬饒傳：「五帝官天下」八句，爲出子夏傳繫辭下之傳語，殆有未然。[232]

綜上所述，今比覈諸家所輯，要以孫氏輯本爲最矜愼；而以馬國翰所輯爲最浮濫。徐芹庭君所集者最後出，可謂集諸家之誤謬於一書，其自所增益者，則無一是處，其誣妄又遠過於馬本。今聊記所見如此，後之治斯學者，當知有所別擇焉。

八、結　語

子夏易傳一書之作者，自來異說別出，紛拏甚矣。惟據七略佚文「易傳子夏韓氏嬰也」、「漢興，韓嬰傳」之語，知劉歆以此書爲漢韓嬰傳。漢書劉歆傳言「歆及向始皆治易」，又歆兄伋亦「以易教授」，[323]知向、歆父子原皆明習於易。以西漢人言西漢事，自較後師傳疑承譌之說爲可信。此與漢志所著錄之「易傳韓氏」實同爲一書。然則，其佚文之尚可考見者，實今見存漢世諸家易傳之最早者。特以是書漢代傳行已微。晉世以降，其撰人已不可確；唐時更被目爲僞書，宋代乃復有二僞傳並出。展轉葛藤，理董爲難。後世輯佚諸家因失於別擇，致純駁並陳。凡此諸端，今各加爬梳。後之治易學史者，其或不棄乎。

一九八四、十一、十八

◎本文爲本人接受國科會一九八四年度研究補助費研究成果之一。
◎本文撰成後，曾蒙王叔岷教授、龍宇純教授二師惠閱一過，各有教益。發表前，復於本所本年度第九次討論會中提出報告，黃彰健先生、周法高先生、丁邦新先生、張以仁先生諸師長，亦各有指正，今並斟酌補註。謹附記於此，敬表謝忱。

231. 周易正義序頁一二。

232. 徐芹庭君所輯，凡繫辭上七條、繫辭下四條，又有雜卦一條。除沿馬氏等之誤者外，餘並徐君所向壁虛造，今不具論。

233. 漢書卷三十六／頁一九六六～一九六七。

出自第五十六本第二分(一九八五年)

史記魯周公世家補注

陳槃

周公佐武王，作牧誓。

梁玉繩曰：『滹南集辨惑曰，牧誓，王言也。以爲周公佐之而作，何所據？』（志疑十八）

周公把大鉞，召公把小鉞，以夾武王。

逸周書克殷解同。陳逢衡補注：『周本紀，周公旦把大鉞，畢公把小鉞，以夾武王。案下文召公贊采，不得又執鉞也。當作畢公。魯世家作召公，亦誤』。

釁社。

禮記雜記：『成廟則釁之』。疏：『殺牲取血以釁之，尊而神之也』。然則釁社者，殺牲取血塗社而祭也。此當淵源自前古田獵社會（別詳拙作古社會田狩與祭祀之關係，本所集刊第三十六本），至今日，民間祠祀猶然，是亦舊俗之遺也，

徧封功臣、同姓戚者。

『同姓戚者』，謂同姓親戚。古人稱同姓家族曰親戚（今人專以稱異姓親屬）。僖二四年左傳：『昔周公弔二叔之不咸，故封建親戚，以藩屏周，管、蔡、郕、霍……文之昭也；邘、晉、應、韓，武之穆也；蔣、邢、茅、胙、祭，周公之胤也』。此卽封建同姓戚者亦卽同姓家族之說明。昭九年左傳：『文、武、成、康之建母弟以蕃屏周』。或曰同姓戚者，或曰親戚，或曰母弟，其實一矣。古人于

異姓家屬亦稱親戚，秦策『富貴則親戚畏懼』，此以妻、嫂爲親戚者也。由是言之，五帝本紀：『堯二女不敢以貴驕，事舜親戚，甚有婦道』。正義：『親戚，謂父瞽叟，後母弟象，妹顆手等』。不誤也。錢大昕、王引之（參經義述聞左氏下親戚條）並辨之，謂古人于父母稱親戚，若曰異姓家屬則不得有其稱者，誤矣。

周公佐武王……已殺紂……徧封功臣同姓戚者。封周公旦於少昊之虛曲阜，是為魯公。周公不就封，留佐武王。……於是卒相成王，而使其子伯禽代就封於魯。

鄭曉曰：『魏莊渠先生言：魯始封乃伯禽，非周公也。不知此何所據？蓋據魯頌「王曰叔父，建爾元子，俾侯于魯」，故云。此直述魯之有侯自伯禽始耳。周公以親以功封魯侯，留王朝，不曾至魯，故禽父嗣侯於魯。豈有武王大封功臣，兄弟之國十四人，康侯少弟尙已封衞，周公四弟，又開國元勳，乃不封，直至成王乃封乎？王曰叔父，是成王稱周公也。必武王時伯禽尙少，留待世子，至世子卽位後而遣之之國。伯禽決非始封之君』（古言類編上）。

槃案國語魯語上，展禽告齊侯曰：『昔者成王命我先君周公及齊先君太公曰：女股肱周室，以夾輔先王，賜女土地，質之以犧牲，世世子孫，無相害也』；孟子告子：『周公之封于魯，爲方百里也』，並謂周公封魯。史公謂『周公不就封，留佐武王』，『而使其子伯禽代就封於魯』，是也。定四年左傳：『分魯公以大路、大旂……命於伯禽而封於少皡之虛』，此魯公亦謂周公。周公留佐武王，故『命於伯禽而封於少皡之虛曲阜』。春秋大事表列國爵姓及存滅表于魯國『始封』，但云『周公子伯禽』，則是未曾交代明白。

周公封魯雖在武王世，而伯禽之代就封，則在成王之時。竹添光鴻曰：『周公於武王爲弟，於成王爲叔父，而詩（案謂魯頌閟宮篇）稱「王曰叔父，建爾元子，俾侯于魯」，則是封魯者成王也。周公東征三年，而奄始滅，而傳稱「因商奄之民，命以伯禽」，則是封魯者，成王時事也』（定四年左氏會箋）。案竹添說是也。

曲阜，今山東曲阜縣。傅孟眞師曰：『魯頌閟宮云：「后稷之孫，實維大王……至于文武，纘大王之緒。……敦商之旅，克咸厥功。王曰叔父，建爾元子，俾侯于魯，大啓爾宇，爲周室輔」。此敍周之原始以至魯封。其下乃云：「乃命魯公，俾侯于東。錫之山川，土田附庸」。此則初命伯禽侯于魯，繼命魯侯侯于東，文義顯然。如無遷移之事，何勞重複其辭？且許者，歷春秋之世，魯所念念不忘者。閟宮：「居常與許，復周公之宇」；左傳：隱公十一年秋七月，「公會齊侯鄭伯伐許。庚辰，傅于許。……壬午，遂入許。……齊侯以許讓公」。滅許儘魯國先有之，魯與許有如何關係，固已可疑。……許在春秋稱男，亦當以其本爲魯附庸，其後鄭實密邇，以勢臨之，魯不得有許國爲附庸，亦不得有許田而割之於鄭。然舊稱未改，舊情不忘，歌于頌，書于春秋。成周東南已有以魯爲稱之邑，其東鄰則爲「周公之宇」，魯之本在此地，無疑也』（詳大東小東說。徐中舒先生亦有申論，見所著殷周之際史蹟之檢討）。

槃謹案師謂魯之始國當在今河南之魯山縣，後乃遷居曲阜，識殊卓（參拙春秋大事表譔異葉二一～二二）。惟謂『許在春秋稱男，亦當以其本爲魯附庸』，則似不無可商。許亦或稱公，或稱侯、稱子（別詳前引譔異葉一四三）。大國役屬小國，春秋之常，不必拘泥舊說以爲附庸可也。

太公、召公乃繆卜。周公曰：未可以戚我先王。

集解：『徐廣曰：古書穆字多作繆』。

會注考證：『書傳：穆，敬也』。

趙坦曰：『穆卜，(書)正義引鄭注云：二公欲就文王廟卜，蓋文王於周爲穆也。小爾雅廣詁云：戚，近也。宋咸注：未可戚我先王，近也。蓋太公、召公欲卜於文王之廟，周公以天下初定，不欲張大其事以惑百姓，故曰：未可以近我先王』（詳寶甓齋札記。經解本葉二）。

周公於是乃自以為質，設三壇。

衷校曰：『禮：去祧爲壇，去壇爲墠。又曰：士大夫去國，爲壇位，向國門而哭，爲無廟也。當是時，太王、王季、文王，赫赫寢廟。周公非去國之時，雖曰支子不祭，然公爲武王禱，非爲身禱也，舍本廟而爲野祭，不祥孰甚？方命卿士勿言，隱諱其迹，而乃登壇作墠以自表揚者，何也？』（小倉山房文集二二、金縢辨上）。

史策祝曰：惟爾元孫王發，勤勞阻疾，若爾三王，是有負子之責於天，以旦代王發之身。……

集解：『孔安國曰：史爲策書祝詞也。鄭玄曰：策，周公所作，謂簡書也。祝者，讀此簡書，以告三王』。

伊川雜錄：『或問：金縢，周公欲代武王死，如何？曰：此只是周公之意。……其辭則不可信。只是本有此事，後人自作文足此一篇。……尙書文顚倒處多。如金縢，尤不可信』（程氏遺書廿一）。

槃案伊川有識。後儒多疑金縢出諸僞託，豈非程君此語亦有以啓之耶？

是有負子之責於天。

索隱：『尙書「負」爲「丕」。今此爲負者，謂三王負於上天之責，故我當代之。鄭玄亦曰：丕，讀曰負』。

淮南齊俗篇：『鉗且得道，以處昆侖』。集解引莊逵吉曰：『莊子大宗師篇「堪坏襲昆侖」，陸德明釋文云：「堪坏，神人，人面獸形。淮南作欽負」。是唐本鉗且作欽負也。字形近，故誤耳。程文學據山海經云「是與欽䲹殺祖江于昆侖之陽」，後漢書注引作「欽駓」，古駓、䲹本一字。錢別駕云：古丕與負通，故尙書「丕子之責」，史記作「負子」。丕與負通，因之從丕之字亦與負通也』。

于省吾曰：『鄭康成訓不愛子孫爲近是。㕓叔多父盤「多父其孝子」，卽多父其孝慈也。又按「是」「寔」古通。秦誓「是能容之」，大學「是」作「寔」。「丕」，尙書多訓爲「斯」。「子」讀如字。「若爾三王是有丕子之責于天」者，言爾三王寔有斯子之責任于上天也。義亦可通』（尙書新證二金縢）。

旦巧，能多材多藝，能事鬼神。

王念孫曰：『書金縢篇：予仁若考；魯世家作旦巧。巧、考古字通；若、而語之轉。予仁若考者，予仁而考也。唯巧，故能多材多藝，能事鬼神也。某氏傳訓若爲順，考爲父，皆失之』（經傳釋詞七、若字條引）。

朱彬曰：『表記：辭欲考。鄭注：考，巧。（金縢）仁若考，猶孟子之言仁且知。多材多藝，必當時稱頌周公者有斯言，故孔子亦言周公之才之美也』（經傳考證，經解本一三六二、九）。

乃王發不如旦多材多藝，不能事鬼神。乃命于帝庭，敷佑四方。

金縢正義：『汝元孫不如旦多材多藝，又不能事鬼神，言取發不如取旦也。然人各有能，發雖不能事鬼神，則有人君之用，乃受命於天帝之庭，能布其德教，以佑助四方之民』。

王引之曰：『敷者，徧也（元注：周頌賚篇：敷時繹思，箋曰：敷，徧也。般庚曰：敷天之下；堯典：敷奏以言。史記五帝紀敷作徧），言武王受命于帝庭，以徧佑助四方之民也。馬注曰：布其道以佑助四方（元注：見魯世家集解）。訓敷爲布，而增「其道」二字以釋之，殆失之迂矣』（詳尙書述聞下敷佑、敷求條）。

袁枚曰：『治民事神，一也，故曰：未能事人，焉能事鬼？元孫既無才無藝，不能事鬼神矣，又安能君天下子萬民乎？贊周公之才之美，始于論語。造僞書者，竊孔子之言，作公自稱語，悖矣』（同上）。

開籥乃見書，遇吉。

集解：『王肅曰：籥，藏占兆書管也』。

王引之曰：『（金縢）啓籥見書，馬融注曰：籥。開藏卜兆書管也。鄭王注竝同。引之謹案，書者，占兆之辭；籥者，簡屬，所以載書，故必啓籥然後見書也。啓，謂展視之，下文「以啓金縢之書」，與此同。少儀曰：執策籥尙左手。策，著也；籥，占兆之書所載也，故並言之。說文曰：籥，書僮竹笘也，潁川人名小兒所書寫爲笘。廣雅曰：籥、笘，箓也。是籥爲簡屬也（元注：段氏說文閻字注，以此籥爲關下牡。案說文，閻，關下牡也；關，以木橫持門戶也。是關閻惟門戶用之，卜兆之書，藏於匱中，安得有門戶而施以關閻乎？且何不直云啓匱，而迂回其文而言啓閻乎？段說非也）。馬鄭王三家以籥爲開藏之管，其誤有二：周官司門，掌授管鍵以啓閉國門。鄭衆注曰：管，謂籥；鍵，謂牡。月令：修鍵閉，愼管籥。鄭注曰：管籥，搏鍵器。是籥者，啓鍵之器。可言啓鍵，不可言啓籥也。且所以藏書者，匱也。管鍵之所施者，亦匱也。下文曰：公歸，乃內册于金縢之匱中；又曰：啓金縢之書，乃得周公所自以爲功代武王之說。是公歸內册，然後並占兆之書藏之匱中。方其爲壇於外，即命元龜，唯取占兆之書以出，而匱不與焉。無匱，安有鍵閉？無鍵閉，安用管籥以啓之哉？少儀注又曰：籥如笛三孔。龜策之策，與羽籥之籥連文，爲不類矣』（經義述聞卷三葉四八）。案述聞之說，審也。

周公入賀武王曰：『王其無害，旦新受命三王，維長終是圖』。

金縢篇僞孔傳：『周公言：我小子新受三王之命，武王維長終是謀周之道』。

梁玉繩曰：『案「入賀武王」四字衍。徐孚遠曰：尙書不言入賀武王。若如史，則周公代王之說，宜已昭露，不應待風雷之變也』（志疑十八）。

周公藏其策金縢匱中。

袁枚曰：『武王已瘳，己身無恙，公之心已安，公之事已畢，此私禱之册文，焚之可也，藏之私室可也。乃納之於太廟之金縢，預爲日後邀功免罪之計，其居心尙可問乎？禮，祝嘏詞說藏於宗祝，非禮也，是謂幽國。豈周公有所不知而躬蹈之乎？』（同上）

周公乃踐阼，代成王攝行政當國。

梁玉繩曰：『案召誥曰：惟沖子嗣；曰：有王雖小，元子哉。是踐阼者成王也。周公之攝政當國，乃三代諒闇之制。冢宰掌邦之職，安得指爲踐阼？……禮明堂位、文王世子及荀子（儒效）、韓子（二難）、淮南子（齊俗、氾論）、韓詩外傳（卷三、七、八）諸書，並有踐阼履籍等語。……蓋皆起于六國好事者爲之。……』（同上）。

管叔及其羣弟流言於國曰：『周公將不利於成王』。

會注考證：『金縢，「成王」作「孺子」。陳仁錫曰：成王未崩，以諡稱，史文誤也。梁玉繩曰：改「孺子」爲「成王」，何意？豈忘成王見在邪？』

槃案史遷此處改金縢之稱，無義可說。至于『成王』，不定爲諡。王國維曰：『周初諸王，若文、武、成、康、昭、穆，皆號而非諡』。說詳觀堂集林遹敦跋。

周公戒伯禽曰：『我……成王之叔父』。

梁玉繩曰：『案世家，前後誤稱「成王」者四（辨見秦紀），獨此乃仍大傳洛誥篇、荀子堯問篇、韓詩外傳三，史公采擇失檢爾。說苑載周公戒伯禽語，改作「今王之叔父」（同上志疑）。槃案『成王』之稱不定是諡，辨已前見。

『然我一沐三握髮，一飯三吐哺，起以待士』。

梁玉繩曰：『案吐握之事，諸子所說，恐未必有之。黃氏日鈔云：此形容之語，本無其事。王滹南亦以爲妄（槃案滹南遺老集十一史記辨惑三曰：此「皆委巷之談，戰國諸子之所記，非聖賢之事」），故呂覽謹聽、淮南氾論又屬之夏禹（元注：鬻子上禹政篇，有禹一饋而七十起語）』（同上）。

遂誅管叔。

逸周書作雒：成王二年『管叔經而卒』。陳逢衡補注：『周本紀、魯世家，並言誅管叔；管蔡世家、宋世家，並言殺管叔；又淮南齊俗、泰族，並言誅管叔；荀子儒效、說苑指武，並云殺管叔。此獨言經而卒，即文王世子所云：公族有死罪，則磬於甸人，是也。周禮甸師亦云：凡王之公族有罪，則死刑焉。蓋致辟非必定是身首異處，以議親之辟論，則作雒管叔經而卒，可據』（逸周書補注卷十二）。

嘉天子命。

索隱：『徐廣云：一作魯，魯字誤也。今書序作旅。史記「嘉天子命」，於文亦得，何須作嘉、旅？』。

會注考證：『沈濤曰：嘉作魯者是也，古魯、旅通字。書序作旅天子命，後人因嘉禾篇名，遂妄改爲嘉耳』。

梁玉繩曰：『釋詁云：旅，陳也。……考宋丁度集韻，旅古作魯。而字之所以通用者，古文旅、魯字皆作表，故旅亦作魯，見說文及左傳首篇疏』(詳志疑三)。

槃案『魯』，說文引古文作[illegible]，石經作[illegible]，或作[illegible]；魏石經尚書殘石作[illegible]；汗簡引石經作[illegible]；古孝經作[illegible]，古尚書作[illegible]。『旅』，伯員鼎作[illegible]，張伯匜作[illegible]。形近，字通。董逌廣川書跋、馮登府石經考異、惠棟後漢書補注等亦皆有說，別詳拙春秋大事表譔異壹魯『國』(葉二〇)。

初成王少時病，周公乃自揃其蚤沈之河，以祝於神曰：王少未有識，奸神命者乃旦也；亦藏其策於府。成王病有瘳。及成王用事，人或譖周公，周公奔楚。成王發府，見周公禱書，乃泣，反周公。

索隱：『經典無文，其事或別有所出；而譙周云：秦既燔書，時人欲言金縢之事，失其本末，乃云：成王少時病，周公禱河，欲代王死，祝藏策于府。成王用事，人讒周公，周公奔楚，成王發府見策，乃迎周公，又與蒙恬傳同，事或然也』。

梁玉繩曰：『案此事亦見蒙恬傳，前哲謂緣金縢之文而誤分爲二，遂兩出爾。夫成王縱疾，河非所獲罪，乃公揃蚤以祝于河，將姬旦之識尙不若楚昭王乎？』(志疑十八)。

崔適曰：『豈有周公兩次禱疾，兩次被譖，成王兩次見書而泣，皆如一轍之理？此節出蒙將軍傳，乃蒙氏之寓言，自喩其忠於二世也。詳序證傳記寓言節及彼傳下。妄人誤謂實事，據以竄入世家，文亦彼詳此略，可爲彼係原文、此乃節要之證』(史記探原卷五)。

槃案一事複出，此史公駮文，蓋裁汰未至。『周公奔楚』，前儒亦或以爲疑。徐文靖曰：『邵氏寶曰：周公避流言，嘗居東矣。魯，公封也，不之魯而之楚乎？據戰國策，惠施曰：昔王季歷葬于楚山之尾，欒水齧其墓；季㜏鼎銘曰：王在成周，王徙于楚麓；左傳成十三年：迓晉侯于新楚。杜注；新楚，秦地；括地志：終南山，一名楚山，在雍州萬年縣南五十里。武王墓在萬年縣西南三十里。周公奔楚，當是因流言出居，依于王季、武王之墓地，必無遠涉東都之理。邵疑爲楚國，謬矣』（竹書統箋七）。

案昭七年左傳：『公將往（楚），夢襄公祖。梓愼曰：君不果行。襄公之適楚也，夢周公祖而行；今襄公實祖，君其不行。子服惠伯曰：行。先君未嘗適楚，故周公祖以道（音導）之；襄公適楚矣，而祖以道君，不行何之？』雷學淇曰：『昔蒙恬謂，成王信讒，周公奔楚。史記載其事入魯世家，蓋誤以戰國游說之詞爲實事也。然據昭公七年傳文，周公實嘗至楚；孟子解魯頌亦謂周公嘗膺荆舒，而尙書不載其事。逸書作雒云：武王崩，周公立，相成王，三叔及殷東徐奄及熊盈以略。元年夏六月，葬武王于畢；二年，作師旅，臨衞，征殷，殷大震潰，凡所征熊盈族十有七國。盈者，淮夷之姓；熊者，楚人之氏。公之適楚懲荆，在此時矣』（介菴經說卷七周公適楚條）。俞正燮曰：『然則襄公曾適楚，故祖導昭公，以見周公適楚，故祖以導襄公。不應梓愼、子服惠伯、蒙恬三周人說周事，反不如譙周也』（詳癸巳類稿卷一周公適楚義）。徐中舒曰：『蓋周初經營南方之事，肇於大王。武王伐紂，魯人初卽駐防於此（河南魯山縣），故其地有魯山之名。其後周公子應侯封地，仍在魯山縣近地，亦一旁證。武庚旣滅，周人勢力漸次東徙，於是魯之駐軍卽由魯山東徙。許有魯城，有周公廟（槃案太平寰宇記卷七許州許昌縣條：『魯城在縣南四十里。左傳，鄭伯請以泰山之祊易許田而祀周公，卽此城』），或卽其遷徙中曾經寄頓之地。且許、應皆近楚，以此言之，周公奔楚，由地理方面言之，自爲可能之事』（詳殷周之際史蹟之檢討）。

槃案以左傳所記梓愼、惠伯『數典』之言證之，則周公適楚國一事，應爲不爭之史實。至其適楚之故，由于所謂出奔、抑如俞氏所謂『懲荆』，此則未可知耳。

周公歸，恐成王壯，治有所淫佚，乃作多士、作毋逸。

王若虛曰：『多士，爲殷民而作者也；無逸，爲成王而作者也。在本紀則併無逸爲告殷民；在世家則併多士爲戒成王。混淆差誤，一至於此。蓋不惟牴牾於經，而自相矛盾亦甚矣。至世家雜舉二篇之旨，支離錯亂，不成文理，讀之可以發笑』（滹南遺老集九史記辨惑一）。

乃有亮闇，三年不言。

『亮闇』，舊籍或作『梁闇』（尚書大傳），或作『諒闇』（禮記喪服四制），或作『亮陰』（僞商書說命），或作『諒陰』（論語憲問），或作『梁庵』（憲問篇皇疏：諒陰，或呼爲梁闇，或呼梁庵），或作『涼陰』（漢書五行志中），或作『梁陰』（文選五八褚淵碑文）。

集解：『孔安國曰：武丁起其即王位，則小乙死，乃有信嘿（案書作默，同），三年不言，言孝行著也。鄭玄曰：楣謂之梁；闇，謂廬也』。

槃案亮闇，依鄭說爲喪廬，是一義。僞孔傳云信嘿，是訓亮同諒，義爲信；陰，讀作瘖，不言也（晏子春秋諫篇：『近臣嘿，遠臣瘖』。嘿、瘖互文，是瘖嘿同義），是二義；說文疒部『瘖，不能言也』。近人因之，遂謂高宗坐此病，故不能言，非不言也，是三義。岑仲勉先生以爲源出于伊蘭文之所謂 rarəma，義爲安靜、休息（詳三年之喪的問題。兩周文字論叢頁三一〇），是四義。于省吾曰：『按鄭氏釋闇爲廬，甚是。然釋梁爲柱楣，非也。柱楣廬，究屬不詞，按「梁」乃「荆」之譌。貞殷，貞從王伐荆，荆作[illegible]。……荆、梁二字形極相近，故前人多誤釋。……闇、庵古今字。儀禮既夕禮：居倚廬。鄭注：倚木爲廬，在中門外東方北戶。喪服：居倚廬。既虞，翦屏柱楣。鄭注：楣謂之梁。柱楣，所謂梁闇。胡培翬云：倚廬者，以木倚於東壁爲偏廬；又云：倚廬，初時北向開戶。至既虞，翦屏柱楣，乃西向開戶。荀子：屬茨倚廬（見禮論）。楊倞注云：茨，蓋屋草也。屬茨，令茨相連屬。……司馬遷傳：茅茨不翦。顏注：屋蓋曰茨。茅茨，以茅覆屋也。儀禮士喪禮：楚，荆也。疏云：荆本是草之名。……蓋荆草與茅葦，皆可用以覆屋。然則亮陰者，梁闇也。梁闇者，荆庵也。荆庵者，以荆草覆廬也。鄭氏誤以儀禮之柱楣釋梁，蓋自大傳已釋荆爲梁，沿譌久矣。……乃或荆庵者，或有也，乃有荆庵也。荆庵既爲居喪之所，乃有荆庵，猶言乃有喪憂也。倚壁爲廬，故曰倚廬也。以草覆屋，故曰荆庵也』（尙書新證三）。以梁爲荆誤，以荆庵爲草屋，爲居喪之所，是五義。

今案于說義甚新。然呂覽重言篇云：『高宗，天子也。卽位，諒闇，三年不言，卿大夫恐懼患之。高宗乃言曰：以余一人正四方，余惟恐言之不類也，兹故不言。古之天子，其重言如此』。論語憲問亦曰：『何必高宗？古之人皆然。君薨，百官總己以聽於冢宰三年』。則信默之義，固自可通。

故高宗饗國五十五年。

梁玉繩曰：『漢書五行志，劉向、杜欽傳，隸釋蔡邕石經，論衡無形、異虛篇，皆作百年；師古王吉傳注從之，未知孰是？』（志疑十八）。

周多士。

段玉裁曰：『周多士三字，譌謄』（古文尙書撰異多士第二十一。梁玉繩志疑十八，說同）。

成王在豐，天下已安，周之官政未次序，於是周公作周官。

姚際恆曰：『周本紀云：成王旣絀殷命，襲淮夷，歸在豐，作周官。與書序合；而魯世家則云……。其云成王作者，不必成王自作。云周公作者，亦奉成王命爲之也。君臣一體，正可想見。序與史本不抵梧』（尙書古文疏證四第六十二引）。

槃案史記志疑十八亦疑是『周公奉成王命爲之』。會注考證云：書序與此異，『史公蓋以意補』。案卽以意補，未害義。

官別其宜，作立政，以便百姓。

王引之曰：『爾雅曰：正，長也。故官之長謂之正。……字或作政。……解者不知政爲正之假借，而以爲政治之政，於是立政一篇遂全失其指。史記魯周公世家曰……則誤以爲政治之政者，自子長已然矣』(詳尙書述聞上政立事牧夫準人條)。

必葬我成周。

集解：『徐廣曰：衞世家云：「管叔欲襲成周」。然則或說尙書者，不以成周爲洛陽乎？諸侯年表敍曰：「齊、晉、楚、秦，其在成周，微之甚也」』。

姚範曰：『徐廣不見孔傳邪？太史公正與書序同，而所云孔傳者，亦同史公之說，舊讀誤也』(詳援鶉堂筆記十六)。

槃案以鎬京爲成周，雖與書序同，實誤。參下梁玉繩志疑。

周公在豐，病將沒，曰：必葬我成周，以明吾不敢離成王。周公既卒，成王亦讓，葬周公於畢，從文王，以明予小子不敢臣周公也。

梁玉繩曰：『周公在豐以下，本書序及尙書大傳』。又曰：『成王未嘗都成周，何以稱不敢離成王，豈不以成周爲洛陽乎？史于十二侯表敍云……衞世家云……並以鎬京爲成周，不免舛錯，徐廣已疑之矣。公羊傳曰：成周，東周也。卽此世家上文，亦言成周洛邑，豈可混乎？』(志疑十八)。

陳逢衡曰：『魯世家……說本書序。蓋誤以鎬京爲成周也。成周，東都。豈周公不敢離成王，而反遠葬之東都乎？公薨，成王葬于畢。書序與紀年合。又案長安志云：咸陽縣，周公墓在縣東北三十里。皇覽云：周公墓在京兆長安鎬聚東社中。括地志云：周公墓在雍州咸陽北十三里畢原上。元和郡縣志同。又太平寰宇記云：在縣北一十里。未知孰是』(竹書紀年集證卷二七葉三)。

槃案漢書杜欽傳，復說王鳳曰：『昔周公雖老，猶在京師，明不離成周，示不忘王室也』。是亦以鎬京爲成周，蓋漢儒于此，不甚辨解；惟翼奉傳，對成帝問曰：『臣願陛下徙都於成周，左據成皋，右阻黽池，前鄉崧高，後介大河』。此則不誤。

秋未穫。

孫星衍曰：『（魯世家）「秋未穫」已下至「歲則大熟」，今以爲金縢文也。據史記，當是亳姑之篇，後人以其辭有云開金縢書，故連屬于金縢耳』（尚書今古文注疏第三十下周公在豐條）。

暴風雷雨。

梁玉繩曰：『王孝廉曰：書作「雷電以風」，故下文云「天乃雨」，今先雜入「雨」字，與下不相應』（志疑十八）。

成王與大夫朝服以開金縢書。

梁玉繩曰：『案金縢之篇，今古文皆有，而漢人所釋頗異：康成以爲公生前事，見豳詩譜及箋；伏生以爲卒後事，見顏籀引大傳（見漢書梅福傳、儒林傳）。僞孔傳，從鄭者也。……史公雖亦誤爲公卒後事，然止言感風雷以開金縢，並不關于葬，與諸家（書大傳、梅福傳、儒林傳谷永疏）解又別』（詳同上）。

周公卒後……歲則大熟。

梁玉繩曰：『金縢一書，先哲多疑其僞，明文衡、王廉有金縢非古書辨。錢塘袁太史枚小倉山房集有金縢辨二篇，本于王廉而暢之。袁文此辨甚爽。桐鄉俞長城亦有辨，疑爲僞託』（同上）。

槃案伊川雜錄亦以爲是後人增竄，說已前見。

王出郊，天乃雨，反風，禾盡起。

集解：『孔安國曰：郊，以玉幣謝天也。天卽反風起禾，明郊之是也。馬融曰：反風，風還反也』。

梁玉繩曰：『據論衡，以出郊爲郊野。……從論衡爲順』（同上）。

王引之曰：『魯世家言「暴風雷雨」，是用今文也；而下文又曰「天乃雨」

，顯與上文不合，蓋亦作「天乃霽」，而後人據古文改之也』(詳同上述聞天大雷電以風條)。

魯公伯禽之初受封之魯，三年而後報政周公。……太公亦封於齊，五月而報政周公。……及後聞伯禽報政遲，乃歎曰：嗚呼，魯後世其北面事齊矣！夫政不簡不易，民不有近；平易近民，民必歸之。

崔述曰：『說苑云：伯禽與太公俱受封，而各之國。三年，太公來朝，周公曰：何治之疾也？對曰：尊賢者，先疏後親，先義後仁也。周公曰：太公之澤及五世。五年，伯禽來朝，周公曰：何治之難也？對曰：親親者，先內後外，先仁後義也。周公曰：魯之澤及十世。余按，太公、伯禽，皆聖賢也，其爲治不必盡同，然大要不甚相遠。至其久近强弱之異，則其後世子孫之故，烏有立法之初而即相背而馳者哉！齊封於武王世，魯封於成王世，其相隔遠矣，安得同時而報政？且報政之日，史記以齊爲五月，說苑以爲三年。史記以魯爲三年，說苑以爲五年。傳聞之異顯然。孔子曰：苟有用我者，朞月而已可也，三年有成。子路、冉有之言志也，皆云三年可使有勇足民。子產之治鄭，亦三年而後輿人誦之。三年政成，常也。伯禽之三年，何得爲遲？太公之三年，亦何得爲疾？而周公乃異之乎？此乃後人據其後日國勢而撰爲此說者，不足據。呂氏春秋亦載此事，而其文尤支離』(豐鎬考信錄卷八)。

梁玉繩曰：『報政一事，呂氏春秋長見、韓詩外傳十、淮南齊俗、說苑政理皆載之，而與此不同。事屬僞撰，不足信也。困學紀聞十一引說齋唐氏曰：此後世苟簡之說，非周公之言(元注：長洲汪氏份增訂四書大全，載明黃淳耀十辨，參看更足發明)』(志疑十八)。

喪三年然後除之。

孟子滕文公上篇，滕定公薨，世子使然友問喪禮于孟子，孟子曰：『三年之喪……自天子達於庶人，三代共之。然友反命，定爲三年之喪，父兄百官皆不欲也，故曰：吾宗國魯先君莫之行，吾先君亦莫之行也；至於子之身而反之，不可』。

毛奇齡曰：『以周公造禮之人，與其母弟叔繡裁封國行禮之始，而皆莫之行，則無此禮矣』。又曰：『孟子所言與滕文所行，皆是商以前之制，並非周制。在周公所制禮，並無有此』（詳四書改錯九）。

槃案三年喪爲殷制非周制，今已成定論（參看傅師周東封與殷遺民及胡適之先生說儒）。唯非周制，故魯衞二國之先君皆莫之行。然則伯禽云『喪三年然後除之』，其說可疑矣。餘說詳拙著春秋列國風俗考論別錄三年喪條。

馬牛其風。

此之所謂『風』，亦同僖四年左傳、楚子所謂『唯是風馬牛不相及也』之『風』。張澍曰：『左城濮之戰，晉中軍風于澤。杜注：牛馬因風而走。齊桓公伐楚，楚子使與師言曰：君處北海，寡人處南海，惟是風馬牛不相及也，不虞君之涉吾地也。何故？杜預注曰：馬牛風逸，蓋末界之微事。此未得傳意，孔疏引賈逵云：風，放也；服虔云：牝牡相誘謂之風。非矣。魯世家集解引鄭注云：風，走逸也。蓋馬行順風，逸足速奔；牛行逆風，岐蹏遲緩，譬之風然，前莫之縶，後莫之捕，故云不相及。猶言楚之馬牛雖逸，不能入齊地；齊之馬牛雖逸，不能入楚耳。非牝牡相誘也。夫累牛騰馬，春月爲然。豈兩軍對壘，爲乘四攻駒之時乎？是伯樂相馬、甯戚相牛之經所未嘗言也。如魏書崔敬邕傳云：除營州刺史，庫莫奚國有馬百匹，因風入境，敬邕悉令送還。蓋馬感北風而絕絆奔馳，其天性也。不然，百匹之羣，豈皆牝牡相誘乎？』（養素堂文集三十馬牛其風解）。

劉壽曾曰：『賈（逵）、服（虔）訓「風」爲放，（費誓）書疏，本疏文同，今合引之。御覽八百九十八引注：風，放，亦賈、服義也。焦循云：「費誓，馬牛其風，鄭注訓風爲走逸。釋名：風，放也，氣放散也。詩北山，出入風議，箋亦云：風，猶放也。是風爲放逸之名。馬牛各有羈縶，不越疆界，惟放縱走逸，則可越界而行。上云君處北海，寡人處南海，並不連疆接境，雖放馬牛，使之走逸，斷不相及，言楚之馬牛雖逸，不能入齊地；齊之馬牛雖逸，不能入楚地，言其遠也，故下云不虞君之涉吾地也，何故？至因牝牡相誘而逸，此風之由耳。呂氏春秋：乃合累牛、騰馬，游牝於牧。高誘注云：皆將羣游牝於牧之野，風合之。風合亦當放之使合。杜以馬牛風逸爲末界微事，未得傳意。二十八年，晉中軍風于澤，杜言因風而走，亦未是。」壽曾曰：焦駁杜說是也。其謂牛馬相誘由風，則與賈、服義不合，惠棟亦引呂氏春秋解之云：「其說與賈侍中蓋同，漢儒相傳有是說也。尙書云：馬牛其風。」按惠說是也。北魏書崔敬邕傳，除管州刺史（陳鴻森曰魏書各本作「管州」，史無此州，「管」字誤，校點本據北史崔敬邕傳並墓誌集釋崔敬邕墓銘改「營」，是也），庫莫奚國有馬百匹，因風入境，敬邕悉令送還，於是夷人感謝。因風入境，猶言因放入境，正用賈、服說。廣雅釋言亦云：風，放也。朱駿聲云：風讀爲放，聲之轉也。杜注馬、牛風逸，釋爲因風而走，其誤與焦同，蓋與晉中軍風於澤同說。黃生義府云：左傳楚子云，唯是風馬牛不相及也，言唯兩國比鄰，或有馬牛逸越竟相責之事，今地勢遼遠，不虞何以見伐，見小釁亦無，何況大釁？』（春秋左氏傳舊注疏證，明倫出版社本葉二五四）。

淮夷、徐戎亦並興反。

槃案徐戎，嬴姓（一云姬姓，誤），舊籍或作『徐夷』。『徐』，或作『郐』，或作『舒』，或作『荼』。古文或作『余』，或作『舍』，或作『紩』。

淮夷，舊籍或作『鳥夷』，或作『島夷』。『淮』，古文作『隹』，或作『潍』，亦稱『潍戎』（䧹方鼎。文物一九七六、五二）。姓，或曰『嬴』，或曰『姬』。案淮夷有東淮夷、西淮夷、南淮夷等，部族非一，固可能不止于一姓。淮夷、徐夷皆歷史上所謂『東夷』，此當是指其土著、部民而言。若其統治階層，如徐，舊說以爲伯益後；淮夷，少昊後。徐夷的祖先，在殷商時曾爲侯伯，嘗稱王，傳世的銅器有郐王鼎、郐王義楚耑、郐王耑、沇兒鐘等。淮夷，其傳世器物有淮白乍䏌華鼎，從其文字制作觀之，比之中原文物，亦毫無遜色（別詳拙春秋大事表譔異葉五二五～五二七；二六八～二七一；又春秋時代的教育，大陸雜誌第六十七卷五期，葉三〇～三二）。

魯公伯禽卒。

梁玉繩曰：『考漢律歷志，伯禽卽位四十六年，康王十六年薨。徐廣引皇甫謚亦云：伯禽以成王元年封，四十六年，康王十六年卒。謚依漢志，以成王三十年崩也。然竹書（槃案今本竹書）謂成王三十七年崩，禽父薨于康王十九年，疑莫能明矣（元注：竹書薨年有誤）』（志疑十八）。

姚文田曰：『考伯禽受封，當在周公歸政之後，故傳有建爾元子之文，傳有命以伯禽之誥。竹書：成王八年，命魯侯禽父。其始立，當在是年；下距康王十六年，正四十六年也。竹書十六年條下接云：十九年，魯侯禽父薨。「十九年」三字，必有舛誤』（邃雅堂集卷二唐虞至三代年譜序）。

子考公酋立。

索隱：『（酋）系本作就，鄒誕本作遒』。王念孫曰：『就與酋，聲近而義同，故字亦相通也』（詳讀書雜志漢書敍傳『說難既酋』條）。

考公四年卒，立弟熙，是謂煬公。

索隱：熙『一作怡』。

魯侯獄鬲、史𤔲盤『獄』，容庚、陳夢家、唐蘭諸氏並云通作『熙』，卽魯煬公熙（詳金文詁林補業三一二〇）。

煬公築茅闕門。

集解：『徐廣曰：（茅）一作茀，又作夷。世本曰：煬公徙魯。宋忠曰：今魯國』。

洪頤煊曰：『茅，當作茀，因字形相近而譌。茀門，卽春秋所謂雉門。說文：雉，古文作鎓。爾雅釋詁樊光注：雉，夷也。古文雉、弟、夷三字通用。韓非子外儲說篇：荆莊王有茅門之法。……太平御覽卷三五三引韓子作茀門，足與此互相證』（讀書叢錄十八）。王叔岷兄曰：「茅，當作弟，或第。」詳所著世家斠證。

龔景瀚曰：『魯都，一爲曲阜……一爲奄城。……二城相距僅三里，曲阜在東而少北，今曲阜縣北三里之古城村也。奄城在西而少南，今曲阜縣治也。伯禽及子考公，皆都曲阜。考公之弟煬公，始遷于奄城。傳十數世入春秋後，復還曲阜，蓋在僖公時』(詳靜澹齋文鈔一、魯都考)。

煬公……六年卒。

張文虎曰：『考異云：漢書律歷志，煬公卽位六十年。此脫「十」字。志疑云：漢書謂煬公二十四年；又謂十六年卒，出世家。妄也。案梁說非也。漢志本以爲煬公在位六十年，與世家異。……並非謂煬公在位二十四年。梁氏所據本漢志，六十誤倒，又誤會文義，輕訾古人矣』(札記四)陳鴻森曰：洪頤煊叢錄十八亦云『六』下當脫『十』。

是為魏公。

逸周書謚法解：『克威捷行曰魏』；『克威惠禮曰魏』。陳逢衡補注：『方言：魏，能也。史記魯世家有魏公，漢人表同。左傳文十六年疏引世家作微公。釋文云：世本作徽公。漢律歷志及集解、索隱引世本，皆作微公』。案魏、微、徽三字，蓋音近字通。

献公三十二年卒。

梁玉繩曰：『案獻公在位五十年，說見世表。漢志作五十年，謂出世家也』(同上)。

周厲王無道，出奔彘，共和行政。

共和行政有二解：召公、周公二相行政，號曰共和，此其一。共伯和攝王政。共，國；伯，其爵；和，其名，此其二。周本紀：『召公、穆公二相行政，號曰共和』，是史公主第一說，然而不無問題，別詳拙春秋大事表譔異共國(葉一五九～一六二)。

梁玉繩曰：『此上失書十五年』(同上)。

真公……二十九年，周宣王卽位。三十年，真公卒，弟敖立，是為武公。武公九年春，武公與長子括、少子戲西朝周宣王。宣王愛戲……卒立戲為魯太子。夏，武公歸而卒。

依世家則武公卒在宣王十年。今本竹書則云：宣王『十二年，魯武公薨』。徐文靖竹書統箋：『案漢志，武公敖即位二年，子懿公被立。史記魯世家：武公九年春，與長子括、少子戲西朝周宣王。夏，武公歸而卒。今據竹書，武公朝周在宣王八年，卒于宣王十二年。史記及漢志皆誤』。

陳逢衡竹書集證：『案十二諸侯年表，宣王十三年，魯懿公戲元年。是武公薨于十二年，與紀年合』。梁玉繩說略同。梁氏又云：武公九年『春』『夏』字，國語所無（同上書）。

懿公九年，懿公兄括之子伯御，與魯人攻弒懿公而立伯御為君。……十一年，周宣王伐魯，殺其君伯御，而問魯公子能道順諸侯伯者，以為魯後。樊穆仲曰：魯懿公弟稱，肅恭明神。……宣王曰：然，能訓治其民矣。乃立稱於夷宮，是為孝公。

梁玉繩曰：『伯御，或謂即括也』（同上。參志疑八）。

劉書年曰：『與國語事全背。易「國子」爲「魯公子」，如其說，則非倒文。然國語原無宣王立魯後之語。且穆仲曰「魯侯孝」，是孝公時已君矣，豈待宣王立之？史公采載多誤，此不可信』（劉貴陽說經殘稿國子謚誤條）。

集解：『徐廣曰：順，一作訓』。正義：『道，音導。順，音訓』。

槃案順、訓古音同字通。荀子修身篇：『勇膽猛戾則輔之以道順』。楊注：『此性多不順，故以道順輔之也』。集解：『俞樾曰：順，當讀爲訓。古訓、順字通用。周語「能導訓諸侯者」，史記魯世家「訓」作「順」。此文「道順」，正與彼同。道順即導訓也。楊注非』。

魯懿公弟稱。

梁玉繩曰：『孝公稱，或謂懿公之子』（志疑十八，參卷八）。

必問於遺訓而咨於固實。

集解：『徐廣曰：固，一作故。韋昭曰：故實，故事之是者』。

梁玉繩曰：『二字本通，如戰國趙策，故不敢入于鄒，魯仲連傳作固；又趙策，國有固籍』(同上十八)。

不干所問，不犯所知。

張文虎曰：『襍志云：「知」，當為「咨」。所問、所咨，皆承上文而言。周語正作咨』(札記四)。

四十六年，惠公卒。

今本竹書：平王四十八年，『魯惠公薨』。陳逢衡集證三七：『案史記魯世家：惠公三十年，晉人弒其君昭侯。四十五年，晉人又弒其君孝侯。四十六年，惠公卒。今據紀年，潘父弒昭侯在平王三十二年，莊伯弒孝侯在平王四十七年，是惠公卒于四十八年也(通鑑前編同)』。

攝當國，行君事，是為隱公。

會注考證：『隱元年左傳云，不書卽位，攝也』。

槃案攝，謂假代。此說實誤，何休左氏膏肓曰：『昔周公居攝(案此說亦有問題，已前見)，死不記崩。今隱公生稱侯，死稱薨，何因得為攝者？』何氏以下，辨之者亦衆矣，拙譔左氏春秋義例辨(卷八、葉十五)詳之。

息長，為娶於宋，宋女至而好，惠公奪而自妻之。

梁玉繩曰：『想因隱亦娶于宋，稱子氏，故誤也』(志疑十八)。

故魯人共令息攝政，不言卽位。

會注考證：『左傳云，隱公立而奉桓公，不云魯人共令息姑攝位』。

槃案隱公元年春王正月不書卽位，明章潢氏以爲闕文，是也。春秋經文脫簡，不一而足，卽以正月下脫事者計之，除此年外，仍得二十四事。然則隱元年正月下文闕，不足異也（詳同上拙左氏春秋義例辨）。

隱公五年，觀漁於棠。

漢書五行志下之上：隱公五年秋，螟，董仲舒、劉向目爲時公觀漁于棠，貪利之應也』（劉向說苑貴德篇作隱公『身自漁濟上』），是董、劉所見春秋古經『魚』亦皆作『漁』也。然今傳本左氏春秋經作『矢魚』，傳作『觀魚』。公羊、穀梁經則並作『觀魚』，傳同。

槃案『矢魚』卽射魚，射魚以奉祭祀，自古有此禮俗，別詳拙春秋公矢魚于棠說（左氏春秋義例辨卷七葉十～三四。拙集舊學舊史說叢有三訂春秋公矢魚于棠說，待刊）。

『觀魚』亦當訓射魚，古師層冰曰：『案經云「公矢魚于棠」，（左）傳曰「如棠觀魚」，傳以釋經，則「觀」當爲「貫」。「矢魚」猶「刃人」，皆以兵器名詞爲動詞也。易剝云：「貫魚以宮人寵」；漢人云「俯貫魴鱮」，皆以「貫」爲射。「貫」者射之終事，言「貫」則射可知矣。……朱駿聲云：「觀」又假借爲「貫」，貫、觀皆古玩切，同音通用，不亦宜乎？小雅采綠：「其釣維何？維魴維鱮。維魴維鱮，薄言觀者」。此「觀」亦「貫」之假借，言魴鱮可釣亦可射也。張衡南都賦「俯貫魴鱮」，正承用采綠之詩，可以爲證矣。石鼓文「維魴維鱮，何以貫之」，更爲「觀」作「貫」之顯證』（詳與陳槃書。國立編譯館本層冰文略續編葉一二六～一二九）。

槃謹案古師此文于春秋三傳之說，爲之疏通證明，援據典切，義新而碻，自來說經之家，其識解，蓋皆不及此也。

吾請為君殺子允。

梁玉繩曰：『桓公名多異。此處五稱子允，疑子字羡文』（同上。參看志疑卷八）。又曰：『桓公名軌，世家作允，又作子允，又作兀』（漢書人表考）。

不如殺，以其屍與之。

索隱：『屍，本亦作死字也』。會注考證：『國語作屍』。

槃案古『屍』『死』二字通用。呂氏春秋節喪：『故有葬死之義』。集釋：『葬死，猶云葬屍。期賢篇：「扶傷輿死」，輿死卽輿屍。……漢書酷吏尹賞傳：「安所求子死，桓東少年場」。顏注：「死，謂屍也」。竝其例證』。

莊公如齊觀社。

集解：『韋昭曰，齊因祀社，蒐軍實以示軍容，公往觀之』。杜氏注莊二十三年左傳，說同韋氏。

案襄二十四年左傳：『齊社，蒐軍實，使客觀之』。韋氏之說，蓋其有見于此。若莊二十三年傳云：『公如齊觀社，非禮也。曹劌諫曰：不可。夫禮，所以整民也。故會以訓上下之則，制財用之節；朝以正班爵之義，帥長幼之序；征伐以討其不然。諸侯有王，王有巡守，以大習之。非是，君不舉矣。君舉必書，書而不法，後嗣何觀』。此無以知齊之社祀爲蒐軍實以示軍容也。

公羊傳：『公如齊觀社。何以書？譏。何譏爾？諸侯越竟（境）觀社，非禮也』。解詁：『諱淫言觀社者，與親納幣同義』。穀梁傳：『觀，無事之辭也，以是爲尸女也』。集解：『尸，主也，主爲女往爾，以觀社爲辭』。二傳之說，固當參考。鄭樵曰：『案墨子曰：燕之社，齊之社稷，宋之桑林，男女之所聚而觀之也（槃案見墨子明鬼篇下。「燕之社」，今本墨子「社」作「祖」）。則觀社之義，公羊爲長』（六經奧論四、三傳篇）。案鄭氏發明觀社之義甚善。集解但據韋氏之說，殆未可也。清趙佑有公如齊觀社補疏（清獻堂全編讀春秋存稿卷二），其疏通發明鄭氏之說尤有獨到，並可參考（別詳拙春秋列國風俗考論別錄。中央研究院成立五十周年紀念論文集頁八九～九一）。

割臂以盟。

竹添光鴻曰：『淮南齊俗訓，越人契臂。高誘注，刻臂出血。割臂、刻臂同義。是歃臂血而爲盟也。靈樞經：黃帝曰，此先師之所禁坐私傳也，割臂歃血之盟也。……以血塗口旁曰歃』（說詳左氏會箋）。

說梁氏女，往觀，圉人犖自牆外與梁氏女戲。

梁玉繩曰：『案左傳，子般與女公子同往梁氏，觀習雩祭之禮，犖與女公子戲也』（同上）。

命牙待於鍼巫氏。

竹添光鴻曰：『下云鍼季，則鍼其氏；巫其職，或其名。氏者，家也；季乃其行。通志以鍼巫爲氏，非』（左氏會箋）。

使鍼季劫飲叔牙以鴆。

杜預曰：『鴆，鳥名，其羽有毒，以畫酒，飲之則死也』（左傳解）。

季友……自陳與湣公弟申如邾，請魯求納之。……於是季友奉子申入立之，是為釐公。釐公亦莊公少子。

王若虛曰：『據左氏傳注，魯僖公爲閔公庶兄，故夏父弗忌曰：新鬼大，故鬼小。而史記乃云：湣公被弒，季友自邾奉湣公弟申入立之，是爲釐公，亦莊公少子。未知孰是』（滹南遺老集九、史記辨惑一）。

齊桓公率釐公討晉亂。

梁玉繩曰：『案傳言，令不及魯，是魯未嘗與伐晉也』（同上。參看志疑卷八）。

槃案，僖九年左傳：『齊侯以諸侯之師伐晉，及高梁而還，討晉亂也。令不及魯，故不書』。左傳此例，後師所託，非舊也。別詳拙左氏春秋義例辨卷八「不書例」。

魯敗翟于鹹。

集解：『服虔曰：魯地也』。

顧棟高春秋大事表曰：『按後漢志，濮陽縣，春秋時有鹹城，濮水之北，當在今曹州府曹縣（案卽今山東曹縣）境』。

鄋瞞伐宋。

集解：『服虔曰：武公，周平王時，在春秋前二十五年。鄋瞞，長翟國名』。正義：『仲尼云：汪罔（槃案魯語作芒）氏之君守封禺之山，爲漆姓，在虞夏商爲汪罔，周爲長翟，今謂之大人。其國在湖州武康縣，本防風氏。杜預云：鄋瞞，狄國名也，防風之後，漆姓也』。

槃案，漆姓，漆當爲來，通作釐。其地或曰在山東歷城縣北境；或曰高苑縣有廢臨濟城是；或曰在西北方，非今山東；或曰北狄也（別詳拙春秋大事表譔異葉五四二～五四六）。

以敗翟于長丘。

春秋地名考略：今河南封丘縣南八里白溝是（卷十）。

晉之滅路。

正義：『魯宣十六年。杜預云：潞，赤狄之別種也。按，今潞州也』。

槃案在今山西潞城縣東北。潞，魏石經春秋左傳殘石作𡯓。古布文作䨣。國語或作路，路史同。逸周書作露（別詳拙春秋大事表譔異葉五五九下）。

鄋瞞由是遂亡。

集解：『杜預曰：長狄之種絕』。

顧炎武曰：『云長狄之種絕者，亦非。（左）傳云亡者，特其國亡耳。杜以後世不聞有長人，故云種絕。然張蒼長八尺餘，父不滿五尺，其子復長，至其孫長止六尺餘，豈可以此論邪？』（左傳杜解補正）。

成公如晉，晉景公卒，因留成公送葬，魯諱之。

成十年左傳：『公如晉，晉人止公使送葬。多，葬晉景公，公送葬，諸侯莫在，魯人辱之，故不書，諱之也』。杜解：『諱不書晉葬也』。

胡安國曰：『天子之喪動天下，屬諸侯；諸侯之喪動通國，屬大夫。公之葬晉侯，非禮也，唯天子之事焉可也。傳以晉人止公送葬，諸侯莫在，魯人辱之，故諱而不書，非也。假令諸侯皆在，魯人不以爲辱，而可書乎？』（春秋傳）。

榮案晉侯葬不書，非爲魯諱。左傳此例，後儒僞託，不可據也。魏了翁左傳要義、劉逢祿左氏春秋考證等，亦辨其誣（別詳拙左氏春秋義例辨卷七葉九）。

魯人立齊歸之子裯為君。

齊歸，襄公妾，說詳齊召南公羊傳注疏考證。

楚靈王會諸侯於申，昭公稱病不往。

梁玉繩曰：『案傳，乃辭以時祭，非稱病也』（同上。參看志疑卷八）。

季氏與郈氏鬭雞。

集解：『徐廣曰：郈，一本作厚，世本亦然。杜預曰：季平子、郈昭伯二家相近，故鬭雞』。

竹添光鴻曰：『與「益宮於郈氏」應，而知其家相接。史記世家云：「季氏與郈氏鬭雞」，錯認傳文耳』（左氏會箋）。

榮案呂氏春秋察微篇、孔子世家、淮南人間篇並作『鬭雞』，左傳與杜解作『雞鬭』。蓋季、郈二氏居住接鄰，故雞自然而鬥。若云『鬥雞』，則一若人使之鬥，辭義固自不同。然云『季氏芥雞羽，郈氏金距』，則是鬥雞矣。但初始實是雞鬥，非鬥雞耳。乃括地志云：『鬬雞臺二所，相去十五步，在兗州曲阜縣東南三里魯城中。左傳昭二十五年，季氏與郈昭伯鬬雞，季氏介雞翼，郈氏爲金距處』(孔子世家)。云二氏爲鬬雞而築臺，此恐傅會。

『郈氏』，郈當爲『后』，『厚』之借字。作『郈』者誤。詳王引之左氏述聞下季郈條。

季氏芥雞羽。

桂馥曰：『韋昭云：以芥傅雞羽。案應瑒鬬雞詩：芥羽張金距；褚玠詩：芥羽雜塵生；梁簡文帝詩：芥羽忽猜儔。……竝作芥字。……今雲南人鬬雞，猶以辣椒傅其羽，欲傷敵雞之目也』(詳札樸二介雞)。

梁玉繩曰：『昭廿五年介雞，賈解：芥子。淮南人間注同。杜從鄭衆云：甲也。呂子察微注同(當是高、許兩注之異)。孔疏從鄭。嚴九能曰：史記作芥雞羽。服注與賈、許合。案應瑒鬬雞詩：芥粉張金距；庾信詩：芥粉壒春場；王褒詩：猜羣芥粉生；劉孝威雞鳴篇：翅中含芥粉；梁簡文帝詩：芥羽忽猜儔；褚玠詩：芥羽褋塵生。此數詩皆用賈、服之義。芥羽之法，詳載周去非嶺外代答，其說云：養雞者割截冠緌，使敵無所施其嘴。其芥肩也，末芥子糝於雞之肩腋。兩雞半鬬而倦，盤旋伺便，互刺頭腋，翻身相啄。以有芥子，能眯敵雞之目，故用之。據此則賈、服之義，乃鬬雞之常法。正義申鄭而抑賈，殊不然也。介、芥古通。王氏學林謂司馬遷改介爲芥，杜預循其誤，妄已』(瞥記。經解本葉一六)。

李慈銘曰：『果以芥子傅羽，則傳文當云芥其雞羽，不宜止云芥其雞也。……惟以甲蒙雞，故郈氏爲金距以破之，此事之易瞭者。蓋傳文介，一本誤作芥(元注：釋文，介又作芥)，賈、服遂以擣芥子播羽爲說，而杜氏本卽賈、服本，遂亦沿用舊注。宋人謂以芥末傅羽，揚之欲以眯敵雞之目，亦當自眯其目。其說是也』(越縵堂讀書記札樸條。世界書局本葉一一七八)。

槃案越縵堂說可從(施之勉亦主介甲說，見大陸雜誌卅三卷一期。王叔岷兄說並同)。

臧昭伯之弟會。

索隱：『系本，臧會，臧頃伯也，宣叔許之孫，與昭伯賜爲從父昆弟也』。

槃按『弟會』，左傳作『從弟會』。

請致千社待君。

千社，或曰一社為一里，千社則千里。或則曰千社即千戶。劉履恂曰：『按昭十五年（左）傳：書社五百。注：二十五家為一社，籍書而致之。大戴禮：敎共書社。史記孔子世家：昭王將以書社七百里封孔子。索隱曰：古者二十五家為里，里則各立社。則書社者，書其社之人名於籍。蓋以七百里書社之人封孔子也，故下冉求云：雖累千社，而夫子不利。是也』（詳秋槎雜記。經解本葉二十）。此以一社為一里之說也。

金鶚曰：『衞公子啓方以書社四千下衞。……書社，亦當是一甸之社，社有長，民生齒即書名於社之長，故謂之書社。凡言書社幾百者，皆謂幾百戶也。論語云：伯氏駢邑三百，可以為證』（詳求古錄禮說九、社稷考）。此謂一社為一戶，是千社即千戶也。

槃案齊請致魯昭以千社，若千社即千里，齊地大能幾何？豈更能以千里之地予人者？蓋千戶之說是也。不然則齊君誇誕之詞，抑或數字傳聞有誤，不可據也。

平子頓首。

昭二十五年左傳作『稽顙』。段玉裁曰：『凡經傳言頓首，言稽顙，或單言顙，皆（周禮）九拜之頓首。何注公羊曰：顙，猶今叩頭；檀弓稽顙注曰：觸地無容，皆與周禮頓首注合。……頓首尙急遽。頓首主以顙叩觸，故謂之稽顙，或謂之顙』（說文解字注九篇上頁部『頓』字下）

槃案讀禮諸家，所釋多有出入（參日知錄集釋卷二八拜稽首條又稽首頓首條；毛奇齡經問卷一等）。段說至確，別詳段氏經韵樓集卷六釋拜；孫詒讓周禮正義大祝『辨九拜』條（卷四九葉三一）說同。

申豐、汝賈許齊臣高齕、子將粟五千庾。

左傳作『申豐從女賈』。杜解：『豐、賈二人，皆季氏家臣也』。賈逵讀女爲汝，世家集解引賈曰：『申豐、汝賈，魯大夫』。左氏會箋：『女賈，女人爲賈者。從者，爲之從者，以擔其貨也。必從女賈者，齊侯嚴禁受魯貨，欲使之不疑也。若二人皆季氏家臣，傳當並書，必不言從』。

趙簡子問史墨：『季氏亡乎？』

梁玉繩曰：『案傳言，簡子問墨，季氏出君而民服，諸侯與之，君死于外，莫之或罪。此云問季氏亡，與傳相反』(同上)。

孟氏不肯墮城，伐之，不克而止。

梁玉繩曰：『此事在孔子去後，史誤書于去前，說見孔子世家中』(同上)。

子將立，是為哀公。

梁玉繩曰：『人表于魯悼公下注云：出公子。是哀公亦有出公之稱，以遜于越故也。可補經史所未及』(同上)。

槃案，此孤證，似當存疑。

伐齊至繒。

繒，古籍或作鄫，或作鄫衍，小國。今山東嶧縣東八十里有鄫城(別詳拙春秋大事表譔異葉二九八～三〇二)。

吳為鄒伐魯，至城下。

槃案，鄒或作騶，或作邾，或作鼄，或作朱，或作邾婁，小國。舊說國于今山東鄒縣。鄒蓋凡數遷(別詳拙春秋大事表譔異葉一三一～一三五)。

遇孟武伯於衢。

衢，一本作衞，一本作街。索隱：『一本作衞，非也。左傳：於孟氏之衢』王念孫曰：『案衢，本作街，此後人依左傳改之也。……又案爾雅，四達謂之衢。說文：街，四通道也。則街卽是衢。史公述春秋傳，多以詁訓之字相代。後人改街爲衢，失史公之意矣』（詳讀書雜志三）。

哀公如陘氏。

集解：『杜預曰：陘氏卽有山氏』。

竹添光鴻曰：『公孫有山氏見（哀）十三年，杜注，公孫有山：魯大夫。或稱公孫有陘氏，當是大夫之名若字』（詳哀公二七年左氏會箋）。

國人迎哀公復歸，卒于有山氏。

集解：『徐廣曰：皇甫謐云，哀公元甲辰，終庚午』。

館本考證：『年表，甲辰爲定公十三年，哀公元爲丁未』。

宋翔鳳曰：『按世家，魯哀二十七年卒，爲周定王元年（元注：癸酉。帝王世紀以此定王爲貞定王）。六國表，魯哀卒在定王二年』（過庭錄十一）。

梁玉繩曰：『案吳越春秋與此同。左傳疏曰：傳稱國人施罪于有山氏，不得復歸而卒于其家也。遷妄耳』（同上）。

子寧立，是為悼公。

梁玉繩曰：『悼公之名，此與世本俱作寧，而漢志曼、寧兩載，蓋又名曼也』（同上）。

悼公……十三年，三晉滅智伯，分其地有之。

宋翔鳳曰：『世家，悼公十三年（槃案卽周定王十五年），三晉滅智伯，分其地，而周本紀、六國表，並在定王十六年（案相差一年）。世家十三，恐是誤字（同上）。』

三十七年，悼公卒。

汪中曰：『韓非喻老篇，魯季孫新弒其君，吳起仕。中按其時，蓋當悼公之世。悼之爲謚，其以此歟？』（經義知新記）。

子顯立。是為穆公。

索隱：『系本顯作不衍』。

梁玉繩曰：『漢志衍、顯竝載』(同上)。

子屯立，是為康公。

梁玉繩曰：『漢志屯作毛，疑譌，猶漢書屯莫如之誤毛莫如也。見困學紀聞十二』(同上)。

子叔立，是為平公，是時六國皆稱王。

梁玉繩曰：『六國當云七國。七國至愼靚王六年，無不稱王者』(同上)。

平公十二年，秦惠王卒。

梁玉繩曰：『秦惠卒于平公六年，此誤』(同上)。

會注考證：『沈家本曰：按秦惠王卒，在平公八年』。

子賈立，是為文公。

索隱：『系本作湣公，鄒誕亦同，系家或作文公』。

會注考證：『漢書律歷志作緡公。中井積德曰：魯不得有兩文公，作湣爲是。然湣又與閔同，則亦有兩閔公也。或是別字之譌，今不可考』。

槃案春秋時祖孫同謚，如魯叔弓謚敬子，孫謚同，稱西巷敬伯；父子同謚，如晉魏犨謚武子，子錡同謚稱廚武子；叔姪同謚，如魯叔孫豹爲叔孫穆子，姪叔仲同謚稱叔仲穆子；從兄弟同謚，如晉荀躒、荀寅並謚文子之類，不乏其例。中井之說，泥。

子讎立，是為頃公。

張文虎曰：『官本頃，各本作傾，下楚頃王同』(札記四)。

槃案頃、傾音同字通，參燕召公世家『子頃侯立』條。

頃公亡，遷于卞邑。

索隱：『下邑，謂國外之小邑，或有本作卞邑。然魯有卞邑，所以惑也』。

梁玉繩曰：『卞邑是也。各本世家皆譌作下，惟毛本作卞。餘說在六國表』（同上）。

槃案卞縣故城，在今山東泗水縣東五十里。

為家人。

會注：『岡白駒曰：家人，齊民也。韋昭云：庶人之家也，謂居家之人無官職也』。

槃案此古人常辭，哀四年左傳：公孫翩逐蔡昭侯而射之，『入於家人而卒』（正義：遂入于凡人之家。沈欽韓補注：家人，言民家）；本書欒布傳：『始梁王彭越爲家人時』（索隱：謂居家之人無官職也）；儒林傳：『召轅固生問老子書，固曰：此是家人言耳』；漢書高帝紀：『不事家人生產作業』；郊祀志下：『家人尙不欲絕種祠』；汲黯傳：『家人失火』；馮唐傳：『士卒盡家人子』。注疏以凡人、庶人之家解之，是也。漢書五行志中之上：『今陛下棄萬乘之至貴，樂家人之賤事；厭高美之尊稱，好匹夫之卑字』（如淳曰：稱張放家人，是爲卑字）；又下之上：『惠帝二年……有兩龍見於蘭陵廷東里溫陵井中（注：溫陵，人姓名也。補注：官本考證云，孝惠紀作見蘭陵家人井中）。劉向以爲龍貴象而困於庶人井中』。彼志以家人與庶人互文，或以庶人稱惠紀之所謂家人，家人卽庶人，斯亦其明證。

俞正燮癸巳存稿七、家人言解：『史記列傳：世家所謂爲家人，卽奴虜。梁王彭越爲家人時，謂囚奴也。馮唐列傳：士卒盡家人子，起田中從軍，安知尺籍伍符？卽蒼頭軍亦私屬，朱家買季布置之田，是也；又與七科讁皆非民籍，故不知尺籍伍符』。案此可證庶人多文盲，少識字，故不知尺籍伍符耳。非謂奴虜始不知有此也。然奴虜亦家人一分子，不可謂凡家人皆奴虜也。

漢書婁敬傳：『上竟不能遣長公主，而取家人子爲公主，妻單于』。顏注：

『於外庶人之家取女而名之爲公主』。補注:『周壽昌曰:漢制,良家子入宮無職號者,謂爲家人子,有上家人子、中家人子之別。顏注誤。馮唐傳「士卒盡家人子」,則是庶人之家子,不能與此同解也。先謙曰:據匈奴傳,使敬奉宗室女翁主爲單于閼氏,是家人子乃宗室女也』。槃案良家子入宮無職號者爲家人子,此與庶人家子之稱家人子者,于義爲近,周氏說泥。又以家人子爲公主,事祕不外泄,外人無從知之,匈奴傳以爲宗室女翁主,殆飾辭耳。今傳云家人子者,蓋亦當時有此一說,非謂宗室翁主亦得稱家人子也。

魯起周公,至頃公凡三十四世。

梁玉繩曰:『史不數伯御一代,故云三十四世。呂氏春秋長見、韓詩外傳十,亦言魯三十四世亡。惟淮南齊俗訓作三十二世,則誤也』(元注:氾論訓又誤作三十六世)(同上)。

洙、泗之間,齗齗如也。

宋翔鳳曰:『按桓寬鹽鐵論國病篇云:諸生誾誾爭鹽鐵;說文:誾,和說而諍也。是漢人解誾誾,並有爭義,與徐廣解齗齗同。又按文選運命論:誾誾於洙泗之上,注引史記曰:洙泗之間,誾誾如也。則史記本亦有作誾誾者。古音誾與專斷亦同部。說文:齗,齒本也。無爭訓。則書之斷斷,史記之齗齗,並以同聲假借。若依古文,當作斷斷;依今文,當作誾誾。異文而同義也』(詳過庭錄卷十一)。

梁玉繩曰:『齗字,當依索隱音誾作相讓解爲得,與漢地理志及下文揖讓句皆協。徐廣以爭辨釋之,非也』(同上)。

一九八六、三、廿二脫稿

本文承陳鴻森同學、耿慧玲小姐暨彭美玲小姐費神校閱;陳同學並有所是正,統此致謝。

出自第五十七本第二分(一九八六年六月)

顧長康著述考

莊申

顧愷之，字長康，是晉末著名的畫家。他主要的著作，原名《顧愷之集》。據《隋書》，本有七卷，惜早失傳。清末的嚴可均，在他所編的《全晉文》裏，搜集了顧愷之在文學方面的作品十六篇。此外，唐末的張彥遠，在他所編的《歷代名畫紀》裏，也搜集了顧愷之的三篇論藝之作。不過根據內容與性質，嚴可均搜到的《王衍畫贊》，似乎應該是由張彥遠搜到的《魏晉勝流畫贊》裏的一部份。本文根據《隋書》所記的卷數，把由張、嚴兩家所搜集到的十幾篇文字，分爲七卷。這樣，已失傳的《顧愷之集》也許可以恢復一部份原有的面目。

顧愷之的第二種著作，據《晉書》的顧氏本傳，是《啟矇記》。可是在《三國志》所引用的資料裏，卻把它記爲《啟蒙注》。此外，《隋書》又把它記爲《啟蒙記》。據《隋書》的記載，顧愷之還有一種著作叫作《啟疑記》。在這四種不同的書名之中，作者認爲《啟矇記》才應該是顧愷之的第二種著作的書名。因爲用「啟矇」爲名，一方爲是由於此書所記的奇異事物，荒誕不經，閱後既可以使人具有大開眼界之感，一方面可能也與顧愷之的詼諧的個性有關。他用「啟矇」爲名，似乎含有和讀者開一次玩笑的意味。《新唐書》的編寫，雖受史家的推崇，可是歐陽修在提到顧愷之的這種著作的時候，只把它簡稱爲《啟蒙》，而不說明他所看到的，是《啟蒙注》還是《啟蒙記》。這種曖昧的態度，間接說明連他也不知道此書的正確名稱是什麼。

除了《啟矇記》，顧愷之還有一種叫做《晉文章記》的著作。這本書專門討論晉代文學風格，性質很像是文學批評。可惜此書目前只存十餘字，不能仔細討論了。

由這三種性質與內容都不同的著作，可以看出顧愷之的寫作能力既強，寫作的興趣也很廣。這與他在藝術方面，既能從事繪畫的創作，又能撰寫論畫文字的多元發展，是一致的。《晉書》在顧氏本傳中認爲顧愷之是一個「才絕、畫絕、癡絕」的人物。大概「才絕」與「畫絕」，應該是指顧愷之在文學與藝術兩方面的多元發展而言的。

顧愷之 (344–405)，字長康，是一位在東晉末年生於江蘇無錫的名士與藝術家。在目前，在畫蹟能夠保存於世的許多古代藝術家之中，顧愷之恐怕是時代最早的一位。二十世紀的學術界，對於顧愷之的研究，雖然不少，不過這些研究，如果不是偏重於對顧愷之的畫蹟的討論[1]，就是對他的傳記[2]或畫論[3]的翻譯與討論。對顧愷之的

1　我國學者對於顧愷之研究的專著，大概是下列五種：

(1) 溫肇桐：《晉唐二大畫家》（民國三十四年，上海世界書局初版。後有一九六〇年及一九七〇年香港幸福出版社與崇明出版社的兩種翻印本）。顧愷之部份，共四十九頁，無圖版。

(續)(2) 潘天壽：《顧愷之》(一九五八，上海人民美術出版初版。後有一九七九年之再版本)。全書共三十六頁，三十九圖版。此書後有一九七九年香港，中華書局的翻印本。

(3) 馬采：《顧愷之研究》(一九五八年，上海人民美術出版社出版)。全書八十六頁，五十圖版。

(4) 俞劍華、羅尗子、溫肇桐合編：《顧愷之研究資料》(一九六二年，北京人民藝術出版社出版)。全書二三一頁，三十八圖版。

(5) 溫肇桐：《顧愷之之新論》(一九八五年、四川美術出版社出版)。全書九十七頁，十六圖版。

我國學者對於顧愷之畫蹟研究的單篇論文，則有下列七種：

(1) 于其灼：「顧愷之及其作品」，見《美術》創刊號(一九五四年，北京，人民美術出版社出版)。

(2) 溫肇桐：「試論顧愷之的『女史箴圖卷』」，見《中國繪畫藝術》(一九五五年，上海出版公司出版)。

(3) 溫肇桐：「顧愷之的『洛神賦圖卷』」，見《美術》第三期(一九五七年，北京人民美術出版社出版)。

(4) 唐蘭：「試倫顧愷之的繪畫」，見《文物》第六期(一九六一年，北京，文物出版社出版)。

(5) 朱狄：「不負子建琳瑯筆，善攄詩情付丹青——洛神賦圖詩畫比較」，見《美術》第一期(一九六二年，北京，人民美術出版社出版)。

(6) 沈以正：「顧愷之畫雲臺山記一文之研究(附復原圖)」，見《東西文化》，元月號(民國五十七年，臺北，中華學術院發行)，頁一五～二一。

(7) 李霖燦：「顧愷之——其人其事其畫」，見《故宮季刊》，第七卷，第三期(民國六十二年，臺北，故宮博物院出版)。

此外，還有陳葆眞女士在美國 Princeton University 以英文撰寫的，與顧愷之的畫蹟有關的一篇博士論文。不過到本文殺青，陳女士的英文論文，尙未得見。

在日本方面，與顧愷之畫蹟研究有關的專著，有下列三種：

(1) 伊勢專一郎：《自顧愷之至荊浩之支那山水畫史》(一九三四年，京都東方文化學院京都研究所出版)。其第一章題日「顧愷之」，共七十七頁，圖版六頁。傅抱石曾於此著作一書評，題曰「論顧愷之至荊浩之山水畫史問題」，見《東方雜誌》第三十二卷第十九號(民國二十五年，上海，商務印書館出版)。

(2) 梅澤如軒：《六朝時代の藝術》(一九二八年，東京，私人出版)。全書共一五六頁，分八章，附六十八圖版。書中與顧愷之有關係的部份，共有六章：

A. 第二章　顧愷之　　B. 第三章　張華の女史箴

C. 第四章　顧愷之の女史箴圖　　D. 第五章　顧愷之の洛神賦圖

E. 第六章　顧愷之の佛畫　　F. 第七章　古列女傳

(3) 堂谷憲勇：《支那美術史倫》(一九四四年，京都，桑名文星堂出版)。全書共三一一頁，十六圖版。在此書內，與顧愷之有關的討論是以下兩篇：

A. 第一篇　顧愷之試論　　B. 第二篇　顧愷之の維摩

2 關於顧愷之的傳記，最早的兩種，都寫於唐代。房喬在《晉書》卷九十二爲顧愷之所寫的傳記，現有三種學術性的譯本與一種非學術性譯本。現在把三種學術譯本，按照發表時間的先後，列舉如下：

A. Ed. Chavannes: "Biographie de Kou K'ai-tche", "T'oung Pao", Serie Ⅱ, Livr. 5, (1904, Leide), pp. 325-331.

B. Arthur Waley: "Introduction to the History of Chinese Painting" (1923, London), pp. 45-48.

C. Chen Shih-hsiang: "The Biography of Ku K'ai-chih" (1953, Berkeley)。此爲美國 University of California 的 Chinese Dynastic Histories Translation 叢刊之第一種。譯文共三十一頁。

此外，橫川毅一郎在其《支那畫人傳》（一九一五，東京）中放有「顧愷之——才絕、畫絕、癡絕」一文。該文內容雖然也大致以《晉書》裏的《顧愷之傳》爲依據，不過卻以小說的形式完成。這個譯本可以視爲非學術性的譯本。橫川毅一郎的這篇文章，近年有莊伯和的中文譯本，見《中國畫人傳》（一九八六年，臺北，雄獅圖書公司出版），頁四七～七七。至於張彥遠在《歷代名畫記》卷五，對顧愷之所寫的傳記，現有四種譯本與一種校注本。玆分列如下：

A. William Acker: "Some T'ang and Pre-T'ang Texts on Chinese Painting", Vol. Ⅱ (1974, Leiden), pp. 43-57.

B. 小野勝年：《歷代名畫記》（一九三八年，東京，岩波書店出版）。

C. 長廣敏雄：《歷代名畫記》（一九七七，東京，平凡社出版），上册，頁三一六～三三七。

D. 近藤元粹：《歷代名畫記》（見螢雪軒叢書卷四。原書未見，出版時地不詳）。

E. 谷口鐵雄：校本《歷代名畫記》（一九八一，東京，中央公論美術出版），頁七～一七六。

3 關於顧愷之的畫論，他的「畫雲臺山記」共有四種英文譯本與兩種日文譯本，分列如下：

A. Shio Sakanishi: "The Spriit of Brush" (1939, Landan), pp. 30-33.

B. Michael Sullivan: "The Birth of Chinese Landscape Painting" (1962, Berkeley and Los Angeles), pp. 94-100. 在此譯本內，譯者將「畫雲臺山記」分爲三十九條。

C. Lin Yutang: "The Chinese Theory of Art" (1967, London), pp. 41-44.

D. William Acker: "Some T'ang and Pre-T'ang Texts on Chinese Painting", Vol. Ⅱ, (1974, Leiden), pp. 73-81.

E. 小野勝年：《歷代名畫記》(一九三八年，東京，岩波書店出版)，頁七〇～七四。

F. 長廣敏雄：《歷代名畫記》（一九七七，東京，平凡社出版），上册，頁三三七～三六四。

對於這篇畫論有所討論的論文，則有以下數家：

A. 伍蠡甫：「關於顧愷之『畫雲臺山記』」，見《談藝錄》（一九四七年，上海，商務印書館出版），頁一〇三～一〇八。

B. 傅抱石：「晉顧愷之『畫雲臺山記』之研究」，見《中國古代山水畫史的研究》

畫論以外之著作的討論，幾乎是沒有的。[4] 本文的寫作，想就能在這方面，作一點整理與分析的工作。

《晉書》卷九十二在《顧愷之傳》裏的最後一句，是這麼寫的：

「年六十二，卒於官。所著文集及《啟矇記》，行於世。」[5]

根據這句話，顧愷之的著作，似乎有兩種；一種是他的文集，另一種是《啟矇記》。事實上，如以《晉書》別的篇章、以及《晉書》以外的資料作為證據，顧愷之的著作，並不祇限於這兩種。《晉書》在《顧愷之傳》中，對於顧愷之的著作的介紹，不但語焉不詳，也可說不是很負責任的。現在就按照《晉書》在《顧愷之傳》裏所提到的那兩種著作的順序，先討論顧愷之的文集，再討論《啟矇記》。最後才討論《晉書》所沒提到的，顧愷之的其他著作。

（續）　（一九六〇，上海，人民美術出版社出版）。

C. 溫肇桐：「顧愷之『畫雲臺山記』試論」，見《文史哲》一九六二年，第四期（山東大學出版），頁四七～四九。

D. 林同華：「論顧愷之及其繪畫美學思想」，見《中國美學史論集》（民國七十五年，臺北，丹青圖書公司重排本），頁六五～一〇五。

E. 小林太市郎：「中國繪畫史論考」（一九四七年，京都，大八洲出版株式會社），第二篇（支那畫の構圖よその理論）第三段（神仙山水の經營よ「畫雲臺山記」）。

F. 米澤嘉圃：「顧愷之の畫雲臺山記」，見《中國繪畫史研究》（一九六二年，東京，平凡社出版）。此文現有宋紅之中文節譯本見《美術論集》第三輯（一九八三年，上海，美術出版社出版）。

G. 馬采：「顧愷之『畫雲臺山記』校釋」，見《中山大學學報》第三號（一九七九年，廣州，中山大學出版）。

此外，對於顧愷之的「魏晉勝流畫贊」與「論畫」等兩篇畫論的英文譯本，可見 Michael Sullivan: "The Birth of Chinese Landscape Painting", pp. 58-68, 以及 68-73.

4 有關顧愷之的著作的研究，現知只有下列兩種：

A. 俞劍華、羅尗子、溫肇桐合編：《顧愷之研究資料》的第九節是「顧愷之文章輯錄」，見頁二一五～二二〇。

B. 谷口鐵雄：「顧愷之の佚文」，見《美術史》第五十六號（一九六五年，東京，國立文化財研究所出版），頁一二〇～一三二。

5 見《晉書》（一九七四年，北京，中華書局標點本）卷九十二，頁二四〇六。

壹、顧愷之集

一、關於顧愷之集的討論

關於顧愷之的文集，《晉書》的《顧愷之傳》雖然沒有提到它的書名，不過在文獻上，卻可根據《隋書》，而知道這部文集的全名是《通直散騎常侍顧愷之集》[6]（以下此集簡稱《顧愷之集》）。如果用現代的觀念而講求出版資料，譬如此書是由什麼人編輯的、是在什麼時候初次刊行的、還有，這部書原來的篇幅如何，現在都不可知。不過，在梁（502–556）、隋（589–616）兩代，《顧愷之集》是有二〇卷的。可是到了唐代初年的貞觀十年（636）、此書已經祇剩下七卷。[7] 顧愷之的卒年，大致是在晉安帝義熙元年（405）左右。[8] 如果就以他的卒年之次年（406）作爲《顧愷之集》的

---

6 見《隋書》（一九七三年，北京，中華書局標點本）卷三十五，《經籍志》四，頁一〇七〇。在朝代的時間方面，晉（265–419）早於隋（589–617），但在史書的修纂方面，《隋書》修於貞觀十年（636），比修成於貞觀二十年（646）的《晉書》，早了十年。在一般情形之下，編寫較遲的書，常常有些資料，可以補充編寫較早的書籍之不足。《晉書》雖然成書稍遲，卻需要用成書稍早的《隋書》裏的資料，去補充它在編輯與資料兩方面的不足。這個史實既可說明房喬的史才不高，也成爲史學上比較罕見的現象。

7 見《隋書》卷三十五，《經籍志》四，頁一〇七〇。但宋人鄭樵（1102～1160）在其《通志》（據民國二十六年，上海，商務印書館萬有文庫本）卷六十九「藝文志」七，於「別集」類，頁八一七，卻曾著錄過《通直常侍顧愷之集》十三卷。這個版本，後來未再有人提過。在數目上，二十是十三與七的總和。也許由鄭樵所著錄的十三卷本《顧愷之集》就是在唐初由魏徵在《隋書》所著錄的七卷本《顧愷之集》所失去的那十三卷。但是何以這十三卷要到宋代，才有著錄，現在還不能解釋。

除此以外，在清代，丁國鈞的《補晉書藝文志》，文廷式的《補晉書藝文志》，與黃逢元的《補晉書藝文志》，對於《顧愷之集》的著錄，都是二〇卷。這個數目，當然是指這部文集在未失傳以前的卷數。至於秦榮光的《補晉書藝文志》，雖把《顧愷之集》的卷數，記爲三十卷，不過三十這個數目，顯然是二十的誤寫。

8 關於顧愷之的生卒年，現有六種不同的說法：

A. 姜亮夫：《歷代人物年里碑傳綜表》（民國二十六年，上海，商務印書館初版。後有一九六一年，香港，中華書局重印本），頁五十五，顧愷之生於晉成帝咸康七年辛丑，卒於晉安帝元興元年壬寅（341–402），年六十二歲。

B. 郭味渠《宋元明清書畫家年表》（一九五八年，上海，人民美術出版社出版）所附《晉唐五代重要書畫家年代表》，頁一，作生於晉穆帝永和二年丙午，卒於晉安帝義熙三年丁未（346–407），年六十二歲。

C. 劉滄凌《唐代人物畫》（一九五八年，北京，古典藝術出版社）頁二，以爲顧愷之

問世之年而開始計算，在從第五世紀初年到第七世紀初年的這兩百年內，顧愷之的文集，在卷數上，一直都是二〇卷。如果此書問世時，就是二〇卷，可以說，在這兩百年內，在篇幅上，《顧愷之集》一直沒是有損失的。然而在從第七世紀初年到同世紀中期的這幾十年內，這部書的三分之二的篇幅，已經散失了。在短短的時間之內，散失得那麼快，眞是令人痛惜的。到目前，連在唐代初年或第七世紀中期還能見到的，七卷本的《顧愷之集》，也已散佚不存了。

1. 嚴可均搜輯到的文學作品

在清代中期，浙江學者嚴可均（1762-1843），從嘉慶十三年開始，直到道光十七年（1808-1838），前後用了三十年的時間，去努力搜集唐代以前各代的文章，然後他又獨自奮力，編成了一部篇幅共有七百四十卷的大書；書名是《全上古三代秦漢三國六朝文》。在此書中，與晉代的文章有關的《全晉文》部份，就有一百六十七卷。在《全晉文》的第一百三十五卷，嚴可均搜集到不少顧愷之的文章。各文的篇名是：

（一）雷電賦
（二）觀濤賦
（三）冰　賦
（四）湘中賦
（五）湘川賦
（六）策　賦
（七）鳳　賦
（八）四時詩
（九）拜員外散騎常侍表

（續）　生於晉穆帝永和二年丙午，卒於晉安帝義熙三年丁未（346-407），年六十二歲。

D. 潘天壽《顧愷之》（一九五八年，上海，人民美術出版社出版），以爲顧愷之生於晉穆帝永和元年乙巳，卒於晉安帝義熙二年丙午（345-406），年六十二歲。

E. 馬采《顧愷之研究》（一九五八年，上海，人民美術出版社出版），以爲顧愷之生於晉康帝建元二年甲辰，卒於晉義熙元年乙巳（344-405），年六十二。

F. 堂谷憲勇《支那美術史論》（一九四四年，京都，桑名文星堂出版），頁七〇《顧愷之年表》，以爲顧愷之生於晉康帝建元元年（343），卒年不詳。

（一〇）與殷仲堪牋

（一一）虎丘山序

（一二）嵇康贊序

（一三）王衍畫贊

（一四）水　贊

（一五）父悅傳

（一六）祭牙文

在來源方面，這十六篇文章，是由於得到晉代的，或者後代的著作的引用，才能夠保存下來的。一般的引文，在一般的情形之下，都不會很長。所以顧愷之的這十六篇文章，除了「雷電賦」，曾被引用了三百六十字（見附錄一），因此可說還頗具篇幅之外，其他各篇的長度，都很短。尤其是「湘中賦」，既然祇被引用了四個字，所以這篇賦，現在也祇剩下曾被引用的那四個字了（見附錄四）。漢代的司馬相如（179-117 B.C.）是有名的賦家。他的「梓桐山賦」，除了由顧野王（519-581）所編的《玉篇》引用了「礸碍」二字，已經完全失傳了。所以司馬相如的「梓桐山賦」，現在祇剩下保存在《玉篇》裏的這兩個字。[9] 顧愷之的「湘中賦」既然還有四個字保存於今，如與司馬相如的「梓桐山賦」相較，它保存下來的字數，還不算是最少的。

由嚴可均所搜集到的顧愷之的佚文，儘管在長度上，大致都很短，可是在形式上，這十六篇卻分屬於賦、詩、表、牋、序、贊、傳，和祭文等八種不同的文體。根據這一點，可以看出顧愷之既然能用多種不同的文體寫作，他的寫作能力是很強的。顧愷之的佚文既然分屬八種不同的文體，這就牽涉到一個問題，也就是到顧愷之的時代為止，中國的文章，共有多少種文體的問題。

想要解決這個問題，似乎有四種資料值得參考。時代最早的資料，可能是三國時代的魏文帝曹丕（卒於黃初七年，即蜀漢後帝建興四年，227）所寫的《典論》。他在《典論》的《論文》裏，說過這樣的幾句話：[10]

「奏、議宜雅、書、論宜理、銘、誄尚實、傳、賦欲麗。」

9　見何沛雄：《略論漢書所載錄的辭賦》，載《新亞學報》，卷十五，頁二〇一～二二八。

10　見嚴可均：《全三國文》，卷八，頁一〇～一一。

儘管也許還有別的文體，曹丕並沒提到，不過至少以曹丕的《論文》爲根據，到西元三世紀初年爲止，中國的文體，已有奏、議、書、論、銘、誄、詩、賦等八種。

第二種資料是文人陸機 (261-303) 的著名《文賦》。在《文賦》裏，他對於中國的文體，提出下面所引的這一段話：[11]

「詩緣情而綺麗、賦體物而瀏亮、碑披文以相質、誄纏綿而悽愴、箴頓挫而清壯，頌優游以彬蔚、論精微而朗暢、奏平徹以閑雅、說煒煒而譎誑。」

在這一段引文裏，陸機所提到的文體，共有傳、賦、碑、誄、箴、頌、論、奏、和說等八種。把他所提出的八種與由曹丕所提出的八種互相比較，可以看出奏、論、銘、誄、傳、賦這六種，是兩人都提到的。祇由曹丕提出的，是議、和書等兩種。祇由陸機提出的，是碑、箴、頌、說等四種。把由曹丕提出的兩種、陸機提出的四種、與曹、陸兩人都提到的那六種相加，中國的文體，至少有十二種。不過這個數字還不能算是到西晉末年爲止的中國的文體的總數。因爲死於晉懷帝永嘉時代 (307-312) 的摯虞，[12] 其卒年雖較陸機稍遲，但大致可以祝爲與陸機同時。摯虞曾經寫過一部篇幅本有三十卷的《文章流別志論》，[13] 來討論文章的源流和類別。可惜這項資料早已失傳了。此書現殘存在的一千五百字，[14] 恐怕在摯虞的原著裏，所佔的比例是很輕微的。在殘存的《文章流別志論》裏，摯虞不但討論了頌、傳、七辭、賦、箴、銘、誄、哀辭、文、圖籤、和碑銘等十一種文體，又在討論頌的時候，說了這樣的幾句話：

「王澤流而詩作，成功臻而頌與。德勳立而銘著，嘉英終而誄集。祝史陳辭，官箴王闕。」

在這段引文裏，他提到的文體，共有詩、頌、銘、誄、祝、和箴等六種。對於頌、

11 見《陸平原集》(據明張溥《漢魏六朝百三名家集》本，民國十四年，上海，掃葉山房印行)，卷一，頁一一二，又見嚴可均：《全晉文》，卷九十七，頁一～二。

12 見《晉書》，卷五一，頁一四一九～一四二五，《摯虞傳》。

13 見同12。

14 見《摯太常集》(據《漢魏六朝百三名家集》不分卷本，頁一二～一四，又見《關中叢書》本，民國七年，戊午，陝西通志館印，卷三，頁一一五)，又見嚴可均《全晉文》，卷七十七，頁七～八。

詩、銘、誄、箴等五種，他是分別有所討論的，只有祝，才是在殘存的《文章流別志論》中未經討論的一種文體。如果把祝與已被討論過的十一種相加，由摯虞所提出的文體總數應該是十二種。不過在這十二種之中，有四種（銘、誄、傳、詩）是曹丕和陸機都已提過的，另外又有三種（箴、頌、碑）是陸機個別提過的。把這七種除去，只有七辭、哀辭、解嘲、圖籤、和祝這五種，才是曹、陸兩家都沒提到過的文體。前面說過，在西晉末年，到陸機時代爲止，中國文體的總數是十二種。如果把這十二種與由摯虞所提出的那五種相加，在西晉末年，摯到虞去世之際，也即到四世紀的一〇年代爲止，以陸機與摯虞的著錄爲根據，中國文體的總數，似乎應該是十七種。

第四種資料是在東晉中期，由當時的文人李充所寫的《翰林論》。李充在這種著作之中，提出了書、議、讚、表、駁、論、盟、檄、詩等九種文體。[15] 在這九種之中，書和議是曹丕早已提過的、論是陸機早已提過的，而詩又是曹、陸、摯三家早都提過的。如果把這五種除去，只有駁、盟、檄這三種文體，才是曹、陸、摯三家都沒有提過的。如果把這五種與前面提到的十七種相加，到東晉中期爲止，中國文體的總數，以曹、陸、摯、李四家的著錄爲依據，應該是二十二種了。爲了便於觀察，現在就把已在上面分析過的，四種資料裏的各種文體，列成一個表，附在下頁。

表裏特別要注意的是《翰林論》的作者李充。據《晉書》裏的《李充傳》，[16] 他曾在王導 (267–330) 擔任丞相的時候，先在丞相府裏擔任掾，後來才轉任記室參軍。等到褚裒擔任征北將軍，他又擔任褚裒的參軍。據《晉書》卷七《成帝紀》，[17] 王導是在成帝咸康四年 (338) 六月擔任丞相的。再據《晉書》卷九十三《褚裒傳》，[18] 褚裒是在晉穆帝永和六年 (350)，因爲征伐石季龍失敗，而由征討大都督的職位上，自貶爲征北將軍的。所以李充擔任丞相掾與征北將軍之參軍的時間的上限，既不得早於 338 年，也不能早於 350 年。儘管李充的卒年不詳，不過他一生最重要的時代，可能

15 按嚴可均《全晉文》卷五十三，雖收李充《翰林論》的佚文八條，但與文體無關。本文現用的資料，是根據舒衷正「文心雕龍與蕭選分體之比較研究」一文而轉引的。舒文見王更生編《文心雕龍研究論文選粹》(民國六十九年，臺北，育民出版社出版)，頁三九四～四三七。

16 見《隋書》，卷九二，頁二三八八～二三九一。

17 見同上，卷七，頁一八一。

18 見同上，卷九十三，頁二四一七。

到東晉中期爲止的中國文體表

文體名稱 / 提出人與共著作 / 文體種類	曹丕《典論》〈論文〉	陸機《文賦》	摯虞《文章流別論》	李充《翰林論》
1. 奏	奏	奏		
2. 議	議			議
3. 書	書			書
4. 論	論	論		論
5. 銘	銘	銘	銘	
6. 誄	誄	誄	誄	
7. 詩	詩	詩	詩	詩
8. 賦	賦	賦	賦	
9. 碑		碑	碑銘	
10. 箴		箴	箴	
11. 頌		頌	頌	
12. 說		說		
13. 七辭			七辭	
14. 哀辭			哀辭	
15. 文			文	
16. 圖讖			圖讖	
17. 祝			祝	
18. 贊				讚
19. 表				表
20. 駁				駁
21. 盟				盟
22. 檄				檄

就是在 338 與 350 年之間的這十二年以內。《翰林論》的成書時代固然也不詳，不過也不妨假設爲他在 338 與 350 之間寫成的著作。用最保守的方式來說，《翰林論》至少也應該是四世紀中期的著作。顧愷之在 344 年出生的時候，李充的《翰林論》剛剛寫成六年。顧愷之在 405 年去世時，也不過只在《翰林論》寫成以後五十五年。

從李充寫成《翰林論》，到顧愷之去世的這五十五年之中，再沒有別人在他的著作裏，對於中國的文體，提出新的種類。所以根據表一，可以看出到李充的時代爲止（事實上，也就等於到顧愷之的時代爲止），中國的文章的種類的總數，以從曹丕到李充的那四種資料爲準，一共是奏、議、書、論、銘、誄、詩、賦、碑（碑銘）、箴、頌、說、七辭、哀辭、文、圖籤、祝、讚、表、駁、盟、檄等二十二種。在這二十二種文體之中，與顧愷之的著作有關的，是詩、賦、表、贊、文等五種。也就是說，這五種，在到晉代末年爲止，而已有著錄的二十二種文體之中所佔的比例，是百分之四十。此外，他還能寫序和牋，而這兩種文體，更已超出那曾被記錄的二十二種之外。所以根據以上的資料和對這些資料的分析，顧愷之的寫作能力是相當強的；他旣能寫作從戰國時代開始的賦、也能寫作在晉代新興的牋和序。

關於顧愷之的寫作能力，也許還可以從另一個角度加以觀察。前面提過的《文賦》之作者陸機的文學作品的總集是《陸平原集》。在此集中共有賦、表、書、七、論、議、頌、箴、碑、誄、哀辭，和詩等十二種文體，是與上列的文體表中所錄的各種文體有關的。在西晉時代，比陸機的時代還早的傅咸（239-294），也是一位能夠寫作多種文體的文人。在他的《傅中丞集》裏，共有賦、表、奏、書、頌、箴、銘、碑銘、誄、和詩等十種文體，是與上列的文體表裏所錄的各種文體有關的。由此兩例，可見傅咸能夠寫作的文體，佔文體表中所錄的文體之百分之五十，而陸機能夠寫作的文體，就文體表裏所錄的二十二種而言，也幾乎佔了百分之五十。這兩種比例，都比顧愷之能寫作的文體，只佔文體表裏所錄的文體之百分之四十的百分比率，要高出百分之十。可是傅咸與陸機都不是畫家。顧愷之旣是畫家，而他能夠寫作的文體，又有八種之多，這就更顯得顧愷之在寫作方面的能力非常強。總之，顧愷之能夠用八種不同的文體寫作，似乎要經過與傅咸和陸機的寫作能力加以比較，才顯得更有意義。

二、張彥遠搜輯的論畫文字

由嚴可均所搜輯到的，顧愷之的十六篇佚文，大部份都是文學作品，此外，還有一小部分（譬如傳和祭文），可以說是應用文。可是除了文學作品與應用文，顧愷之還寫過一些專門討論藝術的文章，而這些文章，卻是嚴可均完全沒有注意的。顧愷之的論藝文字，現知共有三篇

一、魏晉勝流畫贊

二、論畫

三、畫雲臺山記

這三篇文章，是當張彥遠在唐宣宗大中元年（847）寫成《歷代名畫記》的時候，就由他編入卷五，附在《顧愷之傳》的後面，而得以保存的。《魏晉勝流畫贊》共分十九條，《論畫》也分十九條。《畫雲臺山記》，全長四百六十餘字，不分條。在由嚴可均所搜輯到的十六篇佚文之中，有一篇，文題是《王衍畫贊》。所謂王衍（255-311），就是著名的「竹林七賢」裏的王戎的從弟，[19] 而王戎（234-305）正是東晉時代的名士。[20] 看來《王衍畫贊》與《魏晉勝流畫贊》的內容和性質，也許正好可說是相同的。在另一方面，張彥遠既然早已指出顧愷之的這三篇論畫的文章，《自古相傳，脫簡》，可見由他收進《魏晉勝流畫贊》裏的那十九條，可能未必就是這篇文章的全文。在這種情況之下，由嚴可均所搜輯到的《王衍畫贊》，也許原來就是由張彥遠所搜輯到的《魏晉勝流畫贊》裏的一部份。根據這個推論，《王衍畫贊》可以重新收入《魏晉勝流畫贊》。那麼，由嚴可均所搜輯到的顧愷之在文學方面的佚文的總數，就要由十六篇減少到十五篇。可是，由張彥遠所紀錄的顧愷之的論畫文字之中，那篇《魏晉勝流畫贊》的內容，就要由於《王衍畫贊》的重新劃入，而要由十九條增加爲二十條了。

總之，關於顧愷之的已失傳的《通直散騎常侍顧愷之集》，現在能夠見到的資料，大概就是這麼多。他在純文學與應用文方面的作品，共有十五篇。這十五篇的重現，要多謝嚴可均在清末多年的苦心搜輯。至於顧愷之在論畫方面的作品，共有三篇。這三篇，是遠在唐代就由張彥遠加以著錄的。可惜嚴可均在搜輯顧愷之的佚文的時候，對於張彥遠的著作，完全沒有注意到。所以這三篇論畫文字，又成爲嚴可均的

19 見同上，卷四十三，頁一二三五～一二三八，《王戎傳》所附《王衍傳》。

20 見同上，卷四十三，頁一二三〇～一二三四，《王衍傳》。

《全晉文》的佚文。

三、部份復原後顧愷之集的目錄

分析過顧愷之的論藝文字的內容與性質，可以把由嚴可均所搜輯到的顧愷之的文學創作方面的文章，與由張彥遠搜輯到的論藝文章，集合在一起。這樣，顧愷之的佚文的數目，就可由於十五篇一般性文章與三篇論藝文章的總和，而成爲十八篇。跟着，似乎就可以根據由嚴可均與張彥遠所搜輯到的顧愷之的佚文，和由《隋書》之《經籍志》對顧愷之的文集的卷數的紀載，而把已經失傳的《顧愷之集》，加以部份的復原了。經過復原後的《顧愷之集》的目錄，也許可以暫時釐定如下：

晉通直散騎常侍顧愷之集

卷一　賦

雷電賦（見附錄一）

觀濤賦（見附錄二）

冰　賦（見附錄三）

湘中賦（見附錄四）

湘川賦（見附錄五）

箏　賦（見附錄六）

鳳　賦（見附錄七）

卷二　詩

四時詩（見附錄八）

卷三　表

拜員外郎散騎常侍表（見附錄九）

卷四　序

虎丘山序（見附錄一〇）

嵇康贊序（見附錄一一）

卷五　贊

魏晉勝流畫贊（見附錄一二）

水贊（見附錄一三）

卷六　牋

與殷仲堪牋（見附錄一四）

傳

父悅傳（見附錄一五）

祭文

祭牙文（見附錄一六）

卷七　畫論

論畫（見附錄一七）

畫雲臺山記（見附錄一八）

貳、啟矇記

一、關於啟蒙記的討論

1. 啟蒙記就是啟矇記

《晉書》在《顧愷之傳》裏，雖然把顧愷之的第二種著作的書名，記爲《啟矇記》，可是對於這部書的卷數，《晉書》是沒有記載的。然而《隋書》的《經籍志》，卻不但把此書的書名記成《啟蒙記》，更清楚的標明它的篇幅是三卷。[21]《晉書》是房喬奉唐太宗之命而修纂的；修成於貞觀二〇年（646）。《隋書》是魏徵等人奉唐太宗而修纂的；修成於貞觀十年（636）。《隋書》與《晉書》雖然都修成於唐代初年或第七世紀的前期，但是這兩部史書對於顧愷之的第二種著作的記載，即使對卷數的紀錄的有無，暫時不加討論，就以書名而言，在紀錄上，也已有「啟蒙」與「啟矇」的差異。

《三國志》的《魏志》卷三《明帝紀》，在青龍三年三月庚寅條下，有「葬文德郭后，營陵於首陽澗西，如終制」之句。此句之下有一段雙行小字的注文，其文云：[22]

21　見前揭標點本《隋書》，卷三十三，《經籍志》，頁九四二。

22　見《三國志》之《魏志》卷三，「明帝記」（據民國五十六年，臺灣，商務印書館縮印「百衲本」），頁四二五五。

魏時人有開周王冢者，得殉葬女子，經數日而有氣、數月而能語。年可二十，送詣京師，郭太后愛，養之十餘年。太后崩，哀思苦泣，一年餘而死。

注文的來源是顧愷之的《啟蒙注》。魏青龍三年(235)，雖比顧愷之的時代(344-405，也即從第四世紀的中期到第五世紀的前六年)，早了一百五十多年，不過《三國志》是在劉宋的元嘉六年(429)，由裴松之(372-451)對陳壽(233-299)的原文，在增加了注文，又得到宋文帝的承認之後，才能公開流傳的。裴松之完成《三國志》的注文之年(429)，上距顧愷之下世之年(405)，不過二十五年。所以裴松之與顧愷之大致可以算是同時代的人物。裴松之引用顧愷之的著作去為陳壽的《三國志》作注，從時間上看，不但不是不可能的，而且再就現代史學家在史學方法方面所講求的原始資料的觀點而言，[23] 他所引用的《啟蒙注》，如與《晉書》所記的《啟蒙記》，或《隋書》所記的《啟矇記》相較，也不能不說是第一手的原始資料。可是無論如何，《啟蒙注》、《啟蒙記》、與《啟矇記》等三名，各有一個字的差別。這樣，顧愷之的第二種著作，到唐代初年為止，共有三種不同的書名了。

《隋書》雖把《晉書》所記載的《啟矇記》記為《啟蒙記》，但在此書之外，據《隋書》的記載，顧愷之還有一種叫做《啟疑記》的著作。[24] 更容易引起混亂的是《啟疑記》的篇幅，也是三卷，和《啟蒙記》的篇幅相較，正好是一樣的。《隋書》既把《啟疑記》與《啟蒙記》隔行並列，而且又把這兩種著作都列在顧愷之的名下，可見在唐代初年或第七世紀前期，當魏徵等人奉詔修纂《隋書》的時候，顧愷之的《啟疑記》和《啟蒙記》，應該都還存在。因此，《啟疑記》與《啟蒙記》，可能並不是書名有一字之誤的同一部書，而是書名有一字之別的兩部書。如果《啟蒙注》、《啟蒙記》，和《啟矇記》與《啟疑記》無關，那麼，列在顧愷之名下的，以啟蒙或啟疑二字為名的著作，前後共有《啟蒙記》、《啟矇記》、《啟蒙注》、與《啟疑記》等四部書了。

23 近代史學家在史學方法上，最重視史料的來源。姚從吾在《歷史方法論》裏（見《姚從吾先生全集》民國六十四年，臺灣，正中書局出版），對這個觀點有多方面的討論。

24 見前揭標點本《隋書》，卷三十三，《經籍志》一，頁九四二。又見同書卷三十三，《經籍志》二，頁九八三。

除了這四部書，晉代的文人束晳，寫過一部叫做《發蒙記》的書。[25]這部書的書名，與據說作者都是顧愷之的《啟蒙記》、《啟矇記》、和《啟蒙注》，特別是與《啟蒙記》，看來是非常接近的。其實所謂「蒙」，本是《易經》裏的一個卦名。卦象是坎在下，艮在上，代表微昧與闇弱的意思。在字義方面，昧就是闇，而闇就是隱晦。所以蒙的卦象所代表的意義，是物象的隱晦、暗淡、與微弱。簡易的說，就是物象不明。把這個意義加以延伸，或者可以把看不清楚的物象，或者看不清楚的空間，視爲一個渾沌重濁的世界。而這個世界，如果用求知來作譬喻，也就是在沒有得到正確的啟發之前，那種茫然無知的階段的象徵。在求知的進行之中，需要正確的導引和啟發，正像世間要有充沛的陽光，才能夠照澈隱晦和暗淡的陰霾。在這個觀念之下，發蒙與啟蒙，都具有打開大蒙的意義。換句話說，用訓詁的觀點來看，發蒙與啟蒙的意義，大致是互通的。至於啟疑，可以說是對已經具有相當知識的人，在既已產生疑問而又不得其解的時候，所給予的啟發或導引。也即是說，需要啟疑的人的知識水準，高於需要啟蒙的人。啟疑雖然不等於啟蒙，不過二者所具有的啟發性的導引功能，在性質上，是一樣的。從這個觀點來看，啟蒙與啟疑的意義，即使並不互通，至少可說是相當接近的。因此，《啟蒙記》和《發蒙記》以及《啟疑記》的性質和內容，似乎也可以根據這個推論，而假定它們有若干相近的地方。

再說，這三部書既然都以「記」字作爲書名的最後一字，也許由裴松之在《三國志》的《魏志》裏所引用的《啟蒙注》，就是《啟蒙記》。《啟蒙注》的產生，是由於把「記」字誤寫或誤刻爲「注」字。假如實況的確如此，《晉書》的《顧愷之傳》把《啟蒙記》寫成《啟矇記》，大概是書寫上的，或者是版刻上的另一種錯誤。這是本文對於顧愷之的第二種著作的書名之可能性的第一種假設。

2. 啟蒙注不是啟蒙記

可是如果把觀察的角度加以轉變，可以看出，晉代有不少文人，都喜歡用「注」字作爲他們的著作之書名的最末一字。譬如說，在歷史方面，崔豹既編寫過《古今注》，[26]

25　見前揭標點本《隋書》，卷三十二，《經籍志》一，頁九四二。

26　見《隋書》卷三十四，《經籍志》三，頁一〇〇七，又見丁國鈞《補晉書藝文志》，卷三，頁九（前頁）。

伏無忌也編寫過《古今注》。[27] 在輿服方面，徐廣 (352–425) 編寫過《車服雜注》。[28] 此外，在別的方面，摯虞編寫過《決疑要注》。[29] 稍後，在南北朝時代，以「注」字作爲著作之名的最末一字的風氣，仍舊很盛行。譬如郭璞 (276–324) 旣編寫了《山海經注》，又編寫《水經注》。[30] 在南朝，郭演編寫過《職令古今百官注》、[31] 明山賓編寫過《梁吉禮儀注》、[32] 賀瑒 (452–510) 編寫過《梁賓禮儀注》、[33] 何胤 (446–531) 編寫過《政禮儀注》。[34] 此外，從東漢時代開始，當時已有若干專門爲紀錄天子的生活情形而編寫成書的《起居注》。[35] 這種書，在晉代，是也有不少文人從事編寫的。

---

27 見前揭標點本《隋書》；卷三十三，《經籍志》二，頁九五九。

28 見前揭標點本《隋書》，卷三十三，《經籍志》二，頁九七〇。據百衲本《宋書》卷五十五的《徐廣傳》（此據民國五十六年，臺灣商務印書館出版的縮印本。原書以吳興劉氏嘉業堂所藏宋蜀大字本爲主，所缺各卷，以上海涵芬樓所藏元、明遞修本補配），他所編寫的，是《軍服儀注》而不是《車服儀注》。今標點本《宋書》（一九七四年，北京，中華書局出版）卷五十五，頁一五四八，特別在《徐廣傳》傳文的「義熙初，高祖使撰《軍服儀注》」一句之下，增加小注，並在注文中說，「車服，各本作軍服，據《晉書》、《南史》廣傳、《建康實錄》、《元龜》五六日改。」可見《宋書》在《徐廣傳》中把《車服儀注》記成《軍服儀注》，是錯誤的。清末丁國鈞作《補晉書藝文志》（據光緒十七年，1891，廣州廣雅書局所刻《廣雅叢書》本），他在此書卷二，頁七，根據蕭統《文選》卷三所收漢人張衡「東京賦」賦文裏的注文，以及《宋書》卷八《禮志》五裏的正文，而指出徐廣所編寫的是《車服儀注》而不是《軍服儀注》。可惜標點本《宋書》在爲上引徐廣傳」的那句傳文作注的時候，沒能利用到由丁國鈞所提到的文獻，而指出《軍服儀注》應爲《車服儀注》之誤。

29 見《隋書》卷三十三，《經籍志》二，頁九七〇。不過《晉書》卷五十一的《摯虞傳》，對於摯虞的著作，只紀錄了《文章志》、《注解三輔決錄》，和《文章流別集》等三種。對於他的《決疑要注》是沒有記載的。這個情形，與《晉書》在《顧愷之體》裏，只記錄了他的《顧愷之集》和《啟矇記》，但忽略了他的《晉文章記》的存在，眞可說是如出一轍。由這個例子，也可看出來房喬雖然奉詔編修《晉書》，事實上，他對晉代的文獻是並不熟悉的。

30 《晉書》卷四十二有《郭璞傳》。其《山海經注》，據《隋書》卷三十三，《經籍志》二，頁九八二，共二十三卷，但據《舊唐書》卷二六，《經籍志》上，頁二〇一四，共十八卷，再據丁國鈞《補晉書藝文志》卷二，頁三七(後頁)，十八卷的來源是由於劉秀校定之篇數共十八篇而來。至於郭璞的《水經注》卷三，見《隋書》卷三三，《經籍志》二，頁九八二。

31 見前揭標點本《隋書》，卷三三，《經籍志》二，頁九六八。

32 見同，頁九六九。

33 見同 32，頁九七〇。

34 見同 32，頁九七〇。

35 據李宗侗：《中國史學史》（民國四十二年，臺北，中華文化出版事業委員會出版），頁七四，起居注的開始，約在東漢時代。《隋書》卷三五《經籍志》二，頁九六四，著錄了沒有撰人姓名的《漢文帝起居注》卷五。這是曾經史家著的錄過的，時代最早起居注。

到唐代，雖然有許多在晉代編寫的《起居注》，連編者的姓名已經失傳了，[36]不過至少由李軌編寫的幾種；譬如《晉泰始起居注》、《晉咸寧起居注》、《晉泰康起居注》，和《晉咸和起居注》，[37]在魏徵等人編寫《隋書》的時候，也即在貞觀十年(636)左右，還是存在的。

根據以上所提出的這些資料，在晉代，既有《起居注》，和《古今注》，也有《車服注》，和《決疑要注》。晉人編寫《起居注》，固然或者可說是由漢代開始的《起居注》之寫作傳統的延續，可是崔豹與伏無忌編寫《古今注》，採取以筆記式的寫作形式來記述掌故和歷史，以及徐廣編寫《車服雜注》，爲的是要討論一種專用的服裝，這幾種書，無論是在內容上，還是在性質上，都與專門記載皇帝的個人生活之生活細節的《起居注》，完全不是一回事。其中最有趣，同時也許也是最重要的是摯虞的《決疑要注》。根據張鵬一的輯本來看，[38]這部書的內容，大致是對各種禮節的討論。[39]這樣說，晉代文人既然常以「注」字作爲書名，而且摯虞又曾經編寫《決疑要注》，顧愷之在晉代末年曾有一部書名是《啟疑注》的著作，應該是甚有可能的。也即從書名上看，顧愷之的《啟疑記》，可能與摯虞的《決疑要注》，在若干程度上，是接近的。根據這個推論，顧愷之的《啟疑注》，或者也像摯虞的《決疑要注》一樣，是一種討論禮節的書。但是由裴松之引用在《三國志》的《魏志》裏的《啟蒙

36　據《隋書》卷三十三，《經籍志》三的「起居注篇」(頁九六四～九六五)，不知撰人姓名而成書於晉代的《起居注》，共有《晉元康起居注》、《晉建武，大興，永昌起居注》、《晉咸康起居注》、《晉建元起居注》、《晉永和起居注》、《晉升平起居注》、《晉隆和，興寧起居注》、《晉泰和起居注》、《晉寧康起居注》、《晉泰元起居注》、《晉隆安起居注》、《晉元興起居注》、《晉義熙起居注》、與《晉元熙起居注》等十餘種。

37　見《隋書》卷三十三，《經籍志》二，「起居注篇」，頁九六四。

38　民國二十四年陝西通考館所印《關中叢書》，放有《摯太常遺書》卷三。此書第一卷，即張溥收在《漢魏六朝百三家集》裏的《摯太常集》。卷二爲《決疑要注》，這是由張鵬年根據《北堂書鈔》等書之引文而集得的輯佚本。張鵬年又在此卷之前，附有《決疑要注序》，序末有戊午十二月的年疑。按戊午爲民國七年(1918)。可見這個輯佚本，不但可補張溥的《摯太常集》之缺，而且也爲《摯太常遺書》的復原，提供很重要的資料。

39　據張鵬一所輯《摯太常遺書》卷二，《決疑要注》的內容，共十條，現錄名條名目如下：(1) 禘、(2) 廟主、(3) 昭穆、(4) 救日蝕、(5) 朝會、(6) 殿陛、堂階、(7) 讌會、(8) 袞冕、(9) 旄頭、(10) 博士弟子、(11) 太常弟子、(12) 玉佩、(13) 故君齊衰、(14) 弔祭同姓、異姓、(15) 父卒、繼母還前親子、家繼子爲服儀、(16) 天子帳。

注》(已見頁 461，不再引)，卻是對於一個從周代的王冢裏發現的陪葬女子的事蹟的紀錄。這種文字，在性質上，與禮節的討論，是毫無關係的。因此，裴松之引用過的《啟蒙注》，可能原來就叫《啟蒙注》，也即是說，《啟蒙注》或者並不會是《啟蒙記》的誤寫。這是對於顧愷之的第二種著作的書名之可能性的第二種假設。

3. 啟蒙——新問題的出現

根據以上的討論，顧愷之的第二種著作的書名，固然可以採取與束皙的《發蒙記》相類似的方式，而命名為《啟蒙記》。在另一方面，也未嘗不可因為晉人著書喜以「注」字作為書名之末字的風氣，而命名為《啟蒙注》。所以顧愷之的這部著作，究竟應該按照晉人裴松之的紀錄稱為《啟蒙注》，還是應該按照唐人魏徵，與房喬的紀錄而稱為《啟蒙記》，似乎一時還難於遽加斷語。

在這種情況之下，也許顧愷之的第二種著作的書名問題，不妨從版本和校勘兩方面去尋求解答。可是在版本上，無論是北宋大字本的《三國志》，[40] 還是南宋高宗紹興時代 (1131–1162) 的小字本《三國志》，[41] 甚至宋代所刻的小字本《晉書》，[42] 以及元代成宗大德時代 (1297–1307) 所刻的《隋書》，[43] 既沒把裴松之所引用的《啟蒙注》，刻成《啟蒙記》，也沒把由房喬和魏徵在《晉書》和《隋書》中所紀錄的《啟蒙記》，刻成《啟蒙注》。換句之，在版本上，顧愷之的這種著作的書名，是沒有答案的。那麼，在校勘方面，這部書的書名問題，是不是可以找到答案呢？

大體上，在校勘方面，似乎應該根據文獻的時代的先後，而分成清代的校勘，與現代的校勘等兩部份。要解決顧愷之的第二種著作的書名問題，可以從這兩部份裏面去分頭考察。先看清代的校勘。清光緒十八年 (1892，壬辰)，丁國鈞寫成《晉書校文》五卷。[44] 此書卷四，收集了丁國鈞對《晉書》的七種傳記的校文（這七種傳記，

---

40 原書藏吳興劉氏嘉業堂。民國十七年 (1926，戊辰) 印行。但未注明發行地點與出版者。

41 上海商務館於中日之戰以前，曾發行百衲本二十四史。《三國志》之《蜀志》與《吳志》，借日本帝室圖書寮所藏南宋光宗紹熙時代 (1190–1194) 之刊本。《魏志》三卷，以該館所藏南宋高宗紹興時代 (1131–1162) 之刊本配補。

42 百衲本二十四史之《晉書》，以海寧蔣氏衍芬草堂所藏宋本為主。此本所缺的《載記》部分，共三十卷，用江蘇省之國學圖書館所藏的宋本配補。

43 百衲本二十四史之《隋書》，以元成宗大德時代 (1297–1307) 的刻本為底本而影印。

44 《晉書校文》雖寫成於光緒壬辰，但至光緒二十年 (1894，甲午)，方由錫山文苑閣以活字排版印行。民國六年 (1917，丁巳)，此書改稱《晉書校識》，並增繆荃孫序，刻版印行。

依次爲卷八十八《孝友傳》、卷八十九《忠義傳》、卷九十一《儒林傳》、卷九十二《文苑傳》、卷九十三《外戚傳》、卷九十四《隱逸傳》、與卷九十五《藝術傳》)。在《晉書》中，顧愷之的傳記雖然收在《文苑傳》裏，可是丁國鈞對於《文苑傳》，祇對趙至、棗據、李充，和袁宏等四人的傳記，作了有限的校勘。對於《文苑傳》裏的《顧愷之傳》，丁國鈞是連片言隻字的校勘工作也沒作過的。除了丁國鈞的《晉書校文》，在清同治七年（1868），吳士鑑與劉承幹二人合著《晉書斠注》，共一〇〇卷。其書卷九十二就是對《晉書》卷九十二《文苑傳》的校注。可是在《晉書斠注》卷九十二，吳、劉兩家在《顧愷之傳》中，對於《啟矇記》的書名問題，祇在這部著作的書名之下，附加了這麼一條小注：「隋志小學類作《啟矇記》三卷。兩唐書無記字。《魏志・明帝記》注引作《啟蒙注》」。[45] 根據這段注文裏的第一句話，《啟矇記》與《啟蒙記》似乎應該是同一部書。這個意見與本文前所提出的第一種假設相同。再根據這段注的第三句話，《啟蒙記》可能就是《啟蒙注》。他們的這個意見，又與本文前所提出的第二種假設，不謀而合。除此以外，還有兩種不知完成於那一年的《晉書校勘記》，也應該在此提及。第一種是由勞格(1820-1864)作的，第二種是由周家祿作的。勞格的《晉書校勘記》，因爲是個殘本，所以在未殘之前，是否對《文苑傳》曾加校勘，現不可知。但在現存的殘本裏，既然沒有《文苑傳》，所以當然沒有對於《顧愷之傳》的校勘。[46] 至於周家祿的《晉書校勘記》，雖然在卷四部份，收錄了對於《文苑傳》的校勘，可是他所校勘的，只是應貞、趙至、曹毗、與伏滔等四人的傳記。對於《顧愷之傳》，他並沒作校勘。[47] 換句之，對於如何解決顧愷之的第二種著作的書名而言，清代學者對《晉書》所作的校勘工作，無論是丁國鈞的、是吳士鑑與劉承幹合作的，還是勞格的、或者周家祿的，可說都沒有用。

這樣，跟下來，就要再看現代的史學校勘了。可是在這方面，在由顧頡剛主持而

---

45 見《晉書斠注》，卷九十二，頁四十八。

46 勞格的《晉書校勘記》，收在《叢書集成》的初編（民國二十五年，上海，商務印書館出版）。全書共三卷。根據此書在書名下的註文，「原本缺首尾」，可見現存的三卷本是個殘存本。

47 周家祿的《晉書校勘記》，共五卷，也收在前註所舉的《叢書集成》初編之中。他對《晉書》的《文苑傳》的校勘，見於此書頁四，卷八九～九〇。

集體完成的標點本二十五史之中，既沒有把《啟蒙記》和《啟矇記》視爲同一部書，也并未把《啟蒙注》和《啟蒙記》視爲同一部書。[48] 因此，《啟蒙記》也許可以假設爲《啟蒙記》的誤寫或誤刻。這麼說，《啟蒙記》與《啟蒙注》究竟應該是一部書，還是兩部書，無論是從版本的、還是從校勘的立場來看，依然是沒有答案的難題。何況在《新唐書》裏，顧愷之的這部著作既然只被稱爲《啟蒙》，[49] 也即在「啟蒙」二字之下，是既沒有「記」字也沒有「注」字的。《新唐書》是由歐陽修 (1007-1072) 等人在從宋仁宗慶曆四年到嘉祐五年 (1044-1060) 之間修成的。儘管在編寫方面，《新唐書》備受後代史家之好評，[50] 可是此書對於顧愷之的第二種著作之書名的處理方式，卻是不敢恭維的。也許遠在十一世紀的中期，歐陽修等人已經看出來《啟蒙記》與《啟蒙注》的正確書名的選擇，是無法解決的問題，索性省去書名的第三個字，而把它直接稱爲《啟蒙》了。假如《啟蒙記》與《啟蒙注》本來眞是一部書的兩種名稱，爲了避免書名的混亂，而把它們略稱爲《啟蒙》，也許情有可原。反過來說，假如《啟蒙記》與《啟蒙注》本非同一部書，歐陽修等人只是爲了避免它們在書名上的糾纏不清，而把它們略稱爲《啟蒙》，那就等於把兩部書混爲一部書，也就等於在顧愷之的第二種著作之書名，究竟應該稱爲《啟蒙記》，還是應該稱爲《啟蒙注》的老問題還沒得到解決之前，又引起了一個新的問題。

4. 馬國翰的輯佚本啟蒙記

在清末，山東學者馬國翰，曾經費了很大的精力，從許多不同的文獻之中去搜集資料，而把五百多種久已失傳的書，還原了一部分。在同治十年 (1871)，由濟南的皇發館書局所刻印的，共有六百多卷的《玉函山房輯佚書》，代表他在輯佚舊書方面的努力與成績。馬國翰因爲發現在晉代裴松之的《魏志注》、唐初虞世南 (558-638) 的《北堂書鈔》、和徐堅 (659-729) 的《初學記》、以及宋初李昉 (925-996) 的《太

48 《啟矇記》見標點本《晉書》卷九十二，《顧愷之傳》，頁二四〇六。《啟蒙記》見標點本《隋書》卷三十一，《經籍志》一，頁九四二。《啟疑注》見標點本《三國志》之《魏志》卷三，頁一〇四。

49 見標點本《新唐書》(一九七五年，北京，中華書局出版)，卷四十七，《藝文志》一，頁一四四九。

50 按李宗侗：《中國史學史》(民國四十二年，臺北，中華文化出版事業委員會出版)，頁八十八，讚此書云：「史官皆特選之才，史料又較豐富，足以憑籍，故能文省事增。」

平廣記》等四部書中，都保存了《啟蒙記》的若干片斷。他就根據這些片斷而輯成《啟蒙記》；書凡一卷，共十條（見附錄一九）。馬國翰旣把他對顧愷之的佚文的輯本稱爲《啟蒙記》，可見對歐陽修等人把顧愷之的第二種著作，只稱爲《啟蒙》，而不稱爲《啟蒙紀》或《啟蒙注》的，那種不敢負責的態度，是並不贊成的。

前面說過，由裴松之加於《三國志》之《魏志》裏的注文的來源，是顧愷之的《啟蒙記》。可是馬國翰在輯佚本的《啟蒙記》裏，把保存在《魏志》裏的《啟蒙注》的文字，也編進去了。馬國翰何以要這樣做，在他的《玉函山房輯佚書》裏，是並沒有解釋的。不過據推想，他必是把《啟蒙注》認爲與《啟蒙記》是同一部書，才把《啟蒙注》裏的顧愷之的佚文，編入輯佚本的顧愷之《啟蒙記》裏去的。如果這個推測無誤，也許在馬國翰的心目中，顧愷之並沒有《啟蒙注》。裴松之所引用的《啟蒙注》，大概是《啟蒙記》的誤寫或誤刻。至於把《啟蒙記》記成《啟蒙記》，或者只是書寫上或版刻上的錯誤，因爲《易經》裏的「蒙」，是從不寫成「矇」的。所以把《啟蒙記》寫成《啟蒙記》，雖然對於顧愷之的第二部著作，曾經引起一點混雜，問題是不難解決的。此外，馬國翰旣然在他的的輯佚本《啟蒙記》裏，對於曾經也認爲是出於顧愷之的手筆的《啟疑記》一字不提，也許在他的心目中，《顧疑啟》是不存在的。

如果這兩個推測無誤，對於顧愷之的著作而言，馬國翰與編修《晉書》的房喬一樣，也認爲顧愷之的著作只有兩種；一種是《顧愷之集》、另一種就是《啟蒙記》了。這樣，馬國翰在《玉函山房輯佚書》之中，把顧愷之的已失傳的第二種著作稱爲《啟蒙記》，而不稱爲《啟蒙記》或《啟蒙注》，事實上，他已對顧愷之這種著作的書名，作了一個結論。也即是說，根據馬國翰對《啟蒙記》這個書名的使用，他必認爲顧愷之旣沒有《啟疑記》，也沒有《啟蒙注》。還有，他必也認爲《啟蒙記》旣不能改稱《啟矇記》，也不能略稱爲《啟蒙》。這是對於顧愷之的第二種著作的書名之可能性的第三種假設。

5. 啟矇記的性質

未佚的《啟蒙記》的內容，究竟是什麼，現在雖然難以明瞭，不過此書旣以啟蒙二字爲名，據推想，書裏的文字，旣該富於啟發性，而文字的內容，或者也會偏重於人生哲學的討論。可是如對輯佚本《啟蒙記》裏的那十條文字稍加觀察（見附錄一九），可以看出它們的內容，不是對於山川的描寫，[51]就是對於風物的記載。[52]易言之，從馬國翰輯佚本的《啟蒙記》裏，看不出這部書與人生哲學有什麼關係。儘管如此，也許關於《啟蒙記》的內容，還可從另一個層面加以觀察。易言之，根據這十條佚文的內容與《啟蒙記》的書名，也許可以假設未佚的《啟蒙記》，在內容上，至少可分爲兩部份；討論人生哲學的那部份，是富於啟發性的，而記載各地實況的另一部份，卻是富於描述性的。根據這個假設，此書既以《啟蒙記》爲名，討論人生哲學的那一部份，也許在篇幅上，大於描述性的另一部份。不過由馬國翰所搜集到的那十條，由於正好屬於描述性的那部份，所以都是沒有啟發性的，所以也才會與人生哲學的討論，毫不相關。難怪馬國翰要在輯佚本《啟蒙記》的序言裏說，由他輯到的十條佚文，並不是原書的「訓蒙之正體」。[53]看來在馬國翰的心目中，顧愷之的《啟蒙記》應該是偏重人生哲學之討論的。

從另一個角度上再加觀察，馬國翰的這個看法，似乎並不能說是完全正確的。如前述，在訓詁上，啟蒙與發蒙的意義是可以互通的。因此，《啟蒙記》的第一部份，也即討論人生哲學的那一部份的內容，與《發蒙記》的內容（假定《發蒙記》的內容，完全以人生哲學的討論爲主），也應該是非常接近的。《發蒙記》雖已佚傳，可是它的內容，並非完全不可知。譬如根據《隋書》的記載，[54]《發蒙記》「載物之異」。這一句話，雖然可說是語焉不詳，不過至少卻可根據這一句綱領式的介紹，而知道《發蒙記》的主要內容，是對於各地風物的描述。這種內容，與在輯佚本的顧愷之《啟蒙記》中所保存的那十條佚文的內容，是相同的。發蒙既與啟蒙互通，但《發蒙記》並不討論人生哲學。所以《啟蒙記》在未佚之前，可能和《發蒙記》一樣，也以描述各地的風物爲主。這樣說，《啟蒙記》並不是一部討論人生哲學的書。

---

51 在輯佚本的《啟蒙記》中，與山川有關的，計有「潛穴洞」、「汎林」、「天臺石橋」、「將雨」、與「馬鞍山」等五條。

52 在輯佚本的《啟蒙記》中，與風物有關的，計有「然鼠石」、「石鷰」、「玉精」、「隨刀改味」、與「周王冢」等五條。

53 見《玉函山房輯佚書》（據清同治十年（1871）刻本）第四十九册《啟蒙記》序。

54 見《隋書》卷三十三，《經籍志》二，頁九八三。

前面提過，所謂「蒙」，本是《易經》裏的一個卦名。蒙的意義是微昧與闇弱。啟蒙的意義是脫離昏暗。如果根據卦象的指導而使人離開困境，或者脫離生活上的昏暗，也就等於是得到了光明。由於這些意義，在中國文獻之中，「啟蒙」這個名詞的使用，至少在時間上，從南宋開始，似乎常與《易經》有關。在書名上，最早使用這兩個字，而內容又與《易經》研究有關的著作，是朱熹（1130-1200）的《易學啟蒙》。[55]跟着，稅與權又寫了一部與《易經》研究有關的事；書名也叫《易學啟蒙》。[56]此外，胡方平也寫過一本《易經》方面的書；書名是《易學啟蒙通釋》[57]。到這時候，把「啟蒙」兩字與《易經》相提並述，似乎已經形成一種傳統。所以，在元代，胡一桂所寫的與《易經》有關的著作叫做《周易啟蒙翼傳》，[58]而在明代，韓邦奇（1479-1555）所寫的與《易經》有關的著作叫做《啟蒙意見》。[59]顧愷之雖然是《啟蒙記》的作者，不過，歷代的文獻從未提到過他對《易經》的研究。因此，他的《啟蒙記》，如果要與上面列舉的幾種既以「啟蒙」爲名，又與《易經》研究有關的著作去比較，恐怕在性質上，是很不相同的。這就是說，顧愷之的《啟蒙記》，應該不會是一種討論《易經》的著作。

根據上面的分析，《啟蒙記》不是討論人生哲學的著作。現在又知道它也不是討論《易經》的書。那麼，這部著作的性質究竟是什麼呢？《晉書》在《顧愷之傳》裏，是把《啟蒙記》記成《啟矇記》的。也許要了解顧愷之的這種著作的性質，要從「啟矇」這兩個字來着手。所謂「矇」，在字義上，大致有兩種解釋：第一種意義是看不清楚，[60]第二種是完全看不見。[61]如果眼睛有病，在病況比較輕的情況之下，是會看不淸楚的，如果病況重，甚至會完全看不見，變成盲人。但是在一般情況之下，如果眼睛眞的看不見，也卽得了盲病，很少會用「矇」字去形容。根據這樣的了解，

55　朱熹《易學啟蒙》，現有清康熙時代中禦兒呂氏寶誥堂刊本。

56　稅與權《易學啟蒙》卷一，見文淵閣《四庫全書》第十九册。

57　胡方平《易學啟蒙通釋》卷二，見同上書，第二十册。

58　胡一桂《周易啟蒙翼傳》卷四，見同上書，第二十二册。

59　韓邦奇《啟蒙意見》卷四，見同上書，第三十册。

60　按朱駿聲：《說文通訓定聲》於豐部解矇字云：「不明也。」

61　按《釋名》之「釋疾」條云：「矇，有眸子而失明。」又《廣雅》釋詁三，「矇，盲也。」

矇字雖有三義，卻以第一種意義（看不清楚）最普通。不過，顧愷之在《啟矇記》裏的「啟矇」二字，似乎在字義上，所採取的，不是第一種意義，而是第二種意義。也即是說，顧愷之使用「啟等」二字，有一種使盲人也看得見的意思。用現代的俗語來解釋，他使用這兩個字，有一種使人大開眼界的意思。這項推論，不是不可以證明的。要證明《啟蒙記》具有使人大開眼界的意思，最主要的證據，當然是它的內容。如果《啟矇記》所記載的事物，的確是一般人都不知道的，在看過這部著作之後，豈不於是項開了眼界？也豈不等於是讓瞎子看見了事物？或者用顧愷之自己的字彙來說，豈不是等於讓人「啟」了「矇」？根據這項推論，可以了解本文雖然對於顧愷之這種著作的書名，究竟應該是什麼，列舉了三種可能性，其實這些可能，都不能符合顧愷之的原意。只有把它稱爲《啟矇記》，才能符合顧愷之的原義。《晉書》卷九十二在《顧愷之傳》裏說，顧愷之「好諧謔」。意思是說顧愷之的爲人，具有幽默感，也愛和人開玩笑。顧愷之把他的第二種著作的書名稱爲《啟矇記》，恐怕除了具有幽默感，也有一點和人開玩笑的意思在內吧。

《啟矇記》裏，有什麼事物可以讓人開眼界呢？譬如在「汎林」這一條，顧愷之說，海裏不但有一片樹林，樹林的面積更可大到有三百方里。這些樹的根，可以隨着波浪的一高一下，而上下飄動。這不是很奇怪的事嗎？他在「石鸞」這一條，又說，在湖南的零陵，有一種石塊，其形如燕。每逢風雨，石燕就可以飛，飛得好像是眞的燕子一樣。石燕會飛，這不也是足以使人大開眼界的怪事嗎？《啟矇記》原來的篇幅既有三卷，可見顧愷之對於各地的奇異的事物的搜集，必定曾經煞費苦心的。也許顧愷之是爲了要使一般人能夠多知道一些各地的奇異的事物，等於讓一個盲人可以突然看到他自己身處的世界，才把這部著作定名爲《啟矇記》的吧。根據這個觀點，關於顧愷之的第二種著作的書名問題，現在似乎可以得到一個結論，那就是說，顧愷之專門記載各地奇異風物的著作的書名，應該是《 啟矇記 》而不是《 啟蒙記 》。《啟蒙記》應該是《啟矇記》的誤寫。《 啟蒙 》可能又是《 啟蒙記 》的漏寫。至於《啟蒙注》，大概是由於裴松之引《啟蒙記》爲《魏志》作注，又由後人把《啟蒙記》誤寫爲《啟蒙注》的。

如果這項推論可以肯定，馬國翰由於《啟蒙記》裏的十條佚文，完全是對於各地的山川的記載與風物的紀錄，而認爲此書「非訓蒙之正體」的看法，就需要加以糾正了。因爲他既不知道《啟蒙記》應該是《啟矇記》的誤寫（也就是說，他對顧愷之的佚文所給予的書名，是錯誤的），也不知道因爲《啟矇記》是一部專門記載各地的奇異風物的著作，所以在這部書裏，根本就沒有他所強調的「訓蒙之正體」。[62] 總之，馬國翰對於顧愷之的《啟矇記》的佚文的搜求雖勤，可是他對於這種著作的性質與內容，似乎從來就沒有了解過。

6. 顧愷之何以會寫啟矇記

現在可以進入對《啟矇記》的討論的最後一項，也就是要找出顧愷之何以要寫這部書的原因。關於這一點，似乎可從兩個層面來分別討論。從小的層面方面觀察，顧愷之寫作《啟矇記》，是由於他個人的，對於各地風物的興趣。但從大的層面方面觀察，他寫《啟矇記》，似乎與晉代一般文人所喜好的，專門紀錄各地風物、或靈怪之物的寫作風氣有關。也即是，顧愷之寫《啟矇記》，與當代新興的寫作方向是緊密相關的。現在先看小層面，也即是他個人的興趣。據《晉書》卷九十二《顧愷之傳》，他因爲擔任荊州刺史殷仲堪的參軍，經常住在湖北。有一次，他請假到浙江去。當他從浙江回到荊州以後，要人問他浙江會稽的山川是什麼樣子，他的答語是：「千巖競秀，萬壑爭流，草木蒙籠，若雲興霞蔚。」[63] 再據此傳的另一段記載，有一次，顧愷之又因事請假，離開了荊州。他走前，殷仲堪把自己的布帆借給他。當顧愷之的船航行到一個叫做破冢的地方，忽然吹起了大風，把他的船吹翻了。這時，顧愷之趕緊給殷仲堪寫一封信，信文說：「地名破冢，眞破冢而出。行人安穩，布帆無恙。」[64] 由頭一段記載，可以看出顧愷之是一個既喜歡遊山玩水，又能夠描寫山水之美的人。但由第二段記載，似乎又可看出顧愷之喜歡用文字來描述他在旅途中的見聞。顧愷之既喜歡遊覽，又喜歡用文字描述見聞，他如果遇見像石燕會飛、或者海上樹林的面積會長達三百里這一類的奇異事物，怎麼會不加以記載？由這些事實和假設，可以得到這樣的一個結論，他寫作《啟矇記》的部份原因，是由於他在旅遊方面的興趣，以及他

62 見《晉書》卷九十二，《顧愷之傳》，頁二四〇四。

63 見同62。

64 見同62。

在文學創作方面，描寫山水的興趣。

在大層面方面，晉代的文人，在寫作方面，似乎很喜歡對各地的，尤其是對長江流域的，或者西南地區的人物與山川，以及奇異的事物加以記載與描述。譬如在這兩方面，當然干寶的《搜神記》、[65]托名陶潛的《搜神後記》、[66]王熹的《拾遺記》、[67]和張華的《博物志》，[68]都是有名的著作，此外，還有沈瑩的《臨海水土異物志》、[69]續咸的《異物志》、[70]譙周的《異物志》、[71]薛瑩的《荊揚以南異物志》、[72]以及嵇含的《南方草木狀》。[73]在南方人物方面，范瑗寫過《交州先賢傳》、[74]張方寫過《楚國先賢傳》、[75]習鑿齒寫過《襄陽耆舊記》、[76]常寬寫過《續益部耆舊傳》。[77]至於

65 按《晉書》卷八十二有《干寶傳》。傳文說他有感於生死之事，「遂撰集古今神祇靈異人物變化，名爲《搜神記》，凡卷三十。」此書至宋已佚，現在可看到的《搜神記》，只有二十卷，可能是明代胡元瑞從《法苑珠林》等類書中輯錄而成的。標點本《搜神記》共二六二頁，一九七九年，北京，中華書局出版。

66 《搜神後記》是一部侈談鬼神，稱道靈異的「志怪」小說。在唐宋類書中，又引作《續搜神記》或《搜神續記》。書共十卷，舊題晉陶潛撰。陶潛卽陶淵明，是一位超脫放達的詩人。他會寫作這種「拳拳於鬼神」的作品，的確令人生疑。譬如張心澂的《僞書通考》卷下（民國六十二年，臺灣，鼎文書局重版），頁二一七，就把這部書列爲僞書。不過根據余嘉錫的《四庫提要辨證》，考出此書題作陶潛所撰，「自梁已然，遠在《隋志》之前。」可見此書卽使是一部僞書，其撰成時代也離陶潛的時候，不會太遠。標點本《搜神後記》由汪紹楹校注，一九八一年，北京，中華書局出版。

67 《晉書》卷九十五有《王嘉傳》。其書共十卷，前九卷起庖犧迄東晉，末卷則記崑崙山等九座仙山。《隋書》卷三十三，《經籍志》二列入雜史類。見標點本，頁九六一。

68 《晉書》卷六有《張華傳》。張華的《博物志》現有范寧的校證標點本，一九八〇年，北京，中華書局出版。

69 見《隋書》卷三十三，《經籍志》，頁九八四。又見丁國鈞《補晉書藝文志》，卷二，頁三七。

70 《晉書》卷六十一有《續咸傳》。此傳亦見丁國鈞《補晉書藝文志》，卷二，頁三八。

71 見蕭統《文選》卷四，左思《蜀都賦》注。

72 見蕭統《文選》卷五，左思《吳都賦》注。

73 《晉書》卷五十九，《嵇紹傳》後，附有《嵇含傳》。此書初見《文獻通考》。又見丁國鈞《補晉書藝文志》，卷二，頁三九。

74 見《隋書》卷三十三，《經籍志》二，頁九七四，丁國鈞《補晉書藝文志》卷二，頁二二（前頁）。

75 見《隋書》卷三十三，《經籍志》二，頁九七四，丁國鈞《補晉書藝文志》卷二，頁二二（後頁）。

76 《晉書》卷五十二有《習鑿齒傳》。此書首見《隋書》卷三十三，《經籍志》二，頁九七五，又見丁國鈞《補晉書藝文志》卷二，頁二二（後頁）。

77 此書首見《隋書》卷三十三，《經籍志》二，頁九七四。又見丁國鈞《補晉書藝文志》卷二，頁二十二（前後頁）。《隋書》雖然著錄此書，但未載撰者姓名。丁國鈞在《補晉藝文志》裏，曾經根據常璩的《華陽國志》而考出此書的作者應該是常寬。北京中華書局在標點本《隋書》之中，雖對書中各卷都附有「校勘記」，但對此書，並無校勘。忽視了丁國鈞的考證，是很可惜的事。

山川方面，虞預寫過《會稽典錄》、[78] 周處寫過《陽羨風土記》、[79] 顧夷寫過《吳郡記》、[80] 賀循也寫過《會稽記》。[81] 顧愷之記載石燕會飛、和海上有樹林，在性質上，這一類文字與張華在《博物志》中所記異鳥用火燒石蟹、[82] 和有些山上的竹子，高達千仞，[83] 那一類的記載，已經十分相近。至於顧愷之記載從周王冢中所發現的女子，還能再活十年的事，也與干寶在《搜神記》中所記載的，漢昭帝打開鉤戈夫人的冢，棺空無人，只存絲履的故事，也有幾分相似。本文舉出顧愷之的《啟矇記》與張華的《博物志》和干寶的《搜神記》有點類似，並無意說顧愷之寫作《啟矇記》，必定受到張華與干寶的影響。可是在顧愷之的時代之前，晉代的文人既已產生那麼多描寫山川、或紀錄各地風物的著作，大概顧愷之的《啟矇記》，就是在這種新興的寫作風氣之下，又配合了他喜好山川的興趣與描寫山川的能力，而完成的。總之，根據以上的分析，顧愷之的寫作興趣很廣，寫作能力也很強。就是他的論畫文字不予計算，至少，他的《顧愷之集》與《啟矇記》，不但性質不同，內容也不同，完全代表兩種不同的典型。

除了《顧愷之集》、《啟矇記》、和三篇畫論，顧愷之還有一種著作。不過關於這種著作，由於目前只能看到殘存的一句話，可以討論的地方是非常有限的。因此本文只能把對於顧愷之這種著作的簡單的討論，附在對《顧愷之集》與《啟矇記》的討論之後，而不另闢一節。

根據晉人劉義慶 (365–427) 的《世說新語》，[84] 顧愷之的這種著作是叫做《晉文

78 《晉書》卷五十二有《虞預傳》。據《隋書》卷三十三，《經籍志》二，頁九七四，此書二十四卷。據丁國鈞《補晉書藝文志》卷二，頁二十三（後頁），此書作二十篇。今未見此書，不知此書的篇幅，究竟爲何。

79 《晉書》卷二十八有《周處傳》。此書首見《隋書》卷三十三，《經籍志》二，頁九八三。

80 見《隋書》卷三十三，《經籍志》二，頁九八二，又見丁國鈞《補晉書藝文志》卷二，頁三十六（前頁）。

81 《晉書》卷三十八有《賀循傳》。此書見《隋書》卷三十三，《經籍志》二，頁九八三，又見丁國鈞《補晉書藝文志》，卷二，頁三七六（前後）。

82 見註 62 所引范寧校證標點本《博物志》卷三，頁三七。

83 見同 62，卷三，頁三九。

84 見《世說新語》卷四，《文學篇》。據楊勇《世說新語校箋》（一九六九，香港大眾書局出版），此卷共收一〇四條。劉義慶所引顧愷之《晉文章記》見《文學篇》第六十七條（魏朝封晉文王爲公），頁一九三。

章記》的。不過就在唐代初年，當房喬編修《晉書》的時候，對於顧愷之的著作，除了《顧愷之集》和《啟矇記》，他並未提過顧愷之還有別的著作。同時在《晉書》裏，也沒有類似《漢書》的《藝文志》或《隋書》的《經籍志》那種專門記載當代的圖書與文獻的篇章。這兩件事，似乎可以說明，當房喬在唐代初年編修《晉書》的時候，他似乎並不知道顧愷之還有一種叫做《晉文章記》的著作。不但如此，就像劉義慶的《世說新語》這種重要的著作，在《晉書》之中，也照樣是沒有紀錄的。

然而與《晉書》幾乎同時編修的《隋書》，對於《世說新語》卻是有所紀錄的。[85]《隋書》紀錄《世說新語》，採用什麼版本，現在無法可知。不過至少有一種唐人手寫本的《世說新語》，[86]目前是依然可見的。房喬既對顧愷之的《晉文章記》和劉義慶的《世說新語》都沒有紀錄，證明他對晉代的圖書文獻，並不很熟悉。直到民國九年（1920），丁國鈞為《晉書》補編《藝文志》，才根據劉義慶的《世說新語》，而把顧愷之的《晉文章記》，列在《補晉書藝文志》裏。[87]房喬在七世紀初期所造成的，對《晉文章記》不加紀錄的錯誤，一直要到二十世紀的初期，也即在《晉書》修成一千三百多年之後，才在丁國鈞的著作之中，得到更正。

根據目錄學的立場，從西晉初期，或三世紀中期開始，產生了一種專門記載文人傳記與其著作的書。這種書，當時稱為《文章志》。最早的《文章志》，共四卷，是由晉代初年的摯虞編寫的。[88]此後，時代比顧愷之稍晚的傅亮（卒於 426），又編寫過《續文章志》，共兩卷。[89]晉代之後，南朝的宋明帝（465–475），又編寫過《晉江左文章志》，也是兩卷。[90]從文獻上看，與晉代的目錄學有關的著作，共有四部。從時間上看，由摯虞、顧愷之、和傅亮所編的，都完成於晉代，只有由宋明帝所編的那

85 見《隋書》卷二十九，《經籍志》三，小說家類，頁一〇一一。

86 見嚴一萍編：《晉唐眞賞十四種》（民國六十四年，臺北，藝文印書館出版），第二冊，頁一～四二。

87 見丁國鈞《補晉書藝文志》，卷二，頁四一（前頁）。

88 見《隋書》卷三三，《經籍志》二，頁九九一。又見百衲本《晉書》，卷五一，《摯虞傳》頁一二（後頁），縮印百衲本《晉書》，頁五三二一。

89 見《隋書》卷三三，《經籍志》二，頁九九一。但在《宋書》卷四三的《傅亮傳》裏，對這部《續文章志》，並沒有記錄。

90 見《隋書》，卷三十三，《經籍志》，頁九九一。

一部，是在晉代亡國之後才編輯成書的。顧愷之這部記載文人傳記與其著作的書，雖然在書名上，稱爲《晉文章記》，看來似乎與摯虞的《文章志》、傅亮的《續文章志》、以及宋明帝的《晉江左文章志》，並不相同，不過從晉代到南朝，與文人傳記及其著作有關的書，是都叫做《文章志》，而沒有叫做《文章記》的。顧愷之的這部書，旣稱《晉文章記》而不稱《晉文章志》，也許又是一個像把《啟蒙記》誤寫或誤刻爲《啟蒙注》那樣的問題吧。

摯虞除了編寫過最早的《文章志》，又編寫了前面引用過的《文章流別志論》。[91] 這兩部書，現在都還有若干篇幅可見。可是顧愷之的《晉文章記》，除了在《世說新語》裏所保存的短短的幾句話（見附錄二〇），可說已經完全佚失了。饒宗頤認爲這部書或者與《隋書》所錄的張隱《文士傳》一樣，是一種文人記傳之書。[92] 不過張隱的《文士傳》，現亦不存。顧愷之的《晉文章記》的性質，是否眞與張隱的《文士傳》一樣，是難以比較的。

叁、結　　語

關於顧愷之的著作，現知共有三種。《晉書》在《顧愷之傳》中認爲顧愷之的著作，只有兩種，是不負責的話。

他的第一種著作，也就是《顧愷之集》，現在已經根據嚴可均所搜集的十六篇文章，再加以部份的復原。復原的方法，是在資料方面，依賴嚴可均、在文集的卷數方面，根據《晉書》在《顧愷之傳》裏的記載。至於用來復原《顧愷之集》的文章順序的先後，則以韻文（詩、賦）爲先，其他文體的無韻之文爲次。張彥遠的《歷代名畫記》雖然保存了顧愷之的三篇畫論，可是在北宋以前，並沒有專門討論繪畫藝術的書。根據這個理由，現在把顧愷之的這三篇畫論，也編在得到部份復原的《顧愷之集》裏，作爲全書的最後一卷。

他的第二種著作，也就是《啟矇記》，根據本文的討論，可能是一部專門記載各地之奇異事物的事。書以「啟矇」爲名，也許具有讓人大開眼界的意思。原書共三

91　見注13。

92　見饒宗頤「六朝文論摭佚」，載《大陸雜誌》(民國五十一年，臺北)，第十五卷，第三期。

卷，現在除了見於附錄一九的那十條，可說已經散佚不存了。

他的第三種著作，也就是《晉文章記》，可能是一部抒論晉代文章之風格或典型的書，內容近似文學批評。這部書，除了見於附錄二〇的那一條，也可說已完全亡佚了。

總之，根據這三部書，可以看出來，顧愷之的寫作能力既強，興趣也很廣。所以他才能寫幾種性質與內容完全不一樣的書。《晉書》在《顧愷之傳》裏，除了稱讚他「博學有才氣」，又認爲他是一位「才絕、畫絕、癡絕」的人物。[93] 所謂「博學」或「才絕」，大概就指這位名士，既能畫、又能兼擅文學創作、文學批評、藝術批評、與風物描述的事實而言。顧愷之在文學方面；能夠同時從事於創作與評論的發展，興趣與能力都是多元的。[94] 他在藝術方面，既能完成《女史箴圖》、《洛神賦圖》等等畫蹟，又能撰寫《論畫》、《魏晉勝流畫贊》、以及《畫雲臺山記》等論畫文字，興趣與能力也是多元的。易言之，他在文學與藝術方面，不但同時從事多元化的發展，發展的方式也是一致的。看不出顧愷之在文學與藝術兩方面的多元式的發展，恐怕對於這位在東晉末年之名士的個性的了解，還是不夠深入的，也是缺乏全面性的。

肆、附　錄

附錄一　雷電賦

太極紛綸，元氣澄練。陰陽相薄，爲雷爲電。擊武乙于河，而誅戮之罰明。震展

93 見《晉書》，卷五十一，頁二四〇四，二四〇六。

94 見百衲本《晉書》卷五十一，頁一二（後頁），又縮印百衲本，頁五三二一。
顧愷之所畫的《女史箴圖》，是根據張華所寫的《女史箴》（原文見蕭統《文選》卷五十六）而完成的一卷畫。張華在此箴中，採用儒家的人文思想，訂立條規，而對宮女的生活行爲，有很大的限制。顧愷之既然根據《女史箴》作畫，可見他對張華的想法是贊同的。也卽是說，顧愷之對於儒家的思想，是贊同的。可是除了《女史箴圖》，顧愷之又曾根據曹植的《洛神賦》而畫成《洛神賦圖》卷。曹植在此賦之中，發揮想像力，極盡浪漫之能事。顧愷之既然畫過《洛神賦圖》卷，可見他對曹植的浪漫思想，也很感興趣。這兩卷畫的繪製，不啻說明在思想上，顧愷之是旣尊重儒家的傳統，又熱衷於對魏晉時代新興的浪漫思潮的追求。此外，他的「畫雲臺山記」，雖然是對表現了張天師之事蹟的畫面的文字紀錄，但由這篇文字的寫作來看，他對道教的神仙觀，也是相當傾心的。由《女史箴圖圖》、《洛神圖》、與「畫雲臺山記」的思想背景來看，可見在繪畫方面，顧愷之的思想是傾向於多元性的。這種傾向，如果與他在文學寫作方面的興趣互相比較，正好是一致的。

氏之廟，而隱慝之誅見。是以宣尼，敬威忽變。夫其聲無定響，光不恆照。砰訇輪轉，倏閃藏曜。若乃太陰下淪，少陽初升。蟄蟲將啟，動靈先應。殷殷徐振，不激不憑。林鍾統節，溽暑烟熅。星月不朗，衣裳若焚。爾乃清風前颯，蕩濁流塵。豐隆破響，列缺開雲。當時倦容，廓焉精新。豈直驚安竦寐，乃以暢精悟神。天怒將淩，赤電先發。窺巖四照，映流雙絕。雷電赫以驚衡，山海磕其奔裂。若夫子午相乘，水旱木零。仲多奮發，伏雷先行。磕磕隆隆，閃閃夐夐。二語從《北堂書鈔》一百五十二補豈隱隱之虛憑，乃違和而傷生。昭王度之失節，見二儀之幽情。至乃辰開日朗，太清無靄。靈眼揚精以麗煥，壯鼓崩天而砰磕。陵雉訇隱以待傾，方地槩塤其若敗。蒼生非悟而喪魂，龍鬼失據以顛沛。光驚於泉底，聲動於天外。及其灑北斗以誕聖，震昆陽以伐違。降枝鹿以命桀，島夔潰而橫尸。倒驚檜於霄際，摧騰龍於雲湄。烈大地以繞映，惟六合以動威。在靈德而卷舒，謝神豔之難追。《藝文類聚》二、《初學記》一、《太平御覽》一三。

附錄二　觀濤賦

臨浙江以北眷，壯滄海之宏流。水無涯而合岸，山孤映而若浮。既藏珍而納景，且激波而揚濤。其中則有珊瑚明月，石帆瑤瑛。彫鱗采介，特種奇名。崩巒填壑，傾堆漸隅。岑有積螺，嶺有懸魚。謨玆濤之為體，亦崇廣而宏浚，形無常而參神。斯必來以知信，勢剛凌以周威，質柔弱以協順。《藝文類聚》九。

附錄三　冰　賦

激厲風而貞質，仰和景而融暉。清流離之光徹，邈雲英之巍巍。爾乃連綿絡幕，乍結乍無。翕然靈化，得漸已龕。紉白隨川，方圓隨渠。義剛有折，照壺則虛。託形超象，比朗玄珠。一宗理而常全，經百合而彌切。轉若驚電，照若澄月。積如累空，泮若墮節。臨堅投軽，應變縷裂。瓊碎星流，清練流越。若乃上結薄映，下鏡長泉。靈葩隨流，含馨揚鮮。《藝文類聚》九、《初學記》七。

附錄四　湘中賦

陽鴛山雞。《太平御覽》九一八。

附錄五　湘川賦

其表則有滋澤晨潤，彫霜夜凝。《北堂書鈔》一五二。

附錄六　箏　賦

其器也，則端方修直，天隆地平。華文素質。爛蔚波成。君子喜其斌麗，知音偉其含清。罄虛中以揚德，正律度而儀形。良工加妙，輕縟璘彤。玄漆緘響，慶雲被身。《藝文類聚》四十四、《初學記》一六。

附錄七　鳳　賦

望太清以抗思，誕儀鳳之逸羣。禀鶉火之靈曜，資和氣之煙煴。允雞喙而燕頷，頸蛇蜿而龍文。勵歸昌於漢陽，發明□乎聖君。荷義蹈正，雞峙鴻前。比翼交揮，五色備宣。與八風而降時雨，音中鍾律，步則規矩。朱冠赫以雙翹，靈質翽其高舉。歲黃冠於招搖，陵帝居之懸圃。《藝文類聚》九十九、《初學記》三〇。

附錄八　四時詩

春水滿四澤，夏雲多奇峯，秋月揚明輝，冬嶺秀孤松。《淵鑑類函》歲時部之一

附錄九　拜員外郎散騎常侍表

不悟陛下聖恩所加，登之常伯之列，飾之貂璫之暉。《北堂書鈔》五十八。

附錄一〇　虎丘山序

吳城西北，有虎丘山者，含眞藏古，體虛窮玄。隱嶙陵堆之中，望形不出常阜。至乃岧嶤，絕於華峯。《藝文類聚》八。

附錄一一　嵇康贊序

南海太守鮑靚，通靈士也。東海徐寧師之。寧夜聞靜室有琴聲。怪其妙而問焉。靚曰：「嵇叔夜。」寧曰：「嵇臨命東市，何得在兹？」靚曰：「叔夜迹示終而實尸解。」《文選》五君詠注

附錄一二　魏晉勝流畫贊

凡畫人最難。次山水、次狗馬、臺榭一定器耳。難成而易好，不待遷想妙得也。此以巧歷不能差其品也。**小列女**：面如恨，刻削為容儀。不盡生氣。又插置丈夫支體，不以自然。然服章與眾物既甚奇，作女子尤麗衣髻。俯仰中，一點一畫，皆相與成其艷姿。且尊卑貴賤之形，覺然易了。難可遠過之也。**周本記**：重疊彌綸有骨法，然人形不如小列女也。**伏羲神農**：雖不似今世人，有奇骨而兼美好。神屬冥芒，居然得有一之想。**漢本記**：季王首也，有天骨而少細美。至於龍顏一像，超豁高雄，覽之若面也。**孫武**：大荀首也，骨趣甚奇。二婕以憐美之禮，有驚劇之則。若以臨見妙裁，尋其置陳布勢，是達畫之變也。**醉客**：作人形。骨成而制衣服慢之，亦以助醉神耳。多有骨俱，然生變趣，佳作者矣。**穰苴**：類孫武而不如。**壯士**：有奔騰大勢，恨不盡激揚之態。**列士**：有骨俱。然藺生恨急烈，不似英賢之慨。以求古人，未之見也。於秦王之對荆卿，及復大閑。凡此類，雖美而不盡善也。**三馬**：雋骨天奇，其騰罩如躡虛空。於馬勢盡善也。**東王公**：如小吳神靈。居然為神靈之器，不似世中生人也。**七佛及夏殷與大列女**：二皆衞協手傳，而有情勢。**北風詩**：亦衞手。巧密於精思，名作。然未離南中。南中像興，即形布施之象，轉不可同年而語矣。美麗之形，尺寸之制、陰陽之數、纖妙之迹、世所並貴。神儀在心，而手稱其目者，玄賞則不待喻。不然真絕。夫人心之達，不可或以眾論。執偏見以擬通者，亦必貴觀於明識。末學詳此，思過半矣。**清遊池**：不見金鎬，作山形勢者，見龍虎雜獸，雖不極體，以為舉勢。變動多方。**七賢**：唯嵇生一像欲佳。其餘雖不妙合，以比前諸竹林之畫，莫能及者。**嵇輕車詩**：作嘯人，似人嘯。然容悴，不似中散。處置意事既佳，又林木雍容調暢，亦有天趣。**陳太丘二方**：太丘夷素，似古賢，二方為爾耳。**嵇興**：如其人。**臨深履薄**：兢戰之形，異佳有裁。自七賢以來，並戴手也。——**巖巖清峙，壁立千仞**。晉書王衍傳。

附錄一三　水　贊

湛湛若凝，開神以質。乘風擅瀾，妙齊得一。《藝文類聚》八。

附錄一四　與殷仲堪牋

地名破冢，眞破冢而出。行人安穩，布帆無恙。《晉書》九十二《顧愷之傳》。

附錄一五　父悅傳

君以直道。陵遲於世。入見王，王髮無二毛，而君已斑白。問君年乃曰：「卿何偏蚤白？」君曰：「松栢之姿，經霜猶茂；臣蒲柳之質，望秋先零，受命之異也。」王稱善久之。《世說新語》言語篇注。

附錄一六　祭牙文

維某年某月日，錄尚書事豫章公裕。敢告黃帝蚩尤五兵之靈。兩儀有政，四海有王。晉命在天，世德重光。烈烈高牙，闐闐伐鼓。白氣經天，簡揚神武。《藝文類聚》六〇、《太平御覽》三三九。

附錄一七　論　畫

凡將摹者，皆當先尋此要。而後次以即事。凡吾所造諸畫，素幅皆廣二尺三寸。其素絲邪者，不可用；久而還正，則儀容失。以素摹素，當正掩二素，任其自正。而下鎭使莫動其正。筆在前運，而眼向前視者，則新畫近我矣。可常使眼臨筆止，隔紙素一重，則所摹之本遠我耳。則一摹蹉積蹉彌小矣，可令新迹掩本迹，而防其近內。防內：若輕物，宜利其筆，重，宜陳其迹，各以全其想。

譬如畫山，迹利則想動。傷其所以嶷。用筆或好婉，則於折楞不雋。或多曲取，則於婉者增折。不兼之累，難以言悉，輪扁而已矣。

寫自頸已上，寧遲而不雋，不使遠而有失。其於諸像，則像各異迹，皆令新迹彌舊本。若長短、剛軟、深淺、廣狹，與點睛之節，上下、大小、醲薄、有一毫小失，則神氣與之俱變矣。

竹木土，可令墨彩色輕，而松竹葉醲也。凡膠清及彩色，不可進素之上下也。若良畫黃滿素者，寧當開際耳。猶於幅之兩邊，各不至三分。人有長短，今既定遠近，以矚其對，則不可改易闊促，錯置高下也。

凡生人亡有手揖眼視而前亡所對者，以形寫神，而空其實對，荃生之用乖，傳神之趨失矣。空其實對，則大失，對而不正，則小失。不可不察也。一像之明昧，不若悟對之通神也。

附錄一八　畫雲臺山記

山有面，則背向有影。可令慶雲西而吐於東方。清天中，凡天及水色，盡用空青。竟素上下以暎日。西去山，別詳其遠近。發迹東基，轉上未半，作紫石如堅雲者五六枚。夾岡乘其間而上，使勢蜿蟺如龍。因抱峯直頓而上，下作積岡，使望之蓬蓬然凝而上。次復一峯是石，東鄰向者峙峭峯。西連西向之丹崖，下據絕磵。畫丹崖臨澗上。當使赫巘隆崇，畫險絕之勢。天師坐其上，合所坐石及廕，宜磵中，桃傍生石間。畫天師瘦形而神氣遠。據磵指桃，迴面謂弟子。弟子中有二人臨下，到身大怖，流汗失色。作王良，穆然坐答問。而趙昇神率精詣，俯眄桃樹。又別作王趙趨，一人隱西壁傾巖，餘見衣裾。一人全見。室中使輕妙泠然。凡畫人，坐時可七分。衣服彩色殊鮮微。此正蓋山高而人遠耳。

中段：東面丹砂絕蕚及廕，當使嵃峨高驪，孤松植其上。對天師所壁以成磵，磵可甚相近。相近者，欲令雙壁之內，悽愴澄清。神明之居，必有與立焉。可於次峯頭，作一紫石亭立。以象左闕之夾高驪絕蕚，西通雲臺以表路。路左闕峯，以巖為根。根下空絕，并諸石重勢。巖相承以合，臨東磵。其西，石泉又見。乃因絕際作通岡，伏流潛降，小復東出。下磵為石瀨，淪沒於淵。所以一西一東而下者，欲使自然為圖。雲臺西北二面可一圖岡繞之。上為雙碣石，象左右闕。石上作孤遊生鳳，當婆娑體儀，羽秀而詳。軒尾翼以眺絕磵。

後一段：赤圻。當使釋弁如裂電。對雲臺西鳳所臨壁以成磵，磵下有清流。其側壁外面，作一白虎，匍石飲水，後為降勢而絕。凡三段山，畫之雖長，當使畫甚促。不爾不稱。鳥獸中時有用之者，可定其儀而用之。下為磵。物景皆倒，作清氣。帶山下三分倨一以上。使耿然成二重。已上並長康所著。因載于篇。自古相傳脫錯，未得妙本勘校。

附錄一九　啟曚記

潛穴洞於波下。虞世南《北堂書鈔》

汎林鼓於浪巔。

西北海有汎林，或方三百里，或方百里。皆生海中浮土上。樹根隨浪鼓動。《太平御覽》卷五〇

臯塗有然鼠之石。《北堂書鈔》

天台石橋。記句佚據注補

天台山去天不遠，路經福溪，依《文選》注當作油溪溪水清冷。前有石橋。路逕不盈一尺，長數十丈。下臨絕冥之澗。唯忘其身，然後能躋 。躋石橋者，梯巖壁，捫蘿葛之莖，度得平路。見天台山，蔚然綺秀。列雙嶺依文選注當作雙闕於青霄上。有瓊樓、玉閣、天堂、碧林、醴泉， 仙物畢具。 晉隱士帛道猷得過之 ；獲醴泉、紫芝、靈藥。

《太平御覽》卷四十一引《　蒙記》注、 又引《　蒙記》日： 天台山石橋，路徑不盈尺，長數十步，至滑。下臨絕溟之澗。 與《文選》卷十一孫興公《天台山賦》李善注引《　蒙記》注同， 而與前引文小異。又《文選》注引云：天台次經油溪。又云：躋石橋者，搏巖壁溪蘿葛藟卟莖。又云：天台山，列雙闕於清霄中，上有瓊樓、瑤林醴泉，仙物畢具。字句亦互有不同。

零陵郡有石鷰，得風雨，則飛如眞鷰。徐堅《初學記》五、《太平御覽》卷五十一、《吳淑事類賦》卷七。

玉精名委，似美女而青衣。見以桃戟刺之，以其名呼之可得也。《太平御覽》卷三五三。

如何隨刀而改味。《太平御覽》卷九六一。

魏時，人有開周王冢者，得殉葬女子。經數日，而有氣。數月而能語。年可二十，送詣京師，郭太后愛養之。十餘年，太后崩，哀思哭泣，一年餘而死。《魏志明帝紀》裴松之注

將雨雲應。

婁仁有馬鞍山，南面有石穴，高丈餘，容十數人。天將雨，輒有雲從南來，山亦出雲應之，卽大雨。《北堂書鈔》卷一五八。

附錄二〇　晉文章記

阮籍勸進，落落有宏致，至轉說徐而攝之也。《世說新語》文學篇。

出自第五十八本第二分(一九八七年六月)

錢大昕《養新餘錄》考辨

陳　鴻　森

錢大昕《養新餘錄》一書，其子錢東塾跋，稱《養新錄》付刻後，續有所得，別記一編，是爲《餘錄》；錢慶曾《竹汀居士年譜續編》說同。向來學者於此並無異辭。本文之主旨，即對此一成說提出質疑。今由《養新錄》最後定稿之年代，及由《餘錄》之內容加以檢證，知此編大體爲錢氏纂定《養新錄》時所刪賸者，而非如錢東塾等所言，乃《養新錄》付刻後所續撰也。

錢氏爲乾嘉儒宗，此在當時已有定評[1]，梁玉繩至推之云：「今之竹汀，猶古之鄭康成也。」[2] 竹汀著作閎富，其《二十二史考異》、《元史藝文志》、《元史氏族志》及《潛研堂文集》（以下簡稱《文集》）諸書，賅博精審，尤卓卓可傳。晚年所定《十駕齋養新錄》（以下簡稱《養新錄》）二十卷，雖劄記經史諸義之作，然竹汀博通羣籍，當世無儔，此復其平生心得之所聚，故所論率多不可易。阮元序其書云：「凡此所著，皆精確中正之論。卽瑣言剩義，非貫通原本者不能，譬之折杖一枝，非鄧林之大不能有也。」[3] 蓋非虛譽也。傳世另有《養新餘錄》（以下簡稱《餘錄》）三卷，書後有其子錢東塾跋，記此書刊刻始末甚詳：

《養新錄》二十卷，成書最後，甫脫稿卽爲阮中丞芸臺先生携去，醵金開雕。以後續有所得，別記一編，名曰《養新餘錄》。逮甲子（森按：嘉慶九年）冬捐館，共得若干條。（中略）今夏（嘉慶十一年）偕妹倩瞿君鏡濤，校修先君子詩文集告成。適嘉興李許齋太守（森按：竹汀門人李賡芸）書來，索《經典文字考異》、《唐五代學士年表》、《王深寧年譜》、《三史、諸史拾遺》等

1　江藩《漢學師承記》云：「先生學究天人，博綜羣籍，自開國以來，蔚然一代儒宗也。」（《粵雅堂叢書》本，卷三，頁十九）

2　見梁氏《蛻稿》卷四〈寄弟處素書〉。《淸白士集》，嘉慶五年刊本，卷二十八，頁二十。

3　見阮氏〈十駕齋養新錄序〉。按《養新錄》傳本甚多，本文所據者爲《潛研堂全書》本。爲避煩瑣，下文引用，但記卷數，其頁次則不一一注出。

遺稿，將代謀剞劂，因啟舊笥檢尋。念及《養新餘錄》未刊，終爲全書缺事。爰取手稿，繕錄清本，分爲三卷，以授梓人。俾四方好學之士，喜讀我先人書者，無或有遺珠之憾焉。

據是，則《餘錄》乃《養新錄》付刻後所續撰者；竹汀卒後，其家人據手稿繕錄，釐爲三卷。另據竹汀曾孫錢慶曾所纂《竹汀年譜續編》嘉慶八年條下云：「十二月，始刊《養新錄》手定本，凡二十卷。後所得爲《養新餘錄》三卷。」[4] 然則《餘錄》應寫成於嘉慶八年十二月以後甚明。此有竹汀後人之明文可案，故歷來學者於此並無異辭[5]。余近讀是書，竊有疑焉。私意頗疑《餘錄》之文，恐多竹汀纂定《養新錄》時所刪賸者，其家人不察，或由寶愛先人遺文之私，掇拾叢殘，錄以鋟梓耳，非必果爲《養新錄》付刊後所續撰也。

按錢氏《養新錄・自序》云：「今年逾七十，學不加進。追惟燕翼之言，泚然汗下；加以目眊耳聾，記一忘十。問學之客不來，借書之瓻久廢。偶有咫聞，隨筆記之。自愳螢爝之光，猶賢博簺之好，題曰養新錄。」末題嘉慶四年十月。又，錢慶曾《竹汀年譜續編》嘉慶四年條下記：「公弱冠時，即有述作意。讀書有得，輒爲札記，仿顧氏《日知錄》條例。後著各書，即於其中挹注；又去其涉於詞華者，尚裒然成集。是年重加編定，題曰十駕齋養新錄。」[6] 則此書應編定於嘉慶四年可知。惟今考之，《養新錄》所記，實有顯然成於四年以後者，今據其書跋證之，可無疑義。按《養新錄》十四「鶴山大全集」條，言「《鶴山先生大全集》，宋槧本，黃孝廉蕘圃所藏。」又《竹汀日記鈔》亦記：「借黃蕘圃所藏宋刻《魏鶴山集》。（中略）其中有合兩卷連爲一者，亦不無魯魚亥豕之譌。然世刻止有此本，可寶也。」[7] 檢《蕘圃

4　《竹汀居士年譜續編》，浙江書局刊本，頁七。

5　如周中孚《鄭堂讀書記》「十駕齋養新錄」條下，云：「後續有所得，別記一編，名曰《養新續錄》，即依前錄，次序爲三卷。竹汀歿後，其子東塾取遺稿繕成清本，以授梓人。」（一九二一年，劉氏嘉業堂刊本，卷五十五，頁十八）
又，《續修四庫全書提要》「養新錄」條下，云：「是編爲其一生精力所聚，其記誦之博，考核之精，與炎武《日知錄》誠難軒輊，故書成後，阮元即取以付刊，而爲之序，極推許之。其後續有所得，別記一編，名曰《養新餘錄》。」（一九七二年，臺灣商務印書館排印本，頁一六〇二），並其例也。

6　《年譜續編》頁五。

7　《竹汀日記鈔》，式訓堂叢書本，卷一，頁二十六。

藏書題識》卷八著錄宋本《魏鶴山集》，所載竹汀識語，與《養新錄》正同；其題款云：「庚申四月十九日，錢大昕假讀，閏月二十日讀畢。」[8] 則此條當撰於嘉慶五年甚明。其驗一也。另按竹汀嘗從何夢華假讀所藏元板《孔氏祖庭廣記》一書[9]，有跋，今見《蕘圃藏書題識》卷二[10]，末題「嘉慶六年歲在辛酉五月五日庚辰」，其文與《養新錄》十三「孔氏祖庭廣記」條正同。又從黃丕烈假《東家雜記》一書，《蕘圃藏書題識》卷二載其嘉慶六年十一月一跋[11]；檢《養新錄》十三「東家雜記」條，其文略詳，然其要旨則不異。又，前述〈孔氏祖庭廣記跋〉，末云：「向嘗據漢、宋、元石刻，證聖妃當爲幷官氏。今檢此書，『幷官氏』屢見，無有作『亓』字者。自明人刻《家語》，妄改爲『亓』，沿譌到今，莫能更正。讀此，益信元初舊刻之可寶。」《竹汀日記鈔》讀《東家雜記》條，亦云：「此係宋槧舊本，鄆國夫人幷官氏，俱作『幷』字，不誤。」[12] 按《養新錄》卷十二「幷官」條云：「孔子娶幷官氏，今人以爲亓官，其誤蓋自明始。（中略）予嘗至句容廟學，見元至順元年加封號制石刻亦作幷官。又見宋板《東家雜記》、元板《孔庭廣記》，書『幷官』字，未有作『亓』者。自明人刊《家語》，誤幷爲亓；後來刊《宋史》者，轉依誤本校改，沿譌者三百餘年」云云，則此「幷官」、「東家雜記」、「孔氏祖庭廣記」三條，當撰於嘉慶六年以後，較然易知。其驗二也。卷十四「梅花喜神譜」條云：「宋伯仁《梅花譜》，《宋史·藝文志》及諸家書目皆不及載，唯錢遵王《述古堂書目》曾列其目，今吳中黃氏有此書。」按黃丕烈書跋，記其嘉慶六年春於琉璃廠文粹堂書肆得是書之顛末甚詳[13]，則此條當亦撰於嘉慶六年春以後可知。其驗三。是年，又從黃丕烈假讀所得宋淳熙台州公庫本《顏氏家訓》，十一月讀畢，爲之跋[14]；其要旨亦見《養新錄》十

8 《蕘圃藏書題識》，一九一九年刊本，卷八，頁三十八。又見潘宗周氏《寶禮堂宋本書錄》（文海出版社影印本）集部，頁四十五。

9 《竹汀日記鈔》記：「讀《孔氏祖庭廣記》十二卷，先聖五十一代孫襲封衍聖公元措所編。初刻于金正大四年；此則大蒙古國壬寅年重刻本。（中略）錢唐何夢華所藏。」（卷一，頁二十七）

10 《蕘圃藏書題識》，卷二，頁二十。

11 同上，卷二，頁十九。

12 《竹汀日記鈔》，卷一，頁三十。

13 《蕘圃藏書題識》，卷五，頁十五。

14 見潘祖蔭《滂喜齋藏書記》（一九二四年，海寧陳氏愼初堂排印本）卷二，頁十五；又《蕘圃藏書題識》卷五，頁二十六。

「顏氏家訓」條，則此亦嘉慶六年後所撰。其驗四。又，卷十三「詩傳附錄纂疏」條云：「寶山朱寄園家，藏元儒雙湖胡氏《詩傳附錄纂疏》二十卷，泰定丁卯建安劉君佐翠巖精舍刊本」云云，竹汀《文集》有〈跋胡氏詩傳附錄纂疏〉一篇[15]，正同此本；錢慶曾《竹汀年譜續編》謂此文撰於嘉慶六年[16]，則《養新錄》此條蓋亦撰於六年，固可以理推知也。其驗五。又，卷十四「滈水集」條明云：「嘉慶壬戌重陽後三日，訪佺山大令於雉城官署，信宿東齋。於架上得此集，披閱再三」云云，是此條當撰於嘉慶七年九月以後，更無疑義。其驗六也。另考張金吾《愛日精廬藏書志》卷十五影宋鈔《輿地紀勝》條下，載竹汀嘉慶七年仲冬一跋[17]，其文與《養新錄》十四「輿地紀勝」條悉同，則此條當爲嘉慶七年冬所撰可知。其驗七。卷十四「寶祐會天歷」條稱：「宋寶祐會天歷，予訪之五十年，今春始於姑蘇吳氏得見之。」按陸心源《皕宋樓藏書志》卷四十八《寶祐四年丙辰歲會天萬年具注歷》條下，載竹汀一跋[18]，與此文正同，末題「嘉慶八年歲在昭陽大淵獻臯月甲午朔」，則此條當撰於嘉慶八年五月，亦無可疑者。其驗八。據上所考，則《養新錄》雖編成於嘉慶四年，實則下迄嘉慶八年五月，其書仍迭有增益，固可推知也。此年十二月，《養新錄》付刻；而《竹汀年譜續編》嘉慶九年條下載：「十月二十日晨起盥洗，展閱一編。飯後更衣薙髮，校《養新錄》數葉」，當日申正遽卒，年七十七。[19] 然則《養新錄》之付梓，下距竹汀之卒僅十閱月；而此書之刻成，則已是竹汀謝世之明年矣。[20] 余檢吳修《昭代名人尺牘》，收有竹汀致孫星衍書墨跡一通，中云：「近刻拙著《十駕齋養新錄》，欲得元晏序，以增聲價。大昕桑榆景迫，恐相見無期，身後墓志，亦待椽筆。卅載相知，

15 《潛研堂文集》，《潛研堂全書》本，卷二十七，頁三至四。又參《竹汀日記鈔》卷一，頁二十九。

16 《年譜續編》頁六。

17 《愛日精廬藏書志》，光緒十三年靈芬閣木活字本，卷十五，頁七。

18 《皕宋樓藏書志》，光緒八年，十萬卷樓刊本，卷四十八，頁一。按此跋亦見蔣光煦《東湖叢記》（繆氏《雲自在龕叢書》本，卷四，頁二十七）；惟蔣書截去年月，今據陸志。

19 《年譜續編》頁八。

20 按《養新錄》卷二十後，錢師康識語云：「先大父生平著述，久已風行海內。是書刻成于乙丑歲」云云，則是刻成於嘉慶十年。《續修四庫全書提要》著錄《養新錄》，稱「嘉慶元年刊本」，殊誤。

幸不吝揮洒。息壤之約，惟留意焉。」[21] 蓋竹汀於《養新錄》付刻後，固自度不久人世矣。然則其是否更有心力，欲別撰續錄，今不能無疑焉。

李慈銘題《養新錄》云：「竹汀詹事此書考訂精密，足繼《困學紀聞》、《日知錄》而起，非它說部可及也。《餘錄》則多札記未定之語。後一卷尤多，惟『修容』一條可取耳，此刻時未別擇之過也。」[22] 今檢《餘錄》下卷各條，大抵皆采掇它書，或直錄成文，罕所推發。然亦不能無誤，如「章惇事邵康節胡安國稱秦檜」條，云：

章惇嘗事邵康節（本注：見《宋史・邵伯溫傳》）。胡安國初問人材於游酢，酢以秦檜爲言，且比之荀，故安國力稱檜賢。（本注：見《宋史・安國傳》）

按《宋史》卷四三五〈胡安國傳〉不載此事。卷四七二〈姦臣・秦檜傳〉記：「蓋安國嘗問人材於游酢，酢以檜爲言，且比之荀文若。故安國力言檜賢於張浚諸人，檜亦力引安國。」[23] 其事當出於此，竹汀蓋誤憶耳。抑如「石刻詛楚文」條，云：

《新定續志》云：嚴州有石刻詛楚亞駝文，在郡廨清風堂廊廡間。

按《養新錄》卷十四有「新定續志」一條。考竹汀從黄丕烈假讀是書，事在嘉慶五年[24]。此「石刻詛楚文」一條，蓋錢氏當日讀此書時摘記以備考證者，初無深意，其不得下至嘉慶八年十二月以後始有見及此，可無疑義。今即此端申論之，前引錢東塾跋稱《餘錄》乃《養新錄》付刻以後續得之新見。今但就《餘錄》前二卷驗之，亦可知其說實有未盡然者。如上卷「簪當作戠」條，其意已見於《文集》卷十一〈說文答問〉[25]，其說益備；「武王克殷之年」一條，其說備見《文集》卷三十四〈答大興朱

21 《昭代名人尺牘》，光緒三十四年上海集古齋石印本，卷二十二，頁十七。此札末有「獻之（森按：竹汀從子錢坫字）已起身，想歲內可相晤」之語，知當撰於嘉慶八年年暮。

22 王利器氏編《越縵堂讀書簡端記》，一九八〇年天津人民出版社排印本，頁三一四。

23 《宋史》，中華書局點校本，頁一三七五〇。

24 按蔣汝藻《傳書堂藏善本書志》（藝文印書館影印原稿本）第四册著錄黄丕烈舊藏宋刊《新定續志》條下，載竹汀嘉慶五年中伏一跋，蓋爲黄氏考證此書增修之原委。《養新錄》十四「新定續志」條，則詳記編纂者及郡守錢可則之仕履。然跋文云：「志成于錢可則莅郡之日，當在景定間。而卷首載咸淳元年升建德府省劄，其知州題名可則，後續列郭自中等八人，此後來次第增入，宋時志乘大率如此。」今悉見《養新錄》，知此條當亦嘉慶五年所撰。上文嘗論《養新錄》中多有嘉慶四年以後續增者，此亦一證也。

25 《潛研堂文集》，卷十一，頁十一至十二。

侍郎書〉[26]；中卷「太史公李延壽」條，其旨亦見於〈與梁燿北論史記書〉[27]。「隋書經籍志遺漏」條，列晉灼《漢書集解》十四卷；然《養新錄》卷六「臣瓚晉灼集解」條，固已明言：「晉灼《集解》十四卷，不載於《隋志》，則師古所謂東晉迄於梁、陳，南方學者皆未之見。王、阮既未著錄，故《隋志》亦遺之也。」又如「晉書地理志之誤」條，詳論晉南渡後，僑置徐、兗、青、豫諸州郡於揚州之域，俱不加「南」字。其郡縣去「北」而加「南」字，當始於宋受禪以後，晉時初無此名。自唐初史臣誤以宋追稱之詞爲晉時已有是名，著之正史，沿誤千有餘年，迄無覺者，至竹汀始發正之。又斥《晉書・地理志》徐州篇之謬以淮陽、陽平、濟陰、北濟陰四郡爲元帝所置。此其說既見於《二十二史考異》卷十九[28]，《文集》三十五〈與徐仲圃書〉亦詳言之[29]；又《養新錄》卷六「晉僑置州郡無南字」條，亦著此說，惟其文爲精簡耳。至如「乣」字條，已錄入〈遼史拾遺〉[30]、「哀宗紀」一條亦見於〈金史拾遺〉[31]。凡此，俱不得謂之《養新錄》付刊後，竹汀始考見及此也。

另按盧文弨《鍾山札記》「大題小題」條云：

> 古書大題多在小題之下，如「周南關雎詁訓傳第一」，此小題也，在前；「毛詩」二字，大題也，在下。陸德明云：「案馬融、盧植、鄭康成注三禮，並大題在下。班固《漢書》、陳壽《三國志》題亦然。」蓋古人於一題目之微，亦遵守前式而不敢紛亂如此。今人率意紛更，凡《疏》及《釋文》所云云者，並未寓目，題與說兩相矛盾而亦不自知也。[32]

《餘錄》卷上「大題在下」條亦云：

> 古書多大題在下，陸氏《經典釋文》：「『毛詩』故大題在下（森按：此句引文疑有脫誤）。案馬融、盧植、鄭玄注《禮記》（森按：當作「三禮」）云

26 同上，卷三十四，頁八至十。

27 同上，卷三十四，頁十四至十五。

28 參《二十二史考異》卷十九考正《晉志》各條。

29 《文集》卷三十五，頁一至三。

30 《諸史拾遺》，《潛研堂全書》本，卷五，頁六。

31 同上，卷五，頁七至八。

32 《鍾山札記》，《校經山房叢書》本，卷三，頁五。

云。」予案唐刻石經，皆大題在下。如《詩經》卷首，「周南詁訓傳第一」（森按：「南」下當有「關雎」二字）列于上，「毛詩」兩字，列于此行之下，所謂大題在下也。宋元以來刻本，皆移大題於上，而古式遂亡。今讀者且不知何語矣。予曾見《史記》宋大字本，亦大題在下。[33]

二說正同。又《鍾山札記》「史漢目錄」條云：

《史記》、《漢書》書前之有目錄，自有版本以來即有之，爲便於檢閱耳。然於二史之本旨，所失多矣。夫〈太史公自序〉，即《史記》之目錄也；班固之〈敘傳〉，即《漢書》之目錄也。乃後人以其艱於尋求，而復爲之條列，以繫於首。後人又誤認書前之目錄，即以爲作者所自定，致有據之妄訾謷本書者。（中略）古書目錄往往置於末，如《淮南》之〈要略〉、《法言》之十三篇序皆然。吾以爲《易》之〈序卦傳〉，非即六十四卦之目錄歟。史、漢諸序，殆昉於此。[34]

《餘錄》中卷「史漢目錄」條，亦有「古人書目錄，皆在篇末，太史公之〈自序〉、班孟堅之〈敘傳〉，即目錄也。今史、漢目錄，出於後人增加」之說，雖文有異同，其大旨則與盧說不異。此自非竹汀有意剿襲盧氏之說；然竹汀與盧氏友善，《鍾山札記》且於乾隆五十五年即已刊板行世，則竹汀斷不得下至嘉慶八年以後始有見及此，理固甚明。按竹汀〈廿二史考異序〉自言：「予弱冠時，好讀乙部書，通籍以後，尤專斯業。（中略）偶有所得，寫於別紙。丁亥歲，乞假歸里，稍編次之。歲有增益，卷帙滋多。戊戌設教鍾山，講肄之暇，復加討論。間有與前人闇合者，削而去之；或得於同學啟示，亦必標其姓名。郭象、何法盛之事，蓋深恥之也。」[35] 此「大題在下」、「史漢目錄」諸條，殆即竹汀所刪賸與。至如《餘錄》上卷「譙周注論語」條云：

譙周《論語注》十卷，梁時尚存。劉昭注《續漢書》，曾一引之，「鄉人儺」注：「儺，卻之也。以葦矢射之。」

33 檢諸藏家志目著錄宋本，多大題在下，如眉山七史、衢州本《古史》之類俱然，不能備舉。按陸心源《儀顧堂續跋》卷六著錄元槧《宋史》、《遼史》，並大題在下（明北監本始移大題在上），知元人刻書，尚多仍唐宋舊式也。

34 《鍾山札記》卷四，頁十三。

35 《文集》卷二十四，頁二十九。

按此朱彝尊《經義考》已引之，朱氏更舉〈學而〉篇「不亦樂乎」，《釋文》引譙氏注「悅深而樂淺」一條[36]，竹汀蓋失檢耳。又，中卷「一字三字石經」條，訂正《隋志》「魏正始中，又立一字石經」，「一」字當爲「三」字之誤；此《經義考》亦已言之[37]，而爲當時考證歷代石經學者之所共喻也。則此二條之見刪棄固亦宜也。[38] 又「齊楚浙三黨」條，如李慈銘所言者：「三黨京察報復之事，吳忠節公應箕《樓山堂集》中言之最詳，此不過節錄《明史》耳。」[39] 蓋此本竹汀摘記以備考索耳，其不載入《養新錄》中，自不足異也。

據上所考，則余之疑此編恐多錢氏纂定《養新錄》時所刪棄者，諒非馮臆妄度也。

其尤可疑者，則《餘錄》時有與《養新錄》之說相牴牾者。如上文所述，《養新錄》乃竹汀平生讀書心得之精要者，經其再三論定，至卒前一年始寫定鋟梓，其矜慎可知；是不當旋又變異其說，以自違戾。今按《餘錄》上卷「恧」字條云：

> 《論語釋文》於〈泰伯〉、〈先進〉兩篇，俱有「恧」字，云「古臣字」。（中略）陸德明著書在隋季，已有此字，蓋出六朝人妄作。

此以陸氏《釋文》爲撰於隋季。然按《文集》二十七〈跋經典釋文〉云：「細檢此書，所述近代儒家，惟及梁、陳而止。若周、隋人撰音疏，絕不一及，又可證其撰述必在陳時也。」[40] 此則以《釋文》爲撰於陳時。《養新錄》二十「陸德明」條，亦言：「此書所錄注解傳述人，多是南士。沈重晚雖仕周，其書久行江左；此外北方學者，絕不齒及。可證元朗著此書，在陳而不在隋、唐也。」其說之然否，今姑不論。然竹汀晚年定論，明以《釋文》爲撰於陳代，要無可疑也。此不合者一也。

---

36 《經義考》，四部備要本，卷二一一，頁七。
按羅振玉《經義考校記》，於譙氏注條下，云：「馬國翰有輯本」（頁五十五）。實則馬氏所輯，即朱氏所引之二事耳，羅氏似未細覈。

37 《經義考》，卷二八八，頁一。

38 按《養新錄》十四「元藝文志」條，竹汀嘗自述其補《元藝文志》，「於焦氏《經籍志》、黃氏《千頃堂書目》、倪氏《補金元藝文》、陸氏《續經籍考》、朱氏《經義考》，采獲頗多。」知《經義考》固竹汀素所習者。

39 《越縵堂讀書簡端記》頁三一四。

40 《文集》卷二十七，頁十二。

次如中卷「孟康」條，謂《晉書·王濬傳》之太子洗馬孟康，與注《漢書》之孟康非一人。其說本無確據。〈晉書考異〉則謂：「此與注《漢書》之孟康，未審卽一人否」[41]，是疑而未決也。然檢《養新錄》十二「異代同姓名」、「晉人同姓名」二條，俱不及孟康，知竹汀實未敢必其爲二人，寧闕如也。此不合者二也。

又《餘錄》上卷「蜀石經毛詩」條云：

〈江有汜〉三章，皆有「之子歸」句，蜀石經「歸」上並有「于」字。予考《三百篇》中，云「之子于歸」者不少矣。「之子于征」、「之子于苗」、「之子于狩」、「之子于釣」皆四字句。此篇亦當依蜀本有「于」字。

「昔育恐育鞠」，蜀石經無下「育」字，以四字成句，亦視它本爲勝。

按此條郅差。蜀石經《毛詩》多衍脫，晁公武已非之；顧千里爲阮元纂《毛詩校勘記》，尤亟斥其不足據而屏之[42]。〈江有汜〉「之子歸」，《釋文》無異文，唐石經同。明蜀石經有「于」字者，正依它篇習言「之子于歸」而妄增，非別有塙據也。至《詩》「之子于征」等之「于」字訓「往」，與「之子歸」意本不相蒙，尤不足據以例此也。錢氏但就句式論之，然此詩三章章五句，其前四句皆三字爲句，不當更有「于」字，《餘錄》此說未核。至〈谷風〉無下「育」字，其屬妄刪，斷無可疑[43]。今檢《養新錄》十五「石刻詩經殘本」條云：

後蜀石刻《詩經》殘本，起〈召南·鵲巢〉，至〈邶風·二子乘舟〉止，經、注皆完好。經文之異于今本者：〈江有汜〉「之子歸」，「歸」上有「于」字（本注：三章皆同）；「逌其今兮」，「其」作「及」；「不我能慉」，「不」下有「以」字；「昔育恐鞠」，無下「育」字；「泄泄其羽」，「泄」作「洩」，則承開成石經之舊，爲唐諱也。

此第記其異文，不復以〈江有汜〉、〈谷風〉二事爲勝於今本。此條之末，竹汀嘗言及此蜀石殘本，「蓋錢唐黃松石家所藏，厲太鴻賦詩，卽是此本。流轉它姓，今爲吳

41 《廿二史考異》，《潛研堂全書》本，卷二十一，頁八。

42 詳《毛詩注疏校勘記》卷首引據各本目錄《孟蜀石經殘本》條下。

43 按顧千里云：「『昔育恐育鞠』，（蜀石經）脫下『育』字。《毛傳》『育鞠』之『育』訓長；《鄭箋》『昔育』之『育』訓稚，云『昔幼稚時恐至長老窮匱』。無下『育』字，則與《傳》、《箋》、《正義》不合。」（同上註）其爲妄刪，事在不疑。

中黃蕘圃所得，惜〈周南〉十一篇及〈鵲巢序〉遺失不可問矣。」又自言其於蜀石經，「訪求五十年，不得隻字。昨歲始見《左傳》殘本僅字，今復見此刻經注萬有餘言，眞衰年樂事也。」按蜀石《毛詩》殘本，乾隆初，武英殿校刻注疏，已引及之；然其石本則世所希覯，故竹汀引爲「衰年樂事」也。今考段玉裁〈跋黃蕘圃蜀石經毛詩殘本〉云：「嘉慶甲子，黄蕘圃主政得蜀刻《毛詩・召南》一卷，故杭郡黃松石老人物。」[44]據此，則黃丕烈之得此蜀石殘本，事在嘉慶九年。其時《養新錄》已由阮元取去開雕，則此「石刻詩經殘本」一條，當是竹汀事後重加追改者。抑段氏跋文曾論及：「《十駕齋養新錄》取〈江有汜〉『之子于歸』，有『于』字爲勝；又『昔育恐鞫』，亦視它本爲勝。余則謂《鄭箋》釋兩『育』字甚明，辛楣偶未省照也。」段氏此跋，劉盼遂氏《段玉裁年譜》繫於嘉慶九年[45]。然《餘錄》遲至嘉慶十一年錢東塾始繕成清本，交李賡芸付刊，則段氏所見，其非今本《餘錄》無疑。此蓋《養新錄》原載有是說，嘗與段玉裁討論及之，爲段氏所非，因删去之耳。要之，《養新錄》「石刻詩經殘本」一條，既錢氏臨終之年所改定者，證以段氏跋文，則《餘錄》「蜀石經毛詩」條，顯爲竹汀所删棄者，事理固易明也。

復按《餘錄》上卷「春秋正義宋槧本」條云：

> 吳門朱文游家藏宋槧《春秋正義》三十六卷，云宋淳化元年本，實則慶元六年重刊本也。每葉前後各八行，行十六字。卷末有馮嗣祖、趙彥稴等校勘字。今通行本哀公卷首《正義》全闕，獨此本有之。文游嘗許予借校，會予北上未果。今文游久逝，此書不知轉徙何氏矣。[46]

此以朱文游所藏越刻八行本《春秋正義》非淳化元年刻本（按：淳化爲北宋太宗年號，其元年當西元九九〇年），而係慶元六年之重刊本（慶元爲南宋寧宗年號，其六年當西元一二〇〇年）。按此關乎注疏合刻之年代究始於何時，爲乾嘉學者聚訟之府。其事之原委，今尙可約略考知。考錢氏《竹汀日記鈔》載：「晤段懋堂，云曾見《春秋正義》淳化本於朱文游家。今哀公疏，南、北監本俱載《釋文》而缺《正義》，但

44 《經韵樓集》，道光元年刊本，卷一，頁十。
45 《段玉裁先生年譜》頁三十八，《段王學五種》所收。一九三六年，北平來薰閣書店印本。
46 按此本朱文游卒後，歸金輔之（詳余〈段玉裁年譜訂補〉嘉慶八年條下），現藏北京圖書館。

于疏下注『同上』，唯淳化本有之。」[47] 蓋朱文游、段玉裁原以此本爲北宋淳化刻本。嘉慶初，阮元立十三經局，延顧千里、臧庸、徐養原、嚴杰、李鋭等分纂諸經注疏《校勘記》，請段玉裁爲總校。顧千里在經局倡議北宋時必經注自經注，疏自疏，南宋初始有注疏合刻本，又其後乃有附釋音注疏；段氏則據朱文游藏本爲注疏薈刻本，故力主注疏合刻當在北宋時。[48] 今夷考之，朱文游蓋以此本有淳化元年校勘諸臣銜名，故誤認爲淳化本，段氏則耳食其説耳。按此本有慶元庚申（六年）二月沈作賓後序，中云：

> 《左氏傳》、杜氏《集解》、孔氏《義疏》，發揮聖經，功亦不細。萃爲一書，則得失盛衰之迹，與夫諸儒之説，是非異同，昭然具見。（中略）諸經正義既刊於倉臺，而此書復刊於郡治，合五爲六，炳乎相輝，有補後學，有裨教化，遂爲東州盛事。[49]

慶元六年，正沈作賓爲越守時[50]。其刻是書，乃繼浙東茶鹽司之刻八行本《易》、《書》、《周禮》、《毛詩》、《禮記》注疏之後（詳下），卒成其事也。朱文游藏本，陳芳林曾於乾隆三十三年借校一部；陳氏卒後，段玉裁於嘉慶七年復從其家假其校本，臨校一部；八年五月，段氏跋此臨校本則改云：「此宋淳化庚寅官本，慶元庚申摹刻者也。」[51] 蓋見沈作賓後序有慶元年號，因移易其辭，而以此爲慶元摹刻淳化本；然揆其意，固仍以注疏合刻爲在北宋淳化時也。錢氏《餘錄》之説，正與段同。

---

47 《竹汀日記鈔》，卷一，頁三十七。

48 參汪宗衍氏《顧千里年譜》嘉慶七年條下、汪紹楹氏《阮氏重刻宋本十三經注疏考》（一九六三年）。

49 詳見張金吾《愛日精廬藏書志》「《春秋左傳正義》，臨金壇段氏校宋慶元本」條下，卷五，頁一。

50 沈作賓《宋史》卷三九〇有傳。史載其於慶元初帥浙東，知紹興府。其刻《春秋正義・後序》云：「作（森按：舊誤作「中」，今改正）賓叨蒙異恩，分閫浙左」，知其時正爲越守也。按《養新錄》十四「會稽志」條云：「《會稽志》二十卷，前有嘉泰元年十二月陸游序，其略云：『直龍圖閣沈公作賓爲守，通判府事施君宿首發其端』云云。（中略）考作賓以慶元五年，由淮東總領除越守；六年，除兩浙轉運副使。（中略）志蓋創始於慶元庚申，而蕆事於嘉泰壬戌。」即其人也。惟朱文游藏本沈作賓後序，「作」字模糊，誤認作「中」，致竹汀及段玉裁等，皆不知刻《春秋正義》之沈氏，與此創修《會稽志》之沈作賓實即一人。

51 同註四九所錄陳芳林、段玉裁跋文。

惟段氏嘉慶十三年撰〈十三經注疏釋文校勘記序〉則云:「凡疏與經、注本各單行也,而北宋之季合之,維時《釋文》猶未合於經、注、疏也,而南宋之季合之。」[52] 是又改口以注疏合刊在北宋之季也。推其所以更爲此說者,按《尙書注疏校勘記》卷首引據各本目錄「宋板」條下,云:

《左傳考文》載黃唐〈禮記跋〉云:「本司舊刊《易》、《書》、《周禮》,正經、注、疏萃見一書,便於披繹,它經獨闕。紹興辛亥,遂取《毛詩》、《禮記》疏義,如前三經編彙,精加讐正。」蓋注疏合刻,起於南、北宋之間;而《易》、《書》、《周禮》先刻,當在北宋之末也。[53]

惟黃唐跋文原作「紹熙辛亥」,山井鼎《考文》誤書作「紹興」耳。關於此,楊守敬《日本訪書志》已發正之:「黃唐跋是『紹熙壬子』,《七經考文》於《禮記》後[54]誤『熙』爲『興』,阮氏《十三經校刊記》遂謂合疏于注在南、北宋之間,又爲山井鼎之所誤也。」[55] 雖葉德輝據森立之《經籍訪古志》以難楊氏,仍主「紹興」說[56];其實森志於《尙書注疏》條下所引黃唐跋作「紹興」者,亦譌文耳,長澤規矩也氏《十三經注疏影譜》,影印足利學校所藏越刻《禮記注疏》,黃唐跋原蹟作「紹熙」,明白可驗。其跋云:

六經疏義,自京、監、蜀本,皆省正文及注,又篇章散亂,覽者病焉。本司舊刊《易》、《書》、《周禮》,正經、注、疏萃見一書,便於披繹。它經獨闕。紹熙辛亥仲多,唐備員司庾。遂取《毛詩》、《禮記》疏義,如前三經編彙,精加讐正,用鋟諸木,庶廣前人之所未備。乃若《春秋》一經,顧力未

52 《經韵樓集》卷一,頁一。

53 《學海堂經解》卷八百十八,頁二。

54 按:當是《左傳考文》敍首引黃唐刻《禮記》跋,楊氏誤記耳。

55 《日本訪書志》,光緒丁酉鄰蘇園刊本,卷一,頁八。

56 葉氏《書林淸話》「宋刻經注疏分合之別」條云:「楊《志》載有宋槧《尙書注疏》二十卷,云南宋紹熙間三山黃唐題識,是紹熙壬子刻,阮氏《校勘記》爲山井鼎所誤。然森立之《經籍訪古志》亦載有是本。(中略)其刊刻年號,亦作『紹興辛亥』(本注:識語題壬子,後刻書一年),其書卽足利所藏。是森氏所見之書,爲當日山井所見之書。同一紹興所刻注疏,何至楊所見獨爲『紹熙』?(中略)竊疑楊所見不甚可據,故誤『紹興』爲『紹熙』,非《考文》誤以『紹熙』爲『紹興』也。」(觀古堂刊本,卷六,頁四)。

暇，姑以貽同志云。壬子秋八月，三山黃唐謹識。[57]

其文明作「紹熙」，無可疑者。檢明代蕭良幹等所修《紹興府志》，紹興二年浙東茶鹽司提舉爲王然；而紹熙二年（辛亥）正爲黃唐[58]，此其確證也。且森志於《禮記注疏》條下，亦云：「紹熙壬子刊本。卷末有三山黃唐刊行跋文」[59]，明其於《尚書注疏》條下之作「紹興」者，爲筆誤無疑，葉氏自疏於檢照耳。黃唐此跋，敍越刊八行本注疏合刻之顛末甚詳，知浙東茶鹽司所刻《易》、《書》、《周禮》三經爲注疏合刻之始；紹熙所刻，則《毛詩》、《禮記》二經。至《春秋》一經，當時猶闕如也。長澤規矩也氏〈越刊八行本注疏考〉，由刻工驗之，推定《易》、《書》、《周禮》三經，當刻於南宋孝宗乾道、淳熙間[60]。而慶元六年（一二〇〇年）沈作賓之刻《春秋左傳注疏》於越郡，上距黃唐跋之紹熙壬子（一一九二年）僅八年，明黃唐當日所未暇刻者，沈氏卒成之耳，故其〈後序〉有「諸經正義既刊於倉臺，而此書復刊於郡治，合五爲六」之語。其後於寧宗嘉泰前後，復有論、孟二經之刊刻[61]。此注疏合刻之年代，今已可論定。然則段玉裁等初以注疏合刻在北宋淳化時固誤，即後來以爲在北宋之季者，亦未爲得也。是則其以沈作賓刻《春秋左傳注疏》，爲慶元摹刻淳化本，其誤固不待辨。今考《養新錄》卷二「正義刊本妄改」條，云：

《釋文》與《正義》各自一書，宋初本皆單行，不相殽亂。南宋後，乃有合《正義》於經注之本；又有合《釋文》與《正義》于經注之本，欲省學者兩讀。

又卷三「注疏舊本」條，云：

唐人撰九經疏，本與注別行，故其分卷亦不與經注同。自宋以後刊本，欲省兩讀，合注與疏爲一書，而疏之卷第遂不可考矣。（中略）日本人山井鼎云：足利學所藏宋板《禮記注疏》有三山黃唐跋云云。所云本司者，不知爲何司。然

57 《十三經注疏影譜》，昭和九年，日本書誌學會印行，頁七。

58 《紹興府志》，萬曆十四年刊本，卷二十五〈職官志〉，王然見頁八；黃唐見頁十一。

59 《經籍訪古志》，光緒十一年，徐氏排印本，卷一，頁三十。

60 載《書誌學》第四、五號（一九三五年）。此文後來作者續有改訂，今收於《長澤規矩也著作集》第一卷《書誌學論考》頁二十六至三十一。（一九八二年，汲古書院排印本）。

61 按越刊八行本《論語注疏》（缺卷一至卷十）、《孟子注疏》現並藏臺北故宮博物院。

即是可證北宋時《正義》未嘗合于經注；即南渡初，尙有單行本，不盡合刻矣。

又卷十三「儀禮疏單行本」條云：

唐人撰九經《正義》，宋初邢昺撰《論語》、《孝經》、《爾雅》疏，皆自爲一書，不與經注合并。南宋初，乃有併經、注、《正義》合刻者。士子喜其便于誦習，爭相放效；其後又有併陸氏《釋文》附入經注之下者。

據此，錢氏雖沿山井鼎「紹興」之誤，然其再三言及經、注與疏合刻當在南宋初，其識見固遠在段玉裁等之上矣。然則《餘錄》「春秋正義宋槧本」條，明係竹汀往年舊說，而爲後來纂《養新錄》時所刪棄者，尤無疑義。

今於《餘錄》各條，雖不及逐一辨之；然據上所考，是編掇拾叢殘，其實多屬竹汀纂次《養新錄》時所芟去者，而非如錢東塾等所言，乃錢氏《養新錄》付刻後所續得也。

竹汀與王鳴盛書嘗言：學問乃千秋事，訂譌規過，非以訾毀前人。一事之失，無妨全體之善，「言之不足傳者，其得失固不足辨；旣自命爲立言矣，千慮容有一失，後人或因其言而信之，其貽累於古人者不少。」[62]竹汀爲一代鴻儒，恐後人轉因《餘錄》而致誤[63]，今齗齗致辨於此者，正所以證其偶誤而成其百是云爾。

一九八八年十一月十八日稿

62 《文集》卷三十五，頁九至十。

63 如前引長澤氏〈越刊八行本注疏考〉一文，即引《餘錄》此條，因竹汀言其行款爲「八行十六字」，而推測其應爲注疏合刻本。然長澤氏不知此慶元重刻淳化本實由誤傳，故不敢駁正其非，但謂「是本今未見傳本」，即其例也。

出自第五十九本第四分(一九八八年)

淮南高注「私鈚頭」唐解試議

張 以 仁

高誘注淮南主術篇「鵕鸃」云：「鵕鸃，讀曰私鈚頭，二字三音也。」章太炎以爲漢字製作之法有一字重音之證。唐蘭駁之，謂高氏之注，純出附會。本文檢討唐說，發現唐氏有校勘之失，對資料檢索未周；又有訓詁之失，對資料有誤讀之嫌；復誤會高氏「讀曰」之例。本文探究高本淮南「鵕鸃」可能爲「鵕翿」之誤，乃胡服冠飾，與唐氏所說帶鉤無關；而高注「讀曰」之例，既非段玉裁所謂假借，復有在正規標音之外，另介所釋字別解之音讀之作用；更認爲「私鈚頭」可能是「鵕翿」冠飾之胡語，我國並無一字二音之造字法。

一、前　　言

討論漢「字」的多音節問題，淮南子主術篇的高誘注曾受學者重視。主術篇說：

楚文王好服獬冠，楚國效之；趙武靈王貝帶鵕鸃而朝，趙國化之。使在匹夫布衣，雖冠獬冠，帶貝帶，鵕鸃而朝，則不免爲人笑也。

東漢高誘注說：

趙武靈王出春秋後，以大貝飾帶，胡服。鵕鸃，讀曰私鈚頭，二字三音也。曰郭洛帶位銚鏑也。（以仁案：莊逵吉校云：「藏本如是。本或作『郭洛帶係銚鏑也』，文義皆難通，疑有誤字。」）

「鵕鸃」二字而有三音，一定其中某字有兩個音節，因此章太炎據此推論漢字造作之初，即有雙音節字，乃至引起唐蘭的駁斥。這篇小文，除介紹二家的意見外，對唐氏之說則有較詳細的討論。

二、章太炎與唐蘭之說的介紹

章太炎在〈一字重音說〉中說：

中夏文字率一字一音，亦有一字二音者，此軼出常軌者也。何以證之？曰高誘注淮南主術訓曰：「鵕鸃，讀曰私鈚頭，二字三音也。」（以仁案，原注：

「按私鈚合音爲鵻，諄脂對轉也。頭爲讘字旁轉音。）旣有其例，然不能徵其義，今以說文證之：凡一物以二字爲名者，或則雙聲，或則疊韻。若徒以聲音比況，卽不必別爲製字。然古有但製一字不製一字者，踸踔而行可怪也。若謂說文遺漏，則以二字爲物名者，說文皆連屬書之，亦不至善忘若此也。然則遠溯造字之初，必有一文而兼二音，故不必別作彼字。如說文虫部有悉蟹，「蟹」，本字也，「悉」則借音字。何以不兼造「蟋」？則知「蟹」字兼得悉蟹二音也。如說文人部有焦僥，「僥」，本字也，「焦」則借音字。何以不兼造「僬」？則知「僥」字兼有焦僥二音也。大抵古文以一字兼二音，旣非常例，故後人旁駙本字，增注借音，久則遂以二字并書，亦猶「越」稱「於越」，「邾」稱「邾婁」，在彼以一字讀二音，自魯史書之，則自增注「於」字「婁」字於其上下也。……（《國故論衡》）。

凡物以二音節呼之，叫作「二名」，也就是雙音詞。該二音節，結構緊密，或爲雙聲，或爲疊韻，譬如「悉蟹」「焦僥」等是。章氏從高誘注得到靈感，以爲這種物名，因爲音節結構特殊，古人替它們造字時，只造一字，而該字卽兼有該二音節。可以說是雙音單字。所以說文有造一字不造一字的現象，如「蟹」「僥」等字是。他以爲按照說文的體例，雙音詞如果是兩個字，它們一定聯屬排次，但「悉」字不排於「蟹」字之前，「焦」字不排於「僥」字之前，正表示「蟹」字兼有「悉蟹」二音節，「僥」字兼有「焦僥」二音節，故不爲另製一字。而高誘淮南一注實可爲一字二音的確證。

章氏的意見遭到唐蘭嚴格的批評，唐氏在所著《中國文字學》一書中說：

有些學者以爲一個方塊漢字是可以讀成兩個音節的，那麼，「果蠃」「科斗」等雙音節語寫做兩個字，豈不是多事？楚人把「虎」叫做「於菟」，吳人把「筆」叫做「不律」，都寫做兩個字。「薺」是「蒺藜」，「椎」是「終葵」，可見單音節語寫一字，雙音節語就寫兩字，那麼，一個字就不該有兩個音節。章太炎據說文有「悉蟹」、「焦僥」，認爲古人造「蟹」字不造「蟋」字，造「僥」字不造「僬」字，是「蟹」兼「悉蟹」二音，「僥」兼「焦僥」二音。他竟不知道除了可以畫出來的事物外，雙音節語本都是假借字，「倉庚」就是一例。後人造形聲字時，凡遇到「二名」（以仁案：唐氏原注：「不一定雙音節語」），常常只在一個字上加了偏旁，例如把「忍多」寫成「葱多」，難道「葱」字也兼「葱多」二音麼？

唐氏這段話的重點，可約爲下列三項：

一、如果漢字一字可有二音，或者說，如果漢語雙音詞只寫一字，則如「科斗」「果贏」等也不必寫兩個字了。事實上它們仍是寫兩個字，可知漢字沒有章氏所說的雙音字。

二、實際的情形是：漢語中的單音詞，寫成文字，便是一個字。如「虎」「筆」「薺」等；雙音詞，寫成文字，便是兩個字。如楚人謂「虎」爲「於菟」，吳人謂「筆」爲「不律」，「薺」又稱爲「蒺藜」等。同是一物，名有單雙之別，寫成文字，因而也有單雙之別，這種情形，普遍存在。如果一字可有二音，何以會有這種現象？

三、古人對雙音詞，多半用借音字表示。後來爲求清楚，便在其中一字加上偏旁，例如「忍多」作「葱多」。這種造一字不造一字的情形，是雙音詞的文字製作的通常現象。

這是從另一角度解釋「二名」的現象，這種解釋，遠較章氏之說涵蓋廣泛。在章氏也許以爲可推廣「蚩兼悉音」之例來解答唐氏的問題，例如「贏」字，可以說是兼「果」音；而「科斗」等例，則但借單音字爲之，未另造雙音專字。這是將雙音詞的造字法分爲兩途。一則徒增複雜，有悖文字製作之道；而對「鴐鵝」「營薅」等並非「製一字不製一字」的雙音字也無法解釋；二則如「葱多」這樣既非雙聲又非疊韻，聲韻關係過於懸遠的例子，如說「葱」兼「多」音，就令人難以想像了。因此我以爲唐氏的批駁是可以成立的。但唐氏對章氏所提淮南一證的駁斥，認爲係高誘注的一項附會，卻大有商榷的餘地。唐氏說：

淮南子主術訓：「趙武靈王貝帶鵕鸏而朝」，高誘注：「鵕鸏讀曰私鈚頭，二字三音也。」這雖然是單文孤證，卻是主張一字兩音的人的最重要的根據。但是，我們只要看高誘把「鵕鸏」讀爲「私鈚頭」，就可知道這不是它的本音。帶鈎本是胡服，戰國策趙策叫作「師比」，史記匈奴傳作「胥紕」，漢書匈奴傳作「犀比」，東觀漢記作「鮮卑」[1]，都是胡語的譯音，顏師古謂「語有輕重耳」。淮南子的「鵕鸃」，高誘如把它讀成「私鈚」，那就和「師比」差不多，但是聲音不合(以仁案：謂與「鵕鸃」不合)。如其單看「鵕」字，讀私閏切，可以說是「私」字的轉音，「鸃」和「比」卻距離太遠了。可是高誘還要附會，就在「私鈚」下加上一個「頭」字來對「鸃」字，那麼，「鵕」字就相當於「私鈚」二音了。班固與竇將軍牋說：「犀毗金頭帶」[2]，楚辭大招注說：「鮮卑帶頭」[3]，可見「頭」字和譯語的本身是無關的。「私鈚」兩字是疊韻，讀快了只是一個「私」字的聲音。高誘既然把「鵕」讀做「私」，也就可以硬讀成「私鈚」二音。所以這個讀法，只是附會，而並不是某一字可以讀成兩個音。況且，翻譯名詞，常較原文簡短缺略，譬如「佛」，就是「佛陀」，我們不能說「佛」可以讀作「佛陀」。所以即使帶鉤原名就叫「私鈚頭」，翻譯成「師比」時，我們不能說「比」字音「鈚頭」兩音。譯成「鵕鸃」時，當然也不能說「鵕」字音「私鈚」兩音，或「鸃」字音「鈚頭」兩音。所以一字兩音之說根本是無稽的。

我們且約唐氏此說之要點於下：

一、唐氏以爲，高誘拿「私鈚」和「鵕」字對音，拿「頭」字和「鸃」對音，完全是出於附會。因爲：(一)古書上稱胡服帶鉤或曰「師比」，或名「胥紕」、「犀毗」、「鮮卑」，都不帶「頭」字；(二)古書提到這種帶鉤，有與「頭」字連帶出現的例子，如「鮮卑帶頭」、「犀毗金頭帶」等，與帶鉤譯語無關，但可能引起高氏的附會；(三)「私鈚」二字的合音，與「鵕」字有音轉的關係。「頭」與「鸃」聲音更是相近，這也是使得高氏附會的原因。

二、高誘之音既是出於附會，便不能說「鵕鸃」二字其中之一有兩個音節了。章氏之說失卻依據，當然不攻自破。

1　見東觀漢紀卷八鄧遵傳，作：「遵破諸羌，詔賜遵金剛鮮卑緄帶一具。」

2　見史記匈奴傳索隱，作：「賜犀比金頭帶」。又見太平御覽六九六服章部十三帶類，作：「復賜固犀毗金頭帶，此將軍所帶也。」

3　楚辭大招云：「小腰秀頸，若鮮卑只。」王逸注作：「鮮卑，袞帶頭也。……」

事實上高注「私鈚頭」和章氏所舉例仍有出入，照章氏的觀點，高注「私鈚頭」其實是一個多音詞，這種多音詞仍沿雙音詞的造字法，所以三個音節就一定要造兩個字，如果碰到三音彼此都有關聯時，則那一個字涵兩個音節呢？這不是讓造字之法更加複雜繁瑣了嗎？而且古人既知造雙音字，何以不率性造多音字？又「鵕」原音「私鈚」，後來合音為「私」，再音轉為「ㄒㄩㄣˋ」，也沒有任何證據。章說造成的問題太多，自不可從，唐蘭不從這種地方入手批評，卻糾纏於章氏的觀念之中，不免顯得吃力。結論雖謂出於高氏的附會，而非一字二音之證，與章氏不同，然對高注的求解方式卻並無二致。故同樣不免令人無法信從。而在唐氏這段資料的字裏行間，我們還可以看出另外一些意見，一併揭舉於下：

三、唐氏無疑認定高注「鵕鸏」為胡服帶鉤。

四、唐氏以為高注此一「讀曰」之例與所注字必然有音上的關係。

這些意見，都有待我們進一步討論。

三、唐說商兌

唐氏之說，可商榷處甚多，從資料以至解釋，那一方面都不能令人滿意。現在逐項討論於下。

（一）資料方面

淮南子主術篇的資料，是討論此一問題最基本最重要的資料，已引見於本文首節，翻檢可得，此不贅出。該項資料，事實上卻有兩種不同的情況：

1. 「鵕鸏」一本作「鵕鸃」

史記佞幸傳「故孝惠時，郎侍中皆冠鵕鸃，貝帶，傅脂粉」下司馬貞索隱云：

鵕鸃，應劭云：「鳥名，毛可以飾冠。」許慎云：「鸄鳥也[4]。」淮南子云：「趙武靈王服貝帶鵕鸃。」漢官儀云：「秦破趙，以其冠賜侍中。」三倉云：「鵕鸃，神鳥也。飛光映天者也。」

4 「鸄」當作「鷩」，許慎說文「鵕」字下云：「鵕鸃，鷩也。」史記司馬相如傳「鵕鸃，鳥似鳳也」下索隱引許慎云：「鷩鳥也」，皆作「鷩」，可證。王師叔岷史記斠證佞幸傳亦謂「單本索隱『鸄鳥』作『鷩鳥』，與說文合，鸄字誤。」（中央研究院歷史語言研究所專刊之七十八）。

司馬貞所見淮南子作「鵔鸃」，而且是一種胡服的冠名。又文選左太沖吳都賦「仰攀鵔鸃」下李善注云：

許愼淮南子注云：「鵔鸃，鷩雉也。」

司馬貞唐玄宗時人[5]，所見淮南子作「鵔鸃」；李善，卒於武后初期（689 A.D.），又早於司馬貞，所見淮南許愼注作「鵔鸃」，是許愼本淮南子作「鵔鸃」無疑。又說文「鵔」下云：

鵔鸃，鷩也。从鳥，夋聲。（以仁案：「鷩」下云：「赤雉也。」）

說文「鵔」下接「鸃」字，云：

鵔鸃也，从鳥，義聲。秦漢之初侍中冠鵔鸃冠。

以「秦漢」兼括「秦滅趙及漢孝惠時」事[6]，非特與佞幸傳及漢官儀之說相合（見前文。漢官儀爲應劭作，雖晚於許愼，其說必有所本），其源似亦可暗溯於淮南。

許愼（西元 58-147 年）早於高誘（東漢獻帝建安十年辟司空掾，見淮南鴻烈序，時爲西元 196-219 年），是否許本更能保存淮南子的本來面目呢？

又劉子新論也有相關的資料，從化篇云：

趙武靈王好鵕鸏，國人咸冠鵕冠。

這是涵芬樓影印道藏本如此作，然法藏敦煌（甲）本（法藏敦煌寫本伯三五六二）、吉府本（明萬曆六年吉府刻二十家子書劉子）、顧本（顧雲程校明萬曆世恩堂刻劉子十卷）、四庫本（四庫全書文津閣本劉子十卷）卻均作「鵔鸃」[7]。新論此語出於淮南，應無疑問。是否作者北齊的劉晝所見淮南子也作「鵔鸃」呢[8]？當時許、高二家

5　司馬貞生卒年不詳，錢大昕考其除弘文館學士當在開元七年（719 A.D.）以後，見養新錄卷六「司馬貞」條，此陳鴻森學弟檢示。

6　廣韻引說文作「漢初」，與史記佞幸傳「孝惠時郎侍中皆冠鵔鸃」之說合；然玉篇引亦作「秦漢之初」，應劭漢官儀復有「秦破趙，以其冠賜侍中」之說，應劭（生卒年不詳，漢靈帝初，拜孝廉。獻帝遷許之次年，詔劭爲袁紹軍謀校尉，時公元 197 年）雖晚於許愼（公元 58-147 年），其事則當早傳於世，說文蓋兼二事言之。清鈕樹玉說文解字校錄有說。

7　參林其錟、陳鳳金著「劉子集校」，上海古籍出版社出版，一九八五年十月。

8　劉子新論作者，唐以來即有漢劉歆、梁劉勰、劉孝標、北齊劉晝、唐袁孝政，以及東晉時人，貞觀以後人諸說。宋陳振孫直齋書錄解題據袁孝政序定爲北齊人劉晝撰，世多從之。近人林其錟、陳鳳金則考爲梁劉勰撰，見所著〈劉子作者考辨〉一文，附於《劉子集校》書末。其說待商。

注本都在（見隋書經籍志），不知所見究竟是那一家的傳本？敦煌（甲）本爲現存劉子新論最早的寫本。傅增湘以爲「此卷民字不缺避，當爲隋時寫本。」王重民亦認爲「此卷不避唐諱，當出於六朝之末。」[9] 則距劉晝成書時代不遠。這樣看來，淮南子原作「鵕鸃」的可能性是很高的了。

這一點王國維早已見及，他在〈胡服考〉文中說：

淮南主術訓「趙武靈王貝帶鵕鷁而朝，趙國化之。」高誘注「鵕鷁讀曰私鈚頭，兩字三音。」蓋以鵕鷁爲帶鉤之師比。然史記佞幸傳云：「孝惠帝時郎中皆冠鵕鸃，貝帶。」說文解字鳥部亦云：「秦漢之初侍中冠鵕鸃」，則淮南書之鵕鷁，確爲鵕鸃之誤。又冠名，而非帶鉤名也。

如果淮南子原作「鵕鸃」，而且是冠名。那麼，唐蘭以「帶鉤」說它，並謂高誘強以「頭」字與「鷁」對音，豈非無的放矢？

2. 「鵕鷁」或本作「鵕翿」

《爾雅翼》云：

昔者趙武靈王貝帶鵕翿而朝，趙國化之[10]。

《爾雅翼》爲宋人羅願所撰，是否他看到的高注本淮南子原作「鵕翿」呢？歷來校勘淮南子的學者，都沒有注意到這條資料，甚爲可惜。又桂馥說文義證引劉子新論也作「鵕翿」（「鸃」字下）[11]。桂馥不知所據何本？或者竟是受爾雅翼的影響而誤改（該條同時引有爾雅翼資料），皆無法確知。不過，無論如何，作「翿」字的可能性似乎也是不能忽略的。

不必定是文字學者，常人略事查驗，也知說文根本沒有從鳥的「鷁」字。說文「鵕」下緊接著是「鸃」字，「鵕鸃」是一種鳥，說文釋爲「鷩」，爲雉類。若作「鵕鷁」，便不知是何物事了。我以爲今本作「鷁」，很可能是受從鳥的「鵕」字之影響所致，原本或係作「翿」。斠勘上常可發現因偏旁而誤之例，王引之經義述聞卷三十二「通說」有「上下相因而誤」一節，云：

9 見王重民敦煌古籍序錄。

10 卷十三，學津討源本。

11 轉引自說文解字詁林。臺北國民出版社印行。

家大人曰，經典之字，多有因上下文而誤寫偏旁者，如堯典「在璿機玉衡」，「機」字本從木，因「璿」而從玉作「璣」；大雅緜篇「自土徂漆」，「徂」字本從彳，因「漆」字而從水作「沮」；爾雅釋詁「簡、莂，大也」，「莂」字本從艸，因「簡」字而從竹作「箣」，此本有偏旁而誤易之者也[12]。

與本例情形，極爲相似。有些學者以爲，文字的孳乳有時候也與此有關。如「烏呼」之作「嗚呼」（尚書盤庚），「展轉」之作「輾轉」（詩關雎），「漣猗」之作「漣漪」（詩伐檀），「玁允」之作「玁狁」（詩采薇），語文學者以「同化」解釋這種現象[13]。斠勘學家則以爲是上下相因而誤加，王氏並於該節有說，此不贅錄。穆天子傳注引淮南則作「鵕䳅」，「䳅」之正寫當作「鵍」，實「翿」之或體，很可能是由「翿」字誤成，從而也可推知淮南一本原作「鵕翿」，劉家立淮南集證以爲「鸃之譌文」，似非。主術篇的「翿」之誤爲「䳈」，旣可解釋，依說文之訓，「翿」字是：「翳也，所以舞也，從羽，𣪘聲[14]。詩云：『左執翿』。」「翿」是一種羽製物，或爲舞者所持，以自蔽翳，見詩王風君子陽陽、陳風宛丘、爾雅釋言，及有關之傳、注、箋、疏[15]；或用於習射之時，或用於葬禮之際，以指麾進退，見儀禮鄉射禮、周禮鄉師、禮記雜記，及其相關之注疏[16]。然則「鵕翿」者，是以鵕鸃之羽製的翿，有

12 世界書局讀書劄記叢刊第二集。民國五十二年四月初版。

13 參周法高「聯緜字通說」，收入所著「中國語文論叢」一書，民國五十二年五月正中書局初版。

14 「翿」之小篆作「䎃」，故云「从羽𣪘聲」，作「翿」者其俗體。

15 詩王風君子陽陽：「君子陽陽，左執翿」，毛傳：「翿，纛也，翳也。」鄭箋：「翳，舞者所持，謂羽舞也。」；陳風宛丘：「無冬無夏，値其鷺羽。……無冬無夏，値其鷺翿」，毛傳：「値，持也。鷺鳥之羽，可以爲翳。」又云：「翿，翳也。」鄭箋：「翳，舞者所持以指麾。」；爾雅釋言：「纛，翳也」，郭璞注：「舞者所以自蔽翳。」邢昺疏：「王風云：『左執翿』，毛傳云：『翿，纛也，翳也。』」

16 儀禮鄉射禮：「君國中射，則皮樹中，以翿旌獲，白羽與朱羽糅。」「士鹿中，翿旌以獲。」鄭注：「以翿旌獲，尙文德也。」賈公彥疏：「以其燕主歡心，故旌從不命之士，亦取尙文德之義。必知取尙文德者，以其以文德者舞，文舞，羽舞也。……此旣用羽，知取尙文德也。」又前文「無物則以白羽與朱羽糅」下鄭注云：「無物者，謂小國之州長也。其鄉大夫一命，其州長士不命，不命者無物，此翿旌也，翿亦所以進退衆者。」周禮鄉師：「及葬，執纛，以與匠師御匶而治役。」禮記雜記下：「匠人執羽葆御柩。」是「纛」卽「羽葆」。孔穎達疏云：「羽葆者，以鳥羽注於柄頭如蓋，謂之羽葆，葆謂蓋也。匠人主宮室，故執蓋物。御柩，謂執羽葆居柩前，御行於道，示指揮柩於路爲進止之節也。」然周禮鄉師鄭注引雜記此文作「匠人執翿以御柩」，下引鄭司農說亦云「翿，羽葆幢也。」賈公彥疏引亦作「執翿」，是「翿」「纛」「羽葆」爲一物。

如詩陳風宛丘的「鷺翿」，是以鷺鷥之羽製的翿一樣。如果是這樣的意思，高誘當然也沒有以「頭」字去強爲附會之理。

唐氏是有名的文字學家，何以在解釋這個問題時，竟不曾注意到說文「鵔」、「鸃」二字的緊密關係，又不曾注意到說文根本沒有「鶔」字的現象，又不曾注意到「鵔鸃」爲冠名的資料，竟率爾爲說，不能不令人訝異。按廣韻有「鶔」字，直由切，在尤韻。注以爲卽爾雅「南方曰翯」之「翯」（音儔，雉的一種）的或體。該字不知始造於何時，又不知爾雅的「翯」是否卽說文的「鵔鸃」，本文因而不曾採取該一線索。唐氏是否因此忽略說文無「鶔」字的問題，則不得而知。

（二）解釋方面

1.「帶鉤」的問題

資料方面旣有錯誤，自然就影響到解釋。因爲無論原作「鵔鸃」或「鵔翿」，恐怕都不會是「帶鉤」。因此，戰國策的「師比」，史記的「胥紕」，漢書及班固與竇將軍牋的「犀毗」，乃至楚辭大招及東觀漢記的「鮮卑」，卽使都是胡服的帶鉤，但恐怕都不會是高誘注中的「私鈚頭」。比較直接的一種反應是：如果是帶鉤，何以淮南子不逕直書作「師比」或「胥紕」「胥毗」「鮮卑」甚至「私鈚」呢？這個名詞屢屢出現在淮南之前或後，可見爲人熟知，淮南子何以要別出心裁獨標一格寫作「鵔鸃」或「鵔翿」呢？難道那種帶鉤是鳥毛妝飾的嗎？鵔鸃是雉類，說文釋之爲「鷩」，而訓鷩爲「赤雉」。史記佞幸傳索隱引三倉之說，以爲牠是「神鳥也，飛，光映天者也。」司馬相如傳「揜翡翠，射鵔鸃」。集解引漢書音義也說牠「鳥似鳳也」。索隱引郭璞也說「似鳳有光彩」，引李彤也說「神鳥，飛，光竟天也」。這種鳥的羽色美觀大概不成問題，否則漢惠帝也就不會以此冠飾在「傅脂粉」的「郎侍中」頭上了。而「犀毗」，則顯然是帶鉤，與鳥毛無關。史記索隱張晏云：

鮮卑郭洛帶，瑞獸名也。

帶鉤鑄以瑞獸之形是可以想見的。另外還有一種說法，根本不以爲是帶鉤，見明代都穆聽雨紀談，云：

世人以髹器黑剔者謂之犀皮，蓋相傳之訛。陶九成從因話錄改爲西皮，以爲西方馬韉之說，此尤非也。犀皮當作犀毗，毗者，臍也。犀牛皮堅而有文，其臍四旁文如饕餮相對，中有一孔，坐臥磨礪，色甚光明，西域人割取以爲腰帶之飾。曹操以犀毗一事與人，是也。後之髹器，放而爲之，遂襲其名。又有髹器用石水磨之，混然凹者，名滑池犀毗。

這種說法，很是特殊。比照「犀毗」一詞的異體，其名來自胡語譯音，當無疑問，聽雨紀談多半是出之附會。後世以「毗犀」名髹器，也是出於他自己的臆改。但不管作何解釋，都與鳥羽無關，這是可以肯定的。然而唐蘭卻硬是把「犀毗」和「私鈚頭」——也就是「鵕鸏」連上關係，很難以讓人了解。

在我看來，唐蘭之有如此的附會，恐怕不僅是「私鈚」之音和「師比」相近之故，大概還涉及主術篇該段文字的解釋問題，主術篇說：

趙武靈王貝帶、鵕翿（鸏）而朝。

「貝帶」「鵕翿」應是二物。主術篇又說：

雖冠獬冠，帶貝帶，鵕翿而朝。

則多「獬冠」一事而爲三，而「獬冠」則是說的楚文王。唐蘭很可能將「貝帶」「鵕翿」混爲一物；又受到前文「獬冠」的影響，便以爲「鵕鸏（翿）」是貝帶的帶鉤，而忽略了胡冠的資料。這種解釋，和高誘注不無關係。高氏在「鵕鸏，讀曰私鈚頭，二字三音也」下復有「曰郭洛帶位銚鏑也」八字注文，按照通常的形式判斷。這八字應該與「鵕鸏」有關，而「犀毗」又名「郭洛帶」，旣屢見於張晏之說（史記匈奴傳司馬貞索隱、漢書匈奴傳顏師古注、楚辭大招洪興祖補注），唐氏自將二者系聯上，亦不足爲怪。不知莊逵吉說：

本或作『郭洛帶係銚鏑也』，文義皆難通，疑有誤字。

莊氏何以要如此說呢？郭洛帶是一種大帶，孟康以爲是「腰中大帶」（漢書匈奴傳注及楚辭大招洪興祖補注並引孟康之注），魏文帝曾以之賜劉楨，見典略，作「廓落帶」(太平御覽卷六九六引)，吳主曾以之賜陸遜。吳錄云：「鉤絡者，鞍飾革帶也，世名爲鉤絡帶。」（御覽六九六），則又是繫在馬身之帶，所以能夠用來繫（係）鐵矛箭鏃（鈚鏑）等武器。專就「郭洛帶係鈚鏑也」七字來說，不管是繫於人身或馬身，其義皆不難了解。何以莊逵吉要說「文義皆難通，疑有誤字」呢？道藏本固然難通，或本有何難解之處？可見莊氏也不認為「鵕鸃」是「郭洛帶」，才會有這樣的說法。道藏本之「位」，以及劉家立集證之「粒」，固是「係」之誤，而或本卻較道藏本少一「曰」字，是古籍版本之有訛脫，隨處可見也。依照高誘注通常的寫法，「曰」上當另有文字，譬如「貝帶一」三字。或但脫「一」字，其文當乙於「胡服」之下。或該八字在「胡服」之上，「胡服」屬下，與「鵕鸃」連讀。古書流傳，增刪改乙，所在多有，唐氏不予深究，乃有此誤解。然若唐氏者，孫詒讓之《札迻》，已然如此，劉家立之集證，復採而從之，是繁有其人，似亦不必專責唐氏。

2. 「讀曰」的問題

淮南子高誘注不常用「讀曰」術語，粗計僅十九見。另外有用「讀如」「讀若」「讀似」「讀為」的，最常用的是單獨一個「讀」字，約二百見。它們當中的異同，這裏不暇討論，只談「讀曰」之例。先將「讀曰」另十八例抄列於下，並於必要處酌加案語。

(1) 原道篇：「混混滑滑，濁而徐清。」高注：「滑讀曰骨也。」

(2) 又：「羽翼奮也，角觡生也。」高注：「觡，麋角也。觡讀曰格。」

(3) 又：「今人之所以眭然能視。」高注：「眭讀曰桂。」

(4) 俶眞篇：「萑蘆炫煌，」高注：「萑蘆炫煌，采色貌也。萑讀曰唯也，蘆讀曰扈。」

以仁案：「萑蘆」高氏讀曰唯扈，而訓采色貌，顯然是標音。然「萑」字有兩音，一為「職追切」，說文訓「草多貌」；一為「胡官切」，訓「薍也」，是一種荻葦，原作「雚」，二字歷來相亂。高氏讀曰唯，顯與「職追」音近。然朱駿聲說文通訓定聲以為「萑蘆炫煌」乃雙聲連語，是讀「萑」為「胡官切」，與高氏異，疑朱說是。「蘆」字不見說文，僅康熙字典入增收字，古籍亦罕見。

(5) 又：「百圍之木，斬而為犧尊。」高注：「犧讀曰希，猶疏鏤之尊。」

(6) 精神篇：「子求行年五十有四，百病佝僂，脊管高于頂，腸下迫頤[17]，兩脾在上，燭營指天。匍匐自闚於井曰：『偉哉！造化者其以我爲此拘拘邪！』高注：「子求，楚人也，僂。脊管，下竅也，高於頂，出頭上也。腸肝，胸也。迫，薄至於頤也。兩脾下在上，軀正員也。腸讀精神歇越之歇也。燭，陰華也。營，其竅也，上指天也。燭營讀曰括撮也。」

以仁案：此例下文將作討論，故將相關資料一併錄出。

(7) 本經篇：「開闔張歙，不失其敍。」高注：「歙讀曰脅。敍，次也。」

(8) 又：「上掩天光，下殄地財。」高注：「殄，盡也。殄讀曰典也。」

(9) 又：「衰絰苴杖，哭踊有節，所以飾哀也。」高注：「苴，麻之有實者。衰讀曰崔杼之崔也。」

(10) 主術篇：「脩者以爲櫊榱 ， 短者以爲朱儒枅櫨。」高注 ：「櫊，屋垂。榱，隱也。朱儒，梁上戴蹲跪人也。枅讀曰鷄也。」

以仁案：說文：枅，屋欂櫨也。」段玉裁注云：「枅者，蒼頡篇云：『柱上方木也。』

(11) 氾論篇 ：「後世爲之耒耜耰鉏斧柯而樵。」高注 ：「耰讀曰優，椓塊椎也。三輔謂之儓，所以覆種也。」

(12) 說山篇：「見窾木浮而知爲舟。」高注：「窾，穴，讀曰科也。」

以仁案：淮南原道篇「窾者主浮」，齊俗篇「以濟河不若窾木便者」，注皆曰「窾，空也。」此訓爲「穴」，于大成淮南子校釋以爲「空」之壞字[18]，然穴、空義自可通。又「窾」有「苦管」「枯公」「苦禾」諸切，「苦禾」

17 劉家立淮南集證「下」作「肝」云：「孫氏曰：今本『腸下迫頤』，注：『腸肝，胸也』，古無此訓，『腸肝』當作『髑骬』。廣雅釋親云：『髑骬，肓也。』靈樞經骨度篇云：『結喉以下至缺盆，長四寸。缺盆以下至髑骬，長九寸。』是髑骬正當胸間，故注『髑肟，（以仁案：「肟」當作「骬」）胸也。』但據靈樞經，則缺盆髑骬，並雙字爲名，不當單舉『髑』言之，疑正文本作『髑骬迫頤』，注『肝』訛作『肝』，正文『下』字又因『肝』挩肉形作『于』，而訛爲『下』，遂不可通耳。又按古从骨字多變从肉，玉篇肉部有『肝』字。」以仁案：其說是也。惟玉篇「肝」字訓「鄉名」，似非「腸肝」字，又廣韻集韻並有「腸」，訓「腸臆」或「臆下」，即「髑」之異體 。而玉篇、集韻、字彙並有「髑骬」，訓「缺盆骨」或「胸前骨」。

18 此爲于氏博士論文，五十八年七月，師大國文研究所。

一讀與「科」音同。

(13) 又：「砥石不利；而可以利金。撽不正，而可以正弓。」高注：「金，刀劍之屬。撽，弓之掩牀，讀曰檠。」

(14) 說林篇：「水火相憎，鏏在其間，五味以和。」高注：「鏏，小鼎。又曰鼎無耳曰鏏。鏏讀曰彗，鏏受水而火炊之，故曰在其間。」

以仁案：說文：「鏏，鼎也。从金，彗聲，讀若彗。」「彗，掃竹也，从又持甡。」

(15) 又：「室有美貌[19]，繒爲之纂繹。」高注：「不密緻，志有感故，纂讀曰綾繹纂之纂。」

以仁案：齊俗篇云：「衣纂錦。」高注：「纂，繪也。」（說文：「纂，似組而赤。」）

(16) 脩務篇：「雖粉白黛黑，弗能爲美者，嫫母仳倠也。」高注：「嫫母仳倠，古之醜女。嫫讀如模範之模，仳讀人得風病之靡[20]。倠讀近虺。仳倠一說讀曰莊維也。」

(17) 又：「故弓待撽而後能調，劍待砥而後能利。」高注：「撽，矯弓之材，讀曰敬。砥，厲石也。」

以仁案：說文：「撽，榜也。」「榜，所以輔弓弩。」

段玉裁周禮漢讀考序云（此說又見說文「桑」下段注）：

漢人作注，於字發疑正讀，其例有三：一曰讀如讀若，二曰讀爲讀曰，三曰當爲。讀如讀若者，擬其音也，古無反語，故爲比方之辭。讀爲讀曰者，易其字也，易之以音相近之字，故爲變化之辭。比方主乎同，音同而義可推也。變化

19 劉家立淮南集證「貌」作「容」。

20 說文「倠」下段注正爲「痱」字，云：「淮南曰：『粉白黛黑弗能爲美者，嫫母仳倠也。』高誘曰：『仳，讀人得風病之痱，倠讀近虺。』痱，舊作靡，今正。」孫詒讓札迻亦云：「今注痱作靡，靡無風病之義，當作痱。說文疒部云：『痱，風病也。』」校淮南者似皆忽略此說。美國漢語學者柯蔚南（W. South Coblin）在所著東漢音訓手册（A Handbook of Eastern Han Sound Glosses）中仍從「靡」作音，似亦未參考此說。

主乎異，字異而義憭然也。比方主乎音，變化主乎義。比方不易字，故下文仍舉經之本字。變化字已易，故下文輒舉所易之字。注經必兼茲二者，故有讀如，有讀爲。字書不言變化，故有讀如，無讀爲。有言讀如某，讀爲某，而某仍本字者，「如」以別其音，「爲」以別其義。……

他所說的「讀爲」「讀曰」，便是更字說義，也就是訓詁學者所說的「假借」。那麼，上列高注「讀曰」之例，是否即段氏所說的更字說義的假借呢？我們且試作檢查：第(1)例「滑讀曰骨」，這是因爲「滑」字多音多義，此處義爲泉涌之貌，則取「骨」字之音，純是標音作用，並非更以骨肉之義。又如第(2)例，「觡」之義爲獸角，高氏「讀曰格」，顯然也只是取習見之字標音，並非代以「格」字的「木長」之義。這種情形，如第(3)、(4)、(7)、(8)、(9)、(10)、(11)、(12)、(14)、(15)、(17)等例，莫不皆然，與鄭玄注禮多以「讀曰」表假借的情形甚不一樣。

另外，第(13)例也多半是標音。從手的「擏」可能是從木的「檠」的異體。荀子性惡篇云：「良弓不得擏，不能自正。」也從手旁「擏」，但也可能是「檠」的誤書，因爲「扌」「木」二形，實在太近。高氏「讀曰檠」，是以通俗的「燈檠」之字作標音之用，而不是以「檠榜」的本字去指明從手的「擏」爲假字。因爲「持舉」義的「擎」字不見於說文[21]，而「擏」之代「擎」，恐怕時代尤晚(見於集韻)。如此說來，(13)與(17)二例的性質，應該沒有兩樣。第(16)例，「仳倠，一說讀曰莊維。」劉家立集證本「莊」作「茈」。按說文：「茈，艸也，一曰茈朩木。」論者以爲「茈朩木」乃「茈苿」之誤[22]，如此，疑「茈維」仍是標音。這樣，便有十六例的「讀曰」純粹是標音的作用(第(4)例兩見)，而且標音之法，咸採直音方式，以同音單字爲之，與「鵕鸏」之例，全然不同。

第(5)例，高注說：「犧讀曰希，猶疏鏤之尊。」似乎「希」字不僅標音，兼且釋義。但又不類假借，倒有些像是聲訓，如同鄭注常用的「之爲言」或「之言」。按「犧」「希」二字，聲母相同，而韻在上古有歌微之異，先師董同龢先生擬其音爲

21 雷浚說文外編云：「說文無擎字，當是鈙字。攴部：鈙，持也。从攴，金聲，讀若琴。」以仁案：擎、鈙，耕、侵異部，鈙字不可能爲擎之本字。

22 見王念孫讀說文記、段玉裁說文注、桂馥說文義證、王筠說文句讀等。

*xja（犧），xjə̌d（希）[23]，後世「犧」入支韻，漸近脂微。東漢的高誘[24]以「希」標音或指陳聲訓，正可以看出語音變遷之迹。近時學者謂東漢歌部已別出部分字入支部[25]，與此甚合。這種情形，自然也與「鵕鸃」一例迥然有別。

只有第(6)例是不尋常的，高注說：「燭營讀曰括撮」。「燭營」二字的上古音爲 *ȶjuk gjweng，「括撮」爲 *kwât tswât。「燭」之與「括」，一爲章母侯部，一爲見母祭部；「營」之與「撮」，一爲喻四耕部，一爲精母祭部。二者之間，無論聲母韻母，皆全然扯不上關係，何以高氏竟出之以「讀曰」的方式？這個例子和「鵕鸃」的情形便很近似了，它們似乎都不適合以「標音」「假借」「聲訓」的關係去解釋。然則，高注的「讀曰」，還有什麼其他涵意呢？

以仁腹笥不廣，所見淮南校、注各家，罕見有對此二例作進一步之解說者。這就不得不另外尋求別的材料了。關於子求病傴一事，又見於莊子大宗師篇，云：

> 子祀、子輿、子犂、子來，四人相與語曰：「孰能以无爲首，以生爲脊，以死爲尻？孰知死生存亡之一體者，吾與之友矣。」四人相視而笑，莫逆於心，遂相與爲友。俄而子輿有病，子祀往問之。曰：「偉哉！夫造物者將以予爲此拘拘也！曲僂發背，上有五管，頤隱於齊，肩高於頂，句贅指天。陰陽之氣有沴，其心閒而無事。」跰𨇤而鑑於井曰：「嗟呼！夫造物又將以予爲此拘拘也。」

其中有關的話語，又見於人間世篇，作：

> 支離疏者，頤隱於臍，肩高於頂，會撮指天，五管在上，兩髀爲脇。

與淮南子精神篇比而觀之，二者顯然是精神篇的藍本。而淮南子的「燭營指天」，實相當於大宗師的「句贅指天」以及人間世的「會撮指天」。

「句贅」，經典釋文引李頤集解云：「句贅，項椎也。其形似贅。言其上向也。」成玄英疏亦云：「咽項句曲，大挺如贅。」項句則椎挺如贅，故謂之「句贅」，實指

23 見董同龢師上古音韻表稿，中研院史語所集刊第十八本。本文標音皆出於此。

24 高誘爲東漢涿鹿人。生卒年月不詳。建安間（公元196～219）辟司空掾，除濮陽令，遷監河東。

25 參丁邦新先生「魏晉音韻研究」，史語所專刊之六十五。民國六十四年六月出版。

項椎。此說後世學者多從之[26]，惟奚侗莊子補注以爲當作「括撮」，惟不知何以誤爲「句贅」[27]；武延緒莊子札記則以爲「句」是「昏」之譌，「贅」與「撮」相通[28]，而錢穆莊子纂箋從之[29]。是「句贅」之說有二：一爲「項椎」；一爲人間世篇之「會撮」，取髮束之義。

「會撮」，釋文引崔譔注云：「會撮，項椎也。」李楨從之，引素問難經爲說，謂難經有「骨會大杼」之文，而大杼穴在項後第一椎，以「會撮」取「骨會」之義，轉以大宗師「句贅」李頤集解爲證[30]；然釋文又引司馬彪注云：「會撮，髻也。古者髻在項中，脊曲頭低，故髻指天也。」此說奚侗補注從之，謂「會撮」爲絜髮。「會」借作「鬠」，「鬠」乃「髺」之異文，字亦作「括」，義取會聚，單言「鬠」，複言則曰「髺撮」[31]，轉以疑大宗師「句贅」之誤；釋文又引向秀之注云：「兩肩聳而上，會撮然也。」則謂兩肩會撮以指天，承上文「肩高於頂」以見義。是「會撮」之解有三焉。

---

26 如郭慶藩莊子集釋、王先謙莊子集解、王孝漁莊子集釋等皆用李說。

27 奚侗莊子補注云：「侗案釋文引李云：『句贅，項椎也』，非是。淮南精神訓作『燭營指天』，高注『燭營讀曰括撮』，更以人間世篇證之，則此文亦當作『括撮指天』，但不知何緣誤爲「句贅』耳。」(藝文印書館無求備齋莊子集成續編)

28 武延緒莊子札記云：「『句』疑『昏』字譌，『髺』之借字。『贅』，古通『撮』『昏贅』即『會撮』，見人間世。」以仁案：此條轉引自錢穆莊子纂箋。

29 錢穆莊子纂箋，香港東南印務出版社印刷，民國四十四年二月增訂版。

30 李楨云：「崔說是。大宗師篇『句贅指天』，李云：『句贅，項椎也。其形如贅。』亦與崔說證合。素問刺熱篇：『項上三椎，陷者中也。』王注：『此舉數脊椎大法也。』沈彤釋骨云：『項大椎以下二十一椎，通曰脊骨，曰脊椎。』難經四十五難云：『骨會大杼』，張注：『大杼，穴名，在項後第一椎。兩旁諸骨，自此檠架，往下支生，故骨會於大杼。』『會撮』正從骨會取義，又在大椎之間，故曰項椎也。初學記十九引『撮』作『樶』，玉篇：『樶，木樶節也。』與脊節正相似，从木作『樶』，於義爲長。」以仁案：此轉引自王先謙莊子集解。

31 奚侗莊子補注云：「侗案，『會』借作『鬠』，『鬠』之異文也。說文：『髺，絜髮也』，亦作『括』：士喪禮『主人髺髮』，鄭注：『古文髺作括。』戴記作『括髮』。又士喪禮『鬠笄用桑』，賈疏以『髺』爲『鬠』，義取以髮會聚之意。淮南精神篇『燭營指天』，高注：『燭營讀曰括撮』，蓋以『括』爲『髺』也。漢書司馬遷傳：『撮名法之要』，師古注：『撮，總取也。』總取與會聚之意相類，單言之則曰『鬠』，複言之則曰『髺撮』。釋文引司馬云：『會撮，髻也。古者髻在項中，脊曲頭低，故髻指天也。』最得其解。

以仁以爲，上述諸說，均有可商[32]，然與本文無直接關係，暫置不論。在這裏，我們只須知道，淮南子的「燭營」，即使與莊子的「句贅」「會撮」毫不相干，然而高誘注的「讀曰括撮」，則定指莊子的「會撮」無疑。「會」爲「鬠」之假字或省文[33]，皆有可能。而「鬠」是「髻」（今作「髺」）的異體，「括」是「髻」的古文，其義爲束髮，說文學者及儀禮鄭注皆有說可證，已見前文，此不贅出。且莊子寓言篇復有「向也括撮[34]，今也被髮」之說，其義爲束髮，至爲明顯。淮南子精神篇文多出於莊子大宗師，而「兩脾在上」語則與人間世有關。高注「讀曰」捨大宗師之「句贅」而用人間世之「會撮」，又改「會」爲「括」，其取義於束髮，非常明顯，而與訓「燭」爲「陰華」，「營」爲「其竅也」更不相同。然則高注之「讀曰」，除多數用於標音外，尙另有一種作用：即在紹介所釋語之別解，與所釋字之音讀更無直接關係。這種細節，唐蘭恐怕未遑深究。

高誘「讀曰」之例旣如上述：一是以同音單字直接標音；一是紹介所釋語之別解，更無合二字且取其對轉之音以標讀者，是唐說之誤顯然。

四、贅語

這篇文章，重點在破而不在立。我對高誘此注，一時也沒有好的解釋，雖有若干想法：譬如「鵕鸃」又名「鷩鵕」[35]，李方桂先生以爲古漢語唇音有 S 的詞頭[36]，則

32 向秀注雖最突出，恐亦最不合莊生原意，此文前後皆四字爲句，每句一事。向秀合二句爲一，與前後文皆不相稱。且大宗師「句贅」一詞，亦不適合此解。淮南精神篇則前承「兩脾在上」，與「肩高於頂」更無關係，是以後世學者罕從其說；又崔撰以「會撮」爲「項椎」，李頤以「句贅」爲「項椎」，李楨更著意牽合，其說長在會通，然亦稍涉迂遠。試觀二例前後文之「頤」「臍」「肩」「頂」「五官」「兩脾」，皆直稱器官之名，何以此獨出之虛擬，故爲迂迴？至於奚侗、武延緒，轉以「句贅」遷就司馬彪「髻撮」之解，武氏以「昏」「句」形近，「撮」「贅」聲通，強說二者之關係。不知「撮」「贅」古雖同在祭部，聲母却有精章之異，而「昏」「句」二字，無論篆隸，形皆不近。其說牽強可知。

33 王筠說文句讀云：「莊子人間世：支離疏者，會撮指天。……則會者鬠之省也。」

34 今傳本無「撮」字，王叔岷先生莊子校釋云：「案陳碧虛闕誤引張君房本『括』下有『撮』字。疏：『撮，束髮也。』是成本亦有『撮』字。」

35 漢書司馬相如傳「揜翡翠，射鵕鸃」下師古注云：「似山雞而小冠。背毛黃，腹下赤，項綠色，其尾毛紅赤，光采鮮明，今俗呼爲山雞。」（爾雅釋鳥郭璞注，文選射雉賦徐爰注大體相同）。文選蜀都賦「鵕鷞山棲」下劉逵注：「鵕鷞，鳥名也。如今之所謂山雞。」吳都賦

「私鈚頭」是否即「鷩鵕」的音讀呢？論字則爲二，論音則爲三，此高氏所以謂「鵕鸃，讀曰私鈚頭，二字三音」也。但「鷩」「鵕」古韻在祭與脂，「鈚」「頭」在脂與侯，兩漢音雖各有轉變[37]，然二者仍有差距。是否還有別的線索？如漢書匈奴傳的「比疏」[38]，史記匈奴傳則作「比余」，集解引徐廣、索隱引蘇林皆云或作「疏比」「梳比」。注者或謂之「篦」「梳」，或謂之「帶飾」或「辮飾」，[39] 莫衷一是，是否與此有關呢？又或者高注「胡服鵕鸃」連讀，「私鈚頭」根本是當時通行的胡語，謂胡服之鵕鸃，胡語讀曰「私鈚頭」，漢之二字，胡語則作三音，「讀曰」係標胡語之音。有若本省人稱蕃茄爲 Tomato？這些都只是大膽的聯想，連假設都談不上，不敢倉卒提出，見笑於大雅。

另外一點也要略作交代：我雖然批評唐說，但也不認爲漢字造作有一字二音的方式，這一點和唐氏的看法是一致的。漢字一個字一個音節，是它的常態，即使像「廿」「卅」「卌」「甭」等字也是如此。也有一字多音的濃縮字，如「圖書館」濃縮爲「圕」，這是大家熟知的（一度還有將「博物館」寫成「𫑘」的）。也有將「鞠躬」寫作「𮫵」的。唐人寫經，有將「菩提」濃縮爲「𦬺」的，見敦煌卷子[40]。這些多少

(續)「山雞歸飛而來棲」下劉逵注云：「今所謂山雞者，鷩䳄也。合浦有之。」藝文影宋淳熙重雕本「䳄」作「䗅」，胡紹煐文選箋證云：「五臣作鷩鵕」（卷五，聚學軒叢書第五集）。羅願爾雅翼卷十「鷩」下云：「山海經曰：『小華之山，其鳥多赤鷩，可以禦火。』一謂之『蝙䗅』，又謂之『鵕鸃』。」

36 見李方桂先生「上古音研究」（清華學報新九卷第一二期合刊。民國六十年九月清華學報社出版）及「幾個上古聲母問題」（總統蔣公逝世周年紀念論文集。民國六十五年四月中央研究院出版）二文。如「瑟」之从「必」聲，「喪」之「从亡」而「亡亦聲」（段注本），都顯示唇音與齒音的關係。馬王堆帛書「六十四卦」多以「亡」爲「喪」之假借字（見「馬王堆帛書『六十四卦』釋文」，第三期，一九八四年）。

37 參丁邦新先生「魏晉音韻研究」，史語所專刊之六十五，民國六十四年六月出版。

38 漢書匈奴傳云：「服繡袷綺衣、長襦、錦袍各一，比疏一，黃金飭具（沈欽韓漢書疏證以爲「具當作貝」）帶一，黃金犀比一。」

39 漢書顏師古注云：「辮髮之飾也，以金爲之。比音頻寐反，疏字或作余。」史記匈奴傳索隱云：「……廣雅云：『比，櫛也。』蒼頡篇云：『靡者爲比，麄者爲疏。』索隱又引蘇林曰：「今謂之梳比，或亦帶飾者也。」史記會注考證則以爲「比，篦通，細齒之櫛。余、疎聲近假借，疏、梳通，說文：『梳，所以理髮也。』釋名：『梳，言其齒疏也。』篦梳，蓋疏齒之櫛，統言之一物，析言之二物，故曰比疏一」。以仁案：「余」「梳」聲母差異甚大，二字似非假借。

40 見國音標準彙編附錄三「特別音與特別字舉例」，臺灣開明書局，民國四十四年十月臺五版。

都有點標誌的意味。也有一種合璧字，例如春秋時齊器叔夷鏄，「小心」寫作「⿱小心」，「小子」寫作「⿱小子」，「余一人」的「一人」也合爲「⿱一人」字[41]。這種熟詞連書的現象是另一問題，皆不足爲證。

後　記

本文承龍宇純、丁邦新、邢義田諸兄提供修正意見或資料，又蒙學弟趙潤海校稿，并此誌謝。

41　見江淑惠「齊國彝彙考」，臺大中文研究所碩士論文。七十四年六月。

出自第五十九本第四分(一九八八年)

關於《管子·輕重》諸篇的年代問題

杜 正 勝

關於《管子·輕重》諸篇著作年代的意見主要有兩派，一主戰國，一主西漢。後者又分文景、武昭和王莽三說，尤以持王莽說的馬非百舉證最夥，用功最深。本文先評述西漢三說之不當，再從賀獻、職官、月價書貲、祭祀、車乘、貨幣、齊量和賞罰等制度性的證據說明《輕重》諸篇當作於戰國時代。上列八點，前面四點馬非百雖用來證明是西漢的制度，經過本文的分析，證明戰國以前已經存在。唯前期制度可能延續至後期，不能證明涉及該制度的文獻必作於前期；故本文再舉後面四點，證明這些都是戰國存在而西漢已消失的制度，《輕重》既然無心流露，故知必作於戰國。與戰國社會並觀，本文進一步推斷《輕重》大多數篇章的作成年代當在戰國前期，不會晚於中葉以後。

一、序

《管子·輕重》十九篇，亡佚三篇，今存十六篇，諸篇涉及相當先進的經濟學理論，不但是中國經濟思想史的奇葩；也隱含深刻的經濟社會問題，是探討戰國社會史的第一手資料。

我是主張《輕重》諸篇作於戰國的，寫作《羡不足論》（未刊稿）時，分析戰國兼并之家，多取材於《輕重》，以與《史記·貨殖列傳》等古籍互相發明。然《輕重》的史料價值向來諸說紛紜，成書年代尤其分歧雜遝；認爲作於西漢的說法在學界仍有相當影響力，雖經人辨證，尚存疑竇與勝義。若毅然將《輕重》作爲論述戰國史事的基礎，讀者未必服，自己也不能安。故不嫌累贅，也來參與《輕重》著成年代的討論。

戰國人議論多關切現實，《輕重》是議論性的著述，從它所反映的歷史現象可以來推斷它的著成年代。然而由於戰國的社會經濟史猶待建立，許多地方要靠《輕重》提供的資料來補充，爲避免循環論證，本文基本上以文獻學的討論爲主。雖然，欲求周全，最好還要與拙作《羡不足論》所述戰國的豪富兼并並觀，對《輕重》年代的論定必有助益。

二、《輕重》作於西漢說評議

關於《輕重》諸篇的經濟理論西漢中葉以後幾無所傳，加上抄本傳刻訛假誤奪，頗難卒讀。向來多認爲鄙陋瑣屑，不值得深究[1]。但唐朝理財專家杜佑是了解的，《通典》卷十二〈輕重〉、卷八〈錢幣上〉凡所徵引《管子》多以〈國蓄〉篇爲主，蓋以爲《輕重》十九篇之綱領也，與近代研究《管子》學者的意見符合[2]。杜佑旣知《管子》有後人續作，又說《輕重》「經秦焚書，潛蓄人間」(張心澂 1957，頁 888)，在他看來，《輕重》當是六國之書。近人梁啟超撰《管子傳》，析論《管子》的經濟政策，頗能掌握輕重理論的要義，基本上也認爲是戰國稷下先生的記述(梁啓超 1909、1936，頁 3)。《輕重》諸篇作成於戰國，是傳統有識之士的一般意見。

然而近代以來陸續有人抱持懷疑的態度，將《輕重》年代移到西漢。主要有三家：郭沫若定爲文景時齊國一學派的文滙，羅根澤斷作武昭朝理財專家之著作，馬非百(元材)更推遲爲王莽時代的集成。他們對待子書的矜愼，尤其像《管子》這麼「龐雜重複」(黃震語)，頗能博取讀者的同情與信任；但不一定經得起仔細的推敲。

郭沫若在〈管子集校引用校釋書目提要〉只附帶提到《輕重》諸篇屬於文景時代的文滙，但無說明(《管子集校》，頁 23)。這原是王國維的意見，見於〈月氏未西徙大夏時故地考〉，郭氏校釋〈國蓄〉篇曾引錄全文。王國維認爲〈國蓄〉、〈揆度〉、〈輕重乙〉和〈輕重甲〉諸篇所述產玉的禺氏卽月氏，據〈國蓄〉等三篇，其地去周七千八百里，〈輕重甲〉與崑崙之虛並稱。《史記·大宛列傳》說月氏原居敦煌、祁連間，王氏考證他們爲匈奴所敗當在漢文帝四年(西元前 176)，後來西踰葱嶺，臣服於大夏，大約是武帝初期(西元前 140)。這當中將近四十年間月氏所居何

1 劉恕《通鑑外紀》引傅玄曰：「《管子》之書《輕重》篇尤鄙俗」。葉適《習學記言》曰：「《管子》之尤謬妄者，無過于《輕重》諸篇」。《朱子語錄》亦曰：「《管子》之書雜，如〈弟子職〉之爲，全似〈曲禮〉，它篇有似莊老，又有說得也卑，直是小意智處，不應管仲如此之陋」(卷一三七〈戰國漢唐諸子〉)。所謂「小意智」、「陋」可能包含《輕重》諸篇。黃震《黃氏日抄》謂《輕重》篇屑屑多術，蓋卽朱子所謂的「陋」。參見張心澂《僞書通考》頁 887-889。

2 淸人何如璋《管子析疑》說：「舊本《輕重》十九篇，亡三篇，其〈國蓄〉一篇管子所自著」。又說：「《輕重》各篇惟〈國蓄〉是管子經言。其〈巨乘馬〉以下十一篇則齊史記述之作。自此以至終篇，乃後人所附益。文非一手，大都假爲問答以訓釋〈國蓄〉輕重之義」。何氏這些話存在不少問題，但他重視〈國蓄〉則是正確的，是否受杜佑的影響不可考。馬非百也以爲〈國蓄〉乃《輕重》諸篇的理論綱領。何氏《析疑》未刻，稿藏上海市歷史文獻圖書館(《管子集校》〈書目提要〉，頁 20)，這裏所引具見於馬非百《管子輕重篇新詮》頁 212-213。

處？王氏據《管子》與崑崙連言的禺氏推斷在南疆且末、于闐間，於是與後來月氏不臣大宛、康居而臣大夏的歷史發展乃能符合。他又從這觀點懷疑《管子·輕重》諸篇是西漢文景間的著作，而爲郭沫若所接受。郭氏1954年寫〈校釋書目提要〉，承諾專文申述其說，但無所見，大概沒有寫成；現在只能就王國維的論說來檢討。

王說的關鍵在於禺氏卽月氏，而且是西漢文景時期短暫居留在且末、于闐間的月氏民族，所以「禺氏之玉」才能作爲《輕重》諸篇著成於文景時代的證據。因爲早於文帝，或遲於武帝，月氏不是在敦煌祁連間便在葱嶺之外，都和于闐特產的玉無關。按禺氏卽月氏（何秋濤《王會篇義釋》），可能是于闐（何如璋說，《管子集校》頁1068）爲清代以來之通說。于闐之闐，文獻一般寫作「寘」，近人或疑讀作「田」的闐可寫作「賓」，如景佑監本《史記·大宛列傳》，後來譌作「寘」，（賓者置也），「于寘」邃與「禺氏」相混（榎一雄1985）。這麼說，《管子》的禺氏不一定卽是于闐（或月氏）。禺氏之名見於先秦舊籍，《逸周書·王會》述來朝荒服，北方之國有禺氏，依朝會班第，與大夏相次，蓋在中國西北。〈王會〉篇說他們的貢物是騊駼，不是玉石。先秦文獻帶「禺」字的神名、地名還不少，如禺強、禺京、禺知、禺谷[3]，亦皆荒渺遙遠。卽使禺氏卽月氏，而且也是于闐；于闐素以玉石出名，其產品早在殷商可能已傳到中國，千百年老店而用暫時遷徙來的民族（按王氏說，月氏居其地只從西元前176至140約四十年）作招牌，似乎不近情理。其實月氏是否在南疆于闐，近代中西交通史的學者也有異說。《史記·大宛列傳》說「始月氏居敦煌、祁連間」，張守節《正義》云「敦煌以東、祁連山以西」，則祁連是在河西走廊東端，此說松田壽男主之（1939）。內田吟風據漢匈戰史，《史》《漢》〈匈奴傳〉票騎將軍「過居延，攻祁連」，《漢書·五行志中之下》「攻祁連，絕大幕，窮追單于」，而論定在敦煌和天山東段山麓之間（1938）。江上波夫，取內田對月氏地望的考訂和松田禺氏貿玉於中國之說，認爲禺、月、玉皆一音之轉，月氏是產玉販玉的民族（1967，頁123—132）。如果這些說法可以成立，則今甘肅到天山東麓或于闐之間，一向以玉著名的民族應早聞於中國，不當晚到西漢前期的四十年之間，中國人才知道禺氏的玉。因此「禺氏之玉」能不能成爲

3 《莊子·大宗師》：日：「禺強得之（道），立乎北極」。《山海經》〈大荒東經〉日：「黃帝生禺虢，禺虢生禺京，禺京處北海，禺虢處東海，是爲海神」。〈海外北經〉日：「北方禺彊，人面鳥身，珥兩青蛇，踐兩青蛇」。《淮南子，地形》作「隅強」，不周風之所生也。高誘註云：「隅強天神」。也有以「禺」作地名的。〈大荒北經〉亦日：「北海之渚中有神，人面鳥身，珥兩青蛇，踐兩赤蛇，名日禺彊」。〈大荒北經〉云：「夸父不量力，欲追日景，逮之于禺谷」。禺強、禺京、禺谷或皆有關。另外《穆天子傳》說：「甲午，天子西征，乃絕隃之關。己亥，至于焉，居禺知之平」。禺知可能也是地名。

《輕重》作於文景的「鐵證」還值得再議。王氏自謂「以前從無留意於《管子》之紀事」，偶一爲文而成新創；雖盛名震人，但《輕重》這十餘篇內容龐雜，涉及年代的證據不止一端，恐怕不是這樣一條疑似的孤證所能一柱擎天的。

羅根澤主張武昭時期，列舉十一條理由，其中有重覆雷同之處，可以合併歸納成五點。一是鹽鐵政策，二是商人操縱物價與平準政策（以上含蓋原第1、2、3、6、8條），三、《輕重》與《鹽鐵論》相同（原第4、5條），四、立相、王霸和陰陽學說（原第7、9、11條），五、石的量名（原第10條）。

爲羅氏設想，當檢查《輕重》著成的下限證據。他自己既承認四、五兩點起於戰國，不是西漢的新現象，對他的說法沒有作用，姑置不論。而他的論證方法是想據西漢武昭時期的社會經濟情況與財經政策來印證《輕重》，說明《輕重》諸論反映武昭時期的問題，以達成他的論點。但基本上他是失敗的。第一，他不細察《管子·海王》等篇的鹽鐵議論與桑弘羊的鹽鐵政策名似而實不同。第二，他不研究《史記·貨殖列傳》所呈現戰國富商奴役貧困農民的社會問題，也忽視《漢書·食貨志》所載賈誼、鼂錯和董仲舒言論的背景，而將早已存在的事實當作西漢新出的現象。賈誼說：「漢之爲漢幾四十年矣，公私之積猶可哀痛」（《漢書·食貨志上》）。社會上背本趨末的風氣，商人豪奢與農民窮困的不平，並不是劉漢建國以來才產生的，董仲舒說：「漢興循而未改」（〈食貨志〉），即是戰國以降的通相。由於羅氏對戰國到西漢前期將近四百年間社會問題的認識不夠清楚，舉凡《鹽鐵論》承襲《輕重》的地方就被當作並世論著的證據了。

探討《輕重》諸篇年代用力最勤，持論最堅、論斷最奇者莫過於馬非百。馬氏早歲著成《管子輕重篇新詮》，也單獨發表〈關於管子輕重的著作年代〉，主張《輕重》諸篇作於王莽時代。郭沫若看過《新詮》稿本，1954年寫〈管子集校引用校釋書目提要〉時批評其說證據薄弱，難以成立。然不能厭服馬氏之心。

1956年馬氏綜合散見於《新詮》的議論，發表〈著作年代問題〉一文。容肇祖立刻反駁（容肇祖 1958），列舉十點駁議，批評他「顛倒錯亂」、「倒果爲因」，責備他的論證方式「主觀武斷」、「捕風捉影」，不是眞正的乾嘉漢學方法。這些評論和反駁並沒有動搖馬非百的信念，二十多年後《新詮》正式出版，首論著作年代，重申舊說，既對容氏之議不予理會，猶惜胡寄窗的《中國經濟思想史》(1962) 把《管子》列入戰國時代，開王國維和羅根澤的倒車（《新詮》頁 3-4）。於是有胡家聰〈管子輕重作於戰國考〉的新駁議（胡家聰 1981）。

馬氏之論分爲主要進攻據點、全面圍攻和最後堡壘之突破三方面。進攻據點有四：(1) 曲逆指曲逆侯陳平，(2) 魯梁之梁指梁孝王的梁國，(3) 越乃武帝欲滅之南越，(4) 十里之封係以王莽封建爲背景。以此四個主要據點分別論斷《輕重》之作不會早於高帝七年之封陳平爲曲逆侯，文帝十二年之徙封淮陽王武爲梁王，武帝元鼎三年之穿昆明池，練水師，準備伐南越，及王莽始建國四年所行「附城五差」的封建。其底限當然在王莽時代。所謂全面圍攻，他舉出屬於高祖、文帝和景帝的時代證據各兩條，武帝五條，宣帝一條，王莽七條。這些資料涉及制度、思想、史事等層面。兩個堡壘指《史記》和《鹽鐵論》，他的結論是《輕重》吸收或抄襲這兩部書，而非這兩部書採擷《輕重》。

容肇祖的駁議主要論證《輕重》不在《史記》或《鹽鐵論》之後，《輕重》的鹽鐵政策與桑弘羊不同，它的輕重術是列國並爭的產物，不符合大一統帝國的情況。容氏以商周之有龜幣、先秦之青茅證明《輕重》不必晚至王莽，指出馬非百對左右伯、越、梁與衡山三國名的誤解，並且反駁冶鐵徒隸逃亡不應在成帝以後，徵收漁稅也不是宣帝才設立的新稅制。這些說法都有相當道理，馬氏不爲所動，或許認爲尚不波及他的周全體系吧。

胡家聰主張《輕重》作於戰國，對馬氏進攻的四個主要據點有所反駁外，更具體舉出六條屬於戰國時代的烙印——王國與霸國、千乘與萬乘、牴國與衢國、天子與諸侯、封君、刀幣。前四條其實只是列國狀態一項的分衍，封君一項的證據性並不太絕對，眞正有力的是刀幣，可惜說明不足。胡氏又從地理、地方行政與土地制度和量制證明《輕重》處處帶著齊國的特徵。對馬氏而言，比較致命的打擊是量制。至於所謂齊法家的經濟學說，胡氏在《管子》的《經言》與《輕重》間的思想承襲並沒仔細釐清[4]，

4 馬非百認爲《輕重》與《管子》其他各篇是不成體系的（《新詮》頁 3-4），最近有些經濟學家嘗試建立《管子》的整個體系，並分別其間的先後關係。巫寶三強調《輕重》呈現的貨幣經濟與《經言》以土地稅爲主的自然經濟之差異，認爲《輕重》諸篇成書時年不早於韓非立說之時（1983）。厲以平則分爲前管仲學派和後管仲學派，前派是戰國齊國的政治經濟學者，後派在西漢文景時代傳衍齊國學風，《輕重》卽反映他們的思想（1987）。

卽使釐清，單靠經濟理論對《輕重》作成年代的爭論所能提供的判斷仍然有限。

總之，《輕重》著成年代的問題並沒有解決，直到最近，卽使少人如馬非百之固執王莽時代，但西漢說的影響依然非常牢固(如厲以平 1987)。現在重新來檢討這個公案，還是要針對用力最勤的馬說。

馬非百的方法是根據《輕重》中出現的某一制度、事件、或地名、國名論斷時代定點，以證成《輕重》各篇不可能早於他所推測的時代。這種方法雖有可商之處，譬如《輕重》可能先有思想議論，爲後人所承襲，而發爲政策，付諸實行，便不能以史書記載的政策而論定《輕重》之作必在其後。不過如果是一些不經意的證據，非議論重心，的確往往會流露時代的痕跡，便可成爲檢驗著作年代的鐵證。下文我們將覆核馬氏對這類證據的論證，提出我們的新證據和新看法。本章先檢討馬氏的四個主要攻擊據點，並指出一些不可信的考證或比附。

第一個據點曲逆。馬氏說「曲逆是陳平的封號，高祖七年才被封，在此以前沒有過」(《新詮》頁5，以下引此書只注頁碼)。但曲逆是先秦舊地，《左傳·哀四》的逆疇，酈道元以爲卽曲逆(江永《春秋地理考實》)，亦見於《戰國策·齊二》。這兩條資料雖經胡家聰指出來，馬氏不至於不知道，何況《史記·陳丞相世家》明言：「高帝爲過曲逆更以陳平爲曲逆侯」。馬氏的意思應該說以「曲逆」作陳平之代稱應始於高祖七年。問題是〈輕重甲〉的曲逆必指陳平嗎？該篇論「輕重無數」，引述三段故事，一是伊尹以薄之游女文繡誘桀，二比較桀之殘暴與湯之仁惠，三說湯以女華與曲逆行陰謀於桀。曲逆與女華以及桀、湯、伊尹都一樣是歷史或傳說人物，如果說在這裏拉進陳平，而且還用隱喻代號，連最基本的文理都不通的。

其次，〈輕重戊〉云魯梁之民俗爲綈，管仲勸桓公卽服於泰山之陽。馬氏說春秋時齊魯附近無梁國，戰國魏雖亦稱梁，並不在泰山之南，故以爲必是文帝十二年徙封於梁的孝王，北界泰山，西至高陽，才與此篇所述情境吻合(頁6)。這是受了尹知章的誤導。尹《注》云：「魯梁二國在泰山之南，故爲服於此，近其境也，欲魯梁人速知之」。尹知章頗多增繹，和本文不符。〈輕重戊〉原說桓公卽服綈於泰山之陽，十日而管仲告魯、梁之賈人云云，與魯、梁是否在泰山之南，或欲人速知皆無關。至於魯至戰國末年始被楚滅，戰國之梁(魏)與齊接壤都是常識，不煩詳述，容肇祖肯定此梁當爲戰國的魏是可信的。

第三，馬非百說：齊桓時越尚未通於中國。以後勾踐北進中原爭霸，距桓公之死已百七十餘年；且爲時甚暫，卽又寂焉無聞。故〈輕重甲〉「天下之國莫強於越」之越絕非勾踐的越國。他說此篇謂桓公欲北伐孤竹，顧忌越人踵至，管仲乃獻議訓練水師，正是武帝鑿昆明池，派路博德擊定南越的反映（頁7）。這是時代錯亂的附會。按武帝初擊匈奴在元光四年（西元前 129），爾後北方幾乎年年皆有戰事。元狩三年（西元前 120）才穿昆明池，元鼎五年（西元前 112）始伐南越，次年置南海九郡。馬氏的比附顯然本末倒置，而且他將《輕重》諸篇託名桓公與管仲對答的文體坐實爲春秋前期史實來批評，也違背一般常識。齊桓公時越固無聞；但勾踐滅吳後徙都瑯琊（《史記・六國年表》），越卽有霸主之勢。《越絕書・越地傳》云，勾踐以下，與夷、翁時、不揚、無疆四世稱霸稱王，故《史記・越王勾踐世家》說：「王無疆時越興師北伐齊，西伐楚，與中國爭疆」。戰國前期的越誠非「寂焉無聞」也。所以〈輕重甲〉謂天下強國爲越反而是《輕重》（至少此篇）作於戰國（可能前期）的鐵證。這點也早經容肇祖指出來了。

最後一個據點，馬氏根據〈揆度〉篇「今天下起兵加我」及臣之封地十里二十里與《漢書・王莽傳》比證（頁8）。他說天下起兵加我是指居攝二年翟義在東方發起聲討王莽的軍事行動，但用戰國的情勢來看，這樣的比論實在不倫。試想戰國時代天下起兵加我的情形何國無之？他又以《史記・漢興以來諸侯年表》所云先秦封國上不過百里，下不過三十里，漢初封建，大國不過十餘城，小侯不過十餘里，而證明歷代無有「封地十里」者。由於王莽始建國四年立「附城五差」之制，有地一成，可見〈揆度〉所說是王莽制度的反映。然而他不細察王莽的附城五差是有等級的，大者食邑九城，自九以下，降殺以兩，至於一成（《漢書・王莽傳》）。一成十里，王莽模倣周代封建，附庸小國分九十、七十、五十、三十，以至十里五等，卽使其制眞的實行，也不是只有十里的一種封建而已。何況〈揆度〉有二十里，並不見於王莽的制度。其實〈揆度〉一二十里的封地恐怕也是戰國封君制度的寫照。隨著封建之崩潰，春秋末年大貴族的采邑雖紛紛納入中央政府的統治範圍內（杜正勝 1983），但進入戰國後，封建的餘緒並未戛然速止。當時列國都有封君，食邑大小、多寡雖難詳考，從中央集權的發展趨勢來看，封邑應該比春秋時期少或小。明朝董說《七國考》及今人繆文遠的《訂補》蒐羅史籍記載當時封君的封號多以城名[5]，應當與他們所封的地方有關。根據考古調查，秦漢一般縣城周長約二至五公里[6]，戰國的規模大概亦如此，符合〈揆度〉的記述。

馬氏全面圍攻中列舉一些名詞，辨證其時間定點，以作爲立論的依據，方法與曲逆、梁、越一樣，比較值得檢討的是衡山和莊山。〈輕重戊〉說桓公求制衡山之術，管仲使人買衡山之械器而賣之。馬氏說衡山卽西漢的衡山國（頁16-17）。《史記·淮南衡山列傳》曰：淮南王安、衡山王賜兄弟謀反，賜使客救赫、陳喜作輣車鏃矢。馬氏說輣車鏃矢卽是「械器」，故〈輕重戊〉的衡山卽武帝的衡山國。此與解釋曲逆犯同樣的錯誤，他從不管〈輕重戊〉主旨在論買賣械器以行輕重之術，最後切斷衡山經濟命脈而令其臣服，和製造武器謀反實風馬牛不相及。何況該篇明言「魯削衡山之南，

5　《七國考》卷一〈秦職官〉，董說曰：余按戰國封君有二，一以封地爲號，如秦之華陽、涇陽、新城、陽泉，齊之安平，楚之彭城、襄城，魏之平都、中山之類是也；一特立名號，如秦之剛成、武信，齊之孟嘗，楚之春申，趙之馬服、信平、武襄、長安之類是也。但錢大昕疑剛成卽岡城；孟嘗之嘗，據〈孟嘗君列傳·索隱〉是薛旁的邑名；春申，童書業以爲本在淮北；〈趙世家·正義〉馬服君乃因邯鄲縣西北之馬服山爲號。可見戰國封君多以食邑之地稱號。其他以地名者不勝枚舉，俱見於繆文遠《訂補》。

6　考古報告關於秦漢一般城邑的範圍，茲舉數例如下（引自杜正勝〈野城與山城〉）：

今　地	城周長度（公尺）	資　料　出　處
河南偃師滑城	5,500	《考古》1964:1
河北武安午汲	3,300	《考古通訊》1957:4
河北磁縣講武城	4,700	《考古》1959:7
北京周口店竇店	4,300	《文物》1959:9
北京朱房鄉	2,000	《考古》1959:3
福建崇安城村	2,555	《考古》1960:10
內蒙呼和浩特美岱	1,940	《文物》1961:9
內蒙呼和浩特塔布禿	3,500	《考古》1961:4
內蒙和林格爾土城子	7,600	《文物》1961:9
內蒙磴口布隆淖	2,157	《考古》1973:2
內蒙磴口陶升井	2,600	《考古》1973:2
內蒙磴口保爾浩特	900	《考古》1973:2
遼寧寧城黑城外羅城	3,200	《考古》1982:2
遼寧鍐河尖	2,200	《考古》1980:6

齊削衡山之北」，衡山必是界於齊魯之間的附庸小國（容肇祖已指出），馬非百卻捨近而求遠。

莊山，〈山權數〉曰：「湯以莊山之金鑄幣」，〈輕重戊〉同。馬非百說，莊山即嚴山。文帝賜鄧通蜀嚴道銅山得鑄錢，故〈輕重〉所述當在鄧通錢之後（頁10）。今按嚴山是否因莊山避東漢明帝諱而改，據馬氏徵引的文獻可有不同的解釋。《太平御覽》卷166引《蜀記》云：「秦滅楚，徙嚴王之族於嚴道」。《括地志》云：「秦昭王相嚴君疾封於此，故縣有是稱」。這兩條資料已證明戰國時代楚有嚴王，秦有嚴君疾，四川的嚴道或與這兩族有關，以「嚴」爲名都不是避明帝諱而起的。至於《鹽鐵論·力耕》易「莊」爲「嚴」，固有可能是桓寬襲《輕重》而經東漢人改定的，不然西漢人也不會避東漢的諱。〈山權數〉言鑄幣之地除莊山外還有歷山。王獻唐《中國古代貨幣通考》云，歷山在濟南，爲齊地，而莊山可能即今商山，古商莊音通。他據《晉書·慕容德載記》與《魏書·食貨志》得知商山產銅，舊有礦冶與銅官，以推斷在今山東桓臺縣東南而跨益都、臨淄二縣界的商山或即《管子》的莊山（頁243）。

以上馬非百持論的四大據點和一些地名考證，經過解析，不但不能成爲他立說的依傍，反而處處顯示戰國的痕跡。在馬氏全面圍攻中製造不少離奇的比附，譬如所謂屬於王莽時代的思想反映，一居攝、二黃虞、三「寶黃廝赤」，總之都是王莽特有的傑作。居攝思想的證據馬氏云在〈輕重戊〉「天子幼弱，諸侯亢強，聘享不止。公其弱強繼絕，率諸侯以起周室之祀」，他說這不可能是齊桓公的世局，應當在漢末求之。所謂黃虞思想係根據〈巨乘馬〉的虞國和有虞，因爲王莽奉黃帝虞帝後，以著黃虞之烈（《漢書·王莽傳》）故也。「黃寶廝赤」則是王莽搞符瑞把戲所下詔書的話，意思是以自承黃帝之後的土德爲寶，黃色，而劉漢火德爲賤，赤色。馬氏的根據只有〈輕重己〉「春盡而夏始，天子服黃而靜處」的一個「黃」字。這樣的論證，其脆弱勝過一張薄紙。

馬氏的論證還涉及政策和制度，其中鹽鐵專賣，他誤解《輕重》與桑弘羊政策的本質差異，我在《羨不足論》已有所說明。本文序章表明過，爲免陷於循環論證，我們只討論無意史料中呈現的制度，盡量不以主觀性議論或主張爲對象。下章基於這樣的態度來證明我們認爲《輕重》諸篇作成於戰國的論點，當然，馬非百涉及制度的意見我們也有所評論。

三、《輕重》所反映的戰國制度

辨僞的人都知道理論意見可以造假，但涉及廣大層面的制度由於深入造論者的生活，往往不經意間會自然流露出來，最不易防範。現在要判定《輕重》寫作的年代與其盯住經濟理論或政策，不如分析不相干的一般制度，才易得其實。

馬非百在這方面提出幾條比較具體的證明，現在也從他的舉證談起。

（一）賀獻

他說賀獻之制始於漢，引《漢書·高帝紀》十一年使朝獻有程爲證（頁9）。按〈高帝紀〉詔曰：「欲省賦甚。今獻未有程，吏或多賦以爲獻，而諸侯王尤多，民疾之。令諸侯王、通侯常以十月朝獻，及郡各以其口數率，人歲六十三錢，以治獻費」。郡國原已賦斂百姓獻呈內府，高祖此令是禁止郡國賦獻無度，明定朝獻費率，以安撫人民而非朝獻制度之創始。

朝獻本來是封建時代的舊禮，戰國君臣或列國之間仍然沿習未替。《戰國策·楚一》云：張儀說服楚王放棄合縱，改採連横的外交政策，楚王獻夜光之璧於秦王。《韓非子·外儲說右上》，薛公獻齊王玉珥。或以爲是昭魚獻楚王（《戰國策·楚四》），蓋一事兩傳，但無礙於當時有此禮制。《竹書紀年》魏襄王七年「越王使公師隅獻乘舟始罔及舟三百、箭五百萬、犀角象齒」。貢品夜光璧、玉珥、犀角象齒及特製的舟船皆是珍貴之寶物。據說楚國之法，「商人欲見君者，必有大獻重質，然後得見」（《韓詩外傳》卷八），重質大概也是珍寶之類。有的是異物，《說苑·奉使》曰：魏文侯使舍人毋擇獻鵠于齊。又曰：魏文侯太子擊封於中山，使舍人獻北犬、晨鳧於文侯。另外資料顯示也有獻大豕的（參見《七國考》卷六引《符子》）。

反觀《輕重》記載的賀獻，正與上引史事吻合。〈輕重丁〉云管子使玉人刻石爲璧，璧長一尺、八寸、七寸、珪中、瑗中，璧數已具，西見天子；又令天下觀於周室者必以彤弓石璧。同篇又曰：令賀獻者皆以鏤枝蘭鼓，令諸侯從天子封禪者必抱菁茅一束。鏤枝蘭鼓是一種美錦（馬非百 1979，頁 638），本篇云其價中純萬泉，可見其貴重。《史記·封禪書》曰：「江淮之間，一茅三脊，所以爲藉也」。孟康所謂靈茅也，卽《管子》的菁茅，是江淮間的特產，爲該地諸侯對天子的貢品，司馬遷早已說過，不必等到王莽。較次的獻物是金，〈輕重甲〉說：「令使賀獻出正籍者必以金」。在《輕重》中，金雖然屬於中幣，以其價高、日常罕用，亦猶如貴重珍寶。《輕重》所見的賀獻符合戰國禮制，而與高帝規定的按口獻錢不同。

（二）職官

〈輕重戊〉有三處提到楚、衡山和代的君王謂其相云云，馬氏說，景帝中五年始更名諸侯丞相爲相，於是證成《輕重》作於景帝以後（頁12）。其實戰國執政大臣通謂之相，《戰國策·秦一》曰：「衞鞅亡入秦，孝公以爲相」是也。其中可能也包含後世所稱的丞相、相邦、相國，齊國的例子甚多。《戰國策·齊一》曰：「鄒忌爲齊相」。繆文遠《七國考訂補》引《孟子·告子下》云儲子爲齊相，《荀子·強國》曰「荀卿子說齊相」，《戰國策·齊六》「召相田單來」，《史記·孟嘗君列傳》孟嘗「以爲齊相任政」(頁46)，〈燕世家〉子之、栗腹的官銜也都是相。因爲相是相邦或相國的簡稱，〈廉頗列傳〉的「假相國」，〈趙世家〉稱作「假相」。假相卽是守相，代理相國也，見於韓國兵器刻銘[7]。如果相是景帝以後的官銜，《管子·小匡》有「其相曰夷吾」句，是否也要定爲景帝以後的作品呢？但我們知道〈小匡〉論參國伍鄙所反映的制度至遲不晚於春秋晚期（杜正勝 1983）。

另外馬非百還認爲「左司馬」、「中大夫」諸官名皆王莽所立，故〈輕重戊〉云「令左司馬伯公將白徒而鑄錢於莊山，令中大夫王邑載錢二千萬求生鹿於楚」，是王莽以後才寫的（頁28)。我們只要翻查《七國考》卷一〈職官〉就發現這種意見粗疏武斷得駭人。齊有司馬，尤以景公時的穰苴最有名（《史記·司馬穰苴列傳》）。楚國不但有司馬，且有左右司馬，其制至遲始於春秋（《左·文十》），《戰國策·燕三》曰：齊、韓、魏共攻燕，楚使景陽將而救之，暮舍，使左司馬各營壁地。湖北隨縣曾侯乙墓出土的竹簡，簡文所記贈馬者之官銜也有左右司馬（裘錫圭 1979）。《戰國策·趙一》張孟談告趙襄子曰：「左司馬見使於國家，安社稷不避其死，以成其

7　《三代吉金文存》20. 47. 3，劍銘：「十五年守相杜波，邦右軍工師韓師，冶巡執齊，大攻尹公孫桴」。又20. 48. 1 劍銘：「守相申毌官，邦……韓口，冶醇執齊，〔大〕攻尹韓耑」。參見李學勤〈戰國題銘概述〉。

忠」。吳師道《注》云，左司馬恐孟談自謂。中大夫，列國亦多置之，秦有中大夫令(《史記·秦始皇本紀》)，蓋中大夫之長。《荀子·中略》述天子命臣有中大夫，《韓非子》〈內儲說下〉有齊中大夫夷射云云，〈內儲說左上〉也說趙襄子將以中章胥已爲中大夫，《史記·范睢列傳》云睢嘗事魏中大夫須賈，這些都是中大夫見於戰國的鐵證。

總之，馬氏舉證的「相」、「左司馬」和「中大夫」等官職，不但不能證成爲西漢制度，反而在在顯示《輕重》是先秦典籍的痕跡。

(三)月價與書贅

〈山至數〉曰:「其門山之祠，馮會龍夏，牛羊犧牲，月賈十倍異日」。馬氏說「月賈」一詞於古無聞，引《漢書·食貨志下》王莽始建國二年設五均官，令「諸司市常以四時中月實定所掌，爲物上中下之賈，各自用爲市平，毋拘它所」。於是中國始有月價(頁27)。

按王莽政策乃脫胎於《周禮》。《周禮·賈師》曰:「各掌其次之貨賄之治，辨其物而均平之，展其成而奠其賈，然後令市。凡天患禁貴價者使有恒賈，四時之珍異亦如之。凡國之賣價各帥其屬而嗣掌其月，凡師役會同亦如之」。賈師帥其屬當值，月相更代，則輪值者所評定之價卽是月價。訂定月價的目的在防止哄抬，譬如久雨疫病，或發生天然災害時，米穀棺木等必需品如無常價，人民必陷於重困(參用鄭玄《注》)。公告月價，市場貿易自然均平，此之謂「市平」。故《周禮·司市》曰:「以陳肆辨物而平市……以量度成賈而徵價」。鄭玄《注》:肆異則市平，物有定價則買者來。

先秦市吏按月定價的歷史，典籍甚少遺留。唯西元前517年魯大夫臧會出奔郈，「郈魴假使爲賈正焉，計於季氏」(《左·昭二十五》)。孔穎達《疏》云，「賈正如《周禮》之賈師」。《荀子·王制》「序官」治市之事有一項「平室律」，郝懿行疑「律」乃「肆」之譌(王先謙《荀子集解》)。平室肆當是〈司市〉「陳肆辨物而平市」的制度，市平的基礎則在隨月公定價格的月價。所以〈山至數〉說:「馮市門一吏書贅直事，若其事〔立〕」。直同值，市吏當值之事可能卽如〈賈師〉嗣掌其月的月價。這是先秦的古制。

以上月價解答了〈山至數〉的「直事」，另外「書贅」馬氏未論，但也同樣是先秦古制，一併說明。

〈山至數〉曰：「馮市門一吏，書贅直事，若其事立（立字從許維遹增）。唐圉牧食之人，養視不失，扞殂者去其都秩與其縣秩。大夫不鄉贅合游者，謂之無禮義，大夫幽；其春秋，列民幽。其門山之祠，馮會龍夏，牛羊犧牲，月賈十倍異日。此出諸禮義，籍於無用之地。因捫牢策也，謂之通國策（國策二字依上文「桓公問何謂通國策」補）」。這段文字注解分歧，句讀不一。朱長春云，大夫時會，列民春秋二社會，不會者幽（《管子集校》頁 1138）。按《荀子・王霸》云：「公侯失禮則幽」。以「幽」字斷是對的，其他改字移句的讀法皆不可從[8]。

《呂氏春秋・季春紀》曰：「是月也，乃合纍牛騰馬，游牝于牧；犧牲駒犢，舉書其數」。此書贅則鄉贅合游，舉書其數之意。唐圉牧食之人蓋國家牧場的牧人，亦受考核，生畜不旺則罰。而幽囚大夫、列民，也因爲他們不合游，國營牲畜不易繁殖之故。馮會龍夏是國家牧場所在地，上文云：「狼牡以至於馮會之口（原作日，從安井衡改），龍夏以至於海莊，禽獸羊牛之地也」。政府養了大批牛羊，利用禮儀祠祭之需，再定高價出售，以謀厚利。如此則不可耕的荒地也能增進國家財源，謂之「捫牢策」。

〈山至數〉的「書贅」與「直事」「月賈」二事是古制，和《左傳》、《周禮》、《荀子》、《呂氏春秋》若合符契。這應是一篇戰國文獻無疑。

（四）祭祀

〈輕重己〉曰：以冬日至始數，四十六日，號曰祭日；九十二日謂之春至，號曰祭星。以春日至始數，九十二日謂之夏至，皆齊大材，出祭王母。以夏日至始數，九十二日謂之秋至，號曰祭月。以秋日至始數，九十二日〔謂之冬至〕（依文例補），號曰發繇。此五種祭祀卽立春祭日，春分祭星，秋分祭月，冬至發繇，夏至祭王母。先說前四種。

馬非百說：「發繇」二字無義，依張佩綸改作「祭海」，而與《漢書・郊祀志》的四望配合。〈郊祀志下〉云，平帝元始五年大司馬王莽奏改祭禮曰：「祀四望，

8 郭沫若改作「春秋不鄉贅合游者，謂之無禮義，大夫幽其列，民幽其門」；許維遹改作「其春秋大夫不鄉贅合游者，謂之無禮義，大夫幽，列民幽其門」（《集校》頁 1138–1139）；馬非百讀作「大夫幽其春秋，列民幽其門山之祠」（《新詮》頁 390）。皆去原文本義太遠，不可信從。

……四望蓋謂日月星海也」。馬氏認爲〈輕重己〉的祭祀卽王莽奏祀的日月星海四望，於是證明〈輕重〉著於王莽時代(頁23)。此一論斷牽涉許多問題。第一，張佩綸《管子學》改「發繇」爲「祭繇」，而不是「祭海」。他說：「繇」當作「縣」，縣、玄通，玄卽《左傳》的玄冥，《周禮・大宗伯》的雨師。張佩綸的意思是冬至祭雨師，馬氏誤引以與〈郊祀志〉結合而佐證己論。第二，〈郊祀志〉四望謂日月星海是鄭眾一派經學家的見解，鄭玄不從，改爲五嶽、四鎭、四瀆(《周禮・大宗伯・注》)。按古禮祈旅山川四望，一般雖比較少包括海(秦蕙田，《五禮通考》卷四十六)，但祭海之說相當早就有的。《呂氏春秋・仲冬紀》曰：「天子乃命有司祈祀四海、大川」。〈月令〉從之。仲冬卽冬至之月，與〈輕重己〉符合。《公羊傳・僖三十一》曰：「三望者何？望，祭也。然則曷祭？祭泰山、河、海」。《禮記・樂記》曰：「三五之祭川也，皆先河而後海。或源也，或委也，此之謂務本」。所以如果改〈輕重己〉的「發繇」爲「祭海」，其禮也不必晚到王莽時代。

〈輕重己〉夏至祭王母。馬非百說，王母卽西王母，也就是元后之應，可作爲〈輕重〉著於王莽時代的證據(頁22)。按王母通常指皇祖妣(《禮記・曲禮》)，這裏與日月星辰並列，當非人間的祖母。以五行來比附，夏至中央土則王母或卽是地母。有人說西王母傳說具有原始地母神的特性(森雅子1986)，馬非百用《漢書・五行志》西王母之祠祭來解釋本篇的王母，地母說或可引作支持他論說的證據；不過，所謂地母神的論斷是從西亞神話獲得啟示的一種推測，與中國神話不一定切合。中國早期對西王母的描述，說他「其狀如人，豹尾虎齒而善嘯，蓬髮戴勝，是司天之厲及五殘」(《山海經・西山經》)云云。論形貌及司職，皆和古籍所載生育女神不類(謝選俊1988；宋兆麟1988)，自然難爲天下母。

西王母後來神仙化了(沈雁冰1925、1969，頁35-37)，首先見於《穆天子傳》，至《漢武故事》更進而變成「年可三十許」之美婦人。《穆天子傳》的西王母與周穆王酬觴吟咏，當具人形，但吟唱「徂彼西土，爰居其野，虎豹爲羣，於(烏)鵲與處」(卷三)，顯然還殘存一些原始神話的痕跡。此書雖保留有較古的資料，但周穆王旣不可能西至崑崙，這位西王母自然不能當作西周的史實或傳說來看待。司馬相如作〈大人賦〉，述西王母「皜然白首戴勝而穴處兮，亦幸有三足烏爲之使」(《漢書》本傳)。

這兩句話係取材於《山海經》〈大荒西經〉和〈海內北經〉，而與上引〈西山經〉吻合。可見直到漢武帝時西王母的原始面貌仍然流行，王莽不但時代相去不遠，他又是一位博古之士，以戴勝穴處的西王母比附太后豈非不倫，抑且不敬？至於〈漢武故事〉中的西王母，是六朝人的創作，遠在王莽之後，這裏可以不論。

西王母的傳說起源甚早，除《山海經》外，先秦資料如《莊子·大宗師》也提到西王母得道，「坐乎少廣，莫知其始，莫知其終」。這些馬氏應該知道；唯他的重點則在〈輕重己〉「皆齊大材出祭王母」的「齊大材」，解釋作持大木材。因爲〈五行志〉說：哀帝建平五年正月「民驚走，持藁或棷一枚，傳相付與，曰『行詔籌』。其夏，京師郡國民聚會里巷仟佰(阡陌)，設祭，張博具，歌舞，祠西王母」。籌是博具的箸，不是大木材。這年春天大旱，謠言四起，民間傳遞西王母籌，王莽初即眞，附會祥瑞，更命太皇太后爲新室文母太皇太后(《漢書·元后傳》)。這是王莽的戲法，不意馬氏辨僞，竟爲其所作弄。

如果〈輕重己〉的王母是西王母，與同篇的四望同祭，便可能成爲《輕重》作於先秦舊典的佐證。

(五)車乘

上文說過胡家聰列舉六條戰國時代的證據，其中四條顯示列國並峙的天下秩序。不過，單從列國一點對西漢說似乎還欠足夠的說服力。

《漢書·諸侯王表》曰：漢興之初，剖裂疆土，功臣侯者百有餘邑，尊王子弟，大啟九國。自鴈門以東、常山以南，穀、泗以往，東帶江、湖，薄會稽，北界淮瀕，略廬、衡，波漢之陽，亙九嶷——關東大片土地都封王國，天子自領關中、及今河南、四川、陝北和甘肅東部之地而已。至少文景以前名義上雖號稱中央一統，其實是列國並立之局。

然而我們從《輕重》關於列國大小的術語卻可肯定是戰國以前才可能有的現象。《輕重》慣常用車乘表示國力。〈揆度〉曰：百乘之國，輕車百乘，爲馬四百匹；千乘之國，輕車千乘，爲馬四千匹；萬乘之國，輕車萬乘，爲馬四萬匹。〈國蓄〉分別四面受敵之衢國的安危，以百乘衢處謂之託食之君，千乘壤削少半，萬乘壤削太半。其立國之道，百乘之國因四時貴賤，千乘之國制山林川澤，萬乘之國守歲之滿虛，乘民之緩急。諸如此類以車乘之數來分別國家的強弱大小，〈山權數〉、〈輕重乙〉等篇亦多可見，不煩枚舉。我們知道，春秋以前戰爭的主力是車兵，故車乘多寡是國力大小的指標；進入戰國以後，戰爭形態從車兵主導轉爲車、騎、步三軍聯合作戰，攻擊主力轉爲步兵。故當時估計國力都並舉帶甲、車乘和馬騎之數（杜正勝 1984）。〈輕重〉特重車乘，尤其〈揆度〉述軍力單列戰車與拉車的戰馬，應該是比較早的痕跡。

當然，以車乘表示國力也有可能沿習舊慣，因爲即使到戰國晚期的荀子他還是經常稱千乘之國、萬乘之國的。不過，我們仍有其他證據證明《輕重》不晚。〈揆度〉說，天下起兵加我，「臣之能以車兵進退，成功立名者，割壤而封」。戰爭主力猶以車爲重，故〈山國軌〉曰：「國爲師旅，戰車歐就」。人民賦役也以車乘作單位。〈山至數〉曰：「大夫之家方六里而一乘，二十七（「七」當作「五」）人而奉一乘」。二十五家負擔一輛戰車。〈山國軌〉建議徵山產而去田賦曰：「被鞍之馬千乘，齊之戰車之具具於此，無求於民，此去丘邑之籍也」。按《春秋》，成公元年（西元前 590）魯作丘甲。《左傳》昭公四年（西元前 538）鄭子產作丘賦。丘邑之籍即丘甲、丘賦之類的負擔。

〈山國軌〉寫作之時齊尚有丘賦，可見去春秋不遠。其時馬雖被鞍供騎兵之用，但仍隨車乘計算，可能在戰國前期。

（六）貨幣

〈輕重〉諸篇的貨幣制度分三種：珠玉爲上幣，黃金爲中幣，刀布爲下幣。這種說法見於〈地數〉、〈揆度〉、〈國蓄〉、〈輕重乙〉等篇，應是普遍的現象。但真正當作通貨則只有黃金和刀幣而已，珠玉是寶物，不是通貨。〈國蓄〉曰：「五穀食米，民之司命也；黃金刀幣，民之通施也。故善者執其通施以御其司命」。不及珠玉。可見珠玉之稱貨幣，只備一品，平時是不流通的。因此到秦統一天下後，乾脆正式廢掉珠玉的貨幣地位，幣制只有二等。《史記・平準書》云：「黃金以溢名，爲上幣；銅錢識曰『半兩』，重如其文，爲下幣。而珠玉、龜貝、銀錫之屬爲器飾寶藏，不爲幣」。王獻唐說，戰國交易錢幣只有金、銅兩種，珠玉雖可並用，自戰國以下即取次不行（王獻唐 1979，頁 246），蓋得其實。

然而《輕重》「珠玉爲上幣」卻被馬非百引爲王莽說的證據之一（頁 11），他不但昧於〈平準書〉所述戰國至秦統一貨幣從三等改爲二等的變革，對他引證的貢禹奏疏也是完全誤解的。貢禹是徹底反對貨幣的人，他看到商人剝削農民，農民窮則起而爲盜賊，推「其原皆起於錢」，故向元帝建議「罷採珠玉金銀鑄錢之官，亡復以爲幣」(《漢書·貢禹傳》)。「鑄錢」二字馬氏漏引，於是就有到元帝時代漢朝還以珠玉金銀爲幣的錯誤結論。

但《輕重》作於戰國的鐵證，在貨幣的證據是刀布。《輕重》說刀布下幣，「下」字唯表示其價小，適用於日常交易。故〈揆度〉說「五穀者民之司命」，接著說「刀幣者溝瀆也」。刀布譬如溝渠，其流通性比黃金更高。齊國使用刀錢，是歷史常識，不煩深論。不過，我們還需要證明刀錢在漢代確實不再使用，對《輕重》作於戰國的說法才具備說服力。蒲慕州氏將 1987 年以前發表的漢墓考古資料輸入電腦，我請他過濾西漢中葉以前隨葬錢幣的墓，得 160 座，只出土半兩和五銖，完全未見戰國時代的刀布或空首、平首布。墓葬分布地區遍及十七省，範圍相當廣，此一現象應具有代表性[9]。考古出土王莽時期鑄造的「大布黃千」錢，作鏟形（《文物》1977:12, 1981:10, 1982:6），與刀布無關，不能作爲《輕重》著於王莽的佐證。刀幣既然絕不見於漢墓，唯一合理的解釋恐怕是秦朝貨幣的統一比政治更徹底，所有戰國刀鏟錢都銷鎔重鑄圓錢了。漢

9 160 座墓分 H1，H2 兩期，所出半兩與五銖的墓數（有一墓同出這兩種貨幣者）如下：

	半 兩	五 銖
H1	60	8
H2	12	77

不同省分出土錢幣之墓數如下：

河 南	四 川	湖 北	廣 東	河 北	江 蘇
62	25	23	8	7	7
陝 西	山 東	廣 西	貴 州	山 西	浙 江
5	3	3	3	2	2
江 西	湖 南	雲 南	安 徽	甘 肅	
2	2	2	1	1	

代人會採用市面上完全絕跡的貨幣來講財經政策、金融理論嗎？〈輕重〉諸篇再再言及刀布，應該是戰國時代齊國之著述的絕好證明。

（七）齊量

《輕重》有齊國特別的量制釜、鏂和鍾，也是考訂其著作年代的一項好證據，胡家聰已經注意到了。

〈海王〉曰：「鹽百升而釜」。〈輕重丁〉曰：「齊西之粟釜百泉，則鏂二十也；齊東之粟釜十泉，則鏂二錢也」。〈輕重甲〉曰：「粟賈釜四十而鍾五百也」。由這三條資料得齊量制爲二十升一鏂，五鏂一釜，十釜一鍾。《左傳・昭三》晏子曰：「齊舊四量：豆、區、釜、鍾。四升爲豆，各自其四以登於釜，釜十則鍾。陳氏三量皆登一焉，鍾乃大矣」。區同鏂，戰國的齊當用田氏之量。皆登一焉，杜預解作五升爲豆，五豆爲鏂，五鏂爲釜。但據《輕重》應該是五升爲豆，五豆爲鏂，五鏂爲釜，十釜爲鍾。豆鏂釜鍾是齊量的特制。

齊國量器〈子禾子釜銘〉曰：「左關釜節于廩釜，關鈉節于廩斛（楊樹達以爲當作料）」。〈左關鈉銘〉同。〈陳純釜銘〉亦曰：「左關之釜節于廩釜」。這三器皆藏於上海博物館，經實測子禾子釜 20460 毫升，陳純釜 20580 毫升，左關鈉 2070 毫升，卽十鈉等於一釜。如《輕重》所述，1 釜＝20 區＝100 升，一釜十斗，一鏂二十升，則一鈉等於半鏂（《中國古代度量衡圖集錄・圖版說明》頁 10-11）。可見齊國官定標準量器是以豆、鏂、釜的進位制的。〈輕重甲〉旣謂政府與民間的商業契約方式是「定券契之齒，釜鏂之數」，《輕重》諸篇釜鏂的量制又那麼普遍，這些應該都是戰國齊人的論著無疑。

（八）賞罰

〈輕重乙〉曰：管子請桓公以終歲之租金一朝素賞軍士。令能陷陣破眾者、得卒長（百人爲卒）者，皆賜之百金；得執將首者、所得敵軍累積千人者，皆賜之千金。齊國這種賞賜軍士黃金的制度有荀子可以佐證。荀子與臨武君議兵於趙孝成王之前，比較齊、魏、秦三國激勵軍士的手段。他說：「齊人隆技擊。其技也，得一首者則賜贖錙金，無本賞矣」。魏之武卒「中試則復其戶，利其田宅」。秦「功賞相長，五甲首而隸五家」（《荀子・議兵》）。〈輕重乙〉的軍賞正是戰國齊國軍賞制的寫照，別時代或別地方都不能取代的。

關於刑罰，《輕重》提到刖、劓兩種肉刑。〈地數〉封山令曰：「有犯令者，左足入，左足斷；右足入，右足斷」。〈揆度〉引輕重之法曰：「自言能爲官不能爲官者，劓以爲門父」。我在〈從肉刑到徒刑〉一文中指出，歷來雖然相傳肉刑廢於漢文帝，其實早在戰國，肉刑已逐漸衰退，代之以徒刑。就湖北雲夢睡虎地秦律來看，封建時代的肉刑只剩下黥，另外少數殘留劓和刖，秦漢以下基本上以服勞役的徒刑作爲懲罰罪犯的手段。《輕重》這兩條資料也是肉刑的殘餘，和我們論斷刑罰手段變遷的歷史吻合，到漢代文景以後應該都絕跡了。

以上（一）至（四）項除第三項的書贅外，都是馬非百提出的證據，（五）至（八）項是我新加的。馬氏用以論斷屬於西漢時代的證據，經過我們考證，卻都可以肯定是戰國的制度。另外新舉四項則只能屬於戰國時代，未延續到漢。這些都是無心史料，最不易造假。《輕重》諸篇呈現的制度證據應可確認它們是戰國時代的著作。

四、結　　論

《管子·輕重》諸篇作於西漢文景、武昭和王莽的三種說法，經過我們的分析，是不能成立的。馬非百舉證最夥，故本文多就他的理由辨正。他的據點攻擊、全面圍攻和最後突破不是曲解就是誤解，本文不厭其煩，一一討論。剩下少數幾點證據，譬如所謂的公葬制度，比附粗疏，就不再析評了。

馬非百列舉的資料我們認爲多不始於漢，早在戰國就存在了。唯從邏輯上說，戰國存在的事物也可能持續到漢朝，所以這樣辯論仍然無法絕對肯定《輕重》必作於戰國而不作於西漢。可是我們新舉的車乘、刀幣、齊量和金賞與肉刑，到漢朝已經消失，當能確定《輕重》諸篇必不作於漢，而其涉及制度都具有戰國時代的特徵，故可肯定作於戰國。

另外還有旁證。《史記·管晏列傳》曰：「吾讀管氏〈牧民〉、〈山高〉、〈乘馬〉、〈輕重〉、〈九府〉」。西漢前期的司馬遷是讀過《輕重》的，並且把《輕重》所說的那套財經政策歸之於管仲的創發。故〈貨殖列傳〉說，管仲修太公勸女功、極技巧、通魚鹽之術，「設輕重九府，則桓公以覇」。〈平準書〉說，管仲「通輕重之權，徼山海之業，以朝諸侯」。〈管晏列傳〉也說他「貴輕重，愼權衡」。把《管子・輕重》的內容置於春秋前期，未免信古太過，因爲那時貨幣經濟還未發達，而《輕重》理論的前提卻是以貨幣經濟爲基礎的。

輕重的本義可能是錢[10]，運用貨幣買賣萬物而謀厚利的手段謂之輕重術。對於《輕重》諸篇賦予貨幣的重要地位，自梁啟超《管子傳》以下，近年研究《管子》的經濟學家（胡寄窗 1962，巫寶三 1983，郭彥崗、喻明高 1985）都有詳盡的討論。這些理解使我們考訂《輕重》的年代又多一條路徑。

長久以來古錢的研究雖然鈎勒出春秋戰國錢幣發展的大致趨勢，近年考古出土的證據也累積得相當可觀（王世民 1984），但細緻的斷代工作尚付諸闕如。可以大體確定者，不論平首布或刀布，鑄行上限似皆不晚於戰國早期，而各國貨幣之流通大概都在戰國中期以後（朱活 1984，頁 80、105；蕭清 1984，頁 61）。齊國即使經濟最先進，貨幣經濟之發達恐怕也不可能早於戰國。〈輕重乙〉說「先王善制其通貨」，〈國蓄〉說「黃金刀幣，民之通施也，故善者執其通施」，又說人民「自爲鑄幣而無已，乃今使民下相役耳，惡能以爲治乎」？這些議論都主張國家要壟斷鑄幣權。考古出土一種「齊法化」，是齊國的標準貨幣，重量在 43-53.5 克之間，多數在 46 克左右，其銘不鑄城邑地名，顯示中央政府鑄幣權進一步的集中與加強（蕭清 1984，頁 60）。齊國刀幣之統一於「齊法化」大概在戰國中期（朱活 1984，頁 106）。從貨幣廣泛流通與「齊法化」之普及來看，《輕重》之作應不會晚於戰國中期。

〈乘馬數〉云：「穀獨貴獨賤」。根據《管子》的輕重理論，五穀也是另一種形式的貨幣。關於五穀、貨幣和萬物間的對比關係，梁啟超（1936，頁 59-60）和胡寄窗（1962，頁 324-327）已闡述得很明白。五穀兼具交易目的物和媒介物這兩種功能，而且在市場上佔居相當重要之地位，其媒介物性質與貨幣幾乎不相上下，窺諸戰國歷

10 《史記索隱》〈齊太公世家〉曰「輕重謂錢也」，〈管晏列傳〉說同。《史記正義》〈貨殖列傳〉亦曰：「《管子》云輕重，謂錢也。夫治民有輕重之法，周有大府、玉府、內府、外府、泉府、天府、職內、職金、職幣，皆掌財幣之官，故云九府也」。司馬貞《索隱》將〈管晏列傳〉的「輕重九府」連讀。《國語・周語下》曰：景王二十一年（西元前 524）將鑄大錢，單穆公（旗）諫曰：古者量資幣，權輕重，「民患輕則爲作重幣以行之，於是乎有母權子行。若不堪重，則多作輕而行之，於是乎有子權母而行，小大利之」。則輕重卽是子母錢，孟康曰「重爲母，輕爲子」（《漢書・食貨志下・注》）是也。

史，也只有放在前期才比較適當。《史記・貨殖列傳》首列范蠡、子貢和白圭三位大商人，交易貨物主要是五穀和布帛（杜正勝 1988a）。他們的年代從春秋末年到戰國早期，所以把《輕重》放在戰國前期適可與此經濟發展的現象符應。

《輕重》講富豪兼并，主要指販有易無的大貿易商，對於工業商人著墨甚少，只〈海王〉篇專門討論，其他篇章都很零碎。這是有意義的。今日考古學關於東周鐵器的綜合結論是，戰國中期以後冶鐵業才有明顯的發展（殷瑋璋 1984），出土鐵農具的墓葬多屬於戰國晚期（雷從雲 1980）。《史記・貨殖列傳》的冶鐵商人，郭縱可能比較早，其他如卓氏、孔氏恐怕都始於戰國中晚期以後。這一點似乎也可與《輕重》作於戰國前期之說相印證。

最後，上章論戰國制度，車乘項所論車兵及丘邑之籍，顯示《輕重》還保留封建時代的殘餘。從文獻學的考訂，再結合《輕重》理論的主要環節——五穀與貨幣，我們認爲《輕重》主要篇章寫作的年代當在戰國前期，似不晚於戰國中葉以後。

引用書目

王世民

1984 〈東周時期金屬鑄幣的發現〉，《新中國的考古發現和研究》，文物出版社。

王先謙

《荀子集解》，世界書局影印。

王獻唐

1979 《中國古代貨幣通考》，齊魯書社。

江　永

《春秋地理考實》，收入《皇淸經解》卷 252-255。

朱　活

1984 《古錢新探》，齊魯書社。

宋兆麟

1988 〈人祖神話與生育信仰〉，收入王孝廉編《神與神話》，聯經出版公司。

何秋濤

1891 《王會篇箋釋》,江蘇書局(光緒十七年)

沈雁冰

1925 《中國神話研究》,1968年新陸書局重印。

杜 佑

《通典》,商務印書館。

杜正勝

1983 〈「編戶齊民」的出現及其歷史意義〉,《歷史語言研究所集刊》54本3分。

1984 〈周代封建解體後的軍政新秩序〉,《歷史語言研究所集刊》55本1分。

1985 〈從肉刑到徒刑——兼論睡虎地秦簡所見古代刑法轉變的信息〉,《食貨月刊》15卷5、6期合刊。

1988a 〈中國古代的資本家〉,《歷史月刊》創刊號。

1988b 〈野城與山城〉,韓國忠南大學百濟研究所《百濟研究》19卷。

李學勤

1959 〈戰國題銘概述〉,《文物》1959年7、8、9期。

巫寶三

1983 〈論《管子·輕重》各篇的經濟思想體系問題〉(上)(下),《經濟科學》1983年2、3期。

胡寄窗

1962 《中國經濟思想史》,上海人民出版社。

胡家聰

1981 〈《管子·輕重》作於戰國考〉,《中國史研究》1981年1期。

梁啟超

1909、1936 《管子傳》,中華書局。

容肇祖

1958 〈駁馬非百《關於管子輕重篇的著作年代問題》〉,《歷史研究》1958年

1 期。

馬非百

1956 〈關於管子輕重篇的著作年代問題〉，《歷史研究》1956 年 12 期。

1979 《管子輕重篇新詮》，中華書局。

殷瑋璋

1984 〈有關冶鐵工藝興起的考古發現〉，《新中國的考古發現和研究》，文物出版社。

秦蕙田

《五禮通考》，味經窩藏板。

張心澂

1957 《僞書通考》（修訂本），商務印書館。

張佩綸

《管子學》，商務印書館。

郭彥崗

1985 〈《管子》的貨幣流通和計劃經濟理論〉，（與喻明高合寫），《中國錢幣》1985 年 3 期。

雷從雲

1980 〈戰國鐵農具的考古發現及其意義〉，《考古》1980 年 3 期。

楊樹達

1959 《積微居金文說》，科學出版社。

董　說

《七國考》，世界書局影印。

厲以平

1987 《管子體系及經濟思想》，香港大學出版印務公司。

繆文遠

1987 《七國考訂補》，上海古籍出版社。

謝選駿

1988 〈中國古籍中的女神——她們的生活、愛情、文化象徵〉，收入王孝廉編《神與神話》，聯經出版公司。

蕭 清

1984 《中國古代貨幣史》，人民出版社。

安 井衡

《管子纂詁》，河洛圖書公司影印。

森 雅子

1986 〈西王母の像——中國古代神話における地母神の研究〉，《史學》56卷3號。

榎 一雄

1985 〈禺氏邊山の玉〉，《東洋學報》66卷。

江上波夫

1967 《アジア文化史研究・論考篇》東京，山川出版社。

松田壽男

1939 〈禺氏の玉と江漢の珠〉，收入《東西交涉史論》上卷，東京，富山房。

內田吟風

1938 〈月氏のバクトリア遷移に關する地理的年代的考證〉，《東洋史研究》3卷4號。

《中國古代度量衡圖集》邱隆、丘光明、顧茂森、劉東瑞、巫鴻合編

1984 北京，文物出版社。

《管子集校》許維遹、聞一多、郭沫若集校

1956 北京，科學出版社。

《文物》

1977:12 〈遼寧寧城縣黑城古城王莽錢范作坊遺址的發現〉

1981:10 〈湖南資興新莽墓中發現大布黃千鐵錢〉

1982:6 〈五川三台縣東漢岩墓內發現新莽銅錢〉

出自第五十九本第四分(一九八八年)

孝經中黃讖解題改寫本

陳　槃

孝經中黃讖全文四十八言：『日載東，絕火光。不橫一，聖聰明。四百之外，易姓而王，天下歸功。致太平，居八甲，共禮樂，嘉樂家和』。此讖見於三國志魏志文帝紀裴注。案此讖，曹操、丕父子所僞託，蓋曹氏父子志存篡漢，時俗信讖，故使燕齊海上方士依託此讖，冀以迷惑、爭取天下臣民之心。讖文云『日載東』（載一作戴，二字古通），謂古文『曹』字；云『絕火光』者，蓋劉漢自哀平以後，自居火德、火行。日已載（戴）東，則火光滅絕也。『不橫一』，明是曹丕之『丕』字。『聖聰明』以下句，則歌詠曹丕之功德也。語意明顯，可一望而知。問題在，僞託此讖，何以必須藉重中黃？中黃是道家方士所僞託之神仙，又何故必須依附儒家之經典孝經？蓋秦漢之際，儒爲顯學，尤其漢武帝罷黜百家，崇儒尊經，自是以後，『怪迂阿諛苟合』之方士，大都被服儒衣、儒冠，貌爲儒學之士，而比附經藝，僞託讖緯之舉，遂紛然不絕于時矣。中黃信奉之在東漢末年，有甚爲特殊之地位，曹氏之僞託讖緯，必須藉重中黃，有由然也。

孝經中黃讖解題爲拙著古讖緯書錄解題篇目之一，元稿載本所集刊第十七本（葉六一～六四）。今芟削不用，更譔此文，是爲「改寫本」云。

敍　錄

〔朱彝尊經義考說緯〕孝經有中黃讖。……大都此等，多係漢人偽作，東漢人之所著錄，如參同契之名，皆三字，其為假託者多，難可斷決也。

〔沈曾植海日樓札叢卷六中黃太一〕三國志太祖紀：「光和末，遷為濟南相，禁斷淫祀，姦宄逃竄」。裴注引魏書：「初，城陽景王劉章以有功於漢，故其國為立祠。青州諸郡轉相仿效，濟南尤甚，至六百餘祠。賈人或假二千石輿服導從作倡樂，奢侈日甚，民坐貧窮，歷世長吏無敢禁絕者。太祖到，皆毀壞祠屋，止絕官吏不得祠祀。及至秉政，遂除姦邪鬼神之事，世之淫祀，由此遂絶」。又引魏書：「黄巾與太祖書曰：昔在濟南，毁壞神壇，其道乃與中黄太乙同，似若知道，今更迷惑。漢行已盡，黄家當立。天之大運，非君才力所能存也」。龜山元籙有東明、南光、西精、北元、中黄等符。道藏太平部有太上靈寶浮明中黄八柱經，解題云：「中黄之道，黄庭之景，虚四谷，塞二兑，開二洞，立八柱」云云（元注：魏志文帝紀裴注引孝經中黄讖曰：『載東絶火光不横』云云，則中黄之目，起自緯書也。太一之名，則諸緯皆稱之）。

槃案孝經中黄讖書佚。輯本有喬松年緯攟，王仁俊玉函山房輯佚書續編，殷元正集緯，安居香山、中村璋八重修緯書集成（昭和四十八年三月日本東京都明德出版社排印本）。集成本後出，附以校勘，頗便觀覽。但其句讀：

日戴、東絕、火光不横、一聖聰明、四百之外、易姓而王、天下歸功、致太平、君八甲、共禮樂、正萬民、嘉樂家和（卷五、葉八八）。（槃案『日戴』，三國志文帝紀注、宋書符瑞志上引『戴』並作『載』，二字古通。『東絶』，集成本校勘云：『宋書絶作紀』。『聰明』，校勘云：『宋書作明聰』。『君八甲』，文帝紀注引『君』作『居』。校勘云：『宋書無八甲以下句』）。

槃案此讖始見于三國志魏志文帝紀注，蓋時俗迷信讖緯，曹氏存心篡漢，故僞託此讖，欲藉此以爭取臣民之心，其句讀自應作：

日載（戴）東，絕火光。不横一，聖聰明。四百之外，易姓而王，天下歸功。致太平，居八甲，共禮樂，正萬民，嘉樂家和。

案「曹」，說文曰部作「䒕」；古印章或作「鄷」（說文古籀補），或作「𣍘」（古璽文字徵）；殷虚卜辭或作「𣍘」（殷契前編二、五）。讖文云「日載（戴）東」，無疑即古文「𣍘」，亦即隸定「曹」字。質言之，即魏文帝曹丕之「曹」字。云「絕火光」者，蓋西漢昭帝時有眭弘者，奏書言：「漢爲堯後，有傳國之運」（漢書本傳）；厥後有世經出，而五行相生之歷史系統成立，於是堯遂爲火運、火行（所謂五行相生者，曰木、曰火、曰土、曰金、曰水。木生火，火生土，土生金，金生水，水生木，周而復始，循環無已）；由堯下推，歷舜（土）、禹（金）、湯（水）、周（木），至漢亦爲火運、火行。以秦氏無道，不爲正統，只能爲閏統，故漢直繼周木，木生火，故漢亦爲火運、火行也。逮曹氏篡漢，則自以爲土運、土行，火生土也（三國志魏志文帝紀注引獻帝傳曰：『魏王登壇受禪……祭天地五嶽四讚曰……凡諸嘉祥民神之意，比昭有漢數終之極，魏家受命之符。漢主以神器宜授於臣，憲章有虞，致位於丕。……丕祇承皇象，敢不欽承。……今朕承帝王之緒，其以延康元年爲黃初元年』。案如前說，堯火、舜土。漢已爲堯後、火行、火生土，故魏自以爲舜後土行也。『憲章有虞』者，舜國號有虞也。魏氏建元黃初者，土色黃也。土黃、火赤，故光武中興有赤伏符讖之依託也。文帝紀注文引給事中博士蘇林、董巴上表曰：『舜以土德，承堯之火；今魏亦以土德、承漢之火』。曹魏之爲土德、土行，蘇董二氏斯言，可謂直接了當矣）。土代火興，土生、火滅，故云「絕火光」也。云「不橫一」者，「不」下橫「一」，明卽曹丕之「丕」。「聖聰明」者，謂曹丕已聖且聰明也。云「四百之外，易姓而王」者，前後漢享國共四百又八年（前漢自西元前二一一三～一九〇四；後漢自前一八八七～一六九二），此時應易劉而爲曹。「天下歸功」，歸功曹氏也。

所謂「中黃」者，方士所託之神仙，抱朴子極言篇：

（黃帝）適東岱而奉中黃，入金谷而諮子心。

又引神仙金汋經曰：

（服金丹後）身則光明，羽翼卽生，上爲中黃、太一承敍元精（元注：昔上輔仙官者，皆隸屬中黃丈人及太一君。此二君者，仙人之主也）。

案中黃仙人云居東岱（泰山）；又據黃巾與魏太祖（曹操）書，以中黃、太一（太乙）與濟南、青州等地對城陽景王劉章之淫祀，相提並論，可知所謂中黃仙人，必燕齊海上「怪迂阿諛苟合」之方士所僞託。三國志武帝紀，漢靈帝光和末（西元一八三），魏太祖遷爲濟南相，裴注引魏書：

初城陽景王劉章，以有功於漢，故其國爲立祠，青州諸郡轉相倣傚，濟南尤盛，至六百餘祠。……太祖（曹操）到，皆毀壞祠屋，止絕官吏民不得祠祀。及至秉政，遂除姦邪鬼神之事，世之淫祀，由此遂絕。

是謂曹操能破除迷信。然武帝紀，獻帝初平三年（西元一九二），太祖（操）領兗州牧，「遂進兵擊黃巾於壽張」，裴注引魏書：

（黃巾）乃移書太祖曰：「昔在濟南，毀壞神壇，其道乃與中黃、太乙同。似若知道，今更迷惑。

玩味黃巾此書，則知曹操在濟南雖能毀壞神祠，止絕淫祀，然仍信奉中黃與太乙。中黃是當時所謂「仙」，所謂「仙人之主」，說具如上。太乙據云亦「仙人」，更有「貴神」之目。史記封禪書：

亳人謬忌奏祠太一方曰:天神貴者太一,太一佐曰五帝。古者天子以春秋祭太一東南郊。

漢書郊祀志上:

置壽宮、神宮。神宮最貴者曰太一。

太一卽太乙。曹操信奉中黃、太一,是不可謂非迷信鬼神,故黃巾詒書,以爲「似若知道,今更迷惑」。質言之,曹操昔爲濟南相,毀壞神祠,是「似若知道」;今爲兗州牧,猶信奉中黃、太乙,則是「今更迷惑」。蓋黃巾固以爲,濟南之劉章神祠,「其道乃與中黃、太乙同」,是中黃、太乙亦是淫祀,在當毀除之列,而曹操不然也。意者、曹操於初平三年進擊黃巾之時,可能有某種情事曾利用中黃、太乙,而爲黃巾所厭惡,認爲有不利于己之影響,故譏諷曹操,謂之「迷惑」。不然,則戰場之上,惟是干戈弓矢以相周旋,有何閑情而牽涉神道信仰之事耶?

復次中黃、太乙——尤其中黃之在當時,必深得朝廷上下以曁民間社會之普徧信仰;特別是中上流人士。僞託中黃之圖書,今雖旣經遺佚,而其存目除孝經中黃讖外,可考見者,猶有六種之多(海日樓札叢指出二事,槃亦考得四事,並已前見),卽此一端,已可概見。唯其如此,中黃號召、影響之力必然甚強,故迨至獻帝末年,曹氏父子乃亟加利用,以爭取臣民之心而圖謀篡代,孝經中黃讖于是遂應時而出矣。

僞託圖書讖緯以資號召以爭取天下臣民之歸附者,前此多有之(別詳拙秦漢間之所謂『符應』論略。本所集刊第十六本葉四一~四七),如王莽篡漢之所謂金匱策書、光武中興之所謂赤伏符,是其尤著者。漢書王莽傳:

元始五年,潼人哀章學問長安,素無行,見莽居攝,卽作銅匱爲兩檢,署其一曰,天帝行璽金匱圖;其一署曰,赤帝行璽某傳于黃帝金策書。某者,高皇帝名也。書言:王莽爲眞天子,皇太后如天命。

王莽篡漢之手法如此。赤伏符者,光武本紀:

三年六月……行至鄗,光武先在長安時同舍生彊華,自關中奉赤伏符曰:劉秀發兵捕不道,四夷雲集龍鬥野,四七之際火爲主。

此等作僞伎倆,顯然十分笨拙有類兒戲,但在當時而言,則亦頗能欺人、惑人,故曹氏父子亦樂以利用之耳。

復次秦漢間方士固多道家其人，然方士之思想性行，雖道家其內而其外乃以儒學文飾，亦喜矯託讖緯（以上別詳拙著戰國秦漢間方士考論第二、三、四章）。其依託經藝之讖緯，今可考者尚有老子河雒讖（按舊說，易出于河圖洛書、故河洛讖實卽經讖），易乾鑿度、希夷名（按二書之名、本諸莊子老子，別詳解題）之等。方士依託中黄之書，據抱朴子遐覽篇所引，有中黄經，仙藥篇有中黄子服食節要，酉陽雜俎前二「圖籍有符圖七千章」條載中黄丈人經，雲笈七籤卷十三有太清中黄眞經，可見方士造託中黄之書，頗亦不少。孝經中黄讖，亦其比矣。

復次，孝經者，儒家之經典也。道家方士所僞託之讖，則何爲必須藉重儒家經典而詭稱曰孝經中黄讖？蓋自秦漢以來，儒爲顯學，韓非子顯學篇：「世之顯學，儒墨也，儒之所至，孔丘也」。唯其爲顯學，故自秦漢以來，方術之士，大都被服儒衣、儒冠，貌爲文學之士。戰國晚季之騶衍，其先導也。史記孟子列傳附騶衍傳：

> 騶衍睹有國者益淫侈，不能尙德若大雅整之於身，施及黎庶矣（會注考證：大雅思齊篇云『刑于寡妻，至于兄弟，以御于家邦』），乃深觀陰陽消息，而作怪迂之變，終始大聖之篇十餘萬言，其語閎大不經……其術皆此類也。然要其歸，必止於仁義節儉、君臣上下六親之施。

案騶衍，燕齊方士之鉅子，秦漢間燕齊海上以方術爲行業之方術士，大氐皆其傳人，史記封禪書曰：

> 騶衍以「陰陽」、「主運」顯於諸侯，而燕齊海上之方士傳其術，不能通；然則怪迂阿諛苟合之徒自此興，不可勝數也。

讖緯之書亦淵源于騶衍，別詳拙譔論早期讖緯及其與鄒衍書說之關係（本所集刊第二十本）。騶衍之思想性行如此。然本傳言其稱述大雅，「要其歸，必止于仁義節儉、君臣上下六親之施」，此固不失其爲儒言、儒行，太史公使之附傳于孟子之後，誠不爲無故。然則如騶衍其人者，固方士其內文學其外之鉅子也。此一現象，至于秦始皇時代，尤爲顯著而且普徧。始皇坑儒，語其實則是坑方士。史記始皇本紀：

> 三十五年……侯生、盧生……於是乃亡去。始皇聞亡，乃大怒曰：吾前悉召文字方術士甚眾，欲以興太平。方士欲鍊，以求奇藥。……終不得藥。盧生等吾尊賜之甚厚，今乃誹謗我，以重吾不德也。諸生在咸陽者，吾使人廉問，或爲

訞言，以亂黔首。於是使御史悉案問諸生，諸生傳相告引，乃自除。犯禁者四百六十餘人，皆阬之咸陽。始皇長子扶蘇諫曰：諸生皆誦法孔子，今上皆重法繩之，臣恐天下不安。

案或曰「文學方術士」，或曰「方士」，或曰「諸生」，一也。曰「文學」，曰「諸生皆誦法孔子」，蓋方術士而以儒學爲文飾也。所謂「文學」，亦即儒家經典之學，論語先進：「文學子游、子夏」；史記儒林傳：「齊魯之間於文學，自古以來，其天性也」，是也。始皇言「悉召文學方術士甚眾」，言「在咸陽者」，「犯禁者四百六十餘人」；而諸生傳相告發而「自除」者，與不在咸陽者，又不知凡幾；即此可窺見此等方士化之文學士，自騶衍倡之于前，至始皇時已蔚成風氣，封禪書以爲「怪迂阿諛苟合之徒自此興，不可勝數也」，非妄言也。

復次漢武帝以後，崇儒尊經，此于方術之士不能不依附儒學，亦爲重要因素。漢書武帝紀贊：

孝武初立，卓然罷黜百家，遂疇咨海內，舉其俊茂……

又董仲舒傳：

自武帝初立，魏其武安侯爲相而隆儒矣；及仲舒對册，推明孔氏，抑黜百家，立學校之官，州郡舉茂材、孝廉，皆自仲舒發之。

武帝以後，罷黜百家，崇儒尊經，此時方術士如不依附、託庇儒學，即等於自斷其致身之階，無疑即減少其容身、活動之地，此所以儒家諸經如易（兼包河圖、洛書）、書、詩、禮、樂、春秋、孝經、論語，皆有所謂讖緯（讖緯名異實同，別詳拙讖命名及其相關之諸問題，見本所集刊第二十一本。有增訂本，刊幼獅學報第一卷第一期），又不獨孝經中黃讖一事而已。

中黃又爲國名，文選西京賦：

迺使中黃之士，育獲之儔（李善注：尸子曰，中黃伯曰，命左秦行之獲、而右搏雕虎。李周翰曰，中黃，國名，其俗多勇力）。

此中黃與孝經讖之中黃，無甚關係，自可勿論。

一九八八年秋改定稿

補　記

如前所論，曹操之于中黃神道，素日予以扶植、利用，關係至爲密切，故黃巾詆之，以爲『迷惑』。然而吾人今日所能見到之中黃讖，則其所推尊、傅會、神化，以爲受命于天之聖人者，乃不在曹操而在其子曹丕，此何耶？蓋曹操雖志存篡漢，然亦必能默察其時天下大勢，知于其生前，時機未盡成熟，猶不免有所顧慮。三國志武帝紀，獻帝建安二十五年，裴注引魏略曰：

孫權上書稱臣，稱說天命。上（操）以權書示外曰：是兒欲踞吾著爐火上邪！時機猶未成熟，則臣民未盡歸附，而遽爾使之甘冒天下之大不韙，是無異使之踞身著爐火上矣。曹操自知之明，于此焉見之矣。

裴注又引魏氏春秋曰：

> 夏侯惇謂王曰：天下咸知漢祚已盡，異代方起。自古以來，能除民害爲百姓所歸者，卽民主也。今殿下卽戎三十餘年，功德著於黎庶，爲天下所依歸，應天順民，復何疑哉！王曰：施於有政，是亦爲政。若天命在吾，吾爲周文王矣。

案論語泰伯篇，孔子曰：『三分天下有其二，以服事殷，周之德，可謂至德也已』。三分天下有其二猶以服事殷，此周文王之盛德。而曹操之于東漢末葉，乃權奸、元惡，安得以周文自擬！天下未盡歸心，不免猶有所顧慮，知難而退，則有之矣。由是觀之，則中黃讖之推尊、傅會、神化，不于曹操而于曹丕者，是必曹操生前之預謀，亦可知矣。

一九八九年九月廿九日家難中又記。

出自第五十九本第四分(一九八八年)

史記燕召公世家補注

陳　槃

史記注解、校證一類之書，舊有劉宋裴駰之集解，唐張守節之正義，近代則有張森楷之新注稿，日本瀧川資言之會注考證及王叔岷之史記斠證等。諸氏之書，固亦有功史學，然待補苴之罅漏與待發之覆，仍所在多有。拙譔是篇，於燕召公是否爲文王子而與周公爲骨肉至親兄弟與夫燕國初封及其遷地所在及周公攝政是否稱王等問題，並博涉、廣覽，作深入之研討。

召公奭。

『召』，青銅器或作『[illegible]』(彝。金文世族譜引商錫永先生臧拓片)、或作『[illegible]』(爵。宣和博古圖錄一四、六)、或作『[illegible]』(六年段。擿古錄金文三二、二四)。

中山王嚳作『邵』，曰『以內𢇍(絕)邵公之[illegible](業)』。邵公卽召公。舊籍亦或作『邵』。周書和寤篇、公羊隱五年傳、戰國策楚策並稱『邵公』，卽召公。國語周語上『邵公告曰』，此召康公(奭)之孫穆公虎，而毛詩江漢作『召虎』(別詳拙著春秋大事表譔異頁1447)。

『奭』，戰國策楚策『邵公奭』，某氏校點本云：『鮑本奭作「郥」』。路史後紀高辛紀：『召公顧封燕』。羅苹注：『多顧乃寔字』(卷九下、頁十一)。案言召公名顧，未詳所本。

召公名奭，周書君奭、顧命、周本紀、世家、說文皕部、風俗通六國篇等並同。說文又云：『史篇名醜』。梁玉繩志疑十九曰：『恐非』。張政烺曰：史篇原本當作『[illegible]』，卽眉壽之謂。說解者讀爲『醜』，因譌作召公『名醜』。案張說博洽，見所著說文燕召公史篇名醜解(本所集刊第十三本)。

與周同姓，姓姬氏。

會注：『梁玉繩曰：穀梁莊三十年傳云：「燕，周之分子也」。白虎通王者不臣章:「召公,文王子」。論衡氣壽篇:「召公,周公之兄」。書、詩疏及詩、禮釋文引皇甫謐曰:「文王庶子」。書君奭疏及史記集解引譙周曰:「周之支族」。皇甫之說,本白虎通、論衡,然不可信。孔穎達、陸德明並言,左傳富辰數文昭十六國無燕,則召公必非文王子,斥士安爲謬。蓋旣爲周同姓,稱「分子」也可,稱「支族」也可』。

姚鼐曰:『(穀梁傳)莊三十年,「燕、周之分子」。其文蓋本爲「周之別子」。古「別」字作「𠔁」,故傳本或作「分」,或作「𠚕」,皆以古字形近而誤。范甯時,傳文未誤,故注云「謂周別子孫也」。唐以後其文舛失,故疏解失之。「別子爲祖」,史記「南伐晉別」,又云「衞、周之別」,古多有此語矣。燕祖召公,不知爲何君之別子。宣王時召穆公尚糾合宗族於成周,其別子於周先世,必非甚遠也。或以樂記封黃帝之後於薊,即爲召公,是大不然。周固出黃帝,然別子之封多矣,安得獨以燕守黃帝之祀?且燕薊自兩國,其後燕乃併薊。史記集解引世本,桓侯遷臨易。蓋春秋之前已併薊矣,是以遷居其地。若燕始封之地,蓋於傳未有聞焉』(穀梁傳補注莊三十年『燕周之分子也』條)。

左暄曰:『穀梁氏曰,「燕,周之分子也」。「分子」者,猶曲禮之言「支子」,大傳之言「別子」也(注疏謂:『分子,周之別子孫也。燕與周同姓,故知別子孫也』。非是)。逸周書作雒解:「三叔及殷、東、徐、奄及熊、盈以略,周公、召公內弭父兄,外撫諸侯」;祭公解:「王曰,我亦維有若文祖周公,暨列祖召公」。此召公爲文王子之確證。白虎通曰:「子得爲父臣者,不遺善之義也。詩云:文武受命,召公維翰。召公,文王子也」。則召公爲文王子,漢人已明言之。皇甫謐帝王世紀以爲文王庶子,蓋本之穀梁氏。……陸德明釋文謂:「左傳,富辰言文之昭一十六國,不及燕,故知召公非文王子」。然左傳又載成鱄之言曰:「昔武王克商,光有天下,其兄弟之國者十有五人」。旣爲一十六國,何以又云十有五人?孔穎達以爲「人異,故說異」。然則不得執富辰之言相難,謂召公非文王子也。釋文又謂:「今涿州薊縣,即燕國之都。孔安國、司馬遷、鄭康成皆云:燕國都,邵公與周同姓。按黃帝姓姬,君奭蓋其後也」。亦不然。司馬遷史記於畢公,亦云「與周同姓」,亦可謂畢公非文王子哉？』（三餘偶筆一召公條）。

雷學淇曰：『召公乃周公之兄，故穆王稱之曰：「文祖周公，烈祖召公」（元註：見逸周書）；召公之稱文王，亦曰：「我先君」（元註：見韓詩外傳）』（竹書義證二五、葉一八八）。

于省吾曰：『無逸「允若時」，魏三體石經作「兄若時」。……古文「兄」作「𠑹」，與「允」相似。白虎通不臣篇：「召公，文王子也」；論衡氣壽篇以召公爲周公之兄。穀梁莊三十年傳：「燕，周之分子也」。「分子」，別於世子。然則，史、漢但謂召公「與周同姓」，未可據也。（君奭）「公曰，君、告汝、朕允保奭」。「朕允保奭」卽朕兄保奭，言我之兄保奭也。……蓋昔人不知「兄」之譌爲「允」，又不諳「朕」之故訓（元註：金文朕，皆訓我之。容庚周金文中所見代名詞釋例），遂無有發其覆者矣』（雙劍誃尚書新證卷三、頁三九）。

今案，隱五年公羊傳云：『天子三公者何？天子之相也。天子之相則何以三？自陜（一作陝）而東者，周公主之；自陜（陝）而西者，召公主之；一相處乎內』。鄭玄毛詩周南召南譜：『文王受命，作邑於豐，乃分岐邦周、召之地、爲周公旦、召公奭之采地，施先公之教於己所職之國。……周公封魯，死，謚曰文公；召公封燕，死，謚曰康公。元子世之。……其次子亦世守采地，在王官，春秋時周公召公是也』。周公、召公，出爲方伯，入爲三公重臣；周公封魯、召公封燕，亦並以元子就封，元子世之；次子並守采地，在王官。周公、召公之在周室，關係、地位皆相若。逸周書祭公篇：『（穆）王曰：我亦唯有若文祖周公、曁列（烈）祖召公』。僖二十四年左傳：『今周德旣衰，又渝周、召，以從諸姦』。毛詩之篇，亦周南、召南次第相屬。蓋周、召二公，相提並論，等量齊觀，無分軒輊，自古則然。卽此，已足使人意識到周、召二公之于周室，所受倚畀之殷，付託之重，其關係不同尋常，應是骨肉至親。復觀前引左傳，富辰之諫（周襄王）也。曰：『臣聞之，大上，以德撫民；其次親親，以相及也。……召穆公思周德之不類，故糾合宗族於成周、而作詩曰：「常棣之華，鄂不韡韡。凡今之人，莫如兄弟」。其四章曰：「兄弟鬩于牆，外禦其侮」』。案召穆公，召公奭之孫，觀其作詩辭氣，儼然家族長老，一再叮嚀，著重兄弟。此其兄弟，決非『四海之內皆兄弟也』之所謂『兄弟』(論語顏淵篇，子夏語司馬牛之辭)，應是骨肉至親。富辰之諫王，引喻召穆公作詩之旨，曰:『周之有懿德也，猶曰「莫如兄弟」，故封建之。其懷柔天下也，猶懼有外侮；扞禦侮者，莫如親親，故以親屏周』。『大上，以德撫民；其次親親，以相及也。昔周公弔二叔之不咸，故封建親戚，以蕃屏周:管、蔡、郕、霍、魯、衞、毛、聃、郜、雍、曹、滕、畢、原、酆、郇，文之昭也；邘、晉、應、韓，武之穆也；凡、蔣、邢、茅、胙、祭，周公之胤也』。此等封建，皆是兄弟、骨肉至親之例，足資闡發、證信召穆公詩所謂『兄弟』之涵義，而召公本身、亦必居骨肉至親之列，不然，則是自貶其身世，自毀其立場，非天地間之下愚，不至此！

復次，常棣之詩，傳聞異辭，亦云周文公之作。國語周語中:『襄王十三年，鄭人伐滑……王怒，將以狄伐鄭(韋解:狄，隗姓之國也)，富辰諫曰:不可。……周文公之詩曰:「兄弟鬩于牆，外禦其侮」(解:文公之詩者，周公旦之所作，棠棣之詩是也，所以閔管、蔡而親兄弟。……其後周衰，厲王無道，骨肉恩闕，親禮廢宴兄弟，故邵穆公思周德之不類，而合其宗族於成周，復循棠棣之歌以親之)。若是、則鬩乃內侮，而雖鬩、不敗親也。鄭在天子，兄弟也。……今以小忿棄之，是以小怨置大德也，無乃不可乎』。案論語，孔子自謂:『述而不作，信而好古』。蓋古人於『述』之與『作』，對文自別，散稱則亦可通，故召穆公引用前人之詩、謂之爲『作詩』，無不可也。棠棣之詩，今即認定爲周公所作，於元詩之主恉、極言骨肉至親兄弟之重要，而於召公奭之身分、地位，亦無嫌無疑，無所貶抑。有如召公非骨肉至親，則周公之爲此詩，其義何居?而召公亦將何地以自容哉！

復次，周書無逸『允若時』，魏三體石經作『兄若時』，古文『「兄」作「[illegible]」，與「允」相似』。君奭:『君，告汝，朕允保奭』。朕允保奭即朕兄保奭；言我之兄保奭也。于省吾氏此一發現，十分重要。兄，金文兄戊父癸鼎作『[illegible]』；[illegible]壺『[illegible]作兄日壬寶尊彝』作『[illegible]』；[illegible]弔多父盤『兄弟諸子婚冓(媾)無不喜』作『[illegible]』；余義鐘『樂我父兄』作『[illegible]』『[illegible]』(前引彝器銘，並見金文詁林頁5392)；說文亦作『[illegible]』，同符古文。凡此，俱足爲于說顯證。

以此觀之，于氏所引，直可視爲第一手資料，而與舊籍如左、雷二氏所據與夫常棣之詩之涵義如槩前論，並可互相印證，證明召公奭與周公實爲骨肉兄弟之說、應可視爲定論無疑矣。

於北燕。

北燕，自稱只曰燕，爲使之別於南燕，故經傳稱爲北燕。昭三年春秋經：『北燕伯款出奔齊』，左傳只作『燕』。莊三十年左傳：『多，遇於魯濟，謀山戎也，以其病燕故也』。此北燕亦只曰燕。其自稱亦當然也。左傳有時亦稱北燕，如襄二十八年等傳是也。

古銅器中則其字或作『匽』（匽侯鼎），或作『匽』（匽侯鼎），或作『匽』（匽公匜），或作『⿰匽殳』（⿰匽殳侯載戈），或作『郾』（郾右軍矛），或作『郾』（郾王戈。以上見金文編、金文世族譜、兩周金文辭大系圖錄、商周金文錄遺）。

案从妟（妟同）、从燕之字，古同音相假，故經典『燕喜』，金文並作『匽喜』；（鄦子盟師鐘：『用匽以喜』；王孫鐘：『用匽以喜』）。襄二十九年左傳，齊有『高鄼』，世本作『高偃』，而世族譜以爲一人（詳正義）。同上傳『敬仲之曾孫鄼』，董遇注本、正義引世本，『鄼』並作『偃』；韓詩『嚥晛聿消』，荀子非相作『宴然聿消』；昭七年左傳引詩『或燕燕居息』，漢書五行志引傳作『宴宴居息』。

會注：『北燕，幽州薊縣故城，今直隸順天府薊州』。

案漢書地理志廣陽國薊：『故燕國，召公所封』。莊三十年左傳杜解：『燕國，今薊縣』。燕國在薊之說，本此。

雷學淇曰：『史記正義謂，薊乃黃帝裔孫之封。召公之封，蓋在北平無終縣，以燕山爲名；後漸強盛，乃併薊徙居之。……經典釋文謂：武王封黃帝之後於薊，即召公封燕事。太平寰宇記謂：召公封燕，在涞水縣；後徙薊，以武陽爲下都。此三說不同。薊，今京師大興縣地。薊丘，在古薊門。無終故址，在今遵化玉田縣，縣有燕山。涞水縣，在今易州東北四十里。案薊爲帝裔之封國，經有明文。召公乃周公之兄，故穆王稱之曰文祖周公、烈祖召公（原註：

見逸周書)；召公之稱文王，亦曰我先君(原註：見韓詩外傳)，則召公非黃帝之裔可知。述征賦(槃案水經注十一易水注引作傅遠述游賦。)曰：出北薊，歷良鄉，登金臺，覩武陽；述異記謂：易者，燕桓侯之別都，至文王遷易；酈氏水經易水注謂：金臺在易，昭王以爲下都。據此則燕之初封非都於薊，甚明。但淶水、無終，悉無佳證；倂薊，徙薊，不知在何時耳』(竹書義證二五、葉一八八)。

又曰：『燕乃燕山，在今玉田縣；薊乃薊丘，在今宛平縣；地之相去，幾三百里，不得因燕之後人倂薊而遷都之，遂以召公爲黃帝後(介庵經說二、召公)。

傅師孟眞曰：『史記燕世家「……其在成王時，召公爲三公。自陝以西，召公主之；自陝以東，周公主之」。召公旣執陝西之政，而封國遠在薊丘，其不便何如？成王中季，東方之局始定，而武王滅紂即可封召公於北燕，其不便又何如？按「燕」字，今經典皆作燕翼之燕，而金文則皆作「郾」。……燕旣本作郾，則與今之河南郾城，有無關係，此可注意者。在漢世，郾縣與召陵縣雖分屬潁川、汝南二郡，然土壤密邇，今郾城縣實括故郾、召陵二縣境。近年郾城出許沖墓，則所謂召陵萬歲里之許沖，固居今郾城治境中。曰「郾」曰「召」，不爲孤證，其爲召公初封之燕無疑也』(詳大東小東說。原集册四、頁三)。

顧師頡剛曰：『春秋時遷國，邢、衞、許、蔡俱去故居不遠，何以燕之本封在汝水流域(案謂今河南郾城縣)，而一遷即至渾河流域，相去殆三千里？則猶可疑也。

『予意，燕之始遷在今山西境，再遷乃至河北境。按爾雅釋地十藪，「燕有昭余祁」。周官職方亦云，「正北曰幷州……其澤藪曰昭餘祁」。漢書地理志云，「太原郡鄔：九澤在北，是爲昭餘祁，幷州藪」。是幷州中有燕國之澤曰昭餘祁也。漢之鄔縣故城，在今山西介休縣東北，而祁縣猶以「祁」名，則古時此澤實跨今祁、平遙、介休三縣，爲太岳之北、汾水之東一大湖泊。呂氏春秋有始覽次九藪，「燕之大昭」居其一。淮南地形篇小變其文曰「燕之昭餘」。雖澤名詳略有殊，而定其地望於燕，則無異也。地形又記諸水之所自出，云「汾出燕京」。高注，「燕京，山名也，在太原汾陽」。漢志云，「太原郡汾陽：北山，汾水所出」。北山即燕京，漢之汾陽縣治在今山西陽曲縣西北，是汾西有山名燕京，與昭余祁隔水相望於百里之間。山經曰，「北次二經之首，在河之東，其首枕汾，其名曰管涔之山……汾水出焉」。郭注，「今在太原郡故汾陽縣秀容山」。郝懿行箋疏云，「太平寰宇記引郭注有管音姦三字，今本蓋脱去之。記文又云，土人云，其山多菅，或以爲名，是經文管當爲菅矣。山在今山西靜樂縣北」。以地形校山經，則「菅岑」爲「燕京」之音變，故水經汾水篇，「汾水出太原汾陽縣北管涔山」，酈注云，「十三州志曰，出武州之燕京山，亦管涔之異名也」。汾水出於管涔北峯下，而管涔山脈迤邐而南，與汾水並行至靜樂縣鹿徑關始折而西。疑古所謂燕京山者卽近鹿徑關，故漢志、水經及高、郭二注同謂爲在太原郡汾陽縣，而不謂在雁門郡樓煩縣（元注：卽今神池縣一帶，其西南爲管涔主峯，汾水之源）耳。後漢書西羌傳曰，「太丁之時，季歷復伐燕京之戎，戎人大敗周師」。此事蓋錄自竹書紀年。「燕京之戎」明係居「燕京之山」而得名者。合此數事觀之，澤以燕名，山以燕名，戎以燕名，是則太岳之北，管涔之南，汾水之上游，曾一度爲燕之領土可知也。燕人其由郾城越嵩渡河，循沁水以至汾川者耶？他日之遷薊，其東向而行，自滹沱出井陘，而浮淶、易以北行者耶？抑東北遵桑乾以行，遂至於薊丘者耶？其所以遷徙之故，爲樂居平土耶？抑戎狄逼迫耶？書缺有間，俱不可詳矣。或曰：燕封自召公，遷更在後，而王季之時先有燕京之戎，可乎？曰，魏紀年，戰國時所作，彼據後出之地名以稱前代之事，猶之今謂孔、孟爲山東人，又若謂明、淸之國都建於北平耳』（燕國曾遷汾水流域考）。

今案經典釋文以召公爲黄帝後，雷氏辨之，是也（姚鼐亦有辨，已引見上『與周同姓』條）。以召公乃周公兄、文王子，亦是也（已詳前）。初封燕地及再遷地所在問題，傅師謂在河南召陵、郾城兩縣間；顧師謂本封在郾城縣，始遷在今山西境；再遷乃至河北境。案傅、顧兩師之說，有義、有據。而程發軔教授則持異議，以爲：『水經潁水注：「僖公四年，齊桓公師於召陵，以召陵城內有大井，徑數丈，水至淸深。闞駰曰：召者高也，其地丘虛，井深數丈，故以名焉」。楊氏水經注疏引孫星衍曰：「召者高也」。是傅先生以燕本作郾，與金文合。至召陵乃高陵之義，非召公陵墓。傅氏之說，仍不免爲孤證』（春秋地名考要。師大學報第十一期上册）。

槃案召，古代地名，卜辭作（殷虛書契前編二、二一），或作（同上編二二）；作（同上）、或作（同上）；與金文，大體並同（已前見）。蓋召公初封召（在召陵），繼封燕（在郾城縣），如周公本封周，繼封魯（在許南魯山縣），厥後徙封曲阜，魯之名，因亦移殖（古代地名移殖之例至夥，別詳拙春秋列國的兼并遷徙與民族混同一文，見本所集刊第四九本、第四分），遂以曲阜爲魯（傅師大東小東說。參徐中舒殷周之際史蹟之檢討，見本所集刊第七本、第一分），是其比。而程氏釋召，乃引水經潁水注據『齊桓公師於召陵』一事以實之，晚矣；因而遂謂召陵之召，與召公無涉（原文云：『召陵乃高陵之義，非召公陵墓』。案傅師元文止云郾城、召陵爲『召公初封之燕』，不云爲『召公陵墓』。程說誤），是可謂徒知其一、不識其它者也。

成王既幼，周公攝政，當國踐祚，召公疑之，作君奭。君奭不說周公，周公乃稱：湯時有伊尹，假于皇天；在太戊時則有若伊陟、臣扈，假于上帝巫咸治王家……率維兹有陳，保乂有殷。於是召公乃說。

兪樾曰：『召公所以不說者，蓋由武王既沒，成王幼弱，天下大亂，召公以爲國賴長君，已與周公區區奉一孺子，而欲勘定四方，其勢有所甚難；又習見殷家故事兄終弟及，以爲武王既沒，周公便可纂承大統；乃拘守經常，不早定大策，此其所以不說也。周公歷稱殷時賢臣，皆有大勳勞，而無不以臣節始終，則已之不敢涉天位，意在言外，此召公所以說也』（詳曲園雜纂二、頁九、十）。

案周公對召公之辭，其貞愨忠敬如此，則王莽於居攝三年奏書皇太后，引周書康誥『王若曰』之文，以爲『周公居攝稱王』者（漢書本傳），不然也。考書序：『成王既伐管叔、蔡叔，以殷餘民封康叔，作康誥、酒誥、梓材』。康誥：『周公初基，作新大邑於東國洛……見士於周，周公咸勤，乃洪大誥治：王若曰，孟侯！朕其弟，小子封……』。案誥文始言『周公』，繼言『王若曰』，則周公自周公，王自王，甚明矣。定四年左傳，衞大夫子魚語周萇弘、數典不忘其祖亦曰：『昔武王克商，成王定之，選建明德，以藩屏周，故周公相王室以尹天下……分康叔以大路、少帛……聃季授土，陶叔授民，命以康誥而封於殷虛』。案曰『周公相王室以尹天下』，則周公『相』而不『王』，亦可知矣；而多方云『周公曰，王若曰……』，則其辭其義，益明顯矣。

復考，康誥云：『孟侯！朕其弟，小子封』。衞世家：『衞康叔名封，周武王同母少弟也』。案康叔名封，古器物有康侯丰鼎，知『封』字古文作『丰』，經傳作封者，丰字之同音假字也（楊樹達金文編書後說）。康叔封於成王爲叔父，則誥云『朕其弟，小子封』，自不得爲成王之辭，非武王莫屬。毛奇齡曰：『蓋古頒誥命，必在大祭一獻後，君降階南向，爲所命者北向，而史從君右執册命之，祭統所云「爵命賜於廟，不敢自專」者是也』（毛檢討經問補頁六。皇清經解本）。蓋當册命康叔時，雖武王已沒，而成王尚幼，周公則以相攝政，當然亦『不敢自專』，故假藉先王之辭而云『王若曰』也。前引多方之辭例亦是也。

史臣引述時王之言亦云『王若曰』。魯定公四年左傳，衞祝佗（子魚）謂周萇弘曰：『晉文公爲踐土之盟，衞成公不在，夷叔，其母弟也，猶先蔡，其載書云：「王若曰：晉重、魯申、衞武、蔡甲午、鄭捷、齊潘、宋王臣、莒期」。藏在周府，可覆視也』。

考踐土之盟，於時爲魯僖公二十八年。春秋經：『五月癸丑，公會晉侯、齊侯、宋公、蔡侯、鄭伯、衞子、莒子、盟於踐土。……公朝於王所』。左傳：『五月……衞侯聞楚師敗，懼，出奔楚，遂適陳，使元咺奉叔武（衞武、衞子）以受盟。癸亥，王子虎盟諸侯於王庭，要言曰：皆獎王室，無相害也。……君子謂是盟也信；謂晉於是役也，能以德攻』。

案踐土此盟，襄王使王子虎主盟，王尊，不親臨也。載書云『王若曰』者，尊王，引述王言，以示寵榮。古代策書之體制、書法蓋如此。康誥之稱『王若曰』，其取義一也。尙書與金文，『王若曰』之辭習見；逸周書祭公篇引述穆王之言，亦云『王若曰』，其取義亦一也。推尊輔相、述引其言，亦或稱某『若曰』，商書微子稱『微子若曰』、周書君奭、立政並稱『周公若曰』之等，是也。如其爲直接實錄王言，而非假藉王言或間接引述王言，則不云

『王若曰』而直書『王曰』。定四年左傳：『管、蔡啟商，惎間王室，王於是乎殺管叔而蔡蔡叔。……其子蔡仲，改行帥德，周公舉之，以爲己卿，見諸王而命之以蔡；其命書云：「王曰：胡！無若爾考之違王命也」』。此其例是也。

前引世家，周公乃稱『湯時有伊尹』以下數十字，其原出周書君奭、參書序，要言不煩，可用爲周公立身行誼晚節之印證。乃自王莽以來，竟有周公攝政稱王之爭辨，余故亦因而論之，遂不覺長言耳。

召公卒，而民人思召公之政，懷棠樹不敢伐，歌詠之，作甘棠之詩。

案毛詩召南有甘棠篇，詩有云『召伯所茇』，說者謂召伯卽召公奭，而其實與召公無涉。召伯當是召公之後，或者卽宣王時之召伯虎。傅師孟眞曰：『周南、召南都是南國的詩，並沒有岐周的詩。南國者，自河而南，至於江漢之域，在西周下一半文化非常的高，周室在那裏也建設了好多國。在周邦之內者曰周南，在周畿外之諸侯統於方伯者曰召南。南國稱召，以召伯虎之故。召伯虎是厲王時方伯，共和行政時之大臣，庇護宣王而立之之人，曾有一番轟轟烈烈的功業，且「日辟國百里」』(傅斯年全集册一、頁二七一)。

九世至惠侯。

索隱：『竝國史先失也。又自惠侯已下皆無名，亦不言屬，惟昭王父子有名，蓋在戰國時旁見他說耳。燕四十二代有二惠侯，二釐侯，二宣侯，三桓侯，二文侯。蓋國史微，失本謚，故重耳』。

槃案古人質朴，故或父子同名(如左傳、宣十七年卒之蔡文公名申，哀十四年弒于盜之蔡昭公亦名申)；君臣同名(衞襄公名惡，其臣石悼子亦名惡)；祖孫同謚(魯叔弓字敬子，孫西巷字敬伯。此以下，並參陳厚耀春秋世族譜)；父子同謚(晉魏絳字武子，子錡亦字武子，卽廚武子)；叔姪同謚(魯叔孫豹謚穆子，姪叔仲亦字穆子；晉郤缺字成子，姪苦亦字成叔)；族兄弟同謚(魯叔孫婼字昭子，叔仲帶亦謚昭子；晉荀躒謚文子、卽知文子；族弟寅亦謚文子，卽中行文子)。古人於此等處皆不拘，索隱說恐泥。

惠侯卒。

梁玉繩曰：『表言惠侯在位三十八年，此缺』(志疑同上)。子頃侯立。

子頃侯立。

『頃』，臺灣大學景印敦煌鈔集解本作『傾』，下同。案頃、傾聲同、字通。漢書五行志下之下：『婦人擅國茲謂頃』。師古曰：『頃，讀曰傾』。又河間獻王傳：『子頃王受嗣』。師古曰：『頃，音傾。諸爲謚者，皆類此也』。周書謚法解：『甄心動懼曰頃』。陳逢衡補注：『頃與傾通，危也』。

為犬戎所弒。

『弒』，同上鈔本作『煞』，下同。案『煞』，俗書『殺』字。大戴禮保傅篇：『而厲公以見殺於匠黎之宮』。孔廣森補注：『殺，音弒。古殺、弒同讀。春秋傳：吾將弒季氏。是殺下亦爲弒。坊記：殺其君之子奚齊。是弒上亦爲殺』。漢書五行志下之下：『小人順受命者征其君云殺』。師古曰：『殺，亦讀曰弒』。王引之曰：『殺，有如字及申志反二音。左傳釋文殺音申志反者，凡十三見』(詳春秋左傳述聞中『攻靈公』條)。案說文三下殺部：『弒，臣殺君也。易曰：臣弒其君。從殺省、式聲』。弒、殺二字，古義葢有別，但經傳已多混用。段注詳焉。

子鄭侯立。

索隱：『按謚法無鄭，鄭或是名』。

梁玉繩曰：『鄭字疑誤，說在表』(同上)。

桓侯立七年卒。

洪頤煊曰：『年表作燕桓公。索隱：燕有三桓公，一、襄公卒，桓公立十六年卒；一、釐公卒，桓公立十一年；並此而三。此作桓侯，誤』(讀書叢錄十八)。

案列侯或稱『侯』或稱『公』，舊籍不拘（別詳拙春秋大事表譔異頁五一九），即集解引世本，亦稱此公爲桓侯。洪氏泥。又父子、祖孫同謚，古人不拘，說已前見。

子莊公立。

梁玉繩曰：『亢倉子訓道篇有燕莊侯他，豈莊名「他」歟？然亢倉僞書，恐不足據』（同上）。

莊公……十六年，與宋、衛共伐周惠王，惠王出奔溫。立惠王弟穨為周王。十七年，鄭執燕仲父而納惠王于周。

沈欽韓曰：『北燕路遠，似非。元和志：滑州胙城縣，古燕國，漢爲南燕縣，今省入衞輝府延津縣。胙城故城，在府東南三十五里』（春秋左傳地名補注二）。

劉文淇曰：『（莊）二十年（左）傳，執燕仲父。正義云：服虔亦云：南燕，伯爵。是服氏以此伐周者爲南燕也。杜用服說』（春秋左傳舊注疏證莊十九年條）。

子襄公立。

同上敦煌鈔本無『子』字。

子惠公立。

梁玉繩曰：『案子字誤增，說見前。惠公，當作簡公』（同上志疑）。

平公……十九年卒，簡公立。簡公十二年卒，獻公立。……二十八年，獻公卒，孝公立。

今本竹書：穆王十有三年『燕簡公卒，次孝公立』。陳逢衡集證四九曰：『索隱曰：燕四十二代有二惠侯，二釐侯，二宣侯，三桓侯，二文侯。葢國史微，失本謚，故重耳。余因考紀年之說，則燕簡公當亦有二：一在孝公之前，此條所謂簡公後次孝公是也。一在文公之後，索隱所引紀年，文公二十四年，簡公四十五年是也。大約燕代世次多訛，史記與竹書俱不足憑信。今姑依索隱所引推之，平公十九年卒，據年表爲敬王十五年，則燕簡公十二年卒，當補於敬王二十七年，而二十八年則次孝公立之元年也。趙紹祖謂當在顯王二年，洪本補於烈王二年，均屬大謬。蓋誤以文公二十四年後之簡公當之矣』。

釐公立，是歲，三晉列為諸侯。

今本竹書：威烈王『二十三年，王命晉卿魏氏、趙氏、韓氏爲諸侯』。陳逢衡集證曰：『案三晉殺知伯事，在晉出公二十二年，爲貞定王十六年；而是年爲燕世家孝公之十二年；又三年，孝公卒；又成公立十六年卒；又湣公立三十一年卒。而釐公立、則由孝公之十二年。至釐公立年，共計五十一年。今以紀年貞定王十六年順數之，又十二年，貞定王陟；又考王立十五年陟；又閱威烈王二十三，而王命三晉爲諸侯，亦共得五十一年，與世家合（竹書紀年集證卷四三、頁三四～三五）。

子燕噲立。

中山鼎銘作『子噲』。

梁玉繩曰：『孟子作子噲。又噲不應無謚，說見表』（同上志疑）。

燕噲三年，與楚、三晉攻秦。

梁玉繩曰：『案六國攻秦，此仍燕策，失書齊。說在秦紀』（同上志疑）。

子之因遺蘇代百金。

正義：『瓚云，秦以一鎰爲一金。孟康云，二十四兩曰鎰』。

會注：『平準書孟康注、孟子趙岐注、儀禮鄭玄注，皆以二十兩爲溢』。

案溢，通作鎰。又孟子梁惠王下趙注引鄭康成說：三十兩一鎰。未詳孰是。

人之謂堯賢者，以其讓天下於許由。

堯讓天下於許由說，戰國間人之寓言，梁玉繩氏辨之，詳志疑二十七。

禹薦益，已而以啓人為吏。

『已』字一屬上讀，誤。索隱：『按以已配益，是伯益，而經傳無其文，未知所由。或曰：已，語終辭』。

梁玉繩曰：『盧學士曰，索隱解非，當以「已而以啟人爲吏」爲句。下語「已而」，文法一例。若以「益已」爲名，則「攻益奪之」，又何單稱益也？余攷國策無「已」字，韓子外儲說右下篇有潘壽對燕王一節，與世家同。史公本於韓子，元不以「已」配「益」，故湖本以「禹薦益」作一句。凌稚隆又明著之曰，凡「已而」，俱屬下爲句，政以糾索隱之謬爾』(同上志疑)。

禹薦益……天下謂禹名傳天下於益，已而實令啓自取之。

梁玉繩曰：『野客叢書云：此甚背經旨。考其說出於汲冢書。通鑑注云：事與師春紀太甲殺伊尹相類，古書雜記固多也。史公未見汲冢書，不得以證所出。楚辭天問云：啟伐益作后，卒然離蠥(元註：王逸注與本文不合)。漢書律歷志云：張壽王言，化益爲天子伐禹。則此說不僅見於汲書。而國策、韓子、楚辭、漢志，亦非雜記。王、胡二君，殊未深考。晉書束皙傳稱竹書之異云：益干啟位，啟殺之。今本竹書無其事。胡應麟三墳補逸據杜預左傳後序，論竹書不及啟、益，以爲晉史之譌。但史通引竹書云：益爲后啟所誅。而今竹書又明云：夏啟二年，費侯伯益出就國。六年，伯益薨。眞疑莫能定矣。總之，此事之妄，同於舜放堯平陽，太甲殺伊尹，文丁殺季歷，必戰國時横議者所造而勦入之。劉知幾作史通，反信以爲實，豈不可怪？』(同上志疑)。

今案史公所述益、啟事，世多有異辭，今已無由考定，則當存疑。梁氏以爲僞託，恐未允。

王因收印自三百石吏已上。

會注：『呂祖謙曰，以石計祿，始見於此』。

槃案惠士奇曰：『說者謂以石計祿始於此，不知以石計祿本起於田。李悝盡地力，晦收一石，半下熟倍，中熟三，上熟四。蓋以石計田，以田賦祿。王登爲中牟令，一日而見二中大夫，予之田宅；衞嗣君欲以薄疑爲上卿，進田萬頃。……此戰國之賦祿皆以田也』(詳禮說地官二『載師宅田』條)。瀧川氏引呂說未了。惠氏此論，固不可少。

而效之子之。

索隱：『鄭玄云，效，呈也。以印呈與子之』。

槃案，文八年左傳：『效節於府人而去』。杜解：『效，猶致也』。效印，猶效節。鄭、杜二氏說，並可通。

錢大昕曰：『史記燕王噲讓國子之及齊伐燕，皆在齊湣王時；獨孟子書以爲宣王事。司馬溫公通鑑移湣王前十年爲宣王之年，以合孟子。然燕人之畔，終在湣王時，仍不能強合。閻百詩又議，以燕噲讓國至燕自立事，移在前十數年，以合孟子游齊之歲益爲妄作。近寶應王予中嘗論之，謂孟子七篇所言齊王，皆湣王，非宣王也。湣王初年，兵強天下，與秦爲東西帝，其所以治國者，亦必有異矣。孟子謂，以「齊王猶反手」，「王由足用爲善」，皆道其實，而「好勇」、「好貨」、「好色」，不能自克，末年之禍，亦基於此。後來傳孟子者，改湣王爲宣王，爲孟子諱，其實無庸諱也。孟子去齊，當在湣王之十三四年，下距湣王之亡，蓋二十五六年，孟子必不及見。公孫丑篇稱王不稱謚，蓋其元本。梁惠王盡心兩篇稱宣王者，後人增益之耳。王氏此論，最爲精確。前人移易宣湣之年，求合於孟子，終無實據。不若即就孟子本文斷之也(十駕齋養新錄卷三『齊人伐燕』)。

諸將謂齊湣王曰：因而赴之，破燕必矣。

臧庸曰：『宋黃氏震述其鄉人蔣監簿曉說，謂史記齊伐燕有二事：齊宣王伐燕，燕文公卒，易王初立，齊宣因喪伐之，取十城，是即梁惠王篇所載問答稱齊宣王者是也。齊湣王伐燕，燕王噲以燕與子之，齊伐之，是即公孫丑篇所載沈同問燕可伐者也。余考之戰國策、史記，合之孟子，知蔣、黃之說爲是』（詳拜經堂日記『齊宣王取燕十城』條，又『齊湣王伐燕噲』條）。

會注：『趙翼曰：齊伐燕一事，孟子手自著書（槃案此誤。孟子一書，孟門弟子所述，可參滕文公篇首章與四章趙岐注、暨崔述孟子事實錄下），以爲齊宣王，此豈有錯誤？乃史記則以爲湣王，遂致後人紛紛之疑。按國策「韓齊爲與國」篇，「燕噲以國與子之，國中大亂。適秦魏伐韓。田臣思曰：秦伐韓，則楚趙必救，而齊可以乘燕之亂，是天以燕賜我也。齊王乃起兵攻燕，三十日而舉燕」。此篇所言齊王，尚未確指宣王。而「燕王噲既立」篇則明言子之亂，儲子勸齊宣王因而仆之，並載孟子勸王伐燕之語。宣王因令章子將五都兵伐之。是伐燕之爲宣王，無可疑也。史記所以係之湣王者，則以湣王之走死，實因樂毅伐齊；而樂毅之伐齊，實因齊破燕而爲燕昭王報怨。想齊伐燕與燕破齊之事，相距不甚遠；而湣王在位二十九年，燕齊相報，不應如是之久，故不得不以伐燕爲湣王。不知是亦在國策，特史遷未詳考耳。國策言齊破燕之後二年，燕昭王始立。又「昭王築宮事郭隗」篇，言昭王與百姓同甘苦二十八年，然後以樂毅爲將，破齊七十餘城。是齊破燕至燕破齊之歲，相去本有三十餘年，則破燕者宣王，而爲燕所破者湣王，國策原自明白。齊宣王破燕之後，不久即卒。湣王嗣位，二十九年乃爲燕所破，計其年歲，正與燕昭二十八年之數約略相符。史遷漫不加考，故於燕世家則云：子之亂，孟子謂湣王曰，此文武之時，不可失也。王因令章子將兵伐之。而田齊世家，則宣湣兩王，俱不載伐燕之事，忽於湣王二十九年，突出樂毅爲燕伐齊一段。可見史遷並未細核年歲，遂難於敘次，強以係之湣王，而不知國策之文，原自與孟子相合也。況將兵之章子，即匡章也。匡章在威王時已將兵伐秦。若如史記所云，則歷威王三十六年，宣王十九年，湣王二十六七年，其人不且歷宦八九十年乎？有是理乎？』

案齊湣王是否伐燕一事，自通鑑以下，聚訟至今，莫衷壹是。唯『章子』，如其爲匡章，則其年限，確不可易，則趙說似勝。自餘、崔述（孟子事實錄上）、汪乃昌（青學齋集九、齊侯伐燕年代考）、雷學淇（介菴說經九「齊宣王伐燕」條）、暨錢穆（先秦諸子繫年第一二〇條）諸氏，並亦各據所見，以論太史公之誤。文長，今從略。

太子因要黨聚衆……將軍市被以徇。

錢穆曰：『余疑燕策及史文記太子平、將軍市被一節，詞氣支離，多誤衍。當爲「太子因要（燕策作數，今依史世家）黨聚眾，將軍市被圍公宮，攻子之，不克（此下策、史均衍將軍市被四字。又及字乃上文誤移而下者）。百姓反攻太子平，將軍市被死以殉，因（策作國）構難數月」。蓋太子平及將軍市被始終其事，並及於難。今史、策此節文均誤，遂謂市被反攻太子平，而市被又反見殺，於事勢情理均難通也』（詳諸子繫年一二〇）。

孟軻謂齊王曰……今伐燕……不可失也。

崔述曰：『戰國策云：燕人恫怨，百姓離意。孟某謂齊宣王曰：今伐燕，此文武之時，不可失也。王因令章子，將五都之兵以因北地之眾以伐燕。史記燕世家采之。余按，此即孟子書中所載沈同之問，而或以爲勸齊伐燕之事，孟子固已辨其非矣。至所稱文武云者，（即勝燕章）孟子引文王武王以告宣王之語而失其意者。孟子方以燕民之悅不悅決之，何嘗以爲時不可失乎？』（孟子事實錄上）。

將五都之兵以因北地之衆。

索隱：『五都即齊也，按臨淄是五都之一也』。

會注：『中井積德曰，五都，並指國外別邑也。若臨淄，是國治矣，必不在其數』。

案，五都，虛約數，猶『諸侯有爭臣五人』（孝經諫諍章），『昔堯之佐九人，舜之佐七人，武王之佐五人』（淮南子道應篇）之類，不必拘也（可參周法高古代的數字篇，中央研究院院刊一輯)。

燕君噲死……子之亡。二年而燕人立太子平，是為燕昭王。

索隱：『按上文，太子平謀攻子之。而年表又云：君噲及太子、相子之皆死。紀年又云：子之殺公子平。今此文云：立太子平，是爲燕昭王。則年表、紀年爲謬也。而趙系(世)家云：武靈王聞燕亂，召公子職於韓，立以爲燕王，使樂池送之。裴駰亦以此系家無趙送公子職之事，當是遙立職而送之，事竟不就；則昭王名平，非職，明矣。進退參詳，是年表既誤，而紀年因之而妄說耳』。

錢穆曰：『所云燕人立公子平是爲燕昭王者，實爲立「公子職」之字誤。惟今策、史同誤，不知先誤者何書，而讀者又以妄易其未誤之本也。今六國表云：君噲及相子之皆死。與索隱所引年表文不同。蓋「太子」二字又經刊去矣』。『又按雷氏義證亦謂：燕策立太子平句，本是立公子職之誤，燕世家又承其譌也。索隱因此信裴駰之解，於年表王噲、太子、相子之皆死句，刊去「太子」二字，以扶同後說。校刊紀年者，於燕子之殺公子平下，又增以「不克」二字，以彌縫其異，其實皆誤也。夫市被與太子平攻子之，可云不克，爲其攻也。若上文既云殺矣，下何以復云不克？此種文義，未之前聞。雷氏論今本僞紀年妄改眞本之迹，言極明快』。『又按金文餘釋之餘釋奎引唐蘭說，謂往年齊地所出北燕兵器，多見郾王職名，即是燕昭王。此亦昭王乃職非平一證』(諸子繫年一二〇)。

燕兵獨追北。

荀子議兵篇楊注：『北，敗走也。北者，乖背之名，故以敗走爲北也』。案北、背古字通，毛詩邶風之邶，漢書地理志下一作邶，一作鄁。鄁之爲邶，猶北之爲背是也。

齊城之不下者，唯獨聊、莒、即墨。

梁玉繩曰：『索隱云，餘篇及戰國策，竝無「聊」字。考史樂毅田單傳及齊燕策竝無「聊」也。唯燕策又有「三城未下」之語，史或因此增加以實之。蓋牽合燕將守聊城不下事而與莒、卽墨亂也（潛夫論救邊篇，言田單圍聊、莒不拔，亦誤仍策、史，合爲一事）。然後書李通傳論注引史此文無「聊」字，豈所見本異歟？注引史云：下齊七十餘城，其不下者，唯獨莒、卽墨。與今本異（魏志呂布傳注引英雄記，亦作二城不下）』（同上）。

湣王死于莒，乃立其子為襄王。

梁玉繩曰：『案湣王爲淖齒所殺，襄王立于莒，乃前五年事。此敍于田單復齊後，誤也』（同上）。

惠王七年卒。

索隱：『按趙系家，惠文王二十八年，燕相成安君公孫操弒其王，樂資以爲卽惠王也。徐廣按年表，是年燕武成王元年，武成卽惠王子，則惠王爲成安君弒，明矣。此不言者，燕遠，諱不告，或太史公之說疏也』。

今案，世家本國史之文（俞樾有說、詳下）。諱不告之說，當誤。左傳有從告而書之例，如謂『公子（重耳）使殺懷公於高梁，不書，亦不告也』（僖廿四年傳）。是也。索隱蓋泥於左氏此例，故從而爲之辭，而不知左傳此義亦誤也。劉知幾史通煩省篇云：『當春秋之時，諸侯力爭，各閉境相拒，關梁不通，其有吉凶大事見知於他國者，或因假道而方聞，或以通盟而始赴。苟異於是，則無得而稱。魯史所書，實用此道。至如秦、燕之據有西北，楚、越之大啟東南，地僻界於諸戎，人罕通於上國，故載其行事，多有闕如』。案劉說是也（別詳拙左氏春秋義例辨卷八、頁三一～三二）。

子今王喜立。

俞樾曰：『史公敍秦以前事，皆本其國史之文。蓋戰國時史職未廢，觀秦趙澠池之會可見。雖經秦火，亦頗有存者。燕世家稱今王喜，此卽其國史之文也』(湖海樓筆談三)。

卿秦攻代,唯獨大夫將渠謂燕王曰。

索隱:『人名姓也。一云:上卿秦及此將渠者,卿、將,皆官也。秦、渠,名也。國史變文,而書遂失姓也。戰國策云慶秦,慶是姓也,卿是其官耳』。

會注:『沈濤曰,卿秦、將渠,皆人姓名。卿秦,戰國策作慶秦。慶、卿通字,明非公卿之卿。下文云:燕相將渠以處和。集解曰:以將渠爲相,又豈得爲將相之將乎』。

案,卿、慶,音同字通,魯匠慶(襄四左傳)易林作匠卿(卷四小過之師),是其例,沈說不誤。

與人通關約交。

開邊關、通使人、約交好也。虞卿列傳『開關通幣,齊交韓魏』,是其類也。反之則曰閉關,魏策『趙王因令閉關絕秦』,張儀傳『閉關絕約於齊』,是也。

圍其國。

會注:『國,國都』。

案,國都,首都,亦卽國城,古人簡稱則曰國。隱元年左傳,『大都不過參國之一』(杜解:三分國城之一也);閔二年傳,『大都耦國』;呂氏春秋明理篇,『有螟集其國』(高注:集其國都也);『有狼入於國』(又註:國,都也);上農篇:『是故當時之務,農不見于國』(又注:當啓蟄耕農之務,農民不見于國都也),是也。

秦滅東西周。

梁玉繩曰:『西字衍,說在周紀』(同上)。

秦王政初卽位。

梁玉繩曰：『政，當作正。說在秦紀』（同上）。

龐煖易與耳。

與，敵也。漢書高帝紀下：『問豨將，皆故賈人。上曰：吾知與之矣』。王念孫曰：『言吾知所以敵之矣。……燕世家，龐煖易與耳；白起傳，廉頗易與；淮陰侯傳，吾生平，知韓信爲人易與耳。與，皆謂敵也』（詳讀書雜志漢書高紀）。

秦拔趙之鄴九城。

梁玉繩曰：『此失書閼與橑陽。說在始皇紀』（同上）。

使荆軻獻督亢地圖於秦……。

梁玉繩曰：『案此二十八年事，誤前一年』（同上）。

召公奭可謂仁矣，甘棠且思之。

甘棠詩爲召伯而作，此召伯乃召公奭之後，說已前見。

然社稷血食者八九百歲。

莊六年左傳：『抑社稷實不血食』。謂受犧牲之祭享也。祭享而曰血食，此初民風俗之遺。蓋太古之時，茹毛飲血，不解熟食。小雅信南山篇：『從以騂牡，享于祖考。執其鸞刀，以啟其毛，取其血膋』（鄭箋：血以告殺）。漢舊儀：『皇帝暮視牲……手執鸞刀以切牛，毛血薦之』（御覽五二六引）。荀子禮論篇：『大饗尙玄尊，俎生魚』（楊注：大饗，祫祭先王也）。此類卽所謂血食，亦卽古俗之可以於祭禮中求之者也。漢書郊祀志顏注謂：『祭有牲牢，故言血食』。只言『牲牢』而不解何云『血食』，其義未備。

其在成王時，召公為三公。自陝以西，召公主之；自陝以東，周公主之。

『陝』，今所見各本並作『陝』，惟會注考證據舊鈔本作『陝』。

會注考證：『崔述曰，傳云：成王定鼎郟、鄏；周語云：晉文公既定襄王於郟，是洛亦稱郟也。洛邑、天下之中，當於是分東西爲均。陝、郟字形相似，或傳寫者之誤』。

雷學淇曰：『分陝之說，證以周書可信。蓋周公薨而畢公代之也。音義疑陝字當作郟，謂王城郟鄏也，最是。蓋郟爲東都之中，東都爲天下之中，故二公以此分主。若弘農之陝，小小一邑耳，何取乎此而分之？』（介菴經說卷七雜說條）。

梁玉繩曰：『此本公羊隱五年傳文。白虎通封公侯章，釋主陝東西云：不分南北何？東方被聖人化日少，西方被聖人化日久，故分東西，使聖人主其難，賢者主其易，乃俱致太平也。而王應麟詩地理考曰，朱氏云：公羊分陝之說可疑。蓋陝東地廣，陝西只是關中雍州之地，恐不應分得如此不均。但各本史記多作陝（從兩人，音同），或作陝字（從此兩入）。公羊釋文曰：陝，一云當作郟，王城郟、鄏。余謂當作郟爲允。吳氏別雅曰：唐扶碑「分郟之治」，隸釋云：反陝爲郟，此用字之異者。案陝與陝，本不相同。隸書夾字多變作**夹**，而**夾**字形與夾近，故陝亦變從**夹**；且又左右互易，則與郟、鄏字無別矣。然公羊釋文一作郟，古洽反，是分陝原有兩傳，或碑本所用，改爲郟、鄏之郟如陸氏後說，則非反陝爲郟，而用字不爲異矣』（集韻于陝字注云：地名，周、召所分治）（志疑十九）。

洪頤煊曰：『隸釋唐扶頌「分郟之治」，郟即陝字。史記游俠列傳陝寒孺，集解：徐廣曰，陝，疑當作郟字。南越傳曰：郟壯士韓千秋。陝、郟古字通用』（讀書叢錄分陝條）。

翁方綱曰：『按周召分陝之事，或曰成王時，或曰武王時，或曰文王時。史記燕召公世家：其在成王時，召公爲三公，自陝以西，召公主之；自陝以東，周公主之。此成王之說也。樂記：武始而北出，再成而滅商，三成而南，四成而南國是疆、五成而分周公左、召公右；六成復綴以崇天子。鄭氏曰：五奏象周公、召公分職而治也，故此經曰： 總干而山立，武王之事也 ； 發揚蹈厲，太公之志也；武亂皆坐，周召之治也。此武王之說也。鄭氏毛詩譜：文王受命，作邑于豐，乃分岐邦周召之地爲周公旦、召公奭之采地，施先公之教於已所職之國。正義曰：文王既遷於豐，而岐邦地空，故分賜二公以爲采邑也。言分采地，當是中半，不知孰爲東西 。 或以爲東謂之周，西謂之召，事無所出，未可明也。知在居豐之後賜二公地者，以泰誓之篇、伐紂時事，已言。周公曰；樂記說大武之樂、象伐紂之事，云五成而分陝，周公左而召公右，明知周召二公，並在文王時已受采矣。文王若未居豐，則岐邦自爲都邑，不得分以賜人。明知分賜二公在作豐之後。且二南、文王之詩，而分繫二公，若文王不賜采邑，不使行化，安得以詩繫之？故知此時賜之采邑也。此文王之說也。方綱嘗綜合而考之，孔疏以爲周東、召西，事無所出，則別無可證之條也。而周書君奭正義又曰： 成王卽政之初，召公爲保，周公爲師 ， 輔相成王爲左右大臣。此條正與史記燕世家成王時分陝之說相合矣；乃其爲詩譜疏，則引樂記之文曰：五成而分陝。樂記之文固未嘗有陝字，弟云周公左、召公右而已；弟云周召之治而已 。 蓋特舉以文止武言之 ，而未嘗詳及於分陝之職。至序乃曰：召公爲保 ， 周公爲師，相成王爲左右 。 馬融云：分陝爲二伯 ，東爲左 ， 西爲右。而孔疏又曰：周官篇云，立太師、太傅 、 太保，玆惟三公 。 則此實太師、太保，而不言太者 ， 意在師法保安王身言，其實爲左右爾 。 不爲舉其官名，故不言太也。經傳皆言，武王之時，太公爲太師。此言周公爲師，蓋太公薨，命周公代之。於時太傅，蓋畢公爲之，於此無事，不須見也。據此，則周召之分左右、東西，實在輔成王之年。其樂記於武王樂言之者，乃統合前後以文止武之義；而詩譜分采邑，乃其始事耳。孔疏引樂記、誤多陝字，故辨之如此。 或曰： 此據大戴記太公左、召公右也 。 此說亦通』（兩漢金石記卷十四、葉十一）。

本文承門生耿慧玲費神校勘 一九八九年春月初稿。

出自第六十本第三分（一九八九年）

《段玉裁年譜》訂補

陳 鴻 森

段玉裁（一七三五～一八一五）爲清代樸學巨擘，有關其生平學行，劉盼遂氏纂有《段玉裁先生年譜》一編，考證精詳，久稱於世。顧其書亦不無缺憾。今重加考訂，於劉書之所遺者補之，誤者正之。或亦讀段氏書者知人論世之一助云。

段玉裁，字若膺，號懋堂，江蘇金壇人。著有《說文解字注》、《古文尚書撰異》、《詩經小學》、《周禮漢讀考》、《經韵樓集》等若干種，爲乾嘉樸學巨擘。

有關段氏之生平學行，劉盼遂氏嘗纂有《段玉裁先生年譜》一編，原刊於《清華學報》七卷二期（一九三二年），後續有增修。一九三六年，劉氏取所纂段氏遺文及《年譜》，並高郵王氏父子遺文、《年譜》，合爲《段王學五種》，由北京來薰閣書店印行。其《段氏年譜》（以下簡稱《劉譜》），蒐羅綦富，巨細靡遺，素爲學界所推重。同時，羅繼祖氏亦纂有《段懋堂先生年譜》一卷（以下簡稱《羅譜》），惟其書遠視《劉譜》爲略，隸事亦多疏失，自非劉氏之匹也[1]。

余往年讀段氏書，知人論世，時取《劉譜》以爲參證。已而覺其不無遺失，且其考證之違誤處，亦復不少。余舊撰有〈劉盼遂氏段玉裁年譜補正〉一文，拾遺補闕，於《劉譜》之舛誤，間加辨正。比來重讀段氏書，於舊所知外，復有所得。爰取前稿，重加刪訂，錄爲是篇。考事稍求其詳，以備異日重纂段譜者參酌焉。又，段氏《經韵樓集》遺文，爲劉氏《補編》失收者，管見所及，尚得二十篇；今略考各文撰年，悉加迻錄，覽者參證，或可稍省檢索之勞云。

乾隆七年壬戌（一七四二） 段氏八歲

1 按羅氏此譜，疑係其祖羅振玉所纂，考羅振玉《高郵王氏遺書・敍目》云：「往在海東，作《金壇段茂堂先生年譜》。讀《蘇州府志》，知王石臞先生曾撰茂堂先生墓誌」云云，是其證也。或羅繼祖氏後續有增益，遂歸美之與。

《劉譜》：先生父命讀胡氏安國《春秋傳》。

〔正〕按段氏《經韵樓集》(以下簡稱《文集》)卷四〈春秋左氏古經題辭〉云:「玉裁九歲時，先子命讀胡氏安國《春秋傳》，其時功令所用也。」（頁一）是段氏讀胡《傳》實在九歲時，此條當移於明年。

乾隆二十八年癸未（一七六三） 段氏二十九歲

〔補〕初識戴東原。東原以其〈春秋改元即位考〉三篇付鈔，並語段氏曰：「《春秋》一經，余欲做此種文字數十篇，便令大義畢舉」云。（段氏《戴東原先生年譜》頁四十六）

乾隆三十一年丙戌（一七六六） 段氏三十二歲

《劉譜》：東原在蘇州時，借得惠定宇依宋刊七十卷本臨校之《禮記注疏》，及宋明道二年《國語》。先生與程魚門、姚姬傳皆各臨繕一部。（《經韻樓集》卷八〈重刊明道二年國語序〉）

〔正〕按段氏〈重刊明道二年國語序〉云：「乾隆己丑，予在都門。時東原師有北宋《禮記注疏》及明道二年《國語》，皆假諸蘇州滋蘭堂朱丈文游所照校者。予復各照校一部。」(《文集》卷八，頁九)己丑爲三十四年，是年春，戴、段師弟俱入都應試。然則據段氏《文集》所記，此事當在乾隆三十四年。惟段氏撰《戴東原年譜》，於乾隆三十一年條下云：「入都時，在蘇州借朱文游所藏《禮記注疏》，此書乃惠定宇先生依吳進士泰來所藏宋刊本校出。（中略）程太史魚門、姚比部姬傳及玉裁皆臨繕一部。」（頁十六）此所述者，雖不及《國語》，然其與〈重刊明道二年國語序〉所言者，同屬一事，殆無可疑。《劉譜》所據，蓋出於此。按此二文並出段氏所自言者，其參差如此。今考段氏當日臨戴東原校本《國語》跋記，末題乾隆己丑五月五日（詳下），則此事當在乾隆三十四年無疑。《戴東原年譜》成於段氏暮年[2]。丙戌、己丑二歲，戴、段二人並嘗入都與試，《戴東原年譜》所記，蓋段氏晚年記憶混之耳，此當以三十四年爲定。

2 按《戴東原年譜》撰年，《羅譜》但言撰於嘉慶十四年以後（頁二二）；《劉譜》則繫之於嘉慶十九年，爲段氏卒前一年，其時年已八十矣。

乾隆三十四年己丑（一七六九） 段氏三十五歲

〔補〕五月五日，跋臨校本《國語》，時將至山右也。

按蔣汝藻《傳書堂藏善本書志》著錄段氏臨校本《國語》（史部卷二，頁五），有段氏跋記，劉氏《經韵樓文集補編》（以下簡稱《段集補編》）失收，今錄次：

此《國語》爲孔繼涵誧伯所贈，與嘉靖戊子澤遠堂刊本無異，於時本爲勝，而闕誤尚多。因借東原先生以明道二年刻本合宋公序《補音》刻本校補者正之。明道二年本，蘇州朱奐文游所藏。嘉靖本有「嘉靖戊子吳郡後學金李校刻於澤遠堂」十六字，在韋氏序後。書中多避宋諱字，蓋仿宋刻也；或鑱去十六字，僞爲宋刻。乾隆己丑五月五日跋於櫻桃斜街寓齋，時將至山右。段玉裁。

《劉譜》：是年作〈記洞過水〉一文，自注：「代壽陽令龔導江」。（《經韵樓集》七。昐遂按：《戴東原文集》卷六亦有〈記洞過水〉一文，注云「己丑代」，二文一字不異，未知段作或戴作？）

〔正〕按〈記洞過水〉一文，乃戴東原所作，劉氏失考耳。考段氏《戴東原年譜》，乾隆三十五年條下云：「是年有代壽陽令龔君導江〈記洞過水〉一篇。（中略）今手稿猶在玉裁處，皆端楷也。」[3] 是段氏已明言此文乃東原代龔氏所作者，其非段玉裁所撰審矣。《經韵樓集》乃段氏身後其子驤及外孫龔自珍所編。關於此文之誤入段集，周中孚固已言之矣，《鄭堂讀書記》卷七十一「經韵樓集」條下，云：「吾師受學於戴東原，稱入室弟子。（中略）所撰雜文甚富，身後其子驤及外孫龔自珍揀擇得一百八十餘篇，編爲是集。（中略）惜是集編次，尚未能如《戴集》之有條理，且多舛誤，如〈與錢辛楣學士書論粖字〉一題，其文全不似書體，當改爲〈通鑑注粖字辨誤〉，庶乎其可。又如〈記洞過水〉一篇，其文全與《戴集》中〈記洞過

3 按段氏繫此文於三十五年，疑亦晚年記憶有誤耳，宜從《東原文集》繫於三十四年（卷六，頁十三）。

水〉一篇相同，且隻字不易。蓋吾師愛其文而手錄之，未及如今之時文署名氏於其下[4]，驤等不知《戴集》中有此文，遂濫行收入。」周氏並自言嘗舉此誤以告段氏女夫龔麗正，惜不見用。今按：龔君等亦積學之士，未必不知《戴集》亦有〈記洞過水〉一篇，特周氏未能檢出《戴東原年譜》之明文以決之耳。要之，此爲《段集》誤收，斷無可疑。

乾隆四十年乙未（一七七五）　段氏四十一歲

〔補〕十月，有與戴東原書，請爲《六書音均表》作序。

按此書附《六書音均表》卷首，《經韻樓集》不載，劉氏《段集補編》亦失收，文長不錄。其書世多有之，異日有重輯《段集》者，自當補入。函中，段氏自述其成學及編纂《六書音均表》之端末甚詳。其末言：

玉裁入蜀數年，幸適有成書。而所爲《詩經小學》、《書經小學》、《說文考證》、《古韵十七部表》諸書，亦漸次將成。

據此，知段氏寓蜀期間，別又撰有《詩經小學》等書。其《詩經小學》今存；《書經小學》後則增益擴充爲《古文尙書撰異》（說詳下）；《古韵十七部表》無考。至其《說文考證》，蓋卽今史語所所藏之《說文補正》稿本之異名，亦卽北京圖書館所藏十四卷本《說文解字讀》之前身。（另詳拙作〈段玉裁說文解字讀考辨〉）

乾隆四十一年丙申（一七七六）　段氏四十二歲

《劉譜》：是年改修《富順縣志》。

〔補〕按《文集》卷九〈書富順縣縣志後〉云：「邑人李君瑞五，自楚北解組歸，爲延主學易書院。(中略)念權是縣，如信宿逆旅耳，將何以遺縣民？民之居錯而廣，非如學於院者之可以時面命也。縣帶洛而襟江，山氣佳秀，典午以後，才俊蔚起，文物稱最盛。而舊志苦無體例，且闕略不備，不足以論古證今。因粗舉崖槩，屬李君網羅缺佚，屬稿商訂，五閱月而書成。」（卷九，頁四十六）則此志乃由段氏定其條例，屬李氏纂修者。劉氏《段集補編》云：「先生所著《富順縣志》，世不多有之，惟故宮圖書館存一部，

4　周中孚此說亦未確，據《戴東原年譜》，知係東原原稿存於段處，其後人失考誤收耳。

乃由清史館移交者。近北海圖書館亦收一部。」（卷上，頁十六）按此書另有光緒壬午釜江書社重刊本，史語所有藏本。志中有段氏書後七則，《段集補編》卷上采其六而遺其一，卷五〈列女·楊氏義姑傳〉書後：

段玉裁曰：古今門第之興，多由內助，然未有若楊氏之異也。處孤危之際，而能保全弱弟，卒昌大其門閭，非獨天資之厚，抑其才識有過人焉。昔賢謂託孤寄命爲君子，若所稱義姑者，誠楊氏之嬰杵，閨幃之君子也。厥後貞烈二姑與相輝映，楊氏何多賢女哉！

〔補〕《富順縣志》卷二〈山川下〉，錄有「知縣金壇段玉裁〈中水考上〉、〈中水考下〉」二文，亦見《文集》卷七，疑係本年所撰。

乾隆四十二年丁酉（一七七七）　段氏四十三歲

〔正〕六月，撰〈書富順縣縣志後〉一文。見《文集》卷九。

按此文段集不記撰作年月，光緒重刊本《富順縣志》，卷首有四川學政吳省欽乾隆四十二年六月序，次段氏〈後序〉，即此〈書富順縣縣志後〉，末題「乾隆丁酉六月」，則段氏去任後所撰也。《劉譜》繫此文於四十一年秋，非是。

《劉譜》：《經韵樓集》七有〈書干祿字書〉一首，蓋今年作。先生在蜀，得宇文氏刻潼川本《干祿字書》，吳沖之考爲成都宇文時中所刻。

〔正〕劉說未確。《文集》此文不記年月；中央圖書館藏龔麗正鈔段氏《干祿字書》校定本，此文末題「乾隆己亥八月段玉裁記於巫山廨」，是此條當移於四十四年。

乾隆四十三年戊戌（一七七八）　段氏四十四歲

〔補〕閏六月，有焦山僧澹寧者，以焦山周鼎摹本見贈。

按《說文》無「鞶」字而有「鋚」字，段氏謂《詩經》之「鞶革」字，疑皆「鋚勒」之譌。澹寧以焦山周鼎摹本寄示，其「鋚」字作「攸」，下一字殘蝕，而右旁一「丿」分明，因定其爲「勒」字。其文正可與《博古圖》周宰

辟父敦銘、薛氏《鐘鼎款識》周伯姬鼎、寅簋等相證發云。(《詩經小學》卷二十五,頁十五)

〔補〕嘉平立春日,爲查厚之撰〈升菴夜課圖序〉。此文《文集》、《文集補編》俱未收,今錄次:

成都南城護國寺,傳是升菴楊氏故居也。予友查君厚之,買寺之隙地,葺屋三間,因竹樹花卉而增藝云,清曠瀟洒,屏絕市囂。魯甫觀察儉堂先生自公之暇,樂與顧晴沙觀察、吳白華學使、沈澹園太守、朱晝莊大令暨諸名士,賦詩飲酒其中,文采風流,輝映曩哲,晴沙乃大書「升菴」二字以顏其楹。始厚之入宰南部,既調長寧宜賓,與予最相善。癸巳、甲午間,兩討金川,大吏檄厚之至行省,籌畫軍儲,遂挈其帑,居升菴之旁,以奉南陔之養焉。時儉堂先生備兵松茂,總理西北兩路軍務,昕夕靡遑。凡有機宜當面陳大吏者,輒單騎至成都,信宿升菴,往返無定。丙申金川平,觀察又奉命鞫果羅克掠青海牛馬事,厚之又奉大吏奏請留行省,鉤考軍需報銷,不得返宜賓官廨。是歲冬,擢雲南趙州牧,又不獲遽往。蓋自癸巳至今,凡六年,厚之恪勤王事,殫心竭力;自幸父子俱官於蜀,得以怡愉色養,且又不廢書史,每篝燈督令弟揚之、令子斗一,讀書論文。乃繪升菴夜課圖,題詠者甚夥。余惟升菴楊氏,氣節文章,古今不數數見。今厚之訪其遺蹟,繫以舊名,非尙論好古,何能至此耶。抑余觀厚之之克(森按:疑當作「先」)意承志,敦篤弗懈,討究詩書,精研篆隸,以紹其家聲,以啟其後嗣。雖所遇與楊氏不同,而其心則楊氏之心,其學則楊氏之學也,則後之懷厚之者,何必不如今日之懷楊氏也哉。歲丁酉,厚之索余序此圖未果。今余遠在三峽間,聞厚之鉤考事將畢,欲北上而適滇也,亟書此以寄之。乾隆戊戌嘉平立春日寅愚弟金壇段玉裁拜撰。(墨迹現藏天津查氏,茲從陳邦懷氏《一得集》迻錄)

乾隆四十四年己亥(一七七九)　段氏四十五歲

〔補〕《文集》卷五〈書漢書楊雄傳後〉一篇撰於是年。按段氏《古文尙書撰異》三於「淮海惟楊州」條下錄此文（文字微有異同），其末云：「己亥年〈書漢書楊雄傳後〉如此，今人積非成是，故附錄於此。」（卷三，頁二十七）可證。

乾隆四十五年庚子（一七八〇） 段氏四十六歲

〔補〕正月，考定《毛詩·淇奧》「猗重較兮」，當本是「倚」字。二月，閱《文選》，〈西京賦〉：「戴翠帽，倚金較」，李善注引《毛詩》：「倚重較兮」，正作「倚」字，汲古閣初刻本不誤，而錢士謐校本乃於板上更爲「猗」字，遂滅其據證矣。（《詩經小學》卷五，頁三）

乾隆四十六年辛丑（一七八一） 段氏四十七歲

〔補〕盧文弨、金榜以陳芳林《春秋內外傳考正》見示。讀之，服其精審，因錄副藏之。

按段氏〈陳芳林墓志〉云：「乾隆辛丑，余自巫山引疾歸，南陔多暇，補理舊業。（中略）盧、金二君爲余言蘇州陳君芳林，以所著《春秋內外傳考正》五十一卷相示，余讀之，駭然以驚，曰：『詳矣精矣，內、外傳乃有善本矣。』迻書其副藏於家。」（《文集》卷八，頁三十九）

乾隆四十八年癸卯（一七八三） 段氏四十九歲

〔補〕九月六日，讀《廣雅》，改訂《詩經小學》舊說一事。先是，段氏撰《詩經小學》，於《大雅·下武》「昭玆來許」，毛傳：「許，進也。」疑「許」字無「進」訓；而《後漢書·祭祀志》注引謝沈《書》載東平王蒼上言，引《詩》作「昭玆來御」，與〈六月〉篇毛傳「御，進也」之訓正同，因推斷《毛詩》此文當本作「御」，今作「許」者蓋聲之誤。後見惠氏《九經古義》，其說亦同。頃閱《廣雅》，已有「許，進也」一訓，正本此傳，乃知東平王引作「御」者，恐係三家詩，未可據以改《毛詩》也。（《詩經小學》卷二十三，頁十六）

乾隆五十年乙巳（一七八五） 段氏五十一歲

〔補〕五月，閱蔡邕《獨斷》，改訂《詩經小學》舊說一事。

按《周官・隸僕》鄭注引《詩》云「寢廟繹繹」、《呂覽・季春紀》高注引作「寢廟奕奕」，段氏初以此爲《小雅・巧言》「奕奕寢廟」之異文。及見《獨斷》亦引「頌曰：寢廟奕奕」，據其稱曰「頌」，乃知鄭玄、高誘所引，當卽《魯頌・閟宮》「新廟奕奕」之異文。（《詩經小學》卷二十九，頁九）

乾隆五十一年丙午（一七八六）　段氏五十二歲

《劉譜》：中秋前三日，盧抱經爲先生敍《說文解字讀》於鍾山書院。

〔補〕按段氏《說文解字注》，陳奐〈跋〉云：「先生自乾隆庚子去官後，注此書，先爲長編，名《說文解字讀》，抱經盧氏、雲椒沈氏曾爲之序。」盧序今附刻於《段注》卷末，《羅譜》云：「陳碩甫〈說文注跋〉言尙有沈雲椒初序，今書中無之，不知何故？」（頁十）丁氏《說文解字詁林》前編序跋類、黎氏《許學考》等，亦並闕載，知沈氏此序固已湮微久矣。今按：沈氏名初，雲椒其號，浙江平湖人，乾隆二十八年進士，官至戶部右侍郎。嘗與阮元、邵晉涵、汪廷珍等校勘石經，著有《西淸筆記》、《蘭韻堂文集》等。《淸史稿》卷三百五十一、《淸史列傳》卷二十八有傳。沈序今見本集卷二，其文不記撰作年月，今迻錄於此，以爲治《說文》及段氏學者考索之資。

少時留意小學書，見許叔重《說文》，惟徐氏分韻本，竊以爲未盡得古人著作之旨。後得趙宧光《長箋》讀之，益病其支離傅會；最後得徐鍇《繫傳》讀之，覺稍有原委，藉以窺見制字之本末終始，而許氏本來面目猶未失也。然欲考訂詳博，以正千百年傳襲譌漏之弊，則尙有待於來者。吾友段若膺明府，博學好古，旣梓其所著《音韻表》以傳世矣，復得見其《說文解字讀》一書，訂其舛譌，別其同異，辨其是非，證以金石文字與周秦以下諸子百家之記載，條分而縷析之；於徐氏之說，精核而詳定之，誠爲叔重之功臣已。竊嘗論字書與韻書異，六書中，諧聲特字之一義耳；古人比音而合之，其文辭自然成韻。六經有韻之文甚多，本非有一定之韻以律之從之也，韻書之作非古矣。況今自《

唐韻》以上之書，不復可覩；所見者，《廣韻》以下，皆宋以後書，去古益遠，言人人殊，亦復何怪。若夫字則古人所制，千萬世遵而用之，雖自古文而篆而隸，屢變其體，然其沿革之故，不過日趨於便，而制字之理具在，六書之法，一一可考而知。況《說文》尚是篆體，漢之去周未遠也，叔重之書，後世之信而可從者莫是若矣。第為後人竄改缺漏，則非得博聞卓識者為之考核精審，以定厥宗，猶有遺憾焉。今得明府書出，助經文之詁訓，作後學之津梁，固非《玉篇》以下為字書者所能窺測其涯涘者矣。

乾隆五十二年丁未（一七八七） 段氏五十三歲

〔補〕本年，依張稷若《監本正誤》校訂《儀禮》。（參下乾隆五十八年條）

乾隆五十三年戊申（一七八八） 段氏五十四歲

《劉譜》：冬，讀《古文苑》，班固〈車騎將軍竇北征頌〉云：「民儀響應，羣英影附」，定其為用《今文尚書・大誥》「民儀」二字；並決《漢書・翟義傳》之「民獻儀九萬夫」，為後人合今、古文並存之誤。著其說於《古文尚書撰異》十六。

〔正〕按此見於《撰異》卷十五（頁五），《劉譜》作「十六」者，誤。

乾隆五十六年辛亥（一七九一） 段氏五十七歲

〔補〕四月，撰《古文尚書撰異》〈雒誥〉、〈多士〉二篇畢，時客畢氏經訓堂也。（見葉景葵氏《卷盦書跋》頁七）

《劉譜》：五月，《古文尚書撰異》三十二卷成而為之序，云：「始箸雍涒灘（盼遂按：此語有誤，「著雍」為己，「涒灘」為申，六甲中無己申；且乾隆四十七年歲在壬寅，然則當作「横艾攝提格」為合），迄重光大淵獻皋月乃成。」蓋首尾已十年矣。

〔正〕按此說郅差。《爾雅・釋天》云：太歲「在戊曰箸雍，在己曰屠維」，又「在申曰涒灘」。然則段序言「始箸雍涒灘」者，實在戊申歲，為乾隆五十三年，下距辛亥五月此書之成，前後才三年許。劉氏以「著雍為己」者，蓋誤讀《爾雅》文耳。　又按段氏此序本言：「乾隆四十七年，玉裁自巫山引疾歸。養親課子之暇，爲《說文解字讀》五百四十卷。又爲《古文尚書撰異》三十二卷，始箸雝涒灘，迄重光大淵獻臯月乃成。」蓋段氏四十七年旋里家居後，重理舊業，乃增訂寓蜀時所撰之《說文考證》，爲《說文解字讀》十四卷[5]；五十三年，復撰《古文尚書撰異》。而非如劉氏所言者，是書始撰於乾隆四十七年也。

另考《撰異》十三，有段氏五十五年七月識語云：

> 辛丑（四十六年）之四月，自四川引疾歸。途謁錢詹事於鍾山書院，詹事言〔〈洪範〉〕「貌曰恭，言曰從，視曰明，聽曰聰，思曰容」，此可補入尊著《六書音均表》。（中略）玉裁時無以應也。家居數年，乃憭然漢人所徵引《尚書》，見於《史記》、前、後《漢書》者，皆系伏生今文，以功令所重，博士所習也。而漢末、魏、吳，古文之學始盛。（中略）憶詹事又言：「考證果到確處，便觸處無礙。如東原在都門分別《水經》與《酈注》，得其體例，渙然冰釋。」余聞其說，卽閉門校此書，一一與合轍。今以玉裁分別今文、古文者告之詹事，當亦爲之大快也。（卷十三，頁十二）

按段氏寓蜀時，撰有《書經小學》（參本文乾隆四十年條下），其詳固不可得而知；然以段氏《詩經小學》度之，其書體例當近同，蓋亦詳於考正文字之是非，故名曰「小學」。今據此識語所言，知段氏於辭官歸里途中，嘗往晤錢大昕。有感於錢氏「得其體例」之說，乃閉門考校《尚書》，而創通分

5　按此《說文解字讀》，當卽乾隆五十一年秋盧文弨及沈雲椒所爲撰序者，亦卽今北京圖書館所藏段氏稿本《說文解字讀》十四卷之屬，其書以考校《說文》爲主，與同時所撰之《詩經小學》、《古文尚書撰異》性質近同。此本卷首冠有段氏親筆所寫盧、沈二序，今味二家序文，並無一語齒及段氏有將爲《說文》作注之意，知段氏此書本自單行。考乾隆五十七年段氏與趙味辛書，中有云：「日來刪定《說文》舊稿，冀得付梓」，所云「《說文》舊稿」，當卽指此而言（參下文五十七年條下）。至段氏此序所稱「爲《說文解字讀》五百四十卷」，及《說文注》所言：「始爲《說文解字讀》五百四十卷，旣乃檃栝之成此注」（十五卷下，頁七），以余所考，此一五百四十卷之《說文解字讀》長編，實屬子虛，其間隱情，別詳拙作〈段玉裁說文解字讀考辨〉。

別今古文之義例，撰爲是書。段序自言此書「略於義說，文字是詳，正晉、唐之妄改，存周、漢之駁文」，蓋卽就舊著《書經小學》，廣蒐補闕，更益以今古文經字之同異而成也。

〔補〕錢大昕來書，論《撰異》分別今古文之是非。

按錢氏《潛研堂文集》卷三十三〈與段若膺論尚書書〉云：「承示考定《尚書》，於古文、今文同異之處，博學而明辨之，可謂聞所未聞矣。唯謂《史》、《漢》所引《尚書》，皆系今文，必非古文，則蒙猶有未諭。《漢書·儒林傳》謂司馬遷從安國問故，遷書載〈堯典〉、〈禹貢〉、〈洪範〉、〈微子〉、〈金縢〉，多古文說，是史公書有古文說也。〈地理志〉：『吳山，古文以爲汧山』、『大壹山，古文以爲終南』，是《漢書》有古文說也。漢時立學置博士，特爲入官之途；其不立博士者，師生自相傳授，初無禁令，臣民上書，亦得徵引。（中略）馬、班二君，又何所顧忌，而必專己守殘，不一徵引古文乎？《春秋左氏》與《尚書》古文，皆非功令所用，而班氏〈律歷〉、〈五行〉諸志，引《左氏》經傳者不一而足。以《春秋》之例推之，則《漢書》決非專主今文矣。」此與段氏商討《史》、《漢》所引《尚書》，非必皆如《撰異》所定，盡屬今文也。今繫諸此，以並覽焉。

《劉譜》：七月，先生自金壇遊常州，攜《古文尚書撰異》，屬臧在東爲之校讐，在東因爲參補若干條。劉端臨見之，謂先生曰：「錢少詹簽駁，多非此書之旨，不若臧君箋記持論正合也。」

〔補〕按《撰異·般庚上》「無弱孤有幼」條下，引臧庸說一條（卷六，頁十一），蓋卽臧氏所參補者。李慈銘《越縵堂日記》云：「夜閱段氏《古文尚書撰異》。此書訓詁紛綸，可謂經學之窟。惟必分析今文古文，鑿鑿言之，且謂漢魏以前，歐陽、夏侯《尚書》無今文之稱；孔安國所傳《尚書》，亦用今字；《說文》所載《尚書》古文，馬、鄭、王本皆無之，俱近於任肊而談，意過其通，反爲蔽也。臧拜經言錢竹汀氏有籤記頗多，惜不得見之。」

(光緒戊寅正月二十三日)余按：葉景葵氏《卷盦書跋》著錄段氏《撰異》原稿副本，其上錄有錢竹汀及臧氏簽注各條(頁六)。其本現藏上海圖書館(《中國古籍善本書目》頁一一九)，惜未有人爲錄出刊布耳。

乾隆五十七年壬子(一七九二)　段氏五十八歲

〔補〕七月，閱臧琳《經義雜記》，改訂《詩經小學》舊校一事。先是，段氏據王伯厚《詩考》，推定《小雅·巷伯》之「哆兮侈兮」，古本當是上侈下哆。比閱臧書，亦言此文自唐時已誤倒，惟謂《詩考》所載崔靈恩《集注》爲作僞不可據(森按：見《經義雜記》卷二十二「侈兮哆兮」條)。因反覆推考，仍定從今本作「哆兮侈兮」爲正，而校改《毛傳》作「哆、侈，大貌」、「哆、侈之言是必有因也」。(《詩經小學》卷十九，頁十七)

《劉譜》：十月，避橫逆，移家居蘇州，得識黃蕘圃、顧千里。

〔補〕又因錢大昕而與周漪塘定交。陳仲魚時亦來蘇，見則各言所學，互相賞奇析疑。

按〈周漪塘七十壽序〉云：「余之僑居吳門也，因錢竹汀先生以定交於明經漪塘周子。乾隆、嘉慶以來，吳中之能聚書者，未有過於周子者也。(中略)自余於壬子居吳，借書以讀，所恃惟周子。周子以篤好聚物，自明季諸君，以及何氏、朱氏之善本，每儲侍焉。」(《文集》卷八，頁二十四)又〈簡莊綴文敘〉：「壬子、癸丑間，余始僑居蘇之閶門外。錢辛楣詹事主講紫陽書院，得時時過從討論。而仲魚十餘年間爲人作計，常往來揚、鎮、常、蘇數郡間；每歲亦必相見數回，見則各言所學，互相賞奇析疑」云。(《段集補編》上卷，頁十三)

《劉譜》：六月，委臧在東、顧子述增編《戴東原先生文集》爲十二卷，成而爲之序。

〔正〕八月，《戴東原集》刻成，爲勘誤，撰《札記》一卷，附刻其後，云：「刻板既成，不欲多剜損，故箋其後如此。得此書者，尙依此研朱校改，以俟重刊。乾隆壬子八月。」《劉譜》繫此於明年，非。

〔正〕本年秋，始撰《說文解字注》。

按《段集補編》下卷〈與劉端臨第九書〉云：「弟近日於《說文》，知屬辭簡鍊之難；考核於素者，則固不誤者多也。（中略）大約示部旣成，義例便可定。」細味此札之語，當卽段氏初撰《說文注》時所作，故言「大約示部旣成，義例便可定」。此札《劉譜》繫於乾隆五十九年，未確。今按此札下文有「東原師集已刻成，費而不佳，俟刷印後再奉途」之語；又言：「新刊《釋文》，繙閱有不愜之處，恨不得暇全校之。」考《戴東原集》刻成於本年秋；又所言「新刊《釋文》」一事，則指盧文弨抱經堂所刻者，其書序刻於五十六年九月，二事年月正相接。然則此札當作於五十七年秋甚明。據是，則此札首言：「次兒驓初意不欲其秋試，近日始拘於俗見，令其觀場，但恐科舉甚艱」云云，此自是壬子鄉試，是亦其一證也。劉氏以爲「甲寅恩科鄉試」（《段集補編》卷下，頁六），非是。綜上所考，則段氏之始撰《說文注》當在本年，要無可疑也。

另按《段集補編》下卷〈與趙味辛書〉云：「弟日來删定《說文》舊稿，冀得付梓。東原師集刻雖成，而多未妥，容日再寄。」(頁二十一)此與〈與劉端臨第九書〉語意正同，當亦乾隆五十七年所作，惟時間則稍前於〈與劉端臨書〉耳。知者，此札云：「日來删定《說文》舊稿，冀得付梓」，所言之「《說文》舊稿」，當卽今北京圖書館所藏十四卷本《說文解字讀》（參註五），以其原撰有成稿，故略事删定卽可付梓也。至〈與劉端臨書〉所言，則已別事更張，將爲《說文》作注矣，特其時篇首之示部仍未了，故義例尚未能定耳。今以二札相照，則段氏之立意注《說文》，似在五十七年夏秋間。

乾隆五十八年癸丑（一七九三）　段氏五十九歲

〔補〕四月，臧庸來書，與段氏商榷所校《爾雅》譌失若干事。見臧氏《拜經文集》卷二〈與段若膺明府論校爾雅書〉。

〔補〕七月，臨校何仲友（何義門弟，名煌）、惠定宇《公羊注疏》校本。

按中央圖書館藏嘉慶己巳江沅過錄段氏臨校本《公羊注疏》，並錄段氏題記云：「癸丑六月二十八日，武進臧鏞堂校錄一部畢。時寓館於袁氏拜經樓，並錄何、惠、朱（森按：指惠氏門人朱邦衡）三人舊款識。所云宋本，即余仁仲本。此校或云余，或云宋官本，是宋鄂州學官書。朱、墨別異，實多混用。是年七月，段玉裁臨校。」

〔補〕秋，臨校何仲友、惠定宇《穀梁注疏》校本。

按中央圖書館藏江沅過段氏臨何氏《穀梁注疏》校本，並錄段氏題款云：「秋初，臧鏞堂在東氏臨校何氏本于袁氏拜經樓。其惠氏所參閱者，別過錄之，不則入此校本中。李抄單疏本尖圈，以別於元板。段玉裁臨校。」此未記年月，然據本年〈與劉端臨第六書〉云：「今年校得《儀禮》、《周禮》、《公羊》、《穀梁》二傳，亦何義門、惠松厓舊本。」(《段集補編》下卷，頁四）則在本年無疑。

〔補〕九月，重校《儀禮》，跋而識之。《段集補編》失收，今錄次：

丁未，依張稷若《監本正誤》校，癸丑九月又校。於經、注譌字，略得其八九矣。徧觀諸本，《集釋》最善，岳本次之。沈冠雲氏所謂嘉靖本者，即明刻岳本也。九月又書，段玉裁。（錄自王文進《文祿堂訪書記》卷一，頁十一）

〔補〕十月，撰〈周禮漢讀考序〉。

按段氏漢讀例之說，始見於本年六月所撰〈經義雜記序〉(《文集》卷八），其後卽本斯恉以撰《周禮漢讀考》。本年七月十四日，與劉端臨書云：「成《漢讀考》三、四葉，擬秋間完功此書爲善」；又九月，與劉氏書云：「《周禮漢讀考》亦已到〈秋官〉大半」；明年春，又與劉氏書云：「《周禮漢讀考》已繕成書，目下《儀禮》已動手。」據此，可見段氏撰寫此書進展之速也。

〔補〕十二月初三日，跋葉林宗鈔本《經典釋文》。此文《文集》不載，《段集補編》亦失收，今錄次：

《經典釋文》，明季葉林宗屬謝行甫影寫此一部。至康熙時，崑山徐氏梓入通志堂；乾隆初，此本歸蘇城朱君文游，近歲又歸周君漪塘。方在朱君所時，盧抱經學士曾借校重雕，今現行抱經堂本是也。寫本一依宋刻，不無誤字。徐氏校讐付梓，不爲無功；而每改正從俗，是非倒置。盧刻更正之，作《考證》附後，可謂善矣。而去取猶有未當者，或校時忽易失檢，如《周禮·大司樂》「三宥」，宋余仁仲本同，徐刻誤改「侑」，盧從「侑」；《儀禮·少牢》「抉音決」，岳珂本同，徐刻改「抉」作「袂」，盧從「袂」，皆是也。有已經校出，猶豫未更者，如《尚書·無逸》「諺，五旦反」，可以證開寶之前「諺」作「喭」，與《論語·先進》「喭」字音義同，而仍從徐刻作「魚變反」。〈考工記〉「髺狠，苦很反」，「狠」字最古，而仍從徐刻作「墾」，皆是也。與今本不同之處，往往與唐石經、《集韻》、《羣經音辨》、宋監本、余仁仲本、岳珂本、張淳《儀禮識誤》、王伯厚《玉海》等書相合，似違而善，不可枚數。天下僅有此本，苟此本湮沒之後，治經者於何取證？因從周君漪塘假來，屬吾友臧在東爲詳校一本，一無滲漏。異時刻經注者，每部附刻此《音義》於後，是爲幸也。周君名錫瓚，淹雅好學而多藏書，又不吝荊州之借。余僑居於下津橋，以君居爲春明坊也。乾隆癸丑十二月初三日，茂堂段玉裁書。（據本書迻錄）

《劉譜》：先生取母氏故物梳頭几一，供書室中，思慕不置，因作〈先妣梳几銘〉一首，有序。

〔正〕按〈先妣梳几銘序〉曰：「甲寅徙居蘇之枝園，取几供書室中，思慕不置，因作銘以遺子孫」云云（《文集》卷九，頁十九），是此文當撰於五十九年甚明。此條應移於明年。

乾隆五十九年甲寅（一七九四）　段氏六十歲

〔補〕四月立夏日，過錄惠定宇校宋本《禮記正義》。聞周漪塘言：惠氏所據校之北宋本，今在曲阜孔繼涵家。(據中央圖書館藏江沅過段氏臨校本)

〔補〕六月，撰〈汲古閣影宋鈔本集韻跋〉。

按段跋墨迹現存寧波天一閣（見謝國楨氏《江浙訪書記》頁二二一）。臺北中央圖書館藏陳奐鈔汲古閣影宋鈔本《集韻》並《校勘記》，亦錄有段氏此跋，其文稍詳。此跋《文集》不載，《段集補編》亦未收，今據陳氏鈔本迻錄：

凡汲古閣所鈔書散在人間者，無不精善，此書尤精乎精者也。書成於宋仁宗寶元二年，故太祖、太宗、眞宗及太祖以上諱，及其所謂聖祖諱皆缺筆。「禎」字下云：「知盈切。上所稱，《說文》：祥也。」「上所稱」者，猶言今上之名也，故空一格；不言諱者，嫌於名終則諱也。「禎」不缺筆，蓋影寫失之。或云：「禎」字本空白不書，但注云：「知盈切。上所稱」，以別於他諱也。自英宗以後諱皆不缺筆，則知此所影者，的爲仁宗時本無疑。但其版心每葉皆云「某人重刊」、「某人重開」、「某人重刁」，則亦非最初板矣。丁度等此書兼綜條貫，凡經史子集、小學方言，采擷殆徧。雖或稍有紕繆，然以是資博覽而通古音，其用最大。自明時已無刊本，亭林以不得見爲憾。康熙丙戌，楝亭曹氏乃刻之。今年居蘇州朝山墩，從周君漪塘許借此本，校曹氏舛錯，每當佳處，似倩麻姑癢處爬也。凡曹缺處，此本皆完善；而曹所據本，與此本時有不同。上聲十四賄，此本以「梁、益謂履曰屦」六字綴於「隧」字注，曹本則無此六字，而空白二寸弱。蓋最初版當大書「屦」字，注云：「梁、益謂履曰屦」，正在曹本空白處耳。余復以已見正二本之誤，他日有重刊此書者，可以假道。「汲古閣」、「子晉」、「斧季」印章重重，當時寶愛亦云至矣；百數十年而周君珍藏，可謂傳之其人。周君學問淹雅，又復能作荆州之借，流布善本於天地間，以視世之扃鐍宋槧不肯借讀者，其度量相去何如也。乾隆五十有九年歲次甲寅六月十四日，金壇段玉裁跋。

《劉譜》：是年有與劉端臨第七書、第八書。（中略）秋七月，作第八書，略云：「次兒驤初意不欲其秋試，近日始拘於俗見，令其觀場」云云。

〔正〕按《劉譜》所引之第八書，實係《段集補編》第九書，當撰於五十七年（辨已詳上）。而《劉譜》此因誤脱第八書，致以下《譜》中所引段氏〈與劉端臨書〉並遞誤少計一通，與《段集補編》不讐。明年，《劉譜》云：「是年有與劉端臨第九、第十、第十一、第十二書」，當是第十至第十三書。下倣此，不一一出之。

〔補〕本年王念孫有與劉端臨書，中有云：「來札云若膺居蘇州甚安適，可以肆力於古，甚爲欣慰。其所著《尚書撰異》，王青浦携來京邸。其中精確者至多，惜今世無賞識者，曲高和寡，自古歎之矣。」（原札載《劉氏清芬外集》，今從劉文興氏《劉端臨先生年譜》迻錄。）

〔補〕阮元至蘇，遣人備輿來迎段氏晤敍。

按潘承厚氏《明清藏書家尺牘》第二册，收有阮元致段氏書一通，據書中有「知僑寓蘇門，兼有足疾」之語，本年八月，段氏跌傷右足，經久乃瘉，此札疑作於是年。今錄次，以備考索。

睽違雅教，時切馳思。近念興居安吉，著述日新，定如私頌也。頃過丹徒，晤端臨同年，知僑寓蘇門，兼有足疾，未知近日曾全愈否。弟於今日至蘇，約有半日躭擱，急欲一見，略罄渴懷。又訪得尊居距城頗遠，本當親詣高齋，奈皇華期迫，不能久延。謹令縣中人備輿奉迓，至弟舟一談。大著《說文讀》及諸《漢讀》、《詩、書小學》稿本，務必携來，藉可略飲江海之一勺，萬勿吝教。此時閉戶著書，想無酬應。武林距蘇甚近，或即與弟同舟至彼，下榻謹言。留彼久暫，亦聽吾兄之便。弟署中尚有一二志學之士，尙不寂寞。（如惠然肯來，書卷行李即爲裝束一舟，同弟行也。）今附上弟近刻數篇，又碑刻一種，乞加指摘，餘俟面罄。年愚弟阮元頓首。

乾隆六十年乙卯（一七九五）　段氏六十一歲

〔補〕五月十二日，鈕樹玉來訪。

按鈕氏《非石日記鈔》：「候段懋堂先生。云『瞻彼洛矣』之『洛』，毛公不作『雒』解；《左傳》『太伯不從』之『從』，當作『順』解；『實始翦商』之『翦』，毛公作『齊』解。論甚精確。」

〔補〕姚姬傳來書，託劉端臨轉致。

按陳援庵先生藏姚氏致劉端臨書原墨一通，中有云：「段公已移家至京口未？弟有一書寄之。如其未至，便煩爲寄丹陽也。」（從劉文興氏《劉端臨先生年譜》轉引。）原札不記年月，惟首有「在省接待悤悤」之語，據劉文興氏所考，本年秋，劉端臨曾至江寧，與姚氏把晤，故知在是年。

嘉慶二年丁巳（一七九七）　段氏六十三歲

《劉譜》：七月十五日，與袁又愷用周漪塘所出《說文》二宋刊本、二鈔宋本、一宋刊《五音均譜》、一汲古閣初印本，校毛氏五次改本，成《汲古閣說文訂》一卷，又爲之序。

〔補〕按丁福保《說文解字詁林》前編序跋類載段氏〈毛刊宋本說文跋〉一首，《文集》不載，《段集補編》亦闕收，今迻錄之：

《說文》始一終亥之本，亭林未見，毛子晉始得宋本校刊。入本朝，板歸祁門馬氏之在揚州者。近年歸蘇之書賈錢景開，當小學盛行之時，多印廣售，士林稱幸矣。獨毛本之病，在子晉之子斧季妄改剜版，致多誤處，則人未之知也。斧季孜孜好學，此書精益求精，筆畫小譌，無不剜改，固其善處。然至順治癸巳，校至第五次，先以朱筆校改，復以藍筆圈之。凡有藍圈者，今版皆已換字，與初印本不合；而所換之字，往往劣於初印本。初印本往往與宋槧本、《五音韻譜》等本相同，勝於今版。雍正乙巳，何小山煌又以朱筆糾正，而識之：「勸君慎下雌黄筆，幸勿刊成項宕鄉」，是其一條也。今初學但知得汲古本爲善，豈知汲古刊刻有功而剜改有罪哉！向時王光祿跋顧抱冲所藏初印本，云：「汲古延一學究，校改至第八卷，已下學究倦而中輟，故已下無異同。」此光祿聽錢景開臆說，又八卷後未細勘也。此本斧季、小山之親筆具在，非他學究所爲；又八卷已下，與今版齟齬尚甚多。嘉慶丁巳，周君漪塘以借閲，宿疑多爲之頓釋。別作摘謬數紙，將以贈今之讀《說文》者。六月二十四日跋於下津橋之枝園。

嘉慶三年戊午（一七九八）　段氏六十四歲

〔補〕正月，撰〈惠氏大學說序〉。此文《文集》未收，《段集補編》亦闕，今錄次：

半農先生以經學世其家，自王父樸庵先生有聲、父研溪先生周惕，以及哲嗣松厓先生棟，皆沈潛博物。於經皆遠紹兩漢大儒師師相傳之緒，凡故訓舊章蘊蘊歲久者，咸抉剔張皇之，持贈後學。若研溪之《詩說》，半農之《禮說》、《易說》、《春秋說》，松厓之《周易述》、《易漢學》、《易例》、《九經古義》、《古文尚書考》，皆有刊本，學者奉爲圭臬，可謂盛矣。《禮說》最爲典雅，而版已久亡，彭君純甫乃重梓，以惠士林。吾友周君漪塘（錫瓚）家藏半農《大學說》，素無刻本，漪塘曰：「《大學》本《小戴》之一篇，宜附《禮說》之後。」純甫乃併梓之。愚竊觀此《說》，論親民不讀新民、格物不外本末終始先後，即絜矩之不外上下前後左右，不當別補「格致」章，確不可易。其他精言碩論，根極理要，鍼砭末俗，有功世道人心不小，不徒稽古類典已也。嘉慶三年正月，金壇後學段玉裁識。（錄自蘭陔書屋刊本卷首）

嘉慶四年己未（一七九九）　段氏六十五歲

〔補〕四月，有與嚴元照書二函。

《段集補編》收有段氏〈與嚴九能書〉二通。其一通末記「四月初六日」，無撰年。今按此書有云:「弟自正月杪赴金壇,至四月初乃歸。(中略)再披二册觀之,觸目琳瑯,美不勝收,爲之狂喜。惜弟祖塋訟事未終,而賤內又病臥,以致家務棼如亂絲,不能專心細讀,然又不忍捨也,故遵盛意留此,以俟卒業。」(卷下,頁二十一)考本年段氏〈與劉端臨第十八書〉亦云:「弟正月大病初起,不得已復到金壇。(中略)弟既抱病而多事,內人主持柴米之務者也,亦復病瘵,不能理事。」(卷下,頁十一)二札所言之家務事悉合,知此〈與嚴氏書一〉,當作於是年。又,〈與嚴氏書二〉云:「初歸時,曾泐一札,意欲留尊著細讀;而家冗紛紛,又兼先塋事未了,須至金壇完結。恐稽延多日,而又無暇從容展玩也,輒仍送高橋貴友處奉還。」末記「四月十六」,知此正承前一札而作。

〔補〕七月,有與劉端臨書。

按日本東京上野博物館藏有段氏致劉端臨書原墨十通,其中八函已見於《段集補編》[6],餘二函則向未刊布。其一書云:

端臨大兄先生執事:前者袁員外歸潤,以新刻《鐘鼎款識》及《勝朝諸臣殉節錄》二書奉寄,想已察收。初十日,賓客雲集之間,忽接華翰,知關注家嚴壽辰,專使贈以名聯並帽緯京韡,無任感激。札中稱老人之康健,信乎有之,並及弟之拙劣,不勝抱愧。奉家嚴之命,謂壽聯褒獎過甚,敬領以爲光華;緯韡二事,不敢收受。弟亦以聯語之美,當什襲而藏,其餘厚貺,敬謹璧謝。四、五月間,歸射陽侍奉數十日,敬企老伯、伯母大人起居萬安。三哥喜音疊疊,高年色笑,分外怡愉,此眞人間少有之樂事。福壽雙全,德門星聚,固非舍下所能企及也。令弟分工部營繕,舍孫婿附驥,分吏部文選,知關錦注,故以奉聞。懷祖大兄賜聯已敬收,當另作書奉謝。札中稱其正月初八日上平定賊匪事宜六條,

6 按即《段集補編》所收之第三、十、十一、十三、十六、十八、二十九、三十一等八書,惟《補編》錄自《劉氏清芬外集》者原略有裁省耳(阿辻氏以爲《補編》脫文,未確),參阿辻哲次氏〈東京國立博物館所藏段茂堂尺牘札記〉。

平明疏入，食時首輔下獄。坐間潘榕皋奕雋亦能言之，誠哉我輩不宜譏議亢宗矣。但札中云此時已抵京，不知巡漕何以需抵京也？蘇州近事，縣令、首禍者恐難瓦全。便中作五硏樓詩寄下爲屬，程易田詩已寄至矣。《周禮漢讀考》版片已來，日內可以刷印呈政。竹汀先生題跋一種附上。家嚴命筆諸安道謝，弟敬候暑安，並鳴謝悃，不既。玉裁再拜。

向時喬氏所藏明人文集，彼時在聲署見之，頗慨不買此等書，想皆在不讀書之家，仍可以購得之否。又拜。宋版《史記》，曾否一見？（據阿辻氏〈東京國立博物館所藏段茂堂尺牘札記〉迻錄）

此書不記年月，今考之，知爲嘉慶四年所作。按：是年七月十日爲段父得莘公九十壽辰，此書「初十日，賓客雲集之間，忽接華翰，知關注家嚴壽辰，專使贈以名聯」云云，及「懷祖大兄賜聯已敬收」之語，並即指此。又劉端臨三弟臺斗是年成進士，官工部營繕司主事（見劉文興氏《劉端臨先生年譜》），而此書云「令弟分工部營繕」，二者正合。又劉氏《高郵王氏父子年譜》記王念孫「正月，密疏劾大學士和珅黷貨攬權。淸仁宗覽奏稱善，即日下旨正法和珅。當時翕然稱之爲朝陽鳴鳳，今《文集》第一篇〈敬陳勦賊事宜摺〉是也。」（頁十八）亦與此書「札中稱其正月初八日上平定賊匪事宜六條」者合。又《劉譜》本年條記：「是年，先生與劉端臨書，屢提蘇州諸生褫革之獄」，而此札亦有「蘇州近事，縣令、首禍者恐難瓦全」之語。合此數事觀之，則此札當撰於本年無疑。

《劉譜》：十二月，臧在東以先生《詩經小學》節錄本付刻於廣東南海縣，而爲之序，云：「段君所著《尙書撰異》、《詩經小學》、《儀禮漢讀考》，皆不自付梓；有代爲開雕者又不果。而此編出鏞堂手錄，念十年知己之德，遂典裘以畀剞劂氏。」按臧刻本即今之《皇淸經解》四卷本，其全書爲三十卷，見阮元《十三經注疏校勘記·毛詩序目》以及《說文》第十五注，今不可復見矣。

〔正〕按臧庸〈刻詩經小學錄序〉，《拜經文集》卷二題「己未季多」，而本書載此序，則署曰丁巳季多，二者不一。

又按：段氏《詩經小學》三十卷本，今有道光乙酉抱經堂刊本行世，劉氏未之見耳。

《劉譜》：去年，門人錢唐王國章爲先生刻《周禮漢讀考》成。至是復閱，又得誤處二事。八月，作〈書周禮漢讀考後〉。

〔補〕按翁方綱《復初齋文集》有〈書金壇段氏漢讀考〉一篇，略云：「蓋當東漢時，師承既非一家，傳寫亦非一本，其間豈無揸拄須整比者，是以鄭君注釋時，間或有所訂正，實亦出於不得已也。今金壇段氏乃爲之發例，一曰讀若，二曰讀爲、讀曰，三曰當爲。不知鄭君昔時果森然起例若斯歟？抑鄭未有例而段氏代爲舉例歟？以愚淺見，竊嘗爲鄭君諸經之注計之，蓋當有三例焉，一曰實有所承受於某經師，改某字爲某也；二曰實有親見某本之證據，改某字爲某也；三曰以已意揆字，改某爲某也。如是分條以授後學，則得以知所別擇矣。（中略）今段君既苦爲分明，而於其所謂三例者，就中又時有齟齬，則又爲之說曰「『讀爲』疑作『讀如』」、「讀若』疑作『當爲』」。昔鄭君禮堂寫經，自謂整百家之不齊，孰意千載下又有整鄭君之不齊者。」（卷十六，頁十、十一）蓋不以段氏《漢讀考》三例爲然也。其文不記年月，今類次於此。

嘉慶五年庚申（一八〇〇）　段氏六十六歲

《劉譜》：三月，爲黃蕘圃作〈重刊明道二年國語序〉，自署長塘湖居士(《經均樓集》八)。邵氏《四庫目錄標注》：《國語》黃丕烈本外，又有「國朝段玉裁校刊本」一條，然則先生別有自刊本歟。

〔正〕按此說邪差。邵書所云「校刊本」者，卽校勘本也，言段氏復有校本耳，非黃本之外，更有一刊本也。蓋邵書之例，除標記刊本外，兼亦錄記名家校本之傳於世者。臧庸〈刻詩經小學錄序〉言段氏於所著書皆不自付梓，焉有餘力刊刻他書？更況其校本之勝義，顧千里代黃蕘圃撰《校刊明道本國語札記》固已多引之矣。

〔補〕十月，讀王氏《廣雅疏證》，見〈釋言〉「儀，賢也」條，王伯申之說與《撰異》〈堯典〉及〈大誥〉說正同。自識云：蓋理惟其精，則閉戶造車，出門合轍有如此者。（《古文尚書撰異》卷二，頁二十八）

《劉譜》：有〈與趙味辛書〉，略云：「弟日來刪定《說文》舊稿，冀得付梓。東原師集刻雖成而多未妥，容日再寄。肅候近安，不一。味辛大兄先生座右，愚弟段玉裁頓首。」（吳思亭輯《昭代名人尺牘》二十三卷）按《戴集》刻成在嘉慶四、五年間。

〔正〕按《戴東原集》實刻成於乾隆五十七年夏，劉說未核。此札與〈與劉端臨第九書〉言「東原師集已刻成，費而不佳，俟刷印後再奉送」，語意正同，當亦乾隆五十七年所撰，辨已詳上。

嘉慶六年辛酉（一八〇一）　段氏六十七歲

《劉譜》：是年有〈與劉端臨第二十六書〉，略云：「弟賤體春病如故，栗栗危懼，望有以教之。《說文注》恐難成，意欲請王伯申終其事，未識能允許否。吉拜、凶拜，弟說固恐未安。春浦事實，弟不記識，吾兄應爲作小傳，附刻《爾雅》後。」

〔正〕按此所引者，卽《段集補編》之與劉氏第二十七書。其二十八、二十九二書，當亦作於是年。《劉譜》繫於七年，未確。今分辨之如下：

按〈與劉氏第二十八書〉云：「弟所爲《釋拜》，煞費研摩。足下當舉其何處最合，何處非是，寄示爲感。」劉氏於《段集補編》此札後，附考云：「先生〈跋釋拜〉云：『辛酉、壬戌之間作《釋拜》』，則此書於《釋拜》寫定之後。」（卷下，頁十六）故《劉譜》繫之於明年。今按：劉說可商。此札「足下當舉其何處最合，何處非是」云云，此未足爲《釋拜》旣已寫定之驗也；第二十七書，段氏亦言「吉拜、凶拜，弟說固恐未安」，知段氏此文先前固已撰成，特久久未能寫定耳，此自承第二十七書無疑。今考此札有云：「日前聞金五先生道山之信」，按金榜卒於嘉慶六年六月十一日（見《碑傳集》卷五十，吳定〈翰林院修撰金先生榜墓誌〉），是此札作於本年之確證也。《劉譜》定在七年，誤。

又第二十九書云：「前奉托檢出竹汀書，內有弟手記劉熙履歷。近日哀痛，稍暇可能一檢？」《段集補編》劉氏於此札後，附考云：「按嘉慶七年十月初三日，端臨繼母鍾氏卒，此云『哀痛稍節』（森按：「節」當作「暇」，「稍暇」二字屬下讀），謂此也。」（卷下，頁十六）《劉譜》因繫諸七年，劉文興氏《劉端臨年譜》從之。今按：劉氏所考，不確。據此札下文云：「雖阮公盛意，而辭下敷文。初心欲看完《注疏考證》，自顧精力萬萬不能。近日亦薦顧千里、徐心田兩君而辭之。」即指段氏推薦顧、徐二君，與修阮元《十三經注疏校勘記》也。考楊文蓀〈思適齋集序〉云：「嘉慶辛酉，儀徵相國撫浙，延元和顧君澗蘋及武進臧君拜經、錢唐何君夢華，同輯《十三經校勘記》，寓武林之紫陽別墅，余始與顧君訂交。」（見本書卷首）則顧氏應阮元之聘，分纂《校勘記》當在嘉慶六年。又阮元《揅經室四集》卷五，有〈辛酉臘月朔入山祈雪，即日得雪。出山過詁經精舍，訪顧千里、臧在東，用去年得雪韻〉詩一首，是嘉慶六年冬，顧氏已在詁經精舍，更無可疑。顧氏之與修《校勘記》，既爲段氏所薦，而六年冬顧千里已在詁經精舍，則此札斷無反撰於七年之理。據此札段氏自言：「今年一年，爲他人作嫁衣裳（森按：《段集補編》無此七字，據阿辻氏校上野博物館所藏段札原墨補），《說文》僅成三頁。（中略）蓋春、夏、秋三季多不適，而春病尤甚」云云，則此當作於六年冬（按：原墨末署「多月二十六」）。考劉端臨父世謨卒於六年二月初一，十二月從窀穸事（據《劉端臨年譜》），段札之「近日哀痛」，或指此歟？要之，此札撰於嘉慶六年多，應無疑義。

〔補〕〈與劉氏第二十九書〉末云：「目下閱〈喪服篇〉，偶有所見。易田不無悞處，今呈一篇。」按《文集》卷二、卷三，有考證喪服之義及辨程易田《喪服足徵記》者數篇，蓋此前後所撰也。

〔補〕阮元延主杭州敷文書院，辭之。

按〈與劉端臨第二十九書〉有云：「雖阮公盛意，而辭下敷文」，段氏原墨如此。劉盼遂氏《段集補編》改「下」字作「不」，阿辻氏〈札記〉亦以「不」字爲是，蓋皆不知此之「敷文」爲書院名耳。按《杭州府志》十六，敷文書院在仁和縣萬松嶺上，舊名萬松書院，明宏治十一年參政周木因故報恩寺址建。康熙十年，巡撫范承謨重建，改爲太和書院；康熙五十五年，巡撫徐元夢重修之，御書「浙水敷文」扁額，遂名敷文。今據此札之語，知阮元曾延主敷文書院而未就也。

〔補〕薦宋翔鳳與修《校勘記》，惟以學問門徑不同而未果。

按宋翔鳳《樸學齋文錄》有〈答段大令若膺書〉一通，尋繹其意，蓋段氏嘗薦之於阮元而未見用。其書略云：「中丞於某未嘗見知，辱荷見推。（中略）然中丞之所爲，非翔鳳所願望。蓋旨莫正於六經，說莫詳於前疏。沖遠所述，猶存漢晉之遺學；叔明之疏，徒爲唐人之剩說。至經分十三，亦非古制，如準經之體，則《二戴》同爲禮類；按子之例，則《孟子》別入儒家。邵武僞書，奚容校勘。揆之鄙肊，《易》、《詩》、《三禮》以及《三傳》，宜兼賈、孔、徐、楊之《疏》；《論語》、《孟子》、《孝經》、《爾雅》，祇列漢、魏、晉、唐之注，則業不徒勞，學皆準古。今既不然，其弊一也。（本注：《孝經疏》尚存元行沖之舊，亦可存也。）且君子之傳，詞繁者深其指，誼顯者略其說。存其本根，則删其枝葉，而後功倍於前人，事益於來學。觀諸《正義》，複詞重言；秦延說《書》，見譏前哲。章句爲小，字畫益微，如「天」脫爲「大」、「人」別作「八」，其誤大顯，奚俟引申。而編纂諸生，概加標識。儻采芻蕘，舉其總要，剞劂既省，卷帙易臧。既不能行，其弊二也。夫古文多假藉之字，故文省於小篆；經典盛通行之體，則例別於汝南。所以偏旁隨形，點畫任便，要能不謬於文理，亦可無俟乎正定。乃於飢饑之殊義、亨享之別說，一卷之中，多詳此辨。既不明乎假藉，復何益乎通經？其弊三也。」（卷一，頁八）此書不記年月，今以本年段氏嘗舉薦顧千里、徐養原與修《校勘記》事推之，暫繫於此。

嘉慶七年壬戌（一八〇二）　段氏六十八歲

《劉譜》：是年秋日，跋陳芳林藏蜀石經《左傳》昭公二年殘本云：「治泉著有《內外傳考證》，爲士林所重。嘉慶辛酉秋捐館後，始從長君啟宗索觀石經數百字，不勝人琴之感。」

〔補〕又假得陳芳林校宋本《左傳正義》（森按：即越刊八行本《左傳注疏》），命長孫美中細意臨校一本。（參明年條下段氏跋文）

〔正〕本年有與劉氏第三十、三十一書。

按此二札皆言端臨薦段氏四弟鶴臺經館事，及論姚鼐《九經說》。劉氏《段集補編》於此二札後，附考云：「據作劉又徐〈爾雅序〉之說，定在七年以後。」（下卷，頁十七）《劉譜》因繫此二書於八年。今審第三十一書云：「前云作劉亡友〈爾雅序〉，此事亦在心而筆下（《段集補編》奪此字，據阿辻氏〈札記〉補）未答」，是其序實未果撰也。此自承第二十八書：「又徐大兄《爾雅古注》存弟處，未能有所發明。近日乃爲之序，欲述其官事與其後人，皆不甚悉。意大兄可以爲其墓誌，詳悉書之，能使同志刊刻《爾雅》爲善。」較然易知。又第二十八書云：「《詩經·毛傳》弟年來有所增益，可以成書。」第三十一書云：「《詩經》暇當料理」，意亦相接。劉氏因誤定第二十八書於七年，故遂繫此於八年。今推尋其意，此二札當定在七年初。

嘉慶八年癸亥（一八〇三）　段氏六十九歲

〔補〕五月，有〈臨陳芳林校宋本左傳正義跋〉一首。《段集補編》失收，今錄次：

此宋淳化庚寅官本，慶元庚申摹刻者也。凡宋本佳處，此本盡有。凡今日所存宋本，未有能善於此者也。爲滋蘭堂朱丈文游物，陳君芳林於乾隆戊子借校一部。陳君既沒，嘉慶壬戌，予借諸令嗣，命長孫美中細意臨校，次子騶倅而終之。吾父有《左傳》之癖，此本當同吾父手寫本，子孫永遠寶愛。文游名奐，藏書最精，今皆散。《左傳》今在歙金修撰輔之家。芳林著《春秋內外傳考證》、《宋庠補音考證》，東原師甚重之。癸亥五月，段玉裁記。（錄自張金吾《愛日精廬藏書志》卷五，頁二）

《劉譜》：是年六月十四日，先生父卒於蘇州，得年九十四。返葬於金壇縣治西之大壩頭。

〔補〕按蔣氏《傳書堂藏善本書錄》著錄嚴九能《雲煙過眼錄》校鈔本，有嚴氏嘉慶八年七月二十日識語，言「晚間接到段封翁之訃，金壇段懋堂先生之尊人也。封翁及見玄孫，壽九十四；懋堂年已七十矣，眞人世奇福。予去冬訪懋堂於其家，曾見封翁揖讓俯仰，絕無老態」云。（第七册，頁三十一）

《劉譜》：冬至日，作〈春秋左傳校勘記目錄序〉。盼遂按：〈序〉中云：「錢塘嚴生杰博聞強識，因授以慶元所刻淳化本，並陳氏《考證》，及唐石經以下各本，及《釋文》各本，令其精詳捃摭。觀其所聚，而於是非難定者，則予以暇日折其衷焉。」詳此文義，與阮元《十三經校勘記·左傳題辭》全同，則此篇殆爲代阮伯元捉刀而作。然則由此亦可見阮氏《左傳校勘記》爲出於先生手矣。

〔正〕按劉氏謂阮元〈左傳注疏校勘記序〉爲段氏代擬，其說固是；然據此遽謂《左傳校勘記》爲出於段氏之手，則殊非事實。蓋阮氏之修《校勘記》，各經原委有專人，另延段氏爲之審定耳（詳明年條下）。〈左傳校勘記序〉雖段氏所擬，然〈序〉中固已明言此《記》由嚴杰分纂；乃劉氏必言出於段氏之手，不免強爲譜主增美矣。

嘉慶九年甲子（一八〇四）　段氏七十歲

〔補〕三月，有與陳壽祺書。此札《段集補編》闕收，今錄次：

玉裁頓首恭甫先生閣下：自壬戌年得奉教益，直至於今，每深馳想。先生人品、經術，皆不作第二流人。聖心簡在，慰天下重望。弟已老甚，所仰霖雨蒼生也。比來大著能見示一二否？臧西成入都，因便布請福安。西成言學，其推尊者惟先生，雅有水乳之契，相晤之樂可知也。伏惟雅鑒，不一一。玉裁頓首。（見陳氏《左海經辨》卷首，下記「甲子三月」；《左海文集》卷四亦載之，惟不記年月。《羅譜》遂言此札年月不可考，蓋失檢耳。）

《劉譜》：是年作〈跋黃蕘圃蜀石經毛詩殘本〉，末云：「余爲阮梁伯定《十三經校勘記》」云云，是阮氏《十三經注疏校勘記》或出先生手定。觀於《文集》第一篇〈十三經注疏釋文校勘記序〉及《文集》四卷〈春秋左傳校勘記目錄序〉，此中消息，可窺一斑。又《文集》五〈與孫淵如書〉云：「昔年愚爲阮梁伯修《十三經校勘記》」；本年夏，先生與王石臞書，有云：「惟恨前此三年，爲人作嫁衣裳而不自作，致此時拙著不能成矣。」嘉慶七年冬，與劉端臨書云：「故雖阮公盛意，而辭不（森按：當作「下」）數文。初心欲看完《注疏考證》，自願（森按：當作「顧」）精力萬萬不能。近日亦薦顧千里、徐心田兩君而辭之。」綜以上數事觀之，則《校勘記》之出自先生，殆可爲定論歟。

〔正〕按段氏嘗與修《校勘記》事，阮氏並未有明文言之。惟據《劉譜》上引段氏諸文，又黃丕烈〈宋嚴州本儀禮經注精校重雕緣起〉亦言：「經注之譌闕，出於嚴本、張校之外者，尚不可枚數，段若膺先生定《校勘記》，既臚陳之」云云，則段氏嘗爲阮元審定《校勘記》，應無疑義。惟《劉譜》一則言《校勘記》出自段氏；再則云：

由《集》中〈十三經注疏校勘記序〉、〈春秋左傳校勘目錄〉，及與劉端臨、王石臞兩公書觀之，可知阮氏書成於先生之手。（《劉譜》頁五十三，段氏〈著述考略〉「十三經注疏校勘記」條下）

然「成於段氏之手」或「出自段氏」，與「爲之審定」究非一事，劉氏於此，語殊含混。乃近時學者或因劉氏此說，遂以《校勘記》爲段氏所著，則未免向聲悖實矣。按范希曾《書目問答補正》云：「阮氏《校勘記》，實以盧文弨所校十三經注疏爲藍本。盧校尤完備，未刊，舊藏阮氏。」此說蓋本諸蕭穆，《敬孚類稿》卷八〈記方植之先生臨盧抱經手校十三經注疏〉，嘗錄方東樹識語云：

抱經先生手校十三經注疏本，後入衍聖公府，又轉入揚州阮氏文選樓。阮作《校勘記》，以此爲本。道光四年，樹館（阮元）廣東督署，傳校一過。（卷八，頁十一）

據此，則《校勘記》實以盧校爲本。再者，由於《校勘記》卷帙浩繁，初非一手能立盡。其分纂諸人，錢泰吉《曝書雜記》卷上「南昌學刻十三經注疏」條嘗記之：

《易》、《穀梁》、《孟子》則屬之元和李銳；《書》、《儀禮》則屬之德清徐養原；《詩》則屬之元和顧廣圻；《周禮》、《公羊》、《爾雅》則屬之武進臧庸；《禮記》則屬之臨海洪震煊；《春秋左傳》、《孝經》則屬之錢塘嚴杰；《論語》則屬之仁和孫同元。（卷上，頁八。另參阮氏〈十三經注疏校勘記序〉）

據是，知阮氏之纂《校勘記》，各經原委有專人，其書初名「考證」[7]。今考段氏〈與劉端臨第二十九書〉云：「初心欲看完《注疏考證》，自顧精力萬萬不能」，則《注疏考證》非段氏所撰審矣。蓋阮元門下諸君纂錄《校勘記》初稿既成，委由段氏代爲審定耳。抑上引蕭穆《類稿》所錄方東樹識語，其一條云：

段氏每盜惠氏之說，阮氏卽載之，何也？蓋阮爲此《記》成，就正於段，故段多入己說，以掩前人而取名耳。又所改原文多不順適，眞小人哉！（卷八，頁十）

所云「每盜惠氏之說」，蓋謂掩用惠棟舊校，卽〈與劉端臨第六書〉所云「今年校得《儀禮》、《周禮》、《公羊》、《穀梁》二傳，亦何義門、惠松厓舊本」，是也。關於《校勘記》與惠校之關係，余別有考。要之，據方氏「阮爲此《記》成，就正於段」之語，及上引段氏「初心欲看完《注疏考證》」之明文，可知段氏不過於《校勘記》初稿成後，代爲審定是非耳。以

7 按顧千里〈儀禮要義跋〉：「中丞阮公將爲十三經作《考證》一書」；又黃丕烈《百宋一廛書錄》，於《爾雅疏》題識云：「五硯樓本，曾屬常州臧在東校出，今雖已錄其佳者入浙撫所刻《十三經考證》中」云云，並卽指《校勘記》而言。

余所考，今《校勘記》校文下，間有加「○」，別加按語者（或出段名或否），卽段氏審閱時所加筆也[8]。《劉譜》遽謂《校勘記》成於段氏之手，未免言過其實矣。

〔正〕《段集補編》下卷〈與王懷祖第四書〉當撰於本年。

按此札有云：「年祗七十，而老耄過於八、九十者」，本年段氏年正七十。又云：「鄙著《說文注》已竣，蒙阮公刻成一卷，一以爲唱，用呈請政，并希（森按：《補編》脫此字）量力佽助，庶乎集腋成裘。」段氏〈與王懷祖第二書〉亦云：「拙著《說文》，阮公爲刻一卷，曾由邗江寄呈，未知已達否？」二札意正相承，第四札言寄書請政，而第二札詢問其書「未知已達否」，可知第四札當作於第二札之前，劉氏失考亂其次第耳。第二札有「前月乍聞尊嫂夫人仙逝之信」、「竹汀已仙逝，十月事也」之語，可決爲九年所作，從而第四札亦當作於九年無疑。《劉譜》繫之於十一年，非是。

〔補〕冬，爲阮元審定《校勘記》稿成。

按阮氏《校勘記》成書於何年，今無明文可據。嘉慶六年冬，段氏與劉端臨書云：「今年一年，爲他人作嫁衣裳，《說文》僅成三頁。」又，本年夏〈與王懷祖第一書〉云：「惟恨前此三年，爲人作嫁衣而不自作，所謂一個錯也。」正指爲阮元定《校勘記》事也。另據嘉慶十年與劉端臨書，言「去冬於阮公書畢，乃料《說文》」（詳下），則《校勘記》稿蓋成於是年冬。

嘉慶十年乙丑（一八〇五） 段氏七十一歲

〔補〕屬江沅爲《說文解字音均表》，並示以條例。

按段氏〈說文解字音均表序〉云：「余撰《六書音均表》，析古音爲十七部。（中略）東原師旣歿，乃得其答余論韻書，書後附一條云：『諧聲字半主

8 按日本學者賴惟勤氏《說文入門：段玉裁の說文解字注を讀むために》，謂阮氏《校勘記》中所引段氏之說，卽引自《古文尙書撰異》、《詩經小學》、《周禮漢讀考》等書（頁六六），蓋未之細考耳。

義、半主聲。《說文》九千餘字，以篆相統。今作《諧聲表》，若盡取而列之，使以聲相統，條貫而下如譜系，則亦必傳之絕作也。』余頻年欲爲之而未果。歲乙丑，乃屬江子子蘭譜之。」（《段集補編》上卷，頁十三）

〔正〕十二月，有與王念孫書。

按《段集補編》下卷〈與王懷祖第三書〉，其末云：「舍弟玉立蒙愛最久，今貧而入京，乞推分助其資斧，則弟同身受矣。」劉氏附考云：「先生四弟玉立於嘉慶十一年丙寅入都，以後居龔麗正家，觀《定庵文集補·丙戌秋遊法源寺詩·注》可證也。」（卷下，頁十八）故《劉譜》繫之於十一年。今考此札段氏附語固已明言：「此上年嘉平作也。今舍弟四月方從此起行轍。又題數字于後。」是此札實段玉立赴京前一年年末所作，當改次於本年，札中所敘之事乃合。

〔補〕請王念孫爲《說文解字注》作序。

按〈與王懷祖第三書〉有云：「《說文注》近日可成，乞爲作一序。近來後進無知，咸以謂弟之學竊取諸執事者，非大序不足以著鄙人所得也。引領望之。」據此，知當時學界蓋頗有以段氏《說文注》爲剿襲王氏之說者。又按朱士端〈石臞先生注說文軼語〉云：「王寬夫先生（森按：王念孫次子敬之，字寬甫）言其家大人石臞先生曾注《說文》，因段氏書成，未卒業，並以其稿付之。後先生見《段注》妄改許書，不覺甚悔。」（《說文詁林》前編下，頁三四八）朱士端嘗從王念孫遊，其所引述王寬夫語謂王念孫曾以其《說文》稿付段氏，當非無端。余近考之，知《段注》誠有掩襲王說者，別詳拙作〈段玉裁說文解字讀考辨〉。

〔補〕春，有與劉端臨書。按東京上野博物館藏段氏致劉端臨書原墨，其一函《段集補編》闕收，今錄次：

前接大兄大人，備知往歲所處。目下除舊生新，想福亨嘉，合潭康泰。

弟一門叨庇平安，惟愚夫婦衰老之極。弟冬間稍可，至春乃入病境耳。去冬於阮公書畢，乃料《說文》（森按：阿辻氏讀「乃料」斷句，文不成義，今改）。未注之五卷，不識能成否？春、夏間但能閣筆而已。是否南來，尚可相晤。三哥囑以尊意致貴親家，其復書附呈。草草敬復，順候邇安。不一一。端臨大兄大人，制愚弟段玉裁頓首，十九。（據阿辻氏〈札記〉迻錄）

按明年秋段氏與王念孫書，稱《說文注》「尙有未成者二卷也（十二之下、十三之上），今多、明春必欲完成之。」（〈與王懷祖書五〉，《段集補編》下卷，頁十九）此言尙有五卷未注，知在其前。而劉端臨卒於十年五月，則此札蓋撰於十年春。

嘉慶十一年丙寅（一八〇六） 段氏七十二歲

《劉譜》：是年有與王石臞第三、第四兩書。（中略）第四書有云：「近者惠以四十金，俾爲刻資。此種高誼，不勝感泐」云云。

〔正〕按第三書撰於十年、第四書作於九年，辨並已詳上。又按：〈與王懷祖第五書〉，中有「蘭泉少寇六月仙逝，海內又少一個」之語，王昶卒於本年六月初七，知第五書當是本年所作。《劉譜》此所引第四書之語，實見於第五書，劉氏淆亂之耳。今正。

〔補〕三月，江沅借臨陳芳林《左傳正義》校宋本去，傳錄一過。

按江本現藏臺北中央圖書館，江氏識語云：「茂堂段先生爲先祖艮庭先生執友。庚申、辛酉以後，沅嘗過從請問《說文解字》之學，因借此本錄過於家藏本上首，歲嘉慶丙寅也。三月錄始，九月錄畢。」

嘉慶十二年丁卯（一八〇七） 段氏七十三歲

〔補〕本年三月，瞿中溶至蘇祭掃先塋，勾留吳門兩月。瞿氏自訂《年譜》載：「舊交諸君子，段懋堂先生、鈕匪石、黃蕘圃、董琴南（國華）、孫蔚堂（衡）、陳仲魚等，皆投贈詩文，互相飲餞，情甚繾綣」云。

〔補〕是年，龔麗正取段氏所校《干祿字書》並〈書後〉一篇，刻於京師。

按中央圖書館藏龔麗正鈔段氏《干祿字書》校定本，書前有段氏識語，云：「余朱改原本，麗正取去，而抄此見還。」次葉又記：「龔婿麗正取此書並〈書後〉一篇刻於京師，余太史秋室所書也。嘉慶丁卯十月，段玉裁記。」

《劉譜》：是年有〈周人卒哭而致事經注考〉一文；有〈曲禮君天下曰天子朝諸侯分職授政任功曰予一人注曰覲禮曰伯父實來余一人嘉之余予古今字〉一文；有〈駁撫本禮記考異之非〉一文。按以上三文，皆爲顧千里而發。去年，顧千里代張古餘作《禮記考異》，謂孫頤谷訂〈王制〉「西郊」當作「四郊」之說爲非。至是，先生致書千里，謂「四郊」是，「西郊」非。千里來書申辨，先生復書。後十一月，（段氏）因作〈禮記四郊小學疏證〉一篇，頗攻顧說。十二月一日，千里又來書論難，即《文集》附載之千里第二札也。

〔補〕本年段氏復有〈月令天子親載耒經注考〉、〈月令參保介御之閒經注考〉、〈喪服小記齊衰惡笄帶以終喪箭笄帶終喪三年〉等文，俱見《文集》卷三。

又按：段、顧二氏論學制之是非，《劉譜》、《羅譜》並爲段氏廻護；近時之治段氏學者，亦皆右段而非顧。然平心論之，段氏「四郊」之說蓋未可必。李慈銘嘗詳論其事而斷之云：「段氏之學，固非顧所能及，而此事則以顧說爲長。顧氏〈周立學古義考〉分析天子、諸侯之大學、小學爲一類；鄉學、州序、黨序、遂學爲一類，及鄭氏立四代之學爲一義；《大戴》五學爲一義；王肅、劉芳、崔靈恩等創論四郊四學爲一義。引據謹嚴，語極分明，段氏雖博辯縱橫，詞鋒四出，終不免強改經注以成其說。」（《越縵堂日記》光緒戊寅五月十一日條）其說近爲是也。關於段、顧二氏論學制之是非，余別有考論，此不詳述。

《劉譜》：先生今、明年中，與顧千里議禮起爭端，至今訖莫能判其曲直。然考千里之爲人，平生交遊，如李尚之、黃蕘圃、劉金門、嚴鐵橋、吳山尊，皆其至友，而不能有終，其失禮于先生，蓋亦常態，無足怪者。今舉一事論之，如《毛詩・召南・甘棠傳》：「不重煩勞百姓」（森按：此有誤，當是〈甘棠・箋〉），先生為阮氏作《校刊記》，曾據蜀石經、《漢書・司馬相如傳》刊去「不」字（〈跋黃蕘圃藏蜀石經〉）。及顧代先生任校刊，則刊去先生此條。蛛絲馬跡，亦可知釁端之啟，詘在千里矣。

〔正〕按《劉譜》此說，尚非公論。今卽劉氏所舉證者論之，此特劉氏未細讀《校勘記》耳，不得反以此為顧氏咎也。今檢《毛詩注疏校勘記・序目》引據各本目錄，其「孟石經殘本二卷」條下云：

（此本）乖異甚多，均無足采。惟〈甘棠・箋〉：「重煩勞百姓」，較今本少「不」字，與《漢書・司馬相如傳》：「方今田時，重煩百姓」合，是條差為可取。今此《記》槩不錄入，餘詳嚴杰《蜀石殘本毛詩考證》。

此與段說正同。然據此所云，知《校勘記》正文內不載此條者，乃由其書體例原不錄孟蜀石經，其非顧氏執意削去，較然易知。蓋蜀石經文字每多增刪，晁公武已言其本授寫非精，時人未之許，故《校勘記》於序目類舉此本之舛誤衍脫，稱是本僅〈甘棠〉此條「差為可取」耳。更且，據上引文，可知當時嚴杰自有專書考證此本之是非，《校勘記・序目》所論蜀石本之得失者，或卽隱括嚴杰之《考證》也，然則此條亦不必為段氏所獨見也。更況《毛詩校勘記》付刻前，實經段氏覆校改亂也。今考蕭穆《敬孚類稿》錄方東樹識語云：

《校刊記》成，芸臺寄與段懋堂復校。段見顧所校《詩經》引用段說，未著其名，怒之。於顧所訂，肆行駁斥；隨卽寄粵，付凌姓司刻事者開雕，而阮與顧皆不知也，故今《詩經》獨不成體。此事當時無人知者，後世無論矣，乙酉八月，嚴厚民（杰）見告。蓋以後諸經，乃嚴親賫至蘇，共段同校者也。

卽其一證也。《劉譜》「及顧代先生任校刊，則刊去先生此條」云云，不惟無的放矢，且尤顛倒始末矣。以余所考，段、顧二氏之失和，蓋因顧千里為阮元纂《毛詩校勘記》，時或明斥、或暗駁段氏《詩經小學》、《毛傳定本小箋》之說致爾。段氏向好與人角勝爭長，而顧氏之為阮元修《校勘記》，乃由段氏所薦；及段氏審定《校勘記》，見顧千里所校者，每與其說立異，因大怒，而「於顧所校，肆行駁斥」，且更延及顧氏去年為張古餘所撰之《禮記考異》，亦加駁難（其後復及明年顧氏為胡克家所撰之《文選考異》），二家論學制之爭遂起，此二家交惡之由也。凡此，劉氏並失細考。至二家之曲直，張舜徽氏《清人文集別錄》卷十二云：「以余觀二人意氣之爭，段氏實不能辭其咎，讀《經韵樓集》〈答黄紹武書〉，可知當日輿論，亦多責難段氏。」（頁三四五）鄙意亦云然。別有專論詳之，此不具論。

〔補〕六月，撰〈明三大案論〉，見《文集》卷十。

又，《文集》卷三〈侍坐則必退席不退則必引而去君之黨注引卻也黨鄉之細者謂旁側也〉一文，疑亦作於是年。按《文集》此文題下但記「三月二十三日」，未記撰年，然其文厠於本年所撰〈月令參保介御之間經注考〉、〈喪服小記齊衰惡笄帶以終喪〉二文之間，似為今年三月所撰也。

嘉慶十三年戊辰（一八〇八）　段氏七十四歲

《劉譜》：五月，王石臞為先生作〈說文解字注序〉，謂訓詁聲音明而小學明，小學明而經學明，蓋千七百年無此作矣。

〔補〕按王氏遺稿中，有段氏致王念孫書一通，據其文，知係段氏謝其為撰〈說文注序〉者也。此札《段集補編》未收，今從《羅譜》迻錄：

愚弟段玉裁頓首啟，懷祖大兄先生閣下：今歲接手札二、大序一，感謝之甚。拙著得此序，如皇甫之序〈三都〉，聲價倍增。獎借處能見其大，行文尚于鄙意有未愜處，容小更易，再呈大教。陳兄啟宗以鄙札奉謁，中有「棘人」字（森按：即今《段集補編》所收之〈與王懷祖書一〉），彼于裁服未闋時取有拙札，遲之又久而後行，乃又取札，不用後札而用前札，殊憒憒也。先生念舊，廣為推轂，甚善。又于文襄公之孫在東河候補別駕，倘能照拂，裁有榮施。　　執事去年有摺子而部駁，未見尊稿，乞示之。河事日非，伊于胡底，可勝杞憂。執事尚能出所見一言否？裁《說文注》已成，而無大力者爲主。所賜四十金，曾命工刻之，而刻甚劣。目下裁惟讀書、做古文，精神尚好。薪水之資，有太倉書院爲助，委心任去留而已。執事倘解組南歸，徜羊至蘇杭，猶可聯床風雨，共談所得也。今日之弊，在不尚品行政事，而尚剿說漢學，亦與河患相同，然則理學不可不講也，執事其有意乎。順候升安，玉裁載拜。

此札原自「裁有榮施」處斷裂爲二。《羅譜》繫上半於本年，云：「此札缺下半」；另繫下半於十五年，云「缺上半」。今以王念孫覆函（見下文十四年條下）證之，知二者當合爲一札，羅氏自失考耳。知者，王氏覆函有「拙序本不愜意，得蒙教訓」之語，正與段札上半「行文尚于鄙意有未愜處，容小更易」合；而王札「並無摺子上聞，經部駁飭。來札所云，以告者過也」一節，復與段札下半「執事去年有摺子而部駁」云云者契合，則此二斷片原係一札，要無可疑。

今據此札言王序「行文尚于鄙意有未愜處，容小更易」，及王氏答書「拙序本不愜意，得蒙教訓」之語觀之，可知今《段注》書前所冠王序，已經段氏改易，非盡王氏原文也。[9]

〔補〕閏五月十日，撰〈梁曰鄦其〉一文，見《文集》卷三。

〔補〕九月，題宋拓大令十三行帖云：「大令十三行，徽宗得九行，賈秋壑復得四行，合爲十三行。元時歸松雪，明時歸孫文介公，刻諸玄宴齋，非停雲、快雪所能及。此本竹汀定爲宋拓，其又在玄宴以前古拓乎。嘉慶戊辰九月。」（錄自陳邦懷氏《一得集》頁四二八）

9 按《王石臞先生遺文》卷二有〈段若膺說文解字讀敍〉一篇，其文與《段注》書前所冠王氏序文並同，惟王序「因是爲說文注」一語，本集作「因是爲《說文解字讀》一書」爲異耳。因知王集此文，蓋後人編家集時改從段氏所改易者，已非王氏原文矣。

〔正〕秋至杭，許宗彥招同凌廷堪、項墉、李銳、何元錫、戴敦元、汪家禧、嚴元照等集比青軒，嚴氏有詩記之。（見嚴氏《柯家山館遺詩》卷二，頁七）《劉譜》繫此於十二年，誤。

嘉慶十四年己巳（一八〇九） 段氏七十五歲

〔補〕是年春，凌廷堪至杭，居阮元節署。凌氏門人張其錦纂《凌次仲年譜》，於本年條下記：「陳桂堂太守（廷慶）、錢太史昌齡、朱兵部爲弼、陳提臺大用及段懋堂、鮑綠飲、黄秋平、臧在東（中略）往來晤集，舊雨新知，頗有友朋之樂」云。

〔補〕四月望日，有與張聰咸書。《段集補編》闕收，今錄次：

上年別後，爲祈寒所迫成疾，至二月望後，乃有生人之樂，蓋老境如此耳。大箸旣博且精，辨證咸有根柢。中論漢水，破征南傳注之謬，《尚書》、《毛詩》皆可由此說發明，千有餘年，地理家皆未之省，誠爲本朝鉅製。惜劉覽尚未及半，拙序未敢輕率，竟尚未屬稿。姑先將原稿呈還，俟徐日奉寄也。四月望，段玉裁頓首。（錄自張氏《左傳杜注辨證》書後）

按此札不記撰年，然據段氏明年正月爲張書作序，則此札或今年所作，今姑繫諸此。

〔補〕十月四日，王念孫來書議刻戴東原《直隸河渠書》事。此札羅振玉氏《王石臞先生遺文》、劉盼遂氏《王石臞文集補編》俱未收，今錄次，以備考索：

愚弟王念孫頓首啟，若膺大兄先生閣下：前奉手書，碌碌未暇作答爲歉。拙序本不愜意，得蒙教訓，幸甚感甚。弟前在運河，不過循分供職，於地方事宜，不敢妄爲陳說。卽河務敝壞，所患亦在大江以南，尤不便越俎創議，以此並無摺子上聞，經部駁飭。來札所云，以告者過也。弟今秋仰荷諭旨，調任永定，以衰憊之年，重臨獲咎之地，事繁且險，悚懼不可言狀。弟每觀宦海風濤之險，非不欲引疾求退，而無如家鄉歷被淹浸，三徑久荒，欲歸不得耳。戀棧之譏，無由自解，抱媿極矣。頃戴信堂世兄携東原師《河渠書》稿本，並將先生寄信堂原札見示，足徵尊崇師誼，日久不渝，實深歎服。弟檢閱戴世兄所携之稿，當日卻爲方宮保代作。今王通判所呈之本，是否卽係原本，抑已被改頭換面？未見其書，難以懸斷。如欲伸理，則方氏現有貴顯後裔，尙須伺伊動靜；且戴世兄又無力與人爭勝，亦只可隱忍有待而已。刻下戴世兄與弟相商，意欲付梓，以別眞僞，擬卽請先生校讐，囑弟作序。弟本不勝任，且於師弟名分又不敢稱序，可否懇先生校定，添加一跋語，以傳千秋。將來刊刻時，卷帙繁多，必得同門相好十數人共襄斯舉；弟名下若干，當無不盡力也。微有商者，此書雖出自東原師手筆，究係方宮保出名，將來若不易名，則爲方氏刻書，同人亦斷不肯助力。倘竟換東原師之名，未免與當日草創本意有違；且東原師所著之書精且簡，未有卷帙浩繁若此者，是不可不斟酌盡善也。弟識見淺隘，不敢臆斷，還祈先生有以教之。專函奉布，敬候台安，諸希朗鑒。念孫載拜，十月初四日。（錄自《羅譜》頁二十四、二十五）

按王氏此書，《羅譜》繫於十五年，誤。據王引之〈石臞府君行狀〉，王念孫於嘉慶四年十二月授直隸永定河道；六年六月，因永定河漫溢，革職逮問。八年十二月，改署山東運河道；十四年秋，再署永定河道（森按：劉盼遂氏《高郵王氏父子年譜》繫於十三年，未核）。今此札有云：「弟今秋仰荷諭旨，調任永定，以衰憊之年，重臨獲咎之地」，可決必作於十四年十月。《段集補編》所收明年段氏〈與王懷祖書六〉云：「《直隸河渠書》一事，誠如尊諭。但鳩同志輯費刻之，此事恐難」云云，正答王氏此札也。

嘉慶十五年庚午（一八一〇）　段氏七十六歲

〔補〕正月二十日，序張聰咸《左傳杜注辨證》。此文《段集補編》失收，今錄次：

《左氏》古學，肇於劉歆，《漢書》歆本傳載歆爲《左氏》訓詁，然歆學未立；至賈逵、服虔，始沿其緒，於是有賈、服之學。漢、魏間，兩學並立；至晉，有杜氏輯解之（森按：此序文字多以楷寫篆體，「之」字疑爲「出」字形譌），而賈學漸微，服、杜猶並稱焉。隋大業以後，則服氏之學行於河雒，杜氏之學行於江左。自唐貞觀中，孔穎達作《正義》，而服學遂寖。杜氏本集侍中、太守諸說，弓率芟繁務簡，卻期明而反晦，緣事依例，復略古而自見。後之言《左氏》者，僅知元凱之長，不知有賈、服之舊也。劉光伯《規杜》、衞冀隆《難杜》，皆發明其義；然元凱之疑誤，豈惟長歷非法、短喪失禮可議也？國朝顧炎武、惠棟皆有補正，而顧氏弟尋繹經文，裁以己意；定字則廣摭賈、服舊注，而於地學一則，又博采京相璠《土地名》、左百兩兩漢漢志及酈元《水經注》。婺源江愼修證其星歷之譌，訂其車法之謬，極見精確。近見程魚門《左傳翼疏》三十卷，凡異於杜氏者，悉詳錄之，亦爲精密；然卒未嘗審度是非，持以公論也。《左氏》有古文不可強解者，古文「位」爲「立」、「讓」爲「攘」、「跗」爲「不」、「鱄」爲「專」一類。有古義不可曲附者，「有麥麴乎？曰『無』；有山鞠窮乎？曰『無』」、「專之渝，攘公之羭」一類。有脫文不可遺漏者，施于夷狄稱天子、施于諸夏稱天王、施于京師稱王一類。有古韻不可牽湊者，「如魚竀尾，衡流而方羊裔焉，大國滅之，將亡」，羊、亡爲韻一類。得傅巖《辯證》一書，既博且精，咸有根柢。至其於地里之學，能據《毛詩》、《尙書》訂漢水入江以後猶得稱漢，自元凱誤讀〈禹貢〉導漾節「過三澨，至於大別南」爲句，遂沿誤千有餘年，無能發曚者，此《辯證》之功爲最鉅。後之言《左氏》者，當推是編爲本朝鉅製云。歲嘉慶庚午正月二十日。（錄自本書卷首）

按張氏《經史質疑錄》有〈復段懋堂大令論左氏書〉一篇，云：「承撰鄙著敍，并惠〈春秋辨譌字考〉。鄙注已如命改『刊杜』字爲『杜注辯證』矣。」知其書本名《左傳刊杜》，後從段氏建議，因改今名。惟按段氏《文集》卷四別有〈左傳刊杜序〉一篇，末題「嘉慶辛未七月」，即明年夏所作，其文與此序全異。今考此序與張氏己巳自序，文義頗有近同者，或段氏即緣阮林自序改作與？然此序言：「隋大業以後，則服氏之學行於河雒，杜氏之學行於江左。」說頗未審。按《北史》八十一記河雒、江左經學異尚，其事甚詳；此自南北朝時乃爾，不知段氏何以誤爲「隋大業以後」？蓋亦晚年記憶有誤耳。或此序本率爾而作，故明年七月重作一序，即今《文集》所存者。惟後者稍空泛，故張氏仍取用前序與。疑莫能明，記此待問。

〔補〕三月，撰〈大學此之謂自謙鄭注釋〉，見《文集》卷三。

八月，校閱胡世琦《小爾雅義證》。

按胡氏《小爾雅義證》原稿本，今存中央圖書館，凡十三卷，四册。書後有段氏題款：「金壇段玉裁庚午八月二十八、二十九日讀。略獻芻蕘一二，亦猶墜露添流，輕塵集嶽也。時年七十有六」二行。中有段氏按語十九則。

《劉譜》：是年有〈與胡孝廉世琦書〉，論《小爾雅》。(《經均樓集》五)

〔補〕按段氏此書，本戴東原之說，以今本《小爾雅》爲晚出僞託者。胡氏有答書，載原書稿卷首段氏札後，於戴、段二氏之所疑者，逐一辨之，蓋不以段說爲然也。

〔補〕中秋日，撰〈吳都賦蕉葛竹越解〉，見《文集》卷十二。本年另有〈明世宗非禮論五〉，見《文集》卷十。

嘉慶十六年辛未(一八一一)　段氏七十七歲

〔補〕三月，撰〈明世宗非禮論〉六、七、八三篇。又〈明世宗非禮論九〉亦本年所作，並見《文集》卷十。

嘉慶十七年壬申(一八一二)　段氏七十八歲

〔補〕李柯溪刻桂馥遺書《札樸》十卷成，請段氏爲之序。(《段集補編》卷上〈札樸序〉)

嘉慶十八年癸酉(一八一三)　段氏七十九歲

〔補〕九月，跋《玉篇》。《段集補編》失收，今錄次：

此書四十年前置於琉璃廠。披閱既久，每一部略知或本許，或顧以後孫強輩所妄增，皆得其梗概。略有批點改正，亦注《說文》之一助也。癸酉九月，茂堂老人書於枝園。（錄自《適園藏書志》卷二，頁十八）

〔補〕十一月，有與陳壽祺書。此札《段集補編》失收，今錄次：

辛年握手匆匆，以爲大兄先生即出就維揚之館，相晤不難也。旣而知蘭陔色養，講席即設閩中，無任馳溯。海內治經有法之儒，爲吾兄首屈一指。《禮記鄭讀考》等書，尙未拜誦；即爲弟解紛之作，亦未得一見。兩年來著述想甚富。弟明年八十，老至而眊及之，不能硏精，殊可歎也。未悉尙能相見劇談否？在東已作古人，厚民飢驅鹿鹿。玆因江子蘭之便，肅候侍奉近安。子蘭與顧千里，蘇之二俊也。僑吳弟段玉裁頓首。（錄自陳氏《左海經辨》卷首）

按札中所言「爲弟解紛之作」，蓋指陳氏〈答翁覃谿學士〉（見《左海文集》卷四，頁十九至二十九），即辨翁氏〈書金壇段氏漢讀考〉也。

陳壽祺有答書，略云：「往讀先生所考定《尙書》、《毛詩》、《儀禮》、《周禮》、《說文》、音韻諸部，驚歎悅服，以爲賈、鄭復出，所以發人神智，扶掖來學無窮。今天下治經，殫硏小學，具有漢儒師法，非執事孰爲先啟其鑰邪。（中略）古之經師，伏生、申、轅之倫，多名德期頤之壽，執事大耆遐年，好學不倦，非其人邪。（中略）屈指海內通儒，發聾振聵之功，莫過於執事與錢竹汀詹事、王懷祖河使、程易疇孝廉數君子。然壽祺於數君子雖咸從捧手，而腐芥曲鍼，不以爲不屑教誨而懃懃然拾引而進之者，則於執事尤蒙淑艾之私，而當盡師事之義者也。（中略）竊怪近日學者文藻日興而經術日淺，才華益茂而氣節益衰，固倡率者稀，亦由所處日蹙，無以安其身，此人心世道之憂也。」（《左海文集》卷四〈答段懋堂先生書〉）

〔補〕與汪龍訂交。

按《羅譜》於十七年條下云：「歙汪蟄泉（龍）精于《詩》，嘗撰《毛詩異義》。是年始與先生相識，見《說文注》，亟據以補正若干條，先生亦間采其說入《注》。（本注：見胡竹村所撰〈汪氏別傳〉云：『年過七十，交於段氏玉裁。』以汪氏歿于道光三年年八十二推之，應在是年。」(頁二十六)余按汪氏《毛詩異義》述目明云：「十八年，獲交金壇段懋堂先生。讀其所注《說文》」云云，則二人訂交當在十八年甚明，羅氏失考耳。

又按：段氏《說文注》「嚏」、「蘄」、「告」、「笠」諸字下，並引有汪氏之說，當是本年所續增者。

《劉譜》：是年冬，始刻《說文解字注》（江沅〈說文解字注後序〉）。先生弟子徐學士頲直卿、胡明經竹巖積城力任刊刻之費，始得舉事。江子蘭與陳碩甫同司校讐。

〔正〕按江氏〈後序〉稱：「段先生作《說文解字注》，沅時爲之校讐，且慫恿其速成。旣成，又日望其刻以行也。癸酉之多，刻事甫就，而沅適游閩」云云，《劉譜》本此。惟《段注》之付剞劂，實前於此。考嘉慶九年，段氏〈與王懷祖第四書〉云：「鄙著《說文注》已竣，蒙阮公刻成一卷，一以爲唱，用呈請政。」是《段注》之付刻當始於九年；又十一年〈與王懷祖第五書〉云：「已刻者僅三卷耳。（中略）所賜（四十金）當卽刻之。」則十一年已付刻者三卷，其非始於本年多固甚明也。

又按：《段注》原刊本每卷後，各記校刊者之名。論者習以此爲諸人嘗與校字之役，其實非也。今考六篇下末記「吳縣鈕樹玉校字」；然按鈕氏《段氏說文注訂》則云：「六篇末有『吳縣鈕樹玉校字』一行。其二十五部字數，又列賤名。按段君書未刊之前，余未及見。所舉字數及說，則出余所著《考異》，曾以就正段君也。」（卷二，頁二十）然則鈕氏未嘗親與校讐可知。《段注》各篇末所記校者名氏，實爲出刻資者也。上引段札言阮元爲刻一卷，又〈與王懷祖第五書〉謝其「惠以四十金，俾爲刻資」，故十篇下爲「阮元校字」、八篇下爲「王引之校字」，二氏俱非親與其事者也。任其役者，始則江沅；及江氏游閩，乃由陳奐繼其事也。今檢《段注》九篇上，末有「受業長洲徐頲校刊」一行；其十篇上、十一篇上之一、之二、十一篇下、十二篇上、下、十三篇上、下、十四篇上等，並記「胡積城校字」，胡爲徐頲督學安徽時所拔貢也（見陳奐《師友淵源記》頁十四。《劉譜》謂段氏弟子者，誤），蓋是書之刻，胡氏斥資獨多也。然則一篇末記「元和顧廣圻校字」者，此卷之刻資，蓋由顧氏任之，當在十二年二家論學制交惡以前。

《劉譜》：十一月，作〈伊雒字古不作洛考〉一篇。（《經均樓集》一）

〔正〕按是篇意在考論古豫州之水當作「雒」字，而雍州之水則爲「洛」字。其說早見於《古文尚書撰異·禹貢》「逾於雒，至於南河」條下（卷三，頁四十一至四十四），其非段氏晚年新見，要無可疑。此文末段氏識後云：「癸酉十一月十二日，偶閱《漢書·高祖本紀》，漢王元年、二年、五年，『洛陽』字三見；五年、六年、七年、八年、九年，『雒陽』字凡七見，不應前後乖異如此。（中略）當由前半經淺人塗改從水，後半未及爲之。適此本流傳而爲汲古閣本，他氏本未考。」（卷一，頁三十七）此自是段氏癸酉歲偶閱毛本《漢書》附記之語，其文理甚明。非此一文即作於是年十一月也。

〔補〕是年，吳槎客有〈病中有懷諸耆宿詩〉，分咏段氏、孫淵如、周松靄、梁山舟等七人。未幾，槎客卒。其咏段氏一章云：

清忠門第本金沙，僑寄蘇臺說歲華。

七世一堂希世有，豈惟拜紀到君家。（《拜經樓詩集再續編》，頁十九）

嘉慶十九年甲戌（一八一四） 段氏八十歲

〔補〕二月，友人張聰咸卒。（見胡培翬〈左傳杜注辨證跋〉）

閏二月，撰〈明世宗非禮論十〉，見《文集》卷十。

〔補〕九月，有與陳壽祺書。見《左海經辨》卷首；《左海文集》亦載之，其文視《經辨》爲詳。此札《文集》未收，《段集補編》亦闕收，今據《左海文集》迻錄：

恭甫大兄先生執事：伏惟侍奉萬安，興居多吉。今歲三奉手書，見賜《五經異義疏證》、《尚書》、《儀禮》諸經說，一一盥手雒誦，既博且精，無語不碻。如執事者，弟當鑄金事之。以近日言學者，淺嘗剿說，騁騖獵名而已，不求自得於中也。善乎執事之言曰：「文藻日興而經術日淺，才華益茂而氣節益衰，固倡率者稀，亦由所處日蹙，無以安其身，此人心世道之憂也。」愚謂今日大病，在棄洛閩關中之學不講，謂之庸腐，而立身苟簡，氣節敗，政事蕪，天下皆君子，而無眞君子，未必非表率之過也。故專言漢學，不治宋學，乃眞人心世道之憂，而況所謂漢學者，如同畫餅乎？貴鄉如雷翠庭先生，今尚有嗣音否？萬舍人乞爲致候。江子蘭札云邵武有高澍然亦良。執事主講，宜與諸生講求正學氣節，以培眞才，以翼氣運。大箸尚當細讀，以求請益。弟今年八秩，終日飽食而已，記一忘十，甚可笑也，安足以當執事之推許。玉裁再拜。（卷四，頁五十）

森按：據此書，略可推見段氏晚年之思想及其對當時學風之批評。乃近世論乾嘉學術者，類多忽之不視，今亟宜表出之。

《劉譜》：十二月，識《儀禮漢讀考》後云：「《禮經漢讀考》一卷，其他十六卷未成，後之人當有能踵爲之者。」

〔補〕按孫殿起氏《販書偶記》卷二著錄《儀禮漢讀考》十七卷，云：「金壇段玉裁原撰，酉陽陳光煦續撰。宣統元年石印本。此段氏未竟之作，陳氏繼撰成書。」（頁三十）其書傳本極少，今未獲見，未知其書果如何也。

嘉慶二十年乙亥（一八一五）　段氏八十一歲

《劉譜》：九月八日，先生卒。後歸葬金壇縣城西之大壩頭。（《光緒金壇志》）

王石臞在京師聞先生卒，謂人曰：「若膺死，天下遂無讀書人矣。」（《清史列

傳》）

陳奐《師友記》又云：「丙子秋，從海門歸謁，師喟然曰：『吾似春蠶一般，繭旣成，惟待斃焉已。』八月，金陵試畢，視師疾，曰：『吾年二十餘曾遘疾，六十年未嘗一日呻吟。今病不起。』九月八日終于枝園，壽八十有一。」盼遂按：先生卒年，各家記載均作嘉慶二十年乙亥，陳氏獨繫嘉慶丙子，未詳其故。或以《淵源錄》成於晚歲追記，致失堅塙耳。

〔補〕按王念孫〈四川巫山縣知縣段君墓志〉云：「以嘉慶二十年遘疾卒」（《王石臞文集補編》頁六），姚鼐〈四川巫山縣知縣段君墓志〉（《碑傳集補》卷三十九）、汪喜孫〈段先生家傳〉（《且住庵文集》頁二一一）亦言段氏卒於乙亥，可決陳奐《師友淵源記》爲誤記無疑。且段氏體素虛弱，自六十歲後，春間尤多病，此由《段集補編》與劉端臨諸札歷歷可考也。陳奐所述「六十年未嘗一日呻吟」，亦非情實。另《羅譜》據《江蘇詩徵》引阮亨說，稱本年阮元延主杭州敷文書院講席，未幾卒。此則諸家墓誌傳記所未言及者。阮亨爲阮元弟，其說當必有據。若然，則亦非卒於枝園自宅也。

〔附〕《乾嘉名人手札》收有段氏遺墨一通，其作年及受信人均無可確考，今附錄於此，以備考索：

治民段玉裁叩請老大人萬福萬安。玉裁一介書生，客之禮之，許爲老學，此正一經品題，聲價十倍也。叩別臺顏數日，乃蒙使紀綱，錫以瑤函，並惠多珍。拜讀拜登，不勝慙悚。甘棠舊地，玉裁得以休其餘蔭，惟有矢竭駑駘，以仰副垂念之恩耳。大著詩集，敬請頒賜，使後學得以挂名於佛頭，無任翹企。一切盛意，容解館後叩謝轅門。敬請陞安，伏惟雅鑒，玉裁叩頭。恕不能莊楷。二十二日。

一九八四年九月二十二日初稿

一九八九年三月二日改訂

一九九一年三月校此稿畢，適得陳邦懷氏《一得集》（一九八九年，齊魯書社印行）。其書下卷〈經韻樓集跋〉，錄有段氏詩文數首。其〈升菴夜課圖序〉、〈題宋拓大令十三行帖〉二文，已錄入譜中。另有〈與汪喜孫書〉、〈題汲古閣圖〉，其作年今不及細考，仍錄此備考。

〈與汪喜孫書〉

尊大人著述都讀過，且校定。屢得手書，幾次執筆欲作傳，而恐不佳，遂止。且今年刻《說文注》，費重事繁，又逢橫逆。自誓年內必成，如不成者，有如天日，所以自厲而安孝子之心。

又書

尊大人傳尙未成，自知罪不可逭，亦老耄至於如此也。務六月以前寄上。拙刻尙未竣，竣卽奉上。尊公文亦六月同繳。

〈題汲古閣圖〉

高閣今何在，高風庶可躋。我久客姑蘇，時見當年綈。雲霞裝潢色，珍重主人題（閣中書今時時見之）。今晨復讀畫，故實猶堪稽。人生事經籍，有如畬耕畦。何爲役名利，坐令隨生藜。聚散雖無定，借非珠玉齊。（用歐陽語意）

引用書目錄

《段玉裁先生年譜》　劉盼遂氏編　《段王學五種》所收　一九三六年　北京來薰閣書店印行

《段懋堂先生年譜》　羅繼祖氏編　一九三六年　《願學齋叢刊》本

《經韵樓集》　段玉裁著　道光元年原刊本

《經韵樓文集補編》　劉盼遂氏編　《段王學五種》所收

《戴東原先生年譜》　段玉裁編　一九三六年　《安徽叢書》本

《說文解字注》　段玉裁著　上海古籍出版社影印經韵樓本

《傳書堂藏善本書志》　蔣汝藻編　一九七四年　藝文印書館影印本

《東原文集》　戴震著　一九三六年　《安徽叢書》本

《鄭堂讀書記》　周中孚著　一九二一年　劉氏嘉業堂刊本

〈段玉裁說文解字讀考辨〉　陳鴻森撰　（將於近期《史語所集刊》刊出）

《富順縣志》　光緒八年釜江書社重刊本
《詩經小學》　段玉裁著　道光五年　抱經堂刊本
《古文尚書撰異》　段玉裁著　《經韻樓叢書》本
《說文解字詁林》　丁福保編　一九二八年　上海醫學書局
《許學考》　黎經誥編　一九二三年　排印本
《卷盦書跋》　葉景葵氏著　一九五七年　古典文學出版社排印本
《中國古籍善本書目》（經部）　一九八五年　上海古籍出版社排印本
《潛研堂文集》　錢大昕著　《潛研堂全書》本
《越縵堂日記》　李慈銘著　一九二〇年　商務印書館據手書影印本
《拜經文集》　臧庸著　一九三〇年　宗氏景印漢陽葉氏鈔本
《文祿堂訪書記》　王文進氏著　一九四二年　北平文祿堂排印本
《江浙訪書記》　謝國楨氏著　一九八五年　三聯書店排印本
〈劉端臨先生年譜〉　劉文興氏編　《國學季刊》第三卷第二期（一九三二年）
《明清藏書家尺牘》　潘承厚氏編　一九四一年　上海合眾圖書館景本
《匪石日記鈔》　鈕樹玉著　《滂喜齋叢書》本
《大學說》　惠士奇著　蘭陔書屋刊本
〈東京國立博物館所藏段茂堂尺牘札記〉　阿辻哲次氏撰　《均社論叢》第十號（一九八一年，京都大學）
《高郵王氏父子年譜》　劉盼遂氏編　《段王學五種》所收
《復初齋文集》　翁方綱著　文海出版社影印本
《碑傳集》　錢儀吉編　明文書局影印本
《思適齋集》　顧千里著　道光二十九年　上海徐氏刊本
《揅經室集》　阮元著　世界書局影印本
《杭州府志》　龔嘉儁等修　成文出版社影印本
《樸學齋文錄》　宋翔鳳著　嘉慶間刊本
《愛日精廬藏書志》　張金吾著　光緒十三年　靈芬閣木活字本
《左海經辨》　陳壽祺著　道光三年　《左海全集》本

《左海文集》 陳壽祺著 《左海全集》本
《敬孚類稿》 蕭穆著 光緒三十二年原刊本
《曝書雜記》 錢泰吉著 同治七年 杜氏重刊本
《說文入門》 日本賴惟勤氏著 一九八三年 大修館書店印行
《瞿木夫自訂年譜》 瞿中溶編 《嘉業堂叢書》本
《顧千里先生年譜》 趙詒琛氏編 《復廬叢書》本
《顧千里先生年譜》 汪宗衍氏編 廣文書局排印本
《清人文集別錄》 張舜徽氏著 一九六三年 中華書局排印本
《經籍跋文》 陳鱣著 《式訓堂叢書》本
《柯家山館遺詩》 嚴元照著 《湖州叢書》本
《凌次仲先生年譜》 張其錦編 《安徽叢書》本
《左傳杜注辨證》 張聰咸著 《聚學軒叢書》本
《高郵王氏遺書》 羅振玉輯 文海出版社影印本
《王石臞文集補編》 劉盼遂氏輯 《段王學五種》所收
《經史質疑錄》 張聰咸著 《聚學軒叢書》本
《適園藏書志》 張鈞衡著 廣文書局影印本
《段氏說文注訂》 鈕樹玉著 《許學叢書》本
《師友淵源記》 陳奐著 光緒十二年《函雅堂叢書》本
《拜經樓詩集》 吳騫著 《拜經樓叢書》本
《販書偶記》 孫殿起氏著 一九五九年 中華書局排印本
《碑傳集補》 閔爾昌氏編 明文書局影印本
《且住庵文集》 汪喜孫著 世界書局影印本
《乾嘉名人手札》 王雲五編 一九七三年 臺灣商務印書館影印本

出自第六十本第三分(一九八九年)

清儒陳鱣年譜

陳鴻森

陳鱣（一七五三～一八一七）字仲魚，號簡莊，浙江海寧人。嘉慶元年舉孝廉方正，三年中式舉人。嘗從錢大昕、王念孫、段玉裁、翁方綱等游處，質疑問難，所學日進。又雅好藏書，遇宋元佳槧及罕見之本，不惜重值收之，與同邑吳騫、吳門黃丕烈等互相鈔傳。仲魚博極群書，精深許、鄭之學，復長史才，著述閎富，固乾嘉學術之羽翼也；惜其書傳行者無多，故近今學者鮮有能道其名者。今采諸籍有關其生平學術者，分年繫綴，纂爲是譜，以爲知人論世之資。末附〈著述考略〉，共考得仲魚撰著六十餘種，或可藉知其學問之概略也。

昔閱錢氏《養新錄》，其一條云：「潘岳〈閒居賦〉注，引安革猛詩：『祁祁我徒』。予向疑安革猛不知何人，詢之海寧陳仲魚鱣，乃知『革猛』爲『韋孟』之譌，『安』乃衍字也。檢《漢書．韋賢傳》，果如仲魚言。」（卷十四）心識之，因求仲魚所著書讀之。後見阮元《定香亭筆談》，以仲魚與程瑤田、錢大昭鼎足並稱（卷二）；段玉裁序仲魚文集，亦亟稱其考證之精覈；然後知其才學，當時名儒宿學固已有定評。惜其著作生前付刻者，僅少作數種；而後人寒微，遺稿藏書，零落散盡，故其名迥不若程、錢二君之爲後學所知。因念寒士撰述，繼晷焚膏，矻矻窮年，孰意轉眼盡蕩爲雲煙；而表章乏人，並此身後薄名，復將湮滅無聞，可深浩歎。久思爲一文以論其學術，而牽率未就，僅於披覽之餘，輯得遺文若干篇，爲〈簡莊遺文輯存〉一文刊布耳。去年八月以來，余衰病殊甚，急診住院者六，幾半以醫院爲居矣。病中索然，而心忡不耐長思。爰就譾陋所及，采諸籍有關仲魚事跡者，鉤稽排比，纂爲此譜，聊以遣日，初不敢必其成也。醫院轉徙，今竟成稿，故雖艱於握管，仍勉錄爲清本，蓋恐日久散亂，遂不可理。惟仲魚奔走衣食，行履非皆可考；病榻間更無從借閱查檢，疏漏謬多有之。幸得苟存，異日尚可拾遺補闕也。一九九〇年三月。

清高宗乾隆十八年癸酉　（西元一七五三）　先生一歲

七月二日，先生生。（《海寧渤海陳氏宗譜》卷十三）

先生名鱣，字仲魚，號簡莊，又號河莊，浙江海寧黃岡里人。世以讀書傳家，自八世祖以下，皆官學弟子，有聲庠序間。

按吳兔床〈喜河莊補博士弟子〉詩注：「河莊少日，尊甫嘗攜之祈夢于忠肅墳，有三鱣之兆，因以命名。」（《拜經樓詩集》卷四）

又〈勃海陳氏家乘補跋〉云：「陳於寧爲右族，本姓高，爲宋武烈王瓊之裔。明初，有贅於陳者，遂蒙其姓。自宋、元、明迄本朝，數百年來，簪纓科第之盛，非他族所能及。」（吳兔床《愚谷文存》卷四）

八世祖名侯佐，以績學知名，邑中俊髦多出其門。

六世祖名賁永，早歲横經里門。弟道永，游山陰劉蕺山之門，傳證人之緒，學者稱乾初先生。

吳兔床〈陳仲魚詩人考序〉云：「乾初先生以理學碩儒傳蕺山劉子之業，所著若《學譜》、《大學辨》、《喪實論》、《葬論》諸書，皆有裨於實學，實仲魚六世祖行也。」（《愚谷文存》卷一）森按：先生〈愚谷文存序〉，作五世從祖，蓋前儒計世次，或連本身數之，或否，非有異也。

《海昌藝文志》五：「陳確，字乾初，又字非元，號確夫；初名道永。邑諸生。早見知于許同生令典，目爲任道器。後與祝開美淵游蕺山劉氏之門，奉慎獨之教。乙酉後，靜修山中，幾二十年，足不入城市。」所著別有《蕺山先生語錄》、《乾初道人詩集》十二卷、《文集》十八卷、《別集》十九卷、《山陰語鈔》等若干種。

高祖名楫世，與弟枚並以名節相砥礪。

《海昌藝文志》八云：「陳楫世，字夢弼，號鼓濤。諸生。著有《超然閣誡言》一卷。」

又卷五云：「陳枚，確從子。字奚（一作爰）立，號補庵。諸生，工詩。晚號霜柏子。著有《詩論》一卷、《補庵遺稿》二卷。」吳兔床《拜經樓詩話》卷一云：「陳爰立先生枚，少工詩，與龍山祝眉老洵文、角里蔡養吾遵等十餘人結省過之社，日相唱和。爰立行尤高，少補諸生，旋棄去。窗前植蟠柏一，晨夕吟哦其下，自號霜柏子。卒年四十餘，遺詩多散失，存者僅三數十篇。」

曾祖名學英。

《海寧州志稿》卷二十九〈文苑傳〉：「陳學英，字東藩。文思敏贍，以七藝游海鹽庠，冠一軍。入北雍，試輒前茅。爲人彊毅果敢，遇公事侃侃便便，里黨推重。書法古宕遒勁。」

又《海昌藝文志》十：「陳學英，字東蕃。寄籍海鹽，由諸生入太學。著有《周易闡微》六卷、《禮記全編》十卷。」

祖名廷表。子二：珂、璘。

按先生《新阪土風》第九十九首，自注：「予家峴上樸樹灣，先祖故以西樸自號。」

《海昌藝文志》十一：「陳廷表，初名人龍，字西樸，號星華。諸生。工書法。著有《見聞錄》四卷、《西樸詩稿》三卷。」

《海昌藝文志》十三：「陳珂，字可玉，號楓林。乾隆壬辰恩貢。著有《可齋集》三卷、《引獄編》。」

祖母朱氏。

父名璘，少穎敏，弱冠補諸生，與兄珂並負時譽。子二，長即先生；次豹，字蔚君。女一，適庠生查垣。

《海寧渤海陳氏宗譜》卷十二：「璘字昆玉，號谿齋。庠生。博聞強識，工古文詞，受業沈椒園杜史之門，著有《松硯齋集》。生康熙戊戌十二月二十八日，終乾隆丁未十月四日，壽七十。」按谿齋先生康熙五十七年戊戌生，則先生生時年三十六也。

又按：沈椒園名廷芳，字畹叔，仁和人。乾隆丙辰舉博學鴻詞，官至山東按察使。歸田後，迭主鰲峰、端溪、樂儀、敬敷諸書院。著有《續經義考》四十卷、《理學淵源》十卷、《鑒古錄》十六卷、《古文指授》四卷及詩文集等。（《清儒學案》卷四十六）

母朱氏，太學生大椿女。（以上並參《愚谷文存》卷十一〈陳谿齋文學墓誌

銘〉)

是年，盧文弨三十七歲，王鳴盛三十二歲，戴震三十一歲，王昶三十歲，程瑤田二十九歲，錢大昕二十六歲，周廣業二十四歲，姚鼐二十三歲，吳騫、翁方綱、桂馥二十一歲，段玉裁十九歲，孫志祖十八歲，謝啟昆十七歲，任大椿、丁杰十六歲，邵晉涵十一歲，王念孫、汪中、錢大昭十歲，武億九歲，洪亮吉八歲，劉台拱三歲，孔廣森二歲。朱彬、孫星衍、法式善一歲。

乾隆十九年甲戌　（一七五四）　先生二歲

是年李賡芸、張敦仁、楊鳳苞生。

乾隆二十年乙亥　（一七五五）　先生三歲

是年淩廷堪、王芑孫生。盛世佐、全祖望、吳廷華卒。

乾隆二十一年丙子　（一七五六）　先生四歲

是年石韞玉生。徐文靖、黃叔琳卒。

乾隆二十二年丁丑　（一七五七）　先生五歲

是年郝懿行、惲敬、胡克家生。

乾隆二十三年戊寅　（一七五八）　先生六歲

十一月，弟蔚君生。（《簡莊文鈔》卷六〈祭弟文〉）

是年姚文田、徐養原生。惠棟卒。

乾隆二十四年己卯　（一七五九）　先生七歲

夏，谿齋先生出游燕齊。（《文鈔》卷六〈祭弟文〉）

按吳兔床〈陳谿齋文學墓誌〉云：「君俶儻雋邁，喜交游，重然諾。攻詩及古文詞，不屑屑于章句之學。屢試不售，遂棄諸生，北游太學，流連燕齊間。一時雅人勝流，爭與投僑札之分。然性故耿介，不肯隨俗婞阿。是時君宗族方盛，內而居鼎揆、官侍從，外則乘朱軒任牧伯者，不知凡幾，而君足未嘗一及其門，以故落落終無所遇合。惟日與二三同調，登臨弔古，慷慨悲歌，以詩酒相酬和。」

是年牟庭、錢泳生。汪紱、顧棟高卒。

乾隆二十五年庚辰　（一七六〇）　先生八歲

是年王紹蘭、鈕樹玉、莊逵吉、秦恩復生。

乾隆二十六年辛巳　（一七六一）　先生九歲

是年張惠言、江藩生。

乾隆二十七年壬午　（一七六二）　先生十歲

是年嚴可均、錢林生。江永卒。

乾隆二十八年癸未　（一七六三）　先生十一歲

是年焦循、黃丕烈、嚴杰生。

乾隆二十九年甲申　（一七六四）　先生十二歲

誦習《文選》。自是舟車南北，恒以《文選》自隨。（《文鈔》卷三〈元本李善注文選跋〉）

按吳兔床〈簡莊擬築文選樓詩以趣之〉有句云：「君家世傳經，十二攻選學。人呼小秀才，豈特爛與熟。」（《拜經樓詩集續編》卷二）

是年阮元、李富孫、袁廷檮生。秦蕙田卒。

乾隆三十年乙酉　（一七六五）　先生十三歲

是年洪頤煊、宋世犖、趙坦生。鄭燮卒。

乾隆三十一年丙戌　（一七六六）　先生十四歲

是年王引之、顧千里、何元錫生。

乾隆三十二年丁亥　（一七六七）　先生十五歲

是年臧庸、江沅生。程廷祚卒。

乾隆三十三年戊子　（一七六八）　先生十六歲

谿齋先生游燕齊歸，在家課子侄。然不數月，復北游。先生兄弟送至河干，黯然神傷者久之。（《文鈔》卷六〈祭弟文〉）

是年李銳、許宗彥、周中孚、張鑑、陳用光生。齊召南、盧見曾卒。

乾隆三十四年己丑　（一七六九）　先生十七歲

是年瞿中溶、李兆洛、朱珔生。沈德潛、諸錦卒。

乾隆三十五年庚寅　（一七七〇）　先生十八歲

是年洪震煊、李黼平生。

乾隆三十六年辛卯　（一七七一）　先生十九歲

是年陳壽祺、黃承吉、金鶚生。姚範、桑調元卒。

乾隆三十七年壬辰　（一七七二）　先生二十歲

撰〈誦隅箴〉以自厲。

〈誦隅箴〉云:「日近文章，砥厲廉隅。古人有言，亹亹忘劬。況予小子，質頑且愚。乃紹家學，厥惟詩書。不殖將落，務名終虛。輪旋日月，如過隙駒。少習師傳，今知其粗。年已弱冠，嗜欲未除。毋曰面牆，有師啟予。毋曰德孤，有友輔予。既飽爾食，既煖爾襦。一生作用，胡不自圖。壯而不學，後將焉如。載誦載讀，亦步亦趨。勉旃勉旃，毋弛須臾。」(《河莊詩鈔》頁一)此爲先生少作之僅可考者，據〈箴〉中「弱冠」語，暫系於此。

是年方東樹生。沈廷芳卒。

乾隆三十八年癸巳　（一七七三）　先生二十一歲

春，詔開四庫全書館。

八月，吳兔床從書肆假得錢曾《述古堂書目》殘本，蓋即《讀書敏求記》之初稿。兔床因挑錄其不見於《敏求記》者凡若干條，先生復從之傳錄。(據史語所藏繆氏雲自在龕鈔本《讀書敏求記》過吳兔床及先生跋文)

按吳騫字槎客，一字葵里，號兔床，家海寧小桐谿。雍正十一年生，與先生爲忘年交。篤嗜典籍，遇善本，傾囊購之弗惜，所得不下五萬卷，築拜經樓以藏之。著有《皇氏論語義疏參訂》、《愚谷文存》、《拜經樓詩集》等。《清史列傳》卷七十二有傳。

又，先生〈祭弟文〉言谿齋先生再度北游後，「家日以窘，又遭連年凶荒。弟以讀書之暇，兼治家事。頻年我館小桐谿，家事大小，可以一切稍委之者，賴有弟在耳。」疑即館於兔床家也。(《愚谷文存》卷八〈記二女〉云:「海寧縣東長平鄉，即所謂小桐谿者也。」)

是年吳榮光、迮鶴壽、嚴元照生。杭世駿、吳玉搢卒。

乾隆三十九年甲午　（一七七四）　先生二十二歲

是年莊綬甲生。

乾隆四十年乙未　（一七七五）　先生二十三歲

七月，以外王父八十壽辰，先生昆仲隨母氏至小桃原，始得谿齋先生抱病天津之訊，兄弟相對唏歔，憂念不已。

八月朔，先生弟蔚君黎明即起，沐浴更衣，往禱父疾于邨社之神。及歸，以篿語平平，憂悶哀切。未幾，疾作，竟不起。於八月九日卒，年十八。（《文鈔》卷六〈祭弟文〉）

按豁齋先生南歸年月，今無可確考。據吳兔床撰〈墓誌〉云：「君既頻年不得志，一旦倦游而歸，杜門卻軌，尋理故業。未幾而痱疾作，手足恒不隨，言吐微澀。」又云：「君患痱十有餘年，乾隆丁未（五十二年）卒。」以此逆推之，則其南還當在今明二年。

是年沈欽韓、包世臣、淩曙、俞正燮、胡世琦、梁章鉅、鄧廷楨、林春溥生。

乾隆四十一年丙申　（一七七六）　先生二十四歲

七月二十七日，從吳兔床假所校藏王性之《默記》，命胡生鳳苞鈔寫一部，先生復錄諸家校語於上，並手校一過。（《文鈔續編》卷二）

按先生校本後歸孫氏玉海樓。《文瀾學報》第二卷《浙江文獻展覽會專號》著錄，謂兔床「原本爲朱映湄、鮑以文所校者，俱用朱筆；吳兔床所校者先用紫筆，繼用綠筆。仲魚各依原色過錄於上。其認爲有未合者，則復以黃筆改正之。」（頁二九二）故先生題識云：「合觀之，恍似文通夢中五色筆矣。」

重九日，吳兔床登高龍山，得一舊鈔，內爲陳乾初等海昌遺老詩文雜著，因別錄一本以贈先生，俾與乾初先生《大學辨》等共藏焉。（《拜經樓藏書題跋記》卷五）

是年胡承珙、劉逢祿、宋翔鳳、臧禮堂生。

乾隆四十二年丁酉　（一七七七）　先生二十五歲

十二月，吳兔床得陳句溪手書詩一篇，愛玩不忍釋手。先生因以所藏西邨老人詩遺墨五首貽之。（《拜經樓藏書題跋記》卷五）

是年戴震、余蕭客卒。

乾隆四十三年戊戌　（一七七八）　先生二十六歲

夏初，歸自西湖。綴緝軼事，成《新阪土風》一百首。（本書）于鄉邦故迹舊聞，搜摭甚富，蓋青邱《姑蘇雜詠》之比也。

七月二十六日，與吳兔床同訪盧抱經於江寧鍾山講舍。時盧氏方校殿本《雲谷雜記》(見《陶風樓藏盧抱經校本述要》頁三十一錄盧氏識語)。先生之識抱經，蓋在此時。

秋，與兔床爲武林之遊，往返旬日。兔床集所作詩爲《杭遊小草》。(《文瀾學報》第二卷《浙江文獻展覽會專號》頁一七五著錄)

從苕賈購得一鈔本《嘯堂集古錄》，乃陳書崖舊藏者。此書世傳刊本多訛脫，首李邴敘脫前一葉共二百四十餘言。是本首敘獨全，且字畫精好，其末復有元統改元干文傳一跋，亦刊本所無者。明年，兔床聞先生獲此，亟假歸校錄。(《適園藏書志》卷五)

森按：先生〈嘯堂集古錄跋〉繫此事於四十年(《文鈔》卷三)，蓋後來追記誤憶，今從原跋。

是年林伯桐、錢侗、唐鑑生。李文藻卒。

乾隆四十四年己亥 (一七七九) 先生二十七歲

盧文弨移主西湖書院。(《盧抱經先生年譜》)

是年劉大櫆卒。

乾隆四十五年庚子 (一七八〇) 先生二十八歲

二月，吳兔床因先生從乾初嗣孫東宇處，假得《大學辨》傳錄之。蓋是編世鮮傳本，東宇極珍秘之，不肯示人。先生婉轉懇請，始允借錄。自是此書始得稍傳於世。(《拜經樓藏書題跋記》卷一)

二月十六日至三月二十日，偕兔床同遊武林。訪周松靄、盧抱經、鮑淥飲、趙晉齋、宋芝山、朱藉山等。賞游文讌，流連日夕，極友朋之樂也。

按此行今傳有《吳兔床日記》，詳記其行跡(《古學彙刊》第十四冊)。中錄有先生詩作〈臨平道中〉、〈武林寓偶作呈兔床〉、〈周子珮公子餅硯歌爲宋芝山明經作〉、〈偶以括蒼石屬鐵生作書室小印兼索爲圖〉、〈與兔床西湖晚步乘月而歸〉、〈歸舟二絕贈兔床〉等六首。羊復禮輯《河莊詩鈔》俱未收，當據補。

又按：周春字松靄，海寧人，乾隆十九年進士。所居著書齋，凝塵滿室，插架環列，臥起其中者三十餘年，四部七略，靡不瀏覽，著有《十三經音略》、《爾雅補注》、《遼詩話》等。(《清史列傳》卷六十八) 鮑廷博字以文,號淥飲,本安徽歙人,徙居於杭。家富藏書,乾隆時詔開四庫館,采訪天下遺書,命子士恭進家藏善本六百餘種,御賜《古今圖書集成》嘉之。好刻古書善本,有《知不足齋叢書》行世。(《清史列傳》卷七十二) 趙魏字晉齋,浙江仁和人。博學嗜古,考證碑版最精。所藏商周彝器款識、漢唐碑本,爲天下第一。阮元以爲歐、趙著錄,不是過也。阮氏所作《積古齋鐘鼎彝器款識》及王昶《金石萃編》,皆其手定。著有《竹崦盦金石目》、《華山石刻表》、《歷朝類帖考》、《小學雜綴》諸書。(《清史列傳》卷七十三) 又《吳兔床日記》:「宋芝山明經,山西安邑人,精六書篆籀之學,嘗與曲阜桂馥、海寧沈心醇共訂徐鍇《說文繫傳》」(頁二);又:「朱藉山名德坪,碭山人,明篆法,手鐫銅印,可亂漢章。」(頁四)

吳兔床構藏書之樓,名曰拜經,先生賦詩二章題之。

按先生〈題兔床先生拜經樓〉詩,有「延陵夙望舊門廬,谷口新開竹下居。四坐賓朋春載酒,一樓燈火夜讎書」之句(《河莊詩鈔》頁八)。考兔床丁未年詩題有云「予以庚子歲築藏書之樓,名以拜經」(《拜經樓詩集》卷五,頁九),則此詩當作於本年春。

是年馮登府生。

乾隆四十六年辛丑 (一七八一) 先生二十九歲

四月七日,與吳兔床同訪周松靄。(《拜經樓詩集》卷三,頁十九)

秋,吳兔床撰《皇氏論語義疏參訂》十卷成。(《愚谷文存》卷一)

十二月六日,《四庫全書》告竣。(郭伯恭《四庫全書纂修考》頁一二八、黃愛平《四庫全書纂修研究》頁一五二)

是年徐松、周濟生。朱筠、顧九苞、金日追卒。

乾隆四十七年壬寅 (一七八二) 先生三十歲

正月,從鮑淥飲借得宋劉昌詩《蘆浦筆記》,命門人傳錄一本,手勘一過。(《寒瘦山房鬻存善本書目》卷六)

撰《詩人考》一書成。四月朔日敘之,略云:「《詩三百篇》,上自天子后,下至臣庶妾媵，孔子取而錄之，以爲鑑戒。弟別其風爲何國，而正其雅頌，使各得其所。蓋以詩存人，不以人存詩也。然而詩人之姓氏，學者猶傳其一二，《毛詩》之敘尚矣，其餘往往散見于他說，善讀者因其人而得其詩之美刺，與夫時之興衰、俗之厚薄，此詩教之可通于《春秋》者也。是編一以《毛詩》爲歸，證以齊、魯、韓三家遺說，更舉群書附益之；即有不合者，亦存其名而詳辨之」云。（《文鈔》卷二）

按此書未刊。吳兔床《愚谷文存》卷一亦有一敘，未署年月，今節錄於此，以並觀焉。其敘略云：「張子有言：『知詩莫若孟子』；孟子曰：『說詩者不以文害辭，不以辭害志。以意逆志，是爲得之。』又曰：『誦其詩，讀其書，不知其人，可乎？是以論其世也。』夫以意逆志，則不襲傅會穿鑿之弊；知人論世，則得其興衰美刺之實，而于興觀群怨之旨，庶乎犁然有當。然自嬴秦以降，詩教寖失其傳。漢氏之興，詩分爲四，傳習者又無慮數十家，於是歧說滋多。至於作小序之人，或以爲卜子，或以爲毛公，或以爲衛宏，論辨紛紜，訖無定說。然以序文考之，亦往往與經相應會，以是知序詩者初未嘗不以知人論世爲志。矧夫士生數千百年之後，微言歇絶，衆說紛繁，苟不能知其人之賢否，跡其世之盛衰，即欲以意逆志，不更難乎？吾友陳君仲魚，雅志經術，著《詩人考》一書，大要以小序爲宗，而參之以經傳子史百家者流，疏通證明，典雅詳切，可謂深得孟子之旨者矣。昔宋金華范氏處義，嘗著《詩補傳》，凡作者姓氏可考者四十有一篇。今仲魚之書，視范氏增多又不下三之一，孰謂古今人遂不相及耶。」

四月七日，與吳兔床過周松靄著書齋，夜宿舟中，兔床有詩記之。（《拜經樓詩集》卷三）

冬，吳兔床於風雪中，親往拓得〈吳封禪國山碑〉數紙，手繪其圖，復綜此碑之始末，撰爲《國山碑考》一卷。並以所拓分贈同好，先生亦得其一焉。十二月朔，爲跋其後。（《文鈔》卷三）

輯《孝經鄭注》成。十二月一日，自爲之敘，略云：「鄭康成注《孝經》，見於范書本傳，《鄭志》目錄無之；《中經簿》但稱「鄭氏解」而不書其名，或曰是其孫小同所作。按鄭《六藝論》敘《孝經》云:『玄又爲之注』;敘《春秋》亦云:『玄又爲之注』。蓋鄭注《春秋》未成,後盡與服子愼,遂爲服氏注,詳見《世說新語》。乃從來列鄭注,更無及《春秋》者。竊以其注《孝經》,亦未寫定,而其孫小同追錄成之。據《隋書》稱《鄭志》亦小同所撰,此或以先人未竟之書,故不敢載入目錄。《中經簿》所題,蓋要其終,范書所紀,則原其始也。自玄宗取諸說以爲己注,而後之學鄭氏者日少;五季之衰,中原久佚。宋雍熙初,日本僧奝然以是書來獻,議藏秘府,尋復失傳。近吾友鮑君以文屬汪君翼滄從估舶至彼國購訪其書,亦不可得矣。幸陸氏《釋文》尚存其略,群籍中間有引之,因仿王伯厚《鄭氏周易》例,集成一編,庶以存一家之學」云。 (本書)

按清代輯佚之學最盛,其輯《孝經鄭注》者,除先生此書外,另有王謨、臧庸、洪頤煊、袁鈞、嚴可均、孔廣林、黃奭、孫季咸、潘任、曹元弼、王仁俊等諸家輯本。皮錫瑞《孝經鄭注疏·序》云:「自明皇注出,鄭注遂散佚不完。近儒臧拜經、陳仲魚始裒輯之,嚴鐵橋四錄堂本最爲完善。」實則先生是書輯成時,臧庸年方十六,而諸家輯本皆刊於嘉慶以後,故輯《孝經鄭注》實以先生書爲嚆矢。特其時日本岡田挺之輯本及《群書治要》尚未傳入中國,故其書不能如嚴君所輯之富備耳。若先河後海之義,則不可誣也。

是年,錢大昕撰次《廿二史考異》成,凡百卷。 (《竹汀居士年譜》)

胡培翬、馬瑞辰生。

乾隆四十八年癸卯 (一七八三) 先生三十一歲

是年,補府學弟子。吳兔床有詩賀之:

魯芹芳徧綠波回,晚就從來是大材。

早卜神魚啣學舍,纔憑靈鵲報妝臺。

詩成霽雪唐名士,策射賢良漢茂才。

向使西湖存老守,也應薦目爲君開。(本注:河莊夙爲太守邵公齊然所知,欲拔置高等,會卒不果。)

(《拜經樓詩集》卷四〈喜河莊補博士弟子〉)

按《海寧渤海陳氏宗譜》卷廿六先生傳：「弱冠後補博士弟子，旋以優等食餼。」

三月，吳兔床作鄭康成像石刻，贊曰：「猗與先生，天稟懿德。囊括典墳，古訓是則。龍心吉讖，民載而遙。徹奠勝國，復祀熙朝。」（《海寧州志稿》卷十八〈金石志二〉）

六月，與丁小雅同訪周耕厓於吳山，先生出示所輯《孝經鄭注》，耕厓爲跋其後。（《蓬廬文鈔》卷四〈書孝經後〉、〈書陳仲魚集孝經鄭注後〉）

周氏〈書集孝經鄭注後〉云：「余嘗考論《孟子》古注，於劉熙、綦毋遂並有甄錄，獨康成注不能舉一字，心殊慊然。竊謂此書錄自《隋志》，而自序及史傳皆不載，疑與《孝經注》均非鄭所手著。今陳君所集《孝經注》凡百數十條，通德家法，宛然在目，洵可愛也。蓋是注曾列學官，肄習者衆，故其書今雖失傳，而文猶軼見於群籍；然非陳君力爲搜采，亦安能尋墜緒而綿絕業哉。君嗜古窮經，所詣且日進，即其爲功於鄭氏如此，當必不忍使《孟注》七卷獨歸泯滅，余又安能無厚望耶。」

按丁杰字升衢，號小山，又號小雅，浙江歸安人。乾隆四十六年進士，官寧波府學教授。爲學長於校讎，著有《周易鄭注後定》、《大戴禮記繹》等書。(《清史列傳》卷六十八）又，周廣業字耕厓，海寧人，乾隆四十八年舉人。著有《孟子四考》、《經史避名彙考》、《廣德州志》、《蓬廬文鈔》等。（《清史列傳》卷六十八）

是年苗夔、張聰咸、錢儀吉生。孔繼涵、黃景仁卒。

乾隆四十九年甲辰　（一七八四）　先生三十二歲

輯鄭玄《六藝論》成。正月，於震澤舟次自爲之敘，略云：「鄭氏《六藝論》一卷，隋、唐志載其目。五季以來，鄭學自《毛詩》、三禮外，盡已散佚。宋王伯厚集《周易注》，後人踵而行之，鄭氏之書漸次收合，惟《六藝論》未見輯本，因廣爲搜討，錄成一編。按徐彥《公羊疏》曰：『鄭君先作《六藝論》訖，然後注書。』予謂不然，觀其〈詩論〉云『注《詩》宗毛爲主』；又〈春秋〉〈孝經〉論並云『玄又爲之注』，則作於注書之後可知也。」（本書）

按鄭玄《六藝論》，王謨、臧庸、洪頤煊、袁鈞、嚴可均、孔廣林、馬國翰、黄奭諸家亦各有輯本。臧本雖託云其高祖臧琳輯、臧庸補，然其書嘉慶六年冬始付刻，固遠在先生書出之後矣。袁氏輯本其〈序〉雖以先生所輯未能盡善，「一書兩引者未能歸一，又多攙入引書者語，總論與六經之論往往雜出，失於比次，蓋創始者難爲功也。」袁本即據先生書重爲校定，後出轉精，理固宜然也。

春，盧抱經餘姚家居(《盧抱經先生年譜》)。先生過訪，假抱經所臨校宋本《史通》并浦二田《通釋》，傳校一過。劉知幾用事有《通釋》所未詳者，抱經爲補考數條，先生更考得數事焉。（《皕宋樓藏書志》卷三十八）

三月下澣，盡三日之力，爲吳兔床覆勘《南部新書》。（《文鈔續編》卷二，頁十一）

閏三月，假吳兔床所臨盧抱經校本《北海經學七錄》，傳校一過。（《拜經樓藏書題跋記》卷一）

六月，題黄叔琳《文心雕龍輯註》云：「《文心雕龍》及《史通》二書，少時最喜玩索，俱係北平黄氏刻本。《史通》既得盧弓父學士所臨宋本相校，而是書則未見宋刻，每爲恨事。取其便于展讀，常置案頭。間有管窺之見，書諸上方焉。」（據楊明照先生《文心雕龍校注拾遺》頁七四〇迻錄先生校本）

是年王筠、包世榮生。程晉芳、李惇、蔣士銓卒。

乾隆五十年乙巳　（一七八五）　先生三十三歲

纂《鄭康成年紀》一卷成。六月晦日敘之，略云：「鄭氏《周易》、《尚書》、《論語》等注，近得好古之士旁羅曲摭，采獲遞詳，庶幾鄭學復興之會乎。昔盧轉運見曾既編《鄭司農集》，附于《尚書大傳》之後。鱣方補輯《鄭注孝經》、《六藝論》，因約其生平爲《年紀》一卷，以范史本傳爲主，證以他書，期於鄭氏一家之學略盡心焉。」（《文鈔》卷二）

按此書或稱「鄭君年譜」。清代之纂鄭玄年譜者，別有王鳴盛(見《蛾術編》卷五十八)、孫星衍(《高密遺書》本)、沈可培(《昭代叢書》本)、丁晏(《頤志齋叢書》本)、鄭珍(見《鄭學錄》卷二)諸家。另洪頤煊有《鄭玄別傳注》、胡培翬撰《鄭君傳考證》、胡元儀有《鄭君事蹟考》。而先生此編則導其先路者，錢大昕〈序〉云：「經術莫盛於漢，北海鄭君，兼通六藝，集諸家之大成，刪裁繁蕪，刊改漏失，俾百世窮經之士有所折衷，厥功偉矣。而後人未有譜其年者，庸非缺事乎。海寧陳君仲魚始據本傳，參以群書，排次事實，繫以年月，粲然有條，咸可徵信，洵有功於先哲者矣。」(《潛研堂文集》卷二十六〈鄭康成年譜序〉)袁鈞纂《鄭氏佚書》，即取先生是編以附諸後(羊復禮《簡莊文鈔·跋》謂此書已佚亡，誤)；阮元亦采先生所考者，以補孫《譜》刊行之。蓋其創始之功終不可沒也。

六月，吳兔床纂《陳乾初先生年譜》二卷成。(《愚谷文存》卷二)復與先生尋訪遺書，久而不獲其全。後再三求索，果從其雲孫錦處得文集七册，合兔床及先生所得者，竟成全稿焉。(《愚谷文存》卷二〈陳乾初先生遺集序〉)

是年，盧文弨復主鍾山書院。(《盧抱經先生年譜》)

林則徐、程恩澤、陳沆、姚瑩、方成珪生。

乾隆五十一年丙午　(一七八六)　先生三十四歲

春，有與周耕厓書，告以《孝經注》已付刻及擬上京事。

秋，耕厓復書，來論《孝經鄭注》作者。(《蓬廬文鈔》卷五〈復陳仲魚〉)

按先生與周氏書，今未見。耕厓復書，不記年月，今據札首云：「闊別三載餘，時深懷契。」又下引文有「發解後攜至京師」語，蓋指今年秋試也。卯年六月，先生與丁小雅過訪，而此答書在秋時，正三年餘也，故定在本年。

又據耕厓復書云：「知尊輯《孝經鄭注》已經壽梓，是書不特可徵樸學，爲功名教不淺，欣幸無已。發解後，攜至京師，爭先睹爲快矣。」則先生《孝經鄭注》之刻在是年可知。孫殿起氏《販書偶記》卷三著錄此書，有「乾隆四十七年裕德堂刊本」(頁六十)，蓋據首敘題四十七年漫記之耳，不足據。今味耕厓書有「尊刻《孝經注》，視卯夏所示本有增加否」之語，知周氏四十八年夏所見尚是稿本，即此可立證其誤矣。

鄉試不第。

九月十七日抵京。

按潘承厚氏《明清藏書家尺牘》，收有先生與吳兔床書墨跡一通，余前輯〈簡莊遺文〉未收，今錄次：

九月十九日陳鱣頓首兔床先生閣下：飢來驅我，惘惘出門，懷友思親，日與車輪並轉，問天下之人有傷心如鱣者乎。幸賴福庇，一路蟲安，于十七日抵都。雖賓至如歸，特恐勝任爲難耳。先生尊恙初平，未審日來眠食何似，伏惟萬福。長公鵬路方登，次公泮芹新采，眞是得意之秋；況申酉鄉會在即，惟願連鑣北上，俾天涯蕩子一罄鄉情，是所顒望耳。方、鍾二先生象，前交舍弟奉還，諒已收得。又士模舍弟處有《讀詩質疑》一冊，屬其鈔竟，攜至尊齋，將底本還小山先生爲感。鱣蹔離塵鞅，未暇往拜長安諸公。聞芝山辭官、易田待任，俱未出都，尚可相晤。草草作札，罪甚。不宣。

先生入都年月，無明文可據。今味此札之語，當是初次上京時所作。據札言「長公鵬路方登」云云，考《海寧州志稿》卷二十九〈文苑傳〉，載兔床長子壽照中丙午鄉榜（頁三十二），則此札當作於是年。其「申酉鄉會在即」之語，蓋指五十三年戊申預行正科鄉試及五十四年己酉會試、恩科鄉試也，然則此札當作於五十一年九月無疑。《海寧渤海陳氏宗譜》卷二十六先生傳云：「親歿後，游學都中」，未確。

又，先生入京，未悉館於誰氏。按《小學考》卷十一徐鍇《說文韻譜》條末，云：是書流傳甚少，「今從鄞范氏天一閣藏本錄。乃安邑葛給事鳴陽官京師，屬海寧陳君鱣重校一過。繕寫既就半，已登版，會給事改官歸，未竟其事。」（頁十一）疑即館於葛君家。俟再考。

是年汪喜孫、陳奐、梅曾亮生。孔廣森卒。

乾隆五十二年丁未　（一七八七）　先生三十五歲

客京師。

時先生方撰《說文解字正義》，邵二雲、王懷祖、孫淵如、任子田等均在都中，得常過從請益。而與王懷祖交尤密云。

按先生〈埤倉拾存自敍〉:「鱣著《說文解字正義》,思盡讀倉、雅字書,每于古訓遺文,單詞片語,零行依附,獲則取之,以資左證。比來京師,幸得親炙于當世賢豪,有若邵二雲編修之于《爾雅》、王懷祖侍御之于《廣雅》、孫淵如編修之于《倉頡篇》、任子田禮部之于《字林》,具有成書。小學之興,于今爲盛。」(《文鈔》卷二)

又〈廣雅疏證跋〉:「憶初入京師,與給諫王懷祖先生交最深。時先生方著《廣雅疏證》,而鱣亦撰《說文正義》。每相見時,必剖析字形,稽求聲義,娓娓忘倦。或數日不見,必手札往來且千百言」云。(《文鈔》卷三)

復按阮元〈南江邵氏遺書序〉云:「乾隆丙午,元初入京師。時前輩講學者,有高郵王懷祖、興化任子田暨二雲先生。元咸隨事請問,捧手有所授焉。」(邵氏《南江札記》卷首)先生之識阮伯元蓋在此時。《海寧渤海陳氏宗譜》卷二十六先生傳:「嘉慶丙辰,詔天下督撫、學臣舉孝廉方正。時浙學使者儀徵阮芸臺相國素耳公名」云云,恐未確。

從翁宜泉假得其家所藏景宋鈔《嘯堂集古錄》,與戊戌秋所獲舊鈔本參校,互有補正,跋而記之。(《文鈔》卷三)　翁君又出所藏秦漢瓦當拓本數十種,先生爲撰〈秦漢瓦當記〉。(《文鈔》卷五)

按此二文皆不記年月,今據〈嘯堂集古錄跋〉有「比來京師,秘閣適視學江西」之語;又〈秦漢瓦當記〉云:「比來京師,得交宜泉庶常。」考翁方綱之視學江西在丙午秋至己酉九月(見翁氏《復初齋文集》卷十三〈丁小疋傳〉)。先生之交翁君,當在去冬、今春。

又按:錢泳《履園叢話》卷六云:「大興翁宜泉太史名樹培,覃溪先生子。乾隆丁未進士,入翰林。博雅好古,能傳家學,尤明于錢法,凡古之刀幣貨布,皆能辨識。所著有《泉幣考》,較洪遵《錢志》,精博殆過之。」

九月,購得錢遵王影宋鈔《元豐九域志》十卷。取馮集梧新刊校宋本校訂一過,互有補正。(《文鈔》卷三)

按吳兔床《拜經樓藏書題跋記》卷三:「戊申秋日,仲魚新購得錢遵王影宋鈔《元豐九域志》」云云（頁四），則以此爲明年事。今從本集。

十月四日，考谿齋先生卒，年七十（《海寧渤海陳氏宗譜》卷十二）。先是，妣朱氏先卒，時谿齋先生疾已革，強起視其含，感哀傷慟，七日後亦卒。時先生方客游京師，由伯父經紀其喪，事畢，無何，伯亦悲感卒。（《愚谷文存》卷十一〈陳谿齋文學墓誌銘〉）

按吳兔床撰〈陳谿齋文學墓志銘〉有云：「君嘗謂《說文》爲小學之宗，自二徐故訓外，尚不無疏略，作《許氏說文正義》若干卷。援據經傳，特爲贍博，垂成而疾奄加，乃命鱣卒業焉。」據是，則《說文正義》一書乃谿齋先生所撰，故錢泰吉撰先生傳因謂：「少承其父許氏《說文》之學」。惟余於此竊有疑焉。蓋先生集中數言及撰《說文正義》事，然絶無一語及繼父志業者。〈墓誌〉言「垂成而疾奄加」；嘉慶四年先生〈廣雅疏證跋〉則云：「方今從事于小學者，若邵校理與桐之《爾雅正義》及先生之《廣雅疏證》，皆及見其書之刊行。獨愧鱣之《說文正義》用力已十餘年，草創未就。」且〈墓誌〉既言谿齋先生攻詩古文詞，不屑屑于章句之學；晚年旋里，兼又病痱，其時雖欲爲許君作疏，恐亦非其學其力所能及。意者，谿齋先生歿時，先生適客京師，時方撰是書，人子哀思，蓋欲其成而歸美先人與。兔床所言，疑非實錄也。

十一月既望，作〈元豐九域志跋〉。時居宣武門外之藏海小廬。（《文鈔》卷三）

是年盧抱經校刻《群書拾補》於江寧。（本書）

曹仁虎、張金吾、嚴長明、許棟生。

乾隆五十三年戊申　（一七八八）　先生三十六歲

客京師。

三月，跋《顱顖經》。

《宋史·藝文志》著錄《師巫顱顖經》二卷，久無傳本。四庫全書館始從《永樂大典》所載裒輯成書。先生多方託友鈔錄得之，因考其書之經緯，略云：「此經疑唐末人所作。其曰師巫，蓋本于《黃帝內傳》；而《內經》弟七卷王冰注，亦有『師氏藏之』一語，故託名師巫，以神其說。

其曰顱顖者，按《說文》:『顱，𩕳顱首骨』;『囟，頭會匘蓋也。』今作顖者，俗體字也。又《說文》云:『兒，孺子也。从儿，象小兒頭囟未合。』此蓋以兒之初生，顱囟未合，證治不同，故取以名其書歟。」(《江蘇省立國學圖書館第三年刊》〈館藏善本書題跋輯要三〉頁四)

是年朱駿聲、薛傳均、臧恭壽生。莊存與、翟灝卒。

乾隆五十四年己酉　(一七八九)　先生三十七歲

在京。

正月，錢大昕主蘇州紫陽書院。諭諸生以無慕虛名，勤修實學，由是吳中士習爲之一變。(《竹汀居士年譜》)

八月，段玉裁赴京。因王懷祖之介，遂與訂交焉。

按劉盼遂氏《段玉裁年譜》，本年八月，段氏避難赴京。

又，段氏〈簡莊綴文序〉云:「往余于乾隆己酉至都門，時邵二雲、王懷祖皆在焉。余之識仲魚也，實因懷祖。時仲魚年方壯，學甚精進，余甚敬之。」

是年，重纂舊日所輯《埤倉》佚文，用《說文》部分編次爲《埤倉拾存》二卷。又就群書采獲，輯得李登《聲類》佚文二百餘條，因原本以五聲命字次第已不可考，故依陸法言書部分，爲《聲類拾存》一卷。另服虔《通俗文》，亦輯有成稿云。(《文鈔》卷二〈埤倉拾存自敘〉、〈聲類拾存自敘〉)

是年劉文淇、黃式三、胡紹勳生。任大椿卒。

乾隆五十五年庚戌　(一七九〇)　先生三十八歲

仲夏，歸自京師。吳兔床賦〈喜簡莊歸自燕臺〉二首(《拜經樓詩集》卷六)。先生以馮集梧新刊本《元豐九域志》貽之。蓋馮本刊成後，復假先生所藏錢遵王影宋本重校，補刊於各卷之後。(《拜經樓藏書題跋記》卷三)

按〈喜簡莊歸自燕臺〉詩，其一云:「素衣欣見返南邦，無限相思此盡降。啜茗快同登竹閣，尋書旋爲暖芸窗。三年馬鬣思親淚，五夜丁沽聽雨艭。不是朝來重攜手，教人猶自怨香茳。」《拜經樓詩集》次此詩於明年辛亥(卷六，頁八)。惟按兔床〈陳谿齋文學墓誌〉云:「庚戌夏，鱣南還」(《愚谷文存》卷十一，頁四)；又〈元豐九域志跋〉言先生「庚戌仲夏南還」，則先生南歸當在是年無疑。

又按：葉昌熾《藏書紀事詩》卷五：「《嘉興府志》：『馮集梧號鷺庭，浩少子。乾隆辛丑進士，授編修。』《湖海詩傳》：『集梧字軒圃，有《貯雲居稿》。』《蒲褐山房詩話》：『鷺庭多藏書，精校勘。嘗刻《元豐九域志》、《杜樊川詩注》、惠定宇《後漢書補注》。』」

六月，江浙三館《四庫全書》繕寫釐定蔵工，分貯於揚州文匯閣、鎮江文宗閣、杭州文瀾閣。

是年撰《石經說》六卷。取漢熹平、魏正始、唐開成、蜀廣政、宋至和及紹興等歷代所刻石，稽考其異同也。　(《文鈔》卷二〈唐石經校文敘〉)

是年褚寅亮、錢塘卒。

乾隆五十六年辛亥　(一七九一)　先生三十九歲

合葬考妣於鳳岡東水漊先塋之穆。伯父珂與谿齋先生友愛，居嘗相約他日窀穸必同，因同兆焉。吳兔床爲撰墓誌銘。　(《愚谷文存》卷十一、《海寧渤海陳氏宗譜》卷十二)

錢廣伯來書，論盧氏《鍾山札記》之誤。

蔣光煦《東湖叢記》卷二「小學盦遺稿」條，錄有錢馥〈與陳仲魚書〉一通(今刊本《小學盦遺稿》此文已改削)，論同聲通用之理，並指摘盧抱經《鍾山札記》違失二事，由不識古人音韻所致。考盧氏此書序刊於五十五年十月，其刻成或在本年。今故系諸此。

又按：錢泰吉撰〈錢廣伯傳〉，略云：「錢馥字廣伯。性謹訥，不樂仕進，沈酣經籍中。凡傳注疑義譌文，一經尋索，必得其解。尤善六書音韻之學，從周松靄春講求字母，多所悟入。與周耕厓、陳仲魚、陳半圭、吳兔床相切磋，學日進。自題所居曰小學盦。」(《碑傳集》卷一二七)

冬，翁覃溪刊《通志堂經解目錄》。

按翁氏此書，其楊復《儀禮圖》、何異孫《十一經問對》條下，並引有先生說。蓋先生在京日，曾與覃溪討論及此與。

是年劉寶楠、錢泰吉生。周永年、毛際盛卒。

乾隆五十七年壬子　（一七九二）　先生四十歲

二月，過吳門，晤王鳴盛。王氏爲序《說文正義》。

王氏〈序〉略云：「素聞仲魚陳君精於小學、經學，相去二、三百里，未及一晤。壬子二月，仲魚過吳門，始獲把臂。讀其所輯《六藝論》、《孝經鄭注》及此編，信屬篤古之士，與予同志，不禁狂喜。凡訓詁當以毛萇、孟喜、京房、鄭康成、服虔、何休爲宗；文字當以許氏爲宗。然必先究文字，後通訓詁，故《說文》爲天下第一種書，讀徧天下書，不讀《說文》，猶不讀也。鄙見以爲吾輩當爲義疏，步孔穎達、賈公彥之後塵，不當作傳注，僭毛、鄭、孟、京之坐位。是書名曰正義，所以發明解說，既博且精，似更勝於張守節之《史記正義》矣。」（《小學考》卷十）

明張蒼水煌言殉節後，葬西湖南屏山荔子峰下。是秋，先生與吳兔床、朱映漘、錢廣伯、張晉樵、裘荔亭、萬近蓬、邵懷粹諸君，醵金立碑墓道，相約每年九月七日蒼水赴義之辰，齊集墓下，設公祭，無間風雨（《拜經樓詩集·再續編》頁六〈秋山謁墓〉）。同人復從蒼水故友萬斯大之孫許摹得遺像，係臨刑時所繪巾服者，方蘭坻改摹爲冠服像，將謀建祠而設焉，先生作記紀事。（《文鈔》卷五〈張忠烈公畫像記〉）

是秋，段玉裁始改舊著《說文解字讀》爲《注》。（別詳拙作〈段玉裁說文解字讀考辨〉）

十月，段玉裁自金壇移家蘇州。時先生常往來揚、鎭、常、蘇數郡間，每歲必至蘇數四，見則各言所學，互相賞奇析疑。（段氏〈簡莊綴文序〉）

是年，有《杭游雜詠》之作，兔床和之。（《拜經樓詩集》卷六）

又與兔床合作〈論印絶句十二首〉。先是，沈房仲有〈論印絶句十二首〉，厲樊榭和之。兔床見而效之，且要同人屬而和之。通得若干首，彙爲一編，曰《論印絶句》。（《拜經樓叢書》本）

是年龔自珍、姚配中生。

乾隆五十八年癸丑　（一七九三）　先生四十一歲

正月，吳兔床纂《子夏易傳釋存》二卷成。（《愚谷文存》卷一）

三月七日，陳焯過杭，與先生同訪吳兔床。兔床出新得宋建安蔡琪刊《漢書》殘本見示。（據《江蘇省立國學圖書館第二年刊》〈館藏善本書題跋輯錄二〉頁一所錄陳焯觀款）

按李濬之《清畫家詩史》云：「陳焯，字映之，號無軒，烏程人。官鎭海訓導。好古精鑒，嘗著錄所見書畫，名《寓賞編》。有《湘管齋詩稿》。」（卷戊上，頁十六）森按：光緒《歸安縣志》二十二〈藝文志〉著錄焯別有《湘管齋筆記》六卷、《清源雜志》四卷、《湖州詩錄》三十四卷等。

十一月，序孫詒穀《家語疏證》。

〈家語疏證敘〉略云：「《漢書·藝文志》：『《家語》二十七卷。』師古曰：『非今所有《家語》。』今本四十四篇，較《漢志》增多二十一篇。吾友錢君廣伯頗疑《漢志》所稱二十七篇，即在今四十四篇中，且以《尚書》之二十八篇爲證。余則以爲不然。《尚書孔傳》及《家語》皆王肅一人所作，《尚書》二十八篇，漢世大儒多習之，肅固不敢竄改，惟僞爲增多之篇，並僞爲孔傳，以逞其私。至於《家語》，肅以前儒者絕不引及，肅詭以孔子二十二世孫猛家有其書，取以爲解。觀其僞安國〈後敘〉云：『以意增損其言』，則已自供罪狀；而肅之自敘，首即以鄭氏學爲義理不安，違錯者多，是以奪而易之。夫敘孔子之書，而先言奪鄭氏之學，則是有心傅會攻駁前儒可知矣。馬昭去肅未遠，乃于《家語》一則曰『王肅增加』，再則曰『王肅私定』，斯言可謂篤論。」（本書）

按孫志祖字詒穀，浙江仁和人。乾隆三十一年進士，官至江南道監察御史。爲人清修自好，讀經史必釋其疑而後已。別著有《讀書脞錄》、《文選考異》、《文選補正》等書。（《清史列傳》卷六十八）

又按：錢廣伯之說，今見《小學盦遺稿》卷三〈讀孔子家語〉、〈書家語疏證後〉。

本年所爲文有〈述義記〉。記兔床妻病買婢，兔床詢知爲名家息，撫爲己女，爲嫁武原魏氏子，人皆高其義行云。（《文鈔》卷五。參《海寧州志稿》二十九〈文苑·吳兔床傳〉）

按潘景鄭氏舊藏吳兔床所輯《桐陰小牘》寫本一冊，中有邵懷粹〈妾入門〉詩，其小序云：「海昌吳丈槎客，年六十有一。因妻病買婢，媒者疑丈欲置妾，輒舁良家女來。丈一見即認爲義女，時丈有女已適人矣，亟呼歸，使同臥處。越數月，以禮嫁于武原魏氏，相待一如舅甥。事在乾隆五十八年。錢唐邵志純爲作〈妾入門〉。」即其事。先生及盧抱經、周春、梁同書、丁傳等十數人並有賡作云。（《文瀾學報》第二卷《浙江文獻展覽會專號》頁一五五）

乾隆五十九年甲寅　（一七九四）　先生四十二歲

撰《論語古訓》十卷成。十二月朔日，於震澤旅次敘之，略云：「《論語古訓》，存漢經師之遺義也。今以《集解》爲本，考諸載籍所引遺說，旁搜附益，爲《古訓》十卷。凡經文從邢昺《正義》本，而以漢、唐石經、皇侃《義疏》、高麗《集解》本、《經典釋文》及日本山井鼎《七經孟子考異》、物觀《補遺》校注于下；或見于它書，亦間爲援證也。孔注古論，據何晏敘，世既不傳；《集解》所采，說多不類，且與《說文解字》所稱『《論語》古文』不合，反不如包氏《章句》之古，疑爲後人假託。特與《尚書傳》又異，今姑從《集解》存之也。鄭康成，漢世大儒，故《集解》之外，蒐輯鄭說獨多，且以愚意疏通證明之，所以補疏家之未備也。馬融，鄭之師也；王肅，難鄭者也，存馬、王之說，亦可以發明鄭注」云。（本書）

森按：先生是書，其發明鄭注，時多勝義。然其尤足稱者，則在於始發《論語・孔注》之出僞託也。沈濤《論語孔注辨僞・序》云：孔安國，「《史記・孔子世家》、《漢書・儒林傳》皆不言其著書。而其書之傳於今者，則有《古文尚書》、《孝經》二傳，識者皆疑其僞。獨《論語傳》散見於何氏《集解》中，古今無異議，近世劉端臨學博、陳仲魚徵君始疑之」，是也。考劉氏《論語駢枝》，於〈鄉黨篇〉「攝齊升堂」條下，辨孔注「攝齊者，摳衣也」之誤，而云「愚嘗謂孔注出魏人依託，不足信。若此條，決非棘下生語也。」（《劉端臨遺書》卷一，頁九）而先生此敘中則舉三事以發其僞，一、何晏〈集解序〉既言孔注世不傳，則《集解》又何自徵引？二、其說不類漢注，轉不如包氏《章句》之近古。三、其文字與《說文》所稱古文不合。另於本書中，爲政篇「不違如愚」，孔注：「不違者，無所怪問，於孔子之言，默而識之，如愚者也。」先生云：「按孔安國稱夫子爲孔子，亦是一疑」（卷一，頁十一）；又八佾篇「鄹人之子」，孔注：「鄹，孔子父叔梁紇所治邑也。」先生云：「按安國爲孔子十一世孫，而注云『孔子父叔梁紇』，此更可疑者。」（卷二，頁六）凡此所疑，皆近情理。其後，沈濤著《論語孔注辨僞》，以《集解》所引孔注爲何晏所僞；丁晏著《論語孔注證僞》，則以爲出王肅假託。沈、丁二氏所斷，雖未可決其必然，然孔注其非西漢孔安國之書，今則可論定矣。按劉端臨長先生二歲，而其所著書則刊於嘉慶十年謝世以後；故孔注之爲贋鼎，孰首見之，今固難以懸斷，然其觀微辨析之功，要有足多者。

又按：敘中所言高麗《集解》本，實係日本之正平版，錢曾嘗得其影寫本，誤以「正平」爲高麗年號，乾嘉學者多沿其誤也。

冬，吳兔床長歌題先生《冬讀書圖》。（《拜經樓詩集》卷七）

是年魏源、汪遠孫、丁晏、梅植之生。汪中、謝墉卒。

乾隆六十年乙卯　（一七九五）　先生四十三歲

春，雪中過訪淩次仲。淩君爲先生題《說文正義》，詩云：

打窗密雪晝紛紛，有客攜書過訪殷。十載京華久傾倒，衝寒今日始逢君。

二徐去後久塵埃，許氏榛蕪此再開。體例不嫌同孔賈，通經原自六書來。（《校禮堂詩集》卷九，頁五）

按淩廷堪字次仲，安徽歙縣人。乾隆五十五年進士，選寧國府教授。次仲於學，無所不窺，尤專禮學。著有《禮經釋例》、《燕樂考原》、《元遺山年譜》、《校禮堂詩文集》等。（《清史列傳》六十八）

夏，吳兔床作〈兩陳髯行〉，以先生及陽羨陳春浦（名經，字景辰）同姓陳，皆美鬚髯，其淹貫經史亦相若，因戲爲之賦。（《拜經樓詩集》卷七）

按其詩略云：「平生結交兩陳髯，一居峴北一荆南。風流儻蕩各嫵媚，超前絶後何參覃。北髯鬑鬑綠坡竹，勁可挂弓紫如玉。疾風遙度疑有聲，半嶺松濤吹謖謖。南髯瘦頰縈春蚓，碧眼于思勢連鬢。仰天大笑一掀餘，長袖恆遭鬚帛引。天下無如二子奇，魁瓌磊落復欹嶔。皇墳倉雅各淹貫，八索九邱能讀之。卻怪頻年意蕭索，金臺白下多飄泊。市中擊筑酒人稀，月下啼烏秋葉落。伯樂不來神駿窮，世間馬耳射東風。」讀此，略可想見先生神貌矣。李超孫題先生晚年像贊云：「鬑鬑者鬚，昂昂者軀。胸羅星宿，腹貯詩書。日坐果園之中，而著述自娛。式其行曰徵士，重其學曰通儒。其珊珊仙骨，則又似乎玉局之髯蘇。」（《簡莊文鈔》卷首）今附錄於此，以並觀焉。

六月，撰〈王節愍公畫像記〉。　（《文鈔》卷五）

八月，阮元調任浙江學政。　（《雷塘庵主弟子記》卷一）

十一月，作〈擬復震澤三賢祠祀記〉。　（《文鈔》卷五）

十一月二十八日，友人盧抱經卒於常州龍城書院，年七十九。　（段氏《經韻樓集》卷八〈翰林院侍讀學士盧公墓誌銘〉）

是年，謝蘇潭始纂《小學考》，先生與胡雒君助其蒐輯。

謝氏《小學考·序》云：「秀水朱氏譔《經義考》，有功經學甚鉅，但止詳《爾雅》，餘並闕如。吾師翁學士覃谿先生作《補正》，又欲廣小學一門，時爲余言之。（中略）乾隆乙卯，啟昆官浙江按察使，得觀文瀾閣中秘之書，經始采輯爲《小學考》。（中略）助爲輯錄者，桐城胡徵君虔及海寧陳鱣。」　（本書）

按：蘇潭名啟昆，字蘊山，南康人，乾隆辛巳進士。歷任江南河庫道、浙江按察使、山西、浙江布政使，擢廣西巡撫。別著有《西魏書》、《樹經堂集》、《廣西通志》等。又，胡虔字雒君，桐城人。嘉慶元年舉孝廉方正，未就徵。師事姚鼐，學成，客游爲養。歷主翁覃溪、秦小峴，而從謝蘇潭最久。謝所著《西魏書》、《廣西通志》皆出其手。又助畢沅分纂《兩湖通志》、《史籍考》等書。撰述多他人主名，自著者罕卒業，有《戰國策釋地》四卷、《諸史地理辨異》六卷等。　（並《清儒學案》八十九）

是年柳興恩生。

仁宗嘉慶元年丙辰　（一七九六）　先生四十四歲

上元日，阮元爲先生序《論語古訓》。（本書）

舉孝廉方正，賜六品服。學使阮元手摹漢隸「孝廉」二字以顏其居，並書「士鄉堂」額以贈。（《海寧渤海陳氏宗譜》卷二十六、《碑傳集補》卷四十八錢泰吉撰傳）

按是年浙江舉者十二人：仁和邵志純古庵、翁名漋蓮叔；錢唐陳振鷺禮門；海寧則先生與楊秉初純一；嘉興莊鳳苞韶九、李㲉中玉；海鹽張燕昌芑堂；鄞縣袁鈞陶軒；慈谿鄭勳簡香；定海李巽占申三；義烏樓錫裘萃千。（《雷塘庵主弟子記》卷一；《定香亭筆談》卷二）

又，阮元《定香亭筆談》卷二云：「海寧陳仲魚鱣，於經史百家靡不綜覽。嘗輯鄭司農《論語注》諸書而考證之，浙西諸生中經學最深者也。舉孝廉方正，江南陳方伯奉兹嘗謂所舉孝廉方正，江蘇錢可廬大昭、安徽胡雒君虔、浙江陳仲魚三人可概其餘。余謂方伯之言誠能識拔宿儒，然安徽當以程易疇瑤田爲第一，而胡君亞之。」

六月十五日，友人邵二雲卒，年五十四。（從錢大昕〈墓誌銘〉）

十一月，錢廣伯卒。先生往哭之。蓋自束髮與錢君於學舍訂交，論學尤深契焉；後且爲姻家，先生子簠即其婿也。（《文鈔》卷六〈祭錢廣伯文〉）

嘉慶二年丁巳　（一七九七）　先生四十五歲

正月十日，謝蘇潭任浙江布政使。（謝氏《蓬巒軒草》頁一）

正月二十二日，阮元遴拔浙士之能經者三十餘人，爲輯《經籍纂詁》。（《雷塘庵主弟子記》卷一）特於西湖孤山之陽構屋五十間，以居修書諸士。（張鍌《詁經精舍初稿》頁五）

按阮元《定香亭筆談》卷四：「余在浙，招諸生之通經者三十餘人，編輯《經籍纂詁》一百六卷，並延武進臧鏞堂及弟禮堂總理其事。以字爲經，以韻爲緯，取漢至唐說經之書八十六種，條分而縷析之，俾讀經者有所資焉。」惟按錢大昕〈經籍纂詁序〉云：「（阮）公在館閣日，與陽湖孫淵如、大興朱少白、桐城馬魯陳相約分纂，鈔撮群經，未及半而中輟。乃於視學兩浙之暇，手定凡例。擇浙士之秀者若干人，分門編錄。

以教授歸安丁小雅董其事，又延武進臧在東專司校勘。」蓋其初由丁小雅主其事，後乃由臧君繼任總纂也。

先生與其事，分纂《倉頡篇》、《字林》及《埤倉》、《聲類》、《通俗文》諸字書。（本書卷首）

仲秋，秦小峴爲撰〈新阪土風序〉，略云：「海寧，古鹽官縣，又稱海昌。其地邊臨大海，有魚鹽之饒、稻蟹之富、菱芡之美。蘇文忠嘗賦〈鹽官絶句〉四首。自宋南渡，以至於今，地益蕃廡，人材輩出，類能崇尚風雅，此陳子仲魚《新阪土風》之所爲作也。其詩既工而多，所詠且多出於志乘記載之外，以徵故實，以備風謠，尤不可少也。」（本書）

按秦瀛字凌滄，一字小峴，安徽無錫人。乾隆四十一年以舉人召試山東行在，授內閣中書。五十八年，出爲浙江溫處道，有惠政。官至刑部侍郎。瀛工古文詞，與姚鼐相推重，有《小峴山人詩文集》。

十二月二日，王鳴盛卒，年七十六。

是年畢沅、袁枚、顧抱沖卒。

嘉慶三年戊午　（一七九八）　先生四十六歲

元旦，友人周耕厓卒，年六十九。（周春《蓬廬文鈔·序》）

春，謝蘇潭爲先生題〈歲寒耽讀圖〉。（《樹經堂詩初集》卷十五）

時先生與錢可廬大昭、胡雒君虔同在謝氏幕。三君者，同舉孝廉方正。陳東浦每語人曰：「有好古之學者，必有高世之行，如蘇之錢可廬、徽之胡雒君、浙之陳仲魚，可稱鼎足。」三君感其意，因屬王君沛堂爲作〈三子說經圖〉，陳東浦、謝蘇潭、秦小峴、吳兔床各爲題詩其後。（《文鈔》卷五〈尚友圖記〉、《樹經堂詩續集》卷一、《小峴山人詩集》卷十二、《拜經樓詩集》卷九）

按陳東浦名奉茲，字時若。江西德化人。乾隆二十五年進士，官至江寧布政使。好士樂善，獎掖如不及。詩專法少陵，洪亮吉甚稱之。喜桐城姚鼐之文，所作皆有古法云。著有《敦拙堂集》十三卷。（《清史列傳》卷七十二）

夏，從梁山舟假得朱昆田（竹垞之子）等所輯《攢筆錄》稿本，以十日之力逐

寫一部。（《文瀾學報》第二卷《浙江文獻展覽會專號》頁二十四）

按梁同書字元穎，號山舟，浙江錢塘人。乾隆十二年舉人，十七年特賜進士。工書法，與劉墉、王文治並稱於時。著有《頻羅菴遺集》。（《清史列傳》卷七十二）

六月，《小學考》五十卷稿成。（謝氏〈小學考序〉）

按《小學考》著錄先生著作，除《說文正義》及向所纂《埤倉拾存》、《聲類拾存》外，別有《爾雅集解》三卷（卷三，頁五）、《說文聲系》十五卷（卷十，頁七）、《古今字詁拾存》一卷（卷八，頁一）、《廣倉拾存》一卷（卷九，頁十二）、《字書拾存》二卷（卷十五，頁一）、《韻集拾存》一卷（卷二十九，頁二）諸書，蓋皆南還以來此數年間所成者。今統記於此。又按：《字書拾存·自敘》末云：「錄此以附《小學拾存》之末」云云，知此諸小學輯佚書，當時總名爲《小學拾存》也。

蘇潭擬仿朱竹垞《經義考》之例，續纂《史籍考》，因葺官廨西偏屋數十楹，聚書以居修書諸君，名曰兒麗軒。（《樹經堂詩續集》卷一《兒麗軒集·序》）

是月，程瑤田自新安來杭。先生約與錢可廬、胡雒君、袁鈞、邵懷粹、鄭書常等同游吳山。七人皆以孝廉方正就徵者，因屬王君沛堂各爲寫照。擬倩人補繪爲〈吳山雅集圖〉，會以事不果作。（《文鈔》卷五〈吳山雅集圖記〉、謝蘇潭《樹經堂詩續集》卷六〈題吳山雅集圖·序〉）

八月，《經籍纂詁》一書修成。九月，阮元任滿還都，擢兵部侍郎。（《雷塘庵主弟子記》卷一）

秋，舉鄉試第九十六名。（《海寧渤海陳氏宗譜》卷十三）

正考官：工部侍郎南匯吳省蘭；副主考：編修天門蔣祥墀。

題：周因於殷（段）。燕毛所以（句）。欲得不屑（節）。賦桂馨一山得顏字。（《國朝貢舉考略》卷二，頁六十）

從黃蕘圃處假得周香嚴所藏《輿地廣記》舊鈔本，錄副藏之。（《蕘圃藏書題識》卷三）

黃丕烈字蕘圃，江蘇吳縣人。好蓄書，遇珍本秘笈，不吝重值，傾囊以購;尤好宋槧本,嘗構專室以藏之,顧南雅顏曰「百宋一廛」,自稱佞宋主人。每得一書,輒爲題識,或至數四,繆荃孫等輯爲《蕘圃藏書題識》十卷,王欣夫氏復有《續錄》四卷。又,周錫瓚字仲漣,號漪塘,又號香嚴居士。家居吳門,富藏書。潘祖蔭〈藝芸書舍宋元本書目跋〉云:「吾郡藏書家,自康、雍間碧鳳坊顧氏、賜書樓蔣氏後,嘉慶時以黃蕘圃百宋一廛、周錫瓚香嚴書屋、袁壽階五硯樓、顧抱沖小讀書堆爲最。所謂四藏書家也。」錢大昕、段玉裁等常過從借閱。段氏《經韻樓集》卷八有〈周漪塘七十壽序〉記之。

又按:先生與蕘圃訂交未詳在何年,管庭芬跋先生《經籍跋文》云:「晚客吳門,聞黃蕘圃主政百宋一廛,九經三傳各藏異本,于是欣然訂交,互攜宋鈔元刻往復易校。」今據蕘圃題記,二人結交當在此之前,則非晚歲也。

冬,計偕北上,謝蘇潭、秦小峴、吳兔床各賦詩送別。(《樹經堂詩續集》卷二、《小峴山人詩集》卷十二、《拜經樓詩集》卷九)將行,王沛堂爲作一像相贈,張農聞顏曰「尚友圖」。先生自綴以辭曰:「生海隅,居堄上。服也鄉,無善狀。食舊德,力爾田,承庭訓,守遺編。廿歲餘,始入學,交賢豪,共商榷。考經義,辨形聲,思撰述,苦未成。上公車,非本意,還讀書,尋吾契。」(《文鈔》卷五〈尚友圖記〉)

阮元《定香亭筆談》卷一:「嘉定張農聞彥曾,辛楣先生弟子。經史、算術、詩畫、篆隸,靡不精妙。」

是年侯康生。

嘉慶四年己未 (一七九九) 先生四十七歲

正月,高宗崩。時教亂蔓延陝豫川楚四省,已閱三年,師疲財費,生民荼毒。而首輔和珅方黷貨攬權,恣爲欺罔。王懷祖乃上疏,陳剿賊六事。仁宗覽奏稱善,即日下旨正法和珅。一時朝野歙然稱之,懷祖則杜門謝客。獨先生往謁,亟出見,曰:「余待子已久矣。《廣雅疏證》付刻甫完,特以初印本持贈,子其爲我校閱焉。」(《文鈔》卷三〈廣雅疏證跋〉)

因丁緗士之介,與嚴鐵橋可均訂交。鐵橋出示所著《唐石經校文》十卷,先生亟歎其精博，稱其書推之《說文》、《玉篇》，以溯其原，按之注疏、《釋文》，以窮其旨，于流傳版本析其非，于後人所校祛其惑，爲功于群經不淺也。（《文鈔》二〈唐石經校文敍〉）

按緗士名授經，浙江歸安人，丁小雅之子。幼承家學，與弟傳經有雙丁之目。時方佐鐵橋纂《說文》長編。

春，王引之以對策第二人成進士，入詞館。先生闈卷薦而不售。（《宗譜》卷二十六）

夏，歸自都門。途次，校讀《廣雅疏證》，將抵里門而畢業焉，爲參補若干事。（《文鈔》卷三〈廣雅疏證跋〉）

是夏，謝蘇潭爲題〈尚友圖〉。（《樹經堂詩續集》卷二）

九月，謝蘇潭移撫廣西。秦小峴繼任按察使。

十月，作〈廣雅疏證跋〉。

十一月，阮元署理浙江巡撫事務。（《雷塘庵主弟子記》卷一）

是年何紹基、吳熙載、黃汝成生。江聲、武億卒。

嘉慶五年庚申　（一八〇〇）　先生四十八歲

正月，阮元實授浙撫。

秋，先生弟子查元偁順天鄉試中式。（《海寧州志稿》卷二十六〈選舉表中〉）

按查元偁〈說文字通敍〉：「余弱冠，受業於同里陳仲魚先生鱣。先生之學，長於《說文》，作《繫傳釋詁》十餘萬言，援據精博，丹鉛不去手」云云（《說文詁林·前編序跋類》七），知查君嘗從先生受業。《海昌藝文志》十六：「查元偁，原名有筠，字德敫，號臶齋。嘉慶戊辰進士，官貴州道御史，署兵科給事中。著有《廣蒙求》十六卷、《臶齋詩存》。」又按：先生弟子另有朱至者，《海昌藝文志》十五：「朱至，字禮伯，監生。嘗從陳徵君鱣受《說文》、音訓之學。著有《隨意吟》一卷、《壺口山人詩》三卷、《庚庚石室近稿》一卷。」朱君事跡未詳，今附見於此。

本年先生事跡無可考。惟吳兔床有〈金閶席上聞簡莊有賣船之作率占長句〉及〈武林舟夜同梅史觀簡莊新得宋磚率成長歌〉二詩（並《拜經樓詩集》卷十一)。

是年顧廣譽生。孫志祖、章宗源、馮應榴卒。

嘉慶六年辛酉 (一八〇一) 先生四十九歲

正月,黃蕘圃與顧南雅、夏方米計偕北上,先生附舟同行。至楓橋,袁壽階載酒送別,並折庭梅爲探花兆,因以「聊贈一枝春」分韻賦詩。二月中旬,抵燕臺。(《蕘圃藏書題識》卷五〈梅花喜神譜題識〉)

按顧蒓字希翰,號南雅,江蘇長洲人。嘉慶七年進士。嘗從錢大昕游,許爲不世才。工詩文辭,居詞館者三十餘年,文名甚尊。著有《南雅詩文鈔》。(《清史列傳》卷七十三)又,江標云:「夏方米名文燾,舉人。劉履芬〈旅窗懷舊詩〉自注:『夏方米文臺學正,少以習歷算得狂疾。最精輿地之學,著述裒然。』」(《黃蕘圃年譜》頁十五)又,江藩《漢學師承記》四:「袁上舍廷檮,字又愷,又字壽階,吳縣人。明六俊之後,爲吳下望族。築小園於楓江,有水石之勝。又得先世所藏五硯,爲樓弆之,蓄書萬卷,皆宋槧元雕、秘笈精鈔。性好讀書,不治生產,且喜揮霍,坐是中落。壽階無書不窺,精於讎校,邃深小學」云。

正月十七日,阮元以向修《經籍纂詁》舊址,闢爲書院,名曰詁經精舍。奉祀許叔重、鄭康成兩先生,并延王昶、孫星衍主講席。選兩浙諸生學古者讀書其中,課以經史疑義及小學、天文、地理、算法。(《雷塘庵主弟子記》卷二)

恩科會試報罷。黃蕘圃挑一等,以知縣用,納貲議敘得六部主事。(江標《黃蕘圃年譜》)

三月,於琉璃廠書肆,遇朝鮮使臣朴修其檢書。朴固通經博古者,二人一見如故,雖言語不通,各操筆書之,輒相說以解。越數日,復相見。朴君以東紙、摺扇、野笠等爲贈,先生賦詩四章志謝,副以楹聯、碑帖及所著《論語古訓》。朴氏亦出所著《貞蕤稿略》答焉。一時傳爲佳話。(《文鈔》卷二〈貞蕤稿略敘〉)

森按:吳兔床〈簡莊尚友圖〉云:「落落襟懷似孔融,交論海外既賓中。手來一卷《貞蕤稿》,便是河梁萬古風。」(《拜經樓詩集》卷十,頁二)

十）此詩次於嘉慶四年己未；然據二、三句所言，則是詩當作於六年以後無疑。蓋兔床編集時淆錯與。

謁法梧門詩龕，一見如故，相接甚殷。梧門於先生向所撰作，歷賞識之而無遺，蓋見知於未識面之先也。（《文鈔》卷六〈法梧門祭酒壽言〉）

按法式善字開文，號時帆，學者稱梧門先生，蒙古正黃旗人。乾隆四十五年進士，官至侍講學士。所居在地安門北，明西涯李東陽舊址也。有詩龕及梧門書屋，室中收藏萬卷，間以法書名畫，外則蒔竹數百竿，寒聲疏影，翛然如在巖谷間。梧門喜獎藉後進，樂與有成，一時賢士君子，屣滿戶外。著有《存素堂詩文集》、《清秘述聞》、《槐廳載筆》等。（《清史列傳》卷七十二）

夏，寓京師橫街。有以策問相質者，先生日課一篇答之。因行篋乏書，又當恆雨，無從閱市借人，先生自比不異場中對策也。因條理之，爲《對策》六卷。（本書）

按是書所涉多端，今記其目，以見其略。卷一：歲時、逸詩、辟廱、氏族、拜禮。卷二：公羊、穀梁、孝經、四書、孟子。卷三：爾雅、小學、石經、補籍、春秋。卷四：史例、史志、諸史、諸子、文選。卷五：語詞、試策、科舉、職官、律令。卷六：巡守、田獵、權量、農田、布帛。

七月十六日，丁紳士卒，年三十三。前一日，先生得嚴鐵橋書，云紳士病痢且甚。越日趨往視之，則已屬纊矣。先生入而哭之，爲作傳。（《文鈔》卷六〈丁紳士傳〉）

丁君卒後，鐵橋居恆鬱鬱，將由潞河南還。先生亟勸其《唐石經校文》梓以行之。十月，爲序其書。（《文鈔》卷二〈唐石經校文敘〉）

森按：《文鈔》此敘末題「嘉慶五年冬十月」，其年歲有誤。據先生〈丁紳士傳〉云：「卒之日爲嘉慶六年七月十六日」，而此敘既言及「惜乎紳士死矣」云云，則當作於六年七月以後可知。敘末「五年」疑當作「六年」，今改次於此。

十月望日，爲朱野雲作〈畫龕記〉。（《文鈔》卷五）

是年孫志祖、章學誠、金榜、陳樹華卒。

嘉慶七年壬戌　（一八〇二）　先生五十歲

在京。

正月，撰〈法梧門祭酒壽言〉。（《文鈔》卷六）

顧南雅成進士。先生仍不第。夏，離京南歸。

秋，以朴檢書所贈朝鮮臺笠送兔床，兔床有詩詠之。適秦小峴訪舊海昌，見而悅之，即以轉贈。

中秋後五日，與吳兔床、汪小海、楊書巢、汪東邨等，陪秦小峴游西山惠力寺。兔床有詩記之。（並《拜經樓詩集》卷十二）

《拜經樓詩集續編》卷四〈張解元貽高麗筆〉自注：「昔仲魚以朴檢書齊家高麗臺須笠見貽，製極精雅。予轉贈小峴司寇，司寇即戴游紫微山。硤人縱觀，至今傳爲佳話。」

今夏，吳兔床得夏文彥《圖繪寶鑑》元刻本，乃明藩邸舊藏（《愚谷文存》卷四〈明盧江王藏元刻圖繪寶鑑跋〉）。八月二十七日，先生攜其書以示黃蕘圃，屬爲題識，先生亦跋其後。（《蕘圃藏書題識》卷五、《拜經樓藏書題跋記》卷四）

冬，獲董寧銓《震西賸稿》稿本，中有與吳兔床尊人觴詠之詩，因即以貽之兔床。（《拜經樓藏書題跋記》卷五）

是年謝啟昆、張惠言、黃易卒。

嘉慶八年癸亥　（一八〇三）　先生五十一歲

吳兔床裒次所作古近體詩千餘首，爲《拜經樓詩集》十二卷。（《拜經樓詩集續編·序》）上元後十日，先生將之吳門，兔床招集耕煙山館，以新刊《詩集》見遺。先生賦詩二章答之。

按中央圖書館藏吳氏《拜經樓詩續集》稿本，書前載錄諸家題詞，首爲先生詩四首，羊復禮輯《河莊詩鈔》俱未收，今錄存之：

〈癸亥上元後十日槎客丈招集耕煙山館時鱣將之吳門並以新刊《拜經樓詩集》見遺即席〉（二首）

小桐溪口繫輕橈，爲有高人折簡招。我亦年來倦行役，不妨留此醉春宵。

倘然三逕暮雲深，幾點梅花世外心。攜得拜經詩卷在，好隨鯉信達雞林。（本注：時適有朝鮮搆書之使，即以此集寄朴貞蕤檢書。）

〈春雨松陵道中讀槎客先生《拜經樓詩集》卻寄〉（二首）

竟日披裘坐小艭，連天風雨打篷窗。春光已負梅花約，寒色難將酒力降。一卷悲歌吳季子，三生頂禮賈長江。回頭欲寄相思字，安得乘潮鯉作雙。

一昔曾蒙識賤微，白頭交誼故依依。可知老宿今能幾，如此襟懷古亦稀。丙舍預期營萬雪，茆亭客話有三歸。請看磊落嶔嵚概，都付淩雲健筆揮。

春，先生與陳景辰修士相見禮，吳兔床爲介。先是，兔床乙卯年作〈兩陳髯行〉，以二人皆美鬚髯，力學嗜古亦相若。先生一見，便相傾契。既知景辰爲宋賢古靈之裔，行笈適有謝在杭精鈔《古靈先生集》一部，因即以貽景辰，用申縞紵之投焉。（《愚谷文存》卷五〈小草齋舊鈔陳古靈先生集跋〉）

九月八日，黃蕘圃來訪，出示新獲宋刊《吳志》單刻本及宋本《史記》。借先生舟，並邀同往山塘萃古齋書坊。抵艙，蕘圃見先生書榜曰「津逮舫」，笑曰：「君好書，故所乘舟以是名之。今遇借此訪書，則所取之名，若豫知今余有是事而名之也。」是日，又同往水月亭訪周香嚴。（《皕宋樓藏書志》卷十八）

十二月，錢竹汀《十駕齋養新錄》付刻。（《竹汀居士年譜續編》）

是年吳省欽、彭元瑞卒。

嘉慶九年甲子　（一八〇四）　先生五十二歲

春，秦小峴招同吳兔床、徐雪廬、陸巨堂游慧山。兔床有詩記之。（《拜經樓詩續集》卷二）

三月，訪黃蕘圃。爲跋去秋所得宋本《吳志》。（《皕宋樓藏書志》卷十八）

三月既望，序鄭楓人《玉句草堂詞》。（《文鈔》卷二）

秋，黃蕘圃招先生及徐嫩雲（雲路）、袁綬階、吳春山（嘉泰）、孫蔚堂（延）、戴小愚（光㷳）、戴竹友（延介）、董琴南（琢卿）、李子仙等，讌集樂圃。圃爲宋朱光祿所葺，數易主，後歸畢秋帆。畢氏逝世數載，泉石猶是，風景已非矣。（據王大隆氏《黄蕘圃年譜補》引《花嶼讀書堂集》）

十月二十日，錢大昕卒於紫陽書院，年七十七。（《竹汀居士年譜》）

冬，得宋刊十四行本《周易本義》。是本以上、下經爲二卷，十翼各爲卷，凡十二卷，與通行本之作四卷者異。通校一過，並跋其後。（《文鈔》卷三）

是冬，黄蕘圃得蜀石經《毛詩》殘卷（自〈召南·鵲巢〉迄〈邶風〉末），急示先生，因倩其影寫一本。先生還里，攜示兔床，兔床乃撰《蜀石經毛詩考異》二卷，以證今本之失。十二月望日，先生爲敘其書。（《文鈔續編》卷一）

森按：丁氏《八千卷樓書目》著錄《蜀石經毛詩考異》二卷，《拜經樓》本，陳鱣撰（卷二，頁七），殆誤以序書者爲撰人也。《清續文獻通考》卷二百五十八〈經籍考二〉，則分著《蜀石經毛詩殘本考異》一卷，吳騫撰；《蜀石經毛詩考異》二卷，陳鱣撰。一似二人各自成書，則歧中又歧矣。附正於此。

歲暮，與兔床同觀宋開封石經《周禮》殘本（存天官及春官二職）。兔床長歌紀之。（《拜經樓詩集續編》卷二）

是年汪士鐸生，張雲璈卒。

嘉慶十年乙丑　（一八〇五）　先生五十三歲

正月，吳兔床以所獲火浣布一方轉贈先生，所以報壬戌年高麗臺笠之貽也。（《拜經樓詩集續編》卷二）

是月，於武林得元刊本《漢書》，攜之中吳別業。黄蕘圃過而見之，謂其家藏有元本《後漢書》，當以持贈。越數日，冒雨載書來。蓋蕘圃前在京師，曾收得正統本前、後《漢書》，後因旅囊空匱，乃商諸先生，以數十金相易；然仍固留未予，帶諸南歸。及歸，復售予他人。頃先生詢及前書，蕘圃無以應，因以是書爲贈。（《文鈔》卷三〈元本後漢書跋〉、《蕘圃藏書題識》卷二）

廿七日，與蕘圃及寒石長老（際風）往拜徐昭法先生祠，賦詩紀事。歸而先生得昭法手書詩幅，一時傳爲奇事。（《文鈔》卷三〈徐昭法先生手札跋〉、《黄蕘圃年譜》）

二月，假士禮居所藏舊鈔本《高麗圖經》，並取鮑氏知不足齋刻本，與拜經樓藏本互爲校訂，補其闕譌，並跋其後。（《文鈔續編》卷二）

三月，跋元本《後漢書》，先生略舉五事，以見是本之善固遠出他刻也。（《文鈔》卷三）

是春，從袁綬階易得宋本《詩集傳》。今本作八卷，此則二十卷，與宋志合。其行款格式，與先生去年所收《周易本義》同。通校一過，其文字、音義足補正今本之失者甚夥，跋而識之。（《文鈔》卷三）

又跋明汪汝謙校刊本《參寥詩集》。（《皕宋樓藏書志》卷七十七）

今年會試，仍不第。

森按：先生赴禮部試，其可確考者，有己未、辛酉恩科、壬戌、戊辰等四科。據《海寧渤海陳氏宗譜》二十六言先生「凡六上春闈，遂不復作出山計。」李桓《國朝耆獻類徵》卷四百三十九載先生堂侄陳其元《筆記》，亦言先生「登戊午賢書，六上春官，後遂不復作出山計。」則今年春闈先生當亦與試，至十六年辛未科又不第，年已五十九，遂絶念矣。

立夏日，與吳兔床同訪王述庵。（《拜經樓詩集續編》卷二）

王昶字蘭泉，號述庵，江蘇青浦人。乾隆十九年進士，官至刑部右侍郎。五十九年致仕。在京時，與朱笥河互主騷壇，有「南王北朱」之稱。歸田後，往來吳門，賓從益盛。著有《金石萃編》、《春融堂詩文集》、《湖海文傳》、《湖海詩傳》等。

夏，陳君妙士爲補繪戊午年〈吳山雅集圖〉。其時畫中邵懷粹、胡維君二人已先後作古矣。先生有〈吳山雅集圖記〉紀事。（《文鈔》卷五）

陳妙士名詩庭，字蓮夫，江蘇嘉定人。錢竹汀入室弟子。嘉慶己未進士，未謁選卒。通六書之學，著有《說文聲義》、《讀書瑣記》。（《清儒學案》卷八十四）

於吳市購得林堯叟《春秋左傳句讀直解》元刻本，凡七十卷。展讀數過，乃知世所行杜、林合注本紕繆多端，或刪杜以就林，或移林以冒杜也。因取汲古閣本注疏校其經傳，跋而識之。（《文鈔》卷三）

六月，從坊間易得陳冶泉精鈔《元和郡縣圖志》四十卷。（莫氏《五十萬卷

樓藏書目錄初編》卷七)

先生既從坊間得此，未詳其書之所從來，質之黃蕘圃，蕘圃爲題記述其原委，略云:「冶泉名樹華，承累代書香之後，由茂才作官，官至司馬而止。居平手自鈔校諸書，猶及與惠松崖、余蕭客諸君相周旋，故所藏書皆有淵源。身後書籍零落，半歸他姓矣。」森按:陳樹華字芳林，江蘇元和人，段玉裁《經韻樓集》卷八有墓志。著有《春秋內外傳考證》五十一卷、《國語補音訂誤》等，極爲戴東原、盧抱經、段玉裁等所稱許。

先生於蕘圃處，見有持宋本六臣注《文選》求售者，因其價過昂，且爲六臣本，故忽之未購。蕘圃言:「數年前曾見元重刊宋本李善注，聞今尚在。」先生即請蕘圃轉購。越數日書來，先生據其行款、張伯顏結銜，定爲延祐本，並借鈕匪石所藏元本校之。

鈕樹玉字匪石，江蘇吳縣人，居東洞庭，隱於賈。篤志好古，從錢大昕游，精研訓詁文字之學，著有《說文解字校錄》、《段氏說文注訂》、《說文新附考》等。(《清史列傳》卷六十八)

六月既望，作〈元本李善注文選跋〉，云擬築文選樓以儲之。(《文鈔》卷三)吳兔床聞之，先爲作圖，並係詩以趣之。

兔床詩云:「君家世傳經，十二攻選學。人呼小秀才，豈特爛與熟。逮乎徵車徵，猶日勤陶淑。宋元雕故精，近刻徒類鶩。建安麻沙翻，臨安書棚賣。五臣及六臣，較若辨眉目。研都復練京，注記窮隱伏。如彼安革猛，早著名輩錄(本注:君嘗辨潘岳〈閒居賦〉注『安革猛』，革猛乃韋孟之譌，安字羡文。錢宮詹載其說於《養新錄》)。載之津逮舫，沿泳日三復。前身豈小宋，夢授神人握。擬築百尺樓，并兼四部蓄。我聞爲欣然，亟翦鵝溪綠。雲煙雖小試，邱壑聊委縟。咄哉新坡南，斜露峰一角。從今士鄉堂，緬接昭明塾。卻待松風來，時聞續兒讀。」(《拜經樓詩集續編》卷二，頁十八)

是夏，集向所存之文，以類相從，都爲一集，爲《簡莊綴文》六卷。(本書)

七月，阮元丁父憂去浙撫任。(《雷塘庵主弟子記》卷二)

秋，於吳中購得聚珍本《直齋書錄解題》，中有朱筆校語，未知出何人之手。其卷十二上記「借同鄉陳進士熷所藏海寧吳葵里鈔本殘帙校」，因於返里時攜示兔床。兔床一見心喜，如逢故人，乃重錄于盧抱經手校本上。先生復假盧本傳寫對勘一過，改正數百字，並從《文獻通考》補得十餘條，跋而識之。（《文鈔》卷三）

先生復假拜經樓所藏吳枚庵詳校本《錢唐遺事》，於津逮舫中，與今夏所得鈔文淵閣本互勘。時方偕兔床游武林，連舫共泊，對酌論文；或登山臨水，閱市訪舊，殊多樂事。歸途適校此書畢，遂備記其事於後。（《文鈔續編》卷二）

按《愚谷文存》卷五〈重刻羅昭諫讒書跋〉：「吳枚庵名翌鳳，本休寧商山人，徙家于吳，諸生。家素貧，博學而嗜古。吳故多藏書家，聞有善本，輒宛轉搆借，往往手自校錄，字必精楷，與予交尤莫逆，得佳帙必互相傳鈔。」

冬，蕘圃來借先生所藏明范欽吉、陳德文校刊本《穆天子傳》；另假周香嚴所藏舊鈔本合校之。（《黃蕘圃年譜》頁四十）

十二月，吳君春生以徐昭法與楊震百（楊維斗仲子，名无咎）手札九紙相贈，先生乃考其事而跋之。（《文鈔》卷三）

十二月望日，偕洪亮吉、鈕匪石、黃蕘圃集澄谷上人之見山閣，以「把酒問青天」分韻賦詩。（鈕樹玉《匪石山人詩》頁一）

除夕，於吳中度歲，往蕘圃家作祭書之會，從蕘圃商得明嘉靖章檗刻本《逸周書》，係顧千里依元刻手校者，跋而藏之。（《拜經樓藏書題跋記》卷一）

是年始撰《續唐書》。

按此書爲先生晚歲心力所注者，嘉慶十九年與蕘圃札言：「十年心力，半耗於斯，近將脫稿。」今逆推之，其書約經始於本年。

是年張穆、鄒漢勛生。紀昀、劉台拱、桂馥、臧禮堂卒。

嘉慶十一年丙寅　（一八〇六）　先生五十四歲

新正，攜顧校《逸周書》以示兔床，兔床津津稱善，因取拜經樓所藏章刻本，

錄顧氏校文於上，且以明人校刻諸本重加參閱。先生即以兔床所校者補入顧氏校本上。（《文鈔》卷三）

三月，至吳。於書肆獲一《逸周書》鈔本，審視之，知爲盧抱經未刻是書時繕寫手校之底本，上作細楷，朱墨雜陳。其校語與刊本多有增損，蓋積數年校勘之功也，因備錄于盧刻上，跋而記之。（同上）

春，於吳門書肆購得吳枚庵所著《東齋脞語》鈔本。楊列歐見之，亟請假讀校錄。（楊復吉〈東齋脞錄跋〉）

暮春，題吳兔床所藏《纂圖互注重言重意周禮》。（《文鈔續編》卷二）

立夏後一日，黄蕘圃爲先生跋明刻《重校襄陽耆舊傳》。（《蕘圃藏書題識》卷三）

四月，至揚州。友人宋帥初爲先生購得一漢鐎斗，柄下篆文一行，云「梁山銅元康二年口率史作」。先生詳考其器用，並作長歌紀之(《河莊詩鈔》頁十)，兔床有和作。（《拜經樓詩集續編》卷三）

五月，在吳中，爲吳兔床購得元王士點、商企翁所撰《秘書監志》舊鈔本。先生亦照臨一部藏之。（《拜經樓藏書題跋記》卷三）

秋，蕘圃以羅昭諫《讒書》五卷全本屬先生轉送吳兔床。先是，兔床聞吳門藏書家有藏此書全帙者，嘗請先生向蕘圃借鈔，然蕘圃實無其書。後於書肆得一鈔本，係吳枚菴從王西莊傳鈔者，即以詒之。兔床得書甚喜，亟手爲校錄，刊入《愚谷叢書》中。（《愚谷文存》卷五）

秋，假拜經樓所藏《吳郡圖經續記》舊鈔本，與宋本對校一過。（《拜經樓藏書題跋記》卷三）

十月，五柳居書肆陶氏出汲古閣舊藏景宋鈔本《周易集解》，索直十兩。先生正擬購之，黄蕘圃先已得訊，急遣人來，攜首冊而去。未幾，蕘圃臥病，然猶持書不釋。先生欲其速愈也，因讓之，病果起。蕘圃以香柟製櫝藏之。是年除夕祭書，即以此書爲首列焉。（《經籍跋文·宋本周易集解跋》）

冬，先生以吳兔床校本《樂志園集》，屬蕘圃以所藏本代校。

蕘圃〈樂志園集題識〉云：「此冊爲兔床山人藏本并手校者，介髯翁示余。余取舊藏顧秀野鈔本勘之。」又云：「初余校此冊未半即病，病且幾死，自謂校讎事絶矣。幸天憐余之好古書，而不致與書永訣。新歲謝客，竟畢校。」末署「丁卯陬月哉生明」(《蕘圃藏書題識》卷九)，則是歲暮初愈也。

是冬，嚴鐵橋纂《說文校議》十五卷成。（嚴氏《說文校議·後敘》）

森按：嚴氏治《說文》，用力甚勤，自敘云：「肆力十年，始爲此《校議》」，故頗果於自是。然於若干疑義難決者，間引先生說，如「虍」下云：「孫氏星衍、陳氏鱣謂前所議是；王氏念孫謂後所議是。」(五上，頁七)又「衣」字下(八上，頁九)、「我」字下(十二下，頁十一)並引先生之說，皆與鐵橋說異。蓋鐵橋之爲是書，嘗與先生有所商榷也。

十二月二十日，與吳兔床泛舟花溪，即事書懷。

按此詩羊復禮輯《河莊詩鈔》失收，今錄次：「訪古名山外，良辰得盡歡。一帆春雨細，十里野塘寬。壯氣歸吟卷，生涯羨釣竿(本注：用《漢書》臨淵羨魚事)。故人知我者，載酒幾盤桓？」(見《文瀾學報》第二卷《浙江文獻展覽會專號》頁二七八「盧抱經校本《逸周書》」條下)

是年鄭珍生。王昶、朱珪、錢坫、朱文藻卒。

嘉慶十二年丁卯　（一八〇七）　先生五十五歲

二月，黃蕘圃以寫本《國朝名臣事略》詒先生。（《蕘圃藏書題識》卷二）

是月，友人丁杰卒，年七十。（翁方綱《復初齋文集》卷十三〈丁小雅傳〉）

三月，瞿木夫返蘇祭掃先塋，勾留吳門兩月。先生及木夫故交段懋堂、黃蕘圃、鈕匪石、董琴南、孫蔚堂等，相與飲餞，投贈詩文，情甚歡洽云。（《瞿木夫自訂年譜》頁十七）

瞿中溶字木夫，江蘇嘉定人，錢竹汀女夫。博綜群籍，尤邃於金石之學。著作蓁富，有《錢志補正》二十卷、《集古官印考證》十八卷、《續漢金石文編》十卷等多種。（《清史列傳》卷七十三）

春，與吳兔床、查春園同登龍山羅雲閣，兔床有詩紀之。（《拜經樓詩集續編》卷三）

從吳中書賈購得明東雅堂徐氏翻世綵堂本《昌黎集》，係陳少章景雲批校本，密行細字，朱墨雜陳。先生復取《文道十書》中《韓集點勘》校之，知其所刻者才十之六七，而前後編次紊亂，不可勝記。四月，跋而記之。（《江蘇省立國學圖書館第四年刊》〈館藏善本書題跋輯錄四〉頁二）

去夏，先生嘗從拜經樓借得《雲麓漫鈔》，攜之中吳。今春，乃倩人傳錄一部，細校一過，復手錄鮑綠飲、吳兔床跋文評語。綠飲適扁舟過吳見訪。四月望日，跋記其後。（《拜經樓藏書題跋記》卷四）

四月，段玉裁爲先生序《簡莊綴文》，略云：「仲魚所爲《孝經集鄭注》、《論語古訓》、《六藝論拾遺》、《鄭君年譜》及《對策》諸編，余既一一雒誦，歎其精覈。今復出此《綴文》，命余敘之。余以爲君之學邃矣，君之文不懈而及于古矣。或研經訓，或記讎校，或考索故事，或發闡幽光，或抒寫兄弟朋友情摯之語，非所謂函雅故、通古今、正文字惟學林者乎？而首卷論九篇，議論確不可易，眞無愧立言也。」（本書）

是月，得元人韋德珪《梅花百詠》元刻本，以贈黃蕘圃。蓋先生辛酉歲與之計偕北上，蕘圃曾於琉璃廠獲一宋本《梅花喜神譜》，因以相贈爲合璧焉。（《蕘圃藏書題識》卷十）

五月，得明周憲王《誠齋名華百詠》三種，梅花、牡丹、玉堂春每題各成百首。是書世罕傳本，亦跋而移贈蕘圃。（中央圖書館藏先生墨跡）

是月，蕘圃從先生借《蜀檮杌》，以校士禮居所藏舊鈔及馮己蒼本。（《蕘圃藏書題識》卷三）

夏，偶游吳市，見有賣煙草者佩一鐵印，詢之，云從故鄉福州城外拾得。審視之，知爲宋文信國公印，亟購之歸。屬張質民君手錄周元亮《印人傳》語鐫於櫝，跋而記之。（見《金石屑》第一册，頁七十一）

蕘圃來假先生所藏吳枚菴鈔本《三楚新錄》，錄副藏之。（《蕘圃藏書題識》卷三）

秋，先生築別墅於紫薇山西麓，阮元爲顏其額，曰「薇山講舍」。（《海寧州志稿》卷十五〈藝文志・典籍十六〉載先生〈清暉齋詩鈔序〉）

按《碑傳集補》四十八錢泰吉撰傳云：「晚營果園於紫薇山麓，中構向山閣，藏書十萬卷，次第校勘。」《硤川續志》卷二〈園亭〉：「果園在紫薇山西麓，孝廉陳鱣別業。前爲宜堂，又爲向山閣，藏書十萬卷。後有横經亭、繫舟自得之居、谿山雲樹間諸勝。」（頁二十）兔床仲子吳壽暘有〈過陳簡莊徵君紫薇講舍〉詩云：「背倚蒼厓閣一間，雲生北牖抹煙鬟。放翁詩句堪移贈，買宅錢多爲見山（講舍築於硤石西山麓）。」又「新坡舊業本黄岡，卷軸丹鉛說士鄉（士鄉堂，先生峴上藏書處）。重繼白公吟眺地，紫薇花下讀書堂。」（《拜經樓藏書題跋記·附錄》頁七）森按：朱嘉徵《止谿文鈔》〈西山記〉：「西山一名紫微，唐時紫微舍人劉夢得以部刺史游其地，故名。或曰白樂天刺史也。」（《海昌叢刻》本，頁三）

秋，見錢獻之所藏鈔本《元和郡縣圖志》，中有孫淵如跋語及評校處，因取陳冶泉鈔本互爲一校，並錄錢、孫二家之說於上。越數日，有書賈持周有香校本來，其書以孔葒谷、翁覃溪、戴東原諸家藏本參校，補正千有餘處，最稱善本，因復對勘一過，並跋其後。（《五十萬卷樓藏書目錄初編》卷七）

蕘圃從揚州賈人得一宋本《說苑》，言於先生，因出家藏本屬其代勘。（《蕘圃藏書題識續錄》卷二）

八月，過士禮居。見案頭有蕘圃手校惠紅豆舊藏《名臣事略》殘本七卷，蕘圃另假周香嚴藏元刻本，依惠本行款補錄卷八至十五。因假歸寓所，與蕘圃春間所贈本對勘一過，跋而記之。（《蕘圃藏書題識》卷二）

九月，重訂《讀書敏求記》，並跋其後。（據史語所藏繆氏雲自在龕鈔本《讀書敏求記》過錄先生跋文）

按先生校本後歸涵芬樓，《文瀾學報》第二卷《浙江文獻展覽會專號》著錄，云：「陳仲魚手校一過，並以綠筆逐錄吳尺鳧（焯）、朱映潳（文藻）、吳兔床（騫）、鮑以文（廷博）諸家校筆，暨補書各種，校勘至勤，末有仲魚校記。」（頁二八四）

十月十一日，訪黄蕘圃，以拜經樓所藏宋咸淳本《說苑》，屬與士禮居藏宋本相勘。（《蕘圃藏書題識》卷四）

十一月既望，序吳兔床《愚谷文存》。

其敘略云：「吾鄉以儒林著者，晉則有干令升，梁則有戚公文，陳則有顧允南，唐則有褚宏度，宋則有張子韶，明則有董碩甫、朱康流、談孺木、祝開美諸先生，及先五世從祖乾初府君，後百餘年而有吳槎客先生焉。先生品甚高，誼甚古而學甚富，著述等身，顧不屑爲流俗之文。夙共當世賢士大夫相往還，與之上下其議論。晚年益深造自得，遠近學者宗之。築拜經樓，聚書數十萬卷，丹黃甲乙，排列几筵。暇則駕扁舟，泛江湖，歷山谷，探奇弔古，吮墨含毫，於遺文墜簡，廣爲搜訪。遇忠孝節烈之大端，尤必竭力闡揚，殆得於古者深，積於中者厚，而粹然爲儒林之望也乎。」（本書）

森按：張舜徽先生《清人文集別錄》八云：「騫所嗜尚雖廣，而以盡心於校書爲最精。與陳鱣、黃丕烈所營相似，而復有不同。蓋有讀書家之校勘，有賞鑑家之校勘。陳鱣潛心經術，尤精故訓，讎對版本，實以益其所學，乃所謂讀書家之校勘也。若黃丕烈但記行款字數，刻印早晚，洪亮吉《北江詩話》已品之爲賞鑑家，嚴可均《鐵橋漫稿》復病其有骨董氣，乃非爲讀書而校書者。騫讀書稽古，雖不逮陳氏之專精，然觀其論及群經版本，知溯原於石經；辨涉傳注繁簡，知推尊於漢詁。乃至說一事、敘一物，悉能元元本本，具道其所以然，自非不讀書者所能爲也。（中略）騫之學詣，抑猶在陳、黃之間乎。」（頁二一七）此品論先生、兔床及蕘圃三家學詣，大體精當，爰錄以備參。

今、明兩年，顧千里與段懋堂以論學制不合而起爭端，遂成水火。先生欲爲調人，終莫能解。（《經籍跋文·宋本禮記注跋》）

按其事之始末，今尚略可考知。先是，顧千里代張敦仁撰《禮記考異》，謂孫志祖《讀書脞錄》訂〈王制篇〉「虞庠在國之西郊」，改「西郊」作「四郊」之說爲非。段氏與顧千里書，則申孫黜顧，謂作「四郊」者爲是（《經韻樓集》卷十一，頁三十五）。顧氏答書爭之，段氏始則復書韙其說（森按：段氏此第二札，今獨不見於《經韻樓集》。惟據段集所附〈顧千里第二札〉，首云：「前得來札，知翻然采納。不意又著大說一冊，變本加厲」云云，知段氏第二書實以顧說爲是。今其集獨缺此札者，蓋編集時所刪去與）；乃後又撰〈禮記四郊小學疏證〉，極攻顧氏（按：即上引顧札所云「又著大說一冊」者）。十二月一日，顧千里作第二札辨之（今附見段集卷十一，頁三七、三八）；段氏復作第三書攻之（段集卷十一，頁四十至四四）。明年正月初十，顧氏撰〈學制備忘之記〉駁段（附見段集卷十一，頁四五至四八）；段氏大怒，旬日連作四書，累累數千言切責之（段集卷十二，頁一至十六）；三月七日，顧千里作第三札答辨（附見段集卷十二，頁二九至三八），並言爾後不再作答。段氏復作三書非之（段集卷十二，頁十七至二三），並數與黃蕘圃書，亟言顧氏之誤（段集卷十二，頁二四至二八；又頁三九至四六）。先生乃彙二家論辨之文爲一冊，題曰《段顧校讎編》。洪亮吉見之，曰：「正可對《朱陸異同辨》。」（《經籍跋文·宋本禮記注跋》）

是年，段玉裁《說文解字注》三十卷成。（《說文注》卷十五下）

朱次琦生。

嘉慶十三年戊辰　（一八〇八）　先生五十六歲

正月，從蕘圃假其前年冬所得影宋寫本《周易集解》。借校未畢，會先生將赴禮部試，聞蕘圃不赴，因請以二十金易其書。蕘圃未允，且恐先生身歷宦途，它日歸取或難，竟促歸。（《經籍跋文·宋本周易集解跋》）

森按：《跋文》系此於得書之明年，則爲十二年丁卯；越二年乃從蕘圃購得之。然赴試禮部應在辰年，此當是先生誤憶，今改次於此。

三月，阮元復任浙江巡撫。（《雷塘庵主弟子記》卷二）

春試報罷。南旋，復假蕘圃景宋寫本《周易集解》續校之。（〈宋本周易集解跋〉）

夏，自吳門至虞山，假吳兔床所藏《日知錄》舊鈔本校閱一過。（《拜經樓藏書題跋記》卷四）

六月，杭人有于虞山上濬溝，得東坡〈鹽官絶句〉石刻殘碑二段，共十二行，可辨者五十二字。先生乃購之歸，以存鄉邦故事（《文鈔續編》卷二），賦詩記事。兔床亦係以長歌（《拜經樓詩集續編》卷三，頁二十二），並倩善手鉤摹，別勒貞石，衡於安國寺壁，庶與西湖表忠觀並垂不朽云。（《海寧州志稿》卷十八〈金石志二〉）

是年張文虎生。

嘉慶十四年己巳　（一八〇九）　先生五十七歲

正月廿二日，訪黄蕘圃。聞先生行篋攜有拜經樓所藏殘元本《陳衆仲文集》，越二日，遂往觀假歸，校補士禮居所藏本。（《蕘圃藏書題識》卷九）

按蕘圃有與先生書，略云：「日前在尊寓敘談半日，極爲良朋聚首樂事。所借槎翁元刻《陳衆仲文集》，與舊儲少詹所贈本同，印卻在先，藉此可塡補磨滅之字，喜極，竭半日之力已校畢矣。惜錢本尚多三卷，八之末失之。弟雖有明本全者在，然未敢取補也。奉還槎翁時，乞問拜經樓中尚有別本完全者否。弟於古書極思以缺者補全爲快，而又不敢以他本相補，故遇之爲難。歸舟想尚有待，何日顧我一談，當煮茗以待。」（《蕘圃雜著》頁七）

仲夏，黄蕘圃重雕宋大字本《孟子音義》。（本書）

按先生《經籍跋文》有宋本《孟子音義》一跋，即據蕘圃重刻本，蓋作於是年。

中秋前二日，蕘圃過訪，假先生所藏鈔本《青樓集》去，錄副藏之。（《蕘圃藏書題識》卷六）

八月二十七日，兔床愛妾徐姬蘭貞卒，年三十一。兔床哭之慟，先生賦詩二章慰之。（《河莊詩鈔》頁七）

森按：徐姬卒年月日，據沈津氏〈上海圖書館善本書錄〉之六，清陶源繪《徐蘭貞女史珠樓遺照》跋，引吳兔床未刊稿本《日譜》。（《文獻》一九八九年第四期，頁二五三。）

九月，阮元因學政劉鳳誥舞弊案牽連去職。（《雷塘庵主弟子記》卷二）

冬，於吳門得厲樊榭所著《玉臺書史》，兔床亦出所鈔藏厲氏《東城雜記》，交易而觀，各錄副本藏之。（《文鈔續編》卷二、《拜經樓藏書題跋記》卷四）

十一月，蕘圃購得吳郡先賢鄭桐庵（名敷教，明崇禎庚午舉人）所著詩古文詞共若干種，聞先生別藏有《桐庵筆記》，因來借鈔。（《蕘圃藏書題識》

卷五）

是月，在吳中購得《〔淳祐〕臨安志》舊鈔殘本六卷及《〔嘉泰〕會稽志》，先生喜而作詩云：

輸錢吳市得書誇，道是西施入館娃（本注：志爲施諤所修）。宋室江山存梗概，鄉邦風物見繁華。關心志乘忘全帙，屈指收藏又一家（同郡孫氏壽松堂舊藏宋本《〔乾道〕臨安志》三卷；兔床先生書庫有宋本《〔咸淳〕臨安志》九十五卷）。況有會稽嘉泰本，賞奇差足慰生涯。（《河莊詩鈔》頁八）

兔床、蕘圃亦各賦詩和之。（《拜經樓詩集續編》卷四、《蕘圃藏書題識》卷三）

又購得盧抱經鈔校本《〔咸淳〕臨安志》，跋而識之。（《文祿堂訪書記》卷二）

按杭州南宋建都爲臨安府，志凡三修，一爲乾道時周淙撰，一爲淳祐時施諤撰，一則咸淳時潛說友所撰。先生向嘗從孫晴厓鈔得宋槧乾道志殘本三卷，比復得淳祐、咸淳二志，則臨安三志皆在插架矣。先是，兔床於乾隆乙未從鮑綠飲得《〔咸淳〕臨安志》，嘗刻一印曰「臨安志百卷人家」；先生此亦刻一印，曰「宋臨安三志人家」。（此印《文祿堂訪書記》卷二，頁三十四著錄）

十二月，跋《〔淳祐〕臨安志》（《文鈔續編》卷二）。先生並錄一本以遺兔床，黃蕘圃亦傳錄一本。（《拜經樓藏書題跋記》卷三）

是年，以三十金購得蕘圃所藏景宋寫本《周易集解》，蓋視蕘圃之收是書已加價兩倍矣。惟先生於此書終耿耿難釋，故不惜重值，遂厥初心。（《經籍跋文·宋本周易集解跋》）

又以四十金購得宋刻《爾雅疏》。（《經籍跋文·宋本爾雅疏跋》）

宋刊《爾雅》單疏本向有二部，一爲蕘圃所藏，一藏袁壽階五硯樓，而黃本印稍遜，先生〈宋本爾雅疏跋〉云：「壽階既歿，藏書多散，《爾雅疏》亦爲蕘圃所得。蕘圃因其重複也，遂將己所有者歸諸余。余乃以白金四十兩購之。」按先生之購藏是書，其年月無明文可據。惟考袁氏卒於是年八月(見《蕘圃藏書題識》卷五〈鶡冠子題識〉),其子即蕘圃女夫也。據蕘圃〈釣磯立談題識〉云:「己巳初冬,至五研樓爲袁婿仲和整理其先人壽階親翁遺書」云云(《蕘圃藏書題識續》卷一),《爾雅疏》爲五硯樓藏書首選,其處置恐最在先。先生之得是書蓋在是冬。

又,先生藏元本《禮記集說》,亦袁氏五硯樓故物,疑亦此前後所購得與。

段懋堂從先生借得顧千里代胡克家所撰《文選考異》,來書極論其書之誤。(《經韻樓集》卷十二〈與陳仲魚書〉)

按段氏此札不記年月,劉盼遂氏《段玉裁年譜》,據胡刻《文選》刊於己巳二月,故係於本年,今從之。

顧千里亦有與先生書,告以對段氏之非難,無意再與爭辨。(王欣夫氏《思適齋集補遺》)

是年,先生所爲文有〈干氏考〉。以東晉名儒干寶,宋以來或誤其姓作「于」,因作此文辨之。(《文鈔續編》卷二)

按此文不記撰年,今據文中有云:「近得宋本《周易集解》,其中引寶注皆作『于寶曰』,不作干寶。」知在本年。

是年陳立、陳喬樅、馮桂芬生。洪亮吉、淩廷堪卒。

嘉慶十五年庚午　(一八一〇)　先生五十八歲

正月,校計敏夫《唐詩紀事》,因類並及辛文房《唐才子傳》,糾補數十事,跋而記之。(《文祿堂訪書記》卷二)

按先生《唐才子傳》校本,現藏北京圖書館(見該館《古籍善本書目》頁四一一)。又《北海圖書館月刊》二卷一號(一九二九年),有趙萬里所錄先生〈唐才子傳簡端記〉,蓋即據先生校本迻錄者。至先生所校《唐詩紀事》,今則不知所歸矣。

春,跋吳枚菴所著《東齋脞語》。先生極稱其解《論語》二事爲確不可易。(趙吉士氏《貞元石齋知見傳本書錄》頁二十五)

四月,黃蕘圃檢理五研樓書籍,見有舊鈔《靜春堂集》,來借先生所藏靜春堂遺墨卷核之。先生因并出《靜春堂詩集》舊鈔本,屬爲勘對。(《蕘圃藏

書題識》卷九）

夏初，五柳居主人陶蘊輝歸自都門，攜有宋刻纂圖重言重意互注《毛詩》一部，先生購得之。通校一過，跋記其經文之異於時本者。（《蕘圃藏書題識》卷一、《經籍跋文·宋本毛詩跋》）

五月一日，蕘圃約先生及沈子逸同訪寒石上人吾與山居，將作一宿之留。是日雨甚，上人招至見山閣，憑闌遠眺煙雲之變幻，四人因以「賞雨茅屋」分韻賦詩。翌日，適李君補樵至，乃屬之作〈話雨圖〉，蕘圃撰〈賞雨茅屋說〉紀事。（《蕘圃雜著》頁五）

是月，蕘圃得《楊太后宮詞》古寫本，即汲古閣刊入《詩詞雜俎》之稿，所謂潛夫輯本者。毛子晉云：「舊跋潛夫不知何許人」，蕘圃疑爲周密，質之先生。先生爲舉二事以證成其說。（《蕘圃藏書題識》卷八）

秋，得錢求赤舊藏鈔本《周易注疏》，全書皆經硃筆點勘。惟中有甲辰八月亭林老人題記，先生疑其非顧氏手筆。跋而記之。（《文祿堂訪書記》卷一）

黄蕘圃來借纂圖重言重意《毛詩》，補鈔其所缺卷五至七三卷。（《蕘圃藏書題識》卷一）

秋，蕘圃從周香嚴假得明活字本《劉子注》，先生屬其雇人摹鈔一部，並借士禮居所藏明人舊鈔本勘正一過。跋記。（《文鈔續編》卷一）

十一月望日，從鮑氏知不足齋影得釋贊寧《東坡先生物類相感志》舊本十八卷，裝潢成冊，因考贊寧行履著作而跋其後。（莫友芝《宋元舊本書經眼錄》卷三）

十二月，跋所獲袁壽階校鈔本《宋季三朝政要》。（《國學圖書館第二年刊》〈館藏善本書題跋輯錄二〉頁七）

十二月既望，假拜經樓所藏《羅氏識遺》一書，攜至吳門。以袁氏五硯樓鈔本互校一過，補正甚多。（《拜經樓藏書題跋記》卷四）

醉司命日，於吳中得明刻《心印紺珠經》，跋後。（趙氏《貞元石齋知見傳本書錄》頁三五一）

歲暮，假拜經樓影宋寫本《玄珠密語》，與新獲五硯樓鈔本互勘一過，跋而

識之。（《拜經樓藏書題跋記》卷四）

是年，吳兔床築西簃，先生爲書富春軒額貽之。（《拜經樓詩集續編》卷四）

是年邵懿辰、陳澧生。

嘉慶十六年辛未　（一八一一）　先生五十九歲

二月朔，跋舊鈔本許叔微《普濟本事方》。先生詳考許氏生平，以正《直齋書錄解題》之誤。跋後數日，於蕘圃處借得是書宋本前六卷，補錄許氏自序及目錄後〈治藥制度總例〉四葉，並以朱筆詳校一過。乃知此鈔本並非自宋槧鈔出，即如各方次第分量，俱有不同，爲害匪淺。其第七卷，復假得吳中老醫周蘊石家藏鈔本校之。三月三日跋記。（《江蘇省立國學圖書館第三年刊》〈館藏善本書題跋輯錄三〉頁六）

三月，蕘圃從先生假得葉石君校藏《金國南遷錄》舊鈔本，以校所藏顧肇聲家鈔本。（《文祿堂訪書記》卷二）

會試報罷。自是遂不復作出山計矣。（參嘉慶十年條下）

七月，蕘圃獲一舊鈔本《硯箋》，借先生傳錄拜經樓本校之。（《蕘圃藏書題識》卷五）

七月二十二日，訪蕘圃。閱其家藏書目，知周蘊石家鈔本《普濟本事方》，蕘圃曾照式補鈔自七卷至末，並鈔目錄備覽。亟借以歸，當晚挑鐙將八至十三卷並目錄細勘其全，多所訂正。至是，此鈔本遂成完書矣。（同上〈題跋輯錄三〉頁六）

是月，陸君東蘿從常州賣家得一鈔本《一老庵文鈔》。以先生素留心吳中往哲遺文，故持以相示。先生借錄一本，晦日，跋其後。（《辛巳叢編》本卷末）

按《一老庵文鈔》，明徐柯撰。柯字貫時，江蘇長洲人，文靖次子，昭法之弟也。先生鈔本後展轉歸劉氏嘉業堂；先生又有《一老庵遺稿》鈔本四卷，則貫時遺詩，後歸張氏適園。王欣夫氏並據以刊入《辛巳叢編》，俾與昭法《居易堂集》並傳焉；而貫時避世牆東之志，亦藉是以明於世云。又按蕘圃〈硯箋題識〉云：「此《硯箋》四卷舊鈔本，西賓陸東蘿得諸臨頓里冷攤以遺余者。」蓋其時陸君正館於蕘圃家也。

十月二十日，有書賈持《本事方》至先生中吳別業。其本前有吳趨吳瀚補鈔宋板錢聞禮原序一篇，乃蕘圃宋本所無者，因亟照寫于所藏舊鈔之首。據錢氏序文，知許叔微實官翰林學士，而其書本名「證治普濟本事方」，俗本俱誤作「證類」。（同上〈題跋輯錄三〉頁六）

十一月望日，撰〈榮氏二奇女傳書後〉。（《硤川續志》卷十一、《文鈔續編》卷一）

是年曾國藩、莫友芝生。臧庸、鳳應韶卒。

嘉慶十七年壬申（一八一二）先生六十歲

二月三日，序曹君桐石所編《硤川詩鈔》。（《文鈔續編》卷一）

春，吳兔床《拜經樓詩集續編》四卷付梓。（本書）

從顧君葛民得許醇夫所撰鄉賢〈元祭酒榮肇傳〉。未幾，復得榮氏遺文十數篇。惟其本經後人塗抹批點，又墨黯紙殘，幾不可卒讀。先生乃別錄一本，悉心校訂，將謀付刊以傳焉。四月，撰〈榮祭酒遺文敘〉。（《文鈔續編》卷一）

五月，作〈唐石幢跋〉。（《硤川續志》卷十四、《文鈔續編》卷二）

夏，序王君紫谿《硤川續志》。（《文鈔續編》卷一）

按此序有云：「近寓紫微講舍，與紫谿所居相近，晨夕過從，講求故實。又有曹桐石及其徒顧葛民惠然肯來，賞奇析疑」云云，蓋先生晚歲與此後進諸君交尤密也。《海寧州志稿》卷二十九〈文苑傳〉：「王簡可，字仲言，號紫谿。父德浩撰《硤川續志》二十卷，中道而歿。痛父志未成，廣爲搜羅，勤加補輯，歷數寒暑而始卒業，集貲付刊。秦瀛、梁同書、陳鱣俱爲之序。又輯邑先輩陸嘉淑古近體詩三千餘首，復按其事實作年譜，參互考證，多所依據。吳兔床亟稱之」云。又，《海昌藝文志》卷十五：「曹宗載，字問渠，號桐石。道光辛巳歲貢生，當事者以孝廉方正徵，力辭不就。卒年七十二。著有《紫硤文獻錄》二卷、《南湖避暑錄》四卷、《硤川詩鈔》二十卷、《詞鈔》一卷、《東山樓詩集》八卷、《續集》八卷、《文集》一卷。」其《東山樓詩集》，先生嘗爲之序，有刊本行世，今未見。《海寧州志稿》卷二十九〈文苑傳〉有傳。

秋，作〈硤石南山重建文昌分署碑記〉。（《硤川續志》卷十四）

先生及吳兔床、錢廣伯等，曾於乾隆壬子秋，醵金爲明張蒼水立碑墓道，相約每年九月七日蒼水赴義之辰，齊集墓下，設公祭焉。當日諸君，皆已先後作古，惟兔床及先生僅存耳。是歲登高前二日，兔床適游武林，遂攜觴酒，獨往謁墓，賦詩紀事，屬先生和焉。（《拜經樓詩集再續編》頁六〈秋山謁墓〉）

九月，過黃蕘圃。先是，先生今春訪蕘圃，談次，言及其友沈君綺雲欲刻唐宋婦人詩四種爲一集，已梓有唐之魚玄機、薛濤，宋之楊后，欲刊朱淑眞詩而未得古本。先生告以其友蔣君夢華藏元刻鄭元佐注《斷腸集》，許爲借出。至是，果攜書至，將助成其事焉。（《蕘圃藏書題識續》卷三）

按：沈君名恕，字屺雲，一作綺雲。所居靜好樓，多聚法書名畫，又雅好刻書。王芑孫《惕甫未定稿》十二有〈候選州同沈君墓誌銘〉。

紫微山廣福院之巓有文昌殿，殿前魁星閣下，有三石碣，乃宋慧悟禪師辨親所刻。因其處地僻山深，人跡罕至，故歷來金石家鮮有著錄者。今年，先生親訪得其碣，手拓以歸，詳考其事而跋其尾。（《文鈔續編》卷二〈紫微山石刻跋〉、《硤川續志》卷十四）

本年所爲文，有〈蔣烈婦傳〉(見《硤川續志》卷九)、〈丁小雅學博墓誌銘〉。

按吳兔床編年詩，是年有〈讀簡莊所撰丁小疋學博墓志感題二絶〉(《拜經樓詩集·再續編》頁五)，則丁氏墓志一文殆今年所撰。其文待訪。阮元《儒林傳稿·丁杰傳》嘗引之。（《揅經室續集》卷二）

是年左宗棠、胡林翼生。

嘉慶十八年癸酉　（一八一三）　先生六十一歲

孟春，從拜經樓假所鈔藏《荆南倡和集》錄之，並勘對一過。（《拜經樓藏書題跋記》卷五）

二月三日，兔床遊硤石，晚泊紫微橋下，招先生同釋蓮岫、開士，篷牕小飲。先生言今夕正東坡在黃州點燈會客試錢唐藥玉船時也。因相與盡歡，各賦詩

而別。（《拜經樓詩集·再續編》頁十三）

是月，從南匯吳稷堂座師處得孔平仲《珩璜新論》舊鈔本，乃朱竹垞故物。因假拜經樓校藏本，補鈔所缺，互勘一過。十六日校畢，遂跋其後。（《文鈔續編》卷二）

按吳省蘭嘉慶三年擢工部右侍郎，爲先生戊午科鄉試正考官，旋奉命任浙江學政；四年正月，調禮部右侍郎。《清史列傳》卷二十八有傳。

春，依宋本《太平廣記》，爲吳兔床校其所藏明譚愷刊本。（《拜經樓藏書題跋記》卷四）

夏初，先生攜所得清玩數種以示兔床，中有明嘉靖年間所造剔紅妝域，雕鏤甚精，兔床極愛賞之，遂共賦詩詠之。（《河莊詩鈔》頁一、《拜經樓詩集·再續編》頁十四）

五月，作〈重建智標塔碑記〉。（《硤川續志》卷十四、又《海寧州志稿》卷八名蹟門）

十月二十日，吳兔床爲先生序《經籍跋文》。

其序略云：「予與簡莊孝廉，少日皆酷嗜書籍，購置不遺餘力。凡經史子集，得善本，輒互相傳觀，或手自校勘相質，蓋數十年如一日云。予性懶質鈍，爲學多雜而不專，投老無成。簡莊精敏果鋭，強于記誦，而能專意于經學，又克廣攬窮蒐。今觀所撰諸經跋文，鉤深索隱，凡古本之爲後之妄人竄亂芟併者，莫不審考其原來次第；而字之更改淆混者，一一校正，令人復得見本來面目，不其偉而。簡莊生平善於音注，在中吳尤與錢辛楣宮詹、周猗塘明經、黃蕘圃主事往復研究，故閱善本而悉品論其是非靡不精核有如此也。」（本書）

是月，友人錢大昭卒於松陽縣署，年七十。

冬，吳兔床卒，年八十有一。

是年蔣光煦生。莊逵吉卒。

嘉慶十九年甲戌　（一八一四）　先生六十二歲

夏，撰《續唐書》七十卷成。

自敘云：「唐受命二百九十年而後唐興，歷三十年，後唐廢而南唐興，又歷三十年而亡。此六十九年，唐之統固未絶也。後唐系出朱邪，然本于懿宗，賜姓爲李。莊宗既奉天祐年號，至二十年始改元同光，立廟太原，合高祖、太宗、懿宗、昭宗爲七廟，唐亡而實存焉。歐陽氏《正統論·序論》云：『伏見太宗皇帝時，嘗命薛居正等譔梁、後唐、晉、漢、周事爲《五代史》，凡一百五十篇。又命李昉等編次前世名號爲一篇，藏之秘府。而昉等以梁爲僞；梁僞則史不宜爲帝紀，而後唐之事，當續劉昫《唐史》爲一書，或比二漢離爲前後，則無曰五代者，於理不安。』謹按：昉等黜梁，實屬大公至正，與前人黜莽、黜操正同。乃云於理不安，何歟？〈序論〉又云：『今司天所用崇天歷，承天祐至十九年（森按：此有奪文，「承」下當有「後唐書」三字），而盡黜梁所建號。援之於古，惟張軌不用東晉太興而虚稱建興，非可以爲後世法。蓋後唐務惡梁而欲黜之，歷家不識古義，但用有司之傳，遂不復改。』謹按：崇天歷承後唐書天祐十九年，蓋所謂『周德雖衰，天命未改』，且援之於古，亦不獨張軌爲然。昔周厲王失國，宣王未立，召公與周公行政，號曰共和。共和十四年，上不繫于厲王，下不繫于宣王，當時固未嘗云周之統絶矣。以此爲例，則崇天歷所書，不可謂徒然矣。乃云不識古義，抑又何歟？今有人焉，爲盜所殺，欲全據其基業；有僕挺身出而禦之，艱難辛苦，攘除奸凶，而不改故主之名稱，仍奉故主之宗廟，則將與盜乎？與僕乎？夫人而知與僕不與盜也。朱全忠大逆無道，甚于莽、操，人人得而誅之，何可不黜？後唐既係賜姓，收之屬籍，又有大勳勞于唐室，則繫于唐可耳。至石敬瑭叛主附敵，父人之父，聲實俱醜；將十六州內地割獻殊方，肆然稱帝，始固魯仲連所欲蹈海而死者。南唐爲憲宗五代孫建王之玄孫，祀唐配天，不失舊物，尤宜大書年號，以臨諸國。即如當日契丹兒晉而兄唐，高麗遣使江南，入貢稱臣，彼尚懷唐之威靈，故尊其後裔，不敢與它國齒。今奈何以晉、漢、周爲正，而反以南唐爲偏據乎？劉旻本知遠母弟，北漢四主，遠兼郭、柴。宋太平興國四年受降，又後于南唐七年。宋統繼唐，勝于繼漢繼周矣。薛氏脩《五代史》、歐陽氏新脩《五代史記》，並稱『五代』，所見俱不及此。馬、陸二家《南唐書》，雖欲推尊，然未將南唐上接後唐；戚光《年世總釋》始發其凡，終未有專成一書，寧非缺事？又按薛《史》裁制冗長，今亦殘闕；歐《史》紛立名目，徒亂章程。且八書十志，馬、班相仍，各有譔述；乃誤信《史通》欲廢志之言，僅作〈司天〉、〈職方〉二考，以致唐季典章法度，無可稽求。馬、陸二書，互有得失。胡恢書久已無傳，然于烈祖已下謂之載記，早爲蘇頌所非，餘可概見。蒙竊不自揆，更審其順逆，著其正偏，上黜朱梁，下擯石晉及漢、周，而以宋繼唐，庶幾復唐六十九年之祚。爲帝紀七、表四、志十、世家十三、列傳三十六，凡七十卷。糾薛、歐之體例，正馬、陸之乖違，廣考群編，兼徵實錄，以上續劉昫《唐書》。續之名昉乎司馬彪《續漢書》，而此更參用蕭常、郝經等《續後漢書》例也。其十志則於〈經籍〉一類多所收羅；各傳則於忠義諸臣，尤深致意。〈經籍志〉以補薛、歐之缺；而忠佞不別立傳者，人以類從，賢否自見也。紀傳之後，略綴斷辭，不曰『論』而曰『述』者，從何法盛《中興書》例也。凡後述者，多旁采墜典遺文，補本篇未備，所謂事無重出，文省可知也。參用史文，儻義可從、事可據者，即仍其舊，所謂不以下愚自申管見也。昔習鑿齒作《漢晉春秋》，以蜀爲正統，力矯陳壽《三國志》之非，世咸推服。後雖日久散佚，而本其意旨用以纂修者，不一其書。蓋天理長存，人心不死，尚論者求其是而已。斯編稿經累易，力殫窮年，因敘茲原委於簡端，明非出鄙人之私見云。」（本書）

按此序於先生之正統論思想及是書之體製，言之綦詳，今故備錄之。先生與黃蕘圃札有云：「鱣纂輯新、舊五代史，黜朱梁諸僞，以李氏爲正統，此昔人續修季漢書例也。引書至七百餘種，十年心力，半耗於斯。」（《文鈔續編》卷二）蓋先生晚歲精力，多萃於此，故支偉成纂《清代樸學大師列傳》，將先生歸於作史學家之列。（支氏《列傳》卷十四）

七月一日，有〈自題續唐書後〉一詩。

詩云：「唐祚延年六十餘，舊名五代儘刪除。河東自可共和比，江左還應季漢如。不羨子京添半臂，漫教無黨注新書。快哉此日翻成案，多少

清流怨氣舒。」（本書卷末）

是夏大旱。八月，米價騰貴，饑民大掠，食樹皮草根。（《海寧州志稿》卷四十，頁二十）

按先生〈夏日招同人雅集果園之溪山雲樹間〉詩，有云：「今夏久不雨，頗疑造物慳。喧聞桔槔響，先知稼穡艱。」（《河莊詩鈔》頁九）蓋今年所作與。

九月，過吳門。黃蕘圃以士禮居所藏穴硯齋鈔本《蘆浦筆記》并一舊鈔殘本，合校於吳枚菴鈔本上，枚菴跋而歸之先生。先生復據鮑氏知不足齋刻本重勘一過，正譌甚多。十一日校畢，跋之。（《寒瘦山房鬻存善本書目》卷六）

重九，蕘圃以手校《卻掃編》見示，蓋以錢夢廬所藏宋刊本及士禮居舊藏穴硯齋寫本勘正於毛刻之上者。因假歸，取案頭張氏照曠閣刻本臨校一過，並爲蕘圃補錄徐度自敘及嘉泰壬戌邵康跋文。十九日，跋而歸之。（《文鈔續編》卷一）

重九後，蕘圃於張訒庵處，見有舊鈔本《慶湖遺老集》半部，適其家亦有此書殘本，係先生向所贈者。攜歸證之，竟爲延津之合，因即以其本貽之訒庵。十三日，裝潢甫竟，適先生至，乃索先生跋之。（《文鈔續編》卷一）

是月，從吳楓周氏假得明人舊鈔《五代會要》，詳勘一過。於江西坊刻之脫誤訛亂，多所是正，並補錄慶歷、乾道二跋而書其後。（《適園藏書志》卷五）

是秋，友人鮑綠飲卒，年八十七。（阮元〈知不足齋鮑君傳〉）

十一月，《恆言廣證》六卷成而序之。

其序略云：「自楊雄作《方言》，而後則有若服虔《通俗文》，厥後劉霽有《釋俗語》、沈約有《俗說》、無名氏有《釋常談》、龔頤正有《續常談》，其書或存或亡。近時翟晴江教授著《通俗編》，盛推繁富，然細案之，多未精當。及讀錢竹汀詹事《恆言錄》，歎其實事求是，考證精明，自非經傳洽熟、旁通百家，何能至此。鱣于披閱時，間有管見出於原錄之外，及阮、張二家校補所未及者，疏記上下，積而成帙，目曰《恆言廣

證》。」（《文鈔續編》卷一）

顧千里爲先生賦經函詩，成二十韻。（《思適齋集》卷二）

此詩撰年無考，今據詩末云：「惜哉西湖局，雅志敗群小。（中略）撫函三歎息，冉冉吾其老。」按《論語·季氏篇》：「及其老也」，皇侃疏：「老，謂年五十以上也。」其者，將然之辭。顧君明年乙亥年五十，今故暫繫於此。

是年龍啟瑞、雷浚、周壽昌生。程瑤田、張聰咸、張燕昌卒。

嘉慶二十年乙亥　（一八一五）　先生六十三歲

是年段玉裁、梁同書、周春、姚鼐、洪震煊、錢侗卒。

嘉慶二十一年丙子　（一八一六）　先生六十四歲

七月既望，先生表弟歸觀成（字欣然）歸自京江。出所著《清暉齋詩鈔》，屬爲點定。十月，爲之序。

按是書未刊，此據《海寧州志稿》卷十五〈藝文志·典籍十六〉載錄先生序文。

是年成蓉鏡生。崔述、莊述祖、胡克家卒。

嘉慶二十二年丁丑　（一八一七）　先生六十五歲

二月二十二日，先生卒。（《海寧渤海陳氏宗譜》卷十三）

黄蕘圃〈卻掃編題識〉云：「仲魚於丁丑二月中辭世，先得諸傳聞，後吳蘇閣札來，始知凶耗之的。待訃不至，擬往弔未果。案頭所借之書猶未還也。二十年來好友，一旦幽明睽隔，傷也如何。」（《蕘圃藏書題識》卷五）

配太學生吳縣胡宗琦女，合葬西牌樓北孟婆兜。（《宗譜》卷十三）

子二：長名箕，字良士；次名簸，字穀士。（《文鈔》卷六〈名二子說〉、〈二子小字說〉）女二：長適庠生候補府經歷秀水祝升恒，俱胡出。次適庠生卜周書，側室周出。（《宗譜》卷十三）

按錢廣伯〈陳仲魚二子字說〉：陳君仲魚名其二子曰箕曰簸，謀所以字之。余請字箕曰子膺，字簸曰子粹。（《小學盦遺書》卷四，頁六）

蕘圃〈長安志題識〉云：「道光癸未秋七月下澣，海昌陳簡莊令嗣元籌，攜向山閣舊藏諸書，與予商措三十餅金。余愧囊空，無以應之。元籌亦快快，云即解纜歸矣。」(《蕘圃藏書題識》卷三)元籌疑是箕又字也。

吳衡照《海昌詩淑》:「簡莊先生，余同年友，素與余叔兔床先生敦道義交。博聞彊記，手不釋卷，尤深于許、鄭之學，同時稱爲漢學領袖。雅好藏書，宋雕元槧及近罕見本，不惜厚值購置。晚築講舍於紫微山麓，晨夕著書，校勘其中，自以爲南面百城之樂未有過也。刻二印，一云『得此書，費辛苦;後之人，其鑒我』，一寫自像。凡所手訂書，悉以此誌。没不數載，後人無識，爲苕上書賈賺去。」

蔣光煦《東湖叢記》卷四〈馬二槎藏書〉條:「吾鄉陳仲魚徵君鱣向山閣藏書，大半歸馬二槎上舍瀛。上舍，余中表行也，時得借觀。」

按《海寧州志稿》卷二十九〈文苑傳〉:「馬瀛，字二槎，監生。好藏舊籍，陳徵君鱣向山閣遺書大半歸之。其《吟香仙館書目》，多世所未見之本。有宋槧《漢書》、《晉書》，因以漢晉名其齋。《晉書》係天籟閣故物，尤爲士林瓌寶云。」

《文瀾學報》第二卷《浙江文獻展覽會專號》「向山閣藏明馮紹祖《楚辭句解評林》」條下，云:先生向山閣藏書，「後多歸金陵朱緒曾開有益齋。咸豐三年，金陵之陷，書多化去」云。(頁三五五)

《清儒學案》卷一九九:「朱緒曾，字述之，號爕亭。上元人。道光壬午舉人。以大挑知縣分浙江，補孝豐，歷署武義、秀水、嘉興等縣。轉台州府同知，晉知府。生平著述甚富，有《論語義證》、《爾雅集釋》、《續棠陰比事》，皆經亂散失。其刊行者，有《開有益齋經說》五卷、《開有益齋讀書志》六卷等。」按《海寧州志稿》二十四〈職官表下〉，朱氏嘗於道光二十七年署海寧州知州。

采自《簡莊文鈔》卷首

〔附錄〕《清史列傳》卷六十九〈儒林傳下〉

陳鱣，字仲魚，浙江海寧人。父璘，字昆玉，諸生，嘗著《許氏說文正義》，未成而歿。鱣博學好古，彊於記誦，尤專心訓詁之學。時同州人吳騫拜經樓多藏書，鱣亦喜聚書，得善本，互相鈔藏，以故海昌藏書家推吳氏、陳氏。嘉慶元年，舉孝廉方正，督學阮元稱浙中經學鱣爲最深，手摹漢隸「孝廉」二字以顏其居，復爲書「士鄉堂」額以贈。三年，中式舉人。在公車時，與嘉定錢大昕、大興翁方綱、金壇段玉裁質疑問難。後客吳門，與黃丕烈定交，取所藏異本往復異（森按：疑「易」字誤）校。鱣學宗許、鄭，嘗繼其父志，取《說文》九千言，聲爲經，偏旁爲緯，竭數十年之心力，成《說文正義》一書[1]。又以鄭康成注《孝經》，見於范書本傳，《鄭志》目錄無之；《中經簿》但稱「鄭氏解」而不書其名，或曰是其孫小同所作。然鄭《六藝論》序《孝經》、序《春秋》，皆云「玄又爲之注」；鄭注《春秋》未成，後與服子愼，遂爲服氏注，故從來列鄭注無及《春秋》者。竊以其注《孝經》亦未寫定，小同追錄成之，故不敢載入目錄，《中經簿》所題，蓋要其終，范書所紀，則原其始也。因綴拾遺文，爲《孝經鄭注》一卷。又以《六藝論》未見輯本，廣爲蒐討，成一卷。又著《鄭康成年譜》一卷；又著《論語古訓》十卷，凡漢人之注及皇《疏》無不采取[2]。玉裁見所著諸書，歎其精覈。晚築講舍

1 按《小學考》卷十云：「《說文解字》之學，今日爲盛，就所知者有三人焉：一爲金壇段玉裁若膺，著《說文解字讀》三十卷；一爲嘉定錢大昭晦之，著《說文統釋》六十卷；一爲海寧陳鱣仲魚，著《說文解字正義》三十卷、《說文解字聲系》十五卷，皆積數十年之精力爲之。」（頁七）知先生除《說文正義》外，別有《說文聲系》一書。阮元序先生《論語古訓》云：「陳君精於六書，嘗著《說文解字正義》；又以《說文》九千言，以聲爲經，偏旁爲緯，輯成一書，有功學者益甚。」阮氏所言「又以《說文》九千言」云云者，當即指《聲系》而言；至其《說文正義》，據《小學考》載王鳴盛序，知其書意在發明許君說解，與《聲系》爲截然二書。此傳誤合《正義》、《聲系》爲一，似誤讀阮序也。《清儒學案》八十七亦沿此誤。

2 按《古訓》所采者，爲孔注、包咸、周氏、馬融、鄭玄、陳群、王肅、周生烈及何晏等漢魏諸家義訓。其書以何晏《集解》爲本，旁考群籍所引諸家遺說附益之。今覈其所增益者，實以鄭玄注爲主，蓋以鄭注唐人諸書尚多引之，可與《集解》互爲參證。至皇侃《義疏》所引晉宋人說義，則概不之及，故以《古訓》名焉。按先生〈自序〉云：「凡經文從邢昺《正義》本，而以漢、唐石經、皇侃《義疏》、高麗《集解》本（森按：實爲日本正平版）、《經典釋文》，及日本山井鼎《七經孟子考異》（森按：應爲《考文》）、物

於紫薇山麓，寢處其中，一意撰述，有《石經說》六卷、《聲類拾存》一卷、《埤蒼拾存》一卷、《經籍跋文》一卷、《續唐書》七十卷、《恆言廣證》六卷、《綴文》六卷、《對策》六卷、《詩人考》三卷、《詩集》十卷。二十二年卒，年六十五。

《清史稿》卷四八四〈文苑傳一〉

陳鱣字仲魚。強於記誦，喜聚書。州人吳騫拜經樓書亦富，得善本，互相鈔藏。嘉慶改元，舉孝廉方正。又明年，中式舉人。計偕入都，從錢大昕、翁方綱、段玉裁遊。後客吳門，與黃丕烈定交，精校勘之學。嘗以朱梁無道，李氏既系賜姓，復奉天祐年號，至十年（森按：當作「十九年」），立廟太原，合高祖、太宗、懿宗、昭宗爲七廟，唐亡而實存焉。南唐爲憲宗五代孫建王之玄孫，祀唐配天，不失舊物，尤宜大書年號，以臨諸國，於是撰《續唐書》七十卷。又有《論語古訓》、《石經說》、《經籍跋文》、《恒言廣證》諸書。卒年六十五。

《海寧渤海陳氏宗譜》卷二十六

簡莊諱鱣，字仲魚，文學昆玉之長子也。賦性穎異，讀書過目成誦。昆玉年未艾，即得心疾；簡莊舌耕以養，能得親歡。弱冠後補博士弟子，旋以優等食餼。親歿後，游學都中，名公卿皆樂與之交。嘉慶丙辰，詔天下督撫、學臣舉孝廉方正。時浙學使者儀徵阮芸臺相國素耳公名，舉以應詔，並手摹漢隸「孝廉」二字，以顏其居，復爲書「士鄉堂」額以贈。旋登戊午賢書。己未春，計偕入都，闈卷薦而不售。凡六上春闈，遂不復作出山計。歸築講舍于紫薇山麓，寢處其中，一以著書爲事。邑中遇有公事，施賑、建祠、創修書院，咸樂得公董其役；輒謝不出，惟作〈粵賢堂記〉以應其請。生平一無所好，獨于古名人書畫，不惜重價購之。所

觀《補遺》，校注于下；或見于他書，亦間爲援證也。至邢本《集解》舛誤良多，甚將語助字刪削，致文義不屬，今則從皇本、高麗本也。」明其於皇疏，特取其經注異文，以其視邢本爲近古也。今此傳云：「凡漢人之注及皇疏，無不采取」，說似欠分明。

心賞者，鈐以二章，一肖己像，上題「仲魚圖像」四字；一綴以十二字，曰：「得此書，費辛苦；後之人，其鑒我。」嗚乎，觀於此可以知其志趣所在，而義方之訓從可識矣。所藏最富，惜今已散佚。所著《論語古訓》、《孝經鄭注》、《說文正義》、《毛詩纂述》、《續唐書》、《恒言廣證》、《六藝論》、《埤倉拾存》、《綴文》、《對策》、《新阪土風》若干卷，半已鏤板行世。

錢泰吉撰傳 （《碑傳集補》卷四十八）

陳鱣字仲魚，號簡莊，又號河莊。嘉慶丙辰以郡庠生舉孝廉方正，戊午舉人。少承其父許氏《說文》之學；而兼宗北海鄭氏，而《論語注》、《孝經注》、《六藝論》，皆采輯遺文，並據本傳，參以諸書，排次事實爲《年紀》，嘉定錢氏大昕謂爲粲然有條，咸可徵信。好購藏宋元雕本書及近世罕見之本，與吳槎客互相鈔傳。晚營果園於紫微山麓，中搆向山閣，藏書十萬卷，次第校勘。册首鈐小印二，一曰：「得此書，費辛苦；後之人，其鑒我。」一爲小像。仲魚美鬚髯，喜交遊，槎客謂其力學嗜古、魁奇俶儻之概，與宜興陳經景辰同，多髯又同，作〈兩陳髯行〉。後仲魚與景辰修士相見禮，以謝在杭小草齋精鈔《古靈先生集》贈景辰，槎客爲之跋尾。嘉慶辛酉會試至京，於琉璃廠書肆識朝鮮使臣朴修其檢書，各操筆以通語言。朴修其以所撰《貞蕤稿略》貽仲魚，仲魚報以《論語古訓》，各相傾許，一時以爲佳話。其舉孝廉方正也，儀徵阮相國爲舉主，手摹漢隸「孝廉」二字，以顏其居，並爲書「士鄉堂」額。仲魚既没，遺書散佚，相國爲刊《續唐書》於粵東。

附著述考略

先生精研文字故訓，尤長於輯佚、校勘及《文選》之學，著書滿家，惜付梓傳世者僅寥寥數種耳。繆荃孫《雲自在龕隨筆》卷四引《詩境筆記》，載錄先生著作凡三十一種[1]，蓋皆中歲以前所爲者，故後來所著諸書俱未之及。今觀其目，大抵以纂輯古注傳記爲多，其中僅存者，惟《孝經鄭注》、《集鄭氏六藝論》、《鄭玄年紀》、《新阪土風》等三數種耳。至若《說文正義》一書，乃半生精力之所萃者，遺稿不知所歸，尤可慨也。今纂先生年譜竟，因就聞見所及，復作此考。惜其書多不可復見，僅如虎豹一鞟，徒遺其名於天壤間耳。雖然，其他佚亡不可考者，諒尚有之。再者，先生平生校書無數，藏家志目，時或記之。其有題跋年月可考者，類已載入譜中。惟校勘之業，事有精麤，其略者固不得與著述比也。今以未見原書，故於諸書校本，茲皆不錄，僅記其錄有成稿者。如朱記榮《國朝未刊遺書志略》，著錄先生《集韻》、《類篇》校本及《唐才子傳校勘記》，今但記後者，此非敢有所軒輊，恐其流於濫耳。

㈠ 已 刊

一、《論語古訓》十卷

譜甲寅已見。有士鄉堂原刊本、光緒九年浙江書局重刊本。有乾隆五十九年十二月自敘、嘉慶元年阮元敘。又，黃式三《儆居雜著》卷三有〈陳氏論語古訓跋〉。

二、《孝經鄭注》一卷

1 《雲自在龕隨筆》頁一五八。按：以下凡注《詩境筆記》者，並轉引自繆氏書。
又按：《詩境筆記》不知何人所著。惟繆氏此書別有一條云：「杭州孫侍御烺，休寧人，爲徽巨商，僑居在杭。在京師，與覃谿善。覃谿殁後，孫賻五千金。其子宜泉早没，故蘇齋金石書畫半歸侍御。宋拓〈公房碑〉、〈化度寺碑〉、〈嵩陽帖〉、〈雲浪帖〉、詩文、雜著手稿四十巨册均在焉。手稿後歸魏稼孫；稼孫没，歸於吳門書肆，並稼孫《金石類稿》均歸雲自在龕。詩稿爲鈔出未刻詩廿四卷，前後止缺十四年。《詩境筆記》有孫氏「蕙花仙館印章」白文方印、「孫烺之印」朱文小方印。」（頁一七一）味此，《詩境筆記》似即翁方綱所著。蓋先生在京日，曾從覃谿游，翁氏因得錄記其所著書歟。俟再考。

譜壬寅已見。有裕德堂原刊本、士鄉堂刊本、咸豐間蔣氏別下齋刊《涉聞梓舊》本、商務印書館《叢書集成簡編》排印本。有乾隆四十七年十二月自敘;別下齋本、商務本有咸豐六年七月蔣光煦跋。又,周廣業《蓬廬文鈔》卷四有〈書集孝經鄭注後〉。《詩境筆記》著錄。

三、《六藝論》一卷

譜甲辰已見。《詩境筆記》著錄,題《集鄭氏六藝論》,段玉裁《簡莊綴文・敘》稱《六藝論拾遺》。有裕德堂原刊本、咸豐間別下齋《涉聞梓舊》本、商務印書館《叢書集成簡編》排印本。有乾隆四十九年正月自敘。

四、《禮記參訂》十六卷

手稿現藏香港大學,劉氏嘉業堂舊藏(《嘉業堂鈔校本目錄》頁八著錄)。饒宗頤先生《香港大學馮平山圖書館藏善本書錄》云:「首有〈元本禮記集說跋〉稿。此書原題『禮記集說參訂卷第一』,後塗去『集說』二字及『第』字。眉批增訂簽貼甚多。」(頁一一七)台北中央圖書館藏一傳鈔本,文海出版社嘗據以影印行世,仍題「禮記集說參訂」,書前提要云:「本書乃繼元陳澔《禮記集說》之研究。蓋以鄭注爲本,參訂諸注釋,而間有本於朱子《章句》者,補苴闕漏,堪爲陳澔之功臣。」此說未是。先生於陳澔《集說》極非之,《經籍跋文・元本禮記集說跋》云:「其生平無它著作,株守窮鄉,妄欲說經垂世,而固陋空疏,弊端百出,《經義考》目爲兔園冊子,殆不爲過。」惟明永樂中,胡廣等修《大全》,《禮記》用陳氏《集說》爲主,以之取士,清朝因之。先生因撰是書,推闡鄭注,以匡陳澔之謬。據先生〈元本禮記集說跋〉云:「其經文之勝于今本及不合古本,又其說之背于古者,具詳余所著《禮記參訂》。」則其書名當以是爲定。又天津圖書館亦藏一鈔本,作八卷(《中國古籍善本書目・經部》頁二〇四),未悉其異同若何。

五、《簡莊疏記》十七卷

有張氏《適園叢書》本。書後有乙卯(一九一五年)四月張鈞衡跋,略云:「此書分疏各經,詮釋字義,頗與《經義雜記》、《讀書雜志》相近。鈔自武進盛氏，前六卷寫定本，後八卷則手稿也。」《清朝續文獻通考》卷二百五十九著錄，亦作十四卷。刊本作十七卷者，蓋張氏付刻時所分析也。先生稿本今藏北京圖書館（《北京圖書館古籍善本書目》頁一四二、《中國古籍善本書目・經部》頁三六六著錄）。

六、《經籍跋文》

是書記所見或所藏經籍善本，各繫以跋，疏其異同，兼記版刻之歲月、冊籍之款式，計有〈宋版周易注疏跋〉、〈宋本周易集解跋〉、〈宋咸淳本周易本義跋〉、〈宋本尚書孔傳跋〉、〈宋本書集傳跋〉、〈宋本毛詩跋〉、〈元本毛詩注疏跋〉、〈宋本周禮注跋〉、〈宋本儀禮注跋〉、〈宋本禮記注跋〉、〈宋本禮記注疏跋〉、〈元本禮記集說跋〉、〈宋本春秋經傳集解跋〉、〈宋本穀梁傳單行疏跋〉、〈宋本論語音義跋〉、〈宋本孝經注跋〉、〈宋本爾雅疏跋〉、〈宋本孟子音義跋〉、〈宋本四書跋〉等，共十九篇。（按先生《文鈔》有〈宋本周易本義跋〉、〈宋本詩集傳跋〉、〈元本春秋左傳句讀直解跋〉三篇，可以並觀。）有《別下齋叢書》本、光緒戊寅葉氏龍眠山房刊本（此本未見，楊繩信氏《中國版刻綜錄》頁三六〇著錄）、光緒辛巳晉石厂校刊本、章氏《式訓堂叢書》本、《校經山房叢書》本、商務印書館《叢書集成初編》排印本。諸本並有嘉慶癸酉十月吳騫敘、道光丁酉四月管庭芬跋、許洪喬跋。

七、《續唐書》七十卷

譜甲戌已見。有道光四年士鄉堂刊本（《販書偶記》卷五、《北京圖書館古籍善本書目》頁二五一著錄）、光緒二十一年廣雅書局重刊本、商務印書館《叢書集成簡編》排印本。有先生自序。沈濤《十經齋文二集》有〈書續唐書後〉一篇。

八、《鄭君年紀》一卷

譜乙巳已見。《詩境筆記》載錄，作《北海鄭公年譜》；段玉裁《簡莊綴文・序》亦稱《鄭君年譜》。羊復禮《簡莊文鈔・跋》謂此書稿已泯没不傳，實則是書今附刻於袁鈞《鄭氏佚書》之末，題《鄭君紀年》。蓋袁君與先生同舉浙省孝廉方正，且並治鄭氏之學，因得見其稿本與。本集有乾隆五十年六月自敘，題《鄭君年紀》，今從之。又錢竹汀《潛研堂文集》卷二十六有〈鄭康成年譜序〉一篇。

九、《對策》六卷

譜辛酉已見。有士鄉堂原刊本(森按：孫氏《販書偶記》卷十六著錄本爲嘉慶十二年士鄉堂刊本；《續編》卷十一著錄者則作嘉慶十年。孫《記》例不複見，然此當係一板)、章氏《式訓堂叢書》本、《校經山房叢書》本、商務印書館《叢書集成簡編》排印本。有先生嘉慶六年七月識語。

十、《簡莊綴文》六卷

此爲先生文集。有嘉慶十二年士鄉堂原刊本(《販書偶記》卷十六著錄)，傳本絶少。光緒十四年，羊復禮重刊於粤東，改題曰《簡莊文鈔》，本譜所據者即此本。後羊氏版燬於火，一九二六年杭州抱經堂補刊印行，仍題《綴文》。各本有嘉慶十二年四月段玉裁敘、嘉慶十年夏先生識語。羊本、抱經堂本並有光緒十四年羊復禮跋；抱經堂本復有丙寅陳乃乾序。

十一、《簡莊文鈔續編》二卷

羊復禮輯先生遺文，次爲二卷，光緒十四年與《文鈔》、《河莊詩鈔》合刊。余復摭拾所遺，爲〈簡莊遺文輯存〉一篇，刊於《大陸雜誌》七十六卷第三期(一九八八年)。近續有所得，尚待增補。

十二、《河莊詩鈔》

羊復禮輯本。余別又輯得若干首，俟刊。

十三、《新阪土風》一卷

譜戊戌已見。《詩境筆記》著錄。光緒壬辰八月，羊氏刊於桂林。有嘉慶丁巳八月秦瀛敘、光緒十八年重九羊復禮跋。《清儒學案》卷八十七著錄，作「新阪風土記」，誤。

十四、《簡莊隨筆》一卷

刊於《煙畫東堂小品》第二冊。

㈡ 未刊

一、《周易繫辭外傳》二卷

見《詩境筆記》。

二、《周易存義》九卷

見《詩境筆記》，本注：「集馬、鄭、二王四家注，終以『謹案』發明四家之義。退〈文言〉於〈繫辭〉後，列〈彖〉、〈象〉於卦末。」

三、《周易鄭注後定》三卷

見《詩境筆記》，本注：「從歸安丁小雅輯補本重加校定。其經文悉考原本，不從王弼所亂者。」森按：今北京圖書館藏盧見曾雅雨堂刻《鄭氏周易》三卷，有先生校跋，並錄盧文弨、孫志祖、丁小雅三家校跋（《北京圖書館古籍善本書目・經部》頁十二、《中國古籍善本書目・經部》頁四十著錄），蓋即此書底本。

四、《逸書》二卷

見《詩境筆記》，蓋輯古《尚書》逸文也。

五、《逸詩》一卷

見《詩境筆記》，此蓋輯錄先秦逸詩也。

六、《詩人考》三卷

譜壬寅已見。《詩境筆記》著錄，本注：「從齊、魯、韓、毛四家及諸子籍，考得《三百篇》作者四十餘人，大要以毛爲宗。後附〈詩人辨〉，專闢僞《詩傳》說。」本集卷二有乾隆四十七年四月自敘；吳兔床《愚谷文存》卷一亦有一序。羊復禮《簡莊文鈔・跋》云：「《詩人考》三卷，稿尚爲余家所弆。」今不知尚在天壤間否？

七、《毛詩纂述》

見《海寧渤海陳氏宗譜》卷二十六先生傳。

八、《三家詩拾遺》十卷

稿本四冊，現藏中央研究院歷史語言研究所。鄧邦述舊藏，《群碧樓善本書目》卷五著錄。

九、《集周禮干注》一卷

見《詩境筆記》。《釋文·序錄》著錄干寶《周禮注》十三卷，此輯干注佚文也。

十、《集周禮戚音》一卷

見《詩境筆記》。按《釋文·序錄》云:「近有戚衮作《周禮音》。」其書隋、唐志已不載，則亡佚久矣。

十一、《儀禮校勘記》

見《經籍跋文·宋本儀禮注跋》。

十二、《集儀禮喪服經傳馬注》一卷

見《詩境筆記》，本注:「未成」。

十三、《集禮記盧注》一卷

見《詩境筆記》，本注:「較杭氏所集倍增」。

十四、《集蔡氏月令章句》十二卷

見《詩境筆記》，本注:「較余氏《鉤沈》多三之一」。

十五、《釋禮》一卷

見《詩境筆記》。按《簡莊文鈔》卷六有〈釋禮〉一篇，疑即此。

十六、《春秋賈服注摭逸》十二卷

見《詩境筆記》，本注:「從元和惠氏及歸安丁氏本重輯。其經傳次第，亦從杜氏未亂之本。」

十七、《箴左傳膏肓摭遺》一卷

見《詩境筆記》。

十八、《發公羊墨守摭遺》一卷

森按:《雲自在龕隨筆》引《詩境筆記》，原無此目，惟據原注「以上三書」云云，則當有此書，或繆書寫脫耳。

十九、《起穀梁癈疾摭遺》一卷

見《詩境筆記》，本注:「以上三書，俱從山西本、武進莊氏、歸安丁氏本重校，未寫定。」

二十、《集賈氏國語注》

森按:鈕樹玉《非石日記鈔》乾隆壬子二月廿九日條，記所見書稿，有

「海寧陳氏所著《賈氏國語注》（本注：其圖章曰『新坡卿印』）。」蓋先生書也。考吳兔床《拜經樓藏書題跋記》錄先生《北海經學七錄》識語，自署「新坡陳鱣」（卷一，頁廿一）；又〈南部新書跋〉，末題「新坡陳鱣記于六十四硯齋」（卷二，頁十二）；跋吳兔床《國山碑考》，末題「新坡鄉人陳鱣跋」（《拜經樓叢書》本）。「新坡卿」蓋先生早年自號也。

二一、《駁五經異義後定》一卷

見《詩境筆記》，本注：「從武進莊氏、元和惠氏、嘉定錢氏本合參，依五經爲先後。」

二二、《論語經典通考》一卷

見《清朝續文獻通考》卷二百五十九〈經籍考三〉。按此書未聞，俟考。

二三、《鄭注論語後定》二卷

見《詩境筆記》，本注：「與秀水陳梅軒、歸安丁小雅合訂。共增多五十條，較知不足齋刻本多三之一。」按：北京圖書館藏知不足齋本《鄭注論語》，有先生及吳兔床校補並跋，先生並錄丁小雅訂補各條及跋文（《中國古籍善本書目·經部》頁三〇三），蓋即是書底本也。

二四、《集孟子劉注》一卷

見《詩境筆記》，此輯劉熙佚注也。今上海圖書館藏有是書鈔本，曾經盧文弨校正者（《中國古籍善本書目·經部》頁三一〇著錄）。

二五、《孟子弟子列傳》一卷

見《詩境筆記》。

二六、《四書疏記》四卷

手稿本現藏浙江圖書館（《中國古籍善本書目·經部》頁三五〇著錄），未審其與今本《簡莊疏記》所收者有異同否？又，北京圖書館藏徐光濟編《汲脩齋叢書》十六種稿本十冊，亦收有先生《四書疏記》一卷（《北京圖書館古籍善本書目》子部頁一九二〇著錄），則是書本自單行，今故別立其目於此。

二七、《古文孝經疏證》二卷

見《詩境筆記》，本注:「籍(森按:疑「證」字之誤)日本新出孔傳之僞。」

二八、《爾雅集解》三卷

謝啟昆《小學考》卷三著錄，有先生自敘。按敘文，是書蓋輯錄《釋文》、群經義疏、《文選注》及釋藏《一切經音義》等書所引犍爲舍人、劉歆、樊光、李巡、孫炎五家舊注，兼采舊音，以存漢、魏古義也。《詩境筆記》記先生所著書，有《集爾雅三家注》三卷，本注:「采集犍爲舍人、李巡、孫炎(繆書原誤「斐」)注，徵引群書約百餘種。」蓋以今見存者，三家之注爲多與。上海復旦大學圖書館藏此書朱元呂抄本乙部，題《爾雅舊注》，有許瀚校補並跋(《中國古籍善本書目·經部》頁三八三)。

二九、《爾雅校勘記》

見《經籍跋文·宋本爾雅疏跋》。

三十、《石經說》六卷

見〈蜀石經毛詩考異敘〉(《文鈔續編》卷一);又〈唐石經校文敘〉云:「鱣于乾隆五十五年作《石經說》六卷，蓋取漢熹平、魏正始、唐開成、蜀廣政、宋至和、宋紹興歷代所刻石而稽考其異同也。」(《簡莊文鈔》卷二)。《簡莊疏記》稱曰「石經考」(卷二，頁七)，當即一書。

三一、《說文解字正義》三十卷

《小學考》卷十著錄，有王鳴盛敘;又見朱記榮《未刊遺書志略》(頁十六)。余考段氏《說文注》「莤」字下引先生說，二人交善，段氏或曾見其稿本與。(別參拙作〈段玉裁說文解字讀考辨〉)管庭芬《海昌藝文志》十三引吳振棫云:「谿齋嘗欲爲《說文解字》作疏，未竟。命其子仲魚續爲之，稿本已得十九。仲魚没，其子愚瞢，斥賣藏書，即折所錄稿裹書以畀售者，此書遂飄散不可復問。」

三二、《說文聲系》十五卷

見《小學考》卷十。按阮元〈論語古訓敘〉，是書蓋取《說文》九千字，以聲爲經，偏旁爲緯，若嚴可均《說文聲類》之比也。今北京圖書館藏先生稿本《聲系》三卷（《北京圖書館古籍善本書目》頁一九七、《中國古籍善本書目·經部》頁四八八著錄）。未審即此書否？

三三、《說文繫傳釋詁》

按查元偁〈說文字通敘〉云：「余弱冠，受業於同里陳仲魚先生鱣。先生之學，長於《說文》，作《繫傳釋詁》十餘萬言，援據精博，丹鉛不去手。（中略）所著書屢易稿，迄未授剞劂。迨余歷西臺，乞假南旋，則師已歿。後裔式微，求所著釋《說文繫傳》書，零落不可考。」（《說文詁林·前編序跋類》七）惟此所言《繫傳釋詁》者，余頗疑即指《說文正義》。蓋《正義》一書，乃先生中歲心力之所萃，如〈埤倉拾存自敘〉云：「鱣著《說文解字正義》，思盡讀倉、雅字書，每訓詁遺文，單詞片語，零行依附，獲則取之，以資左證。」（《文鈔》卷二）又〈廣雅疏證跋〉云：「鱣之《說文正義》用力已十餘年」（《文鈔》卷三），並其例也。然絕不見有齒及《繫傳釋詁》者。抑《繫傳》其書，本多悠謬之說，以之參校《說文》則可，爲作解人，轉屬多事。蓋此出諸查氏後來之追憶，事歷既久，致失堅确與；或查氏嘗見先生《繫傳》校本（按先生手校本，今藏北京圖書館，見該館《古籍善本書目》頁一六一），因混之，未可知也。今姑列其目，附記所疑如此。

三四、《埤倉拾存》二卷

譜已酉已見。稿本今藏北京圖書館（見《北京圖書館古籍善本書目》頁一五三、《中國古籍善本書目·經部》頁三九〇）。《小學考》卷九著錄，稱《今本埤倉》。本集卷二有敘，題〈埤倉拾存自敘〉；又《小學考》卷二十九著錄《今本聲類》，本集卷二自敘亦題《聲類拾存》。集後出，當以「拾存」之名爲定。

三五、《聲類拾存》一卷

譜已酉已見。《小學考》卷二十九著錄，有先生自敘及阮元書後。稿本現存北京圖書館（《北京圖書館古籍善本書目》頁一六九著錄）。

三六、《通俗文拾存》

見《簡莊文鈔》卷二〈埤倉拾存自敘〉。稿本現存北京圖書館（《北京圖書館古籍善本書目》頁一六九、《中國古籍善本書目·經部》頁三九八著錄)。

三七、《古小學書鉤沈》十一卷

稿本今藏北京圖書館(《北京圖書館古籍善本書目》頁一五八、《中國古籍善本書目·經部》頁三九七著錄),有徐光濟跋。共輯有《字書》一卷、魏張揖《字詁》一卷、樊恭《廣倉》一卷、晉呂靜《韻集》一卷、王羲之《小學篇》一卷、葛洪《字苑》一卷、周成《雜字》一卷、晉李彤《字指》一卷、阮孝緒《字略》一卷、晉楊承慶《字統》一卷、梁何承天《纂文》一卷。其中《字詁》、《廣倉》、《字書》、《韻集》四書輯本,《小學考》卷八、卷九、卷十五、卷二十九並著於錄,各有先生自敘。

三八、《恆言廣證》六卷

譜甲戌已見。《簡莊文鈔續編》卷一有先生嘉慶十九年十一月自敘。羊復禮《簡莊文鈔·跋》云:「《恆言廣證》六卷,舊爲吳氏竹初山房所藏,今亦存亡莫卜。」按顧頡剛先生《郊居雜記》,其「陳鱣世系及其著述」條有云:「《恆言廣證》原稿亦爲〔金〕元達所得,其文即以朱筆書于錢氏《恆言錄》之書眉,字小如蠅頭,亦有模糊不可識者。不知彼將販賣至何處也?」(《顧頡剛讀書筆記》頁一七一九)今上海圖書館藏先生手稿本(見《中國古籍善本書目·經部》頁三九六),或即此本。另檢《文瀾學報》第二卷《浙江文獻展覽會專號》,知當日別錄有一鈔校本(頁二八八),今則未知所歸矣。

三九、《別雅補纂釋》

見《詩境筆記》,本注:「仿《隸釋》,自周秦迄魏晉,稍溢至唐。」

四十、《讀書敏求記校記》

參本譜嘉慶十二年條下。

四一、《唐才子傳校勘記》一卷

朱氏《未刊遺書志略》著錄(頁二十九)。今傳有道光二十五年管庭芬鈔本,藏北京圖書館(見《北京圖書館古籍善本書目》頁四一一)。趙萬里氏有〈陳仲魚唐才子傳簡端記〉，刊《北海圖書館月刊》二卷一號（一九二九年），蓋即據先生校本迻錄者。其原校本，今亦藏北京圖書館（同上），王文進氏《文祿堂訪書記》卷二著錄，有嘉慶十五年正月校跋，末云：「時余方校計敏夫《唐詩紀事》，因類及焉。」知先生別有《唐詩紀事》校本，未悉錄有成稿否？今附記於此。

四二、《簡莊詩集》十卷

見管庭芬《海昌藝文志》卷十四，云「寫本」；《清史列傳》六十九著錄。羊復禮《簡莊文鈔・跋》，言稿已亡佚莫睹。

四三、《渚山樓牡丹分詠》一卷

先生與潘學詩撰。有鈔本傳世，現藏北京圖書館（《北京圖書館古籍善本書目》頁二八三〇著錄），有曹宗載、高惟峻二跋。

四四、《選詩話》十卷

見《詩境筆記》，本注：「昔人評論涉《文選》者」。

四五、《武林寓目記》

見《吳兔床日記》乾隆庚子三月八日條（《古學彙刊》本頁四），蓋記其來往武林間所見書畫也。

四六、《銘心絶品錄》三卷

見《詩境筆記》，本注：「所見金石書畫」。

四七、《河莊篆刻》

見《詩境筆記》。

四八、《松研齋隨筆》

見《詩境筆記》、李遇孫《金石學錄》卷四、《海昌藝文志》卷十四。按管氏《海昌藝文志》列此書及《兩漢金石記》，注：「並見《金石學錄》。」羊復禮《簡莊文鈔・跋》亦云：「《兩漢金石記》、《松硯齋隨筆》各若干卷，皆泯没不復睹。」今檢李遇孫《金石學錄》卷四云：「陳鱣精考證之學，築果園於峽石山麓，藏經籍、金石數百種，著《松研齋隨筆》。《兩漢金石記》錄其〈吳禪國山碑跋〉。同時海昌之言金石者有陳均，能識鐘鼎篆文」云云。此《兩漢金石記》自是翁覃谿之書，其〈吳禪國山碑〉條下，正引先生《松研齋隨筆》（卷十八，頁二十四）。管庭芬誤讀此文，以「兩漢金石記」五字屬上耳。羊氏則沿管氏之誤，非別有所據也。今附辨於此。

四九、《修業錄》

見《詩境筆記》。

一九八九年十二月二十七日初稿，時在台安醫院。一九九〇年三月一日在榮總重訂畢，四月十八日錄竟。

八月十四日，閱《顧頡剛讀書筆記》，其《郊居雜記》十「陳鱣世系及其著述」條（頁一七一七），引錄陳賡笙《海寧渤海陳氏宗譜》（光緒壬午刊本），因得據以增補若干事。文中凡引及《宗譜》者，並轉引自顧氏書。

本文付印前，曾蒙台大教授葉國良兄惠閱一過，有所教示，謹書此敬表謝忱。一九九二年八月一日又記。

（本文於一九九〇年十二月六日通過刊登）

引用書目錄（依引用先後爲序）

《十駕齋養新録》　錢大昕著　《潛研堂叢書》本

《定香亭筆談》　阮元著　河洛出版社影印本

《清史稿》　趙爾巽等　一九七七年中華書局點校本

《拜經樓詩集》　吳騫著　《拜經樓叢書》本

《愚谷文存》　吳騫著　同上

《拜經樓詩話》　吳騫著　同上

《新阪土風》　陳鱣著　光緒十八年羊復禮刊本

《清儒學案》　徐世昌著　世界書局影印本

《簡莊文鈔》　陳鱣著　光緒十四年羊氏粵東刊本

《簡莊文鈔續編》　陳鱣著　同上

《河莊詩鈔》　陳鱣著　同上

《清史列傳》　一九二八年上海中華書局排印本

《浙江文獻展覽會專號》　《文瀾學報》第二卷（一九三七年）

《拜經樓藏書題跋記》　吳壽暘纂　《拜經樓叢書》本

《陶風樓藏盧抱經校本述要》　《江蘇省立國學圖書館第五年刊》（一九三二年）

《適園藏書志》　張鈞衡著　一九一六年南林張氏刊本

《盧抱經先生年譜》　柳詒徵編　《中央大學國學圖書館第一年刊》（一九二八年）

《吳兔床日記》　吳騫著　《古學彙刊》第十四册

《四庫全書纂修考》　郭伯恭著　一九三七年商務印書館排印本

《四庫全書纂修研究》　黄愛平著　一九八九年中國人民大學出版社排印本

《寒瘦山房鬻存善本書目》　鄧邦述著　一九三〇年江寧鄧氏刊本

《孝經鄭注》　陳鱣輯　咸豐間別下齋刊《涉聞梓舊》本

《孝經鄭注疏》　皮錫瑞著　光緒二十一年《師伏堂叢書》本

《海寧州志稿》　許傳霈等纂　朱錫恩等續纂　一九二二年排印本

《蓬廬文鈔》　周廣業著　燕京大學圖書館排印本

《六藝論》　陳鱣輯　咸豐間別下齋《涉聞梓舊》本

《皕宋樓藏書志》　陸心源著　十萬卷樓刊本

《文心雕龍校注拾遺》　楊明照先生著　一九八三年上海古籍出版社排印本

《潛研堂文集》　錢大昕著　《潛研堂全書》本

《販書偶記》　孫殿起著　一九五九年中華書局排印本

《明清藏書家尺牘》　潘承厚氏輯　一九四二年上海合衆圖書館影印手稿本

《南江札記》　邵晉涵著　嘉慶八年面水層軒刊本

《復初齋文集》　翁方綱著　光緒四年刊本

《履園叢話》　錢泳著　廣文書局影印本

《江蘇省立國學圖書館藏善本書題跋輯要》　《國學圖書館年刊》一至四號（一九二八～一九三一年）

《竹汀居士自訂年譜》　錢大昕編、錢慶曾續編　浙江書局刊本

《段玉裁先生年譜》　劉盼遂氏編　一九三六年來薰閣書店排印本

《東湖叢記》　蔣光煦著　光緒九年繆氏《雲自在龕叢書》本

《碑傳集》　錢儀吉纂　光緒十九年江蘇書局校刊本

《小學考》　謝啟昆纂　藝文印書館影印本

《論印絶句》　吳騫編　《拜經樓叢書》本

《清畫家詩史》　李濬之編　一九三〇年刊本

《家語疏證》　孫志祖著　《式訓堂叢書》本

《小學盦遺書》　錢馥著　光緒乙未清風室校刊本

《論語古訓》　陳鱣著　光緒九年浙江書局刊本

《論語孔注辨僞》　沈濤著　《仰視千七百二十九鶴齋叢書》本

《論語駢枝》　劉台拱著　《劉端臨遺書》本

《論語孔注證僞》　丁晏著　上海合衆圖書館景印本

《校禮堂詩集》　淩廷堪著　《安徽叢書》本

《雷塘庵主弟子記》　張鑑等編　道光間刊本

《經韵樓集》　段玉裁著　道光元年《經韵樓叢書》本

《碑傳集補》 閔爾昌編 一九三二年燕京大學國學研究所排印本
《樹經堂詩集》 謝啟昆著 嘉慶間原刊本
《詁經精舍初稿》 張崟著 《文瀾學報》第二卷第一期(一九三六年)
《小峴山人詩集》 秦瀛著 嘉慶廿二年城西草堂刊本
《國朝貢舉考略》 黄崇蘭輯 嘉慶間刊本
《蕘圃藏書題識》 繆荃孫等輯 一九一九年刊本
《蕘圃藏書題識續》 王欣夫氏輯 一九三三年王氏學禮齋刊本
《藏書紀事詩》 葉昌熾著 世界書局影印本
《經籍跋文》 陳鱣著 蔣氏別下齋刊本
《黄蕘圃年譜》 江標纂 王大隆補 一九八八年中華書局排印本
《漢學師承記》 江藩著 光緒十一年校經山房重刊本
《對策》 陳鱣著 《式訓堂叢書》本
《八千卷樓書目》 丁立中編 一九二三年錢塘丁氏排印本
《清朝續文獻通考》 劉錦藻纂 一九三六年商務印書館排印本
《國朝耆獻類徵》 李桓編 光緒十七年湘陰李氏刊本
《五十萬卷樓藏書目錄初編》 莫伯驥著 一九三六年商務印書館排印本
《匪石山人詩》 鈕樹玉著 《靈鶼閣叢書》本
《東齋脞錄》 吳翌鳳著 《昭代叢書》本
《說文校議》 嚴可均著 同治十三年姚氏咫進齋刊本
《瞿木夫自訂年譜》 瞿中溶纂 《嘉業堂叢書》本
《金石屑》 鮑昌熙摹印 光緒二年印本
《硤川續志》 王簡可纂 嘉慶間存心堂刊本
《清人文集別錄》 張舜徽先生著 一九六三年中華書局排印本
《蕘圃雜著》 王欣夫氏輯 附刻《蕘圃藏書題識續》後
《文祿堂訪書記》 王文進氏著 一九四二年文祿堂排印本
《國朝未刊遺書志略》 朱記榮著 《觀自得齋叢書》本
《宋元舊本書經眼錄》 莫友芝著 同治十二年獨山莫氏刊本
《一老庵文鈔》 徐柯著 《辛巳叢編》本

《一老庵遺稿》　同上
《揅經室集》　阮元著　世界書局影印本
《續唐書》　陳鱣著　光緒二十一年廣雅書局重刊本
《清代樸學大師列傳》　支偉成著　藝文印書館影印本
《雲自在龕隨筆》　繆荃孫著　一九五八年商務印書館排印本
《嘉業堂鈔校本目錄》　周子美編　一九八六年華東師範大學出版社
《香港大學馮平山圖書館藏善本書錄》　饒宗頤先生編　一九七〇年香港龍門書店排印本
《中國古籍善本書目》(經部)　一九八五年上海古籍出版社排印本
《北京圖書館古籍善本書目》　一九八七年書目文獻出版社排印本
《中國版刻綜錄》　楊繩信氏編　一九八七年陝西人民出版社排印本
《金石學錄》　李遇孫著　《古學彙刊》本
《兩漢金石記》　翁方綱著　藝文印書館影印本
《顧頡剛讀書筆記》　顧頡剛先生著　一九九〇年聯經出版公司排印本

出自第六十二本第一分(一九九三年四月)

史記管蔡曹世家補注

陳　　槃

管叔鮮，蔡叔度者，

槃案管，舊籍或作「筦」，或作「關」，或作「菅」。古器銘有官李父，金文世族譜以爲即姬姓管氏。是謂管，古文亦或作「官」（別詳拙春秋大事表譔異頁三二一下）。

蔡，魏石經古文作「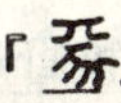」（或引作「」或作「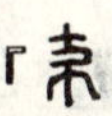」）；彝器銘「」、卜辭「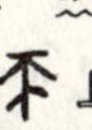」、「」，饒宗頤、張秉權二氏亦釋作「蔡」（別詳同上譔異頁二四上；又六九一上）。

母曰太姒，文王正妃也。

梁玉繩曰：「錢唐汪太史師韓韓門綴學云，鄒氏忠允以太姒爲文王繼妃；龍眠錢秉鐙箸田閒詩學，推明其說，以爲大明之詩曰，「文王初載，天作之合」，明爲文王即位之初年。文王年九十七，享國五十年，則四十七即位，若太姒年政及笄，齒不相當。大明又曰，「纘女維莘」。纘，繼也，明以莘女繼莘女也，意必文王爲世子時所娶莘女是太姒之姊，不祿無子；中年再娶于莘而得太姒，故曰，「俔天之妹」。其曰「長子維行」，乃「女子有行」之行。禮重嫡長，珍重其女而尊稱之，即謂太姒居長亦可。安知太姒之姊、非其伯叔之女乎？此說甚新。余疑「長子」蓋指初娶莘女言。「行」訓爲往，必姊妹同嫁于周，猶謂娣姪從之，未定是不祿而卒也」（漢書人表考卷二）。

武王同母弟十人……其長子曰伯邑考，次曰武王發，次曰管叔鮮，次曰周公旦，次曰蔡叔度，次曰曹叔振鐸，次曰成叔武，次曰霍叔處，次曰康叔封，次曰冄季載。

李超孫曰：『毛公云：太姒十子。此外尚有滕叔、郜子雍、豐侯、毛叔鄭、原伯、畢公高、郇伯；皇甫謐并召公亦文王庶子。其皆衆妾所生與？』（詩氏族考五）。

梁玉繩曰：『十人之次，除伯邑考、武王發，其餘八人，各處所說，次第既殊，即人名亦異。左僖二十四年，富辰以管、蔡、郕、霍、魯、衛、聃、曹爲序。詩思齊疏引皇甫謐，以管、蔡、郕、霍、魯、曹、衛、聃爲序。孔仲達謂史記世家，其次不必如此，而不知謐何據，別于馬遷？富辰言曹在衛、聃下，不以長幼爲次，則其弟無明文以政之。此仲達詩疏所論，是也。經史問答主其說而申辨之，曰：富辰之言，似是錯舉，非有先後。如謂實有先後，則畢公在十亂之中，毛叔亦奉牧野明水之役，而均少于康叔、聃季，萬不可信。況如富辰之序，是管、蔡、郕、霍皆周公兄。皋鼬之盟，魯、衛均在，但聞蔡爭長于衛，何以不聞爭長于魯？是又了然者。全氏之辨，與孔疏相發。乃孔于左定四年疏，又謂富辰以長幼爲次，馬遷多辟謬，豈非矛盾？考淮南子泰族云：周公誅管叔、蔡叔，未可謂弟；又云：周公殺兄；齊俗云：周公放兄。蓋從富辰之言。賈逵、杜預竝依富辰，故以蔡叔爲周公兄。……仲達遂據以爲說，不自知其牴牾耳。而淮南氾論文云：周公有殺弟之累。齊俗云：周公誅弟。褚少孫補三王世家，公戶滿意曰：周公輔成王，誅其兩弟。趙岐注孟子，以周公爲管叔兄。白虎通姓名章引詩傳，以周公行在第三，管叔行在第四。列女傳以管叔居周公下，而以霍叔居成叔上。書金縢僞孔傳云：周公攝政，其弟管叔及蔡叔、霍叔。高誘注呂子察微、開春篇言：管叔，周公弟。蔡叔，周公兄；而注淮南氾論又言：管叔，周公兄。蔡叔，周公弟。余謂諸說不同，猶杜預以曹叔與周公異母；而數五叔有毛叔也（王肅以毛爲文王庶子）。然孟子、淮南，韓詩外傳八，俱以管叔爲周公兄（趙岐注與孟子本文不合，故朱子更之），則從史似較合，而以蔡、郕、霍先周公，以霍叔先成叔，皆不足憑矣」（志疑十九）。

今案左傳富辰之辭，隨口臚列，無何倫次，日儒竹添光鴻亦嘗辨之，詳所著左氏會箋定四年傳條。至于史公之說，頗異諸家。各有所據，存疑可也。

冄季載

索隱：「冄，國也。載，名也。季，字也。冄，或作郍。按國語曰：冄季鄭姬。賈逵曰：文王子聃季之國也。莊十八年，楚武王克權，遷於郍處。杜預云：郍處，楚地。南郡編縣有郍口城。聃與郍，皆音奴甘反」。

今案國語周語亦作「冄」。世家一本作「冉」，敦煌鈔本作「躭」。世家索隱、正義並作「郍」。僖二四年左傳作「聃」。舊籍或作「聃」。廣韻五十一忝，五十五豔並作「胂」。姓觿二十八琰冉下云：或作駬，古文通用；路史國名紀戊又有「陑」與「駒」（葉六上），並未詳所本。邵思姓解一耳四耽引左傳作「耽」；又引公子譜云：耽季戴，文王子也。是字通作「耽」。白虎通姓名篇又通作「南」（南季載。陳立疏證：「案冉、聃、南皆同音，得通用」）。

索隱謂：「杜預云，郍處，楚地，南郡編縣有郍口城。聃與郍皆奴甘反」。案左傳「郍處」。通行本「郍」作「那」。阮氏校勘記曰：石經初刻同，改刻「郉」。岳本作「郍」，與釋文同。

汪遠孫曰：「文昭十六，季載最少，不應遠封荊楚。小司馬之言，恐未然也」（國語發正二）。梁玉繩漢書人表考三、姚範援鶉堂筆記十二，說略同。

梁氏又曰：「果居那口，則音宜乃多反，不應音奴甘反矣（槃案，聃、郍，奴甘反，已前見。那處，釋文：那，又作聃，同，乃多切）。唐表、廣韻注竝言食采于沈，今汝南平輿沈亭即其地，恐屬附會。蓋因沈有覃音，與聃相近，故爲此說。其實平輿之沈，別一姬姓國也。路史後紀十、國名紀五直讀冉爲染，其字別作胂、陑、駒、謂地在京兆，以爲載初封沈，後封冉，殊不足信」。

案索隱之說，汪、梁諸氏辨之是也。唐表等以爲在平輿者（案平輿故城，在今河南汝南縣東南)，亦不然。在平輿者沈國，始封君不與聃國同，不可以爲一。別詳拙春秋大事表譔異壹佰柒沈(頁三五七)。

江永曰:『國語:聃由鄭姬。蓋因鄭姬而亡。僖二年，鄭有聃伯，似鄭滅之以爲采邑，當在開封府境』(地理考實僖二四年條。卷二五三、葉七下~八上)。

案江說近是。廣韻五一忝冉阝下云:『亭名，在鄭』。此其所謂鄭，不知是鄭國?鄭縣?此聃亭當即舊鄭國之聃邑，蓋其前即聃國矣。

玉篇下阜部冉阝:『亭名，他玷切。在京兆』。廣韻五五豔冉阝下說同。案玉篇所謂京兆，當即京兆郡，故治在今陝西長安縣西北，西周畿內地也。畿內而有冉阝亭，豈季載初封亦如毛叔鄭之初封，並在此畿內，厥後隨王室東遷，毛食河南，而冉阝則食鄭歟?

春秋隱九年:『春，天子使南季來聘』。竹添氏曰:『南季蓋食采於南，後因以爲氏。水經注:陸渾縣東南有南水。白虎通引詩傳，文王十子;末云南季載。左傳作聃季，史記作冄季。冄與南同音，故亦作南。……南季即聃季載之後也』(左氏會箋隱公葉四九)。案水經注之陸渾縣，在今河南嵩縣東北伏流城北三十餘里。此與上述聃在開封境及鄭有冉阝亭之說，不無距離。豈聃氏居今河南後，亦嘗遷地歟?

次曰管叔鮮，次曰周公旦，次曰蔡叔度。

孟子公孫丑章下:『周公弟也，管叔兄也』。趙注:『周公惟管叔弟也，故愛之。管叔念周公兄也，故望之』。

焦循曰:『周書金縢云:管叔及其羣弟，乃流言於國。某氏傳云:周公攝政，其弟管叔及蔡叔、霍叔，乃放言於國，以誣周公。孔氏正義云:孟子曰、周公弟也，管叔兄也。史記亦以管叔爲周公之兄。孔似不用孟子之說，或可孔以其弟謂武王之弟，與史記亦不違也。乃下公將不利於孺子傳云:三叔以周公大聖，有次立之勢。然則孔自以周公爲武王弟，管叔爲周公弟，乃爲有次立之勢。其弟管叔，承周公攝政之下，自指爲周公弟，非承上爲武王弟也。蓋漢時原有二說。史記管蔡世家:武王同母兄弟十人，其長子曰伯邑考，次曰武王發，次曰管叔鮮，次曰周公旦。此以管叔爲周公之兄也。列女傳母儀篇云：太姒生十男，長伯邑考，次武王發，次周公旦，次管叔鮮。白虎通姓名篇，文王十子，引詩傳云：伯邑考、武王發、周公旦、管叔鮮。此以周公爲管叔之兄也。盧氏文弨校白虎通引孫侍御云：此所引詩傳，疑出韓詩內傳。以周公爲管叔之兄，與趙岐注孟子合。按白虎通誅伐篇云：尚書曰，肆朕誕以爾東征，誅弟也；又云，誕以爾東征，誅祿甫也。誅弟正指管、蔡，不可以蔡統管。若管是周公兄，則宜以管統蔡云誅兄。今云誅弟，則管、蔡皆周公弟也。高誘注淮南子氾論訓云：管叔，周公兄也。此用史記。注呂氏春秋開春篇云：管叔，周公弟；又注察微篇云：管叔，周公弟也；蔡叔，周公兄也。誘亦嘗注孟子者也。後漢書樊儵傳，儵云：周公誅弟。注云：周公之弟管、蔡二叔，流言於國。又張衡傳思元賦云：旦獲讟於羣弟兮，啟金縢而乃信。注云：成王立，周公攝政，其弟管叔、蔡叔等讟於羣弟兮，啟金縢而乃信。注云：成王立，周公攝政，其弟管叔、蔡叔等謗言云：公將不利於孺子。周公乃誅二叔。魏志，毌邱儉討司馬師表云：春秋之義，大義滅親，故周公誅弟。嵇康管蔡論云：按記，管、蔡流言，叛戾東都。周公征討，誅凶逆，頑惡顯著，流名千里。且明父聖兄，曾不鑒凶愚於幼穉，覺無良之子弟，而乃使理亂殷之弊民；下云：文王列而顯之，發、旦二聖舉而任之。又云：三聖未爲不明，則聖不佑惡而任頑凶，不容於時世，而管、蔡無取私於父兄。此論正本孟子發之。而以文、武、周公爲管、蔡之父兄，與趙氏同。李商隱雜記云：周公去弟。此皆以周公爲兄者。毛氏奇齡四書賸言云：予嘗以此質之仲兄及張南士，亦云，此事有可疑者三：周公稱公，而管叔以下皆稱叔，一。周公先封周，又封魯，而管叔並無畿內之封，二。周制立宗法，以嫡弟之長者爲大宗。周公、管、蔡皆嫡弟，而周公爲大宗，稱魯宗國，三。趙氏所注，非無據也。周氏柄中辨正云：趙氏以周公爲兄，管叔爲弟。列女傳母儀篇數太姒十子，亦以管、蔡爲周公弟。鄧析子無厚篇云：周公誅管、蔡，此於弟無厚也。傅子通玄篇云：管叔、蔡叔，弟也爲惡，周公誅之。又舉賢篇云：周公誅弟，而典型立。漢、晉諸儒固有以管叔爲周公弟者，不特臺卿此注也。按趙氏自有所本。但孟子直云周公弟也，管叔兄也，自是以管叔爲周公之兄』（孟子正義）。

劉書年曰：「武王母弟八人，首管叔，次周公，次蔡叔，次曹叔，次成叔，次霍叔，次康叔，次冉季，史記管蔡世家之次也。杜元凱注左氏據僖二十四年傳，富辰數文昭之國，管、蔡、郕、霍、魯、衛、毛、郱、郜、雍、曹、滕、畢、原、酆、郇，而認前八國爲武王母弟人數與長幼之次。於定四年傳，蔡叔、康叔之兄也云：蔡叔，周公兄。於五叔無官云，五叔，管叔鮮、蔡叔度、郕叔武、霍叔處、毛叔聃。二說不同。近毛西河、全謝山主史記，閻百詩、孔顨軒主富辰所數，而要無的證。愚謂，史公蓋據世本，當以爲定。富辰不過隨口臚列，有何倫次？如毛叔，必非太姒嫡出。左氏言五叔無官，承上周公爲太宰、康叔爲司寇、聃季爲司空而言，謂五叔不爲卿也。毛叔即顧命之毛公，以司空居三公之一，非無官者，故王肅注云：畢公、毛公皆文王庶子。可知五叔中是曹叔。又下文數周公之胤云：凡、蔣、邢、茅、胙、祭，而襄十二年傳則云：邢、凡、蔣、茅、胙、祭。此不拘先後之明證。又坊記注云：君陳，周公子。正義引詩譜云：元子伯禽封魯，次子君陳世守采地。采地者，周也。周公次子封周，與凡、祭並爲內諸侯，春秋時周公與凡伯、祭伯屢見經傳，其爵是上公，而富辰又不數周。閻、孔據之，誤矣。至先秦兩漢人書又多指管叔爲周公弟者，如鄧析子無厚篇云：周公誅管、蔡，此於弟無厚也；列女傳母儀篇、白虎通姓名篇引詩傳數文王十子，並先周公，次管叔；後漢樊儵傳，周公誅弟，注云：周公之弟管、蔡二叔；張衡傳：旦獲讟於羣弟，注：成王立，周公攝政，其弟管叔、蔡叔謗言；傅子通玄篇云：管叔、蔡叔，弟也，爲惡，周公誅之。凡此皆是。然孟子云：周公弟，管叔兄；足以斷之（趙注云：周公惟管叔弟也，故愛之；管叔念周公兄也，故望之。此漢氏相傳之說，朱子注已改從史記）。又高誘注呂氏春秋察微篇云：管叔，周公兄。如此則蔡叔並兄管叔矣。書云管叔及其羣弟之謂何？此尤刺謬。惟列子楊朱篇云：周公誅兄、放弟。兄謂管，弟謂蔡，與史記合（說經殘稿「武王母弟」條。滂喜齋本頁三三）。

畢沅曰：「梁伯子以諸書皆言管、蔡是周公弟，唯孟子及史記以管叔爲周公兄。此（呂氏春秋察微篇高注）又言，蔡叔爲周公兄，益不可信。全謝山以皋鼬之會，將長蔡於衛，不聞長蔡於魯，安得如此注所言乎？」（呂氏春秋新校察微篇）。

梁玉繩曰：『余初校，語有譌漏，今更之曰：周公、管、蔡之長幼，當依史世家，管居周公上，蔡居周公下。左傳富辰敘魯於管、蔡之後，似是錯舉其次，不必如此。乃淮南泰族云，周公誅管叔、蔡叔，未可謂弟；齊俗云，周公放兄，故賈逵、杜預皆言蔡叔，周公兄；楚語韋注亦言，管、蔡，周公兄。高氏察微開春兩注，竝仝其說。然注淮南氾論則曰，管叔，周公兄；蔡叔，周公弟，何自相異也？至管叔之爲周公兄，孟子已有明文，而書金縢孔傳、趙岐孟子注、褚生補三王世家、後書樊儵傳、白虎通姓名章、列女傳一，俱以管叔爲周公弟（淮南氾論云，周公有殺弟之累；齊俗云，周公誅弟，語又岐別），高注仍之，殊不足據（呂氏春秋察微篇校補）。

今案管叔、周公之兄弟行次問題，雖孟子有云：『周公弟也，管叔兄也』，然毛奇齡氏引述其仲兄與張南士之言，以爲在早期之西周史料中，于封建、禮遇、名稱之類，顯示其于周公者則厚，而于管叔者則薄，不成其爲兄弟尊卑之比，不免令人以此致疑。槩案此等處，誠不可解。豈周公賢，能得父兄之歡，故恩寵有加。管叔不肖（世家：「武王同母昆弟十人，唯發、旦賢，左右輔文王」。「武王既崩，成王少，周公旦專王室。管叔、蔡叔疑周公之爲，不利於成王，乃挾武庚以作亂」），不能善處于父子兄弟之間，故徒有兄弟之名，不見兄弟之實也，故耶？而鄧析子無厚、列女傳母儀、褚先生補三王世家、白虎通姓名引詩傳、後漢書樊儵傳、張衡傳、趙岐孟子注等，又不乏以管叔爲周公弟者，豈其然耶？莫能詳也！

蔡叔弟，周公兄，世家之敘次如此，元自不誤。乃自淮南泰族篇以下如賈逵、杜預之注左傳、韋昭之注楚語、高誘之注呂氏春秋察微、開春，並以祭叔爲兄，周公爲弟。而全謝山氏則舉示皋鼬之會，以辨其說之非。

今案皋鼬之會，事在魯定公四年，是時，魯公及諸侯盟于皋鼬，左傳：『及皋鼬，將長蔡於衛，衛侯使祝佗私於萇弘曰……若聞蔡將先衛，信乎？萇弘曰：信。蔡叔，康叔之兄也，先衛，不亦可乎？子魚曰：以先王觀之，則尚德也。……非尚年也。今將尚之，是反先王也。……乃長衛侯侯於盟』。蓋論年，則蔡叔長於康叔，故皋鼬之會，蔡欲先衛。周公於蔡叔爲兄，故不聞亦將長蔡於魯。蔡叔不長於周公，即此，足爲堅實之證無疑矣。

冄季載最少。

通志氏族略二聃氏條：『風俗通，周文王第十子聃季載之後。按世系譜，聃季載，文王第十七子』。

槃案，謂季載爲文王第十子，此與世家合。而世系譜云十七子，未知何據。通志略于酆氏、郇氏條，亦並云十七子，是謂冄、酆、郇並是十七子，蓋其中必有一誤。

其長子曰伯邑考，次曰武王發……同母昆弟十人。唯發、旦賢，左右輔文王，故文王舍伯邑考而以發爲太子。及文王崩而發立，是爲武王，伯邑考已前卒矣。

梁玉繩曰：『案徐氏測議曰，伯邑考爲紂所殺，未必文王有意廢立。武王爲次弟，其序亦及也。方氏史注補正曰，紂烹伯邑考，雖不見經傳(見世紀)，但其後無封，必早死無後。檀弓，文王舍伯邑考而立武王，乃子服伯子附會之言，不足據也。余謂史公下文云：伯邑考，其後不知所封。蓋微弱，久滅失傳爾，不得臆斷其無後不封。而殷道，太子死立弟。文王當殷時行殷禮，故伯邑考死，其子雖在，舍之而立武王。檀弓言舍伯邑考者，省文也。……史謂文王有意廢立，似誤會檀弓之文。方氏以爲子服附會，亦非』(志疑十九)。

崔述曰：『檀弓此章，乃辨立孫立子之異。以下文「舍其孫腯」例之，則文當云：「舍伯邑之子而立武王」。或記偶脫「之子」二字，亦未可知』(豐鎬考信錄二)。

王叔岷兄曰：『案方苞謂「紂烹伯邑考」，見(帝王)世紀。御覽六四二引太公金匱亦云：「文王謂太公曰……予子伯邑考爲王僕御，無故烹之」。金樓子興王篇亦稱，文王「長子伯邑考質於殷，爲紂御，紂烹之爲羹」。此一傳說，未必可信。淮南子氾論篇：「文王舍伯邑考而用武王」。初學記十引尚書中候：「文王廢伯邑考，立發爲太子」（又見御覽一四六，文較略），並與檀弓上及世家合。所謂「舍伯邑考」（舍猶廢也）。明是伯邑考尚在。梁氏乃云：「伯邑考死，其子雖在，舍之而立武王。檀弓言舍伯邑考者，省文也」。眞曲說也！春秋繁露觀德篇：「伯邑考知（一本誤之）羣心貳，自引而激，順神明也」。是文王有廢長之議；而伯邑考尚在，亦可證也』（專刊本史記斠證頁1386）。

今案禮記檀弓上：『公儀仲子之喪，檀弓免焉。仲子舍其孫而立其子。檀弓曰：何居？我未之前聞也。趨而就子服伯子於門右，曰：仲子舍其孫而立其子，何也？伯子曰：仲子亦猶行古之道也。昔者文王舍伯邑考而立武王，微子舍其孫腯而立衍也。……子游問諸孔子，孔子曰：否，立孫！』（正義：文王在殷之世，殷禮自得舍伯邑考而立武王，權也。孔子以仲子周人，當從周禮，不得立庶子，當立孫也）。

黃生曰：『文王舍伯邑考而立武，注以爲文王長子，余意爲文王適孫，以（檀弓）上下文皆有「其孫」字暎發之也。後閱路史，果云：伯邑考，文王適孫』（義府上伯邑考條）。

今案檀弓爲孔門經典，文王立子抑立孫一事，孔子亦有其議論，此其資料之來原，可重視（毛奇齡檀弓訂誤「春秋無公儀氏」條云：『案春秋無公儀氏，惟魯穆公時有公儀休，爲魯相，孟子所云「魯繆公之時，公儀子爲政」者也。是時始有公儀之族、見于史傳。然其距孔子卒時，已七十餘年矣，此必相傳有誤文耳」。槩案魯繆公時，公儀氏于史傳中始有可考，不可謂魯繆公以前，尚無公儀之族。公儀休于魯繆時已能爲相，是公儀氏必舊家、甲族，公儀休亦寖藉其高門世業，用能致身公輔。即以三十年爲一世代，則距孔子卒時七十年，爲時亦不過二代，檀弓中之公儀仲子，約可爲公儀休之王父行。而公儀仲子與孔門弟子有舊，則其家世、人物，亦可想而知，即謂其爲公儀休之先世，似未嘗不合理）。伯邑考應是文王適孫，史公謂爲文王長子，蓋誤。至于伯邑考之死，傳聞互歧，無由質定，則存而不論可矣。

封叔振鐸於曹，封叔武於成，封叔處於霍。

梁玉繩曰：『言三監不及霍叔，而類敘封霍于曹、成之下，疏矣』（志疑十九）。

王引之曰:『(周書大誥序)武王崩,三監及淮夷叛。正義曰:漢書地理志云,周既滅殷,分其畿內爲三國:邶、以封紂子武庚;鄘、管叔尹之;衛、蔡叔尹之,以監殷民,謂之三監。先儒多同此說。惟鄭元以三監爲管、蔡、霍,獨爲異耳。引之謹案,監殷之人。其說有二,或以爲管叔、蔡叔而無霍叔,定四年左傳(管、蔡啟商。惎閒王室。王於是乎殺管叔而蔡蔡叔)、楚語(堯有丹朱。舜有商均。啟有五觀、湯有大甲、文王有管、蔡,是五王者。皆元德也而有姦子)、小雅常棣序(閔管、蔡之失道)、豳風鴟鴞傳(甯亡二子,不可以毀我周室。言管、蔡罪重,不得不誅)、破斧傳(四國。管、蔡、商、奄也)、呂氏春秋察微篇(智士賢者相與積心愁慮以求之。猶尚有管叔、蔡叔之事)、開春篇(周之刑也,戮管、蔡而相周公)、淮南氾論篇(周公平夷、狄之亂,誅管、蔡之罪。高注曰:蔡叔,周公兄也。管叔、周公弟也。二叔監殷。而導紂子祿父爲流言,欲以亂周,周公誅之,爲國故也)、泰族篇(周公股肱周室。輔翼成王。管叔、蔡叔奉公子祿父而欲爲亂。周公誅之以定天下。緣不得已也)、要略篇(成王在褓襁之中,未能用事。蔡叔、管叔輔公子祿父而欲爲亂。高注曰,祿父,紂之兄子,周封之以爲殷後,使管、蔡監之也)、史記周本紀、魯世家、管蔡世家、衛世家(竝云:管叔、蔡叔傅相武庚),是也。或以爲管叔、霍叔而無蔡叔,逸周書作雒篇……商子刑賞篇……是也。武庚及二叔,皆有監殷臣民之責,故謂之三監。或以武庚、管、蔡爲三監,或以武庚、管、霍爲三監,則傳聞之不同也。然蔡與霍不得竝舉,言蔡則不言霍,言霍則不言蔡矣。置武庚不數,而以管、蔡、霍爲三監,則自康成始爲此說。今案序曰,三監及淮夷叛。武庚在三監之列,故下文序曰,殺武庚,因其叛而誅之也。若以管、蔡、霍爲三監,則叛者惟有三叔。武庚之叛,尚未見於序,下文何由而言殺武庚乎?其不可通一也。管、蔡、霍既相與謀叛,則霍叔之罪與管、蔡等,下文何以但云伐管叔、蔡叔而不及霍叔乎?其不可通二也(詩邶鄘衛譜正義曰,書敍唯言伐管叔、蔡叔,而不言霍叔者,鄭云,蓋赦之也。此不可通而強爲之辭也。豈有同罪異罰者乎?)僞作蔡仲之命者不能審定,乃竊取鄭說而附益之曰,囚蔡叔于郭鄰以車七乘(改逸周書之霍叔爲蔡叔,遂與左傳蔡蔡叔之文不合。蔡者,放也,非囚之謂)、降霍叔于庶人,三年不齒。皇甫謐帝王世紀又襲其謬而強爲之說曰,自殷都之東爲衛,管叔監之;殷都以西爲鄘,蔡叔監之;殷都以北爲邶,霍叔監之,是爲三監(見史記周本紀正義),於是言三監者,胥以管、蔡、霍當之而不及武庚，與故書雅記皆不合矣。又案書大傳曰：武王殺紂，繼公子祿父，使管叔、蔡叔監祿父。武王死，成王幼，管、蔡疑周公而流言。奄君蒲姑謂祿父曰，武王既死矣，成王尚幼矣，周公見疑矣，此百世之時也，請舉事。然後祿父及三監叛。詩邶鄘譜正義，據此以明管、蔡、霍之爲三監，其說曰：言祿父及三監叛。則祿父之外，更有三人爲監，祿父非一監矣。今案大傳「三」字當爲「二」。彼傳上文云，使管叔、蔡叔監祿父，監者二人，則當爲二監明甚。如謂三人爲監，中有霍叔，則大傳何以兩言管、蔡而不及霍叔乎？尋檢本文，較然甚箸，不得增入霍叔，以曲從「三」字之譌也。史記魯世家曰：管、蔡、武庚等果率淮夷而反。此書序所謂三監及淮夷叛也。周本紀、宋世家竝曰：管、蔡與武庚作亂。此書傳所謂祿父及二監叛也。司馬遷傳古文尚書、伏生傳今文，而皆不謂武庚之外更有三監，則鄭氏之說疏矣。邶、鄘、衛譜亦誤」（經義述聞三監。經解本卷一一八二）（崔述豐鎬考信錄四亦辨霍叔非一監，今從略）。

今案王氏霍叔非監之論，不爲無據。然逸周書中之三監，已有霍叔，其作雒篇曰：『武王克殷，乃立王子祿父，俾守殷祀；建管叔于東，建霍叔于殷，俾監殷臣。武王崩，周公立、相天子，二叔及殷、東、徐、奄及熊、盈以略。二年，作師旅，臨衛、攻殷，殷大震潰。降辟二叔，王子祿父北奔，管叔經而卒，乃囚霍叔于郭凌，俾康叔宇殷，中旄父宇于東』（商子刑賞篇：「昔者周公旦殺管叔、流霍叔，曰，犯禁者也」。此亦以霍叔爲一監。然以校逸周書作雒篇之說，不無異同，未詳其所本）。逸周書出史臣之筆，言之有物。此等天下國家大事，十目所視，十手所指，豈容全然嚮壁虛造？（左氏春秋莊二十三年傳：「君舉必書，書而不法，後嗣何觀！」；又襄十七年傳：（齊）大史書曰：「崔杼弒其君」。崔子殺之，其弟嗣書，而死者二人；其第又書，乃舍之。南史氏聞大史盡死，執簡以往，聞既書矣，乃還」。古代史官之書法，其嚴肅性如此！）。至若傳聞異辭，則從來有之（太史公書不乏矛盾牴牾之說，蓋勞于采摭，兼收並畜，未暇別擇）。豈霍叔非監，祇不過與羣叔共爲流言；抑或同情叛亂，亦嘗參與其事，傳聞失實，遂使人誤會以爲監耶？

王氏以書敘唯言伐管叔、蔡叔，而不言霍叔，鄭康成謂『蓋赦之也。此不可通而強爲之辭也，豈有同罪異罰者乎？』

雷學淇曰：『周公降辟二叔』而不及霍叔，『蓋罪輕未滅』（竹書紀年義證卷二一，頁一六一）。

今案鄭氏『赦之』之說，固不無可議。若雷氏謂『罪輕未滅』，則未嘗不可備一義。抑余更以爲王氏所引證如左傳、楚語、毛詩序、呂氏春秋、淮南子、史記周本紀、魯世家及管、蔡、衛世家之等說，揆厥原始，亦不免出于傳聞異辭，相沿相襲，習焉而不察，而逸周書說沈蕹弗章，反而近得其實，誠未始無此可能。乃王氏尊其所聞，以爲『先儒多同此說』，是無異謂，此一歷史疑案之定讞，自當取決多數。論古如此，其可乎！

封叔武於成。

索隱：『應劭云武王封弟季載於成，是古之成邑，應仲遠誤云季載封耳』。

案元和郡縣志十二、寰宇記十四、王應麟詩地理考六，說亦並同應氏。而白虎通姓名篇、列女傳一周室三母篇、陶潛四八目則云，封成者叔處。此與世家言『封叔武於成，封叔處於霍』，又于季載曰『冉季載』者差互不同，未知其審。

康叔封，冉季載皆少。

梁玉繩曰：『牧野之役，康叔布茲（槃案，茲，藉席，詳周本紀注），不可言少矣』（志疑十九）。

案，周書克殷篇作『衛叔封傅禮』。孔注：『傅禮，相儀，蓋攝宗伯』。若能相儀，則尤爲年事已長之證矣。

周公旦承成王命……封微子啟於宋。

梁玉繩曰：『案書序云：成王既黜殷命，殺武庚，命微子啟代殷後。蓋謂成王命微子代殷後爲上公，非謂成王始封微子于宋也。樂記曰：武王下車，投殷之後于宋。韓詩外傳三同（越絕書謂，未下車封宋）。荀子成相篇曰：紂卒易鄉啟乃下，武王善之，封之于宋。……俱可證武王已封微子。……

然史于殷、周二紀及魯、宋、管、蔡世家、自序傳，竝以封宋在成王時。而陳杞世家云：殷破，周封其後于宋。則以爲武王封之，又似不誤』（詳志疑二）。

殺管叔。

周書作雒云：『管叔經而卒』。經，謂自縊，與史不同。梁玉繩云：史記誣（詳志疑三）。今案亦存疑焉可矣。

封康叔爲衛君。

梁玉繩曰：『案康叔封衛，經史皆以爲成王時事。大傳亦有成王四年建侯衛之文。但成王爲康叔之猶子，而康誥稱朕弟，寡兄，穆考，又屢呼小子封，有是理乎？……攷竹書，武王十五年，誥于沬邑。褚生續三王世家，載丞相奏云：康叔扞祿父之難。後書蘇竟傳言：周公善康叔不從管、蔡之亂。是武庚作叛，康叔守邦于衛。斯言未必無據，故先儒定爲武王封康叔。（通鑑）前編謂：成王滅三監之後，以殷餘民益封康叔。義或然歟？』（詳志疑三）。

案康叔侯衛在成王時，于時成王尚幼而周公攝政，謙不敢自專，故假藉先王即武王之辭而云『王若曰』，康誥中『朕弟』、『寡兄』、『穆考』、『小子封』，之言，皆假武王之稱，非成王之稱，亦非周公之稱，說已前見（燕召公世家補注「召公不說」條）。

復封胡於蔡。

集解：『宋忠曰，胡徙居新蔡』。案新蔡，即今河南新蔡縣。

梁玉繩曰：『又考漢志于汝南新蔡縣注云「平侯徙此」。雖不見經傳，當必有據。……（世家）集解引宋忠謂，蔡仲徙新蔡，平侯徙下蔡。誤甚。蔡本都上蔡，平侯徙新蔡，至昭侯遷州來乃下蔡也』（志疑十九）。

蔡仲卒，子蔡伯荒立。蔡伯荒卒，子宮侯立。

會注：『梁玉繩曰：蔡爲侯爵，何以荒稱伯？又謚無宮』。

案，古王、公、侯、伯、子、男之稱，並不如後儒所想象之整齊畫一，此例甚多。梁氏爲舊五等爵說先入之見所據，故以爲異。別詳拙春秋大事表譔異。

武侯卒。

梁玉繩曰：『案，武侯在位二十六年，此缺』(同上)。

釐侯三十九年，周幽王爲犬戎所殺，周室卑而東徙。

陳逢衡曰：『以幽王見殺之年爲即平王東徙之年，誤』(詳齊世家莊公二十四年「周東徙雒」條)。

子宣侯措父立。

十二侯年表一本作楷論，一本作措父。

梁玉繩曰：『案他本年表作措父，與世家同，則楷論之名誤也。然三傳春秋皆作考父，見隱八年，則作措父亦誤』(志疑八)。

年表會注：『或有兩名，或其一字也』。

息侯亦娶陳。

集解：『杜預曰，息國，汝南新息縣』。

案杜解本漢書地理志。隱十一年左傳正義曰：『地理志汝南郡有新息縣，故息國也。應劭云：「其後東徙，故加新云」。若其後東徙，當云「故息」，何以反加「新」字乎？蓋本自他處而徙此也』。

案今河南息縣，即漢之新息縣。如正義之說，是今之息縣即漢之新息縣，非息國舊土，乃自他處遷移至此者，故漢氏置縣加一『新』字。至于遷自何處，不可知矣。

子惠伯兕立。

集解：『孫檢曰：兕，音徐子反。曹惠伯或名雉、或名弟、或復名弟雉也』。

案『兕』『雉』古字通，非二名也。說詳齊世家補注『蒼兕蒼兕』條。

齊桓公與蔡女戲船中……齊桓公怒，伐蔡。

齊侯伐蔡，別有隱謀。怒蔡侯之嫁弟，蓋是藉口。說已見齊世家補注(本所集刊第五三本第四分，頁388)。

蔡潰，遂虜繆侯。

梁玉繩曰：『此在繆侯十九年而書于十八年，與表同誤。又春秋三傳無虜繆侯事，恐妄』(同上)。

案，春秋史事，不見于三傳者多矣。史公蓋別有所本，未可遂以爲妄。

齊侯歸蔡侯。

臺灣大學景印敦煌鈔正義本『蔡侯』作『蔡復』。

二十年，楚太子商臣弑其父成王代立。

敦煌鈔本作二十八年，誤。

子景侯固立。

梁玉繩曰：景侯名固，各本譌作同(同上)。

二十九年，景侯爲太子般娶婦於楚，而景侯通焉。

梁玉繩曰：『四，誤作三，景侯在位四十九年也』(同上)。

敦煌鈔本『般』作『班』(下同)。案班、般古通，如公輸班亦作公輸般也。

敦煌鈔本『而』下有『好』字。

靈侯二年，楚公子圍弒其王郟敖而自立。

敦煌鈔本『侯』作『公』。

同上鈔本『郟』作『夾』。

陳司徒招弒其君哀公。

索隱：『招，或作苕，又作昭（一本云：或作昭，或作韶），並時遙反』。

敦煌鈔本作『莒』，蓋作『苕』之誤。

會注：『梁玉繩曰，招弒悼太子，非弒君也。此誤』。

案，此傳聞異辭，史公蓋別有所本。

楚靈王以靈侯弒其父。

同上鈔本『以』作『怒』。

誘蔡靈侯于申，伏甲飲之，醉而殺之。

梁玉繩曰：『昭十一年左傳云，三月丙申，楚子伏甲饗蔡侯于申，醉而執之。四月丁巳，殺之。則表與蔡、楚世家言醉殺蔡侯，非也』（志疑八）。

平王乃求蔡景侯少子廬立之。

萬希槐曰：『世本，平侯者，靈侯般之孫，太子友之子。史記云：蔡景侯少子廬。非也』（左傳證異昭十三年條）。

崔適曰：『世家以廬爲景侯少子，則是靈侯之弟，隱太子之季父也。左傳以爲隱太子之子，與史記又異』（春秋復始六）。

是爲平侯。

集解：『宋忠曰，平侯徙下蔡』。

索隱：『今系（世）本無者，近脫耳』。

案宋忠說誤，梁玉繩有辨，已前見。

悼侯父曰隱太子友。

梁玉繩曰：『隱太子之名，左氏、公羊春秋皆作有。史從穀梁、世本作友。二字音同形近，必非二名，疑有一譌。抑豈古人通借，如曹世子首之爲手歟？』（志疑十九）。

案敦煌鈔本並亦作有。有、友古字通，荀子大略篇：『友者，所以相友也』。楊注：『友與有同義』。許氏集解：『郝懿行曰，有者，相保有也。詩云：亦莫我有。有、友聲義同，古亦通用，如云有朋自遠方來，有即友矣』。

是爲悼侯。

會注：『中井積德曰，「是爲悼侯」是複文，當削』。

案敦煌鈔正義本無此一句，則今本有者，衍文也。

與衛靈公會邵陵，蔡侯私於周萇弘以求長於衛，衛使史鰌言康叔之功德。

『邵』敦煌鈔本作『召』，古字通。

同上本無『於衛』二字。

會注：『梁玉繩曰，案召陵之會，將長蔡於衛，衛使祝佗私于萇弘。此言蔡侯私弘，非。祝佗亦誤作史鰌，蓋以二人皆字魚而誤』。

案敦煌鈔正義本鰌作魚。『文史星歷，近乎卜祝之間』，故『祝史』連稱，舊籍習見，『祝史正辭』（桓六年左傳），『祝史之爲』（同上昭二六年），『因祝史揮以侵衛』（同上哀二五年）之類是也。周書金縢篇：『史乃册祝曰』。册祝者，書祝詞于册也。史書祝册，是又『祝史』職司之可以考見者也。祝與史不分，已可併稱，當然亦可單稱。然則祝佗字魚，自亦可稱史魚（觀定四年左傳，祝佗之對萇弘，歷舉朝章國故，如數家珍，則知其必兼掌史職矣。『史魚』之稱，固無不可），正義舊鈔元不誤。後人不審因而妄改，故今本譌作史鰌耳（論語衛靈公篇：『直哉史魚』。此史鰌也。彼亦一史魚，此亦一史魚，一史鰌，一祝佗，名同而實異也。彼讀史者只知史鰌之爲史魚，不復知祝佗之亦稱史魚，故爾肆意妄改，而不知其于舊史固牴牾不合也)。

(蔡昭侯十三年)夏，爲晉滅沈。

案蔡昭侯十三年，春秋定公三年也。楚滅沈在定四年，見春秋左傳。世家云，定三年，蔡爲晉滅沈，蓋誤。

是爲成侯。

集解：『徐廣曰，或作景』。敦煌鈔本集解，『景』下有『侯也』二字，當據補。

侯齊四年，楚惠王滅蔡，蔡侯齊亡，蔡遂絕祀。後陳滅三十三年。

索隱：『魯哀十七年，楚滅陳。其楚滅蔡，又在滅陳後三十三年，即春秋後二十三年』。

程恩澤曰：『昭侯……又四傳至侯齊四年，復爲楚所滅，然猶未絕也。……楚策「莊辛謂楚襄王曰」章蔡聖(元注：鮑改作靈)侯之事，因是以南游乎高陂，北陵乎巫山，飲茹溪流，食湘波之魚；左抱幼妾，右擁嬖女，與之馳騁乎高蔡之中，而不以國家爲事。不知夫子發方受命乎宣(鮑改作靈)王，繫己以朱絲而見之也。原注：高蔡，即上蔡。恩澤案此說蓋誤。其改聖侯爲靈侯，宣王爲靈王，尤爲武斷。荀子：(槃案彊國篇)子發將西伐蔡，克蔡，獲蔡侯歸，致命曰：蔡侯奉其社稷而歸之楚，舍(蓋子發名)屬二三子而理其地。既楚發其賞，子發辭。淮南子：(槃案道應篇)子發攻蔡，踰之。宣王郊迎，列田百頃而封之執圭。子發辭不受。二說相符，並與策文合。又云：其後子發爲上蔡令，盤罪威王而出奔。威王，宣王子也。於時亦非不相及。惟以爲上蔡，其地似稍差(說苑作下蔡威公，亦誤)。然子發所伐爲高蔡，所宰爲上蔡，不害其爲兩地也。蓋蔡雖一滅於靈王，再滅于惠王，復并於悼王，其後仍國於楚之西境所謂高蔡者(新序以高蔡爲囿名，亦似有見。然必與國都相近)。相其地望，當在今湖北之巴東、建始一帶，故曰北陵巫山，飲茹溪流，食湘波魚；而荀子亦云西伐蔡也。若是上蔡、下蔡，則其地並在楚之東南，何得言西？且距巫山絶遠，又何有茹溪、湘波之可言乎？楚世家云：宣王六年，三晉益大，魏惠王尤彊，故蔡亦往朝之，與乎十二諸侯之列（秦、楚二策所言十二諸侯，皆無泗上二字）。迨至子發獲蔡侯歸，而蔡乃眞不祀矣』（國策地名考十六）。

蘇時學曰：『楚惠王之滅蔡也，蔡猶復建；更七十八年至楚宣王時，而蔡始亡。……而陋者每溺于史記之說，反疑國策之文有誤，妄改聖侯爲靈侯，宣王爲靈王，幸楊倞注荀子引國策此文，尚存其舊耳』（爻山筆話。元書未得見，今從越縵堂讀書記史類葉二八一錄出）。

今案蔡至聖侯時始爲楚宣王所滅，程氏所論詳審矣。蘇說多與程合，今錄其爲程氏所未嘗道者。

元和姓纂十四泰：『蔡叔度生蔡仲胡，受封蔡，後爲趙所滅』。案蔡滅于楚，事具如上。姓纂爲趙所滅之說，今所未詳也。

後陳滅三十三年。

會注：『梁玉繩曰，案三十三年，當作三十一年』。

案，梁氏此說據六國年表。

伯邑考，其後不知所封。

梁玉繩曰：『伯邑考之後失傳。或謂早死無後，恐非。說已見上』（志疑十九）。

管叔鮮作亂誅死，無後。

僖二十四年左傳：『昔周公弔二叔之不咸，故封建親戚，以蕃屏周』。王引之曰：『二叔即管、蔡，而下文封建又有管、蔡者，二叔雖誅而其國不除，仍封建其後嗣。定四年傳：「管、蔡啟商，惎間王室，王於是乎殺管叔而蔡蔡叔。其子蔡仲改行帥德，周公舉之以爲己卿士，見諸王而命之以蔡」。是也。管叔之後復封，雖無明文，而管、蔡並在周公封建之列，則不除其國可知。史記管蔡世家……非也。管、蔡始封在武王時；至作亂被誅，仍封建其後，親親之道也」（春秋左傳述聞上，「弔二叔之不咸」條）。

梁玉繩曰：『廣韻云，管姓，管叔之後。通志于管氏云，管叔鮮子孫，以國爲氏。未可信』（同上志疑）。

今案管、蔡作亂被誅，仍封建其後，王氏說是。梁氏志疑，非也。

成叔武，其後世無所見。

成，公羊經、傳並作『盛』；穆天子傳同，卷六有『盛姬』，路史後紀九下云：即春秋成國。成十三年、定八年左傳、管蔡世家通行本並作『成』。敦煌鈔本世家一作『郕』，亦作『成』。伯多父簋有『成姬多母』（貞松六、三八），此多母，伯多父之夫人。成姬，成國姬姓女也。蓋古文作『成』，後起字作『郕』。盛字从成聲，故亦通作『盛』（詳王引之經義述聞周易下「古字多借盛爲成」條）。

成、初居成，蓋近寧陽（今山東寧陽縣），後遷濮縣東或東北；最後則遷濮東南，是爲成陽（別詳拙著春秋大事表譔異册二、頁一八六）。

文王子成叔武，『叔武』，應劭（世家索隱引）、元和郡縣志十二、寰宇記十四濮州雷澤縣條、王應麟詩地理考六並作『季載』。白虎通姓名篇、列女傳一周室三母篇、陶潛四八目則並作『叔處』。同上世家云：『封叔處於霍』，『封季載於冉』。彼此不同，未知誰誤。

會注：『梁玉繩曰：案春秋隱五年，衛師入郕；十年，齊人、鄭人入郕；莊八年，師及齊師圍郕，郕降于齊師；文十二年，郕伯來奔，皆有傳。此則後世之略可見者，特不知名、謚、年世耳』。

梁氏云，成之名，謚、年世不可知見。今案左傳成十三年有成肅公，定八年尚有成桓公。『肅』與『桓』皆謚。姓纂十四清成姓條：『周文王第五子郕叔武之後，子孫以國爲氏。後爲楚所滅』（岑氏四校記據類稿二八、備要一七引）。路史後紀九下高辛紀下亦云，成『威于楚』（頁三上）。成爲楚滅之說，未詳所本。

霍叔處，其後晉獻公時滅霍。

『霍』，經典並如此作。說文雔部作『靃』，金文靃壺同（窓齋一四二〇）。叔男父匜作『靃』（綴遺四、一三）。路史國名紀戊霍作『傕』。

霍叔名處，三代世表索隱引世本，同。

梁玉繩曰：『白虎通姓名章、列女傳、四八目以成（郕同）叔名處，霍叔名武，並誤』（古今人表攷四）。

會注：『晉滅霍，見于閔元年左傳、文五年左傳。先且居曰霍伯，蓋食霍也。今山西平陽府霍州西有霍城，古霍城也』。

閔元年杜解：『永安縣東北有霍太山』。地名攷略霍：『至霍哀公，爲晉所滅，哀公奔齊，晉以其地賜大夫先且居。……漢置彘縣，東漢改爲永安，屬河東郡，晉屬平陽郡……金置霍州，元因之，明以州治霍邑縣省入，今因之。古霍城在州西十六里』（卷十三、葉二十上～二十下）。

方以智曰：『職方，冀州山鎮，謂之霍大山，在晉州霍邑東北三十里，今之霍州。又濳山縣天柱峰名霍山，漢武所望封。廬州又有霍山縣，輿地以鳳陽府之霍丘縣爲周霍叔所封，則稱平陽之霍州爲霍叔者，必有一誤矣』（通雅十四、葉九）。

案以今山西霍縣之古霍城爲霍叔所封者，蓋自褚少孫、鄭玄、杜預、酈道元以下相傳爲然（參拙春秋大事表譔異頁二八二）。趙世家雖有晉獻公滅霍，霍公求犇齊之文，而此一霍國祖姓，未詳所出。然安徽霍丘爲霍叔所封之說，亦未詳所據，闕疑可矣。

霍之初滅，據左傳爲閔公元年，即晉獻公十六年（周惠王十六年。661 B.C.）。趙世家云：『晉獻公之十六年，伐霍、魏、耿。而趙夙爲將伐霍。霍公求犇齊，晉大旱，卜之，曰：霍太山爲祟。使趙夙召霍君於齊，復之，以奉霍太山之祀，晉復穰』。地名攷略：『至霍哀公（案此依水經汾水注），爲晉所滅，哀公奔齊，晉以其地賜大夫先且居，文五年傳書「霍伯卒」是也。後以大旱，卜之，曰：霍太山爲祟，復召霍君以奉祀，尋復滅之。魏世家「愼子徙君霍」，即此』（卷十三、葉二十上）。如地名攷略此說，是霍之初滅，即以賜先且居。霍後又復國，尋復見滅（案路史後紀九下高辛紀下亦曰：「晉旱，卜之在岳，於是復霍而登，旋臧於晉」)，即不復爲先氏邑，故魏慎子得徙居之也。案高說間出推測，然存參可也。

冄季載，其後世無所見。

會注：「沈家本曰，周語，富辰言，耼之亡由鄭姬，而列于鄶之後，息、鄧之前。鄶之亡，在鳌王之時，則耼之亡，亦當在桓，莊時乎？」

案，富辰之數文王十子，不依長幼爲先後(詳前)，其敘耼、檜諸國之滅，獨能以先後爲次耶？可疑也。然沈氏此說，存參可也。

曹叔振鐸者，周武王弟也。武王已克殷紂，封叔振鐸於曹。

集解：「宋忠曰：濟陰定陶縣」。

正義：「曹、在曹南，因名曹。案今曹州也」。

案叔振，字；鐸，名。逸周書克殷篇：「叔振奏拜假」，是以字稱。

「曹」，卜辭或作「𣍘」(前二、五：「在𣍘，貞」)，或作「𣗥」(後上十五：「猷伐𣗥，其𢦏？」)，金文趞曹鼎作「𣍘」。古印章或作「鄷」(說文古籀補)，或作「𣍟」(古璽文字徵)。說文曰部作「𣍘」。熹平石經公羊殘石作「𣍘」。路史國名紀戊作「𣍘」(葉五上。案古文从東。从由、从車、並疑誤)。

國于定陶，故亦號「陶」。定四年左傳「陶叔授民」，陶叔即曹叔振鐸。說苑善說篇：「趙簡子攻陶(尾張關嘉纂注：戰國策注，陶，今定陶縣)，有二人先登，死於城上，簡子欲得之，陶君不與。承盆疽謂陶君曰：簡子將掘君之墓，以與君之百姓市……」。此云陶君，即曹君。

雷學淇曰：「漢書地理志曰：濟陰郡定陶，故曹國，周武王弟叔振鐸所封。禹貢陶邱在西南。桑欽水經曰：濟水東過定陶縣南；又東北、菏水東出焉；又東北逕定陶縣故城南；又屈從縣東北流南濟也。酈注云：定陶故城，周武王封弟叔振鐸爲曹國，即此。蓋定陶本秦縣、在陶邱東北，即曹之故都也。漢初因之。西漢之季，徙縣治于陶邱，環邱于城中。東漢及晉因之，故水經有故城之說。郭璞爾雅注謂定陶城中有陶邱。班固地志據武帝之世爲言，所謂采獲舊聞，推表山川者也。鄭康成詩譜、宋忠世本注、杜預春秋注，皆謂曹國今濟陰定陶。蓋少疎矣。當云今定陶故城也。叔之封近陶邱，故左傳又謂之陶叔。唐以後，縣省入濟陰，宋復置之，縣城在古陶城之東十里，蓋又有遷徙矣。今曹州府定陶縣治，即宋時故址。陶邱在縣西南七里』（竹書紀年義證卷二四、頁一八二下）。

賴同母之弟成叔，冄季之屬十人爲輔拂。

梁玉繩曰：『伯邑考早死，叔鮮、叔度、叔處，或縊或廢，止五人爾，安得仍稱十人？攷古編曰：此十人者，即大誥之「民獻十夫」邪？』（志疑十九）。

會注：『中井積德曰，除伯邑考、武王、管、蔡外，周公及曹、成、霍、康、冄，僅六人矣，不得稱十人』。

案敦煌鈔本作七，又一本亦作十。蓋作七者是也。漢人書十與七，字並作十。二字之別，唯在橫豎畫之長短，即豎畫較橫畫長者爲十，而二畫長短均等者爲七，故二字易相亂，舊籍習見。史云七人，而中井氏所數者止得六人，猶缺一人，究當誰屬，此則不必妄爲猜擬可矣。

子太伯脾立。

脾亦或譌作『腗』。字書無『腗』，有『膍』字。字彙補云：『同脾』。案『脾』、『膍』正俗字，而『膍』又別作『腗』也。

太伯卒，子仲君平立。仲君平卒，子宮伯侯立。

梁玉繩曰：『案曹伯也，何以稱仲君？豈仲不以正終，故貶其號歟？然無攷』（志疑八）。

又曰：『謚法無宮，或宮是名。然曹有宮伯侯，何也？』（同上）。

幽伯九年，弟蘇殺幽伯代立，是爲戴伯。戴伯元年，周宣王已立三歲。

今本竹書：宣王二年『曹公子蘇弒其君幽伯彊』。陳逢衡集證：『(世家)蓋上冒厲王陟之一年，故曰三年。其實宣王二年也。前編亦云：宣王二年，魯慎公薨，弟敖立。曹公子蘇殺其君幽而自立。與紀年合。幽伯，曹詩譜疏引世家作幽伯，誤』。

子惠伯兕立。

集解：『孫儉曰，兕，音徐子反。曹惠伯或名雉，或名弟，或復名弟兕』。

案敦煌鈔本作：『孫儉曰，徐姊反。曹惠伯或名雉，或名弟，或復名兕雉、或弟兕也』。

惠伯二十五年，周幽王爲犬戎所殺，因東徙，益卑。

陳逢衡曰：『以幽王見殺之年爲即平王東徙之年，誤』(詳齊世家莊公二十四年「周東徙雒」條)。

是爲繆公。

會注：『梁玉繩曰，繆公已下改稱公，不可曉』。

案，公，諸侯通稱。或稱或不稱，國史亦沿習俗，無例可言，拙春秋大事表譔異詳之。

子石甫立，其弟武殺之代立。

會注：『梁玉繩曰，曹詩疏引史，「石」作「碩」。愚按楓山、三條本亦作「碩」』。

今案敦煌鈔本亦作「碩」。二字音同字通。『殺』，敦煌鈔本作『攻』。

子桓公終生立。

集解：『孫檢云，一作「終湦」。湦，音生』。

案敦煌鈔本「檢」作「儉」。「涅」作「星」，不重出。

莊公卒，子釐公夷立。

會注：「莊二十四年春秋：戎侵曹，曹羈出奔陳。赤歸于曹。左氏無傳。杜注云：羈，蓋曹世子也，先君既葬而不稱爵者，微弱不能自定，曹人以名赴。赤，僖公也。蓋爲戎所納，故曰歸。與此異」。

案僖、釐二字，舊籍通用。經傳作僖者，史皆作釐。杜解以赤爲曹僖公，而公、穀二傳則以爲郭公名，史亦云釐公（即僖公）名夷。然則杜說未可據也。

釐負羈諫，不聽，私善於重耳。

會注：「楓山，三條本，聽下有負羈二字」。

案，敦煌鈔本「聽」下亦有「負羈」二字。

敦煌鈔本「重耳」下有「十七年，晉文公重耳立」二句，各本皆脱佚。

令軍毋入。

敦煌本作：「告令軍人曰，無入」。

子宣公彊立。

會注：「梁玉繩曰，案三傳春秋及漢書人表，宣公名廬，即年表亦作廬，不聞名彊也。況宣公之先有幽伯彊，何容宣又名彊？其誤審矣」。

案「彊」，可能是「廬」誤。唯梁謂祖孫不容同名，此則有未然，已辨見燕召公世家補注「九世至惠侯」條。

子平公頃立。

會注：「楓山、三條本「頃」作「須」，與年表、春秋合。此誤」。案，敦煌鈔本亦作「須」。

立于社宮。

集解：『賈逵曰，社宮，社也。鄭衆曰，社宮，中有室屋者』。

案敦煌鈔本『室屋者』作『室屋處也』。

乃乘軒者三百人。

三百，虛約數。商書：『刑三百，罪莫重於不孝』(呂覽孝行覽)；毛詩：『誰謂爾無羊，三百維羣』(小雅無羊)；『不稼不穡，胡取禾三百廛兮』；『不稼不穡，胡取禾三百億兮』；『胡取禾三百囷兮』(魏風伐檀)；周書：『宮刑之屬三百』(呂刑)；左傳：齊桓歸衛文『牛羊豕雞狗皆三百』(閔二年)；中庸：『禮儀三百』；莊子：『名川三百』(天下篇)；孟子：『武王之伐紂也，革車三百乘』(盡心下)。如此之類，皆是也。

本文承耿生慧玲校閱，並有所是正，謹此志謝。

史記晉世家補注

芮逸夫高去尋兩院士逝世紀念論文

陳　　槃

晉唐叔虞者，

案晉，卜辭作『』（藏龜拾遺十三、一）；金文伯郄父鼎作『』；伯格敦作『』，晉陽幣作『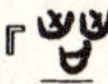』，或作『』，或作『』，或作『』。魏石經尚書殘石古文作『』。呂氏春秋悔過篇紀晉事，前作『晉』，後作『⿰日晉』（高注：『⿰日晉，晉國也』）。文選謝靈運述祖德詩『弦高犒⿰日晉師』，一本作『晉師』。李善注曰：作『晉，字之誤也』。

本稱『唐』，毛詩唐風，晉詩也。呂氏春秋當賞篇，晉文公曰：『若賞唐國之勞徒，則陶狐將爲首矣』。高注：『唐國，晉國也』。案晉世家：『封叔虞於唐，唐在河、汾之東，方百里，故曰唐叔虞』。是晉之始封本號『唐』也。唐叔虞亦曰唐叔，見左傳僖十五年等與周書王會篇。國有晉水，故亦號『晉』，然非其初稱也。

『唐』，金文作『鄌』。晉公盦：晉公曰：『我皇且（祖）鄌公受大命，左右成王』。案古文『唐』『陽』音同字通。春秋經昭十二年『納北燕伯款于陽』，左傳作『唐』；說文口部『唐』，引古文作『啺』。是鄌、啺、陽一字也。

于省吾據晉公盦『鄌即湯』之文，謂『唐叔亦作湯叔』（尚書新證四）。

槃今案从昜之字或音唐，亦或音湯，堯典『暘谷』，史記五帝本紀索隱云：『史記舊本作湯谷』；淮南墬形篇亦作湯谷。是或音唐、或音湯，一也。

集韻唐十一，引古文作『𩣡』與『鶍』，未詳所本。

都于翼，故國號亦曰『翼』。桓三年左傳：『曲沃武公伐翼……逐翼侯于汾隰』；竹書紀年：晉武公元年『翼侯伐曲沃』；世家索隱：『翼本晉都也。自孝侯以下，一號翼侯』。

周武王子，而成王弟。

案僖二八年左傳，曹伯之豎侯獳貨晉筮史，使曰：『先君唐叔，武之穆也』；又昭十年傳，裨竈言於子產曰：『邑姜，晉之妣也』。杜解：『邑姜，齊太公女，唐叔之母』；又十五年傳，景王謂籍談曰：『叔父唐叔，成王之母弟也』；又定四年傳，子魚謂萇弘：『晉，武之穆也』；國語鄭語：『武王之子，應、韓不在，其在晉乎』；又晉語，僖負羈言於曹伯曰：『晉祖唐叔，出自武王』。是並以爲晉祖唐叔『周武王子、而成王弟也』。

童書業曰：『我很疑心唐叔的輩行要高於成王，因爲春秋時的銅器銘文裡曾說，唐公佐輔武王，唐公是武王所封。唐公若是唐叔，那末唐叔當是與武王同世的人，或者他與管叔、蔡叔、唐叔等，同爲武王諸弟之一，也未可知。又書序裡說，唐叔得到了一種異樣的禾種，獻給成王，成王叫唐叔到遠地去送給周公。這說若可信，也可證唐叔的年紀並不幼小』（春秋史第四章晉國世系）。

高去尋曰：晉公盦言，唐公左右武王，廣司四方，四國來王，由是而封建晉國。是武王開國之初，唐叔已成人長大，能建功立業矣』（詳晉國之始封）。

槃案周書王會：『成周之會』，『唐叔、荀叔、周公在左，太公望在右』。『荀』即『郇』，文之昭也（別詳拙春秋大事表譔異肆捌郇），載在僖二四年左傳。今觀王會篇。敘次唐叔在周公旦上，則三人者，理當同爲文王之昭。夫成王，武王太子。武王崩，成王即位，年尚幼稚。如唐叔果成王弟也，則當武王經營四方乃至平定天下時，唐叔即已出生，恐亦未離姆保，何云左右武王？何以成周之會，敘次乃在荀叔、周公之上？已能左助武王，而敘次復在荀叔、周公之上，則文王子武王弟之說，亦不爲無據。疑莫能詳也。

成王與叔虞戲，削桐葉爲珪，以與叔虞，曰：以此封若。史佚因請擇日立叔虞。成王曰：吾與之戲耳。史佚曰：天子無戲言，言則史書之，禮成之，樂歌之。於是遂封叔虞於唐。

梁玉繩曰：『呂氏春秋重言、說苑君道，皆謂周公請封叔虞，惟此作史佚。然其事非實，柳宗元曾辨其妄，故褚少孫續梁孝王世家及漢地理志應劭注據韓詩，又以爲封應侯也。晉語：「叔向曰：唐叔射兕于徒林，殪，以爲大甲，以封于晉」，則非翦桐之故』（史記志疑二十一）。

高去尋曰：『晉公盦銘曰：「晉公曰，我皇且（祖）鄺（唐）公，□宅京師，□□晉邦……」。則謂唐叔佐輔武王有功，所以俾侯于晉。此或近夸，要之，唐叔之封，決非出于兒戲之翦桐葉，則可斷言也』（晉國之始封）。

唐在河、汾之東，方百里，故曰唐叔虞。

顧炎武曰：『按晉之始見春秋，其都在翼（案故城在今山西翼城縣東南十五里）。括地志：故唐城在絳州翼城縣西二十里，堯裔子所封，成王滅之而封太叔也。北距晉陽七百餘里。即後世遷都，亦遠不相及，況霍山以北，自悼公以後，始開縣邑，而前此不見於傳。又史記晉世家曰……唐在河、汾之東，方百里。翼城正在二水之東，而晉陽在汾水之西，又不相合。竊疑唐叔之封以至侯緡之滅，並在於翼……

『晉自武公滅翼（今翼城縣），而王命曲沃伯以一軍爲晉侯，其時疆土未廣，至獻公始大。考之於傳，滅楊（今洪洞縣）、滅霍（今霍州）、滅耿（在河津縣）、滅魏（在今蒲州。槃案蒲州，今蒲縣。元和志河中府條引服虔說：『魏在晉之蒲坂』。蒲坂故城，在今山西永濟縣北三十里。顧氏以爲蒲州，未詳所出）、滅虞（在今平陸縣）、重耳居蒲（在今隰州）、夷吾居屈（在今吉州）、太子居曲沃（在今聞喜縣）、而公都絳（在今太平縣。槃案今爲汾城縣），不過今平陽一府之境（國語：宰孔謂晉侯，景、霍以爲城，而汾、河、涑、澮以爲淵。是也）。而滅虢（在今陝州）、滅焦（今陝州），則跨大河之南（史記晉世家言獻公時晉疆，西有河西，與秦接境；北邊翟，東至河內。索隱曰：河內，河曲也。內，音汭，蓋即今平陸、芮城之地）。至惠公敗韓之後，秦征河東，則內及解梁（在今臨晉縣），狄取狐廚（在今鄉寧縣），涉汾，而晉境稍蹙。文公始啓南陽，得今之懷慶；襄公敗秦於殽，自此惠公賂秦之地，復爲晉有，而以河西爲境。若霍太山以北，大都皆狄地，不屬於晉。文公作三行以禦狄，襄公敗狄於箕，而狄患始稀。悼公用魏絳和戎之謀，以貨易土（在文公後六十），平公用荀吳，敗狄于太原；於是晉之北境至於洞渦（槃案水名，源出山西平定縣東南，西流經壽陽、榆次、徐溝，至太原縣界入汾）、雒陰（槃案今陝西大荔縣西）之間，而鄔、祁（並今祁縣）、平陵（槃案在今文水縣東北）、梗陽（今清源縣）、涂水（在今榆次縣）、馬首（槃案在今壽陽縣東南）、盂（今盂縣）、爲祁氏之邑；晉陽（今太原縣）爲趙氏之邑矣。若成公滅狄潞氏而得今之潞安（槃案今爲長治縣），頃公滅肥、滅鼓、而得今之眞定（黃汝成集釋續刊誤下：『當作昭公滅肥、頃公滅鼓而得今之眞定，方合』。槃案明眞定府，清改正定府。治，今爲河北正定縣），皆一一可考。吾於杜氏之解綿上箕而不能無疑；并唐叔之封晉陽，亦未敢以爲然也』（日知錄卷三十一唐）。

李貽德曰：『愚案呂氏春秋本味篇：和之美者，大夏之鹽。即說文河東鹽池，與翼、絳爲近。地理志太原郡汾陽下云：北山，汾水所出，西南至汾陰入河。水經：汾水出太原汾陽縣北管涔山，至汾陰縣北，西注于河。澮水出河東絳縣東，澮交東高山，西至王澤，注于汾水。說文：澮水出河東彘霍山，西南入汾。大夏爲翼，在晉、絳、吉、隰之間，正在二水東也』（賈服注輯述十四遷實沈于大夏主參條）。

程恩澤曰：『皇甫謐曰：堯始封于唐，今中山唐縣是也。後徙晉陽。及爲天子，都平陽，于詩爲唐國。則唐國在平陽也（箋：詩譜所云故夏墟，原指平陽說，故曰其封域在太岳之野。若在晉陽，則與太岳無涉矣）。水經注又云：汾水南過永安縣西，歷唐城東。臣瓚曰：堯所都也，東去彘（箋：即太岳所在）十里。應劭曰：順帝改彘曰永安（箋：今汾西縣，屬平陽府）。則瓚以唐國爲永安也（箋：顏師古主此）。世本居篇：唐叔虞居鄂。宋忠曰：鄂在大夏。張守節曰：故鄂城在慈州昌寧縣東二里，與絳州夏縣相近。禹都安邑，故城在縣東北十五里，故云在大夏。今爲鄉寧縣，屬平陽府。列國興廢說：成王封叔虞于唐，始都翼。杜預曰：晉舊都在平陽絳邑縣東。鄭樵曰：唐城在絳州翼城西二十里，以有晉水出焉，改爲晉（箋：水經注，平水，俗名晉水。括地志，平陽河水一名晉水）。其地正名翼，亦名絳，而平陽者是其總名，今爲平陽府翼城縣。……洪亮吉曰：今翼城縣西有唐城，東有晉城。則詩之唐國不在晉陽，歷有證驗』（國策地名考八晉陽條）。

案晉陽，據毛詩唐風譜、杜氏世族譜、括地志等，謂在山西太原縣北。南與翼相去七百餘里，顧氏故以爲遠也。

竹書紀年云：『太丁二年，周人伐燕京之戎，周師大敗（後漢書西羌傳引）。此燕京之戎，即太原之戎，錢穆氏嘗考論之，極爲詳悉。其言曰：『太王避狄遷邠，所謂狄人者又如何？曰：此亦可以王季之事爲推。後漢書西羌傳，「武乙暴虐，犬戎寇邊，周古公踰梁山而避於岐下，及子季歷，遂伐西落鬼戎。太丁之時，季歷復伐燕京之戎，戎人大敗周師」。注引紀年，伐西落鬼戎，在武乙三十五年；伐燕京之戎在太丁二年，其事相隔三年。燕京者？淮南子地形訓，「汾出燕京」。高誘曰：「燕京山在太原汾陽縣」。水經汾水注，「汾水出太原汾陽縣北管涔山。十三州志曰：「出武州之燕京山，亦管涔之異名也」。水道提綱注，「山最高大，蜿蜒數百里，爲山西諸山之祖。其東北水皆北入桑乾，其東水皆東入滹沱，其西水皆西入黃河，而汾水其南水也」。然則當王季時，汾水上游有燕京之戎，其勢盛於西落鬼戎。王季旣勝鬼戎，復伐燕京戎而大敗。此族者，殆必周太王之因而避，無疑也。蓋太王畏其偪，王季旣稍強，不忘故居，乃踰河而爭先土，重遭敗績。則當時燕京之戎與西落鬼戎兩族之踞地及其勢力之強弱，不居可見乎？』

又曰：『太王之所避，旣爲汾水燕京之戎，西羌傳何以又曰犬戎寇邊，而古公踰梁乎?曰:犬戎即燕京戎也。曰:然則燕京之戎與西落鬼戎同稱犬戎,其先固一族乎?曰:其先誠一族同源,其後則分土散居,不得以其先之本同,混說其後之旣異也』(周初地理考五十~五十一。燕京學報第十期)。

如錢氏所考,王季伐燕京之戎即太原之戎而遭敗績。槃案後漢書西羌傳言:『至穆王時……王遂遷戎於太原。夷王衰弱,荒服不朝,乃命虢公率六師,伐太原之戎,至于俞泉,獲馬千匹(注:見竹書)。……及宣王立,四年……後二十七年,王遣兵伐太原戎,不克』。此諸云太原,即晉陽(昭元年左傳:『昔金天氏有裔子曰昧,爲玄冥師,生允格、臺駘。臺駘能業其官,宣汾、洮,障大澤,以處大原。帝用嘉之,封諸汾川,沈、姒、蓐、黄,實守其祀。今晉主汾而滅之矣』。杜解:「大原,晉陽也」。禹貢:『旣修大原,至于岳陽』。太原之稱,舊矣)。上引述西羌傳據竹書紀年,云夷王命虢公帥師伐太原之戎至于俞泉,雷氏竹書義證二十三曰:『俞泉,即榆次之涂水。漢書地理志太原榆次:「有涂水鄉,晉大夫知徐吾之邑也」。水經洞渦水注云:「涂水出陽邑東北大嵰山涂谷,西南與蔣谿水合,西北至榆次縣入洞渦澤」。大嵰山,一名大廉,在今榆次縣東南界上。塗、涂、榆、俞,古今字也』。案太原、俞泉(榆次),相距不過五十里,可證竹書紀年之所謂太原即晉陽矣。

如前所論述,西周朝代,太原(晉陽)一方,太原之戎(燕京之戎)、乃至同源異流、異稱如西落鬼戎與夫犬戎之類,其爲禍患,累世不絕於書,而謂唐叔之封即在太原,斯亦不可思議之甚矣。

清一統志:『周叔虞墓在太原縣西南十五里馬鞍山,俗謂之晉王墓,又曰晉王嶺。陳循(嘉慶重修本刪去此二字)寰宇通志:叔虞子燮父,葬在縣治東南,人呼晉侯墓』(卷九七太原府、陵墓)。

晉初居不可能在晉陽(太原),諸家所論,不無根據。今觀清一統志太原縣條,乃有叔虞、燮父父子之墓,則一若叔虞父子碻曾都今太原縣者。然而有可疑者。今太原縣有唐叔虞父子之墓一說,亦略見于大明一統志卷一九陵墓條。日知錄嘗『考其書』,以爲『舛謬特甚』(日知錄卷三一、大明一統志）。又嘗數次客居太原（康熙二年，于時五十一歲；又十年，又十七年，並見張穆顧亭林先生年譜）。史稱顧氏『凡國家典制，郡邑掌故……莫不窮原究委，攷正得失』（清史稿遺逸傳）。『周流西北且二十年，通行邊塞亭障，無不了了』（全祖望譔神道碑）。而于唐叔初封，一反舊說，以爲不在太原，于太原有叔虞父子冢墓之說，視若無覩。閻若璩、太原人，平生博通經史地理之學，又嘗佐徐乾學纂脩清一統志（清史稿儒林傳），則太原縣有叔虞父子冢墓之說，應無不知之理；而其補正日知錄凡數十事（四庫全書珍本五四集卷五潛邱劄記葉一～二五），于叔虞初都不在太原之說，亦未嘗予以糾辨。又潛邱劄記卷二釋地餘論『顧氏肇域記』條，于叔虞初都問題，全依舊說，主在太原（同上四庫本卷二葉三六），亦不提叔虞父子冢墓一事。由是言之，顧、閻二氏對晉國初都問題，無論其爲正，爲反，于叔虞父子冢墓在太原之說，並不予置論，亦即不予重視。然則此二冢墓之是否眞實，可疑，而其與叔虞初都是否在太原之說無何關係，亦可知矣。

復次，史公云：『唐在河、汾之東，方百里』。『河、汾之東』，顧、李、程諸氏唐都在翼之說，已可因而論定；而其封域，云『方百里』，史公亦自有其根據，非漫言。案襄二十五年左傳：『鄭子產獻捷于晉，戎服將事。……晉人曰：何故侵小？對曰：先王之命，唯罪所在，各致其辟。且昔天子之地一圻（杜解：方千里），列國一同（解：方百里），自是以衰（解：衰，差降）。今大國多數圻矣。若無侵小，何以至焉？……士莊伯不能詰，復於趙文子，文子曰：其辭順，犯順不祥。乃受之』。子產謂自昔天子封建，列國一同百里，則晉國之封，自亦不能例外。晉正卿趙文子亦以爲『其辭順』，是子產之言信矣；而史公之說亦有徵可證矣。

子產云列國一同，則不祗晉國，此固亦史實：論語太伯篇：『曾子曰：可以託六尺之孤（何解：孔曰，六尺之孤，幼小之君）；可以寄百里之命（解：孔曰，攝君之政令），臨大節而不可奪也』（解：大節，安國家，定社稷）；王制：『公、侯田、方百里』；孟子萬章下：『公、侯皆方百里』；又告子下：

『周公之封於魯，爲方百里也；太公之封於齊也，亦爲方百里也』；荀子仲尼篇：『故善用之，則百里之國，足以獨立矣』；史記十二諸侯年表：『齊、晉、秦、楚，其在成周微甚，封或百里，或五十里』。此類是也。

墨子非攻：『唐叔與呂尙邦齊、晉，此皆地方數百里』；周禮大司徒：『諸公之地，封疆方五百里，諸侯之地，封疆方四百里』；史記、漢書諸侯王表：周公康叔、逮於魯、衛，各數百里；太公於齊，亦五侯、九伯之地。案此等駁說皆非古。周禮之文，兼霸者所造託，陳蘭甫東塾讀書記卷七『諸公之地』條已詳之。齊方百里，汪之昌嘗有考論，詳青學齋集卷十一『孟子稱齊初封』條。

姓姬氏，字子于。

張文虎札記：『宋本、毛本（于）作干』。

會注：『楓山本、三條本作干。王引之曰：古人名字相應。于，同迂，廣也。虞，同吳，大也。作干，非也』。

案，鄭世家集解據徐廣引晉世家亦作『子于』。作『于』者是也。王氏名字解詁謂子于爲叔虞字，則承史遷臆說而誤者也。周初如文王，文王弟虢仲、虢叔，諸子如伯邑考、武王發、周公旦、蔡叔度、曹叔振鐸、成叔武、霍叔處、康叔封、冄季載、錯叔繡等，皆不聞別有與名相應之字，而以爲叔虞不然。案王氏誤。蓋『虞』與『于』，音同字通。韓非子難二篇：『蹇叔處虞而虞亡。……非蹇叔愚於虞而智於秦也』。陳氏校釋曰：『三虞字，乾道本、趙本作干。淩本作于。迂評本作虞』。槃案此『虞』作『于』，即音同通假例也。作『干』者，形近致譌。作『虞』者，後人不知而妄改之也。杕氏壺『鮮于』即『鮮虞』（兩周金文辭大系考釋、于省吾淮南子新證並如此讀），音同通假，是亦一例也。以此三事互證之，則『于』之讀爲『虞』，固可知也。然則叔虞何以復稱『子于』？曰：『子于』、『子虞』，是一非二。子虞者，『王子虞』之簡稱。周『王子頹』（莊二十一年左傳）亦稱子頹』（同上十九年左傳），『王子朝』亦稱『子朝』（昭二十六年左傳），齊『公子糾』（同上傳莊八章）亦稱『子糾』（同上年春秋、左傳），宋『公子城』亦稱『子城』（昭二十年左傳），如此之類，是其比也』。

韓非子同上篇陳氏校釋又引俞樾平議云：『干即虞也。莊子刻意篇：夫有干、越之劍。釋文引司馬云：干，吳也。……是吳有干名。而虞與吳，古同聲而通用。……是虞即吳也。吳得稱干，則虞亦得稱干也。蹇叔處干，即處虞也』。

如俞氏說，是虞亦可作干，而作于者非也。槃案，吳與虞固可通作，然太伯之吳，以其併有干國（字亦作邗），故亦得有干稱（別詳拙春秋大事表譔異捌吳『國』）。若西方虞仲之國，與東方之干國無涉，自不得亦有干稱。俞氏蓋未之考也。

自唐叔至靖侯五世，無其年數。

王叔岷兄曰：『（會注）考證：「梁玉繩曰，靖侯當作厲侯，故云五世」。案靖侯蓋本作厲侯，涉上下文靖侯字而誤也。十二諸侯年表「靖侯宜臼十八年」，索隱：「唐叔五代孫厲侯之子也。宋衷曰：唐叔已下五代無年紀」。是五世固爲厲侯矣』（史記斠證）

文侯十年，周幽王無道，犬戎殺幽王，周東徙。

陳逢衡曰：『以幽王見殺之年爲即平王東徙之年，誤』（元注：詳齊世家莊公二十四年周東徙雒條）。

晉小子之四年，曲沃武公誘召晉小子，殺之。

今本竹書：桓王『十三年冬，曲沃伯誘晉小子侯殺之』。陳逢衡集證三七：『今據紀年，蓋小子侯之三年。左傳在桓七年，當桓王十五年，則爲晉小子侯之五年』。

而城聚都之。

集解：『賈逵曰：聚，晉邑』。

劉文淇曰：『沈欽韓云：聚，謂其所居之鄉聚，非邑名也。管子乘馬：

方六里，命之曰暴；五暴，命之曰部；五部，命之曰聚。聚者有市。前漢平帝紀，張晏曰：聚，邑落名也。後漢書劉平傳注：小於鄉曰聚。按沈說是也。此年（莊二十六年）傳云：晉侯圍聚，盡殺群公子。下二十六年傳：士蔿城絳，以深其宮。晉世家：士蔿使群公子盡殺諸公子，而城聚都之，命之曰絳。始都絳。如史記說，是聚本無名，都之始名之絳，則聚非邑名。賈言邑名者，要其終也』（春秋左氏傳舊注疏證莊公二十六年）。

獻公子八人，而太子申生、重耳、夷吾、皆有賢行。

王叔岷兄曰：『梁玉繩云，惠公之失德，內外棄之，乃以爲有賢行，與申生、重耳竝稱，毋乃非乎？』

申生自殺於新城。

僖四年左傳：『縊于新城』。

洪亮吉曰：『呂覽上德篇：太子遂以劍死』（春秋左傳詁七）。

王叔岷兄曰：『索隱：國語云，申生乃雉經於新城廟。案穀梁傳作「刎脰而死」』。

虢公醜奔周。

徐文靖曰：『紀年：虢公奔衛。左氏傳云：奔京師。史記晉世家……虢公醜奔周。皇覽曰：虢公冢在河內溫縣郭東濟水南，其城南有虢公臺，河內本衛地，後乃屬周。曰衛、曰周、曰京師，一也』（竹書統箋十）。

驪姬弟生悼子。

會注：『梁玉繩曰：春秋三傳及史于秦紀、年表、齊世家等處皆作卓，此悼字誤』。

張澍曰：『淖齒，徐廣史注作悼齒；晉之卓子，晉世家作悼子；楚悼襄王，鶡冠子作卓襄。蓋卓、淖、悼字古相通』（姓氏辯誤二五悼氏條）。

郤芮曰。

會注：『沈家本曰：郤成子乃郤缺，芮之子也』。

案『郤』當作『郤』。說文邑部：『郤，晉大夫叔虎邑也。从邑、合聲』。段注：『綺戟切，古音在五部』。

重耳遂奔狄。……是時重耳年四十三。

僖二十八年左傳，楚子曰：『晉侯在外十九年矣』。

劉文淇曰：『洪亮吉按史記晉世家，重耳出亡時年四十三，凡十九歲而得入，年六十二。而杜注則本晉語，言晉侯生十七年而亡，十九年而反，凡三十六年，至此（僖二十八年）四十矣。考夷吾爲重耳之弟。夷吾之子圉，以僖十七年出質於秦，秦即妻之，至小亦當年十五六；至二十八年，又及十二年，則懷公此時若在，亦當年近三十。安得重耳爲其伯父年止四十也？明重耳之年，當以晉世家爲實。晉語及杜非也。況昭十三年，叔向言：文公生十七年，有士五人。是文公生十七年而能得士，非即以是年出亡也。杜又確指戰城濮之年，謂文公年正四十。可謂鑿而妄。壽曾曰：懷公之少於文公十歲，伯父猶子多有之，不足爲文公年逾於四十之證。昭十三年傳，生十七年，正謂其出亡之年。杜本彼傳以說。閻若璩四書釋地三續云：史記多妄說，不若左傳、國語足信。國語僖負羈曰：晉公子生十七年而亡。案此則文公入國甫三十六歲，即薨亦祇四十四耳』（舊注疏證）。

世家：『獻公即位，重耳年二十一』。王叔岷兄曰：『（會注）考證：「梁玉繩曰：二十一，當作二十二。各本俱譌。史言文公二十二，獻公即位。四十三奔狄，六十二反國，卒時年七十。左、國言文公生十七年而亡，亡十九年而反，凡三十六年。卒時四十四。何不同若是？余謂信左、國不如信史記。奚以明之？其守蒲城也，二孌曰：疆埸無主，則啓戎心。若使重耳主蒲，可以懼戎。依史記，文公守蒲城時年三十二，與懼戎之說政合。依左、國，但六齡爾，非適足以啓戎心乎？其戰城濮也，楚子曰：天假之年而除其害。依史記，文公戰城濮時，年六十六，與假年之說相符。依左、國，僅四十爾，年少于楚成，安得謂天假之年乎？竹添光鴻曰：文公奔蒲，正獻公滅虢媵秦穆姬之歲。姬係申生姊，必長於文公，如文公年四十三，豈穆姬及艾始嫁？而穆公致書公子，不宜稱爲孺子矣。或疑從左氏，則重耳居蒲止六歲，夷吾更少。不知莊二十八年夏，太子居曲沃，至二子之居蒲、屈，則其後日事也。傳統敘於是年爾。觀士蔿築蒲城云：三年將尋師，可見矣。龜井昱曰：左傳天假之年，受在外十九年，言其保身於奔竄中，愚按，後說近是』。

叔岷兄又曰：『以仁云：梁玉繩云：二十一，當作二十二，各本俱譌。據年表，獻公以即位之次年爲元年。則獻公即位，重耳年二十一不誤。梁氏蓋誤以獻公即位之年爲其元年耳。梁玉繩又云：依史記，文公守蒲城時年三十二，其說亦誤。下文云：獻公三年，以驪姬故，重耳備蒲城守秦。若獻公元年，重耳年二十二，則獻公十三年，重耳年三十四矣。梁氏安得謂重耳時年三十二哉？（札記）。又趙世家云：趙簡子疾，五日不知人，大夫皆懼。醫扁鵲視之。……扁鵲曰……在昔秦穆公嘗如此，七日而寤。寤之日告公孫支與子輿曰……帝告我：晉國將大亂，五世不安，其後將霸，未老而死。扁鵲列傳、風俗通義六國篇有完全相同之記載。可注意其後將霸，未老而死八字。將霸之後人，顯然指重耳。因下文接言文公之霸。如照晉世家說，重耳死時旣年已七十，怎可說是未老而死？如死時是四十四歲，如左、國所說，當然不成問題（詳晉文公年壽辨誤）。

『案以仁據年表，證（世家）此文重耳年二十一不誤，是也。惟下文獻公十三年，年表作十二年，梁氏並以爲十一年之誤（詳下），故云：依史記，文公守蒲城時年三十二也。以仁引趙世家云云，又見論衡紀妖篇。晉世家言文公二十一，獻公即位。四十三奔狄，六十二反國，卒時年七十。雖與他篇抵牾，與左、國不合，竊疑亦有所本，非由臆測。蓋史公取材，往往兼存異說。定其是非，固有待於後人矣』。

其妻笑曰：犁二十五年，吾冢上柏大矣，雖然，妾待子。

僖二十三年左傳作：『我二十五年矣，又如是而嫁，則就木焉。請待子』。

劉文淇曰：『廣雅：遳、徐，遲也。王念孫云：遳與黎通。凡言黎者，皆遲緩之意。字亦作犁。史記晉世家待作犁，義相近。按王說是也。左傳古文或當作遳。索隱以此訓犁，非』（舊注疏證）。

飢而從野人乞食，野人盛土器中進之。

僖二十五年左傳作：『乞食於野人，野人與之塊』。

洪亮吉曰：『外傳作野人舉塊而與之。史記晉世家作野人盛土器中進之。漢書律曆志作乞食于埜人，野人舉甴而與之。按說文，甴，墣也，从土、从一屈象形。或从鬼。是塊當依漢書作甴爲正。但釋文石經等竝作塊』（春秋左傳詁卷七、頁三七）。

晉侯亦使呂省等報國人曰：孤雖得歸，毋面目見社稷。卜日立子圉』。

案『卜日立子圉，僖十五年左傳作：『其卜貳圉也』。杜注：『貳，代也』。

王引之曰：『古無訓貳爲代者。貳，當爲貣。貣與代古同聲。晉語曰：「其改置以代圉也」。此傳曰：「其卜貳圉也」。貳即代之借字也。……史公所見傳文，既譌作貳，故直以貳圉爲立子圉，而改其文云：「卜日立子圉」。不知傳文本作其卜貣圉，故晉語作其改置以代圉。韋昭注曰：「欲令更立他公子以代子圉，言避位以感群下」。其說是也』（詳春秋左傳述聞上、其卜貳圉也條）

遂觸樹而死。

宣二年左傳作『觸槐而死』。

劉文淇曰：「杜注：槐，趙盾庭樹。顧炎武曰：退而觸槐，則非趙盾庭樹。惠棟云：呂覽觸庭槐而死。外傳云：觸廷之槐而死。周禮：王之外朝三槐，三公位焉。則諸侯之朝三槐，三位焉。此說得之。蓋當時麑退而觸靈公之廷槐，歸死于君也。馬宗璉云：案晉語，范獻子執董叔紡於庭之槐。是槐爲三公之位，故晉卿執人於此，足證槐爲外朝之樹矣。按惠、馬說是也。洪亮吉從惠說,謂杜注以爲趙盾庭樹,非』(舊注疏證宣公二年)。

見桑下有餓人。曰:我桑下餓人。

宣二年左傳:『初宣子田於首山,舍于翳桑』。又:『翳桑之餓人也』。杜解:『翳桑,桑之多蔭翳者也』。

會箋:『翳桑當是地名。僖二十三年曰:謀於桑下。以此例之,若是翳桑樹下,則當曰舍于翳桑下、翳桑下之餓人。今是地名,故不言下也。春秋地名取諸草木,若隱十年公會齊侯、鄭伯于老桃,宣二年戰于大棘,僖二十四年晉師軍於廬柳,襄十七年師逆臧孫至于旅松,此類不可枚舉。其以桑名者,僖二年虢公敗戎于桑田、二十四年入桑泉,成六年禦諸桑隧,僖八年晉敗狄于采桑,是也。舍,宿也。一宿爲舍。趙盾自首山還,將宿于翳桑,見靈輒病臥於路傍而問之,旣則分其餉而食之,見舍其半,乃使盡之;旣就客舍,更爲之簞食與肉,寘諸橐以與之也。若盾息于桑下,恐亦不能爲簞食與肉。以此推之,翳桑之爲地名益明。自公羊傳聞失實,始云活我於翳桑下,而呂氏春秋報更篇、淮南人間世篇、史記晉世家、並承其誤,杜又沿爲之說也』。

初盾常田首山,見桑下有餓人。

宣二年左傳:『宣子田於首山,舍于翳桑』。杜解:『翳桑,桑之多蔭翳者』。

王引之曰:『下文曰:翳桑之餓人也。則翳桑當是地名。……自公羊氏傳聞失實,始云:「活我於暴桑下」;而呂氏春秋報更篇(元注:曰,趙宣孟將上之絳,見骫桑之下有餓人)、淮南人間篇(曰:趙宣孟活餓人於委桑之下)、史記晉世家(曰:見桑下有餓人;又盾問其故,曰:我,桑下餓人)、竝承其誤。杜不能釐正而又臆爲之說,非也。余友馬進士器之亦云:翳桑,蓋地名』(詳春秋左傳述聞中、舍于翳桑條)。

隨會曰:昔文公之與楚戰城濮。

左傳宣十二年作『士貞子諫曰』。杜解：『貞子，士渥濁』。

劉文淇疏證：『說苑尊賢作士貞伯，與成五年傳合。晉世家作隨會之辭，史公采異說也』。

（景公）十二年冬……晉始作六卿。

成三年左傳作『六軍』。

李貽德曰：『古者軍將皆命卿，天子六軍則六卿領之，諸侯大國三軍，則三卿領之。此（左）傳六軍，晉世家作六卿。齊世家亦云：晉初置六卿。疑賈注左傳本作六軍，集解依史記之文改作六卿耳』（賈服注輯述十）。

劉文淇曰：『按僖二十七年，文公蒐于被廬，作三軍。穀將中軍，郤溱佐之；狐毛將上軍，狐偃佐之；欒枝將下軍，先軫佐之。此晉有中軍之始，三軍各有佐。僖二十八年，晉侯作三行以禦狄：荀林父將中行，屠擊將右行，先蔑將左行，此已備六軍之制，惟有將無佐耳。至三十一年，蒐于清原，作五軍以禦狄，謂罷三行爲上新軍、下新軍也。新軍將佐乃備。文公六年，蒐于夷，舍二軍。謂舍上下新軍，仍用三軍也。晉軍制，將皆卿爲之，其佐非卿。知者，僖二十七傳，命趙衰爲卿。讓於欒枝；下云，欒枝將下軍。三十一年傳，晉作五軍以禦狄，趙衰爲卿。謂趙衰爲新上軍將也。當作三行之時，軍將皆以卿爲之，則晉有六卿不始於此年。年表、齊、晉世家以六軍爲六卿，涉傳下文新軍卿六人而誤。賈注作卿，亦係誤字。今正之』（舊注疏證）。

案劉說是。晉世家于靈公七年、已云『晉六卿患隨會之在秦』，何至于景公十二年復云『晉始作六卿？』明傳寫誤耳。

賈逵注見于晉世家集解所引者，今各本並作『六軍』。李云作『六卿』，未詳所據。

立其太子壽曼爲君，是爲厲公。

『壽曼』，成十年左傳作『州蒲』。

阮氏校勘記：『宋本、淳熙本、岳本、纂圖本、閩本、監本、毛本、亦作蒲。正義引應劭諱議云：周穆王名滿、晉厲公名州滿、又有王孫滿。則此爲州滿。定本亦作滿。釋文云：州蒲，本或作州滿。劉氏史通雜駁篇，以蒲爲誤。案史記又作壽曼。梁玉繩云：曼、滿音相近，壽、州字相通』（春秋左傳注疏卷二十六校勘記頁八下）。

洪亮吉詁十一：『應劭作舊名諱議云：昔者周穆王名滿，晉厲公名州滿，又有王孫滿，是名同不諱。正義云：據此則爲州滿或作州蒲誤耳（本疏）。按晉世家作壽曼，十二諸侯年表同，是州滿聲之轉，其爲滿字無疑。今據應劭、劉知幾改正。釋文亦云，本或作州滿』（春秋左傳詁卷十一、頁三三下～三四）。

王怒，讓子反，子反死。

成十六年左傳：『（共）王使謂子反曰：先大夫之覆師徒者，君不在。子無以爲過，不穀之罪也。……子重使謂子反曰……盍圖之。對曰……敢亡其死。王使止之，弗及而卒』。

劉文淇曰：『年表：楚共王十六年，殺子反歸；楚世家：共王怒，射殺子反；呂覽權勳：共王斬司馬子反以爲戮。皆謂楚王殺子反，與傳異。晉世家……蓋采傳文』（舊注疏證）。

胥童因以劫欒書、中行偃于朝，曰：不殺二子，患必及公。

成十七年左傳：『胥童以甲劫欒書、中行偃於朝。矯曰：不殺二子，憂必及君』。

劉文淇曰：『韓非說儲：胥童、長魚矯又諫曰：夫同罪之人，偏誅而不盡，知懷怨而備之，間也。以爲童、矯二人之言。晉世家……以爲胥童一人之言，皆與傳異』（舊注疏證）。

悼公元年正月庚申，欒書、中行偃弒厲公……厲公囚六日死。

劉文淇曰：『洪亮吉云：呂覽驕恣篇，厲公游于匠麗氏，欒書、中行偃刦而幽之，三月而殺之。按自十二月至正月，內有閏月，故云三月也。淮南人間訓同。晉語亦稱厲公三月殺。壽曾謂，晉語：三月厲公殺。注：魯成十七年十二月，長魚矯奔翟。閏月，欒、中行殺胥童。十八年正月，厲公殺。洪說蓋據韋注。晉世家：平公（槃案當作悼公）元年庚甲，欒書、中行偃弒厲公。厲公囚六日死。則謂自執至弒僅六月。此史公駁文，與傳不合』（舊注疏證成十八年條）。

平公元年，伐齊，齊靈公與戰靡下。

成瓘曰：『傳有三周華不注之文。于欽齊乘云：左傳，從齊師至於靡笄之下，則華不注亦名靡笄。顧炎武山東攷古錄云：齊乘之言非也。左傳曰，從齊師於莘；曰六月壬申，師至於靡笄之下；曰癸酉，師陳於鞌；曰逐之，三周華不注；曰丑父使公下，如華泉取飲。其文自有次第。鞌在華不注西，而靡笄又在其西可知。又云：戰于鞌、與三周華不注，同是一日，計不甚遠。而穀梁傳曰鞌去國五百里者，據公羊傳注，古六尺爲步，三百步爲里。今以三百六十步爲里，尺又大於古四之一。今六十二里，遂當古之百里。歷城至臨淄，今正符此數（顧說止此）。閻若璩潛邱箚記云：秀水徐善、敬可問余：成二年鞌之戰，杜注止云齊地，穀梁傳則云鞌去國五百里，恐非。以下文華不注山及華泉證之，鞌似去此不遠，當屬今歷城縣也。余曰：通典濟州平陰縣云，左傳齊、晉戰鞌故城，在縣東。括地志、寰宇記同。余意鞌在今平陰東四五十里，其去華不注山亦一百三四十里，朝而戰於鞌，勝而逐之一百三四十里之山下，且三周焉。古駟馬駕一車，車僅三人，御復得法，故取道致遠而氣力有餘。今人不明乎此，徒以平陰、歷城，中隔長清縣境，如是其遠，豈能一日通作戰場？故見通典亦未信歟？（閻說止此）。按于說固未安，顧說、徐說則近是（顧用計里法，故以穀梁傳爲是。徐氏未用計里法，故以穀梁傳爲非，而以鞌在歷城，則意同也）。閻說實於事理多不協。通典止言鞌故城在縣東，東字未曾著落何地。閻氏虍爲揣加里數，既逐之一百三四十里矣，三周華不注之里數，又當揣加幾何？況戰後有獻丑父事、免丑父事、求丑父事。求丑父而至三入出，且入衛師、入狄師，文皆連敘，不第事非易了，即癸酉一日，安得如許之長乎？顧說以鞌屬歷城是矣。又言金史長清有劘笄山，亦未得也。靡笄，今歷山也。歷字從秝，靡字從𣏟（與林亦異）。說文分秝、𣏟二部，聲意絕不相通，而臨文易亂。史記晉世家：平公伐齊，齊靈公與戰於靡下。徐廣注：靡，一作歷。徐廣晉人，是晉本史記有以戰靡下作歷下者矣。司馬貞索隱云：靡，劉氏音眉綺反，即靡笄也。陸氏經典釋文於左傳靡笄云：靡，如字，又音摩。而摩又通磨，磨又通歷。周禮遂師抱磨，釋文云：劉音歷，是也。王伯厚云：史記樂毅書：故鼎反乎磨室。徐廣注：磨，歷也。戰國策磨室正作歷室。蓋古字通用。據此知从秝从𣏟之字，本不相通，繼乃相亂，後又因相亂而成相通之文。讀爲歷者，則取爲舜耕之山。讀爲靡笄者，則取爲晉師壬申所至之地，皆傳之自古，勿能別其是非。靡笄既可屬歷山，則鞌益知非遠矣。

又按史記所書，是平陰之役，而誤云戰靡下，是雜涉於鞌之役矣（平陰之役，晉有攻而齊終無戰）。穀梁書鞌之役，而誤云焚雍門之茨，是雜涉於平陰之役矣。當時左氏傳雖出於孔壁，而秘於內府，至劉歆校書始出之，爲諸儒所擯，又不得立學，故於史事多淆亂。然即歷下以得靡下，則一大適也』（翁園日札左傳成公二年晉師齊師戰于鞌條。商務印書館本卷八、頁四九九～五〇〇）。

孝公卒，子靜公俱酒立，是歲齊威王元年也。靜公二年，魏武侯、韓哀侯、趙敬侯滅晉後而三分其地。靜公遷爲家人，晉絕不祀。

梁玉繩曰：『考竹書于（周）烈王二年（諸子繫年通表第二作元年。依錢表，安王于二十六年崩，當376B.C. 烈王即位于375B.C.），書晉桓公邑哀侯于鄭（元注：韓哀侯也）；于六年，書韓共侯、趙成侯遷晉桓公于屯留。桓公即孝公。雖遷屯留，孝公未卒也。其卒不知在何時？竹書于顯王十年（359B.C.）有鄭取屯留之語，而靜公在位二年遷爲家人，則計其年數，疑孝公在位三十二年，當卒于顯王八年，靜公當立于顯王九年』。

又曰：『史記于晉君之年多舛，故是年（安王二十六年）書滅晉，年表及諸世家皆然（元注：惟韓世家但云分晉）。而不知其誤也。考趙世家云：與韓、魏分晉，封晉君以端氏。又云：奪晉君端氏，徙處屯留。竹書云：晉桓公邑哀侯于鄭；又云：韓共侯、趙成侯遷晉桓公于屯留。乃後此六七年中之事，安得謂晉已滅絕乎？蓋是年爲晉孝公十七年（376B.C.），晉雖分而未絕，封晉孝公于端氏，必在此時，故韓徙都于鄭，尙假晉公之命也。大事記曰：周安王二十六年所分者，絳與曲沃之地也，史記之書誤矣』（史記志疑九）。

韓世家有悼公其人者，雷、錢諸氏並疑即晉靜公。錢穆曰：『又考韓世家：「昭侯十年，韓姬弑其君悼公」。是年正趙肅侯元年，疑悼公乃晉君。前十年，韓取屯留而遷端氏，今趙取端氏而復遷屯留，韓大夫遂弑之也。然則晉自桓公後，尙有悼公，或即晉世家所謂靜公矣。前人於韓姬弑悼公一語，不得其解。梁氏志疑頗主其爲晉君，而未能據趙世家爲說，又誤信僞紀年，故所論多舛。……』『又水經沁水注引紀年：「惠成王十九年，晉取玄氏、濩澤」。其事尙在韓姬弑晉君前三年，固知晉君至是尙在。雷氏義證亦定其時晉君即靜公，謂「泫氏在今山西高平縣東十里，濩澤在今陽城縣西三十里，二邑已屬韓、趙，晉襲取之，靜公亦可謂不量力，所以卒廢絕」。其言信矣。余考其時正梁惠王拔趙邯鄲後一年，梁、趙之兵結而不解，故晉君亦乘時奮起。明年，梁即歸趙邯鄲，與盟漳水上，自是晉君復被遷逐，而乃見弑……』（諸子繫年三六）。如錢等之說，悼公即靜公，是靜公在位九年，非二年，其廢絕在周顯王二十年（349B.C.），亦即獲麟後百三十二年也。

槃案竹書云晉取泫氏濩澤，此『晉』當非舊晉。顧觀光七國地理考：『屯留、長子，漢志並屬上黨。三卿分晉，惟此二邑尙爲晉有。梁惠王元年，韓、趙遷晉桓公於屯留，而長子歸趙，故趙成侯五年，韓與我長子。蓋趙成侯五，正當梁惠王元也。至惠王十二年，韓取屯留、長子，於是晉無一邑，而桓公寄居於韓，其子悼公，爲韓昭侯所弑』。錢氏先秦諸子繫年云：『顧氏論趙、韓分晉事極析。』就此而論，當梁惠王十二年時（周顯王十年），晉桓公已寄居韓氏如家人矣，何以十年以後，忽能以兵襲取已屬韓、趙之二邑？事甚奇突，事可存疑；則悼公是否即晉靜公，亦未可定矣。

呂氏春秋審應篇：『魏惠王使人謂韓昭侯曰：夫鄭乃韓氏亡之也，願君之封其後也。……昭侯患之。公子食我曰：臣請往對之。公子食我至於魏，見魏王，曰……昔出公之後聲氏爲晉公，拘於銅鞮，大國弗憐也；而使弊邑存亡繼絕，弊邑不敢當也。魏王慙，曰：固非寡人之志也』。

案『出公之後聲氏爲晉公』，晉世家無其文。孫詒讓曰：『竊疑……出公、聲氏，皆晉君也。晉世家載，出公爲四卿所攻，奔齊。智伯立昭公曾孫哀公驕。至哀公玄孫靜公俱酒二年，魏、韓、趙共滅晉，靜公遷爲家人。聲氏，蓋即靜公也（元注：聲、靜古音相近，字通）。但世家不詳其所遷之地。而趙世家則云：成侯十六年，與韓、魏分晉，封晉君于端氏。肅侯元年，又徙處屯留。皆不云銅鞮。惟古文苑劉歆遂初賦云：「憐後君之寄寓兮，唁靖公於銅鞮」（元注：靜、靖字通）。是靜公亡國後，實有居銅鞮之事。西漢距戰國尙近，古籍遺聞，間出正史之外，劉賦與呂書符合，必有所本』（札迻六）。

案孫說可信。蓋晉靜公之拘銅鞮，韓氏非惟不居主謀，且頗有憐閔之意；此可證弑于韓姬之悼公，實另有其人，非靜公。抑『昔出公之後聲氏爲晉公，拘於銅鞮』云云，此追論已往之辭，由此辭亦可推知靜公乃幽囚而終，非見弑，不然不當避重就輕，但言其見拘而不言其被弑。劉賦云『憐後君之寄寓，唁靖公於銅鞮』，亦是此意。靜公幽囚而終，實無罪，故公子食我以質魏惠王，而惠王無辭以對。然則謂靜公不度德量力曾襲取泫氏、濩澤二邑者，亦非矣。

補　遺

晉滅虢……還襲滅虞，虜虞公及其大夫井伯、百里奚以媵秦穆姬。

正義：『南雍州記云，百里奚，宋井伯，宛人也』。

會注：『左傳無百里奚三字。梁玉繩曰：奚與井伯非一人，且奚不及虞難也。說在秦紀』。

閻若璩曰：『左氏媵秦穆姬者、乃虞大夫井伯，非百里奚也。朱子已辨其非一人，漢表已次之於各等矣』；『細讀孟子，合左傳之去虞，當於僖二年宮之奇諫不聽之日，不待僖五年宮之奇復諫以其族行之日，故曰先去。安得有如史記傒爲晉虜以媵於秦之爲妄說。益證朱子井伯乃另一人非奚也爲不易。妙理確義，仍在此數本故書中』（詳四書釋地又續百里奚條）。

案閻說是也。然說苑尊賢篇載孔子對齊景公問，亦有秦穆公『親舉五羖大夫於係縲之中，與之語三日而授之政』之語，則百里奚爲晉虜以媵於秦之說，蓋流傳有自，非史公妄造，亦可知矣。

洪亮吉曰：『劉峻世說新語注，百里奚字井伯』（春秋左傳詁卷七）。

劉文淇曰：『唐書宰相世系表，虞之公族井伯奚，媵伯姬於秦，受邑於百里，因號百里奚』（舊注疏證頁二七八）。

案伯里傒，秦國之飯牛者也，見管子小問、莊子田子方。秦穆公觀鹽，見百里奚牛肥，見說苑臣術。辨百里奚食牛以要秦繆公，見孟子萬章上。百里奚傳說，載籍多有之（詳癸巳類稿卷十一百里奚事異同論）。世說新語注與唐書宰相世系表之說，亦與其它傳說齊觀可矣。

使士會如秦迎公子雍。

正義：「士會字季，晉卿士蔿之孫、成伯缺之子季武子也。食采於隨，故曰隨會；又曰士會，又曰范文子』。

楊愼曰：『晉有士會，當作土會。土爲古杜字，如詩言杜、桑杜（槃案，毛詩豳風鴟鴞：『徹彼桑土』。釋文：『土，音杜。……韓詩作杜。』)，而以陶唐氏、豕韋氏、御龍氏爲土氏之宅，後爲唐杜氏，漢儒欲左傳之行。乃推漢爲陶唐氏之後，於土會復晉之下增六字云，「其處者爲劉氏」。蓋土會本於唐杜氏，而劉氏又本於土會也。若作士女之士，上與唐杜下與劉氏何干涉哉？』(升庵經說八)。

槃案氏謂杜古文或作土，因譌作士，說甚辯。漢隸『土』『士』不分(韓勑碑『四方土仁』，侯成碑『遐邇土仁』，史晨碑『百辟卿土』，土，並當讀爲士)，故土有時或不免誤讀爲士。然國語晉語八，祏訾對范宣子曰：『昔隰叔子違周難於晉國(韋解：隰叔，杜伯之子。……宣王殺杜伯，隰叔避害適晉)，生子輿，爲理(解：子輿，士蔿之字。理，士官也)，以正於朝。……世及武子，佐文、襄爲諸侯，諸侯無二心(解父子爲世，及，至也，謂士蔿生成伯，成伯生缺，缺生武子士會。文公五年，士會攝右爲大夫，佐襄公以伯諸侯)。……及爲成師、居太傅(解：唐尚書云：爲成公軍師兼太傅官。昭謂此成當爲景，字誤耳。……)，端刑法，緝訓典，國無姦民』。據此則杜伯之後子輿，爲晉士官(解：即理官)。士官掌刑法，故士會太傅亦『端刑法』。士會已爲晉正卿，食邑於范，又爲范氏，而其後范宣子復有刑書之作(昭二十九年左傳)。是士會之族世爲士官，可無疑義。然則士會之士，原于士官，官有其功，故以『官族』耳。楊氏以爲『土』字之誤，蓋其非矣。

癸巳，射中楚襄王目，楚兵敗於鄢陵。

饒宗頤曰：『晉世家共王傷目爲癸巳日，可補左傳』；『熊審之諡應作恭。呂氏春秋則作龔王(慎大覽、權勳)。……史記、年表、世家皆作恭王，古共、龔與恭字俱通用』(楚共王熊審盂跋。中國文哲研究集刊創刊號)。

(本文於一九九二年八月十三日通過刊登)

本文承耿慧玲弟校閱，並有是正。

劉氏《論語正義》成書考

陳鴻森

劉氏《論語正義》一書，爲清代群經新疏之一。其書蒐輯漢儒舊說，益以宋人長義，並博采清世諸家考證，折衷而發明之，章比句櫛，詳而有要。《清儒學案》卷一〇六云：「有清一代，治《論語》學者，蓋以劉氏爲集大成。」顧歷來於其成書之經緯，傳述者每多歧誤。本文因就劉寶楠、劉文淇諸君相約分疏各經之原委、劉恭冕續撰之情況，以及《正義》梓行年代諸端，加以考索，以辨正舊說之沿誤。

一、引　言

《論語正義》二十四卷，清劉寶楠撰。劉寶楠，字楚楨，號念樓，江蘇寶應人。少與劉孟瞻文淇（一七八九～一八五四）齊名，有「揚州二劉」之目。道光二十年（一八四〇）成進士，歷任直隸文安、元氏、三河縣知縣。咸豐五年卒，年六十五（一七九一～一八五五）。事蹟具詳《清史列傳》卷六十九、《清史稿》卷四八二〈儒林傳〉，及《續碑傳集》卷七十三戴望所撰〈事狀〉。[1]

《清史稿》本傳云：「寶楠於經，初治毛氏《詩》、鄭氏《禮》。後與劉文淇及江都梅植之、涇包愼言、丹徒柳興恩、句容陳立約各治一經。寶楠發策得《論語》，病皇、邢《疏》蕪陋，乃蒐輯漢儒舊說，益以宋人長義及近世諸家，仿焦循《孟子正義》例，先爲長編，次乃薈萃而折衷之，著《論語正義》二十四卷。因官事繁，未卒業，命子恭冕續成之。」是書博采衆說，章比句櫛，詳而有

1　《清史列傳》卷六十九，頁六二；《清史稿》，中華書局點校本，頁一三二九〇；戴望〈故三河縣知縣劉君事狀〉，《續碑傳集》卷七十三，頁二三。

要，爲清代《論語》學集大成之作，世已有定評。[2] 顧歷來於《正義》成書之始末，傳述者每多歧誤。本文擬就諸君相約分疏各經之原委、劉恭冕之續撰，以及《正義》梓行年代諸端，略加考索，以正歷來傳譌之失。

二、二劉等相約分疏諸經之原委

關於劉寶楠《論語正義》之撰著意圖，其子恭冕所撰〈後敘〉有云：

> 漢人注者，惟康成最善言禮，又其就《魯論》，兼考《齊》、《古》而爲之注，知其所擇善矣。魏人《集解》，於鄭注多所刪佚；而僞孔、王肅之說，反藉以存，此其失也。梁皇侃依《集解》爲疏，所載魏、晉諸儒講義，多涉清玄，於宮室、衣服諸禮闕而不言。宋邢昺又本皇氏，別爲之疏，依文衍義，益無足取。我朝崇尙實學，經術昌明，諸家說《論語》者彬彬可觀，而於疏義之作，尙未逴也。[3]

蓋以何晏《論語集解》去取未善，失於別擇，「於鄭注多所刪佚；而僞孔、王肅之說，反藉以存」。皇、邢二氏，據《集解》而爲疏，或多涉玄虛，或但依文衍義，亦未當人意。而清代樸學大興，諸家發明《論語》疑滯，咸可取徵。於字義訓詁，則有段玉裁《說文解字注》、王念孫《廣雅疏證》、王引之《經義述聞》。於鄭玄佚注，惠棟、陳鱣，臧庸、宋翔鳳諸君，並有輯本。辨證經文異同，則有翟灝《四書考異》、盧文弨《釋文考證》、阮元《校勘記》。宮室、衣服禮制，則有江永《鄉黨圖考》、任大椿《弁服釋例》等。於史事地理，則有顧棟高《春秋大事表》、閻若璩《四書釋地》、江永《春秋地理考實》、周柄中《四書典故辨正》等。而諸家《論語》義說，尤多可采，若毛奇齡《論語稽求

2　《清儒學案》〈端臨學案〉小序云：端臨「所著《論語駢枝》，精深諦確，能發先儒所未發。楚楨、叔俛父子繼之，遂成《論語正義》一書，尤稱有功經訓。有清一代治《論語》學者，蓋以劉氏爲集大成矣。」（卷一〇六，頁一）
又《續修四庫全書提要》謂「其書博洽，固爲治《論語》之學所鑽研莫盡者。」（經部頁一二一八）並其例也。

3　《續經解》本卷末。下引劉恭冕〈後敘〉並同。

篇》、《四書改錯》諸書、臧琳《經義雜記》、江永《群經補義》、惠棟《九經古義》、方觀旭《論語偶記》、趙佑《四書溫故錄》、李惇《群經識小》、孔廣森《經學卮言》、劉台拱《論語駢枝》、焦循《論語補疏》、錢坫《論語後錄》、臧庸《拜經日記》之屬，並其著者。[4] 凡此，不啻爲《正義》之撰著，奠定一厚實之基礎矣。[5]

至劉氏立意別爲《論語》作疏之年，據劉恭冕〈後敘〉云：

先君子少受學於從叔端臨公，研精群籍。繼而授館郡城，多識方聞綴學之士。時於毛氏《詩》、鄭氏《禮注》皆思有所述錄。及道光戊子（八年），先君子應省試，與儀徵劉先生文淇、江都梅先生植之、涇包先生愼言、丹徒柳先生興恩、句容陳丈立始爲約，各治一經，加以疏證。先君子發策得《論語》，自是屏棄他務，專精致思，依焦氏作《孟子正義》之

4 按此所記諸書，僅限嘉慶以前梓行，而確爲《正義》所多次援據者。今通計全書，以段氏《說文解字注》徵引六十四次爲最多；引江永《鄉黨圖考》凡三十三次、《春秋地理考實》四次、《群經補義》十次；引翟灝《四書考異》凡四十次、閻若璩《四書釋地》三十六次；毛奇齡《論語稽求篇》二十五次、《四書改錯》十次、《四書賸言》七次；焦循《論語補疏》三十四次、阮元《論語校勘記》二十八次、陳鱣《論語古訓》二十六次；盧文弨《釋文考證》、方觀旭《論語偶記》各十九次；劉台拱《論語駢枝》十八次；惠棟《九經古義》、王引之《經義述聞》各十六次；王念孫《廣雅疏證》十四次、孔廣森《經學卮言》十三次、臧庸《拜經日記》十一次、《論語鄭注釋》七次；趙佑《四書溫故錄》、李惇《群經識小》、錢坫《論語後錄》各十次；顧棟高《春秋大事紀》、臧琳《經義雜記》、周柄中《四書典故辨正》各九次，任大椿《弁服釋例》六次。其援引鄭注佚文，本乎惠、陳、臧、宋四家輯本，則明載於書前〈凡例〉。

5 嘉道以降爲《論語》作疏者，別有徐復《論語疏證》，見江藩《漢學師承記》卷七，江氏嘗爲之序（《隸經文》卷四）。惟徐氏寒微早卒，未必果有成書，江氏蓋序之以存其人耳。又《清史列傳》卷六十九，載楊大堉（胡培翬門人）著有《論語正義》；桂文燦《經學博采錄》載曹金籀著《論語古注疏證》（卷六，頁八）。二書是否果有成稿，俱未可知，其內容不可得詳。今所傳者，惟潘維城《論語古注集箋》。《清史列傳》言潘氏「從同里夏文燾游，繼受業元和李銳，爲錢大昕再傳弟子，得聞經師緒論。謂《論語》爲何晏所亂，惟鄭康成兼通古今文，集諸儒之大成。迺蒐輯鄭注，又采漢魏古義及近儒之說，爲《古注集箋》十卷。子錫爵卒其業。」（卷六十九，頁六三）其書盡去何晏及僞孔注，與劉氏《正義》旨趣略異，然其宗尚則同也。

法，先爲長編，得數十巨册，次乃薈萃而折衷之。[6]

據此，則（一）劉寶楠之立意疏證《論語》，始於道光八年（一八二八）秋。（二）當時與劉文淇、梅植之、包愼言、柳興恩、陳立等六人，共約各治一經，爲之疏證。此爲清代儒林盛事，故歷來述及群經新疏或揚州學術者，莫不引爲雅談。惟余考之，劉恭冕此所述二事，似未盡得實。請先就前者論之。

按陳立〈論語正義序〉云：

道光戊子秋，立隨劉孟瞻、梅蘊生（植之）兩師，劉楚楨、包孟開（愼言）兩先生赴鄉闈。孟瞻師、楚楨先生病十三經舊疏多踳駁，欲仿江氏、孫氏《尚書》、邵氏、郝氏《爾雅》、焦氏《孟子》，別作疏義。孟瞻師任《左氏傳》，楚楨先生任《論語》，而以《公羊》屬立。[7]

陳立〈序〉中，雖未言及柳興恩，[8] 然亦以二劉之相約分疏各經爲道光八年事，故楚楨裔孫劉文興氏纂《楚楨年譜》，於道光八年條下云：是年「始作《論語正義》」；[9] 日本小澤文四郎氏纂《劉孟瞻年譜》，其道光八年條下亦云：「至是始與楚楨等爲約，各治一經，加以疏證。」[10] 然余考道光十二年冬劉文淇爲楚楨撰〈江淮泛宅圖序〉，中云：

楚楨嘗與余約各治一經，楚楨占《論語》，余占《左傳》。以《論語》皇疏多涉清玄，邢疏更鄙陋無足觀，而何氏《集解》亦采擇未備。《左傳》

6 同註3。

7 原刊本卷首。高流水君點校本（一九九〇年，中華書局《十三經清人注疏》本）無此序，當補。

8 按梅植之《嵇庵集》卷四〈哀二友詩〉，自注：「戊子秋試後，子韻及孟開、孟瞻、賓叔游金焦山。余以病足先歸。」賓叔爲柳興恩字，則是年柳氏嘗與諸君同赴鄉闈，無可疑也。又，據梅氏此注，當時同赴秋試者，另有薛傳均（字子韻）。薛君早卒（一七八八～一八二九），《清史稿》卷四八二：「傳均於《十三經注疏》功力最深，大端尤在小學，於許君原書，鉤稽貫串，洞其義而熟其辭」云，著有《說文答問疏證》、《文選古字通》等。事蹟詳劉文淇〈文學薛君墓志銘〉（《青谿舊屋文集》卷十）、包世臣〈清故文學薛君之碑〉（《藝舟雙楫》論文四）、丁晏〈薛子韻傳〉（《頤志齋文鈔》頁三十）。

9 《劉楚楨先生年譜》頁十八。

10 《儀徵劉孟瞻年譜》卷上，頁二六。

賈、服舊說，爲杜氏所乾沒者不少，唐人又阿杜注而攻賈、服，皆爲鮮當。因各爲二書疏證。蓋爲是約十餘年，而未有成書，過從時，常以是爲歉。顧楚楨奔走長途，浮家南北，又身羸多疾，其作輟也有故。余自嘉慶庚辰一遊京師，即杜門不出，無僕僕道途之勞，身又彊健，而亦無所成就。且楚楨編輯《論語》之餘，已成《寶應圖經》、《漢石例》各若干卷，博而有要，好古者已傳抄其書。余則《左傳》之外，別無事事，猶時作時輟，此則重余荒落之懼者也。[11]

此述二劉相約分疏《左傳》、《論語》二書之故甚明。按道光八年戊子秋，下距道光十二年冬止四年餘，而此文言「蓋爲是約十餘年而未有成書」，則二劉之有志於分疏二經，當在道光八年以前審矣。復據劉文淇言「余自嘉慶庚辰一遊京師，……而亦無所成就」之語推之，則二劉之爲是約，宜在嘉慶二十五年庚辰（一八二〇）前後。考楚楨〈暫園吟序〉云：「戊寅，予徙郡城，與劉孟瞻明經交。」[12] 知二劉訂交在嘉慶二十三年戊寅。然則二君相約疏證《左傳》、《論論》，要在嘉慶之末無疑（一八一八～二〇），下距道光十二年（一八三二）劉文淇作〈泛宅圖序〉，正符「爲是約十餘年」之數。

另按姚配中《周易姚氏學》卷首包世榮〈序〉，姚氏書其後云：

丁丑遊揚，由季懷（包世榮字）館於洪桐生先生家。……又得識季懷兄愼伯世臣、其族子孟開愼言。……若揚之薛子韻傳均、劉孟瞻文淇、楊季子亮、汪小城穀、劉楚楨寶楠、梅蘊生植之、吳熙載廷颺，皆季懷之友也。（中略）乃更《參象》爲《疏證》十六卷。每卷脫稿，必與孟瞻校之，諸友討論之。書成而季懷序之，可謂極朋友之樂矣。[13]

丁丑爲嘉慶二十二年，姚氏客揚州，因包世榮之介，得與二劉等諸君交游，並更改所著《周易參象》爲《疏證》。是書姚氏道光二年歸里後，復加刪易，後更名《周易姚氏學》，即今傳本也。其《疏證》舊貌今雖不可復見，然據包世榮〈周

11　《青谿舊屋文集》卷四，頁八。
12　楚楨《念樓集》，未付梓，今據文海出版社影印中央圖書館所藏清稿本，頁二六七。
13　《周易姚氏學》卷首，頁七。

易疏證序〉云：

吾友姚君仲虞，始於市得張氏書（森按：指張惠言《周易虞氏義》），因爲虞氏之學。後得李氏《集解》，見三家注，精心研求，以爲司農之注優於荀、虞，乃據鄭爲主，參以漢魏經師舊說，作《周易參象》。時尚未睹惠氏書（按：指惠棟《周易述》），余因取惠氏書校其所得，同者居其三、四，而精到之處足以正惠氏之非者已復不少。更約煩就簡，改其體例，名曰《周易疏證》。疏者，疏以己意；證者，證其所自也。[14]

據此，可知其書蓋以鄭玄《易注》爲主，參以漢魏經師舊義，並以己意疏通證明之。此與二劉之疏證《左傳》、《論語》者，命意正同。細繹前引姚氏之語云：「每卷脫稿，必與孟瞻校之，諸友討論之。書成而季懷序之。」按包世榮序，末繫道光元年三月，則姚氏《疏證》約成於嘉慶二十五年末至道光元年初。蓋嘉慶末二劉相約爲二書疏證，適姚君遊揚，與論學相契，姚亦有志乎此，因更其書爲疏證之體，以共成盛業。[15] 此亦可爲二劉相約疏證二書當在嘉慶末之旁證也。

蓋自乾隆朝以來，漢學勃興。惠棟欲矯王弼《易注》空言說經之失，因撰《周易述》，采輯漢魏遺聞，約其旨爲注，並自爲之疏。此清代諸經新疏之端萌也。[16] 惠氏弟子江聲復師其例，爲《尚書集注音疏》。此二書者，撮括古義，墨守漢學，自注自疏，爲義疏之別體。惟乾隆四十年，邵晉涵撰《爾雅正義》，乃復唐人《正義》之例，仍以郭璞注爲主，繹其義蘊，匡其違失；並采舍人、劉歆、樊光、李巡、孫炎等漢魏舊注，分疏於下，義期諦當。十年而書成。[17] 此爲清代首部新疏，論者咸謂其書遠在邢疏之上。[18] 自是而後，欲爲諸經作疏

14 同上，頁五。

15 其後二劉之書遲遲未成，姚氏因復改易其稿爲《周易姚氏學》，則已非純疏證之體矣。

16 按惠書未竟成而卒，缺自鼎至未濟十五卦，及〈序卦〉、〈雜卦〉二傳。後江藩依其體例補完之，爲《周易述補》四卷。

17 按邵氏自序云：「歲在旃蒙協洽（乙未），始具簡編。舟車南北，恆用自隨。意有省會，仍多點竄。十載於茲，未敢自信。」（《學海堂經解》卷五〇四，頁三）則發軔於乾隆四十年乙未，迄五十年乙巳而書成。

18 錢大昭《爾雅釋文補・自序》云：「歲戊申（乾隆五十三年）之仲秋，餘姚邵太史晉

者，迭有其人。一則諸儒頗病唐、宋義疏之學，專守一家，又偏好晚近，尙江左之浮談，棄河朔之樸學，別擇未精，是非淆亂。[19] 再則王鳴盛輩尤力倡：「言疏足以見注，言注不足以包疏」、[20] 「吾輩當爲義疏，步孔穎達、賈公彥之後塵，不當作傳注，僭毛、鄭、孟、京之坐位。」[21] 然此非淹貫諸經群籍者莫辨，繼邵氏之後而成書者，則孫星衍《尙書今古文注疏》。[22] 而揚州學者間，亦頗有思爲群經新疏者，按劉師培《左盦題跋》錄阮元與友人書，有云：

> 《孟子疏》因到京後，見邵二雲先生有此作，已將脫稿，是以元爲之輟筆。[23]

知阮元少時嘗欲重爲《孟子》作疏，後因邵晉涵亦有意乎此，故輟筆不爲。[24] 又黃承吉〈孟子正義序〉云：

涵《爾雅正義》刻成，郵寄示余。歎其書之精博，不特與邢氏優劣判若天淵，即較之唐人《詩》、《禮》正義，亦有過之，無不及。」（《小學考》卷三，頁七）段玉裁〈與邵二雲書〉云：「《爾雅正義》高於邢氏萬萬，此有目所共見。」（《經韻樓文集補編》卷下，頁二二）又阮元〈南江邵氏遺書序〉云：「覃精訓詁，病邢昺《爾雅疏》之陋，爲《爾雅正義》二十卷。發明叔然、景純之義，遠勝邢書，可以立於學官。」（邵氏《南江札記》卷首）

19 參江聲《經義雜記・序》、江藩《漢學師承記・序》

20 見周春《爾雅補注》王鳴盛序（本書卷首）。

21 見陳鱣《說文正義》王鳴盛序（《小學考》卷十，頁八）。

22 孫氏自序云：「爲書始自乾隆五十九年，迄于嘉慶二十年。」則是歷二十餘年乃成書。

23 《左盦題跋》頁十（寧武南氏排印本）。

24 按阮元〈南江邵氏遺書序〉云：「乾隆丙午（五十一年），元初入京師。時前輩講學者，有高郵王懷祖、興化任子田，暨二雲先生。元咸隨事請問，捧手有所授焉。（中略）先生曾語元云：『《孟子疏》僞而陋，今亦再爲之。《宋史》列傳多譌，欲刪傳若干、增傳若干。』顧皆未見其書。」阮元生於乾隆二十九年，丙午時年方二十三歲。《左盦題跋》所錄阮元札，蓋是年所作。

又按：錢大昕〈侍講學士邵君墓誌銘〉（《潛研堂文集》卷四十三）、洪亮吉〈邵學士家傳〉（《卷施閣文甲集》卷九）、江藩《漢學師承記》卷六，並載邵氏著有《孟子述義》，當即此所言之《孟子疏》。然阮元〈遺書序〉撰於嘉慶九年，距邵氏之卒僅八年耳，已稱未見其書，殆未之成也。今《南江札記》卷三爲《孟子》札記，或即阮札所言「見邵二雲先生有此作，已將脫稿」者。蓋邵氏《爾雅正義》撰成後，本有意續撰《孟子疏》及《南都事略》（即阮元〈遺書序〉所稱之《宋史》），後因寒疾，醫者誤投藥而卒，故所著書多不及成。

> 憶一日在汪晉蕃文學齋中，與里堂論及各經疏，《正義》僅宗守傳注一家之說，未能兼綜博采，領是而非無以正，舉一而衆蔑以明，例雖如是，實則未通。乃相要各執一經，別爲之正義。以貫串古今異同，蒐網百善，萃爲宗都，破孔、賈之藩籬，突徐、楊之門戶。予時以《周官》竊任，而里堂則謂《易》與《孟子》尤有志焉。[25]

知二劉之前，焦循、黃承吉亦嘗相約分疏各經。黃氏《周官正義》未成；焦氏《易章句》非疏體，今不論。其《孟子正義》則先爲長編十四帙，采輯凡六十餘家。自嘉慶二十三年十二月起草，明年七月初稿成。復討論群書，刪煩補缺，迄二十五年春修改乃定。手寫清本，未半，疾作而卒。其子廷琥續爲謄校，旋亦病卒。循弟徵繼其事，至道光五年秋《正義》始刊成。[26]

據上所述，則二劉嘉慶末相約分疏《左傳》、《論語》，固一時風會所趣，特久而未付諸行事。及道光五年焦氏《孟子正義》梓行，二劉深有所觸，故八年秋試不第後，復申前約，用堅其志耳。

至道光八年相約分疏各經之人，《清史列傳》、《清史稿》〈儒林傳〉楚楨本傳並云：「寶楠於經，初治毛氏《詩》、鄭氏《禮》。後與劉文淇及江都梅植之、涇包愼言、丹徒柳興恩、句容陳立，約各治一經。」《清儒學案》同，[27]蓋本諸劉恭冕〈後敘〉。而陳立〈論語正義序〉第言二劉，及己分任《公羊》，不言梅植之、包愼言、柳興恩三君所治何經。

今考道光二十三年劉文淇序陳立《句溪雜著》，有云：

> 余維漢儒之學，經唐人作疏，而其義益晦。徐彥疏《公羊》，空言無當。……近人如曲阜孔氏、武進劉氏，謹守何氏之說，詳義例而略典禮、訓詁。（中略）先舅氏（森按：淩曙，字曉樓）愍然憂之，慨然發憤，其於《公羊》也，思別爲義疏，章比句櫛，以補徐氏所未逮。[28]

25　《夢陔堂文集》卷五，頁一。

26　詳《孟子正義》目錄後焦徵題識。

27　《清儒學案》卷一〇六，頁十五。

28　《句溪雜著》卷首，又《青谿舊屋文集》卷六，頁十一。

是淩曙初亦有志別爲《公羊義疏》；惜晚年病風，道光九年卒，年五十五，僅成《公羊禮疏》十一卷、《公羊禮說》一卷、《公羊問答》二卷耳。[29] 陳立少從梅植之習詞章之學；繼從淩曙受經，明習《公羊春秋》、鄭氏禮。淩氏病後，令從其甥劉文淇學，事在道光七年。[30] 知明年陳立與二劉及諸君共赴金陵秋試時，正受業劉文淇之門，其時陳立年方二十，[31] 視諸君年尤幼少。其分任《公羊》，蓋受劉文淇之命，將以成淩氏未竟之志業耳。另按陳立〈上劉孟瞻先生書〉，中云：

> 猶憶前數年間，隨夫子及楚楨、嵇菴（梅植之）兩先生同試金陵，立著書之約。夫子任治《春秋左氏傳》，楚楨先生任治《論語》，嵇菴先生任治《穀梁》，而以《公羊》屬立。[32]

則梅植之分任疏證《穀梁》。惟梅君所嗜，本在詞章，經義非其所長；[33] 年五十，以肺疾卒。故劉文淇爲撰〈墓誌銘〉，但言其詩「近體主少陵，古體則導源康樂；駢文宗江、鮑而參以庾、徐哀艷；散行文亦雅有歐、曾矩矱。」[34] 不言其爲《穀梁》之學。其子梅毓繼志纂述，然亦不永其年，[35] 其書終未成。劉恭

29 《清史列傳》卷六十九，頁三九。

30 《儀徵劉孟瞻年譜》卷上，頁二五。

31 《續碑傳集》卷七十四劉恭冕撰〈曲靖府知府陳君墓誌銘〉，言陳立生嘉慶己巳（十四年）五月，卒於同治己巳（八年）十月，年六十一（一八〇九～六九）。

32 陳立此信，《句溪雜著》不載，今據劉師培《左盦題跋》所錄（頁二八）。按此信末云：「聞治經之餘，頗留心鄉邦利害，已成《揚州水道記》一書，未知曾刊行否。」考劉孟瞻《揚州水道記》撰於道光十七年，〈後序〉自言「凡八閱月而書成」（《劉孟瞻年譜》卷上，頁五四），則此信當作於十七年以後甚明。 又按：陳立《白虎通疏證》十二卷，書成自爲之序，末系「道光壬辰（十二年）九月」，其時陳氏年僅二十四。竊嘗深以爲疑。今按此信云：「徐氏作疏，衹知疏通字義，於《公羊》家法，昧乎未聞。（中略）欲治《公羊》，必先治三禮。而《白虎通德論》一書，實能集禮制之大成；且書中所列，大抵皆公羊家言，而漢代今文、古文學之流派，亦見於此書。（中略）立欲治《公羊》，擬先治此書，將古代典章制度疏通證明，然後從事於《公羊》，則事半功倍。不知夫子以爲何如。」據此，則《白虎通疏證》當成於道光十七年以後無疑。〈自序〉末之年月，恐未足據。

33 參張舜徽氏《清人文集別錄》卷十四《嵇庵文集》條（頁三九九）。

34 《青谿舊屋文集》卷十〈清故貢士梅君墓志銘〉。

35 梅毓生平，詳劉壽曾《傳雅堂文集》卷四〈梅延祖先生墓志銘〉。

冕〈劉君恭甫家傳〉云：

> 訓導君（文淇）初與友朋爲著書之約，自占得《左氏春秋》，江都梅蘊生先生得《穀梁》，句容陳卓人丈得《公羊》。卓人故居揚州，受業訓導君之門。於時三傳之學皆在吾郡。而先君子得《論語》。（中略）卓人《公羊疏》甫成即下世。梅先生未遑具稿，先生之子延祖孝廉毓，續爲此疏甚力，僅成隱公一世，而延祖以今春（森按：光緒八年）遽卒。君所纂《左疏》，亦僅至襄公四年。同時兩經師相繼物化，予爲二君惜，尤不能不爲《左》、《穀》惜也。[36]

《清史稿》卷四八二柳興恩傳末附梅毓傳：「同治九年舉人，候選教諭。著有《穀梁正義長編》一卷。」[37] 是合梅氏兩代所業，僅成隱公世《長編》一卷耳。

上引陳立〈上劉孟瞻先生書〉及劉恭冕〈劉恭甫家傳〉，述及著書之約，皆止言二劉、陳、梅四人，而不及柳興恩、包慎言二君。意者，當日相約分疏各經，原止四人。柳、包二君雖同赴鄉闈，然似未嘗與立著書之約，故諸家志傳俱不之及。今由其著作亦可驗之。

按《清史列傳》卷六十九、《清史稿》卷四八二柳興恩本傳，並著錄柳氏著作，凡《周易卦氣輔》四卷、《虞氏逸象考》二卷、《尙書篇目考》二卷、《毛詩注疏糾補》三十卷、《續王應麟詩地理考》二卷、《群經異義》四卷、《劉向年譜》二卷、《儀禮釋宮考辨》二卷、《史記、漢書、南齊書校勘記》、《說文解字校勘記》等，可知其學原不專主一經。惟此諸書皆未付剞劂，其刊行者僅《穀梁大義述》一書。蓋以阮刻《經解》，《左傳》、《公羊》俱有專家，《穀梁》獨缺焉，乃發憤沈思，成《穀梁大義述》三十卷，陳慶鏞〈序〉謂其書「凡類七：首述日月例，著書法也；次述禮，考典要也；次述異文，正音讀也；次述古訓，式先言也；次述師說，羅衆解也；次述經師，明授受也；次述長編，鈎微恉也。凡經史子集片言微義有關於《穀梁》一家之學者，裒輯不遺餘力。」又稱

36 《續碑傳集》卷七十五，頁九、十。
37 《清史稿》頁一三二八五。

其「治是經，寢饋數十年」，[38] 知其於《穀梁》尤稱絕詣也。[39]

包愼言，《清史稿》無傳；《清史列傳》附姚配中傳後，僅寥寥數字，稱愼言著有《經義考義》、《公羊曆譜》十卷。[40] 余考桂氏《經學博采錄》卷四包季懷條，末云：

（季懷）孝廉有族子名愼言，字孟開，道光甲午舉人。亦通經學，著有《讀孟偶詮》、《公羊隅見》各若干卷。惟秉性孤高，目空一切。壬子（咸豐二年）之夏，於陳卓人（立）比部座上晤之。觀其言論，蓋欲竊比東原戴氏，而學識遠不及云。[41]

《公羊曆譜》有《續經解》本，[42] 餘未刊。同治間，劉文淇之孫壽曾嘗就其遺文，編爲《廣英堂遺稿》一卷，僅十四篇，皆說經之作。[43] 劉壽曾跋稱愼言早歲之學深於《詩》；中年以後，兼治《公羊》，以《禮記・中庸》爲《春秋》綱領，欲取《公羊》義疏證《中庸》，而未有成書。惟取兩《漢書・歷志》所述殷曆，作《公羊曆譜》，以正杜氏《長曆》之謬。又博采漢、唐以前說《論語》者，斷以己意，爲《論語溫故錄》。今按：包氏《溫故錄》，其書亦未付梓，惟《論語正義》嘗引其說二十三事。[44] 今觀其說，時有特見，而其根柢則多本

38 見陳慶鏞〈柳賓叔春秋穀梁傳學序〉（《清儒學案》卷一四六，頁三二～三四）。森按：阮元《揅經室再續一集》亦有一序，題〈鎭江柳孝廉春秋穀梁傳學序〉。蓋其書初名《春秋穀梁傳學》也。

39 按劉文淇《春秋左氏傳舊注疏證》，一九五九年中國科學院歷史研究所曾據稿本整理排印。其〈整理後記〉謂道光八年相約分疏諸經者，爲二劉及柳興恩、陳立四人。後劉寶楠成《論語正義》，柳興恩成《穀梁春秋大義述》，陳立成《公羊義疏》、劉文淇成《春秋左氏傳舊注疏證》。原注云本諸劉恭冕〈論語正義後敘〉。實則恭冕〈後敘〉並無此說；且柳興恩《穀梁大義述》尤非義疏之體。其說非是，今附正於此。

40 《清史列傳》卷六十九，頁四八。按「考義」二字疑「考異」之誤。

41 桂文燦《經學博采錄》卷四，頁六。

42 《續經解》卷八九八～九〇八。

43 張舜徽氏《清人文集別錄》卷十四，謂其文「皆援據精確，論斷審密。而〈雅頌各得其所解〉一篇，謂雅頌以音言，非以詩言；〈毛鄭昏期辨〉一篇，謂昏期之說，毛鄭各異，當以毛義爲正。尤釐析入微，言之成理。」（頁三九八）森按：〈雅頌各得其所解〉一篇，劉氏《論語正義》子罕篇嘗引其全文，稱「包愼言《敏甫文鈔》」，蓋其文集本題與。

44 見〈學而〉「吾日三省吾身」章、〈爲政〉「子游問孝」章、「季康子問」章、「或

《公羊》義爲說，與宋翔鳳《論語發微》宗尙略近。其精核處，尤非戴望輩所可及也。

據上所述，知柳興恩之學，研精《穀梁》，包愼言則長於《公羊》。而此二經疏證，梅植之、陳立固已分任之。余故謂柳、包二君道光八年雖同赴秋試，然實未與立著書之約，劉恭冕《論語正義·後敘》含混言之，殆非實錄。《清史列傳》、《清史稿》楚楨本傳並沿其誤耳。

三、劉恭冕之續撰

如上引劉恭冕〈劉君恭甫家傳〉所述者，當日二劉、梅、陳四人相約分疏諸經，然僅陳立《公羊義疏》得以及身成之，甫成而沒。梅氏《穀梁正義》，兩代僅成長編一卷，其稿今亦不知所終。而《左氏傳舊注疏證》，則歷劉文淇、毓崧、壽曾祖孫三代，僅至襄公四年，[45] 文淇曾孫劉師培雖有意繼述先業，惜亦早卒，未克厥成。

至《論語正義》成書之經過，劉恭冕〈後敘〉記之甚詳：

既而〔先君子〕作宰畿輔，簿書繁瑣，精力亦少就衰。後所闕卷，舉畀恭冕，使續成之。恭冕承命惶悚，謹事編纂。及咸豐乙卯（五年）秋，將卒業，而先君子病足瘇，遂以不起，蓋知此書之將成而不及見矣。丙辰（咸

謂孔子曰」章、〈八佾〉「子曰夷狄之有君」章、「管仲之器小哉」章（二引）、〈里仁〉「子曰君子喻於義」章、〈公冶長〉「子路有聞」章、「子張問曰令尹子文三仕」章、〈述而〉「子曰自行束脩」章、「子之所愼」章、〈鄉黨〉「升車必正立」節、〈先進〉「魯人爲長府」章、「季子然問」章、〈顏淵〉「司馬牛問仁」章、〈子路〉「子曰如有王者」章、〈憲問〉「子曰其言之不怍」章、「子曰莫我知也夫」章、〈衛靈公〉「子曰吾之於人」章、〈季氏〉「齊景公有馬千駟」章、〈微子〉「周公謂魯公曰」章、〈堯曰〉「堯曰咨爾舜」章。

45　按劉氏《左氏傳舊注疏證》，一九五九年科學出版社排印本實止於襄公五年。又，比閱《徐復語言文字學叢稿》，中有〈春秋左氏傳舊注疏證續序〉一篇，知吳靜安氏有賡續之作，業已成書，將由上海古籍出版社，與劉氏原著合璧印行云。另《清儒學案》卷一八四，載王樹枏著《左氏春秋經傳義疏》一百五十卷，亦未審其書尙有存稿否。

豐六年）後，邑中時有兵警，恭冕兢兢慎持，懼有遺失。暇日亟將此稿重復審校，手自繕錄，蓋又十年，及乙丑（同治四年）之秋而後寫定，述其義例，列於卷首。

按楚楨道光二十年（一八四〇）成進士，授直隸文安縣知縣，時年已五十；迄咸豐五年（一八五五）九月，卒於三河縣任，在官十五年，長任知縣。卒前七日，自知不起，自撰〈墓志〉，中云：「（道光）二十年成進士，授文安知縣。境四臨河，每隄決，三年水乃涸。君嚴督修治，歲獲有秋。再補元氏，葺建壇廟，百廢俱舉。買捕蝗蝻，以千金計，縣境大熟。調三河知縣，在任四年，兵差絡繹，役不擾民。」[46] 觀此，其吏務繁冗鮮暇，略可推知矣。[47]

今考劉師培《左盦題跋》載恭冕〈與劉伯山書〉，末云：

家大人近治《論語》，已編至〈雍也〉。冕治《毛詩》，亦擬小有撰述。附呈〈龍山碑〉一紙，係家大人令元氏時所獲者，乞加考證。[48]

據信內「家大人令元氏時所獲者」之語推之，則此信當作於咸豐二年正月楚楨去元氏任、調署三河縣以後可知。[49] 時《論語正義》始編至〈雍也篇〉，下距楚楨之卒，僅三年餘。此其書之進程之僅可考者。

劉恭冕〈後敘〉但言「後所闕卷，舉畀恭冕，使續成之」，未明記其所續者起自何卷。然原刊本卷一至十七，即〈憲問篇〉以前各卷，卷題下署「寶應劉寶楠學」；卷十八至二十四，即〈衛靈公〉以下各篇，則署「恭冕述」，劉文興氏纂《楚楨年譜》，因謂：「十七卷後，乃叔俛先生就先生原輯稿編次，間有所增，故署以『述』。」[50] 近高流水君亦言：前十七卷乃劉寶楠自撰，後七卷則恭冕在長編基礎上所續撰者。[51]

46 引自劉文興氏《劉楚楨先生年譜》頁四八。

47 楚楨在官，著循良稱。諸所行事，《清史列傳》、《清史稿》本傳，《續碑傳集》卷七十三戴望撰〈事狀〉並詳之，今不具引。

48 《左盦題跋》頁三一。按伯山爲劉文淇子毓崧（一八一八～六七）之字，事蹟詳《清史稿》卷四八二劉文淇附傳，又《續碑傳集》卷七十四程畹撰〈劉先生家傳〉。

49 按楚楨調署三河縣年月，從《年譜》所考（頁四六）。

50 《劉楚楨先生年譜》頁五三。

51 《論語正義》高流水君點校本，〈點校說明〉頁三。

今按〈爲政篇〉:「至於犬馬,皆能有養。」《正義》:「先兄五河君《經義說略》謂〈坊記〉『小人』,[52] 即此章『犬馬』」云云。[53] 此所引《經義說略》,乃楚楨三兄寶樹(一七七七~一八三九)所著。[54] 寶樹字幼度,嘉慶二十四年舉人,屢躓禮闈,晚始補五河縣學教諭,此於尊親稱其爵也。又,〈八佾篇〉:「喪,與其易也,寧戚。」[55] 〈里仁篇〉「子游曰事君數」章、[56] 〈雍也篇〉「子曰不有祝鮀之佞」章,[57] 《正義》並引其說,俱稱「先兄五河君」。而〈陽貨篇〉「子曰色厲而內荏」章、「子曰鄙夫可與事君」章二引其說,則稱「先伯父五河君《經義說略》」,[58] 二者稱謂前後有別。又劉恭冕〈釆苓詩解〉,末云:「賈、馬等以首陽爲即雷首,確不可易。予述《論語疏》,初亦從金(鶚)說,後乃易之。友人戴子高(望)深以予說爲然,故其所注《論語》,亦以首陽爲蒲坂矣。」[59] 說在《正義・季氏篇》「齊景公有馬千駟」章。[60] 據此觀之,則〈衛靈公〉以下諸篇爲劉恭冕所撰,殆無疑義。

惟劉文興氏言:十七卷後,乃恭冕就楚楨原輯稿編次,「間有所增」,故署以「述」。實則前十七卷,其中亦多恭冕所爲者,非皆出楚楨手也。

(一)〈爲政篇〉:「由,誨女知之乎。」

《正義》:「誨女知之」者,言我誨女之言,女知之否耶。俞氏樾《平議》據《荀子・子道篇》及《韓詩外傳》所述此文並言「志之」,謂「知」與「志」通,亦是也。[61]

---

52 按指《禮記・坊記》:「小人皆能養其親,君子不敬,何以辨?」

53 《論語正義》卷二,頁十。

54 按《經義說略》一卷,收入劉寶樹《娛景堂集》卷上。張舜徽氏稱其經說諸條「皆能自抒所見,訂正舊義。雖條記不多,而語甚通核,知其肆力群經,功力自深。」(《清人文集別錄》頁三九六)

55 《論語正義》卷三,頁五。

56 同上,卷五,頁十六。

57 同上,卷七,頁十七。

58 同上,卷二十,頁十五,又頁十七。

59 劉恭冕《廣經室文鈔》頁三。

60 《論語正義》卷十九,頁十八。

61 同上,卷二,頁十八。

（二）〈八佾篇〉：「管氏有三歸，官事不攝，焉得儉？」

《正義》：解「三歸」者，言人人殊。自包注外，有可紀者：俞氏樾《群經平議》云云。包氏愼言《溫故錄》云云。案：《平議》、《溫故錄》二說，雖與此注異，亦頗近理，當並箸之。[62]

（三）〈里仁篇〉「子游曰事君數」章

《正義》：《釋文》云：「數，鄭世主反，謂數己之功勞」云云。先兄五河君《經義說略》辨之云云。俞氏樾《群經平議》說同，又云：「（前略）事君而數，則失『不顯諫』之義；朋友而數，則非所以『善道之』矣。」此說於義亦順，因並箸之。[63]

（四）〈公冶長篇〉：「不恥下問」。（孔曰：「下問，謂凡在己下者。」）

《正義》：俞氏《平議》云：「下問者，非必以貴下賤之謂。凡以能問於不能，以多問於寡，皆是。」案：俞說即此注言「凡」之旨。[64]

（五）又「臧文仲居蔡」。（包曰：「蔡，國君之守龜，出蔡地，因以爲名焉，長尺有二寸。」）

《正義》：俞氏樾《平議》：「包氏此解亦臆說，竊疑『蔡』當讀爲『槼』云云。」案：俞此說甚可據，因並箸之。[65]

（六）〈雍也篇〉：「今也則亡，未聞好學者也。」

《正義》：俞氏樾《群經平議》謂：「旣云『亡』，又云『未聞好學』，於辭複。此與〈先進篇〉語有詳略，因涉彼文而誤衍『亡』字，當據《釋文》或本訂正。」[66]

（七）又「井有仁焉，其從之也？」

《正義》：俞氏樾《平議》謂：「『井有人（森按：當作「仁」）』，爲井

62 同上，卷四，頁十一、十二。
63 同上，卷五，頁十六。
64 同上，卷六，頁十九。
65 同上，卷六，頁二一。
66 同上，卷七，頁四。

中有仁道。『從之』者，行仁道也。」或謂「井有仁」即井有人，「仁」與「人」同，並通。[67]

(八)又「君子可逝也，不可陷也。」

《正義》：兪氏樾《平議》讀「逝」爲「折」，云：「君子殺身成仁則有之，故可得而摧折，不可以非理陷害之。」此義亦通。[68]

(九)〈先進篇〉：「子曰回也其庶乎」章

《正義》：兪氏樾《平議》云云。案：兪說亦近理。若然，則「其庶乎」仍謂庶幾聖道也。[69]

(十)〈顏淵篇〉：「慮以下人」。

《正義》：兪氏樾《平議》云云。案：兪說甚是，然馬注亦未誤，此當並存。[70]

此引兪樾《論語平議》凡十事。[71] 又〈憲問篇〉「子路曰桓公殺公子糾」章：「如其仁，如其仁。」《正義》云：

兪氏樾《諸子平議》謂：「《法言》是擬《論語》，其中所云『如其富，如其富』、『如其智，如其智』、『如其寢，如其寢』，皆不予之辭。則『如其仁，如其仁』，蓋不許其仁也。言管仲但論其事功可也，不必論其仁也。」兪君此說，深得揚子之意，其與《論語》本旨，不必合也。[72]

此則引兪氏《諸子平議》而論之。今考兪樾《群經平議》成於同治三年，六年梓行；《諸子平議》則刊於同治九年(一八七〇)，在劉寶楠卒(一八五五)後十五年。其書未刊之前，兪氏並不輕以示人。[73] 然則此二書俱非楚楨之所及見，

---

67 同上，卷七，頁二五。

68 同上註。

69 同上，卷十四，頁十六。

70 同上，卷十五，頁二十。

71 十八卷以下，則〈衛靈公〉引五事、〈微子〉、〈子張〉、〈堯曰〉各引一事。

72 《論語正義》卷十七，頁十八。

73 戴望撰《論語注》，欲假觀《論語平議》，俞氏復書辭之：「承索觀《論語平議》，但此書二卷，寫錄一通，亦頗不易；且其中尚多未定之處，故不克寄奉。約計一二年間，此書必可告成。(中略)書成後，當即付之棗梨，以質海內諸君子。此外尚有

其必出劉恭冕所爲，要無可疑。

此外，《正義》前十七卷中，又有引及戴望（一八三七～七三）《論語注》者數事：

（一）〈學而篇〉：「先王之道斯爲美」。

《正義》：戴氏望《論語注》云：「先王，謂聖人爲天子制禮者也。」[74]

（二）〈八佾篇〉「子曰夏禮吾能言之」章

《正義》：戴氏望《論語注》云：「王者存二王之後，杞、宋於周，皆得郊天」云云。[75]

（三）〈述而篇〉「子謂顏淵曰用之則行」章

《正義》：戴氏望《論語注》云：「王者行師，以全取勝，不以輕敵爲上」云云。[76]

（四）又「子曰加我數年」章

《正義》：戴氏望《論語注》云：「加，當言假；假之言暇。時子尙周流四方，故言『暇我數年』也。五十者，天地之數」云云。此以「五十」皆《易》數，亦備一義。[77]

（五）〈先進篇〉「季子然問」章

《正義》：戴氏望《論語注》：「疑子然即季襄。」[78]

（六）又「子路使子羔爲費宰」。

《正義》：《史記·弟子傳》作「使子羔爲費郈宰」，《論衡·藝增篇》亦作「郈宰」。戴氏望說：「《史記》『費』字，後人所增」云云。案：

《群書訂義》一種（森按：即《諸子平議》之初名），未定如干卷。」（《春在堂尺牘》卷一〈又與子高〉）可證也。

74 《論語正義》卷一，頁二一。

75 同上，卷三，頁十二。

76 同上，卷八，頁八。

77 同上，卷八，頁十三。森按：戴氏於此說頗自得，嘗以質之俞樾。俞氏復書，殊不以其說爲然，見《春在堂尺牘》卷一〈與戴子高〉。

78 《論語正義》卷十四，頁二十。

戴說頗近理，然《論語集解》亦不釋「郈」，則包、周、馬、鄭諸家所據本皆作「費」，豈當時已文誤，莫之能正耶？所當闕疑，各就文解之也。[79]

(七)〈顏淵篇〉「司馬牛憂曰」章

《正義》：戴氏望《注》：「牛以魋故，喪其世祿，出奔他國」云云。[80]

(八)又「樊遲從遊於舞雩之下」章

《正義》：《論衡・明雩篇》：「樊遲從遊，感雩而問，刺魯不能崇德而徒雩也。」戴氏望《論語注》：「《春秋》昭二十五年云云。時哀公亦欲去三家，故微其辭以危其事。」案：戴氏此說，本之宋氏翔鳳《發微》，與《論衡》刺魯之義極合。[81]

(九)〈憲問篇〉「子曰邦有道」章

《正義》：戴氏望《注》曰：「正行以善經，言孫以行權。」[82]

(十)又「果哉！末之難矣。」

《正義》：朱氏彬《經傳考證》云云。戴氏望《論語注》云：「果，信也。之，往也。信如其言，無所復往，行道難矣。」案：朱、戴說皆通。[83]

戴望《論語注》於同治十年三月付刊，[84] 距楚楨之卒已十六年矣。其書非楚楨之所及見，可毋待言。按同治間，曾國藩創設金陵書局，招集劉恭冕、莫友芝、張文虎、戴望、劉壽曾、周學濬、唐仁壽等校勘經籍。考戴望撰〈故三河縣知縣劉君(楚楨)事狀〉，末云：「君歿十四年，望客金陵，與恭冕朝夕承事書局，始得觀君遺書，慕其世德」云云，[85] 以楚楨卒於咸豐五年(一八五五)下推之，則劉恭冕與戴望結識，約在同治八年(一八六九)前後。然則前舉《正義》

---

79 同上，卷十四，頁二一。

80 同上，卷十五，頁四、五。

81 同上，卷十五，頁二一、二二。

82 同上，卷十七，頁二。

83 同上，卷十七，頁三四。

84 孫殿起《販書偶記》卷三，頁四六。

85 《續碑傳集》卷七十三，頁二三。

引戴望《論語注》十事，其爲同治八年後劉恭冕所增益者，較然易知。[86] 關於此，其實李慈銘既已見之矣，《越縵堂日記》光緒己卯（五年）閏三月二十四日記：

傍晚坐藤花下，讀《論語正義》，共二十四卷。自十八卷〈衛靈公〉以下，爲其子叔俛（恭冕）所續。（中略）然十七卷以前所引書，有俞蔭甫《群經平議》及戴子高《論語注》等書，非楚楨所及見，則亦有叔俛所增入者。十八卷以下，采取不及以前之博，則學識又不及其父也。[87]

《正義》十八卷以下，是否果不及前十七卷采擇之博，余未敢苟同（說詳下）；然前十七卷中有出於劉恭冕手筆者，則尚有可徵者焉。

今考〈述而篇〉：「子釣而不綱，弋不射宿。」《正義》云：

物茂卿《論語徵》云：「天子、諸侯爲祭及賓客則狩，豈無虞人之供而躬自爲之？所以敬也。狩之事大，而非士所得爲，故爲祭及賓客則釣弋，蓋在禮所必然焉。古人貴禮不貴財，不欲必獲，故在天子、諸侯則三驅，在士則不綱、不射宿。」[88]

又〈子罕篇〉「求善賈而沽諸」，《正義》云：

物茂卿《論語徵》云：「善賈者，賈人之善者也。賈音古。」[89]

按《論語徵》爲日儒物茂卿所撰。[90] 其書未審何時傳入中國，然傳本絕少；同

86 按前揭「子曰夏禮吾能言之」章，《正義》引戴望注，末三句「孔子傷其不用賢，以致去禮，故言俱不足徵以歎之」，刊本作「又無賢者爲之講求典禮，故孔子傷之。」（卷三，頁二）又「子路使子羔爲費宰」章，《正義》引戴注，首「《史記》『費』字，後人所增」至「知所見本無『費』字」三十六字，刊本無之，而改經文作「郈宰」，云：「郈，魯叔孫氏邑」。（卷十一，頁四）據此，可知恭冕所據者，當爲戴氏稿本，故其引文間與刊本異也。

87 由雲龍氏輯《越縵堂讀書記》頁十八。

88 《論語正義》卷八，頁十八、十九。

89 同上，卷十，頁十八。

90 物茂卿，荻生氏，名雙松，字茂卿，號徂徠。江戶人。其先出物部氏，因自署物茂卿。其學初奉程朱之說，後乃盡棄之，倡復古學。門人太宰純、山井鼎、安藤煥圖、山縣孝孺輩煽揚師說，一時徂徠之學風行全國，文章爲之一變。享保十三年（當清雍正六年）卒，年六十三。《論語徵》刊於元文五年（當乾隆五年），自序云：「余學古文辭十年，稍稍知有古言。古言明而後古義定，先王之道可得而言已。（中略）妄不

治五年，戴望曾於杭州書肆獲得一本，以示俞樾。俞氏稱其書「議論通達，多可采者」，因錄其說十七事於所著《春在堂隨筆》。[91] 然則《正義》所引《論語徵》二事，殆亦劉恭冕假諸戴望所增益者。一也。

復次，〈爲政篇〉：「大車無輗，小車無軏」，《正義》云：

> 宋翔鳳《過庭錄》云云。鄭氏珍《輪輿私箋》亦據鄭義解之，云：「因者，蓋軏植定在轅上，駕時但以衡中孔就而箸之。若牛車兩轅兩輗，駕時乃旋以輗穿鬲貫轅，《太玄經》『拔我輗軏』，足明著時是自上而下也。」宋、鄭二說略同，其分別輗、軏之制，亦得鄭意。[92]

此引及鄭珍（一八〇六～六四）《輪輿私箋》。考鄭君此書撰於咸豐七年夏、秋間；同治七年，莫祥芝刻之於金陵。[93] 則此書撰於楚楨既卒之後，《正義》所引者，必出劉恭冕所爲，尤灼然無可疑者。二也。

另考〈公冶長〉「宰予晝寢」章，《正義》云：

> 韓、李《筆解》謂「晝，舊文作『畫』字」，所云舊文，或有所本。（中略）李氏聯琇《好雲樓集》：「《漢書・揚雄傳》：『非木摩而不彫，牆塗而不畫』，此正雄所作〈甘泉賦〉諫宮觀奢泰之事，暗用《論語》，可證『畫寢』之說，漢儒已有之。」[94]

此引李聯琇（一八二〇～七八）《好雲樓集》之說，以證漢代已有作「畫寢」解者。考李氏《好雲樓集》刋於咸豐十一年，[95] 其卷十七爲〈讀四子書〉，《正義》所引，當出於此。此亦楚楨所不及見者，其必出劉恭冕手筆無疑。三也。

自揣，敬述其所知。其所不知者，蓋闕如也。有故有義，有所指摘，皆徵諸古言，故合命之曰《論語徵》。」（生平詳關儀一郎編《日本名家四書註釋全書》第七卷，島田鈞一氏〈論語徵解題〉）

91 詳《春在堂隨筆》卷一，頁三。

92 《論語正義》卷二，頁二五。

93 參淩惕安氏《鄭子尹年譜》卷六，頁一九八。

94 《論語正義》卷六，頁十二。

95 見《販書偶記》，頁四六三。按李聯琇，字秀瑩，江西臨川人。道光二十五年進士。《清史列傳》卷六十九有傳。

又考〈爲政篇〉「子張問十世可知」章，《正義》云：

《法言・五百篇》：「或問其有繼周者」云云。據《法言》此文，則百世可知爲欲知後世，有明徵矣。陳氏澧《東塾類稿》：「邢《疏》云云。此以爲子張問後十世欲知前十世之禮，最爲得解。蓋十世者，言其極遠也。後世欲知前世，近則易知，遠則難知，故極之十世之遠也。觀孔子言夏、殷禮，杞、宋不足徵，一二世已如此，至十世，則恐不可知，故問之。（下略）」案：如陳說，百世可知，即損益可知，兩「可知」緊相承注。《史記・孔子世家》言：「孔子追跡三代之禮」云云，則「可知」即謂編次之事。此當是安國舊義，與《法言》所解不同。而陳君之說，適與〈世家〉闇合者也，故並箸之。[96]

又〈鄉黨篇〉「非帷裳，必殺之」，《正義》云：

深衣上下同制，故《禮經》言之獨詳。鄭君謂裳幅分之爲上下之殺，則是邪裁，又以十二幅專屬裳。近人江氏永《深衣考誤》、陳氏澧《東塾類稿》皆不謂然。江氏云云。陳云：「深衣制十有二幅，此通衣裳數之也。衣中二幅，袂二幅，凡四幅。裳中正幅二，兩旁斜裁之幅各一，爲四幅，合前後凡八幅。通衣裳數之，則爲十有二幅也。裳左前後縫合，而右有鉤邊一幅，以其在內不見，故不數之也。衣前之右，別有外襟一幅，然自後觀之則不見，自前觀之，則又掩去內幅，故亦不數之也。」二君之說，視鄭爲長。[97]

此二引陳澧（一八一〇～八二）《東塾類稿》。今考陳氏《東塾集》卷四有〈復劉叔俛書〉，中有云：「拙著《東塾類稿》，近年不復刷印者，中年以前治經，每有疑義，則解之考之。其後幡然而改，以爲解之不可勝解，考之不可勝考。（中略）承命將說《論語》、《穀梁》者鈔寄，茲呈一帙，敬求教正。」[98] 汪宗衍氏《陳東塾年譜》，繫此信於同治十二年，[99] 若然，則《正義》所引《東

96 《論語正義》卷二，頁二六。

97 同上，卷十二，頁十、十一。

98 《東塾集》，卷四，頁二十。

99 《嶺南學報》第四卷第一期，頁一〇八。

塾類稿》二事，必同治十二年以後，劉恭冕所增益者甚明。四也。

以上所列二十餘事，皆《正義》援引成說，諸書俱楚楨所不及見者，其必出恭冕之手，斷然可知。此外，亦有雖非引書，然據其跡而可推知爲恭冕所爲者。如前舉〈爲政〉「子曰由誨女知之乎」章，《正義》引俞樾說，謂此文「知之」作「志之」解。劉氏下云：

> 案《荀子》云：「子路盛服見孔子，孔子曰云云。子路趨而出，改服而入，蓋猶若也。孔子曰：『志之！吾語汝。奮於言者華，奮於行者伐，色知而有能者，小人也。故君子知之曰知之，不知曰不知，言之要也。能之曰能之，不能曰不能，行之至也。言要則知，行至則仁。既知且仁，夫惡有不足矣哉！』」據《荀子》，是此章所言在子路初見夫子時。其云「言要則知」，「知」即「智」字。此文「是知也」，《釋文》云：「知也，如字，又音智。」音智當即本《荀子》。[100]

此節文字，當亦出恭冕之手。知者，按《正義》始則云：「『誨女知之』者，言我誨女之言，女知之否耶？」蓋初如通說，讀「知」如字。後見俞氏《平議》，本《荀子・子道篇》，讀「知」爲「志」，劉氏因順《荀子》「子路盛服見孔子」、「趨而出，改服而入」之文，而推《論語》此章之語，當是子路初見夫子時事。其相因之跡顯然可見。

又如〈泰伯篇〉「舜有臣五人」章，《正義》釋「才難」之義云：

> 「才難」者，古語。《廣雅・釋詁》：「才，道也。」古之所謂才，皆言人有德能治事者也。《易傳》以人與天、地爲三才；《左傳》以八元、八愷爲才子，即禹、皋陶、伯益諸人；又以渾敦、窮奇、檮杌、饕餮爲不才子。人之賢否，以才不才別之。又周公自稱「多才」，夫子亦言「周公之才之美」，然則「才」是聖賢之極能。故《孟子》言「爲不善，非才之

100 《論語正義》卷二，頁十八。又按：《荀子》此文所記事，又見《韓詩外傳》卷三、《說苑・雜言篇》、《家語・三恕篇》。

罪」，明才無不善也。才是極難，當堯、舜時，比戶可封，不乏有德之士，而此稱才者五人；及周之盛，亦但九人，是其爲才難可驗也。後之論者，離德而言才固非，即以有德爲有才，亦非也。[101]

此節文字，當亦恭冕所爲。按此釋「才難」之義，與劉恭冕《廣經室文鈔》〈才難說〉一文悉同，[102] 是此必爲恭冕所撰，斷無可疑。

另考〈八佾篇〉「祭如在」章，《正義》云：

《公羊》桓八年傳：「春曰祠」云云。何注：「士有公事，不得及此四時祭者，則不敢美其衣服，蓋思念親之至也。故孔子曰：『吾不與祭，如不祭。』」案：《公羊》以士職卑，有公事，不能使人攝祭，則廢祭也。《注》引《論語》者，謂孔子仕爲大夫，有事，故使人攝祭；己未致其思念，如不祭然，則與士廢祭同也。〈特牲饋食禮〉云：「特牲饋食之禮，不諏日。」注：「士賤職褻，時至事暇可以祭，則筮其日矣」云云。賈疏：「鄭云『時至事暇可以祭』者，若祭時至，有事不得暇，則不可以私廢公故也。若大夫已上，時至，唯有喪，故不祭，自餘吉事，皆不廢祭；若有公事及病，使人攝祭，故《論語注》云：『孔子或出或病，而不自親祭，使攝者爲之。不致肅敬其心，與不祭同。』」則賈以孔子爲大夫，得使人攝祭，與士異也。（中略）賈引《論語注》無姓名，今鄭注輯本皆據《疏》列入，但與包此注文同，或賈即引包氏也。[103]

按劉恭冕別有《何休注訓論語述》一卷，其述何休此注之誼云：

案《論語》言「吾不與祭」，是有攝祭可知。〈特牲饋食禮〉云云。注：「士賤職褻」云云。賈疏：「鄭云『時至事暇可以祭』者云云。……若有公事及病，使人攝祭，故《論語注》云：『孔子或出或病，而不自親祭，使攝者爲之。不致肅敬其心，與不祭同。』」（原注：此注全同包注。今鄭注輯本亦采入，恐非。）就賈此疏所引《論語注》繹之，明謂孔子仕爲大

101 《論語正義》卷九，頁十八。
102 《廣經室文鈔》頁七。
103 《論語正義》卷三，頁十七、十八。

夫，得使人攝祭也。[104]

此與上引《正義》之文，旨意、引證悉同。史稱恭冕「幼習《毛詩》；晚年治《公羊春秋》，發明新周之義，闢何劭公之繆說，同時通儒皆韙之。」[105] 知恭冕固明習《公羊》之學者。然則《正義》此文，當出恭冕所爲無疑。

又《公羊》文公九年，何休注引「子張曰：《書》云『高宗涼闇，三年不言』云云」。恭冕述之云：

案《漢書·五行志》：「劉向以爲殷道既衰，高宗承敝而起，盡涼陰之哀，天下應之也。」亦作「涼」，與何同。伏生《大傳》：「《書》曰：『高宗梁闇』，何爲梁闇也？傳曰：高宗居凶廬，三年不言，此之謂梁闇。」鄭注《書·無逸》云：「諒闇轉作梁闇。楣謂之梁，闇謂廬也。」又注《論語》云：「諒闇，謂凶廬也。」如鄭此說，伏生《傳》作「梁」，用本字；作「諒」、作「涼」，皆假借。今〈無逸〉作「亮」，亦假借。《文選·閒居賦》：「今天子涼闇之際」，李善注解爲「寒涼幽闇」，此望文爲訓。[106]

〈憲問〉篇《正義》亦云：

鄭注此云：「諒闇，謂凶廬也。」其〈無逸〉注云：「諒闇轉作梁闇。楣謂之梁，闇謂廬也。」又云：「三年之禮，居倚廬，柱楣。」注〈喪服四制〉云：「諒，古作梁。楣謂之梁，闇謂廬也。廬有梁者，所謂柱楣也。」如鄭此說，是伏《傳》作「梁」，用正字；作「亮」、作「諒」，皆假借。又《漢書·五行傳》、何休《公羊注》作「涼」，亦假借也。（中略）梁闇以喪廬稱之，《文選·閒居賦》注以爲「寒涼幽闇之處」，

104 《何休注訓論語述》，《續經解》卷一千四百十二，頁二、三。森按：唐景龍四年卜天壽寫本《論語鄭注》殘卷，此注作：「孔子或出或病，而不自親祭，使攝者爲之，爲其不致肅敬之心，與不祭同。」與包注同，知鄭玄此注襲用包咸注耳。諸家鄭注輯本，據賈疏所引《論語注》列入，未爲誤也。

105 見《清史列傳》卷六十九、《清史稿》卷四八二劉寶楠附傳。

106 同註104，頁九。

此望文爲義，非古訓也。[107]

二者考論「諒闇」正假字，其說亦同。《正義》此文，當亦出恭冕之手。按《何休注訓論語述》，多直錄何休《公羊注》之引及《論語》文者；恭冕間加按語申述，惜止寥寥數條耳。今以恭冕按語，與《正義》比核，如《公羊》文公二年，何注引「夏后氏以松，殷人以柏，周人以栗」諸語爲說；[108] 哀公三年，引〈述而〉「冉有曰夫子爲衛君乎」章；[109] 宣公八年，引「其爲之也難，言之得無訒乎」二語，[110] 恭冕按語，與《正義》多雷同。若此之屬，其文蓋皆出恭冕所爲無疑。

據上所考，可知《正義》前十七卷，固多恭冕自爲說者，非僅掇拾諸家遺義耳。特今存恭冕文字，僅《文鈔》一卷，及《何休注訓論語述》寥寥數則，故無以一一取徵耳。[111] 劉嶽雲撰〈族兄叔俛事略〉，云：

楚楨先生治《論語正義》，未成而卒。兄憬念先業，蚤夜釐定，爬羅諸家異說。一義未明，馳書四方，必求其是。凡十餘年（森按：此未盡是，詳下），訖刊書成。自著僅《廣經室雜著》、《札記》數卷。蓋平生精力皆在《正義》矣。[112]

此言「平生精力皆在《正義》」，當得其實。惟《正義》之出恭冕所爲者，未必皆遺有形跡可覓耳。考日本橋川子雍舊藏劉文淇〈與劉恭冕書〉，中有云：

（淇）終日碌碌，未遑自理舊業。每念英俊勤于編集，深爲健羨。《論語

107 《論語正義》卷十七，頁三五、三六。

108 《何休注訓論語述》頁三；《論語正義》卷四，頁六。

109 《述》頁四；《正義》卷八，頁十一。

110 《述》頁六、七；《正義》卷十五，頁三。

111 按劉恭冕〈復諸遲鞠書〉，末云：「冕於聲韻諸書，雖涉藩籬，未窺堂奥。故如後世所傳反切之學，深疑多出方言，未可執以爲古音之據，故《論語疏》中，於陸氏《釋文》所載諸音，皆未補入。」（《廣經室文鈔》頁三七）此雖謂於《釋文》所載諸音，皆未補入，然《正義》多恭冕整比之功，可據以推知也。

112 劉嶽雲〈事略〉，見《碑傳集三編》卷三十三；又劉文興氏《楚楨年譜》道光四年條下。

疏證》尊甫已有長編，足下能繼述盛業，不使高郵父子專美於前，是所望也。[113]

此信述及「淇爲岑氏校刻《輿地紀勝》及朱武曹先生《禮記訓纂》，均約於春夏間可以竣事」云云，小澤氏《劉孟瞻年譜》系之道光三十年，[114] 是也。時楚楨六十歲，在元氏任。此可證知：《正義》雖長編已具，然楚楨自作宰畿輔以來，案牘勞神，不遑著述，此劉文淇所以深勉乎恭冕繼志成之也。今三復恭冕〈後敘〉，其言曰：

先君子發策得《論語》，自是屏棄他務，專精致思，依焦氏作《孟子正義》之法，先爲長編。（中略）旣而作宰畿輔，簿書繁瑣，精力亦少就衰。後所闕卷，舉畀恭冕，使續成之。恭冕承命惶悚，謹事編纂。及咸豐乙卯（五年）秋，將卒業，而先君子病足瘇，遂以不起，蓋知此書之將成而不及見矣。

詳味此文，恭冕之受命續撰，當在咸豐五年以前，此與上引劉文淇〈與劉恭冕書〉可以互證。迨五年秋楚楨病沒時，全書已將卒業，其未成者，蓋僅後所缺之七卷耳，故諸卷別題曰「述」，繼述父志也。據是言之，知前十七卷，其實本多出恭冕之手，非特爲之增訂拾補耳。否則，如上文所旣考者，楚楨道光八年（一八二八）秋纂輯長編，然迄咸豐二年（一八五二）時，《正義》初稿始編至〈雍也第六〉，其時下距楚楨之卒僅三年餘。而楚楨宰劇縣，方値多事之秋，[115] 此

113 《劉孟瞻年譜》卷首景印劉文淇寄劉恭冕手札。

114 同上，卷下，頁六三。

115 按劉文興《楚楨年譜》咸豐二年條下，云：「時東三省兵絡繹過境。先生按日給價，役不擾民。」下引劉恭冕〈行狀〉：「舊制，兵車皆出里下，府君謂兵多差重，非民所堪。（中略）所領協濟銀兩不敷，且不時發。府君自是愁慮，無一日歡矣。」又咸豐三年條下云：「在三河任。五月去任，七月回任。」按丁晏序楚楨《念樓集》，有云：「咸豐癸丑（三年），余以團練被議，羈繫揚州。（中略）楚楨二千里郵書來詢。時宰三河劇邑，單車走都中。余大兒壽昌供職戶部，楚楨詣昌館，語及近事，氣鬱涕零，至手顫不能舉盌。」又桂文燦《經學博采錄》云：「癸丑夏五之望，余束裝將南歸矣。進士（楚楨）以引見來京，晤于邸舍」云云（卷五，頁十一），知是年楚楨嘗一度落職赴京。是其時楚楨方當多事之際，本不遑著述，略可推知矣。

三年間，其書忽焉遽已撰至十七卷，更使恭冕續成後所闕諸卷已將卒業，前後遲速差異若此，豈事理耶。然則前引李慈銘語，謂「十八卷以下，采取不及以前之博，則學識又不及其父也。」此挾其成見想當然耳。實則今《正義》前十七卷孰爲恭冕所爲，孰出楚楨原稿，本未可知，其與恭冕補述諸卷，形貌固不殊，尤未可以外觀軒輊也。

綜上所論，歷來以《正義》前十七卷爲楚楨自撰，十八卷以下七卷，則恭冕就楚楨原稿編次，「間有所增，故署以『述』」。今推考之，是書大體出恭冕所爲者居多，非止末七卷爲恭冕所撰耳。此亦猶《左氏傳舊注疏證》，歷來雖稱劉文淇撰，然據其書所遺稿本核之，劉文淇所成者實僅第一卷耳，其餘大抵皆出其孫劉恭甫之手。[116]

四、《正義》梓行年代辨

《論語正義》之梓行年代，舊以爲在同治五年。劉文興《楚楨年譜》云：

> 《論語正義》乃先生一生用力之書，於微言大義，多所發明。有清一代十三經新疏，居一席焉。（中略）十七卷後，乃叔俛先生就先生原輯稿編次，間有所述，故署以「述」。同治丙寅（五年）告成，適應曾文正聘，校書金陵，遂以付刊。[117]

《販書偶記》卷三著錄，亦稱「同治丙寅刊」。[118] 近高流水君點校本亦言：此書最早之刊本，爲同治五年之初刻本。高氏並自謂其點校所據者，即以同治五年原刻爲底本。[119] 原諸君之以此書爲同治五年付刊者，蓋劉恭冕〈後敘〉撰於是年三月；又原刻本首馮志沂署檢亦題同治丙寅故耳。

然如上文所既考者，劉恭冕與戴望結識在同治八年前後；又俞樾《群經平

116 詳《春秋左氏傳舊注疏證》排印本書末〈整理後記〉。
117 《楚楨年譜》頁五三。
118 《販書偶記》頁四六。
119 中華書局《論語正義》點校本〈點校說明〉頁五。

議》刊成於同治六年，《諸子平議》刻於九年。今《正義》旣屢引俞氏《平議》及戴氏《論語注》，則是書斷無反刻於同治五年之理。今更列數證，以明其非：

按陳立〈論語正義序〉曰：「嗣楚楨先生成進士，宰畿輔，草未就，授哲嗣叔俛明經續成之，爲若干卷。而楚楨先生旋下世。旣從明經假讀竟，乃敘而論之」云云。末繫「屠維大荒落余月」，則是己巳（同治八年）四月所作。今味此序「旣從明經假讀竟」之語，可知陳立撰序時，所見乃恭冕稿本。足徵同治八年時，此書仍未付刻。其證一。

復按李慈銘《越縵堂日記》，同治壬申（十一年）十一月二十六日記：

得陳六舟片。以新刻劉氏父子《論語正義》樣本一册見眎。卷七〈雍也〉一卷、卷十一至十三〈鄉黨〉三卷，皆題曰「劉寶楠學」；卷十九〈季氏〉一卷、卷二十二〈子張〉一卷，皆題曰「恭冕述」。（中略）其書尙未刻成。體例與焦氏《孟子正義》相似，博取衆說，詳而有要，足以並傳。[120]

據此，知同治十一年十一月，是書仍未刻成。其已刻竟者，似僅〈雍也〉諸卷耳。其證二。

又陳澧〈復劉叔俛書〉，中云：「尊著《論語疏》，明歲刻竣，乞示讀。承索爲序，此過愛之盛意，所不敢辭。」[121] 此信末述及刻《通志堂經解》諸書事，汪宗衍氏《陳東塾年譜》繫之於同治十二年。[122] 然則迄同治十二年，《正義》仍未刻成。其證三。

另按光緒八年劉恭冕撰〈劉君恭甫家傳〉，末云：「訓導君（文淇）初與友朋爲著書之約。（中略）而先君子得《論語》。先君子所作《疏》，已及大半，授冕續成之。光緒初梓行。」[123] 此出乎恭冕所自言者，是《正義》之刊行實在光緒初年，尤明白可據。[124] 其證四。

120 《越縵堂讀書記》頁十七。

121 《東塾集》卷四，頁二十。

122 同註99。

123 《續碑傳集》卷七十五，頁十。

124 頃閱朱芳圃氏《孫詒讓年譜》，系《論語正義》刻成在同治九年（頁十七），未詳所據上所考，則歷來謂《正義》刋於同治五年者誤也。按恭冕〈後敘〉追述此書之成，於上節所引「及乙丑之秋而後寫定，述其義例，列於卷首」下，續云：「繼自今但求精校，或更得未見書讀之，冀少有裨益，是則先君子之所以爲學，而恭冕之所受於先君子者，不敢違也。」可知此書於同治四年秋寫定、明年春撰〈後敘〉後，並未隨付剞劂，其意仍將續爲搜討，更加增補校訂，蘄於至當。前舉《正義》所引俞氏《平議》、戴氏《論語注》、《東塾類稿》之屬，當即其書寫定後陸續增補者。迄光緒初元（一八七五），《正義》梓行，恭冕年已五十二，距咸豐初之紹業續撰，已二十餘年矣。光緒五年，恭冕始舉鄉試，旋於九年六月以風疾卒於家，年六十。[125] 觀此，可知《正義》一書，實合楚楨父子兩代之力以成者。而恭冕黽勉從事，前後二十餘年，出力爲尤多，可謂善於承志繼述矣。

五、小　結

綜上所考，其可得而言者，略有數端：

（一）自邵晉涵撰《爾雅正義》，重爲《爾雅》作疏，一時學者競相從事，

據。考孫詒讓〈書南昌府學本漢石經殘字後〉，嘗舉熹平石經《論語》碑末之校文，有「蓋肆乎其肆也」六字，孫氏謂此乃「盍徹乎其徹也」之異，爲《魯論》正本，「惜自宋元，以逮近代，石經之考，殆逾十家，而於此條咸莫能辨證。余友寶應劉君叔俛，補其父楚楨年丈《論語正義》，遂疑其爲逸文，實非也。同治庚午、辛未間，余在江寧，曾舉此義以告叔俛，亦深以爲然。因其書已刊成，未及追改，而叔俛遽卒」云云（《籀廎述林》卷八，頁六），此殆朱氏所本與。今考「《正義》遂疑其爲逸文」云云之語，見《正義》卷二十四〈何晏論語序〉疏（頁六）。據是，似《正義》同治庚辛間（九年）確已刻成。然此則顯與李慈銘、陳澧之說違戾。蓋此文乃劉恭冕卒後，孫氏追述之語，所述年代或有誤憶。（按劉恭冕卒於光緒九年，孫氏「叔俛遽卒」之語，亦未得其實也。）抑《正義》之刻，蓋就其業已寫定之卷先行付梓。卷二十四居全書之末，屬附錄性質，非《論語》正文，或其卷先刻成耳。要之，孫氏之說，未足爲《正義》同治九年已刻成之確據也。

125　同註 112。

思爲群經新疏。楚楨與劉孟瞻相約分疏《論語》、《左傳》，當在嘉慶之末。惟久而未付諸行事，故道光八年秋試後，二劉又與陳立、梅植之共立著書之約，重申前志。

(二)歷來以爲《論語正義》前十七卷爲楚楨所撰，十八卷以下七卷則其子恭冕續成者。實則即前十七卷，亦多出恭冕所爲，非特爲之拾補遺闕耳。蓋此書實合楚楨父子兩代之力以成之，而恭冕黽勉從事，迄刊書成，前後凡二十餘年，出力爲尤多焉。

(三)《論語正義》之梓行年代，歷來以爲事在同治五年；今考之，實在光緒之初。此爲當日相約著書諸君，最先梓行者。

一九九一年七月

(本文於一九九二年五月七日通過刊登)

引用書目(依引用先後爲次)

《論語正義》　劉寶楠著　光緒初原刊本；又《續經解》本；又一九九〇年中華書局點校本

《清史列傳》　一九二八年　上海中華書局排印本

《清史稿》　趙爾巽等纂　一九七七年　中華書局點校本

《續碑傳集》　繆荃孫編　宣統二年　江楚編譯書局刊本

《清儒學案》　徐世昌編　世界書局影印本

《續修四庫全書提要》　一九七一年　台灣商務印書館排印本

《漢學師承記》　江藩著　光緒十一年　校經山房刊本

《隸經文》　江藩著　《粵雅堂叢書》本

《經學博采錄》　桂文燦著　《辛巳叢編》本

《論語古注集箋》　潘維城著　《續經解》本

《青谿舊屋文集》　劉文淇著　光緒九年刊本
《藝舟雙楫》　包世臣著　《芋園叢書》本
《劉楚楨先生年譜》　劉文興氏編　一九三三年　《輔仁學誌》第四卷第一期
《儀徵劉孟瞻年譜》　日本小澤文四郎編　一九三九年　北京文思樓排印本
《念樓集》　劉寶楠著　文海出版社影印中央圖書館藏清稿本
《周易姚氏學》　姚配中著　台灣商務印書館《國學基本叢書》本
《周易述》　惠棟著　《經解》本
《尚書集注音疏》　江聲著　《經解》本
《爾雅正義》　邵晉涵著　《經解》本
《小學考》　謝啓昆著　藝文印書館景印本
《經韻樓文集補編》　劉盼遂氏輯　《段王學五種》所收
《南江札記》　邵晉涵著　嘉慶八年　邵氏面水層軒刻本
《揅經室集》　阮元著　世界書局景印本
《經義雜記》　臧琳著　《拜經堂叢書》本
《爾雅補注》　周春著　葉氏觀古堂刻本
《尚書今古文注疏》　孫星衍著　《經解》本
《左盦題跋》　劉師培著　一九三七年　寧武南氏排印本
《潛研堂文集》　錢大昕著　《潛研堂全書》本
《卷施閣文甲集》　洪亮吉著　《洪北江全書》本
《夢陔堂文集》　黄承吉著　一九三九年　燕京大學圖書館排印本
《孟子正義》　焦循著　一九八七年　中華書局點校本
《句溪雜著》　陳立著　《廣雅叢書》本
《清人文集別錄》　張舜徽氏著　一九六三年　中華書局排印本
《傳雅堂文集》　劉壽曾著　一九三七年排印本
《穀梁大義述》　柳興恩著　《續經解》本
《春秋左氏傳舊注疏證》　劉文淇著　一九五九年　科學出版社排印本
《徐復語言文字學叢稿》　徐復氏著　一九九〇年　江蘇古籍出版社排印本

《廣經室文鈔》 劉恭冕著 《廣雅叢書》本

《春在堂尺牘》 俞樾著 《春在堂全書》本

《販書偶記》 孫殿起編 一九五九年 中華書局排印本

《戴氏注論語》 戴望注 同治十年原刊本

《越縵堂讀書記》 李慈銘著 由雲龍輯 一九六三年 中華書局排印本

《論語徵》 日本物茂卿著 《日本名家四書注釋全書》本

《春在堂隨筆》 俞樾著 《春在堂全書》本

《鄭子尹年譜》 淩惕安氏編 台灣商務印書館影印本

《東塾集》 陳澧著 光緒十八年 菊坡精舍刻本

《陳東塾年譜》 汪宗衍氏編 一九三五年 《嶺南學報》第四卷第一期

《何休注訓論語述》 劉恭冕著 《續經解》本

《碑傳集三編》 汪兆鏞編 明文書局景印本

《孫詒讓年譜》 朱芳圃氏編 一九三四年 上海商務印書館排印本

《籀膏述林》 孫詒讓著 廣文書局景印本

出自第六十五本第三分(一九九四年九月)

陶淵明〈讀史述九章〉箋證
（據宋李公煥《箋註》本爲底本）

王　叔　岷

本〈箋證〉係據宋李公煥《箋註》本爲底本，首先說明陶公〈讀史述〉體例之淵源。進而：

一、校釋較深之詞句。

二、引證陶公所述之史實。

三、貫通陶公之詩文相互印證。

四、補充並修訂前賢及近人之注釋。

引　言

陶公〈讀史述〉九章之體，蓋源於班固《漢書・敘傳》。〈敘傳〉自〈述高紀〉至〈述王莽〉，凡六十九章，皆有韻之四言贊體。蕭統《文選》選〈述高紀〉、〈述成紀〉、〈述韓彭英盧吳傳〉三章，於紀下、傳下皆增一贊字，收入《史述贊》類。陶公此九章，固亦有韻之四言贊體也。《藝文類聚三十六引〈夷齊〉、〈魯二儒〉、〈張長公〉三章，皆作〈夷齊贊〉、〈魯二儒贊〉、〈張長公贊〉。九章詠贊先賢，頗寓己意。其微旨自蘇子瞻《東坡題跋》（卷一〈書淵明述史章後〉）啓其端，經葛立方《韻語陽秋》（卷五）之析論，至清陳沆《詩比興箋》（卷二）之闡發，已頗明晰。陳氏云：

〈夷齊〉、〈箕子〉、〈魯兩生〉、〈程杵〉四章，固易代之感。〈顏回〉、〈屈賈〉、〈韓非〉、〈張長公〉四章，則詠懷之詞。蓋守簞瓢固窮之節，悼屈、賈逢世之難，故欲戒韓非而師張長公也。〈管鮑〉章，則悼叔季人情之薄，而欲與劉、龐、周、郭爲歲寒之交也。

案陶公之眞淳而通達，其歲寒之交，自不局限於劉遺民、龐參軍、周續之、郭主簿諸人，不知名之鄰曲往來，素心相通，陶公亦常得其樂也。前賢及近人於〈讀史述〉九章之典實詞義，已多所發明。岷酌採舊說，益以新知，重寫〈箋證〉，借以紀念　傅故孟眞師之百歲冥誕。　孟眞師一生，宏揚學術，憂國憂民，去世已四十四年矣！其博大雄奇之才學，高瞻遠矚之識度，光明磊落之胸懷，誠令人嚮往思慕不已也！

箋　證

余讀《史記》，有所感而述之。

案陶公讀《史記》有感，益以評論，非僅述之而已。言述，如班固〈敘傳〉，謙詞也。

夷　齊〔一〕

二子讓國〔二〕，相將海隅〔三〕，天人革命〔四〕，絕景窮居〔五〕。采薇高歌，慨想黃、虞〔六〕。貞風凌俗〔七〕，爰感懦夫〔八〕。

〔一〕陶澍〈注〉：「事見〈伯夷列傳〉。」案事又見《莊子·讓王》篇、《呂氏春秋·誠廉》篇。

〔二〕案《史記·伯夷列傳》：「伯夷、叔齊，孤竹君之二子也。父欲立叔齊。及父卒，叔齊讓伯夷。伯夷曰：『父命也。』遂逃去。叔齊亦不肯立舟追之（追，今本誤逃）。」《莊子·盜跖》篇：「伯夷、叔齊辭孤竹之君。」蔡邕〈伯夷叔齊碑〉：「委國捐爵。」

〔三〕案「相將」猶「相偕。」陶公〈擬古〉九首之三：「相將還舊居。」亦用「相將」一詞。《藝文類聚》三十六引此「相將」作「相隨。」

《孟子·盡心》篇：「孟子曰：伯夷辟紂，居北海之濱。」阮瑀〈弔伯夷文〉：「東海讓國。」言東海，未知何據。

〔四〕楊勇《校箋》：「《周易〔革〕》云：湯、武革命，順乎天，而應乎人。」案《孔叢子·雜訓》篇：「子思曰：殷、周之王，征伐革命，以應乎天。」此文「天人革命，」專就武王伐紂而言。

〔五〕何孟春〈注〉：「景、影同。」案「絕景」即「絕影，」猶「絕跡」也。阮瑀〈弔伯夷文〉：「隱景潛暉。」「隱景」即「隱影，」與「絕景」義亦相符。陶公〈酬劉柴桑〉：「窮居寡人用。」〈詠貧士〉七首之六：「仲蔚愛窮居。」並用「窮居」一詞。《孟子·盡心》篇：「君子所性，雖窮居不損焉。」

〔六〕何孟春〈注〉：「《藝文類聚》作：高歌采薇。」案宋本《藝文類聚》三十六引此仍作「采薇高歌。（惟采作採，俗。）〈伯夷列傳〉：「武王已平殷亂，天下宗周，而伯夷、叔齊恥之，義不食周粟，隱於首陽山，采薇而食之。及餓且死，作歌，其辭曰：登彼西山兮，采其薇矣。以暴易暴兮，不知其非矣。神農、虞、夏忽焉沒兮，我安適歸矣！于嗟徂兮，命之衰矣！」陶公以「黃（帝）、虞（舜）」代「神農、虞（舜）、夏（禹）。」陶公喜以「黃、虞」寄慨，〈時運〉：「黃、虞莫逮，慨獨在余。」〈贈羊長史〉：「愚生三季後，慨然念黃、虞。」並其證。陶公述史，首贊夷、齊，詩、賦中亦并稱之。〈飲酒〉二十首之二：「積善云有報，夷、叔在西山，善惡苟不報，何事空立言！」〈擬古〉九首之八：「飢食首陽薇，渴飲易水流，不見相知人，惟見古時丘。」（次句用荊軻事。）〈感士不遇賦〉：「夷投老以長飢，悲茹薇而隕身。」陶公感慕於夷、齊者深矣！

〔七〕案「貞風凌俗，」謂堅貞之風操凌越凡俗也。《呂氏春秋·論威》篇：「雖有江河之險，則凌之。」高誘〈注〉：「凌，越也。」謂跨越也。鍾嶸《詩品》卷上評劉楨詩：「高風跨俗。」「凌俗」猶「越俗，」亦猶「跨俗」也。

〔八〕楊勇《校箋》:「《孟子·萬章》:故聞伯夷之風者,頑夫廉,懦夫有立志。」案《論語·微子》篇:「子曰:不降其志,不辱其身,伯夷、叔齊與!」夷、齊「不降其志,不辱其身,」故雖懦夫亦感而立志也。蕭統〈陶淵明集序〉云:「有能觀淵明之文者,貪夫可以廉,懦夫可以立。」蓋比淵明於夷、齊矣!

箕子〔一〕

去鄉之感,猶有遲疑〔二〕,矧伊代謝〔三〕,觸物皆非〔四〕。哀哀箕子〔五〕,云胡能夷〔六〕!狡童之歌,悽矣其悲〔七〕!

〔一〕陶澍〈注〉:「事見〈殷本紀〉。」案事見《史記·宋微子世家》。〈殷本紀〉載紂「剖比干,觀其心。」之後,僅云「箕子懼,乃詳狂爲奴,紂又囚之。」而已。

〔二〕案《孟子·萬章》篇:「孔子去魯,曰:『遲遲吾行也。』去父母國之道也。」《爾雅·釋訓》:「遲遲,徐也。」陶公〈悲從弟仲德〉:「遲遲將回步。」〈詠貧士〉七首之一:「遲遲出林翮。」並疊用遲字。

〔三〕案「矧伊」猶「況乃。」陶公〈歲暮和張常侍〉:「矧伊愁苦纏。」亦用「矧伊」一詞。「代謝,」謂殷已易爲周矣。陶公〈飲酒〉二十首之一:「寒暑有代謝,人道每如茲。」亦用「代謝」一詞。

〔四〕案〈宋微子世家〉:「箕子朝周,過故殷虛,感宮室毀壞,生禾黍。」所謂「觸物皆非」。〈古詩〉云:「所遇無故物。」義亦近之。

〔五〕案《廣雅·釋訓》:「哀哀,悲也。」陶公〈祭程氏妹文〉:「哀哀遺孤。」又「哀哀嫠人。」並用「哀哀」一詞。

〔六〕案「云胡」猶「如何。」《詩·召南草蟲》:「我心則夷。」鄭〈箋〉:「夷,平也。」「云胡能夷,」謂箕子之心如何能平也。

〔七〕案〈宋微子世家〉:「箕子傷之,欲哭則不可,欲泣爲其近婦人,乃作麥秀之詩以歌詠之。其詩曰：『麥秀漸漸兮，禾黍油油。彼姣童兮，不與我好兮。』所謂姣童者，紂也。殷民聞之，皆爲流涕。」其悲痛何如哉！《說文》：「悽，痛也。」

管　鮑〔一〕

知人未易，相知實難〔二〕，淡美初交，利乖歲寒〔三〕管生稱心，鮑叔必安〔四〕。奇情雙亮〔五〕，令名俱完〔六〕。

〔一〕陶澍〈注〉：「事見〈管晏列傳〉。」案事亦見劉向〈上管子序〉、《說苑・復恩》篇、《列子・力命》篇。

〔二〕案《莊子、列禦寇》篇：「孔子曰：凡人心險於山川，難知於天。」《意林》五引《秦子》：「遠難知者天，近難知者人。」《史記・管仲傳》：「管仲曰：生我者父母，知我者鮑子也！」（又見《初學記》十八引《韓詩外傳》佚文、劉向〈上管子序〉、《說苑・復恩》篇、及《列子・力命》篇。）相知如此，誠大難也！

〔三〕案《莊子・山木》篇：「君子之交淡若水，小人之交甘若醴，君子淡以親，小人甘以絕。」《禮・表記》：「君子之接如水，小人之接如醴，君子淡以成，小人甘以壞。」（接猶交也。）《史記・鄭世家贊》：「語有之：以權利合者，權利盡而交疏。」

〔四〕案〈管仲傳〉：「管仲曰：吾始困時，嘗與鮑叔賈，分財利多自與，鮑叔不以我爲貪，知我貧也；吾嘗爲鮑叔謀事而更窮困，鮑叔不以我爲愚，知時有利有不利也；吾嘗三仕三見逐於君，鮑叔不以我爲不肖，知我不遭時也；吾嘗三戰三走，鮑叔不以我爲怯，知我有老母也；公子糾敗，召忽死之，吾幽囚受辱，鮑叔不以我爲無恥，知我不羞小節，而恥功名不顯於天下也。」（又見《列子・力命》篇，略見劉向〈上管子序〉。亦略見《說苑・復恩》篇，文頗異。）眞所謂「管生稱心，鮑叔必安。」也。陶公〈與子儼等疏〉：「鮑叔、管仲，分財無猜。」僅涉及一端耳。又陶公〈飲酒〉二十首之十一：「死去何所知，稱心固爲好。」亦用「稱心」一詞。

〔五〕案此謂奇特交情、互相信任也。管、鮑交情，誠千古奇情。《爾雅·釋詁》：「亮，信也。」

〔六〕案《孝經·諫諍》章：「士有爭友，則身不離於令名。」《爾雅·釋詁》：「令，善也。」〈管仲傳〉云：「天下不多管仲之賢，而多鮑叔能知人也。」然則鮑叔之善名猶在管仲之上矣。

程　杵〔一〕

遺生良難〔二〕，士爲知己〔三〕，望義如歸〔四〕，允伊二子〔五〕。程生揮劍，懼茲餘恥〔六〕，令德永聞〔七〕，百代見紀〔八〕。

〔一〕陶澍〈注〉：「事見〈趙世家〉。」案事又見《新序·節士》篇、《說苑·復恩》篇。略見《論衡·吉驗》篇。

〔二〕案「遺生」猶「舍生」。《孟子·告子》篇：「舍生而取義。」

〔三〕案《初學記》十八引《韓詩外傳》佚文：「管仲曰：士爲知己者死。」（又見《說苑·復恩》篇。）豫讓亦有此語，見《戰國策·趙策一》及《史記·刺客列傳》。

〔四〕案《管子·小匡》篇：「視死如歸。」（又見《韓非子·外儲說左下》篇、《呂氏春秋·勿躬》篇。）

〔五〕案《詩·小雅·東攻》：「允矣君子。」鄭〈箋〉：「允，信。」「允伊二子。」猶言「信此二子。」公孫杵臼、程嬰，晉大夫趙朔客也。司寇屠岸賈作難，殺趙朔，滅其族。朔妻有遺腹，生男，屠岸賈索於宮中，程嬰謂杵臼曰：「今一索不得，後必復索之，奈何？」杵臼曰：「立孤與死，孰難？」嬰曰：「死易，立孤難耳。」杵臼曰：「子爲其難者，吾爲其易者，請先死。」二人謀取他人嬰兒匿山中，嬰僞告杵臼匿趙氏孤處，諸將殺杵臼與孤兒。詳〈趙世家〉及《新序·節士》篇，下同。

〔六〕程嬰與眞孤匿山中，十五年，後景公復立趙氏後趙武。武冠成人，程嬰謂公孫杵臼「以我爲能成事，故先我死。今我不報，是以我事爲不成。」遂自殺。自殺則無愧於杵臼矣。

〔七〕案「令德，」「善德」也。《詩·大雅假樂》：「假樂君子，顯顯令德。」《爾雅·釋詁》：「令，善也。」

〔八〕案《新序·節士》篇：「君子曰：程嬰、公孫杵臼可謂信友厚士矣。」（友，原作交，從〈趙世家·集解〉引作友。）所以見紀於百代也。

七十二弟子〔一〕

恂恂舞雩〔二〕，莫曰匪賢〔三〕。俱映日月〔四〕，共　至言〔五〕。慟由才難〔六〕，感爲情牽〔七〕。回也早夭〔八〕，賜獨長年〔九〕。

〔一〕楊勇《校箋》：「《史記·孔子世家》：孔子以詩、書、禮、樂教弟子，蓋三千焉。身通六藝者七十有二人。」案《史記·仲尼弟子列傳》：「孔子弟子受業身通者七十有七人。」（「弟子」二字舊誤爲曰字。）司馬貞〈索隱〉：「《孔子家語》亦有七十七人，唯文翁〈孔廟圖〉作七十二人。」考《孔子世家》有〈七十二弟子解〉，〈索隱〉引作「七十七人。」（今本篇內所記實七十六人，缺一人。）「七十七人」而稱「七十二人」者，蓋「七十二」爲古人習用之數，故孔子弟子稱「七十二人」者多，劉向〈戰國策敘錄〉稱「七十二人，皆天下之俊。」《新序·雜事一》稱「七十二人，自遠方至。」皇侃〈論語義疏敘〉：「達者七十有二。」《顏氏家訓·誡兵》篇稱「仲尼門徒升堂者七十二。」皆其證也。（參看拙著《史記斠證》〈孔子世家〉及〈仲尼弟子列傳〉。）

〔二〕案《論語·鄉黨》篇：「恂恂如也。」王肅〈注〉：「恂恂，溫恭之貌。」〈先進〉篇：「曾點曰：莫春者，春服既成，冠者五六人，童子六七人，浴乎沂，風乎舞雩，詠而歸。」（又見《史記・仲尼弟子列傳》及《論衡・明雩》篇。）邢昺〈疏〉：「雩者，祈雨之祭名。杜預曰：『爲百穀祈膏雨也。使童男女舞之。〈春官〉女巫職曰：「旱暵則舞雩。」因謂其處爲舞雩。』」

〔三〕案此蓋謂恂恂然歌詠於舞雩之冠者及童子皆賢者也。皇侃《論語義疏》引或曰：「冠者五六，五六，三十人也。童子六七，六七，四十二人也。四十二就三十，合爲七十二人。孔子升堂者七十二人也。」然則陶公所謂「莫曰匪賢，」亦就七十二弟子言之邪？其然豈其然乎？

〔四〕案此蓋謂七十二弟子之賢皆可與日月相輝映也，又《論語・子張》篇：「子貢曰：仲尼，日月也，無得而踰焉。」然則此或謂七十二弟子之賢與孔子輝映邪？

〔五〕案湌（省作飡）字絕佳。陶澍《集注本》作飧，嚴可均輯校本作飱，飱、飧正俗字，嚴氏改俗從正也。楊勇《校箋》所據本作餐。餐與湌同，與飧通用。陶公〈酬丁柴桑〉：「飧勝如歸。」字亦作飧，《詩・小雅・大東》：「有饛簋飧。」毛〈傳〉：「飧，熟食。」《莊子・天地》篇：「至言不出，俗言勝也。」此所謂「共飧至言，」蓋弟子皆習聞孔子之善言，如熟食也。《周禮・考工記・弓人》：「覆之而角至，謂之句弓。」鄭〈注〉：「至猶善也。」

〔六〕案《論語・先進》篇：「顏淵死，子哭之慟。」〈泰伯〉篇：「孔子曰：才難，不其然乎！」

〔七〕案孔子情繫顏淵，兩度感歎其不幸短命死也。（詳下。）

〔八〕楊勇《校箋》：「《論語・雍也》：『哀公問弟子孰爲好學？孔子對曰：『有顏回者好學，不遷怒，不貳過，不幸短命死矣，今也則亡，未聞好學者也。』」案《論語・先進》篇：「季康子問弟子孰爲好學？孔子對曰：有顏回者好學，不幸短命死矣，今也則亡，未聞好學者。」〈雍也〉篇云云，亦見〈仲尼弟子列傳〉。又〈仲尼弟子列傳〉云：「回年二十九，髮盡白，蚤死。」（蚤借爲早。）司馬貞〈索隱〉：「按《家語》亦云：年二十九而髮白，三十二而死。」今本《家語·七十二弟子解》作「三十一早死。」「三十一」乃「三十二」之誤。《世說新語·汰侈》篇劉孝標〈注〉引《家語》，亦稱回「三十二歲早死。」《列子·力命》篇：「顏淵之才，不出衆人之下，而壽四八。」「四八」亦謂三十二也。惟《列子》「四八」本亦作「十八。」《淮南子·精神》篇高誘〈注〉云：「顏淵十八而卒。」《論衡·書虛》篇：「或言顏淵年十八，與孔子俱上魯太山，下而顏淵髮白，齒落，遂以病死。」（今本無「年十八」三字，據明陳耀文《天中記》三九引補。）亦並作「十八。」竊疑作「三十二」較可信。（參看拙著《史記校證·伯夷列傳、仲尼弟子列傳》。）陶公〈感士不遇賦〉：「回早夭而又貧。」〈飲酒〉二十首之十七：「顏淵稱爲仁，屢空不獲年。」亦謂其早夭也。

〔九〕案《論語·公冶長》篇：「子謂子貢曰：『女與回也孰賢？』對曰：『賜也何敢望回！回也聞一以知十，賜也聞一以知二。』（又見《論衡·問孔》篇。）子貢自知其賢遠不能與顏回相比，而回夭賜壽，陶公蓋深有所感，因述回而及賜也與？

屈　賈〔一〕

進德修業，將以及時〔二〕。如彼稷、契，孰不願之〔三〕！嗟乎二賢，逢世多疑〔四〕，候瞻寫志〔五〕，感鵩獻辭〔六〕。

〔一〕陶澍〈注〉：「事見〈屈賈列傳〉。」案屈原名平，楚之同姓。博聞彊志，明於治亂，嫻於辭令。懷王初甚任之，因信讒而見疏，原憂愁幽思而作〈離騷〉。後懷王子襄王，復信讒放屈原至於江濱，原作懷沙之賦，投汨羅以死。事又詳《新序·節士》篇。賈誼年少，博通諸子百家之學，文帝召以爲博士，超遷至太中大夫，且議以任公卿之位。

爲絳侯、灌嬰之屬所毀。見疏爲長沙王太傅。文帝愛其少子懷王，令賈誼傅之，懷王墮馬死，誼自傷無狀，歲餘亦死。時年三十三。事又詳《漢書・賈誼傳》。

〔二〕案《易・乾・文言》：「子曰：君子進德脩業，欲及時也。」陶公〈晉故征西將軍長史孟府君傳贊〉：「孔子稱進德修業，以及時也。」亦本〈文言〉。

〔三〕案稷名棄，堯舉爲司農，舜命播百穀，爲周始祖。契佐禹治水，舜命爲司徒，敬敷五教，爲殷始祖。詳《書・堯典(爲舜典)》、《史記・殷本紀、周本紀》。《管子・法法》篇：「契爲司徒，后稷爲田。」揚雄〈解嘲〉：「家家自以爲稷、契。」杜甫〈有事於南郊賦〉亦云：「四十年來，家家自以爲稷、契。」然則願爲稷、契者多矣。

〔四〕案屈原因上官大夫之讒，而見疏於懷王及襄王。賈誼爲絳侯、灌嬰等所短，而見疏於文帝。誠所謂「信而見疑，忠而被謗」(〈屈原傳〉語)者矣！

〔五〕陶澍《集注本》「候瞻」作「候詹。」〈注〉：「何本作『懷沙』，云：『一作「候瞻」，非。』焦本作『候詹』。澍按詹，謂太卜鄭詹尹也。今從焦作詹。」案焦竑本是。《列子・周穆王》篇：「夢有六候。」張湛〈注〉：「候，占也。」「候詹寫志。」謂屈原占驗於太卜鄭詹尹以寫其志也。詳《楚辭》屈原所作之〈卜居〉。〈卜居〉末云：「吁嗟默默兮，誰知吾之廉貞！」已足見屈原之志矣。何孟春本「候詹」作「懷沙」，未知何據。〈屈原傳〉謂原「作懷沙之賦。」

〔六〕案〈賈生傳〉：「賈生爲長沙王太傅三年，有鴞飛入賈生舍，止于坐隅，楚人命鴞曰服。賈生旣以適居長沙，長沙卑溼，自以爲壽不得長，傷悼之，乃爲賦以自廣。其辭云云。」所謂「感鵩獻辭」也。服、鵩古今字。《文選》亦載賈誼〈鵩鳥賦〉。陶公〈感士不遇賦〉：「悼賈傅之秀朗，紆遠轡於促界。」安得不傷悼邪！

韓　非〔一〕

豐狐隱穴，以文自殘〔二〕。君子失時〔三〕，白首抱關〔四〕。巧行居災〔五〕，忮辯召患〔六〕。哀矣韓生，竟死〈說難〉〔七〕。

〔一〕陶澍〈注〉：「事見〈韓非傳〉。」案〈韓非傳〉：「韓非者，韓之諸公子也。喜刑名法術之學，而其歸本於黃、老。爲人口吃，而善著書。數以書諫韓王，韓王不能用。作〈孤憤〉、〈五蠹〉、〈內外儲〉、〈說林〉、〈說難〉十餘萬言。然韓非知說之難，爲〈說難〉書甚具，終死於秦，不能自脫。」

〔二〕案《莊子・山木》篇：「夫豐狐文豹，棲於山林，伏於巖穴，靜也。夜行晝居，戒也。雖飢渴隱約，猶且胥疏於江湖之上而求食焉，定也。然且不免於罔羅機辟之患，是何罪之有哉？其皮爲之災也。」

〔三〕案《藝文類聚》八八引《莊子》佚文：「君子之居世也，得時則義行，失時則鵲起。」

〔四〕楊勇《校箋》：「《孟子・萬章》：抱關擊柝。」案《史記・魏公子列傳》「魏有隱士曰侯嬴，年七十，家貧，爲大梁夷門監者。」《御覽》一五八引「監者」作「抱關者。」王維〈夷門歌〉亦云：「嬴乃夷門抱關者。」此亦「白首抱關」之類也。

〔五〕案《莊子・逍遙遊》篇：「莊子（謂惠子）曰：子獨不見狸狌乎！卑身而伏，以候敖者。東西跳梁，不辟高下。中於機辟，死於罔罟。」成玄英〈疏〉：「商鞅、蘇（秦）、張（儀），卽是其事。此何異乎捕鼠狸狌死於罔罟也！」此卽「巧行居災」之類也。

〔六〕陶澍本忮下〈注〉：「焦本作枝。」嚴可均輯校本忮作伎。案「忮辯」義頗難通。焦竑本作枝，枝蓋本作技，（从扌从木之字往往相亂。）上言「巧行，」此言「技辯，」巧、技互文，技亦巧也。《說文》：「技，巧也。」嚴本作伎，伎與技古亦通用。《淮南子・覽冥》篇：

「息巧辯之說。」「技辯」猶「巧辯」也。陶澍辯本作辨，古字通用。韓非〈說難〉有云：「凡說之難，又非吾辯之能明吾意之難也。」非固巧於言辯者矣。

〔七〕案司馬遷云：「余獨悲韓子爲〈說難〉，而不能自脫耳。」（〈韓非傳〉。）揚雄《法言・問明》篇：「或問：『韓非作〈說難〉之書，而卒死乎〈說難〉，敢問何反也？』曰：『〈說難〉蓋其所以死乎！』曰：『何也』？曰：「君子以禮動，以義止。合則進，否則退。確乎不憂其不合也。夫說人而憂其不合，則亦無所不至矣。』或曰：『說之不合，非憂邪？』曰：『說不由道，憂也。由道而不合，非憂也。』」

魯二儒〔一〕

易代隨時〔二〕，迷變則愚〔三〕，介介若人〔四〕，特爲貞夫〔五〕。德不百年，汙我詩書〔六〕，逝然不顧〔七〕，被褐幽居〔八〕。

〔一〕案《史記・叔孫通傳》：「漢五年，已幷天下，諸侯共尊漢王爲皇帝。叔孫通說上曰：『臣願徵魯諸生，與臣弟子共起朝儀。』使徵魯諸生三十餘人，魯有兩生不肯行。」（又見《漢書・叔孫通傳》及皇甫謐《高士傳》。）《法言・五百》篇云：「叔孫通欲制君臣之儀，徵先生於齊、魯，所不能致者二人。」

〔二〕何孟春〈注〉：「代，《藝文類聚〔三六〕》作大，蓋用《易》『隨時之義大矣哉！』作大爲是。」案《藝文類聚》三六引代作大。《易》云云，見〈隨〉卦。

〔三〕案《通傳》：「叔孫通笑〔兩生〕曰：若眞鄙儒也，不知時變。」

〔四〕陶澍本「介介」下〈注〉云：「《藝文類聚》作『芬芬。』案「芬芬」蓋本作「芥芥，」介，隸書作　，俗書作　，並與分近，故誤爲分，復加艸作芬耳。「介介，」孤特貌。陶公〈飲酒〉二十首之十九：

「遂盡介然分，」〈詠貧士〉七首之六：「介焉安其業。」「介焉」猶「介然，」亦孤特貌也。《論語・憲問》：「君子哉若人！」「若人，」此人也。

〔五〕案《抱朴子・行品》篇：「不改操於得失，不傾志於可欲者，貞人也。」「貞夫」猶「貞人，」魯二儒正此類也。

〔六〕案〈通傳〉兩生告叔孫通云：「今天下初定，死者未葬，傷者未起，又欲起禮樂。禮樂所由起，積德百年而後可興也。吾不忍爲公所爲，公所爲不合古，吾不行，公往矣，無污我。」（亦見《漢書・叔孫通傳》及《高士傳》。）

〔七〕案「逝然」猶「去而，」《藝文類聚》引然作焉，嚴可均輯校本從之，焉猶然也。

〔八〕案《老子》七十章：「聖人被褐懷玉。」《禮記・儒行》：「幽居而不淫。」《後漢書・逸民法眞傳》：「幽居恬泊，樂以忘憂。」陶公〈始作鎭軍參軍經曲阿〉：「被褐欣自得。」〈答龐參軍〉：我實幽居士。」

張 長 公〔一〕

遠哉長公〔二〕，蕭然何事〔三〕？世路多端〔四〕，皆爲我異〔五〕。斂轡朅來〔六〕，獨養其志〔七〕。寢迹窮年〔八〕，誰知斯意〔九〕！

〔一〕陶澍〈注〉：「事見〈張釋之傳〉。」案並見《史記》及《漢書》〈張釋之傳〉。」〈傳〉云：「釋之子張摯，字長公，官至大夫，免。以不能取容當世，故終身不仕。」司馬貞〈索隱〉：「謂性公直，不能曲屈見容於當世，故至免官不仕也。」

〔二〕陶澍本「遠哉」下〈注〉：「《藝文類聚》作『達哉。』」嚴可均輯校本從之。案《莊子・田子方》篇：「遠矣，全德之君子！」「遠哉」猶「遠矣。」贊其超遠也。《藝文類聚》引作「達哉。」贊其通達。

遠、達形近，作遠似勝。

〔三〕案「蕭然，」寂寥貌。陶公〈五柳先生傳〉：「環堵蕭然。」

〔四〕陶澍本「多端」下〈注〉：「《藝文類聚》作『皆同。』」嚴可均輯校本從之。案《楚辭・漁父》：「舉世皆濁，我獨清。」（王逸〈注〉：「《史記》作：舉世混濁，而我獨清。」）「世路皆同，」與「舉世皆濁」義近。「皆同」似較「多端」義長，且同與下句異對言。

〔五〕案爲猶與也。「皆與我異，」卽「而我獨清」之意。《藝文類聚》作「而我獨異。」則與〈漁父〉「而我獨清」句尤合，嚴輯校本從之。

〔六〕案《說文》：「斂，收也。朅，去也。」「斂轡朅來，」謂收斂馬轡之去來，喻不復在仕途中去來也。《史記・司馬相如列傳》：「回車朅來兮，絕道不周。」《後漢書・張衡傳》：「回志朅來從玄諆。」

〔七〕案《藝文類聚》作「閑養其志，」嚴輯校本從之。《莊子・讓王》篇：「獨樂其志。」

〔八〕案「寢迹」猶「隱迹。」陶公〈癸卯歲十二月中作與從弟敬遠〉：「寢迹衡門下。」「窮年」猶「盡年。」《莊子・齊物論》篇：「和之以天倪，因之以曼衍，所以窮年也。成玄英〈疏〉：「窮，盡也。」

〔九〕案陶公知之審矣。〈飲酒〉二十首之十二：「長公曾一仕，壯節忽失時，杜門不復出，終身與世辭。」又〈扇上畫贊・張長公〉：「張生一仕，曾以事還，顧我不能，高謝人間？」顧猶豈也，高猶遠也。言我豈不能遠謝人間邪？陶公退隱後，固亦終身辭世，寢迹窮年如張長公者也。

一九九三年九月十四日（癸酉七月廿八日）

脫稿於傅斯年先生圖書館二樓研究室

（本文於一九九四年九月十五日通過刊登）

Annotation and Commentary on T'ao Yüan-ming's Exposition upon the Reading of History (in Nine Chapters)

Wang Shu-min

This "annotation and commentary" is based on the commentary (*jianzhu*) by Li Kung-huan of the Song. The paper begins with an explication of the origins of the style of T'ao's *Expositions up the Reading of History*. It proceeds to: 1) interpret the more obscure passages; 2) substantiate by reference to other sources the historical facts that T'ao describes; 3) find and demonstrate interconnections between T'ao's poetry and prose; and 4) supplement and correct both modern and earlier commentaries.

出自第六十六本第二分(一九九五年六月)

北朝經學的二三問題

陳 鴻 森

南北朝時，南北學風異尚。顧北朝經學著作，今多不傳，故歷來論述北學，大抵根據《北史·儒林傳序》，相沿成說。本文特就北學之併於南學、北朝之《公羊》學，以及《尚書正義》與二劉《述議》之關係等三事，加以檢討：

（一）皮錫瑞《經學歷史》，認爲北朝經學固守鄭、服舊義，最爲純正。其後竟爲南學所併，係因「人情既厭故喜新，學術又以華勝樸」所致。本文則據北朝諸史〈儒林傳〉，認爲北學本身之荒疏實其併於南學之主因。

（二）皮氏疑《北史·儒林傳》「何休《公羊注》大行河北」之語，爲非實錄。實則《北史》此語當本之魏收《魏書》。本文據《魏書》志傳參證之，考知北魏時何注頗行於河北，其說宜自可信。特北朝學風多三傳兼習，故鮮以《公羊》專門名家耳。

（三）《尚書正義》一書，論者或謂其書除唐人駁正之語外，餘皆本諸劉炫舊疏。因炫書久亡，此一假說迄難斷其然否。今證以日本所存劉炫《孝經述議》殘本，更由本疏推勘之，可決此疏實參酌二劉《述議》而依用之，非專據劉炫一家之學也。

《北史·儒林傳·序》云：

> 大抵南北所爲章句，好尚互有不同。江左：《周易》則王輔嗣，《尙書》則孔安國，《左傳》則杜元凱。河洛：《左傳》則服子愼，《尙書》、《周易》則鄭康成。《詩》則並主於毛公，《禮》則同遵於鄭氏。南人約簡，得其英華；北學深蕪，窮其枝葉。[1]

此南、北學分立之大較也。顧北朝經學著作，今多不傳，故歷來於北學之發展、得失，鮮有深論及之者。本文擬就北學之併於南學、北朝之《公羊》學，以及

1 《北史》卷八十一，頁二七〇九。

《尚書正義》與二劉《述議》之關係[2] 等三事，略加考論，以備世之治斯學者論定焉。

北學之併入南學

皮錫瑞《經學歷史》曾論述：「北學勝於南者，由於北人俗尚樸純，未染清言之風、浮華之習，故能專宗鄭（玄）、服（虔），不爲僞孔、王（弼）、杜（預）所惑，此北學所以純正勝南也。」[3] 因深慨乎隋唐時北學竟爲南學所併。至北學折入南學之故，皮氏以爲：「北人篤守漢學，本近質樸；而南人善談名理，增飾華詞，表裏可觀，雅俗共賞。故雖以亡國之餘，足以轉移一時風氣，使北人舍舊而從之。」而「人情旣厭故喜新，學術又以華勝樸」，故當時北人之於南學，有如陳相見許行而大悅，盡棄所習而學焉。[4]

按皮氏謂北人「俗尚純樸，未染清言之風」，並舉李業興對梁武帝言：「素不玄學，何敢仰酬」之語，爲「北重經學不雜玄學之明證」，[5] 今考之，似不盡然。蓋北朝學術以北魏爲最盛。魏時雖似獎勸儒學，實則儒、釋、道三教和合並行。如〈儒林傳〉載太祖拓跋珪初定中原，「便以經術爲先，立太學」；〈釋老志〉則言其「好黃老，頗覽佛經」；[6] 太宗拓跋嗣繼位，「改國子爲中書學，立教授博士」，然「遵太祖之業，亦好黃老，又崇佛法」；[7] 獻文帝拓跋弘極力普及地方儒學教育，「詔立鄉學，郡置博士、助教」、「及遷都洛邑，詔立國子太學、四門小學」，然亦「覽諸經論，好老莊。每引諸沙門及能談玄之士，與論理

2 按劉焯、劉炫、《北史》、《隋書》〈儒林傳〉並有傳。二劉主要活動年代，在北齊～隋間；且二家《述議》實南北朝《義疏》之學之總結。今論北朝經學，及於二劉，於事理似尚無不合。

3 《經學歷史》頁一八二。

4 同上，頁一九四～九六。

5 同上，頁一七〇。

6 《魏書》卷八十四，頁一八四一；又卷一一四，頁三〇三〇。

7 同上，頁一八四二；又頁三〇三〇。

要。」[8] 而孝文帝「雅好讀書，手不釋卷，《五經》之義，覽之便講，學不師受，探其精奧。……善談莊老，尤精釋義。」[9] 諸帝並好老莊，信佛法，上行下效，《魏書》特立〈釋老志〉，爲諸史所未有，足覘一時風氣矣。另據〈程駿傳〉載駿語：「名教之儒，咸謂老莊其言虛誕，不切實要，弗可以經世。駿意以爲不然。夫老子著抱一之言，莊生申性本之旨，若斯者可謂至順矣。」又獻文帝「屢引駿與論《易》、《老》之義」。[10] 又〈盧玄傳〉載盧元明「性好玄理，作《史子新論》數十篇。」[11] 是魏時非不言老莊玄虛。至若《北齊書・杜弼傳》言「弼性好名理，探味玄宗。……注老子《道德經》二卷，表上之。(中略)詔答云：『卿才思優洽，業尙通遠，息棲儒門，馳騁玄肆』云云」；「又注《莊子・惠施篇》、《易》上下繫，名《新注義苑》，並行於世。」[12] 又《周書・儒林傳》載：盧光「精於《三禮》，……又好玄言。……撰《道德經章句》，行於世。」又言沈重「學業該博，爲當世儒宗，至於陰陽圖緯，道經、釋典，靡不畢綜。」[13] 《北史・儒林傳》載何妥撰《周易講疏》三卷、《莊子義疏》四卷，[14] ，則北朝經學者未嘗不染玄言。特諸儒所撰書今皆不傳，無以一一取徵耳。皮氏但援李業興一例爲說，未免偏據。

至皮氏言：北學「篤守漢學」、「能專宗鄭、服」，故「以純正勝南學」。今夷考之，亦未盡得實。按北朝經學亦有取乎南學者。其《尙書》孔傳，則酈元據之以說地；[15] 齊隋間大儒劉炫、劉焯更本孔傳，各爲之《述議》，爲唐人

8 同上，頁一八四二；又頁三〇三七。
9 同上，卷七下，頁一八七。
10 同上，卷六十，頁一三四五。
11 同上，卷四十七，頁一〇六一。
12 《北齊書》卷二十四，頁三四八～五三。
13 《周書》卷四十五，頁八〇七、〇八；又八一〇。
14 《北史》卷八十二，頁二七五九。
15 按酈氏《水經注》明引孔傳爲說者凡十三見，計〈河水篇〉三見，〈濟水篇〉二見，〈濁漳水篇〉、〈淵水篇〉、〈穀水篇〉、〈漆水篇〉、〈漾水篇〉、〈沔水篇〉各一見，〈禹貢山水澤地所在〉二見。如〈濟水篇〉「濟水出河東垣縣東王屋山爲沇水。」酈注：「孔安國曰：泉源爲沇，流去爲濟。」又「東出，過滎澤北。」酈注：「《尙書》曰：『滎波既瀦』，孔安國曰：滎澤波水已成遏瀦。」並見〈禹貢〉孔傳，即其例也。

《正義》之所本(說詳下),此北學用孔傳之驗也。

《周易》王弼注,則《北齊書·儒林傳》固明言:「河南及青、齊之間,儒生多講王輔嗣所注《周易》。」[16] 是北學亦多講肄王弼注者。

而《左傳》杜注,《魏書·儒林傳》云:「晉世杜預注《左氏》,預玄孫坦、坦弟驥,於劉義隆世並爲青州刺史,傳其家業,故齊地多習之。自梁越以下,傳受講說者甚衆。」[17] 另據〈賈思伯傳〉載:太保崔光疾甚,表薦思伯爲侍講,「思伯遂入授肅宗杜氏《春秋》」;思伯弟思同亦任侍講,「授靜帝杜氏《春秋》」,[18] 則杜注固由齊地而洛,更傳諸帝室矣。思同傳末記:

> 思同之侍講也,國子博士遼西衛冀隆爲服氏之學,上書難杜氏《春秋》六十三事。思同復駁冀隆乖錯者十一條。互相是非,積成十卷。詔下國學集諸儒考之,事未竟而思同卒。卒後,魏郡姚文安、樂陵秦道靜復述思同意。冀隆亦尋物故,浮陽劉休和又持冀隆說,至今未能裁正焉。

又張吾貴「兼讀杜、服,隱括兩家」,[19] 酈道元《水經注》尤多引杜注以說地,[20] 是北魏時服注原未專行。《北齊書·儒林傳》亦言「河外儒生俱伏膺杜注」、「姚文安、秦道靜初亦學服氏,後更兼講杜元凱所注。」[21] 凡此,並可證知杜注固久已流播河朔。

據上所述,則皮氏謂北學「能專宗鄭、服,不爲僞孔、王、杜所惑」者,此皮氏個人之信念耳,非史實也。《隋書·經籍志》於《易》言:「至隋,王注盛行,鄭學浸微,今殆絕矣。」於《書》則言:「至隋,孔、鄭並行,而鄭氏甚微。」於《春秋》言:「至隋,杜氏盛行。」[22] 浸潤之漸,北學之併於南學,

16 《北齊書》卷四十四,頁五八三。

17 《魏書》卷八十四,頁一八四三。

18 同上,卷七十二,頁一六一五。

19 同上,卷八十四,頁一八五一。

20 按酈氏《水經注》引用杜注凡六、七十見。如卷二十二〈洧水注〉引「杜預曰:陰坂,洧津也。」(見襄九年注)又「杜預云:苑陵縣西有黃水者也。」(見襄二十八年注)又「杜預曰:長平縣東南有辰亭。」(見宣十一年注)即其例也。另引杜預〈釋地〉(《春秋釋例》之一篇)凡三、四十見,茲不具引。

21 《北齊書》卷四十四,頁五八四。

22 《隋書》卷三十二,頁九一三、九一五、九三三。

有自然矣。

而北學之併於南學，亦自有故。按《魏書·儒林傳》言「張吾貴與（劉）獻之齊名，海內皆曰儒宗。」諸生疑滯，咸決於獻之。而獻之「六藝之文，雖不悉注，然所標宗旨，頗異舊義。」[23] 據是，則劉獻之說經，多自標新義，固非「專宗鄭服」者。而〈張吾貴傳〉則載：「吾貴先未多學，乃從酈詮受《禮》，牛天祐受《易》。詮、祐粗為開發，而吾貴覽讀一遍，便即別構戶牖。世人競歸之。」其生徒竊語張生於《左氏》似不能說，吾貴因詣劉蘭問之，「三旬之中，吾貴兼讀杜、服，隱括兩家，異同悉舉。諸生後集，便為講之，義例無窮，皆多新異。……辯能飾非，好為詭說。」[24] 〈劉蘭傳〉亦言：「張吾貴以聰辨過人，其所解說，不本先儒之旨。」[25] 按劉、張當時推為儒宗者，而獻之「頗異舊義」，吾貴「其所解說，不本先儒之旨」，則北學雖號宗鄭、服，亦奚以為？抑吾貴於《禮》、《易》，「覽讀一遍，便即別構戶牖」；讀《左傳》一月，即自創義例，敷說無窮，其空疏亦云甚矣。

又徐遵明於北學最稱名儒，《魏書》本傳云：「遵明講學於外二十餘年，海內莫不宗仰。」北齊諸經之傳，除《詩》出劉獻之外，自餘多出遵明之門。[26] 本傳載其受學情形云：

> 年十七，隨鄉人毛靈和等詣山東求學。至上黨，乃師屯留王聰，受《毛詩》、《尚書》、《禮記》。一年，便辭聰詣燕趙，師事張吾貴。吾貴門徒甚盛，遵明伏膺數月，乃私謂其友人曰：「張生名高而義無檢格，凡所講說，不愜吾心，請更從師。」遂與平原田猛略就范陽孫買德受業。一年，復欲去之。猛略謂遵明曰：「君年少從師，每不終業，千里負帙，何去就

---

23 《魏書》卷八十四，頁一八五〇。

24 同上，頁一八五一。

25 同上註。

26 《北齊書·儒林傳》言：「凡是經學諸生，多出魏末大儒徐遵明門下。河北講鄭康成所注《周易》。遵明以傳盧景裕及清河崔瑾。……齊時儒士，罕傳《尚書》之業，徐遵明兼通之，傳授浮陽李周仁及渤海張文敬及李鉉、權會。……《三禮》並出遵明之門。……河北諸儒能通《春秋》者，並服子慎所注，亦出徐生之門。」

之甚。如此用意，終恐無成。」遵明曰：「吾今始知眞師所在。」猛略曰：「何在？」遵明乃指心曰：「正在於此。」[27]

據是，知其經學不本師法，蓋多自創解。其說今不可得而詳，[28] 其可考者，惟《北史》載：「遵明見鄭玄〈論語序〉云『書以八寸策』，〔其所據本〕誤作『八十宗』，因曲爲之說。其僻也皆如此。獻之、吾貴又甚焉。」[29] 夫北朝經學魏最昌盛，而北魏所宗三家乃以「僻」稱，他可概見矣。

而《北齊書·儒林傳·序》則言：「諸儒如權會、李鉉、刁柔、熊安生、劉軌思、馬敬德之徒，多自出義疏。雖曰專門，亦皆粗習也。」[30] 此諸家者，皆北齊名儒，乃於專門之業，亦但「粗習」耳。又按《周書·儒林傳》載：樊深爲博士，「深經學通瞻，每解書，嘗多引漢、魏以來諸家義而說之。故後生聽其言者，不能曉悟，皆背而譏之曰：『樊生講書多門戶，不可解。』」[31] 皮錫瑞謂「北人篤守漢學」，乃諸儒生於漢、魏以來古義，多未能曉悟，僅能拘守一先生之言。

味此事例，知北方經學之併入於南者，北學本身之荒疏實其內因。此義前人皆未之及，今特表出之。

---

27 《魏書》卷八十四，頁一八五五。

28 王鳴盛《蛾術編》卷七「公羊傳疏」條，以今《公羊疏》爲徐遵明所撰，阮元《公羊注疏校勘記·序》、周中孚《鄭堂讀書記》卷十並從其說。惟此說絕無徵驗。按此疏隋、唐志俱不載，宋《崇文總目》始著於錄，云「不著撰人名氏，援證淺局，出於近世。或云徐彥撰。」晁、陳二家志目亦云不詳撰人及果出何代，王氏第以其徐姓故臆爲魏時大儒徐遵明撰耳。然按《魏書》遵明本傳，言「知陽平館陶趙世業家有服氏《春秋》，是晉世永嘉舊本，遵明乃往讀之。復經數載，因手撰《春秋義章》爲三十卷。」《北齊書·儒林傳》言「河北諸儒能通《春秋》者，並服子愼所注，亦出徐生之門。」是遵明所治爲《左傳》服注，本傳不言其傳《公羊》之學；且遵明字子判，不得以遵明爲徐彥字也。近人吳承仕氏撰〈公羊徐疏考〉（一九三〇年）、重澤俊郎〈公羊傳疏作者時代考〉（一九三二年）、潘重規氏〈春秋公羊疏作者考〉（一九五五年），雖俱以今《公羊疏》爲北朝人所作，然皆不取王說，以之爲徐遵明之書。

29 《北史》卷八十一，頁二七二〇。

30 《北齊書》卷四十四，頁五八四。

31 《周書》卷四十五，頁八一一。

北朝之《公羊》學

《北史·儒林傳》云：

> 漢世鄭玄並爲衆經注解，服虔、何休各有所說。玄《易》、《詩》、《書》、《禮》、《論語》、《孝經》；虔《左氏春秋》、休《公羊傳》，大行於河北。[32]

皮錫瑞《經學歷史》非之云：

> 據《北史》，河、洛主服氏《左傳》外，不聞更有何氏《公羊》；且云「《公羊》、《穀梁》，多不措意。」〈儒林傳〉載習《公羊春秋》者，止有梁祚一人；而劉蘭且排毀《公羊》，則此所云「《公羊》大行」，似非實錄。[33]

按皮氏《經學通論》卷四亦有此說，[34] 實則此皮氏自疏於細考耳。今味史文，其「大行」之語，本合鄭、服之書言之，猶言河北所行群經注解，三家所注，視他家爲尤盛耳。抑《北史·儒林傳》「休《公羊傳》大行於河北」諸語，當本之魏收《魏書·儒林傳·序》，[35] 魏收（五〇六～五七二）身歷北魏、東魏、北

---

32 《北史》卷八十一，頁二七〇八。

33 《經學歷史》頁一七三。

34 《經學通論》卷四「論《公羊》、《左氏》相攻最甚」條，亦言：「《北史·儒林傳》云：『何休《公羊傳》大行於河北。』而其傳載習《公羊》者，止有梁祚一人；且傳又云『《公羊》、《穀梁》，多不措意。』則以爲河北行《公羊》，似非實錄。」

35 《魏書》卷八十四，頁一八四三。
按《魏書》宋初已有殘缺，宋仁宗嘉祐時校勘諸史，劉恕、范祖禹等校定《魏書》，序錄稱「其書亡逸不完者，無慮三十卷，今各疏於逐篇之末。」其殘闕者，後來以《北史》補亡。蓋《北史》記魏事，原即以魏收爲本。趙翼云：《北史》紀傳，「多本魏收書，但刪繁就簡耳。推原其故，蓋魏收修史在北齊時，凡魏朝記載，如鄧淵、崔浩、高允所作編年書；李彪、崔光所作紀傳表志；邢巒、崔鴻、王遵業所作高祖起居注；溫子昇所作莊帝紀；元暉所作辨宗室錄，卷帙具在，足資采輯，故其書較爲詳備。及書成，則盡焚崔、李等舊書，於是收書獨存。而魏澹續修，亦僅能改其義例之不當者，而年月件繫事實，則固不能舍收書而別有所取也。是知澹書已悉本收書，延壽又在澹後，自不得不以收書爲本，故敘事大略相同也。」（《廿二史箚記》卷十三）是以收書殘闕，後人復據《北史》補之。

齊三代，其說非必無據。考之《魏書》，《公羊》之行於河北，尙有跡可尋也。

一、房景先撰《五經疑問》百餘篇，史傳載錄其說十四事，中有論《公羊傳》「王者之後郊天」云云一條。[36]

二、又〈高允傳〉載：允「性好文學，擔笈負書，千里就業。博通經史天文術數，尤好《春秋公羊》。」著有《公羊釋》、《議何鄭膏肓事》諸書。[37]

三、又〈劉芳傳〉載芳著有《何休所注公羊音》一卷。[38]

四、又〈良吏·竇瑗傳〉載瑗上表論事，引《公羊》爲說：「《公羊傳》：『君殺，子不言即位，隱之也。』期而中練，父憂少衰，始念於母，略書『夫人遜於齊』。是內諱出奔，猶爲罪文」云云，[39] 所引見《公羊》莊公元年傳。

五、又〈禮志二〉載景明二年六月，秘書丞孫惠蔚上言，引「《春秋公羊》魯文二年：『八月丁卯，大事于太廟。』傳曰：『大事者何？大祫也。大祫者何？合祭也。毀廟之主，陳於太祖。未毀廟之主，皆升，合食于太祖。五年而再殷祭。』何休曰：『陳者，就陳列太祖前。太祖東鄉，昭南鄉，穆北鄉，其餘孫從王父。父曰昭，子曰穆。』又曰：『殷，盛也。謂三年祫，五年禘。禘所以異於祫者，功臣皆祭也。祫，猶合也；禘，猶諦也，審諦無所遺失』云云。」[40] 此本何休《公羊注》，以論禘祫之義也。

《魏書·儒林傳》舊本目錄注「不全」，後人增補遺缺。據點校本《校勘記》所考，疑今〈儒林傳〉除常爽、刁沖、盧景裕三傳及傳末史論外，其餘「似皆《魏書》原文」，此說近是。要之，據《北史·儒林傳序》述北齊學術，皆襲《北齊書》；其述北魏學術，當亦本之收書，可以推知也。今比核《北史》、《魏書》兩〈儒林傳序〉，《魏書》文字往往較《北史》爲增，明非以《北史》補之也。

36 《魏書》卷四十三，頁九八一。

37 同上，卷四十八，頁一〇六七、九〇。

38 同上，卷五十五，頁一二二七。

39 同上，卷八十八，頁一九一一。

40 同上，卷一〇八之二，頁二七六〇。

六、又神龜初，侍中、太傅王懌上議論廟制，引「《公羊傳》：『君有事于廟，聞大夫之喪，去樂卒事；大夫聞君之喪，攝主而往。』今以為攝主者，攝神斂主而已，不暇待徹祭也。何休云：『宗人攝行主事而往也。』」云云，[41] 此引《公羊》昭十五年傳及何休注，以駁太學博士王延業、博士盧觀據許愼、鄭玄之解，謂天子、諸侯作主，大夫及士則無也。

此外，酈道元《水經注》亦引《公羊》為說。〈河水四〉注云：「河北對茅城，故茅亭，茅戎邑也。《公羊》曰：晉敗之大陽者也。」又〈河水五〉注云：「又東北逕元城縣故城西北，……墟之左右多陷城，《公羊》曰：襲邑也。說曰：襲，陷矣。」又〈濟水二〉注云：「菏水又東逕武棠亭北，《公羊》以為濟上邑也。」又〈淄水注〉引「《春秋》魯莊公三年『紀季以酅入齊。』《公羊傳》曰：『季者何？紀侯弟也。賢其服罪，請酅以奉五祀。』」並其例也。證以〈穀水注〉引「《公羊》曰：『成周者何？東周也。』何休曰：『名為成周者，周道始成，王所都也。』」[42] 知所據亦何休注也。

據上所考，則《魏書》、《北史》〈儒林傳〉言「休《公羊傳》大行於河北」，宜可信據。今傳徐彥《公羊傳疏》，近世學者論定，實出北朝舊疏，[43] 其所疏釋正主何休注，此亦北朝傳行何注之一證也。洎唐李百藥撰《北齊書》，其〈儒林傳序〉始言「河外儒生俱伏膺杜氏。其《公羊》、《穀梁》二傳，儒者多不措懷。」[44] 《北史・儒林傳》沿之耳。[45] 蓋北齊「立國本淺，文宣以後，綱紀廢

41 同上，頁二七七一。

42 《水經注》卷四，頁二四；又卷五，頁十八；又卷八，頁二五；又卷二十六，頁十九；又卷十六，頁六。

43 參註二八所舉吳承仕、重澤俊郎、潘重規氏諸文。

44 《北齊書》卷四十四，頁五八四。

45 按《北齊書》於諸史中殘缺最甚。《四庫總目》云：「其書自北宋以後漸就散佚，故晁公武《讀書志》已稱殘闕不完。今所行本，蓋後人取《北史》以補亡，非舊帙矣。」（卷四十五，頁四九）據錢大昕《廿二史考異》卷三十一所考，今本僅十八篇為李百藥原本。惟〈儒林傳〉尚在所指原本十八篇之列。《北史・儒林傳・序》述北齊經學多與之同，蓋《北史》原多據百藥書也。

弛，兵事做擾」，[46] 儒學最爲凋弊，史載當時「國學博士徒有虛名，唯國子一學，生徒數十人耳。」其州郡雖立學，「學生俱差逼充員，……墳籍固不關懷。」[47] 然則北齊時《公》、《穀》二傳「儒者多不措懷」，固不足爲異。此時移世變，學術有隆降耳，故《北齊書》言「齊時儒士，罕傳《尚書》之業」，[48] 亦與《魏書》言鄭玄《尚書》大行於河北者異也。皮氏未考其源委變遷，讀史稍嫌粗略也。

至皮氏謂「〈儒林傳〉載習《公羊春秋》者，止梁祚一人。」此亦有說。按《魏書·儒林傳》言祚「尤善《公羊春秋》、鄭氏《易》，常以教授。」既以《公羊》教授，當必有從學者。一也。又〈劉蘭傳〉載蘭治《左傳》，「排毀《公羊》，又非董仲舒，由是見譏於世。」[49] 則當時固有明習三傳而不尙墨守者，故劉蘭排毀《公羊》反爲世所譏。二也。更考北朝諸史，梁祚而外，《魏書·辛紹先傳》載辛子馥「以《三傳》經同說異，遂總爲一部，傳注並出，校比短長。」[50] 又〈儒林傳〉載劉獻之著有《三傳略例》；孫惠蔚「師程玄，讀《禮經》及《春秋三傳》」；[51] 〈逸士傳〉載李謐「比三傳事例，名《春秋叢林》，十有二卷。」[52] 《北齊書·儒林傳》載李鉉撰《三傳異同》；張雕虎「偏通五經，尤明《三傳》，弟子遠方就業者以百數。」孫靈暉「《三禮》及《三傳》皆通宗旨」；[53] 又刁柔上議，論五等爵邑承襲，據「《春秋公羊》之義，嫡子有孫而死，質家親親先立弟，文家尊尊先立孫」，以論承襲者無嫡子，則立嫡孫；無嫡孫者，當立嫡曾孫，不應立嫡子弟。刁氏所引「嫡子有孫而死」三句，正何休《公羊》隱公元年注語。[54] 又《周書·儒林傳》載熊安生「從陳

46 《四庫總目》語，卷四十五，頁五十。

47 《北齊書》卷四十四，頁五八二、八三。

48 同上，頁五八三。

49 《魏書》卷八十四，頁一八五一。

50 同上，卷四十五，頁一〇二九。

51 同上，卷八十四，頁一八五〇、五二。

52 同上，卷九十，頁一九三八。

53 《北齊書》卷四十四，頁五八四、五九四、九六。

54 同上，頁五八六。按《公羊》隱公元年傳：「立適以長不以賢，立子以貴不以長」，

達受《三傳》」；[55]《北史・儒林傳》載：張奉禮「善《三傳》」；房暉遠「明《三禮》、《春秋三傳》」；劉炫能講授何氏《公羊》。[56] 又《隋書・郎茂傳》「就國子助教張率禮受《三傳》群言。」[57] 據是，則北方明習《公羊》者，實繁有徒，特當時學風不尙墨守，故學者多三傳兼習，鮮以《公羊》專門名家耳。

《尙書正義》與二劉舊疏

唐人《五經正義》多本前代舊疏。按孔穎達〈毛詩正義序〉云：「其近代爲義疏者，有全緩、何胤、舒瑗、劉軌思、劉醜、劉焯、劉炫等。然焯、炫並聰穎特達，文而又儒。……今奉敕刪定，故據以爲本。」是《毛詩正義》以二劉義疏爲本。〈禮記正義序〉則云：「其爲義疏者，南人有賀循、賀瑒、庾蔚、崔靈恩、沈重、〔范〕宣、皇（甫）侃等。北人有徐道明（阮校：當作「遵明」）、李業興、李寶鼎、侯聰、熊安〔生〕等。其見於世者，唯皇、熊二家而已。……今奉敕刪理，仍據皇氏以爲本；其有不備，以熊氏補焉。」明《禮記正義》據皇、熊二疏。又〈左傳正義序〉云：「其爲義疏者，則有沈文阿、蘇寬、劉炫。……劉炫於數君之內，實爲翹楚。……今奉敕刪定，據以爲本。其有疏漏，以沈氏補焉。」則《左傳正義》以劉炫、沈文阿爲據。然〈尙書正義序〉但言：

> 其爲正義者：蔡大寶、巢猗、費甝、顧彪、劉焯、劉炫等。其諸公旨趣，多或因循，帖釋注文，義皆淺略。惟劉焯、劉炫最爲詳雅。……今奉明敕，考定是非。謹罄庸愚，竭所聞見，覽古人之傳記，質近代之異同，存其是而去其非，削其煩而增其簡，此亦非敢臆說，必據舊聞。

何休注有「嫡子有孫而死，質家親親先立弟，文家尊尊先立孫」之語（《公羊注疏》卷一，頁十二），正刁柔所本。

55 《周書》卷四十五，頁八一二。

56 《北史》卷八十一，頁二七三四；又卷八十二，頁二七六〇、六四。

57 《隋書》卷六十六，頁一五五四。

未明記所本出何家義疏，與他經〈正義序〉異。[58] 皮錫瑞《經學歷史》云：

《尚書・舜典疏》云：「鞭刑，……大隋造律，方始廢之。」〈呂刑疏〉云：「大隋開皇之初，始除男子宮刑。」以唐人而稱大隋，此沿二劉之明證。是則作奏雖工，葛龔之名未去；建國有制，節度之榜猶存。疏失可嗤，不能爲諸儒解矣。[59]

又〈武成篇〉「罔有敵于我師。」《正義》云：「稱『我』者，猶如自漢至今，文章之士，雖民，論國事莫不稱我，皆云『我大隋』，以心體國，故稱我耳，非要王言乃稱我也。」[60] 是亦其比也。王鳴盛《蛾術編》云：「此皆隋儒語也。知孔疏多襲取焯、炫，自運者少，所以『大隋』、『我大隋』字尙刪未淨，其麤疏如此。」[61] 王氏《尚書後案》卷二十七亦據此數例而言：「此經疏名雖繫孔穎達，其實皆取之顧彪、劉焯、劉炫。三人皆隋人，故未經刪淨處元文猶有存者。」[62] 此俱以今《書疏》尙存「大隋」之文，非唐人所有語，正其書剿襲二劉等舊疏刊除未盡之明證也。

嘉慶末，劉文淇撰《左傳舊疏考正》八卷，更謂：《左傳正義》非特以劉炫之書爲本，且「唐人所刪定者，僅駁劉炫說百餘條，餘皆光伯《述議》也。」[63] 如其說，則今《左傳正義》除唐人駁正之語而外，其餘皆劉炫《述議》原本。其子劉毓崧繼撰《周易舊疏考正》、《尙書舊疏考正》各一卷，以言《易》、《書》兩《正義》亦本諸前人舊疏。[64] 其《尙書舊疏考正》凡舉三十三事，以發《正義》沿襲之跡。惟細按其說，除王鳴盛所旣言「大隋」之語三事，及劉氏別舉

58 按〈尚書正義序〉與《毛詩》、《禮記》、《左傳》三經〈正義序〉當不出一手。知者，三序稱諸家疏，並言「其爲義疏者」云云，獨此序稱「正義」；三序言「今奉敕刪定」，此序獨言「今奉明敕，考定是非」云云，以是知之。故三序俱明言所本舊疏，惟此序文不具也。

59 《經學歷史》頁一九八。

60 《書疏》卷十一，頁二四。

61 《蛾術編》卷一「唐人《尚書》等疏承襲前人」條。

62 《尚書後案》，《經解》卷四三〇，頁三三。
又，洪頤煊《讀書叢錄》卷八「五經正義用舊疏」條亦有說，不具錄。

63 詳劉氏《左傳舊疏考正・自序》。

64 見《續經解》卷一三四五、四六。

〈胤征篇〉二事外，其餘諸例，並未明徵其辭，率憑臆測，難爲確據。〈胤征〉「惟仲康肇位四海」，《正義》：

以羿距太康於河，於時必廢之也。〈夏本紀〉云云。……計五子之歌，仲康當是其一。仲康必賢於太康，但形勢旣衰，政由羿耳。

劉毓崧《考正》云：

此疏云：「計五子之歌，仲康當是其一。」《新唐書・歷志》引劉光伯之說云：「炫以五子之歌，仲康當是其一。」二者語意正同。此疏必光伯之筆，非唐人之筆也。[65]

又「辰弗集于房」，《正義》：

昭七年《左傳》曰：「晉侯問於士文伯曰何謂辰」云云。……房，謂室之房也，故爲所舍之次。計九月之朔，日月當會於大火之次。〈釋言〉云：「集，會也。」會即是合，故爲合也。日月當聚會共舍，今言日月不合於舍，則是日食可知也。……或以爲房謂房星，九月日月會于大火之次，房心共爲大火，言辰在房星，事有似矣。知不然者，以集是止舍之處，言其不集於舍，故得以表日食；若言不集於房星，似太遲太疾，惟可見歷錯，不得以表日食也。且日之所在，星宿不見，正可推算以知之，非能舉目見之。君子愼疑，寧當以日在之宿爲文，以此知其必非房星也。

劉毓崧云：

案《新唐書・歷志》云：「《書》曰：『乃季秋月朔，辰弗集于房。』劉炫曰：房，所舍之次也。集，會也；會，合也。不合，則日蝕可知。或以房爲房星，知不然者，且日之所在，正可推而知之。君子愼疑，寧當以日之宿爲文。」與此疏之說語意正同。此疏蓋亦光伯之筆，唐人削去其姓名，遂攘爲己說耳。[66]

如劉氏所論證者，此據他書引文爲劉炫之說，可以證知二文必出劉炫《述議》無疑。

65 《書疏》卷七，頁九；《尚書舊疏考正》，《續經解》卷一三四六，頁十五。

66 《書疏》卷九，頁十一；又《尚書舊疏考正》頁十六。

潘重規先生嘗師法劉氏父子意，撰〈尙書舊疏新考〉一文，[67] 以爲《尙書正義》實以劉炫爲本，唐人所駁正者無過十之一二，其餘不駁者，皆即劉炫之說也。其說云：

案〈武成篇〉曰：「惟一月壬辰旁死魄。」傳曰：「旁，近也，月二日近死魄。」《正義》曰：「此月辛卯朔，朔是死魄，故二日近死魄。魄者形也，謂月之輪郭無光之處名魄也。朔後明生而魄死，望後明死而魄生。〈律歷志〉云：『死魄，朔也。生魄，望也。』〈顧命〉云：『惟四月哉生魄。』傳云：『始生魄，月十六日也。』月十六日爲始生魄，是一日爲始死魄，二日近死魄也。顧氏解死魄與小劉同；大劉以三日爲始死魄，二日爲旁死魄。」案此疏稱「顧氏解死魄與小劉同」者，即謂同於此疏一日爲始死魄，二日爲近死魄也。大劉則以三日爲始死魄，二日爲旁死魄，與小劉異。據此知沖遠作疏實依小劉爲本，間與大劉、顧氏校其同異。所謂「與此同」者，即指小劉疏而言。不然，此所謂「與小劉同」，小劉果何在也？此足明沖遠作疏必以光伯爲本。賴此「與小劉同」一語之存，而全書之底蘊盡宣，誠快事也。

若謂沖遠兼取諸家，初無主客，則〈正義序〉列舉疏人，顧氏先於小劉；此疏之說，顧、劉旣同，則取顧氏之說已足。或則先列顧氏，校以小劉，於時則序，於辭則順，何謂「顧氏解與小劉同」也？此又足明沖遠所本必以劉炫爲主。知此則披滯發蘊，全書皆可暢通矣。舉此一條，不獨知《正義》本於隋人，且即本於劉炫矣。

又案〈呂刑篇〉云：「下刑適重上服，輕重諸罰有權。」傳曰：「一人有二罪」云云。疏曰：「……劉君以爲上刑適輕，下刑適重，皆以爲一人有二罪。……知不然者，案經旣言『下刑適重上服』，則是重上服而已，何得云輕贓亦備。……劉君妄爲其說，故今不從。」據此疏沖遠駁正劉君，特申其不從之故，又足明其餘不駁者，即用劉君之說矣。

67　刊《學術季刊》第四卷第三期(一九五六年)。

按此說甚辨。顧平情詳覈潘文諸所舉證，除上引劉毓崧所舉〈胤征篇〉二事，及此〈武成〉一例，可決《正義》必本諸劉炫舊疏耳；然但據此三例，遽斷《正義》全疏悉以劉炫爲本，則未免輕斷。即所舉〈舜典〉「在璿璣玉衡，以齊七政。」《正義》有「江南宋元嘉年，皮延宗又作是《渾天論》，太史丞錢樂鑄銅作渾天儀，傳於齊梁。周平江陵，遷其器於長安，今在太史臺矣」之語；[68] 又「金作贖刑」，《正義》言「後魏以金難得，合金一兩收絹十匹。今律乃復依古，死罪贖銅一百二十斤」云云，[69] 雖潘氏引《隋書》〈天文志〉、〈刑法志〉證之，知此所言「今在太史臺」、「今律」云者，皆屬隋事。然此及王鳴盛所舉「大隋」三例，僅可證其承襲隋人舊疏耳，固不足以斷其必專據劉炫也。劉炫《述議》久亡，遺說難稽。潘氏此一假說果信然否，要未可憑臆懸斷。

余考日本故籍直本所撰《令集解》引《尚書述議》二事，卷九〈戶令〉引：

> 《尚書述議》云：「旣歷三紀，世反風移。」注云：「十二年曰紀。」《議》曰：「殷民遷周，已歷三紀。十二年者，天之大數，歲星、大歲皆十二年而一周天，故十二年曰紀。」[70]

檢《畢命篇·正義》，此疏云：

> ……是殷民遷周，已歷三紀。十二年者，天之大數，歲星、太歲皆十二年而一周天，故十二年曰紀。[71]

其文與《令集解》所引《述議》全同，是此疏悉本之《述議》，斷可知矣。另考《令集解》卷十四〈賦役令〉引：

> 《尚書·旅獒篇》：「大保訓于王曰：嗚乎！明王愼德，四夷咸賓，無有遠邇，畢獻方物，惟服食器用也。」孔安國云云。《述議》曰：「惟可以供服食器用者，玄纁錦紵，供服也；橘柚菁茅，供食也；羽毛齒革瑤琨篠

68 《書疏》卷三，頁七。按「太史臺」，「臺」字原誤作「書」，從阮校改。

69 同上，卷三，頁十六。

70 《令集解》卷九，頁三〇六。

71 《書疏》卷十九，頁七。

簜，供器用也。」[72]

檢《旅獒篇・正義》，其文亦與此所引《述議》悉同，[73] 惟「玄纁錦紵」，今《正義》「錦」字作「絺」耳，是其文亦沿襲《述議》無疑。按二劉之書俱名《述議》，[74] 直本所引，雖不記其爲炫爲焯，然考藤原佐世《日本國見在書目錄》，但著錄「《尚書述議》廿卷，隋國子助敎劉炫撰」，[75] 不載焯書，則日本國舊傳但炫書耳。《令集解》所引，其爲劉炫之書，又從可知矣。

據上所考，似可證成潘氏之說，以《尚書正義》所據即劉炫《述議》，其未經唐人駁正者，皆本炫書也。惟余於此說究未敢苟同。何則？考〈呂刑篇〉孔傳釋「呂刑」名義云：「後爲甫侯，故或稱甫刑。」《正義》：

> 《禮記》、書傳引此篇之言，多稱爲「甫刑曰」，[76] 故《傳》解之：「後爲甫侯，故或稱甫刑。」知後爲甫侯者，以《詩・大雅》〈崧高〉之篇〔爲〕宣王之詩，云「生甫及申」；〈揚之水〉爲平王之詩，云「不與我戍甫」，明子孫改封爲甫侯。不知因呂國改作甫名？不知別封餘國而爲甫號？然子孫封甫，穆王時未有甫名，而稱爲〈甫刑〉者，後人以子孫之國號名之也，猶若叔虞初封於唐，子孫封晉，而《史記》稱〈晉世家〉。然宣王以後改呂爲甫，〈鄭語〉史伯之言，幽王之時也，乃云「申呂雖衰，齊許猶在。」仍得有呂者，以彼史伯論四嶽治水，其齊許申呂是其後也，因上申呂之文而云「申呂雖衰」，呂即甫也。[77]

《正義》此申孔傳之說，以〈呂刑〉又稱〈甫刑〉者，爲呂侯子孫後來改封甫侯

72　《令集解》卷十四，頁四六九。

73　《書疏》卷十三，頁二。

74　按《北史》、《隋書》劉焯本傳，並言焯著《五經述議》，行於世。其書《隋志》不載，《唐志》云劉焯《義疏》三十卷（《舊唐書》作二十卷，「三」字疑誤）。炫傳則言炫著《尚書述議》二十卷，《隋志》作「述義」。

75　《日本國見在書目錄》，《古逸叢書》本，頁三。

76　按王鳴盛《尚書後案》卷二十七云：「《孝經》引『一人有慶』二句；《禮記》引『苗民匪用命』二句，又引『一人有慶』二句，又引『播刑之迪』句，又引『敬忌』句，又引『德威』二句，皆作『甫刑』。」（《經解》卷四三〇，頁一）

77　《書疏》卷十九，頁十七。

故爾。然呂侯之後改封於甫，史無明文，此不過因〈崧高〉、〈揚之水〉有「甫」之稱，臆爲之說耳。惟如其說，既言子孫封甫，則穆王時自尙未有「甫」名，[78]乃或稱「甫刑」者，則以之爲「後人以子孫之國名之」。而據〈崧高〉詩證知宣王以後既已改呂爲甫矣，何以幽王時史伯仍稱「申呂」猶沿「呂」之故名？則又曲爲之說，以爲彼史伯論四嶽治水云云。今詳繹疏文，蓋拘守孔傳「後爲甫侯」之說，不免隨處疑義，故疏家勉爲彌縫耳。

劉炫別有《孝經述議》五卷，本傳、《隋志》、《日本國見在書目錄》並著錄，其書久佚，日本尙存殘本。[79] 今檢《孝經述議》卷二〈天子章〉「〈甫刑〉云：一人有慶，兆民賴之。」《述議》曰：

〈呂刑〉於今文爲「甫刑」。孔於《尙書傳》云「後爲甫侯，故或稱甫刑。」斯不然矣。《詩·大雅》〈崧高〉之篇，宣王之詩也，已言「惟申及甫」；《外傳》史伯之言，幽王時也，乃云「申呂猶在」，是非先爲呂而後爲甫也。此「甫」、「呂」之字，古文異文，事經燔書，各信其學，後人不能改正，兩存之耳。非先後異封也。[80]

此則駁《尙書》孔傳「後爲甫侯」之說，以爲呂、甫之字特「古文異文」耳，非先後異封也。與《正義》持論截然而異。如潘氏之說，《正義》所據皆用劉炫《述議》，則同一炫說何以自相違戾若此？

又〈呂刑篇〉〈書序〉：「呂命，穆王訓夏贖刑。」孔傳：「呂侯以穆王命作書，訓暢夏禹贖刑之法，更從輕以布告天下。」《正義》云：

《周禮》職金掌受士之金罰貨罰入于司兵，則周亦有贖刑，而遠訓夏之贖刑者，《周禮》唯言士之金罰，人（按即「民」字）似不得贖罪；縱使亦得贖罪，贖必異於夏法，以夏刑爲輕，故祖而用之。（中略）周承暴虐之

---

78 按《史記·周本紀》云：「甫侯言于王，作修刑辟。」亦以「呂侯」爲「甫侯」。

79 按《孝經述議》，中土久亡。一九四二年，日本學者武內義雄教授，時兼任國寶調查委員，於調查舟橋清賢氏家藏故籍時，發現《述議》古寫殘卷，存卷一、卷四兩卷。其餘所闕三卷，林秀一氏復就日本舊籍所過錄《述議》遺文，蒐輯整比，爲《孝經述議復原に關する研究》一書，劉炫《述議》舊貌，居然可見。

80 《孝經述議復原に關する研究》頁二三〇。

後，不可頓使太輕，雖減之輕，猶重於夏法。成康之間，刑措不用，下及穆王，民猶易治，故呂侯度時制宜，勸王改從夏法。[81]

劉炫《孝經述議》則云：

《周禮》職金掌士之金罰、貨罰，則周亦有贖。呂侯不訓周贖而訓夏贖者，周人制刑，重於夏世。於時上失其道，民不堪命，故訓夏刑，所以寬其民，美其事，故《尙書》著其法也。[82]

二者解說呂侯不用周贖而訓夏贖刑之故，其說迥別。《正義》以爲：穆王承成康之後，「民猶易治，故呂侯度時制宜，勸王改從夏法」。劉炫《孝經述議》則謂：「於時上失其道，民不堪命，故訓夏刑，所以寬其民。」二義相悖，較然易知。

按此二例，第釋「呂刑」篇義耳，《正義》與劉炫之說其違異已如此，然則潘氏言《正義》除唐人駁正之語外，餘皆用劉炫之說，知不然矣。意者，此所引《呂刑・正義》二文，蓋據劉焯之說。按〈尙書正義序〉論二劉得失：

焯乃織綜經文，穿鑿孔穴，詭其新見，異彼前儒，非險而更爲險，無義而更生義。……使教者煩而多惑，學者勞而少功，過猶不及，良爲此也。

炫嫌焯之煩雜，就而刪焉。雖復微稍省要，又好改張前義，義更太略，辭又過華，雖爲文筆之善，乃非開獎之路。

據此，知劉焯好織綜經文，穿鑿孔穴，「非險而更爲險，無義而更生義」，故劉炫嫌其煩雜，就而刪焉；而炫書則「好改張前義，義更太略，辭又過華」。然則劉焯猶存北學「深蕪」本色，炫則近於南學之「約簡」矣，此二家義疏神貌之異也。

今觀上舉《正義》疏釋呂侯訓夏贖刑之故，本疏先據《周禮》職金之職掌，以證周自有贖刑；周有贖刑而呂侯猶遠訓夏之贖刑者，乃在於：「《周禮》惟言士之金罰，民似不得贖罪；縱使亦得贖罪，贖必異於夏法。以夏刑爲輕，故祖而用之。」實則載籍於此初無明文，不過因孔傳「從輕」之語衍說之耳。既言夏刑

81 《書疏》卷十九，頁十六、十七。

82 《孝經述議復原に關する研究》頁二三一。

爲輕，然《周禮》刑數二千五百，〈呂刑〉五刑之屬三千，其刑數反較《周禮》爲多，似與「夏刑爲輕」之說不合矣，疏家因更分說《周禮》五刑墨劓宮剕殺罪各五百，「輕刑少而重刑多」；〈呂刑〉墨劓皆千，剕刑五百、宮刑三百、大辟二百，是「輕刑多而重刑少」，故爲改重從輕也。孔傳「從輕」之意析言既明矣。疏家乃「非險而更爲險，無義而更生義」，逆問：周公旣聖人，相時制法，何以反使刑罰太重，致穆王改易從輕？因反復陳說夏法所以爲輕、周公制法所以重於夏刑，及呂侯所以勸穆王改從夏法之故，以明「聖人之法，非不善也」。下更重申呂侯固能「度時制宜」，亦非其才智高於周公也。云云之說累數百言，非即孔穎達所譏「織綜經文，穿鑿孔穴」者？此正北學窮其枝葉「深蕪」之本色。然則此所引〈呂刑疏〉二文，鄙意以爲蓋出劉焯之說，當非過論。而炫「好改張前義」，以《孝經述議》證之，知其說甫刑，更張焯說，義背孔傳，故《正義》屏之而取劉焯。

按《北史》劉焯本傳云：

> 劉炫聰明博學，名亞於焯，故時人稱二劉焉。天下名儒後進，質疑受業，不遠千里而至者，不可勝數。論者以爲數百年已來，博學通儒無能出其右者。[83]

時論推挹如此。〈尙書正義序〉亦言諸家義疏，「惟劉焯、劉炫最爲詳雅」。乃今通檢《正義》全書引用焯說僅六事，其明引小劉者亦止六事，而於顧彪之說反引其五十事（其餘蔡大寶、巢猗輩之說俱未之取），豈非輕重失衡與？惟考〈皋陶謨〉「曰贊贊襄哉」，《正義》：

> 王肅云：「贊贊，猶贊奏也。」顧氏云：襄，上也，謂贊奏上古行事而言之也。經云「曰」者，謂我上之所言也。傳不訓「襄」爲上，已從「襄陵」而釋之。故二劉並以「襄」爲因，若必爲因，孔傳無容不訓。其意言進習上古行事，因贊成其辭而言之也。傳雖不訓「襄」字，其義當如王說。[84]

又〈泰誓上〉「惟宮室臺榭陂池侈服，以殘害于爾百姓。」孔傳：「侈，謂服飾

83 《北史》卷八十二，頁二七六三。
84 《書疏》卷四，頁二四。

過制，言匱民財力爲奢麗。」《正義》：

> 侈，亦奢也。謂衣服采飾過於制度，言匱竭民之財力爲奢麗也。顧氏亦云「華侈服飾」；二劉以爲宮室之上而加侈服。據孔傳云「服飾過制」，即謂人之服飾，二劉之說非也。[85]

此「二劉」云云，並劉炫承用焯說之驗也。顧孔穎達輩以二劉之說非孔傳之義，因別據顧彪之說以易之耳。[86] 今覈《正義》引顧彪說各條，其例略可推知。蓋《正義》本參酌二劉而依用之，其二劉說與傳義有違者，則用顧說以易之；二劉之說互異者，或逕爲去取，或參酌顧說定其從違；其二劉義有未盡者，間載顧說以備其義，[87] 〈正義序〉所謂「質近代之異同，存其是而去其非，削其煩而增其簡」也。蓋意在剪裁參合三家以成一書，故所據二劉之說俱不明著之；其明出大小劉者，非二劉互異較其從違，即二劉與孔傳異義，改以顧氏易之也。

劉焯疏義，除《正義》所引六事外，群籍無考，故無以取徵。然細加推勘，《正義》兼本劉焯之說，非盡無跡可尋。前引潘重規氏論〈武成疏〉，據疏末有「顧氏解『死魄』與小劉同。大劉以三日爲始死魄，二日爲旁死魄」之語，而推定此疏「顧氏解『死魄』與小劉同」以上之文，當爲劉炫舊疏，所見甚卓，確不可易。余考〈洪範〉「無虐煢獨而畏高明。」傳：「煢，單，無兄弟也。無子曰獨。單獨者不侵虐之，寵貴者不枉法畏之。」《正義》云：

> 《詩》云：「獨行煢煢」，是爲單，謂無兄弟也。無子曰獨，〈王制〉文。「高明」與「煢獨」相對，非謂才高，知寵貴之人，位望高也。不枉法畏之，即《詩》所謂「不畏強禦」，是也。此經皆是據天子，無陵虐煢獨而畏避高明寵貴者。顧氏亦以此經據人君；小劉以爲據人臣，謬矣。[88]

85　同上，卷十一，頁五。

86　按《尚書正義》多據舊疏，惟此處所引二疏，可審知其出唐人手筆，然稚拙淺陋。前一疏語義含混，割截斷裂，如末句言「傳雖不訓『襄』字，其義當如王說」，然疏中並未引王肅訓「襄」之義，又安知王說果何義也。後疏則但複述孔傳耳；然謂「二劉以爲宮室之上而加侈服」，義亦難憭，味其「據孔傳云云，即謂人之服飾」，豈二劉不以「侈服」爲人之服飾，而爲衣宮室之服？雖至愚者諒亦不作此解。

87　關於此，擬別文詳之，此不具述。

88　《書疏》卷十二，頁十三。

以〈武成疏〉例之，此疏「顧氏亦以此經據人君」以上之文當本舊疏，「亦」之云者，顧彪之說亦同此舊疏也。不然，《正義》逕引顧氏之說已足，更不煩辭費矣。然則此疏既以小劉爲誤，另校以顧氏之說，則此當據劉焯義疏，從可知矣。舉此一條，可知《正義》疏文實參酌二劉而依用之，非專據炫說也。

另按〈召誥〉「乃社于新邑，牛一、羊一、豕一。」傳云：「告立社稷之位，用太牢也。共工氏子曰句龍，能平水土，祀以爲社。周祖后稷能殖百穀，祀以爲稷。」《正義》云：

> 句龍能平水土，祀之以爲社，后稷能殖百穀，祀以爲稷。《左傳》、〈魯語〉、〈祭法〉皆有此文。漢世儒者說社稷有二，《左氏說》：社稷惟祭句龍，后稷人神而已，是孔之所用。《孝經說》：社爲土神，稷爲穀神，句龍、后稷配食者，是鄭之所從。而〈武成篇〉云「告于皇天后土」，孔以后土爲地（森按：「地」當作「社」，阮氏失校）；言「后土，社也」者，以〈泰誓〉云「類于上帝，宜于冢土」，故以后土爲社也。小劉云：「后土與皇天相對，以后土爲地。」若然，《左傳》云「句龍爲后土」，豈句龍爲地乎？[89]

此疏末稱「小劉」云云，當亦原本劉焯舊疏，蓋以二劉對舉，而劉炫以后土爲地，[90] 與孔傳、劉焯以「后土爲社」說異，所謂「好改張前義」，故《正義》

89 同上，卷十五，頁四。按孔傳「周祖社稷」，「祖」字原誤「祀」，從阮校改。

90 按劉炫《孝經述議》卷二云：

> 社稷之義，傳無明解。許慎《五經異義》載《古春秋左氏說》：社祭句龍，稷祭柱棄。《今孝經說》：社爲土神，稷爲穀神。鄭玄以爲：社者，五土之總神，稷爲百穀之總神，其祭必用先王之官善於其事而死者配之。言句龍、后稷配食而已，其神非獨祭句龍、后稷也。案《周禮》之重社稷，與郊天略同。大宗伯職曰：「以血祭祭社稷五祀五岳」，若是句龍之徒，不當在五岳先也。王者左宗廟，右社稷，若是古之人臣，不得與宗廟等也。〈郊特牲〉曰：「社者，神地之道，祭土而主陰氣。」據祭土神地之言，則鄭玄以社爲土神，近得其實。漢世爲古學者，皆未見孔傳。《古文尚書・武成篇》云云，孔傳云：「后土，社也。」其文「后土」與「皇天」相配，孔以后土爲社，則孔以社爲土神，義如鄭說。〈書序〉云：「湯既勝夏，欲遷其社，不可。」孔傳云：「湯革命創制，變置社稷，而後世無及句龍者，故不可而止。」彼欲遷者，遷配食社者，故以句龍解之，不謂社稷非土穀神也。〈召誥〉孔傳云：「共工氏子曰句龍，能平九土，祀以爲社；周祖后

黜之。更檢〈武成篇〉「告于皇天后土」，《正義》云：「此告『皇天后土』，即〈泰誓〉上篇『類于上帝，宜于冢土』，故云『后土，社也。』昭二十九年《左傳》稱句龍爲后土，后土爲社，是也。僖十五年《左傳》云：『戴皇天而履后土』，彼晉大夫要秦伯，故以地神后土言之，與此異也。」[91] 按〈召誥疏〉既言劉炫解〈武成〉以后土爲地，今〈武成疏〉不見劉炫是說，則〈武成〉此疏亦據劉焯義疏甚明。綜上所考，則《正義》兼用劉焯之說，當無疑義。

劉文淇謂《左傳正義》除唐人駁正之語外，餘皆劉炫舊疏原本，李慈銘疑其說而未能證其非，惟言「存此一段公案可耳」。[92] 潘氏於《尚書正義》仍張劉文淇之說。今證以劉炫《孝經述議》，可灼然明斷其非。而由本疏推勘之，知《尚書正義》實參用二劉疏義，非專據劉炫也。

結　語

綜上各節所考，其可得而言者，約有數端：

一、皮錫瑞謂北朝經學之併於南學，係因「人情既厭故喜新，學術又以華勝樸」所致。今據北朝諸史〈儒林傳〉考之，北學本身之荒疏實其內因。

二、皮氏疑《北史・儒林傳》「何休《公羊注》大行河北」之語，爲非實錄。實則《北史》此文當本之魏收《魏書・儒林傳序》，今據《魏書》志傳參證之，其說宜自可信。特當時學風不尚墨守，學者多三傳兼習，故鮮以《公羊》專門名

稷，能殖百穀，祀以爲稷。」亦指解配食者也。（頁二三六）

此劉炫說「社稷」義也，舊不詳其說，故此悉引之。據此文，則劉炫用鄭玄及今文《孝經》家說，以社爲土神，稷爲穀神，而以句龍、后稷爲配食者，並謂孔傳解「后土」爲社，即以社爲土神。說與《書疏》據劉焯說全異。

又按：《書疏》述小劉之說「以后土爲地」，以上引《孝經述議》之文覈之，當是「以后土爲土神」。未審此由唐人疏陋（參註八六）誤之，或後人轉寫臆改爾。

91 同上，卷十之一，頁二二。

92 見《越縵堂讀書記》頁一三〇。余考《令集解》卷十一〈戶令〉引「杜預注《左傳》曰：『并畔爲疇也。』劉炫云：『田中之高地，種瓜豆之地也。』」（頁三五二）此並引杜注及劉炫說，蓋節引小劉《左傳述議》也。按杜預此注見襄公三十年，然《正義》不見劉炫此說，則唐人於舊疏自有裁剪去取，非盡如劉文淇所言者。

家耳。

三、《尚書正義》一書，論者或謂其書除唐人駁正之語外；餘皆本諸劉炫舊疏。因炫書久亡，此一假說迄難斷其然否。今證以日本所存劉炫《孝經述議》殘本，更由本疏推勘之，可決此疏實參酌二劉《述議》而依用之，非專據劉炫一家之學也。

（本文於一九九五年二月十六日通過刊登）

引用書目 (依引用先後爲序)

《北史》 唐 李延壽著 一九七四年中華書局點校本
《經學歷史》 清 皮錫瑞著 一九五九年中華書局排印本
《魏書》 北齊 魏收著 一九七四年中華書局點校本
《北齊書》 唐 李百藥著 一九七二年中華書局點校本
《周書》 唐 令狐德棻等著 一九七一年中華書局點校本
《水經注》 北魏 酈道元注 王先謙校 光緒二十三年新化三味書室重刊本
《隋書》 唐 魏徵等著 一九七三年中華書局點校本
《經學通論》 清 皮錫瑞著 商務印書館《國學基本叢書》本
《四庫全書總目》 清 紀昀等撰 藝文印書館景印本
《尙書注疏》 唐 孔穎達疏 藝文印書館景印阮刻本
《蛾術編》 清 王鳴盛著 江蘇廣陵古籍刻印社景印世楷堂本
《尙書後案》 同上 《經解》本
《讀書叢錄》 清 洪頤煊著 光緒間吳氏醉六堂重刊本
《左傳舊疏考正》 清 劉文淇著 《續經解》本
《周易舊疏考正》 清 劉毓崧著 《續經解》本
《尙書舊疏考正》 同上
〈尙書舊疏新考〉 潘重規先生撰 一九五六年 《學術季刊》第四卷第三期
《令集解》 日本 直本纂 大正十三年 國書刊行會排印本
《日本國見在書目錄》 日本 藤原佐世編 《古逸叢書》本
《孝經述議復原に關する研究》 隋 劉炫述議 日本 林秀一氏輯 一九五三年 文求堂書店印行
〈公羊徐疏考〉 吳承仕氏撰 一九三〇年 《師大國學叢刊》第一期

〈公羊傳疏作者時代考〉　日本　重澤俊郎氏撰　一九三二年　《支那學》第六卷四號

〈春秋公羊疏作者考〉　潘重規先生撰　一九五五年　《學術季刊》第四卷第一期

《越縵堂讀書記》　清　李慈銘著　由雲龍氏輯　一九六三年　中華書局排印本

A Few Questions Regarding the Study of the Classics of the Northern Dynasty

Chen Hung-sen

During the Northern and Southern Dynasties period (420-589 A.D.), scholarly trends differed from North to South. Because of a dearth of materials about the past there was neither profound scholarship nor much progress in the study of the classics of the Northern Dynasties. This paper examines the following three questions:

1. In the political sphere the North was unified by Northern political authority; in scholarship, however, the opposite was the case, because Northern scholarship was assimilated by the South. While in the past scholars adopted the Ch'ing scholar P'i Hsi-jui's explanation of this phenomenon, this paper offers a new interpretation: it argues that it was the very shallowness of Northern scholarship that led to its unification with Southern scholarship.

2. The *Pei-shih: Ju-lin chuan* ("Forest of Confucian Scholars" chapter of the *Official History of the Northern Dynasty)* states that the *Kung-yang* chu ("Kung-yang Commentary") by the Han scholar He Hsiu was widely read in the North. P'i Hsi-jui cast doubt on this statement. Based on an investigation of the *Wei-shu*, I argue in this paper that the statement contained in the *Pei-shih* is correct. In fact, He Hsiu's "Kung-yang Commentary" was widely read in the North; it was only by the time of the Northern Ch'i (550-557), when scholar-

ship declined because of the ravages of war, that the "Kung-yang Commentary" was neglected. Moreover, the new trend in Northern scholarship was for scholars to study all three of the *Ch'un-ch'iu san-chuan* (Spring and Autumn Annals) commentaries, the *Tso-chuan*, the *Kung-yang*, and the *Ku-liang*. Very few scholars specialized exclusively in the "Kung-yang Commentary."

3. There was in the past a scholarly debate regarding the completion of the *Shang-shu Cheng-i* (Correct Meaning of the Book of History), which was used in the T'ang Dynasty civil service examination. Based on the fragments of a Sui Dynasty work by Liu Hsün, *Hsiao Ching Shu-i* (Explication of the Classic of Filial Piety), which is stored in Japan, as well as a close analysis of the *Shang-shu cheng-i* itself, I argue in this paper that the *Shang-shu Cheng-i* in fact followed closely the precedents of works written by the Sui Dynasty scholars Liu Cho and Liu Hsün, and that very little of it is the work of the T'ang scholar K'ung Ying-ta.

出自第六十六本第三分(一九九五年九月)

《續修四庫全書總目提要》孝經類辨證

陳鴻森*

《續修四庫提要》一書，係繼乾隆間所修《四庫全書總目》之後，又一具總結性之書目要籍。其書蒐集《總目》失載各書，及乾隆以來迄本世紀三十年代見存舊籍，近三萬三千部，每書各爲鉤玄挈要，剖判條流，考本書之得失，權眾說之異同，博見洽聞，誠足爲後學津逮。顧其書出於眾手，又兵亂間倉卒成書，偶有疏失，固所不免。本文爲作者研讀《續提要》經部所撰考證札記之一部分；茲就孝經類各書提要說有可議者，提出商榷，訂訛補闕，俾讀是書者參考之資焉。

關鍵詞：《續修四庫全書總目提要》、《孝經》、孝經學

* 中央研究院歷史語言研究所

清光緒年間，王懿榮、章梫曾先後上疏，請續修《四庫全書》，惟其時中國內外多故，此議終未之能行。入民國，紛亂益甚，然學者時有續修《四庫全書》及《提要》之議。倫明氏更顏其齋曰續書樓，專力搜集四庫以外之書，自謂所藏書可爲續修四庫資料者達十之七八。[1] 一九二七年，日本以退還部份庚子賠款爲經費，籌組東方文化事業委員會，於北平設立人文科學研究所，大力搜購罕見典籍，並委請專家學者撰寫提要。自一九三一年迄四二年間，先後寫成提要稿三萬二千九百六十餘篇。戰後，其稿及相關圖書檔案，悉數由中方沈兼士氏代表接收，現存於北京中國科學院圖書館。[2] 一九七二年，台灣商務印書館曾就日本京都大學人文科學研究所所藏提要稿副本一萬零七十篇，整理排印，爲《續修四庫全書提要》十二冊。惟其書僅及原提要稿三分之一，且印行倉促，頗多疏失。近年大陸學者則就中國科學院所藏原提要稿重加整理，一九九三年七月，由中華書局先行出版《續提要》〔經部〕二冊，收書凡四五七三部，視商務本所收二三八四部，增多提要二千餘首。[3] 當日撰寫提要者，類皆各領域之專家碩學，咸負時望。其搜訪遺軼，糾擿訛誤，博見洽聞，誠足爲後學津逮。惟《續提要》出於眾手，又兵亂中倉卒成書，間有違失，固自不免。余近纂〈經義考孝經類別錄〉，取《續提要》〈孝經類〉各篇讀之一過，覺其中不無可商者。蓋《孝經》之書其文義固極淺顯，然《孝經》之學則源遠流長，前儒述作，亦云夥頤；諸家之書，所關涉者甚多。苟非深研有得，欲其抉奧提綱，溯源散委，進而剖辨是非，校論短長，自難免下筆輒誤。〈孝經類〉各篇提要，多出倫明氏之手，倫君富收藏，精鑒識，然《孝經》專科未必所長，惜乎《續提要》其稿纂成後，未能如《四庫總目》嚴爲審訂去取耳。[4] 茲所論列，匪在追琢前賢，蓋欲讀是書者知所別擇耳。覽者鑒諸。

一九九六年十一月

---

[1] 見孫耀卿〈倫哲如先生傳略〉，附載於倫明《辛亥以來藏書紀事詩》，頁149-153。倫氏有〈續修四庫全書芻議〉、〈續書樓藏書記〉諸文，均見《紀事詩》附錄。

[2] 有關《續修四庫全書提要》纂修原委，參何朋氏〈續修四庫全書提要簡介〉、梁容若氏〈評續修四庫全書提要〉、郭永芳氏〈續修四庫提要纂修考略〉、羅琳氏〈續修四庫全書總目提要稿本纂修始末〉、小黑浩司氏〈續修四庫提要纂修考〉及張寶三〈狩野直喜與續修四庫全書提要之關係〉諸文。

[3] 近山東齊魯書社出版《續修四庫全書總目提要》全書，共三十八卷，余尚未見其書。

[4] 徐氏所雕《惜抱軒書錄》，乃姚鼐任職四庫全書館分纂時所撰之提要。向嘗取其書，與《四庫總目》互勘，二者詳略異同殊甚，蓋姚氏所撰，僅椎輪耳。乃知《總目》之成，嘗經多方增改刪訂也。

《孝經長孫說附考》一卷 （玉函山房本） 〔倫明〕

《續提要》：漢長孫氏撰，清馬國翰輯。長孫氏，名字、爵里俱不可考。《漢書·藝文志》：「《孝經》一篇，十八章，長孫氏、江氏、后氏、翼氏四家。」又「長孫《說》二篇」，蓋漢初首傳《孝經》者也。長孫所傳爲今文，據《隋書·經籍志》「長孫有〈閨門〉一章」，是〈閨門章〉不惟古文有之也。其《說》隋、唐志不著錄，不知佚於何時，亦無單文賸句可輯，國翰僅從孔安國古文中錄存〈閨門章〉二十二字，並引漢、隋二志及孫本《古文孝經說疑》一則，附於其後焉。

按：今本〈隋志〉敘《孝經》學源流，有「長孫有〈閨門〉一章」之語，明人孫本據之而謂：「世儒疑〈閨門〉一章乃劉炫僞造。……然〈閨門章〉漢初長孫氏傳今文即有之。」[5] 長孫氏《孝經說》今並無隻語留存，馬國翰輯其遺說，竟因孫本之言，將〈閨門〉一章二十二字錄入以充篇幅，不知此實今本〈隋志〉羨文耳。按〈隋志〉記今文《孝經》傳承云：

> 遭秦焚書，爲河間人顏芝所藏。漢初，芝子貞出之，凡十八章，而長孫氏、博士江翁、少府后蒼、諫議大夫翼奉、安昌侯張禹，皆名其學。[6]

據此，可知長孫氏等所傳，爲今文十八章本，即〈漢志〉所言「《孝經》一篇，十八章。長孫氏、江氏、后氏、翼氏四家」之本。[7]〈隋志〉下文又言：

> 又有《古文孝經》，與《古文尚書》同出，而長孫有〈閨門〉一章，其餘經文，大較相似。篇簡缺解，又有衍出三章，幷前合爲二十二章，孔安國爲之傳。[8]

此古文本也。惟「而長孫有〈閨門〉一章」，「孫」字當爲衍文。皇侃《論語義疏·序》謂《齊論》「與《魯論》大體不殊，而長有〈問王〉、〈知道〉二篇，合二十二篇。」[9] 與此「而長有〈閨門〉一章」用例正同，「長有」猶云「增多」耳。[10] 淺者不解其義，妄加「孫」字。不悟長孫氏所

---

5 《經義考》，卷二二二，頁3引；又見馬國翰輯本《孝經長孫說》「附考」。

6 《隋書》，點校本，頁935。

7 《漢書》，點校本，頁1718。

8 《隋書》，點校本，頁935。

9 皇侃《論語義疏·序》，武內義雄氏校刊懷德堂本，頁3。

10 按隋杜臺卿《玉燭寶典》卷二引《爾雅·釋魚》：「榮螈、蜥蜴、蝘蜓，守宮。」下云：「犍爲舍人注『螈』字下長加一『黿』字，釋云：榮螈名黿，一名蜥蜴；蜥蜴，又名蝘蜓；蝘蜓，又名守宮。」（卷二，頁22）蓋舍人本《爾雅》作「榮螈、黿、蜥蜴、蝘蜓，守宮」，故云「『螈』字下長加一『黿』字」。「長加」，亦「增多」之意也。

傳既爲今文十八章本，焉得更有〈閨門〉一章，以與江翁、后蒼、翼奉之本爲異？且〈隋志〉方敘古文本之出，忽然橫入「長孫(氏)有閨門一章」，豈不突兀？《釋文·序錄》敘《孝經》學源流云：

> 河間人顏芝爲秦禁，藏之。漢氏尊學，芝子貞出之，是爲今文；長孫氏、博士江翁、少府后蒼、諫大夫翼奉、安昌侯張禹傳之，各自名家，凡十八章。又有古文，出于孔氏壁中，别有〈閨門〉一章。自餘分析十八章，總爲二十二章，孔安國作傳。[11]

文與〈隋志〉相倣，其言古文「別有閨門一章」，與〈隋志〉言「長有閨門一章」正同，足證今本〈隋志〉「孫」字確爲衍文無疑，則孫本之說立失所據矣，而馬國翰逕錄〈閨門章〉以充長孫氏《孝經說》，尤病蛇足。倫氏於〈提要〉中一再言：「〈閨門〉一章，漢初長孫氏傳今文即有之」、「至如〈閨門〉一章，漢初長孫傳今文即有之，載於〈隋志〉。」[12]蓋深信孫本之說，終不覺其有誤也。

《孝經安昌侯說》一卷　(玉函山房輯佚書本)　〔倫明〕

《續提要》：漢張禹撰，清馬國翰輯。……《漢·藝文志》孝經十一家，有《安昌侯說》一篇，隋、唐志俱不著錄，佚已久矣。邢昺《正義》引劉瓛述張禹之義，止一節；其他有但稱「舊說」者，國翰亦附入之，以爲〈漢志〉孝經以「説」名者，禹之外，有長孫氏、江氏、后氏、翼氏；禹之義既見於劉瓛所引，則其佚說在六朝時尚存，《正義》取裁齊、梁諸疏，故得據而述之。按劉瓛所引，明指張禹，則稱「舊說」而未指名者，似難一例。惟《正義》引「鄭曰諸家」一條，統稱諸家，内自有禹，此則不嫌硬斷耳。

按：《正義》引述前儒舊義，或稱「舊注」，或言「舊解」、「舊說」，[13]其例不一。馬國翰乃將《正義》引稱「舊說」者四事錄之，以當西漢張禹《安昌侯說》，穿鑿殊甚，倫氏非之，是也。今味天子章「〈甫刑〉云：一

---

11 《經典釋文》，卷一，頁28。

12 見劉炫《古文孝經述議》、孫本《孝經釋疑》提要，《續提要》，頁817，819。

13 其稱「舊注」者，如廣至德章，《正義》云：「案舊注用應劭《漢官儀》云：『天子無父，父事三老，兄事五更。』乃以事父事兄爲教孝悌之禮。」(《孝經注疏》卷七，頁1)稱「舊解」者，如孝治章《正義》云：「五等諸侯，則公侯伯子男。舊解云：『公者，正也，言正行其事；侯者，候也，言斥候而服事』云云。」(同上，卷四，頁1)其稱「舊說」之例，詳下文，此不具引。

人有慶」，《正義》引「舊說：天子自稱則言『予一人』，予，我也，言我雖身處上位，猶是人中之一耳，與人不異，是謙也。若臣人（民）稱之，則惟言『一人』，言四海之內惟一人，乃爲尊稱也。」[14] 卿大夫章，引「舊說云：天子、諸侯各有卿大夫，此章既云言、行滿於天下，又引《詩》云『夙夜匪懈，以事一人。』是舉天子卿大夫也。天子卿大夫尚爾，則諸侯卿大夫可知也。」[15] 士章「以孝事君則忠」，引「舊說云：入仕本欲安親，非貪榮貴也。若用安親之心，則爲忠也；若用貪榮之心，則非忠也。」[16] 核其文義，其分析「予一人」、「一人」之異，忠與非忠之辨，與夫卿大夫章，據文析論，此當屬天子之卿大夫。凡此之屬，顯然出於六朝講疏家區別之義，與西漢解經之體殊異，馬氏乃以之爲西漢張禹之說，疏矣。

至庶人章「孝無終始，而患不及者，未之有也。」馬國翰據《正義》引「鄭曰：諸家皆以爲患及身」，因謂鄭玄所云「諸家」，張禹自在其中，倫氏躂之。然按《正義》原文：「鄭曰：諸家皆以爲『患及身』，今注以爲『自患不及』，將有說乎？答曰：案《說文》云：『患，憂也。』《廣雅》曰：『患，惡也。』又若案注說釋『不及』之義，凡有四焉」云云，[17] 其答語引及魏張揖《廣雅》之文，則此鄭氏別是一家，其非鄭康成甚明。[18] 《正義》下文另引「鄭曰：《書》云『天道福善禍淫』，又曰：『惠迪吉，從逆凶，惟影響。』斯則必有災禍，何得稱無也？答曰：來問指淫凶悖慝之倫」云云，[19] 按鄭氏所引《尚書》之文，前者見於〈湯誥〉，後者見〈大禹謨〉，二者皆屬《僞古文尚書》，[20] 其書晚出，在鄭玄之後，則此「鄭曰」者，其非鄭康成固斷斷然矣。然則《正義》所引鄭氏之問答必出晉以後人所爲，從可推知矣。馬、倫二氏失於細考，既誤此「鄭曰」爲鄭康成之語；而鄭氏所言「諸家皆以爲患及身」，尤難必其「內自有禹」。

---

14 《孝經注疏》，卷一，頁6。

15 《孝經注疏》，卷二，頁3。

16 《孝經注疏》，卷二，頁6。

17 《孝經注疏》，卷三，頁2。

18 按顏師古《漢書・敘例》云：「張揖，字稚讓，清河人，魏太和(227-232)中爲博士。」鄭玄卒於建安五年(200)，見《後漢書》卷三十五本傳，則張揖《廣雅》成書當在鄭玄身後。

19 《孝經注疏》，卷三，頁2。

20 《尚書注疏》，卷八，頁10；又卷四，頁3。

《孝經王氏解》一卷 (玉函山房輯佚書本) 〔倫明〕

《續提要》:魏王肅撰。〈隋志〉載「《孝經》一卷,王肅解」,〈唐志〉作「《王肅注》一卷」。不知佚於何時,而胡三省《通鑑音注》引及之,是南宋時尚存矣。今散見諸書可考者,《釋文》引一條、《正義》引六條、唐明皇《御注》引十三條、《史記·封禪書》裴駰《集解》引一條、胡三省《通鑑音注》卷三十六引一條。按肅好攻鄭學,諸書所引,不見有難鄭之語,當是爲唐明皇《御注》所汰。其解「孝無終始而患不及」,引《蒼頡篇》以「患」爲禍,與孔、鄭義合,知此義至確當,雖好異如肅,亦無以易之也。

按:此〈提要〉頗多可商之處,今分論之:

一、〈提要〉謂肅注「南宋時尚存」,此說未然。按肅注兩〈唐志〉並著錄。入宋,則《崇文總目》、《宋秘書省續編到四庫闕書目》、《郡齋讀書志》、《直齋書錄解題》、《宋史·藝文志》等俱不載。蓋開元十年六月,玄宗參酌孔、鄭、王肅諸家舊解,別爲之注,頒于天下及國子學,又詔元行沖爲之疏;天寶二年五月,復重注。[21] 諸家舊注因之並廢,馴至宋時其書遂告湮沒,故公私志目俱不著錄。《孝經正義》雖引用肅說若干事,惟此疏實唐元行沖奉詔所撰,宋時邢昺但受命校定其書耳,[22] 是不得因《正義》引及肅注,遂據之而謂其書宋代猶見存也。至倫氏以胡三省《通鑑音注》引及肅注,因謂其書「南宋時尚存」,此尤不然。按馬國翰輯本聖治章「宗祀文王於明堂,以配上帝」,錄有肅注「上帝,天也」一條,云采自胡氏《通鑑音注》卷三十六。惟檢《通鑑》漢平帝元始四年春正月,「郊祀高祖以配天,宗祀孝文以配上帝。」胡注:「師古云云,王肅曰:上帝,天也。馬融曰:上帝,泰一之神,在紫微宮,天之最尊者。杜佑云云。」[23] 不言其出王肅《孝經注》。實則此胡氏采自《尚書釋文》耳,〈堯典〉「肆類于上帝」,《釋文》:「王云:上帝,天也。馬云:上帝,太一神在紫微宮,天之最尊者。」[24] 二文正同,可證。蓋王肅《孝經注》,宋時已無傳本;而《釋文·序錄》復言「馬融亦作《古文孝經

[21] 《唐會要》,卷三十六,頁658。

[22] 阮福《孝經義疏補》有說(《經解》卷一三六〇,頁5),余另有專文論之。

[23] 《通鑑》,卷三十六,頁5。

[24] 《釋文》,卷三,頁4。

傳》，而世不傳。」[25] 馬傳〈隋志〉以下俱不載，胡三省宋末元初時人，何自引之？然則此「上帝，天也」句，爲王肅《尚書注》語無疑，馬國翰失考，誤采之耳。〈提要〉因其誤，據以爲肅注「南宋時尚存」，其誤顯然。

二、肅注佚文，〈提要〉所言者亦未盡。其可考者，《釋文》引二事、《正義》四事，[26] 另玄宗《御注》本其義者十三事，《正義》並言「此依王注也」。又《史記・封禪書》：「周公既相成王，郊祀后稷以配天，宗祀文王於明堂，以配上帝。」裴駰《集解》引「王肅曰：配天，於南郊祀之。」[27] 不言其出《孝經注》。惟〈封禪書〉之文，當本之《孝經》聖治章，馬國翰采之以爲王肅《孝經注》語，當是也。除此之外，余檢敦煌殘卷伯三二七四號佚名氏《孝經義記》，[28] 及日本所存劉炫《孝經述議》殘

[25] 《釋文》，卷一，頁29。

[26] 按開宗明義章「仲尼居」，《釋文》引王肅云：「（居），閑居也。」又「有至德要道」，引王云：「孝爲〔德〕之至。」又引「孝爲道之要也。」（並卷二十三，頁1）按劉炫《孝經述議》卷二引「王肅云：孝爲德之至，又爲道之要。」與《釋文》合。倫氏謂「《釋文》引一條」者，未確。

又，《正義》明引肅注者三事：天子章「愛親者不敢惡於人，敬親者不敢慢於人。」《正義》：「王肅、韋昭云：天子居四海之上，爲教訓之主，爲教易行，故寄易行者宣之。」（《注疏》卷一，頁5）又諫爭章「諸侯有爭臣五人」，《正義》云：「王肅指三卿、內史、外史，以充五人之數。」（卷七，頁4）又「大夫有爭臣三人」，《正義》云：「大夫三者，孔傳指家相、室老、側室，以充三人之數；王肅無側室而謂邑宰。」（同上）另庶人章「孝無終始而患不及者」，《正義》云：「《蒼頡篇》謂『患』爲禍，孔、鄭、韋、王之學引之，以釋此經。」（卷三，頁2）然孔、鄭、王三家之注並未明引《倉頡篇》（韋昭此注，今無考），說詳下文。

[27] 《史記》，點校本，頁1357，1358。

[28] 敦煌文書伯三二七四號殘卷，爲《孝經》釋義之書。前三章殘損，卷末記「天寶元年十一月八日於郡學寫了」，蓋唐時郡學生鈔本。林秀一氏嘗校錄其文，題《孝經鄭注義疏》；陳鐵凡氏輯印《敦煌本孝經類纂》，有該殘卷景本，題《孝經鄭氏解義疏》。余按其書體例，各章但摘取《孝經》或鄭注若干文句衍釋之，與六朝義疏章疏句解之體不同，林、陳二氏稱之爲義疏，恐非其實。今改稱「義記」，庶幾近之。

又，《義記》之成書年代，林秀一氏曾就其書所引諸儒之說，除王肅、謝安、謝萬、王獻之外，其於齊梁近人，則敬稱曰劉先生（劉瓛，見《南齊書》卷三十九本傳）、曰賀步兵（賀瑒，見《梁書》卷四十八本傳）、曰袁司空（袁昂，見《梁書》卷三十一本傳）。林氏因推測其成書年代，當距袁昂拜司空（大通元年至中大通五年）之後不遠。說詳氏著〈敦煌遺書孝經鄭注義疏の研究〉（一九五六年，《岡山大學法文學部學術紀要》第七號）。森按：袁司空是否爲昂，似未可定。然此當爲梁～隋間南人所作，惜未得著者主名耳。

本，[29] 尚有馬氏輯本所未及者十數事，今錄存之：

卿大夫章「非先王之法言不敢道，非先王之德行不敢行。」

《述議》云：「王肅以法言爲詩書禮樂，法行爲孝友忠信。」（林氏《述議復原》，頁241）

士章「資於事父以事母而愛同。」

敦煌本《孝經義記》云：「劉先生（瓛）以爲資用之資，王肅以爲資取之資。」蓋肅注訓「資」爲「取」。

又「故母取其愛，而君取其敬，兼之者父也。」

王肅云：「母亦有敬，君亦有愛，不如父之篤耳。」（《復原》，頁246）

庶人章「孝無終始，而患不及者，未之有也。」

王肅云：「無終始而患不及其身者，未有此也。」（敦煌本《孝經義記》殘卷）

三才章「夫孝，天之經也，地之義也，民之行也。」

王肅云：「天地爲父母，萬物爲之子。五行更相生，終始相奉成，孝子之道也。」（《復原》，頁256）

又「則天之明，因地之利。」

王肅云：「象天常明之道，地有生長養人之利，萬民所以尊敬奉養其親者也。」（同上，頁259）

孝治章「禍亂不作。」

王肅云：「喪亡曰禍，不治曰亂。」（同上，頁270）

聖治章「父子之道，天性也，君臣之義也。」

王肅云：「父子相對，又有君臣之義。」（同上，頁128）

又「君親臨之，厚莫重焉。」

王肅云：「以君之尊臨正己，以親之愛臨加己。」（同上，頁129）

又「言思可道，行思可樂。」

王肅云：「思使其言可名道，思使其行可愛樂也。」（同上，頁137）

---

[29] 見林秀一氏《孝經述議復原に關する研究》（以下引用，簡稱「述議復原」），參下劉炫《述議》條。

五刑章「五刑之屬三千，而罪莫大於不孝。」

王肅云：「三千之刑，不孝之罪最甚大。」（同上，頁156）

感應章「長幼順，故上下治。」

王肅云：「天子至尊，然猶先兄後己，順於長幼之宜。」（同上，頁274）

喪親章「爲之棺槨。」

王肅云：「舉尸於棺而殯之，舉棺於槨而葬之。」（同上，頁297）

又聖治章「昔者周公郊祀后稷以配天。」玄宗注：「后稷，周之始祖也。郊，謂圜丘祀天也」云云，《正義》：「云『郊，謂圜丘祀天也』者，此孔傳文。」[30] 惟按孔傳此注實作「凡禘、郊、祖宗，皆祭祀之別名也。天子祭天，周公攝政，制之祀典也。於祭天之時，后稷佑坐而配食之也。」並無「郊，謂圜丘祀天也」之文。今考《正義》引王肅《聖證論》云：「天，一而已，故以所在祭，在郊則謂爲圜丘，言於郊爲壇以象圜天，圜丘即郊也，郊即圜丘也。」[31] 據此，則以「郊」爲圜丘祀天，乃王肅之說。[32] 玄宗此當本之肅注，《正義》誤作孔傳耳。此亦肅注佚文之遺存者。

三、〈提要〉謂「肅好攻鄭學，諸書所引，不見有難鄭之語，當是爲唐明皇《御注》所汰。」按此馬國翰妄臆耳，[33] 倫氏未之細考，漫然從之，其說非也。上錄《述議》引王肅諸說，絕不見有攻鄭之語，如二氏之說，此豈亦劉炫爲《述議》時所「悉汰去之」？今考《唐會要》卷七十七載開元七年四月七日劉知幾上議，辨《孝經鄭注》非康成之書，舉十二驗爲說。

---

30 《孝經注疏》，卷五，頁2。

31 《孝經注疏》，卷五，頁3。

32 按《禮記·郊特牲·正義》云：「先儒說『郊』，其義有二。案《聖證論》以天體無二，郊即圜丘，圜丘即郊；鄭氏以爲天有六天，丘、郊各異。」（《注疏》卷二十五，頁1）又《通典》卷四二〈禮二〉亦云：「郊丘之說，互有不同，歷代諸儒各執所見，雖有爭論紛起，大凡不出二塗：宗王子雍者，以爲天體唯一，安得有六？圜丘之與郊祀，實名異而體同。……宗鄭康成者，則以天有六名，歲凡九祭」云云（頁242）。明以「郊」爲圜丘祀天，乃肅義也。孔傳但言「凡禘、郊、祖宗，皆祭祀之別名也。」不言郊祭所在之處。然則《正義》謂「云『郊謂圜丘祀天也』者，此孔傳文。」蓋疏家誤憶耳。

33 按馬國翰輯《孝經王氏解·序》云：「子雍好攻鄭學，此解不見有駁難之語，蓋唐明皇帝作注時悉汰去之。」此倫氏所本。

其十一事言：「王肅注書，發揚鄭短，凡有小失，皆在訂證。若《孝經》此注亦出鄭氏，被肅攻擊，最應繁多，而肅無言」云云。[34] 觀此，知王肅注《孝經》，本無難鄭之語。馬氏不考，遂爲此臆說耳。

四、〈提要〉謂王肅解「孝無終始而患不及」，肅雖好異，亦無以易孔、鄭云云。此說尤無謂。按《正義》云：「《蒼頡篇》謂『患』爲禍，孔、鄭、韋、王之學引之，以釋此經。」[35] 馬國翰輯本據此，出「《蒼頡篇》謂患爲禍」一條，以爲王肅注語。然敦煌本《孝經義記》殘卷引王肅云：「無終始而患不及其身者，未有此也。」孔傳此注言：「必有終始，然後乃善；不能終始者，必及患禍矣。」鄭注則曰：「無終始，能行孝道，故患難不及其身。」三家並未明引《倉頡篇》之文作解，《正義》語殊含混。按三家解「患不及」爲禍患不及於身，義近而文不同，蓋漢魏古義本自如此。乃如倫氏之言，一似肅注專以立異爲尙。然按劉炫《述議・序》評述諸家《孝經》注釋，云：「肇自許洛，訖于魏、齊，各騁胸臆，競操刀斧。瑣言雜議，殆且百家；專門命室，猶將十室。王肅、韋昭，差爲佼佼；劉邵、虞翻，抑又其次。」[36] 又唐玄宗〈孝經序〉亦言：「近觀《孝經》舊注，踳駮尤甚。至於跡相祖述，殆且百家；業擅專門，猶將十室。……韋昭、王肅，先儒之領袖，虞翻、劉邵，抑又次焉。」[37] 二者並以王肅爲諸家舊注之上選，斯豈苟爲同異者比？至孔傳晚出，遠在肅注之後，此尤非倫氏所及知者。[38] 肅注焉能俯同之？

---

34 《唐會要》，頁1406；又見《文苑英華》卷七六六、《經義考》卷二二二。

35 《孝經注疏》，卷三，頁2。

36 《述議復原》，頁64。

37 《孝經・序》，頁4，5。

38 丁晏《孝經徵文》，倫氏〈提要〉謂其書「徧徵眾說以攻孔傳，並以王肅之說多同孔傳，硬斷爲王肅僞撰。夫肅注之同於安國，足爲肅見安國傳之證。若自撰一書，又本其解以僞撰一書，不嫌雷同，無是理也。」（《續修四庫提要》經部，頁829）丁晏以《孝經孔傳》爲王肅所僞，其說固非；然如倫氏所言，以孔傳成書在前，爲肅注所本。此說亦未然。以余所考，孔傳與肅注雖間有同者，然其異者尤夥，且孔傳多闡發義理，與鄭玄、王肅之注但順經文作解者不同。抑其釋義，繁蕪冗蔓，已近後來講疏家之體，其書蓋成於東晉之世，遠在肅注之後。別詳拙作〈孝經僞孔傳問題重鞫〉。

《孝經解讚》一卷 （玉函山房本） 〔倫明〕

《續提要》：吳韋昭撰，清馬國翰輯。按〈隋志〉「《孝經解讚》一卷，韋昭撰」，〈唐志〉同。玄宗《御注》兩引其說，[39]《正義》亦多引之。朱子《儀禮經傳通解》引「鄭玄以〈祭法〉有『周人禘嚳』之文，謂變『郊』爲感生之帝，[40]謂東方青帝云云，韋昭所著，亦符此說。」此節《正義》未引，按即昭之《孝經》說也。書久佚，國翰輯得一卷，並謂據其諸說並詁義切實，與鄭康成箋《詩》相似；至「郊祀后稷以配天」，全用鄭義，書名「解讚」，所讚或是鄭解。姑備一說。

按：此〈提要〉可商者數事。一、今《注疏》本聖治章「昔者周公郊祀后稷以配天」，《正義》云：「鄭玄以〈祭法〉有『周人禘嚳』之文，遂變『郊』爲祀感生之帝，謂東方青帝靈威仰，周爲木德，威仰木帝。以駁之曰：『案《爾雅》曰祭天曰燔柴』云云。」[41]此文有脫誤；宋楊復《儀禮經傳通解續》卷二十二載錄《孝經》此疏，「威仰木帝」下，有「言以后稷配蒼龍精也。韋昭所注，亦符此說；唯魏太常王肅獨著論」廿六字，[42]當據補，楊復《通解續》成於宋淳祐間，[43]所據《正義》尚不誤也。然則〈提要〉謂「此節《正義》未引」，其說非是。馬國翰輯本〈序〉言「《儀禮經傳通解》引一節，《正義》脫文也。」其輯文條下，自注：「朱子《儀禮經傳通解》引鄭玄以〈祭法〉有『周人禘嚳』之文」云云，則誤以楊復《通解續》爲朱熹《通解》，蓋未按核原書也，倫氏仍沿其誤，疏矣。

二、韋注佚文，今尚別有可考者，按三才章「夫孝，天之經也，地之義也。」劉炫《述議》卷三引「韋昭云：天立性命，以卑承尊，故曰『天之經』也；地以柔順配天而行，故曰『地之義』也。」又「則天之明，因地

---

[39] 按此語微誤，開宗明義章「夫孝，德之本也，教之所由生也。」玄宗注：「言教從孝而生。」又事君章「進思盡忠」，玄宗注：「進見於君，則思盡忠節。」《正義》並云：「此依韋注也。」（《注疏》卷一，頁3；又卷八，頁4）蓋二處《御注》俱本韋昭注耳，非「兩引其說」也。

[40] 此句文有脫誤，當作「遂變『郊』爲祀感生之帝」，參下注。

[41] 《孝經注疏》，卷五，頁3。

[42] 《儀禮經傳通解續》，《四庫全書》本，卷二十二，頁61。按阮氏《孝經校勘記》引此文，「言以后稷」，脫「言」字；「韋昭所注」，「注」字誤「著」。（《經解》卷一〇二八，頁12）

[43] 見《經義考》，卷一三二引張萱說（頁11）。

之利」，《述議》引「韋昭云：天垂象，聖人則之；地所生育，教民稼穡以養之。」又孝治章「禍亂不作」，《述議》卷三引「韋昭云：無簒弒之患。」又諫爭章「士有爭友」，《述議》卷五引「韋昭云：士卑，故不稱臣。」[44] 此四事馬國翰輯本闕，今錄存之。

三、喪親章「服美不安」，《正義》謂：「韋昭引《書》云：『成王既崩，康王冕服即位，既事畢，反喪服。』據此，則天子諸侯但定位初喪，是皆服美，故宜不安也。」又「食旨不甘」，《正義》謂：「韋昭引〈曲禮〉云：『有疾，則飲酒食肉。』是爲食旨，故宜不甘也。」[45] 此二事韋氏附會典實，反失之泥。劉炫非之云：「案此所陳，乃原其不爲之意，非言孝子在喪，實有服美、食旨之事。若必據彼文以爲實驗，則〈雜記〉稱『大功將至，辟琴瑟。』孝子在喪，豈有聞樂之時也？」[46] 所駁是也。馬國翰輯本〈序〉乃稱此二事「訓義切實，與鄭康成箋《詩》相似」，可謂擬於不倫矣。

四、馬國翰以前述聖治章「周公郊祀后稷以配天」，韋昭與鄭義同，因推論其書名「解讚」，或贊鄭氏之解。此說亦未可據，如上舉喪親章「服美不安，食旨不甘」二句，鄭注云：「去文繡之衣，以縗麻服之」、「不嘗酸鹹而食粥」，與韋昭之義絕異；另如三才章「夫孝，天之經也，地之義也。」鄭云：「春夏秋冬，物有死生，天之經也；山川高下，水泉流通，地之義也。」又「則天之明，因地之利」，鄭云：「則，視也。視天之四時，無失其早晚也」、「因地高下，所宜何等。」並與余上所錄《述議》引韋氏之說徑庭。而事君章「進思盡忠，退思補過」，玄宗注解上句：「進見於君，則思盡忠節。」《正義》云：「此依韋注也。」又引韋氏解下句云：「退歸私室，則思補其身過。」[47] 是韋昭以「進」爲進見，「退」爲退朝歸家之義；然鄭注解此則云：「死君之難爲盡忠；待放三年，思服其過，故□〔去〕之。」蓋鄭解「進」爲見用，「退」爲見廢不用，[48] 其與韋注尤枘鑿不相合。抑天子章「愛敬盡於事親，而德教加於百姓，刑於

44 《述議復原》，頁256，259，270，286。
45 並《孝經注疏》，卷九，頁2。
46 《述議復原》，頁294。
47 並《孝經注疏》，卷八，頁4。
48 按鄭注「待放三年」之義，參陳鐵凡氏《孝經鄭注校證》，頁213。

四海。」《正義》引「王肅、韋昭云：天子居四海之上，爲教訓之主，爲教易行，故寄易行者宣之。」[49] 可見韋氏亦有取於肅注，不得但因「周公郊祀后稷以配天」句，韋氏本鄭玄六天、感生之說，遂推言韋氏之書悉「讚鄭解」，專爲推闡鄭義也。

《集解孝經》一卷 （玉函山房輯佚書本） 〔倫明〕

《續提要》：晉謝萬撰，清馬國翰輯。萬字萬石，陳國陽夏人，官至散騎常侍，安之弟也，事蹟見《晉書》本傳。《隋・經籍志》：「《集解孝經》一卷，謝萬注」；〈唐志〉則〔作〕《謝萬注》，不云《集解》，卷同。邢昺《正義》引四節。……又第十一章「子曰：五刑之屬三千，而罪莫大於不孝。」《正義》引舊注及謝安、袁宏、王獻之、殷仲文等說云：「不孝之罪，聖人惡之，〔云〕在三千條外。」但謝安注《孝經》，不見隋、唐志，國翰以爲安與萬係一家之學，附錄於後。

按：《正義》引謝萬之說，僅庶人章「孝無終始，而患不及者，未之有也。」下引述其說二節耳，[50] 〈提要〉謂「《正義》引四節」者，誤也。其一節言：「謝萬以爲無終始，恒患不及；未之有者，少賤之辭也。」此述其義，語不甚明晰。檢敦煌文書伯三二七四號佚名氏《孝經義記》引「謝萬云：行孝之事無終始，恒患不及，戰戰兢兢，日夜不怠解矣。未之有者，歎少之辭也。」蓋鄭注、王肅及僞孔傳並解「患不及」爲禍患不及於身；[51] 謝萬則訓「患」爲憂，以爲行孝之事，恒患不及，而以「未之有也」爲鮮有人能行孝如此，故云「歎少之辭」。此其義也。又，首章「仲尼居」，劉炫《述議》卷二引「謝萬云：所以稱仲尼，欲令萬物視聽不惑也。」[52] 推其意，蓋以爲：《孝經》全書稱「子曰」云云者十五處，而開篇所以必明稱仲尼者，恐但稱「子」，將與他人淆混故也。今錄存之，以備一義。

謝安《孝經》說，五刑章《正義》云：「案舊注說及謝安、袁宏、王獻之、殷仲文等，皆以不孝之罪，聖人惡之，云在三千條外。」[53] 此但舉其

---

[49] 《孝經注疏》，卷一，頁5。

[50] 《孝經注疏》，卷三，頁2，3。

[51] 按鄭、王、孔傳三家並以「患不及」爲禍患不及其身，說已具王肅《孝經解》條下。

[52] 《述議復原》，頁212。

[53] 《孝經注疏》，卷六，頁3。

大義，非具引其文也。劉炫《述議》卷四亦云：「江左名臣袁宏、謝安、王獻之、殷仲文之徒，皆云五刑之罪可得而名，不孝之罪不可得名，故在三千之外。」[54] 與《正義》可以互備。馬國翰謂謝安之說，「與萬是一家之學」，然庶人章「孝無終始而患不及者」，敦煌本《孝經義記》除引謝萬之說（已見上）外，另引「謝安云：既不全其始，又不能保其終，此無終始；終始，患之所不及。」是昆仲持說各異，未必盡同也。

《孝經殷氏注》一卷 （玉函山房輯佚書本） 〔倫明〕

《續提要》：晉殷仲文撰，清馬國翰輯。仲文，《晉書》有傳，而字里缺如，《文選注》引檀道鸞《晉陽秋》云：「仲文，字仲文，陳郡人，官至東陽太守。」其事蹟則詳載本傳。……其書殆佚於唐後。邢昺《正義》引三節。……然國翰輯謝萬注，於第十五章「昔者天子有爭臣七人」，《正義》曰：「按孔、鄭二注及先儒所傳，並引《禮記・文王世子》以解『七人』之義。」按所云先儒者，當亦包仲文而言，則此條亦不可不增入也。

按：殷氏注，《釋文・序錄》著錄，云「陳郡人，東晉東陽太守」，[55] 與《晉陽秋》合。惟選注引《晉陽秋》云「仲文字仲文」者，胡克家所據尤袤本如此，[56] 然余檢日本足利學校舊藏宋明州刊本、《四部叢刊》景印宋刻六臣注本《文選注》引《晉陽秋》，並作「殷仲文，陳郡人也，爲驃騎行參軍」云云，無「字仲文」三字，[57] 然則殷氏是否字與名同，未可定也。

殷氏佚文，倫君舉諫爭章「爭臣七人」，謂《正義》所云「先儒」，仲文應在其中，此條當增入。按馬氏書例本如此，此國翰偶遺之耳。惟《正義》稱「先儒」、「舊解」、「舊說」之類，大多泛述，未必前此諸家悉然。馬氏輯諸家佚注，不憚其煩，逐家一一爲之增列，徒充篇幅耳。今倫君依倣其例，更爲增益，實可不必。余考三才章「夫孝，天之經也，地之義也，民之行也。」劉炫《述議》卷三引殷仲文曰：「夫以親爲本，則在我愈末。本重末輕，則親忘己，此孝之大要也。天者，日月之本。日月雖

---

54 《述議復原》，頁156，157。

55 《經典釋文》，卷一，頁29。

56 《文選》，中華書局景印北京圖書館藏南宋淳熙間尤袤刻本，卷二十二，頁6。

57 明州刊本六臣注《文選》，卷二十二，頁6；又《四部叢刊》本，卷二十二，頁6。按長澤規矩也氏所考，明州本《文選》蓋宋孝宗初年所刻，爲後世六臣注之祖本。

靈，每以沖冥處末，由其自虧，故能常奉其本，冥符孝理，天之常也。地者，山川之本也。山川能資此群生，使各得其宜，原爲功之母，必歸美於地，由其自損，故在本常重，義協顯親，是謂地之宜也。」[58] 此義舊輯未及，今錄存之。又開宗明義章「先王有至德要道」，《正義》引殷氏云：「窮理之至，以一管眾爲要。」[59] 文有闕脱，《述議》引此，上句作「窮理之極爲至」，[60] 當據正。按仲文從兄仲堪，《晉書》卷八十四本傳稱其善清言，談理與韓康伯齊名。[61] 今據此所引二事味之，仲文蓋亦以玄虛之旨說《孝經》者也。

《孝經劉氏說》一卷 （玉函山房本） 〔倫明〕

《續提要》：齊劉瓛撰，清馬國翰輯。瓛有《周易乾坤義》、《毛詩序義》，俱已著錄。其《孝經說》，隋、唐志皆不載，惟邢昺《正義·序》稱之，[62] 亦未詳其卷數。國翰從《正義》輯得五條。其說「仲尼居」，述張禹之義，以爲「仲者，中也；尼者，和也。言孔子有中和之德，故曰仲尼。」張禹遺說，賴此僅存；丁晏《孝經徵文》取之，而國翰乃以爲疵，何耶。

按：劉炫《孝經述議》卷二疏解「仲尼居，曾子侍」之文，謂：「近世有沛國劉瓛，得重名於江左，掊擊諸說，自立異端云：『夫名以名質，字以表德。夫子既有盡孝之德，今方制法萬代，宜用此表德之字，故記字以冠首。而曾子有道之賢，能受命聖葉，實爲可義，[63] 故記者書其姓字，明有道宜敬也。』」[64] 此義舊輯所闕，今錄存之，以備一說。蓋歷來學者頗以《孝經》開篇仲尼稱字、而曾參乃反稱「子」爲疑，故說者紛綸，劉瓛則掊擊眾說，更立新義。據劉炫所云，知瓛書稱述諸家而駁之，然則《正義》言「劉瓛述張禹之義，以爲仲者中也，尼者和也」云云，張禹之說當亦在瓛所掊擊之列，非劉瓛即持張禹之義也。馬國翰因劉瓛稱述張禹之說，即

[58] 《述議復原》，頁256。

[59] 《孝經注疏》，卷一，頁3。

[60] 《述議復原》，頁216。

[61] 《晉書》，點校本，頁2192。

[62] 按《孝經·序·疏》云：「梁武帝作《講疏》，賀瑒、嚴植之、劉貞簡（瓛）、明山賓咸有說。」（頁4）此即〈提要〉所云者。倫氏以爲「邢昺〈正義序〉」，未確。

[63] 按「義」字疑當作「嘉」。

[64] 《述議復原》，頁213。

以是爲其書之疵，蓋未得其情也；而倫氏所駁，亦失之不考。按《史記·孔子世家》言叔梁紇與顏氏女野合，「禱於尼丘，得孔子」、「生而首上圩頂，故因名曰丘云，字仲尼。」[65] 劉炫《述議》云：「蓋以禱丘得男，而首又似丘，既假山名爲名，又以山名爲字。」[66] 《正義》亦云：「蓋以孔子生而圩頂，象尼丘山，故名丘，字仲尼。」[67] 其稱「仲」者，行居次爾。[68] 然則張禹訓「仲尼」爲中和，謂「孔子有中和之德，故曰仲尼」，其說不免附會，故《正義》不取；劉瓛掊擊之，尤無足異也。丁晏《徵文》則以其說不失爲漢儒舊義而存之，然不得因此遂以張禹之說爲確解也。

至劉瓛《孝經》佚說，馬國翰輯本所未及者，除上引「仲尼居」一節外，尙別有可考者。按敦煌文書伯三二七四號佚名《孝經義記》殘卷，引「劉先生」說四事：〈士章〉「資於事父以事母而愛同」，云「劉先生以爲『資用』之資，王肅以爲『資取』之資。」又〈庶人章〉「故自天子，至於庶人，孝無終始。」引劉先生云：「禮不下庶人。今行孝罔極，雖貴爲天子，賤爲庶人，其奉於父母恐後。」又〈五刑章〉引「劉先生云：斷右足謂之刖。」〈感應章〉「天地明察，神明彰矣」，引「劉先生云：眇然不測謂之神。」所引當即劉瓛之說。按《南齊書》卷三十九劉瓛本傳，謂瓛儒學冠於當時，京師士子貴游，莫不下席受業。瓛卒後，梁武帝爲立碑，追謚曰貞簡先生。[69] 學者相沿，或曰貞簡，[70] 或稱「劉先生」而不名。[71] 考〈庶人章〉：「故自天子至於庶人，孝無終始，而患不及者，未之有也。」《正義》：「劉瓛云：禮不下庶人。若言我賤，而患行孝不及己

---

65 《史記》，頁1905。

66 《述議復原》，頁211。

67 《孝經注疏》，卷一，頁1。按阮刻本原誤「汙頂」，今改正。

68 按《論語·公冶長篇》云：「子謂南容邦有道不廢，邦無道免於刑戮，以其兄之子妻之。」又〈先進篇〉：「南容三復白圭，孔子以其兄之子妻之。」是孔子有兄也。

69 《南齊書》，點校本，頁680。

70 按孔穎達《周易正義》卷首「論易之三名」，引「崔覲、劉貞簡等並用此義，云：易者，謂生生之德，有易簡之義云云」（頁4）；又邢昺《孝經·序·疏》云：「梁武帝作《講疏》，賀瑒、嚴植之、劉貞簡、明山賓咸有說。」（頁4）並稱劉貞簡而不名。

71 按日本古鈔《講周易疏論家義記》殘卷，稱引劉先生說三事，狩野直喜〈跋〉以爲即劉瓛《易》義，亦其比也。參拙作〈續修四庫全書總目提要經部辨證〉劉瓛《繫詞義疏》條下。

者，未之有也。」[72] 其引劉瓛說，亦有「禮不下庶人」之語，與《義記》引劉先生語正合。特彼文專解「自天子至於庶人，孝無終始」；而《正義》所引者，則截取其說，以解下文「而患不及者，未之有也。」二文義正相承，[73] 然則敦煌本《義記》所引，其爲劉瓛之說，應無疑義。

《孝經義疏》一卷　（玉函山房輯本）　〔倫明〕

《續提要》：梁武帝撰。《梁書・武帝紀》：大同四年三月，「侍中領國子博士蕭子顯上表，置《制旨孝經》助教一人、生十人，專通高祖所釋《孝經義》。」《隋書・經籍志》載帝撰《孝經義疏》十八卷，新、舊〈唐志〉並同，當佚於唐以後，間見於邢昺《正義》所引。開首釋「仲尼」二字，謂「丘」爲聚、「尼」爲和，創鑿無理。明人輯《梁武帝集》有說〈明堂〉一篇，雖非《義疏》之文，而明堂之義與《孝經》有關，馬國翰就《正義》輯出，並錄茲篇，不爲無見。雖采掇無多，然實開唐明皇《御注》之先，不可沒也。

按：《續提要》所引〈武帝紀〉蕭子顯上表請置《制旨孝經》助教，事在中大通四年(532)三月，[74] 非大同四年(538)也。此沿馬國翰輯本〈序〉文之誤耳，當正。另考《魏書・儒林・李業興傳》，載天平四年(537)，業興與兼散騎常侍李諧、兼吏部郎盧元明出使梁朝。業興謂衍散騎常侍朱异曰：「我昨見明堂四柱方屋，都無五、九之室，當是裴頠所制。明堂上圓下方，裴唯除室耳。今此上不圓，何也？」异曰：「圓方之說，經典無文，何怪於方？」業興曰：「圓方之言，出處甚明，卿自不見。見卿錄梁主《孝經義》亦云上圓下方」云云。[75] 據此，則是書爲朱异所錄成也。[76] 异，《梁書》卷三十八有傳。

梁武《義疏》，馬國翰據《正義》所引，僅得三事。余按三才章「則天之明，因地之利。」劉炫《述議》卷三云：「天言『則』、地言『因』者，梁王以爲則者法擬之名，因者仍就之稱。則天者，孝敬無所不被也；因地者，謂隨方而教，不得同爲一也。地有風俗之殊，君子之化，不求變俗，

---

72 《孝經注疏》，卷三，頁2。

73 別詳拙作〈隋志所載劉先生尚書義作者考〉，此不具論。

74 《梁書》，點校本，頁76；又見《南史》，點校本，頁209。

75 《魏書》，點校本，頁1863。

76 姚振宗《隋書經籍志考證》卷七有說（頁123，124）。

故有因名。天以日月遍照，無有可因之理，唯有可則之義。」[77] 其說自成一義，今錄存之以備參。又《述議》卷一云：「梁王蕭衍作《孝經講義》，每引古文：『非先王之法服』，云古文作『聖王』；『此庶人之孝』，云古文亦作『蓋』；『以事其先君』，云古文作『聖先公』（森按：「聖」字疑衍）；『雖得之，君子不貴也』，云古文作『雖得志，君子不道也』。此數者所云古文，皆與今經不同，則梁王所見別有僞本，非真古文也。」[78] 據此云云，知梁武《義疏》間引古文參校經本異同。其所據本，劉炫謂「與今經不同」，蓋炫主僞孔傳本，以之爲真，因以梁武所據本爲僞耳。

《孝經皇氏義疏》一卷　（玉函山房輯佚書本）　〔倫明〕

《續提要》：梁皇侃撰，清馬國翰輯。侃所撰《孝經義疏》，〈隋志〉作三卷，〈唐志〉同。孫奭〈序〉譏其辭多紕繆，理昧精研。今見於邢昺《正義》所錄，頗多精粹，如士章第五疏云云。……按《正義》所引共十八條，俱不見有若何紕繆，其殆披沙揀金乎？書已佚，國翰就《正義》輯錄成一卷。

按：《正義》引皇侃釋諸侯章名義云：「以侯是五等之第二，下接伯子男，故稱諸侯。」又釋庶人章名義云：「不言眾民者，兼包府史之屬，通謂之庶人也。」[79] 此二事馬國翰輯本遺失未錄，當增補。

至倫氏謂《正義》所錄皇氏諸義，「頗多精粹」、「俱不見有若何紕繆」云云，說頗可商。按上引皇氏釋「諸侯」名義，及三才章引「《詩》云：赫赫師尹，民具爾瞻。」皇氏「以爲無先王在上之詩，故斷章引大師之什。」《正義》俱不以其說爲然，直言「今不取也」。[80] 又廣至德章末「非至德，其孰能順民如此其大者乎」，《正義》據劉炫之說，謂「皇侃以爲并結要道、至德兩章，或失經旨也。」[81] 諫爭章「曾子曰若夫慈愛恭敬」云云，皇氏以爲「上陳愛敬，則包於慈恭矣」，《正義》亦駁其說自

---

77 《述議復原》，頁261。

78 《述議復原》，頁98。

79 《孝經注疏》，卷二，頁1；又卷三，頁1。

80 《孝經注疏》，卷二，頁1；又卷三，頁6。

81 《孝經注疏》，卷七，頁2。

相矛盾。[82] 又感應章引「《詩》云：自西自東，自南自北，無思不服」，此《詩・大雅・文王有聲》也，《正義》謂此詩「言從近及遠，至於四方，皆感德化，無有思而不服之者。………《詩》本文云：『鎬京辟雍，自西自東，自南自北，無思不服。』此則『雍』、『東』；『北』、『服』對句爲韻。而皇侃云：『先言西者，此是周詩，謂化從西起，所以文王爲西伯，又爲西鄰，自西而東滅紂。』恐非其義也。」[83] 皇氏好穿鑿孔穴類如此；孝治章「故得萬國之懽心，以事其先王」，「萬國」本古人恒詞，極言其多耳，乃皇氏則「引〈王制〉殷之諸侯有千七百七十三國也，《孝經》稱周諸侯有九千八百國，所以證『萬國』爲夏法。」膠柱殊甚，是以《正義》駁之云：「信如此說，則〈周頌〉云『綏萬邦』、〈六月〉云『萬邦爲憲』，豈周之代復有萬國乎？」[84] 另如諸侯章「和其民人」，皇氏必以知識析「民」「人」爲二，云：「民是廣及無知，人是稍識仁義，即府史之徒，故言民人。」[85] 故上引皇氏釋庶人章名義亦言「不言眾民者，兼包府史之屬，通謂之庶人也。」凡此，率多揣摩影響之談。然則《正義》所未引者，其駁辭恐尤甚也，故孫〈序〉云爾。倫氏謂《正義》所引皇侃諸義，「俱不見有若何紕繆」，知其於《正義》固未細讀也。

《古文孝經述義》一卷 （玉函山房輯佚書本） 〔倫明〕

《續提要》：隋劉炫撰，清馬國翰輯。《漢・藝文志》：「《孝經》古孔氏一篇，二十二章。」《隋・經籍志》云：「《古文孝經》與《古文尚書》同出，有閨門一章，又有衍出三章，合爲二十二章，孔安國爲之傳。梁代安國及鄭氏二家並立國學，而安國之本亡於梁亂。至隋，秘書監王劭於京師訪得《孔傳》，送至河間劉炫，炫因敍其得喪，述其議疏，講於人間，漸聞朝廷。後遂著令，與鄭氏並立。儒者諠諠，皆云炫自作之，非孔舊本。」又《唐會要》載劉知幾〈議〉，以《古文孝經孔傳》爲開皇十四年秘書學士王孝逸於京師陳人處買得一本，送與著作郎王劭，劭以示河間劉炫；又云：「炫以所見，率意刊

---

[82] 《孝經注疏》，卷七，頁3。
[83] 《孝經注疏》，卷八，頁3。
[84] 《孝經注疏》，卷四，頁2。
[85] 《孝經注疏》，卷二，頁1。

改，因著《古文孝經稽疑》一篇。」隋、唐志並載《述義》五卷，今佚，[86] 邢昺《正義》引之；其《稽疑》一篇附著《孝經·序·正義》，[87] 據輯爲卷。

按：天子章「愛親者不敢惡於人，敬親者不敢慢於人」，《正義》引「劉炫云：愛、惡俱在於心，敬、慢並見於貌。愛者隱惜而結於內，敬者嚴肅而形於外。」[88] 又士章「資於事父以事母而愛同，資於事父以事君而敬同」，《正義》引「劉炫曰：夫親至，則敬不極，此情親而恭〔少〕也；尊至，則愛不極，此心敬而恩殺也。故敬極於君，愛極於母。」[89] 此二事馬國翰輯本遺之，當補。

劉炫《孝經述議》五卷，藤原佐世《日本國見在書目錄》著錄，[90] 知其書唐時已傳行日本矣。是書中土久亡，宋人志目俱不載，蓋宋時已佚；惟其書日本則傳行不絕如縷。一九四二年，日本學者武內義雄教授，時任國寶調查委員，於淸點故家舟橋清賢家藏舊籍時，發現《述議》古寫殘卷，存卷一、卷四兩卷。其餘所闕三卷，林秀一氏復就日本故籍所過錄《述議》之文，蒐輯比次，爲《孝經述議復原に關する研究》一書，[91] 劉炫《述議》舊貌，十得七、八矣。〈提要〉謂「隋、唐志並載《述義》五卷，今佚」，其說非是。近年中央圖書館所纂《中國歷代藝文總志》，〈孝經類〉著錄《述議》，云「佚」、[92] 陳鐵凡氏《孝經學源流》亦言「炫書久

---

[86] 按〈隋志〉著錄劉炫《尚書述義》二十卷、《毛詩述義》四十卷、《春秋左氏傳述義》四十卷、《孝經述義》五卷、《論語述義》十卷，並作「述義」；《隋書》本傳諸書則作「述議」（頁1723），《北史·儒林傳》同（頁2767）；兩〈唐志〉作「述義」（惟〈新唐志〉作《左傳述議》）。諸書稱引，亦多不一。檢《日本國見在書目錄》著錄其《尚書》、《毛詩》、《左氏傳》、《孝經》諸書，並作「述議」；日本《孝經述議》古寫殘本，書題亦作「議」字。按其書先述孔傳之義而後議其是非，《孝經·序·疏》所謂「炫敍其得喪，述其義，疏議之」（頁4）者是，當以作「述議」者爲正。

[87] 按《續提要》點校者句讀多誤，幾於無頁無之。此文原句讀作「其〈稽疑〉一篇附著《孝經·序》，《正義》據輯爲卷」，殊違事實。今舉之以見其概耳，其他誤讀處並已隨文改正，不一一注明。

[88] 《孝經注疏》，卷一，頁5。

[89] 《孝經注疏》，卷二，頁6。按「此情親而恭少也」，「少」字原脫，據林秀一氏《述議復原》補（頁246）。

[90] 《古逸叢書》影鈔本，頁7。

[91] 東京文求堂書店印本，1953年。

[92] 《中國歷代藝文總志·經部》，頁308。

佚」，[93] 俱不知其書尚有殘本傳世也。

《孝經孔傳》出後人僞託，其非西漢孔安國所撰，學界已有定論。[94] 惟歷來學者率沿〈隋志〉之說，以其書爲劉炫所僞。斯說果信然否，因炫書久佚，其事迄莫能明。而今由於《述議》殘本之發現，是非已可論定。林秀一氏根據《述議》疏釋傳文，劉炫屢屢駁斥孔傳之說「非經旨」，其例凡二十餘見；又〈三才章〉「是以其教不肅而成」，孔傳：「登山而呼，音達五十里，因高之響也。造父執御，千里不疲，因馬之勢也。聖人因天地以設法」云云，《述議》則曰：「『登山而呼，音達五十里』，蓋有成文，不知所出。」[95] 使孔傳果爲劉炫所僞，自無不知此文出典之理。此外，劉炫〈述議序〉文字華麗，而孔傳〈古文孝經序〉其文鄙俗；《述議》論旨嚴整，孔傳則淺陋冗漫，二者顯非出自一手。[96] 然則舊以孔傳爲劉炫僞造者，其說誣矣。至於隋代學者所以指斥劉炫僞爲之者，此蓋涉及當時《孝經》今、古文（鄭氏、孔傳）立學之爭，余別有專文詳之，茲不具論。[97]

又按：倫氏謂劉炫《稽疑》今附著《孝經・序・正義》，說亦未確，此沿馬國翰輯本〈序〉文之誤耳。據劉炫《述議・序》云：「孔傳之訛舛者，更無他本，莫與比校，作《孝經稽疑》；鄭氏之蕪穢者，實非鄭注，發其虛誕，作《孝經去惑》。」[98] 蓋劉炫以世所傳《孝經鄭注》非康成之書，故撰《去惑》以發其僞；又爲《稽疑》一卷，專以考正孔傳之疑誤。[99] 二書久亡，莫得其詳。至《孝經・序・正義》：「按劉炫《述義》，其略曰：炫謂孔子自作《孝經》，本非曾參請業而對也。士有百行，以孝爲

---

93 《孝經學源流》，頁198。

94 參林秀一氏〈孝經孔傳の成立について〉（氏著《孝經學論考》，頁1-18）。又，丁晏〈日本古文孝經孔傳辨僞〉，亦舉五證，以見「世所傳《古文孝經》，必非安國之傳。」（《續經解》卷八四七，頁15-17）；鄭珍〈辨日本國古文孝經孔氏傳之僞〉亦有說，見鄭氏《巢經巢經說》。

95 《述議復原》，頁261。

96 《述議復原》，頁47，48。

97 別詳拙作〈孝經僞孔傳問題重鞫〉，近刊。

98 《述議復原》，頁64。

99 姚振宗《隋書經籍志考證》疑《稽疑》與《去惑》爲一書（頁125），誤。按《日本國見在書目錄》孝經家著錄劉炫《述議》五卷，又《孝經去惑》一卷（頁7），知《稽疑》、《去惑》與《述議》各別爲書。

本」云云，至「曾子孝名之大，其或由茲」凡八百六十餘言，[100] 馬、倫二氏以之爲《稽疑》之文，實則此文見於《述議》卷一；[101] 抑《正義》引述，固明言「按劉炫《述義》，其略云云」，不知二氏何以誤之？按孔傳〈序〉文有云：「唯曾參躬行匹夫之孝，而未達天子、諸侯以下揚名、顯親之事，因侍坐而諮問焉，故夫子告其誼，於是曾子喟然知孝之爲大也，遂集而錄之，名曰《孝經》。」以《孝經》爲曾子所錄；劉炫則謂「孔之此說，竊所未安」，累累數百言，亟辨其非，「炫以爲《孝經》者，孔子身（親）手所作，筆削所定，不因曾子請問而隨宜答對也。」《正義》所引，正劉炫駁議孔〈序〉之語，[102] 二氏以之爲《稽疑》之文，非也。

《孝經訓注》一卷　（玉函山房輯佚書本）　〔倫明〕

《續提要》：隋魏眞己撰。邢昺《孝經・序・疏》以眞己鉅鹿人，作《孝經訓注》；〈唐志〉有魏克己注《孝經》一卷，列在賈公彥下，當是一人，「眞己」、「克己」一字偶誤耳。唐明皇《御注》引用其義凡十二節，《正義》皆標明魏注，國翰據以輯錄成一卷。

按：馬國翰輯本據邢昺《孝經・序・疏》題「隋魏真己撰」；然檢邢《疏》，實作「隋有鉅鹿魏真克者，亦爲之訓注」，[103] 不作「真己」，馬氏誤記耳。倫氏仍沿其誤，莫能是正，不免粗麤。魏注〈隋志〉不載，兩〈唐志〉並著錄魏克己注《孝經》一卷，[104] 馬國翰謂真克、克己「蓋本一人，或書名書字異耳」，[105] 以二者爲一人，其說當是也；惟《注疏》本多訛文誤字，以之爲書名書字之異，殆未必然。

---

[100] 《孝經注疏》卷首〈序・疏〉，頁1，2。

[101] 《述議復原》，頁78-80。按《正義》「曾子孝名之大，其或由茲」，《述議》本作「曾子孝名之大，或亦由此成乎」，下另有「或以爲扁鵲之兄，名不出閭」云云一段，《正義》删略未錄，改爲「固非參性遲朴，躬行匹夫之孝也」二句，非劉炫原文之舊。

[102] 按孔傳以《孝經》爲曾子所錄，劉炫非之，以爲當是仲尼自作之。炫說固未必是，然即此亦可見劉炫與孔傳對《孝經》誰作此一經之大關節處，二家截然異旨。如孔傳果劉炫所僞，欲藉之以與鄭注今文抗衡，則炫推闡其說將恐不及，焉有開篇即加駁抑之理？然則孔傳非劉炫所造，此亦一證也。

[103] 《孝經・序・疏》，頁4。

[104] 《舊唐書》，點校本，頁1980；《新唐書》，點校本，頁1442。

[105] 馬國翰輯《孝經訓注・序》。

復按玄宗注本魏氏之義者實十有六事，馬、倫二氏謂十二節者，誤也。天子章「蓋天子之孝也」，玄宗注：「蓋，猶略也。孝道廣大，此略言之。」又紀孝行章「五者備矣，然後能事親。」玄宗注：「五者闕一，則未爲能。」又五刑章「五刑之屬三千」，玄宗注：「五刑，謂墨、劓、剕、宮、大辟也。」又事君章「故上下能相親也」，玄宗注：「下以忠事上，上以義接下，君臣同德，故能相親。」此四事《正義》並言「此依魏注也」，[106] 馬國翰輯本遺之耳。

敦煌寫本《古文孝經》殘卷一卷 （影印貞觀寫本） 〔傅振倫〕

《續提要》：舊稱孔安國注。按《孝經》原有今文、古文二本，今文稱鄭玄注，古文稱孔安國注。……唐玄宗開元七年三月，詔儒臣質定，劉知幾主古文，司馬貞主今文，於是今文行而古文傳習者漸稀。……此寫卷首尾均軼，見存之文，自三才章第七「則天之明，因地之利，以順天下」句起，至聖治章第九「以養父母日嚴」句止，「民」字均缺筆作「巳」，「治」字不諱，其爲貞觀遺物不問可知。察其注文，如三才章引《詩·小雅》：「赫赫師尹，民俱爾瞻。」毛傳：「赫赫，顯盛貌。」箋云：「此言尹氏女居三公之位，天下之民，俱視女之所爲。」寫本作「詩云者，言詩；赫赫，天之威明之貌。詩云者，政教也。公仕眾有不尊敬者，俱共瞻視之，共治人盡行孝義也。」（原注：文義頗不可通，疑有脱誤也。）又孝治章第八引《詩·大雅》：「有覺德行，四國順之。」毛傳：「覺，直也。」箋云：「人君爲政，無彊於得賢人；得賢人，則天下教化於其俗，有大德行，則天下順從其政，言在上所以倡道。」寫本作「詩云者，言詩也。覺者，大。言天子有大德之行於天下，則四方之國莫不從使者。」其訓詁釋義並與毛、鄭不合，其爲劉炫所傳孔註古文，抑又可知。……原寫卷見存法京巴黎國家圖書館，編目爲三三八二號，其原寸蓋倍蓰常帙云。

按：傅氏謂開元時，「詔儒臣質定，劉知幾主古文，司馬貞主今文，於是今文行而古文傳習者漸稀。」其意殆以孔傳古文因司馬貞上議駁黜，致傳習者漸少。此說非其實也。考《晉書》卷七十五〈荀崧傳〉，記元帝大興初，「時方修學校，簡省博士，置《周易》王氏，……《論語》、《孝

106 《孝經注疏》卷一，頁6；又卷六，頁1，3；又卷八，頁4。

經》鄭氏，博士各一人，凡九人。」[107] 是《孝經》鄭注東晉之初已立於學官。另考《南齊書》卷三十九〈陸澄傳〉云：「時國學置鄭、王《易》，杜、服《春秋》，何氏《公羊》、麋氏《穀梁》、鄭玄《孝經》。」澄與尚書令王儉書，力陳《孝經》鄭注非康成之書，不宜立學；王儉不從，答書云：「鄭注虛實，前代不嫌，意謂可安，仍舊立置。」[108] 然則南齊所立，亦鄭氏今文。又《隋書・經籍志》言：「梁代，安國及鄭氏二家並立國學。而安國之本亡於梁亂，陳及周、齊，唯傳鄭氏。」[109] 孔傳之立於學官始於梁代，旋因侯景之亂，其書佚亡，故陳時陸德明撰《釋文》，其〈序錄〉云：「《古文孝經》世既不行，今隨俗用鄭注十八章本。」[110] 明孔傳陳時已不行於世；而北朝所行，俱是鄭注。[111] 隋時，孔傳復現於世，劉炫「因序其得喪，述其義疏，講於人間，漸聞朝廷。後遂著令，與鄭氏並立。」其書雖經劉炫之表彰，復立於學；然「儒者諠諠，皆云炫自作之，非孔舊本。」[112] 蓋其書雖復存於世，然傳習者鮮，故《唐會要》卷七十七載：開元七年三月六日，玄宗詔曰：「《孝經》，德教所先，頃來獨宗鄭氏，孔氏遺旨，今則無聞。其令儒官詳定所長，令明經者習讀。」可知孔傳之微，當時已然，不因司馬貞之駁議乃爾。四月七日，左庶子劉知幾上議，奏請行孔廢鄭；國子祭酒司馬貞則謂「近儒欲崇古學，妄作此傳，假稱孔氏，輒穿鑿改更」，故奏請「鄭注與孔傳依舊俱行」，並未即請黜罷其書。五月五日，詔「鄭注仍舊行用，孔注傳習者稀，亦存繼絕之典，頗加獎飾。」[113] 據是，則「孔注傳習者稀」，乃當時學界實況，非因儒臣之質定所以致之。開元十年，玄宗自爲之注，其經文用今文本，注則參酌孔、鄭、王肅諸家之義。書成，頒行天下及國子學；天寶二載，復重注。於是孔、鄭諸注俱微，馴至中土遂亡其本矣。

---

107 《晉書》，頁1976。

108 《南齊書》，頁683-685。

109 《隋書》，頁935。

110 《經典釋文》，卷一，頁29。

111 按《北史・儒林傳・序》云：「〔鄭〕玄《易》、《詩》、《書》、《禮》、《論語》、《孝經》，〔服〕虔《左氏春秋》、〔何〕休《公羊傳》，大行於河北。」(頁2708)與上引〈隋志〉言「陳及周、齊，唯傳鄭氏」說合。

112 《隋書》，頁935。

113 《唐會要》，商務《叢書集成初編》本，頁1405-1410。

至傅氏據三才、孝治二章引《詩》，寫卷訓詁釋義與毛傳、鄭箋異，遽斷此寫卷爲「劉炫所傳孔注古文」，殊嫌輕率。夫唐初所行《孝經》訓義，豈僅孔、鄭二家，非鄭即孔？按孔傳中土久亡，然日本則傳行不絕。享保十七年(1732)，日本古學者太宰純根據其國所傳慶長本、貞享本等舊刻，及其他古寫本重加校勘，刊行於世。[114] 乾隆時，汪鵬（翼滄）市貿往來日本長崎，得其本，攜返中國，鮑廷博據以刻入《知不足齋叢書》。清代學者雖疑其書爲日人所僞，[115] 然據近年所發現劉炫《述議》殘本以校之，知太宰氏所傳刻者，與劉炫所據本大體不異，盧文弨謂「其文義典核，又與《釋文》、《會要》、《舊唐書》所載一一符會，必非近人所能撰造。」[116] 其說是也。今取此寫卷與太宰本孔傳互校，無一合者，如傅氏所舉三才章引《詩》，孔傳云：「詩，《小雅・節南山》之章也。赫赫，顯盛也。師，大師；尹氏，周之三公也。具，皆也；爾，女也。言居顯盛之位，眾民皆瞻仰之，所行不可以違天地之經也。善惡則民從，故有位者慎焉。」又孝治章引《詩》，孔傳云：「詩，《大雅・抑》之章也。覺，直也。言先王行正直之德，則四方之眾國皆順從法則之也。」與此寫卷文字絕異，其「有覺德行」句，寫卷「覺」字訓「大」，孔傳訓「直」，二義迥別，其非一家之學，較然無疑。然則傅氏謂此寫卷爲「劉炫所傳孔注古文」，大謬不然矣。余另取此寫卷以校敦煌本鄭注殘卷，二者亦異。知此寫卷當是孔、鄭之外別爲一家，惜其注者主名無可考耳。

---

114 按「慶長本」，慶長七年(1602)刊，有清原秀賢跋；「享保本」，享保六年(1721)，清原尚賢家刻本。二者皆明經博士清原家刊本。有關太宰純校刻孔傳始末，參林秀一氏〈太宰純の孝經孔傳の校刊とその影響〉，《岡山大學法文學部學術紀要》2（1953）。

115 《四庫總目》斥太宰本孔傳「淺陋冗漫，不類漢儒釋經之體，并不類唐、宋、元以前人語，殆市舶流通，頗得中國書籍，有桀黠知文義者摭諸書所引孔傳影附爲之。」（卷三十二，頁3）蓋以其書爲晚近日人所僞；周中孚《鄭堂讀書記》卷一，亦譏此本爲劉炫「僞孔之重儓，當屬好事者摭拾《釋文》、《會要》、邢疏所引孔傳，以己意足成之，故淺陋冗漫，不類隋、唐間人所作也。」（頁3-4）鄭珍撰〈辨日本國古文孝經孔氏傳之僞〉一文，更立十證以論其僞，謂「作是書者，彼窮島僻壘一空腐之人，見前籍稱引孔傳，中土久無其書，漫事粗捃，自詡絕學，以耀其國富秘藏耳。」（《巢經巢經說》，《續經解》卷九四三，頁4-7）另丁晏〈日本古文孝經孔傳辨僞〉亦言：「唐司馬貞、元吳幼清、明宋景濂、歸震川皆斥古文之僞；日本所得之古文，尤僞之僞。」（《續經解》卷八四七，頁19）是皆以太宰氏所傳刻之古文孔傳爲日人所僞。

116 盧文弨〈新刻古文孝經孔氏傳序〉，《抱經堂文集》卷二，頁21。

《御注孝經疏》一卷 （玉函山房輯佚書本） 〔倫明〕

《續提要》：唐元行沖撰，清馬國翰輯。按《唐書》：玄宗自注《孝經》，詔行沖爲《疏》。邢昺等撰《孝經正義》，謂取元行沖《疏》約而修之，於是元《疏》混入《正義》，不復可辨矣。按朱彝尊《經義考》，於唐玄宗《孝經注》下云：「〈唐志〉作《孝經制旨》」，《制旨》即明皇《御注》。考《正義》引《制旨》一條云：「君有過，則思補益。」而《御注》則云：「君有過失，則思補益。」多一「失」字；又《正義》別引《制旨》三節，與《注》不同，而説特暢達，是則爲《疏》文無疑矣。行沖奉詔作《疏》，其述《注》意，宜亦可稱《制旨》。

按：此〈提要〉語略含混，既言「《制旨》即明皇《御注》」，下又言「《正義》別引《制旨》三節，與《注》不同，而說特暢達，是則爲《疏》文無疑」，則以《制旨》爲即元行沖《疏》，與《御注》非一書。

考陳振孫《書錄解題》卷三玄宗《御注孝經》條下云：「按〈唐志〉作《孝經制旨》」，[117] 此《經義考》所本；《四庫總目》亦以《御注》、《制旨》爲一書。[118] 此說非是，王昶《金石萃編》卷八十七〈石臺孝經跋〉已辨之：「《注》與《制旨》各自爲書，猶《隋書・經籍志》既載梁武帝《中庸講疏》一卷，又有《私記制旨中庸義》五卷也。邢昺《疏》於庶人章引《制旨》曰：『嗟乎！孝之爲大，若天之不可逃也』云云；聖治章引《制旨》曰：『夫人倫正性，在蒙幼之中』云云，其語甚詳。陳直齋未見《制旨》，則宋時其書已佚。然邢氏之《疏》大半藍本元《疏》，此二條必因行沖之舊。行沖撰《疏》時，旁引《制旨》以申《御注》，尤非一書之證。」[119] 王昶據聖治章、庶人章《正義》引《制旨》之文，與《御注》截然不同，因論斷二者各自爲書，其說確不可易。

馬國翰則以《制旨》爲即元行沖《疏》，其《御注孝經疏・序》曰：「考明皇〈孝經序〉云：『一章之中，凡有數句；一句之內，意有兼明。具載則文繁，略之又義闕，今存於《疏》，用廣發揮。』據此，則《制旨》之

---

[117] 《直齋書錄解題》，上海古籍出版社點校本，頁70。盧文弨云：此「八字疑《通考》所增」（同上），惟無確據，未審其然否。

[118] 《四庫總目》，卷三十二，頁4。

[119] 《金石萃編》，卷八十七，頁12。按周中孚《鄭堂讀書記》（頁5）、余嘉錫《四庫提要辨證》（頁60）亦有說。

文乃行沖《疏》，而《正義》用之。行沖奉詔作《疏》，故述《注》意亦稱《制旨》。」其輯元氏之《疏》，即以《正義》所引《制旨》四事當之。此亦未然，余嘉錫《四庫提要辨證》駁之，云：

> 考庶人章《疏》引《制旨》曰「朕竊五孝之說」云云，是明係明皇御筆，行沖安敢作此語？況〈唐志〉以《制旨》與行沖《疏》並著於錄，[120] 固明明二書也，馬氏誤矣。又考事君章「退思補過」，注云：「君有過失，則思補益。」《疏》云：「出《制旨》。」然則《注》義出於《制旨》，必先有《制旨》而後有《御注》。蓋《制旨》即《講疏》，明皇先爲《講疏》，敷演其義，然後約其文以爲《注》，又命元行沖本《制旨》之意爲《注》作《疏》。[121]

此說得失參半。余氏辨《制旨》與元《疏》非一，其說是也。惟言「明皇先爲《講疏》，敷演其義，然後約其文以爲注。」此則未可據，使如其說，《制旨》既已爲《講疏》矣，何玄宗不憚煩乃爾，「又命元行沖本《制旨》之意爲《注》作《疏》」，豈非疊床架屋？抑余氏謂玄宗先爲《講疏》，然後約其文而爲《注》，此尤臆說無徵。考玄宗《御注》原有前、後二本，《唐會要》卷三十六記：開元「十年六月二日，上注《孝經》，頒于天下及國子學。至天寶二年五月二十二日，上重注，亦頒于天下。」[122] 其開元注本，日本尚有傳本，《古逸叢書》所收《覆卷子本唐開元御注孝經》是也；今《注疏》本則天寶重注之本。開元注本卷首，有元行沖開元十年〈序〉，述玄宗爲《注》過程甚詳：

> 夫子談經，文該旨頤；諸家所說，理藹詞繁。爰命近臣，疇咨儒學，搜章摘句，究本尋源。練康成、安國之言，銓王肅、韋昭之訓。近賢新注，咸入討論。分別異同，比量疏密。總編呈進，取正天心。每伺休閒，必親披校。滌除氛薈，搴摭菁華。寸長無遺，片善必舉。或削以存要，或足以圓文。其有義疑兩存，理翳千古；常情所昧，玄鑒斯

120 按《新唐書·藝文志》著錄「《今上孝經制旨》一卷（原注：玄宗）」，又載「元行沖《御注孝經疏》二卷」（頁1442，1443），是《制旨》與元《疏》各別爲書，要無可疑。《舊唐書·經籍志》但著錄玄宗《注》一卷及元行沖《孝經疏》三卷（頁1980，1981），未及《制旨》。

121 《四庫提要辨證》，頁61。

122 《唐會要》，頁658。

通，則獨運神襟，躬垂筆削。發明幽遠，剖析毫氂。目牛無全，示掌非著。累葉堅滯，一朝冰釋。乃敕宰臣曰：朕以《孝經》德教之本也。自昔詮解，其徒寔繁，竟不能覈其宗，明其奥。覩斯蕪漫，誠亦病諸。頃與侍臣參詳厥理，爲之訓注，冀闡微言。宜集學士儒官，僉議可否。於是左散騎常侍崇文館學士劉子玄、國子司業李元瓘、著作郎弘文館學士胡皓、國子博士弘文館學士司馬貞、左拾遺太子侍讀潘元祚、前贊善大夫鄂王侍讀魏處鳳、大學博士郯王侍讀郤享、大學博士陝王侍讀徐英哲、前千牛長史鄄王侍讀郭謙光、國子助教鄫王侍讀范行恭，及諸學官等，並鴻都碩德，當代名儒，咸集廟堂，恭尋聖義。捧對吟咀，探紬反覆，至于再至三(森按：下「至」字當衍)。動色相歡，昌言稱美，曰：大義堙鬱，垂七百年。皇上識洞玄樞，情融繫表。革前儒必固之失，道先王至要之源。守章疏之常談，謂窮涯涘；睹蓬瀛之奥理，方諭高深。伏請頒傳，希新耳目。(下略)

據此，焉有所謂先爲《制旨》，然後約其文爲《注》之事？實則余氏所舉事君章「退思補過」，開元注本原作「退歸私室，則思補身過也。」[123] 蓋本韋昭之說。玄宗《制旨》則更其義曰：「君有過，則思補益」，天寶重注本沿用《制旨》，改爲「君有過失，則思補益」耳。[124] 據此推之，則《制旨》蓋開元注本成後，玄宗與群臣共論經義，於諸說未安，或前義有未盡者，稱制臨決也。余氏未考「退思補過」有前、後二注之異，致誤以《制旨》成書在《御注》前耳。

《朱文公定古文孝經註》一卷　(明翻刻宋本)　〔倫明〕

《續提要》：宋朱申註。申爵里、事蹟無可考；書亦無序例，與朱子《刊誤》本又不盡同。……申所註甚簡略，書爲明翻宋本，以與《刊誤》本有別，宜並存之。

---

123 《古逸叢書》本，頁23。

124 按《正義》云：「案舊注、韋昭云：『退歸私室，則思補其身過。』……今云『君有過，則思補益。』出《制旨》，義取《詩·大雅·烝民》云云，此理爲勝，故易舊也。」(《注疏》卷八，頁4)知開元舊注原依韋昭之義；天寶重注本則改從《制旨》，以易前注。味「此理爲勝，故易舊也」之語，則《制旨》成於開元注本之後，斷無疑義。(追記：余近撰「玄宗《御注》、《制旨》成書先後考」，對此問題有較詳細之論證，見〈孝經學史叢考〉。)

按：朱申此書，已見《四庫總目》卷三十二〈孝經類存目〉，[125]《續提要》不當重複著錄，倫氏疏於檢核耳。[126]

是書題名不一，《經義考》卷二二六著錄，作《孝經注解》；[127]《四庫總目》據內府藏本作《孝經句解》，並與此異。四庫館臣云：「是編注釋極淺陋。……卷首題『晦庵先生所定古文孝經句解』，而書中以今文章次標列其間，其字句又不從朱子《刊誤》本，亦殊糅雜無緒。」考朱申另有《周禮句解》十二卷、《春秋左傳句解》三十五卷，《總目》並載之，[128]則此書似以名《孝經句解》者爲正。

朱申年代，《四庫總目》於《左傳句解》及《孝經句解》下，並稱「元朱申撰」；其《周禮句解》下，則云「宋朱申撰」，又言：「申事蹟無考，里貫亦未詳。案《江西通志》有朱申字繼宣，宋太學生。又李心傳《道命錄》，有淳祐十一年新安朱申序，其結銜題『朝散大夫知江州軍州兼管內勸農營田事』，似爲二人。不知此書誰所著也。」[129]瞿鏞《鐵琴銅劍樓藏書目錄》亦云：「案宋有兩朱申，一江西人，字繼宣，太學生；一新安人，淳祐間以朝散大夫知江州。著書者不知何屬。」[130]今按《經義考》卷一九一朱申《春秋左傳節解》條，載王鏊〈序〉言「《春秋左傳詳節》三十五卷，宋魯齋朱申周翰注釋」云云；[131]又《浙江採集遺書總錄》載天一閣藏本《周禮句解》，題「宋新安朱申撰」；[132]瞿鏞《藏書目錄》著錄宋末麻沙本《周禮句解》，題「魯齋朱申周翰撰」。[133]據此，則朱申蓋新安人，字周翰，號魯齋，即爲李心傳序《道命錄》者，與《江西通志》所載

---

125 《四庫總目》，卷三十二，頁18。

126 按《續提要》下所著錄之吳澄《校定今文孝經註》，《四庫總目》亦已著之（卷三十二，頁11），題曰《孝經定本》，實一書也。倫氏疏於細檢耳。

127 《經義考》，卷二二六，頁7。

128 《四庫總目》，卷十九，頁18；又卷三十，頁4。
按朱申《左傳句解》，《經義考》卷一九一著錄，作《春秋左傳節解》，下錄王鏊〈序〉則稱《春秋左傳詳節》（頁4）；丁丙《善本書室藏書志》著錄，作《春秋左傳詳節句解》（卷三，頁17），恐皆非原題。

129 《四庫總目》，卷十九，頁18。

130 《鐵琴銅劍樓藏書目錄》，卷四，頁3。

131 《經義考》，卷一九一，頁4。

132 《浙江採集遺書總錄》乙集，頁1。

133 《鐵琴銅劍樓藏書目錄》，卷四，頁3。

字繼宣者別爲一人。其序《道命錄》在淳祐十一年(1251),知爲宋末、元初時人,故《總目》或言宋人,或以爲元人。《經義考》卷二一五著錄朱申《論語辨》,云「佚」,下引「《江西通志》:朱申,字繼宣,贛州人,太學生。」[134] 此竹垞未之細考,誤混繼宣、周翰爲一人耳。

《孝經集靈》一卷 (萬曆十七年刊本) 〔倫明〕

《續提要》:明朱鴻撰。鴻,浙江仁和人。卷首有虞淳熙序及鴻自序。書中徵引故事,采經史百家,凡二百三十一條;又附錄二十八條,則逮金元以至外域釋道二家所記也。其關於《孝經》典實,搜採略備。

《孝經集靈節略》一卷 (寶顏堂秘笈本) 〔倫明〕

《續提要》:是本係就《孝經集靈》而刪節之者,題曰「虞子集靈節略」,則節之者陳繼儒也。

按:《孝經集靈》乃虞淳熙所纂,朱鴻刻入所輯《孝經》群書耳,[135] 卷首有萬曆十六年虞淳熙〈自序〉;又朱鴻〈序〉言:「《孝經》輯錄甫成,客過謂曰:『……孝根於天,原於性,當盡乎職,一孔、曾之訓,多所興起,更何假靈之集也?虞子集孝之靈,無乃爲贅瘿乎』云云。」味此「虞子集孝之靈」之語,可以證知此書爲虞淳熙所集,《續提要》謂朱鴻撰者,誤也。

---

134 《經義考》,卷二一五,頁4。按朱申《論語辨》,朱彝尊既云「佚」,是竹垞並未見其書。竹垞蓋不知宋有二朱申,故漫引《江西通志》,誤以繼宣爲周翰耳。

135 按朱鴻輯刻《孝經》各書,各地藏本收書不一,書名亦異。台北國家圖書館藏明萬曆間朱氏刊本,題《孝經彙輯》,一爲十八卷六册,一則十卷四册(《國立中央圖書館善本書目》,頁52,53);台北故宮博物院藏明內府寫本,題《孝經總類》,凡十六卷十二册(《國立故宮博物院善本舊籍總目》,頁112);北京圖書館藏明萬曆刻本,凡十四卷,題曰《孝經叢書》;南京圖書館藏明內府鈔本,凡十二集二十卷,題《孝經總函》;北京圖書館另藏一明抄不全本,題稱同;又一明鈔本二十卷,則題《孝經總類》(並見《中國古籍善本書目》〔經部〕,頁293-296)。日本內閣文庫、尊經閣文庫、天理圖書館、名古屋蓬左文庫所藏本,收書增省不一,題《孝經廣》(參大沼晴暉氏〈清朝以前成立孝經類目錄〉,《斯道文庫論集》第十八輯,頁364)。蓋其書本無大名,遞修增刻,故各地藏本卷數不一,其書名則藏者各以意定之,初無定稱也。

又按:虞氏《集靈》,其書專輯《孝經》靈異神怪之事,故《四庫總目》不入經部,改列子部小說家類存目(卷一四四,頁16),《續提要》失檢複出。

又按：《續提要》所據《集靈節略》爲寶顏堂秘笈本，倫氏因疑《節略》爲陳繼儒輯刻《寶顏堂秘笈》時所刪節。實則《秘笈》所彙刻諸書，咸據成書。按《中國叢書綜錄》〔總目〕所記，陳繼儒所刻《集靈節略》，實明楊起元所輯《說孝三書》之一。楊輯《三書》，除《集靈節略》外，另爲楊起元自撰《孝經引證》一卷，及羅汝芳述、楊起元記《孝經宗旨》一卷。[136] 據此推之，《集靈節略》蓋楊起元所刪節，非出陳繼儒手也。明季，鍾人傑編《孝經四種》、程一礎編《孝經四種》，及陳仁錫、馮夢龍所輯刻《孝經翼》，並收有楊氏所輯三書，亦可覘其風行一時矣。

《孝經釋疑》一卷 （明刊本） 〔倫明〕

《續提要》：明孫本撰。本字初陽，學行無可考。黄虞稷言「本，錢塘人。」亦不詳生何年代。是書設爲問答體，一疑一釋，以闡發其義，而破俗儒之惑，凡十八條，所見多當。（中略）本篤信古文，……別撰有《古文孝經說》一卷。

按：孫本，嘉靖二十五年順天舉人，官深州知州。明徐象梅《兩浙名賢錄》卷四十二有傳，云：「孫本，錢塘人。弱冠爲博士弟子員，試輒高等，以拔貢赴南宫廷對。宰相奇其文，擬授館職，將羅而致之門下，本毅然曰：『進身之始，而即濡足權門，異日何以自立？館職於我何加焉。』乃就國學，尋中嘉靖丙午順天鄉試。久之，謁選得深州知州。執法鋤強，民賴以安。未幾，解綬歸，□門深巷，以彈琴讀書自娛，瓶粟屢空，未嘗色慍」云。[137] 其著作，除《釋疑》及《古文孝經說》外，另有《古文孝經解意》一卷，《經義考》闕載。周中孚《鄭堂讀書記》卷一江元祚《孝經彙注》條下云：是書「采虞淳熙、孫本、朱鴻《集解》之說，彙而爲注。……其所引虞氏說，當即《孝經邇言》之說；而孫氏諸說，考之《古文孝經說》、《孝經釋疑》二書，俱無之，豈別是一書耶？」[138] 按江書所采，出孫本《孝經解意》，今附記於此。本所著《孝經》三書，國家圖書館藏朱鴻《孝經彙輯》、台北故宫博物院藏朱鴻《孝經總類》並收之。

---

136 《中國叢書綜錄》〔總目〕，頁47。
137 《兩浙名賢錄》，卷四十二，頁41。
138 《鄭堂讀書記》，頁13。

《孝經疑問》一卷 (光緒元年咫進齋重校本) 〔倫明〕

《續提要》:清姚舜牧撰。舜牧字承菴,浙江歸安人,其行事無可考。是書爲咫進齋刊本,首有舜牧自序,後有「男祚端祚碩祚敦祚重祚馴校,丙申仲冬曾孫男淳起校補,光緒元年三月十世孫覲元重校刊」共三行,就此推之,舜牧當爲清初人。

按:舜牧,明人,倫氏以爲清初時人,誤也。崇禎《烏程縣志》卷六有傳,云:「姚舜牧,字虞佐,號承庵,殫精四書、五經,彙成《疑問》行世。初令新興,再令廣昌,有惠政,以直道自持。歸而祀先祠,範家有《訓》,警俗有《編》。壽八十五,祀鄉賢名宦。」[139] 又,乾隆《烏程縣志》卷六引順治《湖州府志》云:「姚舜牧,字虞佐,烏程人。領萬歷癸酉(元年)鄉薦。慕唐一庵、許敬庵之學,自號承庵。所撰四書、五經《疑問》,五易稿而成。令新興,調廣昌,愛民如子,造士如師。歲大祲,籌救荒之策,賑濟不遺餘力。所著《家訓》,真切過於顏氏。……年八十有五,一日,別親故,端坐而逝。祀鄉賢。」[140] 所著有《五經疑問》六十卷、《四書疑問》十二卷,及《章陶吟草》、《來恩堂草》、《承庵文集》等。此《孝經疑問》,已見《四庫總目》〈孝經類存目〉,於姚氏妄爲刪削、變亂《孝經》章次,責斥無恕辭。[141] 倫氏爲《續提要》,竟未及檢覈,又誤以舜牧爲清人,疏矣。

一九九七年八月二十日三稿

(本文於一九九七年十二月二十七日通過刊登)

139 崇禎《烏程縣志》,卷六,頁18。

140 乾隆《烏程縣志》,卷六,頁15,16。

141 《四庫總目》,卷三十二,頁20。

引用書目

一、文獻史料

《文苑英華》（宋）李昉等編，北京：中華書局據宋刊及明隆慶間刊本景印，1982。
《文選》（唐）李善注，北京：中華書局景印北京圖書館藏南宋淳熙間尤袤刻本，1974。
又（唐）呂延祚等并李善注，日本：汲古書院景印原足利學校舊藏南宋明州刊本，1974。
又《四部叢刊》景印宋刻六臣注本。
〈日本古文孝經孔傳辨僞〉（清）丁晏撰，《續經解》本（附丁氏《孝經徵文》卷後）。
《日本國見在書目錄》（日本）藤原佐世編，《古逸叢書》本。
《四庫全書總目》（清）紀昀纂，台北：藝文印書館景印同治七年廣東書局刊本，1959。
《玉函山房輯佚書》孝經類（清），馬國翰輯，台北：文海書局影印本，1974。
《玉燭寶典》（隋）杜臺卿著，《古逸叢書》本。
《古文孝經》，（僞）孔安國注，（日本）太宰純校，《知不足齋叢書》本。
《辛亥以來藏書紀事詩》，倫明著，雷夢水校補，上海古籍出版社排印本，1990。
《孝經注疏》（唐）唐玄宗注，元行冲疏，（宋）邢昺校正，藝文印書館景印阮刻本。
《孝經校勘記》（清）阮元著，《經解》本。
《孝經義疏補》（清）阮福著，《經解》本。
《孝經鄭注疏》（清）皮錫瑞著，《四部備要》本。
《抱經堂文集》（清）盧文弨著，北京：中華書局點校本，1990。
《金石萃編》（清）王昶著，台北：台聯國風出版社景印本，1973。
《直齋書錄解題》（宋）陳振孫著，上海古籍出版社點校本，1987。
《尙書注疏》（僞）孔安國傳，（唐）孔穎達正義，藝文印書館景印阮刻本。
《兩浙名賢錄》（明）徐象梅著，《北京圖書館古籍珍本叢刊》景印明天啓徐氏光碧堂刊本，北京：書目文獻出版社，1988。
《唐會要》（宋）王溥等撰，商務《叢書集成初編》本。
《浙江採集遺書總錄》（清）王亶望等編，乾隆刊本。
崇禎《烏程縣志》（明）劉沂春修，徐守綱等纂，中國書店景印崇禎十一年刊本。
《通典》（唐）杜佑著，商務印書館《十通》本。
《巢經巢經說》（清）鄭珍著，《續經解》本。
《隋書經籍志考證》（清）姚振宗著，開明書店《二十五史補編》本。

乾隆《烏程縣志》(清)羅愫、杭世駿等纂修,台北:成文出版社《中國方志叢書》景印乾十一年刊本。
《經典釋文》(唐)陸德明著,上海古籍出版社景印北京圖書館藏宋刻宋元遞修本,1980。
《經義考》(清),朱彝尊著,《四庫備要》本。
《資治通鑑》(元)胡三省音注,台北:藝文印書館景印明刊本,1955;又北京:古籍出版社點校本,1956。
《論語義疏》(梁)皇侃著,(日本)武內義雄校,日本:懷德堂排印本,大正十二年。
《儀禮經傳通解續》(宋)楊復著,《四庫全書》本。
《鄭堂讀書記》(清)周中孚著,北京:中華書局《清人書目題跋叢刊》本,1993。
《講周易疏論家義記》殘卷,撰人無考,《京都帝國大學文學部景印舊鈔本》第二集。
《禮記注疏》(漢)鄭玄注,(唐)孔穎達正義,藝文印書館景印阮刻本。
《覆卷子本唐開元御注孝經》(唐)唐玄宗注,《古逸叢書》本。
《續修四庫全書總目提要》〔經部〕,北京:中華書局排印本,1993。
《鐵琴銅劍樓藏書目錄》(清)瞿鏞編,台北:廣文書局景印本,1967。

二、近人著作

中國古籍善本書目編委會編
1989 《中國古籍善本書目》〔經部〕,上海古籍出版社排印本。
上海圖書館編
1986 《中國叢書綜錄》〔總目〕,上海古籍出版社排印本。
小黑浩司
1997 〈續修四庫提要纂修考〉,《內山知也博士古稀記念・中國文人論集》,日本:明治書院。
大沼晴暉
1981 〈清朝以前成立孝經類目錄〉,慶應大學《斯道文庫論集》18。
余嘉錫
1980 《四庫提要辨證》,北京:中華書局排印本。
何　朋
1966 〈續修四庫全書提要簡介〉,香港《崇基學報》5.2。
林秀一
1953 《孝經述議復原に關する研究》,日本:文求堂書店。
1953 〈太宰純の孝經孔傳の校刊とその影響〉,日本《岡山大學法文學部學術紀要》2。
1956 〈敦煌遺書孝經鄭注義疏の研究〉,《岡山大學法文學部學術紀要》7。

梁容若

1985 〈評續修四庫全書提要〉，《中日文化交流史論》，北京：商務印書館排印本。

郭永芳

1982 〈續修四庫提要纂修考略〉，《圖書情報工作》5。

國立中央圖書館特藏組編

1984 《中國歷代藝文總志》〔經部〕，台北：國立中央圖書館排印本。

張寶三

1998 〈狩野直喜與續修四庫全書提要之關係〉，《台大中文學報》10。

陳鴻森

1997 〈續修四庫全書總目提要經部辨證〉，《大陸雜誌》95.6。

1998 〈孝經學史叢考〉，近將刊於《嚴耕望先生紀念論文集》。

陳鐵凡

1977 《敦煌本孝經類纂》，台北：燕京文化事業公司。

1986 《孝經學源流》，台北：國立編譯館排印本。

1987 《孝經鄭注校證》，台北：國立編譯館排印本。

羅　琳

1996 〈續修四庫全書總目提要稿本纂修始末〉，《書目季刊》30.3。

An Analytical Study of the *Hsiao-ching* (The Classic of Filial Piety) Section of *Hsü-hsiu ssu-k'u ch'üan-shu tsung-mu t'i-yao* (Supplementary General Catalogue of Complete Collection of Important Works in Four Categories)

Hung-sen Chen

Institute of History and Philology, Academia Sinica

Hsü-hsiu ssu-k'u ch'üan-shu tsung-mu t'i-yao is an annotated catalogue supplementing its predecessor, *Ssu-k'u ch'üan-shu tsung-mu t'i-yao*, compiled during the Ch'ing-lung period (1736-95). The new catalogue has nearly 33,000 entries, representing some works extent before that period but not included in the previous catalogue, and many more works found or written after that period up to the 1930s. Each entry appears in the form of an article, presenting an abstract of the work, some biographical data about the author and some comments. Written by specialists in respective fields but completed in haste during the Pacific War, the articles are uneven in quality. Recently, some Chinese and Japanese scholars have begun studying the catalogue, mostly focusing on the history of its compilation. This paper, instead, analyzes eighteen articles in the *Hsiao-ching* section, critiquing some of the points made by the writers.

Keywords: *Hsü-hsiu ssu-k'u ch'üan-shu tsung-mu t'i-yao, Classic of Filial Piety,* Studies on the *Classic of Filial Piety*

出自第六十九本第二分(一九九八年六月)

隋志所載劉先生《尚書義》作者考

陳鴻森*

《隋書·經籍志》尚書家著錄劉先生《尚書義》三卷，此「劉先生」究爲何人，因其書久佚，迄莫能明。朱彝尊等諸家，咸以劉先生爲隋代二劉，劉焯、劉炫二者必居其一。惟此説並無確據，且與《隋志》著錄之例頗有違戾。本文則論證此劉先生應爲南齊時大儒劉瓛，史傳載梁武帝天監元年下詔爲劉瓛立碑，謚曰貞簡先生，故當時學者或曰劉貞簡，或稱劉先生而不名。另據敦煌本《孝經義記》殘卷引劉先生之説，《孝經正義》引之，正作「劉瓛曰」，可爲旁證。蓋《隋志》本爲《五代史志》，於南人之書稍疏，致未辨劉先生即瓛，因失其名耳。

關鍵詞：《隋書·經籍志》 尚書 劉先生 劉瓛

* 中央研究院歷史語言研究所

(一)

《隋書・經籍志》著錄齊、隋間《尚書》訓義有：

《尚書百問》一卷，齊太學博士顧歡撰

《尚書大義》二十卷，梁武帝撰

《尚書百釋》三卷，梁國子助教巢猗撰

《尚書義》三卷，巢猗撰

《尚書義疏》十卷，梁國子助教費甝撰

《尚書義疏》三十卷，蕭詧司徒蔡大寶撰

《尚書義注》三卷，呂文優撰

《尚書義疏》七卷

《尚書述義》二十卷，國子助教劉炫撰

《尚書疏》二十卷，顧彪撰

《尚書閏義》一卷

《尚書義》三卷，劉先生撰

《尚書釋問》一卷，虞氏撰

《尚書文外義》一卷，顧彪撰

凡十四種，百二十三卷。[1] 其中劉先生《尚書義》三卷，究爲何人所撰，因其書久佚，迄莫能明。朱彝尊《經義考》不載此書，惟於劉炫《尚書述議》後，據《通志・藝文略》載炫別有《尚書百篇義》一卷、《尚書孔傳目》一卷、《尚書略義》三卷，並謂：

> 按劉光伯《尚書百篇義》、《孔傳目》、《略義》三書，《紹興四庫續到闕書目》俱有之。又〈隋志〉載劉先生《尚書義》三卷，不詳其名，度非光伯(炫)，即士元(焯)所著也。[2]

竹垞以劉先生《尚書義》爲二劉之書，殆以此書爲隋人所撰，而隋代二劉之學爲最著，[3] 其稱「劉先生」自指二劉無疑。按〈隋志〉不載劉焯《尚書》，然

[1]《隋書》，中華書局點校本，頁914。另有梁劉叔嗣注《尚書亡篇序》一卷、顧彪《今文尚書音》一卷、《大傳音》二卷，依分類另繫於上。

[2]《經義考》卷七八，頁3。

[3]《隋書》劉焯本傳，言焯「專以教授著述爲務，孜孜不倦。賈、馬、王、鄭所傳章句，多

《舊唐書・經籍志》著錄劉焯《尚書義疏》二十卷，[4]《唐書・藝文志》作劉焯《義疏》三十卷；[5] 孔穎達《尚書正義・序》評述前代《義疏》，有云：「其爲《正義》者：蔡大寶、巢猗、費甝、顧彪、劉焯、劉炫等。其諸公旨趣，多或因循，帖釋注文，義皆淺略，惟劉焯、劉炫最爲詳雅。」[6] 孔氏《尚書正義》即襲用焯、炫二家義疏而成，[7] 然則劉焯《尚書》撰有《義疏》，確無可疑，〈隋志〉闕略耳。[8]

姚振宗《隋書經籍志考證》於前錄佚名《尚書義疏》七卷條下，云：

> 按兩〈唐志〉，蔡大寶之後，劉炫之前，有劉焯《義疏》二十卷，此七卷似即劉焯殘本。[9]

又於劉先生《尚書義》三卷條下，引述竹垞之說，而謂：

> 按《尚書略義》或即此《尚書義》，以其卷數相同爾，別無碻證。而劉士元《義疏》二十卷，本〈志〉不見，疑此與前七卷皆士元書之散佚者。[10]

姚氏一則疑劉先生《尚書義》三卷，與《通志》所載劉炫《略義》三卷，爲同一書；復以劉焯爲隋代大儒，〈隋志〉不當全遺其書，故疑劉先生《尚書義》與佚名《尚書義疏》七卷，或即焯書之散佚者。

近時日本京都大學教授興膳宏、川合康三《隋書經籍志詳考》一書，亦言：

> 劉先生，未詳，疑非劉焯，即爲劉炫，二者當居其一。參《經義考》七十八。[11]

是諸家並以劉先生爲隋代之二劉，惟不能辨其爲焯爲炫之書耳。

所是非。……著《稽極》十卷、《曆書》十卷、《五經述議》，並行於世。劉炫聰明博學，名亞於焯，故時人稱二劉焉。天下名儒後進，質疑受業，不遠千里而至者，不可勝數。論者以爲數百年已來，博學通儒無能出其右者。」（頁1719）

[4]《舊唐書》，點校本，頁1970。

[5]《唐書》，點校本，頁1428。按兩〈唐志〉載劉炫《尚書述議》並作二十卷，孔穎達《尚書正義》亦二十卷，此疑當從舊〈唐志〉作二十卷爲是。

[6]《尚書注疏》卷首，頁2。

[7] 拙作〈北朝經學的二三問題〉其三「《尚書正義》與二劉舊疏」一節有論證，此不具述。《中央研究院歷史語言研究所集刊》66.4(1995)。

[8] 按上引《隋書》劉焯本傳，言焯著有《五經述議》，行於世，〈隋志〉諸經並闕載，不免疏陋。兩〈唐志〉惟載其《尚書義疏》，餘經亦闕，蓋唐時《五經正義》出，其書益微，早經湮失矣。

[9]《隋書經籍志考證》，《二十五史補編》本，頁41。

[10] 同上，頁42。

[11]《隋書經籍志詳考》，頁65。

今按姚振宗疑劉先生《尙書義》與劉炫《略義》爲一書，其卷數合，復同爲劉姓，其說似矣。惟檢《通志》卷六十三〈藝文略〉尙書家義訓類，明載劉先生《尙書義》，其下復載劉炫《略義》，[12] 是二者判然二書，竹垞固知之矣，故未敢率爾以二者爲一書，然則以劉先生爲炫，失所據矣。至以佚名《尙書義疏》七卷，爲劉焯《義疏》殘本，此亦不然。按〈隋志〉書例，其所著錄之書屬殘本者，必明著其書「殘缺」及舊本卷數，[13] 今此《義疏》七卷不言「殘缺」，則姚氏以之爲劉焯《義疏》殘本，不免創鑿不根；且依〈隋志〉之例，其著者名氏無可考者，則推其約略年代置於諸家之末，是此佚名《義疏》七卷，當爲隋以前人之書。[14] 至以劉先生《尙書義》爲劉焯之書，果爾，則其書宜列於劉炫之前，不當反退居劉炫《述義》、顧彪《疏》之後，而與佚名氏《閏義》、虞氏《釋問》同列。然則諸家以《尙書義》爲二劉之書，殆有未然。

余疑此《尙書義》三卷者，當爲南齊劉瓛之書。按《南齊書》卷三十九劉瓛本傳云：

> （瓛）儒學冠於當時，京師士子貴游，莫不下席受業。性謙率通美，不以高名自居。……住在檀橋，瓦屋數間，上皆穿漏，學徒敬慕，不敢指斥，呼爲青溪焉。竟陵王子良親往修謁。……及卒，門人受學〔者〕並弔服臨送，時年五十六。……今上天監元年，下詔爲瓛立碑，謚曰貞簡先生。[15]

《南史》卷五十劉瓛本傳亦言：「瓛篤志好學，博通訓義」、「當世推其大儒，以比古之曹、鄭」；「梁武帝少時嘗經服膺。及天監元年，下詔爲瓛立碑，謚曰貞簡先生。」[16] 故學者相沿，或曰貞簡，[17] 或稱劉先生而不名，《謝宣城詩集》卷

---

[12] 商務印書館《十通》本，頁757。

[13] 今以周易類爲例，如「《周易》二卷，魏文侯師卜子夏傳，殘缺，梁六卷」、「《周易》八卷，漢曲臺長孟喜章句，殘缺，梁十卷」、「《周易》四卷，晉儒林從事黃穎注，梁有十卷，今殘缺」、「《周易》三卷，晉驃騎將軍王廙注，殘缺，梁有十卷」、「《周易》八卷，晉著作郎張璠注，殘缺，梁有十卷」，並其例也。

[14]《經義考》著錄此書，列在隋代之末（卷七八，頁4），蓋失其次矣。

[15]《南齊書》，點校本，頁679-680。按劉瓛爲當代儒宗，《南齊書》卷三九，史臣論曰：「江左儒門，參差互出，雖於時不絕，而罕復專家。晉世以玄言方道，宋氏以文章閒業，服膺典藝，斯風不純，二代以來，爲教衰矣。……劉瓛承馬、鄭之後，一時學徒以爲師範。……贊曰：儒宗義肆，紛綸子珪（瓛字）。」（頁687）

[16]《南史》，點校本，頁1235-1238。按「以比古之曹、鄭」，疑當作「古之馬鄭」。據梁元帝《金樓子·興王篇》稱「沛國劉瓛，當時馬、鄭，上（森按：指梁武帝蕭衍）每析疑義，雅相推揖。」（卷一，頁15）又上註引《南齊書》瓛傳，言「劉瓛承馬、鄭之後，一時學徒以爲師範」，可證。

四錄竟陵王蕭子良〈登山望雷居士精舍同沈左衛過劉先生墓下作〉，小序曰：「沛國劉子珪（森按：劉瓛字），學優來仕，跡邇心遐。履信體仁，古之遺德」云云，謝朓、虞兆、柳惲、沈約並有和作；[18] 又《文選》卷五十九載任昉爲瓛夫人王氏誌墓，亦稱劉先生而不名，[19] 即其例也。

（二）

抑「劉先生」爲瓛之敬稱，尚別有可徵者。按敦煌文書伯三二七四號《孝經義記》殘卷[20] 引「劉先生」說四事：

士章「資於事父以事母而愛同」，《義記》云：「劉先生以爲『資用』之資，王肅以爲『資取』之資。」

又庶人章：「故自天子，至於庶人，孝無終始。」引「劉先生云：禮不下庶人。今行孝罔極，[21] 雖貴爲天子，賤爲庶人，其奉於父母恐後。」

又五刑章，引「劉先生云：斷右足謂之刖。」

又感應章：「天地明察，神明彰矣。」引「劉先生云：眇然不測謂之神。」

---

[17] 按孔穎達《周易正義》卷首「論易之三名」，引「崔覲、劉貞簡等並用此義，云：易者，謂生生之德，有易簡之義云云」（頁4）；又《孝經・序・疏》言：「梁武帝作《講疏》，賀瑒、嚴植之、劉貞簡、明山賓咸有說。」（頁4）並稱劉貞簡而不名，疏家蓋沿前籍舊稱與。

[18]《謝宣城詩集》，《四部叢刊》本，卷四，頁2, 3。

[19] 任昉〈劉先生夫人墓誌〉，篇題下李善注云：「蕭子顯《齊書》曰：太祖爲劉瓛娶王氏女。瓛卒，天監元年下詔，爲瓛立碑，號曰貞簡先生。王僧孺〈劉氏譜〉曰：瓛娶王法施女也。」（《文選》卷五九，頁30）

[20] 敦煌文書伯三二七四號殘卷，爲《孝經》釋義之書。前三章殘損，卷末記「天寶元年十一月八日於郡學寫了」，蓋唐時郡學生鈔本。林秀一氏嘗校錄其文，題《孝經鄭注義疏》；陳鐵凡氏輯印《敦煌本孝經類纂》，有該殘卷景本，題《孝經鄭氏解義疏》。余按其書體例，各章但摘取《孝經》或鄭注若干文句衍釋之，與六朝義疏章疏句解之體不類，林、陳二氏稱之爲義疏，恐非其實。今改稱「義記」，庶或近之。別詳拙作〈經義考孝經類別錄〉。

[21] 林秀一氏校錄此文，定作「行孝冥極」，陳金木君從之（並詳下引文）。今按：「冥極」二字，不成義，當作「罔極」。蓋瓛以「孝無終始」爲偏義複詞，猶云「孝無終竟」，故以「行孝罔極」解之。

此所引「劉先生」說，日本學者林秀一氏以爲即劉瓛《孝經》義；[22] 王重民氏則謂：

> 《疏》中多引劉先生語而不名，[23] 庶人章引劉先生云：「禮不下庶人」，邢《疏》作劉瓛。然瓛不注《孝經》，又遠卒於齊永明之世，行沖當不及師事，奈何獨尊而稱先生，爲不可解。疑或非瓛，別有所指，非重修〔元疏〕者誤實瓛名，則邢昺誤也。[24]

按《孝經》庶人章：「故自天子，至於庶人，孝無終始，而患不及者，未之有也。」《正義》引「劉瓛云：禮不下庶人。若言我賤，而患行孝不及己者，未之有也。」[25] 與《義記》所引「劉先生云：禮不下庶人」首句正同，故王氏云爾，林秀一氏亦據此推斷劉先生即瓛。惟王重民於《義記》所引「劉先生」是否果爲劉瓛，終以爲疑。蓋《南齊書》劉瓛本傳不言瓛注《孝經》；再者，劉瓛齊永明間已前卒，[26] 與元氏時世懸隔，行沖既不及師事，何以於瓛獨不名而尊之曰先生？王氏因疑此蓋後來重修元《疏》者「誤實瓛名」，不則邢昺誤之也。如其說，是直以今《正義》引作劉瓛者爲誤也。近陳金木君亦言：「『禮不下庶人』一句，爲《禮記・曲禮上》之經文，注疏家容或同有取之以入疏語中，故不得僅以此一句引文之相同，而逕謂劉先生即劉瓛也。」[27] 陳君雖未指實劉先生爲何人，但對林秀一氏以劉先生爲瓛，則深非之，以爲「與事實未盡符合」。

惟余考之，《義記》所引劉先生當爲瓛，林說固不誤也，王氏自疏於考證耳。劉瓛著《孝經》義說，本傳及《釋文・敘錄》、隋、唐志不載，此史傳、志目闕略耳。按瓛本傳，第言瓛「所著文集，皆是《禮》義，行於世」寥寥十

---

[22] 見林秀一氏，〈敦煌遺書孝經鄭注義疏の研究〉。

[23] 按王重民氏誤以此《義記》殘卷，爲元行沖《御注孝經疏》，故此云爾。其說非是，參上註所引林秀一氏之文，及拙作〈孝經學史叢考〉「元行沖《孝經疏》之改修」節，此不具論。下文「行沖當不及師事」云云，亦誤此殘卷爲行沖之《疏》，因疑行沖與瓛時世既不相及，何以其引瓛說稱先生，爲不可解也。

[24] 《敦煌古籍敘錄》，頁65。

[25] 《孝經注疏》卷三，頁2。

[26] 劉瓛本傳載：永明「七年，〔竟陵王蕭子良〕表世祖爲瓛立館，以揚烈橋故主第給之。……未及徙居，遇病，子良遣從瓛學者彭城劉繪、從陽范縝將廚於瓛宅營齋。及卒，門人受學者並弔服臨送。時年五十六。」(《南齊書》，頁679) 據此，則劉瓛蓋卒於永明七年。

[27] 陳金木，〈敦煌本孝經鄭氏解義疏作者問題重探〉，《嘉義師院學報》4(1990)：183。

一字，[28] 於其《周易乾坤義》一卷、《周易繫辭義疏》二卷、《毛詩序義疏》之屬，傳中俱未之及。[29] 又〈隋志〉屢屢附記「梁有……《周易四德例》一卷，劉瓛撰，亡」、[30]「梁有《毛詩篇次義》一卷，劉瓛撰……，亡」、[31]「梁又有……《喪服經傳義疏》一卷，劉瓛撰」。[32] 據此，可知劉瓛之書，唐初爲〈隋志〉時頗已佚亡，僅能依據舊錄附存其目耳。而舊錄失載者，當亦有之，此《孝經》義說即其一也。按《孝經・序・疏》固明言：「梁武帝作《講疏》；賀瑒、嚴植之、劉貞簡、明山賓咸有說。」[33]「劉貞簡」即瓛之敬稱，《正義》並引其說五事，馬國翰就其文輯爲《孝經劉氏說》一卷，則瓛嘗注說《孝經》，事在不疑。劉炫《孝經述議》卷二，疏解篇首「仲尼居」之文，有云：

> 近世有沛國劉瓛，得重名於江左，掊擊諸説，自立異端，云：「夫名以名質，字以表德。夫子既有盡孝之德，今方制法萬代，宜用此表德之字，故記字以冠首」云云。[34]

按《正義》言：「劉瓛述張禹之義，以爲仲者中也，尼者和也，言孔子有中和之德，故曰仲尼。」[35] 合此二文觀之，似其書亦兼載諸家說義而論之。據此，則王重民氏謂「瓛不注《孝經》」，其誤顯然。

王氏誤以《義記》爲元行沖《疏》，學者辨之已詳，此不具述。惟王氏以劉、元時世懸隔，行沖不及師事，奈何獨稱瓛曰先生，爲不可解。如上文所既論者，《義記》作者稱瓛曰「劉先生」，此梁陳學者之敬稱耳，非弟子謂其所師也。王氏未考史傳，徒泥「先生」爲弟子於師之稱，宜乎其惑終不可解；乃又據之臆斷今庶人章《正義》引作劉瓛說者，爲後來誤之，直以不醉爲醉矣。

至陳金木君以庶人章《義記》引劉先生說，及《正義》引劉瓛說，並有「禮不下庶人」之語爲偶合。斯亦不然。林秀一氏之文未加論證，遽以爲一人，宜乎陳君有此疑也。余核二文，其義實相貫串，今連屬之，瓛說大較可見：

---

[28]《南齊書》，頁680。

[29] 此三書〈隋志〉並著於錄，見《隋書》，頁911, 912, 917。

[30] 同上，頁911。

[31] 同上，頁917。

[32] 同上，頁920。

[33]《孝經・序・疏》，頁4。

[34] 林秀一氏，《孝經述議復原に關する研究》，頁213。

[35]《注疏》卷一，頁1。

禮不下庶人。今行孝罔極，雖貴爲天子，賤爲庶人，其奉於父母恐後。(《義記》)若言我賤，而患行孝不及己者，未之有也。(《正義》)

蓋《義記》所引者，專解經文「自天子至於庶人，孝無終始」二句；而《正義》所引者，則截取其說，以釋下文「而患不及者，未之有也」，二書各節引之耳，非必其全文止此。按《孝經》此文，諸家詮解不一。今據文繹之，劉瓛蓋解「孝無終始」爲「行孝罔極」，訓「患」爲憂，與諸家異義。[36] 其意若云：禮不下庶人。天子至於庶人，尊卑雖殊，然奉親之道固不異，行孝之事，無有窮極（行孝罔極），人子惟「奉於父母恐後」是憂耳，未有因己賤爲庶人，遂自患其身不能行孝也。據是，則《義記》、《正義》二處引文，義實相承，非有異也。然則《義記》所引劉先生說之爲瓛，固斷斷然矣。

復考日本所存古鈔《講周易疏論家義記》殘卷，[37] 其中亦引有劉先生說三事：

乾卦「上九，亢龍有悔」，云：「舊說、劉先生等云：故譬聖德之人，而成亢龍之誡，有類周公之才，使驕且吝，其餘不足觀也。」

又〈乾文言〉引「劉先生云：〈乾文言〉意凡有四番。第一正解言下之旨；第二只明人事之狀；第三只明天時之行；[38] 第四，此旨妙深，復有蘊義，復爲一章總敘其致。故坤之文言復如此例，案乾可解，略不重說耳。」

又「問〔文言〕前後章俱明卦辭，而不道『用九』之義；在中二章唯明『用九』，尚闕卦辭之說，何耶？答：劉先生、朱仰之並通此義，唯以相乎明義耳。」惜其說義，不可詳耳。

按《講周易疏論家義記》，隋、唐志及藤原佐世《日本國見在書目錄》等俱不載，其書撰人名姓及卷數均無可考，原帙與古寫《釋文·禮記音義》殘卷同出

---

[36] 按敦煌本鄭注殘卷云：「上從天子，下至庶人，皆當行孝無終始；能行孝道，故患難不及其身。」(參陳鐵凡氏《孝經鄭注校證》頁71)又《孝經義記》殘卷引王肅云：「無終始而患不及其身者，未有此也。」孔傳：「躬行孝道，尊卑一揆，人子之道，所以爲常也。必有終始，然後乃善；其不能終始者，必及患禍矣。」諸家解「孝無終始而患不及者」，並與瓛說絕異。

[37] 收於《京都帝國大學文學部景印舊鈔本》第二集。

[38] 按《義記》殘卷「明天」下原衍「明」字，今刪。

奈良興福寺，相傳二書原爲東大寺舊物。據狩野直喜氏〈跋〉文所考，其《禮記音義》乃「鈔本之先於宋刻者」；《義記》今存釋乾、釋噬嗑、釋賁、釋咸、釋恒、釋遯、釋睽、釋蹇、釋解凡九卦。其書釋義，分科設段，頗類釋家疏論之體，書中往往雜用佛經中語，蓋孔穎達《周易正義・序》所斥：「江南義疏，十有餘家，皆辭尙虛玄，義多浮誕。……若論住內、住外之空，就能、就所之說，斯乃義涉於釋氏，非爲教於孔門也。」[39]《義記》殆其類與。其中所引儒先舊解，有子夏傳、馬融、王肅、王弼、韓康伯之說；又有疏論家義凡四，曰劉先生、曰沈居士（沈驎士）、曰僕射（周弘正）、曰朱仰之。[40] 狩野氏因推測其成書「疑在陳、隋之間，猶不失爲六朝舊帙」。上引劉先生說，狩野氏以爲劉瓛，[41] 以前述《孝經義記》所引劉先生爲瓛，與此互證，其說殊未可易。果爾，此殘卷所引劉先生說，蓋即劉瓛《周易乾坤義》佚說。[42]

據此所考，則〈隋志〉所載劉先生《尙書義》，宜爲劉瓛之書，此亦可爲旁證。

（三）

難者或謂：「〈隋志〉著錄群籍，大抵按時代先後，若《尙書義》三卷果爲南齊劉先生瓛撰，則〈隋志〉不當列之於隋劉炫《尙書述義》、隋顧彪《尙書

---

[39]《周易注疏》卷首，頁1。

[40] 按沈驎士，《南齊書》卷三五〈高逸列傳〉有傳，史稱其著有《周易兩繫訓注》、《易經要略》，李鼎祚《周易集解》乾卦「初九，潛龍勿用」下引有其說。
朱仰之，始末不詳，李鼎祚《集解》於〈繫辭〉、〈說卦〉二引其說，馬國翰有輯本。
周宏正，《陳書》卷二四有傳，史載其累遷國子博士，數領國子祭酒，「博知玄象，善占候」、「特善玄言，兼明釋典，雖碩學名僧，莫不請質疑滯」。所著有《周易講疏》十六卷，馬國翰有輯本。《釋文・序錄》稱「近代梁褚仲都、陳周宏正（本注：官至尚書僕射，謚簡子）並作《易義》，此其知名者。」殘卷所引僕射之說，雖不著其姓，狩野氏以爲即周宏正，其說可據。本傳記其授尚書右僕射，在太建五年 (573)，《義記》之成書年代當距此不遠。

[41] 狩野氏跋文，見前述景印本卷後。按狩野氏此說，確不可易，惜是說向爲學界所忽，今特表出之。

[42]〈隋志〉著錄劉瓛著有《周易乾坤義》一卷、《周易繫辭義疏》二卷，又云「梁有……《周易四德例》一卷，劉瓛撰，亡」。參拙作〈續修四庫全書總目提要經部辨證〉（一）「劉氏繫詞義疏」條。

疏》之後，而當列於上南齊顧歡《尙書百問》、梁武帝《尙書大義》之上」，「弟子稱師爲先生，此蓋二劉弟子共記其師（焯、炫）之書。」信如此說，則〈隋志〉既載劉炫《尙書述議》矣，是書何以不與之並列，轉列於諸家《尙書》著作之末？又，〈隋志〉著錄劉炫注《毛詩譜》二卷、《毛詩集小序》一卷、《毛詩述義》四十卷、《左傳杜預序集解》一卷、《春秋左氏傳述義》四十卷、《孝經述義》五卷、《論語述義》十卷，俱題劉炫之名，[43] 何以此獨從其弟子稱「劉先生」？抑弟子稱其師曰先生，此自一家之私稱耳，二劉弟子共記其師之書，史志逕題其作者爲焯爲炫可也，但題曰「劉先生」，數十百年之後，人安知其著者爲誰耶？且天下弟子記其師說者夥矣，諸史志目尙有撰人但題「某先生」之成例乎？而《講周易疏論家義記》、《孝經義記》二書，豈亦二劉弟子所撰，否則何以書內亦稱「劉先生」？然《周易義記》引劉先生說，其一則：「問〔文言〕前後章俱明卦辭而不道『用九』之義云云，何耶？答：劉先生、朱仰之並通此義，唯以相乎明義耳。」其下即承之曰：「今義不然，第一章是論道之初」云云以駁之，此豈二劉弟子駁難師說以自是？

實則劉先生《尙書義》所以列在諸家《尙書》之末，其前則佚名《尙書閏義》、其後爲虞氏《尙書釋問》，劉先生書與之伍者，蓋爲〈隋志〉之時，史臣已失其名，不知其爲劉瓛之書故爾。所以然者，張舜徽氏《廣校讎略》卷二嘗論古人著書，多不自識姓字：

> 臣瓚《漢書集解音義》爲卷數十，可謂專精，乃傳之未久，學者不能舉其氏姓。裴駰《史記集解・序》已云：「《漢書音義》稱臣瓚者，莫知氏姓。」則劉宋時已無可考。此非注述者不自題姓字之明證乎？後人猶知其名瓚者，蓋得之於注中，而非識標題於書名之下也。大氐古書記注撰人姓字，或出乎時人之口，或題於後師之手。[44]

此《閏義》、劉先生、虞氏之比，或亡失其名，或並其姓亦無可考，其故殆由乎此。[45] 而瓛《尙書義》，傳本題「劉先生」者，梁、陳學者所共尊稱，雖不

---

[43]《隋書》，頁916, 917, 930, 934, 937。

[44]《廣校讎略》，頁33。其說具詳此書卷二〈作者姓字標題論〉、〈補題作者姓字論〉諸篇，此不具引。

[45] 此例史志習見，以〈隋志〉周易類所記見存者爲例，其載「《周易》十三卷，傅氏注」、「《周易》一帙十卷，盧氏注」、「《周易音》一卷，范氏撰」、「《周易論》四卷，范氏撰」，此諸種俱亡失其名；又《周易玄品》二卷、《周易集注繫辭》二卷、

名，當時固知其爲誰書。〈隋志〉本爲《五代史志》，於南人之書稍疏，致未辨劉先生即瓛，因置諸失名氏之列耳。否則，唐初所修〈隋志〉，即本之隋柳顧言等《隋大業正御書目錄》，[46] 柳氏距二劉時世極近，以炫、焯當時聲聞之顯著，豈身後不數載，史臣已不能辨其書而置諸失名者之列？然則諸家以劉先生爲炫爲焯者，知不然矣。

一九九七年二月初稿

一九九八年二月二十四日三稿

（本文於一九九八年八月廿九日通過刊登）

《周易大義》一卷、《周易釋序義》三卷、《周易問》二十卷、《周易私記》二十卷、《周易譜》一卷等，則並其姓亦無可考。

另按《釋文・敘錄》爾雅類著錄「劉歆《注》三卷」，下云：「與李巡《注》正同，疑非歆注。」（卷一，頁34）吳承仕《釋文序錄疏證》云：「此謂劉、李《注》同，今散見諸書，則不悉相應。疑舊題劉注者，乃後人綴集劉義以釋《爾雅》，非子駿自有注本也。」（頁168）此說唐突，苟劉歆未有注本，後人何從綴集其義？〈隋志〉著錄「梁有漢劉歆、犍爲文學、中黃門李巡《爾雅》各三卷，亡。」（頁937）則梁時舊錄尚有其書。陸德明所見本與李巡注同者，當是後人誤認巡書爲劉歆注，因誤題之耳，非二家所注同爲一書也。此亦古人著書類不自記名姓之例也。

[46] 見王重民氏，《中國目錄學史論叢》，頁90。

引用書目

一、傳統文獻

《文選》，唐・李善注，中華書局景印北京圖書館藏南宋淳熙間尤袤刻本，1974。

《孝經注疏》，唐玄宗注，唐・元行沖疏，宋・邢昺校正，藝文印書館影印阮刻本。

《孝經述議復原に關する研究》，隋・劉炫著，林秀一氏輯校，東京：文求堂書店，1953。

《周易注疏》，魏・王弼注，唐・孔穎達正義，藝文印書館景印阮刻本。

《尚書注疏》，僞孔安國撰，唐・孔穎達正義，藝文印書館景印阮刻本。

《金樓子》，梁元帝著，《知不足齋叢書》本。

《通志》，宋・鄭樵著，商務印書館《十通》本。

《隋書經籍志考證》，清・姚振宗著，開明書店《二十五史補編》本。

《經典釋文》，唐・陸德明著，上海古籍出版社景印北京圖書館藏宋刻宋元遞修本，1980。

《經義考》，清・朱彝尊著，《四部備要》本。

《謝宣城詩集》，南齊・謝朓著，《四部叢刊》景印明依宋鈔本。

《講周易疏論家義記》殘卷，撰人無考，收於《京都帝國大學文學部景印舊鈔本》第二集。

二、近人論著

王重民

1958 《敦煌古籍敘錄》，北京：商務印書館。

1984 《中國目錄學史論叢》，北京：中華書局。

吳承仕

1984 《經典釋文序錄疏證》，北京：中華書局。

林秀一

1953 《孝經述議復原に關する研究》，東京：文求堂書店。

1956 〈敦煌遺書孝經鄭注義疏の研究〉，《岡山大學法文學部學術紀要》7。

陳金木

1990 〈敦煌本孝經鄭氏解義疏作者問題重探〉，《嘉義師院學報》4。

張舜徽

1962 《廣校讎略》，北京：中華書局。

陳鴻森

1995 〈北朝經學的二三問題〉，《中央研究院歷史語言研究所集刊》66.4。

1997 〈續修四庫全書總目提要經部辨證〉（一），《大陸雜誌》95.6。

1998 〈孝經學史叢考〉，收於《嚴耕望先生紀念論文集》，臺北：稻鄉出版社。

陳鐵凡

1977 《敦煌本孝經類纂》，臺北：燕京文化公司。

1987 《孝經鄭注校證》，臺北：國立編譯館。

興膳宏、川合康三

1995 《隋書經籍志詳考》，東京：汲古書院。

The Authorship of the *Shangshu-yi* Attributed to "Mr. Liu" in the *Bibliography Monograph* of the *Sui-shu*

Hung-sen Chen

Institute of History and Philology, Academia Sinica

Among the exegetical works on the Confucian classic *The Book of Documents* recorded in the *Bibliography* section of the *Sui-shu* there is a 3-*juan* work titled *Shangshu-yi*, whose authored was named as a certain Mr. Liu (Liu Xiansheng). As the work in question has long been lost it was not known who the author really was. Qing scholars like Zhu Yizun thought that this Mr. Liu must have been either Liu Zhuo or Liu Xuan, since these two figures were famous scholars of the Sui. But no evidence was provided for this surmise, and indeed it would have been contradictory to the bibliographic convention of the *Sui-shu*.

This paper argues that the Mr. Liu (Liu Xiansheng) in question was in fact Liu Xian, an eminent Confucian scholar of the Southern Qi dynasty. The standard history has it that in the year 502 Emperor Wudi of the Liang dynasty ordered in an edict the erection of a memorial stele for Liu Xian and bestowed upon him the posthumous name of "Zhenjian xiansheng" (Mr. Zhenxian), and accordingly Liu was referred to by contemporaries as Liu Zhenjian, or simply as Mr. Liu. The annotations by "Mr. Liu" appearing in an incomplete scroll manuscript of the *Xiaojing yiji* founded in Dunhuang also provide collateral evidence. The quotations of Mr. Liu therein are preceded by the expression "Liu Xian comments". The reason for the ambiguity over this authorship problem seems to be this: Since the bibliographic source of the *Sui-shu* was the *Wudai shizhi*, whose author was not too familiar with works by southern scholars, it was unable to specify that that Mr. Liu was Liu Xian.

Keywords: *Bibliography Monograph of Sui-shu*, *The Book of Documents*, Liu Xiangsheng (Mr. Liu), Liu Xian

出自第六十九本第四分(一九九八年十二月)

郝氏《爾雅義疏》商兑

陳鴻森*

清代《爾雅》學者數十百家，就中以邵晉涵《正義》、郝懿行《義疏》二書爲尤著。歷來論者率以郝氏之書遠過邵氏《正義》，《清史稿》、《清史列傳》〈儒林傳〉亦言郝氏「所造較晉涵爲深」。雖梁任公《中國近三百年學術史》、黃侃〈爾雅略説〉獨持異論。惟二氏僅爲泛論，故述《爾雅》之學者尚多沿仍舊説。

郝氏頗以音聲之學自詡，蕭璋氏撰〈王石臞刪訂《爾雅義疏》聲韻謬誤述補〉一文，具體論述郝氏於音聲假借之説，所造蓋淺。蕭文指證歷歷，其説已成定論。本文作者亦以史傳謂郝視邵書爲愈之説，尚非公論，並引王念孫之言：郝書「用邵説者十之五六，皆不載其名，而駁邵説者獨載其名，殆於不可，況所駁又不確乎。」此通人之説也，較論二家高下，正當由此衡之。

本文之主旨，期於音聲之外，由另一側面檢視郝書之得失，以爲學者討論邵、郝二家短長時參證之資焉。

關鍵詞：《爾雅》 郝懿行 《爾雅義疏》

* 中央研究院歷史語言研究所

清代《爾雅》學者數十百家，就中以邵晉涵《正義》、郝懿行《義疏》爲尤著。《清史稿·儒林傳》郝氏本傳載：

> 懿行嘗曰：「邵晉涵《爾雅正義》蒐輯較廣，然聲音訓詁之原，尚多壅閡，故鮮發明。今余作《義疏》，於字借聲轉處，詞繁不殺，殆欲明其所以然。」又曰：「余田居多載，遇草木蟲魚有弗知者，必詢其名，詳察其形，考之古書，以徵其然否。今茲疏中其異於舊說者，皆經目驗，非憑胸肊，此余書所以別乎邵氏也。」懿行之於《爾雅》，用力最久，稿凡數易，垂歿而後成。於古訓同異，名物疑似，必詳加辨論，疏通證明，故所造較晉涵爲深。[1]

按郝氏雖以音聲之學自詡，實則其於斯學所造未深，[2] 故王念孫點閱其書，於其音聲通借之說，頗多駁正。[3] 平心而論，邵、郝二疏互有短長，邵氏《正義》成書在前，草創維艱，間有未周，理固宜然；至其謹守疏家法度，推闡郭注義蘊，彰其隱賾，遐稽約取，嚴整條鬯，要非郝書可及，史傳所言，尙非公論。[4] 郝氏《義疏》成書在後，博采諸家，詳贍過之。其草木蟲魚諸科，多經目驗，向稱絕詣，郝氏嘗自謂其《義疏》下卷，「幾欲追蹤元恪，陸農師之《埤雅》、羅端良之《翼雅》，蓋不足言。」[5] 其自負如此。一九八八年夏，余讀郝《疏》原本，於其說未盡處，略有疏記，積稿叢雜，未遑寫定。頻年以來，久不接此，遺忘殆

---

[1]《清史稿》，點校本，頁13245。《清史列傳》卷六九郝氏本傳文同。

[2] 參蕭璋氏撰，〈王石臞刪訂《爾雅義疏》聲韻謬誤述補〉，《浙江學報》2.1(1948)。蕭氏嘗分韻部之誤、聲紐之誤、妄評經籍舊音三端，詳論郝疏之失。蕭氏云：「郝氏既不明古韻分部、聲紐清濁，五音大界，時爲淆混。而于六朝隋唐之音，亦屬懵懵。」此文近收入氏著《文字訓詁論集》(1994)。

[3] 王氏刊正郝《疏》諸籤，羅福頤氏曾錄爲一卷，題《爾雅郝注刊誤》，收於羅氏《殷禮在斯堂叢書》。森按：郝氏之書爲疏，非注，羅氏題名偶有未審。

[4] 按〈釋草〉「蒚，雀麥。」郝疏駁議邵氏《正義》之說（卷下之一，頁11）；王念孫《刊誤》非之云：「是書用邵說者十之五六，皆不載其名，而駁邵說者獨載其名，殆於不可，況所駁又不確乎。」（頁20）此通人之說也，較論二家高下，正當由此衡之。

[5] 郝氏《曬書堂文集》卷二〈與孫淵如觀察書〉云：

> 《爾雅正義》一書，足稱該博，猶未及乎研精，至其下卷，尤多影響。……嘗論孔門多識之學，殆成絕響，唯陸元恪之《毛詩疏》，剖析精微，可謂空前絕後。蓋以故訓之倫，無難鉤稽搜討，至迺蟲魚之注，非夫耳聞目驗，未容置喙。其間牛頭馬髀，強相附會，作者之體，又宜舍諸。少愛山澤，流觀魚鳥，旁涉籙條，靡不覃研鑽極，積歲經年。故嘗自謂《爾雅》下卷之疏，幾欲追蹤元恪。陸農師（佃）之《埤雅》、羅端良（願）之《翼雅》，蓋不足言。（卷二，頁3）

盡。近日偶檢及舊札，幸目力尚許讀書，因擇其易於理次者迻寫二十五事，錄成此稿，庶不沒當日之苦心云爾，不足以視博洽君子也。　一九九八年三月

〈釋詁〉遹，自也。

《義疏》：《釋文》引「孫炎云：遹，古述字。讀聿，亦音橘。」按「遹」有三音，音橘者今未聞。橘、遹並從矞聲，或古音讀同也。　（卷上之一，頁18）

森按：《釋文》此語，其末「讀聿亦音橘」五字，各本不一。郝氏此所引者，據盧文弨抱經堂本耳。[6] 徐乾學通志堂本作「讀聿，一音餘橘反」，[7] 盧氏《釋文考證》非之云：「案『餘橘』即聿，何一音之有？今據宋本正。」[8] 實則盧氏所改，亦未可據。阮元《爾雅釋文校勘記》云：「葉（林宗）本作『讀者亦尹□反』，『尹』下空缺一字。徐本蓋係臆改；盧本作『讀聿，亦音橘』，云據宋本，未詳。」[9] 蓋徐刻所據祖本即葉林宗影宋鈔本，[10] 此文通志堂本與葉鈔不合，殆以鈔本文有空缺，因以意改之。盧刻則據通志堂本，另以影宋鈔本參校，盧氏〈重雕經典釋文緣起〉有云：

> 此書雕版行於海內者，止崑山徐氏《通志堂經解》中有之。宋雕本不可見，其影鈔者尚間儲於藏書家，余借以校對，則宋本之訛脱反更甚焉。當徐氏梓入《經解》時，其撲塵掃葉誠不為無功。然有宋本是，而或不得其意因而誤改者，亦所不免。[11]

---

[6] 抱經堂本《經典釋文》卷二九，頁2。

[7]《通志堂經解》本，卷二九，頁2。

[8]〈爾雅音義考證〉卷上，頁1。

[9]《經解》卷一〇三七，頁1。

[10] 按葉林宗鈔本原帙現藏國家圖書館，卷末有馮班跋，云：「右《經典釋文》三十〔卷〕，原書文淵閣秘籍也，不知何自出於人間。震澤葉林宗購書工影寫一部，凡八百六十葉。（中略）崇禎十年歲次丁丑寫畢。越十四年，上黨馮班識其後。」又林宗從弟葉萬跋：「此書從兄林宗借錢牧齋絳雲樓藏本影寫，書工謝行甫也。余幼時曾為之較勘」云云，知林宗鈔本即從錢謙益所藏宋本影寫。今按通志堂本卷末亦有馮班此跋，知其本即從葉鈔本出。

又按翁方綱《通志堂經解目錄》，其《釋文》條下引何焯之説云：「從遵王鈔本付刊。伊人（森按：顧湄）所校，滿紙皆訛謬。武林顧氏豹文有宋本，屢勸東海（森按：徐乾學）借校，未從也。」（頁24）未審其説果然否。果爾，則錢遵王（曾）復從葉林宗迻寫；而徐氏所刻，即據錢遵王轉寫之本。

[11] 抱經堂本，卷首，頁1。

據此，知通志堂本時有改易，非皆悉仍葉鈔之舊也。其言「宋雕本不可見」，是盧氏並未親見宋本。今按葉林宗鈔本原帙，卷後有盧文弨乾隆五十二年借校跋文，[12] 另據臧庸〈校影宋經典釋文書後〉言：「此書（森按：指葉林宗鈔本）舊藏吳縣朱文游家，學士盧召弓師曾借校，今刊行抱經堂本是也。」[13] 知盧氏所據以校勘稱「宋本」者，即葉林宗影宋鈔本。今覈葉鈔原帙，並無盧本「讀聿，亦音橘」之文。葉鈔所據絳雲樓宋刻原本雖燬於火，不可復見；然北京圖書館尚藏有同板宋元遞修本，一九八〇年上海古籍出版社有影印本，今驗其文作「讀者亦尹□反」，與葉鈔正同，惟「尹」下所闕一字作墨丁耳。[14] 然則盧氏《考證》謂據宋本校改者，讆言也。今按盧本所作，其「讀聿」二字，蓋通志堂本所改，盧氏仍之耳；「亦音橘」句，則盧氏就通志堂本「一音餘橘反」之文臆改，非別有依據也。郝氏據盧刻臆改之文，謂「橘、遹並從矞聲，或古音讀同也。」此想像之辭耳，非「遹」字果有「橘」音也。考《詩・文王有聲》「遹駿有聲」，《釋文》云：「遹，尹橘反，述也。又音述。」[15] 以此證之，知「讀者亦尹□反」，所闕當即「橘」字。繹陸氏之意，其引孫炎云：「遹，古述字。」則此字孫炎音述；又〈小旻〉「謀猶回遹」，《釋文》云：「遹，音聿。」[16] 此「讀者亦尹橘反」即切「聿」音。《釋文》此語，猶言「遹」有述、聿二讀云爾。黃焯彙輯盧、段以下十數家舊校，均莫能考正，[17] 今故具論之。

愉，勞也。

郭注：勞苦者多惰愉。今字或作「窳」，同。

《義疏》：愉者，蓋「瘉」之假音也。上文云「瘉，病也。」病、勞二義相涉俱通。……瘉通作「愉」，借作「窳」。《一切經音義》引《爾雅》云：「窳，

---

[12] 此跋向未見載錄，今錄次：

此書實作於陳後主至德元年，故於唐初帝諱皆未嘗避。近今通志堂所梓，實即從此本出，其中訛字頗經改正，然用意之過，亦有不當改而輒改者，幸此一編尚在，可以考而復焉。杭東里人盧文弨借校家本訖，因題數語于後，時年七十有一。

[13]《拜經文集》卷二。

[14]《經典釋文》，上海古籍出版社影印北京圖書館藏宋刻宋元遞修本，卷二九，頁2。

[15]《釋文》，同上，卷七，頁6。

[16] 同上，卷六，頁22。

[17] 黃焯氏，《經典釋文彙校》，頁246。

勞也。」凡七見，皆作「窳」，疑本郭注「愉，或作窳」而生訓也。但窳字當作「㼌」，《說文》：「㼌，本不勝末，微弱也。讀若庾。」《玉篇》：「㼌，勞病也。」是病勞之訓生於微弱。郭以「勞苦者多惰愉」，蓋失之矣。（卷上之一，頁81, 82）

森按：錢大昕《養新錄》卷三「窳」云：

> 釋玄應《一切經音義》引《爾雅》此文及注凡七見，皆作「窳」，無有作「愉」者，是唐以前《爾雅》郭注本作「窳」，不作「愉」也，「今字或作窳」五字疑後人所增，非景純之舊。[18]

其說與郝氏異。今檢《玄應音義》卷九、卷十、卷十一、卷十四、卷十五、卷十七、卷十九凡七引《爾雅》文，並爲「窳」字，[19] 誠如竹汀所言者。另按《慧琳音義》卷四十一、《希麟音義》卷一引《爾雅》，前者作「㝔」，後者爲「窳」字，[20] 俱不作「愉」。其字或從宀，或從穴，諸書不一。考《慧琳音義》卷四十一云：

> 窳，……《爾雅》：「勞也。」郭璞云：「勞苦者多惰窳也。」言嬾人不能自起，如瓜瓠繫在地不能起立，故窳字從二瓜；喻嬾人在室中不出，故《說文》從宀，會意字也。宀音綿。

則其字當作「㝔」爲正。據慧琳之語，似《說文》原有「㝔」字，今本無之者，疑唐以後佚去也。按《毛詩·召旻》「皋皋訿訿」，傳：「訿訿，㝔不供事也。」[21] 孔疏：「《說文》云：『㝔，嬾也。』草木皆自豎立，唯瓜瓠之屬臥而不起，似若嬾人常臥室，故字從宀，音眠。」是其字當從宀作甚明；「草木皆自豎立」云云，以《玄應音義》證之，蓋本陽承慶《字統》之說也。[22]《毛詩·釋文》云：「㝔，音庾，裴駰云『病也』；《說文》云

18 《十駕齋養新錄》，頁56。

19 見《玄應音義》卷九，頁14；又卷十，頁3；又卷十一，頁5；又卷十四，頁14；又卷十五，頁8；又卷十七，頁2；又卷十九，頁12。

20 《慧琳音義》卷四一，頁44；又《希麟音義》卷一，頁3。

21 《毛詩注疏》卷十八之五，頁16。按阮刻所據十行本此字從穴，然《正義》言此字「從宀，音眠」，則其字當本作「㝔」，邢昺《爾雅疏》引毛傳正作「㝔」字，不誤（卷四，頁9）。原本《玉篇》殘卷言部「訿」字下引毛傳作「㝔不供職也」（頁17），其文微異，然「㝔」字固不從穴也。今據改。

22 按《玄應音義》卷十四引「《爾雅》：『窳，勞也。』郭璞云云。承慶云：『懶人不能自起，〔如〕瓜瓠在地，不能自立，故字從瓜；又懶人恒在室中，故從穴。』」（頁

『嬾也』。」[23] 邢昺《爾雅疏》亦引《說文》，[24] 則許書原有「窳，嬾也」之文，無可疑也。[25] 《說文》穴部：「窊，污窬也。」[26] 與「窳」別爲一字。窳字音庾，今《爾雅》作「愉」者，其音正同。惟郭璞此注既由「惰」立義，則其字當本作「窳」；今本郭注作「惰愉」，則文不成義矣。錢氏謂「唐以前《爾雅》郭注本作窳，不作愉」，其說可從，惟字當作「窳」耳。

止，待也。

《義疏》：「止」、「待」義同，故訓「止」之字又多訓「待」，戾、底皆是也。戾者，止之待也，聲轉爲「吝」，《禮・大學・注》：「戾，或爲吝。」吝通作「遴」，《說文》口部引「《易》曰：以往吝。」辵部引作「以往遴」，遴，行難也，然則「行難」與「止」義近，止即待矣。「底」者，至之待也，〈釋言〉云：「底，致也。」致亦至也。「止」者，息之待也，休息亦「待」之義，故《禮記・檀弓》云：「吉事雖止不怠。」鄭注：「止，立俟事時也。」此即「止」訓「待」之意也。 （卷上之又一，頁4）

14）當即《正義》、慧琳所本。其引「承慶云云」者，考《隋志》著錄「《字統》二十一卷，楊承慶撰」，當即其書。封演《聞見記》云：「後魏楊承慶撰《字統》二十卷，凡一萬三千七百三十四字，亦憑《說文》爲文，其論字體，時復有異。」知其書蓋衍《說文》之緒也，馬國翰有輯本。按《魏書・陽尼傳》言尼「所造《字釋》數十篇，未就而卒；其從孫太學博士承慶遂撰爲《字統》二十卷，行於世。」（點校本，頁1601）然則承慶當爲陽姓；〈隋志〉及群籍援引，並誤其姓作「楊」，沈濤《銅熨斗齋隨筆》卷五「楊承慶」條有辨。

又按：《說文》瓜部云「㼌，讀若庾。」窳字音庾（詳下註），則是從宀，㼌聲，爲形聲字。陽氏以會意說之，非是，故陳鱣爲謝啓昆撰《小學考》，斥其說「窳」字「支離已甚，實開王安石《字說》之先聲。」（卷十五，頁1）

[23] 《釋文》卷七，頁23。

[24] 《爾雅注疏》卷四，頁9。

[25] 臧庸《拜經日記》卷一「說文窳字」條有說。

[26] 段氏《說文注》卷七下，頁20。按臧庸《拜經文集》卷三，有〈與段若膺明府論說文怴字窳字書〉，後附段氏答書，言「〈論怴字窳字書〉，詞義甚美，而云《說文》脫從宀之窳，甚確。弟本擬從尊處索〈窳字考證〉一條抄錄而未暇也。」今段注並未補「窳」篆，第於「窳」字下附記之。推其意蓋以《毛詩正義》引《說文》「窳，嬾也」下，有「草木皆自豎立」云云之說，因疑《正義》所引《說文》乃指陽承慶《字統》，非許愼《說文》；顧千里爲阮元撰《毛詩校勘記》，即持此說。然《釋文》亦引「窳，《說文》云嬾也」，其文明白可據。陸氏書撰於陳時，且無「草木皆自豎立」之說，所引自非陽氏《字統》，則《說文》原有「窳」字，應無疑義。

森按：郝氏此說迂曲。《論語・微子篇》「齊景公待孔子」，《史記・孔子世家》作「景公止孔子」，《史記正義》引「《爾雅》：止，待也。」[27] 又《國語・魯語》襄公如楚章：「其誰云待之」，《說苑・正諫篇》述其事，作「其誰能止之」，[28] 是「待」與「止」同也。《孟子・梁惠王下》：「宣王曰：諸侯多謀伐寡人者，何以待之？」[29]「何以待之」即「何以止之」也，齊人伐燕，諸侯謀救之，將攻齊，故宣王問何以止之。下文孟子對曰：「王速出令，反其旄倪，止其重器，謀於燕眾，置君而後去之，則猶可及止也。」其言「猶可及止」，與上「何以待之」義正相承，是其證也。王引之《經義述聞》謂此「待」字訓「禦」，[30] 如其說，則宣王豈將與諸侯相抗爲敵？知其義非也。又《莊子・知北遊》「行不知所往，處不知所持」，[31] 持、待古字通用，[32] 此文「持」字應讀爲「待」，訓「止」，「處不知所止」與「行不知所往」義正相對，郭慶藩《集釋》引郭嵩燾解此云：「日見其有處而終莫能自持」，[33] 誤。凡此，並「止」、「待」同義之例也。

貉、縮，綸也。

郭注：綸者，繩也，謂牽縛縮貉之，今俗語亦然。

《義疏》：「貉」讀爲「貊其德音」之貊，「貉縮」，謂以繩牽連綿絡之也。聲轉爲「莫縮」，〈檀弓〉云「今一日而三斬板。」鄭注：「斬板，謂斷莫縮也。」莫縮即貉縮，謂斬斷束板之繩耳。又轉爲「摸蘇」。……又變爲「落索」。……又變爲「莫落」，……又爲「幕絡」。……或謂之「牽離」。凡此諸文，皆與《爾雅》「貉縮」義近。（卷上又一，頁82）

森按：邵晉涵《爾雅正義》云：「《淮南・俶真訓》云：『以摸蘇牽連物之微眇。』高誘注：『摸蘇，猶摸索。』是貉轉爲摸，縮轉爲蘇，皆言連引之

---

[27]《論語注疏》卷十八，頁2；又《史記》，點校本，頁1911。
[28]《國語》卷五，頁3；《說苑》卷九，頁21。
[29]《孟子注疏》卷二下，頁7。
[30]《經義述聞》卷十八「待諸乎」條，《經解》卷一一九七，頁9。
[31] 郭慶藩《莊子集釋》，中華書局《新編諸子集成》本，頁739。
[32] 按《儀禮・公食大夫禮》「左人待載」，注：「古文待爲持。」又《周禮》夏官服不氏：「以旌居乏而待獲」，注：「杜子春云：待，當爲持。書亦或爲持。」即二字通用之例也。
[33]《莊子集釋》，頁740。

勢。」[34] 郝氏以「貉縮」爲聯語，襲邵氏之說耳。其說非是。檢原本《玉篇》殘卷糸部「絡」字下，引《爾雅》：「絡，綸也。」貉字作「絡」，注同；[35]《慧琳音義》卷六、卷十三兩引《爾雅》文，亦作「絡」字，[36] 是《爾雅》此文故書作「絡」。《廣雅·釋詁》：「繚、繞、絡，纏也。」[37]《玉篇》殘卷引「《山海經》：『有九丘，以水絡之。』[38] 郭璞曰：絡，繞也。《方言》：『自關而東，周洛韓魏之間，或謂繞爲絡。』[39]《楚辭》：『秦篝齊縷，鄭綿絡〔些〕。』王逸曰：絡，縛也。」[40] 是「絡」爲纏束、縛繞之意。「綸」與「絡」義亦同，《周易·繫辭上》「彌綸天下之道」，《釋文》引王肅云：「綸，纏裹也。」李鼎祚《集解》引虞翻曰：「綸，絡也。」[41] 又《太玄》「玄鴻綸天元」，原本《玉篇》引宋衷注：「綸，絡也。」[42] 是「綸」與「絡」互訓，蓋綸本爲繩，以爲動詞，則亦縛繞之義也。《爾雅·釋器》「繩之謂之縮」，[43] 亦以「繩」爲動詞；「繩之」即此文「綸」字之意，「繩之謂之縮」，是「縮」亦綸也。《玉篇》殘卷「縮」字下引〈釋器〉郭注：「縮者，約束之名也。《詩》云：『縮板以載』，是也。」[44] 又引「《韓詩》『縮板以載』，縮，斂也。」斂與束義亦同。然則絡、縮、綸並以纏束爲義。郝氏以聯語解之，牽引比附，未見其然也。

34《爾雅正義》卷二，《經解》卷五〇五，頁30。

35《原本玉篇殘卷》，頁167。又「縮」字下引郭璞此注，亦作「絡」字。

36《慧琳音義》卷六，頁3；又卷十三，頁36。

37 王氏《廣雅疏證》，頁109。

38 按原本《玉篇》殘卷此文原作「《山海經》九五之以木絡之。」今本《山海經》無此文，今據〈海内經〉校正（郝懿行《山海經箋疏》卷十八，《四部備要》本，頁3）。

39 按今本《方言》卷五，此文下句各本作「謂之綆，或謂之絡」，蓋後人所改易，非古本之舊。《慧琳音義》卷三九（頁24），又卷四三（頁7）兩引此文，並與《玉篇》同。又卷六引《方言》「韓魏之間謂繞爲絡」（頁3），雖文有刪省，然亦云「謂繞爲絡」，並可爲證。周祖謨氏《方言校箋》失校。

40《原本玉篇殘卷》，頁167。按所引《楚辭》，見宋玉〈招魂〉。

41《釋文》卷二，頁25；又李道平《周易集解纂疏》，中華書局點校本，頁553。

42《原本玉篇殘卷》，頁152。

43《爾雅注疏》卷五，頁11。按今注疏本「縮」下衍「之」字，原本《玉篇》殘卷「縮」字下引無之，今據刪。

44《原本玉篇殘卷》，頁133。按今注疏本，郭氏此注作「縮者，約束之。《詩》曰：縮版以載。」（《注疏》卷五，頁11）今從《玉篇》殘卷所引。

〈釋言〉遇，偶也。

郭注：偶爾相値遇。

《義疏》：《文選注》兩引《爾雅》並作「偶，遇也。」〔玄應〕《一切經音義》二亦引作「偶，遇也」。然則《爾雅》古本或作「偶遇」。但「偶遇」、「遇偶」二義俱通。（卷上之二，頁75）

森按：郭璞本當本作「偶遇」，檢《慧琳音義》卷四十二、四十六兩引《爾雅》此文並郭璞注，俱作「偶遇」，[45] 可證。味其注言「偶爾相値遇」，則「偶」字宜在上，[46] 今本誤倒耳。又，郝氏所言《文選注》兩引之者，見卷三十八、又四十三，[47] 亦郭璞本。

〈釋親〉夫之兄為兄公。

郭注：今俗呼兄鍾，語之轉耳。

《義疏》：《爾雅釋文》作「兄忪，音鍾，本今作公。」然則「兄公」當讀爲「兄鍾」，郭注欲顯其音讀，故借「鍾」爲「忪」耳。（卷上之四，頁11, 12）

森按：《爾雅》此文及注，前人頗多疑義。臧庸《拜經日記》卷二云：

> 案郭注「今俗呼兄鍾」，當作「今俗呼兄忪」。《釋文》「兄忪，音鍾」，本爲郭注作音，非音經文。乃或因「音鍾」二字，妄改注中「忪」字爲「鍾」（《集韻》三鍾：「忪，通作鍾。」是北宋時已誤）。[48]

今按：臧氏謂《爾雅》正文作「兄公」，注作「兄忪」；今本郭注作「兄鍾」者乃後人妄改。其說殊武斷。余檢《慧琳音義》卷五十五引「《爾雅》云：『夫之兄爲忪。』郭注云：今俗呼兄爲鍾，語之轉耳。」下並引「《玉篇》云：忪，或爲公字，亦音鍾。」[49] 其引《爾雅》正文作「夫之兄爲

---

[45] 見《慧琳音義》卷四二，頁40；又卷四六，頁3。又卷二五，頁24亦引《爾雅》：「偶，遇也。」

[46] 郭注每多隨文立義，以〈釋言〉爲例，如「慄，慼也。」郭注：「戰慄者憂慼。」又「宨，肆也。」注：「輕宨者好放肆。」又「陪，朝也。」注：「陪位爲朝。」又「是，則也。」注：「是事可法則。」並其例也。

[47]《文選》，尤袤刻本，卷三八，頁13；又卷四三，頁2。

[48]《拜經日記》卷二，頁10。

[49]《慧琳音義》卷五五，頁4。

妐」，是也，今本衍一「兄」字耳。考《禮記・奔喪・疏》引皇侃云：「婦人稱夫之兄爲公者，須公平，尊稱也。」[50] 又《慧琳音義》卷七十九引「《考聲》云：新婦謂夫之兄姊曰妐。」[51] 並可證婦人稱夫之兄曰妐，字或作「公」。[52] 又《釋名・釋親屬》云：「夫之兄曰公。公，君也；君，尊稱也。」[53] 其言「夫之兄曰公」，與《爾雅》「夫之兄爲妐（公）」正同，可證《爾雅》原不作「兄公」。《釋名》下文又言：「俗間曰兄章。章，灼也，章灼敬奉之也。又曰兄伀，言是己所敬忌，見之怔忪，自肅齊也。」然則婦人稱夫兄本曰「公」，惟漢時俗間或曰「兄章」、曰「兄伀」；郭注《爾雅》言「今俗呼兄鍾」，亦音之轉耳，今本郭注固不誤也。[54] 推原漢、晉俗語所以曰「兄章」、「兄伀」、「兄鍾」者，蓋嫌稱夫之兄爲公，將與稱夫之父曰公淆混，[55] 故增「兄」字以別之。後人相承轉因俗稱有「兄」字，故改《爾雅》正文作「兄公」耳。郝氏此疏，未得其原委。

又，今本《釋文》出「兄妐」二字，云「音鍾，本今作公。」[56] 盧文弨〈重雕經典釋文緣起〉言：「本書中，如《孝經》、《論語》、《爾雅》，多以校者之詞羼入之。」[57] 此文「本今作公」四字即後人之語竄入者。其出「兄妐」二字，或陸德明所據本已衍，不則《爾雅》既衍「兄」字，後人據誤本增之耳。[58]

50《禮記注疏》卷五六，頁13。

51《慧琳音義》卷七九，頁17。

52 見上《慧琳音義》引《玉篇》說；又孔穎達《禮記正義》云：「今此記俗本皆女旁置公，轉誤也。」（同註50）是孔所見本並作「妐」字，惟以爲俗字，當以「公」字爲正耳。

53 王先謙，《釋名疏證補》，頁78。

54 按前述《慧琳音義》卷五五引郭注作「今俗呼兄爲鍾」，「爲」字當衍。

55 按《爾雅》云：「婦稱夫之父曰舅。」而《釋名》此條下文又言：「俗或謂舅曰章，又曰伀。」伀與公同音，是漢時稱夫之父亦曰公。《慧琳音義》卷五五引「《考聲》、《方言》並云：今關中呼夫之父曰妐。」（頁4）卷五七引「《方言》云：今關中人呼夫之父曰妐。《考聲》云：妐，亦夫之兄也。」（頁35）並其證也。今本《方言》無此文。

56《釋文》卷二九，頁17。

57 抱經堂本《釋文》卷首。按盧氏以《釋文》中凡言「本今作某」者，皆後人之校語羼入者，故此云爾。

58 前引《釋名》「夫之兄曰公」條下，王先謙《釋名疏證補》引吳翊寅曰：「案依《爾雅》，『公』上當有『兄』字，各本誤脫。」（頁78）即其比也。

夫之女弟為女妹。

郭注：今謂之女妹是也。

《義疏》：「夫之女弟爲女妹」者，「女妹」當作「女叔」，與「夫弟爲叔」之義同也。〈昏義〉云：「和於室人」，鄭注：「室人，謂女妐、女叔、諸婦也。」《正義》曰：「女妐，謂婿之姊也；女叔，謂婿之妹。」然則《爾雅》及郭注「女妹」並「女叔」之誤，賴有〈昏義·注〉可以正之。（同上）

森按：《爾雅》此文「女妹」爲「女叔」之誤，此說袁廷檮[59]首發之，錢大昕《養新錄》卷三「女叔」條云：「袁又愷引《禮記·昏義》『和於室人』，注、《正義》云云，證《爾雅》正文『女妹』必是『女叔』之誤。若經本作『女妹』，則此注太無謂；即以俗說證，亦但當云『今俗有此稱』，不當疊經文矣。臧在東（庸）云：『夫之兄爲公，故其姊爲女公；夫之弟爲叔，故其女弟爲女叔。』」[60]此義甚精，確不可易，故竹汀悉載之，阮氏《校勘記》亦用此說，[61]郝《疏》掩襲之耳。惟郝氏謂郭注「女妹」亦「女叔」之誤，則謬甚矣，不知此郭注以「今謂之女妹」解經文「女叔」耳；使如郝氏所云，注亦疊經文作「女叔」，則注猶不注矣，何不思之甚也。

〈釋宮〉東西牆謂之序。

郭注：所以序别内外。

《義疏》：序者，《説文》云：「東西牆也。」《書·顧命·正義》引孫炎曰：「堂東西牆，所以别序内外也。」《御覽》一百八十五引舍人曰：「殿東西堂序尊卑處。」按東西堂即東西廂，舍人本「牆」蓋作「廂」，故《書正義》及《文選》、《後漢書》注、《御覽》並引《爾雅》作「東西廂」，從舍人本也。郭從孫炎本作「牆」，與《説文》合。（卷中之一，頁1, 2）

森按：郝氏謂舍人本「牆」字作「廂」，其說近是；惟言諸引作「廂」者，並從舍人本，此則可商。檢《後漢書·劉瑜傳·注》、《文選·魯靈光殿

---

[59] 按江藩《漢學師承記》卷四：「袁上舍廷檮，字又愷，一字壽階，吳縣人，明六俊之後，爲吳下望族，饒於資。築小園於楓江，有水石之勝。又得先世所藏五硯，爲樓弆之，蓄書萬卷，皆宋槧元刻秘笈精鈔。……壽階無書不窺，精於讎校，邃深小學」云。

[60]《十駕齋養新錄》，頁57。

[61]《經解》卷一〇三二，頁45。

賦・注》但引《爾雅》本文，[62] 不引諸家注語，無以知其果出孰家之本。而《御覽》引《爾雅》曰「東西廂謂之序」，下即引郭璞注，次引犍爲舍人云云，[63] 其引郭注居前，所據者宜爲郭璞本。考《御覽》引《爾雅》經注，例以郭璞爲主，其不記注家名姓者皆屬郭注。[64] 而此並引二注者，蓋以二說義可互足故爾。原本《玉篇》殘卷广部「序」字下，引《爾雅》「東西廧謂之序」，郭璞云云，犍爲舍人曰：「東西堂敘尊卑處也。」[65] 廧即牆字。[66] 二書並引郭注居前，而一作「廂」，一作「廧」，此自是《爾雅》異文，非必作「廂」者皆舍人本。知者，按《尚書・顧命》孔傳：「東西廂謂之序。」《正義》云：「東西廂謂之序，〈釋宮〉文，孫炎曰：『堂東西牆，所以別序內外也。』」[67] 似孫炎本亦作「廂」字，此固與舍人本無涉。又《儀禮・鄉飲酒禮》「主人坐奠爵于序端。」鄭注：「東西牆謂之序。」賈公彥疏：「云『東西牆謂之序』者，《爾雅・釋宮》文，但彼云『東西廂』，廂即牆，故變言之也。」[68] 詳《疏》意，知賈氏所據本《爾雅》亦作「廂」。按〈隋志〉言舍人注已亡，[69] 其書兩〈唐志〉俱不載，則賈疏所據非舍人本甚明。然則郝氏謂作「廂」者爲舍人本，郭璞從孫炎本作「牆」，其說殆未盡然。

另考《儀禮・士冠禮》主人「直東序，西面」，鄭注：「堂東西牆謂之序。」[70] 胡培翬《正義》：「云『堂東西牆謂之序』者，《爾雅・釋宮》云『東西牆謂之序』，鄭加『堂』字於上者，見《儀禮》經內所言東序、西序，乃堂上東西牆之名也。」[71] 邵晉涵云：「堂兩旁爲東西夾室，中有牆以隔之，謂之東西序。〈顧命〉言西序、東序，孔疏謂『序者，牆之別名。』

---

[62]《後漢書》，點校本，頁1857；又尤刻《文選》卷十一，頁16, 17。

[63]《御覽》卷一八五，頁6。

[64] 說詳下〈釋草〉「須，葑蓯」條。

[65]《原本玉篇殘卷》，頁446, 447。

[66]〈釋丘〉「畢，堂牆」，原本《玉篇》山部引「牆」字亦作「廧」（頁435）。

[67]《尚書注疏》卷十八，頁21。

[68]《儀禮注疏》卷九，頁2。

[69] 按〈隋志〉云：「梁有漢劉歆、犍爲文學（即舍人注）、中黄門李巡《爾雅》各三卷，亡。」（點校本，頁937）

[70]《儀禮注疏》卷二，頁7。

[71]《儀禮正義》點校本，頁55。

是也。……〈士冠禮〉『主人直東序，西面。賓直西序，東面。』是東西牆爲賓主次敘分立之處，序之前即爲階，故上階則立於序端；〈仲尼燕居〉云『立則有序』，故敘立之處謂之序。」[72] 邵氏言「序」之名義及其所在，義極明晰。禮未有以序爲東西堂者，舍人本固作「廂」，然按原本《玉篇》殘卷「廂」字下、《慧琳音義》卷四十三並引張揖《埤蒼》云：「廂，序也。」[73] 而《說文》言「序，東西牆也。」則作「廂」作「牆」，其義本不異，上引賈公彥言「廂即牆」，是也。舍人注乃以「東西堂」解之，誤矣。[74]

閍謂之門。

《義疏》：門，廟門也。閍，或作「祊」。……《左氏》襄廿四年《正義》引李巡曰：「祊，故廟門名也。」[75] 孫炎曰：「『祝祭于祊』，謂廟門也。」[76] 按〈郊特牲〉「索祭祝於祊」，注云：「廟門曰祊。」《正義》以爲〈釋宮〉文；《禮器·正義》亦引〈釋宮〉「廟門謂之祊」；〈郊特牲〉「祊之於東方」，《正義》又引〈釋宮〉云：「門謂之祊」，脱「廟」字。參以李、孫二注並以廟門釋祊，疑《爾雅》古本當作「廟門謂之祊」，賴有注疏可證。惟《左傳正義》引《爾雅》，與今本同，或後人據今本改耳。 （卷中之一，頁11）

森按：〈禮器〉「爲祊乎外」，《正義》：「〈釋宮〉云：『廟門謂之祊。』今日繹祭於廟門外之西旁」云云，[77] 阮氏《校勘記》引「孫志祖云：按今本《爾雅》作『閍謂之門』，疑誤也，當以此疏所引爲正，兼有《郊特牲·疏》足相證明。」[78] 郝氏此言「《爾雅》古本當作『廟門謂之祊』」者，襲用孫志祖之說耳。

---

[72]《經解》卷五〇九，頁2。

[73]《原本玉篇殘卷》，頁456；又《慧琳音義》卷四三，頁12。

[74] 邵氏《正義》云：「《太平御覽》引舍人云云。案以『序』爲東西堂，於禮不合，疑傳寫有訛字。」（同註72）然據前引原本《玉篇》「序」字下引犍爲舍人曰：「東西堂敘尊卑處也。」二文正同，知非誤字也。

[75] 阮氏《校勘記》引浦鏜《正誤》：「『故』字衍。」森按：《詩·楚茨·正義》及《爾雅疏》引李巡注，俱無「故」字，此字當衍。

[76] 按《毛詩正義》、左襄二十四年《正義》引孫注，「祝祭於祊」上並有「詩云」二字，郝《疏》脱文，當補。

[77]《禮記注疏》卷二四，頁13。

[78]《經解》卷九〇五，頁7, 8。森按：《詁經精舍文集》卷二有孫同元〈爾雅閍謂之門解〉一文，與孫志祖說同，孫同元蓋用其父之說耳。

此說乍見似是，其實大謬不然。按〈郊特牲〉「索祭祝于祊」，鄭注：「廟門曰祊。」《正義》云：「『廟門曰祊』，《爾雅・釋宮》文。」[79] 此孔疏順鄭注之文而言之，本不足爲據；另「祊之於東方」，鄭注：「祊之禮宜於廟門外之西室。」《正義》：

> 「祊之禮宜於廟門外之西室」者，下文「索祭祝于祊」，是爲祭設，故當在廟門外。又〈釋宮〉云：「閍謂之門。」孫炎云：「謂廟門也。」[80] 又引《詩》云：「祝祭於祊」，故知廟門也。知廟門外者，〈禮器〉云「爲祊乎外」，故知在外也。[81]

阮刻所據十行本如此，其引《爾雅》文作「閍謂之門」，與今本《爾雅》正同。阮氏《校勘記》云：

> 「釋宮云閍謂之門」，惠棟校宋本同。閩、監、毛本作「門謂之祊」，衛氏《集說》同。[82]

據此，知惠棟校本所據南宋紹熙板《注疏》亦作「閍謂之門」，與十行本同。其作「門謂之祊」者，明嘉靖時李元陽所改，監本、毛本並沿其誤耳。[83] 孫志祖校本所據爲毛氏汲古閣本，[84] 毛本此沿李元陽誤本作「門謂之祊」；郝氏云《郊特牲・正義》引〈釋宮〉文「脫『廟』字」者，所據蓋亦此本。孫、郝二氏未考「門謂之祊」出晚本所改，遽引爲據證，非也。

如上所述，則作「廟門謂之祊」者，其實僅《禮器・正義》所引一見耳。必知其爲誤文者，考《毛詩・楚茨・正義》引此文亦作「閍謂之門」，[85]《藝文類聚》卷六十三、《御覽》卷一八二引並同，[86] 非特郝氏所指左襄二十四

[79]《禮記注疏》卷二六，頁26。

[80] 按「謂廟門也」，阮刻本原作「謂廟門外」，誤，《楚茨・正義》、左襄二十四年《正義》引，俱作「也」字，今據正。

[81]《禮記注疏》卷二五，頁19。

[82]《經解》卷九〇六，頁10。按阮校引宋衛湜《禮記集說》亦作「門謂之祊」，似此文之誤宋本已然；惟據阮氏《校勘記》卷首「引據各本目錄」，其「衛氏集說」條下云：「通志堂刻本。其中載注疏不全，亦間有刪節改次，不可盡據。」此文蓋通志堂刻《集說》時，其書所載注疏文字，徐氏即取明刻閩、監本校改之，非必衛氏原文如此。

[83] 閩本乃明嘉靖間閩中李元陽據十行本校刻者，其中頗有改易處。毛氏汲古閣本源於萬曆時監本，監本則自閩本出，故李元陽改易處，二本往往與之同。

[84]《禮記校勘記》卷首「引據各本目錄」，「孫志祖校本」條下云「校汲古閣本」。

[85]《毛詩注疏》卷十三之二，頁9。

[86]《藝文類聚》，點校本，頁1128；又《御覽》卷一八二，頁1。

年《正義》[87] 一例耳。復按上引《郊特牲・正義》之文，鄭注本云：「祊之禮宜於廟門外之西室。」故孔疏先引《爾雅》文及孫注「謂廟門也」，以明閍即廟門，故云「故知廟門也」；次方引「〈禮器〉云：『爲祊乎外』，故知在外也」，以證其禮當於廟門外行之。然則《爾雅》此文苟如孫、郝二氏所云者，作「廟門謂之祊」，疏家但引此一文已足以明祊即廟門，何必贅引孫注？復據《毛詩》、《左傳》兩《正義》並引「〈釋宮〉云：『閍謂之門。』李巡曰：『閍，廟門名。』孫炎云云」。使其文作「廟門謂之閍」，則李巡此注毋乃太無謂？故知《禮器・正義》所引者，乃誤本訛文，孫、郝二氏反欲據之以改《爾雅》相承舊文，疏矣。抑余疑祊之禮本作「祊」字（「爲祊乎外」、「祊之於東方」者是），其禮於廟門外行之，因名其門曰祊（「索祭祝于祊」），其字後來偏旁類化作「閍」耳。

〈釋器〉木謂之剫。

郭注：《左傳》曰：「山有木，工則剫之。」

《義疏》：《玉篇》木部引《爾雅》作「木謂之榔。今江東斫木爲榔。」此所引蓋《爾雅》别本，其云「今江東斫木爲榔」，當即舊注之文也。（卷中之二，頁19）

森按：《玉篇》所引《爾雅》經、注，所據即郭璞本，原本《玉篇》殘卷可驗也。[88] 郝氏所引文，當即郭璞之注，非李巡、孫炎等五家舊注，《慧琳音義》卷五十引「郭注《爾雅》：榔，今江東斫物曰榔也。」[89] 是其確證。二書所引與今本不同者，蓋郭注傳承，自有異本。知者，〈釋魚〉「鮥，鮛鮪。」邵晉涵《正義》：

> 《禮記疏》引「郭景純云：『似鱣而小，建平人呼鮥子。』一本云：『王鮪，似鱣，口在頷下。』《音義》云：『大者爲王鮪，小者爲鮛鮪，似鱣，長鼻，體無鱗甲。』」據孔穎達所引，郭注在唐初已有二本矣。[90]

---

[87]《左傳注疏》卷三五，頁24。

[88] 按原本《玉篇》殘卷所引《爾雅注》，除「序」字下兼引郭璞、舍人注一例外，其餘數十見皆明稱郭璞云云。今本《玉篇》特削去注家名氏耳。

[89]《慧琳音義》卷五十，頁29。

[90]《爾雅正義》卷十六，《經解》卷五二〇，頁4。

邵氏所引之文見《禮記·月令·疏》；[91] 余檢杜臺卿《玉燭寶典》卷二亦引郭注此二本之異及郭璞《音義》，[92] 其文視孔疏所引者爲詳。杜氏，隋人，更在孔穎達之前矣。以余考之，杜、孔所據，宜有成文，[93] 然則郭注文有不同，蓋隋以前已然。[94] 抑〈釋魚〉「榮螈，蜥蜴，蝘蜓，守宮。」《玉燭寶典》卷二亦引「孫炎云：『別四名。』一本云：『轉相解，博異語。』」[95] 則孫炎注亦有異本，不惟郭注有之爾。

〈釋天〉夏為朱明。

郭注：氣赤而光明。

《義疏》：朱明者，《御覽》廿一引孫炎云：「夏氣赤而光明。」郭與孫同。即此一條，可知郭注俱本孫炎也。　（卷中之四，頁2）

森按：此說未盡可據。郭注雖多參用前儒舊義，然其去取從違，自有斟酌，即此四氣言之：「春爲青陽」，《玉燭寶典》卷一引孫炎曰：「春氣青而暖陽也。」[96] 郭注云：「氣青而溫陽。」又「秋爲白藏」，《玉燭寶典》卷七

---

[91]《禮記注疏》卷十五，頁11。

[92]《玉燭寶典》卷二引：

郭璞云：「今宜都郡自荊州（森按：今本郭注作「京門」；《御覽》九三六引作「荊門」，當以「荊門」爲正）以上，江中通多鱏鱣之魚，有一魚狀似鱣而小，建平人謂之鮥子，即此魚也。音洛。」一本云：「王鮪也，似鱣，口在腹下。」《音義》云：「《周禮》春獻王鮪。鱣屬，其大者爲王鮪，小者爲〔叔〕鮪。或曰：鮪即鱏也，以鮪魚亦長鼻，體無邃連甲（森按：《禮記疏》引作「鱗甲」）。」（頁15）

按此引郭注別本「口在腹下」，當從《月令·正義》引作「口在頷下」爲是，〈釋魚〉「鱣」下郭注云：「鱣，大魚，似鱏而短鼻，口在頷下。」此云王鮪似鱣，則口在頷下可知也，惟鮪長鼻、鱣短鼻爲異耳。

[93] 余別有專文詳之，此不具論。

[94] 群籍引郭注之文，與今本異者，如〈釋言〉：「逡，退也。」今本郭注作「《外傳》曰：已復於事而退。」然《文選·東都賦·注》引郭璞《爾雅注》則曰：「逡巡卻去也。」（卷一，頁29）《慧琳音義》亦引此注作「逡巡卻退」（卷四六，頁19），與今本絕異；又〈釋天〉：「淫謂之霖。」今注：「雨自三日已上爲霖。」《慧琳音義》引此注作「久雨不止謂之霖。」（卷六六，頁15）均其例也。

[95]《玉燭寶典》卷二，頁23。森按：《毛詩·正月·疏》亦引「孫炎曰：別四名也。」（卷十二之一，頁14）與前一本同。

[96]《玉燭寶典》卷一，頁11。按此注寫本原作「春氣青而陽暖日」，末三字當有誤，依孫炎四氣注例（詳下），此宜作「春氣青而暖陽也」，郭璞此注云：「氣青而溫陽」，本此。（郭注「氣青」二字，郝疏、阮刻並誤「氣清」；〔臺北〕故宮博物院藏南宋監本、《四部叢刊》景宋小字本不誤。）

引孫炎曰：「秋氣白而收藏也。」[97] 郭注：「氣白而收藏。」此春、夏、秋三事，二家訓義並同，誠如郝氏所臆推者。惟「冬爲玄英」，《玉燭寶典》卷十引孫炎曰：「冬氣玄而物歸中也。」[98] 郭注則云：「氣黑而清英。」二者顯然異義。按《玉燭寶典》下文復引郭璞《音義》云：「（玄英），四時和祥之美稱也。說者云『中央』，失之。」[99] 據此繹之，蓋孫炎本「英」字作「央」，故以「歸中」解之。郭璞不取「中央」之義，因從別本作「玄英」，與孫注文異義別矣。

四月為余。

《義疏》：余者，《釋文》「餘、舒二音，孫作『舒』。」《詩・小明・正義》引「李巡曰：『四月萬物皆生枝葉，故曰余。余，舒也。』孫炎曰：『物之枝葉敘舒。』」是李、孫義同，孫本作「舒」爲異。「日月其除」，鄭箋：「四月爲除。」是鄭讀「除」爲余。 （卷中之四，頁9, 10）

森按：〈小明〉「昔我往矣，日月方除。」毛傳：「除，除陳生新也。」鄭箋則云：「四月爲除。」孔氏《正義》言：「『四月爲除』，〈釋天〉文，今《爾雅》『除』作『余』，李巡曰四月萬物云云，孫炎曰物之枝葉云云，然則鄭引《爾雅》當同李巡等，除、余字雖異，音實同也。」[100] 味孔疏云「今《爾雅》除作余」，其下即引李巡、孫炎二注，又言「鄭引《爾雅》當同李巡等」云云，則孔疏所據本孫、李此文並作「余」字可知，與陸氏言孫炎本作「舒」者異也，蓋孫注傳承自有異文，郝氏未細辨耳。

又按：原本《玉篇》𨸏部「除」字下，引「《爾雅》：四月爲除月」，[101] 蓋《爾雅》故書作「除」字，故鄭玄據之以解〈小明〉之詩，郝氏謂「鄭讀『除』爲余」，非是。

蜺為挈貳。

郭注：蜺，雌虹也。

---

[97]《玉燭寶典》卷七，頁5。
[98] 同上，卷十，頁6。
[99] 同上註。
[100]《毛詩注疏》卷十三之一，頁24。
[101]《原本玉篇殘卷》，頁502。

《義疏》：蜺者，「霓」之假借。《說文》：「霓，屈虹，青赤也。一曰白色，陰氣也。」（原注：此從《釋文》所引）按「白色」二句，蓋別一義，非謂霓也。虹、霓散文俱通，故邢疏引郭氏《音義》云：「虹雙出色鮮盛者爲雄，雄曰虹；闇者爲雌，雌曰霓。」（卷中之四，頁13）

森按：今《說文》各本作「霓，屈虹，青赤或白色，陰氣也。」郝氏此從《爾雅釋文》所引，謂「一曰白色陰氣也」爲別一義。其說非是。沈濤《說文古本考》云：

> 案《爾雅·釋天·釋文》引作「屈虹」云云。許君之意以虹、霓有青赤、白色之不同，皆屬陰氣，「青赤或白色」五字爲句。傳寫元朗書者疑「或」字爲《說文》之一解，因以「一曰」改之，又于「青赤」下妄增「也」字，謬誤殊甚，非古本如是，亦非元朗本書如是也。《類聚》卷二天部、《御覽》卷十四天部、《開元占經》虹蜺占引同今本，可證。[102]

沈濤謂《爾雅釋文》所引《說文》，爲後人轉寫誤之，非許君原文，其說是也。檢《慧琳音義》卷三十一引《說文》，亦同今本。[103] 繹許君所云青赤，蓋郭璞《音義》所謂「雙出色鮮盛者」；白色，即所謂「闇者」。然則郝疏據誤本以「白色」云云非謂霓，未免嗜異。

濁謂之畢。

郭注：掩兔之畢，或呼爲濁，因星形以名。

《義疏》：《盧令·箋》「畢，噣也。」《正義》引李巡云：「噣，陰氣獨起，陽氣必止，故曰畢。畢，止也。」孫炎曰：「掩兔之畢，或謂之噣，因以名星。」（原注：按四字誤倒，當作「因星以名」，郭注可證。）（卷中之四，頁21）

森按：郝氏所改殊誤，不可據。蓋郭璞與孫炎其義各別，不得反據郭義以改孫注也。繹孫炎之意，蓋謂田網之畢，或謂之噣，星形似之，「因以名

---

102 《說文古本考》卷十一下，頁10。

103 《慧琳音義》卷三一，頁18。又段玉裁《注》謂「屈虹」屈字當作「詘」，然《類聚》卷二、《慧琳音義》卷三一、卷八七、又卷九二、《御覽》卷十四引，並作「屈」字，不當輒改。

星」，則星因田網之畢而得名；郭璞則反是，其意蓋以古人觀象制器，故以田網之名畢名濁者，乃「因星形以名」。[104] 二家之義迥別，故孔穎達《詩疏》先引李巡之說，讀「噣」爲「獨」，而訓「畢」爲「止」；次引孫炎注，下復引郭注，以見諸家異同。觀孔疏下文云：「孫謂以網名畢，郭謂以畢名網，郭說是也。」[105] 孫、郭異義，極爲分明。臧庸《爾雅漢注》輯錄孫注，乃謂：「案郭注作『因星形以名』，此亦當作『因星以名』。」[106] 郝氏蓋沿其誤，未審二家之異也。此等處可見郝氏掩用他人成說，往往失於別擇。

〈釋地〉河南曰豫州。

郭注：自南河至漢。

《義疏》：按〈禹貢〉豫州以荆、河爲界；《爾雅》豫州以漢水爲界，知者，以下文「漢南曰荆州」，荆在漢南，明豫在漢北矣。郭云「自南河至漢」，《公羊》莊十年疏引「孫氏、郭氏皆云：自東河至西河之南曰豫州」，與今本郭注異。　（卷中之五，頁1）

森按：郝疏所引孫、郭之說，當爲二家冀州注語，今本《公羊疏》文有誤耳。今按其文：

> 《爾雅·釋地》云：「兩河間曰冀州」，李巡云：「兩河間其氣性相近，故曰冀州。冀，近也。」[107]「河南曰豫州」，孫氏、郭氏皆云：「自東河至西河之南曰豫州。」李巡曰：「河南其氣著密，厥性安舒，故曰豫。豫，舒也。」[108]

此文「孫氏郭氏皆云自東河至西河」十二字，當本在李巡冀州注「故曰冀，冀，近也」下，今本爲後人竄亂耳。觀下文「河西曰雝州」、「漢南曰荆

---

[104] 按《毛詩·大東》「有捄天畢」，《正義》引晉孫毓《毛詩異同評》云：「祭器之畢，狀如畢星，名象所出也。畢弋之畢又取象焉，而因施網於其上。」（《注疏》卷十三之一，頁13）是孫毓亦以祭器之畢、田網之畢，並取象畢星而名之。

[105]《毛詩注疏》卷五之二，頁7。

[106]《爾雅漢注》卷中，頁22。

[107] 按《爾雅釋文》、邢疏、毛晃《禹貢指南》引此注，並作「兩河間其氣清，厥性相近，故曰冀。冀，近也。」此疏脫「清厥」二字，「冀」下衍「州」字，當據正。

[108]《公羊注疏》卷七，頁9。

州」、「濟河間曰兗州」，《疏》家但引李巡言「河西其氣蔽壅」云云、[109]「漢南其氣燥剛」云云、[110]「濟、河間其氣專質」云云，[111] 蓋此諸州所在，可據文推知也，[112] 故不復引孫、郭之說。其揚、幽、營、徐四州，除李巡注外，兼引孫、郭者，蓋李注揚州但言「江南其氣燥勁」云云，[113] 其南界不明，故疏家另引「孫氏、郭氏曰：自江至南海也」，以明五嶺之南至於海亦屬揚州域也（說詳下）；「燕曰幽州」，李注言「燕其氣深要」云云，[114] 其地所在未分明，故疏家另引「孫氏、郭氏曰：自易水至北狄也」；「齊曰營州」，李注但言「齊其氣清舒」云云，疏家另引「孫氏、郭氏曰：自岱東至海。」以明其界域；「濟東曰徐州」，李巡云：「淮、海間其氣寬舒」云云，[115] 謂徐州域東至海，南及淮；疏家兼引「孫氏、郭氏曰：濟東至海

[109] 今本《公羊疏》引此注文有脱誤，《釋文》、邢疏、《禹貢指南》並引作「河西其氣蔽壅，厥性急凶，故曰雍。雍，壅也。」此疏脱句首「河西」二字，注末「壅」下衍「塞」字。

[110] 邢疏引李巡此注作「漢南其氣燥剛，稟（森按：疑當作「厥」）性彊梁，故曰荆。荆，彊也。」《公羊疏》引，脱「李巡云漢南」五字，「燥」字作「慘」，誤，《禹貢·疏》引，亦作「其氣燥剛」（《注疏》卷六，頁7）。

[111]《釋文》引此注作「濟河間其氣專質，厥性信謹，故曰兗。兗，信也。」《公羊疏》「故曰兗」下衍「州」字；又《禹貢·疏》、邢疏「信謹」作「信謙」，蓋誤。

[112] 按「河西曰雝州」，言河以西爲雝州域；「漢南曰荆州」，即漢以南爲荆州域；「濟河間曰兗州」，是兗州域在濟、河之間。

[113] 按《禹貢·疏》引此注作「江南其氣燥勁，厥性輕揚，故曰揚。揚，輕也。」當以此爲正。《公羊疏》引，「燥勁」作「慘勁」，誤（《爾雅釋文》、邢疏並爲「燥」字）；又末二句《公羊疏》作「故曰揚州也」，亦非。

[114]《釋文》、邢疏並引此注作「燕其氣深要，厥性剽疾，故曰幽。幽，要也。」《公羊疏》引，首句誤「燕其意氣惡」；注末「要也」亦誤「惡」字。《公羊校勘記》乃云：「按『惡』字是也，《爾雅疏》所據非善本。」此段玉裁覆校之語，其説非是。按「幽」字無訓「惡」者，且以「惡」名州，尤非所宜；幽、要聲訓，「其氣深要」，猶言「深幽」耳，《釋文》引此注，亦作「要」字，段氏失考耳。

[115]《禹貢·疏》、邢疏引此注並作「淮海間其氣寬舒，稟（厥）性安徐，故曰徐。徐，舒也。」《公羊疏》引首句「淮海間」作「濟東至海」，臧庸輯《爾雅漢注》據之。今按：此當從孔、邢二疏所引者爲是，今本《公羊疏》誤也。〈禹貢〉「海岱及淮惟徐州」，孔傳：「東至海，北至岱，南及淮。」（《注疏》卷六，頁10）李巡言「淮、海間」者，據其東及南至言之；下文引「孫氏、郭氏曰：濟東至海也。」則是西以濟水與兗州爲界，與李注正互備，故疏家並引之。今《公羊疏》李巡作「濟東至海」，則與孫、郭正同，疏家不煩複引，故知其爲誤也。《公羊校勘記》、郝氏《義疏》並失校，當改正。

也。」以明徐、兗以濟爲界，濟以東至海之地爲徐州域。凡此，俱引李巡之說居前，孫、郭在後，蓋以補李巡義所未備。今豫州獨引二家之注在李巡前，殊非其例，一也。另按郭璞冀州注云：「自東河至西河。」敦煌本郭注殘卷（伯二六六一號）同，蓋亦本孫炎注。《公羊疏》引「孫氏、郭氏皆云：自東河至西河」，與郭注正合，是此爲冀州注語，要無可疑。蓋李巡但疊經文言「兩河間其氣」云云，未明言兩河何所指，故疏家引孫、郭之說，以明冀州域在東河、西河之間，二也。復按孫、郭九州注例，俱不疊言州名，是「之南曰豫州」五字非孫、郭之語甚明，三也。余反復推考之，此「之南曰豫州」五字，當本作「河南曰豫州」，「河」字重文符號「=」傳寫訛「之」字，淺人誤屬上孫、郭之語讀之，因於「孫氏、郭氏皆云」上妄增「河南曰豫州」五字，世遂莫知其誤矣。臧庸爲阮元纂《公羊注疏校勘記》，此疏訛誤，俱未勘正，疏矣。臧氏輯《爾雅漢注》，其豫州條下錄孫炎曰：「自東河至西河之南曰豫州。」下注：「案《公羊疏》作『孫氏郭氏皆云』，郭實異此，疑《疏》有誤。」[116] 邵晉涵《正義》豫州條亦引此疏，言「今本郭注與孫炎異」，[117] 郝氏《義疏》亦云然。諸家第見其文與今本郭注不同，不知其非豫州注也。甚矣，考據之難言也。

又按：敦煌本郭注殘卷此注作「自河南至漢」，言河以南，漢以北爲豫州域，則河以北爲冀州，漢以南爲荆州。下雝州注「自西河至黑水」，敦煌本作「河西」，亦言河以西也。今本此兩文作「南河」、「西河」者，蓋後人改之。

江南曰揚州。

郭注：自江南至海。

《義疏》：揚、徐二州以江爲界，江南爲揚州，即知江北爲徐州矣。郭云「自江南至海」，《公羊疏》引「孫氏、郭氏曰：自江至南海也。」蓋「至南」二字誤倒，當以今本爲是。　（卷中之五，頁2）

森按：郝氏此說非是。邵晉涵《正義》云：「《公羊疏》引孫氏、郭氏云云，是郭注本孫炎。今本作『南至海』，而《公羊疏》引作『至南海』，疑

[116]《爾雅漢注》卷中，頁26。
[117]《經解》卷五一三，頁2。

傳寫之誤。然《史記・尉佗傳》：『秦已并天下，略定揚越。』張晏注：『揚州之南越也。』顏師古《漢書注》：『本揚州之分，故曰揚粵。』……《晉書・地理志》以交州、廣州爲〈禹貢〉揚州之域。是五嶺以南至海，本〈禹貢〉揚州之地。……則《公羊疏》引注作『南海』，不爲無據。」[118] 其說視郝氏爲矜慎矣。今按郭氏此注作「至南海」爲是，郝氏失考耳。檢敦煌本《爾雅郭注》殘卷，正作「自江至南海」，與《公羊疏》所引者合，[119] 知今本爲後人所改易。按《公羊傳》莊公十年《疏》引鄭玄注〈禹貢〉云：「揚州界，自淮而南，至海以東也。」[120] 蓋揚州本東南距海，惟魏晉學者多以五嶺以南至於海並屬揚州域，故〈禹貢〉僞孔傳亦以揚州爲「南距海」，[121] 郭璞本孫炎注，以揚州域爲「自江至南海」，此自魏晉經師之義也。惟如杜佑《通典》所論者：揚州「東南距海，……自晉以後，歷代史皆云五嶺之南至於海，並是〈禹貢〉揚州之地。按〈禹貢〉物產貢賦、〈職方〉山藪川浸，皆不及五嶺之外；又按荆州南境至衡山之陽，若五嶺之南在九州封域，則以鄰接，宜屬荆州，豈有舍荆而屬揚？斯不然矣。……嶺南之地非九州之境。」[122] 杜氏因改僞孔「南距海」爲「東南距海」。[123] 後人之改郭注「至南海」爲「南至海」，殆亦以此與。

九夷、八狄、七戎、六蠻，謂之四海。

郭注：九夷在東，八狄在北，七戎在西，六蠻在南。次四荒者。

《義疏》：四海者，《御覽》三十六引舍人云：「晦冥無識，不可教誨，故曰四海。」《曲禮・正義》引李巡注：「四海遠於四荒。」餘同舍人。《詩・蓼

---

118 《爾雅正義》九，《經解》卷五一三，頁2。

119 《公羊注疏》卷七，頁9, 10。

120 同上，頁9。

121 《尚書注疏》卷六，頁11。按王鳴盛《尚書後案》云：「孔傳云『南距海』者，《戰國策》蔡澤曰：『吳起爲楚南收揚越。』《史記・南越尉佗列傳》亦云『秦以并天下，略定揚越，置桂林、南海、象郡。』裴駰《集解》引張晏曰：『揚州之南越。』張守節《正義》亦曰：『夏禹九州本屬揚州，故云揚越。』考桂林、南海、象郡，今廣東、廣西、交趾地，漢武帝平爲交州；三國，吳分置廣州；晉滅吳，因之。魏晉間人以此爲禹揚州，僞傳出魏晉人，故云然。」(《經解》卷四〇六中，頁1)

122 《通典》卷一七二，商務印書館《十通》本，頁912。

123 同上，卷一八一，頁961。

蕭・正義〉引孫炎曰：「海之言晦，晦闇於禮義也。」《初學記》「謂之四海」下，言「皆近於海也」，似引《爾雅》舊注之文，與諸家義異也。（卷中之五，頁21）

森按：《初學記》注語，多旁采他書或徐堅自爲之注者，非必悉本舊注。[124]此文「四海」，舍人、李巡、孫炎俱讀爲「晦」（參下文），蓋戎狄之屬本不近海，故諸家不如字解。《初學記》言「皆近於海」者，此徐堅妄言耳，非古義。余檢日本故籍《令集解》卷二引《爾雅》此文，云：

> 李巡曰：「九夷在東方，八狄在北方，七戎在西方，六蠻在南方。四海遠於四荒，晦冥無形，[125]不可教誨，故曰四海也。」孫炎曰：「海之言晦，晦闇於禮義也。在四荒之内。」餘同李巡。郭景純曰：「次四荒者也。」餘同李巡也。[126]

細味此文，李巡言「四海遠於四荒」者，知李巡以四海爲最遼遠，次四荒，次爲四極。而孫炎注謂四海「在四荒之內」，則以四極爲最遠漠，次爲四荒，再爲四海。二家義正反對。郭氏於「四極」下注「皆四方極遠之國」，「四荒」下言「次四極者」，「四海」下言「次四荒者」，明郭氏從孫炎說，與李巡爲異也。此諸家異同，前儒均未細辨，今故表出之。

〈釋丘〉隩，隈。

郭注：今江東呼爲浦隩。《淮南子》曰：「漁者不爭隈。」

《義疏》：「隩」借作「奥」，《詩・淇奥・傳》：「奥，隈也。」《正義》引孫炎曰：「隈，水曲中也。」郭云「今江東呼爲浦隩」，「隩」當作「隈」，《文選・詩・注》引作「今江東人呼浦爲隈」，是也。（卷中之六，頁8）

森按：郝氏校改郭注「浦隩」爲「浦隈」，其說非是。檢敦煌本伯二六六一號郭注殘卷，此注作「今江東呼爲浦隩。《淮南》曰：『漁者不爭隈也。』」原本《玉篇》殘卷阜部「隩」字下引郭注，亦作「浦隩」。[127]另

---

[124] 拙文〈續修四庫全書總目提要經部辨證（一）〉「臧庸《爾雅漢注》」條下有說。

[125] 按此二句，今本《令集解》作「四海遠荒於四海冥無形」，文有訛亂。《曲禮・正義》亦引李注（《注疏》卷五，頁3），今據訂正。

[126]《令集解》，頁46。

[127]《原本玉篇殘卷》，頁497。按《玉篇》殘卷此注下句作「淮南隩者不爭隈是也」，「漁」字誤「隩」，當涉上下文而誤。

檢南宋淳熙八年尤袤所刻《文選》，卷十二郭璞〈江賦〉「蔭潭隩，被長江」、卷二十二謝靈運詩〈從斤竹澗越嶺溪行〉「逶迤傍隈隩」，李善兩引郭璞此注並作「今江東呼為浦隩」，[128] 與今本不異，日本足利學校舊藏宋明州刊本亦同。[129] 惟卷二十謝瞻詩「發櫂西江隩」，李善引郭注作「今江東人呼浦為隩」，[130] 蓋即郝氏所云者，以卷十二、卷二十二善注所引者證之，知此文「為浦」二字誤倒耳，非有異也。抑其文雖誤，然自作「呼浦為隩」，明州本同，[131] 郝氏引作「呼浦為隈」，殆誤記耳，否則即所據本訛文。蓋李善此引郭注以解詩文「西江隩」，與「隈」字本無涉，自不當作「呼浦為隈」；另檢《文選》「隈」字凡十二見，俱不引郭氏此注作解。然則郝疏改郭注「浦隩」為「浦隈」，必誤無疑。

谷者溦。

郭注：通於谷。

《義疏》：谷者，《說文》云：「泉出通川曰谷。」《水經・瀙水・注》引「《爾雅》曰：『〔通〕谷者微。』郭景純曰：微，水邊通谷也。」據〔酈〕注，「谷」上當脫「通」字。微、溦同，疑作「微」是也。《釋文》：「溦，本又作湄。」　（卷中之六，頁10）

森按：原本《玉篇》殘卷水部「溦」字下引「《爾雅》：『谷者溦。』郭璞曰：水通於谷者也。」下引「《聲類》：或『湄』字也。」[132] 另檢敦煌本《爾雅郭注》殘卷亦作「溦」字，注：「通於谷也。」《釋文》本亦「溦」字，則此字歷來相承作「溦」。

酈氏引《爾雅》此文及郭注，見《水經・濟水・注》，郝氏以為〈瀙水注〉，誤。濟水「東北過盧縣北」，酈注：「濟水東北，與湄溝合，水上承湄湖，北流注濟。《爾雅》曰：『水草交曰湄』、『通谷者微』。犍為舍人

---

[128] 尤刻《文選》卷十二，頁16；又卷二二，頁15。

[129] 明州刊本六臣注《文選》卷十二，頁17；又卷二二引作「甫隩」（頁15），其「浦」字誤脫水旁，然「隩」字固不作「隈」。據長澤規矩也氏所考，明州本蓋宋孝宗初年所刻，為後世六臣注之祖本。

[130] 尤刻《文選》卷二十，頁35。

[131] 明州本，卷二十，頁37。

[132] 《原本玉篇殘卷》，頁358。

曰：『水中有草木交合也。』郭景純曰：『微，水邊通谷也。』《釋名》曰：『湄，眉也，臨水如眉臨目也。』」[133] 細繹此文，酈氏引〈釋水〉、〈釋丘〉兩文及《釋名》，以釋「湄溝」、「湄湖」之所以得名。據上引《聲類》言「潵，或湄字。」《釋文》云：「潵，本又作湄。」是《水經注》引《爾雅》文當本作「潵」，酈氏知即「湄」字，故引以爲據。後人因「潵」字少見，轉寫誤作「微」耳。[134] 其引《爾雅》「谷」上有「通」字者，蓋酈氏增文以足義耳，[135] 非《爾雅》原有此字，否則郭注豈非贅矣？郝氏但據《水經注》一例，欲改《爾雅》相承舊文，不免嗜異。楊守敬《水經注疏》亦言當以酈氏所引，訂正今本《爾雅》經、注，[136] 不知酈引郭注「邊」字亦衍文耳。此皆好奇之過也。

〈釋草〉蘇，桂荏。

郭注：蘇，荏類，故名桂荏。

《義疏》：《説文》用《爾雅》，《繫傳》云：「荏，白蘇也。」「桂荏，紫蘇也。」按《方言》云：「蘇，荏也。」則二者亦通名。……今按荏與蘇同，唯葉青白爲異。　（卷下之一，頁20）

森按：《倭名類聚鈔》引顧野王云：「葉大而有毛，其實白者曰荏；葉細而香，其實黑者曰蘇。此二物雖一類，其狀不同耳。」[137] 如其說，則蘇、荏其狀有別，實亦異也。

須，葑蓯。

郭注：未詳。

---

133 《水經注疏》，頁738。

134 按〈釋水〉「水草交爲湄。」《釋文》謂「湄」字別本有作水旁從微者（卷二九，頁33），蓋六朝俗字。酈注作「微」者，豈傳寫誤脱水旁與？然何以上下文俱書作「湄」，此獨水旁從微？

135 按酈注引《爾雅》多非原文，如《汝水・注》引「《爾雅》曰：河其雍，汝有濆。」（楊疏，頁1767）然〈釋水〉本文作「水自河出爲灉。……汝爲濆。」敦煌本郭注殘卷同；又《淇水・注》引「《爾雅》曰：山一成謂之頓丘。」（同上，頁861）〈釋丘〉作「丘一成爲敦丘」，敦煌本同，並其例也。

136 同註133。

137 《倭名類聚鈔》卷十七，頁6。

《義疏》:《説文》:「葑,須從也。」……《詩・谷風・傳》:「葑,須也。」《正義》引孫炎曰:「須,一名葑蓯。」鄭箋及《坊記・注》並云:「葑,蔓菁也。」《齊民要術》引注曰:「江東呼爲蕪菁,或爲菘。菘、須音相近,須則蕪菁。」《要術》所引,蓋舊注之文,《谷風・釋文》引作「郭云:菘菜」,似誤。(卷下之一,頁26)

森按:此一科非僻義,《說文》、毛傳、鄭箋及孫炎注,語皆分曉,郭璞不容不知,今注「未詳」二字,殊爲可疑。考《御覽》卷九七九引《爾雅》此文,並注云:「須,未聞。江東呼蕪菁爲菘,菘、須音相近故也。須即蕪菁也。」[138] 此注「江東」云云諸語,與《齊民要術》所引者近同。嘗考《御覽》所引《爾雅》及注,以郭璞本爲主,其注不記名姓者皆郭璞注,[139] 然則「須葑蓯」條下所引者,當亦郭注無疑。惟《御覽》所引,已經變亂,非郭璞原文之舊矣。以《齊民要術》所引者校之,《御覽》引文首「須未聞」三字當衍,蓋下文既已明言須與菘音近,須即蕪菁,是不得又言「須未聞」,以自相違戾。今本《爾雅》「須,葑蓯」上「蘢,天蘥」,郭注無文,[140] 則「須葑蓯」下郭注「未詳」二字,當移於「蘢天蘥」之下。據《御覽》引文,此注淆亂之故,尚略可推見焉。蓋舊本傳寫,誤以「蘢天蘥」注「未詳」二字屬「須葑蓯」下,後人疑其與下文「江東」云云之語不諧,故於「未詳」上妄增一「須」字,《御覽》所引者是也。又或以注既言「未詳」,而下文又謂「須即蕪菁」,因疑「江東」云云諸語非郭注,故删去之,邢疏所據本是也。[141] 據《谷風・釋文》:「葑,孚容反,徐(邈)

[138]《御覽》卷九七九,頁5。

[139] 今以卷九七九所引《爾雅》各條證之,瓠類引「瓠,犀瓣。」注:「瓠中瓣也。《詩》曰『齒如瓠犀』。」(頁1)阮刻本唯二「犀」字作「棲」,其注同(卷八,頁3)。《文選》謝惠連〈祭古冢文〉,李善注引《爾雅》此文亦作「犀」(尤刻本,卷六十,頁22),阮氏《校勘記》失校。又蓼類引「薔,虞蓼。」注:「虞蓼,澤蓼也。」(頁3)阮本惟注末無「也」字,餘同(同,頁7);又葵類引「菺,菟葵。」注:「似葵而小,葉狀如藜,有毛汋,啖之滑。」(頁4)阮本惟注首「似」上有「頗」字,餘同(同,頁12);又「菺,戎葵。」注:「今蜀葵也,似葵,華如木槿華。」阮本悉同(同,頁14);又「荍,蚍衃。」注:「今荆葵也,似葵,紫色也。」阮本同(同,頁8)。凡此,並可證《御覽》所引《爾雅注》其不記名姓者皆郭璞注也。

[140]《爾雅注疏》卷八,頁8;宋刻各單注本同。

[141] 按〈釋草〉下文「須,薞蕪。」邢疏:「案《詩・谷風》云『采葑采菲』,毛傳云:『葑,須也。』先儒即以『葑,須蓯』當之,孫炎云:『須,一名葑蓯。』今郭注上『葑

音豐，須也。……《草木疏》云『蕪菁也』，郭璞云『今菘菜也』。」[142] 陸德明所引「今菘菜也」之語，蓋約郭璞此注，然則《齊民要術》、《御覽》所引《爾雅注》，爲郭注佚文，殆無疑義。郝《疏》反以《釋文》爲誤，未之細考耳。翟灝《爾雅補郭》卷二亦云：「此一科有毛傳明文可據，似已無所置疑。郭注偶不檢及，以爲未詳。」[143] 蓋亦不知今本郭注文有脱佚也。

中馗，菌。

郭注：地蕈也，似蓋，今江東名爲土菌，亦曰馗廚，可啖之。

《義疏》：今蕈生樹上及樹根者多可食；而生平地者，溼熱所蒸，或毒蟲盤踞，食者愼之。《物類相感志》引孫炎云：「聞雷即生，俗呼地菌，白如脂，可食。亦名地蕈、北丁、馗廚，江東人今呼土菌，可食者。」是郭注所本也。（卷下之一，頁50）

森按：《爾雅》家有兩孫炎。郝氏此疏所引孫炎之說，乃別一孫炎，在郭璞之後。據邢昺《爾雅疏・敘》言：「其爲《注》者，則有犍爲文學、劉歆、樊光、李巡、孫炎。」此五家舊注之孫炎，字叔然，三國時魏人。邢〈敘〉又言：「其爲義疏者，則俗間有孫炎、高璉，皆淺近俗儒，不經師匠。」[144] 此爲義疏者，別一孫炎，蓋唐、宋時人。朱彝尊《經義考》未加分別，翁方綱《經義考補正》、謝啓昆《小學考》始引丁杰之說辨之，以爲二人。[145] 宋陸佃《埤雅》引孫氏，稱「孫炎注」者一，稱「孫炎正義」者七事，是判然二書，[146] 陸農師猶知之也。清人吳騫曾就《埤雅》所引七事，合輯爲

葰」云『未詳』，注此云『蕵蕪，似羊蹄，葉細，味酢，可食。』則郭意以毛云『葑，須』者，謂此蕵蕪也。」（《注疏》卷八，頁11）邢氏謂郭以毛傳言「葑，須」者爲蕵蕪，其説大誤，翟灝《爾雅補郭》有駁（詳下注）。惟據疏文，知邢昺所據本「須，葑葰」郭注已誤「未詳」，故邢氏爲此臆説也。

142 《釋文》卷五，頁12。

143 《續經解》卷一八九，頁4。

144 《爾雅注疏》卷首〈爾雅疏敘〉，頁1。

145 《經義考補正》卷十，頁3；又《小學考》卷三，頁4。

146 按〈釋蟲〉「蠓，蠛蠓。」《埤雅》卷十一引孫炎注：「蠛蠓，此蟲微細群飛。」（頁6）吳騫《孫氏爾雅正義拾遺》云：「此當屬叔然舊注，故不曰《爾雅正義》。」其説是也，臧庸輯《爾雅漢注》、嚴可均《爾雅一切註音》並失采。

《孫氏爾雅正義拾遺》一卷。[147] 實則孫炎《正義》佚文，除《埤雅》所引者外，尙別有可考者：

〈釋草〉「蒚，山蒜。」宋釋贊寧《物類相感志》卷十一引：

孫炎曰：帝登蒚山，遭蕕芋草毒，將死。得蒜，乃齧之，解毒，[148] 乃收栽植。能殺豚（一作「蟲」）魚之毒，攝諸腥羶。（宋羅願《爾雅翼》卷八亦引之）

又「椵，木菫。」遼釋希麟《續一切經音義》卷五引：

孫炎《疏》：花如蜀葵，紫色，朝生夕隕也。此花夏五月方榮盛也。

又「中馗，菌。」《物類相感志》卷十一引孫炎云云（已見郝疏）。

又〈釋木〉「楓，欇欇。」《物類相感志》卷十三引：

孫炎曰：欇木生江上，有寄生枝，高三四尺，生毛，一名楓子。天旱，以泥泥之即雨。[149]

又〈釋獸〉「貗貐類貙。」《物類相感志》卷十引：

又按：《續修四庫總目提要》小學類臧庸《爾雅漢注》條，楊鍾義所撰提要，謂陸氏《埤雅》引孫炎之說，皆俗間之孫炎（頁1007），其說未核，楊氏未考其中尚有孫叔然注也。

[147] 按吳書有《拜經樓叢書》本。《埤雅》所引各條，今錄存之：

〈釋蟲〉「螢，天螻。」《埤雅》卷十一引「孫炎《爾雅正義》以爲螢是雄者，喜鳴，善飛；雌者腹大羽小，不能飛翔，食風與土。要以前甚澀，要以後甚利。」郝疏引此，遺末二句（卷下之三，頁2）。

又「莫貈，螳蜋，蛑。」《埤雅》卷十一引孫炎《爾雅正義》云：「螳螂深秋乳子，至夏之初乃生。」按郭璞此注云：「孫叔然以《方言》說此，義亦不了。」邢疏：「《方言》云：『螳蜋謂之髦，或謂之盯……。』孫炎取此《方言》之文，以『虰』上屬爲說。」蓋孫叔然以下文「虰蛵，負勞」之「虰」字屬上讀，以「螳蜋，蛑、虰」爲義。與此所引孫炎《正義》絕異，其爲二書較然察矣。

又「蛾，羅。」《埤雅》卷十引「孫炎《爾雅正義》以爲蛾即是雄，羅即是雌。」

又「蜆，蛹。」《埤雅》卷十引「孫炎《爾雅正義》以爲蜆即是雄，蛹即是雌。」

又〈釋魚〉「鰼，鰌。」《埤雅》卷一引孫炎《爾雅正義》曰：「鰼，尋也。尋習其泥，厭其清水。」

又「鮅，鱒。」同上引孫炎《正義》曰：「鱒好獨行。」

又「蚹蠃」，《埤雅》卷二引「孫炎《正義》以爲負螺而行，因以名之。」

[148] 按「解毒」二字疑倒。

[149] 《御覽》卷十一亦引此文，作「高三四丈」，下「泥」字作「塗」。

孫炎曰：獸中最大者，龍頭、馬尾、虎爪，長四百尺，善走。以人爲食，遇有道君隱藏，無道君出食人矣。[150]

凡此，並宋、遼時之書所引。《物類相感志》所引四事，雖不言其爲注爲疏，然按其說，與孫叔然《注》之簡質者顯然異趣；其言楓「天旱以泥泥之，即雨」、猰貐「長四百尺」，「遇有道君隱藏，無道君出食人矣」，說頗不經，蓋即邢昺〈敘〉所斥「淺近俗儒，不經師匠」者，然則此爲俗間孫炎之《疏》，殆無可疑。郝氏知《埤雅》所引，爲別一孫炎，[151] 不知《物類相感志》所引，正同一家，致以孫疏爲郭注所本，誤矣。邵氏《正義》其誤亦同。[152]

又按：「楓，欇欇」一條，《御覽》卷十一引之，稱「《爾雅孫炎注》云云」，[153] 蓋宋人修《御覽》時，已淆混孫炎注與俗間所傳孫炎《疏》爲一家矣。邵氏《正義》、臧庸輯《爾雅漢注》、嚴可均《爾雅一切註音》、郝氏《義疏》，及黃奭、馬國翰二家輯本，並據《御覽》采之，[154] 以爲魏孫炎注，胥失之矣。今並附記於此。

〈釋木〉柀，煔。

郭注：煔，似松，生江南，可以爲船及棺材；作柱，埋之不腐。

《義疏》：宋本及《釋文》俱作「煔」，不成字，蓋「黏」字之誤；徐鉉作「檆」，亦非。段氏《說文注》依《爾雅》改作「黏」，是也。按《後漢書·華陀傳》有「漆葉青黏散」，黏亦不成字，注：「音女廉反」，恐即「黏」字之誤也。《釋文》：「煔，字或作杉，所咸反。郭音芟，又音纖。」據陸音、郭

---

[150] 按郝疏引此文，蓋以「長四百尺」爲不經，因擅改爲「長四尺」（卷下之六，頁11），然其文固明言此爲「獸中最大者」，如僅四尺，則亦尋常獸耳。郝氏所改，未是。

[151] 按〈釋蟲〉「蛾，羅」條，郝疏云：「《埤雅》引孫炎《正義》云云，此別是一孫炎，《宋史·藝文志》『孫炎《爾雅疏》十卷』；邢昺〈序〉謂爲義疏者，俗間有孫炎、高璉，皆淺俗。即《埤雅》所引者也。」（卷下之三，頁14）

[152]《經解》卷五一七，頁33。

[153]《御覽》卷十一，頁7。

[154] 邵氏《正義》，《經解》卷五一八，頁9；《爾雅漢注》卷下，頁11；嚴氏《一切註音》卷九，頁6；郝疏卷下之二，頁13。

又按：中央圖書館纂《中國歷代藝文總志》，其〈爾雅類〉，將吳騫所輯《孫氏爾雅正義拾遺》一卷，與黃奭、馬國翰所輯魏孫炎《注》混而爲一（頁318），殊誤。

注，此即今杉木也，但《爾雅》作「黏」，似當依《後漢書·注》作女廉反矣。（卷下之二，頁3）

森按：郝氏此疏頗多可議者：一、郝氏謂「煔不成字」，其說殊誤。檢《說文》炎部：「煔，火行也。从炎，占聲。」[155] 是「煔」字明見於《說文》矣；許書無「檆」篆，徐鉉增之，云「从木，煔聲。」則「檆」字即從之得聲，焉得謂「煔不成字」？徐鉉又言「今俗作『杉』，非是。所銜切。」蓋以「煔」字非木，而《爾雅》此字或本作「杉」，《說文》所無，故大徐以爲俗字，別爲增補「檆」篆。郝氏謂徐鉉作木旁黏字，亦誤，此沿段《注》訛文，未檢本書也。

二、《說文》木部：「柀，檆也。」鈕樹玉、嚴可均、王筠等以許書無「檆」字，因謂當依《爾雅》作「煔」；[156] 然諸家本除段注外，絕無作「黏」字者。段氏云：「黏，各本作檆，徐鉉因增一『檆』篆，非也。今刪『檆』篆，依《爾雅》正檆爲黏。〈釋木〉：『柀，黏。』上音彼，下音所咸反，即今之杉木也，『黏』與『杉』爲正俗字。」[157] 徐灝《說文段注箋》非之云：「鼎臣所增十九文之一作『檆』，並無『檆』篆；《爾雅》各本亦無作『黏』者，不知段所據何本？殊爲繆誤。」[158] 余檢〔臺北〕故宮所藏南宋國子監本、《四部叢刊》景印宋刻小字本、宋刻單疏本、元雪窗書院本，及日本松崎復景宋本，並作「煔」字，[159] 斷無作「黏」者，段氏蓋誤記，不則即其《注》轉寫誤刻耳。郝氏專治《爾雅》，乃不覺其誤，反據之以改相承舊文，尤可怪異。

三、《倭名類聚鈔》引郭璞《爾雅音義》云：「杉，似松，生江南，可以爲船材。」[160] 又桂馥《說文義證》：「《本草》『彼子』，唐本注云：此『彼』字當木旁作『柀』。……《爾雅》云：柀，一名杉。葉似杉，木如

---

[155] 段氏《說文注》十篇上，頁54。段云：「《廣韻》『也』作『貌』。」

[156] 見鈕樹玉，《說文解字校錄》卷六上，頁5；又嚴可均，《說文校議》卷六上，頁2；又王筠，《說文解字句讀》卷十一，頁6。

[157] 段氏《說文注》六篇上，頁8。

[158]《說文段注箋》卷六上，頁13。

[159] 南宋監本，卷下，頁8；宋小字本，卷下，頁3；單疏本，卷九，頁1；元雪窗本，卷下，頁7；松崎本，卷下，頁5。

[160]《倭名類聚鈔》卷二十，頁25。

柏，肌軟，子名榧子。又『榧實生永昌。』……唐本注云……《爾雅》云：『柀，杉也。』其樹大連抱，高數仞，葉似杉，其木如柏，作松理，肌細軟，堪爲器用也。」[161] 並「煔」字作「杉」，正《釋文》所言「煔，字或作杉」之本，段注雖字誤作「黏」，然仍音所咸反，郝氏乃比附「黏」字改音女廉反，則歧中又歧矣。考《說文》木部有「枯」字，云：「枯，木也。從木，占聲。」[162] 與「煔」字從炎，占聲者，其音正同，《爾雅》「煔」字或即「枯」之假借，未可知也。

〈釋鳥〉梟，鴟。

郭注：土梟。

《義疏》：《詩·瞻卬·箋》：「梟、鴟，惡聲之鳥。」不言其狀。《漢書·武五子傳》：「昌邑多梟。」按《詩》「爲梟爲鴟」，似爲二物，《爾雅》則合爲一。（卷下之五，頁13, 14）

森按：郭璞注以「梟鴟」二字連讀，如上「茅鴟」、「怪鴟」之例也，故以爲一鳥，謂即土梟。余檢《倭名類聚鈔》鳥名引《爾雅》舊注云：「鴟、梟，分別大小之名也。」[163] 蓋二者雖同爲一類，實有別也。然則《爾雅》古義亦以爲二鳥，非必悉如郭璞所解。

鶭頭，鵁。

郭注：似鳧，腳近尾，略不能行，江東謂之魚鵁。

《義疏》：《御覽》九百廿八引孫炎曰：「烏鵁也。」郭云「魚鵁」，魚、烏雙聲兼疊韻也。《本草拾遺》說鷿鷉云：「一種頭細身長，頸上白者名魚鵁。」李時珍云：「似鷿鷉而蛇頭長項。冬月羽毛落盡，棲息溪岸，見人，不能行，即沒入水者，《爾雅》所謂鶭頭魚鵁也。」（卷下之五，頁17, 18）

森按：宋本《御覽》引《爾雅》此文作「鴝頭，鵁。」孫炎曰：「烏鵁也。」[164]「鴝」字誤，孫注「烏鵁」亦「魚鵁」之誤耳。觀諸家俱稱魚鵁，

---

[161]《說文解字義證》卷十六，頁17。

[162] 段氏《說文注》六篇上，頁20。

[163]《倭名類聚鈔》卷十八，頁5。

[164]《御覽》卷九二八，頁3。

又言此鳥似鶂鷺，則居水澤間善捕魚者，故名。郝氏乃謂「孫炎曰『烏鵁也』，郭云『魚鵁』，魚、烏雙聲兼疊韻」，然孫注雖誤「鳥」字，固不作「烏」也。郝氏率爾立說，頗失謹嚴。

（本文於一九九八年八月廿九日通過刊登）

一九八一年，余遊學日京，無所遇合。張以仁師知我困頓彼邦，亟勸余返國，以余習作呈陳槃庵、王叔岷、李孝定、龍宇純諸先生，爲之延譽，並薦之使入史語所，俾得從諸先生問業。明年春，余自東京歸，迄今忽忽十七年矣。余得以肆力於學，吾師所賜者多矣。近值　吾師七秩榮退之日，師長於《春秋》内外傳、故訓音聲之學，爰檢向所肄舊業，以爲此文，用以代餞。惟恨中年衰病，未盡所學，不足以副　吾師之望耳。一九九九年一月二十八日鴻森校訖後記。

引用書目

一、傳統文獻

《一切經音義》，唐·釋玄應著，寶晉齋重刻莊炘校刊本（文中引用，簡稱「玄應音義」），同治八年。

《一切經音義》，唐·釋慧琳著，臺北：大通書局景印高麗藏本（文中引用，簡稱「慧琳音義」），1970。

《十駕齋養新錄》，清·錢大昕著，臺北：鼎文書局《錢大昕讀書筆記廿九種》所收，1979。

《小學考》，清·謝啓昆著，臺北：藝文印書館影印光緒十五年刊本。

《公羊注疏》，漢·何休注，舊題唐·徐彦疏，臺北：藝文印書館影印南昌府學本。

《太平御覽》，宋·李昉等著，《四部叢刊》景印日本帝室圖書寮、京都東福寺、岩崎氏靜嘉堂藏宋刊本。

《文選》，唐·李善注，北京：中華書局景印北京圖書館藏南宋淳熙間尤袤刻本，1974；又唐·呂延祚等并李善注，日本汲古書院景印足利學校舊藏南宋明州刊本，1974。

《毛詩注疏》，漢·毛氏傳、鄭玄箋，唐·孔穎達正義，臺北：藝文印書館影印南昌府學本。

《水經注疏》，北魏·酈道元注，清·楊守敬、熊會貞疏，江蘇古籍出版社段熙仲點校本，1989。

《令集解》，日本·直本集解，東京：國書刊行會排印本，大正十三年。

《史記》，漢·司馬遷著，劉宋·裴駰集解，唐·司馬貞索隱、張守節正義，北京：中華書局點校本。

《左傳注疏》，晉·杜預集解，唐·孔穎達正義，臺北：藝文印書館影印南昌府學本。

《玉燭寶典》，隋·杜臺卿著，《古逸叢書》本。

《周易集解纂疏》，唐·李鼎祚集解，清·李道平纂疏，北京：中華書局點校本，1994。

《孟子注疏》，漢·趙岐注，舊題宋·孫奭疏，臺北：藝文印書館影印南昌府學本。

《尚書注疏》，〔僞〕孔安國傳，唐·孔穎達正義，臺北：藝文印書館影印南昌府學本。

《尚書後案》，清·王鳴盛著，《經解》本。

《物類相感志》，宋·釋贊寧著，清·陳鱣鈔足本（國家圖書館藏本）。

《後漢書》，劉宋・范曄著，唐・李賢注，北京：中華書局點校本。
《拜經文集》，清・臧庸著，上元宗氏景印葉名澧舊藏寫本，1930。
《拜經日記》，清・臧庸著，《拜經堂叢書》本。
《倭名類聚鈔》，日本・源順著，東京：風間書房景印本，1977。
《原本玉篇殘卷》，梁・顧野王著，北京：中華書局景印本，1985。
《孫氏爾雅正義拾遺》，清・吳騫輯，《拜經樓叢書》本。
《國語》，臺北：藝文印書館景印嘉慶庚申黃丕烈重雕天聖明道本。
《埤雅》，宋・陸佃著，《四部叢刊》本。
《清史稿》，趙爾巽等纂，北京：中華書局點校本。
《莊子集釋》，清・郭慶藩集釋，北京：中華書局王孝魚點校本，1961。
《通志堂經解目錄》，清・翁方綱訂，臺北：廣文書局影印《粵雅堂叢書》本，1968。
《通典》，唐・杜佑著，商務印書館《十通》本。
《經典釋文》，唐・陸德明著，《通志堂經解》本；又盧文弨《抱經堂叢書》本；又上海古籍出版社影印北京圖書館藏宋刻宋元遞修本，1980；又葉林宗影宋鈔本（現藏臺北國家圖書館）。
《經典釋文考證》，清・盧文弨著，附刻抱經堂本《釋文》後。
《經義考補正》，清・翁方綱著，臺北：廣文書局影印《粵雅堂叢書》本，1968。
《經義述聞》，清・王引之著，《經解》本。
《漢學師承記》，清・江藩著，商務印書館《叢書集成初編》本。
《爾雅》，晉・郭璞注，〔臺北〕故宮博物院影印南宋國子監刻本；又《四部叢刊》景印瞿氏鐵琴銅劍樓藏宋刻小字本；又日本松崎復羽澤石經山房景宋本；又臧庸景刻元雪窗書院本；另以伯二六六一號敦煌本《爾雅郭注》殘卷參校。
《爾雅正義》，清・邵晉涵著，《經解》本。
《爾雅注疏》，晉・郭璞注，宋・邢昺疏，臺北：藝文印書館影印南昌府學本；另以《續古逸叢書》景印吳興蔣氏藏宋刻單疏本參校。
《爾雅校勘記》，清・阮元著，《經解》本。
《爾雅郝注刊誤》，清・王念孫著，《殷禮在斯堂叢書》本。
《爾雅義疏》，清・郝懿行著，臺北：藝文印書館景印同治六年刊本。
《爾雅補郭》，清・翟灝著，《續經解》本。
《爾雅漢注》，清・臧庸輯，問經堂刊本，嘉慶七年。
《爾雅釋文校勘記》，清・阮元著，《經解》本。
《說文古本考》，清・沈濤著，上海醫學書局景印潘氏滂喜齋刊本，1926。
《說文段注箋》，清・徐灝著，臺北：廣文書局《說文叢刊》本，1972。
《說文校議》，清・嚴可均著，歸安姚氏重刊本，同治十三年。

《說文解字句讀》，清・王筠著，臺北：廣文書局《說文叢刊》本，1972。
《說文解字注》，清・段玉裁注，臺北：藝文印書館景印經韻樓本。
《說文解字校錄》，清・鈕樹玉著，江蘇書局刊本，光緒十一年。
《說文解字義證》，清・桂馥著，湖北崇文書局刊本，同治九年。
《說苑》，《四部叢刊》景印葛氏傳樸堂藏明鈔本。
《銅熨斗齋隨筆》，清・沈濤著，咸豐七年沈氏原刊本。
《儀禮正義》，清・胡培翬著，江蘇古籍出版社段熙仲點校本，1993。
《儀禮注疏》，漢・鄭玄注，唐・賈公彥疏，臺北：藝文印書館影印南昌府學本。
《廣雅疏證》，魏・張揖著，清・王念孫疏證，臺北：鼎文書局景印本，1972。
《論語注疏》，魏・何晏注，宋・邢昺疏，臺北：藝文印書館景印南昌府學本。
《禮記注疏》，漢・鄭玄注，唐・孔穎達正義，臺北：藝文印書館影印南昌府學本。
《禮記校勘記》，清・阮元著，《經解》本。
《魏書》，北齊・魏收著，北京：中華書局點校本。
《藝文類聚》，唐・歐陽詢等纂，北京：中華書局點校本，1965。
《釋名疏證補》，漢・劉熙著，清・畢沅疏證、王先謙補，臺北：鼎文書局影印本，1972。
《續一切經音義》，遼・釋希麟著，臺北：大通書局景印本（文中引用，簡稱「希麟音義」），1970。
《續修四庫全書總目提要》〔經部〕，北京：中華書局排印本，1993。
《曬書堂文集》，清・郝懿行著，《郝氏遺書》本，光緒十年。

二、近人論著

國立中央圖書館
1984 《中國歷代藝文總考》〔經部〕，國立中央圖書館。
黃焯
1980 《經典釋文彙校》，北京：中華書局。
陳鴻森
1997 〈續修四庫全書總目提要經部辨證（一）〉，《大陸雜誌》95.6。
蕭璋
1994 〈王石臞刪訂《爾雅義疏》聲韻謬誤述補〉，收於氏著《文字訓詁論集》，北京：語文出版社。

An Exegetical Study of Hao Yi-xing's *Er-ya Yi-shu*

Hung-sen Chen

Institute of History and Philology, Academia Sinica

Among the works of nearly one hundred Ch'ing scholars who studied *Er-ya*, Shao Jin-han's *Er-ya Zheng-yi* and Hao Yi-xing's *Er-ya Yi-shu* are most famous, and the latter has been generally considered superior but the evaluation may not be completely accurate.

Hao Yi-xing himself claims that his work is better than Shao's in the discussion of phonology and phonetic cloning and in the study of the plants, insects and animals. This claim is at least partly deflated by Xiao Zhang, a scholar from Mainland China, who points out many errors Hao Yi-xing made in his discussion of phonology and phonetic cloning. Whether Hao Yi-xing's study of the plants, etc. can withstand the scrutiny of modern experts remains to be seen.

This article is an exegetical examination of *Er-ya Yi-shu*, particularly Hao Yi-xing's effort proof-reading the text of *Er-ya* and Guo Pu's commentaries. The examination has uncovered several Hao Yi-xing's mistakes. It should be useful to students of *Er-ya* and ancient texts in general.

Keywords: *Er-ya*, Hao Yi-xing, *Er-ya Yi-shu*

出自第七十本第一分(一九九九年三月)

理雅各英譯《書經》及《竹書紀年》析論

劉家和　邵東方*

十九世紀著名西方漢學家、蘇格蘭傳教士理雅各 (James Legge, 1815-1897) 在一八六一至一八七二年間陸續發表了極有份量的英文譯注《中國經書》(*The Chinese Classics*)。理氏來華，本為傳播基督教，卻被中國傳統學術，尤其是儒家經典所吸引，致力於翻譯中國經書。《中國經書》第三卷為《書經》(*The Shoo King*)（其中包括《竹書紀年》），出版於一八六五年。理雅各譯注《書經》，乃是他克服了重重困難和融合了許多前人的研究成果之後所作出的一項重要學術成就，確為中國古典文獻的翻譯注釋開闢了不少新的途徑。本文旨在通過討論理雅各英譯《書經》和《竹書紀年》，以彰顯他對於中國學術史的貢獻。事實上，理氏譯注《中國經典》不僅屬近代西方漢學開山之作之列，向為國際漢學界所注重；而且對於中國的讀者而言，他所從事的工作也大有助於我們體會一位西方牧師對中國文化的理解。理氏譯注《書經》、《竹書紀年》的正面成果至今仍不失為學術參考的權威見解，而他的失誤之處對於我們也是一份珍貴的學術遺產，因為這些可以使後人從其中獲得經驗和啓發。從現代學術的眼光看，儘管理氏的英譯之中存在著一些誤解和誤譯，然而他所譯《書經》、《竹書紀年》迄今仍是唯一的英文全譯本，一直是西方漢學家從事研究的不可缺少的參考著作。並且他所提出的若干深思卓見，作為思想史之寶貴資料，仍然值得我們繼續思考。

關鍵詞：理雅各 《書經》 《竹書紀年》 高本漢

---

* 北京師範大學史學研究所

Department of Religious Studies, Stanford University

一、引言

十九世紀著名西方漢學家、蘇格蘭傳教士理雅各 (James Legge, 1815-1897) 氏在一八六一至一八七二年間陸續發表了極有份量的英文譯注《中國經書》(*The Chinese Classics*)。理氏來華本爲傳播基督教，卻被中國傳統學術，尤其是爲儒家經典所吸引，而致力於翻譯中國經書，向西方介紹中國文化。《中國經書》第三卷爲《書經》(*The Shoo King*)（其中包括《竹書紀年》），出版於一八六五年。《書經》或稱《尚書》是中國傳統文獻中時代最早、而且最爲難懂的古書。然而作爲中國儒家最重要的經典之一，《書經》對於中國傳統文化有著很深的思想影響。如果人們想研究或者翻譯《書經》，還會遇到一些比研究其他儒家經典更大的困難。這是因爲，《書經》不僅有今古文之分的問題，還有其他經書所沒有的有關篇數多少和文本真僞的問題。理雅各譯注《書經》乃是他克服了重重困難和融合了許多學者的研究成果之後所作出的一項重要學術成果，確爲中國古典文獻的翻譯注釋開闢了不少新的途徑，在西方漢學研究的歷史上，具有劃時代的重要意義，所以「自行世以來即已成爲西方有關中國學術的經典作品，至今不能廢」。[1] 凡是讀過理氏譯注的人，都不能不驚服他那種一絲不苟的樸實學風。作爲學術晚輩，我們對這位早期西方漢學家不能不肅然起敬。儘管人們可以向他的學術表示不同的意見，但決沒有人能夠完全不理會他所譯《中國經書》。事實上，理氏不僅以譯注《中國經典》蜚聲於西方學術界，而且對於中國的讀者而言，他所從事的工作也恰好反映了西方漢學在十九世紀的一項重要成就，象徵著西方學者傳佈中國文化的一個重要里程碑。在這一方面，他的成績可以說是非常輝煌的，其學術價值是不可否認的。

作爲二十世紀末的學者，不論是中國人或者是西方人，祇要看了理氏這一部譯作的目錄，大概都會發生這樣一些疑問：理氏翻譯《書經》，爲什麼把《竹書紀年》也附帶譯在一起呢？[2] 如果說理氏翻譯《春秋》時附入《左傳》是有中國

---

[1] 余英時，〈香港與中國學術研究——從理雅各和王韜的漢學合作談起〉，《歷史人物與文化危機》（臺北：東大圖書公司，1995），頁141。

[2] 這裡需要指出的是，理雅各所譯《竹書紀年》實際上是後人重編的《今本竹書紀年》。清代中期以後，由於對明刻《竹書紀年》通行本的辨僞，學術界始稱汲冢出土的《竹書紀年》爲《古本竹書紀年》，而稱明刻本爲《今本竹書紀年》。爲便於行文的起見，本文仍稱《今本竹書紀年》爲《竹書紀年》，而稱清代和現代學者的輯本爲《古本竹書紀年》。

經學傳統的依據的，那麼翻譯《書經》而附入《竹書紀年》則沒有先例了。何況《竹書紀年》本身還有其真僞之辨的問題。再則，理氏所譯的是《書經》五十八篇，而不僅僅是二十八（或二十九）篇（即所謂《今文尙書》）。[3] 宋代以降就有學者懷疑二十八篇以外各篇爲僞書（所謂僞《古文尙書》），至清代閻若璩(1636-1704)《尙書古文疏證》及惠棟 (1697-1758)《古文尙書考》問世，《古文尙書》爲僞這一問題已經基本定案。其間毛奇齡 (1623-1713) 撰《古文尙書冤詞》，力求反駁，實已無濟於事。可是理氏爲什麼還堅持這樣作呢？據我們所知，理氏並不是由於對中國經學的無知才如此作的。他在此書的〈緒論〉(Prolegomena) 中，以毛奇齡之說爲據，主張《古文尙書》不僞。而關於《竹書紀年》，清儒王鳴盛 (1722-1797)、錢大昕 (1728-1804)、崔述 (1740-1816) 及《四庫提要》作者等皆有辨僞之文。但是理氏仍取陳逢衡 (1778-1855) 所言《竹書紀年》爲真之說立論。理氏爲《古文尙書》和《竹書紀年》辯護之詞，見其英譯本的〈緒論〉之中。理氏對此二書的文獻考證，我們別有所考，因非本篇所重，在此不贅論。有興趣的讀者不妨參閱理氏的〈緒論〉，自可分辨其考證的得失所在。

在這裡需要特別指出的是，理氏譯注《書經》（包括《竹書紀年》）之所以迄今仍受到西方學術界的重視，正是因爲它具有其他譯注本所不能取代的重要作用。如瑞典學者高本漢 (Bernard Karlgren, 1889-1978) 的《尙書注釋》（*Glosses on the Book of Documents*，1948-1949年出版）和《尙書》英文節譯本（1950年刊行）祇包含今古文皆有之篇，對於僞《古文尙書》二十五篇，則不予收錄注解。高本漢譯注《尙書》雖因晚出而精於理氏之作，不過高氏僅注解了部分條目，亦非《尙書》全譯，所以無法取代理氏的譯注本。理氏所翻譯的《古文尙書》並不因爲其爲僞書而毫無價值。應該說，《古文尙書》仍是研究晉代以降儒家思想的一項重要資料，而且其中所引若干先秦文獻亦有一定的參考價值。從這個角度看，西方學者如有欲辨《尙書》今古文真僞者，則理氏譯本無疑爲研究之必備。

---

[3] 今文《尚書》二十八篇，篇目俱在，即：〈堯典〉、〈皋陶謨〉、〈禹貢〉、〈甘誓〉、〈湯誓〉、〈盤庚〉、〈高宗肜日〉、〈西伯戡黎〉、〈微子〉、〈牧誓〉、〈洪範〉、〈金縢〉、〈大誥〉、〈康誥〉、〈酒誥〉、〈梓材〉、〈召誥〉、〈洛誥〉、〈多士〉、〈無逸〉、〈君奭〉、〈多方〉、〈立政〉、〈顧命〉、〈費誓〉、〈呂刑〉、〈文侯之命〉、〈秦誓〉。而《史記》、《漢書》都說有二十九篇。至於另一篇是什麼，學者迄無定論。參閱蔣善國，《尚書綜述》（上海：上海古籍出版社，1988），頁21-28。蔣氏以爲另一篇即〈泰誓〉，也不能作定論。

至於《竹書紀年》，近年來海內外頗有爲之辯護者，[4] 此書真僞的討論亦可說是一學術熱點。因此，理氏所譯《竹書紀年》的現實價值自然應當刮目相看了。

理氏英譯《書經》和《竹書紀年》問世一百多年來，尚未見有專文論其得失，因此我們擬在這篇文章裡對之加以討論，主要涉及以下兩個問題：

第一、關於理氏譯注中的思想。在英譯《書經》和《竹書紀年》這兩部書時，理氏是有其思想上的背景的；他在論述中國上古歷史的時候也體現了同樣的思想認識。從其從事翻譯的時代著眼，我們在分析理解理氏思想產生的緣由時，理應指出其中富有遠見的積極成分；同時，我們將對於理氏思想中在今天看來已經不能成立的若干觀點加以評析，而對他已經涉及、但尚未充分闡述的中國傳統中有益的文化資源則將作適當的發揮。

第二、理氏的英譯文業已經過了一百多年，儘管他的翻譯有其當時所參考的文獻作爲根據，其貢獻是不可否認的。不過現在我們有必要根據近百餘年來學術的發展，來重新檢討一下理氏所參考過的文獻資料，並適當舉例說明其譯文的成績與局限。高本漢對《書經》的注釋，頗爲西方近代學者所推重，故本文亦引高氏之說與理氏的譯注相比較，以便更清楚地顯示理氏此書的特點。

在論述具體問題之前，我們首先想對理氏爲什麼採用《書經》這一名稱作一點說明。在先秦時期，孔子和其他諸子引用《書經》文字時都祇稱之爲《書》，或者指出是何代之書，或者說明所引篇名，而無《尙書》或《書經》之稱。到了漢代，開始出現以《書》爲《尙書》的專名。例如司馬遷（前145－前86）在《史記》〈三代世表〉裡說到《尙書》兩次，而《史記索隱》引曰「尙猶久古也」，所以《尙書》即上古之書的意思。[5]《書經》各篇皆先秦時期的文獻，漢代人稱之爲《尙書》是很自然的。在以後相當長的時期內，《書》和《尙書》兩個名稱的並用一直沿襲。唐代初年官修《五經正義》，其中注釋《書經》的那一部仍然稱爲《尙書正義》。下逮宋代，學者們不僅在著述時稱《書》或《尙書》，而且在口頭對話中也是如此，《朱子語類》裏的記錄便是明證。[6] 現在通行的蔡沈

---

[4] 關於這一問題的討論，可以參看陳力，〈今本《竹書紀年研究》〉，《四川大學學報叢刊》28(1985)：1-9；Edward L. Shaughnessy, "On the Authenticity of the *Bamboo Annals*." *Harvard Journal of Asiatic Studies* 46.1 (Nov. 1986): 149-180; David S. Nivison, "The Key to the Chronology of the Three Dynasties: The 'Modern Text' *Bamboo Annals*," *Sino-Platonic Papers* 93 (January 1999): 1-68.

[5] 司馬遷，《史記》卷一三（北京：中華書局，1959），頁487-488。

[6] 參看黎靖德編，《朱子語類》卷七八至七九（北京：中華書局，1986），頁1977-2064。

(1167-1230) 注《書經集傳》（以下稱蔡傳），原本的名稱是《書集傳》，蔡氏爲此書作的自序中即如此題名的。明初官修的《書傳大全》雖未稱《書》爲《書經》，[7] 可是當時不少學者研究《尚書》的著作已經採用《書經》這一名稱了。如吳澄爲董鼎《尚書輯錄纂注》所作之序即稱《尚書》爲《書經》。[8] 及至淸代，儘管《書》和《尚書》這兩個名稱繼續並用，但是官修的《欽定日講書經解義》和《欽定書經傳說彙纂》都正式以《書經》作爲《尚書》的稱謂了。[9] 既然《尚書》早就被當作經，稱《書經》當然也是很正常的事。理氏旅居淸代晚期的香港，當時中國學者習慣上都稱《尚書》爲《書經》，他自然也就照此題名了。我們作這一點說明，一是想讓讀者了解一下《尚書》的名稱演變的大致過程，二是想說明理氏祇不過採用了此書當時通用的名稱，而並非特別尊稱它爲「經」。爲了行文的方便，我們這篇文字在涉及理氏譯注時，也使用《書經》的名稱。

二、關於理氏譯注《書經》的思想

理氏譯注《書經》，不僅是翻譯之作，更重要的是發表其思想之作；在此書的〈緒論〉討論中以至選材過程中，其思想的體系都有顯著的表現。以下分爲兩個方面來論述：

（一）關於理氏編譯此書的選材用意

1. 理氏翻譯《書經》爲何兼選《竹書紀年》

理氏翻譯《書經》並在其〈緒論〉中加譯了《竹書紀年》，這是有其思想上的原因的。直接地說，《書經》所載都是單篇文字，既無明確的年代說明，也無法從中疏理出一個歷史的年表來。對理氏來說，這不能不是一個遺憾。他在〈緒論〉中說：

以下引版本同。

[7]《書傳大全》（十卷）是明代胡廣 (1369-1418) 等人奉敕編撰的《五經大全》之一。此書後來收入《四庫全書》時改稱《書經大全》，然而《四庫提要》仍稱《書傳大全》。

[8] 見朱彝尊，《經義考》，《四庫備要》冊一二（北京：中華書局，1998），頁470。

[9] 前書爲康熙皇帝 (1654-1722) 所定，後書爲雍正皇帝 (1678-1735) 所定。

> 可以説，《書經》沒有年代的安排和順序。……就目前的版本而言，它祇記載了早期王朝的少數君王，而且僅有其中兩三個君主的在位時間。不過，即便其所記是完備的，但《書經》卻沒有一個包括中國所有君主的名單，也沒有他們各自在位的年數。[10]

理氏是一位很重視歷史年代學的學者，爲此他以〈緒論〉的第三章專門討論了《書經》中的年代問題，還特邀天文曆法專家湛約翰 (Rev. John Chalmers, 1822-1899) 撰寫一篇關於中國古代天文曆法的文章作爲附錄。[11] 理氏在此章討論《書經》中的年代問題時，一再引用《竹書紀年》的材料，來與其他文獻材料作比較的研究。理氏雖然並不完全相信《竹書紀年》中所記的年代，但是對他來說，以《竹書紀年》作爲與《書經》相對比的文獻材料，對於理解中國上古的歷史還是相當有用的。由此他產生了翻譯並介紹《竹書紀年》的動機。

問題尚不止於此，理雅各決定翻譯《竹書紀年》，更是基於深一層思想上的考慮。[12] 理氏雖認爲《竹書紀年》在以干支紀年和各朝積年方面存在著一些問題，不過此書在記堯、舜、禹的史事方面卻比《書經》所記更爲可信。以下兩個重要的事例說明了理氏的看法：

第一、理氏十分重視《竹書紀年》所載禹的事跡，儘管其記載簡略而有限。他說：

> 在《紀年》中，禹的工作僅限於治理黄河。堯指定給禹的工作，並不比大約一百年後禹的一位繼承人少康指定給商侯的工作更爲重大。……沒有説到廣大範圍内的災害性的洪水，沒有説到禹治山，治全國的地面，或者治黄河以南的任何一條河流。[13]

可是在《書經》裡卻有這樣的內容，這明顯是把大禹治水的功績過度誇大了。

第二、按照《書經》的記載，舜的政府裡有著完美的機構和二十二位大臣，而在《竹書紀年》裡則祇提到禹和臯陶兩個人。理氏以爲，《書經》裡所說那樣的舜的政府，顯然是後世那些「不顧人類進步規律」（regardless of the laws of

---

[10] 理雅各，〈緒論〉(Prolegomena)，《中國經書》(*The Chinese Classics*) 卷三，《書經》(*The Shoo King*)（香港：香港大學出版社，1960），頁81。以下引版本同。

[11] 湛約翰 (Rev. John Chalmers)，〈古代中國人的天文學〉(Astronomy of the Ancient Chinese)，《中國經書》卷三，《書經》，頁90-104。

[12] 理雅各，〈緒論〉，《中國經書》卷三，《書經》，頁105。

[13] 理雅各，〈緒論〉，《中國經書》卷三，《書經》，頁182-183。

human progress，他並未使用在當時歐洲盛行的“evolution”一詞）的人爲了把遠古說成「黃金時代」而編造出來的。[14]

《書經》把遠古的部落首腦如堯、舜、禹等誇張成品德和才能都特別傑出的皇帝。在理氏看來，這種說法既違背了古代歷史的真實，又助長了中國儒家把遠古說成黃金時代的迷信。如此的記載可以說是充當了一種「哲學虛構的工具」(the devices of philosophical romance)，其後果對於中國人來說是很糟糕的。所以他寧可採取《竹書紀年》中對堯舜禹的簡略記述，也要破除儒家經典對於古聖先王的美化。他說：

> 我個人的研究和反思使我考慮到，我們在《書經》中所讀到的關於舜的秩序井然的政府和禹的貢獻實際上大部分是後人編造的。這些記載的目的在於抬高這些古代聖賢的品質和成就，並且在中國歷史的開端就把他們放置於超乎人類的智慧和能力的崇高極峰之上。我爲我自己的觀點能在《竹書紀年》中得到印證而感到欣慰。[15]

如果說康有爲 (1858-1927) 在一八九七年出版的《孔子改制考》中開始懷疑「三代文教之盛」，[16] 那麼在這一點上，理雅各又比中國儒家學者似乎提早「覺悟」了幾十年。理雅各爲什麼會有這樣的認識呢？應該說這與理氏本人在蘇格蘭哲學和史學上的深厚修養有關，故他能夠自覺地對這一問題進行近代的詮釋。[17] 以《書經》和《竹書紀年》相較，理氏評論曰：

> 這兩部書之間有許多共同之處，其原因無非是，兩本書的作者都是根據同樣的史料進行寫作的，不管他們可能會增添什麼樣的史實。不過，《紀年》中的具體內容恰當地記述了書中的人物和他們的事跡。我們通過《紀年》，了解到了成長中的部落首領，而不是組織結構健全的龐大帝國中的皇帝。[18]

---

[14] 理雅各，〈緒論〉，《中國經書》卷三，《書經》，頁184。

[15] 理雅各，〈緒論〉，《中國經書》卷三，《書經》，頁183。

[16] 康有爲，《孔子改制考》（北京：中華書局，1958），頁1。

[17] 關於這個問題，可看 Lauren F. Pfister, "Some New Perspectives on James Legge's Multiform English Translations of the *Chinese Classics* and *Sacred Books of China*," paper presented in the "Symposium of the 70th Anniversary of the Department of Chinese of the University of Hong Kong" (December, 1997).

[18] 理雅各，〈緒論〉，《中國經書》卷三，《書經》，頁182。

理氏並非憑空發表議論。蘇格蘭史學家喬治・布察南 (George Buchanan, 1506-1582) 的「批判史學」觀點曾對理氏論學有莫大的啓發，這是研究理氏的學者所共知的。[19] 理氏重視《竹書紀年》正是出於近代西方史學傳統的需要。至此，我們就能理解理氏爲什麼冒著使用僞書的危險而去翻譯《竹書紀年》了。理雅各在〈緒論〉的結尾處寫道：

> 即使可以證實（實際是不可能的），《紀年》是晉代人僞造的，那麼事實仍將是，與任何一個紀年的作者相比，造僞者對其國家的歷史都採取了一種比其他史家的見解更合乎情理的態度。恕我冒昧揣測，這一論點可以普遍被西方質疑者所接受。[20]

這裡必須指出，儘管理雅各以《竹書紀年》爲可靠的記載，而不相信《書經》稱上古爲「黃金時代」的說法，但他也沒有完全接受《古本竹書紀年》對中國古代的看法（他甚至認爲這些並非《紀年》的原文，而是屬於《瑣語》的內容）。《古本竹書紀年》所載與儒家傳統說法頗有出入。如堯、舜、禹禪讓事，在儒家經典裡說得確乎其實，而《古本》則以爲是相互篡奪；又如伊尹與太甲之事，儒家傳說太甲有過，伊尹廢之，三年後太甲悔過，伊尹又迎他復位；而《古本》則以爲是他們二人相囚相殺。[21] 凡此種種，都說明《古本》與儒家經典在思想傾向上的對立。理氏注意到了這些與傳統說法違異的記載，他在翻譯《竹書紀年》「帝禹夏後氏」條時，特別加了一個注：

> 一些從汲冢出土的竹書其他部分而來的內容怪誕的段落被認爲是屬於《竹書紀年》，而這些段落對堯與舜之間的關係的記載與傳統說法大爲相異。比如說舜推翻了堯，並將堯囚禁；舜曾一度讓丹朱即位，後來又取代了他。在此之後，舜也不允許堯、丹朱父子之間有任何的聯繫。[22]

不過理氏並沒有對這個問題予以特別的重視，看來這與他相信《竹書紀年》爲真書有些關係。也正因爲此，他無法認識到，無論對《古本》的記載持肯定或否定的態度，上述的說法體現了成書於戰國時代的《竹書紀年》原本的內容。而其思

[19] 參見 Lauren F. Pfister, "Some New Perspectives on James Legge's Multiform English Translations of the *Chinese Classics* and *Sacred Books of China*," p. 17.

[20] 理雅各，〈緒論〉，《中國經書》卷三，《書經》，頁183。

[21] 關於「古本」和「今本」《竹書紀年》在思想傾向上相異的討論，可參閱邵東方，〈從思想傾向和著述體例談《今本竹書紀年》的眞僞問題〉，《中國哲學史》3(1998)：89-104。

[22] 理雅各，〈緒論〉，《中國經書》卷三，《書經》，頁116。

想傾向與和戰國法家視古聖先王爲陰險狡猾、奪利爭權之人的說法頗有相似之處，也是無法抹煞的事實。當然，法家這樣的看法顯然有其片面性，因爲從原始社會的思想來觀察，古人畢竟還有其純樸的一面。這大概也是一個無法否定的歷史事實。

2. 理氏翻譯《書經》爲何仍收《古文尚書》

理氏所譯《書經》凡五十八篇，即唐修《五經正義》以來的傳統《尚書》篇目。此五十八篇中，蔡沈謂「今古文皆有」者三十三篇，「今文無、古文有」者二十五篇。自宋代起即有人懷疑其中僅爲「古文」所有的部分，到元代吳澄(1249-1333) 作《書纂言》，[23] 僅收今古文皆有的篇目，而不收《古文尚書》的二十五篇。經過清代前期閻若璩、惠棟的辨僞之後，江聲 (1721-1799) 作《尚書集注音疏》，王鳴盛作《尚書後案》，段玉裁 (1735-1815) 作《古文尚書撰異》，孫星衍 (1753-1818) 作《尚書今古文注疏》，他們所收所注的都是祇收今古文皆有的各篇，而一概不收《古文尚書》的二十五篇。理氏此書引用書目中都開列了以上各書，但是他不同意這些學者的意見，還是把《古文尚書》的二十五篇都收進來並譯爲英文。那麼，理氏爲什麼這樣作呢？從其〈緒論〉可以看出，這與理氏信從清代學者毛奇齡 (1623-1713) 不以《古文尚書》二十五篇爲僞的觀點有關。[24] 既然在他眼裡，《古文尚書》是一部真書，當然也就不存在將其刪落的可能。

不過，問題還不僅於此。理氏在〈緒論〉中也曾一再引用《古文尚書》的一些篇章，來說明其「直至周代以前，堯、舜尚未以聖君的面目出現」的主張。[25] 例如，他引用了《古文尚書》中《夏書》〈五子之歌〉中的「惟彼陶唐，有此冀方。」[26] 接著就表達了以下的見解：

> 對他〔堯〕的描述使我們了解了最早期的歷史真相。堯並非是統治「萬邦」的皇帝，而是一位在黃河以北有其地位、統治冀方的君主或酋長。我們可以懷疑，堯的權力是否擴展到了後來被稱爲冀州的整個地域，不過，

---

[23] 已由清代納蘭性德 (1654-1685) 收於其所編《通志堂經解》中。理氏所列引用書目(8)稱《今文尚書纂言》，是因爲此書未收《古文尚書》，所以特別加以標明。

[24] 理雅各，《中國經書》卷三，《書經》，頁40-41。

[25] 理雅各，《中國經書》卷三，《書經》，頁50-52。

[26] 理雅各，〈緒論〉，《中國經書》卷三，《書經》，頁159。

> 他的權力尚未遍及黄河以南的地區，更沒有達到黄河以西的地方，即現在的陝西和山西省。[27]

「今文」的〈堯典〉說到了堯能「協和萬邦」，所顯示出的乃是一種泱泱帝國的氣象。我們知道，十八世紀以來，「進步」成爲西方思想的一個中心觀念，即人類社會是由落後野蠻向先進文明進步而來的。依照這種觀點，理氏認爲，在堯、舜的遠古時代不可能出現那樣龐大的國家，而祇能存在一些小邦或部落，它們的領袖們也就不可能是什麼大帝國的皇帝，而祇能是一些小邦或部落的君主或酋長。正因爲如此，理氏自然不會贊同儒家的古勝於今的歷史觀，毋寧相信「古文」的〈五子之歌〉裡的話了。

又如，理氏從《古文尚書》的〈周官〉看出了堯、舜時期與夏、商時期的官員在數量上的差別，他說：

> 在〈周官〉篇裡，堯的國號爲唐，舜的國號虞，他們所擁有的官員的人數遠不如夏、商時期爲多。[28]

其實，〈周官〉說：「唐虞稽古，建官維百。內有百揆、四岳，外有州牧、侯伯，庶政惟和，萬國咸寧。夏商官倍，……」[29] 這段記載對堯、舜時期的政府機構與統治範圍已經作了相當大的誇張。理氏卻僅以「夏商官倍」這一句話，便來說明中國的歷史是在進步著的。對他而言，夏商時代比堯舜時代的機構複雜化了，而這種現象體現了一種社會的進步。理氏自已雖未特別說明《古文尚書》要比《今文尚書》更具有人類進步的思想，不過從以上所舉的例子來看，他引《古文尚書》的某些說法，顯然是爲了符合他所理解的「歷史進步」的觀點。儘管現在我們已經不認爲《古文尚書》是真書，也不認爲理氏以《古文尚書》作爲其人類歷史進步的觀點的論據是正確的，但是我們必須承認，理氏因不受儒家的正統思想所限，在否認所謂遠古黃金時代說的方面，是走在當時的中國學者前面的。從本文研究的時代背景著眼，他所提供的這種具有啓發意義的思想，無疑是有助於中國學者破除他們自已對儒家經典的迷信的。

---

[27] 理雅各，〈緒論〉，《中國經書》卷三，《書經》，頁51。按山西省並非在黄河以西，理氏在此處有所疏忽。

[28] 理雅各，〈緒論〉，《中國經書》卷三，《書經》，頁51。

[29] 理雅各，〈緒論〉，《中國經書》卷三，《書經》，頁525-526。

（二）理氏對《書經》及其時代的論述與所體現的思想

1. 關於《書經》的文獻分類問題

理氏不像當時中國的主流派經學家那樣，把《書經》分成「今文」（實際是今古文皆有者）和「古文」（實際是僅爲「古文」有而今文無者）兩個部分，以「今文」經爲真，以「古文」經爲僞。清代經學家之所以有這樣的區分，是因爲《今文尚書》是漢初已有的先秦古書（對此他們就沒有再作成書時代的區分），而《古文尚書》則是晉代晚出的書。理氏則採取了另外一種分類和區分的方法。我們知道，《書經》通常被按朝代分爲「唐書」、「虞書」、「夏書」、「商書」和「周書」五種，理氏卻按其內容的可信程度，把前兩種和後三種分爲兩類。他認爲前兩種（即「唐書」和「虞書」）的大部分內容都是傳說性的，而後三種則比前二者更爲可靠，具備了歷史的性質。理氏之所以這樣區分的理由是，關於堯和舜的記載顯然都是傳說性的，[30] 而禹則是中國第一位具有歷史性的統治者；禹建立了夏王朝，使中國從部落過渡到國家，這是他與堯、舜根本不同的地方。[31] 理氏的這種區分方法使我們想起與理氏同時代而長其一輩的英國著名歷史學家喬治·格羅特 (George Grote, 1794-1871)，他在其名著《希臘史》（*A History of Greece*，共十二卷，出版於1846-1856年間）裡就是把古希臘史分爲傳說時代和歷史時代來處理的。格羅特的分期法爲當時歐洲的學者所普遍接受，所以看來理氏很可能是受了格羅特觀點的影響。不過，理氏對於第二類中的三種書又作了具體的區分：（1）《書經》中與堯、舜並提的禹，尤其是〈禹貢〉篇中有關禹的事跡，都是傳說性的、並被誇大了的；[32]（2）大概從成湯起，便開始有了歷史記載的某種可信基點；（3）而《書經》中的周代部分，則是與所述事件同時的作品。[33]

從理氏對於《書經》所作的文獻分類來看，如果說他不信《古文尚書》爲僞書是一個學術上的失誤的話，那麼他對於今古文皆有的《尚書》各篇章所作的時代區分卻是一項出色的學術貢獻。清代學者之所以敢於懷疑《古文尚書》爲僞，那是因爲，一旦能夠證明其爲僞書，《古文尚書》便不復爲經書；既然它已經不

---

[30] 理雅各，〈緒論〉，《中國經書》卷三，《書經》，頁53-54。

[31] 理雅各，〈緒論〉，《中國經書》卷三，《書經》，頁55-56。

[32] 理雅各，〈緒論〉，《中國經書》卷三，《書經》，頁54-67。

[33] 理雅各，〈緒論〉，《中國經書》卷三，《書經》，頁48。

再是經書，對之加以評判當然也就不存在褻瀆的罪名。對於今古文皆有的《尚書》，情況就不同了。由於知道它是一部真書，這就表明此書仍具有經書的權威，其內容本身自然就是神聖不可侵犯的了。對於經書的內容，還要分析其不同的可信層次，這一點在清代學者來說是不大敢想像的。例如，清代以善於疑古而著稱的學者崔述，敢於懷疑僞《古文尚書》，將它棄置不用。可是在他所撰《唐虞考信錄》和《夏考信錄》裡，今古文皆有的《尚書》〈堯典〉、〈皋陶謨〉、〈禹貢〉等篇是被當作第一手的可信材料來使用的。這實際上是他篤信儒家經典權威的結果，所以他的疑古仍不出儒學傳統之範圍，也就不能對被視爲真書的《尚書》再作具體成書年代及可信性程度的理性判斷和分析。理氏則因非儒家信徒而無此方面的顧慮。此外，理氏的思想曾受到十九世紀蘇格蘭常識學派 (School of Common Sense) 的感染（他早期的哲學訓練主要是這一派的哲學），[34] 這使他能夠對儒家經典持一種批判性的態度。理氏對於今古文皆有的《尚書》各篇的成書時代分析，在中國卻要等到「五四」以後的一九二三年，顧頡剛 (1893-1980) 致胡適 (1891-1962) 的〈論《今文尚書》著作時代書〉才重新提上討論日程。[35] 如果計算一下時間的話，這一封信比理氏之書晚出了約半個世紀，而這半個世紀恰恰是中國學者從儒家經典權威的籠罩下走出來的半個世紀。

2. 如何認識《書經》所記時代的歷史內容

我們已經指出，理氏在把《書經》文獻分爲兩部分的同時，也就把《書經》所記的時代也分成了傳說時代和歷史時代兩部分；前者指堯舜時代，或部落時代，後者指夏商周三代的時期，即已經由部落轉化成了國家的時代。關於《書經》所記時代的歷史內容，理氏在英譯此書的〈緒論〉專門寫了第五章「中華古帝國」。[36] 現在擬就這一章的內容討論以下三個問題：

第一、關於中國人和「中國」一詞的來源。

理氏認爲，中國人是在公元前二千年代間出現在中國大地上的，而這些中國人的部落則是從西方經過中亞地區東來的。[37] 理氏所接受的是當時頗爲流行的中

---

[34] 參看 Lauren F. Pfister, "Some New Perspectives on James Legge's Multiform English Translations of the *Chinese Classics* and *Sacred Books of China*," pp. 12-15.

[35] 顧頡剛，〈論《今文尚書》著作時代書〉，《古史辨》冊一（北平：樸社，1926），頁200-206。

[36] 理雅各，〈緒論〉，《中國經書》卷三，《書經》，頁189-200。

[37] 理雅各，〈緒論〉，《中國經書》卷三，《書經》，頁189-200。

國人西來說，所以這並不足怪。不過，經過近幾十年的考古發現的證明，大家都已知道，中國文明有著自己的新石器時代以至舊石器時代文化的悠久淵源，根本不是在公元前二千年代從西方遷來的。[38] 在這個問題上，理氏因未及趕上出現這些考古學成就的時代，他的不少看法顯然是過時了。

理氏在論述中國上古國家政治體制時說到，在由部落轉化而來的諸小邦之上，有一個大邦，而它成了整個「封建帝國」的首腦。他說：

> 被認定爲帝國的中央之邦的，就是最高統治者自己的領地，也是這個帝國範圍內的各封建邦國中最大的一個。[39]

緊接著這句話，他就作了一條注說：「『中國』這個名稱來源的真正含意就是位於『中心之國』、『中心之邦』。」[40] 按照理氏這樣的理解，「中國」一詞從它的淵源上便具有一種政治上的優越感，也就是把自己視爲其他國家的宗主，而把其他國家視爲自己的附屬國；或者說，把自己視爲天子，而把其他國家視爲諸侯。這一點很容易引起當時西方國家的反感，因爲它們把對於清朝政府以「天朝」自居的盲目自大態度的反感，同這個詞語聯想在一起了。看來正是由於這個緣故，理氏在此特別強調了「中國」這個詞的來源。

這裡必須指出，理氏對於「中國」一詞來源的說明並不準確，而且「中國」一詞本身也並不具有那種的政治上唯我獨尊的意思。按「中國」一詞，在不同歷史時期和不同文獻裡是有不同涵義的，這裡我們祇想作一些簡單的說明。按「國」字古又作「或」，「或」的下面是「一」，表示地平線；地面上是一個「口」，表示一個城；再上面是一個「戈」，表示有人持武器（戈）在保衛這座城。所以，「國」本來就是城，有武裝保衛的城。「國」字在古代還與「邦」字、「邑」字同義互訓；因爲邦從「邑」，「邑」的上半部是一個「口」，表示一座城，下面原本是一個「人」（小篆變爲節），所以都是人所居住的城。而「中國」一詞本來的意思就是「國中」，也就是「城中」。例如，《孟子》〈公孫丑下〉云：「我欲中國而授孟子室。」齊宣王所說的這句話意爲：「我想在都城當中，授予孟子一座房屋。」[41] 又《孟子》〈離婁下〉曰：「遍國中無與立談

---

[38] 參看《新中國的考古發現和研究》（北京：文物出版社，1989），頁1-210。

[39] 理雅各，〈緒論〉，《中國經書》卷三，《書經》，頁198。

[40] 理雅各，〈緒論〉，《中國經書》卷三，《書經》，頁198。

[41] 理氏在譯《孟子》時把這裡的「中國」譯爲 "in the middle of the kingdom"，見《中國經書》卷二，頁226，這並不合原意。

者。」這裡的「國中」就是「城中」，意思是在整個城裡，都沒有一個人站住和他說話的。[42] 鄭玄在注《周禮》的時候也常常把「國中」注爲「城中」。例如《周禮》〈司士〉「掌國中之士治」注等等。在上古一個個以城爲中心的小國中，「國中」等於「城中」等於「國內」或「本國」的意思。（當然，也應當指出，隨著以後國家範圍的不斷擴大，「中國」或「國中」所指的地理範圍也是逐漸擴大的。）這應該說是「中國」一詞的最初的源頭，而在這樣的源頭裡並不含任何政治上自大的意思。

那麼，在《書經》本身裡「中國」一詞是否有理氏所說的那種高居其他諸侯國之上的天子之邦的意思呢？現在讓我們來作一點具體的分析。《書經》中衹有兩次提到「中國」或「中邦」。其一，成書於西周早期的《周書》〈梓材〉篇中有句云：「皇天既付中國民越厥疆土於先王。」這句話的意思就是：「上天既然把國中（或作『全國以內』）的人民和土地都交付給了先王。」在此處，「中國」即指「這個國家」，並沒有相對於任何其他國家或民族而言的意思。理氏把此處的「中國」譯爲 "this Middle kingdom"，[43] 使它成爲一個專有名詞，嚴格地說是不確切的。其二，雖爲《夏書》而實際成書於戰國時代的〈禹貢〉中有云：「成賦中邦」。[44] 據《欽定書經傳說彙纂》引蔡傳云：「中邦，中國也。蓋土賦或及於四夷，而田賦則止於中國而已。故曰成賦中邦。」[45] 理氏把這裡的「中邦」譯爲 "the Middle region"，[46] 並於注中引胡渭 (1633-1744) 之說，以爲「中邦」即下文所說的五服之前三服。[47] 這些解釋都是相當有道理的。可見此處的「中邦」已經是有所針對而言的了。不過，很明顯，這裡也還沒有任何對於「中邦」以外地區歧視的意思。我們之所以作這樣的分析，並非企圖證明在後來、尤其是明清時期的統治者在用「中國」一詞時也毫無政治上的優越感之意，而衹是試圖說明，「中國」一詞絕非從一開始就具有那種自大的意思，也不能說這個詞本身就具有自大的意思。

---

[42] 理氏將這裡的「國中」譯爲 "the whole city"，見《中國經書》卷二，頁341。理氏對於這裡的「國中」的譯文是正確的。

[43] 理雅各，《中國經書》卷三，《書經》，頁418。

[44] 這是按所謂「孔安國傳」的解釋斷句，如按鄭玄說則應斷爲「中邦錫土姓」。此處且從理氏所取之說。

[45] 蔡沈，《書經集傳》，《景印文淵閣四庫全書》冊五八（臺北：臺灣商務印書館，1986），頁602。以下引版本同，簡稱《四庫全書》。

[46] 理雅各，《中國經書》卷三，《書經》，頁141。

[47] 理雅各，《中國經書》卷三，《書經》，頁142。

理氏對於這一方面的論述皆見於本書〈緒論〉第五章第五節中。[48] 他是這樣討論早期國家的發生過程的：

> 當首領的尊嚴發展到君權之時，中國人的部落也發展成為一個國家，一種被認為是封建帝國的國家形式。[49]

為什麼會形成這樣的帝國呢？在理氏看來，這是因為當時剛剛出現的帝國之力量還太薄弱，不足以防禦野蠻民族的入侵；所以各個小邦不能不建立起自己的軍事機構以自衛。從禹建立夏王朝開始，就給自己的部下分封了土地並賜以姓。不過，封建制度的發展和鞏固大約是到周朝才實現的，夏、商、周三代的王，從一方面來說，是本邦的君主，就像其他諸侯在他們的邦內一樣；從另一方面來說，又是各諸侯國的共同宗主，即天子。各個諸侯在自己的邦內就是一個小的國王，同時有權再分封自己的下屬貴族。

根據現存文獻的記載，夏、商、周三代王朝的相繼建立，都是由那些既有盛德又有武力的君主在既忠誠又能幹的大臣之輔助下實現的。可是他們的後繼者們照例總會逐漸變得昏庸懦弱，使得王權不振。這時諸侯們便乘機而起，各行其是，相互紛爭，而周邊的野蠻部落也起而進行侵擾。隨後又有傑出的君主起而進行一番振作，但是這種中興往往祇是曇花一現。按照《書經》的說法，夏、商兩代的末葉，都是經過長期衰弱狀態，而後忽然出了一個孔武有力的暴君，引起了人民的普遍不滿。在上天和人民都忍無可忍的情況下，此時便有累世積德的聖君起而革命，於是就建立起新的王朝。可是，理氏卻不相信這樣的儒家傳統的說法。他說：

> 這些說法無疑都經過了極大的誇張和附會。其實，桀和紂並不是窮凶極惡的魔鬼，湯和武王也不是美德的化身。很有可能的情況是，早期的朝代像周朝一樣，純粹是因為國力衰竭而相繼滅亡，而它們的最後一代君主也像赧王一樣，是意志薄弱的懦夫，而非暴君。[50]

理氏的這種看法並不是沒有來由的。對他早年影響甚大的蘇格蘭作家托馬斯・卡萊爾 (Thomas Carlyle, 1796-1881) 在《論英雄與英雄崇拜》(*On Hero and Hero-*

---

48 理雅各，〈緒論〉，《中國經書》卷三，《書經》，頁197-200。

49 理雅各，〈緒論〉，《中國經書》卷三，《書經》，頁197。

50 理雅各，〈緒論〉，《中國經書》卷三，《書經》，頁199。

Worship) 中宣揚「英雄史觀」，就不承認在歷史上有所謂的暴君存在。[51] 在中國，孔子的大弟子之一子貢也曾經說過：「紂之不善，不如是之甚也。是以君子惡居下流，天下之惡皆歸焉。」[52] 不過，應該指出的是，殷商在其晚期仍然是一個強大的國家，不僅傳統文獻中有很多材料可以說明這一點，如理氏所譯《竹書紀年》裡就有周武王的父親及祖父臣服於商王並遭受迫害的記載；[53] 而且本世紀七十年代在陝西省周原發現的甲骨文材料更充分地證明，周曾經是殷商屬下的一個「方伯」。[54] 先周的這種情況是絕對不能同東周晚期的周赧王相提並論的。所以我們不能把理氏這一類比的推理當作歷史的事實。需要特別說明的是，理氏和子貢在思想的基本傾向上是不同的。所不同的是，子貢祇懷疑桀、紂不如此之惡，而沒有懷疑湯、武是否如此之善，所以並未由此而懷疑到儒家經典所設定的湯、武以聖君革桀、紂暴君之命的理論體系；而理氏則從懷疑桀、紂不如此之惡，懷疑到湯、武不如此之善，於是從根本上懷疑到儒家關於古聖先王的整個理論體系了。

理氏不僅認爲關於古聖先王的說教是不切歷史事實的，而且也是沒有實際效用的。他注意到，孔子的理想在其時代未能實現，而孟子時的情況更加糟糕，所以孟子以仁政統一天下的理想也沒有能夠實現。古代的封建帝國在爭戰的血海中解體了，代之而起的是秦始皇（前259—前210）的武力統一；於是中國由原來的封建帝國變成了專制帝國 (despotic empire)，這種帝國延續了兩千多年，到理氏的時候正走上了其末路。理氏既看到了秦統一給中國帶來的成功，也注意到了這種專制帝國的問題及其不可避免走向衰落的後果，因此他主張從制度上來解釋朝代的興亡。這是頗有見地的，顯示出一種近代史家的開闊視野。

我們且不論理氏所說夏、商之末皆甚衰微是否符合歷史事實（看來與殷商晚期的實情不合，至於是否符合夏晚期的情況，目前尚無材料可以證明），這裡還留下一個值得人們思考的問題，那就是，儒家關於古聖先王的仁政理論既然沒有

---

[51] 參看 Philip Rosenberg, "A Whole World of Heroes," in Harold Bloom, ed., *Thomas Carlyle* (New York: Chelsea House Publishers, 1986), pp. 95-108.

[52]《論語》〈子張〉，理氏譯文見《中國經書》卷一，《論語，大學，中庸》(*Confucian Analects, The Great Learning, The Doctrine of Means*)，頁345-346。

[53] 理雅各，〈緒論〉，《中國經書》卷三，《書經》，頁138-139。

[54] 周原甲骨H11:82和H11:84中都有「周方伯」一詞。見陳全方，《周原與周文化》（上海：上海人民出版社，1988），頁61, 69。

在從封建帝國向專制帝國轉變中起到作用，那麼它是否就毫無價值可言呢？這個問題留待下面加以探討。

第三、關於上帝和王權關係的問題。

理氏在論述中國古代的宗教和迷信的時候，曾經描述了人們對於上帝或者天的信仰。他說：

> 根據上帝的旨意國王的職責是進行統治，諸侯的責任是頒行正義。所有的人都從屬於上帝制訂的法律之下，都要服從上帝的意旨。即便是普通人（劣者），上帝也賦予他們道德感，他們按照這種道德感行事，人們因此可以看出，他們的本性總是好的。所有的權力都來自上帝。他讓一個人登上王位，而讓另一個人退位。服從者必定會受到他的賜福，而不服從者則會被他詛咒。國王的職責是以公正和仁慈之心治理國家，使人民安居樂業。他們要爲所有當權者和萬民樹立榜樣。他們最大的成就，是能夠使人民遵循他們的道德觀認爲正確的道路行進。當他犯錯誤時，上帝會通過各種天罰的形式對他們提出警告：暴風雨、飢荒，及其他災難；如果他們執迷不悟，上帝就會對他們進行裁決。上帝將收回他們的統治權，而轉授予更適於統治的人。[55]

理氏在上述一段話中作了三條腳注，以證明他的立論是有根據的。雖然以上三條皆出於〈湯誥〉和〈伊訓〉，即《古文尚書》之文，但是他隨後又引用了周公所作的〈立政〉之文，一語道破了夏、商、周三代政權的得失，關鍵就在於國君能否上敬上帝，下保人民。[56] 其思想高下深淺便一望而知。

對於周公在〈立政〉中（其實也在《周書》的其它若干篇章中）所作的王權與上帝或天意間關係的結論應該怎麼樣來評論呢？理氏在此卻沒有作進一步的分析，而是接著論述周初的多神崇拜與祖先崇拜等問題去了。[57] 如上文所述，理氏並不相信三代政權之得失（亦即桀、紂之失敗與湯、武之成功）關鍵在於君主是否有德（即是否能上敬上帝、下保人民），而是強調在於實際力量對比的強弱。因此，桀、紂之敗是因爲力量的衰弱，而與他們是否失德無關。他的這一見解與儒家的傳統看法是截然不同的。所以，儘管理氏沒有對周公在〈立政〉中所作的結論再作詳細的闡發，不過我們以爲還是有必要在此對這個問題作進一步的探討。

---

[55] 理雅各，〈緒論〉，《中國經書》卷三，《書經》，頁193。

[56] 理雅各，〈緒論〉，《中國經書》卷三，《書經》，頁194。

[57] 理雅各，〈緒論〉，《中國經書》卷三，《書經》，頁194-195。

我們知道，周公所總結出的王權與上帝或天命關係的認識，實際上也就是孔子及先秦儒家的「民本思想」的源頭。按照這種思想，權力有三個層次，但又形成一個循環的回路：最高一層，一切權力源泉是天或上帝；第二層，君主受天或上帝之命，治理國家，用所受之權爲人民謀福利；第三層，人民在君主的統治下，服從君主，敬事天或上帝，但是在君主暴虐的時候，人民的情緒將爲天或上帝所覺察；然後天或上帝在根據人民的情緒或人心的向背，決定君主的去留與選任。這樣就形成了一個可以自動調節的循環回路。傳統儒家就是以這種理論來解釋夏、商、周三代以及以後各王朝興亡的歷史的。可是這種理論卻未能引起理氏的充分注意。爲什麼呢？在我們看來，至少有兩點原因：第一，這種理論雖然以民爲本，但是並沒有主張實行民主制；也就是說，政權並不掌握在人民手裡。因此，即使君主暴虐，人民也不能直接以選舉的方法罷免他，而必須等到暴力反抗的成功，王朝發生了更替，這才能算是天命有了改變。而對於習知古代希臘的民主政治傳統的理氏來說，此點自然不會引起他的特別興趣。第二，如果直觀地來看，這種理論具有一種迂闊而不切實際的特點。因爲歷史上政權的得失，通常都直接決定於力量對比的強弱，而不在於其君主是否有德或是否得人心。理氏所舉秦始皇得天下的例子，便可以說明這一點。但是，在這種看來迂闊而不切實際的理論裡，恰好有著一種深層的理性因素的存在——因爲它說明了人心向背對於一個政權成敗的根本作用，儘管它的作用要曲折地通過天命或神意才能顯現出來。在歷史上，一個政權的一時成功或失敗往往是由力量的對比決定的，甚至可以說是由一次戰爭決定的。然而，一個政權最終的成功或失敗，卻歸根到底是由人心向背決定的。秦始皇的確曾以武力取得勝利，可是由於失去民心，秦朝不是很快就被推翻了嗎？此即儒家「民本思想」之最具體的說明。由是言之，我們不能簡單地以其形式迂闊就否定了它的內在理性成份。

最後要指出的是，理氏翻譯《書經》的時候，正是中國面臨內憂外患的災難深重時期；那麼中國人的希望何在呢？理氏對此也表示了他自己的看法。他在本書〈緒論〉第五章的結尾處寫道：

> 衹有他們正視自身的歷史，正視那些按如實的估計應視爲謬稱聖人者，並對之不再盲目地崇拜，這個國家才會有希望。[58]

---

[58] 理雅各，〈緒論〉，《中國經書》卷三，《書經》，頁200。

這段話清楚地表明，理氏譯注的目的不是單純地傳佈中國的學術，而是要喚醒中國人擺脫落後現狀的意識。的確，如果中國人不能從對古聖先王和儒家經典的迷信中覺醒起來，中國就不可能獨立地生存發展下去。無論我們是否同意理氏的中國文化觀，但卻不能不承認，他指出當時中國存在的問題確是一針見血的分析。從思想史的觀點著眼，正確地重新認識中國的歷史文化傳統，並不等於否定其中有價值的文化資源。關鍵還是在於理氏本人所說的「如實的估計」(a true estimate)。倘若因估計而發生偏差，對中國文化傳統採取徹底否定的態度，把它看作是社會發展的障礙，那祇能加深近代以來的中國文化危機。那麼，中國同樣地是沒有希望的。

三、對理氏《書經》和《竹書紀年》的翻譯之討論

《書經》實在是最難懂的中國古書之一，要想理解並翻譯它，非參考前人的研究成果不爲功；《竹書紀年》則是前人爭論最多的中國古籍之一，非參考前人研究成果不能明其究竟。因此，在這一節裡，我們先談理氏所用的參考書，然後再檢討其譯文的一些問題。

（一）理氏所使用的參考書

1. 翻譯《書經》的參考書

兩千餘年以來，中國學者研究和注釋《書經》的著述，在數量上可以說是汗牛充棟，不勝枚舉，因此企圖全部地加以參考是不可能的，其實也是不必要的。因此，我們檢視前人著作所列有關《書經》研究的參考書目，不僅要看它在量上是否足夠豐富，而更重要的是要看它在質上是否能夠精選。理氏對前人研究《書經》的成果採取十分嚴謹的態度，在選擇取捨上頗費斟酌。他所列關於《書經》的參考書目大致包括以下幾類：

第一、關於《書經》的基本參考書。

這一類包括了兩部大書。其一是，《十三經注疏》本中的《尚書正義》，即所謂漢孔安國作傳、唐孔穎達 (574-648) 注疏的本子。儘管這部書採用的是僞孔安國傳（以下稱僞孔傳），但此傳也是晉代流傳下來的古注，其本身的學術價值

是不容輕易否認的。孔穎達作疏時雖然以僞孔傳之說爲主要參考，同時也廣收了漢儒以下的各家解說，如馬融 (79-166)、鄭玄 (127-200) 等的解說。由於這些古書本身已佚，所以孔穎達疏（以下稱孔疏）事實上給我們保存了很多較爲古老的經書注釋資料。有了這一部書，對於唐以前研究《書經》的材料就可以有一個基本的掌握和瞭解。總之，《尚書正義》是歷代注疏家不可缺少的參考書。

其二是，《欽定書經傳說彙纂》，康熙六十年 (1721) 下令修撰，至雍正八年 (1730) 成書，所以理氏簡稱之爲《雍正書》。在所列的各種參考書中，理氏尤對此書作了詳細的介紹，並於介紹之後作了如下的評論：

> 對於學者們來說，這一部書就可以頂替很多其他的書。這是一部經過辛勤鑽研而完成的不朽作品，任何贊美之辭都不能充分表達其本身的價值。[59]

今天，這部《雍正書》在中國已經幾乎被人們遺忘了（也許因爲它是一部由清朝皇帝欽定的書）；在西方，高本漢的《尚書注釋》所列參考書目中也沒有再提及此書。[60] 那麼理氏對於此書的評價是否過高了一些？其實這需要看從什麼角度來考察。如果祇從文字訓詁的角度說，這部書當然不能說具有相當高水平的。可是，如果從學術史的角度來看，《雍正書》卻是一部極爲重要的參考書。正如理氏所說的，此書提供了一份相當完備的參考資料和索引。高本漢重在究明《書經》文意，重在文字訓詁，所以不列《雍正書》爲參考書是可以理解的；而理氏不僅要弄清《書經》的文意，還要探討其中的思想，所以他重視此書是有充分理由的。另外，此書中蔡沈的《書集傳》實占《雍正書》「集傳」中的重要部分，而蔡傳乃宋代《書經》研究的集大成之作，故爲研究《書經》者所不可不讀之書。這也是高氏《尚書注釋》參考書中列有蔡傳的原因。而理氏既列《彙纂》，也就沒有必要再單獨列出蔡傳了。總之，即使今天我們研究《尚書》學的歷史，也仍然需要充分重視這部《雍正書》，因爲它引用了從秦到明各個時期的重要學者380人的解說，這些是我們研究經學時應該認真參考的材料。理氏在介紹《雍正書》時說此書有「集傳」、「集說」、「附錄」、「案」等部分，可是他卻遺漏了「總論」這一部分。其實，在此書五十八篇之中，除了〈仲虺之誥〉、〈顧命〉、〈康王之誥〉、〈費誓〉等少數幾篇沒有「總論」以外，大多數都是有

[59] 理雅各，〈緒論〉，《中國經書》卷三，《書經》，頁202。

[60] Bernard Karlgren, *Glosses on the Book of Documents* (Göteborg: Elanders, 1970). 本文所引據爲陳舜政的中譯本（台北：中華叢書編審委員會出版，1970）。以下引此書，祇記高氏原書所標條數。

「總論」的。通常是一篇有一「總論」，少數篇章（如〈太甲〉、〈泰誓〉）分上、中、下三部分，三部分皆有「總論」。「總論」雖在性質上與「集說」沒有太大的區別，其內容多爲講述經學義理的，但它卻是對某一篇的通論，有時還與其他有關篇章結合起來作比較的探討，所以也並非完全不屑一顧的。我們尙不清楚理氏爲什麼未及「總論」部分，或是出於無心的疏忽。

第二、關於《書經》的重要專著。

除以上兩種書外，理氏所參考有關《書經》的重要專著可以分爲兩組。一組是宋、元兩代學者的著作，包括：

（A）宋代林之奇 (1121-1176) 的《尙書全解》（理氏書目No.7），成書早於蔡沈的《書集傳》，理氏以爲此書優於蔡傳，故在翻譯時多有參酌。看來這是因爲此書不僅在解釋上相當詳細，而且其解釋方式有其長處，即不單單注解字詞，而是既注字詞、又結合全句以至上下文來解說通句通段的意思。這樣的注解方法的確便於人們理解，可是弱點是煩瑣，而且其解說有時也未必準確。

（B）元代吳澄 (1249-1333) 的《書纂言》（理氏書目No.8，因爲此書祇注「今文」二十八篇，所以理氏稱之爲《今文尙書纂言》）。一般而言，確如理氏所說，此書「簡明而有新意」。

（C）元代陳師凱的《書蔡傳旁通》（理氏書目No.9）。

（D）元代王充耘的《讀書管見》（理氏書目No.10）。

以上兩種書都是對蔡傳從事補正之作，爲讀蔡傳者所宜參考。

（E）宋代王柏 (1197-1274) 的《書疑》（理氏書目No.11），此書書名就已經說明它祇是作者對於《尙書》的質疑之作。《書疑》的一個最大特點是：不僅懷疑《古文尙書》，甚至還質疑了《今文尙書》。這在中國傳統學者當中是很少見的。理氏之所以提到它，看來正是由於此書的這個特點。不過如果就其對於《尙書》的正面解說（文字訓詁）而論，則這部書似乎可取之勝義不多。

以上前四種書皆既收於《通志堂經解》中，又收於《四庫全書》中，而最後一種書未被《四庫全書》收錄，就是因爲它具有離經的傾向。《通志堂經解》和《四庫全書》所收有關《尙書》的宋、元人之作爲數不少，而理氏僅取此五種，足見他在選取參考書方面是頗爲精審的。

另一組是清代學者的著作，包括：

（A）收在《皇淸經解》中的江聲的《尙書集注音疏》、王鳴盛的《尙書後案》、孫星衍的《尙書今古文注疏》、段玉裁的《古文尙書撰異》、胡渭的《禹貢錐指》(理氏書目之No.12-16)。這五部書都是清儒研究《尚書》的力作，理氏若不引這些著作，就不能使他自己的《書經》譯注達到應有的學術水平高度。儘管它們皆祇論及「今文」二十八篇，見解亦與理氏相左，理氏還是參考了這五部書。這說明他能不爲學派的觀點所囿。

(B)閻若璩的《尚書古文疏證》(理氏書目No.17)和毛奇齡的《古文尚書冤詞》、《尚書廣聽錄》、《舜典補亡》(理氏書目No.18)。這些是關於辯論《古文尚書》真僞的對立兩派的著作。其中前三種書均收入《四庫全書》中，較易得到，而後一種不在《四庫全書》之中，學術價值亦有限，但理氏也找來參考，足見他對毛奇齡之書有所偏愛。

大體言之，理氏對於清代學者研究《書經》之作，可以說應該參考的著作基本上都列入了。美中不足的是，他沒有注意到也收於《皇清經解》之中的王引之(1766-1834)《經義述聞》中關於《書經》的部分。(在此之後，理氏英譯《詩經》和《春秋》、《左傳》的參考書目，就采錄王氏的《經義述聞》了。)

第三、關於文字訓詁的書籍。

理氏以一西方人從事中國經書迻譯，從一開始就很重視中國文字訓詁方面的書籍；而在翻譯《書經》時遇到的困難尤其嚴重並且繁多，所以他更重視搜集這一方面的書籍。在這一類書裡，他參考了《爾雅注疏》(理氏書目No.1〔ii〕)，《說文解字》、《釋名》、《經典釋文》、《康熙字典》、《經韻集字析解》、《四書群經字詁》、《經籍纂詁》。(理氏書目No.31-37)這些書對於譯注《書經》來說，無疑是有重要的參考價值的。理氏在此書最後兩頁中還對上述諸書裡的後三種作了專門的介紹和說明。他對阮元 (1764-1849) 本人及其主編的《經籍纂詁》都給予了相當高的評價，這個看法自然是中肯恰當的。理氏能夠注意到清儒在文字訓詁方面的成就並加以采用，這是他的翻譯之所以取得較高水平的原因之一。

在理氏所列有關文字訓詁的參考書目中，亦有遺漏之書：一則，當時《爾雅》一書已有邵晉涵 (1743-1796) 的《爾雅正義》、郝懿行 (1755-1825) 的《爾雅義疏》，此二書皆集清儒已有之研究成果，在質量上遠高於邢昺之疏。二則，《說文解字》在當時已有段玉裁的《說文解字注》。段注既校正了《說文》在流傳中出現的錯誤，又引經據典對其文字作了解釋，因此對學者理解《說文》有著重要的參考價值。以上這三本書都收於《皇清經解》中，對理氏來說是不難找到的，不知何故他未能列進書目。另外，王引之的《經傳釋詞》是一部對於理解

《書經》中的虛詞具有重要作用的書，並已收入《皇清經解》，可是理氏在譯《書經》時也沒有把它列入參考書目，這不能不說是一件令人遺憾之事（不過其後理氏譯注《詩經》時，則在參考書目中列了此書，說明他已逐漸認識到此書的價值）。至於理氏翻譯《書經》時業已刊行、但他未及吸收的清儒研究成果，還有桂馥 (1736-1805) 的《說文義證》、朱駿聲 (1788-1858) 的《說文通訓定聲》等。這些都是注解《說文》的重要作品，大概是因為未收於《皇清經解》之中，遂致遠離漢學學術中心的理氏難以尋覓。

2. 翻譯《竹書紀年》的參考書

從《中國經書》第三卷的書目中，我們看到理雅各所列直接有關《竹書紀年》的參考書有三種，即明代吳琯所刻的沈約 (441-513) 注《竹書紀年》、清代徐文靖 (1667-1756) 的《竹書紀年統箋》及陳逢衡的《竹書紀年集證》（理氏書目No.47-49）。徐書是陳書出現以前搜集有關《竹書紀年》的資料最為豐富的著作。理氏特別指出，徐書中有關地理方面的注解是其書最有價值的部分。陳書草創於嘉慶九年 (1804) 九月，迄於十七年 (1812) 冬十月始定稿，歷時凡九年，的確下了大功夫。除了任啓運的《竹書紀年證傳》和郝懿行的《竹書紀年校正》（成書於1804年）外，在他以前研究《竹書紀年》的主要著作，陳氏幾乎都加以參考了。此書現有嘉慶十八年 (1813) 裛露軒刻本，及江都《陳氏叢書》本。陳逢衡以孫之騄、徐文靖二人考《竹書紀年》之書尚有未當之處，乃旁搜博採，詳為詮釋。他始以群書訂《竹書紀年》之訛，繼且以《竹書紀年》證群書之誤。陳氏自云：

> 是書除經史外，所引諸書及名賢著述，皆標明姓氏書目，不敢剿竊其有，出自管見者，加「衡案」二字。[61]

陳書共五十卷，正文四十九卷，卷五十為〈補遺〉；卷首尚有〈凡例〉、〈敘略〉、〈集說〉，不入卷數。在此書卷首，陳氏對古今學者於《竹書紀年》有詳述考辨並其議論精當者，匯為〈集說〉；陳氏本人隨事駁正之重要者，列七十七條，以示其書之梗概，作為〈敘略〉；他又輯錄《竹書紀年》（實際上是《古本竹書紀年》）為他書援引、而《竹書紀年》未見者120則，匯為〈補遺〉，並於

[61] 陳逢衡，《竹書紀年集證》，《續修四庫全書》冊三三五（上海：上海古籍出版社，1995），頁6。以下引版本同。

各條之下標明某書某卷；另外附錄〈瑣語〉數十則，〈師春〉一則，〈微書〉一則。所以，理氏稱此書考訂精審詳備，乃集前人研究《竹書紀年》之大成。[62] 從學術的價值來說，他對於陳書的評價是合乎實際的。

陳書中所列舉清人研究《竹書紀年》的著作計有九種：

（1）孫之騄《考定竹書紀年》（按：此書十三卷，陳氏誤記爲《考訂竹書》四卷）

（2）徐文靖《竹書紀年統箋》（十二卷）

（3）任啓運《竹書紀年證傳》（按：陳氏祇列書名，云未見）

（4）鄭環《竹書考證》

（5）張宗泰 (1750-1832)《校補竹書紀年》（二卷）

（6）陳詩《竹書紀年集注》（二卷）

（7）趙紹祖 (1752-1853)《校補竹書紀年》（二卷）

（8）韓怡《竹書紀年辨正》（四卷）

（9）洪頤煊 (1765-1833) 的《校正竹書紀年》（二卷）

可見陳氏在參考書目方面之旁徵博引。從對理雅各英譯文的考察，我們注意到理氏對《竹書紀年》的文獻考證和翻譯基本上乃依據《竹書紀年集證》。儘管他一再引證陳書中的各家說法，卻很難證明理氏曾直接參考過陳氏所引上述各書。按陳氏此書在當時刊行不久，理氏能夠及時吸收並充分地加以運用，從學術的觀點看，是很值得稱贊的。當然，理氏引用《竹書紀年集證》也偶有失誤之處。比如，按照中國注疏的傳統，著者作按語時，僅以己名標出，如前引文中的「衡案」，而理氏誤以「衡」爲姓，遂稱「陳逢衡」爲「衡陳逢」(Hang Chin-fung)。從這種不分姓名的做法亦可說明，由於文化傳統的差距，西方早期漢學家對中國傳統學術慣例的瞭解似猶未審。

理氏在開列有關《竹書紀年》的參考書時，最大的不足之處在於，他幾乎沒有列出清人斥《竹書紀年》不足信的著作。理氏祇引了王鳴盛的《十七史商榷》中疑《竹書紀年》爲束晳僞作的條目，但卻對王說加以反駁。其實在他翻譯此書之前，《四庫全書總目》作者、錢大昕《十駕齋養新錄》、崔述《竹書紀年辨僞》、郝懿行《竹書紀年校正》和《竹書紀年通考》皆已問世，並已就《竹書紀

---

[62] 理雅各，《竹書紀年》(*The Annals of the Bamboo Books*)，《中國經書》卷三，《書經》，頁177。

年》之僞舉出許多例證。而對於這些辨僞之作，理氏竟未提及。理氏爲何會忽略了這些材料呢？看來部分原因是他對於陳氏之書過度信賴，以致忽略了清代學者在《竹書紀年》辨僞方面的成就。

（二）對於理氏英譯文的討論

1.《書經》的英譯文

在評論理氏的《書經》譯文之前，我們有必要說明一下他從事這一項工作的難度。《書經》之難懂是人所共知的。過去的許多學者研究和注解《書經》，一般上都祇是解釋他所能理解的地方，而迴避其不解之處，或把尚未解決的問題留下以待後人解決。對於理氏而言，既要翻譯全書，就不可能繞開某一部分不譯，所以他還面臨著對於難解問題如何處理的問題。這樣，理氏翻譯中所遇到的困難較之一般經學家就更大了。

理氏之所以能夠勝任這一項翻譯工作絕非偶然，他的特殊教育背景（他早年曾在《聖經》注釋學方面下過功夫）決定了他的翻譯風格和特點——勇敢地面對理解上的困難，以極其嚴肅的學術態度對待翻譯過程中所面臨的問題。[63] 理氏選定《欽定書經傳說彙纂》和《尚書正義》爲基本參考書，在遇到疑難時廣泛參考群書，以求得出一種較爲通達的解釋和譯文。在這層意義上說，他的翻譯早已脫離了所謂「格義」的色彩，而進入了系統譯經的殿堂。

《欽定書經傳說彙纂》中的「集傳」是以蔡沈的《書集傳》爲主的。蔡傳的長處在前面已經說過，但它也有其弊病，即在若干尚無把握處勉強作了解說。所以《四庫全書總目》批評蔡傳道：

> 蓋在朱子之說《尚書》，主於通所可通，而缺其所不可通，見於《語錄》者不啻再三。[64] 而（蔡）沈於殷盤周誥，一一必求其解，其不能無憾固宜。[65]

---

[63] 關於理雅各的聖經學訓練和宗教思想背景，參見 Lauren F. Pfister, "The Legacy of James Legge," *International Bulletin of Missionary Research* 22.2 (April 1998): 77-82.

[64] 如「知《尚書》收拾於殘缺之餘，卻必要句句義理相通，必至穿鑿。不若且看他分明處，其他難曉者姑缺之可也。」見黎德靖編，《朱子語類》卷七八，頁1982。並參閱同書，頁1981-1984有關諸條。

[65] 永瑢等，《四庫全書總目》卷一一（北京：中華書局，1965），頁94。

不過，蔡沈本人對於某些疑難問題，也還是取審慎態度的。現在讓我們舉一些例子，來考察理氏在蔡沈所遇難解之處是如何處理的。

例一，〈大誥〉中「民養其勸弗救」一句，蔡傳曰：「民養未詳。」然後引用蘇軾 (1037-1107) 之說略講其大意。[66] 理氏在注中如實地說明蔡傳沒有解決理解「民養」的問題，孔穎達的疏亦未能合理解釋，然後他就按蘇軾所言大意譯爲英文。[67] 這裡顯示出理氏的一種嚴肅而慎重的學風。這個問題確實不易解決，高本漢在引用並分析了七種前人成說之後提出了一種解釋，[68] 但是否能夠真正地以通其意，似乎難以斷定。當然作爲一種新的理解，其說法還是有一定的參考價值的。

例二，〈梓材〉「汝若恆越曰……」一節，蔡傳曰：「此章文多未詳。」[69] 理氏在注中首先申說蔡氏所講的困難，然後表明他自己是根據《日講書經解義》的解釋而翻譯的。[70] 這也是一種認真的治學態度。把握這個問題的精義確實甚難，高本漢參考了多家之說，似乎也未能獲得圓滿的解決。[71]

例三，〈多士〉「弗吊旻天大降喪於殷」句，蔡傳云：「弗吊，未詳。」[72] 理氏在注中就沒有再援引蔡氏此語，而是根據〈大誥〉等篇已有的注釋成例加以解決了。[73] 這本來就不是什麼難題，因此不知蔡沈爲何在此云「未詳」。其實朱子對此句早已有解說。[74] 這就說明，理氏並沒有盲從蔡沈的說法，蔡氏以爲「未詳」而他能夠解決的，他就直接加以釋譯，而不重複蔡沈那些實無必要的說法。

例四，〈立政〉「夷、微、盧、烝、三亳、阪尹。」蔡傳云：「阪，未詳。」不過，他又試解「阪」爲「險」。[75] 理氏引了蔡氏表示有疑問的話，也取

---

66 蔡沈，《書集傳》，《四庫全書》冊五八，頁780。
67 理雅各，《中國經書》卷三，《書經》，頁372。
68 高本漢，《書經注釋》第1612條，頁597-599。
69 蔡沈，《書集傳》，《四庫全書》冊五八，頁814。
70 蔡沈，《書集傳》，《四庫全書》冊五八，頁234-235。
71 高本漢，《書經注釋》第1692-1695條，頁696-701。劉家和對此節有所解釋，見〈《書·梓材》人歷、人宥試釋〉，《古代中國與世界》（武漢：武漢出版社，1995），頁166-181。讀者可以參考。
72 蔡沈，《書集傳》，《四庫全書》冊五八，頁844。
73 理雅各，《中國經書》卷三，《書經》，頁454。
74 黎德靖編，《朱子語類》卷七九，頁2053。
75 蔡沈，《書集傳》，《四庫全書》冊五八，頁900-901。

了他解「阪」爲「險」的說法。[76] 本來這樣的解釋是沒有問題的，而理氏依然持十分慎重的態度。類似的例子還有若干處，在此就不一一列舉了。

我們爲什麼要引證這些例子呢？這是因爲這些例子可以說明理氏的治學態度是一絲不苟的，因而他的譯文和注釋是切實而可信的。他把當時能夠解決的問題明確地譯出來，同時把尙待研究的疑難如實地記錄在注中，體現了他在考據上所具有的熟練技能和淸晰頭腦。今觀其書，我們可以毫不誇張地說，理氏的譯注直到今天仍然是具有參考價値的。

當然，由於理氏尙未全部通解《書經》，其譯文難免也存在一些問題。爲了敘述的方便，我們把這些問題分爲兩類來討論：

第一類是因誤解經文或舊注而產生的問題。如果連比較細小的問題都算上，那麼這一類的問題還是不少的。現舉一些例子說明如下：

例一，〈堯典〉中「黎民於變時雍」一句，他把其中「黎民」譯爲 "the black-haired people"。[77] 中國傳統的注疏都把「黎民」之「黎」解爲「眾」，所以「黎民」就是「眾民」。在先秦時期，「黎」作「黑」解也並非說明頭髮是黑的。例如，《荀子》〈堯問〉曰：「顏（按：顏在這裡作顏面解）色黎黑」，《韓非子》〈外儲說左上〉曰：「面目黧黑」，都是說人的面色發黑，指長期在外奔走勞累的結果。理氏所以解釋爲黑髮之民，顯然與他認同的中國人西來說有關；既然中國人是西來的，這一支人與其他黃頭髮的各支人之區別，就在於頭髮是黑的。可是，這樣譯就把「黎民」的意思解釋錯了。

例二，〈湯誓〉中「率割夏邑」一句，理氏把其中的「夏邑」譯爲 "the cities of Hea"。[78] 也就是說，他把「夏邑」譯爲複數。其實，這裡的「夏邑」指的就是夏國，正如上面引過的《說文解字》一書所云，「邑，國也。」在儒家經書裡，「邑」作「國」解的例子甚多。這裡理氏把邑當作城市來解釋，自然是理解不當。如此的誤解雖是細微的疏忽，不過從整個句子的文意來說，可以說是一種錯譯。以上兩條是誤解《尙書》經文而發生的問題。

例三，〈堯典〉中「克明俊德」一句，僞孔傳云：「能明俊德之士任用之。」[79] 蔡傳云：「俊，大也。」[80] 可是理氏把此句譯爲 "He was able to make

[76] 理雅各，《中國經書》卷三，《書經》，頁516。

[77] 理雅各，《中國經書》卷三，《書經》，頁17。

[78] 理雅各，《中國經書》卷三，《書經》，頁175。

[79]《尚書正義》卷二，《十三經注疏》（北京：中華書局，1980），頁119。以下引版本同。

[80] 蔡沈，《書集傳》，《四庫全書》冊五八，頁449。

the able and virtuous distinguished"。[81] 這就是不把「俊德」理解爲「大德」，而是把「俊」解釋爲「才能」而與「德行」分開。他的翻譯誤解了僞孔傳和蔡傳的意思。

例四，〈召誥〉中「越若來三月」一句，蔡傳云：「越若來，古語辭，言召公於豐迤邐而來也。」[82] 理氏見蔡沈說「越若來」乃古語辭，就以爲它沒有實在的意思，所以在英文中沒有譯出來。[83] 實際上蔡沈的解釋恐未必然，王引之云：「越若來三月，五字當作一句讀。越若，語辭，來，至也。〔見《爾雅》〕言越若至三月也。」[84] 所以這五個字的意思是「到了三月份」。這是蔡傳已經有問題，而理氏又誤解蔡傳所出現的問題之例。

例五，〈多方〉中「我惟時其戰要囚之」一句，蔡沈解釋爲：「我惟是戒懼而要囚之。」[85] 意思是「我就警告（戒懼）而且審判（要囚）他們。」可是理氏把此句譯爲 "I secured in trembling awe and confined the chief criminals"。[86] 這樣就發生了兩個問題：一是「戰」字不是警告對方使之恐懼，反而是自己恐懼，把原來的意思弄反了；二是「要囚」這個詞本來有其既定的意思，即「審判罪犯」，〈多方〉篇上文就有「要囚殄戮多罪」一句，理氏自己也是按照「審判」的意思譯的。[87] 可是在此他卻把它譯爲「主要的罪犯」，這也是對原意發生了誤解。以上後三條誠屬誤解注疏而產生的錯誤。

第二類是因接受中國傳統注釋中的錯誤而重複其誤解。這一類的例子比較多。現略舉數條如下：

例一，〈洪範〉中「子孫其逢吉」一句，僞孔傳云：「動不違眾，故後世遇吉。」孔疏云：「馬（融）云：『逢，大也。』」[88] 理氏按照僞孔傳的意思譯此句爲 "and good fortune to your descendants"。[89] 兩說相較，馬融的解釋明確了

---

[81] 理雅各，《中國經書》卷三，《書經》，頁17。
[82] 蔡沈，《書集傳》，《四庫全書》冊五八，頁818。
[83] 理雅各，《中國經書》卷三，《書經》，頁17。
[84] 王引之，《經義述聞》，《清經解》冊六（上海：上海書店，1988），頁799。參閱高本漢，《書經注釋》第1715條，頁723。
[85] 蔡沈，《書集傳》，《四庫全書》冊五八，頁890。
[86] 理雅各，《中國經書》卷三，《書經》，頁503。
[87] 理雅各，《中國經書》卷三，《書經》，頁498-499。
[88]《尚書正義》卷一二，見《十三經注疏》，頁191。
[89] 理雅各，《中國經書》卷三，《書經》，頁337。

當。清代學者江聲、[90] 王念孫 (1744-1832)、王引之父子，[91] 都依照馬融說釋「逢」爲「大」，此句的意思是「子孫後代將會發展壯大，是吉祥的。」高本漢也取馬、江、王之說。[92] 這些說法都是有文字訓詁學上的根據的。

例二，〈大誥〉中「天棐忱辭」一句，僞孔傳、[93] 蔡傳[94] 都把「棐」字解釋爲「輔」，把這句話的意思解釋爲「天是幫助（輔）誠實人的。」理氏也按照這些注釋的意思作了英譯。[95] 其實這裡的「棐」字就是「非」字，朱熹早已先著其說了。[96] 高本漢也贊成朱子之說，並作了比較詳細的考證。[97] 所以此句的意思本來是「天是靠不住的」。可是在這裡理氏卻因從舊注而產生誤譯。

例三，〈召誥〉中「面稽天若」一句，僞孔傳解爲「面考天心而順之」，[98] 蔡傳解爲「面考天心，敬順無違」。[99] 他們都把「面」字解爲「面對」。後來的不少學者相率因襲其誤解。理氏在這裡採取蔡沈之說，把此句譯爲 “He also acquainted himself with Heaven, and was obedient”。[100] 這樣也就跟著他們錯了。王引之將「面」字解釋爲「勉」字，於是這句話的意思就是「勉力或努力稽天若」。[101] 高本漢贊成王氏釋「面」爲「勉」之說，並試圖解釋「天若」一辭。[102] 不過看來他對「天若」的解釋並不成功。我們認爲，「若」字作「順」解是不成問題的。那麼如何解釋此處的「天順」呢？〈泰誓〉曰：「民之所欲，天必從之。」[103] 所以這裡的「天若」就是「天之所若」或「天所順從的」民心。前引〈大誥〉「天棐忱辭」下一句便是「其考我民」。兩句合起來的意思是「天是靠不

---

[90] 江聲，《尚書集注音疏》，《清經解》冊二，頁885。

[91] 王引之，《經義述聞》，《清經解》冊六，頁796。

[92] 高本漢，《書經注釋》第1554條，頁515-516。

[93]《尚書正義》卷一三，《十三經注疏》，頁199。

[94] 蔡沈，《書集傳》，《四庫全書》冊五八，頁779。

[95] 理雅各，《中國經書》卷三，《書經》，頁370-371。

[96] 黎德靖編，《朱子語類》卷七九，頁2054中有云：「棐字與「匪」（在此「匪」=「非」）字同。」其所據爲《漢書》。

[97] 高本漢，《書經注釋》第1609條，頁590-593。

[98]《尚書正義》卷一五，《十三經注疏》，頁212。

[99] 蔡沈，《書集傳》，《四庫全書》冊五八，頁823。

[100] 理雅各，《中國經書》卷三，《書經》，頁427。

[101] 王引之，《經義述聞》，《清經解》冊六，頁799。

[102] 高本漢，《書經注釋》第1738條，頁735-737。

[103]《左傳》襄公三十一年、昭公元年及《國語》〈鄭語〉所引，僞古文《書經》收此句在〈泰誓〉裡。參看理雅各，《中國經書》卷三，《書經》，頁288。

住的，（因爲天命是不能直接看到的）看看民心也就能知道了」。在《尚書》和《詩經》裡，說天命看不見、摸不著，關鍵在於要看民心之所向這一類的話多處可見。所以，我們應該說「面稽天若」的意思，就是「努力考察天所順從的民心」。從這裡我們又可以看出，僞孔傳和蔡傳關於考察天心的說法是正確的；他們的缺點在於沒有解釋「天若」爲什麼即是「天心」（即未給予論證），因而把「面」字解釋錯了。事實上，人怎能「當面」考察天心呢？理氏接受了他們對「面」字的錯誤解釋，卻未能把他們所說「稽考天心」的意思譯出來。

例四，〈洛誥〉中「咸秩無文」一句，僞孔傳解釋爲「秩次不在禮文者」。[104] 蔡傳解釋爲「秩，序也；無文，祀典不載也。」[105] 他們都是把「文」字當「文」的本義（文字）來解釋，文不通順；理氏把「文」解釋爲「文飾」，把全句譯爲 “doing everything in an orderly way, but without any display”，義亦未允。[106] 其實，這句話的意思，正如王引之所說，是「咸秩無紊」。原來「文」在這裡是「紊」的假借字，[107] 即是有條不紊的意思。高本漢也是贊成王氏此說的。[108]

例五，〈多士〉中「予大降爾四國民命」一句，蔡傳云：「我大降爾命，不忍誅戮。」[109] 理氏依照蔡沈的解釋把此句譯爲 “I greatly mitigated the penalty in favour of the lives of the people of your four countries”。[110] 可是，江聲曾謂：「所云『大降爾四國民命』，非謂救民生命，乃是下曉告民之教命也。」[111] 高本漢亦同意江氏之說。[112] 所以這一句的意思原來比較簡單，即是「要對四國之民大下命令」。理氏譯《尚書》時參考江聲之說處雖不在少，而這一條卻跟從蔡沈錯了。

例六，〈立政〉中「大都小伯」一句，僞孔傳注云：「大都邑之小長。」[113] 而蔡沈云：「此都邑之官也。呂氏〔祖謙〕曰：『大都小伯者。謂大都之伯、小

---

[104]《尚書正義》卷一五，見《十三經注疏》，頁214。
[105] 蔡沈，《書集傳》，《四庫全書》冊五八，頁832。
[106] 理雅各，《中國經書》卷三，《書經》，頁438-439。
[107] 王引之，《經義述聞》，《清經解》冊六，頁799-800。
[108] 高本漢，《書經注釋》第1755條，頁763-764。
[109] 蔡沈，《書集傳》，《四庫全書》冊五八，頁850。
[110] 理雅各，《中國經書》卷三，《書經》，頁461。
[111] 江聲，《尚書集注音疏》，《清經解》冊二，頁908。
[112] 高本漢，《書經注釋》第1477條，頁413-414。
[113]《尚書正義》卷一七，《十三經注疏》，頁231。

都之伯也。』」[114] 理氏反以呂說爲是，把「大邑之小長」譯成「大邑之長和小邑之長」，[115] 失之。而高本漢的翻譯就符合原意，優於理氏。[116]

2.《竹書紀年》的英譯文

《竹書紀年》的文體近乎《春秋》，詞句簡潔，相對於《書經》來說，文意比較容易把握。理雅各的《竹書紀年》譯文因此也相對地準確可靠。不過，前人爲《竹書紀年》所作的解說，遠比《書經》的注疏爲少。這樣，在遇到難題的地方，理氏有時也頗感棘手。上文已經提到，理氏在翻譯時主要參考的是陳逢衡《竹書紀年集證》。他得益於陳氏之書甚多，有不少可取之處，但因陳氏之誤而致誤之處亦在所難免。當然，亦有陳氏不誤，而理氏誤解陳氏之書的地方。在陳氏未加注解的地方（這些地方對於中國傳統學者是一般常識而無須注解），理氏也難免出現一些訛誤。下面所選擇的是理氏誤譯或未譯準確的一些典型的例子，並對致誤的原因略加說明。

例一，《竹書紀年》黃帝二十年，「景雲見」。理氏英譯「景雲」爲 "brilliant clouds"。[117] 而帝舜有虞氏十四年，「卿雲見」。理氏則譯「卿雲」爲 "auspicious clouds"；對於此條之注中解「卿雲」的「慶雲」，則又譯爲 "felicitous clouds"。[118] 如果直接地字對字地看，或許可以說理氏沒有誤譯。但是，在中文裡，「景雲」、「卿雲」和「慶雲」實際上意思相通。陳氏《竹書紀年集證》引徐氏《竹書紀年統箋》（據《晉書》〈天文志〉）說，三者即是一事。[119] 按卿慶二字古同音相通，景字與前二字韻同聲近亦可通。這種雲，從形象看是 "brilliant"，而從意義上來說則是 "felicitous"。理氏未能細察陳氏書的注文，因而照字面分別翻譯，就使英文讀者不能明其究竟，不無可惜。

例二，《竹書紀年》帝顓頊高陽氏二十一年，「作承雲之樂」。理氏英譯「承雲之樂」爲 "The Answer to the Clouds"，並在注中說明，陳逢衡以爲此事在

---

114 蔡沈，《書集傳》，《四庫全書》冊五八，頁899。
115 理雅各，《中國經書》卷三，《書經》，頁515。
116 參閱高本漢，《書經注釋》第1948條，頁966。
117 理雅各，〈緒論〉，《中國經書》卷三，《書經》，頁108。
118 理雅各，〈緒論〉，《中國經書》卷三，《書經》，頁115。
119 陳逢衡，《竹書紀年集證》，《續修四庫全書》冊三三五，頁85。

黃帝二十年。[120] 但「承」字並無“answer”的意思，而是「奉迎」的意思。由於天見景雲，所以作樂表示奉迎，以謝上帝。

例三，《竹書紀年》帝堯陶唐氏十二年，「初治兵」。理氏英譯爲“He formed the first standing army”。[121] 又商帝辛三十一年，「西伯治兵於畢。」理氏將「治兵」英譯爲“to form a regular army”。[122] 按，「治兵」就是習戰，並沒有任何建立常備軍的意思，這一點在陳書所引徐氏《統箋》之說裡解釋得很清楚的。[123] 可惜理氏當時未能審閱此注。不過，他後來在英譯《左傳》隱公五年的「三年而治兵」時，把「治兵」譯爲“(grand) military review”。[124] 這樣就譯得比較貼切準確了。

例四，《竹書紀年》夏帝杼正文後之注云：「杼或作帝寧，一曰伯杼。杼能帥禹者也，故夏后氏報焉。」理氏將其中後一句譯爲“(There was a younger brother,) a worthy descendant of Yu, who was therefore rewarded by the emperor”。[125] 以上加有括號的英譯文，在中文原文裡本來是沒有的。理氏對此句加上括號，是有意讓讀者知道那是據上下文的意思加譯的。不過，從原文的上下文意看，我們實在體會不出所添之句的意思。按，理氏此句是根據陳氏書所引徐氏《竹書紀年統箋》之說譯出來的。可是陳氏又引鄭環否定徐氏之說的看法。可見清儒對此句的理解尙多分歧，未有定準。[126] 理氏在未說明各家分歧所在的情況下，僅據一說增譯一句，又不作注說明。這樣的翻譯就不免有違於譯文須信的要求了。

例五，《竹書紀年》夏帝芒元年，「以玄圭賓於河」。理氏英譯爲“He went with the dark-coloured mace to receive the baron of Ho”。他在注X.1中說明自己在此是根據陳逢衡的理解翻譯的，他又以爲可能是以玄圭祭祀黃河的意思。[127] 理氏在周夷王二年「賓於河，用介圭」條的英譯文則是“performed a service of homage to the Ho”。[128] 按，理氏自己對於「賓於河」的理解本來是正確的，可是他在前一條中卻誤從了陳氏的錯誤理解，不免令人惋惜。

---

[120] 理雅各，〈緒論〉，《中國經書》卷三，《書經》，頁110-111。
[121] 理雅各，〈緒論〉，《中國經書》卷三，《書經》，頁112。
[122] 理雅各，〈緒論〉，《中國經書》卷三，《書經》，頁140。
[123] 陳逢衡，《竹書紀年集證》，《續修四庫全書》冊三三五，頁58。
[124] 理雅各，《中國經書》卷五，《春秋》(*The Chun Chiu*)，頁17-19。
[125] 理雅各，〈緒論〉，《中國經書》卷三，《書經》，頁121。
[126] 陳逢衡，《竹書紀年集證》，《續修四庫全書》冊三三五，頁144。
[127] 理雅各，〈緒論〉，《中國經書》卷三，《書經》，頁122。
[128] 理雅各，〈緒論〉，《中國經書》卷三，《書經》，頁153。

例六，《竹書紀年》周孝王七年冬，「大雨雹，江漢冰」。理氏英譯爲 "there were great rain and lightenings about the Keang and the Han"。[129] 按這裡的「大雨雹」即是下大雹，雨字是作爲動詞用的。理氏譯文自然是錯了。不過，理氏並非不知道雨字的這一用法。例如，周夷王七年「冬，雨雹」，[130] 周平王四十一年「春，大雨雪」，[131] 又如，《春秋》昭公三年「冬，大雨雹」，[132] 昭公四年春，「大雨雹」。[133] 理氏都是把雨字作爲動詞譯的，也都譯得相當確切。那麼，理氏爲什麼在孝王七年這一條裡譯錯了呢？我們祇要一看《竹書紀年集證》此條的「衡案」便可以知道，原來理氏是把陳氏的話誤解了。因爲徐氏《統箋》將此條作「大雨電，江漢水」，陳氏糾正了徐氏的錯誤，把正文改爲「大雨雹，江漢冰」。理氏所列正文從陳氏之書，而英譯文卻從徐氏之誤解，顯然是一時之疏忽所致。[134]

例七，《竹書紀年》周厲王元年「作夷宮，命卿士榮夷公落」。理氏英譯爲 "He built the palace of E, and gave a charge to the prime minister Loh, the duke E of Yung"。[135] 他把「落」理解爲榮夷公的名字，把「命」字理解爲任命，這樣的理解和翻譯顯然是錯誤的。正確的意思應該是，厲王命令榮夷公爲他新建的夷宮舉行落成典禮。陳氏書中所引徐文靖及鄭環說皆以爲「落」就是落成之典，並引《爾雅》「落，始也」爲據。陳氏頗不以徐、鄭二氏之說爲然，而引《墨子》「榮夷名終」之說爲據，云「落與終字形相似，故終訛爲落耳」。[136] 其實，陳氏此說難以成立。古文字之學於陳氏非其所長，落字與終字在古文字裡並非形近，而是差別極大。而且，在中國古籍裡，落字作落成解的例子甚多。如《左傳》昭公七年：「楚子成章華之台，愿與諸侯落之。」這裡的落字就是舉行落成典禮的意思。理氏在此書的英譯文是："When the viscount of Tsoo had completed the tower of Chang-hwa, he wished to have the princes of the States present at the inauguration

[129] 理雅各，〈緒論〉，《中國經書》卷三，《書經》，頁152。
[130] 理雅各，〈緒論〉，《中國經書》卷三，《書經》，頁153。
[131] 理雅各，〈緒論〉，《中國經書》卷三，《書經》，頁159-160。
[132] 理雅各，《中國經書》卷五，《春秋》，頁585-588。
[133] 理雅各，《中國經書》卷五，《春秋》，頁591-595。
[134] 陳逢衡，《竹書紀年集證》，《續修四庫全書》冊三三五，頁396。
[135] 理雅各，〈緒論〉，《中國經書》卷三，《書經》，頁153。
[136] 陳逢衡，《竹書紀年集證》，《續修四庫全書》冊三三五，頁399。

feast”。[137] 這樣的英譯文無疑是恰切的。可是他在譯《竹書紀年》此條時卻隨著陳逢衡的誤解而譯錯了。

例八，《竹書紀年》周隱王二年，「齊地景長，長丈餘，高一尺。」理氏的英譯文是：“In the country of Tse, (the ground where they measured) the length of the sun's shadow lengthened more than ten cubits, and was elevated a cubit”。不過，他也作了一條注，說明對上述的譯文沒有把握。[138] 理氏這樣的理解和翻譯，是從陳書所引徐文靖說引申而來的。[139] 但實際上，這樣的理解和譯法是頗讓人費解的。請看《竹書紀年》周顯王五年，「地忽長十丈有餘，高尺半。」理氏對此句的譯文就既準確又有把握。[140] 按周隱王二年條所記「景長」實際爲「暴長」之誤。《太平御覽》卷八八〇引《紀年》曰：「周隱王二年，齊地暴長，長丈餘，高一尺」可以爲證。陳、徐二氏校輯未精，徐氏就字論文，因而產生疏失。理氏也就隨之誤譯。

我們之所以摘舉以上這些例子，並非想強調理氏英譯的失誤，而祇是借此以說明，任何譯文都不可能完滿無缺，總是有不斷改進之處的。比如，理氏沒有參考王引之的代表作，因此在文字訓詁方面顯現了弱點；而高本漢則是西方漢學界在古漢語研究上的大家，當然在這方面的成就遠遠超過理氏。爲學之道，譬如積薪，後來居上，乃理所當然。所以，我們今天閱讀理氏的《書經》、《竹書紀年》譯注，不僅要廣泛收羅理氏所未見到的中國清代及現代學者研治這兩部古書的撰述，而且也很有必要參考後來西方學者在這方面的研究成果，如高本漢之著作。[141]

四、結語

以上我們討論了理氏譯注《書經》及《竹書紀年》的成就，也分析了他從事翻譯注釋的一些失誤。人類不可能全知全能，因此歷來的學者都不能確保自己的

---

[137] 理雅各，《中國經書》卷五，《春秋》，頁612-616。

[138] 理雅各，〈緒論〉，《中國經書》卷三，《書經》，頁175-176。

[139] 陳逢衡，《竹書紀年集證》，《續修四庫全書》册三三五，頁613。

[140] 陳逢衡，《竹書紀年集證》，《續修四庫全書》册三三五，頁613。

[141] 當然，從今天看來，高本漢的《書經注釋》也並非十全十美，關於其中的問題，可參看陳遠止，《〈書經〉高本漢注釋斠正》（台北：文史哲出版社，1996）。

學術成果完全免於無誤。從現代學術的眼光看，理氏之書固然存在著一些誤解和誤譯，較之高本漢，雖欠精密而實開其先河，所以我們不能因其小處的疏失而輕議其書的學術價值。事實上，他所譯《書經》、《竹書紀年》迄今仍是唯一的英文全譯本，一直是西方漢學家從事研究時不可缺少的參考著作。他所提出的若干重要問題和獨到見解，仍然值得我們繼續思考。而且，他的失誤之處對於我們也是一份珍貴的學術遺產，因爲這些都可以讓後人從其中獲得經驗和啓發。由此可見理氏譯注本在學術上的持續之久和影響之深了。我們可以斷言，即使今後有新的譯本出現，理氏所譯注的《書經》及《竹書紀年》並不會因此而減色。這是因爲理氏的譯著對中國古典文獻的翻譯有華路藍縷之功，自有其不可磨滅的重要學術價值。所以，不論從哪一方面說，他的譯注決不會存在所謂「過時」的問題，而會將繼續爲新一代的漢學家提供學習的範例。理雅各雖是一位基督教牧師，但在內心深處卻頗爲中國文化所融化，因此他的譯注還體現了他對中國文化背景的透徹瞭解。讓我們引用理雅各從事翻譯《中國經書》的得力助手王韜 (1828-1897) 在一八七三年評論理氏的一段話，作爲這篇文字的結語：

> 先生獨以西國儒宗，抗心媚古，俯首以就鉛槧之役，其志欲以群經悉有譯述，以廣其嘉惠後學之心，可不謂難歟。[142]

這段評論絕非王氏個人的溢美之辭，而是對理氏潛心於中國學術史研究並傳之於西方的崇高奉獻的精神的如實寫照。從這一點說，理雅各之被公認爲十九世紀深刻瞭解中國儒家傳統學術的偉大西方漢學家，是絕對當之無愧的。

（本文於一九九九年十月三十日通過刊登）

作者附識：

本文的撰寫曾得到香港浸會大學研究委員會的贊助，並承該校曾憲博副校長、黎翠珍院長的支持和費樂仁 (Lauren F. Pfister) 教授、陳巧玲女士以及新加坡國立大學辜美高教授的幫助，特附記於此，以表謝意。

---

142 轉引自 Lindsay Ride，《中國經書》卷一，〈傳記〉(Biographical Note)，頁17。

引用書目

一、傳統文獻

《十三經注疏》，北京：中華書局，1980。

《竹書紀年》，收入王謨輯，《增訂漢魏叢書》，上海：大通書局石印本，1911。

《荀子》，收入《諸子集成》冊二，北京：中華書局，1986。

《韓非子》，收入《諸子集成》冊五，北京：中華書局，1986。

丁晏，《尚書餘論》，收入王先謙編，《皇清經解續編》冊三，上海：上海書店影印本，1988。

方詩銘、王修齡，《古本竹書紀年輯證》，上海：上海古籍出版社，1981。

毛奇齡，《古文尚書冤詞》，收入《西河合集》，1770。

王引之，《經傳釋詞》，收入阮元編，《皇清經解》冊七，上海：上海書店影印本，1988。

王引之，《經義述聞》，收入阮元編，《皇清經解》冊七，上海：上海書店影印本，1988。

王充耘，《讀書管見》，收入納蘭性德輯編，《通志堂經解》冊七，揚州：江蘇廣陵古籍刻印社影印本，1996。

王先謙，《釋名疏證補》，上海：上海古籍出版社，1984。

王念孫，《廣雅疏證》，收入阮元編，《皇清經解》冊四，上海：上海書店影印本，1988。

王柏，《書疑》，收入納蘭性德輯編，《通志堂經解》冊七，揚州：江蘇廣陵古籍刻印社影印本，1996。

王國維，《今本竹書紀年疏證》，收入楊家駱編，《竹書紀年八種》，臺北：世界書局，1963。

王國維，《古本竹書紀年輯校》，收入楊家駱編，《竹書紀年八種》，臺北：世界書局，1963。

王頊齡等，《欽定書經傳說彙纂》，收入《景印文淵閣四庫全書》冊六五，臺北：臺灣商務印書館，1986。

王鳴盛，《十七史商榷》，收入《叢書集成初編》，上海：商務印書館，1935。

王鳴盛，《尚書後案》，收入阮元編，《皇清經解》冊三，上海：上海書店影印本，1988。

司馬遷，《史記》，北京：中華書局，1959。

永瑢等，《四庫全書總目》，北京：中華書局影印本，1965。

皮錫瑞，《今文尚書考證》，收入《師伏堂叢書》，1897。
朱右曾，《汲冢紀年存真》，歸硯齋刻本，收入顧廷龍主編，《續修四庫全書》冊三三六，上海：上海古籍出版社，1995。
朱駿聲，《說文通訓定聲》，北京：中華書局影印本，1984。
朱彝尊，《經義考》，收入《四庫備要》冊一二，北京：中華書局影印本，1998。
江聲，《尚書集注音疏》，收入阮元編，《皇清經解》冊二，上海：上海書店影印本，1988。
吳澄，《書纂言》，收入納蘭性德輯編，《通志堂經解》冊六，揚州：江蘇廣陵古籍刻印社影印本，1996。
阮元等，《經籍纂詁》，北京：中華書局影印本，1982。
林之奇，《尚書全解》，收入納蘭性德輯編，《通志堂經解》冊五，揚州：江蘇廣陵古籍刻印社影印本，1996。
林春溥，《竹書紀年補證》，收入楊家駱編，《竹書紀年八種》，臺北：世界書局，1963。
邵晉涵，《爾雅正義》，收入阮元編，《皇清經解》冊三，上海：上海書店影印本，1988。
俞樾，《古書疑義舉例》，北京：中華書局，1954。
俞樾，《群經平議》，收入王先謙編，《皇清經解續編》冊五，上海：上海書店影印本，1988。
姚振宗，《師石山房叢書》，上海：開明書店，1936。
姚際恆，《古今僞書考》，上海：古書流通處，1921。
姚際恆，《古文尚書通論》（輯本），收入林慶彰編，《姚際恆著作集》冊二，臺北：中央研究院中國文哲研究所，1994。
段玉裁，《古文尚書撰異》，收入阮元編，《皇清經解》冊四，上海：上海書店影印本，1988。
洪頤煊，《校正竹書紀年》，《平津館叢書》本，1806。
胡渭，《禹貢錐指》，收入阮元編，《皇清經解》冊一，上海：上海書店影印本，1988。
胡廣等，《書經大全》，收入《景印文淵閣四庫全書》冊六三，臺北：臺灣商務印書館，1986。
范祥雍，《古本竹書紀年輯校訂補》，上海：上海人民出版社，1957。
孫之騄，《考定竹書》，收入《四庫全書存目叢書》，濟南：齊魯書社，1996。
孫星衍，《尚書今古文注疏》，收入阮元編，《皇清經解》冊四，上海：上海書店影印本，1988。
庫勒納等，《日講書經解義》，收入《景印文淵閣四庫全書》冊六五，臺北：臺灣商務印書館，1986。

徐文靖，《竹書紀年統箋》，臺北：藝文印書館影印本，1966。
桂馥，《說文解字義證》，臺北：廣文書局影印本，1972。
納蘭性德，《通志堂經解》，揚州：江蘇廣陵古籍刻印社影印本，1996。
郝懿行，《竹書紀年校正》，收入《郝氏遺書》，1879。
郝懿行，《竹書紀年通考》，收入《郝氏遺書》，1879。
郝懿行，《爾雅義疏》，收入阮元編，《皇清經解》冊七，上海：上海書店影印本，1988。
馬國翰，《汲冢書鈔》，收入氏輯，《玉函山房輯佚書》，揚州：江蘇廣陵古籍刻印社影印本，1990。
崔述，《古文尚書辨僞》，收入顧頡剛校訂，《崔東壁遺書》，上海：上海古籍出版社，1983。
崔述，《竹書紀年辨僞》，收入顧頡剛校訂，《崔東壁遺書》，上海：上海古籍出版社，1983。
康有爲，《孔子改制考》，北京：中華書局，1958。
張九鐔，《竹書紀年考證》，收入《笙雅堂全集》，1811。
張宗泰，《校補竹書紀年》，收入劉世珩輯，《聚學軒叢書》第三集，1893。
許愼撰、段玉裁注，《說文解字注》，上海：上海古籍出版社影印本，1981。
陳師凱，《書蔡傳旁通》，收入納蘭性德輯編，《通志堂經解》冊六，揚州：江蘇廣陵古籍刻印社影印本，1996。
陳逢衡，《竹書紀年集證》，裛露軒刻本，1813。
陳喬樅，《今文尚書經說考》，收入王先謙編，《皇清經解續編》冊四，上海：上海書店影印本，1988。
陳喬樅，《尙書歐陽夏侯遺說考》，收入王先謙編，《皇清經解續編》冊四，上海：上海書店影印本，1988。
陳詩，《竹書紀年集注》，蘄州陳氏家塾刻本，1813。
陳壽祺，《尙書大傳輯校》，收入王先謙編，《皇清經解續編》冊二，上海：上海書店影印本，1988。
陸德明，《經典釋文》，上海：上海古籍出版社影印本，1985。
章太炎，《古文尙書拾遺定本》，香港：廣華書局，1968。
惠棟，《古文尙書考》，收入阮元編，《皇清經解》冊二，上海：上海書店影印本，1988。
程廷祚，《晚書訂疑》，收入王先謙編，《皇清經解續編》冊二，上海：上海書店影印本，1988。
楊家駱，《竹書紀年八種》，臺北：世界書局，1963。
董豐垣，《竹書紀年辨正》，收入劉承幹輯，《吳興叢書》，1922。
雷學淇，《竹書紀年義證》，臺北：藝文印書館，1976。

雷學淇，《考訂竹書紀年》，潤身草堂補刊本，1883。
趙紹祖，《校補竹書紀年》，收入《古墨齋集》，1796。
蔡沈，《書經集傳》，收入《景印文淵閣四庫全書》冊五八，臺北：臺灣商務印書館，1986。
黎靖德，《朱子語類》，北京：中華書局，1986。
錢大昕，《十駕齋養新錄》，上海：上海書店，1983。
閻若璩，《尚書古文疏證》，收入王先謙編，《皇清經解續編》冊一，上海：上海書店影印本，1988。
韓怡，《竹書紀年辨正》，劉文楷刻本。
魏源，《書古微》，收入王先謙編，《皇清經解續編》冊五，上海：上海書店影印本，1988。
羅泌，《路史》，收入《景印文淵閣四庫全書》冊三八三，臺北：臺灣商務印書館，1986。

二、近人論著

于省吾
1934　《雙劍誃尚書新證》，北平：大業印刷局。
方詩銘
1987　〈關於王國維的《竹書紀年》兩書〉，收入吳澤主編，《王國維學術研究論集》冊二，上海：華東師範大學出版社。
1990　〈《竹書紀年》古本散佚及今本源流考〉，收入尹達主編，《紀念顧頡剛學術論文集》下冊，成都：巴蜀書社。
王雲五
1972　《續修四庫全書提要》冊四，臺北：臺灣商務印書館。
王國維
1959　《觀堂集林》，北京：中華書局。
古國順
1981　《清代尚書學》，臺北：文史哲出版社。
平勢隆郎
1992　〈今本《竹書紀年》の性格〉，《九州大學東洋史論叢》20。
朱廷獻
1970　《尚書異文集證》，臺北：臺灣中華書局。
朱希祖
1960　《汲冢書考》，北京：中華書局。
余英時
1995　〈香港與中國學術研究——從理雅各和王韜的漢學合作談起〉，收入氏著，《歷史人物與文化危機》，臺北：東大圖書公司。

余嘉錫
1960　《四庫提要辨正》，北京：中華書局。
1985　《古書通例》，上海：上海古籍出版社。
何志華
1998　《竹書紀年逐字索引》，香港：商務印書館。
呂思勉
1947　《先秦史》，上海：開明書店。
1948　《兩晉南北朝史》，上海：開明書店。
吳浩坤
1992　〈《竹書紀年》的發現年代及其學術價值〉，收入吳浩坤、陳克倫主編，《文博研究論集》，上海：上海古籍出版社。
吳璵
1965　〈竹書紀年繫年證僞〉，《臺灣省立師範大學國文研究所集刊》9。
1974　〈六十年來竹書紀年之考訂〉，收入程發軔主編，《六十年來之國學》，臺北：正中書局。
夏含夷
1988　〈也談武王的卒年——兼論《今本竹書紀年》的真僞〉，《文史》29。
1994　〈《竹書紀年》與周武王克商的年代〉，《文史》38。
李學勤
1987　〈古本《竹書紀年》與夏代史〉，收入田昌五主編，《華夏文明》，北京：北京大學出版社。
李學勤、齊文心、艾蘭
1992　《英國所藏甲骨集》，北京：中華書局。
邵東方
1998　〈從思想傾向和著述體例談《今本竹書紀年》的真僞問題〉，《中國哲學史》3。
1998　〈《今本竹書紀年》諸問題考論——與陳力先生商榷〉，收入氏著，《崔述與中國學術史研究》，北京：人民出版社。
2000　〈《今本竹書紀年》周武王、成王紀譜排列問題再分析〉，《中國史研究》1。
屈萬里
1969　《尚書今注今譯》，臺北：臺灣商務印書館。
1984　《尚書釋義》，臺北：中國文化大學出版社。
曾運乾
1964　《尚書正讀》，北京：中華書局。

范祥雍
1985　〈關於《古本竹書紀年》的亡佚年代〉，《文史》25。
胡玉縉
1967　《四庫提要補正》，臺北：中國辭典館復館籌備處。
原富男
1933　〈竹書紀年について〉，《漢文學會會報》。
洪國樑
1990　〈竹書紀年對兩晉南北朝學者的影響〉，《韓國中國學報》30。
1991　〈朱右曾《汲冢紀年存真》與王國維《古本竹書紀年輯校》之比較〉，收入《第二屆清代學術研討會論文集》，高雄：國立中山大學中國文學系。
神田喜一郎
1934　〈汲冢書出土始末考〉，《支那學說林》。
陳力
1985　〈今本《竹書紀年研究》，《四川大學學報叢刊》28。
1997　〈今古本《竹書紀年》之三代積年及相關問題〉，《四川大學學報》4。
陳夢家
1955　《六國紀年》，上海：學習出版社。
1985　《尚書通論》，北京：中華書局。
陳舜政
1970　《高本漢書經註釋》，臺北：中華叢書編審委員會。
馬雍
1982　《尚書史話》，北京：中華書局。
馬培棠
1935　〈《禹貢》與《紀年》〉，《禹貢》2.8。
黃云眉
1980　《古今僞書考補正》，濟南：齊魯書社。
張心澂
1957　《僞書通考》（修訂本），上海：商務印書館。
張西堂
1958　《尚書引論》，西安：陝西人民出版社。
張培瑜
1987　《中國先秦史曆表》，濟南：齊魯書社。
1999　〈《大衍曆議》與今本《竹書紀年》〉，《歷史研究》3。
楊筠如
1959　《尚書覈詁》，西安：陝西人民出版社。

楊朝明
1997 〈《今本竹書紀年》并非僞書說〉，《齊魯學刊》6。
1999 〈沈約與《今本竹書紀年》〉，《史學史研究》4。
楊樹達
1954 《積微居小學述林》，北京：中國科學院。
蒙文通
1995 〈論別本《竹書紀年》〉，收入氏著，《經史抉原》，成都：巴蜀書社。
戴君仁
1963 《閻毛古文尚書公案》，臺北：中華文化叢書委員會。
趙榮琅
1954 〈竹書紀年之今古本問題及其評價〉，《大陸雜誌》8.10。
劉家和
1995 《古代中國與世界》，武漢：武漢出版社。
劉起釪
1987 《尙書源流及傳本考》，瀋陽：遼寧大學出版社。
1989 《尙書學史》，北京：中華書局。
劉殿爵、陳方正
1994 《尙書大傳逐字索引》，香港：商務印書館。
蔣善國
1988 《尙書綜述》，上海：上海古籍出版社。
魯實先
1947 〈今本竹書紀年辨僞〉，《復旦學報》3。
黎光明
1928 〈汲冢竹書考〉，《中山大學語史所周刊》31-33。
橋本成文
1934 《清代尙書學》，東京：共立社。
衛挺生
1964 〈論汲冢與其竹書〉（上、中、下），《思想與時代》121-123。
錢穆
1956 《先秦諸子繫年》，香港：香港大學出版社。
1963 〈古本竹書紀年輯校補正〉，收入楊家駱編，《竹書紀年八種》，臺北：世界書局。
閻迎真
1971 《理雅各氏英譯論語之研究》，臺北：臺灣商務印書館。

顧頡剛

1926 〈論《今文尚書》著作時代書〉，收入氏編，《古史辨》冊一，北平：樸社。

1936 《尚書通檢》，北平：哈佛燕京學社。

1962 〈尚書大誥今譯〉，《歷史研究》4。

1980 〈尚書西伯戡黎校釋譯論〉，《中國歷史文獻研究集刊》1。

1992 《顧頡剛讀書筆記》，臺北：聯經出版事業公司。

Chai, Ch'u, and Chai Winberg

1965 *The Sacred Books of Confucius and Other Confucian Classics*. New York: University Books.

Chalmers, Rev. John

1960 "Astronomy of the Ancient Chinese," in James Legge, *The Chinese Classics*. Vol. 3: *The Shoo King*. Hong Kong: Hong Kong University Press, 1960.

Chen, Li

1993 "Fresh Evidence for the Authenticity of *Jinben Zhushu Jinian*," *Social Sciences in China* 3.

Creel, Herrlee G.

1970 *The Origin of Statecraft in China*. Vol. 1: *The Western Zhou Empire*. Chicago: The University of Chicago Press.

Debnicki, Aleksy

1956 *The Chu-Shu-Chi-Nien as a Source to the Social History of Ancient China*. Warszawa: Panswowe Wydawnictwo Naukowe.

Girardot, Norman J.

2000 *James Legge and the Victorian Translation of China*. Berkeley: University of California Press.

Harrison, Brian

1979 *Waiting for China: The Anglo-Chinese College at Malacca, 1818-1843 and Early Nineteenth Century Missions*. Hong Kong: Hong Kong University Press.

Karlgren, Bernard

1950 "The Book of Documents," *Bulletin of the Museum of Far Eastern Antiquities* 22.

1970 *Glosses on the Book of Documents*. Göteborg: Elanders.

Keightley, David N.

1978 "The *Bamboo Annals* and Shang-Chou Chronology," *Harvard Journal of Asiatic Studies* 38.2.

Lau, Tze-yui

1994 "James Legge (1815-1897) and Chinese Culture: A Missiological Study in Scholarship, Translation and Evangelization," Ph.D. dissertation, University of Edinburgh.

Legge, Helen

1905 *James Legge: Missionary and Scholar*. London: Religious Tract Society.

Legge, James

1960 *Chinese Classics*. 5 vols. Hong Kong: Hong Kong University Press.

Loewe, Michael

1993 *Early Chinese Texts: A Bibliographical Guide*. Berkeley: The Society for the Study of Early China and the Institute of East Asian Studies, University of California, Berkeley.

Niemeyer, Carl

1966 *Thomas Carlyle on Heroes, Hero-Worship and the Heroic in History*. Lincoln: University of Nebraska Press.

Nivison, David S.

1993 "Chu shu chi nien," in Michael Loewe ed., *Early Chinese Texts: A Bibliographical Guide*. Berkeley: The Society for the Study of Early China and the Institute of East Asian Studies, University of California, Berkeley.

1999 "The Key to the Chronology of the Three Dynasties: The 'Modern Text' *Bamboo Annals*," *Sino-Platonic Papers* 93.

Nivison, David S., and Kevin D. Pang

1990 "Astronomical Evidence for the *Bamboo Annals*' Chronicle of Early Xia," *Early China* 15.

Nylan, Michael

1992 *The Shifting Center: The Original "Great Plan" and Later Readings*. Nettal: Steyler Verlag.

Pankenier, David

1983-1985 "Mozi and the Dates of Xia, Shang and Zhou; a Research Note," *Early China* 9-10.

1992 "The *Bamboo Annals* Revisited: Problems of Method in Using the Chronicle as a Source for the Chronology of Early Zhou," *Bulletin of the School of Oriental and African Studies* 55.2.

1992 "Reflections of the Lunar Aspect on Western Chou Chronology," *Toung Pao* lxxviii.

Pfister, Lauren F.

1988 "The 'Failures' of James Legge's Fruitful Life for China," *Ching Feng* 31.4.

1990 "Serving or Suffocating the Sage? Reviewing the Efforts of Three 19th Century Translators of the Four Books, with Special Emphasis on James Legge," *The Hong Kong Linguist* 7.

1990 "Clues to the Life and Academic Achievements of One of the Most Famous 19th Century European Sinologists -- James Legge (A.D. 1815-1897)," *Journal of the Hong Kong Branch of the Royal Asiatic Society* 30.

1990-1991 "Some New Dimensions in the Study of the Works of James Legge (1815-1897)," *Sino-Western Cultural Relations Journal* 12-13.

1992-1993 "United We Stand: James Legge and Chinese Christians in Union Church, Hong Kong and Beyond," *Bulletin of the Scottish Institute of Missionary Studies* 8-9.

1994 "James Legge," in Chan Sin-wai and David Pollard eds., *An Encyclopedia of Translation: Chinese-English, English-Chinese Translation*. Hong Kong: Chinese University Press.

1997 "Some New Perspectives on James Legge's Multiform English Translations of the *Chinese Classics* and *Sacred Books of China*," paper presented in the "Symposium of the 70th Anniversary of the Department of Chinese of the University of Hong Kong".

1997 "James Legge's Metrical Book of Poetry," *Bulletin of the School of Oriental and African Studies* 60.1.

1998 "The Legacy of James Legge," *International Bulletin of Missionary Research* 22.2.

1999 "Discovering Monotheistic Metaphysics: The Exegetical Reflections of James Legge (1815-1897) and Lo Chung-fan (d c. 1850)," in Kai-wing Chow, On-cho Ng, and John B. Henderson eds., *Imagining Boundaries: Changing Confucian Doctrines, Texts and Hermeneutics*. Albany: SUNY Press.

1999 "Wang Tao, James Legge, and Their Response to the Modern Ruist Melancholy," *History and Culture* 2.

Ouyang, Eugene Chan

1993 *The Transparent Eye*. Honolulu: University of Hawaiian Press.

Ride, Lindsey

1960 "Biographical Notes," *The Chinese Classics*. Vol. 1. Hong Kong: Hong Kong University Press.

Rosenberg, Philip

1986 "A Whole World of Heroes," in Harold Bloom ed., *Thomas Carlyle*. New York: Chelsea House Publishers.

Shaughnessy, Edward L.

1985-1987 "The 'Current' *Bamboo Annals* and the Date of the Zhou Conquest of Shang," *Early China* 11-12.

1986 "The Authenticity of the *Bamboo Annals*," *Harvard Journal of Asiatic Studies* 46.1.

1993 "Shang shu (Shu ching)," in Michael Loewe ed., *Early Chinese Texts: A Bibliographical Guide*. Berkeley: The Society for the Study of Early China and the Institute of East Asian Studies, University of California, Berkeley.

Smith, Carl

1985 *Chinese Christians, Elites, Middlemen, and the Church in Hong Kong*. Hong Kong: Oxford University Press.

Ting, Joseph C.

1951 "British Contribution to Chinese Studies," School of the Oriental and African Studies, London University, Ph.D. dissertation.

Treadgold, Donald W.

1973 *The West in Russian and China: Religious and Secular Thought in Modern Times*. Vol. 2. Cambridge: Cambridge University Press.

Wong Man Kong

1996 *James Legge: A Pioneer at the Crossroads of East and West*. Hong Kong: Hong Kong Educational Publishing Company.

出自第七十一本第三分(二〇〇〇年九月)

《中研院歷史語言研究所集刊》(1928—2000)目録

第1本第1分(1928年)

第1本第2分(1930年)

第1本第3分(1930年)

第1本第4分(1930年)

第2本第1分(1930年)

第2本第2分(1930年)

第2本第3分(1931年)

第2本第4分(1931年)

第 3 本第 1 分(1931 年)

第 3 本第 2 分(1931 年)

第 3 本第 3 分(1932 年)

第3本第4分(1932年)

第4本第1分(1932年)

第4本第2分(1933年)

第4本第3分(1934年)

第4本第4分(1934年)

第5本第1分(1935年)

第5本第2分(1935年)

第5本第3分(1935年)

第5本第4分(1935年)

第6本第1分(1936年)

第6本第2分(1936年)

第6本第3分(1936年)

第6本第4分(1936年)

第7本第1分(1936年)

第7本第2分(1936年)

第7本第3分(1937年)

第7本第4分(1938年)

第8本第1分(1939年)

第8本第2分(1939年)

第8本第3分(1939年)

第8本第4分(1939年)

第9本(1947年)

第10本(1942年至1943年出版,1948年再版)

第11本(1943年出版,1947年再版)

第 12 本(1948 年)

第 13 本(1948 年,即本所 1945 年出版之《六同別録》上册及中册之一半)

第 14 本(1948 年,即本所 1945 年出版之《六同別録》中册之一半及 1946 年出版之《六同別録》下册)

第17本(1948年)

第18本(1948年)

第19本(1948年)

第20本 上册(1948年,中研院成立第二十周年專號)

第 20 本　下册(1948 年,稿遺存上海商務印書館未及發行,1964 年在臺再版刊行)

第 21 本第 1 分(1948 年,稿遺存上海商務印書館未及發行)

第 22 本(1950 年)

第23本　上册(1951年,傅斯年先生紀念論文集)

第23本　下册(1952年,傅斯年先生紀念論文集)

第24本(1953年)

第25本(1954年)

第26本(1955年)

第27本(1956年)

第28本 上册(1956年,慶祝胡適先生六十五歲論文集)

第 28 本 下册(1957 年,慶祝胡適先生六十五歲論文集)

第29本 上册(1957年,慶祝趙元任先生六十五歲論文集)

第29本 下册(1958年,慶祝趙元任先生六十五歲論文集)

第30本 上册(1959年,歷史語言研究所集刊三十周年紀念專號)

第30本 下册(1959年,歷史語言研究所集刊三十周年紀念專號)

第31本(1950年)

第32本(1961年)

第33本(1962年)

第 34 本 上册(1962 年,故院長胡適先生紀念論文集)

第 34 本 下册(1963 年,故院長胡適先生紀念論文集)

第 35 本(1964 年,故院長朱家驊先生紀念論文集)

第 36 本　上册(1965 年,紀念董作賓、董同龢兩先生論文集)

第36本　下册(1966年,紀念董作賓、董同龢兩先生論文集)

第37本　上册(1967年)

第37本　下册(1967年)

第38本(1968年)

第39本 上册(1969年,慶祝李方桂先生六十五歲論文集)

第39本 下册(1969年,慶祝李方桂先生六十五歲論文集)

第 40 本 上册(1968 年,歷史語言研究所成立四十周年紀念專號)

第40本 下册(1969年,歷史語言研究所成立四十周年紀念專號)

第41本第1分(1969年)

第41本第2分(1969年)

第41本第3分(1969年)

第41本第4分(1969年)

第42本第1分(1970年,慶祝王世杰先生八十歲論文集)

第 42 本第 2 分(1970 年)

第 42 本第 3 分(1971 年)

第 42 本第 4 分(1971 年)

第43本第1分(1971年)

第43本第2分(1971年)

第43本第3分(1971年)

第 43 本第 4 分(1971 年)

第 44 本第 1 分(1972 年)

第 44 本第 2 分(1972 年)

第44本第3分(1972年)

第44本第4分(1973年)

第45本第1分(1973年)

第45本第2分(1974年)

第45本第3分(1974年)

第45本第4分(1974年)

第46本第1分(1974年)

第46本第2分(1975年)

第46本第3分(1975年)

第46本第4分(1975年)

第47本第1分(1975年)

第47本第2分(1976年)

第47本第3分(1976年)

第47本第4分(1976年)

第48本第1分(1977年,慶祝錢院長思亮七十壽辰論文集)

第48本第2分(1977年)

第48本第3分(1977年)

第48本第4分(1977年)

第49本第1分(1978年,慶祝中研院成立五十周年紀念論文集)

第 49 本第 2 分(1978 年)

第 49 本第 3 分(1978 年)

第 49 本第 4 分(1978 年)

第 50 本第 1 分(1979 年,慶祝歷史語言研究所成立五十周年紀念論文集)

第 50 本第 2 分(1979 年)

第 50 本第 3 分(1979 年)

第 50 本第 4 分(1979 年)

第51本第1分(1980年,紀念李濟、屈萬里兩先生論文集)

第51本第2分(1980年)

第51本第3分(1980年)

第51本第4分(1980年)

第52本第1分(1981年)

第52本第2分(1981年)

第52本第3分(1981年)

第52本第4分(1981年)

第53本第1分(1982年,紀念趙元任先生論文集)

第53本第2分(1982年)

第53本第3分(1982年)

第53本第4分(1982年)

第54本第1分(1983年)

第54本第2分(1983年)

第54本第3分(1983年)

第54本第4分(1983年)

第55本第1分(1984年,故院長錢思亮先生紀念論文集)

第55本第2分(1984年)

第55本第3分(1984年)

第55本第4分(1984年)

第 56 本第 1 分(1985 年)

第 56 本第 2 分(1985 年)

第 56 本第 3 分(1985 年)

第 56 本第 4 分(1985 年)

第57本第1分(1986年,慶祝吳院長大猷先生八十壽辰論文集)

第57本第2分(1986年)

第57本第3分(1986年)

第57本第4分(1986年)

第58本第1分(1987年)

第58本第2分(1987年)

第58本第3分(1987年)

第58本第4分(1987年)

第59本第1分(1988年,李方桂先生紀念論文集)

第59本第2分(1988年)

第59本第3分(1988年)

An Emphatic Verb Phrase in the Oracle-Bone Inscriptions …………… Ken Takashima

Topics and Clause Connectives in Chinese ……………………………… Feng-fu Tsao

Construction and Hierarchy of Syllable Features in Monosyllabic Tone Languages

…………………………………………………………………… Yu-hung Chang

Phonological Alternations in Tangut ………………………… Hwang-cherng Gong

Notes on the Finals of a Northwest Dialect of Tang Times ………… W. South Coblin

第59本第4分(1988年)

孝經中黄讖解題改寫本 ……………………………………………………… 陳　槃

荷澤神會傳研究 ……………………………………………………………… 吳其昱

錢大昕《養新餘録》考辨 …………………………………………………… 陳鴻森

釋金文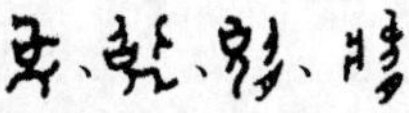等字兼解《左傳》的「讒鼎」 ……………………… 吳匡、蔡哲茂

唐代盛時與西南鄰國之疆界 ………………………………………………… 嚴耕望

道教中外丹與内丹的發展 …………………………………………………… 勞　榦

淮南高注「私鈚頭」唐解試議 ……………………………………………… 張以仁

論「高遠」——中國畫史辭彙論析之一 ……………………………………… 莊　申

李淵崛起之分析 ……………………………………………………………… 毛漢光

關於《管子·輕重》諸篇的年代問題 ………………………………………… 杜正勝

殷虚的穴窖坑層與甲骨斷代二例 …………………………………………… 石璋如

李方桂先生著作目録 ………………………………………………………… 丁邦新

第60本第1分(1989年,歷史語言研究所成立六十周年紀念專號)

The Phonological Reconstruction of Tangut through Examination of

Phonological Alternations ……………………………… Hwang-cherng Gong(龔煌城)

試論漢語的數學規範性質 …………………………………………………… 黄居仁

酒與古埃及宗教 ……………………………………………………………… 蒲慕州

酈瓊兵變與南宋初期的政局 ………………………………………………… 黄寬重

略論十七八世紀的中荷貿易 ………………………………………………… 全漢昇

東漢將軍制度之演變 ………………………………………………………… 廖伯源

第60本第2分(1989年)

第60本第3分(1989年)

第60本第4分(1989年)

第61本第1分(1990年)

第61本第2分(1990年)

第61本第3分(1990年)

第61本第4分(1990年)

第62本第1分(1993年,胡適之先生百歲誕辰紀念論文集)

第62本第2分(1993年)

第62本第3分(1993年)

第62本第4分(1993年)

第63本第1分(1993年)

第63本第2分(1993年)

第63本第3分(1993年)

第63本第4分(1993年)

第64本第1分(1993年,芮逸夫、高去尋兩先生紀念論文集)

第64本第2分(1993年)

第64本第3分(1993年)

第64本第4分(1993年)

第65本第1分(1994年)

第65本第2分(1994年)

第65本第3分(1994年)

第65本第4分(1994年)

第66本第1分(1995年,傅斯年先生百歲誕辰紀念論文集)

第66本第2分(1995年)

第66本第3分(1995年)

第66本第4分(1995年)

第67本第1分(1996年)

第 67 本第 2 分(1996 年)

第 67 本第 3 分(1996 年)

第 67 本第 4 分(1996 年)

第 68 本第 1 分(1997 年)

第68本第2分(1997年)

第68本第3分(1997年)

第68本第4分(1997年)

第69本第1分(1998年)

第69本第2分(1998年)

第69本第3分(1998年)

第69本第4分(1998年)

第70本第1分(1999年3月)

第70本第2分(1999年6月)

第70本第3分(1999年9月)

第70本第4分(1999年12月)

第71本第1分(2000年3月)

第71本第2分(2000年6月)

第71本第3分(2000年9月)

第71本第4分(2000年12月)

《中研院歷史語言研究所集刊論文類編》總目

語言文字編·音韻卷

語言文字編·語法卷

語言文字編・方言卷

語言文字編・文字卷

歷史編·先秦卷

歷史編·秦漢卷

历史編・魏晉隋唐五代卷

歷史編·宋遼金元卷

歷史編·明清卷

考古編

文獻考訂編

思想與文化編

民族與社會編